Duden

► Das große Kreuzworträtsel Lexikon

Duden

Das große Kreuzworträtsel Lexikon

4., völlig neu bearbeitete Auflage

Unter Mitarbeit von
Dipl.-Ing. Herbert Nüssel

Dudenverlag
Mannheim · Leipzig · Wien · Zürich

Die Deutsche Bibliothek –
CIP-Einheitsaufnahme
DUDEN, Das große Kreuzworträtsel Lexikon/
unter Mitarb. von Herbert Nüssel.
Erstauflage in Zusammenarbeit mit der Rätselagentur Lackner + von Berg. –
4., völlig neu bearb. Aufl. –
Mannheim; Leipzig; Wien;
Zürich: Dudenverl., 2002
ISBN 3-411-05364-X

Redaktion:
Heike Pfersdorff
Herstellung:
Nicole Rieser
Innengestaltung:
fliegendeTeilchen, Kiel
Einbandgestaltung:
Hans Helfersdorfer, Heidelberg
Satz:
A–Z Satztechnik GmbH, Mannheim (PageOne, alfa Media Partner GmbH)
Druck und Bindung:
Clausen & Bosse, Leck

Printed in Germany
ISBN 3-411-05364-X

Zur Einrichtung des Buches

Das neue Duden Kreuzworträtsel Lexikon gibt zuverlässige Antworten auf die Fragen, die sich beim Lösen von Kreuzworträtseln ergeben. Es orientiert sich dabei am Rätselalltag, d. h., es berücksichtigt in erster Linie solche Fragen und Antworten, die in Rätseln tatsächlich gebräuchlich sind. Auch veraltetes Wortgut sowie landschaftliche, österreichische und schweizerische Ausdrücke werden aufgeführt.

In der Regel sind die Stichwörter, die immer an der **fetten Schrift** zu erkennen sind, Substantive. Antworten, die sich auf die entsprechenden Verben oder Adjektive beziehen, lassen sich daraus jedoch einfach ableiten. Dort, wo das nicht der Fall ist, sind auch Nichtsubstantive als eigenständige Suchbegriffe aufgeführt.

Die Suchbegriffe sind alphabetisch geordnet. Unter jedem **fetten Suchbegriff** (Stichwort) findet sich eine oder mehrere Antworten, die gemäß ihrer Buchstabenzahl aufsteigend angeordnet sind. Die Buchstabenzahl wird durch eine vorangestellte Zahl signalisiert. Alle Antworten mit der gleichen Buchstabenzahl sind in sich ebenfalls alphabetisch geordnet.

Beispiel: **Umgangssprache**
5 Idiom, Slang
6 Jargon
7 Dialekt, Mundart

Bei den Antworten haben wir die in Kreuzworträtseln übliche Schreibweise verwendet: Die Umlaute ä, ö, ü sind aufgelöst in ae, oe, ue und zählen als zwei Buchstaben; ß wird als ss geschrieben und ebenfalls als zwei Buchstaben gezählt. Apostrophe, Akzente und Bindestriche werden zwar auch in den Antwortbegriffen angegeben, sie zählen jedoch nicht für die Länge des Lösungswortes, da sie beim Ausfüllen der Kreuzworträtselspalte entfallen.
Beispiel: Aus Tête-à-tête wird im Rätsel Teteatete.

Verweise, die man am Verweispfeil ▸ erkennt, führen den Benutzer zu sinngleichen Fragewörtern, unter denen Lösungen zu finden sind; „ ▸ auch" weist auf einen sinnverwandten Begriff hin, unter dem man andere Lösungen finden kann.
Beispiel: „undefinierbar ▸ unbestimmt" bedeutet, dass man die Antworten unter dem Fragewort „unbestimmt" suchen soll.

Findet man einen Fragebegriff nicht (z. B. „französische Hauptstadt"), so sollte man nach ähnlichen Begriffen suchen (im Beispiel: „Hauptstadt von Frankreich"). Auch empfiehlt es sich, bei der Suche nach Lösungswörtern gefundene Antworten selbst wieder als Fragestichwörter nachzuschlagen. So findet man z. B. unter „übertriebener Streich" nur die Antworten „Schabernack" und „Eulenspiegelei". Zusätzliche Möglichkeiten stehen unter „Schabernack":

Schabernack
2 Uz
3 Jux, Ulk

Die alphabetische Einordnung der Fragewörter erfolgt konsequent nach den fetten Hauptstichwörtern, und zwar nach den Alphabetisierungsregeln der Duden-Rechtschreibung; das heißt, Umlaute werden wie die entsprechenden Vokale eingeordnet und ß wird als ss behandelt. Auch die **halbfetten** Unterstichwörter sind in sich alphabetisch angeordnet; die klein gedruckten Partikel werden dabei nicht berücksichtigt. So wird eine optimale Übersichtlichkeit erreicht.

Beispiel: **Anhänger**
· *einer* **Einheitslehre**
6 Monist
· *der* **Freikörperkultur**
6 Nudist

Der Punkt, der vor den Unterstichwörtern steht, ersetzt das Hauptstichwort. Hat dieses die Form ... **(e, er, es)** ..., so ist der entsprechende Ausdruck einzusetzen.

Beispiel: **deutsch (e, er, es) ...**
· **Schriftsteller**
(steht für „deutscher Schriftsteller")

Fragewörter werden in der Regel voll ausgeschrieben; in Kreuzworträtseln findet man jedoch aus Raumgründen oftmals Abkürzungen. In Zweifelsfällen schlage man unter „Abkürzung für ..." nach.

Die Kolumnentitel, das sind die Stichwörter, die auf jeder Doppelseite oben links und oben rechts stehen, markieren die Fragewörter des jeweiligen Alphabetbereichs. Es gilt: Oben links steht das erste Fragestichwort, oben rechts das letzte des betreffenden Alphabetbereichs.

Selbstverständlich wird im Kreuzworträtsel Lexikon von Duden die neue Rechtschreibung berücksichtigt. Im Allgemeinen erscheint die alte Rechtschreibung bei Fragewörtern parallel in Klammern, bei Antworten sind ebenfalls neue und alte Rechtschreibung aufgeführt.

A

Aa
8 Bergbach
Aachener ...
· **Gebäck**
6 Printe
· **Sehenswürdigkeit**
3 Dom
7 Ponttor
9 Kaiserdom
12 Karlsschrein
· **Sportstätte**
6 Tivoli
· **Universität** (Abkürzung)
4 RWTH
· **Wahrzeichen**
13 Elisenbrunnen
aalförmig(e, er, es) ...
· **Fisch**
5 Ilger
7 Muraene
8 Lamprete, Neunauge
· **Lurch**
3 Olm
· **Meeresraubfisch**
7 Muraene
Aalgabel
5 Elger
Aalquappe
5 Rutte
Aalraupe
5 Ruppe
6 Quappe, Ruette
8 Truesche
Aar
5 Adler
Aas
5 Luder
7 Kadaver
10 Tierleiche
Aas als Köder
5 Luder
Aas fressend(e, er, es) ...
· **Fisch**
4 Wels
6 Waller
· **Raubtier**
6 Hyaene
7 Schakal
Aasblume
8 Stapelie
Aasgeier
6 Kondor
Aaskäfer
12 Totengraeber
Aasvertilger
5 Geier
Aasvogel
5 Geier
6 Kondor, Marabu
ab
3 weg
4 fort
Abakus
11 Rechenbrett
Abänderung
5 Umbau
8 Revision
9 Umformung, Variation
12 Modifikation
Abart
8 Spielart, Variante
9 Variation, Varietaet
10 Abweichung
Abart ...
· *des* **Basalts**
7 Dolerit
· *der* **Braunkohle**
6 Lignit
· *eines* **chemischen Elements**
6 Isotop, Isotop
· *des* **Iltisses**
9 Frettchen
· *des* **Sauerstoffs**
4 Ozon
abartig
6 abnorm, anomal
7 pervers
Abbau
7 Abbruch
9 Demontage, Zerlegung
12 Demontierung
Abbau von Maschinen
9 Demontage
Abbauprodukt des Indigos
6 Isatin
abbauwürdige Kohlenschicht
5 Floez
Abbild
3 Dia
4 Foto
5 Kopie, Photo
6 Grafik
7 Graphik
8 Portraet, Portrait
9 Faksimile, Fotokopie, Konterfei
10 Fotografie, Photokopie
12 Photographie, Reproduktion
Abbild der Erde
6 Globus
Abbitte
14 Entschuldigung
Abbruch
6 Abriss
9 Demontage
Abbruchwerkzeug
10 Brecheisen
Abc
8 Alphabet
Abc-Buch
5 Fibel
ABC-Staat
5 Chile
9 Brasilien
11 Argentinien
Abdankung
9 Demission
10 Abdikation, Ruecktritt
Abdecker
8 Schinder
Abdichtung
10 Isolierung
Abdichtungsmittel
4 Kitt, Pech, Teer, Werg
5 Gummi
9 Glaswolle
11 Fensterkitt
Abdikation
9 Abdankung
Abdomen
9 Unterleib
Abdruck
4 Spur
5 Kopie, Mater, Repro
6 Siegel
7 Faehrte, Moulage, Stempel
12 Reproduktion
Abdruck ...
· *eines* **Stichs**
7 Estampe

- *von* **Rädern**
  4 Spur

Abels ...
- **Bruder**
  4 Kain, Seth
- **Vater**
  4 Adam

Abendandacht
6 Vesper
Abendanzug
3 Cut
5 Frack
7 Smoking
Abendbrot
6 Dinner, Souper, Vesper
9 Nachtmahl
Abendgesellschaft
6 Soiree
Abendkleid
4 Robe
Abendland
6 Europa
8 Okzident
Abendmahl
9 Kommunion
11 Eucharistie
Abendmahlfeier
5 Agape
9 Kommunion
Abendmahlgefäß
5 Kelch
Abendmahlsbrot
6 Hostie, Oblate
Abendmahlsoblate
6 Hostie
Abendsignal beim Militär
13 Zapfenstreich
Abendständchen
8 Serenade
Abendstern
5 Venus
7 Luzifer
8 Hesperos, Hesperus
10 Phosphorus
Abendtrunk
15 Daemmerschoppen
Abenteuer
6 Wagnis
8 Erlebnis
12 Seitensprung
Abenteurer
6 Bandit, Vagant
7 Waghals
9 Desperado, Hasardeur
12 Draufgaenger
Aberglaube
4 Wahn
8 Wahnidee
9 Hexenwahn
abermalig
6 erneut
abermals
6 erneut, wieder
Abersinn
10 Aberglaube
Aberwitz
10 Aberglaube
Abessinien
10 Aethiopien
abessinisch ► äthiopisch(e, er, es) ...
Abfahrt
5 Start
7 Abreise, Tallauf
8 Aufbruch, Talfahrt
Abfahrtslauf
6 Slalom
12 Riesenslalom
Abfahrtslauf in Wengen
16 Lauberhornrennen
Abfall
4 Hede, Rest, Span, Werg
5 Muell, Spreu, Unrat
6 Abraum, Fetzen, Schutt, Spaene
7 Schrott
8 Kehricht, Schlacke
9 Ausschuss, Geruempel, Makulatur

Abfall ...
- *beim* **Dreschen**
  5 Spreu
- *von* **Ladungen**
  6 Fegsel

Abfallabladeplatz
7 Deponie
10 Muellhalde
12 Muelldeponie
Abfallbehälter
9 Container
10 Muelleimer, Muelltonne, Papierkorb
14 Muellcontainer
Abfalldeponie
10 Muellhalde
Abfalleimer
10 Mistkuebel, Muelleimer
abfallendes Gelände
4 Hang
5 Leite
9 Steilhang
Abfallgrube
5 Kippe
Abfallplatz
5 Grube, Halde
7 Deponie
10 Muellplatz
12 Muelldeponie

Abfallprodukt ...
- *beim* **Dreschen**
  5 Spreu
- *beim* **Hobeln**
  4 Span
  6 Spaene
- *beim* **Mahlen**
  5 Kleie
- *beim* **Sägen**
  9 Saegemehl

Abfassung eines Textes
9 Redaktion
Abfertigung
9 Bedienung
10 Expedition
Abfertigungsfenster
8 Schalter
Abfeuern
9 Schiessen
Abfindung
7 Abstand, Apanage
9 Abgeltung, Ausgleich, Pauschale
14 Entschaedigung
Abflug
5 Start
Abflugpiste
9 Startbahn
Abfluss
4 Rohr, Siel
5 Gosse, Gully, Kanal, Rinne
6 Graben, Kloake, Roehre
8 Senkloch
9 Rinnstein
11 Senkschacht
Abfluss des ... ► Fluss
Abflussgraben
5 Rinne
Abflussröhrchen
5 Draen, Drain
Abfolge
5 Serie
7 Sequenz
Abfolge allen Geschehens
4 Zeit

Abformung
4 Guss
6 Abguss
11 Nachbildung
Abführmittel
6 Sennes
7 Laxativ, Rizinus
8 Agar-Agar
10 Bittersalz, Rizinusoel
13 Faulbaumrinde
14 Sennesblaetter
Abfüllgerät
8 Trichter
Abgabe
4 Maut, Zins, Zoll
6 Obolus, Steuer, Tribut
7 Beitrag, Gebuehr
Abgabe ...
· *in* **Badeorten**
7 Kurtaxe
· *an den* **Staat**
3 MWS
6 Steuer
14 Mehrwertsteuer
Abgabendruck
10 Steuerlast
Abgangszeugnis einer Hochschule
10 Exmatrikel
Abgasnebel (Abkürzung)
4 Smog
Abgasreiniger
3 Kat
11 Katalysator
Abgasrohr am Auto
7 Auspuff
abgebaute Strecke (Bergwerk)
6 Altung
abgebrannt
3 arm
5 blank
6 pleite
9 mittellos
abgebrüht
3 roh
4 kalt
7 herzlos
8 gerissen
9 abgefeiht, abgefeimt
11 abgestumpft
13 unempfindlich
abgedroschen
3 fad
4 fade
5 banal, platt
7 hornalt, trivial
8 geistlos
9 stereotyp
abgefeimt ▶ abgebrüht
abgegrenzt(e, er, es) ...
· **Anbaufläche**
4 Feld
· **Areal**
11 Grundstueck
· **Gebiet**
4 Bann
6 Bezirk
8 Distrikt
· **Klosterraum**
5 Zelle
6 Klause
· **Weide**
6 Koppel
abgegriffene Äußerung
10 Platituede
11 Plattituede
abgeholzt
4 kahl
abgeholztes Waldstück
8 Lichtung, Schneise
10 Kahlschlag
abgekämpft
5 muede
10 erschoepft
abgeklärt
5 weise
8 gelassen
Abgekochtes
3 Sud
5 Absud
6 Dekokt
abgelegen
3 jwd, oed
4 fern
6 einsam
8 entlegen
abgemessene Menge
5 Dosis
6 Ration
7 Einheit, Portion
abgeneigt
6 unhold
8 unwillig
11 distanziert
Abgeordnetenbezüge
7 Diaeten
Abgeordnetengruppe
8 Fraktion
Abgeordnetenhaus
9 Parlament
Abgeordneter
8 Mandatar
11 Delegierter, Deputierter
14 Parlamentarier, Volksvertreter
abgerichtetes Suchtier
9 Spuerhund
Abgesandte
11 Beauftragte
15 Unterhaendlerin
Abgesandter (▶ auch Abgeordneter)
8 Emissaer
9 Missionar
10 Geheimbote
13 Unterhaendler
Abgesang
5 Epode
abgeschieden ▶ abgelegen
abgeschlossen
2 zu
7 perfekt, separat
8 isoliert, komplett
10 verriegelt
abgeschlossenes Stadtviertel
5 Getto
6 Ghetto
abgeschmackt
3 fad, lau
4 fade
5 banal, platt, schal
abgeschrägte Kante
4 Fase
abgesondert
7 separat
8 getrennt, isoliert
9 separiert
abgesonderter Stadtteil
5 Getto
6 Ghetto
Abgesottenes
3 Sud
5 Absud, Siede
6 Auszug, Dekokt
7 Extrakt
abgespannt
4 matt
5 muede
6 fertig
7 schlaff, schlapp
8 ermattet
10 erschoepft

abgestanden
5 schal
abgesteckt(e, er, es) ...
· **Goldgräberfeld**
5 Claim
· **Straßenführung**
6 Trasse
· **Strecke**
4 Bahn, Kurs
5 Loipe, Piste, Route, Runde
6 Etappe, Trasse
8 Rennbahn, Rundkurs
9 Abschnitt
abgestumpft
5 dumpf
10 dickfellig, gefuehllos
11 lethargisch
13 unempfindlich
abgetan
3 aus, out
5 passé
6 fertig
7 beendet
abgeteilt(e, er, es) ...
· **Gartenfläche**
4 Beet
· **Grundstück**
8 Parzelle
· **Raum**
7 Separee
abgetrennter Strandsee
6 Lagune
abgezehrt
5 hager, mager
12 ausgemergelt
abgezogen(e, er, es) ...
· **Haut mit Federn**
4 Balg
· **Kopfhaut**
5 Skalp
· **Tierhaut**
4 Balg
Abglanz
6 Reflex
10 Spiegelung
11 Widerschein
Abgott
4 Idol
6 Goetze
7 Fetisch
Abgottschlange
3 Boa
8 Anakonda
Abgrenzung
4 Ecke, Rand, Zaun
5 Bande, Kante, Limes, Limit, Mauer, Pfahl
6 Sperre
8 Barriere
Abgrund
5 Kluft, Leere, Tiefe
6 Hoelle, Krater, Nichts, Spalte
7 Schlund
8 Schlucht
10 Verderbnis
Abguss
7 Moulage
Abgussform
5 Model
7 Matrize
Abhandenkommen
7 Verlust
Abhandlung
5 Essay
6 Arbeit, Exposé
7 Aufsatz, Beitrag, Exposee, Traktat
11 Denkschrift, Monographie
Abhang
5 Halde, Leite
7 Neigung
8 Schraege
9 Boeschung
Abhang am Meer
11 Steilkueste
abhängig
6 hoerig, unfrei
8 gebunden, indirekt, suechtig
abhängiger Lehnsmann
6 Vasall
abhängiges Satzglied
6 Aktand
Abhängigkeit
5 Sucht
10 Hoerigkeit
Abheben einer Rakete
7 Take-off
Abhilfe
7 Heilung, Remedur
9 Besserung, Linderung
12 Verbesserung
Abholzen des Waldes
5 roden
Abirrung
6 Laster
10 Abweichung, Perversion
Abitur
3 Abi
6 Matura
12 Baccalauréat, Bakkalaureat, Reifezeugnis
13 Reifepruefung
14 Hochschulreife
Abiturbescheinigung
12 Reifezeugnis
Abkapselung
9 Isolation
11 Absonderung, Quarantaene
Abklatsch
8 Klischee
Abkochbrühe
3 Sud
Abkochung ► Abgekochtes
Abkommen
4 Bund, Pakt
7 Vertrag
8 Buendnis, Einigung, Kontrakt
9 Abmachung, Agreement
10 Konvention
12 Vereinbarung
13 Uebereinkunft
Abkömmling
4 Erbe, Kind, Sohn
5 Enkel
6 Spross
7 Derivat, Enkelin, Tochter, Urenkel
9 Nachfahre, Urenkelin
11 Sproessling
Abkömmlinge
8 Parentel
Abkürzung
11 Abbreviatur
Abkürzung für ... (► auch chemisches Zeichen für, Einheitenzeichen für, Kurzform für)
· **a conto**
2 ac
· **Abbildung**
3 Abb
· **Abfahrt**
3 Abf
· **Abgasuntersuchung**
2 AU
· **Abgeordneter**
3 Abg

- **Abhandlung**
  3 Abh
- **Abkommen**
  3 Abk
- **Abkürzung**
  3 Abk
- **Abonnement**
  3 Abo
- **Absatz**
  3 Abs
- **Abschiedsgruß**
  4 ciao
  6 Tschau
- **Absender**
  3 Abs
- **Abteilung**
  3 Abt
- **Adjektiv**
  3 Adj
- **Adjutant**
  3 Adj
- **Adresse**
  3 Adr
- **afrikanisch**
  5 afrik
- **Air Force**
  2 AF
- **Air France**
  2 AF
- **akademisch**
  4 akad
- *einen* **akademischen Grad**
  2 Dr
  4 Prof
- **Akkusativ**
  3 Akk
- **Aktenzeichen**
  2 AZ
- **Aktiengesellschaft**
  2 AG
- **Alabama** (USA)
  2 Al
  3 Ala
- **Alaska** (USA)
  2 Ak
  4 Alas
- **allgemein**
  4 allg
- **Allgemeine Deutsche Gebührenordnung**
  4 ADGO
- **Allgemeine Elektricitäts-Gesellschaft**
  3 AEG
- **Allgemeine Ortskrankenkasse**
  3 AOK
- **Allgemeiner Deutscher Automobil-Club**
  4 ADAC
- **Allgemeiner Deutscher Nachrichtendienst**
  3 ADN
- **Allgemeiner Studentenausschuss**
  4 AStA
- **Allgemeiner Turnverein**
  3 ATV
- **allmählich**
  4 allm
- **Altes Testament**
  2 AT
- **am angeführten Ort**
  3 aaO
- **amerikanisch**
  4 amer
  8 amerikan
- **amerikanische Bundespolizei**
  3 FBI
- **amerikanische Militärpolizei**
  2 MP
- **amerikanische Zustimmung**
  2 ok
  4 okay
- **Amperestunde**
  2 Ah
- **Amtsgericht**
  2 AG
- **Angebot**
  3 Ang
- **Anhang**
  3 Anh
- **Ankunft**
  3 Ank
- **Anlage**
  3 Anl
- **Anmeldung**
  3 Anm
- **Anmerkung**
  3 Anm
- **anno Domini**
  2 AD
- **Anrainer**
  3 Anr
- **Ansage**
  3 Ans
- **ansteckend**
  4 anst
- **Arbeitsrecht**
  2 AR
- **Arkansas** (USA)
  2 Ar
  3 Ark
- **Artikel**
  3 Art
- **Assessor**
  3 Ass
- **Associated Press**
  2 AP
- **Atlantikpakt**
  4 NATO
- **auf Gegenseitigkeit**
  2 aG
- **Auflage**
  4 Aufl
- **auf Zeit**
  2 aZ
- **Ausführungsbestimmung**
  2 AB
- **Ausführungsverordnung**
  3 AVO
- **Ausgabe**
  4 Ausg
- **außer Dienst**
  2 aD
- **außer Plan**
  2 aP
- **außer Tarif**
  2 AT
- **außerordentlich**
  2 ao
- **Auswärtiges Amt**
  2 AA
- **Auszubildender**
  5 Azubi
- **Autobahn**
  3 BAB
- **Band**
  2 Bd
- **Bank Deutscher Länder**
  3 BDL
- **Bankleitzahl**
  3 BLZ
- **Bauaufsichtsamt**
  3 BAA
- **Bauelement**
  2 BE
- **Bayerischer Rundfunk**
  2 BR
- **Beamter auf Lebenszeit**
  3 BAL

- **Begründung**
  4 Begr
- **Belgien, Holland, Luxemburg**
  7 BENELUX
- **belgischer Franc**
  3 bFr
- **Bemerkung**
  3 Bem
- **Berufsschullehrer**
  3 BSL
- **besonders**
  3 bes
- **betrifft**
  4 betr
- **bezahlt**
  2 bz
  3 bez
- **beziehungsweise**
  3 bzw
- **Bezirk**
  3 Bez
- **Bibelteil**
  2 AT, NT
- **Bildschirmarbeitsplatz**
  3 BAP
- **bitte wenden**
  2 bw
- **Blatt**
  2 Bl
- **Bogen**
  2 Bg
- **Branchentelefonbuch**
  3 BTB
- **Britische Luftwaffe**
  3 RAF
- **British Broadcasting Corporation**
  3 BBC
- **British Museum**
  2 BM
- **brutto**
  3 bto
  4 btto
- **Bruttoregistertonne**
  3 BRT
- **Bundesarbeitsgericht**
  3 BAG
- **Bundesautobahn**
  3 BAB
- **Bundesheer**
  2 BH
- **Bundesinnenministerium**
  3 BMI
- **Bundesrepublik Deutschland**
  3 BRD
- **Bundeswirtschaftsministerium**
  4 BMFW
- **Bürgerliches Gesetzbuch**
  3 BGB
- **Büstenhalter**
  2 BH
- **California** (USA)
  2 Ca
  3 Cal
- **Cent**
  1 c
  2 ct
- **Central Intelligence Agency**
  3 CIA
- **chemisch**
  4 chem
- **Chief Quarter**
  2 CQ
- **Christlich-Demokratische Union**
  3 CDU
- **Christlich-Soziale Union**
  3 CSU
- **circa**
  2 ca
- **Colorado** (USA)
  2 Co
  3 Col
- **Columbia** (USA)
  2 DC
- **Compagnie**
  2 Co
  3 Cie
- **Connecticut** (USA)
  2 Ct
  4 Conn
- **Corps consulaire**
  2 CC
- **Corps diplomatique**
  2 CD
- **cum tempore**
  2 ct
- **Dakota** (USA)
  3 Dak
- **dänische Krone**
  3 dkr
- **das heißt**
  2 dh
- **das ist**
  2 di
- **datiert**
  3 dat
- **Dativ**
  3 Dat
- **Delaware** (USA)
  2 De
  3 Del
- **der Ältere**
  3 dAe
- **der Große**
  3 dGr
- **der Jüngere**
  2 dJ
- **dergleichen**
  3 dgl
- **derzeit**
  2 dz
- **desgleichen**
  3 dto
  5 desgl
- **deutsch**
  2 dt
  5 dtsch
- **Deutsche Bundesbahn**
  2 DB
- **Deutsche Bundespost**
  2 BP
  3 DBP
- **Deutsche Demokratische Republik**
  3 DDR
- **Deutsche Industrie-Norm**
  3 DIN
- **Deutsche Landwirtschafts-Gesellschaft**
  3 DLG
- **Deutsche Lebens-Rettungs-Gesellschaft**
  4 DLRG
- **Deutsche Mark**
  2 DM
- **Deutsche Olympische Gesellschaft**
  3 DOG
- **Deutsche Presse-Agentur**
  3 dpa
- **Deutscher Alpenverein**
  3 DAV
- **Deutscher Entwicklungsdienst**
  3 DED
- **Deutscher Fußball-Bund**
  3 DFB

- **Deutscher Gewerkschaftsbund**
  3 DGB
- **Deutsches Arzneibuch**
  3 DAB
- **Deutsches Bundespatent**
  3 DBP
- **Deutsches Reichspatent**
  3 DRP
- **Deutsches Reisebüro**
  3 DER
- **Deutsches Rotes Kreuz**
  3 DRK
- **Dezibel**
  2 dB
- **Dinar**
  3 din
- **Diplom**
  4 Dipl
- **Diplomatisches Korps**
  2 CD
- **dito**
  3 dto
- **diverses**
  3 div
- **Doktor**
  2 Dr
- **Doppelzentner**
  2 dz
- **Dutzend**
  4 Dtzd
- **ebenda**
  3 ebd
- **Edition**
  2 Ed
- **ehemals**
  3 ehm
- **ehrenhalber**
  2 eh, hc
- **eigentlich**
  5 eigtl
- **Eilzug**
  1 E
- **eingetragener Verein**
  2 eV
- **Eisernes Kreuz**
  2 EK
- **Elektroenzephalogramm**
  3 EEG
- **Elektrokardiogramm**
  3 EKG
- **Elektronenvolt**
  2 eV
- **elektronische Spurhaltekontrolle**
  3 ETC
- **emeritus**
  2 em
- **englisch**
  4 engl
- **englische Luftwaffe**
  3 RAF
- **Erdgeschoss**
  2 EG
  4 Erdg
- **estnische Krone**
  3 EKR
- **et cetera**
  3 etc
- **Euer Ehren**
  2 EE
- **Eurocheque**
  2 EC
- **Eurocity**
  2 EC
- **Europäische Atomgemeinschaft**
  7 EURATOM
- **Europäische Freihandelszone**
  4 EFTA
- **Europäische Gemeinschaft**
  2 EG
- **Europäische Rechnungseinheit**
  3 ECU
- **Europäische Währungsunion**
  3 EWU
- **Europäische Weltraumbehörde**
  3 ESA
- **Europäische Wirtschaftsgemeinschaft**
  3 EWG
- **Europäische Zahlungsunion**
  3 EPU, EZU
- **Europäischer Fußballverband**
  4 UEFA
- **Europäischer Wirtschaftsrat**
  4 OEEC
- **Europäisches Fernsehen**
  10 Eurovision
- **Europäisches Währungsabkommen**
  3 EWA
- **Europameister**
  2 EM
- **Europaunion**
  2 EU
- **evangelisch**
  2 ev
- **Evangelische Kirche in Deutschland**
  3 EKD
- **eventuell**
  4 evtl
- **Exemplar**
  4 Expl
- **exklusive**
  4 exkl
- **Exzellenz**
  3 Exz
- **Fachgruppe**
  2 FG
- **Familie**
  3 Fam
- **ferner, folgende**
  2 ff
- **Fernschreibdienst**
  5 TELEX
- **Fernsehen**
  2 TV
- **Firma**
  2 Fa
- **Florida** (USA)
  2 Fl
  3 Fla
- **Flugbetrieb**
  2 FB
- **Fluss**
  2 Fl
- **folgende**
  1 f
- **Forint**
  2 Ft
- **fortissimo**
  2 ff
- **Franc**
  2 Fr
- **franko**
  2 fr
- **französisch**
  3 frz
- **Frau**
  2 Fr
- **Fräulein**
  3 Frl
- **Freie Demokratische Partei**
  3 FDP

- **Freie Deutsche Jugend**
  3 FDJ
- **Freikörperkultur**
  3 FKK
- **Fußball-Weltverband**
  4 FIFA
- **Fußballverein**
  2 FC, FK, FV
- **geboren**
  3 geb
- **Gebrüder**
  4 Gebr
- **gegebenenfalls**
  3 ggf
- **gegründet**
  4 gegr
- **Gemeinde**
  3 Gem
- **genannt**
  3 gen
- **Generalmusikdirektor**
  3 GMD
- **Genossenschaft**
  3 Gen
- **Georgia** (USA)
  2 Ga
- **geschieden**
  5 gesch
- **Geschwister**
  6 Geschw
- **gesehen**
  3 ges
- *eine* **Gesellschaftsform**
  2 AG, KG
  3 OHG
  4 GmbH
  5 eGmbH
- **Gesetzbuch**
  2 GB
- **gestorben**
  4 gest
- **Gewerbeordnung**
  4 GewO
- **gezeichnet**
  3 gez
- **Gleichstrom**
  2 GS
- **Golfclub**
  2 GC
- **Gran Turismo**
  2 GT
- **griechisch**
  2 gr
  6 griech
- **Grundgesetz**
  2 GG
- **Grundumsatz**
  2 GU
- **Handelsgesetzbuch**
  3 HGB
- **Handelsregister**
  2 HR
- **Hauptbahnhof**
  3 Hbf
- **Hauptstadt**
  5 Hptst
- **Hawaii** (USA)
  2 Ha
- **hebräisch**
  4 hebr
- **heilig**
  2 hl
- **Hektar**
  2 ha
- **Hektopond**
  2 HP
- **Herausgeber**
  2 Hg
  4 Hrsg
- **Herr**
  2 Hr
- **Herzogtum**
  4 Hzgt
- **Herztöne**
  2 HT
- **Hessischer Rundfunk**
  2 HR
- **Highfidelity**
  4 HiFi
- *eine* **Himmelsrichtung**
  2 NO, NW, SO, SW
  3 NNO, NNW, ONO, OSO, SSO, SSW, WNW, WSW
- **hoc est**
  2 he
- **holländisch**
  4 holl
- **Honorar**
  3 Hon
- **honoris causa**
  2 hc
- **ibidem**
  2 ib
- **Idaho** (USA)
  2 Id
- **idem**
  2 id
- **Ihre Hoheit**
  2 IH
- **Ihre Majestät**
  2 IM
- **Illinois** (USA)
  3 Ill
- **im Auftrag**
  2 iA
- **im Bau**
  2 iB
- **im Ganzen**
  2 iG
- **im Hause**
  2 iH
- **im Jahre**
  2 iJ
- **im Ruhestand**
  2 iR
- **im Wesentlichen**
  2 iW
- **Imperativ**
  3 Imp
- **Imperator Rex**
  2 IR
- **imprimatur**
  4 impr
- **in der Trockenmasse**
  3 iTr
- **in Vertretung**
  2 iV
- **Indiana** (USA)
  2 In
  3 Ind
- **Industrie- und Handelskammer**
  3 IHK
- **Industriegewerkschaft**
  2 IG
- **Ingenieur**
  3 Ing
- **Inhaber**
  3 Inh
- **inklusive**
  4 incl, inkl
- **Inland**
  3 Inl
- **Intercity**
  2 IC
- **Intercityexpress**
  3 ICE
- **Interessengemeinschaft**
  2 IG
- **international**
  3 int
- **internationale Arbeiterorganisation**
  3 IAO

- **Internationale Automobilausstellung**
  3 IAA
- **Internationale Fernmelde-Union**
  3 ITU, UTU
- **Internationale Flüchtlingsorganisation**
  3 IRO
- **Internationale Gartenbauausstellung**
  3 IGA
- **Internationale Kulturorganisation**
  6 UNESCO
- **Internationale Polizeiorganisation**
  8 INTERPOL
- **Internationaler Automobil-Verband**
  3 FIA
- **Internationaler Fußballverband**
  4 FIFA
- **Internationaler Kinderhilfsfonds**
  6 UNICEF
- **Internationaler Luftverkehrsverband**
  4 IATA
- **Internationaler Schriftstellerverband**
  3 PEN
- **internationaler Tennisverband**
  3 ATP
- **Internationales Olympisches Komitee**
  3 IOC, IOK
- **Internationales Rotes Kreuz**
  3 IRK
- **interne Arbeitsorganisation**
  3 IAO
- **Iowa** (USA)
  2 Ia
- **italienisch**
  4 ital
- **italienische Lira**
  3 Lit
- **Jahresnachweis**
  2 JN
- **Jahrgang**
  2 Jg
- **Jahrhundert**
  2 Jh
- **Jahrtausend**
  2 Jt
  3 Jtd
- **Jesuitenorden**
  2 SJ
- **Jugendherberge**
  2 JH
- **jugoslawische Münze**
  3 Din
- **junior**
  2 jr
  3 jun
- **Jurisprudenz**
  3 jur
- **kaiserlich-königlich**
  3 kuk
- **Kalifornien** (USA)
  2 Ca
  3 Cal
- **Kalorie**
  3 cal, Kal
- **Kandidat**
  4 cand
- **Kansas** (USA)
  2 Ks
  4 Kans
- **Kanton**
  2 Kt
- **Kapitel**
  3 Kap
- **Karteneinheit** (EDV)
  2 KE
- **kartoniert**
  4 kart
- **katholisch**
  4 kath
- **Kentucky** (USA)
  2 Ky
- **Kernkraftwerk**
  3 KKW
- **Kindertagesstätte**
  4 Kita
- **Klasse**
  2 Kl
- **knock-out**
  2 ko
- **Kommanditgesellschaft**
  2 KG
- **königlich**
  3 kgl
- **königliche Luftwaffe** (engl.)
  3 RAF
- **Königreich**
  3 Kgr
- **Konsularisches Korps**
  2 CC
- **Konto**
  3 Kto
- **Kopeke**
  3 Kop
- **Kraftfahrzeug**
  3 Kfz
- **Krone (Münze)**
  2 Kr
- **Kubikzentimeter**
  3 ccm
- **Landessozialgericht**
  3 LSG
- **Landesversicherungsanstalt**
  3 LVA
- **Landeszentralbank**
  3 LZB
- **Landkreis**
  2 LK
- **Landrat**
  2 LR
- **Landwirtschaftsorganisation der UN**
  3 FAO
- **Langspielplatte**
  2 LP
- **Lastenausgleich**
  3 LAG
- **Lastkraftwagen**
  3 Lkw
- **lateinisch**
  3 lat
- **laufend**
  3 lfd
- **laut**
  2 lt
- **ledig**
  3 led
- **Leinen**
  2 Ln
- **limited**
  3 ltd
- **linke Hand** (Musik)
  2 LH
- **Literatur**
  3 Lit
- **Löschfahrzeug**
  2 LF
- **Louisiana** (USA)
  2 La

- **lutherisch**
  4 luth
- **Madame**
  3 Mme
- **Mademoiselle**
  4 Mlle
- **Magister**
  3 Mag
- **Maine** (USA)
  2 Me
- **Männergesangverein**
  3 MGV
- **männlich**
  1 m
- **Manuskript**
  2 Ms
  4 Mskr
- **Mark**
  1 M
- **Markka**
  2 Mk
- **Maryland** (USA)
  2 Md
- **maskulin**
  4 mask
- **Massachusetts** (USA)
  2 Ma
  4 Mass
- **mathematisch**
  4 math
- **medizinisch**
  3 med
- **medizinisch-technische Assistentin**
  3 MTA
- **mehrfach**
  4 mhrf
- **Mehrzahl**
  2 Mz
- **meines Erachtens**
  2 mE
- **meines Wissens**
  2 mW
- **Meister**
  4 Mstr
- **Member of Parliament**
  2 MP
- **Mesdames**
  4 Mmes
- **Mesdemoiselles**
  5 Mlles
- **Messieurs**
  2 MM
- **mezzoforte**
  2 MF
- **Michigan** (USA)
  2 Mi
  4 Mich
- **Military Police**
  2 MP
- **Milliarde**
  2 Md
  3 Mrd
- **Milliliter**
  2 ml
- **Million**
  3 Mio
  4 Mill
- **Millisekunde**
  2 MS
- **Minister**
  3 Min
- **Minnesota** (USA)
  2 Mn
  4 Minn
- **Mississippi** (USA)
  2 Ms
  4 Miss
- **Missouri** (USA)
  2 Mo
- **Mister**
  2 Mr
- **Mistress**
  3 Mrs
- **mit anderen Worten**
  3 maW
- **Mitglied des Bundestages**
  3 MdB
- **Mitglied des Landtages**
  3 MdL
- **Mittelalter**
  2 MA
- **mitteleuropäische Sommerzeit**
  4 MESZ
- **mitteleuropäische Zeit**
  3 MEZ
- **mobiles Einsatzkommando**
  3 MEK
- **monatlich**
  3 mtl
- *einen* **Monatsnamen**
  3 Apr, Aug, Dez, Feb, Jan, Nov, Okt
  4 Febr, Sept
- **Monseigneur**
  3 Mgr
  4 Msgr
- **Monsieur**
  1 M
- **Monsignore**
  3 Mgr
  4 Mgre, Mons, Msgr
- **Montag**
  2 Mo
- **Montana** (USA)
  2 Mt
  4 Mont
- **motorisiert**
  3 mot
- **Motorrad**
  3 Krd, Mrd
- **Motorschiff**
  2 MS
- **Mount**
  2 Mt
- **nach Christus**
  4 nChr
- **Nachbemerkung**
  2 NB
- **Nachfolger**
  5 Nachf
- **Nachschrift**
  2 NS
- **Nationales Olympisches Komitee**
  3 NOK
- **Nationalität**
  3 Nat
- **Nebenbemerkung**
  2 NB
- **Nebenfluss**
  4 Nbfl
- **Nebraska** (USA)
  2 Nb
  4 Nebr
- **Negativ**
  3 Neg
- **netto**
  3 nto
- **Neues Testament**
  2 NT
- **Nevada** (USA)
  2 Nv
  3 Nev
- **New Jersey** (USA)
  2 NJ
- **New Mexico** (USA)
  2 NM
- **New York** (USA)
  2 NY
- **Niederfrequenz**
  2 NF

- **Nitroglyzerin**
  3 NGL
- **Nordatlantikpakt**
  4 NATO
- **Norddakota**
  2 ND
- **Norddeutscher Rundfunk**
  3 NDR
- **Norden**
  1 N
- **Nordwest**
  2 NW
- **Nordnordwest**
  3 NNW
- **Nordnordost**
  3 NNO
- **Nordrhein-Westfalen**
  3 NRW
- **Normalnull**
  2 NN
- **North Carolina** (USA)
  2 NC
- **nota bene**
  2 NB
- **November**
  3 Nov
- **Numero**
  2 No
- **Nummer**
  2 Nr
- **Oberbürgermeister**
  2 OB
- **Oberfinanzkasse**
  3 OFK
- **Oberlandesgericht**
  3 OLG
- **Oberpostdirektion**
  3 OPD
- **Oberverwaltungsgericht**
  3 OVG
- **Objekt**
  3 Obj
- **offene Handelsgesellschaft**
  3 OHG
- **offiziell**
  4 offz
- **Ohio** (USA)
  2 Oh
- **ohne Wert**
  2 oW
- **okay**
  2 ok
- **Oklahoma** (USA)
  2 Ok
  4 Okla
- **Operationscode**
  2 OC
- **Operationssaal**
  2 OP
- **Opus**
  2 op
- **Oregon** (USA)
  2 Or
  3 Ore
- **Organisation**
  3 Org
- **Organisation amerikanischer Staaten**
  3 OAS
- **Organisation für Erziehung, Wissenschaft und Kultur der UN**
  6 UNESCO
- **Österreichischer Rundfunk**
  3 ORF
- **osteuropäische Zeit**
  3 OEZ
- **pädagogisch**
  4 paed
- **Papierwährung**
  2 PW
- **Pennsylvania** (USA)
  2 Pa
- **per Adresse**
  2 pA
- **per mille**
  2 pm
- **per procura**
  2 pp
  3 ppa
- **Personenkraftwagen**
  3 Pkw
- **persönlich**
  4 pers
- **Pfennig**
  2 Pf
  3 Pfg
- **Pferdestärke**
  2 PS
- **philosophisch**
  4 phil
- **Plural**
  2 Pl
- **Position**
  3 Pos
- **positiv**
  3 pos
- **Postscheckamt**
  5 PSchA
- **Postskriptum**
  2 PS
- **Präsident**
  5 Praes
- **Privatdozent**
  2 PD
- **Professor**
  4 Prof
- **Provinz**
  4 Prov
- **Provision**
  4 Prov
- **Prozent**
  2 vH
- **Public Relations**
  2 PR
- **Punkt**
  3 Pkt
- **Quadratmeter**
  2 qm
- **Quadratzentimeter**
  3 qcm
- **Radio Bremen**
  2 RB
- **Rappen**
  2 Rp
- **Raummeter**
  2 RM
- **Redakteur**
  3 Red
- **Referendar**
  3 Ref
- **reformiert**
  3 ref
- **Regierung**
  3 Reg
- **Regierungsbezirk**
  5 RegBz
- **Registertonne**
  2 RT
- **Religion**
  3 Rel
- **Republik**
  3 Rep
- **République Française**
  2 RF
- **Rhein**
  2 Rh
- **Rheinland**
  4 Rhld
- **Rhesusfaktor**
  2 Rh

- **Rhode Island** (USA)
  2 RI
- **rinforzando**
  2 RF
- **Rotes Kreuz**
  2 RK
- **Royal Air Force**
  3 RAF
- **rund**
  2 rd
- *einen* **Rundfunksender**
  2 BR, DF, HR, SR
  3 MDR, NDR, SDR, SFB, SWF, WDR
  4 RIAS
- **russisch**
  4 russ
- **russische Münze**
  3 kop
- **Saarländischer Rundfunk**
  2 SR
- **Saint**
  2 St
- **Sainte**
  3 Ste
- **Samstag**
  2 Sa
- **Sankt**
  2 St
- **Santa**
  3 Sta
- **Santo**
  3 Sto
- **Schilling**
  3 Sch
- **Schweizerische Post**
  3 PTT
- **Seemeile**
  2 SM
- **Seenotruf**
  3 SOS
- **Segelschiff**
  2 SS
- **Seine Exzellenz**
  2 SE
- **Seine Majestät**
  2 SM
- **Seiner Majestät Schiff**
  3 SMS
- **Sender Freies Berlin**
  3 SFB
- **Senior**
  3 sen
- **Shilling**
  2 sh
- **Siedepunkt**
  2 SP
- **siehe oben**
  2 so
- **siehe unten**
  2 su
- **Sinfonie**
  4 Sinf
- **Singular**
  4 Sing
- **so viel wie**
  3 svw
- **South Carolina** (USA)
  2 SC
- **sowjetische Nachrichtenagentur**
  4 TASS
- **Sowjetunion**
  2 SU
  5 UdSSR
- **Sozialdemokratische Partei Deutschlands**
  3 SPD
- **Sozialistische Einheitspartei Deutschlands**
  3 SED
- **Sozialistische Sowjetrepublik**
  3 SSR
- **Spalte**
  2 Sp
- **spanisch**
  4 span
- **Sportclub**
  2 SC
- **Sportverein**
  2 SV
- **Sportvereine**
  3 TUS
- **Sportvereinigung**
  2 SV
- *einen* **Sprengstoff** (Trinitrotoluol)
  3 TNT
- **Steinkohleeinheit**
  3 SKE
- **Strafgesetzbuch**
  4 StGB
- **Strafprozessordnung**
  4 StPO
- **Straße**
  3 Str
- **Straßenverkehrsordnung**
  4 StVO
- **Stück**
  2 St
- **Stunde**
  3 Std
- **stündlich**
  4 stdl
- **Süddeutscher Rundfunk**
  3 SDR
- **Südostasienpakt**
  5 SEATO
- **Südsüdwest**
  3 SSW
- **Südwestfunk**
  3 SWF
- **Summa**
  2 SA
- **Tarifordnung**
  2 TO
- **tausend**
  3 tsd
- **technisch**
  5 techn
- **Technische Hochschule**
  2 TH
- **Technische Universität**
  2 TU
- **Telefon**
  3 Tel
- **Television**
  2 TV
- **Tennessee** (USA)
  2 Tn
  4 Tenn
- **Texas** (USA)
  2 Tx
  3 Tex
- **theologisch**
  5 theol
- **Titel**
  3 Tit, Ttl
- **Tonabnehmer**
  2 TA
- **topographische Karte**
  2 TK
- **Touringclub der Schweiz**
  3 TCS
- **Trans-Europ-Express**
  3 TEE
- **trigonometrischer Punkt**
  2 TP
- **Trinitrotoluol**
  3 TNT
- **Tschechische Republik**
  2 CR

- **Tschechoslowakei**
  4 CSSR
- **Tuberkulose**
  2 Tb
  3 Tbc
- **Turbinenantrieb**
  5 Turbo
- **Turbinenschiff**
  2 TS
- **Turn- und Sportverein**
  3 TuS
- **Turnerschaft**
  2 TS
- **ultimo**
  3 ult
- **Ultrakurzwelle**
  3 UKW
- **Ultraviolett**
  2 UV
- **unbekanntes Flugobjekt**
  3 Ufo
- **und dergleichen**
  4 udgl
- **und so weiter**
  2 pp
  3 etc, usw
- **Unfalldatenschreiber**
  3 UDS
- **Union der Sozialistischen Sowjetrepubliken**
  5 UdSSR
- **United Kingdom**
  2 UK
- **United Nations**
  2 UN
  3 UNO
- **United Press**
  2 UP
- **United Press International**
  3 UPI
- **United States**
  2 US
- **United States of America**
  3 USA
- **Universität**
  4 Univ
- **unseres Erachtens**
  2 uE
- **unseres Wissens**
  2 uW
- **unter anderem**
  2 ua
- **unter Umständen**
  2 uU
- **Unterhaltsbetrag**
  2 UB
- **Unteroffizier vom Dienst**
  3 UvD
- **ursprünglich**
  5 urspr
- **Utah** (USA)
  2 Uh, Ut
- **Valuta**
  3 val
- **Variation**
  3 Var
- **Verband der Kriegsbeschädigten**
  3 VdK
- **Verband Deutscher Elektrotechniker**
  3 VDE
- **Verband für Arbeitsstudien**
  4 REFA
- **Verein Deutscher Ingenieure**
  3 VDI
- **Vereinigte Arabische Emirate**
  3 VAE
- **Vereinigte Staaten von Amerika**
  3 USA
- **Vereinte Nationen**
  2 UN
  3 UNO
- **vergleiche**
  3 vgl
- **verheiratet**
  4 verh
- **Verlag**
  3 Vlg
- **Verrechnungseinheit**
  2 VE
- **Verwaltung**
  4 Verw
- **verwitwet**
  4 verw
- **Virginia** (USA)
  2 Va
- **Volksrepublik**
  2 VR
- **Volkswagen**
  2 VW
- **vom Hundert**
  2 vH
- **vom Tausend**
  2 vT
- **von oben**
  2 vo
- **vor Christus**
  4 vChr
- **vorigen Monats**
  2 vM
- **vormals**
  4 vorm
- **Vorsitzender**
  4 Vors
- **Vorstand**
  5 Vorst
- **Washington** (USA)
  2 Wa
- **Wasserklosett**
  2 WC
- **weiblich**
  1 w
- **Weltarbeitsorganisation**
  3 IAO
- **Weltgesundheitsorganisation**
  3 WHO
- **Weltkinderhilfswerk**
  6 UNICEF
- **Weltpostverein**
  3 UPU
- **Weltwetterorganisation**
  3 WMO
- **Westdeutscher Rundfunk**
  3 WDR
- **westeuropäische Zeit**
  3 WEZ
- **westliches Verteidigungsbündnis**
  4 NATO
- **Wiederholung**
  2 Wh
  4 Whlg
- **Witwe**
  3 Wwe
- **Zentiliter**
  2 cl
- **Zentimeter**
  2 cm
- **zirka**
  2 ca
- **zivil**
  3 ziv
- **Zivilprozessordnung**
  3 ZPO
- **zu Händen**
  2 zH
- **Zugmaschine**
  2 ZM

- **zum Beispiel**
  2 zB
- **zum Teil**
  2 zT
- **zurzeit**
  2 zz
  3 zZt
- **zusammen**
  3 zus
- **zuzüglich**
  3 zuz
  4 zzgl
- **Zweites Deutsches Fernsehen**
  3 ZDF
- **zwischen**
  2 zw

Ablage
4 Bord
6 Archiv
9 Garderobe
11 Registratur
Ablagemappe
6 Ordner
11 Aktendeckel
Ablagerung
4 Satz
6 Sinter
8 Sediment
9 Bodensatz
Ablagerung des Pleistozäns
5 Loess
Ablass
9 Indulgenz
Ablassprediger
6 Tetzel
Ablauf
4 Zeit
5 Folge, Rinne
8 Handlung, Programm
11 Mechanismus
Ableben
3 Tod
6 Exitus
Ablegen eines Ordensgelübdes
7 Profess
Ableger
6 Senker, Spross
11 Sproessling
Ablehner
9 Verneiner
Ablehnung
3 nie
4 nein
6 Absage, Refues
7 niemals
Ablehnung des Krieges
10 Pazifismus
Ableitung
8 Nachweis
9 Deduktion
10 Herleitung
Ablenkung
7 Abdrift, Beugung
8 Brechung
10 Aberration
11 Zerstreuung
Ableugnung
6 Abrede
11 Bestreitung
Ablieferungsstelle
5 Depot
Abmachung ► Abkommen
Abmagerungsmaßnahme
5 Diaet
9 Fastenkur
Abmessung
6 Format
7 Groesse
9 Dimension, Dosierung
Abmessungsbegriff
5 Hoehe, Tiefe
6 Breite, Laenge
7 Volumen
Abnäher
8 Keilnaht
Abnahme
4 Kauf
7 Schwund, Verlust
9 Minderung, Nachfrage
12 Verminderung
Abnehmen des Bartes
5 Rasur
abnehmend
9 degressiv
Abnehmer
5 Kunde
7 Kaeufer
9 Konsument
11 Verbraucher
12 Auftraggeber
Abneigung
4 Hass
5 Unmut
6 Unlust
7 Abscheu
8 Aversion
10 Antipathie, Widerwille
Abonnent
8 Bezieher
Abordnung
10 Delegation, Vertretung
Abort
2 WC
5 Lokus
7 Abtritt, Klosett, Latrine, Pissoir
Abrahams ...
- **Frau**
  4 Sara
  5 Sarah
- **Sohn**
  5 Isaak
  6 Ismael

Abraum
6 Abfall, Schutt
Abrechnung
5 Fazit, Rache
6 Bilanz
11 Liquidation
Abrede
7 Dementi
8 Leugnung, Widerruf
10 Ableugnung
11 Bestreitung
12 Vereinbarung
Abreibung
4 Haue
5 Senge
7 Pruegel
8 Frottage
abrichten
7 zaehmen
Abrichter von Tieren
8 Dompteur, Dresseur
13 Tierbaendiger
17 Raubtierbaendiger
Abriegelung
5 Kette
6 Kordon
Abriss
4 Plan
6 Lay-out, Skizze
7 Entwurf
8 Lehrbuch
9 Demontage, Leitfaden, Zeichnung
10 Kompendium
Abrüstung
15 Demobilisierung
Absage
4 Nein

Absatz
5 Markt
6 Alinea, Hacken, Sockel
7 Verkauf
9 Nachfrage, Paragraph
Absatz in Quellen
6 Sinter
Absatzgestein
6 Sinter
Absatzkartell
8 Syndikat
absatzloser Schuh
6 Opanke
8 Mokassin
Absatzpolitik
9 Marketing
Absauggerät
8 Absorber
9 Exhaustor
Abschattung
6 Nuance
abschätzig für ...
· **Beamter**
9 Buerokrat
· **Gedicht**
4 Poem
· **Geld**
6 Mammon
· **Reichtum**
6 Mammon
· **Zeitung**
7 Gazette
Abschaum
3 Mob
6 Poebel
8 Gesindel
Abscheu
4 Ekel
5 Graus
6 Grauen, Greuel, Horror
7 Graeuel, Grausen
8 Schauder
9 Entsetzen
10 Widerwille
abscheulich
5 eklig
12 widerwaertig
Abschicken von Waren
7 Versand
Abschied
7 Weggang
8 Laufpass, Scheiden, Trennung
Abschiedsgruß
3 ade
4 ciao
5 adieu, valet
6 Servus
8 Lebewohl
Abschlag
6 Rabatt, Skonto
7 Disagio
Abschlag beim Fußball
7 Abstoss
abschlägige Antwort
► Ablehnung
Abschlagszahlung
4 Rate
9 Vorschuss
abschließend
9 definitiv
10 endgueltig
Abschluss
4 Coda, Ende
5 Reife
6 Bilanz, Finale, Finish, Sperre
8 Ergebnis, Resultat
11 Endergebnis
Abschlusskante
4 Rand
Abschlussprüfung
6 Abitur, Examen
Abschlussrand
5 Kante
Abschlussraum in Kirchen
5 Apsis
Abschmelzen bei Gletschern
8 Ablation
Abschnitt
5 Kupon, Phase
6 Coupon, Etappe, Passus, Sektor, Spanne
7 Segment, Sektion, Stadium
9 Paragraph
10 Zeitspanne
12 Streckenteil
Abschnitt ...
· *eines* **Arbeitstages**
7 Schicht
· *einer* **Bahnlinie**
7 Strecke
· *eines* **Buches**
7 Kapitel
· *einer* **Entwicklung**
5 Phase
· *eines* **Gesetzes**
7 Artikel
9 Paragraph
· *einer* **Jahreszeit**
11 Herbstmonat
· *des* **Korans**
4 Sure
· *des* **Lebens**
5 Alter
6 Jugend
· *eines* **Schriftsatzes**
6 Passus
· *eines* **Schriftstücks**
9 Paragraph
· *im* **Sport**
4 Bahn, Lauf, Satz
5 Runde, Spiel
7 Drittel
8 Halbzeit
9 Durchgang
· *eines* **Zinsscheins**
5 Kupon
6 Coupon
Abschrägung im Holz
4 Fase
Abschreibung
12 Amortisation
Abschrift
5 Kopie
6 Doppel
8 Duplikat
11 Durchschlag
12 Zweitschrift
Abschürfung
8 Hautriss, Schramme
abschüssig
4 jaeh
5 steil
7 schroff
Abschwächung
10 Maessigung
12 Deeskalation
Abschweifung
6 Exkurs
9 Abstecher
abseits
4 fern
5 neben
8 entfernt, entlegen
9 abgelegen
Absender
9 Adressant, Expedient
Absetzung
9 Enthebung
10 Entlassung
Absicht
4 Idee, Plan, Ziel

5 Wille, Zweck
6 Taktik
7 Vorsatz
8 Vorhaben
9 Intention
10 Konzeption

Absichtsvorhaben
8 Planziel

absolut
4 ewig, ganz
7 restlos, voellig
8 durchaus
9 gaenzlich, unbedingt
10 ganz und gar
13 bedingungslos, unumschraenkt

absoluter Superlativ
6 Elativ

Absolution
12 Lossprechung

Absolutismus
16 Alleinherrschaft

Absolvent
9 Pruefling

Absolvent einer Hochschule
10 Akademiker

absonderlich
6 bizarr
7 abstrus, seltsam, skurril
11 exzentrisch, merkwuerdig, verschroben

Absonderlichkeit
8 Kuriosum

Absonderung
4 Harn
5 Eiter, Galle
6 Inkret, Sekret
7 Abszess, Schleim
8 Schweiss, Speichel, Trennung
9 Isolation, Sekretion, Sezession
10 Isolierung
11 Abstraktion, Quarantaene
12 Ausscheidung, Internierung

Absonderung ...
- *von* **Bienen**
5 Wachs
- *von* **Infektionsverdächtigen**
11 Quarantaene
- *der* **Leber**
5 Galle
- *der* **Speicheldrüse**
8 Speichel

Absonderungsorgane
7 Druesen

Abspannung
9 Ermattung, Ermuedung
10 Muedigkeit
12 Erschoepfung

Absperrarmatur
6 Ventil

Absperrorgan
7 Armatur

Absperrung
4 Zaun
6 Gatter, Gitter, Klappe, Kordon, Riegel, Ventil
8 Barriere, Blockade, Schieber
10 Schlagbaum, Umzaeunung
11 Postenkette

Abspielgerät für Compactdiscs
8 CD-Player

Abspielgerät für Schallplatten
14 Plattenspieler

Absprache
8 Abkommen, Einigung
9 Abmachung
12 Vereinbarung
13 Uebereinkunft
14 Uebereinkommen

Absprung
5 Start

Absprunganlage (Skisport)
13 Sprungschanze

Absprunggerät
10 Fallschirm

Abstammung
7 Abkunft
8 Herkunft
9 Herkommen
10 Deszendenz, Provenienz

Abstammungsnachweis
9 Stammbaum

Abstand
6 Luecke
7 Distanz
9 Intervall
10 Entfernung
14 Zurueckhaltung

Abstandsminderung
11 Annaeherung

Abstecher
4 Trip
5 Umweg
6 Exkurs
7 Ausflug

Abstellraum
6 Garage, Kammer, Keller, Remise
7 Abseite
8 Schuppen
12 Rumpelkammer

Abstieg
10 Niedergang

Abstimmung
4 Wahl
8 Wahlgang
9 Plebiszit
11 Akklamation
12 Hammelsprung, Koordination
14 Volksbefragung

abstoßend
4 fies
8 repulsiv
13 unsympathisch

abstrakt
6 irreal
10 unwirklich
11 begrifflich, theoretisch

Abstraktion
15 Begriffsbildung

Abstreitender
7 Leugner

Abstufung
3 Ton
4 Grad
6 Nuance

Absud
3 Sud
6 Dekokt
7 Extrakt
9 Abkochung

absurd
7 grotesk
8 unsinnig
9 ungereimt
10 sinnwidrig
11 widersinnig
13 hirnverbrannt

Abszess
8 Furunkel

Abt von Cluny
5 Berno, Odilo

Abtei
7 Kloster
12 Klosterstift
Abtei ...
· *bei* **Garmisch**
5 Ettal
· *in* **Oberbayern**
5 Ettal
· *in* **Oberfranken**
4 Banz
· *in* **Österreich**
4 Melk
13 Kremsmuenster
· *im* **Schwarzwald**
10 Sankt Peter
12 Sankt Blasien
Abteil
5 Coupé, Kupee
6 Kabine
Abteilung
4 Fach
5 Rotte
6 Gruppe, Rubrik, Sparte
7 Ressort, Sektion
8 Distrikt
Abteilungsleiter (Druckerei)
6 Faktor
Abtragen einer Schuld
7 Tilgung
12 Amortisation
Abtragung der Erdoberfläche
7 Erosion
Abtransport
6 Abfuhr
8 Abholung
abtrennbare Blätterlage
5 Block
Abtrennung eines Körperteils
10 Amputation
Abtreten von der Bühne
6 Abgang
Abtretung
7 Abandon, Zession
12 Ueberlassung
Abtrieb
9 Abholzung
10 Kahlschlag
Abtritt
2 WC
3 Klo
5 Abort
7 Latrine
8 Toilette
Abtrünniger
6 Ketzer
7 Apostat, Renegat
9 Verraeter
10 Haeretiker
12 Schismatiker
Abwandlung
5 Abart
8 Variante
9 Variation
10 Abweichung, Modulation
12 Modifikation
abwärts
5 herab, hinab
6 nieder
8 hinunter
Abwärtsneigung
8 Gefaelle
abwaschbare Papiertapete
9 Linkrusta
Abwasseranlage
5 Kanal
10 Rieselfeld
12 Kanalisation
Abwasserkanal
4 Siel
6 Kloake
Abwasserreinigung
11 Klaeranlage
Abwasserrinnstein
5 Gosse
abwechselnd
10 alternativ
11 umschichtig
Abwechslung
9 Ablenkung
abwechslungslos
3 oed
5 trist
8 einerlei
10 langweilig
Abwehr
6 Parade
9 Defensive, Resistenz
10 Widerstand
12 Verteidigung
Abwehrstoff im Körper
11 Antikoerper
abweichend
6 abnorm, anomal
7 deviant
8 abnormal
abweichende Spielart
8 Variante
Abweichler
9 Dissident
Abweichung
6 Exkurs, Nuance
9 Parallaxe
10 Aberration
abweisend
5 eisig, kuehl
12 verschlossen, widerborstig
Abwendung
6 Abkehr
abwerten
11 herabsetzen
abwertend für ...
· **Deutscher**
6 Piefke
· **dick**
4 fett
· **dicker Bauch**
5 Wampe, Wanst
· **korpulent**
4 fett
· **Malerarbeit**
8 Pinselei
· **Pferd**
4 Gaul
Abwertung
9 Minderung
11 Devalvation
abwesend
3 weg
4 fort
6 absent
9 unterwegs, zerstreut
12 unaufmerksam
Abwesenheit
6 Absenz
Abwesenheitsbeweis
5 Alibi
Abwicklung
11 Liquidation
Abzahlung
4 Rate
7 Tilgung
12 Amortisation
Abzeichen
5 Fahne, Nadel
6 Bouton, Emblem, Symbol, Wappen
8 Plakette, Schleife, Sinnbild
9 Insignien, Insignium

10 Ehrennadel
12 Anstecknadel, Ehrenzeichen
Abziehen
11 Subtraktion
Abzug (▶ auch Abschrift)
5 Kopie
6 Dekort, Doppel, Rabatt, Skonto
7 Diskont
8 Kuerzung
Abzug am Gewehr
4 Hahn
Abzug vom Darlehen
6 Damnum
abzüglich
4 ohne
5 minus
7 weniger
Abzugsgraben
4 Dole
6 Rigole
7 Abfluss
Abzugskanal
5 Kamin
6 Kloake
11 Schornstein
abzuziehende Zahl
10 Subtrahend
Abzweigung
3 Ast
5 Gabel
8 Gabelung, Kreuzung, Kreuzweg
Achsel
8 Schulter
Achselstück
9 Epaulette
Achsnagel
6 Luense
Acht
4 Bann
6 Verruf
8 Aechtung
10 Ausschluss, Verdammung
11 Ausstossung, Verstossung
achtbar
9 ehrenhaft
achtbare Würde
10 Ehrsamkeit
achte Tonleiterstufe
6 Oktave
Achteck
7 Oktogon
achtel Bogengröße
5 Oktav
Achtelkreis
6 Oktant
ächten
8 verfemen
11 brandmarken
Achtflächner
8 Oktaeder
achtlos
12 leichtfertig, unaufmerksam, unvorsichtig
achtsam
9 umsichtig
10 vorsichtig
achtstimmiges Musikstück
6 Oktett
Achtung
4 Ehre
6 Obacht, Wuerde
7 Ansehen, Geltung, Pietaet, Respekt
8 Renommee, Vorsicht
10 Vorbedacht
12 Ehrerbietung
14 Hochschaetzung
Ächtung
4 Acht, Bann
10 Ausschluss
11 Verstossung
Achtung erweisen
5 ehren
Achtungserweis
6 Ehrung
Acker
4 Feld, Land
Ackerbau
10 Agrikultur
Ackerbaubetrieb (USA)
4 Farm
Ackerbaukunde
9 Agronomie
Ackerertrag
5 Ernte
Ackerfrucht
6 Rueben
7 Gemuese
10 Kartoffeln
Ackergerät ▶ Landwirtschaftsgerät
Ackergrenze
4 Rain
Ackerknecht
3 Enk
Ackerknolle
8 Erdapfel
9 Kartoffel
Ackerkrume
5 Humus
10 Muttererde
Ackerland
4 Feld
Ackermaß
4 Rute
6 Morgen
Ackerpferd
4 Gaul
Ackerrand
4 Rain
8 Feldsaum
10 Feldgrenze, Flurgrenze
Ackerrinne
6 Furche
Ackerschädling
15 Kartoffelkaefer
Ackerstreifen
6 Gewann
Ackerunkraut
4 Mohn, Rade
5 Lolch, Miere, Segge, Simse, Winde
6 Distel, Quecke, Trespe, Twalch
8 Hederich, Kornrade
9 Gauchheil
10 Ackerroete, Knoeterich, Kreuzkraut
Adams Frau
3 Eva
6 Lilith
Adaption
9 Anpassung
10 Gewoehnung
Additionsergebnis
5 Summe
Additionszeichen
4 plus
ade
5 adieu
8 Lebewohl
Adebar
6 Storch
Adel
8 Noblesse
12 Aristokratie
Adelsprädikat
2 zu

3 von, zum
Adelsstand ► Adel
Adelstitel
4 Edle, Graf
5 Baron, Edler, Prinz
6 Freiin, Fuerst, Herzog, Ritter
7 Baronin, Graefin
8 Baroness, Burggraf, Freifrau, Freiherr, Fuerstin, Herzogin, Landgraf, Markgraf
9 Kurfuerst, Pfalzgraf
Ader
4 Vene
5 Aorta
7 Arterie
Aderverhärtung
8 Sklerose
Adjektiv
7 Beiwort
Adlatus
6 Helfer
7 Adjunkt, Famulus, Gehilfe
Adler
3 Aar
Adlernest
5 Horst
Adlerstein
5 Aetit
adlig
4 edel
5 nobel
7 vornehm
Adlige am Hof
7 Hofdame
8 Edeldame
Administration
10 Verwaltung
Adoration
8 Anbetung
13 Vergoetterung
Adressant
8 Absender
Adressat
10 Empfaenger
Adresse
9 Anschrift
adrett
4 nett
6 sauber
8 gepflegt
10 ordentlich
11 sympathisch
Adriahafen
4 Bari, Pola, Pula
5 Fiume, Kotor, Split, Trani
6 Ancona, Durres, Pesaro, Ragusa, Rijeka, Rimini, Triest, Trogir
7 Pescara, Spalato, Venedig
8 Brindisi, Molfetta
9 Dubrovnik
Adriahalbinsel
7 Istrien
Adriainsel
2 Iz
3 Ist, Krk, Pag, Rab, Vir, Vis, Zut
4 Brah, Cres, Hvar
6 Kornat, Losinj
7 Korcula
Adriawind
4 Bora
Adriazufluss
7 Rubikon
Adstringens
5 Alaun
Adverb
2 da
3 nie, nun, oft
4 bald, dort, ganz, hier, mehr, sehr, viel
5 daran, darin, nicht, wenig
6 damals, danach, selten
12 Umstandswort
Advokat
6 Anwalt
12 Rechtsanwalt
Aeronaut
10 Luftfahrer
12 Luftschiffer
Aeroplan
8 Flugzeug
Affäre
7 Skandal, Vorfall
9 Sensation
10 Streitfall
11 Kontroverse, Streitsache
12 Streitigkeit
Affekt
7 Gefuehl, Wallung
8 Erregung
9 Aufregung
12 Leidenschaft
15 Gemuetsbewegung
affektiert
5 eitel
7 geziert
11 aufgeblasen, gekuenstelt
12 unnatuerlich
Affenart
3 Lar
4 Lori, Maki, Vari
5 Drill, Indri, Katta, Lemur, Magot, Makak, Potto
6 Babuin, Gibbon, Pavian, Rhesus
7 Gorilla, Mangabe, Siamang
8 Mandrill, Wollaffe
9 Gruenaffe, Kapuziner, Meerkatze, Ohrenmaki, Orang-Utan
10 Baerenmaki, Bruellaffe, Fingertier, Rhesusaffe, Schimpanse
11 Klammeraffe
Affenbrotbaum
6 Baobab
affig ► affektiert
Affinität
14 Verwandtschaft
afghanisch(e, er, es) ...
· **Hochgebirge**
10 Hindukusch
· **Münze**
3 Pul
7 Afghani
· **Wüste**
8 Registan
Afrikaforscher
5 Barth
6 Peters, Rohlfs
7 Stanley
8 Wissmann
9 Bernatzik, Nachtigal
11 Livingstone
afrikanisch(e, er, es) ...
· **Affenbrotbaum**
6 Baobab
· **Antilope**
4 Kudu
6 Impala
· **Berg**
3 Kon, Sil, Ulu, Zab
4 Kibo, Meru
5 Dendi, Kenia, Kollo, Tahat

7 Kirunga, Mawensi
8 Komsberg, Kuroworo
9 Brandberg, Nimbaberg, Ruwenzori, Tafelberg, Waterberg
10 Keeromberg, Schneeberg, Zwarteberg
11 Kamerunberg
14 Kilimandscharo

· **Bergland**
8 Usambara

· **Bier**
5 Pombe
6 Panibe

· **Brotgetreide**
5 Hirse

· **Buckelrind**
4 Zebu

· **Buschkatze**
6 Serval

· **Dickhäuter**
7 Elefant, Nashorn
8 Nilpferd
10 Flusspferd, Rhinozeros

· **Eiche**
5 Iroko

· **Feigenbaum**
8 Sykomore

· **Flussmündung**
8 Nildelta

· **Furnierholz**
5 Limba

· **Gebirge**
3 Rif
5 Atlas
6 Hoggar
7 Ahaggar, Habesch
9 Antiatlas, Ruwenzori
13 Witwatersrand

· **Geheimbund**
6 Mau-Mau

· **Getreidepflanze**
5 Hirse

· **Giftschlange**
5 Mamba
9 Puffotter

· **Hafenstadt**
3 Eil
4 Bata, Bone, Ehil, Ifni, Lome, Oran, Safi, Sfax, Sues, Suez, Susa
5 Accra, Beira, Ceuta, Dakar, Derna, Duala, Kribi, Lagos, Rabat, Sirte, Tunis
6 Agadir, Algier, Annaba, Bissau, Durban, Luanda, Meregh, Tanger, Tetuan, Tobruk
7 Bengasi, Bizerta, Conakry, Djibouti, Hurgada, Kenitra, Larache, Mombasa
8 Bathurst, Kapstadt, Misurata, Monrovia, Port Said, Tripolis
9 Dschibuti
10 Alexandria, Casablanca, Daressalam, Libreville, Mogadischu

· **Halbinsel**
5 Sinai

· **Hartholz**
6 Makore

· **Hauptstadt**
4 Lomé
5 Accra, Dakar, Kairo, Lagos, Rabat, Tunis
6 Algier, Bamako, Bangui, Banjul, Bissau, Harare, Jaunde, Kigali, Luanda, Lusaka, Maputo, Maseru, Niamey
7 Abidjan, Conakry, Djibuti, Entebbe, Kampala, Karthum, Mbabane, Nairobi, St. Denis, Windhuk
8 Fort Lamy, Freetown, Kinshasa, Lilongwe, Mafeking, Monrovia, Ndjamena, Pretoria, Tripolis, Usumbura, Wagadugu, Windhoek
9 Bujumbura, Dschibuti, Gaberones, Porto Novo, Salisbury
10 Addis Abeba, Libreville, Mogadischu, Nouakchott
11 Brazzaville, Ouagadougou, Santa Isabel
12 Antananarivo

· **Heilpflanze**
4 Aloe

· **Hochebene**
5 Barka

· **Horntier**
3 Gnu
4 Kudu, Zebu
6 Ducker
7 Bueffel, Gazelle, Nashorn
8 Antilope
10 Hartebeest

· **Huftier**
5 Okapi, Zebra
6 Quagga
7 Giraffe

· **Insel**
5 Mafia, Palma, Pemba
7 Annabon, Canaria
8 Principe, Sansibar
9 Lanzarote, Mauritius, Teneriffa
10 Madagaskar, Seychellen
11 Fernando Poo, Gran Canaria, Ile de France, Sankt Helena
13 Fuerteventura

· **Kropfstorch**
6 Marabu

· **Kuhantilope**
3 Gnu

· **Landschaft**
5 Sudan
6 Nubien
8 Kalahari, Usambara
13 Otavibergland

· **Laufvogel**
7 Strauss

· **Liliengewächs**
4 Aloe

· **Marder**
7 Zorilla

· **Möbelholz**
6 Makoré

· **Musikinstrument**
5 Sanga
7 Marimba

· **Naturschutzgebiet**
8 Kalahari
9 Serengeti
19 Krueger Nationalpark

· **Palmenart**
3 Ita

· **Panzerechse**
8 Krokodil

· **Politiker**
5 Obote

· **Raubtier**
5 Loewe
6 Serval

· **Reisegesellschaft**
6 Safari

· **Runddorf**
4 Kral
· **Salzsumpf**
6 Schott
· **Sandsturm**
6 Haboob
· **See**
7 Abaisee, Debosee, Edkusee, Kiwusee, Merusee, Tanasee
8 Ngamisee, Rukwasee, Tafelbai
9 Albertsee, Bittersee, Burlussee, Dilolosee, Edwardsee, Kwaniasee, Manokasee, Mariutsee, Njassasee, Nyassasee, Rudolfsee, Tschadsee
10 Leopoldsee, Schirwasee
11 Mensalehsee, Viktoriasee
12 Bangweolosee
13 Tanganjikasee, Tanganyikasee
· **Siedlervolk**
5 Buren
· **Sprache**
3 Ewe, Ful, Gur, Ibo, Kru, Kwa
4 Nuba, Nupe, Xosa, Zulu
5 Bantu, Ngala, Tonga, Wadai
6 Amhara, Haussa, Herero, Joruba, Massai, Somali, Tuareg, Yoruba
7 Kirundi, Suaheli, Turkama
8 Mandingo
9 Afrikaans, Amharisch, Kabylisch, Kisuaheli
14 Hottentottisch
· **Sprachgruppe**
5 Bantu
· **Staat**
4 Mali, Togo
5 Benin, Gabun, Ghana, Kenia, Kenya, Kongo, Niger, Sudan
6 Angola, Gambia, Guinea, Libyen, Malawi, Ruanda, Sambia, Tschad, Uganda
7 Burundi, Kamerun, Lesotho, Liberia, Marokko, Namibia, Nigeria, Senegal, Somalia
8 Aegypten, Algerien, Botswana, Mosambik, Simbabwe, Tansania, Tunesien
9 Mauritius, Swasiland
10 Aethiopien, Basutoland, Madagaskar, Moçambique, Suedafrika
11 Burkina Faso, Mauretanien, Sierra Leone
12 Guinea-Bissau
15 Elfenbeinkueste
16 Sao Tomé e Príncipe
· **Stamm**
3 Ado, Dor, Ewe, Fan, Ibo, Yao
4 Hutu, Nuba, Zulu
5 Bantu, Masai, Swasi, Tutsi
6 Basuto, Batuti, Berber, Dahome, Haussa, Herero, Joruba, Libyer, Massai, Mauren, Nubier, Owambo, Somali, Tuareg, Ubangi, Waluta
7 Basundi, Kabylen, Kaffern, Suaheli, Watussi
8 Beduinen, Mandingo, Pygmaeen
10 Aethiopier, Madegassen
11 Betschuanen
12 Buschmaenner, Hottentotten
· **Stechfliege**
6 Tsetse
12 Wadenstecher
· **Steppenhuftier**
5 Zebra
· **Storch**
4 Ibis
· **Tier**
3 Gnu
4 Affe, Kudu, Zebu
5 Loewe, Okapi, Zebra
6 Ducker, Gepard, Hyaene, Pavian, Quagga, Serval
7 Bueffel, Elefant, Gazelle, Giraffe, Gorilla, Leopard, Nashorn, Schakal
8 Antilope, Krokodil
9 Erdferkel
10 Flusspferd, Hartebeest, Schimpanse
12 Elenantilope
13 Warzenschwein
· **Urwaldhospital**
9 Lambarene
· **Viehseuche**
6 Nagana
· **Vogel**
4 Ibis, Jako
6 Marabu
7 Trongon
8 Bandfink
9 Goldweber, Sekretaer
10 Feuerweber
11 Graupapagei, Madenhacker
· **Vulkan**
4 Fako, Meru
· **Waldgiraffe**
5 Okapi
· **Wasserfall**
8 Victoria
· **Wildpferd**
5 Zebra
· **Wildreservat**
9 Serengeti
· **Wüste**
3 Lut
5 Namib
6 Sahara
8 Kalahari
· **Wüstensturm**
5 Samum
· **Zwergvolk**
3 Efe
8 Pygmaeen

afroamerikanischer Tanz
5 Stomp

Ägäische Inseln
3 Kos
5 Kreta, Korfu
6 Rhodos
8 Kykladen, Sporaden

Agamemnons ...
· **Frau**
13 Klytaemnestra
· **Sohn**
5 Orest
7 Orestes
· **Tochter**
7 Elektra
9 Iphigenie

Agavenart
4 Aloe

Agavenbranntwein
6 Meskal
Agavenfaser
5 Sisal
Agent
5 Spion
7 Spitzel
9 Vertreter
11 Mittelsmann
12 Kundschafter
Agentengruppe
12 Spionagering
Agententätigkeit
8 Spionage
Aggregatzustand
3 Eis, Gas
4 fest
5 Dampf
6 Plasma
8 fluessig
10 gasfoermig
Aggressor
8 Eroberer
9 Angreifer, Bezwinger
agil
4 rege
6 regsam, wendig
9 beweglich
Agitation
5 Hetze
12 Aufwiegelung
Agitator
6 Hetzer
10 Aufwiegler
Agonie
10 Todeskampf
Agreement
8 Abkommen
9 Abmachung
13 Uebereinkunft
Agrikultur
8 Ackerbau
14 Landwirtschaft
ägyptisch(e, er, es) ...
· **Bauer**
6 Fellak
8 Fellache
· **Baumwolle**
4 Mako
· **Bauwerk**
6 Sphinx
7 Obelisk
8 Pyramide
· **Bilderschrift**
12 Hieroglyphen
· **Exkönig**
5 Faruk
· **Friedensnobelpreisträger**
5 Sadat
· **Gebirge**
5 Sinai
· **General**
5 Nabib
· **Gott**
2 Ra, Re
3 Mat
4 Amun, Seth, Thot
5 Ammon
6 Anubis, Osiris
· **Gottheit**
3 Geb
· **Göttin**
4 Isis
· **Hafenstadt**
4 Sues, Suez
6 Abukir, el Duba, Kosser
7 Kosseir, Rosetta
8 Ismailia, Port Said
10 Alexandria
· **Halbinsel**
5 Sinai
· **Hauptgott von Karnak**
4 Amun
· **König(in)**
4 Teje
5 Faruk
6 Cheops, Ramses
8 Berenike, Echnaton, Tutmosis
9 Kleopatra, Nofretete
11 Tutenchamun
· **Königstitel**
6 Pharao
· **Münze**
7 Piaster
· **Politiker**
5 Sadat
6 Nasser
7 Mubarak
· **Pyramiden**
6 Cheops
7 Chefren
9 Mykerinos
· **Stadt am Nil**
6 Assuan
· **Strom**
3 Nil
· **Wasserstraße**
9 Sueskanal, Suezkanal
Ahle
6 Pfriem
Ahn
7 Vorfahr
10 Vorgaenger
Ahnenforschung
10 Genealogie
Ahnentafel
9 Stammbaum
Ahnherr
10 Stammvater
ähnlich
6 analog
8 verwandt
ähnliches Wesen
8 Ebenbild
Ähnlichkeit
10 Affinitaet
Ahnung
4 Idee
8 Instinkt, Verdacht
9 Vermutung
10 Mutmassung
Ährenborste
6 Granne
Ährenbündel
5 Garbe
akademisch(e, er, es) ...
· **Abkürzung**
2 Dr, em, hc, MA
3 jur, Lic, med
4 Dipl, phil, Prof
5 habil, theol
· **Behörde**
5 Senat
· **Examensnote**
4 rite
8 cum laude
13 magna cum laude, summa cum laude
· **Grad in England**
6 Master
· **Halbjahr**
8 Semester
· **Titel**
5 Dekan
6 Doktor, Dozent
8 Magister
9 Professor
Akazie
7 Robinie
Akkordeon
13 Ziehharmonika
15 Schifferklavier

Akkordlohn (im Bergbau)
7 Gedinge
akkurat
5 exakt, genau
7 praezis
11 sorgfaeltig
12 gewissenhaft
Akne
8 Mitesser
Akquisiteur
6 Werber
Akquisition
4 Kauf
6 Erwerb
7 Einkauf
11 Anschaffung
Akrobat
6 Artist
Akt
5 Szene
6 Aufzug
7 Vorgang
8 Handlung
9 Massnahme
10 Dramenteil
16 Nacktdarstellung
Akte
7 Urkunde
8 Dokument
9 Protokoll
13 Schriftstueck
Aktenaufschrift
6 Rubrum
Aktenbündel
7 Dossier
8 Faszikel, Konvolut
Aktenhefter
6 Ordner
Aktensammlung
6 Archiv
11 Registratur
13 Dokumentation
Aktenschrank
11 Registratur
Aktentasche
5 Mappe
Akteur
4 Mime
10 Darsteller, Teilnehmer
12 Schauspieler
Aktie
5 Share
6 Anteil
10 Wertpapier
12 Anteilschein
Aktienabschnitt
5 Kupon
6 Coupon
Aktiengewinnanteil
9 Dividende
Aktienmarkt
6 Boerse
Aktienminderwert
7 Disagio
Aktion
3 Tat
4 Werk
7 Vorgang
8 Ereignis, Handlung
9 Geschehen, Verfahren
10 Taetigkeit
12 Unternehmung
Aktionär
9 Teilhaber
14 Gesellschafter
aktiv
4 agil, rege
6 eifrig, taetig
7 wirksam
11 tatkraeftig
Aktiva
5 Haben
6 Besitz
8 Guthaben
Aktrice
5 Mimin
11 Kuenstlerin
12 Darstellerin
14 Schauspielerin
Aktualität
9 Zeitnaehe
15 Gegenwartsnaehe
aktuell(e, er, es) ...
· **Bericht**
8 Panorama
9 Reportage
· **Fernsehsendung**
5 Heute
10 Tagesschau
· **Nachricht**
9 Neuigkeit
Akustik
10 Schallehre
11 Schalllehre
akustischer Verstärker
12 Lautsprecher
akustisches Phänomen
3 Ton
4 Echo, Hall, Phon
5 Klang
6 Schall
8 Nachhall, Resonanz
akut
7 wichtig
10 bedrohlich
akute Blutarmut
9 Oligaemie
Akzent
3 Ton
4 Note
7 Gewicht, Tonfall
8 Betonung
9 Nachdruck
10 Aussprache, Tonzeichen
akzentuieren
7 betonen
11 hervorheben
Akzentuierung
8 Betonung
akzeptabel
9 annehmbar
Alarmanlage
6 Sirene
11 Feuermelder
Albaner
8 Skipetar
albanisch(e, er, es) ...
· **Berg**
4 Deja, Guka
5 Krrab
8 Valamare
· **Dichter**
4 Rada
6 Fishta
· **Insel**
5 Sasan
6 Saseno
· **Königsname**
6 Achmed
· **Nationalheld**
9 Kastriota
10 Skanderbeg
· **Staatsmann**
6 Leschi
7 Hodscha
· **Währung**
3 Lek
7 Quintar
albern
4 dumm
5 affig
8 daemlich, kindisch, toericht
10 einfaeltig

albern(e, er, es) ...
- **Benehmen**
  8 Kinderei
- **Kerl**
  6 Kasper
- **Streich**
  5 Unfug

Albert Schweitzers Urwalddorf
9 Lambarene

Albinoform des Iltisses
5 Frett
9 Frettchen

Aldermann
8 Ratsherr, Stadtrat
9 Aeltester, Vorsteher

Alepponuss
8 Pistazie

alexandrinisch(e, er, es) ...
- **Mathematiker**
  6 Euklid
  10 Apollonios, Apollonius
- **Philosoph**
  6 Philon

Alfagras
7 Esparto

Algenforscher
8 Algologe

Algenpflanze
4 Tang

algerisch(e, er, es) ...
- **Berberstamm**
  6 Zuaven
  7 Kabylen
- **Berg**
  5 Tahat
- **Freiheitskämpfer**
  8 Ben Bella
- **Gebirge**
  5 Atlas
  6 Hoggar
  7 Ahaggar
- **Geröllwüste**
  3 Reg
- **Münze**
  5 Dinar
- **Staatsmann**
  11 Boumedienne

alias
4 oder
5 sonst
6 anders

Alibi
7 Ausrede
18 Abwesenheitsbeweis

Alk
6 Teiste

Alkalimetall
6 Kalium
7 Caesium, Lithium, Natrium, Zaesium
8 Francium, Rubidium

alkalisch(e, er, es) ...
- **Lösung**
  5 Lauge
- **Mittel**
  6 Natron

Alkaloid
4 Cola, Kola, Tein
5 Opium, Taxin
6 Chinin, Kodein, Kokain, Kurare
7 Atropin, Coffein, Koffein, Morphin, Nikotin, Zytisin
8 Meskalin, Morphium
9 Strychnin

Alkohol
8 Spiritus
9 Weingeist

alkoholfreie Gaststätte
7 Tearoom

alkoholfreies Getränk
4 Cola, Limo
8 Limonade

Alkoholgegner
12 Temperenzler

Alkoholgehalt
8 Promille

Alkoholiker
7 Trinker

alkoholisch(e, er, es) ...
- **Einreibemittel**
  15 Franzbranntwein
- **Getränk**
  3 Ale, Gin, Met, Rum
  4 Bier, Flip, Grog, Korn, Sake, Sekt, Wein
  5 Arrak, Bowle, Wodka
  6 Brandy, Cognac, Kognak, Likoer, Pernod, Punsch, Sherry, Whisky
  7 Absinth, Aquavit, Genever, Kuemmel, Obstler, Rotwein, Schnaps
  8 Anisette, Cocktail
  9 Gluehwein, Slibowitz, Weinbrand, Weissbier, Weisswein
  10 Branntwein, Champagner, Chartreuse, Schaumwein
- **Getränke**
  11 Spirituosen
- **Heißgetränk**
  4 Grog
  6 Punsch
  9 Gluehwein
  16 Feuerzangenbowle
- **Mischgetränk**
  5 Drink
- **Mischgetränk mit Ei**
  4 Flip
- **Mixgetränk**
  4 Fizz, Flip, Grog, Sour
  5 Bowle, Daisy, Drink, Julep, Sling
  6 Cooler, Crusta, Punsch
  7 Cobbler, Collins
  8 Cocktail, Highball, Sangaree
  9 Gluehwein

Alkoholverbindung
5 Ester

Alkoholverbot
11 Prohibition

All
4 Welt
5 Natur
6 Kosmos
8 Weltraum
9 Universum

alle ...
- **Angehörigen**
  14 Verwandtschaft
- **Innenorgane**
  10 Eingeweide
- **ohne Ausnahme**
  5 jeder
- **Soldaten der Streitkräfte**
  6 Truppe
- **Sportpferde eines Besitzers**
  9 Rennstall
- **zwei**
  5 beide

Allee
11 Baumstrasse, Parkstrasse

Allee ...
- *in* **Berlin**
  14 Unter den Linden
- *in* **Düsseldorf**
  3 Koe

12 Koenigsallee
• *in* **Paris**
13 Champs Elysées
• *in* **Wien**
4 Ring
11 Ringstrasse
Allegorie
6 Symbol
8 Sinnbild
9 Gleichnis
15 Personifikation
allein
4 solo
6 einsam
7 einzeln
8 isoliert
9 verlassen
10 vereinsamt
Alleinanspruch
7 Monopol
Alleinerbe
13 Universalerbe
Alleingang (Fußball)
4 solo
Alleinhandelsrecht
7 Monopol
Alleinherrschaft
8 Diktatur
9 Monarchie
Alleinherrscher
6 Tyrann
7 Monarch
8 Autokrat, Diktator
alleiniges Original
6 Unikat
allerdings
4 aber
allergische Erkrankung
9 Heufieber
12 Heuschnupfen, Nesselfieber
Allerlei
5 Varia
9 Potpourri, Quodlibet
10 Kunterbunt
allerletzter Aufschub
11 Galgenfrist
allerorten
8 ueberall
allerseits
8 generell
9 allgemein
Allerweltskerl
12 Tausendsassa
alles
9 insgesamt, jegliches
11 saemtliches
alles verneinender Mensch
8 Nihilist
allgemein
8 allseits, generell
9 umfassend, universal
10 allerseits, summarisch, universell
11 gewoehnlich, schlechthin
allgemein(e, er, es) ...
• **Ansehen**
4 Ehre
• **Beachtung**
8 Aufsehen
• **Grundsatz**
6 Maxime
• **Preisauftrieb**
8 Teuerung
• **Straferlass**
8 Amnestie
allgemeingültig
8 generell
Allgemeinheit
8 Publikum
15 Oeffentlichkeit
allgemeinverständlich
8 populaer
Allgewalt
10 Omnipotenz
Allheilmittel
7 Arkanum, Panazee, Theriak
Allianz
4 Bund, Liga, Pakt
8 Buendnis
9 Koalition
Alliteration
8 Stabreim
Allmacht ► Allgewalt
allmählich
7 langsam
8 graduell
10 sukzessive
allmähliche Neugliederung
14 Strukturwandel
allmähliches Entstehen
11 Entwicklung
Allmutter
5 Natur
allseitig ► allumfassend
alltäglich
5 banal
12 abgedroschen
Alltagseinerlei
5 Trott
allumfassend
9 universal
10 universell
Allüren
8 Benehmen
9 Auftreten
10 Erscheinen
Alm
5 Senne
9 Bergweide, Bergwiese
Alma Mater
12 Universitaet
Almanach
8 Jahrbuch, Kalender
Almbäuerin
8 Sennerin
Almenbauer
6 Senner
Almenrausch
9 Alpenrose
Almhirt
4 Senn
6 Senner
Almosen
4 Gabe
6 Obolus, Spende
10 Liebesgabe
Almosenempfänger
7 Bettler
Almosenheischen
8 Bettelei
Almrausch
9 Alpenrose
Almwirtschaft
8 Sennerei
Alp
5 Senne
9 Bergweide, Bergwiese, Traummahr
13 Nachtgespenst
Alpenblume
9 Edelweiss
Alpengebirgsstock
4 Rigi
5 Albis, Sella
6 Moench, Tauern
7 Arlberg, Bernina
9 Dolomiten, Karwendel, Marmolata, Silvretta
10 Hohe Tauern, Karawanken

Alpengipfel
2 Ot
3 Err
4 Isel
5 Eiger, Toedi
6 Moench, Ortler, Titlis
7 Ankogel, Pilatus, Saentis, Schlern
8 Hochobir, Jungfrau, Pfaender, Watzmann
9 Dachstein, Hochstuhl, Langkofel, Marmolata, Montblanc, Monte Rosa, Nebelhorn, Venediger, Zugspitze
10 Drei Zinnen, Matterhorn, Piz Bernina, Wetterhorn, Wildspitze
11 Aletschhorn
13 Grossglockner
14 Finsteraarhorn

Alpengipfel ...
· *im* **Berner Oberland**
5 Eiger
· *in* **Südtirol**
6 Ortler

Alpengletscher
5 Roseg
6 Ferner, Gorner
7 Aletsch
8 Pasterze

Alpengruppe
7 Bernina
8 Raetikon

Alpenhirt ▶ Almhirt

Alpenhütte
8 Sennerei

Alpenpass
3 Foo
4 Fern, Jaun, Lueg, Ofen
5 Achen, Furka, Gemmi, Loibl, Pyhrn, Stein, Strub, Tenda, Thurn, Turlo
6 Albula, Gerlos, Iseran, Jaufen, Julier, Maloja, Mendel, Susten, Tauern
7 Arlberg, Bernina, Brenner, Bruenig, Cayolle, Flueela, Forclas, Glandon, Grimsel, Klausen, Nufenen, Reschen, Schober, Simplon
8 Galibier, Karersee, Lautaret, Septimer, Spluegen
9 Lukmanier, Sellajoch, Semmering
10 Bernardino, Katschberg
11 Loetschberg, Timmelsjoch
12 Groednerjoch, Hochtannberg, Stilfserjoch
13 San Bernardino, Sankt Bernhard, Sankt Gotthard

Alpenpflanze
5 Speik
6 Akelei, Enzian
7 Aurikel
8 Eisenhut, Gemswurz
9 Almrausch, Alpenhelm, Alpenrose, Edelweiss, Taumantel
10 Alpenlilie, Alpennelke, Bergkiefer, Gemskresse, Silberwurz, Soldanelle, Steinnelke
11 Wucherblume
12 Glockenblume, Loeffelkraut, Troddelblume
13 Alpenveilchen, Taeschelkraut, Teufelskralle
15 Alpengloeckchen

Alpenrepublik
11 Oesterreich

Alpenrose
9 Almrausch
11 Almenrausch

Alpensänger
6 Jodler

Alpensee
5 Ritom
6 Eibsee, Irrsee
7 Mondsee
8 Achensee, Ammersee, Bodensee, Comer See, Gardasee, Wuermsee, Zuger See
9 Genfer See, Kochelsee, Tegernsee
10 Koenigssee, Schliersee, Schwarzsee, Staffelsee, Walchensee, Weissensee, Zuerichsee
11 Woerthersee, Wolfgangsee
12 Lago Maggiore
14 Starnberger See
19 Vierwaldstaetter See

Alpental in Vorarlberg
8 Montafon

Alpentier
4 Gams
5 Gemse
6 Gaemse
8 Kolkrabe
9 Hornviper, Steinbock, Steinhuhn
10 Alpendohle, Murmeltier, Schneehase, Schneehuhn, Steinadler
13 Gletscherfloh
14 Alpenspitzmaus
15 Alpensalamander

Alpenübergang ▶ Alpenpass

Alpenveilchen
7 Zyklame

Alpenvorland
7 Allgaeu

Alpenweide
3 Alm, Alp
4 Alpe
5 Senne

Alpenwind
4 Foen
5 Foehn

Alpenwirtschaft
8 Sennerei

Alphabet
3 Abc

alpines Skirennen
8 Kandahar

Alpinist
11 Bergsteiger

als Anlage beigefügt
5 anbei

als Sieger in Besitz nehmen
8 erbeuten

also
4 ergo
5 daher
6 mithin
7 demnach, deshalb
8 folglich
10 demgemaess
13 infolgedessen

alt
5 antik
6 betagt
7 bejahrt, ergraut

alt(e, er, es) ...

- **Anredeform**
  2 Er
  3 Sie
  4 Dero
  8 Erlaucht
  11 Durchlaucht, Wohlgeboren
- **Apothekergewicht**
  4 Gran, Unze
- **Aristokratie**
  6 Uradel
- **asiatischer Volksstamm**
  6 Hunnen
  8 Mongolen
- **asiatisches Reitervolk**
  6 Hunnen
  8 Mongolen
- **assyrische Hauptstadt**
  5 Assur
- **astronomisches Instrument**
  6 Gnomon
  8 Astrolab, Dreistab
  15 Armillarsphaere
- **Automobil**
  8 Oldtimer
- **Brillenform**
  7 Kneifer
- **deutsch ... ▶ altdeutsch(e, er, es) ...**
- **deutsches Gewicht**
  4 Unze
- **englische Münze**
  4 Real
  9 Rosenobel
- **Erzählung**
  4 Maer, Saga, Sage
- **Feldmaß**
  4 Hufe, Joch, Rute
  5 Acker
  6 Morgen
  7 Juchart, Juchert, Tagwerk
- **Feldzugteilnehmer**
  7 Veteran
- **Feuerwaffe**
  11 Vorderlader
- **Florentiner Geschlecht**
  6 Medici
- **Form des Klaviers**
  7 Spinett
- **französische Grafschaft**
  5 Anjou, Blois, Maine, Rodez
  6 Poitou
  8 Auvergne, Touraine
  9 Champagne
- **französische Landschaft**
  9 Normandie
- **französische Münze**
  3 Ecu, Sou
  5 Livre
  6 Denier, Double
  8 Louisdor
  11 Napoleondor
- **französische Versdichtung**
  3 dit
- **französischer Tanz**
  7 Menuett
  9 Quadrille
- **französisches Herrschergeschlecht**
  7 Bourbon
- **germanischer Stamm**
  5 Goten, Ubier
  6 Angeln, Katten, Sueben, Sweben
  7 Bataver, Chatten, Cimbern, Friesen, Kimbern, Sachsen
  8 Ostgoten, Teutonen, Vandalen, Wandalen
  9 Alemannen, Bajuwaren, Burgunder, Cherusker, Westgoten
  11 Hermunduren, Langobarden, Markomannen
- **Geschichten**
  8 Kamellen
- **Getreidemaß**
  5 Metze
  6 Malter
  8 Scheffel
- **Gewicht**
  3 Lot
  4 Gran, Unze
- **Goldmünze**
  6 Gulden
  7 Dukaten, Pistole, Zechine
  8 Louisdor
- **Hafen Roms**
  5 Ostia
- **Handfeuerwaffe**
  7 Muskete
  11 Vorderlader
- **Handschrift**
  9 Pergament
- **Hanseschiff**
  5 Kogge
- **Hauptstadt Ägyptens**
  10 Alexandria
- **Hauptstadt Assyriens**
  5 Assur
  6 Ninive
- **Hauptstadt Äthiopiens**
  5 Aksum
- **Hauptstadt der Inka**
  5 Cuzco
- **Heldenepos**
  5 Ilias
  6 Aeneis, Iliade
  7 Odyssee
- **Herr**
  6 Senior
- **Hohlmaß**
  5 Fuder, Metze, Quart, Zuber
  6 Oxhoft, Sester
  7 Klafter
  8 Scheffel
- **Holzblasinstrument**
  8 Schalmei
- **Holzmaß**
  4 Ster
  7 Klafter
- **indianisches Kulturvolk**
  4 Inka, Maya
  7 Azteken, Olmeken
  8 Tolteken
- **italienische Münze**
  5 Scudo
- **italienischer Herrschertitel**
  4 Doge
- **Jagdwaffe**
  5 Bogen, Pfeil, Speer
- **japanische Münze**
  3 Sen
- **Junggeselle**
  9 Hagestolz
- **Kampfschutz**
  4 Helm
  6 Panzer, Schild, Visier
  7 Bruenne, Kuerass
  8 Harnisch, Topfhelm
  12 Kettenpanzer
- **Kaufherrengeschlecht**
  6 Fugger, Welser
- **Kirchenstrafe**
  4 Bann
- **Klavierform**
  7 Spinett

- **Kleidungsstück**
  8 Klamotte
- **Königreich in Nordafrika**
  8 Numidien
- **Kopfbedeckung**
  6 Hennin
  7 Kapotte
  9 Dreispitz, Zweispitz
- **körniger Gebirgsschnee**
  4 Firn
- **Körpermaß**
  5 Zuber
- **Kraftfahrzeug**
  8 Oldtimer
- **Krieger**
  7 Veteran
- **Kunstgegenstände**
  13 Antiquitaeten
- **Kupfermünze**
  6 Heller
  7 Kreuzer
- **Land am Mittelmeer**
  10 Phoenizien
- **Längenmaß**
  4 Zoll
- **lateinische Bibelübersetzung**
  5 Itala
- **Mann**
  5 Greis
  10 Methusalem
- **mesopotamischer Stadtstaat**
  5 Larsa
- **Monatsname ▶ altdeutscher Monatsname**
- **Name der Bretagne**
  8 Armorika
- **Name der Dardanellen**
  10 Hellespont
- **Name der Donau**
  8 Danuvius
- **Name der Krim**
  6 Tauris
- **Name der Mosel**
  7 Mosella
- **Name des Griechen**
  7 Hellene
- **Name des Iran**
  7 Persien
- **Name des März**
  7 Lenzing
- **Name des westlichen Balkans**
  8 Illyrien
- **Name für Basel**
  7 Basilia
- **Name für Djakarta**
  7 Batavia
- **Name für Edelknabe**
  4 Page
  6 Knappe
- **Name für England**
  9 Britannia
- **Name für Florenz**
  9 Florentia
- **Name für Griechenland**
  6 Hellas
- **Name für Istanbul**
  6 Byzanz
  14 Konstantinopel
- **Name für Köln**
  16 Colonia Agrippina
- **Name für London**
  9 Londinium
- **Name für Oslo**
  10 Kristiania
- **Name für Paris**
  7 Lutetia
- **Name für Rom**
  4 Roma
- **Name für Thailand**
  4 Siam
- **Name für Wien**
  9 Vindobona
- **Name von Syrien**
  7 Aramaea
- **Name von Taiwan**
  7 Formosa
- **Name von Tallinn**
  5 Reval
- **niedriges Liegesofa**
  5 Diwan
- **Pferd**
  6 Kracke, Maehre
- **Plunder**
  4 Kram
- **römische Provinz**
  10 Lusitanien
- **römischer Grenzwall**
  5 Limes
- **römisches Geschlecht**
  6 Julier
  7 Flavier
  8 Claudier
- **russisches Längenmaß**
  5 Werst
- **Saiteninstrument**
  4 Lyra
  5 Domra, Gambe, Harfe, Laute, Leier
  6 Fiedel, Sister
  7 Bariton, Bassett, Cembalo, Kithara, Psalter
  10 Aeolsharfe, Trumscheit
- **Schiffskörper**
  5 Wrack
- **Schiffstyp**
  10 Raddampfer
- **Schlager**
  5 Oldie
- **Schlagwaffe**
  5 Keule
- **Schnee**
  4 Firn
  6 Ferner, Firner
- **Schneidermaß**
  4 Elle
- **Schreittanz**
  6 Pavane, Reigen
- **Schriftzeichen**
  4 Rune
  11 Hieroglyphe
- **Schusswaffe**
  5 Bogen
  8 Arkebuse, Armbrust, Balliste
- **schwedisches Adelsgeschlecht**
  4 Wasa
- **Silbermünze**
  6 Batzen
- **Spießwaffe**
  4 Pike
  10 Hellebarde
- **Sprache**
  6 Latein
  10 Griechisch, Hebraeisch
- **Stadt im Libanon**
  6 Balbek
  7 Baalbek
- **Stadt in Ägypten**
  4 Sais
  5 Luxor
  6 Abydos, Theben
  7 Memphis
  10 Heliopolis
- **Stadt in Mesopotamien**
  5 Larsa
- **Stadt in Persien**
  4 Susa
  8 Ekbatana
  10 Persepolis

- **Städtebund**
  5 Hanse
- **Straßenleuchte**
  7 Laterne
  10 Gaslaterne
- **Streichinstrument**
  5 Fidel
- **südbabylonischer Volksstamm**
  7 Sumerer
- **Tanz**
  5 Gigue
  6 Hopser, Reigen
  7 Gavotte, Menuett
  9 Allemande, Sarabande
- **Trockenmaß**
  5 Meste
  6 Metzen
- **Volk in Nordeuropa**
  8 Germanen
- **Volksstamm in Frankreich**
  7 Gallier
- **Volksstamm in Italien**
  5 Osker
  6 Italer, Umbrer
  7 Sabiner, Volsker
  8 Etrusker, Samniten
- **Volksstamm in Kleinasien**
  5 Lyder
  6 Luwier
  7 Galater, Phryger
  8 Hethiter, Isaurier
  9 Kimmerier
- **Volksstamm in Nordeuropa**
  8 Germanen
- **Volksstamm in Schottland**
  6 Pikten, Skoten
- **Volksstamm in Westeuropa**
  6 Basken, Iberer, Kelten
  7 Gallier
- **Waffe**
  4 Pike
  5 Keule, Lanze, Pfeil
  6 Rapier
  7 Schwert
  8 Armbrust, Balliste
  9 Faustkeil, Partisane, Schleuder, Streitaxt
  10 Hellebarde, Pfeilbogen
  11 Morgenstern
- **Wasserhebemaschine**
  10 Schoepfrad
- **Wegemaß**
  5 Meile
- **weiser Ratgeber**
  6 Nestor
- **Wort für Abhilfe**
  7 Remedur
- **Wort für einen Verwandten**
  5 Eidam, Oheim
- **Wort für Gepäck**
  6 Bagage
- **Wort für Hafen**
  4 Port
- **Wort für Intrige**
  6 Kabale
- **Wort für jetzt**
  4 itzo, itzt
- **Wort für Kennzahl**
  6 Numero
- **Wort für Krieg**
  5 Orlog
- **Wort für Leinen**
  6 Linnen
- **Wort für Schwiegersohn**
  5 Eidam
- **Wort für Tabak**
  5 Tobak
- **Wort für Tante**
  5 Muhme
- **Wort für Witwe**
  5 Witib
  6 Wittib
- **Wort für Zoll**
  4 Maut
- **Wurfspieß**
  3 Ger
- **Wurfwaffe**
  9 Schleuder
- **Zählmaß**
  4 Gros
  6 Mandel, Schock
- **Zeug**
  7 Plunder
- **Zupfinstrument**
  5 Laute

altägyptisch(e, er, es) ...
- **Gott**
  2 Ra, Re
  4 Amun, Seth
  5 Ammon, Horus
  6 Osiris
- **Göttin**
  4 Isis
  6 Hathor
- **Handschriften**
  6 Papyri
- **heiliger Stier**
  4 Apis
- **König**
  6 Ramses
  8 Echnaton
  11 Tutenchamun
- **Königsgrabmal**
  8 Pyramide
- **Königsname**
  6 Cheops, Ramses
- **Königstitel**
  6 Pharao
- **Krug**
  6 Kanope
- **Stadt**
  4 Sais
  5 Luxor, Tanis
  6 Abydos, Karnak, Theben
  7 Dendera, Memphis
  8 El Amarna
  10 Heliopolis

Altan
6 Balkon
7 Soeller

altarabisches Reich
4 Saba

Altaraufsatz
7 Retabel
8 Messpult

Altarbaldachin
8 Ziborium
10 Tabernakel

Altargerät
5 Kelch, Kreuz
9 Monstranz

Altargewand
8 Parament

Altarnische
5 Apsis
6 Koncha, Konche

Altarplatte
5 Mensa

Altarraum
6 Abaton
11 Sanktuarium

Altarsakrament
9 Abendmahl
11 Eucharistie

altathenischer Gesetzgeber
5 Solon

altathenisches Gericht
7 Areopag

altbabylonischer König
8 Belsazar
9 Hammurabi
12 Nebukadnezar
altbabylonisches Gewicht
5 Sekel
7 Schekel
Altbuchhändler
8 Antiquar
altbyzantinischer Statthalter
6 Exarch
altchinesische Dynastie
3 Han
altchinesischer Weiser
6 Laotse
8 Konfutse
9 Konfuzius
altchristliches Liebesmahl
5 Agape
altdänischer König
3 Dan
4 Gorm
altdeutsch(e, er, es) ...
· **Abgabe**
4 Bede
· **Apothekergewicht**
4 Gran, Unze
· **Flächenmaß**
4 Hufe, Joch, Rute
6 Morgen
7 Tagwerk
· **Flüssigkeitsmaß**
5 Anker, Quart
· **Freigericht**
4 Feme
· **Gebäck**
6 Brezel
· **Getreidemaß**
4 Last
6 Malter
· **Gewicht**
3 Lot
4 Mark, Unze
5 Pfund, Quent
7 Zentner
· **Heldenepos**
10 Nibelungen
14 Nibelungenlied
15 Hildebrandslied
· **Hohlmaß**
3 Ohm
4 Mass
5 Anker, Fuder, Metze, Quart
6 Oxhoft
8 Scheffel
· **Längenmaß**
4 Elle, Fuss, Rute, Zoll
5 Linie, Meile
6 Spanne
7 Klafter
· **Laufspiel**
7 Barlauf
· **Mengenmaß**
6 Mandel, Schock
· **Monatsname**
5 Maien
6 Heuert
7 Brachet, Eismond, Ernting, Hartung, Julmond, Lenzing
8 Gilbhart, Heilmond, Lenzmond, Nebelung, Weinmond
9 Brachmond, Erntemond, Nebelmond, Ostermond, Rosenmond, Scheiding, Wonnemond
10 Christmond, Herbstmond
· **Münze**
5 Albus, Taler
6 Batzen, Gulden, Heller
7 Dukaten, Kreuzer
8 Groschen
· **Narrenfigur**
4 Till
12 Eulenspiegel
· **Rechtsbuch**
12 Laienspiegel
alte Bezeichnung für ...
· **August**
7 Ernting
· **Barbier**
5 Bader
· **Bettnische**
7 Alkoven
· **eine giftige Lösung**
7 Vitriol
· **Fähnrich**
7 Kornett
· **fahrender Student**
7 Scholar
· **Fahrrad**
9 Veloziped
· **Januar**
7 Eismond
· **Onkel**
5 Oheim
· **Preuße**
7 Borusse
· **Tante**
5 Muhme
· **Unteroffizier**
8 Korporal
Alteisen
7 Schrott
altenglisch(e, er, es) ...
· **Heldengedicht**
7 Beowulf
· **Sagenheld**
9 Robin Hood
Altenteil
10 Ausgedinge
alternativ
9 wahlweise
12 wechselweise
alternativer Personenkreis
5 Szene
Alternsforschung
12 Gerontologie
Altersgeldempfänger
7 Rentner
Altersheilkunde
9 Geriatrie
altersschwach
5 senil
7 zittrig
Altersschwäche
8 Marasmus
Altersversorgung
5 Rente
7 Pension
9 Leibrente
Altertum
6 Antike
altertümlich
5 antik
9 archaisch
10 antiquiert
altertümliche Dinge
13 Antiquitaeten
Altertumsforscher
11 Archaeologe
ältest(e, er, es) ...
· **Bibelübersetzung**
5 Itala
· **Gelehrter einer Wissenschaft**
6 Nestor
· **Sohn Noahs**
3 Sem
Ältestenrat
5 Senat

Ältestenrecht
8 Seniorat
Ältester
6 Nestor, Senior
9 Presbyter
altfranzösische Dichtung
11 Rolandslied
altgedienter Soldat
7 Veteran
Altgeige
5 Viola
8 Bratsche
altgeliebter Schlager
9 Evergreen
altgermanisch(e, er, es) ...
► germanisch ...
altgriechisch(e, er, es) ...
· **Arzt**
11 Hippokrates
· **Bauwerk**
9 Parthenon
11 Erechtheion
· **Bergnymphe**
6 Oreade
· **Bildhauer**
6 Skopas
7 Antenor, Phidias
8 Polyklet
· **Blasinstrument**
5 Aulos
· **Danklied**
5 Paean
· **Deckelgefäß**
6 Kanope
· **Dichter**
5 Aesop, Homer
6 Hesiod, Lukian, Pindar
7 Thespis
8 Anakreon, Menander, Pindaros, Plutarch, Theokrit, Xenophon
9 Aeschylos, Aeschylus, Aischylos, Euripides, Sophokles
10 Thukydides
12 Aristophanes
· **Dichterin**
6 Sappho
7 Korinna
· **Dichterross**
7 Pegasus
· **Erfinder**
5 Heron
10 Archimedes
· **Fabeldichter**
5 Aesop
· **Fährmann der Unterwelt**
6 Charon
· **Fluss der Unterwelt**
4 Styx
5 Lethe
7 Acheron
· **Geldeinheit**
6 Talent
· **Geliebte**
7 Hetaere
· **Geschichtsschreiber**
7 Herodot, Zosimus
8 Polybios, Xenophon
10 Thukydides
· **Gesetzgeber**
5 Solon
6 Drakon
· **Gewand**
6 Chiton, Peplon, Peplos
7 Chlamys
8 Himation
· **Gewicht**
4 Mina, Mine
6 Talent
7 Drachme
· **Gott**
3 Pan
4 Ares, Eros, Zeus
5 Apoll, Hades, Hymen, Ladon, Pluto, Titan
6 Aeolos, Aeolus, Apollo, Asopos, Boreas, Erebos, Helios, Hypnos, Ikelos, Kratos, Kronos, Nereos, Nereus, Triton, Uranos, Zephyr
7 Anteros, Apollon, Chronos, Ganymed, Okeanos, Phoebus, Priapos, Proteus
8 Aeskulap, Alpheios, Dionysos, Hephaest, Hyperion, Morpheus, Poseidon, Thanatos
9 Asklepios, Hymenaeos, Phantasos
10 Hephaestos, Hephaistos
· **Götterberg**
5 Olymp
· **Götterbote**
6 Hermes
· **Götterbotin**
4 Iris
· **Göttermutter**
4 Hera
· **Göttervater**
4 Zeus
· **Göttin**
2 Ge
3 Ate, Bia, Deo, Eos, Nyx
4 Aura, Dike, Enyo, Eris, Gaea, Gaia, Hebe, Hera, Hore, Iris, Klio, Leto, Nike, Ossa, Rhea, Styx
5 Elpis, Erato, Metis, Moira, Penia, Tyche
6 Aglaia, Athene, Charis, Eirene, Hekate, Hestia, Peitho, Phoebe, Psyche, Selene, Tethys, Thalia, Themis, Thetis, Urania
7 Artemis, Astraea, Demeter, Erinnye, Euterpe, Hygieia, Nemesis
8 Charitin, Kalliope, Lachesis
9 Aphrodite, Mnemosyne
10 Persephone
· **Grabsäule**
5 Stele
· **Hafenstadt**
5 Aulis
· **Hauptstamm**
5 Dorer
6 Jonier
· **Heerführer**
9 Agamemnon
· **Held**
4 Ajax
6 Achill, Nestor
7 Aeneus
8 Achilles, Diomedes, Herakles, Odysseus, Tantalus
9 Achilleus, Agamemnon, Idomeneos, Idomeneus, Patroklos, Patroklus
· **Helden**
10 Argonauten
· **Heldenepos**
5 Ilias
7 Odyssee
· **Historiker ► Geschichtsschreiber**
· **Jüngling**
6 Adonis, Ephebe

- **König von Theben**
  7 Oedipus
- **Landschaft**
  4 Elis
  5 Doris, Malis
  6 Achaia, Aeolis, Attika, Epirus, Ionien, Lokris, Phokis
  7 Argolis, Laurion
  8 Aetolien, Arkadien, Boeotien, Lakonien, Magnesia, Thrakien
  9 Messenien
  10 Makedonien, Thessalien
- **Lustspieldichter**
  8 Menander
  12 Aristophanes
- **Lyriker**
  6 Ibykus
  8 Anakreon
- **Marktplatz**
  5 Agora
- **Mathematiker**
  6 Euklid, Pappus, Thales
  7 Hippias, Pytheas
  8 Archytas
  10 Apollonius, Archimedes, Pythagoras
  11 Hippokrates
  12 Eratosthenes
- **Meergott**
  8 Poseidon
- **Meerschlange**
  5 Hydra
- **Mondgöttin**
  6 Selene
- **Münze**
  4 Mine
  6 Lepton, Obolos, Stater, Talent
- **nationales Fest**
  9 Olympiade
- **Nationalheiligtum**
  7 Olympia
- **Opferschale**
  6 Phiale
- **Orakelstätte**
  5 Delos
  6 Delphi, Klaros
- **Paradies**
  7 Elysion, Elysium
- **Philosoph**
  4 Zeno
  5 Plato, Zenon
  6 Epikur, Euklid, Platon, Thales
  7 Epiktet, Gorgias, Hippias, Leukipp
  8 Aristipp, Demokrit, Diodorus, Heraklit, Sokrates, Xenophon
  9 Kleanthes, Periander
  10 Anaxagoras, Anaximenes, Aristippos, Demokritos, Empedokles, Pythagoras, Xenokrates, Xenophanes
  11 Aristoteles
- **Philosophenschule**
  4 Elea, Stoa
  8 Akademie
  9 Peripatos
- **Philosophenschüler**
  6 Eleate
- **Physiker**
  5 Heron
  10 Archimedes
- **Provinz ▶ Landschaft**
- **Rachegöttin**
  6 Alekto
  7 Erinnye, Megaira
  8 Eumenide
- **Rundbau**
  6 Tholos
- **Sagengestalt**
  3 Ino
  4 Ajax
  5 Argus, Atlas, Danae, Gorgo, Jason, Medea, Midas, Niobe, Orest, Paris, Titan
  6 Achill, Aeneas, Atreus, Augias, Baucis, Charon, Europa, Hektor, Helena, Ikaros, Ikarus, Nestor, Pollux, Sirene, Sphinx, Zyklop
  7 Ariadne, Elektra, Jokaste, Kentaur, Oedipus, Orestes, Orpheus, Theseus, Zentaur
  8 Antigone, Daedalos, Daedalus, Eurydike, Herakles, Herkules, Odysseus, Penelope, Philemon, Tantalus
  9 Achilleus, Agamemnon, Iphigenie, Pygmalion
  10 Amphitryon, Kassiopeia, Prokrustes, Prometheus
- **Sagenschiff**
  4 Argo
- **Saiteninstrument**
  4 Lyra
  7 Kithara
  10 Aeolsharfe
- **Sänger**
  5 Arion
  7 Orpheus
- **Schildbürgerstadt**
  6 Abdera
- **Seher**
  8 Tiresias
  9 Teiresias
- **Seherin**
  4 Agon
  6 Pythia
  9 Kassandra
- **Staatsmann**
  6 Kineas
  8 Perikles
  9 Aristides
  10 Alkibiades
  11 Kleisthenes
  12 Themistokles
- **Stadt**
  5 Milet
  6 Abdera, Sparta
- **Stadtburg**
  9 Akropolis
- **Stadtstaat**
  5 Polis
- **Stamm**
  5 Dorer, Thyle
  6 Dorier, Ionier
  7 Achaeer, Aeolier
- **Tempelstadt**
  6 Delphi
- **Tragödiendichter**
  9 Aeschylus, Aischylos, Euripides, Sophokles
- **Trinkschale**
  5 Kylix
- **Turnier**
  4 Agon
- **Ungeheuer**
  5 Hydra
  6 Skylla
  9 Charybdis
  10 Minotaurus
- **Unterwelt**
  5 Hades
  8 Tartarus

- **Volksstamm**
  5 Dorer
- **Volksversammlung**
  5 Agora
- **Wächter**
  5 Argus
- **Waldgeist**
  5 Satyr
- **Weiser**
  4 Bias
  5 Solon
  6 Thales
  10 Pythagoras
- **Zauberin**
  5 Circe, Kirke

Altgut
4 Kram
5 Muell
7 Plunder, Troedel

Althändler
8 Troedler

althergebracht
11 ueberkommen
12 traditionell, ueberliefert

altindisch(e, er, es) ...
- **Dichtung**
  4 Veda, Weda
  7 Rigweda
  9 Kamasutra
  11 Pancatantra, Sukasaptati
  12 Bhagavadgita, Upanischaden
- **heilige Schrift**
  4 Veda, Weda
- **religiöse Schriften**
  11 Upanishaden
- **Sprache**
  4 Pali
  7 Prakrit
  8 Sanskrit

altiranisch(e, er, es) ...
- **König**
  5 Kyros
  6 Darius, Xerxes
  7 Dareius
  8 Kambyses
  10 Artaxerxes
- **Lichtgott**
  6 Ormuzd
  10 Ahuramazda
- **Prophet**
  11 Zarathustra
- **Stadt**
  4 Susa
- **Volk**
  5 Meder
  7 Parther

altirische Kriegerkaste
5 Fiann

altisländisch(e, er, es) ...
- **Schrifttum**
  4 Edda
- **Sagensammlung**
  4 Edda
- **Prosawerk**
  4 Saga

altitalienisches Volk
8 Etrusker

Altjahresabend
9 Silvester

altjapanisches Adelsgeschlecht
7 Samurai

altjüdische Geheimsekte
7 Essener

altjüdischer König
3 Ela

altkeltisch(e, er, es) ...
- **Dichter**
  6 Ossian
- **Sagengestalt**
  5 Artus, Iwain, Iwein
  6 Isolde
  7 Tristan
  8 Lanzelot, Lancelot
- **Sänger**
  5 Barde

altklug
7 vorlaut
8 naseweis

Altmetall
7 Schrott

altmexikanisches Volk
4 Maja, Maya
7 Azteken, Olmeken
8 Tolteken

altmodisch
5 passé
6 zopfig
7 obsolet
8 unmodern
9 ueberholt, ueberlebt

altmodisches Fahrzeug
7 Vehikel

altnordisch(e, er, es) ...
- **Dichter**
  3 Tiu
  6 Skalde
- **Dichtung**
  4 Edda, Saga
- **Gott**
  3 Tin
  4 Odin
  5 Bragi, Hoedr, Wodan, Wotan
- **Horn**
  4 Lure
- **Jagdhorn**
  4 Lure
- **Sagensammlung**
  4 Edda
- **Schriftzeichen**
  4 Rune
- **Seefahrervolk**
  8 Wikinger
- **Totengöttin**
  3 Hel

altorientalische Kopfbedeckung
5 Mitra

altorientalischer Volksstamm
5 Juden, Lyder, Meder, Syrer
6 Perser
7 Akkader, Assyrer, Parther, Sabaeer
8 Amoriter, Aramaeer, Hebraeer, Hethiter, Moabiter
9 Churriter, Kimmerier, Nabataeer
10 Aethiopier, Babylonier, Kanaanaeer, Phoenizier

altpersisch ► altiranisch

altperuanische Adelskaste
4 Inka

altrömisch ► römisch

altrussisch(e, er, es) ...
- **Adliger**
  5 Bojar
- **Dorfgemeinde**
  3 Mir
- **Längenmaß**
  5 Werst

Altsachse
6 Saxone

altsächsische Evangeliendichtung
7 Heliand

Altschnee im Gebirge
4 Firn

Altschneegletscher
6 Firner
altsemitisch(e, er, es) ...
· **Liebesgöttin**
7 Astarde, Astarte
· **Gott**
4 Baal
altspanisch(e, er, es) ...
· **Bevölkerung**
6 Iberer
· **Tanz**
9 Sarabande
altsprachlich
12 humanistisch
altsprachliches Schulfach
6 Latein
10 Griechisch
Altstadt von Amsterdam
3 Dam
Altsteinzeit
14 Palaeolithikum
altsteinzeitlicher Mensch
12 Neandertaler
altväterlich
15 patriarchalisch
altwalisische Königssage
9 Artussage
Altware
6 Ramsch
Altwarenhändler
8 Troedler
13 Lumpensammler
aluminiumähnliches Metall
6 Indium
Aluminiumerz
6 Bauxit
Aluminiumfolie
8 Stanniol
Aluminiumlegierung
5 Dural
6 Aldrey, Aludur, Aluman, Alusil, Lautal
Aluminiumoxid
7 Tonerde
am Tag vorher
7 gestern
am Tagesanfang
5 frueh
6 zeitig
Amaryllisgewächs
5 Agave
6 Clivia, Nerine
8 Narzisse
11 Osterglocke
16 Schneegloeckchen
Amateur
4 Laie
9 Dilettant, Liebhaber
10 Autodidakt, Nichtprofi
13 Nichtfachmann
Ambition
7 Ehrgeiz, Streben
9 Bestreben, Interesse
Ambulanz
11 Hilfsstelle, Unfallwagen
12 Feldlazarett, Krankenwagen
Ameise
4 Emse
5 Miere
ameisenartiges Insekt
7 Termite
Ameisenbär
8 Pangolin
Ameisenbeutler
6 Numbat
Ameisenigel
12 Schnabeligel
Amerikaner
6 Yankee
amerikanisch(e, er, es) ...
· **Admiral**
4 Byrd
6 Nimitz
· **Anthropologe**
6 Dalton
· **Anthropologin**
4 Mead
· **Arzneipflanze**
4 Koka
11 Kokastrauch
· **Astronaut**
4 Bean, Duke
5 Evans, Glenn, Haise, Irwin, Roosa, Scott, Weitz, White, Young
6 Aldrin, Anders, Borman, Cernan, Conrad, Cooper, Eisele, Gordon, Kerwin, Lousma, Lovell, Worden
7 Bormann, Collins, Grissom, Schirra, Schmitt, Shepard, Swigert
8 Garriott, McDivitt, Mitchell, Stafford
9 Armstrong, Carpenter, Mattingly
10 Cunningham
11 Schweickart
· **Astronom**
4 Hale, Hall
5 Gould
6 Hubble, Lowell
7 Russell, Shapley
· **Automarke**
4 Ford
5 Buick, Dodge
7 Lincoln, Mercury, Pontiac, Rambler
8 Cadillac, Chrysler, Plymouth
9 Chevrolet, Oldsmobil
· **Autostadt**
7 Detroit
· **Bakteriologe**
4 Salk
6 Enders
· **Ballspiel**
6 Soccer
8 Baseball, Football
10 Basketball
· **Baptistenprediger**
6 Graham
· **Bär**
6 Grisli, Grisly
7 Grizzly
10 Grislibaer, Grislybaer
11 Grizzlybaer
· **Bauernhof**
4 Farm
5 Ranch
· **Berg**
4 Poas
5 Huila, Irazu, Misti
6 Colima, Cumbal, Isluga, Sajama, Sangay, Sorata, Telica, Tolima, Tuxtla, Volcan
7 Atitlan, Cataaca, Huascan, Iliniza, Illampu, Orizaba, Roroima
8 Antisana, Coropuna, Cotopaxi, Illimani, Mont Pelé, Pikes Pik
9 Aconcagua, Black Dome, Blue Ridge, Cotacachi, Eliasberg, Forelberg, Huascaran, Itacolumi, Mac Kinley, Monte Tina, Paricutin, Pichincha, Silillica, Tajumulco, Villarica, Zuckerhut
10 Chimborazo, Parinacota

11 Mount Darwin
12 Citlaltepetl, Iztaccihuatl, Mount Harward, Mount Rainier, Mount Whitney, Popocatepetl, Tinguiririca
13 Mount Columbia, Mount McKinley
15 Mount Washington

- **Berglöwe**
4 Puma

- **Berühmtheit**
4 Ford
5 Astor
6 Gallup, Hilton, Morgan
7 Pullman
8 Carnegie
10 Vanderbilt
11 Rockefeller

- **Beutelratte**
7 Opossum

- **Bildhauer**
4 Ward
5 Smith
6 Bufano, Calder, Ferber, Lipton, Milles, Palmer, Powers
7 Lippold, Roberts
8 Crawford
9 Greenough, Lipschitz

- **Bundespolizei** (Abkürzung)
3 FBI

- **Bundesstaat** (USA)
4 Iowa, Ohio, Utah
5 Idaho, Maine, Texas
6 Alaska, Hawaii, Kansas, Nevada, Oregon
7 Alabama, Arizona, Florida, Georgia, Indiana, Montana, New York, Vermont, Wyoming
8 Arkansas, Colorado, Delaware, Illinois, Kentucky, Maryland, Michigan, Missouri, Nebraska, Oklahoma, Virginia
9 Louisiana, Minnesota, New Jersey, New Mexico, Tennessee, Wisconsin
10 California, Norddakota, Sueddakota, Washington
11 Connecticut, Kalifornien, Mississippi, North Dakota, Rhode Island, South Dakota
12 New Hampshire, Nordkarolina, Pennsylvania, Suedkarolina, West Virginia
13 Massachusetts, North Carolina, South Carolina

- **Chemiker**
4 Urey
5 Bloch, Flory, Libby
6 Calvin, Conant
7 Pauling
8 Langmuir

- **Diplomat**
6 Bunche, Kennan, Murphy
9 Kissinger

- **Dirigent**
6 Maazel
9 Bernstein, Stokowski

- **Entertainer**
5 Davis
7 Sinatra

- **Erfinder**
4 Bell, Colt, Ford
5 Morse
6 Edison, Fulton, Wright
8 Franklin
9 Remington
12 Westinghouse

- **Feldmaß**
4 Acre

- **Fernsehchoreograph**
4 Reed

- **Filmgattung**
7 Western

- **Filmkomiker ▶ Filmschauspieler**
5 Allen, Hardy, Lewis
6 Laurel

- **Filmmetropole**
9 Hollywood

- **Filmpreis**
5 Oscar

- **Filmregisseur**
4 Ford, King, Wood
5 Allen, Capra, Hawks, Kazan, Mille
6 Disney, Huston, Koster, Kramer, Litvak, Welles, Whyler, Wilder
7 Chaplin, Fleming
8 Dieterle, Griffith
9 Hitchcock, Spielberg

- **Filmschauspieler**
4 Dean, Gere, Hope, Peck
5 Allen, Arlen, Beery, Berry, Clift, Crane, Davis, Flynn, Fonda, Gable, Grant, Lloyd, Mason, Power, Quinn, Tracy, Wayne
6 Bogart, Brando, Cooper, Cotten, Crosby, Curtis, Hopper, Hudson, Keaton, Laurel, Marvin, Newman, Welles
7 Astaire, Bronson, Brynner, Chaplin, Connery, Douglas, Granger, Perkins, Sinatra, Skelton, Stewart, Widmark
8 Chandler, Eastwood, Goldblum, Hoffmann
9 Fairbanks, Lancaster, Valentino

- **Filmschauspielerin**
3 Day, Loy
4 Rome
5 Baker, Davis, Kelly, Novak, O'Hara, Wyman, Young
6 Bacall, Baxter, Hobson, Lamarr, Monroe, Prowse, Seberg, Taylor, Turner
7 Allyson, Colbert, Darnell, de Carlo, Garland, Hayward, Hepburn, McLaine, Roberts, Russell, Swanson, Winters
8 Clarisse, Crawford, Fontaine, Gardener, Hayworth, Williams
9 Mansfield

- **Finanzmann**
4 Ford
10 Morgenthau, Vanderbilt
11 Rockefeller

- **Flagge**
13 Sternenbanner

- **Flieger**
4 Byrd
9 Lindbergh

- **Flugstützpunkt**
7 Airbase

- **Folklore**
9 Bluegrass

12 Countrymusic
- **Forscher ▶ Erfinder**
- **Fußball**
6 Soccer
- **Gebirge**
5 Anden
11 Alleghenies, Kordilleren, Sierra Madre
12 Sierra Nevada
14 Rocky Mountains
- **Geheimbund**
10 Ku-Klux-Klan
- **Geheimdienst** (Abkürzung)
3 CIA
- **Geigenvirtuose**
7 Menuhin
- **Geländewagen**
4 Jeep
- **General**
3 Lee
4 Clay
5 Grant
6 Patton
8 Marshall
9 MacArthur
10 Eisenhower
- **Gewicht**
3 Ton
4 Unze
- **Giftschlange**
15 Klapperschlange
- **Gitarre**
5 Banjo
- **Glücksspiel**
5 Poker
- **Großindustrieller**
4 Ford
5 Astor
8 Pullmann
10 Guggenheim, Vanderbilt
11 Rockefeller
- **Hacksteak**
9 Hamburger
- **Halbinsel**
6 Alaska, Avalon, Nocoya
7 Boothia, Florida, Nugsuak, Yucatan, Yukatan
8 Labrador, Melville
9 Manhattan, Paraguana
10 Cornwallis, Cumberland, Long Island, Patagonien
- **Hauptstadt**
4 Lima
5 La Paz, Quito, Sucre
6 Belize, Bogota, Habana, Mexiko, Ottawa, Panama
7 Caracas, Cayenne, Havanna, Managua, San José, San Juan
8 Asunción, Brasilia, Kingston, Santiago
9 Guatemala
10 Georgetown, Mexico City, Montevideo, Panama City, Paramaribo, Washington
11 Buenos Aires, Port of Spain, San Salvador, Tegucigalpa
12 Port-au-Prince, Santo Domingo
14 Ciudad Trujillo
15 Santiago de Chile
- **Himmelslabor**
6 Skylab
- **Hohlmaß**
4 Gill, Pint, Pipe
6 Barrel, Bushel, Gallon
- **Hohlmaß für Wein**
4 Pipe
- **Hotelier**
6 Hilton
- **Imbiss**
12 Cheeseburger
- **Indianer ▶ Indianerstamm**
- **Insel**
4 Kuba
5 Haiti
6 Chiloe, Tobago
7 Curaçao, Jamaika, Tortuga
8 Barbados, Trinidad
9 Feuerland, Vancouver
10 Baffinland, Cornwallis, Martinique, Puerto Rico
- **Inselgruppe**
7 Bahamas
8 Antillen, Bermudas
9 Galapagos
14 Falklandinseln
- **Instrumentalvirtuose**
7 Cliburn, Menuhin
- **Instrumentenbauer**
8 Steinway
- **Jazzmusiker**
5 Prima, Tatum, Young
6 Mingus, Morton, Parker, Pollak, Powell
7 Goodman, Hampton
9 Armstrong, Ellington
- **Jazztanz**
9 Jitterbug
- **Karitasverband**
4 Care
- **Kartenspiel**
5 Poker
- **Kleinhirsch**
5 Pudu
- **Komponist**
5 Loewe, Sousa
6 Barber, Berlin, Porter
7 Rodgers
8 Gershwin
9 Bernstein
11 Hammerstein
- **Kriminalist**
6 Hoover
- **Krokodil**
6 Kaiman
- **Kuckuck**
3 Ani
- **Landgut**
8 Hazienda
- **Landwirtschaftsbetrieb**
4 Farm
5 Ranch
- **Längenmaß**
4 Foot, Inch, Mile, Yard
- **Liliengewächs**
5 Agave
- **Literat**
5 Areet
- **Luftschiffhafen**
9 Lakehurst
- **Maiswhisky**
7 Bourbon
- **Maler**
6 Hopper
7 Pollock
8 Whistler
9 Feininger
- **Malerin**
5 Moses
- **Männername**
4 John
- **Marderart**
5 Skunk
9 Stinktier
- **Mathematiker**
6 Wiener
- **Mediziner**
4 Cori, Duve
5 Doisy, Luria, Minot

6 Beadle, Gasser, Murphy, Watson, Weller
7 Axelrod, Cushing, Flexner, Hershey, Robbins, Schally, Theiler, Whipple
8 Erlander, Hartline, Kronberg, Richards
9 Delbrueck, Lederberg, Nirenberg
10 Sutherland
11 Landsteiner

- **Mikrobiologe**
  5 Luria
- **Militärfahrzeug**
  4 Jeep
- **Militärkraftwagen**
  4 Jeep
- **Mischgetränk**
  4 Fizz, Flip
  5 Shake
  7 Cobbler
  8 Cocktail
- **Mittelmeer**
  13 Golf von Mexiko
  15 Karibisches Meer
- **Mondfähre**
  5 Eagle
  10 Challenger
- **Münze**
  3 Bit
  4 Cent, Dime, Peso
  5 Colon, Eagle, Sucre
  6 Dollar, Escudo
  7 Bolivar, Centime, Cordoba, Guarani, Lempira, Quetzal
  8 Cruzeiro
- **Musikgattung**
  4 Jazz, Rock
  5 Blues
  6 Gospel
  9 Dixieland, Rock 'n' Roll, Spiritual
  11 Rock and Roll
- **Nachrichtendienst** (Abkürzung)
  2 AP, UP
- **Nachrichtensatellit**
  9 Early Bird
- **Nationalspiel**
  8 Baseball
- **Nobelpreisträger für Chemie**
  3 Lee
  4 Cram, Urey
  5 Brown, Flory, Libby, Moore, Stein, Taube
  6 Calvin, Harden, Summer
  7 Giauque, Onsager, Pauling, Seaborg, Stanley
  8 Anfinsen, Hoffmann, Langmuir, Lipscomb, McMillan, Mulliken, Northrop, Richards, Vigneaud, Woodward
  10 Herschbach
- **Nobelpreisträger für Frieden**
  4 Hull, King, Lama, Mott, Root
  5 Arrow, Balch, Dawes
  6 Addams, Bunche, Butler, Wilson
  7 Borlaug, Kellogg, Pauling
  8 Marshall
  9 Kissinger, Roosevelt
- **Nobelpreisträger für Literatur**
  4 Buck
  5 Lewis
  6 Bellow, O'Neill, Singer
  8 Faulkner
  9 Hemingway, Steinbeck
- **Nobelpreisträger für Medizin**
  4 Cori, Duve, Rous, Wald
  5 Bloch, Cohen, Doisy, Hench, Hubel, Luria, Minot, Ochoa, Smith, Tatum, Temin, Yalow
  6 Beadle, Enders, Gasser, Holley, Morgan, Muller, Murphy, Palade, Sperry, Watson, Weller
  7 Axelrod, Cormack, Edelman, Hershey, Huggins, Kendall, Khorona, Lipmann, Sanchez
  8 Blumberg, Cournand, Erlander, Gajdusek, Hartline, Kronberg, Richards
  9 Baltimore, Delbrueck, Guillemin, Lederberg, Nirenberg
  10 McClintock, Sutherland
  11 Landsteiner
- **Nobelpreisträger für Physik**
  4 Lamb, Rabi, Ting, Yang
  5 Bethe, Bloch, Esaki, Kusch, Pauli, Segre, Stern
  6 Barden, Cooper, Fowler, Glaser, Townes, Wigner, Wilson
  7 Alvarez, Bardeen, Compton, Feynman, Giaever, Glashow, Penzias, Purzell, Richter
  8 Anderson, Brattain, Bridgman, Davisson, GellMann, Lawrence, Millikan, Schawlow, Shockley, van Vleck, Weinberg
  9 Michelson, Rainwater, Schwinger
  10 Hofstadter, Schrieffer
  11 Bloembergen, Chamberlain
  13 Goeppert-Mayer
- **Nobelpreisträger für Wirtschaft**
  5 Hicks, Simon, Solow, Tobin
  6 Debreu
  7 Kuznets, Schultz, Stigler
  8 Friedman, Koopmans, Leontief
  9 Samuelson
  14 Buchanan, McGill
- **Normzeichen**
  3 ASA
- **Nussbaum**
  7 Hickory
- **Ozeanflieger**
  9 Lindbergh
- **Pantherkatze**
  6 Jaguar
- **Papagei**
  3 Ara
- **Pelzjäger**
  7 Trapper
- **Pfefferfresser**
  5 Tukan
- **Pferd**
  7 Mustang
- **Philosoph**
  5 Dewey, James, Quine, Royce
  6 Peirce

9 Santayana, Whitehead
- **Physiker**
4 Lamb, Rabi, Ting, Yang
5 Bethe, Bloch, Brown, Esaki, Gamow, Gibbs, Henry, Kusch, Libby, Lyman, Segre, Tesla
6 Barden, Cooper, Forest, Glaser, Teller, Townes, Wigner, Wilson
7 Alvarez, Bardeen, Compton, Feynman, Giaever, Glashow, Goddard, Penzias, Purcell
8 Anderson, Brattain, Bridgman, Davisson, Gell Mann, Langmuir, Lawrence, Millikan, Shockley, van Vleck, Weinberg
9 Michelson, Rainwater, Schwinger
10 Hofstadter
11 Oppenheimer
13 Goeppert-Mayer
- **Polarforscher**
4 Cook
- **Politiker**
4 Clay, Hull, Root
5 Dawes, Dewey, Lodge
6 Byrnes, Dulles, Kellog, McCloy, Motley, Wright
7 Acheson, Kellogg
8 Franklin, Marshall
9 Stevenson
- **Präsident**
4 Bush, Ford, Polk, Taft
5 Adams, Buren, Grant, Hayes, Nixon, Tyler
6 Arthur, Carter, Hoover, Monroe, Pierce, Reagan, Taylor, Truman, Wilson
7 Clinton, Harding, Jackson, Johnson, Kennedy, Lincoln, Madison
8 Buchanan, Coolidge, Fillmore, Garfield, Harrison, VanBuren
9 Cleveland, Jefferson, MacKinley, Roosevelt
10 Eisenhower, Washington
- **Psychologe**
5 Rhine
6 Gesell, Watson
7 Skinner
- **Raketentyp**
5 Titan
7 Polaris
- **Raubtier**
4 Onza, Puma
6 Jaguar, Kuguar, Ozelot
- **Raumfähre**
8 Columbia
9 Discovery
10 Challenger
- **Raumfahrtbasis**
10 Kap Kennedy
13 Cape Canaveral
- **Raumfahrtbehörde** (Abkürzung)
4 NASA
- **Raumfahrtprogramm**
6 Apollo
- **Raummaß**
6 Barrel
- **Raumsonde**
7 Mariner
- **Reihentanz**
4 Slop
- **Reiterspiel**
5 Rodeo
- **Revolver**
4 Colt
- **Riesenkröte**
3 Aga
- **Riesenschlange**
8 Anakonda
- **Rinderhirt**
6 Cowboy
- **Sachbuchautor**
6 Asimov
- **Sänger**
6 Crosby, Dupree
7 Sinatra
9 Armstrong
- **Satellit**
5 Relay, Triad
6 Lageos
7 Telstar
- **Scheidungsparadies**
4 Reno
- **Schneesturm**
8 Blizzard
- **Schnellstraße**
7 Highway
- **Schriftsteller/Schriftstellerin**
3 Poe
4 Buck
5 Albee, Bogan, Bowen, Henry, Moore, O'Hara, O'Neil, Olson, Pound, Segal, Twain, Wolfe
6 Alcott, Algren, Bellow, Capote, Cooper, Ferber, Hobart, Keller, London, Mailer, Millay, Miller, O'Neill, Parker, Porter, Wilder
7 Emerson, Kerouac, Thoreau, Whitman
8 Caldwell, Faulkner, Franklin, McCarthy, Melville, Mitchell, Salinger, Sherwood, Sinclair, Williams
9 Dickinson, Doolittle, Dos Passos, Hawthorne, Hemingway, Mark Twain, Steinbeck
10 Fitzgerald, Longfellow
- **Seebad**
5 Miami
- **Sexualforscher**
6 Kinsey
7 Masters
- **Showstar**
6 Martin
- **Silberlöwe**
4 Puma
- **Silbermünze**
4 Dime
- **Sonnensonde**
6 Helios
- **Staat**
3 USA
4 Kuba, Peru
5 Chile, Haiti
6 Belize, Guyana, Kanada, Mexiko, Panama, Tobago
7 Ecuador, Guayana, Jamaika, Surinam, Uruguay
8 Bolivien, Honduras, Paraguay, Trinidad
9 Brasilien, Costa Rica, Guatemala, Kolumbien, Nicaragua, Venezuela
10 El Salvador
11 Argentinien
17 Vereinigte Staaten
22 Dominikanische Republik
- **Stahlkönig**
8 Carnegie

- **Stinktier**
  5 Skunk
- **Südstaatengeneral**
  3 Lee
- **Süßkartoffel**
  6 Batate
- **Swingmusiker**
  5 Brown
  6 Miller
- **Tanz**
  3 Jig
  5 Blues, Mambo, Rumba, Samba, Tango, Twist
  7 Onestep
  8 Foxtrott
  9 Jitterbug, Rock 'n' Roll
  10 Charleston
  12 Boogie Woogie
- **Tänzer**
  5 Kelly
  7 Astaire
- **Techniker ▶ Erfinder**
- **Trickfilmer**
  6 Disney
- **Unpaarzeher**
  5 Tapir
- **Urbewohner**
  5 Indio
  8 Indianer
- **Verteidigungsministerium**
  8 Pentagon
- **Viehfarm**
  5 Ranch
- **Volkstanz**
  11 Squaredance
- **Vollzugsbeamter**
  7 Sheriff
- **Währungseinheit**
  6 Dollar
- **Wapitihirsch**
  3 Elk
- **Wasserfall**
  7 Niagara
- **Wasserstraße**
  11 Panamakanal
- **Wettersatellit**
  5 Tiros
  6 Nimbus
- **Wildpferd**
  7 Mustang
- **Wildrind**
  5 Bison
- **Wildschwein**
  6 Pekari
- **Wirbelsturm**
  7 Tornado
  8 Hurrikan
- **Wolf**
  6 Kojote
- **Wühlmaus**
  10 Bisamratte
- **Zahlenlotto**
  5 Wingo
- **Zeichner**
  6 Disney
- **Zeitungskönig**
  6 Hearst
- **Zierpflanze**
  5 Loasa
- **Zupfinstrument**
  5 Banjo
- **Zustimmung** (Abkürzung)
  2 ok

Amme
5 Bonne
10 Kinderfrau
11 Naehrmutter

Ammoniaklösung
12 Salmiakgeist

Ammoniakverbindung
4 Amid, Amin
7 Salmiak

Amnestie
11 Begnadigung, Straferlass

amorph
7 formlos
10 gestaltlos

Amortisation
7 Tilgung
9 Loeschung
12 Abschreibung

Amouren
12 Liebschaften

Amphibie
5 Lurch, Molch

Amphitheater in Rom
9 Kolosseum

Amsel
5 Merle
14 Schwarzdrossel

Amsterdamer Wasserstraße
6 Gracht

Amt
6 Charge, Posten
7 Priorat
8 Behoerde, Funktion

Amt des Kantors
8 Kantorat

Amt des Papstes
10 Pontifikat

Ämterherrschaft
11 Buerokratie

amtlich
9 offiziell

amtlich(e, er, es) ...
- **Anordnung**
  5 Edikt
  6 Dekret, Erlass
  10 Bestimmung, Verfuegung, Verordnung
- **Aushang**
  8 Aufgebot
- **Beglaubigung**
  11 Beurkundung
- **Bekanntgabe**
  8 Aufgebot, Bulletin
- **Bescheinigung**
  10 Zertifikat
- **Erlass ▶ amtliche Anordnung**
- **Festsetzung**
  8 Bescheid
- **Grundbuch**
  8 Kataster
- **Mitteilung**
  10 Kommuniqué
- **Name Irlands**
  4 Eire
- **Niederschrift einer Aussage**
  9 Protokoll
- **Schriftstück**
  7 Urkunde
- **Sicherstellung**
  15 Beschlagnahmung
- **Untersuchung**
  7 Enquete
- **Verfügung ▶ amtliche Anordnung**
- **Wettstelle**
  11 Totalisator

Amtsbereich
7 Ressort
8 Dezernat

Amtsbereich eines Bischofs
6 Bistum
8 Dioezese, Sprengel

Amtsbewerber
8 Kandidat

Amtsbezeichnung
5 Titel

Amtsbote
6 Weibel
Amtsenthebung
10 Suspension
Amtsniederlegung
9 Abdankung, Demission
Amtssiegel
7 Stempel
Amtsstube
5 Buero
6 Office, Revier
7 Kanzlei
Amtstitel in einer Gemeinde
14 Buergermeister
Amtstracht
4 Robe
5 Ornat, Talar
6 Barett
Amtswürde
5 Titel
Amtszeichen
6 Siegel
7 Stempel
Amtszimmer ▸ Amtsstube
Amulett
8 Talisman
12 Zaubermittel, Zauberschutz
13 Schutzzeichen
14 Gluecksbringer
Amundsens Luftschiff
5 Norge
amüsant
6 lustig
7 spassig
10 kurzweilig
12 unterhaltend, unterhaltsam, vergnueglich
Amüsement
5 Spass
10 Vergnügen
11 Vergnuegung
an ...
· *jenem* **Ort**
4 dort
· *der* **Seite**
5 neben
· *der* **Spitze**
5 vorne
· *dieser* **Stelle**
2 da
· *der* **Vorderseite**
4 vorn

analog
7 gemaess
8 aehnlich
11 sinngemaess
12 entsprechend
Analyse
9 Darlegung, Zerlegung
12 Untersuchung
Anämie
9 Blutarmut
Anarchie
15 Gesetzlosigkeit
Anarchist
6 Rebell
9 Desperado
10 Aufruehrer
11 Umstuerzler
Anatolien
10 Kleinasien
Anbau
5 Annex
6 Kultur
13 Pflanzenzucht
anbaufähig
5 urbar
anbei
10 beiliegend
11 in der Anlage
anbeißen
5 nagen
8 knabbern
Anbetung
9 Huldigung
13 Vergoetterung
Anblick
4 Bild
5 Schau, Szene
6 Aspekt
8 Eindruck
Andacht
5 Gebet
10 Versenkung
13 Versunkenheit
andächtiges Nachdenken
10 Meditation
andalusischer Tanz
8 Flamenco
andauernd
4 stet
5 immer, stets
6 stetig
7 immerzu
8 bleibend, staendig
9 permanent
12 fortwaehrend
14 gleich bleibend
Anden
11 Kordilleren
Andengeier
6 Kondor
Andengipfel
9 Aconcagua
10 Chimborazo
Andenkamel
4 Lama
Andenken
8 Souvenir
10 Erinnerung
anderer Name ...
· *der* **Amsel**
5 Merle
· *der* **Biene**
4 Imme
· *für den Monat* **Mai**
10 Wonnemonat
· *der* **Nase**
10 Riechorgan
· *des* **Pfifferlings**
8 Gelbling
· *der* **Ulme**
7 Ruester
· *der* **Venus**
10 Abendstern
11 Morgenstern
· *für* **Wotan**
4 Odin
andernfalls
5 sonst
anders
5 alias
9 different, heterogen
15 unterschiedlich
andersartig
5 fremd
9 ungewohnt
Andersdenkender
9 Dissident
andersgläubig
9 heterodox
Änderung
7 Wechsel
8 Wandlung
9 Variation
10 Revirement
Änderung der Erbanlage
8 Mutation
Änderung eines Gebäudes
5 Umbau
Änderungsantrag
10 Amendement

andeuten
9 umreissen
Andeutung
3 Tip
4 Tipp, Wink
6 Skizze
7 Hinweis
10 Fingerzeig
andeutungsweise
3 vag
4 vage
10 unbestimmt
Andrang
5 Sturm
6 Fuelle, Zulauf
7 Zustrom
9 Gedraenge
10 Draengelei
Aneignung
8 Annexion
13 Inbesitznahme
16 Besitzergreifung
Aneinanderhaften
9 Adhaesion
Anekdote
11 Histoerchen
13 Geschichtchen
Anemone
12 Windroeschen
Anerbieten
7 Offerte
9 Vorschlag
anerkannt
7 gueltig
9 arriviert, offiziell
10 zugelassen
11 autorisiert, verbindlich
anerkannte Bibelüberset-zung
7 Vulgata
Anerkennung
3 Lob
4 Dank, Ehre, Lohn
5 Eloge
7 Applaus, Beifall
10 Belobigung, Wuerdigung
13 Lobeserhebung
Anfahrt
5 Start
8 Hinreise
anfallartiger Schmerz
5 Kolik
Anfang
5 Start
6 Beginn
7 Anbruch, Auftakt
8 Ursprung
10 Einleitung, Eroeffnung
anfangen
7 angehen
Anfänger
5 Neuer
7 Neuling
8 Lehrling, Newcomer
9 Debuetant, Greenhorn, Youngster
13 Gruenschnabel
anfänglich
4 erst
Anfangsbuchstabe
7 Initial
8 Initiale
Anfangsform
5 Urtyp
10 Archetypus
Anfangskapital
10 Grundstock
Anfassstück
5 Griff, Stiel
Anfechtung
8 Berufung
9 Einspruch
10 Verlockung, Versuchung
11 Appellation, Verfueh-rung
Anfertigung
10 Produktion
11 Fabrikation, Herstellung
Anflug
5 Hauch
11 Kleinigkeit
Anfluggenehmigung
14 Landeerlaubnis
anfordern
8 erbitten
Anforderung
5 Abruf, Bitte
6 Gesuch
7 Pflicht
8 Ersuchen
9 Verlangen
Anforderung von Waren-teilposten
5 Abruf
Anfuhr
9 Lieferung
11 Anlieferung, Antrans-port
Anführer
4 Boss, Chef
6 Leiter
10 Haeuptling, Komman-deur
12 Befehlshaber
14 Raedelsfuehrer
Anführer ...
· *der* **Angelsachsen**
5 Horsa
· *der* **Argonauten**
5 Iason, Jason
· *im* **Bauernkrieg**
5 Geyer
8 Muentzer
12 Berlichingen
· *der* **Donkosaken**
5 Rasin
· *der* **Hugenotten**
5 Rohan
· *der* **Hussiten**
6 Prokop
· *eines* **Kreuzzuges**
8 Bouillon
10 Barbarossa, Loewenherz
Anführungsstriche
15 Gaensefuesschen
Angabe
9 Prahlerei, Protzerei, Snobismus
14 Aufschneiderei
Angabe beim Tennis
9 Aufschlag
Angabe vor Gericht
7 Aussage
Angaben zur Person
11 Personalien
angängig
8 passabel
Angeber
4 Beau, Snob
5 Protz
7 Blender, Prahler
9 Prahlhans, Renommist
10 Gernegross, Windmacher
angeboren
6 genuin
8 konnatal
10 hereditaer, kongenital
angeborene Fähigkeit
6 Anlage, Talent
8 Begabung
11 Veranlagung
angeborener Naturtrieb
8 Instinkt
Angebot
6 Antrag, Offert

7 Offerte
9 Vorschlag
angebracht
7 passend
8 opportun
angebundenes Haustier
10 Kettenhund
angeheitert
7 trunken
9 berauscht, betrunken
10 beschwipst
Angehörige
6 Anhang
7 Familie
9 Verwandte
18 Familienmitglieder
Angehörigenkreis
14 Verwandtschaft
Angehöriger ...
· *des* **Adels**
8 Edelmann
10 Aristokrat
· *eines* **asiatischen Reitervolkes**
5 Hunne
· *eines* **baltischen Volksstammes**
4 Este, Live, Liwe, Lure, Sele
5 Lette
7 Litauer
· *eines* **Bantustammes**
6 Herero
· *einer* **belgischen Volksgruppe**
5 Flame
7 Wallone
· *einer* **christlichen Glaubensgemeinschaft**
6 Hussit
7 Baptist, Maronit, Mormone, Quaeker
8 Katholik, Mennonit, Unierter
9 Adventist, Hugenotte, Kalvinist, Methodist, Puritaner, Waldenser
10 Herrnhuter, Lutheraner, Protestant
11 Zwinglianer
12 Reformierter
· *eines* **deutschen Fürstenhauses**
5 Welfe
6 Salier
7 Staufer
8 Askanier, Wettiner
10 Karolinger
11 Ludolfinger
13 Wittelsbacher
· *einer* **europäischen Völkergruppe**
5 Balte, Baske, Gaele, Kelte, Slawe
6 Romane
7 Bretone, Germane, Grieche
12 Skandinavier
· *eines* **germanischen Stammes**
10 Markomanne
· *eines* **Hirtenvolkes**
6 Nomade
· *einer* **indischen Kaste**
5 Paria, Sudra
8 Brahmane, Vaischya
10 Kschatriya
· *einer* **indischen Religionsgemeinschaft**
4 Sikh
5 Hindu, Jaina, Parse
· *der* **nordischen Rasse**
5 Arier
· *des* **öffentlichen Dienstes**
7 Beamter
· **osteuropäischer Völker**
5 Slawe
· *des* **Parlaments**
11 Deputierter
12 Abgeordneter
14 Parlamentarier, Volksvertreter
· *der* **römischen Plebs**
8 Plebejer
· *einer* **Theatergruppe**
8 Ensemble
· *der* **Turkstämme in Russland**
5 Tatar
· *eines* **wandernden Volkes**
4 Romi
5 Sinto
6 Nomade
8 Zigeuner
· *einer* **Weltreligion**
4 Jude
5 Hindu
6 Christ, Daoist, Moslem, Muslim, Taoist
8 Buddhist, Muselman
10 Schintoist
11 Konfuzianer
12 Mohammedaner
· *eines* **Zwergvolkes**
7 Pygmaee
angekeimtes Getreide
4 Malz
Angeklagter
10 Delinquent
13 Beschuldigter
Angelegenheit
4 Fall
5 Chose, Sache, Thema
7 Affaere
8 Anliegen, Ereignis
10 Gegenstand, Vorkommnis
angelegte Gelder
9 Depositen
Angelgerät
4 Netz, Rute
5 Reuse
7 Kescher
Angelköder
6 Fliege
Angelsachse
5 Brite
angemessen
7 wuerdig
8 adaequat, gehoerig
9 geziemend
10 angebracht
11 gebuehrlich
12 entsprechend
angenehm
4 lieb, nett
6 bequem, kommod
7 passend
9 behaglich
10 erfreulich
11 sympathisch
angenehm(e, er, es) ...
· **Äußeres**
12 Gepflegtheit
13 Attraktivitaet
· **Duft**
5 Aroma
· **Empfindung**
6 Genuss
· **Temperatur**
6 Waerme
angenommen
6 fiktiv

angenommener Wechsel
6 Akzept
angeordnete Blumen
7 Gesteck
Anger
9 Dorfwiese
13 Gemeindewiese
angeregt
4 froh
6 kregel, munter
7 lebhaft
8 animiert
9 froehlich
angereichert
12 konzentriert
angeschlagen
6 groggy
8 verletzt
11 beschaedigt, mitgenommen
12 erschuettert
angesehen
8 beruehmt, geachtet, populaer
10 geschaetzt, renommiert
11 respektiert
angesehene Mitglieder der Gesellschaft
8 Notabeln
12 Honoratioren
Angesicht
7 Antlitz
angespannte Aufmerksamkeit
13 Konzentration
angespitzter Balken
5 Pfahl
Angestellte in der Apotheke (Abkürzung)
3 PTA
angestrebter Urlaubsort
9 Reiseziel
angestrengtes Lernen
6 Pauken
9 Bueffelei
angetrunken
4 blau
10 beschwipst
angetrunkener Wanst
9 Bierbauch
angewandte Naturwissenschaft
7 Technik
angewiesen
9 abhaengig

Angewohnheit
6 Manier, Spleen
7 Marotte
angezeigt
9 indiziert
Angleichung
9 Anpassung
12 Assimilation
14 Harmonisierung
Angler
12 Petrijuenger
Anglergruß
9 Petri Dank, Petri Heil
Angoraziegenwolle
6 Mohaer, Mohair
Angreifer
9 Aggressor
angrenzend
7 nebenan
10 benachbart
angrenzendes Ausland
12 Nachbarstaat
Angriff
5 Sturm
7 Ansturm, Attacke, Einfall
8 Anschlag, Invasion, Vorstoss
9 Offensive, Ueberfall
10 Aggression
Angriffsspieler (Fußball)
13 Innenstuermer
Angst
3 Alb, Alp
5 Bange, Scheu, Sorge
6 Bammel, Furcht, Phobie
Angsthase
8 Feigling
9 Hasenfuss
11 Duckmaeuser
ängstlich
4 bang, feig
5 bange, feige, scheu
6 mutlos
7 verzagt
9 furchtsam
Angsttraum
3 Alb, Alp
anhaftende Eigenschaft
7 Merkmal
anhaltend
6 stetig
7 dauernd
9 chronisch, permanent
10 persistent
14 ununterbrochen
anhaltend(e, er, es) ...
- **Dürre**
8 Troeckne
- **Krankheit**
6 Leiden
- **Klagen**
8 Gejammer

Anhaltevorrichtung
6 Bremse
Anhang
5 Annex
7 Familie, Gefolge
8 Appendix, Nachtrag
11 Nachschrift
12 Gefolgschaft
Anhänger
3 Fan
6 Tender
7 Trailer
8 Beiwagen
10 Mitlaeufer, Nachfolger
11 Gefolgsmann
Anhänger ...
- *des* **Arius**
7 Arianer
- *einer* **bejahenden Weltanschauung**
8 Optimist
- *einer* **Einheitslehre**
6 Monist
- *der* **Freikörperkultur**
6 Nudist
- *der* **Geisterlehre**
9 Spiritist
- *des* **Islam**
12 Mohammedaner
- *einer* **jüdischen Bewegung**
7 Zionist
- *einer* **kommunistischen Lehre**
6 Maoist
7 Marxist
8 Leninist
9 Stalinist, Trotzkist
- *des* **Königtums**
8 Royalist
10 Monarchist
- *einer* **Kunstrichtung**
6 Kubist
7 Dadaist
11 Pointillist
12 Fiktionalist

13 Expressionist, Impressionist
· *der* **Lehre Jesu**
6 Christ
· *der* **Lehre Laotses**
6 Daoist, Taoist
· *der* **Lehre Mohammeds**
6 Moslem, Muslim
9 Muselmann
12 Mohammedaner
· *der* **Lehre Moses'**
4 Jude
8 Israelit
· *der* **Lehre Zarathustras**
5 Parse
· *des* **Marxismus**
9 Kommunist, Sozialist
· *der* **Monarchie**
8 Royalist
10 Monarchist
· *einer* **negativen Weltanschauung**
8 Nihilist
9 Pessimist
· *einer* **Philosophenschule**
5 Eleat
7 Stoiker
9 Epikureer
10 Platoniker
13 Neuplatoniker
· *einer* **philosophischen Weltanschauung**
7 Realist
8 Idealist, Nihilist
10 Pragmatist
11 Materialist
· *einer* **politischen Weltanschauung**
6 Maoist
7 Marxist
8 Demokrat, Faschist, Leninist, Pazifist, Royalist
9 Anarchist, Kommunist, Liberaler, Sozialist, Stalinist
10 Chauvinist, Monarchist
11 Nationalist
· *eines* **Religionsstifters**
7 Apostel, Juenger
9 Maertyrer, Missionar
10 Glaeubiger, Verkuender
· *der* **römischen Kirche**
8 Katholik
· *eines* **schweizerischen Reformators**
9 Kalvinist
11 Zwinglianer
· *des* **Sozialismus**
7 Marxist
9 Sozialist
· *eines* **tschechischen Reformators**
6 Hussit
· *der* **Weltfriedensidee**
8 Pazifist
· *des* **Zoroaster**
5 Parse

Anhänger zum Transport von Booten
7 Trailer

anhänglich
4 treu

Anhänglichkeit
5 Treue
11 Ergebenheit
12 Freundschaft

Anhängsel
5 Annex
8 Appendix

anhäufen
7 sammeln

Anhäufung
4 Pulk
5 Halde, Masse, Menge
7 Ballung, Hortung
8 Sammlung
10 Agglomerat, Ansammlung, Kumulation
12 Akkumulation
13 Agglomeration

anheimelnd
5 traut
10 gemuetlich

Anhöhe
4 Berg
5 Kuppe
6 Huegel
8 Erhebung

animalisch
8 tierisch

Anisbranntwein
6 Pastis
8 Anisette

Ankauf
6 Erwerb

Ankerplatz
3 Kai
4 Mole, Pier
5 Reede

Ankerplatz vor dem Hafen
5 Reede

Ankertonne
4 Boje

Ankerwinde
5 Spill

Anklage
13 Anschuldigung, Inkrimination

Ankläger
12 Staatsanwalt

Anklagevertreter
12 Staatsanwalt

Anklang
7 Beifall
8 Aufnahme, Resonanz
9 Sympathie
11 Reminiszenz

Ankleideraum
8 Toilette
9 Garderobe

Ankleiderin im Theater
12 Garderobiere

ankündigen
7 ansagen
12 bekannt geben

Ankündigung
4 Avis
6 Ansage
7 Anzeige
8 Programm, Prospekt
11 Bekanntgabe
12 Plakatierung

Ankunft
7 Landung
9 Einlaufen
10 Eintreffen, Erscheinen

Ankunftshalle auf Flughäfen
7 Arrival

Anlage
6 Talent
7 Kapital
8 Begabung
11 Investition
12 Installation, Investierung

Anlage ...
· *zur* **Autoreinigung**
12 Waschstrasse
· *für* **Freizeitsport**
9 Kegelbahn
· *zur* **Hautbräunung**
8 Solarium

· *zur* **Holzkohlengewinnung**
6 Meiler
· *für* **Pferdesport**
9 Hippodrom
12 Trabrennbahn
· *für* **Pflanzenzucht**
9 Treibhaus
· *zur* **Salzgewinnung**
6 Saline
Anlass
5 Grund, Motiv
7 Anstoss, Ursache
9 Auslosung
11 Gelegenheit
Anlassen des Motors
7 starten
Anlasser
7 Starter
11 Kickstarter
Anlauf
5 Start
7 Versuch
Anlegen von Fahrwegen
11 Strassenbau
Anlegestelle für Schiffe
3 Kai
4 Mole, Pier
5 Hafen, Reede
Anleihe
6 Kredit
8 Darlehen
Anleihen
5 Fonds
Anleihepapier
4 Bond
10 Obligation, Pfandbrief
anleiten
8 anweisen
Anleitung
3 Tip
4 Tipp
7 Hinweis
8 Beratung
9 Anweisung
10 Unterricht, Vorschrift
11 Information, Instruktion
Anliegen
5 Bitte
6 Wunsch
8 Ersuchen
Anlieger
7 Nachbar
8 Anrainer, Anwohner
anmaßend
5 frech
6 dreist
8 arrogant, insolent
11 impertinent
12 praetentioes, ueberheblich, unverschaemt
Anmelderaum in Büros
9 Vorzimmer
Anmerkung
4 Note
5 Notiz
6 Glosse
8 Fussnote
9 Kommentar
10 Ergaenzung, Marginalie
12 Erlaeuterung
Anmut
6 Charme, Grazie, Scharm, Zauber
8 Liebreiz
13 Holdseligkeit
anmutige weibliche Naturgeister
5 Elfen, Nixen
anmutige Wesen
7 Grazien
annähernd
4 etwa, fast, rund
5 zirka
6 beinah
7 beinahe
9 ungefaehr
12 approximativ
Annahme
7 Empfang, Fiktion, Meinung
9 Hypothese, Rezeption, Vermutung
10 Mutmassung
13 Unterstellung
Annahme an Kindes statt
8 Adoption
Annalen
11 Jahrbuecher
annehmbar
8 leidlich, passabel
9 plausibel
10 akzeptabel
Annehmlichkeit
4 Reiz
6 Genuss
Annexion
9 Aneignung, Besetzung
10 Okkupation
annfallsweise auftretende Atemnot
6 Asthma
Annonce
7 Anzeige, Inserat
Anode
9 Elektrode
anomal
7 abartig
10 abweichend
Anomalie des Auges
6 Myopie
10 Presbyopie
13 Astigmatismus, Hypermetropie
15 Kurzsichtigkeit, Weitsichtigkeit
anonym
8 namenlos
9 ungenannt
Anorak mit Kapuze
5 Parka
Anordnung
5 Edikt, Gebot, Order
6 Aufbau, Befehl, Erlass, Lay-out, Layout
7 Geheiss
9 Direktive, Regulativ
10 Gliederung, Verfuegung
11 Arrangement, Disposition
anorganische Säure
10 Salzsaeure
14 Salpetersaeure, Schwefelsaeure
anorganischer Stoff
7 Mineral
anormal
9 krankhaft
11 regelwidrig
Anpasser
11 Opportunist
Anpassung
7 Mimikry
8 Adaption
10 Adaptation, Gewoehnung
11 Adaptierung
12 Akkomodation, Assimilation
15 Akklimatisation
16 Akklimatisierung
Anpassungsvorrichtung
7 Adapter

Anpflanzung
5 Anbau
6 Kultur
8 Plantage
Anrainer
7 Nachbar
8 Anlieger
Anrecht
8 Anspruch
Anrede
2 du, Er
3 ihr, Sie
4 Frau, Herr
9 Fraeulein, Majestaet
Anrede ...
· *eines* **Bischofs**
9 Exzellenz
· *von* **französischen Königen**
4 Sire
· *für* **Fremde**
3 Sie
· *eines* **Fürsten**
6 Hoheit
11 Durchlaucht
· *für* **Geistliche**
11 Hochwuerden
· *eines* **Kaisers**
9 Majestaet
· *eines* **Kardinals**
7 Eminenz
· *für* **Männer**
4 Herr
· *für* **Ordensbrüder**
10 Ehrwuerden
· *für den* **Papst**
10 Heiligkeit
· *unter* **Sozialisten**
7 Genosse
· *eines* **Universitätsrektors**
14 Spektabilitaet
· *für* **Vertraute**
2 du
Anredefall
7 Vokativ
Anredefürwort
3 dir, ihr
anregend
8 belebend
10 animierend
12 stimulierend
anregendes Getränk
3 Tee
6 Kaffee
anregendes Mittel
9 Stimulans
13 Aphrodisiakum
Anregung
3 Tip
4 Idee, Tipp
6 Anreiz, Impuls
7 Anstoss, Hinweis
10 Initiative
11 Ermunterung, Inspiration
12 Aufmunterung
Anreiz
6 Impuls
7 Ansporn, Antrieb
Anrichte
7 Buefett, Kredenz
9 Sideboard
Anruf
2 he
Anruf eines Schiffes
4 ahoi
Anrufung Gottes
5 Gebet
Ansage
4 Avis
6 Diktat
10 Conférence
Ansage auf kontra (Skat)
2 re
Ansager
8 Sprecher
9 Moderator
12 Conférencier
Ansammlung
4 Pulk
5 Bande, Masse, Menge, Meute, Rotte, Schar
6 Gruppe, Haufen
7 Auflauf, Ballung
12 Akkumulation
13 Konzentration
ansässig
6 hiesig
8 heimisch
11 eingesessen, einheimisch
Anschaffung
4 Kauf
6 Erwerb
7 Einkauf
9 Erwerbung
11 Akquisition
anschaulich
6 farbig
7 konkret
8 bildlich, lebendig
9 plastisch
11 illustrativ
13 eindruecklich
Anschauung
4 Idee
6 Glaube
7 Ansicht, Meinung
9 Denkweise, Intuition
10 Auffassung
11 Betrachtung, Einstellung
Anschauungsart
11 Mentalitaet
anscheinend
10 vermutlich
11 mutmasslich
Anschlag
6 Plakat
7 Affiche, Aushang
8 Attentat, Sabotage
Anschlagsäule
13 Litfasssaeule
Anschlussvorrichtung
7 Adapter
anschmiegsam
4 zart
5 weich
9 zaertlich
Anschrift
7 Adresse
Anschriftenverzeichnis
10 Adressbuch
Anschuldigung
7 Anklage, Vorwurf
13 Inkrimination
Anschwärzer
9 Verraeter
10 Denunziant
Anschwellung
5 Beule
Anschwellung am Hals
5 Kropf
Ansehen
3 Ruf
4 Ehre, Ruhm
6 Nimbus, Wuerde
7 Achtung, Geltung, Leumund
8 Prestige, Renommee
10 Autoritaet, Reputation
11 Beliebtheit
12 Beruehmtheit, Popularitaet

14 Wertschaetzung
ansehnlich
9 bedeutend, stattlich
ansehnliches Gebäude
7 Bauwerk
Ansicht
6 Aspekt
7 Anblick, Meinung
8 Erachten
10 Auffassung, Standpunkt
11 Betrachtung, Einstellung
12 Ueberzeugung
13 Gesichtspunkt
Ansiedler
8 Kolonist
Ansiedlung
3 Ort
4 Dorf
5 Stadt
6 Weiler
7 Kolonie
8 Gemeinde
Ansiedlung aus wenigen Gehöften
6 Weiler
Ansinnen
6 Begehr
8 Zumutung
9 Verlangen, Vorschlag
Anspiel beim Eishockey
5 Bully
Anspiel beim Tennis
9 Aufschlag
Ansporn
6 Anreiz
8 Auftrieb
11 Ermunterung
Ansprache
4 Rede
5 Toast
Ansprache des Papstes
10 Allokution
ansprechend
4 nett
6 adrett
11 sympathisch
Anspruch
5 Recht
7 Anrecht
9 Forderung, Verlangen
12 Anwartschaft, Berechtigung
anspruchslos
6 simpel
7 einfach
8 primitiv, schlicht
9 genuegsam
10 bescheiden
11 spartanisch
anspruchsvoll
8 kritisch
9 ambitioes
11 waehlerisch
12 unbescheiden
Anstalt
4 Heim
8 Institut
9 Pensionat
Anstalt bei Bielefeld
6 Bethel
Anstaltsschüler
5 Eleve
6 Alumne
8 Interner
Anstaltsschülerin
6 Alumna, Elevin
7 Interne
Anstand
5 Moral, Mores, Sitte, Zucht
6 Tugend
8 Benehmen, Betragen
9 Erziehung
anständig
4 fair
6 honett
7 ehrlich, honorig, integer, korrekt, sittsam
10 schicklich
13 rechtschaffen
Anstandsbuch
6 Knigge
Anstandsregeln
8 Etikette
ansteckend
10 infektioes
ansteckende Krankheit
4 Lues, Pest, Ruhr
5 Lepra, Mumps
6 Grippe, Masern, Pocken, Typhus
7 Aussatz, Cholera, Malaria, Roeteln, Tollwut, Tripper
8 Blattern, Syphilis
9 Influenza, Milzbrand, Scharlach
10 Diphtherie, Gelbfieber, Paratyphus, Windpocken
11 Fleckfieber, Keuchhusten, Spitzpocken, Stickhusten, Tuberkulose
14 Kinderlaehmung
15 Schlafkrankheit
Anstecknadel
6 Spange
7 Brosche
Ansteckplakette
6 Button
Ansteckung
6 Infekt
9 Infektion
11 Infizierung
Ansteigen der Börsenkurse
6 Hausse
anstelle
5 statt
7 anstatt
Anstellung
3 Job
6 Arbeit
Anstellung als Beamter
10 Bestallung
Anstellung beim Theater
10 Engagement
Anstifter
7 Urheber
9 Initiator
10 Hintermann, Verfuehrer
Anstimmen
10 Intonation
Anstoß
5 Grund, Motiv
6 Anlass, Impuls
7 Ansporn, Antrieb, Ursache
8 Anregung
10 Beweggrund
anstößig
6 lasziv
7 obszoen
10 skandaloes
anstößiger Witz
4 Zote
anstößiges Ereignis
7 Skandal
9 Aergernis
anstreichen
8 tuenchen
Anstreicher
5 Maler
Anstrengung
5 Eifer, Muehe

6 Arbeit
7 Ehrgeiz, Einsatz, Muehsal
8 Strapaze

Anstrichmittel
4 Lack
5 Farbe
8 Oelfarbe
13 Kunstharzlack

Ansturm
3 Run
7 Attacke

Ansuchen
5 Bitte
6 Wunsch
7 Eingabe
8 Petition

antarktisch (e, er, es) ...
· **Halbinsel**
4 Ross
· **Schwimmvogel**
7 Pinguin
· **Vulkan**
6 Erebus
11 Mount Erebus

Anteil
4 Part, Teil
5 Aktie, Quote, Rolle
6 Ration
7 Beitrag, Portion, Quantum
10 Kontingent

Anteil an Glyceriden
10 Fettgehalt

Anteilnahme
5 Guete
6 Trauer
7 Beileid, Mitleid
9 Interesse, Kondolenz
10 Mitgefuehl

Anteilsabschnitt einer Aktie
5 Kupon
6 Coupon

Anteilschein
3 Kux, Los
4 Bond
5 Aktie, Share
10 Obligation, Pfandbrief, Wertpapier

Antennenart
5 Dipol
12 Richtantenne
13 Ferritantenne
20 Gemeinschaftsantenne

Anthrazit
10 Glanzkohle, Steinkohle

antik
13 altertuemlich

antik(e, er, es) ...
· **Abgesang**
5 Epode
· **Ausruf**
7 Heureka
· **Bauwerk in Rom**
8 Pantheon
9 Colosseum, Kolosseum
10 Engelsburg, Titusbogen
12 Amphitheater
13 Trajanssaeule
· **Bauwerk in Trier**
8 Basilika
10 Porta Nigra
13 Kaiserthermen
· **Bühnenbauwerk**
12 Amphitheater
· **Dichterross**
7 Pegasus
· **Dreiruderer**
6 Triere
· **Epos**
5 Ilias
6 Aeneis
7 Odyssee
· **Fünfkampf**
10 Pentathlon
· **Gedicht**
5 Epode
· **Gewand**
4 Toga
6 Tunika
7 Chlamys
· **Grenzbefestigung**
5 Limes
· **Grenzstein**
6 Zippus
· **griechische Hafenstadt**
5 Aulis
· **griechische Landschaft**
5 Doris
6 Attika, Epirus, Lokris, Phokis
7 Argolis
8 Aetolien, Arkadien, Boeotien, Kilikien, Lakonien, Phrygien
9 Messenien
10 Makedonien
· **griechische Stadt**
5 Argos, Athen, Milet
6 Abdera, Kroton, Mykene, Olynth, Priene, Smyrna, Sparta, Theben
7 Chalkis, Eleusis, Ephesos, Ephesus, Mykenae, Stagira, Tanagra
9 Epidauros, Epidaurus
· **Hafen Athens**
8 Phaleron
· **Hafen Roms**
5 Ostia
· **Hallenbau**
8 Basilika
· **Hirtenlied**
6 Ekloge
· **Hirtenpfeife**
9 Panfloete
· **Hochzeitsgesang**
5 Hymen
· **Inselreich im Norden**
5 Thule
· **Instrument**
5 Aulos
· **Königreich in Arabien**
4 Saba
· **Krug mit Doppelhenkel**
7 Amphora, Amphore
· **Land im Iran**
6 Medien
· **Landschaft in Italien**
6 Latium
7 Samnium
8 Etrurien
· **Landschaft in Kleinasien**
5 Troas
6 Karien, Lydien, Lykien, Mysien
7 Aeolien
8 Kilikien, Phrygien, Pisidien, Zilizien
9 Bithynien
10 Pamphylien
12 Paphlagonien
· **Landschaft in Palästina**
6 Judaea
7 Samaria
8 Galilaea
· **Landschaft in Persien**
6 Medien
8 Baktrien
· **Landschaft in Südarabien**
4 Saba

- **Landschaft in Syrien**
  10 Phoenizien
- **Lehrstätte**
  6 Lyzeum
  8 Akademie
- **Leuchtturm**
  6 Pharos
- **Mischwesen**
  6 Sphinx
- **Name der Dardanellen**
  10 Hellespont
- **Name Deutschlands**
  9 Germanien
- **Name Frankreichs**
  7 Gallien
- **Name Italiens**
  6 Italia
- **Name Trojas**
  5 Ilion, Ilium
- **Orakelstätte**
  5 Cumae, Delos
  6 Delphi, Didyma, Dodona
- **Ort auf Kreta**
  7 Knossos
- **Rechenbrett**
  6 Abakus
- **Redekunst**
  5 Topik
- **Reich am Tigris**
  4 Elam
- **Reich in Arabien**
  4 Saba
- **Reich in Kleinasien**
  6 Lydien, Pontos, Pontus
  8 Phrygien
- **Reich in Mesopotamien**
  5 Akkad, Sumer
  8 Assyrien
  10 Babylonien
- **Reich in Südarabien**
  4 Saba
- **Reitervolk**
  7 Skythen
- **Ruinenstadt in Italien**
  7 Pompeji, Stabiae
  11 Herculaneum, Herkulaneum
- **Rundtheater**
  12 Amphitheater
- **Saiteninstrument**
  4 Lyra
  5 Leier
  7 Psalter
  10 Aeolsharfe
- **Schaukämpfer**
  9 Gladiator
- **Schicksalsgöttin**
  5 Parze
- **Schiff**
  6 Bireme, Triere
  7 Galeere, Pentere, Trireme
  10 Quadrireme
- **Schlachtenort**
  7 Salamis
  8 Marathon
  11 Thermopylen
- **Schreibmaterial**
  6 Stilus
  7 Papyrus
  9 Diptychon, Pergament
- **Schriftzeichen**
  4 Rune
  11 Hieroglyphe
- **Seeungeheuer**
  6 Scylla, Skylla
  9 Charybdis
- **Sonnenuhr**
  6 Gnomon
- **Sprache**
  6 Latein
  10 Griechisch, Lateinisch
- **Stadt**
  5 Athen, Atria, Babel, Milet, Troja
  6 Nicaea, Nikaea, Ninive, Sikyon, Theben
  7 Ephesus, Knossos
  8 Pergamon, Philippe, Plataeae, Tusculum
  10 Alexandria
  13 Halikarnassos
- **Stadt am Euphrat**
  7 Babylon
- **Stadt am Vesuv**
  7 Pompeji
  11 Herculaneum, Herkulaneum
- **Stadt in Italien**
  4 Elea
- **Stadt in Jonien**
  5 Milet
- **Stadt in Persien**
  4 Susa
- **Theaterstück**
  5 Medea
  7 Elektra, Orestie
  8 Alcestis, Alkestis, Antigone
  9 Iphigenie
  10 Amphitryon, Andromache, Lysistrata, Lysistrate, Oedipus Rex
  13 Koenig Oedipus
- **Vase**
  7 Amphora
- **Versmaß**
  6 Jambus
  8 Anapaest, Daktylus
  9 Hexameter, Trochaeus
  10 Heptameter, Pentameter
- **versunkenes Land**
  8 Atlantis
- **Volksstamm in Italien**
  8 Etrusker
- **wachsüberzogene Schreibtafel**
  5 Kodex
- **Wasserleitung**
  9 Aquaedukt
- **Weissagerin**
  6 Pythia
- **Weissagung**
  6 Orakel
- **Werk der Philosophie**
  5 Menon, Staat
  6 Physik, Poetik
  7 Gorgias, Phaidon
  8 Apologie, Gastmahl
  10 Metaphysik, Protagoras
- **Wettkampf**
  4 Agon
- **Wettkämpfer**
  9 Gladiator
- **Wurfgeschütz**
  8 Balliste

Antike
8 Altertum

Antillenbewohner
6 Karibe

Antilleninsel
4 Kuba, Saba
5 Aruba, Haiti, Nevis
6 Tobago
7 Bahamas, Barbuda, Curaçao, Grenada, Jamaika, Tortuga
8 Barbados, Trinidad
10 Guadeloupe, Martinique, Montserrat, Puerto Rico, Santa Lucia

Antilopenart
3 Gnu
4 Kudu, Oryx, Tora

6 Ducker, Impala
7 Gazelle
Antipathie
9 Ablehnung, Abneigung
Antiquaschrift
9 Italienne
Antithese
15 Gegenbehauptung
Antlitz
7 Gesicht
9 Angesicht
Antrag
5 Bitte
6 Gesuch
7 Eingabe
8 Ersuchen, Petition
Antrieb
5 Drang, Motiv
6 Impuls
7 Ansporn
Antriebsgeschoss
6 Rakete
Antriebsmaschine
5 Motor
6 Dynamo
7 Turbine
9 Generator, Ottomotor, Triebwerk
11 Dieselmotor
12 Elektromotor
Antriebsmittel für das Auto
3 Gas
6 Benzin, Diesel
Antriebsschraube
9 Propeller
Antwort
6 Replik
10 Entgegnung, Erwiderung
Antwort auf kontra (Skat)
2 re
8 rekontra
antwortheischender Satz
5 Frage
Anwalt
7 Advokat
12 Fuersprecher
13 Rechtsberater
14 Rechtsbeistand
Anwaltskunde
6 Klient
7 Mandant
Anwaltspraxis
7 Kanzlei
9 Advokatur
Anwaltsrede
9 Plaedoyer
Anwärter
8 Aspirant, Assessor, Bewerber, Kandidat
10 Referendar
Anwartschaft
10 Kandidatur
anweisen
8 anleiten
Anweisung
3 Rat
5 Order, Regie
6 Befehl
7 Auflage
9 Anordnung, Direktive
10 Wegleitung
11 Instruktion
Anwendung
6 Nutzen
8 Gebrauch
11 Applikation
Anwendung von Zwang
6 Gewalt
Anwendungstrick
4 Dreh
5 Kniff
Anwesen
3 Gut, Hof
6 Besitz
9 Besitztum
11 Grundbesitz, Grundstueck
anwesend
2 da
4 hier
5 dabei
7 zugegen
8 praesent
9 vorhanden
12 gegenwaertig
Anwohner
7 Nachbar
Anwurf
5 Ruege, Tadel
8 Nachrede
Anzahl
4 Gros
5 Haufe, Herde, Masse, Menge, Schar, Summe
6 Gruppe, Haufen, Schock
7 Dutzend, Quantum
Anzahl der Kegel
4 neun
Anzahl der Lebensjahre
5 Alter
Anzapfung
7 Anstich
11 Pumpversuch
Anzeichen
4 Omen
5 Indiz
7 Merkmal, Symptom, Vorbote
10 Indikation
Anzeige
4 Avis
6 Insert
7 Annonce, Inserat, Offerte
Anzeige der Uhr
4 Zeit
Anzeige des Kalenders
5 Datum
Anzeigenaufgeber
8 Inserent
Anzeigenwerber
11 Akquisiteur
anziehend
9 attraktiv
11 interessant, sympathisch
anziehendes Eisen
6 Magnet
Anziehungskraft
6 Appeal
9 Sexappeal
11 Gravitation
Anziehungskraft der Erde
7 Schwere
11 Gravitation, Schwerkraft
Anziehungskraft zwischen Molekülen
9 Kohaesion
Anzug
5 Tenue
Anzugform
9 Einreiher
10 Zweireiher
anzüglich
5 spitz
6 pikant
10 zweideutig
anzügliche Erwähnung
10 Anspielung
Anzünder
7 Fidibus
Aorta
15 Hauptschlagader

apart
4 nett
5 eigen
6 adrett
7 reizend
8 reizvoll
9 besonders
10 eigenartig
13 geschmackvoll
apathisch
11 unbeteiligt
12 teilnahmslos
13 gleichgueltig, unempfindlich
Aperitif
5 Byrrh, Cynar, Picon
6 Pernod, Ricard
7 Campari, Cinzano, Martini
8 Dubonnet, Vermouth
Apfelbranntwein
8 Calvados
Apfelsinenart
5 Navel
6 Orange
7 Satsuma
9 Mandarine, Pomeranze
10 Bergamotte, Klementine
Apfelsorte
6 Boskop, Rambur
7 Kalvill, Rambour, Renette
8 Jonathan, Parmaene
9 Delicious, Spitzling, Taeubling
10 Morgenduft, Streifling
11 Goldrenette, Granny Smith, Guelderling, James Grieve, Landsberger, Maschansker
12 Goldparmaene, Wachsrenette
13 Bismarckapfel, Gravensteiner
15 Golden Delicious
Apfelwein
4 Most
Apfelwein aus Frankreich
5 Cidre
Aphrodite
5 Venus
10 Anadyomene
apodiktisch
10 endgueltig
14 unumstoesslich, unwiderleglich
Apogäum
8 Erdferne
Apokalypse
11 Offenbarung
Apostel
7 Juenger
8 Sendbote, Sendling
Apostel ...
· *der* **Bayern**
7 Emmeran
· *der* **Deutschen**
10 Bonifatius
· *der* **Eskimos und Grönländer**
5 Egede
· *der* **Franken**
6 Kilian
· *der* **Friesen**
10 Willibrord
· *der* **Gallier**
6 Martin
· *der* **Iren**
7 Patrick
10 Columbanus
· *des* **Jesus**
5 Judas, Lukas, Simon
6 Markus, Paulus, Petrus, Thomas
7 Andreas, Jakobus
8 Johannes, Matthias
9 Matthaeus, Philippus, Thaddaeus
13 Bartholomaeus
· *des* **Nordens**
6 Ansgar
· *der* **Preußen**
8 Adalbert
· *der* **Slawen**
6 Kyrill
9 Methodius
Apotheke
7 Offizin
Apotheker
10 Pharmazeut
Apothekerbuch
12 Dispensorium
Apothekergefäß
7 Moerser
Apothekergehilfe
8 Provisor
Apothekergewicht
4 Gran, Unze
5 Graen
7 Skrupel
Apotheose
11 Schlussbild, Verklaerung
14 Verherrlichung
15 Vergoettlichung
Apparat
6 Geraet
8 Maschine
Appartement
6 Zimmer
7 Wohnung
Appeal
8 Zugkraft
9 Anziehung
12 Ausstrahlung
Appell
6 Aufruf
7 Mahnung
8 Antreten
12 Aufforderung
Appendix
6 Anhang, Ansatz
8 Fortsatz
9 Blinddarm
10 Anhaengsel
12 Wurmfortsatz
Appetit
7 Esslust
appetitanregendes Getränk
8 Aperitif
Appetithäppchen
9 Kostprobe
appetitlich
6 frisch, lecker
9 delizioes, einladend, koestlich
10 verlockend
Applaus
7 Beifall
11 Akklamation
Apposition
10 Beifuegung
Aprikose
7 Marelle, Marille
Aprikosenbranntwein
6 Barack
April
9 Ostermond
apropos
9 uebrigens
15 nebenbei bemerkt
Aquamarin
6 Beryll
Aquarienfisch ► Zierfisch

Äquivalent
9 Gegenwert
äquivalent
12 gleichwertig
Ära
6 Epoche
9 Zeitalter
10 Zeitspanne
Ära Luthers
16 Reformationszeit
Araberfürst
4 Emir
Araberstamm
4 Asra
7 Senussi
8 Beduinen
10 Amalekiter
Araberviertel nordafrikanischer Städte
6 Kasbah
Arabeske
8 Ornament
9 Tanzfigur
arabisch für ...
· **Berggipfel**
3 Ras
· **Brunnen**
3 Bir
· **Markt**
3 Suk
· **Meerenge**
3 Bab
· **Nichtmohammedaner**
5 Kafir
· **Satan**
8 Schaitan
· **Sohn**
3 Ben, Ibn
· **Vater**
3 Abu
arabisch(e, er, es) ...
· **Artikel**
2 al, el, il
· **Arzt im Mittelalter**
5 Mesue
8 Avicenna
· **Dichter**
5 Antar
6 Hariri
10 Omar Kayyam
· **Dynastie**
7 Ibn Saud
8 Omajaden
9 Fatimiden
· **Fürstentitel**
3 Aga
4 Emir
· **Fürstentum**
6 Emirat
· **Gebetsrufer**
7 Muezzin
· **Gedichtform**
5 Gasel
· **Geistlicher**
5 Mulla
6 Mullah
· **Gelehrter**
5 Hakim
· **Getränk**
3 Kat
· **Getreidepflanze**
5 Durra
· **Gewand**
3 Aba
6 Burnus
· **Goldmünze**
5 Dinar
· **Gruß**
5 Salam, Salem, Selam
12 Salem aleikum
· **Hafenstadt**
4 Aden
6 Kuwait, Kuweit
7 Hodaida, Hodeida, Makalla
· **Halbinsel**
5 Katar, Sinai
8 Mosandam
· **Hauptstadt**
4 Aden, Riad, Sana
5 Amman, Kairo, Rabat, Tunis
6 Algier, Bagdad, Beirut, Kuwait, Kuweit, Maskat
8 Ash Shaab, Damaskus, Tripolis
· **Herrscherhaus**
4 Saud
· **Kapuzenmantel**
6 Burnus
· **König**
4 Saud
5 Talal
6 Faisal
7 Hussein
· **Königreich**
5 Jemen
9 Jordanien
12 Saudi-Arabien
· **Königreich im Altertum**
4 Saba
· **Kopfbedeckung**
3 Fes
· **Krummschwert**
4 Seif
· **Küstengebiet**
4 Asir
8 Hedschas
· **Küstensegler**
3 Dau
4 Dhau
· **Männername**
3 Ali
6 Hassan
7 Hussein, Ibrahim
· **Mantel**
3 Aba
4 Haik
· **Mantelumhang**
5 Abaya
· **Märchenvogel**
3 Rok
4 Roch
· **Monatsname**
5 Safar
· **Name Abrahams**
7 Ibrahim
· **Name Gottes**
5 Allah
· **Name Jesu**
3 Isa
· **Nomaden**
8 Beduinen
· **Nomadenvolk**
5 Kedar
· **Ochsengespann**
5 Araba
· **Philosoph**
8 Averroes, Avicenna
· **Provinz**
4 Asir
· **Rechtsgelehrter**
5 Mufti
· **Reiterkampfspiel**
8 Fantasia
· **Richter**
4 Kadi
5 Mulla
· **Sagenvogel**
3 Rok
· **Schiff**
3 Dau
4 Dhau
7 Baggala

· **Schreibschrift**
5 Talik
6 Neschi
· **Segelschiff**
3 Dau
4 Dhau
· **sozialistische Partei**
5 Baath
· **Staat**
4 Irak, Oman
5 Jemen, Katar, Sudan, Yemen
6 Kuwait, Kuweit, Libyen, Syrien
7 Bahrain, Libanon, Marokko
8 Aegypten, Algerien, Tunesien
9 Jordanien
12 Saudi-Arabien
17 Vereinigte Emirate
· **Stadt**
3 Sur
4 Aden, Doha, Hama, Homs, Maan, Riad, Sana
5 Akaba, Amman, Basra, Haleb, Kairo, Mekka, Mokka, Mosul, Riyad, Sanaa
6 Aleppo, Bagdad, Beirut, Djidda, Kirkuk, Kuwait, Kuweit, Maskat, Medina, Mossul, Nedjef
7 Ar Rijad, Dhahran, Er Riyad, Hodaida, Hodeida, Kerbela, Makalla
8 Damaskus
· **Titel**
4 Emir, Imam
5 Mudir
6 Sultan
· **Volksliedersammlung**
6 Hamasa
· **Vorbeter**
4 Imam
· **Wüste**
5 Akkaf, Nefud, Rimal
7 Hammada
14 Nubische Wueste
· **zweimastiges Schiff**
3 Dau
4 Dhau
· **zweirädriger Karren**
5 Araba

aramäisch für Vater
4 Abba
Arbeit
3 Job, Tun
4 Fron, Werk
6 Dienst, Posten, Stelle
7 Aufgabe
8 Leistung, Stellung
10 Engagement, Taetigkeit
14 Beschaeftigung
Arbeit der Leibeigenen
4 Fron
Arbeit der Vertreter
12 Aussendienst
Arbeit mit Nadel und Faden
8 Naeherei
Arbeiter
12 Werktaetiger
Arbeitgeber
11 Unternehmer
Arbeitnehmer
8 Arbeiter
12 Angestellter
14 Lohnempfaenger
Arbeitnehmerorganisation
12 Gewerkschaft
arbeitsam
5 emsig
8 fleissig, tuechtig
Arbeitsanzug ► Arbeitskleidung
Arbeitsausstand
6 Streik
10 Warnstreik
13 Generalstreik
Arbeitsentgelt
4 Gage, Lohn
6 Gehalt, Salaer
7 Honorar
Arbeitsergebnis
7 Produkt
arbeitsfreier Wochentag
8 Feiertag
Arbeitsgebiet
6 Sparte
7 Domaene
16 Betaetigungsfeld
Arbeitsgefährte
7 Kollege
11 Mitarbeiter
Arbeitsgerät
8 Werkzeug
Arbeitsgruppe
4 Team
5 Rotte
6 Partie
7 Kolonne, Schicht
Arbeitshose
9 Blue Jeans
Arbeitskampfmaßnahme
6 Streik
8 Ausstand
Arbeitskleidung
6 Kittel, Montur
7 Overall, Uniform
14 Mantelschuerze
Arbeitskraft auf Zeit
8 Aushilfe
Arbeitsleistung
6 Dienst
Arbeitsmaschine
7 Roboter
Arbeitsmaterial des Töpfers
3 Ton
Arbeitsmittel
9 Werkstoff
11 Rohmaterial
Arbeitsniederlegung
6 Streik
10 Warnstreik
Arbeitsnorm
6 Akkord
Arbeitspferd
4 Gaul
Arbeitsplatz
3 Job
6 Stelle
Arbeitsraum des Künstlers
6 Studio
7 Atelier
arbeitsscheu
4 faul
6 traege
Arbeitsscheuer
9 Faulenzer
13 Drueckeberger
Arbeitsschicht
6 Turnus
Arbeitsschluss
10 Feierabend
Arbeitssklave
4 Kuli
Arbeitsstätte
7 Betrieb
Arbeitsstoff
8 Material
Arbeitstag
7 Werktag

Arbeitstagung
7 Enquete
Arbeitsumfang
6 Pensum
arbeitsunfähig
5 krank
8 invalide
Arbeitsunfähiger
8 Invalide
Arbeitsunterbrechung
5 Pause
Arbeitsunwilliger ▶ Arbeitsscheuer
Arbeitsweise
6 Akkord, System
7 Methode, Schicht, Technik
9 Verfahren
Arbeitszeit
7 Schicht
Archäopteryx
7 Urvogel
Archenbauer
4 Noah
Architekt
10 Baumeister
12 Baukuenstler
architektonische Kunstrichtung
7 Baustil
architektonisches Gepräge
4 Stil
7 Baustil
Architektur
8 Baukunst
Archivalien
8 Urkunden
12 Aktenstuecke
arg
5 boese, uebel
7 schlimm
8 schlecht
arge Bedrängnis
3 Not
arge Lage
3 Not
argentinisch(e, er, es) ...
· **Berg**
9 Aconcagua
· **Besitzloser**
11 Descamisado
· **Biochemiker**
6 Leloir
· **Diktator**
5 Peron
· **Gebirgszug**
5 Anden
16 Sierra von Cordoba
· **Grassteppe**
5 Pampa
· **Halbinsel**
6 Valdez
· **Komponist**
5 Kagel
· **Landschaft**
5 Anden, Monte
6 Pampas
9 Feuerland, Gran Chaco
10 Patagonien
12 Ostfeuerland
· **Meerenge**
15 Magellanstrasse
· **Münze**
4 Peso
7 Centavo
9 Argentino
· **Nationalgericht**
7 Puchero
· **Nationaltanz**
5 Tango
· **Nobelpreisträger für Chemie**
6 Leloir
· **Nobelpreisträger für Medizin**
7 Houssay
· **Politiker**
4 Roca
5 Illia, Mitre, Ortiz, Peron, Rosas
7 Lonardi, Ongania, Ramirez
8 Alfonsin, Aramburu, Belgrano, Hipolito
· **Provinz**
5 Chaco, Jujuy
7 Mendoza, Santa Fe, Tucuman
9 Entre Rios
11 Buenos Aires
· **Schriftsteller**
6 Borges, Marmol
7 Andrade
8 Obligado
9 Sarmiento
10 Echeverría
· **Tierart**
4 Puma
6 Jaguar
11 Guerteltier
· **Viehhirt**
6 Gaucho
Ärger
3 Wut
4 Zoff, Zorn
5 Grimm, Unmut
6 Kummer
7 Knatsch, Missmut, Trouble, Unwille
8 Ungemach, Verdruss
10 Alteration
11 Verstimmung
ärgerlich
3 arg
5 boese
Ärgernis
4 Qual
5 Eklat, Plage, Uebel
6 Greuel
7 Anstoss, Blamage, Skandal
8 Verdruss
Arglist
6 Malice, Tuecke
arglistige Täuschung
6 Betrug
arglos
4 naiv
7 harmlos
10 einfaeltig, zutraulich
argloses Vertrauen
15 Gutglaeubigkeit
Argonautenführer
5 Iason, Jason
Argwohn
8 Verdacht
10 Misstrauen, Mutmassung
14 Verdaechtigung
Aristokrat
7 Adliger
Aristokratie
4 Adel
15 Adelsherrschaft
arithmetisches Mittel
12 Durchschnitt
Arkade
5 Bogen
10 Mauerbogen
Arktis
10 Polarkreis
11 Polargebiet
Arktisbewohner
6 Eskimo
12 Groenlaender

arktisch(e, er, es) ...
· **Dauerfrostdecke**
8 Polareis
· **Gewässer**
13 Nordpolarmeer
· **Nutztier**
3 Ren
7 Rentier
· **Raubtier**
7 Eisbaer
10 Polarfuchs
· **Schneehütte**
4 Iglu
· **Vogel**
3 Alk
5 Lumme
6 Teiste
7 Tordalk
8 Albatros
· **Volk**
5 Inuit
6 Lappen
7 Eskimos
arm
4 karg
5 knapp
8 duerftig, primitiv
9 besitzlos, mittellos
10 beduerftig, Not leidend
11 unbemittelt
15 hilfsbeduerftig
Arm der Weichsel
5 Nogat
Armaturenbrett
11 Schalttafel
Armbeuge
8 Ellbogen
10 Ellenbogen
Armee
4 Heer
6 Truppe
11 Streitmacht
Ärmelaufschlag
6 Stulpe
11 Manschetten
ärmellos(e, er, es) ...
· **Jacke**
5 Gilet, Weste
6 Bolero
· **Mantel**
6 Poncho
· **Umhang**
4 Cape
· **Kleidungsstück**
5 Weste

armenisch(e, er, es) ...
· **Berg**
6 Ararat
· **Filzmütze**
6 Kalpak, Kolpak
· **Hauptstadt**
6 Eriwan
· **Kirchenvater**
6 Mesrop
· **Ruinenstadt**
3 Ani
· **Sackpfeife**
8 Zuggarah
Armenpflege
9 Fuersorge
11 Sozialhilfe
armer Teufel
8 Hascherl
9 Schlucker
Armgelenk
8 Ellbogen
10 Ellenbogen
Armleuchter
8 Flambeau
10 Kandelaber
Armmuskel
6 Beuger
Armring
4 Reif
6 Reifen
armselig
4 karg
7 popelig
8 aermlich, duerftig
9 spaerlich
11 kuemmerlich
armseliges Haus
4 Kate
6 Huette
9 Bruchbude
Armut
3 Not
5 Elend
6 Dalles, Mangel, Misere
14 Beduerftigkeit
15 Mittellosigkeit
Aroma
4 Duft
5 Blume
6 Bukett
9 Geschmack
10 Wohlgeruch
aromatisch(e, er, es) ...
· **Getränk**
3 Tee
4 Mate
6 Kaffee
· **Gewürz**
4 Zimt
10 Zimtstange
· **Harz**
6 Myrrhe
9 Weihrauch
Aronstabgewächs
5 Calla, Kalla
6 Kalmus
11 Drachenwurz
14 Schlangenkraut
Arrangement
9 Anordnung
13 Uebereinkunft
arrangierte Luftreise
11 Charterflug
Arrest
4 Haft
6 Karzer
10 Nachsitzen
Arrest in der Soldatensprache
3 Bau
Arrestant
9 Haeftling
Arrestgebäude
6 Karzer
10 Gefaengnis
11 Haftanstalt
Arrestraum
5 Zelle
arrogant
9 anmassend
10 hochmuetig
11 duenkelhaft, eingebildet
12 ueberheblich
14 herausfordernd
Arroganz
6 Hybris
Arsenal
8 Zeughaus
11 Waffendepot, Waffenlager
Art
3 Typ
4 Form, Stil
5 Genre, Genus, Rasse, Sorte, Typus, Weise, Wesen
6 Muster, System
7 Gattung, Methode, Spezies

8 Benehmen, Betragen, Naturell
9 Verfahren, Verhalten
Art ...
· *des* **Gehens**
7 Gangart
· *eines* **Gemäldes**
9 Stilleben
10 Stillleben
· *einer* **Katastrophenwarnung**
8 Oelalarm
· *der* **Swingmusik**
4 Jive
Art und Weise
6 Manier
Art und Weise eines Menschen
9 Wesensart
arteigen
10 spezifisch
Arten von Werbeträgern
6 Medien
artenreichste Tiergruppe
8 Insekten
Arterie
4 Ader
8 Pulsader
10 Schlagader
Arterienerweiterung
9 Aneurysma
Arterienverkalkung
15 Arteriosklerose
Arterienverschluss
7 Infarkt
artfremdes Eiweiß
7 Antigen
Arthritis
17 Gelenkentzuendung
artig
4 brav, lieb, nett
7 folgsam, sittsam
8 gehorsam, gesittet, hoeflich
10 manierlich
11 wohlerzogen
Artigkeit
10 Kompliment
Artikel
3 das, der, die, ein
4 eine, Ware
5 eines
7 Bericht, Produkt
8 Warenart
10 Abhandlung, Gegenstand
15 Geschlechtswort
Artikulation
7 Sprache
10 Aussprache
Artist
7 Akrobat, Gaukler
8 Jongleur
11 Seiltaenzer
Artistenbühne
6 Zirkus
7 Varieté
8 Varietee
Artistenschaukelreck
6 Trapez
artistische Schaubühne
7 Varieté
8 Varietee
artistische Vorführung
11 Kunststueck
Artunterteilung
5 Rasse
Artusritter
4 Erek
5 Gawan, Iwain, Iwein
6 Gawain, Gawein, Merlin
7 Tristan
8 Lancelot, Parsifal, Parzival
9 Lohengrin
artverschieden
9 heterogen
artverwandt
8 aehnlich
Arve
12 Zirbelkiefer
Arznei
5 Pille, Salbe
6 Dragee
7 Medizin
8 Tablette
9 Praeparat
10 Heilmittel, Medikament
Arzneiart
5 Asant
arzneiartiges Fischfettprodukt
9 Lebertran
Arzneiauszug
7 Tinktur
Arzneibehälter
6 Kapsel, Phiole, Roehre
7 Ampulle
Arzneiberater
10 Pharmazeut
15 Pharmavertreter
Arzneifläschchen
7 Ampulle
Arzneiform
3 Tee
5 Pille, Salbe
6 Dragee, Kapsel
7 Tropfen
8 Granulat, Tablette
9 Zaepfchen
Arzneikunde
9 Pharmazie
Arzneimenge
5 Dosis
Arzneimischung
6 Mixtur
Arzneimittel
10 Medikament
12 Antibiotikum
14 Pharmazeutikum
Arzneimittelgeschäft
8 Apotheke
Arzneipflanze
4 Aloe, Anis
5 Alant
6 Akelei, Arnika, Kalmus, Salbei, Wermut
7 Beifuss, Fenchel, Ginseng, Kamille, Melisse
8 Baldrian, Beinwell, Eisenhut, Faulbaum, Lavendel, Rosmarin, Sanddorn, Wegerich
9 Engelwurz, Fingerhut, Hamamelis, Leinkraut
10 Belladonna, Eisenkraut, Eukalyptus
11 Tollkirsche
Arzneiröhrchen
7 Ampulle
Arzneirohstoff
5 Droge
Arzneivorrat für unterwegs
13 Reiseapotheke
Arzneizäpfchen
13 Suppositorium
Arzt
7 Chirurg, Dentist, Medikus, Urologe
8 Allopath
9 Internist, Mediziner, Neurologe, Paediater
10 Homoeopath, Kardio-

loge, Nephrologe, Orthopaede, Psychiater
11 Dermatologe, Gynaekologe
12 Heilkundiger
15 Psychotherapeut

Arzt ...
- *im* **Altertum**
  5 Galen
  11 Dioskurides, Hippokrates
- *aus* **Ephesos**
  5 Rufus
- *im* **Mittelalter**
  9 Eisenbart
  10 Paracelsus
- *im* **negativen Sinn**
  8 Pfuscher
  10 Scharlatan
  11 Kurpfuscher, Quacksalber
- *im* **Orient**
  5 Hakim
- *in der* **Türkei**
  5 Hakim

ärztlich(e, er, es) ...
- **Arbeitsraum**
  6 Praxis
- **Beratung**
  12 Konsultation
- **Bescheinigung**
  6 Attest
- **Besuch**
  6 Visite
- **Betäubung**
  7 Narkose
- **Betäubungsmittel**
  6 Aether, Evipan
  7 Lachgas
  10 Chloroform
- **Eingriff**
  7 Schnitt
  8 Punktion
  9 Operation
- **Gehilfin** (Abkürzung)
  3 MTA
- **Gerätschaften**
  11 Instrumente
- **Instrument**
  5 Sonde, Zange
  7 Klammer, Spritze
  8 Pinzette, Skalpell
  10 Stethoskop
- **Sprechstunde**
  10 Ordination
- **Urteil**
  8 Diagnose
- **Verordnung**
  3 Kur
  6 Rezept
  7 Massage, Packung
  8 Bettruhe, Schonung
  11 Bestrahlung
- **Vorprüfung**
  8 Physikum
- **Vorsorgemaßnahme**
  7 Impfung
- **Zeugnis**
  6 Attest

Asbestart
  6 Amiant
  9 Serpentin

Asbestzementschiefer
  7 Eternit

Aschenbehälter
  4 Urne
  6 Ascher
  12 Aschenbecher

Aschenbrödel
  12 Aschenputtel

aseptisch
  8 keimfrei

Asiat ▶ asiatisches Volk

asiatisch(e, er, es) ...
- **Bastfaser**
  4 Jute
- **Berg**
  3 Apo, Gya, Ida, Nia, Tur
  5 Makau, Sinai, Tabor
  6 Ararat, Elbrus, Karmel, Kasbek, Semeru, Uschba
  7 Alagoes, Belucha, Dansang, Everest, Sawelan
  8 Adamspik, Afmajana, Blagodat, Demawend, Kerintji, Kini Balu, Krakatau, Pik Lenin
  9 Indrapura, Rakapushi
  10 Chantengri, Dhaulagiri, Mustaghala
  11 Fudschijama, Gaurisankar, Nanga Parbat, Pik Kaufmann
  12 Mount Everest
- **Buckelrind**
  4 Zebu
- **Eroberer**
  5 Etzel, Timur
  6 Attila
  13 Dschingis Khan
- **Eselsart**
  6 Onager
- **Fürstentitel**
  4 Chan, Khan
- **Gebirge**
  4 Ghat
  5 Altai, Pamir, Sinai
  6 Alatau, Elbrus, Elburs, Kunkun, Taurus
  7 Kasdagh, Kwenlun, Libanon, Nilgiri
  8 Himalaja, Kaukasus, Nanschan
  9 Karakorum, Tienschan
  10 Hindukusch
  11 Antilibanon
- **Gebirgsrind**
  3 Jak, Yak
- **Gecko**
  5 Tokee
- **Gewürzkraut**
  9 Basilikum
- **Giftschlange**
  5 Kratt
  6 Bungar
  15 Brillenschlange
- **Göttin**
  7 Astarte
- **Grenzgebirge**
  4 Ural
- **Großkatze**
  5 Tiger
- **Großregion**
  9 Ostindien
- **Halbesel**
  5 Kulan
  6 Onager
- **Halbinsel**
  5 Jamal, Korea, Sinai
  6 Malaya, Taimyr
  7 Arabien, Gujerat, Malakka
  9 Schantung
  10 Kleinasien
- **Harzart**
  5 Asant
- **Hauptstadt**
  4 Aden, Riad, Sana
  5 Amman, Dakka, Delhi, Hanoi, Kabul, Lhasa, Seoul, Tokio
  6 Ankara, Bagdad, Beirut, Kuwait, Kuweit, Manila,

Maskat, Peking, Quezon, Rangun, Saigon, Taipeh
7 Bangkok, Colombo, Karachi, Punakha, Teheran
8 Damaskus, Djakarta, Katmandu, Neu-Delhi, Pnompenh, Singapur
9 Islamabad, Jerusalem, Karatschi, Singapore, Ulan Bator, Vientiane
10 Pjoengjang, Rawalpindi
11 Kuala Lumpur

· **Heilpflanze**
7 Ginseng

· **Herrschertitel**
4 Chan, Khan
5 Kalif, Mogul, Schah, Tenno
6 Sultan
11 Maharadscha

· **Hirschart**
4 Sika
6 Sambar

· **Hochgebirgsrind**
3 Jak, Yak

· **Hochland**
4 Iran
5 Pamir, Tibet
7 Juennan
8 Armenien, Mongolei

· **Horntier**
7 Gazelle
8 Antilope

· **Hühnervogel**
4 Pfau

· **Insel**
4 Bali, Cebu, Java
5 Banka, Ceram, Hondo, Luzon, Macao, Panay, Perim, Samar, Sumba, Timor
6 Batjan, Borneo, Ceylon, Cypern, Flores, Hainan, Honshu, Imbros, Lombok, Lubuan, Madura, Negros, Penang, Taiwan, Zypern
7 Amboina, Bahrain, Bahrein, Celebes, Formosa, Honschu, Kiushiu, Kurilen, Mindoro, Okinawa, Palawan, Sokotra, Sumatra, Sumbawa
8 Belitung, Hokkaido, Honschiu, Karafuto, Kiuschiu, Mindanao, Sachalin, Schikoku, Singapur, Sri Lanka

· **Inselgruppe**
8 Molukken
9 Malediven
10 Indonesien
11 Philippinen, Sundainseln

· **Kaiserreich**
5 Japan

· **Kleidungsstück**
6 Kaftan

· **Kletterpflanze**
6 Rotang

· **Königreich**
4 Laos, Siam
5 Nepal
8 Thailand
9 Jordanien
12 Saudi-Arabien

· **Kopfbedeckung**
6 Kalpak

· **Körnerfrucht**
4 Reis

· **Landschaft**
8 Sibirien

· **Lastenträger**
4 Kuli

· **Nomade**
5 Avare, Aware

· **Ölpflanze**
5 Sesam

· **Raubtier**
5 Tiger

· **Reitervolk**
6 Avaren, Awaren, Hunnen
7 Tataren

· **Religion**
10 Buddhismus

· **Sagenkönigin**
9 Semiramis

· **Salzsee**
7 Aralsee

· **Schlaginstrument**
6 Tamtam

· **See**
7 Aralsee, Biwasee, Datusee, Kukunor
8 Bandasee, Isniksee, Issykkul, Kaspisee, Nirissee, Sundasee, Timorsee, Tonlesap, Tsiaosee, Urmiasee
9 Baikalsee, Balchasch, Rotes Meer, Totes Meer, Tungtiang
10 Gelbes Meer, Gudi Sirreh, Paujuensee, Saissansee
13 Schwarzes Meer, See Genezareth
14 Kaspisches Meer

· **Seerose**
5 Lotus

· **Seidenwollbaum**
5 Semal

· **Staat**
4 Irak, Iran, Laos, Oman, Siam
5 Birma, Burma, China, Japan, Jemen, Korea, Nepal, Yemen
6 Bhutan, Ceylon, Cypern, Indien, Israel, Kuwait, Kuweit, Malaya, Sikkim, Syrien, Taiwan, Zypern
7 Bahrain, Formosa, Libanon, Persien, Tuerkei, Vietnam
8 Abu Dhabi, Malaysia, Mongolei, Pakistan, Russland, Singapur, Sri Lanka, Thailand
9 Jordanien, Malediven, Nordkorea, Suedkorea
10 Bangladesh, Indonesien, Kambodscha
11 Afghanistan, Bangladesch, Philippinen
12 Saudi-Arabien
13 Maskat und Oman
16 Arabische Emirate

· **Steppenkatze**
5 Manul

· **Steppenschaf**
5 Arkal

· **Sturm**
6 Taifun

· **Tagelöhner**
4 Kuli

· **Teil der Türkei**
9 Anatolien

· **Tempelbau**
6 Pagode

· **Überrock**
6 Kaftan

· **Volk, Volksgruppe**
2 Li, Mo
3 Kha, Lao, Man, Meo, Moi, Mon, Tai, Yao
4 Ainu, Akit, Bhil, Bugi, Gond, Juit, Komi, Kuki, Lolo, Lubu, Mari, Miao, Moso, Naga, Nung, Paii, Rade, Sikh, Thai
5 Badju, Bicol, Dajak, Inder, Jaken, Jakun, Kafir, Karen, Khmer, Khond, Luren, Mansi, Meder, Moken, Moros, Nanak, Newar, Nuyer, Oraon, Oriya, Ossen, Pnong, Punan, Sakai, Samal, Schan, Selon, Senoi, Syrer, Tamil, Toala, Udehe, Wedda
6 Alanen, Araber, Awaren, Bagobo, Bihari, Bisaya, Brahni, Djarai, Drusen, Galela, Gurier, Gurkha, Hunnen, Kurden, Manoto, Parsen, Perser, Raglai, Santal, Sarten, Semang, Sherpa, Sindhi, Syrier, Teluga, Tobelo, Tschin, Ugrier
7 Alfuren, Altaier, Assyrer, Bhutija, Ilocano, Itelmen, Jakuten, Japaner, Javaner, Jesiden, Lamuten, Luschai, Malaien, Miautse, Mundari, Oiraten, Palaung, Skythen, Tataren, Tibeter, Tingian, Tuerken, Uiguren, Usbeken, Wogulen
8 Abchasen, Afghanen, Armenier, Birmanen, Burjaten, Burmesen, Chinesen, Georgier, Kacheten, Kasachen, Kirgisen, Koreaner, Korjaken, Leptscha, Mandschu, Manipuri, Mongolen, Ostjaken, Siamesen, Thuschen, Torgoten, Tungusen, Weddiden
9 Adscharen, Ambonesen, Andamaner, Assamesen, Bachtiare, Burjaeten, Filipinos, Inguschen, Jukagiren, Kandresen, Kaschmiri, Kaukasier, Samojeden, Turkmenen
10 Bachtiaren, Baschkiren, Belutschen, Jenissejer, Kabardiner, Kalmuecken, Karagassen, Karalpaken, Makassaren, Pandschabi
11 Gudscherati, Philippinos, Radschputen, Seldschuken, Singhalesen, Vietnamesen
12 Tscherkessen, Tschuktschen, Tschuwaschen
13 Tschetschenen

· **Vulkan**
6 Ararat
8 Krakatau
9 Asamajana
11 Fudschijama

· **Wildhuhn**
7 Bankiva

· **Wind**
5 Buran, Samum
6 Taifun
7 Tornado
8 Hurrikan

· **Wolfsmilchgewächs**
6 Kroton

· **Wüste**
3 Lut
4 Gobi, Thar
5 Kewir, Nefud, Tharr
6 Hanhai

· **Zauberpriester**
8 Schamane

· **Zierbaum**
5 Ginko
6 Ginkgo

· **zweirädriger Wagen**
7 Rikscha

Askese
9 Entsagung
10 Enthaltung
14 Enthaltsamkeit

Asket
4 Jogi
7 Buesser

Aspekt
5 Blick
7 Anblick, Ansicht
10 Standpunkt, Vorzeichen
11 Beurteilung
13 Gesichtspunkt

Asphalt
7 Erdpech

Aspik
6 Suelze

Aspirant
8 Bewerber, Kandidat
9 Anwaerter

Aspis
11 Hutschlange
15 Brillenschlange

Ass beim deutschen Kartenspiel
4 Daus

Assekuranz
12 Versicherung

Assessor
9 Anwaerter

Assistent
6 Helfer
7 Famulus, Gehilfe
8 Beistand
10 Hilfskraft
11 Mitarbeiter

Assistenz
5 Hilfe
8 Beistand, Zuarbeit
9 Mitarbeit

Assoziation
10 Verbindung
11 Annaeherung, Vereinigung

assyrisch(e, er, es) ...

· **Feldherr**
10 Holofernes

· **Gottheit**
2 Ea
3 Anu, Bel, Sin, Utu
4 Adad, Baal, Nabo, Nebo
5 Assur, Enlil, Istar, Samas, Tamuz
6 Damuzi, Marduk, Nergal
7 Astarte, Ischtar, Ninurta
8 Annunaki, Ningersu
9 Bel Marduk, Schamasch

· **Hauptstadt**
5 Akkad, Assur
6 Ninive

· **Kaiserin**
9 Semiramis

· **König**
6 Sargon
8 Sanherib, Sarrukiu
9 Hammurabi

10 Adadninari, Sardanapal
11 Salmanassar, Tiglatninib
12 Nebukadnezar
· **Sagenkönigin**
9 Semiramis
· **Stufentempel**
8 Zikkurat
· **Volksstamm**
7 Sumerer
Ast
5 Zweig
Ästhet
11 Kunstfreund, Schoengeist
14 Kunstliebhaber
Astrologe
11 Sterndeuter
Astrologe des Mittelalters
11 Nostradamus
Astrologe Wallensteins
4 Seni
astrologisches Gestirnsschema
8 Horoskop
Astronaut
10 Raumfahrer
14 Weltraumfahrer
Astronautik
9 Raumfahrt
13 Weltraumfahrt
Astronom
4 Hale, Hall, Witt, Wolf
5 Adams, Brahe, Encke, Galle, Gauss, Havel
6 Bessel, Halley, Kepler, Lowell, Newton, Struve
7 Bradley, Cassini, Celsius, Galilei, Laplace
8 Herschel, Hipparch, Huyghens, Lagrange, Riccioli
9 Aristarch
10 Hipparchos, Kopernikus, Ptolemaeus
11 Aristarchos
12 Schiaparelli
13 Regiomontanus
Astronomie
10 Sternkunde
12 Himmelskunde
astronomisch(e, er, es) ...
· **Begriff**
3 All, Hof, Ort, Ost, Pol, Tag
4 Bahn, Jahr, Luft, Mond, Nord, Nova, Reif, Ring, Sued, West, Zeit, Zone
5 Abend, Achse, Aphel, Basis, Klima, Komet, Kranz, Licht, Masse, Monat, Nacht, Nadir, Nebel, Osten, Phase, Sonne, Stern, Woche, Wolke, Zenit
6 Aether, Azimut, Breite, Globus, Himmel, Kosmos, Krater, Laenge, Meteor, Minute, Norden, Planet, Radius, Strahl, Stunde, Sueden, Umlauf
7 Gestirn, Kompass, Neumond, Nordpol, Perikel, Quadrat, Quartal, Schweif, Sekunde, Sphaere, Suedpol, Tendenz, Trabant, Weltall
8 Aequator, Apogaeum, Ekliptik, Eruption, Fixstern, Halbmond, Horizont, Horoskop, Kalender, Meridian, Meteorit, Ortszeit, Polhoehe, Prognose, Rotation, Satellit, Spektrum, Sterntag, Tagkreis, Teleskop, Vollmond, Weltraum, Windrose
9 Anziehung, Aszendent, Firmament, Halbkugel, Lichtjahr, Lichtzeit, Mondphase, Nordlicht, Polarzone, Ringnebel, Sternbild, Sternjahr, Tierkreis, Universum
10 Abendstern, Brennpunkt, Finsternis, Helligkeit, Jahreszeit, Leitstrahl, Meteorring, Mondsichel, Nebelfleck, Nebensonne, Peripherie, Polarachse, Polarkreis, Schaltjahr, Sonnenjahr, Sonnenring, Sonnenzeit, Sternkarte, Sternwarte, Sternweite, Umlaufbahn, Umlaufzeit, Weltenraum, Wendekreis
11 Atmosphaere, Breitengrad, Doppelstern, Hoehenkreis, Kulmination, Laengengrad, Magnetnadel, Meteorstaub, Meteorstein, Mondgebirge, Planetarium, Schwerkraft, Sonnenfleck, Sonnenregen, Spiralnebel, Sterndeuter, Sternenzelt, Sterngruppe, Sternhaufen, Sternhimmel, Wandelstern
12 Kernschatten, Milchstrasse, Mittagshoehe, Mittagslinie, Nullmeridian, Sonnensystem, Sternkatalog, Stundenkreis, Zeitrechnung
13 Observatorium, Scheitelkreis, Scheitellinie, Scheitelpunkt, Steinmeteorit, Sternschnuppe, Sternspektrum, Stundenwinkel, Verfinsterung, Vertikalkreis
14 Himmelskoerper, Mondfinsternis
15 Anziehungskraft, Himmelsgewoelbe
16 Sonnenfinsternis
· **Beobachtungsstelle**
10 Sternwarte
13 Observatorium
· **Einheit**
6 Parsec, Parsek
9 Lichtjahr
· **Instrument**
4 Mire
6 Globus, Oktant
7 Bussole, Kompass, Sextant, Spiegel
8 Fernrohr, Teleskop
9 Bolometer, Reflektor, Regulator
10 Astrograph, Heliograph, Heliometer, Mikrometer, Photometer, Sternkarte
11 Spektroskop
15 Spiegelteleskop
· **Richtungswinkel**
6 Azimut
· **Station**
10 Sternwarte
13 Observatorium

· **Tafeln**
11 Ephemeriden
Asyl
4 Heim
6 Bleibe, Obdach
9 Freiplatz, Freistatt
12 Zufluchtsort
13 Notunterkunft
Atelier
6 Studio
10 Filmstudio
Atem
4 Luft, Odem
5 Hauch, Puste
8 Spiritus
atembares Gasgemisch
4 Luft
Atemmesser
10 Spirometer
Atemnotleiden
6 Asthma
10 Bronchitis
Atempause
4 Rast
8 Erholung
11 Entspannung
12 Verschnaufen
13 Unterbrechung
Atemschutzgerät
8 Gasmaske
athenisch ► auch griechisch
athenischer Tempel
9 Parthenon
11 Erechtheion
athenisches Wahrzeichen
9 Akropolis
Äther
6 Himmel
ätherisch
6 astral
9 hauchzart, himmlisch
ätherische Öle
4 Olea
ätherisches Öl
5 Oleum
äthiopisch(e, er, es) ...
· **Berg**
5 Dendi, Kollo
9 Ras Dedjen
10 Ras Daschan
· **Fürstentitel**
3 Ras
· **Hafenstadt**
5 Assab
7 Massana
· **Herrschertitel**
5 Negus
· **Marathonläufer**
5 Abebe
· **Provinz**
7 Eritrea
· **See**
7 Tanasee
12 Stephaniesee
Athlet
5 Boxer
6 Ringer, Werfer
7 Laeufer
8 Sportler, Springer, Sprinter
11 Kraftmensch
12 Gewichtheber, Wettkaempfer
Äthylalkohol
8 Spiritus
9 Weingeist
Atlantikinsel
4 Fogo
5 Fayal, Ferro, Meloe, Palma
6 Gomera, Irland, Island, St. Paul
7 Bahamas, Madeira
8 Bissagos, Boavista, Kap Verde, São Tiago
9 Ascension, Teneriffa
10 Porto Santo
11 Gran Canaria, Sankt Helena
15 Grossbritannien
Atlantikinselgruppe
6 Azoren
7 Kanaren
8 Antillen, Bermudas
14 Falklandinseln
16 Kanarische Inseln
Atlantikpakt
4 NATO
Atlasgewebe
5 Satin
Atmosphäre
4 Luft
5 Druck, Flair
6 Umwelt
8 Luftraum, Stimmung
9 Gashuelle, Luftdruck
10 Lufthuelle
11 Masseinheit
12 Druckeinheit
atmosphärisch(e, er, es) ...
· **Funkenentladung**
5 Blitz
· **Lichterscheinung**
5 Blitz
9 Nordlicht
10 Polarlicht, Regenbogen
· **Niederschlag**
5 Hagel, Regen
6 Schnee
· **Schallereignis**
6 Donner
· **Spiegelung**
11 Fata Morgana
Atmung
11 Respiration
Atmungsorgan
5 Lunge
Atmungsorgan der Fische
5 Kieme
6 Kiemen
Atoll
13 Koralleninsel
Atoll der Marshallinseln
8 Eniwetok
Atom
15 Materieteilchen
Atom-U-Boot bei Jules Verne
8 Nautilus
Atom-U-Boot der USA
8 Nautilus
Atomanlage
6 Meiler
7 Reaktor
10 Atommeiler
11 Kernreaktor
13 Kernkraftwerk
16 Schneller Brueter
18 Siedewasserreaktor
atomares Teilchen
3 Ion
7 Neutron
8 Elektron
Atomart
6 Isotop, Nuklid
Atombaustein
6 Proton
Atombestandteilchen
17 Elementarteilchen
Atomenergieanlage
13 Kernkraftwerk
Atomgruppe
7 Radikal

Atomkern
7 Nukleus
Atomkernspaltung
7 Fission
Atomkernverschmelzung
6 Fusion
Atomkraft
11 Kernenergie
Atommeiler
7 Reaktor
11 Kernreaktor
Atomreaktor
6 Meiler
Atomreaktorart
7 Brueter
16 Schneller Brueter
Atomverbindung
7 Molekel
8 Molekuel
Atomzerfall
15 Radioaktivitaet
Atomzertrümmerung
7 Fission
12 Kernspaltung
14 Kernumwandlung, Kettenreaktion
15 Nuklearspaltung
Atride
8 Menelaos
9 Agamemnon
Atrium
8 Innenhof
Atropa
11 Tollkirsche
Atrophie
7 Schwund
10 Abmagerung
13 Muskelschwund
Attacke
7 Angriff
8 Vorstoss
Attacke beim Fechten
14 Klingenangriff
Attentat
8 Anschlag
9 Gewalttat, Ueberfall
12 Mordanschlag
Attest
7 Zeugnis
9 Gutachten
12 Beglaubigung
13 Bescheinigung
attisch ► griechisch
Attitüde
7 Haltung
8 Gebaerde, Stellung
11 Einstellung
Attraktion
4 Clou
8 Schlager, Zugkraft
9 Anziehung, Zugstueck
11 Glanznummer
12 Prachtnummer
15 Anziehungskraft
Attrappe
5 Dummy, Falle
11 Nachbildung
12 Schaupackung
Attribut
7 Beigabe, Merkmal
9 Abzeichen
10 Beifuegung
11 Eigenschaft, Kennzeichen
ätzende Flüssigkeit
5 Lauge
6 Saeure
Ätzkunst
7 Kaustik
9 Radierung
11 Schabmanier
Ätzmittel
12 Hoellenstein
Aubergine
10 Eierfrucht
11 Eierpflanze
auch
9 ebenfalls
11 desgleichen
auch genannt
5 alias
Audienz
7 Empfang
9 Anhoerung, Zulassung
11 Unterredung, Verhandlung
12 Unterhaltung
14 Aufmerksamkeit
Auditorium
8 Hoersaal
12 Hoererschaft
14 Zuhoererschaft
Auerochse
2 Ur
8 Wildrind
auf ...
· *das* **Atom bezogen**
6 atomar
· **barsche Weise verletzend**
6 bissig
· *dem* **Boden aufsetzen**
6 landen
· *die* **eigene Person bezogen**
6 selbst
· *die* **Form bezogen**
6 formal
· **gehts**
4 hopp
· *das* **Innere bezogen**
6 intern
· *die* **Landwirtschaft bezogen**
5 agrar
· *dem* **Laufenden**
5 à jour
· *den* **Mond bezogen**
5 lunar
· **Neuigkeiten erpicht**
9 neugierig
· *einem* **Schiff in Dienst treten**
8 anheuern
· *die* **Sterne bezogen**
6 astral
· **Tempo Drängender**
9 Antreiber
· *dem* **Weg über** (lat.)
3 via
· *diese* **Weise**
2 so
Aufbau
3 Bau
4 Plan
7 Gefuege, Geruest, Montage
8 Struktur
10 Gliederung, Konzeption
11 Aufstellung, Disposition, Entwicklung
12 Konstruktion
15 Zusammenfuegung
Aufbau ...
· *einer* **chemischen Verbindung**
8 Synthese
· *von* **Kraftwagen**
10 Karosserie
· **von Maschinen**
7 Montage
12 Konstruktion
aufbauend
11 konstruktiv
aufbegehrend
5 frech

6 kiebig
9 zaenkisch
aufbereiteter Kraftstoff
7 Gemisch
aufbewahrte Sachen
8 Asservat
Aufbewahrung
8 Lagerung
Aufbewahrungsgefäß für Hostien
8 Ziborium
Aufbewahrungsort
5 Depot, Lager
6 Ablage
Aufbewahrungsort für Ernteprodukte
4 Silo
8 Speicher
10 Kornkammer
12 Getreidesilo
16 Getreidespeicher
Aufbewahrungsort für Wertsachen
4 Hort, Safe
6 Tresor
11 Geldschrank
12 Schatzkammer, Schliessfach
aufbinden
6 loesen
7 lockern
aufblasbares Kinderspielzeug
10 Luftballon
aufbrausend
6 hitzig
10 cholerisch, jaehzornig
aufbrausender Ärger
3 Wut
4 Rage, Zorn
aufbrausender Mensch
10 Choleriker
Aufbruch
5 Start
7 Abfahrt, Abreise, Weggang
aufdringlich
5 frech
6 dreist
7 laestig
8 insolent
9 anmassend, penetrant
11 impertinent, zudringlich
12 unverschaemt
Aufdringlichkeit
9 Anmassung, Frechheit, Penetranz
12 Dreistigkeit
16 Unverschaemtheit
aufeinander bezogen
8 reziprok
10 korrelativ
Aufeinanderfolge
5 Reihe, Serie
Aufeinanderfolge zweier Vokale
4 Hiat
6 Hiatus
aufeinanderfolgend
9 sukzessiv
10 konsekutiv
Aufeinanderprallen
13 Zusammenstoss
Aufenthalt
4 Halt, Rast, Stop
5 Logis, Pause
6 Besuch, Visite
7 Station, Wohnung
Aufenthaltsnachweis
5 Alibi
Aufenthaltsort ...
· *der* **Asen**
6 Asgard
· *der* **griechischen Götter**
5 Olymp
· *der* **Helden nach dem Tode**
6 Avalon
8 Walhalla
auferlegte Bürde
9 Belastung
Auferstehungsfest
6 Ostern
Auffahrt
5 Korso, Rampe
auffallend
6 bizarr, poppig
7 markant
8 eklatant, frappant, merklich
9 besonders
10 beachtlich
11 phaenomenal
13 ungewoehnlich
17 aussergewoehnlich
auffallend schnell
6 rasant
auffallende Gesichtsfarbe
5 Roete
auffallender Unterschied
10 Diskrepanz
auffällig, elegant
7 mondaen
auffälliger Anfangsbuchstabe
7 Initial
Auffangbehälter für Wasser
8 Zisterne
Auffassung
7 Ansicht, Meinung, Theorie
8 Verstand
9 Auslegung
10 Standpunkt
11 Einstellung, Vorstellung
12 Dafuerhalten, Ueberzeugung
14 Interpretation
Auffassungsgabe
5 Grips
11 Intelligenz
Auffassungskapazität
11 Gedaechtnis
Auffassungsweise
11 Mentalitaet
Aufforderung
5 Bitte
6 Appell, Wunsch
7 Mahnung
8 Ersuchen
9 Ultimatum
Aufforderung ...
· *zum* **Besuch**
9 Einladung
· *zum* **Eintreten**
6 Herein
· *sich* **wegzubegeben**
5 Abruf
Aufführung
8 Benehmen
10 Wiedergabe
11 Vorstellung
Aufführung zu wohltätigen Zwecken
7 Benefiz
Aufführungsvorbereitung
5 Probe
Aufgabe
3 Amt
5 Thema
6 Pensum
7 Auftrag, Problem

8 Funktion, Raeumung, Verzicht
9 Lernstoff, Preisgabe
10 Bestimmung
12 Obliegenheit
13 Verpflichtung

Aufgabe des Geistlichen
9 Seelsorge

Aufgang
5 Rampe
6 Treppe
10 Freitreppe

Aufgangspunkt eines Gestirns
9 Aszendent

Aufgeber einer Postsache
9 Adressant

aufgeblasen
5 eitel, frech
6 patzig
8 arrogant, blasiert
10 affektiert, geckenhaft, hochnaesig
11 duenkelhaft, eingebildet, prahlerisch, stutzerhaft
15 wichtigtuerisch

aufgebracht
4 wild
6 erbost, erregt, rasend, zornig
7 gereizt, wuetend
10 entruestet, indigniert

aufgebrachtes Schiff
5 Prise

Aufgebrachtsein
3 Wut
6 Aerger
8 Erregung

aufgebraucht
4 alle

aufgedonnert
5 affig
13 herausgeputzt

aufgedreht
5 fidel
6 lustig
9 froehlich
11 aufgekratzt, uebermuetig
13 stimmungsvoll

aufgedunsen
11 geschwollen
12 aufgetrieben, verschwollen

aufgeklärt
7 wissend
8 gebildet
14 vorurteilsfrei

Aufgeld
4 Agio

Aufgelegtheit
8 Stimmung

aufgenähtes Muster
11 Applikation

aufgerautes Gewebe
7 Flanell

aufgeregt
6 erregt
7 nervoes
9 exaltiert, kribbelig
11 echauffiert

Aufgeregtsein
12 Lampenfieber

aufgeschichteter Haufen
6 Stapel

Aufgeschichtetes
4 Feim
5 Dieme, Feime, Stoss
6 Haufen, Stapel

aufgeschlossen
5 offen
8 tolerant
12 empfaenglich

aufgeschüttete Befestigung
7 Erdwall

aufgeschütteter Unterbau
4 Damm

aufgesetzter Getreidehaufen
5 Hocke

aufgestellter Leitsatz
5 These

aufgeweckt
3 vif
4 klug, wach
5 alert
6 munter
7 lebhaft
11 intelligent
12 interessiert

aufgeweichte Erde
6 Morast
7 Schlamm

Aufgliederung
15 Differenzierung

aufgrund
5 wegen
7 infolge

Aufguss
5 Sauce, Sosse

Aufgussgetränk
3 Tee
4 Mate
6 Kaffee
12 Filterkaffee

Aufgusstierchen
10 Infusorien

Aufhänger
5 Haken
6 Buegel

Aufhebung
9 Kassation
12 Annullierung

Aufhebung von Sündenstrafen
6 Ablass

Aufklärung
9 Belehrung
11 Information
13 Unterrichtung

Aufklebebild
7 Collage

Aufkleber
7 Etikett
10 Abziehbild

Auflage
5 Decke, Gebot, Menge
6 Abgabe, Erlass, Steuer
7 Pflicht
9 Anordnung, Bedingung
10 Bestimmung, Richtlinie

Auflauf
6 Tumult
9 Getuemmel
10 Ansammlung
11 Suessspeise

Auflaufen eines Schiffes
8 stranden

Auflehnung
5 Trotz
7 Revolte
8 Meuterei
9 Rebellion
10 Revolution, Widerstand

Auflösung
7 Analyse
8 Ergebnis, Resultat
10 Erklaerung
11 Liquidation, Zerstreuung

Auflösung einer Ehe
9 Scheidung

Auflösung jeglicher Ordnung
5 Chaos

Aufmachung
11 Ausstattung
Aufmarsch
5 Umzug
10 Kundgebung
11 Versammlung
aufmerksam
3 vif
4 hell, rege, wach
6 galant
7 achtsam, wachsam
8 hoeflich
12 interessiert, zuvorkommend
Aufmerksamkeit
4 Acht
6 Obacht
13 Konzentration
Aufnahme
4 Bild, Foto
5 Photo
7 Empfang
8 Beitritt
9 Betreuung, Bewirtung, Rezeption
10 Belichtung, Fotografie
11 Begruessung
12 Photographie
Aufnahmefähigkeit
10 Kapazitaet
17 Fassungsvermoegen
Aufnahmegerät
6 Kamera
8 Mikrofon, Recorder
11 Magnetophon
Aufnahmeraum
6 Studio
7 Atelier
Aufpasser
5 Wache
6 Hueter, Posten
8 Wachmann, Waechter, Zerberus
Aufpassversteck
5 Lauer
Aufprall
5 Stoss
Aufputschen im Sport
6 Doping
Aufrechnung
12 Kompensation
aufrecht
6 gerade
8 lotrecht
9 senkrecht
aufregend
9 empoerend, turbulent
10 dramatisch
12 beunruhigend, sensationell
13 abenteuerlich, erschuetternd
16 nervenaufreibend
aufregender Krimi
8 Thriller
aufregendes Erlebnis
9 Abenteuer
Aufregung
6 Unruhe, Wirbel
7 Emotion, Trouble
9 Turbulenz
10 Exaltation
11 Nervositaet
12 Lampenfieber
aufreibend
9 ermuedend
12 erschoepfend, verbrauchend
Aufrichten der Federn
8 plustern
aufrichtig
5 offen
6 lauter
7 ehrlich
10 freimuetig, wahrhaftig
16 wahrheitsliebend
aufrichtige Gesinnung
11 Redlichkeit
Aufriss
4 Plan
6 Skizze
7 Entwurf, Konzept
9 Zeichnung
10 Konzeption
Aufrollvorhang
5 Rollo
Aufruf
6 Appell
Aufruhr ► Aufstand
Aufrührer
6 Rebell
8 Agitator, Empoerer, Meuterer
9 Insurgent
13 Revolutionaer
15 Aufstaendischer
aufrührerischer Lärm
7 Krawall
aufsässig
7 trotzig
8 renitent
10 feindselig
13 widerspenstig
Aufsässiger
8 Meuterer
Aufsatz
5 Essay
6 Aufbau
7 Artikel, Beitrag, Bericht
9 Reportage
10 Abhandlung, Dekoration
11 Darstellung
Aufsaugung
10 Absorption
Aufschaukelung
10 Eskalation
Aufschlag (Geld)
4 Agio
Aufschlag an Kleidungsstücken
5 Stoss
6 Krempe, Revers, Stulpe
aufschlussreich
10 instruktiv
11 interessant
Aufschneider
7 Angeber, Blender, Prahler
9 Prahlhans
10 Gernegross, Windmacher
Aufschnitt
5 Belag, Wurst
Aufschrift
4 Memo
5 Notiz, Titel
7 Adresse, Epitaph, Hinweis
9 Inschrift
Aufschub
5 Frist
9 Vertagung
10 Aussetzung, Moratorium
Aufschüttung
4 Damm, Wall, Wehr
5 Halde, Warft
Aufschwung an der Börse
6 Hausse
Aufsehen
5 Eklat
6 Furore
7 Skandal
9 Sensation, Spektakel
Aufseher ► Aufpasser
Aufseher im Zoo
7 Waerter

11 Tierwaerter
Aufsicht
5 Obhut, Wache
6 Dienst, Schutz
7 Kuratel
9 Kontrolle
10 Inspektion
12 Ueberwachung
Aufsicht zum Schutze
9 Bewachung
Aufsichtsbeamter
6 Kustos
7 Kurator
11 Kontrolleur
Aufsichtsbeamter bei der Eisenbahn
16 Fahrdienstleiter
Aufsichtsbehörde
7 Eichamt
10 Kuratorium
Aufsichtsbezirk
9 Inspektur
aufsprühendes Wasser
6 Gischt
Aufspüren
5 Suche
8 Fahndung
aufstacheln
6 hetzen
Aufstand
6 Putsch, Tumult, Unruhe
7 Aufruhr, Revolte
8 Erhebung, Meuterei
9 Empoerung, Rebellion
10 Revolution
12 Insurrektion
13 Volkserhebung
Aufständischer
6 Rebell
8 Empoerer
9 Insurgent
10 Aufruehrer, Revoluzzer
13 Revolutionaer
aufsteigende Straße in Bergen
10 Serpentine
Aufstellung
5 Konto, Liste
7 Katalog, Tabelle
8 Rechnung
10 Uebersicht
11 Verzeichnis
Aufstellung hintereinander
5 Reihe
Aufstieg
8 Karriere
Auftakt
6 Anfang, Beginn
10 Eroeffnung
aufteilen
8 dosieren
Aufteilung
9 Dosierung
10 Gliederung
11 Disposition
12 Distribution
auftischen
9 servieren
Auftrag
5 Belag, Order
6 Befehl, Mandat
7 Aufgabe, Mission, Sendung, Weisung
9 Anweisung
Aufträge erteilen
6 ordern
Auftragen von Farbe
8 Anstrich
Auftraggeber
5 Kunde
6 Klient
7 Mandant
9 Besteller
Auftraggeber eines Anwalts
6 Klient
Auftraggeberkreis
8 Klientel
auftragshalber
13 kommissarisch
Auftragsrückbuchung
6 Storno
Auftragszuteilung
7 Vergabe
Auftrieb
7 Ansporn
11 Ermunterung
Auftritt
5 Krach, Szene
6 Streit
Auftrittsfläche im Theater
6 Buehne
Auftrittsfläche im Zirkus
6 Manege
Auftropfstein
9 Stalagmit
Aufwand
4 Pomp
5 Luxus, Prunk
6 Kosten, Pracht
13 Verschwendung
Aufwandsentschädigung
6 Spesen
Aufwartefrau
8 Putzfrau
Aufwärter
9 Kalfaktor
aufwärts
5 empor, hinan
aufwärts gerichtete Warmluftströmung
7 Thermik
Aufwärtsentwicklung
9 Besserung
11 Fortschritt
Aufwendung von Geld
7 Ausgabe
Aufwiegelung
5 Hetze
9 Agitation, Demagogie
Aufwiegler
6 Hetzer
8 Agitator
Aufzeichnung
5 Notiz
6 Skizze
7 Annalen, Chronik, Notizen, Vermerk
9 Protokoll
10 Stenogramm
13 Niederschrift
Aufzeichnung der Herzströme (Abkürzung)
3 EKG
Aufzeichnungsgerät für Fernsehsendungen
13 Videorecorder
Aufzeichnungszettel
9 Merkblatt
Aufziehen ...
- *von* **Pflanzen**
5 Zucht
- *von* **Tieren**
5 Zucht
8 Aufzucht
Aufzug
3 Akt
4 Lift
5 Szene
6 Gewand
8 Elevator, Kleidung
9 Fahrstuhl, Garderobe
10 Bekleidung

11 Paternoster, Szenenfolge
Aufzug für Wintersportler
7 Skifuni, Skilift
11 Schlepplift
Aufzugführer
7 Liftboy
Auge
6 Gucker
8 Keimling, Sehorgan
Auge beim Würfelspiel
5 Point
Auge des Gesetzes
7 Polizei
Augenarzt
13 Ophthalmologe
Augenausdruck
5 Blick
Augenblick
2 Nu
6 Moment
augenblicklich
3 nun
5 jetzt
6 gerade, soeben, sofort
7 aktuell
8 momentan
12 gegenwaertig
13 unverzueglich
augenblicklich(e, er, es) ...
· **Situation**
4 Lage
· **Stimmung**
5 Laune
· **Verfassung**
6 Status
7 Zustand
Augenbrauenstift
6 Crayon
Augendeckel
3 Lid
Augendrüse
12 Traenenkanal
augenfällig
7 evident
8 deutlich, eklatant, offenbar
9 auffällig
14 offensichtlich
Augenflüssigkeit
6 Traene
Augenglas
6 Brille
7 Binokel, Kneifer, Lorgnon, Monokel, Zwicker
9 Lorgnette
10 Haftschale, Lesebrille
Augenhaar
6 Wimper
Augenheilkunde
14 Ophthalmologie
Augenhornhaut
6 Cornea, Kornea
Augenkrankheit
4 Star
6 Iritis
7 Glaukom, Trachom
9 Granulose
10 grauer Star
11 gruener Star
15 Kurzsichtigkeit, Weitsichtigkeit
Augenlinse bei optischen Geräten
6 Okular
Augenmerk
9 Beachtung
14 Aufmerksamkeit
Augenprüfung
7 Sehtest
Augenschein
7 Anblick, Evidenz
12 Feststellung
augenscheinlich
7 evident
Augenteil ▶ Teil des Auges
Augenwassertropfen
6 Traene
Augenweide
6 Freude, Genuss, Labsal
10 Entzuecken, Vergnuegen
Augenwimper
5 Zilie
Augenzeuge
9 Zuschauer
10 Beobachter
Augsburger ...
· **Kaufmannsgeschlecht**
6 Fugger, Welser
· **Kupferstecher**
6 Kilian
· **Maler**
7 Holbein
· **Siedlung**
8 Fuggerei
August
7 Ernting
9 Erntemond
Auktion
13 Versteigerung
Auktionsteilnehmer
6 Bieter
Aula
8 Festsaal
Aura
3 Air
8 Charisma
12 Ausstrahlung
Aureole
14 Heiligenschein
Aurum
4 Gold
aus ...
· *dem* **Altertum**
5 antik
· **Bronze**
5 ehern
· **dem Mund fließender Speichel**
6 Geifer
· **Eisen**
5 ehern
· **Fasern gesponnener Faden**
4 Garn
· **freier Regung**
7 spontan
· **gebranntem Ton**
5 irden
7 toenern
· **innerer Ursache entstehend**
7 endogen
· **Samen gezogene Pflanze**
8 Saemling
· **sandhaltigem Ton**
6 lehmig
· **tiefstem Herzen**
5 innig
· **Ton**
5 irden
· **Walspeck gewonnenes Öl**
4 Tran
· **Werg gemacht**
5 heden
aus dem Grund
4 weil
Ausarbeitung
7 Entwurf
8 Elaborat
9 Expertise
Ausatmung
10 Exhalation, Expiration
Ausbacken in Fett
9 fritieren

Ausbesserung
9 Reparatur
12 Restauration
Ausbesserungsstätte
4 Dock, Werk
5 Werft
6 Garage
9 Werkstatt
Ausbeute
6 Ertrag, Gewinn, Profit
8 Ergebnis, Resultat
Ausbeutung
8 Wucherei
Ausbilder
6 Lehrer
7 Meister, Trainer
11 Instrukteur
Ausbilder für Autolenker
10 Fahrlehrer
Ausbildungsanstalt für Lehrer
7 Seminar
Ausbildungszeit
5 Lehre
Ausblick
11 Perspektive
Ausbreitung
9 Expansion
10 Entfaltung
Ausbruch
6 Anfall
8 Eruption
Ausbürgerung
16 Denaturalisation
Ausdauer
6 Geduld
9 Gleichmut
10 Zaehigkeit
14 Beharrlichkeit, Bestaendigkeit
ausdauernder Fleiß
9 Emsigkeit
Ausdehnung
4 Raum
5 Hoehe, Tiefe, Weite
6 Breite, Kuerze, Laenge, Umfang
7 Flaeche, Groesse
9 Dimension, Extension
11 Erweiterung, Territorium
Ausdehnung nach oben
5 Hoehe
Ausdehnungsbegriff
4 hoch, kurz, lang, tief, weit
5 breit, Tiefe
6 Breite
Ausdehnungsbestreben
13 Imperialismus
Ausdruck
4 Wort
5 Geste, Miene, Mimik
6 Formel
7 Begriff
Ausdruck ...
· *beim* **Bergsteigen**
8 Abseilen
· *beim* **Boxen**
2 ko
5 Haken
6 Gerade
· *des* **Ekels**
4 pfui
· *beim* **Fechten**
5 Finte
7 Ausfall, Riposte
· *beim* **Fußballspiel**
3 Aus, Tor
7 Abseits
8 Elfmeter, Halbzeit
9 Freistoss, Strafraum
10 Strafstoss
· *von* **Gedanken**
7 Sprache
· *des* **Missfallens**
5 Ruege, Tadel
· *beim* **Skatspiel**
2 As, re
4 Bock, Null
6 kontra, Ramsch
· *der* **Verwunderung**
2 ei
· **zögerlicher Zustimmung**
4 naja
ausdrücklich
5 extra
6 betont, eigens
8 deutlich, explizit
9 besonders, foermlich
Ausdrucksbewegung
5 Geste
8 Gebaerde
ausdrucksfähig
9 expressiv, plastisch
Ausdrucksform
4 Stil
Ausdruckskunst
5 Mimik
ausdruckslos
3 tot
4 kalt, starr
6 glasig
8 erstarrt
12 nichts sagend, nichtssagend
13 gleichgueltig
ausdrucksvoll
9 expressiv
10 pathetisch
Ausdrucksweise
4 Form, Stil
6 Pathos
7 Diktion
8 Gepraege, Praegung
auseinander laufend
9 divergent
Auseinandergehen von Meinungen
9 Divergenz
Auseinanderklaffen
10 Diskrepanz
Auseinandersetzung
4 Zank
5 Duell, Fehde, Kampf, Krach, Krieg, Szene, Zwist
6 Disput, Rezess, Streit
7 Debatte, Polemik, Prozess
8 Auftritt, Konflikt
9 Rededuell, Zwiespalt
10 Diskussion
11 Kontroverse, Widerstreit, Wortgefecht
12 Streitigkeit
13 Konfrontation
Auseinanderstreben
9 Divergenz
auserlesen
4 edel
5 prima
7 delikat, elitaer
8 exquisit
11 erstklassig
12 hervorragend
Auserlesenes
5 Elite
Ausfahrt
3 Tor
6 Portal
Ausfall
5 Manko, Minus
7 Verlust, Wegfall
8 Versagen
10 Fehlbetrag

Ausfertigung
10 Zertifikat
Ausflucht
5 Finte
7 Ausrede, Evasion, Vorwand
8 Notluege
Ausflug
4 Ritt, Tour, Trip
5 Fahrt, Reise
6 Partie
9 Abstecher, Exkursion, Wanderung
Ausflügler
7 Tourist
8 Urlauber, Wanderer
Ausforschung
8 Spionage
9 Erkundung
Ausfuhr
6 Export
ausführbar
7 machbar
8 moeglich
11 praktikabel
ausführen
3 tun
6 machen
ausführende Gewalt
9 Exekutive
Ausfuhrhändler
9 Exporteur
ausführlich
5 exakt, genau
9 haargenau, umfassend
11 detailliert
Ausführung
9 Darlegung
Ausführungsart
10 Modalitaet
Ausfuhrverbot
7 Embargo
Ausgabe
6 Kosten
7 Auflage, Edition
8 Emission
Ausgabenanstieg
15 Kostenexplosion
Ausgangsgebilde
4 Keim
Ausgangspunkt
5 Basis, Start
6 Anfang, Ansatz, Beginn
8 Ursprung, Zentrale
9 Fundament, Grundlage
10 Startplatz
Ausgangsstelle
11 Ansatzpunkt
ausgebaggerte Erdmassen
6 Aushub
9 Erdaushub
ausgebautes Dachgeschoss
8 Mansarde
Ausgeber von Wertpapieren
8 Emittent
ausgebratener Speckwürfel
6 Griebe
ausgedehnt
4 lang, tief, weit
5 breit, gross
8 extensiv
9 bedeutend, geraeumig
ausgedehntes Gastmahl
6 Gelage
ausgedient
3 alt, out
5 passé
6 passee
8 veraltet
10 antiquiert
ausgefräste Rille
3 Nut
ausgefüllt
6 massiv
ausgeglichen
5 quitt, ruhig
8 gelassen
10 harmonisch
11 apollinisch
Ausgehbekleidung
6 Mantel
10 Pelzmantel
ausgehobene Erdrinne
6 Graben
ausgehöhlte Stelle
8 Hohlraum
ausgehöhlter Kürbis
9 Kalebasse
Ausgehverbot
10 Hausarrest
ausgeklügelt
10 raffiniert
11 sophistisch
Ausgeklügeltes
7 Finesse
ausgekocht
6 listig, schlau
8 gerissen
10 raffiniert
11 verschlagen
12 durchtrieben
ausgelassen
4 toll
6 albern
11 uebermuetig
12 bacchantisch, unbekuemmert
ausgelassenes Fest
5 Orgie
ausgelernter Handwerker
7 Geselle, Meister
ausgeliehenes Geld
6 Kredit
8 Darlehen
ausgenommen
4 ohne
ausgeprägt
7 markant, typisch
10 profiliert
16 charakteristisch
ausgerechnet
4 just
ausgerottetes Wildrind
2 Ur
ausgeruht
3 fit
6 erholt
ausgesetztes Baby
10 Findelkind
ausgestanzte Vorlage
9 Schablone
ausgestochenes Rasenstück
4 Sode
ausgestorben(e, er, es) ...
· **Elefant**
6 Mammut
8 Mastodon
· **Feuerlandindianer**
3 Ona
· **Kopffüßer**
7 Ammonit
· **Riesenechsen**
7 Saurier
· **Riesenvogel**
3 Moa
13 Archaeopteryx
· **Tauchvogel**
9 Riesenalk
· **Tier**
2 Ur
3 Moa
6 Dronte, Mammut, Quagga

7 Saurier
9 Auerochse
· **Vogel Neuseelands**
3 Moa
· **Volk in Mittelamerika**
6 Mangue
ausgestoßene Vulkanmasse
7 Auswurf
Ausgestoßener
5 Paria
ausgestreuter Samen
4 Saat
ausgesucht
7 erlesen
8 exklusiv, exquisit
ausgetrocknet
4 arid
ausgetrocknetes Wüstenflusstal
4 Wadi
ausgeübte Herrschaft
5 Macht
ausgeübte Macht
6 Gewalt
ausgewachsen
4 reif
ausgewachsenes Insekt
5 Imago
ausgewalztes Metall
5 Blech, Folie
Ausgewogenheit
8 Harmonie
ausgezeichnet
4 toll
5 famos, prima, super
6 klasse
7 bestens, erlesen
8 exquisit
9 exzellent, praechtig
ausgezeichnetes Ansehen
7 Weltruf
ausgiebig
9 reichlich
11 ertragreich
Ausgießer
5 Zotte
Ausgleich
7 Balance
10 Kompromiss
11 Aequivalent
12 Egalisierung, Kompensation
Ausgleichsgetriebe
12 Differential, Differenzial
Ausgrabung
4 Fund
10 Entdeckung
Ausgrabung von Toten
11 Exhumierung
Ausguck
3 Lug
8 Mastkorb
Ausgussröhrchen
6 Tuelle
Aushang
6 Plakat
13 Werbeanschlag
Aushang vor der Eheschließung
8 Aufgebot
Aushebegerät
6 Bagger, Spaten
8 Schaufel
Aushilfe
6 Ersatz
7 Reserve
9 Assistenz, Vertreter
10 Vertretung
Aushilfsstoff
6 Ersatz
8 Surrogat
Aushöhlung
10 Exkavation
Aushorcher
9 Kalfaktor
Auskochflüssigkeit
5 Absud
Auskommen
4 Brot
8 Existenz
9 Unterhalt
Auskundschafter
5 Spion
Auskunft
3 Tip
4 Tipp, Wink
6 Angabe
7 Antwort, Hinweis
8 Bescheid, Referenz
10 Fingerzeig
11 Information
Auskunftei
8 Detektei
13 Detektivbuero
Auskunftseinholung
9 Nachfrage
11 Erkundigung
Auslage
10 Dekoration
12 Schaufenster
Auslagen
6 Kosten, Spesen
8 Unkosten
Auslagenbezahlung
10 Erstattung
Auslagengestalter
10 Dekorateur
ausländische Geldwährung
6 Sorten, Valuta
ausländisches Geld
7 Devisen
Auslassungszeichen
9 Apostroph
Auslauf
4 Loch
8 Oeffnung
Auslauf für Hunde
7 Zwinger
Auslauffeld auf Flugplätzen
5 Piste
8 Rollfeld
Auslaugung
7 Erosion
10 Extraktion
Ausleger
6 Deuter
8 Traverse
9 Erklaerer, Interpret
Auslegung
6 Glosse, Lesart
7 Analyse, Deutung, Exegese
9 Kommentar
10 Erklaerung
12 Erlaeuterung
14 Interpretation
Auslese
5 Elite
9 Selektion
Auslöschung
7 Tilgung
Auslöser
4 Reiz
5 Grund, Motiv
6 Anlass, Quelle
8 Stimulus
10 Beweggrund
12 Veranlassung
Auslösung
9 Induktion
Auslosung
7 Tombola
8 Lotterie

Ausmaß
6 Format
7 Groesse
9 Abmessung, Dimension
10 Ausdehnung
Ausnahme
9 Exzeption
10 Sonderfall
Ausnahmebewilligung
7 Dispens
Ausnahmeerscheinung
8 Anomalie
Ausnahmesituation
7 Notfall
ausprobieren
6 testen
Auspuffemission
4 Russ
6 Abgase
Auspuffentgifter
11 Katalysator
Ausputz
6 Zierat
7 Zierrat
Ausrede
5 Luege
6 Flause
7 Vorwand
8 Notluege
9 Schwindel
ausreichend
5 genug
10 suffizient
Ausrichter
11 Organisator
Ausruf
11 Exklamation
Ausruf ...
· *der* **Erleichterung**
3 huh, puh
· *des* **Erstaunens**
2 oh
3 ach, aha, oho
4 nanu
· *der* **Missbilligung**
4 pfui
· *der* **Überraschung**
3 oho
· *der* **Verwunderung**
2 ah
Ausrufer
6 Herold
7 Ansager, Buettel
13 Marktschreier
14 Gemeindediener
Ausrufwort
12 Interjektion
Ausruhemöglichkeit
9 Rastplatz
Ausrüstung
6 Geraet
7 Armatur
8 Zubehoer
9 Armierung, Ruestzeug
Aussage
6 Angabe
9 Bekundung
10 Aeusserung, Behauptung, Mitteilung
11 Proposition
Aussagebekräftigung
3 Eid
6 Schwur
Aussagender vor Gericht
5 Zeuge
Aussatz
5 Lepra
Ausschachtung
10 Exkavation
Ausschank
3 Bar
5 Theke
6 Buffet
Ausschau
3 Lug
Ausscheidung
3 Kot
6 Sekret
7 Schleim
8 Schweiss, Speichel
9 Exkrement, Exkretion
Ausscheidung der Nadelhölzer
4 Harz
Ausscheidung des Pottwals
5 Amber, Ambra
Ausscheidungsorgan
5 Niere
Ausscheidungsspiel
19 Qualifikationsspiel
Ausschlag auf der Haut
5 Ekzem
7 Flechte
8 Exanthem
11 Guertelrose
Ausschlag des Pendels
10 Elongation
ausschließlich
3 nur
6 allein
8 exklusiv, speziell
9 lediglich
Ausschluss
16 Disqualifikation
Ausschmückung
4 Zier
5 Dekor
6 Zierat, Zierde
7 Zierrat
8 Ornament
10 Dekoration, Verzierung
Ausschnitt
6 Sektor
7 Segment
9 Abschnitt, Dekolleté
10 Dekolletee
Ausschreitung
6 Exzess, Terror
7 Krawall
Ausschuss
6 Abfall, Ramsch, Schund
7 Gremium, Komitee
10 Kommission
13 Koerperschaft
Ausschussware
6 Ramsch, Schund
ausschweifender Mensch
8 Libertin
Ausschweifung
5 Orgie
6 Exzess
11 Libertinage
Aussehen
3 Air
7 Fluidum, Haltung
außen
6 extern
8 peripher
Außenbegrenzung
4 Rain, Rand
5 Bande, Kante
6 Grenze
7 Bankett
Aussendung
8 Emission
Außenseiter
4 Kauz
5 Freak
7 Outcast
8 Outsider
10 Sonderling
13 Eigenbroetler
Außenstände
6 Aktiva
7 Aktiven

8 Guthaben
9 Debitoren
Außenteil des Buches
6 Deckel
7 Einband
8 Umschlag
außer Dienst
7 inaktiv
äußer(e, er, es) ...
· **Anstoß**
6 Anlass
· **Linie eines Körpers**
6 Umriss
· **Ortsbezirk**
9 Stadtrand
außeramtlich
6 privat
außerdem
4 noch
5 extra
6 ferner
7 daneben
äußer(e, er, es) ...
· **Begrenzung einer Fläche**
4 Rand
· **Form**
7 Gestalt
· **Gestalt**
4 Form
außerehelich
9 illegitim
Äußeres
4 Bild, Form
6 Huelle, Rahmen, Schale, Schein
7 Fassade, Gestalt
9 Exterieur
11 Erscheinung, Oberflaeche
außergewöhnlich
5 enorm
6 genial
7 eminent
12 exzeptionell, sensationell
13 extraordinaer
außergewöhnliches Ereignis
9 Phaenomen, Sensation
Außerirdischer in einem Filmklassiker
2 ET
Außerirdischer in einer TV-Serie
3 Alf
äußerlich
6 extern
7 formell
außerordentlich ► außergewöhnlich
außerordentlicher Professor
15 Extraordinarius
äußerst
4 sehr
6 extrem
7 hoechst, maximal
10 hochgradig
12 uebertrieben
äußerst sorgfältig
7 penibel
außerstädtisches Domizil
8 Landhaus
13 Wochenendhaus
äußerste Sorgfalt
7 Akribie
Äußerung
4 Wort
7 Aussage
9 Bemerkung
Äußerung der Frömmigkeit
5 Gebet
Äußerung von Schmerz
5 Klage
7 Jammern
8 Stoehnen
Aussicht
5 Blick
6 Aspekt, Chance
7 Anblick, Zukunft
8 Hoffnung, Panorama, Prospekt
11 Perspektive
Aussichtspunkt
8 Bellevue
Aussichtsturm
5 Warte
Aussiedler
8 Kolonist
Aussiedlung
11 Evakuierung
Ausspiegelung
10 Endoskopie
Aussprache
6 Akzent, Disput
7 Debatte, Hearing, Tonfall
10 Diskussion, Kolloquium
11 Eroerterung
12 Artikulation
Aussprachezeichen
5 Tilde, Trema
6 Akzent
7 Cedille
Aussprechen eines Wunsches
5 Bitte
Ausspritzmundstück
5 Duese
Ausspruch
5 Zitat
6 Bonmot, Diktum
7 Sentenz
Ausspruchssammlung
3 Ana
13 Zitatenschatz
Ausstand
6 Streik
Ausstattung
7 Mitgift
8 Dotation, Staffage
9 Aussteuer, Interieur
11 Einrichtung, Moeblierung
Ausstellung
5 Messe, Schau
6 Boerse
Ausstellungsgebäude
6 Museum
Ausstellungsraum
5 Salon
7 Galerie
Ausstellungsschrank
7 Vitrine
Ausstellungsstück
7 Exponat
Aussteuer
6 Ehegut
7 Mitgift
8 Dotation
Ausstoß
8 Emission
Ausstoßung aus der Kirche
15 Exkommunikation
Ausstoßung aus einer Gemeinschaft
8 Aechtung
Ausstrahlung
2 Od
4 Aura
5 Flair, Odium
7 Fluidum
9 Emanation
11 Atmosphaere

Ausstrahlungskraft
8 Charisma
Austauschspielkarte
5 Joker
Austauschverhältnis zwischen Währungen
8 Paritaet
Austernprodukt
5 Perle
Austragungsort für Boxkämpfe
4 Ring
7 Boxring
Austragungsort für Schispringen
7 Schanze
australisch(e, er, es) ...
· **Berg**
5 Mt. Isa
6 Mt. Hann
7 Mt. Bruce, Mt. Cooke
8 Mount Isa, Musgrave
9 Mount Hann
10 Capoompeta, Mount Bruce, Mount Cooke
12 Mount Seaview, Mount William
· **Bergsteiger**
7 Hillary
· **Beutelbär**
5 Koala
· **Beuteltier**
6 Kuskus, Wombat
8 Kaenguru
9 Kaenguruh
· **Bundesstaat**
8 Victoria
9 Tasmanien
10 Queensland
12 Neusuedwales
14 Nordaustralien, Suedaustralien, Westaustralien
· **Eingeborenenstamm**
5 Dieri
· **Flusslauf zur Regenzeit**
5 Creek
· **Holzgewächs**
9 Kasuarine
10 Eukalyptus
· **Insel**
4 Beru, Cato
5 Adele, Bigge, Elcho
6 Barrow
8 Melville
9 Tasmanien
10 Neuseeland
· **Inselwelt**
10 Melanesien
· **Kletterbeutler**
4 Kusu
6 Kuskus
· **Laufvogel**
3 Emu
4 Kiwi
6 Kasuar
· **Myrtenbaum**
10 Eukalyptus
· **Nobelpreisträger für Literatur**
5 White
· **Nobelpreisträger für Medizin**
6 Burnet, Eccles
· **Politiker**
6 Fraser
7 McMahon
· **Säugetier**
5 Dingo
8 Kaenguru
9 Kaenguruh
10 Beuteltier
· **Schachtelhalmbaum**
9 Kasuarine
· **Schafleder**
5 Basil
· **See**
7 Eyresee, Salzsee
· **Seekuh**
6 Dugong
· **Sopranistin**
5 Melba
· **Staatssprache**
8 Englisch
· **Straußenvogel**
3 Emu
· **Tier**
3 Emu
4 Kusu
5 Dingo, Koala
6 Kasuar, Wombat
7 Strauss
8 Kaenguru
9 Kaenguruh
10 Beuteltier
11 Kloakentier
12 Schnabeltier
· **Ureinwohner**
10 Aborigines
· **Wildhund**
5 Dingo
· **Wurfholz**
8 Bumerang
· **Wüste**
10 Sandwueste
12 Gibsonwueste, Tanamiwueste
14 Victoriawueste
Austritt angesammelter Flüssigkeit
6 Erguss
Ausübung
6 Praxis
Auswahl
5 Elite, Probe
6 Muster
9 Selektion, Sortiment
10 Kollektion
11 Querschnitt
Auswahl der Besten
5 Elite
Auswanderer
8 Emigrant
auswärtig
6 extern
auswärtige Besitzung
7 Kolonie
auswärtige Vertretung einer Regierung
8 Konsulat
9 Botschaft
13 Gesandtschaft
Auswaschung
7 Erosion
Auswechslung
9 Austausch
Ausweg
5 Hilfe
6 Flucht
7 Loesung
Ausweichen beim Fechten
5 Volte
ausweichend
6 evasiv
Ausweis
4 Pass
8 Dokument
9 Kennkarte, Reisepass
10 Zertifikat
12 Legitimation
15 Personalausweis
Ausweis des Weidmanns
10 Jagdschein

Ausweisung
9 Exmission
Ausweitung
9 Expansion
auswendig lernen
10 memorieren
Auswirkung
6 Effekt, Erfolg
8 Ergebnis, Resultat
10 Konsequenz
Auswuchs an Tierköpfen
4 Horn
Auswurf
6 Schund, Sputum
Auswurfgestein
4 Bims, Lava, Tuff
Auszehrung
8 Atrophie
12 Schwindsucht
Auszeichnung
3 Lob
4 Ehre
5 Orden, Preis, Titel
6 Ehrung
8 Medaille
10 Dekoration
13 Etikettierung
Auszeichnungszettel an Waren
7 Etikett
ausziehbare Backmasse
11 Strudelteig
ausziehbares Sehrohr der U-Boote
8 Periskop
Auszubildender
5 Stift
8 Lehrling
auszubildender Soldat
6 Rekrut
auszufüllendes Testpapier
10 Fragebogen
Auszug
5 Infus, Probe, Treck, Zitat
6 Essenz, Exodus
7 Extrakt, Exzerpt, Tinktur, Weggang
8 Raeumung
9 Leseprobe
10 Wiedergabe
Auszug aus pflanzlichen Stoffen
7 Extrakt
auszuhalten
11 ertraeglich

Autarkie
15 Eigenversorgung, Unabhaengigkeit
16 Selbstaendigkeit
18 Selbststaendigkeit
authentisch
4 echt
9 verbuergt
13 urspruenglich
Auto
13 Kraftfahrzeug
Autoabgasreiniger
3 Kat
11 Katalysator
Autoabstellfläche
7 Carport
9 Parkplatz
Autoanhalter
7 Tramper
Autoanhaltestrecke
8 Bremsweg
Autobahn (Abkürzung)
3 BAB
Autobahneinrichtung
7 Bankett
9 Leitlinie, Parkplatz, Rastplatz, Standspur
10 Kriechspur, Leitplanke
11 Raststaette
12 Notrufsaeule, Ueberholspur, Vorwegweiser
13 Gruenstreifen
Autobahnrestaurant
8 Rasthaus
Autobeleuchtung
9 Fernlicht
10 Standlicht
Autobus
7 Omnibus
Autoeinstellraum
6 Garage
Autogestell
7 Chassis
Autogramm
7 Widmung
9 Namenszug
10 Schriftzug
12 Unterschrift
Autohotel
5 Motel
Autokennzeichen ► Kraftfahrzeugkennzeichen
Autolenkexamen
12 Fahrpruefung

Automarke
2 MG, VW
3 BMW, DAF, DKW, MAN, NSU
4 Audi, Fiat, Ford, Glas, Nash, Opel, Puch
5 Adler, Buick, Deutz, Dodge, Horch, Krupp, Lloyd, Maico, Skoda, Steyr, Tatra
6 Abarth, Austin, Hudson, Jaguar, Lancia, Morris, Talbot
7 Bentley, Bugatti, Citroen, Ferrari, Hanomag, Lincoln, Magirus, Maybach, Packard, Peugeot, Pontiac, Porsche, Renault, Sunbeam, Triumph
8 Borgward, Buessing, Cadillac, Chrysler, Henschel, Maserati, Wanderer, Zuendapp
9 Alfa Romeo, Auto Union, Chevrolet, Hotchkiss
10 Austro Fiat, Hansa Lloyd, Oldsmobile, Rolls Royce, Studebaker, Volkswagen
11 Daimler Benz, Hutchkinson
12 Mercedes Benz
automatisch
12 selbsttaetig
14 unwillkuerlich
automatische Bewegung
6 Reflex
Automobil
10 Kraftwagen, Motorwagen
13 Kraftfahrzeug
Automobilclubs (Abkürzung)
3 AvD
4 ADAC
Automobiltyp ► Kraftfahrzeug
Automobilwettbewerb mit Sonderprüfungen
6 Rallye
Automodell der Frühzeit
8 Oldtimer
Autonomie
15 Unabhaengigkeit

16 Selbstaendigkeit, Selbstverwaltung
18 Selbststaendigkeit

Autopsie
7 Sektion
11 Augenschein
14 Leichenbeschau
15 Leichenoeffnung

Autor
6 Texter
7 Dichter, Urheber
8 Essayist, Reporter
9 Romancier, Schreiber, Verfasser
10 Dramatiker, Journalist, Librettist
14 Schriftsteller

Autor kürzerer Abhandlungen
8 Essayist

Autor/Autorin von ...
- **Agnes Bernauer**
6 Hebbel
- **Alraune**
5 Ewers
- **Amphitryon**
6 Kleist
7 Molière, Plautus
9 Giraudoux
- **Andromache**
9 Euripides
- **Ansichten eines Clowns**
5 Boell
- **Antigone**
7 Anouilh
9 Sophokles
- **Ariane**
4 Anet
- **Barbara Blomberg**
9 Zuckmayer
- **Bekenntnisse des Hochstaplers Felix Krull**
4 Mann
10 Thomas Mann
- **Bello Gallico**
6 Caesar
- **Berlin Alexanderplatz**
7 Doeblin
- **Buddenbrooks**
4 Mann
10 Thomas Mann
- **Candida**
4 Shaw
- **Cid**
9 Corneille
- **Clavigo**
6 Goethe
- **Dame Kobold**
8 Calderon
17 Calderon de la Barca
- **Dantons Tod**
8 Buechner
- **Das Dschungelbuch**
7 Kipling
- **Das einfache Leben**
8 Wiechert
- **Das Glasperlenspiel**
5 Hesse
- **Das Schloß**
5 Kafka
- **Decamerone**
9 Boccaccio
- **Der alte Mann und das Meer**
9 Hemingway
- **Der arme Heinrich**
9 Hauptmann
14 Hartmann von Aue
- **Der Arzt am Scheideweg**
4 Shaw
- **Der Biberpelz**
9 Hauptmann
- **Der gallische Krieg**
6 Caesar
- **Der Geizige**
7 Molière
- **Der Glöckner von Notre-Dame**
4 Hugo
- **Der Graf von Monte Christo**
5 Dumas
- **Der Hauptmann von Köpenick**
9 Zuckmayer
- **Der Heiratsantrag**
9 Tschechow
- **Der Idiot**
11 Dostojewski
- **Der Kaufmann von Venedig**
11 Shakespeare
- **Der kaukasische Kreidekreis**
6 Brecht
- **Der Menschenfeind**
7 Molière
- **Der Namen der Rose**
3 Eco
- **Der Prinz von Homburg**
6 Kleist
- **Der Prozeß**
5 Kafka
- **Der Revisor**
5 Gogol
- **Der Schelm von Bergen**
9 Zuckmayer
- **Der Sturm**
11 Shakespeare
- **Der Tunnel**
10 Kellermann
- **Der Turm**
12 Hofmannsthal
- **Der Untertan**
4 Mann
12 Heinrich Mann
- **Der Vater**
10 Strindberg
- **Der verlorene Sohn**
8 Wiechert
- **Der Widerspenstigen Zähmung**
11 Shakespeare
- **Der Zauberberg**
4 Mann
10 Thomas Mann
- **Des Teufels General**
9 Zuckmayer
- **Die Blechtrommel**
5 Grass
- **Die Bluthochzeit**
11 Garcia Lorca
- **Die Clique**
8 McCarthy
- **Die drei Musketiere**
5 Dumas
- **Die drei Schwestern**
9 Tschechow
- **Die ehrbare Dirne**
6 Sartre
- **Die Feuerzangenbowle**
6 Spoerl
- **Die Fliegen**
6 Sartre
- **Die Frösche**
12 Aristophanes
- **Die gelehrten Frauen**
7 Molière
- **Die Glasmenagerie**
8 Williams
- **Die Göttliche Komödie**
5 Dante
14 Dante Alighieri

- **Die Hochzeit der Feinde**
  6 Andres
- **Die Hose**
  9 Sternheim
- **Die Irre von Chaillot**
  9 Giraudoux
- **Die Kameliendame**
  5 Dumas
- **Die Möwe**
  9 Tschechow
- **Die Mutter**
  5 Gorki
- **Die Pest**
  5 Camus
- **Die Ratten**
  9 Hauptmann
- **Die Räuber**
  8 Schiller
- **Die Schatzinsel**
  9 Stevenson
- **Die Troerinnen**
  9 Euripides
- **Die Vögel**
  12 Aristophanes
- **Die Weber**
  9 Hauptmann
- **Die Wildenten**
  5 Ibsen
- **Die Wolken**
  12 Aristophanes
- **Doktor Schiwago**
  9 Pasternak
- **Don Carlos**
  8 Schiller
- **Don Quichotte**
  9 Cervantes
- **Effi Briest**
  7 Fontane
- **Egmont**
  6 Goethe
- **Ein Sommernachtstraum**
  11 Shakespeare
- **Elektra**
  9 Giraudoux, Hauptmann, Sophokles
- **Emil und die Detektive**
  8 Kaestner
- **Emilia Galotti**
  7 Lessing
- **Endstation Sehnsucht**
  8 Williams
- **Eurydike**
  7 Anouilh
- **Faust**
  6 Goethe
- **Fräulein Julie**
  10 Strindberg
- **Germania**
  7 Tacitus
- **Germinal**
  4 Zola
- **Gespenster**
  5 Ibsen
- **Götter, Gräber und Gelehrte**
  5 Ceram, Marek
- **Gullivers Reisen**
  5 Swift
- **Hamlet**
  11 Shakespeare
- **Hedda Gabler**
  5 Ibsen
- **Heidi**
  5 Spyri
- **Helden**
  4 Shaw
- **Hermann und Dorothea**
  6 Goethe
- **Hunger**
  6 Hamsun
- **Hyperion**
  10 Hoelderlin
- **Ilias**
  5 Homer
- **Im Westen nichts Neues**
  8 Remarque
- **Iphigenie in Aulis**
  6 Goethe
  9 Euripides, Hauptmann
- **Ivanhoe**
  5 Scott
- **Jedermann**
  12 Hofmannsthal
- **Julius Caesar**
  11 Shakespeare
- **Katharina Knie**
  9 Zuckmayer
- **Kim**
  7 Kipling
- **König Lear**
  11 Shakespeare
- **König Ödipus**
  9 Sophokles
- **Krieg und Frieden**
  7 Tolstoi
- **Lady Chatterley**
  8 Lawrence
- **Lausbubengeschichten**
  5 Thoma
- **Lederstrumpf**
  6 Cooper
- **Leonce und Lena**
  8 Buechner
- **Liebelei**
  10 Schnitzler
- **Lumpazivagabundus**
  7 Nestroy
- **Lysistrata**
  12 Aristophanes
- **Macbeth**
  11 Shakespeare
- **Madame Bovary**
  8 Flaubert
- **Maria Stuart**
  8 Schiller
- **Maß für Maß**
  11 Shakespeare
- **Medea**
  7 Anouilh
  9 Euripides
  11 Grillparzer
- **Meines Vaters Pferde**
  4 Laar
- **Michael Kohlhaas**
  6 Kleist
- **Minna von Barnhelm**
  7 Lessing
- **Mord im Dom**
  5 Eliot
- **Nachtasyl**
  5 Gorki
- **Nana**
  4 Zola
- **Nathan der Weise**
  7 Lessing
- **Nora**
  5 Ibsen
- **Odyssee**
  5 Homer
- **Oliver Twist**
  7 Dickens
- **Othello**
  11 Shakespeare
- **Peer Gynt**
  5 Ibsen
- **Penthesilea**
  6 Kleist
- **Phädra**
  6 Racine
- **Professor Unrat**
  4 Mann
  12 Heinrich Mann
- **Pygmalion**
  4 Shaw

· **Robinson Crusoe**
5 Defoe
· **Romeo und Julia**
11 Shakespeare
· **Schinderhannes**
9 Zuckmayer
· **Schuld und Sühne**
11 Dostojewski
12 Dostojewskij
· **Später Sieg**
6 Cronin
· **Spiel im Schloß**
6 Molnar
· **Stella**
6 Goethe
· **Stiller**
6 Frisch
· **Tartuffe**
7 Molière
· **Tolldreiste Geschichten**
6 Balzac
· **Torquato Tasso**
6 Goethe
· **Tote Seelen**
5 Gogol
· **Unsere kleine Stadt**
6 Wilder
· **Vater Goriot**
6 Balzac
· **Viel Lärm um nichts**
11 Shakespeare
· **Vom Winde verweht**
8 Mitchell
· **Wallenstein**
8 Schiller
· **Was ihr wollt**
11 Shakespeare
· **Weh dem der lügt**
11 Grillparzer
· **Wem die Stunde schlägt**
9 Hemingway
· **Wilhelm Meisters Lehrjahre**
6 Goethe
· **Wilhelm Tell**
8 Schiller
· **Winnetou**
3 May
· **Woyzeck**
8 Buechner

Autoreifen
4 Pneu

Autorennbahn
4 Avus
5 Monza
6 Le Mans
7 Sebring, Zeltweg
8 Solitude
9 Zandvoort
10 Hockenheim, Monte Carlo
11 Silverstone
12 Indianapolis, Nuerburgring

Autorenschutzverband
4 Gema
6 VG Wort
14 VG Wissenschaft

Autoriemen
4 Gurt
15 Sicherheitsgurt

Autorin
9 Urheberin
11 Verfasserin

Autorisation
9 Vollmacht
13 Ermaechtigung

Autorität
3 Ruf
6 Nimbus
7 Achtung, Ansehen
8 Renommee

Autosignalgerät
4 Hupe

Autosternfahrt
6 Rallye

Autostopper
7 Tramper
8 Anhalter
10 Hitchhiker

Autostraßenlokal
11 Raststaette

Autoteil
3 Rad
4 Dach, Heck, Hupe, Tank
5 Achse, Feder, Felge, Haube, Kerze, Motor, Pedal
6 Bremse, Kolben, Lenker, Rahmen, Reifen, Steuer
7 Armatur, Auspuff, Blinker, Chassis, Heizung, Kuehler, Lenkrad, Lenkung, Leuchte, Schloss, Starter, Verdeck, Wischer
8 Anlasser, Batterie, Federung, Getriebe, Kupplung, Oelwanne, Vergaser, Zylinder
9 Bereifung, Schaltung, Steuerrad, Verteiler
10 Handbremse, Wagenheber
12 Rueckspiegel, Scheinwerfer

Autotour
5 Fahrt

Autotramp ► Autostopper

Autounfall-Schutzvorrichtung
6 Airbag

Autoversicherung
5 Kasko
9 Teilkasko, Vollkasko
11 Haftpflicht

Autozusatzleuchte
10 Nebellampe

Avantgardist
7 Pionier
9 Initiator, Vorreiter
11 Bahnbrecher, Trendsetter, Vorkaempfer
13 Schrittmacher

Avenue
5 Allee
12 Hauptstrasse
13 Prachtstrasse

Aversion
9 Abneigung
10 Antipathie
11 Widerwillen

Aviatik
9 Flugwesen
11 Flugtechnik

Avis
10 Mitteilung
12 Ankuendigung

Axiom
9 Grundsatz, Hypothese

Axt
4 Beil
5 Barte

Azoreninsel
4 Pico
5 Corvo, Fayal
6 Flores
8 Graciosa, São Jorge, Terceira
9 São Miguel
10 Santa Maria

aztekischer Gott
4 Xipe
8 Tonatiuh
9 Coatlicue

10 Huehuetotl
11 Ixcozauhqui
12 Quetzalcoatl
aztekischer König
8 Itzcoatl
9 Moctezuma, Montezuma
10 Cuauthemoc, Cuitlahuac, Quauthemoc
azur
10 himmelblau

B

Baas (niederländisch)
4 Chef, Herr
7 Meister
Babel
7 Babylon
Baby
9 Saeugling
11 Kleinstkind
12 Neugeborenes
Babybett
5 Wiege
11 Stubenwagen
Babykost
3 Mus
4 Brei, Saft
5 Milch
11 Muttermilch
Babylon
5 Babel
babylonisch(e, er, es) ...
· **Epos**
10 Gilgamesch
· **Feldherr**
10 Holofernes
· **Gewichtseinheit**
5 Sekel
7 Schekel
· **Gott**
2 Ea
3 Anu, Bel, Sin
4 Apsu, Baal, Nabo, Nabu, Nebo, Nebu
5 Enlil, Istar, Kingu, Tamuz
6 Marduk, Moloch, Nergal, Nimrod, Tiamat
7 Ischtar
9 Schamasch
· **Götterkönig**
6 Marduk
· **Göttin**
5 Istar, Nintu
6 Alluta, Nanaea
7 Astarte, Ischtar
· **Herrscher**
6 Turmes
8 Belsazar
9 Hammurabi
12 Nebukadnezar
· **Himmelsgott**
3 Anu
· **Priester**
5 Beros
· **Stadt**
6 Nippur
· **Stufentempel**
8 Zikkurat
· **Sturmdämonin**
6 Lilith
· **Volk**
7 Sumerer
Babymundtuch
4 Latz
9 Laetzchen
Babysauger
9 Schnuller
Babyschnuller
6 Nuckel
Babysitter
4 Amme
5 Bonne, Nurse
10 Kinderfrau
14 Kindermaedchen
Babyspielzeug
6 Rassel
Bacchanal
5 Orgie
6 Gelage
11 Trinkgelage
Bacchusbegleiter
3 Pan
5 Satyr
Bach
7 Rinnsal
9 Gewaesser
Bache
7 Wildsau
11 Wildschwein
Bachstelze
9 Wippsterz
10 Wippsteert
backbord
5 links
Backe
5 Wange
Backenbart
6 Fraise
10 Koteletten
Backenknochen
8 Jochbein
Backenstreich
8 Ohrfeige
11 Maulschelle
Backenzahn
5 Molar
Bäckereiprodukt ► Backware
Backfisch
4 Girl
8 Teenager
Backform
5 Model
Backgewürz
4 Anis, Zimt
6 Safran
7 Vanille
8 Orangeat, Zitronat
Background
11 Hintergrund
Backhohlraum im Küchenherd
6 Roehre
Backmasse
4 Teig
8 Germteig, Hefeteig
9 Brandteig, Muerbeteig
12 Blaetterteig
Backmittel
2 Ei
4 Hefe, Mehl
Backstein
6 Ziegel
7 Klinker
Backsteinbrennerei
8 Ziegelei
Backtriebmittel
4 Germ, Hefe
6 Baerme, Natron
9 Pottasche, Sauerteig
10 Backpulver

14 Hirschhornsalz
Backtrog
5 Molle, Mulde
Backutensil
9 Nudelholz
10 Teigroller
12 Dressiersack
Backware
4 Brot, Keks, Laib, Weck
5 Stute, Torte
6 Brezel, Kipfel, Kuchen, Printe, Semmel, Waffel, Wecken
7 Brioche, Kipferl, Krapfen
8 Schrippe, Zwieback
9 Broetchen, Hoernchen, Lebkuchen, Weissbrot
Backwerk mit Füllung
11 Nusskipferl
13 Nusshoernchen
Backzutat
4 Eier, Fett, Mehl
5 Milch
9 Backaroma
11 Rosenwasser
Bad
5 Bidet
6 Dusche, Kurort, Therme
Badeanzug
5 Tanga
6 Bikini, Trikot
8 Badehose
9 Einteiler
Badegelände
3 See
4 Lido, Meer, Ufer
5 Fluss, Teich
6 Kueste, Strand, Weiher
7 Gestade
Badeküsten
8 Straende
Badeort (► auch Kurort)
3 Aix, Ems, Orb, Spa, Wyk
4 Arco, Boll, Daun, Hall, Linz, Roda, Suhl, Sulz, Unna
5 Amrum, Arosa, Baden, Bozen, Davos, Flims, Graal, Ischl, Juist, Lienz, Meran, Miami, Nizza, Oelze, Ragaz, Soden, Sulza, Toelz, Treis, Vichy
6 Aachen, Aussee, Buesum, Cammin, Cannes, Cochem, Dieppe, Erbach, Honnef, Ischia, Kampen, Kochel, Koenig, Kreuth, Lugano, Luzern, Murnau, Ording, Ragusa, Rimini, Sachsa, Salzig, Suelze, Uerzig, Velden, Vilbel, Wartha
7 Aibling, Ajaccio, Altenau, Antibes, Driburg, Fiesole, Gastein, Gmunden, Hofheim, Homburg, Kolberg, Krumbad, La Baule, Locarno, Mosbach, Nauheim, Ostende, Perugia, Pyrmont, Rapallo, Reinerz, Ristbad, Seeheim, Selters, Teinach, Titisee, Todtnau, Triberg, Tutzing, Wiessee, Wildbad, Wimpfen, Zermatt
8 Altenahr, Bertrich, Biarritz, Brighton, Cuxhaven, Eisenach, Garmisch, Goegging, Harzburg, Hastings, Hersfeld, Karlsbad, Miesbach, Montreux, Neuenahr, Neustadt, Niendorf, Noordwyk, Oldesloe, Osterode, Rappenau, Sassnitz, Segeberg, Sulzbach, Todtmoos
9 Ahrweiler, Andermatt, Braunlage, Deauville, Duerkheim, Duerrheim, Engelberg, Godesberg, Heilbronn, Jagstfeld, Kissingen, Kreuznach, Marienbad, Meersburg, Norddeich, Peterstal, Salzbrunn, Salzuflen, Schwartau, Semmering, Starnberg, Steinhude, Villingen, Wiesbaden, Wildungen, Zinnowitz
10 Baden Baden, Bellinzona, Bergzabern, Bernkastel, Gelnhausen, Hofgastein, Hofgeismar, Hohensalza, Interlaken, Karlsbrunn, Kuenzelsau, Liebenzell, Oeynhausen, Rilchingen, Ruhpolding, Saeckingen, Schwalbach, Vlissingen, Wangerooge, Westerland
11 Badenweiler, Gandersheim, Gluecksburg, Langenargen, Liebenwerda, Mergentheim, Poertschach, Reichenhall, Swinemuende, Travemuende, Ueberlingen, Warnemuende, Woerishofen
12 Eckernfoerde, Salzdetfurth, Scheveningen
13 Berchtesgaden, Oberlahnstein
14 Donaueschingen, Friedrichshall, Traben-Trarbach
Bader
7 Barbier
11 Heilgehilfe
Bäderheilkunde
11 Balneologie
Badestrand
4 Lido, Ufer
7 Gestade
Badestrand auf Honolulu
7 Waikiki
Badeufer
6 Strand
Badezelle
6 Kabine
badisch(e, er, es) ...
· **Freischarenführer**
6 Hecker
· **Ingenieur**
6 Gerwig
· **Insel im Bodensee**
6 Mainau
· **Landschaft**
8 Breisgau
· **Weinbaugebiet**
7 Ortenau
8 Breisgau
9 Kraichgau
11 Bergstrasse, Kaiserstuhl
Badminton
9 Federball
Bagage
4 Pack
5 Tross
7 Gepaeck
8 Gesindel

B

Bagagetruppe
5 Tross
Bagatelle
8 Lappalie
9 Kleinkram
10 Banalitaet, Nebensache
11 Kleinigkeit
Bagger
7 Greifer
8 Scrapper
9 Schrapper
Baggersee
9 Kiesgrube
Bahn
3 Weg, Zug
4 Kurs, Spur, Tram
5 Linie, Loipe, Piste, Route, Runde
7 Tramway
8 Rundkurs, Streifen, Zeltteil
Bahn für Pferderennen
9 Hippodrom
Bahn von Himmelskörpern
5 Orbit
Bahn-Haus-Spediteur
14 Bahncamionneur
Bahnabteil
5 Coupé, Kupee
Bahnanlage
5 Gleis
6 Signal
7 Bahnhof
9 Stellwerk
Bahnbediensteter
9 Schaffner
10 Lokfuehrer
bahnbrechend
9 saekulaer
13 revolutionaer
bahnbrechende Leistung
10 Pioniertat
Bahnbrecher
7 Pionier
11 Vorkaempfer, Wegbereiter
12 Avantgardist
Bahngleisquerholz
8 Schwelle
Bahnhof
7 Station
11 Haltestelle
Bahnschiene
5 Gleis
Bahnsteig
6 Perron
Bahnstreckenwerk
10 Liniennetz
Bahnverbindung
6 Eilzug
Bahnwagencoupé
6 Abteil
Bahnzugmaschine (Kurzwort)
3 Lok
4 E-Lok
Bahre
5 Trage
Bai
4 Golf
5 Bucht
9 Meerbusen
11 Meeresbucht
Bajazzo
5 Clown
9 Hanswurst
13 Possenreisser
Bajuware
5 Bayer
Bakel
5 Stock
Bakschisch
4 Gabe
7 Almosen
9 Trinkgeld
11 Schmiergeld
Bakterienart
4 Coli, Koli
6 Coccus, Kokken, Kokkus, Vibrio
8 Spirille, Tuberkel
9 Gonokokke, Spirillen
11 Spirochaete
Bakterienzucht
6 Kultur
Bakterium
8 Bazillus
9 Einzeller, Spaltpilz
Balance
7 Schwebe
13 Gleichgewicht
bald
4 fast
5 frueh
6 gleich, zeitig
10 demnaechst
Baldachin
9 Stoffdach
10 Betthimmel
Baldriangewächs
5 Narde
Baleareninsel
5 Ibiza
7 Cabrera, Menorca, Minorca
8 Mallorca, Pityusen
9 Dragonera
10 Formentera
Balettschülerin
6 Elevin
Balg
4 Haut, Leib
5 Bauch, Goere, Wanst
8 Luftsack, Tierhaut
10 Quaelgeist
13 Puppenkoerper
Balge
5 Priel
balgen
5 toben
11 herumtollen
Balgerei
8 Rangelei, Rauferei
9 Pruegelei
Balkanbewohner
5 Serbe
6 Kroate
7 Albaner, Bosnier, Bulgare, Grieche, Rumaene, Slowene
8 Albanier, Mazedone
9 Jugoslawe
10 Makedonier, Mazedonier
Balkanhauptstadt
5 Athen, Sofia
6 Tirana
7 Belgrad
8 Bukarest
Balkanlandschaft
10 Makedonien, Mazedonien
Balkanstaat
8 Albanien, Kroatien
9 Bulgarien, Rumaenien, Slowenien
11 Jugoslawien
12 Griechenland
Balkanvolk
10 Makedonier, Mazedonier
Balken
6 Strebe
7 Stuetze, Traeger
Balken im Dachstuhl
6 Pfette

Balkenwerk
7 Gebaelk
Balkon
5 Altan, Erker
6 Altane, Empore, Vorbau
7 Soeller
8 Terrasse
Balkondach
7 Markise
Balkonpflanze
4 Efeu
5 Wicke
6 Azalee, Salvie, Zinnie
7 Begonie, Fuchsie, Geranie, Lobelie, Petunie, Verbene, Zyklame
8 Clematis, Gloxinie
9 Balsamine, Heliotrop, Hortensie
10 Pelargonie
15 Kapuzinerkresse
Ball
4 Fest
8 Tanzfest
10 Maskenfest
11 Sportgeraet
Ballade
7 Gedicht
8 Tanzlied
10 Erzaehlung, Geschichte
Ballade ...
· *von* **Bürger**
6 Lenore
· *von* **Goethe**
9 Erlkoenig
· *von* **Schiller**
9 Die Glocke
Ballerina
9 Taenzerin
13 Solotaenzerin
Ballett
10 Tanzgruppe, Tanztruppe
11 Buehnentanz
12 Tanzensemble
Ballettaufzeichnung
13 Choreographie
Ballettgestalter
11 Choreograph
Ballettmitglied
7 Taenzer
9 Ballerina, Ballerino, Taenzerin
11 Balletteuse
14 Primaballerina, Primoballerino
Ballettpose
8 Arabeske
Ballettröckchen
4 Tutu
Ballettschüler
5 Eleve
Balletttanz (Ballettanz)
9 Pas de deux
ballige Speise
5 Kloss
7 Knoedel
Ballkleid
4 Robe
Ballon
5 Kugel
6 Kolben, Reifen
Ballraum
8 Tanzsaal
Ballspiel
4 Golf, Polo
5 Rugby
6 Hockey, Kegeln, Pelota, Soccer, Squash, Tennis
7 Bowling, Cricket, Kricket, Krocket, Radball, Radpolo
8 Baseball, Football, Fussball, Handball, Korbball, Pingpong
9 Badminton, Faustball, Federball, Prellball
10 Basketball, Feldhockey, Rollhockey, Schlagball, Volleyball, Wasserball
11 Tischtennis, Voelkerball
Ballspielbegriff
3 Aus, Tor
7 Abseits
8 Halbzeit
Ballsportanlage
11 Tennisplatz
Ballsportler
9 Radballer
Ballzuspiel
4 Pass
Balsam
5 Salbe
6 Labsal
Balsamharz
6 Myrrhe
Balte
4 Este
5 Lette
7 Litauer
baltisch(e, er, es) ...
· **Erzähler**
6 Thiess
11 Bergengruen
· **Hauptstadt**
4 Riga
5 Reval, Wilna
· **Insel**
4 Moon
5 Dagoe, Oesel
· **Land**
7 Estland, Litauen
8 Lettland
· **Landschaft**
7 Livland
· **Meer**
6 Ostsee
· **Randstaaten**
8 Baltikum
· **Staat**
7 Estland, Litauen
8 Lettland
· **Volk**
5 Esten
6 Letten
7 Litauer
Balustrade
9 Bruestung, Gelaender
Balz
11 Liebesspiel
banal
5 flach, platt
7 trivial
9 laeppisch
11 alltaeglich, gewoehnlich
12 abgedroschen, nichts sagend
Bananenart
4 Musa
6 Pisang
Banause
6 Piefke
8 Ignorant, Spiesser
10 Kleingeist
12 Ungebildeter
Band
4 Gurt
5 Combo, Faden, Litze
6 Fessel, Kordel, Schnur, Tresse
7 Kapelle
8 Streifen
9 Bindfaden, Orchester

B

Band zum Schnüren der Schuhe
6 Senkel
bandartiges Bauelement
4 Sims
Bande
4 Gang, Pack, Rand
5 Horde, Meute, Schar
6 Clique
7 Fesseln
8 Gesindel
9 Beziehung, Umrandung
10 Begrenzung, Verbindung
Banderilla
10 Wurfspiess
Banderillero
13 Stierkaempfer
Banderole
10 Steuerband
14 Steuerstreifen
bandförmige Algen
4 Tang
Bändigung
7 Dressur
Bandit
7 Raeuber
8 Gangster
9 Desperado
10 Verbrecher
11 Wegelagerer
Bandmuster
8 Arabeske
Bandschleife
7 Rosette
8 Schleife
Bandschlinge
4 Oese
8 Schleife
Bandwurmlarve
8 Drehwurm
Bange
5 Angst, Sorge
6 Furcht
bange
9 furchtsam
10 aengstlich
bange Unruhe
5 Sorge
banges Gefühl
5 Sorge
Bankansturm
3 Run
4 Agio, Bond
Bankbegriff
4 Agio, Aval, Giro, Kurs, Pari, Zins
5 Agien, Aktie, Bonus, Depot, Ekart, Konto, Kupon, Saldo
6 Aktiva, Boerse, Coupon, Kredit, Scheck, Skonto, Storno, Valuta
7 Devisen, Disagio, Diskont, Einlage, Passiva, Rendite, Solvenz, Wechsel
8 Bonitaet, Darlehen, Emission, Festgeld, Floating, Guthaben, Hypothek, Leitzins
9 Arbitrage, Briefkurs, Dividende, Girokonto, Sparkonto
10 Sperrkonto, Verzinsung, Zinstermin
11 Spareinlage
12 Bankleitzahl, Dauerauftrag
18 Dispositionskredit
Bänkelsängerlied
7 Moritat
Bankett
8 Festmahl
9 Ehrenmahl
14 Seitenstreifen
Bankfach
4 Safe
6 Tresor
Bankhalter
8 Croupier
Bankkunde
6 Sparer
Banknote
5 Sorte
6 Schein
10 Geldschein
14 Zehnmarkschein
15 Fuenfmarkschein
17 Hundertmarkschein, Tausendmarkschein, Zwanzigmarkschein
Banknoten
4 Geld
Bankrott
4 Ruin
6 Fiasko, Pleite
7 Konkurs
20 Zahlungsunfaehigkeit
bankrott
7 konkurs
14 zahlungsunfaehig
banktechnischer Begriff
7 Eckzins
Bann
4 Acht
6 Verruf
8 Aechtung
10 Ausschluss
11 Verstossung
Banner
5 Fahne
6 Panier
9 Standarte
11 Feldzeichen
Bannmeile
10 Schutzzone
11 Sperrbezirk, Sperrgebiet
Bannspruch
8 Anathema
Bantustamm
3 Ewe
4 Ambo, Zulu
5 Duala, Kongo, Swasi, Tonga, Xhosa
6 Baluba, Basuto, Herero, Kaffer, Ovambo, Waluta
7 Kaffern, Suaheli
8 Muongoni
10 Wanjamwesi
11 Betschuanen
Bantustamm in Natal
4 Zulu
Baobabgewächs
13 Affenbrotbaum
Bar
5 Theke
6 Tresen
9 Ausschank, Nachtklub, Nightclub
10 Nachtlokal
Bär in der Fabel
4 Petz
Baracke
10 Holzhuette
11 Behelfshaus, Behelfsheim
13 Notunterkunft
17 Behelfsunterkunft
barbarisch
3 roh
7 grausam
12 unbarmherzig

B

Barbier
5 Bader
6 Figaro
7 Friseur
8 Coiffeur
Bärenart
5 Panda
6 Grisli
7 Eisbaer, Grizzly
9 Braunbaer, Nasenbaer, Waschbaer
10 Grislibaer, Kragenbaer
11 Grizzlybaer
Bärenklau
8 Akanthus
Barett
5 Toque
bargeldloser Zahlungsverkehr
4 Giro
Bargetränk
5 Drink
9 Longdrink
Bargewinn
6 Erloes
Barkarole
10 Gondellied, Liebeslied
12 Schifferlied
Barkasse
7 Beiboot
9 Hafenboot, Motorboot
Barke
4 Boot, Kahn
6 Nachen
Barkeeper
5 Mixer
7 Barmann
barmherzig
6 guetig
7 gnaedig
9 mitleidig
barmherziger Helfer
9 Samariter
Barometer
10 Wetterglas
15 Luftdruckmesser
Baron
8 Freiherr
Barras
7 Kommiss
8 Militaer
Barrenstange
4 Holm
Barriere
6 Sperre
8 Schranke
10 Schlagbaum
12 Bahnschranke
Barrikade
6 Sperre
7 Schanze
14 Strassensperre
barsch
3 rau
4 grob, rauh
6 bruesk, scharf
7 schroff
12 unfreundlich
Barschart
6 Schill, Zander
10 Kaulbarsch
14 Papageienfisch
Bart
6 Fraese
8 Kinnbart, Vollbart
9 Schnauzer, Spitzbart, Stutzbart
10 Backenbart, Knebelbart, Koteletten
11 Schnauzbart, Schnurrbart
Bartanflug
5 Flaum
Bartentfernung
5 Rasur
Bartschergerät
12 Rasiermesser
13 Rasierapparat
Barttracht ► Bart
Barzahlungsnachlass
6 Skonto
Basar
5 Markt
8 Kaufhaus
9 Kaufhalle, Warenhaus
Base
5 Lauge
6 Kusine
7 Cousine
Baseballspieler
7 Faenger
Basilisk
5 Echse
6 Leguan
9 Fabeltier, Geschuetz
Basis
6 Sockel
8 Standort, Unterbau
9 Fundament, Grundlage, Grundzahl, Plattform
10 Grundlinie
13 Ausgangspunkt
Basis des Rechnens
10 Einmaleins
Basisstück eines Ganzen
9 Unterteil
Baskenmütze
5 Béret
Basketball
8 Korbball
baskisches Ballspiel
6 Pelota
Basler Internist
3 His
Basse
4 Eber
6 Keiler
Bassgeige
7 Violine
10 Kontrabass
Bassin
6 Becken
8 Aquarium
Bastard
7 Bankert, Hybride
9 Mischling
Bastardhund
6 Koeter
Bastei
7 Bastion
8 Bollwerk
Bastelmaterial
9 Sperrholz
basteln an einer Sache
8 tuefteln
Bastelwerkzeug ► Bastlerwerkzeug
Bastfaser
4 Jute
5 Ramie
Bastfaserbündel
5 Bimli
Bastion
5 Feste
6 Bastei
7 Festung
8 Bollwerk
Bastlerwerkzeug
4 Leim
9 Laubsaege
10 Sandpapier
Bataille
5 Kampf
7 Gefecht
8 Schlacht

B

Batterie
4 Akku
11 Akkumulator, Stromquelle
Batzen
6 Muenze, Stueck
7 Klumpen
Bau
5 Knast, Zelle
8 Gebaeude
10 Tierhoehle
11 Haftanstalt
Bauarbeitergerät
8 Sandsieb
Bauart
3 Typ
6 Modell
Bauch
4 Leib
5 Wamme, Wampe
7 Abdomen
8 Hohlraum, Laderaum
Bauchfett
4 Flom
5 Flaum
6 Flomen
bauchig(e, er, es) ...
· **Flasche**
7 Karaffe
11 Bocksbeutel
· **Gefäß**
4 Krug
5 Kanne
6 Phiole
· **Weinglas**
6 Roemer
Bauchmitte
5 Nabel
Bauchorgan
4 Milz
Bauchpilz
6 Bovist
8 Erdstern
10 Staeubling
12 Stinkmorchel
Bauchredner
13 Ventriloquist
Bauchspeicheldrüse
8 Pankreas
Baude
6 Huette
10 Berghuette, Schutzhaus
12 Schutzhuette
Bauer
4 Bube
6 Farmer, Kaefig
8 Agrarier, Landmann, Landwirt
10 Spielkarte
11 Schachfigur, Vogelkaefig
bäuerlich(e, er, es) ...
· **Anwesen**
3 Gut, Hof
6 Erbhof
7 Gehoeft
· **Alleinerbe**
6 Anerbe
· **Besitz**
7 Anwesen
· **Dienerschaft**
7 Gesinde
· **Gehilfin**
4 Magd
Bauernangriff (Schach)
5 Gabel
Bauernfang
4 Nepp
Bauernfänger
6 Gauner, Nepper
7 Luegner
8 Heuchler
9 Betrueger
13 Falschspieler
Bauerngut
6 Heimet
Bauernhof
3 Gut
4 Kate
7 Gehoeft
Bauernmagd
4 Dirn
baufällig
6 morsch
Bauführer
6 Polier
Bauhandwerker
5 Maler
6 Gipser, Glaser, Maurer
8 Klempner, Spengler, Tischler, Zimmerer
9 Rohrleger, Schlosser, Schreiner, Steinmetz
10 Dachdecker, Elektriker, Ofensetzer, Stuckateur, Stukkateur, Tapezierer, Zimmermann
12 Fliesenleger
Bauhilfsarbeiter
10 Handlanger
Bauhilfsstoff
4 Kalk
Bauholz
5 Bohle, Brett, Diele, Latte
6 Balken, Pfette
8 Kantholz, Rundholz
9 Schalholz
Bauhütte
7 Baracke
Baukunst
11 Architektur
Baum
4 Mast
5 Stamm
7 Pflanze
10 Hebegeraet, Ladegeraet
12 Holzgewaechs
Baumart
4 Arve, Eibe, Erle, Espe, Ilex, Ulme
5 Ahorn, Birke, Buche, Eiche, Esche, Linde, Palme, Pinie, Tanne, Weide, Zeder
6 Akazie, Fichte, Foehre, Kiefer, Mispel, Pappel
7 Laerche, Latsche, Lorbeer, Oelbaum, Platane, Ruester, Teebaum
8 Hornbaum, Kastanie, Magnolie, Nussbaum, Pistazie, Zypresse
9 Araukarie, Buchsbaum, Eberesche, Gummibaum, Hagebuche, Hainbuche, Judasbaum, Judenbaum, Kakaobaum, Legfoehre, Mangobaum
10 Feigenbaum, Kaffeebaum, Lebensbaum, Mammutbaum, Papayabaum, Stechpalme, Weissbuche
11 Drachenbaum, Gleditschie, Goetterbaum, Schirmpalme
12 Maulbeerbaum
13 Kornelkirsche
14 Muskatnussbaum
baumartiges Gras
6 Bambus
Baumaschine
4 Kran
5 Ramme

6 Bagger
8 Radlader
9 Bulldozer
12 Betonmischer, Planierraupe

Baumaterial
4 Holz
5 Stein
6 Granit
11 Ziegelstein

Baumbestand
4 Hain, Wald
7 Gehoelz, Waldung
8 Dickicht
9 Waeldchen
10 Waldstueck

baumbestandene Straße
5 Allee

baumbestandenes Grasland
7 Savanne

Baumeidechse
6 Iguana, Leguan
10 Chamaeleon

Baumeister
9 Architekt

Baumfaser
4 Bast

Baumfrucht
4 Nuss
5 Apfel, Birne
6 Eichel, Marone, Quitte
7 Kirsche, Pflaume
8 Kastanie, Pfirsich
9 Buchecker, Holzapfel
11 Esskastanie, Tollkirsche

Baumkunde
11 Dendrologie

baumlose Kältesteppe
6 Tundra

baumlose Region
6 Steppe

Baumreptil
10 Chamaeleon

Baumrinde
5 Borke

Baumrinde zum Gerben
4 Lohe

Baumschädling
12 Borkenkaefer

Baumschule
9 Arboretum

Baumspitze
6 Wipfel

Baumstraße
5 Allee

Baumteil
3 Ast
5 Blatt, Gabel, Krone, Rinde, Stamm, Zweig
6 Wipfel, Wurzel

Baumumhüllung
5 Rinde

Baumuster
6 Modell
8 Maquette

Baumverzweigung
8 Astgabel

Baumwollgarn
5 Twist

Baumwollgewebe
4 Mako, Samt
5 Cloth, Krepp, Linon, Pikee, Pique, Twill
6 Chintz, Croisé, Etamin, Gingan, Kaliko, Kattun, Nessel, Perkal, Sammet, Velvet, Wallis, Zephir
7 Frottee, Kambrik, Velours
8 Barchent, Kretonne, Moleskin, Popeline, Renforce, Tarlatan
10 Mousseline

Baumwollhemd
5 Shirt

Baumwollhose
5 Jeans

Baumwollpulli
5 Nicki

Baumwollsamt
6 Velvet

Baumwollstoff
5 Denim, Drell, Drill
6 Kattun

Baumwollstoff für Betten
6 Inlett

Baustein
6 Quader

Baustein der Materie
4 Atom

Baustil des Mittelalters
5 Gotik
7 Romanik

Baustoff (► auch Baumaterial)
3 Ton
4 Filz, Gips, Glas, Holz, Kalk, Kies, Kitt, Lehm, Sand, Teer
5 Beton, Stein
6 Zement, Ziegel

Bauvorarbeiter
6 Polier

Bauweise
4 Stil

Bauwerk
3 Dom, Tor
4 Burg, Haus, Oper, Silo, Turm
5 Feste, Halle, Mauer, Villa
6 Kirche, Palais, Palast, Saeule, Tempel
7 Bruecke, Denkmal, Festung, Kaserne, Obelisk, Schloss, Stadion, Theater
8 Bungalow, Gebaeude, Hochhaus, Miethaus, Minarett, Monument, Muenster, Parkhaus, Pavillon, Staudamm, Wohnhaus
9 Buerohaus, Kraftwerk, Wohnblock
10 Doppelhaus, Gefaengnis, Kathedrale, Reihenhaus, Sanatorium
11 Fernsehturm, Krankenhaus, Planetarium, Spielkasino
12 Mietskaserne
13 Wolkenkratzer

Bauwerk in ...
· **Athen**
9 Parthenon
· **Berlin**
8 Funkturm
9 Reichstag
16 Brandenburger Tor
· **Brüssel**
7 Atomium
· **Dresden**
7 Zwinger
· **Frankfurt/Main**
6 Roemer
· **London**
5 Tower
· **Lübeck**
10 Holstentor
· **Moskau**
5 Kreml
· **Paris**
10 Eiffelturm
· **Rom**
9 Colosseum, Petersdom

B

- **Straßburg**
  8 Muenster
- **Trier**
  10 Porta Nigra

bayerisch für ...
- **Almhirt**
  6 Senner
- **Backhuhn**
  5 Hendl
- **Felskopf**
  4 Nock
- **knusprig**
  5 resch
- **Meerrettich**
  4 Kren
- **Messe**
  4 Dult
- **Rettich**
  4 Radi
- **Rückentrage**
  5 Kraxe
- **Schlitten**
  5 Rodel
- **Schnapsgläschen**
  8 Stamperl
- **Spaß**
  5 Gaudi

bayerisch(e, er,es) ...
- **Abtei**
  5 Ettal
- **Alpenschilderer**
  3 Noe
- **Barockkünstler**
  4 Asam
- **Benediktinerkloster**
  5 Ettal
- **Berg**
  5 Arber
  8 Watzmann
  9 Zugspitze
- **Bierkrug**
  4 Mass
  8 Masskrug
- **Bierrettich**
  4 Radi
- **Bildhauer**
  15 Riemenschneider
- **Bodenseestadt**
  6 Lindau
- **Dreiflüssestadt**
  6 Passau
- **Feldhauptmann**
  13 Schweppermann
- **Flusslandschaft**
  6 Inntal
  7 Isartal
- **Grasland**
  5 Egart
- **Herrschergeschlecht**
  11 Wittelsbach
- **Herzog**
  5 Odilo
  7 Tassilo
- **Humorist**
  8 Valentin
  10 Weissferdl
- **Jahrmarkt**
  4 Dult
- **Klosterdorf**
  5 Ettal
- **Klosterlikör**
  7 Ettaler
- **Künstlerfamilie**
  4 Asam
- **Mädchen**
  6 Dirndl
- **Männerkosename**
  5 Seppl
- **Politiker**
  4 Ertl
  5 Ehard
  6 Goppel
  7 Strauss, Stoiber, Streibl
- **Porzellanstadt**
  4 Selb
- **Regierungsbezirk**
  7 Franken
  8 Schwaben
  9 Oberpfalz
  10 Oberbayern
  11 Oberfranken
  12 Niederbayern, Unterfranken
  13 Mittelfranken
- **Schloss**
  9 Linderhof
  11 Nymphenburg
  12 Schleissheim
  14 Herrenchiemsee, Hohenschwangau, Neuschwanstein
- **Schriftsteller**
  5 Thoma
  9 Ganghofer
- **See**
  6 Eibsee
  7 Riegsee, Simssee
  8 Ammersee, Badersee, Chiemsee, Wuermsee
  9 Hopfensee, Kochelsee, Tegernsee
  10 Koenigssee, Schliersee, Staffelsee, Walchensee, Weissensee
  11 Waginger See
  14 Starnberger See
- **Singart**
  6 Jodeln
- **Spaß**
  5 Gaudi
- **Sport**
  12 Fingerhakeln
- **Stadt am Bodensee**
  6 Lindau
- **Symbolgestalt**
  7 Bavaria
- **Universitätsstadt**
  6 Passau
  7 Bamberg
  8 Augsburg, Bayreuth, Erlangen, Muenchen
  9 Nuernberg
  10 Regensburg
- **Vergnügen**
  5 Gaudi
- **Volksdichter**
  5 Thoma
- **Volksfest**
  11 Oktoberfest
- **Volkstanz**
  13 Schuhplattler

bayerisch-böhmisches Grenzgebirge
11 Boehmer Wald

Bazillus
8 Bakterie
9 Spaltpilz

beabsichtigt
7 geplant
10 intendiert

beachtlich
4 toll
8 grandios, imposant
9 bedeutend, bedeutsam

Beachtung
6 Obacht

Beachtung aller Umstände
7 Umsicht

Beamte höheren Ranges
5 Raete

Beamtenanwärter
8 Assessor
10 Referendar

Beamtenentlohnung
7 Adjutum
Beamtenschwur
7 Treueid
Beamtentitel
3 Rat
6 Baurat, Hofrat, Rektor
7 Amtmann, Amtsrat
8 Assessor, Direktor
9 Inspektor
Beamtenwechsel
10 Revirement
Beanstandung
5 Ruege, Tadel
6 Kritik, Mangel
7 Einwand, Vorwurf
9 Einspruch
11 Reklamation
bearbeiten des Ackerbodens
5 eggen
bearbeitetes Holzstück
5 Bohle, Brett, Diele, Latte
6 Balken, Leiste
Beau
4 Geck
7 Stutzer
Beaufsichtigung
5 Obhut
9 Kontrolle
12 Ueberwachung
Beauftragte
10 Abgesandte
14 Unterhaendlerin
Beauftragter
5 Agent
9 Vertreter
11 Abgesandter
bebautes Ortsgebiet
5 Etter
Beben
6 Tremor
beben
7 zittern
9 vibrieren
Beben
7 Zittern
9 Vibration
bebildern
12 illustrieren
bebilderte Zeitung
12 Illustrierte
bebildertes Warenverzeichnis
7 Katalog
Becher
4 Glas
5 Kelch, Pokal
12 Trinkgefaess
Becherkeim
8 Gastrula
Becken
5 Mulde, Senke
6 Bassin, Kessel, Schale, Zimbel
7 Stausee
9 Tiefebene
10 Bodensenke
Becken zwischen Fränkischer und Schwäbischer Alb
4 Ries
Bedacht
4 Ruhe
7 Umsicht
8 Sorgfalt, Vorsicht
11 Ueberlegung
Bedarf
6 Fehlen, Mangel
9 Nachfrage
11 Anforderung
bedauerlich
6 schade
bedauerlicherweise
6 leider
Bedauern
4 Reue
7 Mitleid
9 Leidwesen, Teilnahme
10 Mitgefuehl
11 Anteilnahme
Bedauern des eigenen Tuns
4 Reue
bedauernswert
3 arm
7 elendig, unselig
8 aermlich, armselig, duerftig
9 miserabel
11 kuemmerlich
bedeckt
6 wolkig
8 bewoelkt
bedeckter Abzugsgraben
4 Dole
Bedeckung
6 Geleit, Schutz
7 Eskorte
Bedenken
6 Kritik
7 Reserve, Skepsis, Skrupel, Zweifel
bedenklich
6 dubios
7 ominoes, prekaer, suspekt
8 kritisch, misslich
9 schwierig
10 unheilvoll
11 verdaechtig, zweifelhaft
Bedenkzeit
5 Frist
bedeuten
8 bekunden
bedeutend
5 gross
7 wichtig
8 beruehmt, imposant, relevant, wertvoll
9 gewichtig, prominent
bedeutend(e, er, es) ...
· **Augenblicke**
11 Hoehepunkte
· **Fachmann**
10 Autoritaet
· **Gotteshaus**
11 Karlskirche
Bedeutung
3 Ruf
4 Idee, Sinn, Wert
5 Tenor
6 Belang, Gehalt, Inhalt
7 Ansehen, Geltung, Gewicht
8 Relevanz
bedeutungslos
5 banal, platt
6 gering
9 unwichtig
10 irrelevant
Bedienstetentracht
6 Livree
Bedienung
4 Ober
7 Kellner, Service
9 Kellnerin
Bedienungsanlage für Eisenbahnsignale
9 Stellwerk
Bedienungsgeld
6 Servis
7 Service
Bedienungsteil im Auto
8 Gaspedal

B

Bedienungsteil von Maschinen
7 Armatur
bedingt
7 relativ
Bedingtheit
12 Relativitaet
Bedingung
4 Aber
5 Regel
7 Auflage
9 Kondition, Reglement, Vorbehalt
Bedingungsform
11 Konditional
bedingungslos
7 absolut
11 kategorisch
Bedrängnis
3 Not
5 Armut, Elend, Noete
6 Klemme
7 Engpass, Notlage
8 Drangsal
13 Schwierigkeit
Bedrohung
6 Gefahr
11 Gefaehrdung
Beduinenhäuptling
7 Scheich, Scheikh
Beduinenmantel
6 Abbaye, Burnus
Beduinenstamm
6 Aneseh
Bedürfnis
6 Mangel
8 Notdurft
9 Verlangen
bedürfnislos
7 einfach
8 schlicht
9 asketisch
10 bescheiden
bedürftig
3 arm
5 elend
9 mittellos
10 Not leidend
beeindruckend
8 imposant
12 faszinierend
beeinflussbar
5 labil
Beeinflussung
9 Steuerung
10 Suggestion
12 Manipulation
Beeinträchtigung
8 Handicap, Handikap
beendet
3 aus
6 fertig, vorbei
Beendigung
7 Aufgabe
12 Niederlegung
Beerdigung
10 Begraebnis, Beisetzung, Bestattung
Beerensorte
8 Erdbeere, Himbeere
9 Blaubeere, Brombeere
10 Kronsbeere
11 Heidelbeere
12 Preiselbeere, Schwarzbeere, Stachelbeere
13 Johannisbeere
Beeteinfassung
7 Rabatte
Beethovens ...
· **dritte Symphonie**
6 Eroika
· **Geburtsstadt**
4 Bonn
· **Lehrer**
5 Neefe
· **Oper**
7 Fidelio
· **Symphonie**
6 Eroica, Eroika, Neunte
9 Pastorale
Beetplastik
11 Gartenzwerg
befähigt
6 begabt
8 geeignet
10 talentiert
12 qualifiziert
Befähigung
5 Reife
6 Anlage, Talent
7 Eignung, Koennen
8 Begabung
9 Qualitaet
10 Fertigkeit
befangen
5 scheu
7 gehemmt
8 verlegen
9 einseitig, subjektiv
10 aengstlich
11 schuechtern
14 voreingenommen
Befehl
4 Ukas
5 Gebot, Order
6 Dekret, Erlass
7 Auftrag, Weisung
8 Kommando
9 Anordnung, Anweisung
befehlen
8 anweisen
Befehlsbefolgung
8 Gehorsam
Befehlsform
9 Imperativ
Befehlsgewalt
8 Kommando
Befehlshaber
10 Kommandant, Kommandeur
befestigter Stadtteil in russischen Städten
5 Kreml
befestigtes Hafenufer
3 Kai
4 Mole
Befestigungsanlage
4 Burg, Fort
5 Feste
7 Kastell
9 Zitadelle
Befestigungsmittel
3 Tau
4 Band, Clip, Gips, Keil, Kitt, Leim, Niet, Ring, Seil
5 Anker, Faden, Folie, Hafte, Haken, Nadel, Nagel, Stift
6 Duebel, Haftel, Kleber, Klemme, Knoten, Spange
7 Klammer
8 Kleister, Schlinge, Schraube
9 Klebeband, Klebstoff, Kunstharz
10 Heftzwecke, Klebefolie, Reissnagel, Stecknadel, Wasserglas
11 Heftklammer
14 Waescheklammer
16 Sicherheitsnadel
Befestigungspfahl
8 Palisade

B

Befinden
7 Ergehen, Zustand
10 Verfassung
beflissen
5 emsig
6 eifrig
7 bemueht
8 fleissig
9 eilfertig
Beförderung
8 Aufstieg, Berufung
9 Ernennung, Spedition, Transport
10 Avancement
Beförderungsgebühr
5 Porto
6 Fracht
Beförderungsgut ▶ Ladung
Beförderungsmittel
3 Bus, Jet, Lkw, Pkw, Rad, Zug
4 Auto, Bahn, Boot, Kahn, Kanu, Krad, Lift, Taxe, Taxi, Tram
5 Floss, Moped, S-Bahn, U-Bahn, Wagen
6 Airbus, Aufzug, Ballon, Faehre, Laster, Rakete, Schiff
7 Autobus, Dampfer, Fahrrad, Omnibus, Postbus, Rikscha, Skilift
8 Bergbahn, Droschke, Flugzeug, Hochbahn, Lastauto, Motorrad, Seilbahn, Zeppelin
9 Eisenbahn, Fahrstuhl, Lastwagen, Taxameter
10 Freiballon, Helikopter, Kraftwagen, Luftschiff, Rolltreppe, Sessellift, Triebwagen, Trolleybus
11 Schwebebahn
12 Strassenbahn
13 Kraftfahrzeug
14 Untergrundbahn
Befragung
4 Test
7 Umfrage
9 Interview, Recherche
12 Konsultation
Befreier
6 Retter
8 Erloeser
Befreier Südamerikas
7 Bolivar
Befreiung
6 Ablass, Indult
7 Dispens, Rettung
9 Erloesung, Exemption
10 Absolution, Degagement
12 Emanzipation
Befreiung ...
· *von einer* **Last**
13 Erleichterung
· *von* **Qualen**
9 Erloesung
· *von* **Sündenstrafen**
6 Ablass
Befremden
9 Erstaunen
12 Verwunderung
befriedigt
4 satt
8 erfuellt
9 zufrieden
Befriedigung
12 Satisfaktion
befristete Transaktion
15 Termingeschaeft
befruchtete Eizelle
4 Keim
Befruchtung
10 Konzeption
11 Empfaengnis
Befugnis
5 Recht
6 Lizenz
8 Anspruch
9 Erlaubnis, Kompetenz, Vollmacht
11 Genehmigung
12 Autorisation, Berechtigung, Legitimation
13 Autorisierung, Ermaechtigung
Befund
8 Diagnose, Ergebnis, Resultat
9 Gutachten
12 Begutachtung, Feststellung
begabt
4 klug
6 faehig
8 begnadet, geeignet, tuechtig
9 veranlagt
10 talentiert
Begabung
5 Genie
6 Anlage, Talent
begangenes Unrecht bestrafen
6 ahnden
Begebenheit
7 Episode, Vorfall
8 Ereignis
9 Geschehen
13 Angelegenheit
Begegnung
5 Match, Spiel, Treff
7 Meeting, Treffen
10 Rendezvous
13 Zusammenkunft
15 Zusammentreffen
Begehren
5 Trieb
6 Wunsch
7 Geluest
8 Begierde, Postulat
9 Forderung, Verlangen
12 Leidenschaft
begehrlich
6 gierig
8 luestern
Begehung eines Treubruchs
12 Ehrlosigkeit
begeisternd
4 toll
begeistert
3 weg
9 entzueckt
11 hingerissen
14 enthusiastisch
begeisterter Anhänger
3 Fan
10 Enthusiast, Schwaermer
Begeisterung
4 Elan
5 Jubel, Verve
6 Freude, Furore, Taumel
7 Ekstase, Hingabe
8 Inbrunst
10 Entzuecken
12 Enthusiasmus
Begierde
4 Lust
5 Drang, Sucht, Trieb
6 Begehr, Libido
8 Begehren
Begierden
8 Gelueste

B

begierig
7 erpicht
Beginn
5 Start
6 Anfang
7 Anbruch, Auftakt
10 Eroeffnung
Beginn ...
· *des* **Rückweges**
6 Umkehr
· *eines* **Dienstes**
7 Antritt
· *eines* **Fußballspiels**
7 Anstoss
· *eines* **Menüs**
6 Entree
9 Vorspeise
Beginnsignal
11 Startschuss
Beglaubigung
6 Attest, Diplom, Schein, Testat
7 Urkunde
8 Dokument
begleichen ▶ bezahlen
begleitender Himmelskörper
8 Satellit
Begleiter
6 Freund, Sozius
7 Kamerad, Trabant
8 Satellit
9 Gefaehrte
11 Gefolgsmann
Begleiter ...
· *des* **Achill**
9 Patroklos, Patroklus
· *der* **Aphrodite**
4 Amor, Eros
6 Cupido, Kupido
· *des* **Apollo**
5 Greif
· *des* **Apostel Paulus**
5 Titus
8 Barnabas
· *des* **Bacchus**
4 Faun
5 Silen
7 Silenos
8 Maenaden
· *des* **Dionysos**
4 Faun
5 Satyr, Silen
· *des* **Don Giovanni**
9 Leporello
· *des* **Don Quichote**
11 Sancho Pansa
· *von* **Jason**
6 Kastor, Neleus, Peleus
7 Admetos, Telamon, Theseus
8 Euphemos, Herakles
10 Argonauten
· *von* **Karl dem Großen**
6 Alkuin
7 Einhard
8 Paladine
· *von* **Karl May im Orient**
5 Halef
· *des* **Nikolaus**
8 Ruprecht
14 Knecht Ruprecht
· *von* **Orest**
7 Pylades
· *eines* **Planeten**
4 Mond
· *von* **Robinson**
7 Freitag
· *der* **Venus**
4 Amor, Eros
6 Cupido, Kupido
Begleiterin der Artemis
4 Aura
Begleitschiff
6 Tender
Begleitung
6 Geleit
7 Eskorte, Gefolge
beglückt
5 selig
beglücktes Aufnehmen
6 Genuss
Beglückung
6 Freude
Begnadigung
8 Amnestie
9 Vergebung
10 Absolution, Verzeihung
11 Straferlass
Begnadung
8 Charisma
begraben ▶ beerdigen
Begräbnis
10 Beerdigung, Beisetzung, Bestattung, Funeralien
Begräbnisessen
3 Ims
14 Leichenschmaus
Begräbnisgabe
5 Kranz
Begräbnisstätte
4 Grab
5 Gruft
6 Krypta
8 Friedhof, Kirchhof
9 Mausoleum
begrenzt
3 eng
5 knapp
6 schmal
9 limitiert
11 beschraenkt
Begrenzung
4 Rand, Saum, Zaun
5 Bande, Kante, Limes, Limit, Mauer, Seite
7 Maximum, Minimum
10 Limitation
11 Demarkation
Begrenzung des Eishockeyfeldes
5 Bande
Begriff ...
· *der* **antiken Rhetorik**
5 Topos
· *beim* **Boxen**
6 Clinch
7 Infight
8 Nahkampf
· *der* **Bruchrechnung**
6 Nenner, Teiler
7 Zaehler
11 Hauptnenner
· *der* **chinesischen Philosophie**
3 Jin, Tao, Yin
4 Jang, Yang
· *in der* **Fechtkunst**
5 Volte
· *im* **Fußball**
3 Aus, Tor
4 Ecke
7 Abseits, Abstoss, Anstoss, Ausball, Einwurf
8 Elfmeter, Halbzeit
9 Freistoss, Strafraum
10 Strafstoss
13 Unentschieden
· *beim* **Golf**
3 Par
· *der* **Grammatik**
4 Fall
5 Kasus

- *beim* **Handballspiel**
  6 Abwurf
  11 Siebenmeter
- *der* **japanischen Philosophie**
  3 Zen
- *aus der* **Raumfahrt**
  16 Schwerelosigkeit
- *des* **räumlichen Abstands**
  5 Naehe, Tiefe, Weite
  10 Entfernung
- *in der* **Reitkunst**
  6 Parade
- *beim* **Roulett**
  4 Noir, Zero
  5 Rouge
  7 Dutzend
- *der* **Sternkunde**
  9 Tierkreis
- *beim* **Tennis**
  2 As
  6 Doppel, Einzel
  8 Einstand
  9 Aufschlag
- *aus dem* **Verlagswesen**
  7 Auflage, Ausgabe
- *der* **Weltwirtschaft**
  6 Export, Import
  12 Aussenhandel
- *der* **Wetterkunde**
  4 Hoch, Tief
  5 Regen
  8 Millibar
  9 Kaltfront, Warmfront
  11 Regengebiet

Begriffsbestimmung
7 Analyse, Deutung
10 Definition, Erklaerung

Begriffsfanatiker
8 Ideologe

Begriffsgattung
3 Art
5 Reihe
6 Gruppe, Klasse, System
7 Gattung, Ordnung
9 Kategorie

Begriffskunde
11 Ideographik

Begriffsschrift
11 Ideographie

begründend
6 kausal

Begründer ...
- *der* **Berliner Akademie**
  7 Leibniz
- *der* **Berliner Universität**
  8 Humboldt
- *des* **deutschen Postwesens**
  7 Stephan
- *des* **ersten Reisebüros**
  4 Cook
- *der* **Graphologie**
  6 Michon
- *des* **Jesuitenordens**
  6 Loyola
- *der* **katholischen Gesellenvereine**
  7 Kolping
- *der* **Landerziehungsheime**
  5 Lietz
- *der* **Landwirtschaftslehre**
  5 Thaer
- *der* **Mengenlehre**
  6 Cantor
- *von* **Microsoft**
  5 Gates
- *der* **Mineralogie**
  8 Agricola
- *der* **modernen Türkei**
  8 Atatuerk
- *der* **neuen Olympischen Spiele**
  9 Coubertin
- *der* **Optischen Werke in Jena**
  5 Zeiss
- *der* **Pockenschutzimpfung**
  6 Jenner
- *des* **politischen Zionismus**
  5 Herzl
- *des* **Pragmatismus**
  5 James
- *der* **Psychoanalyse**
  5 Freud
- *der* **Relativitätstheorie**
  8 Einstein
- *der* **schlesischen Bergwerksindustrie**
  5 Reden
- *der* **Sowjetunion**
  5 Lenin
- *des* **Tierpark Stellingen**
  9 Hagenbeck
- *des* **Völkerbundes**
  6 Wilson
- *des* **Weltpostvereins**
  7 Stephan

begründet
8 fundiert

begründeter Tatbestand
5 Indiz

Begründung
8 Argument

Begrüßen durch Schiffsflaggen
6 Dippen

Begrüßung
7 Empfang

Begünstigung
7 Benefiz
10 Benefizium, Foerderung, Protektion

Begünstigung der Unzucht
8 Kuppelei

Begünstigung von Verwandten
10 Nepotismus
17 Vetternwirtschaft

Begutachtung
9 Expertise

begütert
5 reich
10 vermoegend, wohlhabend

begüterte Menschen
6 Reiche
11 Millionaere
12 Milliardaere

behaarte Tierhaut
4 Fell, Pelz

behäbig
4 dick, fett
6 traege
13 schwerfaellig

behaglich
5 traut
6 bequem, mollig
8 angenehm
10 gemuetlich
11 komfortabel

Behaglichkeit
7 Komfort

Behälter ...
- *aus* **Blech**
  4 Dose
- *für* **Briefe**
  8 Postsack
- *mit* **Deckel**
  4 Dose

B

· *für* **Eingelegtes**
12 Konservendose
· *aus* **Holz**
5 Kiste
· *aus* **Jute**
4 Sack
· *zur* **Lagerung von Bier**
4 Fass
· *aus* **Papier**
4 Sack
5 Tuete
· *für* **Pfeile**
7 Koecher
· *zur* **Reifung des Weins**
4 Fass
· *für* **Reptilien**
9 Terrarium
· *aus* **Stoff**
4 Sack
6 Kasten
Behältnis für Toilettengegenstände
10 Necessaire, Nessessaer
behände (behende)
4 agil
5 alert, flink, rasch
7 gewandt, schnell
behandelter Stoff
5 Thema
Behandlung
3 Kur
6 Pflege
7 Wartung
8 Prozedur, Therapie
9 Verfahren
Behandlungsraum
12 Ambulatorium
Behang
8 Draperie
10 Faltenwurf
beharrlich
4 fest, stur, zaeh
5 ruhig
6 stetig
7 stoisch
8 gelassen, konstant
9 unentwegt
10 ausdauernd, konsequent
11 hartnaeckig
Behauptung
5 These
6 Angabe
7 Ansicht, Aussage, Meinung
8 Leitsatz
Behausung
4 Iglu, Tipi, Zelt
6 Huette, Wigwam
Behausung der Eskimo
4 Iglu
Behausung der Indianer
6 Wigwam
Behelf
5 Hilfe
6 Ausweg, Ersatz
8 Surrogat
10 Notloesung
11 Provisorium
Behelfsheim
7 Baracke
behelfsmäßig
11 notduerftig
12 provisorisch
Behelfsstück
6 Ersatz
Behelfsunterkunft
5 Lager
Behelfswohnung
4 Zelt
5 Lager
7 Baracke
Beherbergungsbetrieb
5 Hotel, Motel
7 Gasthof, Pension
8 Gasthaus, Herberge
10 Hotel garni
Beherbergungsgewerbe
10 Hotellerie
beherrschend
8 dominant
beherrscht
7 gefasst
13 diszipliniert
Beherrschtheit
9 Disziplin
15 Selbstdisziplin
beherzt
5 kuehn, mutig
6 tapfer
7 resolut
9 wagemutig
10 couragiert
12 entschlossen
Beherztheit
3 Mut
7 Courage, Schneid
9 Kuehnheit
10 Tapferkeit
behilflich
9 gefaellig
Behinderung
7 Hemmnis
8 Handicap, Handikap
Behinderung ...
· *beim* **Eishockey**
5 Check
· *beim* **Luftholen**
7 Atemnot
Behorchung
12 Auskultation
Behörde
3 Amt
4 Bahn, Post
6 Bauamt, Fiskus
7 Gericht, Polizei
8 Meldeamt
9 Finanzamt, Jugendamt, Kulturamt, Magistrat, Sozialamt
10 Arbeitsamt, Standesamt
11 Katasteramt
Behörde ...
· *in* **Badeorten**
13 Kurverwaltung
· *für* **Havarien**
6 Seeamt
· *der* **Regierung**
11 Ministerium
Behördenstelle
7 Instanz
Behördenzuständigkeit
9 Kompetenz
12 Instanzenweg
behördlich zugelassen
10 approbiert
behördliche Genehmigung
6 Lizenz
Behütetsein
12 Geborgenheit
behutsam
4 fein, lind, zart
5 sacht
6 sachte
7 achtsam, sorgsam
8 schonend, taktvoll
10 vorsichtig
Beiboot
3 Gig
5 Dingi, Jolle
6 Dinghi, Kutter
7 Pinasse
8 Barkasse
Beichtvater
12 Poenitentiar

beidäugig
9 binokular
beiderseitig
9 bilateral
beidlebig
10 amphibisch
beieinander
8 zusammen
9 beisammen
Beifahrer
6 Sozius
Beifahrerin
5 Sozia
Beifall
3 Lob
5 Jubel
6 Furore
7 Applaus, Ovation
9 Huldigung, Klatschen
10 Zustimmung
11 Akklamation, Anerkennung
Beifallklatscher
8 Claqueur
Beifallskundgebung
7 Ovation
Beifallsruf
5 Bravo
10 Bravissimo
Beifügung
6 Anlage
8 Attribut
10 Apposition
Beifußgewächs
6 Wermut
8 Estragon
9 Almrausch, Eberraute
11 Mutterkraut
Beigabe
6 Anhang
10 Supplement
beige
10 sandfarben
beigefügt
5 anbei
beigefügte Substanz
6 Zusatz
beigegebener Offizier
8 Adjutant
Beihilfe
9 Assistenz
10 Subvention
Beil
3 Axt
5 Barte, Hacke
Beilage
6 Anlage, Zugabe
8 Beiblatt
10 Ergaenzung
beiläufig
4 etwa
8 nebenbei
9 en passant
beiläufiger Einfall
12 Nebengedanke
Beilegung eines Streites
9 Ausgleich, Vergleich
11 Schlichtung
Beileid
9 Kondolenz, Teilnahme
10 Mitgefuehl
11 Anteilnahme
Beileidsbekundung
9 Kondolenz
beiliegend
11 in der Anlage
Bein des Wildes
4 Lauf
beinahe
4 fast
5 zirka
6 beinah, nahezu
9 ungefaehr
10 annaehernd
Beiname
8 Kognomen
Beiname ...
· **Achills**
6 Pelide
· *der* **Aphrodite**
6 Kypris
10 Anadyomene, Kallipygos
· *des* **Apoll**
7 Musaget, Phoebus
9 Musagetes
· *der* **Artemis**
6 Phoebe
· *der* **Athene**
6 Pallas
· **Buddhas**
7 Gautama
· *von* **Christus**
7 Heiland
· **Dantes**
9 Alighieri
· *der* **Demeter**
5 Chloe
· *von* **Eisenhower**
3 Ike
· **Friedrich Wilhelms I.**
14 Soldatenkoenig
· *des* **Hades**
5 Pluto
· *des* **Janus**
6 Bizeps
· **Jesu**
7 Heiland
8 Christus
9 Nazarener
· *des* **Judas**
9 Ischariot
· *des* **Jupiter**
7 Pluvius
· **Kaiser Friedrichs I.**
10 Barbarossa
· **Ludwigs XIV.**
12 Sonnenkoenig
· *des* **Mars**
5 Ultor
· *des* **Räuberhauptmanns Johann Bückler**
14 Schinderhannes
· **Richards I.**
10 Loewenherz
· **Venedigs**
12 Lagunenstadt
Beinbekleidung
4 Hose
7 Strumpf, Stutzen
8 Gamasche
11 Kniestrumpf, Strumpfhose
Beine des Federwildes
8 Staender
Beingelenk
4 Knie
8 Knoechel
Beinhaus
6 Karner, Kerner
8 Ossarium
Beinkleid
4 Hose
8 Niethose
9 Hosenrock
10 Pluderhose
Beinkleid mit Bruststück
8 Latzhose
beinlose Larve
4 Made
Beinmuskel
4 Wade
Beinspreize
6 Spagat
9 Graetsche

B

Beinteil
3 Zeh
4 Fuss, Knie, Wade, Zehe
5 Ferse
8 Knoechel, Meniskus, Schenkel
9 Kniekehle, Wadenbein
10 Kniegelenk, Schienbein
11 Kniescheibe
12 Oberschenkel, Sprunggelenk
13 Unterschenkel
beiordnendes Bindewort
4 aber
Beiordnung
11 Assoziation
12 Koordination
Beisammensein
12 Geselligkeit
Beisatz
10 Apposition
Beischlaf
6 Koitus
Beischlafunfähigkeit
8 Impotenz
beisetzen ▶ beerdigen
Beisetzung
10 Beerdigung, Begraebnis, Bestattung
13 Einaescherung
Beisitzer
8 Assessor
Beispiel
4 Fall
6 Modell, Muster
7 Exempel, Vorbild
beispielhaft
11 vorbildlich
12 exemplarisch
13 mustergueltig
Beispielsfall
10 Praezedenz
beißend
6 bissig, scharf
8 ironisch
9 penetrant
11 sarkastisch
beißender Spott
4 Hohn
9 Sarkasmus
Beißschutz für Hunde
8 Maulkorb
Beißwerkzeug
4 Zahn
Beistand
5 Hilfe
6 Anwalt, Helfer
7 Adlatus
8 Ratgeber
9 Assistent, Assistenz, Sekundant
14 Unterstuetzung
Beistehender
6 Helfer
10 Handlanger
beistimmender Zuruf
11 Akklamation
Beistrich
5 Komma
Beitrag
5 Hilfe
6 Abgabe, Anteil, Obolus, Umlage
7 Gebuehr, Praemie
10 Scherflein
Beitreibung
7 Inkasso
10 Einziehung
Beiwagen
6 Sozius, Tender
9 Anhaenger
Beiwagen an der Lok
6 Tender
Beiwerk
5 Zutat
8 Staffage, Zubehoer
11 Accessoires
Beiwort
8 Adjektiv
Beizmittel
5 Alaun
bejahen
8 billigen
9 zustimmen
bejahrt
3 alt
bejahrter Mann
5 Greis
Bejahung
9 Billigung
10 Zustimmung
11 Affirmation
Bejammernswerte
6 Elende
Bekämpfung eines Brandes
8 loeschen
bekannt
6 publik
7 namhaft, ruchbar
8 offenbar, populaer, vertraut
9 angesehen, notorisch, prominent
10 renommiert
bekannt geben
7 ansagen
11 ankuendigen
bekannt(e, er, es) ...
· **Ausspruch**
5 Zitat
· **Clown**
5 Grock, Rivel
· **deutsche Käsesorte**
8 Tilsiter
· **deutscher Flieger**
4 Udet
· **deutscher Luftschifffahrer**
7 Eckener
8 Zeppelin
· **Kinderchor**
19 Wiener Saengerknaben
21 Leipziger Thomanerchor
22 Regensburger Domspatzen
· **Moselwein**
10 Nacktarsch
· **Musical**
4 Cats, Hair
· **Pariser Nachtlokal**
5 Maxim
7 Pigalle
· **Rheinfelsen**
7 Lorelei
· **Straße in Graz**
11 Herrengasse
· **Zuchthaus in New York**
8 Sing Sing
Bekanntentreffpunkt
9 Stammbeiz
10 Stammlokal
11 Stammkneipe
Bekanntgabe
10 Mitteilung
11 Verbreitung
Bekanntmachung
5 Edikt
6 Erlass, Plakat
8 Bulletin
12 Proklamation
Bekenntnis
5 Dogma, Lehre
6 Glaube
7 Beichte, Glauben

8 Religion
10 Anschauung, Konfession
11 Gestaendnis
12 Ueberzeugung

Bekleidung
9 Garderobe

Bekleidungsstück
3 Cut, Hut
4 Cape, Hemd, Hose, Jupe, Kilt, Latz, Muff, Pelz, Robe, Rock, Slip, Toga, Wams
5 Anzug, Bluse, Dress, Frack, Haube, Jabot, Jacke, Jeans, Joppe, Kappe, Kleid, Kutte, Muffe, Ornat, Pulli, Sakko, Schal, Schuh, Stola, Talar, Weste
6 Anorak, Bikini, Binder, Blazer, Bolero, Burnus, Dirndl, Fliege, Gewand, Janker, Jumper, Kaftan, Kapuze, Kasack, Kimono, Kittel, Kragen, Livree, Mantel, Mieder, Montur, Muetze, Pyjama, Raglan, Sarong, Schuhe, Schurz, Socken, Sutane, Tracht, Trikot, Tunika, Turban, Umhang
7 Corsage, Cutaway, Gehrock, Guertel, Haenger, Jackett, Kamisol, Komplet, Korsett, Kostuem, Neglige, Overall, Paletot, Sandale, Schlips, Smoking, Soutane, Spenzer, Stiefel, Strumpf, Sweater, Uniform
8 Badehose, Breeches, Bundhose, Galosche, Gamasche, Halstuch, Hemdhose, Kniehose, Kopftuch, Krawatte, Leibchen, Oberhemd, Pelerine, Polohemd, Puffhose, Pullover, Pumphose, Reithose, Schleier, Schleppe, Schuerze, Strohhut, Zylinder
9 Badeanzug, Badekappe, Ballkleid, Beinkleid, Bluejeans, Chemisett, Covercoat, Einreiher, Galoschen, Gamaschen, Garderobe, Handschuh, Hausanzug, Hausjacke, Hemdbluse, Hosenrock, Klubweste, Korselett, Lederhose, Nachthemd, Pelzjacke, Petticoat, Sporthemd, Ueberrock, Unterhemd, Unterrock, Windbluse, Windjacke
10 Bademantel, Badeschuhe, Dufflecoat, Faltenrock, Lederjacke, Lederweste, Morgenrock, Pantoffeln, Pelzmantel, Pluderhose, Schlafrock, Schluepfer, Sportdress, Sportjacke, Trenchcoat, Unterkleid, Zweireiher
11 Dirndlkleid, Glockenrock, Huefthalter, Kombination, Ledermantel, Lodenmantel, Regenmantel, Schlafanzug, Strickjacke, Strickkleid, Strumpfhose, Taschentuch, Traegerrock, Ueberzieher
12 Baskenmuetze, Hosentraeger, Hueftguertel, Kostuemjacke, Unterwaesche, Wintermantel
13 Buestenhalter, Knickerbocker, Matrosenanzug, Strumpfhalter
14 Manchesterhose, Trainingsanzug

Beklemmung
3 Alb, Alp
5 Angst
6 Furcht
8 Albdruck, Albtraum, Alpdruck, Alptraum

bekömmlich
3 gut
6 gesund, labend
7 heilsam
8 nahrhaft

beköstigen
7 naehren, speisen
8 bewirten
10 verpflegen

Bekräftigung
3 Eid
6 Schwur, Siegel
10 Handschlag

bekunden
8 bedeuten

Belag
7 Schicht

Belag im Zimmer
12 Teppichboden

Belagerung
8 Blockade

Belang
9 Bedeutung, Interesse
11 Wichtigkeit

belanglos
9 unwichtig
10 irrelevant
11 unerheblich
12 unwesentlich
14 nebensaechlich

Belanglosigkeit
8 Lappalie
9 Bagatelle
10 Banalitaet, Irrelevanz
11 Kleinigkeit

belastend
10 gravierend

belastender Umstand
5 Indiz

Belästigung
6 Insult
7 Anmache
15 Zudringlichkeit

Belastung des Kontos
4 Soll
5 Debet

belebend
8 anregend
11 erfrischend
12 stimulierend

belebend wirkende Lösung
9 Riechsalz

Beleg
6 Beweis, Testat
7 Urkunde
8 Dokument, Nachweis, Quittung
9 Unterlage

belegen
8 besetzen

Belegschaft
8 Personal
10 Mannschaft

B

belegt
6 heiser
10 ausgebucht, reserviert
12 dokumentiert, nachgewiesen
belegtes Brot
6 Stulle
8 Sandwich
belehrend
10 informativ, instruktiv
16 schulmeisterlich
belehrende Erzählung
5 Fabel
belehrendes Erlebnis
9 Erfahrung
Belehrung
11 Information, Instruktion
13 Unterrichtung
beleibt
4 dick, fett, rund
5 feist
6 mollig
8 dicklich, pummelig
9 korpulent
beleidigend
9 kraenkend
10 verletzend
12 ehrenruehrig
beleidigt
7 pikiert
9 gekraenkt, verstimmt
Beleidigung
6 Insult
7 Affront, Injurie
9 Kraenkung
Beleihung
7 Lombard
beleuchtet
4 hell
Beleuchtung
5 Licht
Beleuchtungskörper
4 Spot
5 Ampel, Kerze, Lampe
6 Fackel, Funzel, Roehre
7 Blinker, Lampion, Laterne, Leuchte
10 Gaslaterne
Belgier
5 Flame
7 Wallone
belgisch(e, er, es) ...
· **Astronom**
8 Quetelet
· **Badeort**
3 Spa
7 Ostende
· **Baumeister**
4 Suys
5 Minne, Velde, Vigne
6 Bourla, Negker
7 Berlage, Lalaing, Meunier, Simonis
8 Lambeaux, Poelaert, Roelandt
· **Bergbaugebiet**
8 Borinage
· **Bildhauer**
7 Meunier
· **Chemiker**
6 Solvay
· **Graphiker**
8 Baertson, Masereel
· **Industriestadt**
8 Luettich
9 Charleroi
· **Käse**
9 Limburger
· **Komponist**
5 Absil
6 Franck, Gretry
8 Gassmann
10 Schoemaker
· **König**
6 Albert
7 Leopold
8 Baudouin
· **Königin**
7 Fabiola
· **Königsschloss**
6 Laeken
· **Landschaft**
5 Fagne
7 Brabant, Campine, Limburg
8 Ardennen, Borinage, Flandern, Hageland, Hennegau
9 Haspengau
10 Kempenland
· **Luftfahrtgesellschaft** (Abkürzung)
6 SABENA
· **Maler**
4 Rops
5 Ensor
6 Malpas
7 Meunier, Wappers, Wauters
8 Laermans, Magritte, Masereel, Vlaminck
· **Mediziner**
6 Claude
7 Heymans
· **Nobelpreisträger für Chemie**
9 Prigogine
· **Nobelpreisträger für Frieden**
4 Pire
9 Beernaert
10 La Fontaine
· **Nobelpreisträger für Literatur**
11 Maeterlinck
· **Nobelpreisträger für Medizin**
6 Bordet, Claude
7 Heymans
· **Politiker**
5 Spaak
· **Provinz**
5 Namur
7 Brabant, Campine, Limburg
8 Hennegau, Luettich
9 Antwerpen
11 Ostflandern
12 Westflandern
· **Radrennfahrer**
5 Sercu
6 Merckx
· **Rennstrecke**
6 Zolder
· **Schlachtenort**
8 Waterloo
· **Schriftsteller**
5 Claes
6 Coster, Mockel
7 Simenon
8 De Coster
9 Rodenbach, Streuvels, Verhaeren
10 Timmermans
11 Maeterlinck
· **Seebad**
3 Spa
6 Knokke
7 Ostende
13 Blankenberghe
· **Teil des Schiefergebirges**
8 Ardennen
· **Volksgruppe**
6 Flamen

B

8 Wallonen
· **Volksstamm in Gallien**
5 Remer
beliebig
9 ad libitum
beliebt
7 begehrt, gaengig, gefragt
8 geachtet, populaer
9 anerkannt, angesehen
10 geschaetzt, renommiert
Beliebtheit
5 Gunst
7 Achtung, Ansehen
8 Renommee
12 Popularitaet
Belobigung
12 Auszeichnung
Belohnung
5 Preis
7 Praemie
10 Verguetung
12 Auszeichnung
Belüfter
10 Ventilator
belustigend
7 komisch, spassig
8 amuesant
10 erheiternd
Belustigung
4 Hetz
5 Gaudi, Spass
10 Amuesement, Vergnuegen
11 Erheiterung
Bemächtigung
7 Zugriff
9 Aneignung
10 Okkupation
bemerkenswert
7 wichtig
9 bedeutend, bedeutsam
11 interessant
15 aufschlussreich
Bemerkung
4 Wort
5 Notiz
6 Kritik
8 Fussnote
9 Ausspruch, Kommentar
10 Erklaerung
12 Feststellung
bemittelt
5 reich
7 betucht
9 beguetert
10 vermoegend, wohlhabend
Bemühung
5 Eifer
7 Einsatz
11 Anstrengung
benachbart
3 nah
benachbarter Raum
11 Nebenzimmer
benachrichtigen
9 mitteilen
12 unterrichten
Benachrichtigung
3 Btx
4 Avis, Post
5 Anruf, Brief, E-Mail, Karte, Kunde, Telex
7 Meldung, Telefax
9 Schreiben, Telegramm
10 Mitteilung
11 Information
13 Fernschreiben
Benachteiligung
8 Handicap, Handikap
Benediktenkraut
6 Cnicus
Benediktinerabtei
4 Melk
5 Cluny, Emaus, Ettal, Farfa
6 Beuron, Bobbio, Corvey, Regino
10 Einsiedeln, Maria Laach, Wessobrunn
Benediktion
5 Segen, Weihe
7 Segnung
Benefizium
5 Lehen
7 Wohltat
8 Pfruende
13 Beguenstigung
Benehmen
3 Art
6 Manier
7 Alluere, Anstand, Gebaren, Haltung
8 Allueren, Betragen, Etikette, Fuehrung, Manieren
9 Auftreten, Verhalten
11 Umgangsform
Beneluxstaat
7 Belgien
9 Luxemburg
11 Niederlande
Benennung
4 Name
5 Titel
6 Angabe
11 Nominierung
Bengel
3 Bub
5 Junge, Range
6 Flegel, Knirps
7 Lausbub, Luemmel, Steppke
8 Wildfang
10 Lausejunge
13 Dreikaesehoch
Benimmbuch
6 Knigge
benommen
5 dumpf
8 betaeubt, taumelig
10 schwindlig
Benommenheit
4 Tran
5 Sopor
6 Taumel
9 Schwindel
Benötigtes
6 Bedarf
Benotung
6 Zensur
Benutzer von Fahrzeugen
6 Fahrer
7 Insasse
8 Fahrgast
9 Passagier
Benzinbehälter
4 Fass, Tank
8 Kanister
15 Reservekanister
Benzinsorte
5 Super
6 Normal
Beobachter
5 Zeuge
6 Posten
7 Kiebitz, Spaeher
9 Zuschauer
10 Augenzeuge, Betrachter
11 Abgesandter, Wachtposten
Beobachtung
10 Verfolgung

B

11 Observation
Beobachtungsposten
5 Wache, Warte
7 Ausguck
10 Sternwarte
11 Wetterwarte
12 Kontrollturm
13 Observatorium
Beobachtungszeit
11 Quarantaene
bequem
4 faul
6 kommod, leicht, traege
7 passend
8 angenehm, behaebig, guenstig, muehelos
10 gemuetlich
11 komfortabel
bequeme Sitzgelegenheit
4 Sofa
5 Couch, Diwan
6 Sessel
8 Ottomane
9 Lehnstuhl
10 Clubsessel, Klubsessel, Lehnsessel, Ohrenstuhl
12 Polsterstuhl
13 Schaukelstuhl
bequemer Schuh
6 Treter
Bequemlichkeit
7 Komfort
13 Behaglichkeit
beratend
11 konsultativ
beratende Körperschaft
6 Beirat
Berater
4 Pate
5 Tutor
6 Mentor
7 Sponsor
8 Ratgeber
10 Konsultant
Berater im diplomatischen Dienst
7 Attache
Beratung
7 Debatte, Session
9 Konferenz, Konsilium
11 Eroerterung
12 Konsultation, Kundendienst
berauschend
10 narkotisch
Berber der Sahara
5 Targi
berberischer Hirtennomade
5 Targi
6 Tuareg
Berberstamm
5 Shilh
6 Brakna, Tuareg
7 Beraber, Kabylen
8 Beni Mzab, Guanchen, Schelluh, Schloech
10 Rifkabylen
Berbervolk der Sahara
6 Tuareg
berechnete Zuteilung
6 Ration
Berechnung
4 Plan
7 Absicht, Kalkuel, Vorsatz
11 Kalkulation, Voranschlag
berechtigen
7 befugen
8 erlauben
12 autorisieren, ermaechtigen
berechtigt
6 befugt
9 anerkannt, motiviert
11 autorisiert, legitimiert
15 bevollmaechtigt
berechtigte Forderung
8 Anspruch
Berechtigung
7 Anrecht
8 Befugnis
9 Vollmacht
12 Legitimation
13 Ermaechtigung
Berechtigung zum Entree
14 Eintrittskarte
beredsam
8 eloquent
Beredsamkeit
5 Suada
8 Eloquenz
beredt
8 beredsam, eloquent
11 redegewandt
12 zungenfertig
Bereich
4 Teil, Zone
5 Rayon
6 Bezirk, Gebiet, Gegend, Region, Sektor, Sparte
7 Domaene, Sektion
8 Distrikt
9 Abschnitt, Abteilung
10 Fachgebiet
Bereifung
4 Pneu
5 Pneus
6 Reifen, Spikes
bereit
5 parat
6 fertig, willig
7 gewillt, willens
8 gesonnen
9 geruestet, startklar
bereits
5 schon
7 laengst
Bereitschaft zur Buße
4 Reue
Bereitschaftsruf
5 Alarm
bereitwillig
4 gern
Berg
6 Huegel
8 Erhebung
Berg ...
· *in den* **Abruzzen**
9 Gran Sasso
· *im* **Allgäu**
8 Gruenten
9 Hoher Ifen, Nebelhorn
· *in den* **Alpen**
3 Err
4 Isel, Rigi
5 Albis, Eiger, Mythe, Sella, Toedi
6 Moench, Ortler, Titlis
7 Ankogel, Arlberg, Bernina, Pilatus, Saentis, Schlern
8 Hochobir, Jungfrau, Pfaender, Watzmann
9 Dachstein, Hochstuhl, Marmolata, Mont Cenis, Montblanc, Monte Rosa, Nebelhorn, Sonnblick, Venediger, Zugspitze
10 Drei Zinnen, Matterhorn, Wetterhorn, Wildspitze
13 Grossglockner, Kitzsteinhorn

14 Finsteraarhorn, Grossvenediger
16 Dreiherrenspitze
· *in den* **Anden**
9 Ausangate
11 Chimborasso
· *in* **Armenien**
6 Ararat
· *bei* **Athen**
8 Hymettos
· *bei* **Baden-Baden**
6 Merkur
· *auf* **Bali**
5 Agung
· *im* **Bayerischen Wald**
5 Arber, Lusen
· *bei* **Berchtesgaden**
8 Watzmann
10 Hochkalter, Hoher Goell
12 Obersalzberg
· *im* **Berner Oberland**
5 Eiger
6 Moench
8 Jungfrau
10 Wetterhorn
11 Schreckhorn
14 Finsteraarhorn
· *der* **Berninagruppe**
8 Piz Palue
· *im* **Böhmer Wald**
5 Arber, Susen
6 Rachel
· *auf* **Borneo**
4 Raja
5 Besar, Murud
6 Tebang
8 Kinabalu
· *bei* **Bregenz**
8 Pfaender
· *im* **Breisgau**
11 Kaiserstuhl
· *aus* **Eisenerz in Schweden**
6 Taberg
· *im* **Elbrus**
8 Demawend
· *im* **Engadin**
3 Lad
· *im* **Erzgebirge**
8 Keilberg
9 Auersberg
11 Fichtelberg, Rammelsberg
· *der* **Everestgruppe**
6 Makalu
· *im* **Fichtelgebirge**
10 Ochsenkopf
· *bei* **Frankfurt/Main**
8 Feldberg
· *der* **Gesetzgebung Mosis**
5 Horeb
· *der* **Glarner Alpen**
5 Vorab
· *im* **Glatzer Bergland**
10 Heuscheuer
· *mit der* **Gralsburg**
13 Montsalwatsch
· *in* **Graubünden**
2 Ot
3 Alv, Err
· *im* **Grazer Bergland**
5 Osser
· *in* **Griechenland**
4 Ossa
5 Olymp
· *auf* **Grönland**
5 Forel
· *der* **Haardt (Pfalz)**
6 Kalmit
· *im* **Harz**
7 Brocken
8 Wurmberg
· *im* **Hegau**
10 Hohentwiel
· *bei* **Heidelberg**
11 Koenigstuhl
· *im* **Himalaja**
3 Api
6 Makalu
9 Annapurna, Nand a Devi
10 Dhaulagiri
11 Gaurisankar, Nanga Parbat
12 Mount Everest
13 Kangchenjunga
· *der* **Hohen Tauern**
6 Hafner
7 Ankogel
· *im* **Hunsrück**
9 Erbeskopf
· *des* **Ida-Gebirges (Kreta)**
5 Leuka
· *in* **Indien**
3 Abu
· *in* **Indonesien**
3 Awu
· *bei* **Innsbruck**
4 Isel
8 Solstein
9 Hafelekar
13 Patscherkofel
· *in* **Irland**
6 Nephin
· *auf* **Ischia**
6 Epomeo
· *auf* **Island**
5 Askja, Hekla
11 Bardarbunga
· *in* **Japan**
3 Aso
· *in* **Jerusalem**
4 Zion
7 Oelberg
8 Golgatha
· *in* **Kalifornien**
11 Mount Wilson
12 Mount Palomar
· *in* **Kanada**
5 Logan
· *im* **Kanton Bern**
6 Gurten
· *bei* **Kapstadt**
9 Tafelberg
· *im* **Karakorum**
7 Dapsang
· *in den* **Karawanken**
8 Hochobir
· *bei* **Kassel**
8 Meissner
· *im* **Kaukasus**
6 Elbrus, Kasbek
· *bei* **Kitzbühel**
10 Hahnenkamm
· *der* **Klöster**
5 Athos
· *bei* **Königswinter**
11 Drachenfels
· *in den* **Kordilleren**
7 Illampu
· *auf* **Korsika**
5 Cinto
· *auf* **Kreta**
3 Ida
· *auf* **Kuba**
8 Turquino
· *bei* **Landsberg/Warthe**
5 Klams
· *im* **Lausitzer Gebirge**
7 Lausche
9 Czornebog, Czorneboh
· *bei* **Lugano**
3 Bre
· *bei* **Luzern**
4 Rigi
7 Pilatus

B

- *auf* **Madeira**
  5 Ruivo
- *auf* **Mallorca**
  9 Puig Mayor
- *in* **Mittelitalien**
  12 Monte Cassino
- *in* **Oberschlesien**
  8 Annaberg
- *bei* **Oberstdorf**
  9 Nebelhorn
- *im* **Odenwald**
  7 Malchen
  9 Melibokus
  11 Koenigstuhl
  12 Katzenbuckel
- *in* **Ostafrika**
  4 Meru
- *in* **Palästina**
  5 Tabor
- *auf den* **Philippinen**
  3 Apo
  5 Mayon
  9 Malaspina
- *im* **Pindos**
  6 Lakmos
- *in den* **Pyrenäen**
  5 Aneto
- *am* **Rhein**
  11 Drachenfels
- *in der* **Rhön**
  11 Wasserkuppe
- *im* **Riesengebirge**
  6 Kynast
  10 Sturmhaube
  11 Schneekoppe
- *bei* **Rio de Janeiro**
  9 Zuckerhut
- *in* **Rumänien**
  6 Nemira
- *bei* **Salzburg**
  8 Gaisberg
  10 Untersberg
- *der* **Salzburger Kalkalpen**
  11 Moenchsberg
- *bei* **Samaden**
  2 Ot
- *bei* **Sankt Moritz**
  3 Err
- *im* **Säntisgebirge**
  7 Saentis
- *auf* **Sardinien**
  3 Ala
- *in* **Schottland**
  6 Lomond
  8 Ben Nevis
- *im* **Schwarzwald**
  6 Blauen, Kandel
  7 Belchen, Kniebis
  8 Feldberg, Hornkopf
  12 Herzogenhorn, Hornisgrinde, Schauinsland
- *im* **Siebengebirge**
  11 Drachenfels
- *auf* **Sizilien**
  5 Aetna, Lauro
- *im* **Spessart**
  10 Geiersberg, Hahnenkamm
- *auf* **Sri Lanka**
  8 Adamspik
  9 Adams Peak
  14 Piturutalagala
- *in* **Südtirol**
  4 Lana
- *auf* **Sumatra**
  5 Dempo
  6 Leuser
  8 Kerintji
- *im* **Taunus**
  8 Feldberg
- *im* **Taurus**
  3 Ala
- *im* **Teutoburger Wald**
  9 Bielstein
  10 Grotenburg
- *im* **Thüringer Wald**
  10 Kickelhahn
- *in der* **Toskana**
  6 Amiata
- *in der* **Türkei**
  6 Ararat, Bozdag
- *in der* **Venedigergruppe**
  16 Dreiherrenspitze
- *am* **Vierwaldstättersee**
  4 Rigi
- *in den* **Vogesen**
  7 Belchen, Hohneck
  14 Grosser Belchen, Kleiner Belchen
- *im* **Wettersteingebirge**
  8 Kreuzeck
  9 Alpspitze, Zugspitze
- *bei* **Wien**
  10 Kahlenberg
  12 Leopoldsberg
- *bei* **Zell am See**
  13 Kitzsteinhorn
  14 Schmittenhoehe
- *im* **Zentralmassiv**
  9 Puy de Dome
- *bei* **Zermatt**
  10 Matterhorn
- *der* **Zillertaler Alpen**
  7 Olperer
- *bei* **Zürich**
  5 Albis

Berg-und-Tal-Bahn
10 Achterbahn

Bergabhang
5 Halde, Leite

Bergarbeiter
5 Hauer
6 Knappe, Kumpel, Mineur
8 Bergmann
10 Bergknappe

Bergbahn
4 Lift
6 Aufzug
7 Skilift
8 Babylift, Seilbahn
10 Gondellift, Sessellift
11 Kabinenbahn, Schlepplift, Schwebebahn, Zahnradbahn
13 Drahtseilbahn

Bergbau betreffend
6 montan

Bergbauanlage
4 Kaue, Mine
5 Grube, Zeche
8 Bausohle, Bohrloch, Strebbau
9 Berghalde
10 Querschlag
11 Foerderband, Foerderkorb, Foerderturm
12 Foerdersohle

Bergbaugerät
4 Haue
5 Eisen
8 Schaufel
9 Bergbarte, Schlaegel
10 Bohrhammer
11 Wetterlampe
12 Pickelhammer
15 Schraemmaschine

Bergblume
6 Arnika, Enzian
9 Alpenrose, Edelweiss

Bergdrache
10 Tatzelwurm

Bergdurchstich
6 Tunnel

Bergeinschnitt
3 Kar, Tal

B

5 Cañon, Klamm
8 Schlucht
Bergfenchel
5 Sesel
Bergfried
6 Donjon
8 Belfried, Burgturm, Wehrturm
9 Hauptturm
Berggasthof
5 Baude
6 Huette
10 Schutzhaus
12 Schutzhuette
Berggeist
4 Gnom
5 Troll
Berggipfelform
5 Kegel, Kofel, Kogel, Kuppe
Berggruppe
7 Gebirge
Berggruppe ...
· *im* **Berner Oberland**
11 Bluemlisalp
· *bei* **Budapest**
5 Matra
· *der* **Dolomiten**
10 Drei Zinnen
11 Rosengarten
· *in* **Graubünden**
5 Adula
· *in den* **österreichischen Alpen**
6 Tauern
9 Dolomiten
· *in der* **Pfalz**
11 Donnersberg
Berghang
5 Leite
Bergkamm
4 Grat
Bergkammlinien
5 Grat
Bergkegel
5 Kuppe
Bergkiefer
4 Arve
7 Latsche
9 Legfoehre
Bergkloster ...
· *in* **Bulgarien**
4 Rila
· *in* **Griechenland**
5 Athos
7 Meteora
· *in* **Italien**
12 Monte Cassino
Bergland ...
· *im* **Allgäu**
7 Adeberg
· *in* **Belgien**
8 Ardennen
· *zwischen* **Erzgebirge und Lausitz**
19 Elbsandsteingebirge
· *in* **Frankreich**
6 Morvan
13 Zentralmassiv
· *im* **Mainviereck**
8 Spessart
· *in* **Namibia**
5 Otavi, Otawi
· *am* **Oberrhein**
8 Odenwald
11 Kaiserstuhl
· *in* **Schottland**
5 Morar
· *der* **USA**
10 Black Hills
· *in* **Vorarlberg**
13 Bregenzer Wald
Berglöwe
4 Puma
bergmännisch für enge Kluft
5 Liese
bergmännisch(e, er, es) ...
· **Beruf**
5 Hauer
6 Knappe, Kumpel
7 Bergrat, Steiger
8 Bergmann
11 Fahrsteiger, Foerdermann, Oberbergrat, Obersteiger
12 Bergassessor, Markscheider
13 Bergtechniker, Wettersteiger
14 Elektrosteiger, Schachtsteiger, Schiesssteiger
16 Maschinensteiger
18 Elektrofahrsteiger
· **Gruß**
9 Glueckauf
· **Längenmaß**
7 Lachter
· **Sozialversicherung**
11 Knappschaft
bergmännischer Begriff
3 Ort
4 Ader, Berg, Feld, Gang, Haue, Hund, Hunt, Kaue, Korb, Last, Mine, Seil, taub
5 Abbau, Bruch, Fahrt, Floez, Halde, Hauer, Lampe, Liese, Sohle, Streb, Teufe, Zeche
6 Abraum, Gezaeh, Knappe, Knauer, Mutung, Schurf, Schurz, vor Ort, Wetter
7 Anfahrt, Bergrat, Blaeser, Gebrech, Gezaehe, Huthaus, Laugung, Querbau, Schicht, Stempel, Stollen, Strecke, Tagebau, Versatz
8 Abteufen, Ausfahrt, Bausohle, Bergmann, Bergwerk, Bohrloch, Fahrturm, Fuellort, Geleucht, Keilhaue, Seilkorb, Strebbau, ueber Tag, unter Tag, Vortrieb
9 Abteufung, Bergeisen, Berghalde, Bergleder, Bergrecht, Bergregal, Drahtseil, Geleuchte, Gewinnung, Grubenbau, Grubengas, Pechkohle, Sohlenbau, Sprengung, Strebebau
Bergmassiv
5 Stock
Bergmassiv ...
· *am* **Isonzo**
3 Kru
· *im* **Kanton Wallis**
6 Collon
· *in* **Südtirol**
9 Dolomiten
Bergnymphe
6 Oreade
Bergpfad
5 Steig, Stieg
8 Saumpfad
Bergrücken
4 Grat, Kamm
5 Kegel, Kuppe

B

Bergrücken ...
· *der* **Glarner Alpen**
5 Etzel
· *am* **Rhein**
10 Niederwald
· *an der* **Weser**
7 Suentel
· *zwischen* **Weser und Leine**
3 Ith
· *am* **Zürcher See**
5 Albis
Bergspitze
3 Pic, Pik, Piz
4 Horn, Peak, Pico
6 Gipfel
Bergstamm in Ostindien
5 Kondh
Bergstamm in Vietnam
5 Chema
Bergsteigergerät
8 Eishaken
Bergsteigergruppe
10 Seilschaft
Bergstock ...
· *der* **Albula Alpen**
3 Err
· *der* **Berner Alpen**
6 Altels, Titlis
· *im* **Kanton Schwyz**
4 Rigi
· *der* **nördlichen Kalkalpen**
3 Rax
7 Raxalpe
10 Schneeberg
· *der* **Salzburger Kalkalpen**
10 Untersberg
· *im* **Salzkammergut**
9 Schafberg
· *des* **Schwarzwaldes**
7 Kniebis
· *in der* **Schweiz**
3 Err
4 Rigi
5 Moron, Pisoc
6 Alvier
8 Axenberg
· *der* **Silvretta-Gruppe**
5 Tasna
· *in* **Spanien**
10 Montserrat
· *bei* **St. Moritz**
3 Err
· *der* **Stubaier Alpen**
5 Saile
· *am* **Vättersee**
6 Omberg
Bergübergang
4 Joch, Pass
5 Toerl
7 Scharte
Bergung aus Gefahr
7 Rettung
Bergungsschlitten
4 Akia, Akja
Bergweide
3 Alm, Alp
4 Alpe
5 Matte
Bergwerksanlage
4 Gang, Mine
5 Grube, Zeche
7 Schacht, Stollen
Bergwerksaufzug
11 Foerderkorb
Bergwild
4 Gams
5 Gemse
6 Gaemse
9 Steinbock
Bergzacke
5 Zinne
Bergziege
4 Gams
5 Gemse
6 Gaemse
Bergzug ...
· *bei* **Braunschweig**
3 Elm
· *an der* **Elbe**
19 Elbsandsteingebirge
· *in* **Rheinland-Pfalz**
6 Haardt
· *in der* **Steiermark**
16 Fischbacher Alpen
· *an der* **Weser**
12 Wesergebirge
13 Weserbergland
Bericht
4 Avis
6 Exposé, Report
7 Exposee, Rapport, Referat
8 Bulletin
9 Reportage
10 Erzaehlung, Mitteilung
11 Darstellung, Information, Sachvortrag, Schilderung
Berichterstatter
8 Chronist, Referent, Reporter, Sprecher
9 Erzaehler
10 Journalist
13 Korrespondent
Berichterstattung
7 Referat, Vortrag
9 Reportage
11 Information
Berichtigung
7 Dementi
9 Korrektur
Berieselung zum Feuerschutz
9 Sprinkler
Berittener
6 Reiter
Berlin(e, er, es) ...
· **Arzt**
7 Virchow
8 Hufeland
10 Sauerbruch
· **Autorennbahn**
4 Avus
· **Bauwerk**
8 Funkturm, Zeughaus
9 Reichstag
10 Staatsoper
12 Siegessaeule
14 Olympiastadion
16 Brandenburger Tor, Deutschlandhalle
17 Gedaechtniskirche
· **Bierart**
6 Weisse
· **Bürgermeister**
4 Suhr
6 Brandt, Momper, Reuter
7 Albertz, Diepgen
· **Eckensteher**
3 Ede
5 Nante
· **Flughafen**
5 Gatow, Tegel
9 Tempelhof
11 Schoenefeld
· **Fluss**
5 Havel, Spree
· **Gewässer**
7 Wannsee
· **Glas Bier**
5 Molle
· **Hautarzt**
6 Lassar

- **Hotel**
  5 Adlon
  9 Kempinski
- **Kabarettist**
  5 Neuss
  6 Gruner
- **kleiner Junge**
  7 Steppke
- **Komiker**
  5 Carow
- **Komponist**
  5 Kollo
  6 Lincke, Meisel, Nelson
  8 Kuenneke
- **Krankenhaus**
  7 Charité
- **Maler**
  5 Kolbe, Zille
  6 Koenig
  7 Blechen
  8 Hosemann
  10 Liebermann
- **Operettenkomponist**
  5 Kollo
  6 Lincke
  8 Kuenneke
- **Original**
  5 Nante
- **Platz**
  4 Alex
- **Promenadenstraße**
  6 Kudamm
  14 Unter den Linden
  15 Kurfuerstendamm
- **Regierung**
  5 Senat
- **Schlagersänger**
  6 Buhlan
- **Schriftsteller**
  8 Schnurre
- **Sender**
  3 SFB
  4 Rias
- **Spezialität**
  5 Molle
  6 Weisse
  7 Bulette, Eisbein
  9 Weissbier
  15 Weisse mit Schuss
- **Spitzname**
  3 Ede
- **Sportanlage**
  4 Avus
  14 Olympiastadion
- **Sportverein**
  6 Hertha
- **Stadtteil**
  5 Tegel
  6 Pankow
  7 Spandau, Treptow, Wedding
  8 Steglitz
  9 Koepenick, Kreuzberg, Neukoelln, Tempelhof
  10 Mariendorf, Tiergarten, Weissensee, Zehlendorf
  11 Lichtenberg, Schoeneberg, Wilmersdorf
  12 Blankenfelde, Lichterfelde
  13 Reinickendorf
  14 Charlottenburg, Friedrichshain, Prenzlauer Berg
- **Straße** (Kurzwort)
  6 Kudamm
- **Symbolfigur**
  4 Baer
  8 Berolina
- **Wahrzeichen**
  8 Funkturm
- **Wappentier**
  4 Baer
- **Witzfigur ► Eckensteher**
- **Wort für naseweises kleines Mädchen**
  5 Goere
- **Zeichner**
  5 Zille

berlinerisch für prima
6 knorke

Berner Alpenpass
5 Gemmi

Berner Landschaft
8 Emmental

Bernina-Alpengipfel
5 Palue
8 Piz Palue

Bernina-Alpengletscher
5 Roseg

berüchtigt
6 gemein
8 schlecht, verrufen
9 notorisch

Beruf
3 Job
4 Fach
5 Stand
6 Arbeit, Metier
7 Gewerbe
10 Profession, Taetigkeit

Beruf ...
- *auf* **Bahnhöfen**
  14 Gepaecktraeger
- *im* **Baugewerbe**
  5 Maler
  6 Gipser, Glaser, Maurer, Polier
  7 Monteur
  8 Klempner, Spengler, Statiker, Tischler, Zimmerer
  9 Architekt, Rohrleger, Schlosser, Schreiner, Steinmetz
  10 Baufuehrer, Dachdecker, Elektriker, Handwerker, Ofensetzer, Pflasterer, Stuckateur, Tapezierer, Zimmermann
  11 Anstreicher, Bauarbeiter, Bautischler, Kaminsetzer, Kranfuehrer, Steinsetzer
  12 Bauschlosser, Betongiesser, Fliesenleger, Geruestbauer, Installateur, Maurerpolier, Parkettleger, Plattenleger, Zimmerpolier
  14 Elektromonteur
  15 Heizungsmonteur
- *in der* **Chemie**
  8 Laborant
- *der* **Feinmechanik**
  9 Uhrmacher
- *in* **Forschung, Unterricht oder Wissenschaft**
  6 Dozent, Lehrer
  7 Geologe, Oekonom, Zoologe
  8 Astronom, Chemiker, Erfinder, Erzieher, Forscher, Geograph, Laborant, Physiker, Theologe
  9 Astrologe, Botaniker, Ingenieur, Mediziner, Paedagoge, Philologe, Philosoph, Soziologe
  10 Historiker, Mineraloge, Pharmazeut, Psychiater
  11 Archaeologe, Biochemiker, Statistiker
  12 Atomphysiker, Bibliothekar, Privatdozent

B

15 Diplomingenieur
- *der* **Gastronomie**
4 Koch, Ober
7 Kellner
8 Barmixer
9 Bedienung, Gastronom, Kellnerin
- *im* **Gesundheitswesen**
4 Arzt
7 Chirurg, Dentist, Drogist, Hebamme, Masseur, Pfleger, Urologe
8 Allopath, Chefarzt, Facharzt, Hausarzt, Laborant, Oberarzt, Tierarzt, Zahnarzt
9 Apotheker, Augenarzt, Internist, Mediziner, Neurologe, Paediater
10 Frauenarzt, Homoeopath, Orthopaede, Pharmazeut, Psychiater, Sanitaeter, Veterinaer
11 Dermatologe, Gynaekologe
12 Anaesthesist, Pharmakologe
13 Assistenzarzt, Heilpraktiker, Roentgenologe
14 Lungenfacharzt
15 Psychotherapeut
16 Krankenschwester
- *in der* **Holzindustrie**
7 Fraeser
8 Floesser, Foerster, Tischler
9 Boettcher, Drechsler, Forstwart, Schnitzer, Schreiner
10 Fassbinder, Zimmermann
11 Holzfaeller, Stellmacher
12 Forstmeister, Oberfoerster, Waldarbeiter
14 Revierfoerster
- *in der* **Kunst**
5 Maler
6 Geiger
7 Cellist, Dichter, Literat, Musiker, Pianist, Saenger, Statist, Taenzer
8 Dirigent, Essayist, Kritiker, Organist
9 Architekt, Arrangeur, Bildhauer, Komponist, Regisseur, Repetitor, Romancier
10 Kunstmaler, Librettist, Tanzlehrer
11 Choreograph, Restaurator
12 Gesanglehrer, Opernsaenger, Schauspieler
13 Feuilletonist
14 Ballettmeister, Schriftsteller
15 Instrumentalist
- *in der* **Lederindustrie**
6 Gerber
7 Sattler
8 Schuster
9 Lohgerber, Taeschner, Zurichter
10 Kuerschner
11 Schuhmacher
- *in der* **Metallindustrie**
6 Dreher, Former, Nieter, Walzer
7 Fraeser, Giesser, Monteur, Schmied, Wickler
8 Klempner, Spengler
9 Emailleur, Lackierer, Schleifer, Schlosser
10 Schweisser
11 Feilenhauer, Galvaniseur
13 Autoschlosser
14 Werkzeugmacher
- *in der* **Nahrungsmittelindustrie**
7 Baecker, Metzger, Mueller, Selcher
8 Konditor
9 Fleischer
10 Schlachter
11 Schlaechter
12 Fleischhauer
20 Lebensmittelhaendler
- *im* **Presse- oder Verlagswesen**
5 Autor
6 Lektor, Setzer
7 Drucker
8 Archivar, Fotograf, Kritiker, Layouter, Reporter, Verleger, Zeichner
9 Disponent, Expedient, Kolumnist, Korrektor, Lithograf, Publizist, Redakteur, Stenograf
10 Hersteller, Journalist, Kolporteur, Lithograph, Photograph, Retuscheur, Stenograph
11 Akquisiteur, Buchdrucker, Ghostwriter, Illustrator, Sortimenter
12 Bildreporter, Buchhaendler, Karikaturist
13 Bildredakteur, Korrespondent, Schriftsetzer
15 Verlagskaufmann
- *im* **Rechtswesen**
5 Notar
6 Anwalt, Jurist
7 Advokat, Richter
8 Assessor, Syndikus
9 Beisitzer
10 Referendar
11 Treuhaender
12 Patentanwalt, Rechtsanwalt, Staatsanwalt
14 Gerichtsdiener
15 Kriminalbeamter
18 Gerichtsvollzieher
- *in der* **Textilindustrie**
5 Weber
6 Naeher, Wirker
7 Buegler, Faerber, Spinner, Stepper, Sticker
8 Stricker
9 Appreteur, Hutmacher, Kloeppler, Leinweber, Schneider, Zurichter
11 Knopfmacher, Zuschneider
13 Strumpfwirker
- *im* **Tourismus**
11 Reiseleiter
- *im* **Transport- oder Verkehrswesen**
5 Lotse, Pilot
6 Fahrer, Reeder
7 Flieger, Monteur, Seemann, Steward
8 Fuhrmann, Kutscher, Schiffer
9 Chauffeur, Schaffner, Spediteur
10 Dienstmann, Fahrlehrer, Fernfahrer, Taxifahrer, Zugfuehrer
11 Eisenbahner, Zollbeamter

12 Parkwaechter, Zugbegleiter
14 Bordmechaniker, Gepaecktraeger, Strassenbahner
16 Lokomotivfuehrer
· *in der* **Unterhaltungsbranche**
5 Autor, Clown
6 Akteur, Artist, Cutter, Solist
7 Ansager, Komiker, Musiker, Saenger, Statist, Taenzer
8 Dirigent, Humorist, Komparse, Reporter, Sprecher
9 Arrangeur, Dramaturg, Intendant, Kassierer, Komponist, Moderator, Operateur, Produzent, Redakteur, Regisseur, Repetitor, Souffleur, Verleiher
10 Ausstatter, Beleuchter, Darsteller, Diskjockey, Impresario, Inspizient, Kameramann, Librettist, Quizmaster, Tonmeister, Vorfuehrer
11 Bildmischer, Chansonnier, Choreograph, Chorsaenger, Garderobier, Kabarettist, Kassiererin, Requisiteur, Solotaenzer, Spielleiter, Tanzmeister
12 Buehnenmaler, Conferencier, Korrepetitor, Opernsaenger, Schauspieler, Toningenieur, Tonschneider, Tontechniker, Trickmeister
13 Bildregisseur, Bildschneider, Bildtechniker, Drehbuchautor, Kapellmeister, Maskenbildner, Radiosprecher
14 Aufnahmeleiter, Ballettmeister, Buehnenbildner, Konzertmeister
· *in der* **Werbung**
10 Fotomodell
beruflich
13 professionell
berufliche Arbeit
6 Dienst
beruflicher Fachhelfer
7 Berater
Berufsanwärter
9 Volontaer
Berufsausbildung
5 Lehre
Berufserfahrung
6 Praxis
Berufsfußballspieler
5 Profi
13 Lizenzspieler
Berufsgeheimnis
15 Schweigepflicht
Berufskraftfahrer
9 Chauffeur
berufsmäßig
13 professionell
Berufssportler
5 Profi
12 Professional
Berufssprache
5 Slang
Berufsstand
10 Handwerker
Berufstätigkeit
6 Arbeit, Erwerb
17 Erwerbstaetigkeit
Berufsverband
5 Gilde, Zunft
6 Innung
11 Vereinigung
12 Gemeinschaft, Gewerkschaft
14 Genossenschaft
Berufung
6 Rekurs
7 Hinweis
9 Ernennung
10 Bestallung, Einsetzung
11 Appellation
Beruhigungsmittel
4 Brom
6 Kodein
7 Sedativ
8 Baldrian, Laudanum, Morphium
9 Sedativum
12 Tranquilizer
berühmt
7 namhaft
8 illuster, populaer
9 prominent
10 renommiert
berühmt(e, er, es) ...
· **Bergsteiger**
7 Trenker
· **Chirurg**
10 Sauerbruch
· **Clown**
5 Grock, Rivel
12 Charlie Rivel
Berühmtheit
9 Prominenz
Berührung
7 Kontakt
13 Fuehlungnahme
Berührungsempfinden
8 Tastsinn
Berührungslinie
8 Tangente
Berührungsverbot
4 Tabu
Besatz
4 Gorl
5 Biese, Borte, Galon, Gimpe, Litze
6 Franse, Galone, Paspel, Quaste, Schnur, Spitze, Tresse, Volant
7 Ruesche
8 Borduere, Garnitur, Posament
Besatzstreifen an Uniformen
6 Tresse
Besatzung
4 Crew
8 Garnison
9 Bemannung
10 Mannschaft
beschädigt
6 defekt, kaputt
8 laediert, versehrt
10 ramponiert
beschädigtes Buch
10 Remittende
beschädigtes Schiff
8 Havarist
Beschädigung
4 Leck, Loch, Riss
5 Bruch, Fleck
6 Defekt
7 Havarie, Schaden
10 Verletzung
Beschädigung im Stoff
4 Riss
Beschaffenheit
3 Art

B

5 Guete, Weise, Wesen
7 Zustand
9 Charakter, Qualitaet
10 Konsistenz
11 Eigenschaft
12 Konstitution

Beschäftigung
3 Job
6 Arbeit, Erwerb, Metier
8 Handwerk
10 Broterwerb, Taetigkeit
13 Arbeitsstelle

Beschäftigungsstätte
12 Arbeitsplatz

Beschämung
7 Blamage

Beschau
7 Sektion
8 Pruefung, Revision
9 Kontrolle, Musterung
10 Inspektion
12 Besichtigung, Untersuchung

beschaulich
5 ruhig, still
9 idyllisch
10 besinnlich
12 kontemplativ

beschauliche Ruhe
5 Musse

Beschaulichkeit
5 Idyll, Musse
6 Idylle
13 Kontemplation
14 Besinnlichkeit

Beschauzeichen
5 Punze

Bescheid
4 Avis, News, Post
5 Anruf, Kunde
7 Antwort
8 Auskunft
9 Nachricht
10 Mitteilung
11 Information

bescheiden
6 gering, modest
7 einfach, maessig, sittsam
8 demuetig, duerftig
9 genuegsam
11 spartanisch
12 anspruchslos
13 beduerfnislos

Bescheidenheit
13 Genuegsamkeit

Bescheinigung
4 Pass
5 Beleg
6 Attest, Testat
7 Ausweis, Urkunde, Zeugnis
8 Dokument, Quittung
9 Kennkarte
10 Zertifikat
12 Bestaetigung

Beschimpfung
6 Insult
10 Schmaehung
11 Beleidigung

Beschirmerin der Kunst
4 Muse

beschlagen
4 firm
6 kundig
8 versiert
9 kompetent
13 kenntnisreich

Beschlagnahme
6 Kaptur
7 Embargo
8 Kaperung, Pfändung
9 Sequester
10 Einziehung
12 Konfiskation
13 Sequestration

Beschleuniger für Elementarteilchen
8 Betatron
9 Zyklotron
11 Synchrotron

beschleunigt
5 eilig, rasch
7 eilends, express, schnell

beschleunigte Fracht
6 Eilgut

beschließende Körperschaft
3 Rat

Beschluss
6 Dekret
9 Anordnung, Entscheid
10 Resolution, Verfuegung, Verordnung
12 Entscheidung

Beschlussvorschlag
6 Antrag

beschränken
9 begrenzen
10 limitieren, reduzieren

beschränkend
10 restriktiv

beschränkt
3 eng
4 dumm
8 borniert
9 limitiert

beschränkte Studienzulassung
14 Numerus clausus

Beschränkung
4 Mass
5 Limit
6 Grenze
7 Maximum, Minimum
9 Einengung, Reduktion
10 Limitation
11 Limitierung, Maessigkeit, Restriktion
12 Begrenztheit

beschreibende Völkerkunde
12 Ethnographie

Beschreibung
6 Report
7 Bericht
11 Darstellung, Deskription, Schilderung

Beschriftung
4 Text
7 Legende
9 Inschrift
10 Erklaerung
11 Inskription

Beschuldiger
7 Klaeger

Beschuldigter
11 Angeklagter

Beschuldigung
5 Klage
7 Anklage, Vorwurf
12 Bezichtigung
13 Inkrimination

Beschützer
7 Goenner
9 Protektor
10 Schirmherr, Schutzherr

Beschützerin
4 Muse
8 Patronin

Beschützter
7 Protégé
10 Guenstling

B

Beschwerde
4 Last, Veto
5 Klage, Plage, Uebel
6 Leiden, Rekurs
7 Muehsal, Schmerz
9 Einspruch
11 Reklamation
Beschwerdeführer
9 Reklamant
beschwerlich
7 laestig, muehsam
9 muehevoll
11 anstrengend, strapazioes
Beschwerlichkeit
8 Strapaze
Beschwörungsformel
11 Abrakadabra
Beseitigung
8 Behebung
11 Elimination
Beseitigung von Missständen
7 Abhilfe
Besen
5 Feger
9 Handfeger
Besenginster
10 Brahmbusch
besessen
6 gierig
7 manisch
Besessenheit
4 Gier
5 Manie, Sucht
7 Ekstase, Passion
11 Verzueckung
12 Leidenschaft
13 Abhaengigkeit
besetzt
4 voll
6 belegt
8 verziert
9 okkupiert
11 geschmueckt
Besetzung
8 Einnahme
9 Eroberung
10 Okkupation
16 Rollenverteilung
Besichtigung
10 Inspektion, Visitation
besinnlich
9 idyllisch
11 beschaulich
12 kontemplativ, nachdenklich
besinnliche Mußezeit
8 Festtage
besinnliches Ende
8 Ausklang
besinnungslos
11 ohnmaechtig
Besitz
3 Gut, Hof
4 Habe, Wert
7 Anwesen
8 Eigentum
9 Vermoegen
11 Grundstueck, Territorium
besitzanzeigendes Fürwort
3 ihr
4 dein, euer, ihre, mein, sein
5 deine, meine, unser
Besitzentzug
10 Enteignung
Besitzer
4 Erbe, Herr
6 Eigner, Patron
7 Inhaber
8 Hausherr, Hauswirt
11 Eigentuemer
Besitzer ...
· *eines* **Herrenhauses**
11 Schlossherr
· **industrieller Anteilscheine**
9 Aktionaer
· *einer* **Kunstausstellung**
8 Galerist
· *eines* **Lokals**
8 Gastwirt
· *des* **Nibelungenhorts**
9 Siegfried
Besitzergreifung
4 Raub
9 Aneignung, Diebstahl
10 Erbantritt, Okkupation, Usurpation
Besitzform im Mittelalter
5 Lehen
Besitzlosigkeit
5 Armut
Besitznachfolger
4 Erbe
Besitztum eines Winzers
7 Weingut, Wingert
Besoldung
4 Gage, Lohn
6 Gehalt, Salaer
7 Entgelt, Honorar
9 Einkommen, Verdienst
10 Verguetung
besonder(e, er, es) ...
· **Anlage**
4 Gabe
· **Ansehen**
6 Nimbus
· **Art einer Gattung**
7 Spezies
· **Ausstrahlung**
8 Charisma
· **Form des Sauerstoffs**
4 Ozon
· **Schnelligkeit**
8 Eiltempo
· **Tag**
7 Festtag
Besonderheit
5 Abart
7 Merkmal, Version
8 Ausnahme, Eigenart, Original, Raritaet, Variante
9 Eigenheit, Varietaet
10 Abweichung, Seltenheit
11 Spezifitaet
12 Spezialitaet
13 Exklusivitaet, Originalitaet, Singularitaet
15 Individualitaet
besonders
4 sehr
5 apart, extra
6 betont, eigens
8 exklusiv, reizvoll, speziell
13 eigentuemlich
besonders wertvoll
4 edel
Bespannung einer Trommel
4 Fell
Besprechung
9 Rezension
10 Diskussion, Wuerdigung
11 Eroerterung, Unterredung
Besserung
4 Heil
Besserwisser
8 Meckerer, Noergler
10 Rechthaber

B

13 Neunmalkluger
Bestallung
11 Approbation
Bestallungsurkunde
6 Patent
Bestand
3 Ist
5 Dauer, Lager
6 Status, Vorrat
8 Inventar
9 Ruecklage
12 Fortbestehen
beständig
4 stet, treu
6 stabil, stetig
8 konstant
9 dauerhaft
10 ausdauernd
12 zuverlaessig
14 gleich bleibend
Beständigkeit
5 Dauer
11 Stabilitaet
12 Kontinuitaet
Bestandsaufnahme
8 Inventur
Bestandteil
5 Glied, Zutat
6 Anteil, Detail, Stueck
8 Zubehoer
10 Einzelheit, Ingrediens, Ingredienz, Komponente
Bestandteil ...
· *des* **Atomkerns**
6 Proton
7 Neutron
· *von* **Backwaren**
4 Mehl
· *des* **Bestecks**
5 Gabel
6 Messer
7 Loeffel
10 Obstmesser, Teeloeffel
11 Fischmesser, Tortengabel
13 Dessertmesser
· *des* **Bienenwachses**
5 Zerin
· *des* **Blutes**
5 Serum
6 Plasma, Wasser
10 Erythrozyt, Leukozyten
11 Haemoglobin
13 Blutfarbstoff
15 Blutkoerperchen
· *des* **Eies**
6 Dotter, Eigelb, Eiklar, Schale
7 Eiweiss
· *der* **Erdatmosphäre**
4 Luft, Neon, Ozon
5 Argon, Xenon
6 Helium
10 Sauerstoff, Stickstoff
11 Wasserdampf, Wasserstoff
12 Kohlendioxid
· *der* **Erdkruste**
7 Mineral
· *der* **fetten Öle**
5 Olein
· *vieler* **Flussnamen**
4 Ache
· *von* **Früchten**
4 Kern, Saft
6 Schale
· *der* **Galle**
5 Bilin
· *eines* **Ganzen**
4 Teil
10 Komponente
· *des* **Kaffees**
7 Koffein
· *des* **Kamillenöls**
6 Azulen
· *des* **Kokablattes**
6 Kokain
· *der* **Luft**
10 Sauerstoff, Stickstoff
· *des* **Magensaftes**
6 Pepsin
· *der* **Milch**
4 Rahm
· *der* **Öle**
8 Geraniol
· *der* **Ölfarbe**
6 Firnis
9 Terpentin
· *des* **Opiums**
6 Kodein
7 Morphin
8 Morphium, Narkotin
· *des* **Pfefferminzöls**
7 Menthol
· *der* **Röhrenknochen**
4 Mark
· *der* **Schokolade**
5 Kakao, Milch
· *von* **schottischen Namen**
2 Mc
3 Mac
· *des* **Tabaks**
7 Nikotin
· *des* **Tees**
4 Tein
· *der* **Zelle**
4 Kern
· *des* **Zellkerns** (Abkürzung)
3 DNS
9 Chromosom
Bestärkung
11 Affirmation
12 Bestaetigung
13 Bekraeftigung
Bestätigung
6 Attest, Placet, Plazet
8 Quittung
10 Zustimmung
11 Affirmation, Approbation
12 Konfirmation, Ratifikation
13 Bescheinigung
bestatten ► beerdigen
Bestattungsgefäß
4 Sarg, Urne
Bestattungsstätte
4 Grab
Bestattungsunternehmen
19 Beerdigungsinstitut
beste Schulnote
4 Eins
beste Zimtsorte
6 Kaneel
bestechlich
7 korrupt
9 kaeuflich
11 korrumpiert
Bestechungsgeld im Orient
10 Bakschisch
Bestechungsskandal
18 Korruptionsaffaere
Besteckteil
5 Gabel
6 Messer
7 Loeffel
11 Kuchengabel
bestehen
4 sein
bestehend
8 existent
9 vorhanden
bestellen einer Ware
6 ordern

B

Besteller von Waren
12 Auftraggeber
bestellter Mörder
6 Killer
bestellter Pfleger
7 Kurator
Bestellung
5 Order
7 Auftrag
9 Nachricht
10 Feldarbeit, Kommission
11 Anforderung
Bestellung an das Christkind
12 Wunschzettel
Bestenauslese
5 Elite
bestens
5 prima
7 optimal
9 exzellent
11 erstklassig
bestens ausgestattet
6 de Luxe
Bester
6 Erster, Sieger
bester Teil einer Speise
14 Gustostueckerl
Bestfall
7 Optimum
bestialisch
3 roh
6 brutal, gemein
7 grausam
8 viehisch
10 vandalisch
12 unmenschlich
13 fuerchterlich
Bestie
6 Untier
7 Rohling
8 Raubtier, Unmensch
9 Ungeheuer
bestimmend
14 determinierend
bestimmender Erbfaktor
3 Gen
bestimmt
3 fix
4 fest
6 gewiss, sicher
9 abgemacht, definiert, energisch
10 festgelegt, garantiert, vereinbart
11 festgesetzt, kategorisch
14 unabaenderlich
bestimmt(e, er, es) ...
· **Anteil**
6 Achtel
7 Drittel, Neuntel, Siebtel, Viertel
· **Backmasse**
8 Hefeteig
· **Bücher**
13 Fachliteratur
· **deutscher Artikel**
3 das, der, die
· **englischer Artikel**
3 the
· **französischer Artikel**
2 la, le
3 les
· **italienischer Artikel**
1 i
2 il, la, le, lo
3 gli
· **Kaffeeart**
9 Kapuziner
· **Kalendertag**
5 Datum
· **Menge**
4 Mass, Teil, Zahl
5 Dosis
6 Anteil, Anzahl, Partie, Posten
7 Einheit, Quantum
10 Quantitaet
· **militärische Kleidung**
15 Generalsuniform
· **Ort**
4 Ziel
5 Lokus, Punkt, Start
6 Stelle
· **Sorte**
3 Art
· **spanischer Artikel**
2 el, la
3 las, los
· **Stück der Kleidung**
8 Oberteil
· **Tassenart**
13 Schnabeltasse
15 Schnabelhaeferl
· **Teil eines Ganzen**
7 Zehntel
· **Temperatur**
12 Gefrierpunkt
· **Zeitpunkt**
5 Datum, Frist
6 Moment, Schlag, Termin
10 Augenblick
13 Glockenschlag
Bestimmung
3 Los
5 Fatum, Regel, Zweck
6 Dekret, Erlass, Gesetz, Kismet
7 Analyse, Deutung, Fuegung, Mission, Satzung
9 Anordnung, Reglement, Schicksal
10 Definition, Verfuegung, Verordnung, Vorschrift
15 Praedestination
Bestleistung
6 Rekord, Spitze
7 Maximum, Optimum
10 Weltrekord
Bestplatzierte (Bestplazierte) (Sport)
8 Siegerin
Bestrafung
7 Ahndung
11 Zuechtigung
12 Massregelung
Bestrahlungsgerät
10 Quarzlampe
11 Hoehensonne
Bestreben
9 Bemuehung
Bestseller
3 Hit
6 Renner
7 Reisser
8 Knueller, Schlager
14 Verkaufserfolg
16 Verkaufsschlager
Bestsellerautor
6 Simmel
Bestückung
9 Armierung
bestürzt
5 starr
6 ratlos
7 perplex
9 betroffen
11 fassungslos
12 konsterniert
Bestwert
7 Maximum, Optimum
Besuch
5 Logis
6 Visite

B

Besucher
4 Gast
8 Publikum
9 Zuschauer
Besucher honoris causa
9 Ehrengast
Besucherliste
10 Gaestebuch
betagt
3 alt
7 bejahrt
8 steinalt
betagte Person
4 Alte
5 Alter
betagtes Gebäude
6 Altbau
Betätigung
3 Job, Tun
4 Werk
6 Arbeit
14 Beschaeftigung
Betätigung im Schnee
8 Skisport
betäubt
8 benommen
10 bewusstlos
11 ohnmaechtig
Betäubung
7 Narkose
11 Anaesthesie
Betäubungsmittel
5 Opium
6 Aether
7 Lachgas
10 Chloroform, Narkotikum
Beteiligung
9 Teilnahme
13 Partizipation, Partner-schaft
Beteiligung am Gewinn
8 Tantieme
Betelpalmenfrucht
9 Arekanuss
Beteuerung
3 Eid
6 Schwur
9 Geloebnis
12 Versicherung
betonen
11 hervorheben
12 akzentuieren
betont
4 sehr
5 extra
6 eigens
8 deutlich
9 besonders, pointiert
10 auffallend, ostentativ
11 akzentuiert
13 hervorgehoben
betont ungezwungen
10 burschikos
Betonung
5 Iktus
6 Akzent, Hebung
13 Akzentuierung
Betonungszeichen
4 Akut
6 Akzent, Gravis
10 Zirkumflex
Betonunterstand
6 Bunker
betörend
7 reizend
8 reizvoll
10 berueckend, bezaubernd
11 entzueckend
14 verfuehrerisch
betrachtend
12 kontemplativ
Betrachter
9 Zuschauer
10 Beobachter
beträchtlich
4 sehr, viel
5 enorm, gross
9 bedeutend
10 ansehnlich
11 umfangreich
Betrachtungsweise
6 Aspekt
11 Blickwinkel, Perspektive
Betrag
5 Preis, Summe
6 Posten
11 Kostenpunkt
Betragen
6 Benimm
8 Benehmen
Betreiber einer Gaststätte
4 Wirt
Betreuer
5 Coach
7 Pfleger, Trainer
9 Animateur
10 Fuersorger, Impresario
Betreuung
5 Obhut
6 Pflege, Schutz
7 Service, Wartung
9 Fuersorge
10 Versorgung
Betrieb
4 Werk
5 Buero, Firma
6 Fabrik, Rummel, Trubel, Zulauf
7 Andrang, Treiben
9 Geschaeft
11 Unternehmen
13 Etablissement, Nieder-lassung
15 Geschaeftigkeit
Betrieb ...
· *der* **Bierherstellung**
8 Brauerei
· *der* **Fischindustrie**
10 Raeucherei
· *zur* **Förderung von Bodenschätzen**
4 Mine
8 Bergwerk
· *der* **Getreideverarbeitung**
6 Muehle
· *der* **Metallindustrie**
8 Walzwerk
9 Eisenwerk, Giesserei
14 Gesenkschmiede
· *der* **Milchverarbeitung**
8 Molkerei
· *der* **Textilindustrie**
7 Weberei
8 Wirkerei
9 Spinnerei
betrieblicher Arbeits-bereich
7 Ressort
9 Abteilung
betriebsam
4 agil, rege
5 aktiv, emsig
6 eifrig
7 ruehrig
8 fleissig, hektisch
11 geschaeftig
Betriebsführung
10 Management
Betriebslokal
7 Kantine
Betriebsprüfer
10 Controller
Betriebsspeiseraum
7 Kantine

Betriebsstörung
5 Panne
6 Defekt
betroffen
9 bestuerzt
11 erschrocken
12 konsterniert
betrogener Ehemann
7 Hahnrei
betrübt
7 traurig
10 deprimiert
Betrug
3 Lug
4 Nepp
5 Luege
7 Mogelei
8 Gaunerei
9 Schiebung, Schwindel
10 Faelschung, Taeuschung
12 Manipulation
Betrüger
6 Ganove, Gauner, Mogler, Nepper
7 Gaukler, Halunke
10 Scharlatan
13 Bauernfaenger
15 Beutelschneider
betrunken
3 dun
4 blau
8 besoffen
9 berauscht
10 beschwipst
Betrunkenheit
6 Rausch
Bett
4 Koje
5 Lager, Liege
8 Pritsche
Bettbeheizer
12 Waermflasche
Bettbezug
6 Zieche
Bettelmönch
9 Mendikant
12 Franziskaner
Bettfeder
5 Daune
Bettfedernhülle
6 Inlett
Betthimmel
9 Baldachin
Bettlaken
8 Leintuch
Bettlersprache
5 Argot
9 Rotwelsch
Bettnische
7 Alkoven
Bettpolster
8 Matratze
17 Federkernmatratze
Bettsofa
5 Diwan
11 Schlafcouch
Betttuch (Bettuch)
5 Laken
Bettverschlag
4 Koje
Beugemuskel
6 Bizeps
beugen
6 biegen
8 kruemmen
Beugung
7 Biegung, Flexion
9 Kruemmung
10 Abwandlung, Abweichung, Verletzung
11 Deklination, Konjugation
Beule
5 Delle
7 Hoecker
8 Woelbung
10 Schwellung
Beunruhigung
5 Angst, Sorge
beurkundender Jurist
5 Notar
beurkundet
8 testiert
12 dokumentiert
Beurkundung
9 Protokoll
10 Zertifikat
12 Verifikation
13 Dokumentation
Beurkundungsbeamter
5 Notar
Beurteiler
6 Lehrer, Zensor
8 Kritiker
9 Gutachter, Rezensent
Beurteilung
4 Note
6 Kritik, Zensur
7 Zeugnis
8 Diagnose, Ermessen
9 Bewertung, Gutachten, Praedikat, Rezension
10 Einstufung
13 Einschaetzung
15 Leumundszeugnis
Beute
4 Fang, Raub
5 Kaper, Prise
7 Raubgut
9 Diebesgut
Beutel
4 Sack
5 Tuete
6 Boerse, Tasche
8 Futteral
9 Portmonee
10 Geldtasche
12 Portemonnaie
beutelartige Handtasche
9 Pompadour
Beutelratte
7 Opossum
Beuteltier
4 Kusu
5 Koala
6 Kuskus, Wombat
7 Opossum
8 Kaenguru
9 Kaenguruh, Zebrahund
Bevölkerung
7 Buerger
9 Einwohner
10 Population
11 Eingeborene, Ureinwohner
Bevölkerungslehre
11 Demographie
bevollmächtigt
6 befugt
11 autorisiert, ermaechtigt
Bevollmächtigter
7 Delegat
9 Prokurist
Bevollmächtigung
12 Autorisation
bevor
3 ehe
4 eher
6 vorher
10 frueher als
Bevormundung
9 Gaengelei
bevorrechtigter Stand
4 Adel

B

bevorzugtes Gasthaus
10 Stammbeisl, Stammlokal
11 Stammkneipe
Bewacher
6 Hueter, Posten
Bewacher des Hades
8 Kerberos, Zerberus
Bewacher des Nibelungenhorts
6 Fafner, Fafnir
bewachter Durchgang
6 Sperre
11 Zollstation
Bewachung
5 Obhut
6 Schutz
8 Aufsicht
bewaffnete Bürgerwehr
5 Miliz
bewaffnete Reiter im Mittelalter
7 Reisige
Bewaffnung
8 Ruestung
bewahrend
11 konservativ
Bewahrheitung
12 Verifikation
bewährt
6 probat
7 erprobt
Bewährungsversuch
4 Test
5 Probe
bewandert
4 firm
6 kundig
8 versiert
10 beschlagen, sattelfest
bewegende Kraft
7 Antrieb, Dynamik
Beweggrund
5 Motiv
6 Anlass
9 Intention
beweglich
3 vif
4 agil, rege
5 flink, mobil
6 regsam
8 ambulant, flexibel, lebendig
9 elastisch

beweglich(e, er, es) ...
· **Eingabegerät** (EDV)
4 Maus
· **Fest**
6 Ostern
9 Pfingsten
10 Karfreitag
· **Gliederpuppe**
10 Hampelmann
· **Habe**
6 Moebel
7 Hausrat
· **Knochenverbindung**
6 Gelenk
· **Körperteil**
5 Glied
· **Plastik**
6 Mobile
· **Verbindung**
6 Gelenk
· **Vermögen**
7 Fahrnis
· **Verschluss**
6 Klappe
· **Zimmerschmuck**
6 Mobile
Beweglichkeit
7 Schwung
9 Agilitaet
10 Mobilitaet, Vitalitaet
12 Elastizitaet, Gelenkigkeit
13 Flexibilitaet
Bewegung
· *um eine* **Achse**
7 Drehung
8 Rotation
· *des* **Flusses**
9 Stroemung
· *der* **Kontinente**
5 Drift
· *im* **Kreis**
6 Umlauf
Bewegungsart
4 Gang, Lauf, Tanz, Trab
5 Fahrt
6 Galopp
7 Schritt
9 Dauerlauf
10 Schlendern
Bewegungsgröße
6 Impuls
Bewegungslänge eines Kolbens
3 Hub

Bewegungslehre
7 Kinetik, Motorik
8 Mechanik
9 Kinematik
10 Phoronomie
bewegungslos
5 ruhig, starr, steif
6 leblos, reglos, ruhend
8 erstarrt
Bewegungsorgan der Fische
6 Flosse
Bewegungsraum
7 Auslauf
Bewegungsrhythmus
4 Takt
Bewegungsübung
9 Gymnastik
Beweis der Tapferkeit
8 Mutprobe
beweisend
10 ostentativ
12 demonstrativ
Beweisführung
9 Ableitung, Deduktion
10 Herleitung
13 Argumentation, Demonstration
Beweisgrund
5 Axiom
8 Argument
Beweisperson
5 Zeuge
Beweisstück
5 Beleg, Indiz
7 Zeugnis
8 Dokument, Quittung
Bewerber
6 Freier
8 Aspirant, Kandidat
9 Anwaerter
11 Interessent
Bewerbung
6 Gesuch
10 Kandidatur
12 Anwartschaft
Bewertung ▶ Beurteilung
Bewertungsnote
9 Praedikat
Bewilligung
2 Ja
6 Jawort, Lizenz, Plazet, Zusage
9 Erlaubnis
10 Gewaehrung, Konzession

11 Genehmigung
Bewirtungsgewerbe
11 Gastronomie
Bewohner
6 Mieter
7 Insasse
11 Ansaessiger
Bewohner ...
· *des* **alten Mexiko**
6 Azteke
· *einer* **Antilleninsel**
10 Jamaikaner
· *der* **Arktis**
6 Eskimo
· *eines* **asiatischen Inselstaates**
7 Japaner
· *des* **Balkans**
6 Kroate
· *des* **Baltikums**
4 Este
· **Belgiens**
5 Flame
7 Wallone
· **Bosniens**
7 Bosniak
· *eines* **deutschen Bundeslandes**
5 Hesse
6 Sachse
· *des* **deutschen Reichs**
7 Preusse
· *einer* **deutschen Stadt**
8 Aachener
· *eines* **Erdteils**
9 Afrikaner
· *einer* **französischen Insel**
5 Korse
· *eines* **Gebiets in Böhmen**
11 Egerlaender
· *einer* **griechischischen Insel**
6 Kreter
· *der* **Hauptstadt der Schweiz**
6 Berner
· *einer* **italienischen Insel**
5 Sarde
· *des* **Kantons Uri**
5 Urner
· *von* **Karien**
5 Karer
· *von* **Lydien**
5 Lyder
6 Lydier
· *von* **Monaco**
9 Monegasse
· *von* **Nahost**
6 Araber
7 Israeli
· *der* **Niederlande**
10 Hollaender
· *der* **Pyrenäen**
5 Baske
6 Basken
· *von* **Troja**
5 Troer
8 Trojaner
· *von* **Westtschechien**
6 Boehme
Bewohnerin eines europäischen Staats
7 Ungarin
Bewuchs des Kopfes
5 Haare
bewundernswert
9 admirabel
bewusst
11 absichtlich, willentlich
bewusstlos
11 ohnmaechtig
Bewusstlosigkeit
4 Koma
8 Ohnmacht
Bewusstsein
5 Geist, Sinne
6 Wissen
7 Absicht
8 Verstand
10 Erkenntnis
Bewusstseinsspaltung
13 Schizophrenie
bezahlter Mörder
6 Killer
bezahlter Tanzpartner
6 Gigolo
Bezahlung
4 Gage, Lohn
5 Heuer, Preis
6 Gehalt, Kosten, Salaer
7 Entgelt, Honorar
10 Verguetung
Bezahlung für einen anderen
7 Auslage
Bezahlung in freien Berufen
7 Honorar
bezaubernd
4 chic
5 apart
6 adrett, schick
7 reizend
8 charmant, reizvoll
10 berueckend
11 entzueckend
12 faszinierend
Bezauberung
11 Faszination
bezeichnend
7 markant, typisch
13 symptomatisch
16 charakteristisch
Bezeichnung
4 Name
6 Angabe, Signum
7 Hinweis, Vermerk
Bezeichnung für ...
· **Auge oder Ohr**
11 Sinnesorgan
· **Christus**
7 Heiland
8 Erloeser
· **Esel**
8 Lasttier
· **Kamel**
8 Lasttier
· **Maus oder Ratte**
8 Nagetier
· **Mineralwasser**
7 Selters
· **Vasallen**
6 Mannen
· **Wein**
9 Rebensaft
Bezeugung
6 Testat
Beziehen einer Wohnung
6 Einzug
Bezieher
5 Kunde
8 Abnehmer, Abonnent
Beziehung
5 Bezug, Draht, Faden
7 Betreff, Kontakt
8 Relation
10 Verbindung
beziehungslos
6 einsam
8 isoliert
Beziehungspunkt
6 Anhalt
beziehungsweise
10 respektive

B

B

Bezirk
3 Gau
4 Zone
5 Areal, Kreis, Rayon
6 Gebiet, Gegend, Kanton, Region, Revier, Sektor
7 Bereich, Flaeche, Provinz, Terrain, Umkreis
8 Distrikt, Gelaende, Ortsteil, Umgegend
9 Stadtteil
10 Landesteil, Landstrich
11 Territorium
12 Bodenflaeche
Bezirk des Pfarrers
7 Pfarrei
bezirzen ▶ bezaubern
Bezug
7 Betreff
8 Hinsicht
bezüglich
7 relativ
bezügliches Fürwort
7 Relativ
9 Relativum
15 Relativpronomen
bezugsfertiges Haus
6 Neubau
Bezwinger
6 Sieger
8 Eroberer
9 Aggressor
Bezwinger eines Gipfels
9 Ersteiger
Bias
13 Verfaelschung
Bibelauslegung
7 Exegese
8 Exegetik
Bibelteil
2 AT, NT
5 Psalm
6 Briefe
7 Psalmen
10 Apokalypse, Evangelium
14 Altes Testament, Neues Testament
Bibelübersetzung
5 Itala
7 Vulgata
8 Peschita
11 Lutherbibel, Septuaginta
13 Zuercher Bibel
15 Sixto Clementina
Bibelwort
6 Losung
Biberbau
4 Burg
Biberratte
6 Nutria
Biberschwanz
5 Kelle
Bibliothek
9 Buecherei
15 Buechersammlung
biblisch(e, er, es) ...
· **Berg**
4 Zion
5 Horeb, Sinai, Tabor
6 Ararat, Gilboa, Hermon, Karmel
7 Garizim, Oelberg
8 Golgatha
· **Buch**
4 Amos, Esra, Hiob, Joel, Jona, Ruth
5 Hosea, Josua, Micha, Nahum
6 Baruch, Daniel, Esther, Exodus, Haggai, Jesaja, Judith, Numeri, Obadja, Salomo, Samuel, Sirach
7 Chronik, Genesis, Habakuk, Jeremia, Koenige, Nehemia, Psalter, Richter
8 Hesekiel, Hohelied, Johannes, Maleachi, Sacharja, Zephanja
9 Hohes Lied, Hoheslied, Levitikus, Matthaeus
13 Deuteronomium
17 Apostelgeschichte
· **Eigenname**
5 Korah
· **Fluss**
6 Jordan
· **Frauengestalt**
3 Eva, Lea
4 Ruth
5 Hagar, Maria, Naemi, Noemi, Rahel, Sarah
6 Dalila, Debora, Delila, Esther, Isebel, Judith, Miriam, Mirjam, Salome
7 Abigail, Rebekka, Susanna
8 Bathseba
9 Bathsebee
· **Freudenruf**
8 Hosianna
· **Garten**
10 Gethsemane
· **Gesetz**
7 Dekalog
10 Zehn Gebote
· **Gewicht**
4 Beka, Gera, Mine
6 Talent
7 Schekel
· **Götze**
4 Baal
· **Himmelsbrot**
5 Manna
· **Hoher Priester**
3 Eli
5 Annas
6 Hyrkan
· **Jäger**
6 Nimrod
· **Katastrophe**
8 Sintflut
· **König**
3 Asa, Ela
4 Ahab, Amon, Amri, Jehu, Joas, Omri, Saul
5 Abiam, Achab, Baesa, David, Hiram, Hosea, Joram, Josia, Nahum, Nehum, Pekah, Simri, Ussia
6 Ahasja, Amazia, Asarja, Haggai, Hiskia, Joahas, Sallum, Salomo
7 Athalja, Herodes, Jeremia, Manasse, Menahem, Nehemia, Pekahja, Salomon
8 Jerobeam, Jojachin, Rehabeam, Sacharja
9 Abimelech, Aristobul, Serubabel
14 Herodes Agrippa
· **Königreich**
4 Saba
· **Landschaft**
4 Edom, Juda, Moab, Saba
6 Galaad, Israel, Judaea, Kanaan
7 Aramaea, Idumaea, Jesreel, Samaria
8 Galilaea
9 Bethanien

- **Männergestalt**
  3 Dan, Ela, Eli, Gad, Ham, Job, Lot, Noe, Sem
  4 Abel, Adam, Ahas, Esau, Esra, Hiob, Joab, Joas, Juda, Kain, Levi, Mesa, Noah, Onan, Saul, Seth, Uria
  5 Aaron, Abner, Arodi, Asser, David, Elias, Enoch, Isaak, Jakob, Jesse, Jesus, Jonas, Josua, Jubal, Judas, Laban, Moses, Ruben, Sebak, Simon, Urias, Zodok
  6 Baruch, Bileam, Gideon, Henoch, Ismael, Japhet, Joseph, Josias, Nimrod, Raquel, Salome, Salomo, Samson, Samuel, Saulus, Simeon, Sirach, Thubal
  7 Abraham, Absalom, Elieser, Elrasar, Ephraim, Goliath, Kaiphas, Lazarus, Manasse, Nehemia, Rehebam, Salomon, Sebalon, Zubalon
  8 Barnabas, Benjamin, Ezechias, Jerobeam, Jonathan, Josaphat, Potiphar, Sulamith
  9 Malachias, Mardochai, Serubabel, Zacharias, Zorubabel
  10 Methusalah, Methusalem
  11 Jesus Sirach, Melchisedek
- **Maß**
  3 Bat, Hin, Kab, Kor, Log
  4 Epha, Rute, Seah
  5 Homer, Meile
  6 Letech
  7 Issaron, Stadion
  9 Sabbatweg
- **Monatsname**
  2 Ab
  4 Adar, Elul, Ljar
  5 Nisan, Sebat, Sivan
  6 Tammus, Tebeth
  7 Chislev, Tischri
  12 Marcheschwan
- **Name für Jerusalem**
  5 Ariel, Salem
- **Name Gottes**
  5 Jahve
  6 Adonai, Jehova
  7 Zebaoth
- **Nomadenstamm**
  9 Ammoniter
- **Ort**
  3 Lod
  4 Akko, Dora, Enon, Kana, Nain, Silo, Siph
  5 Asdod, Babel, Ekron, Emaus, Hadid, Hazor, Joppe, Kedes, Lydda, Salem, Sidon, Socho, Sodom, Tyrus
  6 Bethel, Emmaus, Gibeon, Hebron, Modein, Sichem
  7 Askalon, Jericho, Samaria
  8 Bethesda, Caesarea, Golgatha, Gomorrha, Nazareth, Tiberias
  9 Bet Safata, Beth Semes, Bethabara, Bethanien, Bethlehem, Jerusalem, Kapernaum
  10 Betdschala, Gethsemane
- **Paradiesgarten**
  4 Eden
- **Patriarch**
  6 Henoch
- **Prophet**
  4 Amos, Esra, Hiob, Joel, Jona
  5 Elias, Elisa, Hosea, Isaia, Jonas, Micha, Nahum
  6 Abdias, Baruch, Daniel, Haggai, Isaias, Jesaia, Jesaja, Josias, Nathan, Obadja, Samuel
  7 Habakuk, Jeremia, Nehemia
  8 Ezechiel, Hesekiel, Jeremias, Maleachi, Sacharja, Zephania, Zephanja
  9 Malachias, Sophonias
- **Quelle bei Jerusalem**
  5 Gihon
- **Riese**
  4 Enak
  7 Goliath
- **Riesenvolk**
  8 Enakiter
- **See**
  10 Genezareth
  11 Tiberiassee
- **Silbermünze**
  10 Silberling
- **Stammutter**
  3 Eva
- **Stammvater**
  3 Ham, Noe, Sem
  4 Adam, Noah
  5 David, Isaak, Jakob
  7 Abraham
- **Sündenstadt**
  5 Sodom
  8 Gomorrha
- **Traumland**
  5 Ophir
- **Überschwemmungskatastrophe**
  8 Sintflut
- **Unglücksbringer**
  4 Uria
- **Urvater**
  4 Adam
- **Volk**
  3 Gog
  5 Magog
  8 Amoriter, Aramaeer, Enakiter, Idumaeer, Moabiter
  9 Ammoniter, Chaldaeer, Philister, Samariter
  10 Amalekiter, Hasmonaeer, Israeliten, Kanaaniter, Makkabaeer, Phoenizier
- **Wüstennahrung**
  5 Manna

bieder
  4 brav
  5 artig, plump
  6 wacker
  9 ehrenwert
  10 anstaendig, einfaeltig
  13 rechtschaffen

Biedermann
  8 Bonhomme

Biedermeier
  11 Kunstepoche

biegen
  6 beugen
  8 kruemmen

B

biegsam
4 rank
8 flexibel
9 beweglich, elastisch
11 geschmeidig
biegsamer Zweig
4 Rute
5 Gerte
Biegung
5 Beuge, Knick, Kurve
14 Haarnadelkurve
Biene
4 Imme
Bienenart
6 Hummel
Bienenerzeugnis
5 Honig, Wachs
10 Wabenhonig
Bienenhaus
10 Immenstock
Bienenkönigin
6 Weisel
Bienenkrankheit
12 Nosemaseuche
Bienenmännchen
6 Drohne
Bienenname in einem Kinderbuch
4 Maja
Bienenprodukt ► Bienenerzeugnis
Bienenwohnung
5 Stock
Bienenzellenbau
4 Wabe
Bienenzucht
7 Imkerei
Bienenzüchter
5 Imker
7 Bentner
bierähnliches russisches Getränk
5 Kwass
Biergefäß
4 Fass, Glas, Mass
5 Halbe, Molle, Tulpe
6 Humpen, Seidel, Stange
7 Stiefel
8 Masskrug
Bierglas
6 Seidel
Bierglas mit Henkel
7 Kruegel
8 Bierkrug, Masskrug
Bierhersteller
6 Brauer
Bierkäppchen
7 Zerevis
Bierlokal
6 Kneipe
13 Braeustueberl
Bierrettich
4 Radi
Biersorte
3 Ale, Alt
4 Pils
5 Lager, Stout
6 Porter, Weisse
7 Altbier, Pilsner
8 Bockbier, Malzbier, Pilsener
9 Rauchbier, Starkbier, Weissbier
10 Weizenbier
11 Gerstenbier, Maerzenbier
Bierstadt in Westböhmen
6 Pilsen
Bierwürze
6 Hopfen
Bierzutat
4 Malz
6 Hopfen, Wasser
Biest
4 Vieh
6 Bestie, Untier
Bigamie
9 Doppelehe
bigott
10 froemmelnd
12 heuchlerisch, scheinheilig
Bilanz
5 Fazit, Stand
8 Ergebnis
9 Abschluss
10 Abrechnung, Rueckblick, Ueberblick
Bild
4 Foto
5 Photo, Stich
6 Grafik, Skizze
7 Anblick, Graphik
8 Aquarell, Aufnahme, Eindruck, Gemaelde, Portraet, Portrait
9 Abklatsch, Konterfei, Medaillon, Radierung
Bild ländlichen Friedens
5 Idyll
Bildaufnahmegerät
10 Filmkamera
11 Fotoapparat
13 Videorecorder
Bildband
5 Album
Bildberichterstatter
12 Fotoreporter
13 Photoreporter
Bilddruckgitternetz
6 Raster
Bildeinfassung
6 Rahmen
9 Umrahmung
12 Passepartout
bildende Kunst
6 Grafik
7 Graphik, Malerei, Plastik
8 Skulptur
11 Architektur, Bildhauerei
bildender Künstler
5 Maler
8 Grafiker, Radierer
9 Bildhauer, Graphiker
13 Kupferstecher
Bilderausstellung
15 Gemaeldegalerie
Bilderrätsel
5 Rebus
10 Vexierbild
Bildersammlung
5 Album
7 Galerie
10 Pinakothek
15 Gemaeldegalerie
Bilderschrift
12 Hieroglyphen
Bilderstürmer
10 Ikonoklast
Bildgeschichte
5 Comic
10 Comicstrip
bildhaft
8 lebendig
9 plastisch
11 anschaulich
bildhafte Erzählung
9 Gleichnis
bildhafte Redewendung
8 Metapher
9 Gleichnis
Bildhauer
9 Plastiker, Schnitzer, Skulpteur, Steinmetz
Bildhauerarbeit ► Plastik

Bildhauermaterial
3 Ton
4 Bein, Gips, Gold, Holz, Zink
5 Beton, Eisen, Stein, Wachs
6 Bronze, Granit, Kupfer, Marmor, Metall
7 Messing
9 Elfenbein, Kalkstein, Sandstein
10 Kunststoff, Terrakotta

Bildhauerporträt
6 Bueste

Bildhauerwerkzeug
3 Lot
6 Bohrer, Hammer, Raspel, Zirkel
7 Meissel
8 Faeustel, Schlegel
9 Faustkeil, Schlaegel
12 Tasterzirkel
13 Modellierstab

Bildkapsel
9 Medaillon

bildlich
10 figuerlich, symbolisch
11 allegorisch
12 metaphorisch
13 gleichnishaft

bildliche Wendung
8 Metapher
9 Allegorie

bildliches Erinnerungsvermögen
7 Eidetik

Bildloch der Kamera
6 Blende

bildlose Tarockkarte
5 Laton

Bildnachbesserung
8 Retusche

Bildnis
6 Abbild
8 Gemaelde, Portraet, Portrait
9 Abbildung, Konterfei, Zeichnung

Bildnisse aus dem Alltag
12 Genremalerei

bildsam
10 lernfaehig

Bildsäule
6 Statue

Bildseite einer Medaille
5 Avers

Bildspeicher
10 Bildplatte, Magnetband

Bildspeicherung
12 Aufzeichnung

Bildstock
8 Klischee

Bildstreifen
4 Film
5 Comic, Strip

Bildteppich
5 Kelim
7 Gobelin
10 Tapisserie

Bildtonapparat
13 Videorecorder

Bildung
5 Geist
6 Aufbau, Kultur, Niveau, Wissen
8 Klugheit
9 Formation
10 Gestaltung
11 Aufstellung, Intelligenz
15 Zusammenschluss

Bildungsstand
6 Niveau

Bildungsstätte
6 Kolleg, Lyzeum, Museum, Schule
7 College, Seminar, Theater
8 Akademie, Institut, Internat
9 Gymnasium
10 Hochschule, Oberschule, Realschule
11 Volksschule
12 Berufsschule, Gesamtschule, Mittelschule, Universitaet
13 Gewerbeschule, Handelsschule, Klosterschule, Kunstakademie, Polytechnikum, Realgymnasium
15 Volkshochschule, Werkkunstschule

Bildungsurlaub
12 Studienreise

Bildunterschrift
7 Legende

Bildwerfer
7 Diaskop, Episkop
9 Projektor
10 Epidiaskop
12 Diaprojektor
18 Projektionsapparat

Bildwerk aus bunten Steinen
6 Mosaik

Bildwirkereiprodukt
11 Wandteppich

bildwirksam
7 fotogen
8 photogen

bildwirksame Filmidee
3 Gag

Bildzeichen
6 Symbol
8 Signatur
9 Ideogramm
10 Pictogramm, Piktogramm

Billardausdruck
5 Bande, Cadre, Effet, Point, Queue, Stoss
6 Dublee
9 Fehlstoss, Kopfstoss
11 Contrestoss, Karambolage, Mittelstoss

Billett
5 Karte
6 Ticket, Zettel
9 Fahrkarte
10 Fahrschein
14 Eintrittskarte

billig
6 simpel
7 einfach
8 ordinaer, primitiv, wohlfeil
9 preiswert

billiger Jakob
9 Hausierer
16 Strassenhaendler

billiges Kleid
6 Fummel

Billigung
14 Sanktionierung

Billigwarenvertrieb
10 Ausverkauf

Bimssteintuff
5 Trass

binär
4 dual

binäre Einheit
3 Bit
4 Byte

B

Binde
4 Band, Tuch
7 Bandage, Verband
10 Wundschutz
Bindegewebestrang
5 Sehne
Bindegewebsgeschwulst
6 Fibrom
Bindehautentzündung
14 Conjunctivitis, Konjunktivitis
Bindemittel
3 Oel
4 Kitt, Lehm, Leim
6 Binder, Zement
7 Moertel
8 Kleister
Bindemittel für Saucen
6 Eigelb
binden
6 zurren
bindend
13 obligatorisch
bindender Auftrag
6 Befehl
Binder
7 Schlips
8 Krawatte
Bindestrich
5 Divis
6 Hyphen
Bindewort
2 da, ob, so, wo
3 als, bis, ehe, und
4 aber, also, auch, dann, dass, denn, doch, oder, seit, weil, wenn, zwar
5 bevor, daher, damit, darum, desto, falls, indem, somit, sonst, sowie, wobei, woher, wohin, zudem
6 darauf, ferner, jedoch, obwohl, sobald
7 dennoch, deshalb, nachdem, solange
8 deswegen, trotzdem, waehrend, zugleich
11 Konjunktion
Bindfaden
5 Zwirn
6 Bendel, Kordel, Schnur, Spagat
Bindung
6 Fessel
7 Heftung, Liaison
9 Beziehung
10 Engagement
12 Freundschaft, Skihalterung
binnen
9 innerhalb
Binnengewässer
3 See
5 Teich
Binokel
6 Brille
8 Fernglas, Fernrohr
9 Augenglas, Mikroskop
Binse
5 Rusch
biochemischer Wirkstoff
5 Enzym
7 Ferment
Biograph Goethes
9 Eckermann
Biograph Karls des Großen
7 Einhard
Biographie
8 Memoiren
10 Lebensbild
18 Lebensbeschreibung
Biologie
11 Lebenskunde
biologisch(e, er, es) ...
· **Begriff**
8 Tierwelt
12 Pflanzenwelt
· **Disziplin**
7 Botanik, Genetik
8 Zoologie
13 Anthropologie
· **Entwicklung**
9 Evolution
Birkengrün
4 Maie
5 Maien
birmanische Münze
3 Bat
4 Kyat
birmanischer Tempelbau
6 Pagode
birnenförmige Frucht
7 Avocado
birnenförmiges Glasgefäß
6 Phiole
Birnensorte
5 Lucas
8 Gellerts
9 Alexander, Gute Luise
10 Bergamotte
11 Butterbirne, Christbirne
13 Pastorenbirne
14 Williams Christ
bis
6 soweit
7 solange
bis jetzt
4 noch
Bisam
7 Moschus
Bischof der Westgoten
7 Ulfilas, Wulfila
bischöfliche Hauptkirche
3 Dom
10 Kathedrale
bischöfliches Rundschreiben
11 Hirtenbrief
Bischofsamt
9 Episkopat
Bischofsamtsbereich
6 Bistum
8 Dioezese
Bischofskirche
3 Dom
Bischofsmütze
5 Infel, Inful, Mitra
Bischofssprengel
6 Bistum
8 Dioezese
Bischofsstab
5 Pedum
9 Krummstab
10 Hirtenstab
Bischofsversammlung
6 Konzil
bisherige Existenz
8 Vorleben
Bismarcks Geburtsort
12 Schoenhausen
Bismarcks Sterbeort
13 Friedrichsruh
Bissen
6 Happen
9 Haeppchen
bissig
5 spitz
6 mokant
10 spoettisch
11 sarkastisch
bissiges Sinngedicht
5 Xenie
Bistum
8 Dioezese

Bistumsverleihung
10 Investitur
bisweilen
8 manchmal, mitunter
12 gelegentlich
Bitte
5 Frage, Gebet
6 Gesuch, Wunsch
8 Anliegen, Ansuchen, Ersuchen, Petition
Bitte um Auskunft
7 Anfrage
bitten
8 ersuchen
bitter
4 hart, herb
11 schmerzlich
Bitterapfelsine
9 Pomeranze
bitterer Hohn
5 Spott
bitterer Spott
4 Hohn
Bittererde
8 Magnesia
13 Magnesiumoxid
Bitterkeit
5 Groll
Bittermittel
6 Amarum
Bitterweinart
6 Wermut
Bittgang
10 Prozession
Bittgebet
7 Litanei
Bittschrift
6 Antrag, Gesuch
7 Eingabe
8 Petition
Bittsteller
6 Petent
10 Supplikant
bituminöser Schiefer
8 Ichthyol
bizarr
7 seltsam
Blähhals
5 Kropf
Blähsucht
8 Tympanie
9 Flatulenz
Blamage
6 Fiasko, Pleite
7 Schande, Schimpf, Schmach
8 Reinfall
13 Blossstellung
16 Kompromittierung
blank
4 rein
5 glatt, nackt
6 sauber
9 glaenzend
blanker Schein
5 Glanz
blanko
4 leer
13 unausgefuellt
Blankovordruck
8 Formular
Bläschenausschlag
6 Herpes
11 Guertelrose
14 Guertelflechte
blasen
5 tuten
Blasen ziehendes Heilmittel
12 Senfpflaster
Blasenbildung
6 Schaum
Blasenentzündung
8 Zystitis
Blasenkeim
8 Blastula
Blasenspiegel
9 Cystoskop, Zystoskop
Blasenwurm
5 Quese
Blashorn
4 Tute
blasiert
8 arrogant
10 hochmuetig, hochnaesig
11 aufgeblasen, eingebildet, snobistisch
blasierter Angeber
4 Snob
Blasinstrument
4 Horn, Lure, Oboe, Tuba, Zink
6 Cornet, Fagott, Floete, Kleddi, Pfeife, Piston, Pommer, Zinken
7 Alphorn, Althorn, Altoboe, Bassett, Bomhart, Bommert, Clairon, Clarino, Cornett, Fanfare, Helikon, Kornett, Okarina, Pikkolo, Posaune, Serpent
8 Basshorn, Basstuba, Hautbois, Jagdhorn, Saxophon, Schalmei, Trombone, Trompete, Waldhorn
9 Bombardon, Dudelsack, Harmonika, Krummhorn, Naturhorn, Panfloete, Panpfeife, Sousaphon, Tenorhorn
10 Altposaune, Bombardino, Flageolett, Heckelphon, Klarinette, Kontrabass, Oboedamore, Querfloete, Querpfeife, Rohrfloete, Sackpfeife
11 Blockfloete, Fluegelhorn
12 Englischhorn, Kontrafagott, Sopranfloete, Waldhorntuba
13 Mundharmonika, Pikkolofloete
14 Bassklarinette
Blasmusiker
6 Oboist
7 Hornist, Pfeifer
8 Floetist
9 Trompeter
10 Kornettist
11 Saxophonist
Blasphemie
16 Gotteslaesterung
blass
4 fahl
6 bleich
7 farblos
blassblau
6 livide
Blässe
7 Bleiche
8 Fahlheit
13 Farblosigkeit
blassgelb
5 creme
Blässhuhn
5 Ralle
blassrot
4 rosa
blassroter Wein
4 Rosé
7 Clairet

B

11 Weissherbst
Blatt Papier
5 Bogen
Blättchen
5 Folie
7 Lamelle, Zeitung
blattdünnes Metall
5 Folie
Blätter der Bäume
4 Laub
Blätterkelch
6 Becher
Blättermagen
6 Omasus
7 Psalter
Blatternarbe
5 Pocke
Blätterpilz
7 Reizker
8 Egerling
10 Champignon
12 Schwefelkopf
Blätterteighörnchen
9 Croissant
Blätterwerk
4 Laub
Blattfaser der Zwergpalme
5 Afrik
Blattgebilde bei Gräsern
6 Spelze
Blattgemüse
4 Kohl
5 Kraut, Salat
6 Spinat
7 Mangold
Blattgrün
11 Chlorophyll
Blatthalter des Setzers
7 Tenakel
Blattholz
7 Furnier
Blatthornkäfer
9 Maikaefer
10 Junikaefer, Mistkaefer, Skarabaeus
11 Rosenkaefer
12 Hirschkaefer, Pillendreher
Blattkäfer
7 Erdfloh
Blattlausart
7 Reblaus
Blattlaushonig
7 Mehltau
Blattnervatur
8 Aederung
Blattpfeife
5 Fiepe
Blattrückseite
5 Verso
6 Revers
Blattvorderseite
5 Avers, Rekto
Blattwerk
4 Laub
Blattzinn
8 Stanniol
blau blühende Blume
8 Veilchen
16 Vergissmeinnicht
Blaubeere
9 Bickbeere
11 Heidelbeere
blaue Farbe
4 Azur, Bleu
6 Indigo, Kobalt
8 Azurblau
10 Himmelblau, Ultramarin
11 Koenigsblau
blauer Farbstoff
4 Waid
6 Indigo
Blaufelchen
5 Renke
6 Balche
Blaujacke
7 Matrose, Seemann
9 Seefahrer
Blausäure
15 Zyanwasserstoff
Blausäuregift
8 Zyankali
Blauspat
8 Lazulith
Blauspecht
7 Kleiber
Blechbehälter
4 Dose, Fass
7 Buechse
8 Kanister
Blechblasinstrument
4 Tuba
Blechbüchse
4 Dose
Blechner
8 Klempner, Spengler
Bleibe
4 Asyl, Heim
5 Logis
6 Obdach
7 Wohnung
8 Herberge, Quartier
10 Nachtlager, Unterkunft
13 Nachtquartier
bleibend
7 durabel, haltbar, zeitlos
8 remanent
9 dauerhaft
bleich ► blass
Bleichgesicht
7 Weisser
Bleichmittel
5 Chlor
9 Chlorkalk
20 Wasserstoffsuperoxid
Bleichsucht
8 Chlorose
Bleifarbe
7 Mennige
Bleiglanz
7 Galenit
Bleisiegel
6 Plombe
Bleistifteinlage
4 Mine
Bleistreifen der Setzer
8 Reglette
Bleiverbindung
6 Minium
blendend hell
5 grell
Blendenöffnung
7 Apertur
Blendwerk
4 Trug
6 Humbug, Schein
8 Trugbild
10 Hokuspokus, Taeuschung
Blessur
5 Wunde
10 Verwundung
Blick nach allen Seiten
7 Umschau
Blickbereich
8 Sehweite
Blickwinkel
6 Aspekt
11 Perspektive
13 Gesichtspunkt
blind(e, er, es) ...
· **Leidenschaft**
10 Fanatismus

B

- **Wut**
  4 Rage
- **Zorn**
  3 Wut
  4 Rage

Blinddarmentzündung
12 Appendizitis
Blinddarmfortsatz
8 Appendix
Blindenschrifterfinder
7 Braille
Blindfisch
5 Inger
Blindgänger
5 Niete
8 Versager
Blindheit
7 Anopsie
Blindschacht im Bergbau
6 Gesenk
Blindwiderstand
8 Reaktanz
blindwütig
9 fanatisch
blindwütiger Todeslauf
4 Amok
blindwütiger Zerstörer
7 Wandale
9 Berserker
Blinkfeuer
10 Leuchtturm
Blinkzeichen
11 Lichtsignal
Blitz und Donner
8 Gewitter
Blitzart
10 Kugelblitz
11 Linienblitz
blitzend
9 fulminant
Blitzschutz
8 Ableiter
Block
5 Klotz
6 Kloben
7 Brocken, Klumpen
Blockade
6 Sperre
7 Embargo
Blockflöte
6 Flauto
Blockiervorrichtung
11 Arretierung
Blocksberg
7 Brocken
Blocksbergfest
14 Walpurgisnacht
Blockschrift
7 Antiqua
blöd
3 irr
4 dumm
5 debil
6 albern, dement, stupid
7 stupide
8 borniert
9 idiotisch
Blödsinn
6 Demenz, Unsinn
7 Idiotie, Nonsens, Quatsch
blonde Frau
8 Blondine
bloß
3 nur
4 aber
5 nackt
6 allein, einzig, jedoch
9 lediglich
10 huellenlos
11 unbekleidet
Bloßstellung
7 Blamage, Schande, Schmach
10 Entlarvung
11 Beschaemung
12 Demaskierung
16 Kompromittierung
Blüchers Generalstabschef
9 Gneisenau
Blue Jeans
10 Nietenhose
Bluff
5 Luege, Mache, Trick
10 Hokuspokus, Taeuschung
12 Irrefuehrung
13 Vorspiegelung
blühende Pflanze
5 Blume
Blume
4 Duft, Iris, Mohn, Rose
5 Aroma, Aster, Lilie, Malve, Nelke, Phlox, Tulpe, Wicke, Winde
6 Akelei, Bluete, Bukett, Dahlie, Krokus, Lupine, Primel, Reseda, Wuerze, Zinnie
7 Anemone, Aurikel, Begonie, Fuchsie, Geranie, Levkoje, Lobelie, Petunie, Pflanze, Tagetes
8 Clematis, Georgine, Gladiole, Gloxinie, Goldlack, Goldwurz, Narzisse, Veilchen
9 Amaryllis, Buschrose, Hortensie, Hyazinthe
10 Immortelle, Leberblume, Loewenmaul, Montbretie, Nachtkerze, Osterblume, Pelargonie, Strohblume
11 Cosmosblume, Kosmosblume, Ringelblume, Rittersporn, Sonnenblume, Wucherblume
12 Chrysantheme, Flammenblume, Glockenblume, Koenigskerze, Mittagsblume, Schwertlilie
13 Schleierkraut, Tausendschoen
15 Gaensebluemchen
16 Stiefmuetterchen, Vergissmeinnicht
Blume beim Bier
6 Schaum
Blumenarrangement
7 Gebinde
Blumenband
8 Girlande
Blumenbeet
7 Rabatte
Blumenbinder
7 Florist
Blumenbinderin
9 Floristin
Blumenfee
4 Elfe
Blumenfläche
10 Ziergarten
Blumenfülle
4 Flor
Blumengebinde
4 Bund
6 Bukett, Feston
7 Strauss
Blumengefäß
4 Topf, Vase
6 Schale

B

Blumengewinde
5 Kranz
6 Feston
8 Girlande
Blumenkind
6 Hippie
Blumenkohl
7 Karfiol
Blumensteckkunst
7 Ikebana
Blumentier
7 Koralle
blusenartiger Frauenkittel
6 Kasack
Blut saugend(e, er, es) ...
· **Gespenst**
6 Vampir
· **Ungeziefer**
4 Egel, Floh, Laus
5 Wanze, Zecke
6 Bremse
7 Schnake
· **Wurm**
4 Egel
Blutabnahme
8 Aderlass
10 Schroepfen
Blutandrang
7 Wallung
10 Kongestion
Blutarmut
7 Anaemie
9 Oligaemie
11 Bleichsucht
Blutaustritt ins Gewebe
8 Haematom
10 Bluterguss
Blutbad
8 Gemetzel, Massaker
Blutbahnen des Körpers
5 Adern
Blutdorn
10 Berberitze
Blüte
5 Blume
Blüte vor dem Öffnen
6 Knospe
Blutegelwirkstoff
7 Hirudin
Blüten der Salweide
13 Palmkaetzchen
Blütenform
5 Kelch
Blütenhonig
6 Nektar
Blütenlese
10 Anthologie
Blütenpracht
4 Flor
Blütenstand
5 Aehre, Dolde, Rispe
6 Glocke, Kolben, Traube, Wickel
8 Geschein
9 Kaetzchen, Koerbchen
Blütenstaub
6 Pollen
Blütenteil
5 Blatt, Kelch, Krone, Narbe
6 Knospe
7 Griffel, Perigon, Stempel
8 Perianth
9 Kronblatt
10 Huellblatt, Staubblatt, Staubfaden
11 Fruchtblatt, Staubbeutel
12 Bluetenboden, Fruchtknoten
Blutentnahme
8 Aderlass
Blütenzierpflanze
6 Azalee
Bluterkrankheit
11 Haemophilie
Blütezeit einer Pflanze
10 Floreszenz
Blutfarbstoff
11 Haemoglobin
Blutfaserstoff
6 Fibrin
Blutflüssigkeit
5 Serum
6 Plasma
Blutgefäß
4 Ader, Vene
5 Aorta
7 Arterie
10 Schlagader
Blutgefäßverengung
8 Stenosis
Blutgefäßverstopfung
7 Embolie
Blutgerinnsel
6 Pfropf
8 Pfropfen, Thrombus
10 Blutpfropf
Blutgerinnselbildung
9 Thrombose
Blutgerüst
8 Schafott
Blutgeschwulst
8 Haematom
Blutgeschwür
8 Furunkel
9 Karbunkel
Blutgruppenmerkmal
12 Rhesusfaktor
Blutkörperchen
8 Leukozyt
10 Erythrozyt
Blutkrankheit
7 Anaemie, Leukose
9 Leukaemie
11 Haemophilie
13 Polyzythaemie
Blutkreislauf
11 Zirkulation
Blutplättchen
10 Thrombozyt
Blutrache
8 Vendetta
blutreiche Geschwulst
6 Fungus
Blutsauger
4 Egel
6 Vampir
8 Blutegel
Blutschande
6 Inzest
blutstillendes Mittel
5 Alaun
11 Adstringens
Blutsverwandter (▶ auch Verwandter, Verwandte)
5 Agnat
6 Kognat, Nepote
Bluttat
4 Mord
9 Totschlag
Blutübertragung
11 Transfusion
blutunterlaufener Streifen
7 Strieme
Blutvergiftung
6 Sepsis
8 Toxaemie
Blutwurst (umgangssprachlich)
6 Blunze
7 Blunzen
Blutwurz
10 Tormentill

Blutzirkulation
9 Kreislauf
Boa
5 Stola
9 Pelzstola
Boaschlange
8 Anakonda
15 Koenigsschlange
Bocksprung
8 Kapriole
Boden
5 Basis, Grund
6 Buehne, Kammer
9 Grundlage
10 Dachkammer
Bodenabtragung
7 Erosion
Bodenanreicherung
8 Duengung
13 Gruenduengung
Bodenart
3 Ton
4 Erde, Kies, Klei, Lehm, Sand
5 Acker, Grund, Humus, Loess
6 Mergel, Podsol
Bodenaushub
8 Baugrube
Bodenbelag
3 PVC
4 Kork
7 Fliesen, Parkett, Teppich
8 Linoleum, Stragula
Bodenbestandteil
5 Humus
Bodenbewegung am Hang
9 Erdrutsch
Bodendunst
5 Brint, Nebel, Wasen
Bodenentwässerung
8 Draenage, Drainage
Bodenerhebungen
5 Berge
Bodenertrag
5 Ernte
Bodenerzeugnis
9 Naturalie
Bodenfläche
5 Areal
6 Bezirk
7 Flaeche
Bodengüte
8 Bonitaet
Bodenkunde
9 Pedologie
Bodenleben
7 Edaphon
Bodennutzung
5 Anbau
8 Ackerbau
Bodenplatte
6 Fliese
Bodensatz
4 Trub
5 Grund
8 Abschaum, Residuum, Sediment
9 Sinkstoff
10 Ablagerung
Bodenschatz
3 Erz
4 Gold
5 Kohle
6 Erdgas, Erdoel, Kupfer, Metall, Platin, Silber
7 Mineral
9 Edelstein
10 Braunkohle, Steinkohle
Bodenseefisch
11 Blaufelchen
Bodenseehafen
6 Lindau
7 Bregenz
8 Konstanz
9 Meersburg, Rorschach
10 Romanshorn
11 Ueberlingen
15 Friedrichshafen
Bodenseeinsel
6 Lindau, Mainau
9 Reichenau
Bodenseelandschaft
5 Hegau
Bodensenke
3 Tal
5 Mulde
6 Graben
bodenständig
8 heimisch, sesshaft
10 autochthon, urwuechsig
Bodenturnübung
3 Rad
5 Rolle, Salto
6 Spagat
8 Radwende, Schraube
9 Flugrolle, Handstand, Kopfstand
10 Hechtrolle
11 Liegestuetz, Ueberschlag
12 Spreizsprung, Strecksprung
Bodenvertiefung
5 Mulde, Senke
Bodenzustand
4 Gare
Bogen
3 Tor
5 Blatt, Kurve, Waffe
6 Papier, Portal
7 Biegung, Rundung
8 Gewoelbe, Woelbung
9 Kruemmung
Bogengang
5 Laube
6 Arkade
7 Arkaden
Bogengeschoss
5 Pfeil
Bogenhalle
6 Loggia
Bogenhanf
10 Sanseverie
Bogenlänge
5 Arkus
Bogensprung
7 Lancade
8 Kurbette
Bogenverzierung
6 Feston
Bohle
4 Bord
5 Brett, Diele
6 Planke
böhmisch(e, er, es) ...
· **Bier**
7 Pilsner
· **Forscher**
6 Mendel
· **Industriewerk**
5 Skoda
· **Komponist**
7 Smetana
· **Königsname**
6 Wenzel
7 Ottokar
· **Landschaft**
8 Egerland
· **Mittelgebirge**
10 Erzgebirge
· **Reformator**
3 Hus

- **Rundtanz**
  5 Polka
- **Zeichner**
  5 Kubin

Bohnenkraut
7 Saturei
12 Pfefferkraut

Bohnerbesen
3 Mop

Bohrmuschel
6 Pholas

Bohrschnecke
6 Natica, Nerita

bolivianisch(e, er, es) …
- **Berg**
  6 Sorata
  7 Illampu
  8 Illimani
- **Lasttier**
  4 Lama
  6 Alpaka
- **Münze**
  9 Boliviano
- **Politiker**
  7 Bolivar

Bolle
7 Zwiebel

Bollwerk
3 Kai
4 Mole, Pier, Wall, Wand, Wehr
5 Buhne, Mauer
6 Bastei, Schutz
7 Bastion, Schanze
11 Befestigung

bolschewistischer Führer
5 Lenin
6 Stalin
7 Trotzki

Bombardement
8 Beschuss
11 Luftangriff
12 Beschiessung

Bombardon
8 Basstuba

bombastisch
7 pompoes
11 hochtrabend, schwuelstig

Bombe
13 Sprengkoerper

bombensicherer Raum
6 Bunker
9 Kasematte
10 Unterstand

Bon
8 Quittung
9 Anweisung, Gutschein
12 Kassenzettel

Bonbon
4 Drop
7 Praline, Zuckerl
8 Pralinee
9 Karamelle, Naschwerk, Suessware

Bonität
4 Wert
5 Guete
6 Ertrag
10 Bodenguete
18 Zahlungsfaehigkeit

Bonmot
4 Witz
6 Pointe
9 Ausspruch, Wortspiel
12 Geistesblitz

Bonus
6 Anteil, Gewinn, Rabatt, Zugabe
7 Praemie
8 Nachlass
9 Dividende
10 Verguetung
11 Ueberschuss
12 Gewinnanteil

Bonvivant
8 Lebemann

Boom
6 Bluete, Hausse
14 Hochkonjunktur

Boot der Malaien
4 Prau

Boot in Venedig
6 Gondel

Bootsanlegestelle
4 Steg
7 Bruecke

Bootsart
3 Dau, Gig
4 Dhau, Ewer, Kahn, Kanu, Prau
5 Barke, Dingi, Einer, Jacht, Jolle, Kajak, Moses, Yacht, Zille
6 Achter, Dinghi, Gondel, Nachen, Piroge, Schiff, Vierer, Zweier
7 Einbaum, Pinasse
8 Barkasse, Canadier, Dschunke, Faltboot, Kanadier
9 Katamaran, Ruderboot, Schinakel, Segelboot
10 Paddelboot
12 Schlauchboot

Bootsführer in Venedig
10 Gondoliere

Bootsgast
7 Matrose

Bootsgattung
5 Einer
6 Achter, Vierer, Zweier
12 Doppelzweier

Bootskörper
5 Rumpf

Bootsrennen
7 Regatta

Bootsschutzhülle
10 Persenning

Bootssport
6 Rudern, Segeln

Bootssportler
5 Kanut
6 Kanute, Segler
7 Ruderer

bootssportliche Eröffnung im Frühling
8 Ansegeln

Bootsteil
3 Bug
4 Heck, Kiel, Mast
5 Anker, Dolle, Ducht, Pinne, Ruder, Segel, Skull, Spake, Stake
6 Fender, Klampe, Planke, Riemen, Steuer, Steven
7 Schwert
8 Dollbord

Bootszubehör
5 Ruder

Bord
4 Deck, Rand
5 Brett, Regal

Bordeauxwein
5 Médoc, Palus
6 Graves
8 Bazadais
9 Haut Brion, Sauternes
12 Saint Emilion, Saint Estephe
14 Chateau Margaux

Bordell
4 Puff
10 Eroscenter

B

11 Freudenhaus
Borg
4 Pump
6 Kredit
7 Anleihe
borgen
6 leihen
9 verleihen
Borke
5 Rinde
6 Kruste, Schorf
Borkenkäfer
3 Ips
8 Ruessler
Born
5 Bronn, Quell
6 Quelle
7 Brunnen
10 Heilquelle
11 Jungbrunnen
bornierter Starrsinn
14 Engstirnigkeit
borsaures Salz
5 Borat
Börse
9 Portmonee
10 Geldbeutel
12 Portemonnaie
Börsenansturm
3 Run
Börsenaufgeld
4 Agio
Börsenaufgelder über Nennwerten
6 Agien
Börsenauftrag
5 Order, Ordre
Börsenbegriff ▶ Bankbegriff
Börsenbericht
9 Kurstafel
10 Kurszettel
Börsenkaufmann
6 Makler
Börsenmaklergebühr
8 Courtage
Börsenpapier
5 Aktie, Fonds, Share
6 Devise, Valeur
7 Einlage, Wechsel
8 Effekten
10 Obligation, Pfandbrief, Stammaktie, Volksaktie, Wertpapier
11 Aktienpaket
12 Vorzugsaktie
Börsenpreis
4 Kurs
9 Kassakurs
Börsenspekulant
6 Jobber
10 Boersianer
Börsenspekulation
8 Agiotage
Börsentageswert
4 Kurs
Börsentageswerte
5 Kurse
Borste
4 Haar
7 Stachel
Borstenbüschel
5 Quast
Borstenhaar
4 Seta
Borstentier
7 Schwein, Wildsau
Borstenwurm
4 Pier
6 Palolo, Serpel
8 Sandwurm
9 Regenwurm
11 Roehrenwurm
borstig
7 struppig
8 zerzaust
Borte
4 Band
5 Galon, Litze
6 Besatz, Galone, Schnur, Tresse
Borusse
7 Preusse
Borverbindung
5 Borax
bösartig
7 maligne
10 pernizioes
bösartig(e, er, es) ...
· **Geschwulst**
5 Gliom, Krebs, Tumor
6 Sarkom
7 Melanom
8 Karzinom, Malignom
· **Hinterlist**
10 Heimtuecke
· **Tier**
6 Bestie
· **Tierfalle**
11 Tellereisen
Böschung
4 Hang
5 Halde, Leite
6 Abhang
Böschungsabsatz
5 Berme
böse
3 arg
5 uebel
7 boshaft, garstig, ruchlos, schlimm
9 teuflisch
böse Geister Ahrimans
3 Dew
böser Geist
5 Satan
6 Asmodi, Daemon, Samiel, Teufel, Unhold
8 Mephisto
14 Mephistopheles
Böses
5 Uebel
böses Weib
4 Hexe
5 Furie
7 Megaere
9 Xanthippe
boshaft
5 boese
6 gemein, giftig
8 haemisch
12 uebel wollend
boshaft(e, er, es) ...
· **Gehässigkeit**
5 Haeme
· **Auslachen**
5 Spott
· **Necken**
7 aergern
Bosheit
3 Arg, Wut
4 Hohn, List, Zorn
6 Aerger, Tuecke
7 Infamie, Unwille
8 Schikane
10 Gemeinheit, Hinterlist
12 Niedertracht
Boss
4 Chef
6 Leiter
11 Arbeitgeber
12 Vorgesetzter
böswillige Zerstörung
8 Sabotage

B

Botanik
13 Pflanzenkunde
botanisch(e, er, es) ...
· **Anlage**
4 Beet, Park
6 Garten
9 Treibhaus
10 Dachgarten, Obstgarten
12 Gewaechshaus
· **Begriff**
3 Ast
4 Alge, Auge, Bast, Dorn, Farn, Gras, Halm, Harz, Holz, Keim, Kern, Kork, Korn, Laub, Mark, Moos, Nuss, Obst, Pilz, Rebe, Reis, Rohr, Saat, Same, Wald
5 Achse, Aehre, Beere, Blatt, Borke, Busch, Dolde, Faser, Flora, Hecke, Kelch, Kraut, Krone, Lippe, Nadel, Narbe, Ranke, Raute, Rinde, Rispe, Ruebe, Samen, Spore, Sporn, Stamm, Staub, Stiel, Trieb, Tuete, Wedel, Zelle, Zweig
6 Bluete, Eichel, Frucht, Garten, Geaest, Gewebe, Huelle, Huelse, Kapsel, Klette, Knolle, Knospe, Knoten, Kolben, Mandel, Pollen, Reisig, Roehre, Schaft, Schale, Schote, Sporen, Spross, Staude, Stumpf, Traube, Zapfen
7 Ableger, Aussaat, Flechte, Griffel, Lamelle, Schuppe, Spindel, Stachel, Stempel, Stengel, Strauch, Zwiebel
8 Gehaeuse, Keimling, Kernhaus, Saatkorn, Saemling, Staengel
9 Deckblatt, Haarkranz, Kaetzchen, Keimblatt, Kronblatt, Milchsaft, Schraubel, Steckling
10 Blattgruen, Jahresring, Kelchblatt
11 Befruchtung, Bestaeubung, Bluetenkorb, Chlorophyll, Fruchtstand, Samenkapsel, Schoessling, Staubbeutel, Wurzelstock
12 Bluetenblatt, Fruchtknoten, Staubgefaess
· **Sammlung**
9 Herbarium
Bote
3 Boy
6 Herold, Kurier, Melder
7 Abholer
9 Zusteller
11 Laufbursche
12 Brieftraeger, Ueberbringer
Botengang
9 Besorgung
Botin der Frigg
3 Gna
Botschaft
4 News
5 Kunde
7 Meldung, Mission
9 Ambassade, Nachricht, Neuigkeit
10 Evangelium, Kundgebung, Mitteilung
Botschafter
5 Legat
7 Nuntius
8 Diplomat
9 Gesandter
11 Abgesandter, Ambassadeur
Botschafter des Papstes
7 Nuntius
Botschaftsangehöriger
7 Attaché
Botschaftsgebäude
9 Ambassade, Botschaft
Böttcher
6 Kuefer
8 Buettner
10 Fassbinder, Schaeffler
Böttcherbeil
6 Segerz
Böttcherwerkzeug
5 Beuge
8 Schlegel
Bottich
5 Wanne, Zuber
6 Buette, Kuebel
9 Holzwanne
Bouillabaisse
10 Fischsuppe
Boutique
4 Bude, Shop
5 Laden, Stand
9 Geschaeft, Kramladen
Box
4 Fach, Raum
5 Stand
6 Garage, Kamera, Kasten
8 Postfach
9 Verschlag
11 Pferdestand
Boxausdruck
2 ko
3 aus, fit
5 Break, Fight, Haken, Linke, Punch, Runde
6 Clinch, Finish, Gerade, groggy, Rechte
7 Auslage, Bandage, Infight
8 Betreuer, knock-out, Nahkampf, Sidestep, Sparring, Uppercut
9 Doublette, Kinnhaken, Maisbirne, Punktsieg, Schwinger
10 Leberhaken, Tiefschlag
11 Ringrichter
12 Guertellinie, Niederschlag
14 Aufwaertshaken
Boxkampfleiter
11 Ringrichter
Boxkampfstätte
4 Ring
Boxtraining
8 Sparring
Boy
3 Bub
4 Bote, Page
Boykott
7 Embargo
Brache
7 Oedland
Brachse
4 Blei
6 Brasse
Bracke
8 Jagdhund, Laufhund, Querholz
9 Spuerhund
Bramme
10 Eisenblock
Branche
4 Fach

B

6 Sparte
9 Abteilung
10 Fachgebiet
11 Berufszweig
16 Wirtschaftszweig

Branchenkenner
7 Experte, Insider
8 Fachmann

Brand
4 Glut, Lohe
5 Durst, Feuer
7 Nekrose
8 Nekrosis
12 Feuersbrunst

Brandbekämpfer
13 Feuerwehrmann

Brandbekämpfungsgerät
13 Feuerloescher

brandenburgische Dynastie
12 Hohenzollern

Brandfackel
5 Fanal

Brandmal
6 Stigma

brandmarken
7 aechten
8 verfemen

Brandmarkung
8 Aechtung

Brandrest
5 Asche, Rauch

Brandstiftungstrieb
9 Pyromanie

Brandung
6 Gischt

Brandwache
9 Feuerwehr

Brandy
10 Branntwein

Branntwein
3 Gin, Rum
4 Koem, Korn, Marc, Raki
5 Arrak, Gilka, Wodka
6 Brandy, Cognac, Kognak, Whisky
7 Absinth, Aquavit, Genever, Kuemmel, Schnaps, Trester, Whiskey
8 Armagnac, Calvados
9 Slibowitz, Sliwowitz, Wacholder, Weinbrand

Branntweinbrennerei
12 Destillation

brasilianisch(e, er, es) ...

· **Berg**
8 Itatiaia
13 Pico da Neblina

· **Bundesstaat**
5 Bahia

· **Fußballspieler**
4 Pele
8 Sokrates

· **Goldmünze**
7 Milreis

· **Gummisucher**
11 Serengueiro

· **Indianer**
8 Botokude

· **Indianerstamm**
4 Pano, Tupi
5 Aruak, Taino
6 Tukano
7 Goajiro, Guarani, Kariben
8 Arawaken, Karaiben

· **Insel**
7 São Paul
9 Trinidade

· **Kaisername**
5 Pedro

· **Mischling**
6 Cafuso
7 Caboclo

· **Pianist**
6 Freire, Gelber

· **Schriftsteller**
5 Amado
7 Alencar

· **Staat**
4 Acre

· **Steppenlandschaft**
6 Llanos

· **Tanz**
5 Samba

· **Trockenwald und Busch**
6 Sertao

· **Währung**
4 Real, Reis
7 Centavo, Milreis
8 Cruzeiro

· **Wohnhaus**
6 Maloka

Brasilnuss
8 Paranuss

Bratensaft
3 Jus
5 Beize, Sauce, Sosse, Tunke

Bratenstück
5 Filet, Steak
7 Roulade
8 Kotelett
9 Karbonade, Rumpsteak, Schnitzel

Bratgefäß
6 Pfanne, Tiegel
10 Bratpfanne, Roemertopf
12 Schmortiegel

Bratrohr
8 Backofen

Bratrost
5 Grill
8 Barbecue

Bratsche
5 Viola
8 Altgeige, Armviola

Bratschen
6 Violen

Brauch
3 Uso
4 Mode, Usus
5 Regel, Sitte
6 Usance
9 Tradition
10 Gewohnheit, Konvention
13 Gepflogenheit
14 Ueberlieferung

Brauchbarkeit
7 Eignung

Brauer
14 Bierhersteller

Brauereianlage
7 Sudhaus
8 Fuhrpark
9 Maelzerei
10 Abfuellung, Gaerkeller
11 Lagerkeller

Brauereibehälter
4 Fass

Brauereiberuf
7 Maelzer
11 Braumeister

Brauereiprodukt
4 Bier
7 Altbier
9 Lagerbier, Weissbier
10 Weizenbier

Braugerste
4 Malz

Braumischung
7 Maische

B

Braumittel
4 Hefe
Braunalgen
7 Seetang
brauner Farbstoff
5 Sepia, Siena, Umber, Umbra
6 Bister
Braunfisch
8 Tuemmler
braunhaarig
8 bruenett
Braunkohlenart
6 Lignit
Braunkohlenkoks
5 Grude
Braunkohlenprodukt
7 Brikett
Braunschweiger ...
· **Biersorte**
4 Gose
5 Mumme
· **Dynastie**
6 Welfen
· **Sehenswürdigkeit**
5 Loewe
7 Rathaus
Bräunungsstudio
8 Solarium
Braurückstand
6 Treber
Brause
7 Sprudel
8 Limonade
Brauseabteil
11 Duschkabine
Brausebad
6 Dusche
Braut
8 Verlobte
11 Zukuenftige
Brautschaft
7 Mitgift
9 Aussteuer
10 Heiratsgut
Brautschau
6 Freite
7 Werbung
8 Freierei
Brautschmuck
5 Kranz
11 Myrtenkranz
13 Jungfernkranz
Brautwerber
6 Freier
Brautwerbung
6 Antrag
brav
4 lieb
5 artig
6 bieder, tapfer, wacker
7 folgsam, fuegsam
8 gehorsam
9 ehrenwert
11 wohlerzogen
13 rechtschaffen
Bravheit
9 Artigkeit
12 Hoeflichkeit
Bravur (Bravour)
3 Mut
4 Elan
5 Verve
Bravurstück (Bravourstück)
11 Glanznummer
12 Paradenummer
Break
11 Pferdewagen
12 Konterschlag
15 Rhythmuswechsel
Brecher
4 Woge
5 Welle
10 Sturzwelle
Brechmittel
8 Emetikum
Brechnussbaumgift
9 Strychnin
Brechreiz
6 Nausea
Brechruhr
7 Cholera
Brechung
10 Refraktion
Bredouille
6 Klemme
11 Bedraengnis
breiartiges Gericht
7 Gruetze
breiförmige Speise
3 Mus
6 Pueree
8 Apfelmus
14 Kartoffelstock
15 Erdaepfelpueree, Kartoffelpueree
breit
4 weit
5 largo
breit(e, er, es) ...
· **Einfahrt**
3 Tor
· **Kopfkissen**
7 Pfulmen
· **Liegesofa**
5 Couch
· **Pfad**
3 Weg
· **Schlips**
8 Plastron
· **Straße**
9 Boulevard
breitkrempiger Hut
8 Sombrero
Breitling
7 Sprotte
Bremens Wahrzeichen
6 Roland
bremsen
6 hemmen
11 verlangsamen
Bremsminderung
6 Fading
Bremsschwung beim Skilauf
8 Telemark
Bremsvorrichtung
9 Hemmschuh
brennend
4 akut
Brenner
9 Alpenpass
12 Destillateur
Brenngas
5 Butan
6 Propan
Brennholzstück
6 Scheit
Brennöl
7 Kerosin
Brennpunkt
5 Fokus
Brennstoff
3 Gas, Oel
4 Holz, Koks, Torf
5 Butan, Grude, Kohle, Sprit
6 Benzin, Erdgas, Erdoel, Propan
7 Brikett, Heizoel
8 Spiritus
9 Anthrazit, Holzkohle
10 Braunkohle, Presskohle, Steinkohle

Brennstoffbehälter
4 Tank
8 Kanister
Brennstoffmangel
12 Energiekrise
brenzlig
6 heikel
9 verbrannt
10 bedenklich
Bresche
4 Loch, Riss
6 Luecke
9 Durchlass
10 Einschnitt, Mauerbruch
Brett
3 Ski
4 Bord, Holz
5 Bohle, Diele, Latte
6 Planke, Platte
Brett von Fässern
9 Fassdaube
Bretterbau
4 Bude
7 Baracke
8 Schuppen
9 Verschlag
Brettergestell
5 Regal
Bretterstoß
6 Stapel
Bretterverkleidung
8 Schalung
Brettspiel
2 Go
4 Dame, Puff
5 Halma, Salta
6 Gammon, Gobang, Muehle, Schach
7 Eckdame, Malefiz
8 Blockade, Monopoly, Trictrac
9 Fuchsjagd, Tokadille
10 Backgammon, Fang den Hut, Tricktrack
Brettverkleidung
8 Schalung
Breve des Papstes
5 Bulle
Brevier
6 Auszug
9 Gebetbuch
12 Stundengebet
Brief
7 Billett, Epistel, Urkunde
9 Schreiben, Zuschrift
10 Wertpapier
Brief der Apostel
7 Epistel
Briefabsender
9 Adressant
Briefempfänger
8 Adressat
Briefgeld
5 Porto
Briefmarke
15 Postwertzeichen
Briefmarkenkunde
10 Philatelie
Briefmarkensammler
11 Philatelist
Briefpartner
13 Korrespondent
Briefträger
8 Postbote
9 Zusteller
Briefumschlag
6 Kuvert
Briefverschluss
6 Siegel
Briefwechsel
13 Korrespondenz
Brillant
7 Diamant
brillant
8 grandios
9 glaenzend
10 grossartig
Brille
7 Binokel, Einglas, Klemmer, Kneifer, Lorgnon, Monokel, Zwicker
8 Haftglas, Pincenez
9 Augenglas, Lorgnette
11 Augenschutz
Brillenbehälter
4 Etui
Brillenfachmann
7 Optiker
12 Augenoptiker
Brillenform
7 Kneifer, Zwicker
Brillenfutteral
4 Etui
Brillenhersteller ► Brillenfachmann
Brillenschlange
5 Aspis, Kobra
13 Ringhalskobra
14 Uraeusschlange
brisant
8 explosiv
11 hochaktuell
Brise
4 Wind
7 Seewind
8 Fahrwind
9 Segelwind
Britannien
7 England
britannischer Sagenkönig
4 Artus
Britin
12 Englaenderin
britisch(e, er, es) ...
► englisch(e, er, es) ...
Bröckchen auf Gebäck
8 Streusel
Brocken
5 Block, Klotz
11 Bruchstueck
Brocken in der Sage
10 Blocksberg
Brodem
4 Atem, Luft
5 Dampf, Dunst, Hitze, Nebel, Qualm
8 Schwaden
Bromaceton
10 Traenengas
Bromverbindung
6 Bromat, Bromit
Bronchienspiegel
11 Bronchoskop
Bronzeposaune
4 Lure
Brosame
5 Krume
7 Kruemel
Brosche
5 Fibel, Klipp, Nadel
6 Spange
7 Agraffe
12 Anstecknadel
Brot rösten
7 toasten
Brotaufstrich
9 Marmelade
10 Verhackert
12 Brimsenkaese
15 Sauerrahmbutter
16 Ribiselmarmelade
Brotbelag
3 Mus

B

5 Gelee, Honig, Kaese, Sirup, Speck, Wurst
6 Butter
8 Schinken
10 Aufschnitt, Konfituere

Brötchen
4 Kipf, Weck
5 Wecke
6 Kipfel, Semmel, Wecken, Weggli
8 Knueppel, Schrippe

Brötchen mit heißem Würstchen
6 Hot Dog

Brotform
4 Kipf, Laib, Zopf
6 Wecken
7 Stollen

Brotgetreide
4 Korn
6 Dinkel, Gerste, Roggen, Weizen

Brothersteller
7 Baecker

Brotherstellungsbetrieb
9 Baeckerei

Brotkante
5 Knast, Knust, Ranft, Rinde

Brotkörper
4 Laib

Brotkrümel
7 Broesel, Brosame

Brotrinde
5 Kante
6 Kruste

Brotröster
7 Toaster

Brotscheibe
5 Bemme
6 Stulle
8 Schnitte

Brotsorte
8 Baguette
9 Mischbrot, Weissbrot
10 Grahambrot, Roggenbrot, Weizenbrot
11 Knaeckebrot, Kommissbrot
12 Pumpernickel, Vollkornbrot
13 Holzlukenbrot, Leinsamenbrot

Bruch
4 Fehn, Luch, Moor, Moos, Riss
5 Knick, Sumpf
6 Spalte, Sprung
7 Fraktur
10 Entzweiung

brüchig
4 lose
6 locker, morsch, muerbe

bruchrauer Mauerstein (bruchrauher Mauerstein)
6 Quader

Bruchschrift
7 Fraktur

Bruchstück
4 Teil
5 Torso
7 Scherbe
8 Fragment, Rudiment, Splitter, Truemmer

Bruchteil
6 Achtel

Brücke
4 Steg
7 Kontakt, Teppich, Viadukt
9 Uebergang
10 Verbindung, Zahnersatz
13 Ueberfuehrung

Brücke ...
· *in* **London**
11 Tower Bridge
· *bei* **San Franzisco**
10 Golden Gate
· *in* **Venedig**
6 Rialto

Brückengewölbe
5 Bogen

Brückenschiff
6 Ponton

Bruder des Ehepartners
8 Schwager

Bruder von ...
· **Abel**
4 Kain
· **Fafner**
3 Otr
· **Gretel** (Märchen)
7 Haensel
· **Jakob**
4 Esau
· **Kain**
4 Abel
· **Moses**
5 Aaron
· **Mutter und Vater**
5 Onkel
· **Remus**
7 Romulus

Brudermörder
4 Kain

Bruderschaft
12 Kongregation

Brühe
3 Sud
5 Absud, Suppe
6 Jauche

brüllen (Hirsch)
7 roehren

Brunnen
4 Born
5 Bronn, Quell
6 Quelle

Brunnentempel
9 Nymphaeum

Brunst
6 Brunft

brüsk
4 jaeh
6 abrupt, barsch
7 schroff
12 unvermittelt

Brust
5 Busen
6 Bueste

Brustdrüse
6 Thymus

Brustdrüse beim Kalb
5 Bries

Brustfell
6 Pleura
10 Rippenfell

Brustfellentzündung
9 Pleuritis

Brustharnisch
7 Kuerass
8 Plastron

Brusthöhlenspiegel
11 Thorakoskop

Brustknochen
5 Rippe

Brustkorb
6 Thorax

Brustkorbknochen
5 Rippe
9 Brustbein

Brustkreuz
9 Pektorale

Brustpanzer der Ritter
8 Harnisch

Brustschutz des Fechters
8 Plastron

Brüstung
6 Reling
9 Gelaender
10 Balustrade
Brustwarze der Säugetiere
5 Zitze
Brut
5 Fasel
brutal
3 roh
6 rabiat
9 gewaltsam
10 gefuehllos
11 bestialisch
12 gewalttaetig, unmenschlich
14 ruecksichtslos
brutaler Rohling
8 Unmensch
Brutalität
6 Gewalt, Roheit
10 Gemeinheit
12 Bestialitaet
Bruthenne
6 Glucke
Brutstätte
4 Nest
6 Hoehle
Brutstätte diebischer Vögel
11 Elsternnest
Bruttoerlös
9 Rohertrag
Bub
3 Boy
5 Junge, Knabe
6 Knirps
10 Spielkarte
Buch ...
· *des* **Alten Testaments**
4 Hiob
6 Esther
7 Nehemia
· *der* **Bibel**
4 Esra
· *des* **Islam**
5 Koran
· *der* **Juden**
6 Talmud
· *des* **Pentateuch**
6 Exodus, Numeri
7 Genesis
9 Leviticus
13 Deuteronomium
· *der* **Psalmen**
7 Psalter
· *über* **Rechtschreibung**
5 Duden
· *über* **Umgangsformen**
6 Knigge
Buch der Bibel ▶ biblisches Buch
Buchabschnitt
7 Kapitel
Buchart
5 Atlas, Roman
7 Lexikon
8 Bildband, Fachbuch, Sachbuch
10 Bilderbuch, Broschuere, Kinderbuch
11 Taschenbuch, Woerterbuch
13 Enzyklopaedie
Buchaufbau
6 Lay-out
Buchausgabe
4 Werk
7 Edition
Buchbindergerät
6 Presse
8 Falzbein, Heftlade
9 Leimwalze
11 Pressbalken
Buchbinderleinen
6 Kaliko
7 Buckram
Buchdruckerei
7 Offizin
Buchdruckerkunst
11 Typographie
Buchdruckverfahren
6 Offset
8 Rotation
9 Hochdruck, Rotaprint, Siebdruck, Tiefdruck
10 Flachdruck, Lichtdruck, Steindruck
11 Kupferdruck, Offsetdruck, Tiegeldruck
12 Rollenoffset
Bucheinbandart
5 Leder
6 Leinen
9 Halbleder
Buchenfrucht
5 Ecker
6 Buchel
8 Buchnuss
9 Buchecker
Buchenland
8 Bukowina
Bücherbesessenheit
11 Bibliomanie
Bücherbretter
5 Borde
6 Regale
Bücherei
10 Bibliothek
Bücherfreund
9 Leseratte
Bücherfreundschaft
12 Bibliophilie
Büchergestell
4 Bord
Büchersammlung
10 Bibliothek
Bücherverzeichnis
7 Katalog
13 Bibliographie
Buchformat
5 Folio, Oktav, Quart, Sedez
6 Duodez
Buchführung
8 Gebarung
Buchführungsbegriff
3 EDV
4 Etat, Soll, Wert
5 Beleg, Bonus, Debet, Frist, Haben, Konto, Saldo
6 Bilanz, Ertrag, Gewinn, Kredit, Skonto
7 Ausgabe, Verlust
8 Darlehen, Einnahme, Guthaben
9 Abschluss, Belastung, Hauptbuch
10 Gutschrift
Buchhalter
5 Clerk
Buchhaltung
12 Buchfuehrung
Buchhandlungszweig
6 Grosso, Verlag
9 Sortiment
11 Antiquariat, Kunsthandel
Buchhülle
7 Einband
8 Umschlag
Buchkritik
9 Rezension

B

Buchmacherkurse
4 Odds
8 Vorgaben
Buchprüfer
7 Revisor
Buchsbaum
3 Bux
Buchse
4 Hose
8 Zylinder
9 Steckdose
Büchse
4 Dose
6 Flinte, Gewehr
8 Konserve
Buchseite
5 Blatt
Buchseiten vor Textbeginn
7 Titelei
Buchseitennummerierung (Buchseitennumerierung)
6 Pagina
11 Paginierung
Buchseitenüberschrift
13 Kolumnentitel
Büchsenfleisch
10 Corned Beef, Cornedbeef
Buchspalte
7 Kolumne
Buchstabe
6 Letter, Versal
8 Majuskel, Minuskel
12 Kapitaelchen
Buchstabe des deutschen Alphabets
6 Eszett
Buchstaben auf einer geweihten Osterkerze
2 AO
Buchstabenfolge
3 Abc
8 Alphabet
Buchstabenrechnung
7 Algebra
Buchstabenschlüssel
6 Clavis
Buchstabenverbindung
7 Ligatur
Buchstabenversetzrätsel
8 Anagramm
buchstäblich
5 exakt, genau
Bucht
3 Bai, Bay
4 Golf, Haff, Lido
5 Busen, Fjord
6 Becken, Bodden, Foerde
9 Meerbusen
Bucht des Atlantiks
7 Biskaya
Buchteil
5 Blatt, Bogen, Seite
6 Deckel
7 Titelei, Vorsatz, Vorwort
8 Nachwort, Register, Umschlag
9 Impressum
10 Einleitung, Geleitwort
11 Einfuehrung
12 Illustration, Schmutztitel
14 Schutzumschlag
18 Inhaltsverzeichnis
Buchüberschrift
5 Titel
Buchungsaufhebung
6 Storno
Buchungsergebnis
5 Saldo
Buchungsnummer
12 Aktenzeichen
Buchungsunterlage
5 Beleg
Buchunternehmer
8 Verleger
Buchweizen
9 Heidekorn
Buchweizengewicht
11 Heidensterz
Buckel
5 Beule
7 Hoecker, Ruecken
Buckelrind
4 Zebu
Bückling
6 Diener
10 Verbeugung
14 Raeucherhering
Buddel
7 Flasche
Buddha der Chinesen
2 Fo
Buddhas indischer Name
6 Gotama
7 Gautama
10 Siddhartha
Buddhas Lieblingsjünger
6 Ananda
buddhistisch(e, er, es) ...
· **Endziel**
7 Nirwana
· **Kloster**
6 Vihara
· **Priester**
4 Lama
5 Bonze
· **Schriftsprache**
4 Pali
· **Tempel**
6 Pagode
· **Tempelfahnen**
5 Tanka
Budget
4 Etat
8 Haushalt
13 Haushaltsplan
Büfett
5 Theke
8 Anrichte
11 Schanktisch
15 Geschirrschrank
Büfettfräulein
11 Kaltmamsell
Büfettier
4 Wirt
6 Zapfer
Büffel
4 Anoa, Arni
5 Bison
6 Wisent
7 Buffalo, Kerabau, Mindoro
Buffo
7 Komiker, Saenger
12 Opernsaenger
16 Operettensaenger
Bug
9 Vorschiff
12 Vorderschiff
13 Schiffsspitze, Schulterblatt
Bugbalken
6 Steven
Bugspill
10 Ankerwinde
Buhle
5 Kebse
7 Hetaere
8 Geliebte, Kebsweib
buhlend
7 werbend
Buhne
5 Hoeft

6 Hoefte, Kribbe, Stacke
8 Uferdamm
10 Uferschutz

Bühnenaufzug
3 Akt

Bühnenausstattungsstück
5 Revue

Bühnenberater
9 Dramaturg

Bühnenberühmtheit
4 Diva, Star

Bühnenbild
5 Szene
7 Kulisse
8 Prospekt, Szenerie
10 Dekoration

Bühnendarbietung
4 Show
5 Revue, Schau

Bühnendarsteller
6 Akteur
12 Schauspieler
16 Burgschauspieler

Bühnendekoration
7 Kulisse

Bühnendichter
10 Dramatiker

Bühnenfach
4 Alte
5 Buffo, Naive
6 Charge
9 Bonvivant

Bühnengröße
4 Star

Bühnenhaus
7 Theater

Bühnenkante
5 Rampe

Bühnenkünstler
4 Mime
12 Opernsaenger, Schauspieler

Bühnenkünstlerin
9 Saengerin

Bühnenleiter
9 Intendant

Bühnenmagier
11 Illusionist

Bühnenneuling
9 Debuetant

Bühnenpart
5 Rolle

Bühnenpartwechsel
12 Rollentausch

Bühnenpremiere
15 Erstauffuehrung

Bühnenschiebewand
7 Kulisse

Bühnenstück
4 Oper
5 Drama, Posse, Revue
7 Musical
8 Einakter, Komoedie, Operette
9 Lustspiel, Melodrama, Mysterium, Pantomime, Singspiel, Tragoedie
10 Schauspiel
11 Trauerspiel

Bühnenszene
8 Auftritt

Bühnentanz
4 Step
5 Stepp
7 Ballett

Bühnentonstück
4 Oper

Bühnenwart
10 Inspizient

Bukanier
10 Seeraeuber

Bukett
4 Duft
5 Blume
7 Gebinde, Strauss
13 Blumenstrauss

Bukoliker
4 Voss
6 Vergil
8 Theokrit

bulgarisch(e, er, es) ...

· **Berg**
5 Botew
6 Vitosa
7 Mussala, Perelik

· **Gebirge**
4 Rila
5 Pirin
6 Balkan
7 Rhodope, Witosch
11 Sarnena Gora, Srednja Gora

· **Kloster**
4 Rila

· **Seebad**
5 Varna, Warna

· **Währungseinheit**
3 Lev, Lew
4 Lewa
8 Stotinka

Bulle
5 Stier
6 Erlass
7 Urkunde
11 Papsterlass

Bulletin
7 Bericht
12 Tagesbericht
13 Verlautbarung
14 Bekanntmachung, Krankenbericht

Bumerang
8 Wurfholz
15 Kehrwiederkeule

Bummel
9 Promenade
11 Spaziergang

Bummel am Tagesende
16 Abendspaziergang

Bummler
7 Flaneur
8 Troedler

Bund
3 Ehe
4 Gurt, Liga
5 Garbe, Union
7 Buendel, Kartell, Liaison, Verband, Vertrag
8 Buendnis
10 Verbindung
11 Foederation, Vereinigung
15 Zusammenschluss

Bündel von Schriftstücken
4 Akte

Bundesdistrikt der USA
8 Columbia

Bundeshauptstadt der ...

· **Schweiz**
4 Bern

· **USA**
10 Washington

Bundeskriminalamt der USA
3 FBI

Bundesland der Schweiz
6 Kanton

Bundestagspräsidentin
9 Suessmuth

Bundestrainer des Deutschen Fußballbundes
5 Vogts
6 Schoen

B

7 Derwall
9 Herberger
11 Beckenbauer

Bündner Alpengipfel
5 Kesch

Bündnis
4 Liga, Pakt
5 Union
7 Allianz, Entente
9 Koalition
11 Vereinigung

Bündnis der NATO
12 Atlantikpakt

Bunker
5 Depot
9 Kasematte
10 Schutzraum, Unterstand

bunt
6 farbig
7 lebhaft
8 scheckig
9 koloriert
10 farbenfroh, mehrfarbig, vielfarbig

bunt(e, er, es) ...
· **Bilderfolge**
11 Kaleidoskop
· **Blattwerk**
10 Herbstlaub
· **Gemisch**
8 Allerlei
· **Herbstblume**
5 Aster
· **Papagei**
3 Ara
· **Papierschnitzel**
8 Konfetti
· **Television**
13 Farbfernsehen
· **Treiben**
6 Trubel

Buntmetall
4 Zink, Zinn
6 Bronze, Kupfer
7 Messing

Bürde
4 Last, Leid
7 Ballast, Pflicht
9 Belastung
13 Verantwortung, Verpflichtung

Burenführer
5 Botha, Dewet, Smuts
7 Krueger
9 Pretorius

Burg
5 Feste
7 Festung, Kastell
10 Rittersitz
12 Festungswerk
14 Festungsanlage
18 Befestigungsanlage

Burg ...
· *der* **„Goldenen Stadt"**
9 Hradschin
· *im* **Aargau**
8 Habsburg
· *in* **arabischen Städten**
5 Kasba
· *von* **Athen**
9 Akropolis
· *in* **Bayern**
9 Nuernberg, Trausnitz
10 Burghausen, Marienberg
· *von* **Belgrad**
10 Kalimegdam
· *in der* **Eifel**
8 Nuerburg
· *von* **Eisenach**
8 Wartburg
· *an der* **Elbe**
13 Albrechtsburg
· *im* **Elsass**
14 Hohkoenigsburg
· *in* **Frankreich**
4 Metz
5 Laval, Niort
6 Angers, Chalus, Chinon, Lassay, Luynes
7 Falaise, Grignan
8 Langeais, Tarascon
11 Carcassonne
12 Aigues Mortes
13 Chatellerault
· *bei* **Göppingen**
12 Hohenstaufen
· *bei* **Göttingen**
6 Plesse
10 Hardenberg
· *von* **Granada**
8 Alhambra
· *im* **Hegau**
10 Hohentwiel
· *in* **Italien**
5 Nurag
6 Trient
7 Canossa, Capitol, Kapitol
10 Engelsburg
11 Campidoglio
14 Castel del Monte
· *von* **Koblenz**
15 Ehrenbreitstein
· *an der* **Lahn**
4 Diez
6 Runkel
8 Weilburg
· *am* **Main**
8 Wertheim
10 Miltenberg
· *an der* **Mosel**
4 Eltz
5 Alkas, Alken, Arras
6 Cochem, Kobern
· *von* **Moskau**
5 Kreml
· *an der* **Nahe**
9 Ebernburg
· *an der* **Nogat**
10 Marienburg
· *in* **Österreich**
12 Kreuzenstein
13 Forchtenstein, Hochosterwitz, Hohensalzburg
· *in* **Ostpreußen**
10 Marienburg
· *von* **Paris**
8 Bastille
· *von* **Prag**
9 Hradschin
· *am* **Rhein**
4 Katz, Maus
5 Pfalz
7 Lahneck, Nolling
8 Rheineck
9 Gutenfels, Marksburg, Rheinfels
10 Rheinstein, Treuenfels
11 Drachenfels, Stolzenfels
15 Ehrenbreitstein
· *von* **Rom**
7 Kapitol
10 Engelsburg
· *an der* **Saale**
7 Saaleck
10 Rudelsburg
· *an der* **Salzach**
10 Burghausen
13 Hohensalzburg
· *von* **Salzburg**
13 Hohensalzburg
· *in der* **Schweiz**
6 Schwyz
7 Sargans

- *in* **Spanien**
  6 Malaga, Toledo
  7 Alcazar, Alkazar, Granada, San Juan
  8 Alcazaba, Alhambra
  9 Salobrena
- *in der* **Südeifel**
  4 Eltz
- *im* **Taunus**
  8 Saalburg
  11 Koenigstein
- *in* **Thüringen**
  7 Saaleck
  8 Wartburg
  10 Rudelsburg
- *von* **Würzburg**
  10 Marienberg

Bürge
6 Garant
12 Gewaehrsmann

burgenländisches Gewässer
13 Neusiedler See

Bürger
8 Staedter
9 Bourgeois, Einwohner

Bürger der größten deutschen Stadt
8 Berliner

Bürger der Schweizer Hauptstadt
6 Berner

Bürgergesetz (Abkürzung)
3 BGB

bürgerlich
5 zivil
6 bieder

bürgerliche Kleidung
5 Zivil

bürgerliches Recht
10 Zivilrecht

Bürgermeister
7 Schulze
11 Schultheiss
14 Stadtoberhaupt
15 Verwaltungschef
17 Gemeindevorsteher

Bürgerschaftsvertretung
9 Magistrat

Bürgersteig
7 Fussweg
8 Gehsteig, Trottoir

Bürgerwehr
5 Miliz

Burggemach
8 Kemenate

Burgherr
6 Ritter
8 Edelmann

Burgherrin
8 Edelfrau

Bürgschaft
4 Aval
6 Obligo
7 Gewaehr, Haftung, Kaution
8 Garantie
10 Sicherheit
15 Gewaehrleistung

Bürgschaftsbrief
10 Akkreditiv

Bürgschaftsgegenstand
5 Pfand

Burgunderkönig
6 Gernot
7 Gunther
8 Giselher

Burgunderkönigin
8 Brunhild
9 Bruenhild, Brunhilde

Burgunderwein
4 Ruly
5 Givry, Macon
6 Beaune, Morgon
7 Chablis, Fleurie, Pommard

burgundische Frauenhaube
6 Hennin

burgundische Hauptstadt
5 Dijon

Burgverlies
6 Kerker

Burgwächter
8 Burgvogt

burlesk
7 spassig
10 possenhaft

Burleske
5 Farce, Posse
7 Schwank
8 Groteske, Schnurre

Büro
3 Amt
6 Kontor, Office
7 Kanzlei
10 Amtszimmer
12 Dienststelle, Schreibstube
16 Geschaeftsstelle

Büro einer Behörde
11 Amtskanzlei

Büro eines Rechtsanwalts
7 Kanzlei

Büroangestellter
10 Buchhalter

Bürogerät
6 Hefter, Locher
8 Computer
12 Heftmaschine, Tischrechner
13 Diktiergeraet, Kleincomputer
15 Schreibmaschine

Büromöbel
12 Schreibtisch

Bürostunden
10 Dienstzeit

Burschenschaft
10 Verbindung
13 Studentenbund

burschikos
4 kess
5 flott
6 frisch
11 ungezwungen

Bürzel
5 Sterz

Busch
4 Wald
7 Strauch
8 Bueschel, Dickicht, Gebuesch
9 Dschungel, Unterholz
10 Niederholz, Niederwald

Büschel
4 Bund
5 Quast, Tolle
6 Bausch, Schopf

Buschmesser
7 Machete

Buschwald
3 Loh
7 Macchia

Buschwindröschen
7 Anemone

Busenfreund
7 Intimus

Bußbereitschaft
4 Reue

Buße
6 Strafe, Suehne, Umkehr
7 Auflage
9 Ausgleich
16 Wiedergutmachung

Büßer
11 Reumuetiger

C

bußfertig
5 reuig
Bußfertigkeit
4 Reue
Bußpsalm
8 Miserere
Busstation
11 Haltestelle
Busstreckennetz
10 Liniennetz
Bußübung
6 Askese
7 Einkehr
Büstenhalter
2 BH
6 Mieder
Büstenpfeiler
5 Herme
Bütte
5 Wanne, Zuber
7 Bottich
9 Waschfass
Büttel
7 Scherge
8 Haescher
12 Gerichtsbote
Butterblume
10 Hahnenfuss
16 Sumpfdotterblume
Butterfass
4 Karn
Button
9 Abzeichen
12 Schmuckknopf
13 Meinungsknopf
byzantinisch(e, er, es) ...
· **Feldherr**
6 Narses
7 Belisar
· **Historiker**
6 Prokop
· **Humanist**
9 Bessarion
· **Kaiser**
4 Leon
5 Zenon
6 Justin, Manuel
7 Balduin, Michael, Romanos
8 Basilius, Tiberios
9 Basileios, Justinian
10 Konstantin, Nikephoros, Theodosius
· **Kaiserhaus**
8 Komnenen
· **Kaiserin**
3 Zoe
5 Irene
6 Eirene
8 Theodora
· **Prinzessin**
9 Theophano, Theophanu
· **Reich**
6 Ostrom
18 Ostroemisches Reich
· **Statthalter**
6 Exarch
Byzanz
8 Istanbul
14 Konstantinopel

C

Cab
7 Kutsche
8 Droschke
11 Einspaenner
Cachenez
5 Schal
8 Halstuch
Caisson
10 Senkkasten
Camionbeiwagen
9 Anhaenger
Camper
6 Zelter
Campingbehausung
4 Zelt
Campingfahrzeug
7 Caravan
9 Wohnmobil, Wohnwagen
Campinggegenstand
4 Zelt
5 Grill
6 Hering, Kocher
7 Seesack
8 Zeltstab
9 Wohnwagen
10 Schlafsack, Sturmleine, Zeltpflock, Zeltstange
12 Kochgeschirr, Luftmatratze
15 Petroleumkocher
Campingobdach
4 Zelt
Cape
5 Kotze
6 Umhang
Caravan
9 Wohnwagen
CDU-Politiker
4 Kohl
6 Spaeth
7 Dregger
Cellospielerin
9 Cellistin
Ceylons offizieller Name
8 Sri Lanka
Chaiselongue
4 Sofa
5 Couch, Diwan, Liege
9 Liegesofa
Chaldäa
10 Babylonien
Chalkographie
11 Kupferstich
Chalzedon
5 Achat
Champignon
8 Egerling, Weidling
Champion
7 Favorit, Meister
9 Rekordler
10 Rekordmann
12 Rekordhalter
Championat
13 Meisterschaft
Chance
8 Aussicht, Hoffnung, Okkasion
11 Gelegenheit, Gluecksfall
12 Moeglichkeit
Change
11 Geldwechsel
Chanson
4 Lied, Song
7 Couplet
10 Brettllied
12 Kabarettlied
Chaos
4 Wust
6 Gewirr
8 Wirrwarr

9 Unordnung
10 Tohuwabohu, Verwirrung
13 Durcheinander

Charakter
3 Art, Typ
5 Typus, Wesen
7 Merkmal
8 Gepraege
9 Sinnesart, Wesensart

Charakterbild
5 Image

Charaktereigenschaft
3 Mut
4 Neid
5 Treue
6 Anlage, Geduld
7 Ehrgeiz, Neugier
8 Egoismus, Fairness, Feigheit, Toleranz
9 Eigensinn, Neugierde

Charakterformung
9 Erziehung

Charakteristik
7 Merkmal
9 Wesenszug
11 Kennzeichen

charakteristisch
7 typisch
9 praegnant
11 ausgepraegt, bezeichnend

Charakterzug
9 Wesensart

Charge
3 Amt
4 Grad, Last, Rang
5 Serie
6 Ladung, Wuerde
10 Dienstgrad, Fuellstoff, Nebenrolle

Charisma
12 Ausstrahlung

Chariten
6 Aglaia, Thalia
10 Euphrosyne

charmant
6 adrett
7 anmutig, reizend
8 lieblich
11 bestrickend

Charme
5 Anmut
8 Liebreiz

Charta
7 Urkunde
8 Leitsatz
9 Grundsatz
11 Grundgesetz

Chassis
6 Rahmen
11 Fahrgestell

Chauffeur
6 Fahrer, Lenker
11 Kraftfahrer

Chaussee
7 Strasse
11 Landstrasse
16 Ueberlandstrasse

Chef
4 Boss
6 Leiter, Oberer
7 Inhaber, Meister
8 Besitzer, Direktor
9 Anfuehrer, Oberhaupt, Vorsteher
12 Vorgesetzter

Chef einer Abordnung
17 Delegationsleiter

Chef eines österreichischen Bundeslandes
15 Landeshauptmann

Chefarzt (österreichisch)
9 Primarius

Chefpilot
8 Kapitaen

Chemiefaser ▶ Kunstfaser

Chemiefaserstoff
11 Acetatseide

chemisch(e, er, es) ...

· **Abkömmling**
7 Derivat

· **Begriff**
3 Gas, Ion, Mol
4 Amid, Amin, Atom, Base, Buna, Cyan, Form, Gips, Ozon, Salz, Satz, Soda, Teer
5 Alaun, Alkyl, Asche, Borax, Butan, Druck, Duese, Ester, Faser, Fiber, Kohle, Lauge, Phase, Purin
6 Aether, Aethyl, Alkali, Anilin, Asbest, Benzol, Cyanid, Dioxid, Ferrit, Filter, Firnis, Formel, Glutin, Glykol, Gruppe, Haerte, Hydrat, Hydrit, Isotop, Kolben, Mastix, Metall, Methan, Methyl, Nitrat, Osmose, Pepsin, Phenol, Propyl, Pulver, Saeure, Sulfat, Sulfid, Sulfit, Valenz
7 Albumin, Aldehyd, Alkohol, Amalgam, Analyse, Arsenik, Chlorat, Chlorid, Element, Energie, Fluorid, Fluorit, Gaerung, Gemenge, Graphit, Halogen, Isopren, Kalorie, Kolloid, Loesung, Nitrose, Nuklein, Pipette, Reagenz, Salmiak, Silikat
8 Acetylen, Aethylen, Aetzkali, Alkaloid, Ammoniak, Ammonium, Bleioxid, Dreifuss, Emulsion, Formalin, Glykogen, Glyzerin, Hydrogen, Hydroxid, Hydroxyl, Jodoform, Karbonat, Katalyse, Knallgas, Kristall, Messglas, Mischung, Molekuel, Naphthen, Naphthol, Nitrogen, Paraffin, Phosphat, Phosphid, Phosphin, Reaktion, Salpeter, Schlacke, Schwefel, Spaltung, Spektrum, Spiritus, Sublimat, Substanz, Synthese, Zinkbase, Zinkoxid, Zyankali
9 Adhaesion, Bleiglanz, Borsaeure, Chlorkalk, Diffusion, Eisenoxid, Explosion, Flintglas, Indikator, Kohaesion, Konverter, Legierung, Metalloid, Oelsaeure, Oxidation, Raffinade, Reduktion, Zelluloid, Zellulose
10 Becherglas, Bikarbonat, Bittersalz, Blausaeure, Bleichkalk, Bleinitrat, Bleisulfat, Bromsilber, Chloroform, Experiment, Fettsaeure, Filtration, Gerbsaeure, Kohlenoxid,

C

Kunstfaser, Kupferoxid, Metalloxid, Naphthalin, Pechblende, Salzsaeure, Sauerstoff, Siedepunkt, Speckstein, Stickstoff, Temperatur, Wasserglas, Wertigkeit, Zinkblende

11 Aequivalenz, Aminosaeure, Atomgewicht, Atomtheorie, Chlorsilber, Darstellung, Elektrolyse, Essigsaeure, Flusssaeure, Glaubersalz, Hydrogenium, Katalysator, Kohlehydrat, Kohlenstoff, Nitrogenium, Paraffinoel, Quecksilber, Reagenzglas, Sublimation, Verbrennung, Verdampfung, Verdunstung, Wasserdampf, Wasserstoff

12 Aethylaether, Benzolsaeure, Destillation, Eisenvitriol, Gefrierpunkt, Kalisalpeter, Kieselsaeure, Kohlendioxid, Kohlensaeure, Kondensation, Kupfernitrat, Kupfersulfat, Methylaether, Natriumlauge, Schmelzpunkt, Silberbromid, Silbernitrat, Silbersulfid, Terpentinoel, Wassergehalt

13 Aethylalkohol, Aluminiumoxid, Ameisensaeure, Bunsenbrenner, Halogengruppe, Kohlenmonoxid, Kupfervitriol, Lackmuspapier, Methylalkohol, Salizylsaeure, Scheidewasser, Schwarzpulver, Schwefelblume, Schwefeleisen, Stearinsaeure

14 Blutlaugensalz, Jodwasserstoff, Kaliumkarbonat, Kalkstickstoff, Loesungsmittel, Neutralisation, Phosphorsaeure, Polymerisation, Salpetersaeure, Schwefelsaeure, Stickstoffoxid, Strukturformel

15 Aggregatzustand, Quecksilberoxid, Radioaktivitaet, Siedetemperatur, Spektralanalyse

· **Element**

3 Bor, Cer, Jod, Zer

4 Gold, Niob, Uran, Zink, Zinn

5 Argon, Arsen, Astat, Aurum, Chlor, Chrom, Eisen, Fluor, Radon, Selen, Titan, Xenon

6 Barium, Bismut, Curium, Erbium, Ferrum, Helium, Indium, Kalium, Kobalt, Kupfer, Mangan, Neodym, Nickel, Osmium, Platin, Radium, Silber, Sulfur, Tantal, Tellur, Wismut

7 Antimon, Caesium, Gallium, Hafnium, Holmium, Iridium, Kadmium, Kalzium, Krypton, Lanthan, Lithium, Natrium, Rhenium, Rhodium, Terbium, Thorium, Wolfram, Yttrium

8 Aktinium, Argentum, Europium, Francium, Lutetium, Nobelium, Phosphor, Polonium, Rubidium, Samarium, Schwefel, Silizium, Skandium, Thallium, Vanadium

9 Aluminium, Americium, Berkelium, Beryllium, Gadolinum, Germanium, Magnesium, Molybdaen, Neptunium, Palladium, Plutonium, Praseodym, Ruthenium, Strontium, Ytterbium, Zirkonium

10 Dysprosium, Lawrentium, Promethium, Sauerstoff, Stickstoff, Technetium

11 Californium, Einsteinium, Kalifornium, Kassiopeium, Kohlenstoff, Mendelevium, Quecksilber, Wasserstoff

12 Protactinium, Protaktinium

14 Kurtschatowium

· **Experimentiergefäß**

7 Retorte

8 Kochglas

11 Reagenzglas

· **Feinfiltervorgang**

6 Osmose

· **Flüssigkeiten**

6 Laugen

7 Saeuren

· **Grundstoff**

7 Element

· **Lösungsmittel**

6 Aceton, Azeton

· **Prüfmittel**

7 Reagenz

· **Reagenz**

7 Lackmus

· **Salzbildner**

7 Halogen

· **Untersuchung**

7 Analyse

· **Verbindung**

4 Zyan

5 Borax, Elain, Ester, Indol, Keton

6 Epoxid, Epoxyd, Isomer, Karbid, Natron

7 Nitrose

8 Alkaloid, Perborat

11 Kohlehydrat

· **Verwandtschaft**

10 Affinitaet

· **Werkstatt**

5 Labor

12 Laboratorium

· **Zeichenkette**

6 Formel

· **Zusatz**

7 Additiv

chemisches Zeichen für ...

· **Actinium**

2 Ac

· **Aluminium**

2 Al

· **Americium**

2 Am

· **Antimon**

2 Sb

· **Argon**

2 Ar

· **Arsen**

2 As

- **Astat**
  2 At
- **Barium**
  2 Ba
- **Berkelium**
  2 Bk
- **Beryllium**
  2 Be
- **Bismut**
  2 Bi
- **Blei**
  2 Pb
- **Bor**
  1 B
- **Brom**
  2 Br
- **Cadmium**
  2 Cd
- **Californium**
  2 Cf
- **Cäsium**
  2 Cs
- **Cer**
  2 Ce
- **Chlor**
  2 Cl
- **Chrom**
  2 Cr
- **Curium**
  2 Cm
- **Dysprosium**
  2 Dy
- **Einsteinium**
  2 Es
- **Eisen**
  2 Fe
- **Erbium**
  2 Er
- **Europium**
  2 Eu
- **Fermium**
  2 Fm
- **Fluor**
  1 F
- **Francium**
  2 Fr
- **Gadolinium**
  2 Gd
- **Gallium**
  2 Ga
- **Germanium**
  2 Ge
- **Gold**
  2 Au
- **Hafnium**
  2 Hf
- **Hahnium**
  2 Ha
- **Helium**
  2 He
- **Holmium**
  2 Ho
- **Indium**
  2 In
- **Iod**
  1 I
- **Iridium**
  2 Ir
- **Jod**
  1 J
- **Kalium**
  1 K
- **Kalzium**
  2 Ca
- **Kobalt**
  2 Co
- **Kohlenstoff**
  1 C
- **Krypton**
  2 Kr
- **Kupfer**
  2 Cu
- **Kurtschatowium**
  2 Ku
- **Lanthan**
  2 La
- **Lawrencium**
  2 Lr
- **Lithium**
  2 Li
- **Lutetium**
  2 Lu
- **Magnesium**
  2 Mg
- **Mangan**
  2 Mn
- **Mendelevium**
  2 Md
- **Molybdän**
  2 Mo
- **Natrium**
  2 Na
- **Neodym**
  2 Nd
- **Neon**
  2 Ne
- **Neptunium**
  2 Np
- **Nickel**
  2 Ni
- **Niob**
  2 Nb
- **Nobelium**
  2 No
- **Osmium**
  2 Os
- **Palladium**
  2 Pd
- **Phosphor**
  1 P
- **Platin**
  2 Pt
- **Plutonium**
  2 Pu
- **Polonium**
  2 Po
- **Praseodym**
  2 Pr
- **Promethium**
  2 Pm
- **Protactinium**
  2 Pa
- **Quecksilber**
  2 Hg
- **Radium**
  2 Ra
- **Radon**
  2 Rn
- **Rhenium**
  2 Re
- **Rhodium**
  2 Rh
- **Rubidium**
  2 Rb
- **Ruthenium**
  2 Ru
- **Samarium**
  2 Sm
- **Sauerstoff**
  1 O
- **Scandium**
  2 Sc
- **Schwefel**
  1 S
- **Selen**
  2 Se
- **Silber**
  2 Ag
- **Silizium**
  2 Si
- **Stickstoff**
  1 N

C

- **Strontium**
  2 Sr
- **Tantal**
  2 Ta
- **Technetium**
  2 Tc
- **Tellur**
  2 Te
- **Terbium**
  2 Tb
- **Thallium**
  2 Tl
- **Thorium**
  2 Th
- **Thulium**
  2 Tm
- **Titan**
  2 Ti
- **Uran**
  1 U
- **Vanadium**
  1 V
- **Wasserstoff**
  1 H
- **Wismut**
  2 Bi
- **Wolfram**
  1 W
- **Xenon**
  2 Xe
- **Ytterbium**
  2 Yb
- **Yttrium**
  1 Y
- **Zink**
  2 Zn
- **Zinn**
  2 Sn
- **Zirkonium**
  2 Zr

Chemotechniker
8 Laborant

Cheruskerfürst
5 Armin
7 Hermann
8 Arminius

Cheruskerfürstin
9 Thusnelda

Chiffre
4 Zahl
6 Ziffer
7 Zeichen
8 Kennwort
10 Geheimwort, Schluessel
13 Geheimschrift, Geheimzeichen

chilenisch(e, er, es) ...
- **Ausfuhrprodukt**
  3 Jod
  4 Gold
  5 Borax, Kohle
  6 Erdoel, Kupfer, Silber
  7 Bleierz
  8 Eisenerz, Salpeter
  9 Manganerz
- **Autor**
  5 Rojas
  6 Neruda
- **Autorin**
  7 Allende
- **Berg**
  6 Osorno
  9 El Calbuco
- **Besitzloser**
  5 Rotos
- **Dichterin**
  7 Mistral
- **Dünger**
  5 Guano
  8 Salpeter
- **Furnierholz**
  6 Laurel
- **Getreidemaß**
  6 Almude
- **Insel**
  5 Mocha
  6 Chiloe, Chonos
  7 Campana, Hanover, Rapanui
  8 San Felix
  9 Santalnes
  10 Osterinsel, Wellington
- **Landbesitzer**
  8 Criollos
- **Lyriker**
  6 Neruda
- **Münze**
  4 Peso
  7 Centavo
- **Nobelpreisträger für Literatur**
  6 Neruda
  7 Mistral
- **Pianist**
  5 Arrau
- **Politiker**
  7 Allende
  8 Pinochet
- **Vulkan**
  6 Osorno
  9 Al Calbuco
- **Währung**
  4 Peso
  7 Centavo
- **Wasserfälle**
  10 Pilmaiquen
- **Weinmaß**
  6 Barril
- **Wüste**
  7 Atacama

Chiletanne
9 Araukarie

Chinaforscher
8 Sinologe

Chinagras
5 Ramie

Chinarindenbaum
8 Cinchona

chinesisch(e, er, es) ...
- **Bauwerk**
  5 Mauer
  11 Grosse Mauer
- **Beamter**
  8 Mandarin
- **Berg**
  5 Gambu
  6 Tangla
  10 Wutaischan
  12 Minya Gongkar
- **Buch der Wandlungen**
  5 I Ging
- **Dynastie**
  3 Han, Hia, Kin, Sin, Sui
  4 Chin, Chou, Hsia, Ming, Sung, Tang
  5 Ching, Juean, Shang, Tsing, Wutai, Yuean
  6 Sankuo, Schang, Tschou
  8 Mandschu
  10 Nanpeichao
- **Ehrenbezeugung**
  5 Kotau
- **Flächenmaß**
  2 Mu, Pu
  3 Hao, Mau, Meu, Mow
  4 Kung
- **Flöte**
  2 Yo
- **Geldeinheit**
  4 Tael
  5 Liang
- **General**
  17 Tschiang Kaitschek

- **Gewichtsmaß**
  2 Ho, Hu, Li, Pu
  3 Fan, Fen, Jin, Kin, Lei, Mow, Tan
  4 Chin, Kung, Mehs, Tael
  5 Chang, Ching, Liang, Picul, Pikul, Tschi, Tsien
  7 Tschang, Tsching
- **Grenzfluss**
  4 Amur
- **Halbinsel**
  8 Liaotung
  9 Laitschou, Schantung
- **Hauptstadt (Rotchina)**
  6 Peking, Taipeh
- **Hausboot**
  6 Sampan
- **Heilverfahren**
  10 Akupunktur
- **Hunderasse**
  8 Chow-Chow, Pekinese
- **Insel**
  6 Hainan, Quemoy, Taiwan
  7 Formosa
  10 Tschuschan
- **Kaiser**
  7 Kiaking
  8 Kienlung, Kuangsue, Taukuang
  12 Jungtschoeng
- **Kleinbär**
  5 Panda
- **Kochtopf**
  3 Wok
- **Landschaft**
  11 Mandschurei
- **Längenmaß**
  2 Li, Pu, Tu
  3 Fan, Fen
  4 Tsun
  5 Tschi
  7 Tschang
- **Lastenträger**
  4 Kuli
- **Laute**
  4 Pipa
- **Lyriker**
  4 Li Po, Tu Fu
  7 Li Taipo
- **Maler**
  10 Ku Kaitschi
- **Meerenge**
  13 Fukienstrasse
- **Münze**
  3 Fen
  4 Cent, Tael, Yuan
  5 Tsjao
- **Musikinstrument**
  2 Yo
  3 Kin, Kou
  4 King, Pipa
- **Nahrungsmittel**
  4 Reis
  7 Trepang
- **Nobelpreisträger (Physik)**
  3 Lee
  4 Yang
  11 Tsung Dao Lee
- **Obstbaum**
  11 Litschibaum
- **Philosoph**
  5 Mehti
  6 Laotse
  7 Mengtse, Tschu Hi
  8 Konfutse
  9 Konfuzius
- **Politiker**
  3 Hua, Mao
  9 Mao Zedong, Sun Jatsen, Sun Yatsen
  10 Mao Tsetung, Tschu Enlai
  17 Tschiang Kaitschek
- **Provinz, Region**
  4 Hope
  5 Honan, Hopeh
  8 Sinkiang
  9 Schantung
- **Religion**
  3 Dao, Tao
  8 Daoismus, Taoismus
  14 Konfuzianismus
- **Revolutionär**
  3 Mao
  9 Mao Zedong
  10 Mao Tsetung
- **Schlaginstrument**
  4 King
- **Schriftsteller**
  4 Tu Fu
  6 Po Kuei
  7 Li Taipo
  9 Lin Yutang
  14 Wang Tschingwei
- **See**
  6 Taisee
  7 Kukunor
  8 Dalainor, Tsaiosee, Tungting
  9 Fojangsee, Poyangsee, Tengrinor
  10 Hungtsesee
  11 Tungtingsee
- **Segelschiff**
  8 Dschunke
- **Tagelöhner**
  4 Kuli
- **Volksliedersammlung**
  8 Schiking
- **Volksreligion**
  8 Daoismus, Taoismus
- **Währungseinheit**
  4 Yuan
- **Weiser**
  6 Laotse
  8 Konfutse
  9 Konfuzius
- **Weltgesetz**
  3 Tao
- **Wohnboot**
  6 Sampan
- **Würdenträger**
  8 Mandarin
- **Zither**
  3 Kin
- **Zwerghund**
  8 Pekinese

chininhaltige Droge
10 Chinarinde

chininhaltiges Getränk
5 Tonic

Chip
5 Jeton, Marke
7 Bauteil
10 Spielmarke
11 Schaltkreis

Chirurg
4 Arzt
8 Wundarzt
9 Operateur

Chirurg bei der Arbeit
9 Operateur

chirurgisch
8 operativ

chirurgisch(e, er, es) …
- **Eingriff**
  9 Operation
  10 Amputation
  15 Transplantation
- **Instrument**
  6 Kauter
  8 Lanzette, Skalpell
- **Nähfaden**
  6 Katgut

C

C

Chlorophyll
10 Blattgruen
chlorsaures Salz
7 Chlorat
Chlorverbindung
7 Chlorat, Chlorid, Chlorit
Chlorwasserstoff
10 Salzsaeure
Chor
6 Empore
9 Altarraum, Singschar
10 Singgruppe
11 Vokalgruppe
13 Gesangsgruppe, Saengergruppe, Vokalensemble
18 Saengervereinigung
Choral
11 Kirchenlied
Choreographie
9 Tanzregie
12 Ballettregie
16 Tanzaufzeichnung, Tanzbeschreibung
Chorfrau
9 Kanonisse
Chorhemd der Priester
4 Albe
Chorherr
9 Kanonikus
Chorleiter
8 Dirigent
Chorraum
4 Bema
12 Presbyterium
Chorsänger
7 Chorist
Chorschranke
7 Lettner
Chorwerk
5 Messe, Missa
7 Kantate, Passion
9 Oratorium
Chose
5 Sache
13 Angelegenheit
Chrisam
7 Salboel
Christbaum
10 Tannenbaum
14 Weihnachtsbaum
Christbaumschmuck
5 Kerze, Kugel
6 Kugeln, Spitze
7 Lametta
10 Engelshaar
christlich(e, er, es) ...
· **Feiertag**
6 Ostern
7 Busstag, Firmung
8 Auffahrt
9 Kommunion, Pfingsten, Weihnacht
10 Christfest, Einsegnung, Karfreitag
11 Allerseelen, Heiligabend, Weihnachten
12 Fronleichnam, Herz Jesu Fest, Konfirmation, Totensonntag
13 Allerheiligen, Buss- und Bettag, Heiliger Abend
15 Dreikoenigsfest, Gruendonnerstag
16 Reformationsfest
17 Mariae Himmelfahrt
18 Christi Himmelfahrt
· **Gebet**
10 Vaterunser
· **Heilsbotschaft**
10 Evangelium
· **Herberge**
6 Hospiz
· **Kardinaltugend**
5 Liebe
6 Geduld, Glaube
8 Hoffnung
· **Liebesmahl**
5 Agape
· **Mitleid**
8 Erbarmen
· **Sakrament**
3 Ehe
5 Taufe
9 Abendmahl
· **Symbol**
5 Kreuz
Christmette
22 Weihnachtsgottesdienst
Christmond
8 Dezember
Christus
5 Jesus
7 Heiland, Messias
8 Erloeser
Christusmonogramm
3 IHS
Chronik
7 Annalen, Bericht
8 Jahrbuch, Tagebuch
12 Aufzeichnung
13 Jahresbericht
14 Geschichtswerk
chronisch
7 dauernd
9 anhaltend
Chronologie
9 Zeitfolge, Zeitkunde
12 Zeitrechnung
Chronometer
3 Uhr
10 Zeitmesser
Chrysantheme
9 Goldblume, Margarite, Margerite
10 Marguerite
11 Gaenseblume, Winteraster, Wucherblume
12 Frauenbalsam, Massliebchen
Cinemawerbung
11 Kinoreklame
circa
4 etwa, rund
5 zirka
6 nahezu
9 ungefaehr
Cissus
6 Klimme
City
5 Stadt
7 Zentrum
8 Altstadt
9 Stadtkern
10 Innenstadt, Stadtmitte
17 Geschaeftsviertel
clever
4 klug
6 listig, wendig
8 gerissen
9 geschickt
Clinch beim Boxen
8 Klammern
10 Festhalten
12 Umklammerung
Clique
4 Gang
5 Bande, Rotte
6 Gruppe
8 Kluengel
10 Sippschaft
Clou
9 Sensation, Zugnummer
10 Hoehepunkt

11 Glanznummer, Knalleffekt
12 Paradenummer
Clown
7 Bajazzo, Pierrot
8 Harlekin
9 Hanswurst
10 Hampelmann, Komoediant, Spassvogel
11 Spassmacher
12 Dummer August
Clown im Zirkus Knie
17 Chicky Altenburger
Club
11 Vereinigung
Coach
5 Wagen
7 Kajuete, Trainer
8 Betreuer
Cockpit
10 Fahrersitz
13 Pilotenkabine
Cocktail
4 Fizz, Flip, Sour
5 Daisy, Julep, Sling
6 Cooler, Crusta
7 Cobbler, Collins, Eggnogg
8 Getraenk, Highball
9 Manhattan
Cocktail-Mixbecher
6 Shaker
Code
10 Gesetzbuch, Schluessel
Cognacglas
9 Schwenker
College
10 Hochschule
„Columbo"-Darsteller
4 Falk
Combo
4 Band
6 Gruppe
7 Kapelle
8 Ensemble
Comicfigur
5 Goofy, Micky
6 Donald, Obelix
7 Asterix
8 Dagobert
Computer
12 Rechenanlage
16 Elektronengehirn
17 Elektronenrechner
Computerart
6 Laptop
12 Heimcomputer, Minicomputer
13 Mikrocomputer, Supercomputer
16 Personalcomputer
Computerbediener
8 Operator
Computerfachmann
10 Analytiker
12 Informatiker
Computerfehler
3 Bug
5 Error
Computerfeind
5 Virus
Computerinhalt
5 Datei
Computerprogramm
8 Software
Computersprache
3 ADA
4 ELAN, LOGO
5 ALGOL, BASIC, COBOL
6 Pascal
7 FORTRAN
9 Assembler
computertechnischer Begriff
3 Bit, Bug, Job
4 Byte, Chip
5 Datei, Input, Modem, Modul
6 Dialog, Output
7 Display, Dropout
8 Compiler, Diskette, Hardware, Operator, Software
9 Assembler, Prozessor
10 Dispatcher, Magnetband
Computerwissenschaft
10 Informatik
Conférence
6 Ansage
Conférencier
7 Ansager
8 Sprecher
9 Moderator
Container
9 Behaelter
Count
4 Graf
Countdown
13 Vorstartphase
Coup
4 Hieb
6 Schlag
11 Handstreich
Couplet
7 Chanson
Courage
3 Mut
7 Schneid
10 Tapferkeit
11 Beherztheit
couragiert
7 beherzt
Courtoise
12 Hoeflichkeit
Cousin
6 Vetter
Cousine
4 Base
Cowboy
8 Kuhjunge
10 Rinderhirt
Cowboyfest
5 Rodeo
Cowboyhut
7 Stetson
Cowboyreiterschau
5 Rodeo
Crack
10 Rauschgift
12 Spitzenpferd
15 Spitzensportler
Creme
4 Rahm
5 Paste, Sahne, Salbe
9 Hautsalbe
11 Oberschicht
12 Schaumspeise
cremefarben
4 ecru
5 beige
8 mattgelb
9 blassgelb
Crew
9 Besatzung
Cut
7 Gehrock

D

da
4 dort, hier, weil
5 zumal
7 zugegen
8 anwesend
Dach der Mundhöhle
6 Gaumen
Dach der Welt
5 Pamir
Dachabschluss
5 First
6 Giebel
Dachbalken
6 Sparre
Dachboden
6 Buehne
7 Soeller
8 Speicher
Dachdeckmaterial
4 Blei, Reet, Ried
5 Stroh
6 Schilf, Ziegel
7 Eternit
8 Schiefer, Schindel
9 Teerpappe, Wellblech, Zinkblech
12 Biberschwanz
Dachdichtungsart
7 Teerung
Dachfenster
4 Luke
5 Gaube
Dachform
8 Pultdach, Walmdach, Zeltdach
9 Flachdach
10 Satteldach
11 Mansarddach
16 Krueppelwalmdach
Dachgeschoss
8 Mansarde
Dachrinne
6 Kandel, Traufe
7 Kaennel
Dachs in der Fabel
8 Grimbart
Dachsfell
8 Schwarte
Dachshund
6 Dackel, Teckel
Dachstuhl
7 Gebaelk
Dachteil
4 Walm
5 First, Haube, Raehm, Rinne
6 Binder, Giebel, Kandel, Pfette, Sparre, Strebe, Traufe
10 Regenrinne
Dachterrassenwohnung
9 Penthouse
Dackel
6 Teckel
9 Dachshund
dafür
3 pro
dagegen
4 anti
6 contra, kontra
daheim
7 zu Hause
Dahlienart
8 Georgine
Dakapo (Mehrzahl)
7 Zugaben
dalmatinisch(e, er, es) ...
· **Hafenstadt**
5 Kotor
7 Cattaro
· **Hauptstadt**
9 Dubrovnik
· **Insel**
3 Krk, Pag, Rab, Vis
4 Brac, Cres, Hvar, Olib
5 Cazza, Lissa, Mljet, Molat, Susac, Susak, Unije
6 Brazza, Brioni, Kornat, Losinj, Melita, Murter
7 Korcula, Lastovo
· **Küstengebiet**
6 Kotari
· **Stadt**
4 Omis, Senj
5 Kotor, Split, Zadar
6 Ragusa, Trogir
7 Sibenik
9 Dubrovnik
damals
5 einst
6 ehedem
7 dazumal, frueher, vormals, weiland
9 einstmals
10 seinerzeit
Damastgewebe
6 Lampas
Damenbadeanzug
6 Bikini
9 Einteiler
damenhaft
8 ladylike
Damenhut
5 Haube, Kappe, Toque
6 Muetze, Schute
7 Topfhut
8 Strohhut
9 Kapotthut, Pelzkappe
10 Pelzmuetze
11 Florentiner
Damenkleidung ► Damengarderobe
Damenmantel
7 Paletot
8 Mantille
9 Redingote
Damenschuh
5 Pumps, Sabot
7 Sandale, Slipper
8 Trotteur
9 Ballerina
10 Sandalette
11 Stiefelette
13 Stoeckelschuh
Damenstrümpfe
6 Nylons
Damenunterkleidung
4 Body, Hemd, Slip
5 Tanga, Teddy
6 Mieder, Taille
7 Bustier, Dessous, Korsett
8 Bodysuit, Garnitur, Leibchen
9 Korselett, Petticoat, Trikotage, Unterrock
10 Schluepfer, Unterkleid
11 Strumpfhose
12 Bodystocking
13 Buestenhalter, Strumpfhalter
Damenzimmer
7 Boudoir

dämlich
4 dumm
5 bloed
6 albern
11 toelpelhaft
Damm
3 Kai
4 Mole, Pier, Wall, Wehr
5 Buhne, Deich
Dämmerung
9 Zwielicht
10 Halbdunkel
dämmrige Beleuchtung
10 Halbdunkel
Dämon
5 Geist, Troll
6 Teufel
7 Ungeist
dämonisch
8 besessen
9 teuflisch
Dampf
5 Dunst
6 Brodem, Wrasen
8 Schwaden
Dampfbad
5 Sauna
Dampfdruck
7 Tension
Dampfer
7 Steamer
Dämpfer der Geige
7 Sordine, Sordino
Dampfgebilde
8 Schwaden
Dampfmaschinenteil
6 Kolben, Regler, Ventil
8 Exzenter, Schieber, Zylinder
9 Kreuzkopf
10 Schwungrad
11 Dampfkessel, Kondensator, Kurbelwelle, Pendelkugel
12 Kolbenstange, Pleuelstange
13 Drosselklappe
Dampfschiff
7 Dampfer, Steamer
Dämpfungsmaß
5 Neper
Dandy
4 Beau, Geck, Snob
7 Angeber
8 Modenarr
Dänemark in der Landessprache
7 Danmark
Dänenprinz
6 Hamlet
dänisch(e, er, es) ...
· **Abgeordnetenhaus**
9 Folketing
· **Arzt**
6 Finsen
· **Astronom**
5 Brahe
6 Roemer
· **Atomphysiker**
4 Bohr
8 Aage Bohr
9 Niels Bohr
· **Berg**
10 Himmelberg
· **Botaniker**
6 Hansen
· **Bucht**
4 Belt, Sund
8 Kattegat
11 Grosser Belt, Kleiner Belt
· **Chemiker**
7 Thomsen
· **Filmkomiker**
3 Pat
8 Patachon
· **Flagge**
8 Danebrog
· **Forscher**
4 Bohr
9 Bartholin
· **Frauenname**
4 Asta
6 Dorthe
· **Geograph**
9 Rasmussen
· **Goldmünze**
12 Christiandor
· **Grenzwall**
8 Danewerk
· **Hafenstadt**
6 Aarhus, Gedser, Lohals, Nyborg, Roedby, Roenne
7 Aalborg, Esbjerg, Korsoer
8 Hirthals, Roskilde
9 Nykoebing
10 Helsingoer, Koebenhavn, Kopenhagen, Sonderburg
13 Frederikshavn
· **Halbinsel**
8 Juetland
· **Hauptstadt**
10 Koebenhavn, Kopenhagen
· **Held**
3 Dan
· **Hohlmaß**
3 Ahm
· **Insel im Kattegat**
6 Anholt, Laesoe, Samsoe
8 Hesseloe
· **Insel im Oresund**
6 Amager
8 Saltholm
· **Insel in der Arktis**
9 Groenland
· **Insel in der Nordsee**
4 Roem
5 Fanoe, Manoe
6 Mandoe, Roemoe
· **Insel in der Ostsee**
3 Als, Fyn
4 Moen
5 Aeroe, Alsen
6 Fuenen, Samsoe
7 Falster, Laaland, Lolland, Seeland
8 Bornholm
9 Langeland, Sjaelland
· **Insel südlich von Fünen**
5 Aeroe
· **Inselgruppe im Atlantik**
8 Faeroeer
· **Kap**
6 Skagen
· **Komponist**
4 Enna, Gade
6 Klenau, Lassen
9 Boerreson
· **Königin**
6 Ingrid
· **Königsname**
4 Erik, Gorm, Knud, Knut, Olaf, Sven
5 Kanut, Niels
6 Harald, Johann, Magnus
7 Godfred
8 Frederik, Kristian, Valdemar, Waldemar
9 Christian, Friedrich, Gottfried
· **Längenmaß**
4 Alen

D

- **Märchendichter**
  8 Andersen
- **Mediziner**
  3 Dam
  4 Worm
  5 Krogh
  6 Finsen
  7 Fibiger
  8 Jacobson
- **Meerenge**
  4 Belt
  8 Kattegat
- **Münze**
  4 Oere
  5 Krone
- **Nobelpreisträger für Frieden**
  5 Bajer
- **Nobelpreisträger für Literatur**
  6 Jensen
  9 Gjellerup
  11 Pontoppidan
- **Nobelpreisträger für Medizin**
  3 Dam
  5 Krogh
  6 Finsen
  7 Fibiger
- **Nobelpreisträger für Physik**
  4 Bohr
  9 Mottelson
- **Parlament**
  7 Rigsdag
  9 Folketing, Landsting
- **Philosoph**
  11 Kierkegaard
- **Physiologe**
  5 Krogh
- **Polarforscher**
  6 Bering
  9 Rasmussen
- **Politiker**
  4 Hall
  5 Bajer, Zahle
  7 Brandes
  8 Berntsen
  9 Struensee
  10 Bernstorff
- **Prinzessin**
  9 Benedikte
- **Sagenheld**
  4 Toko
  5 Ogier, Tokko
  6 Holger
- **Sagenkönig**
  5 Hawad, Krake
  6 Hettel
- **Sagenprinz**
  6 Hamlet
- **Schauspielerin**
  7 Nielsen
- **Schriftsteller/Schriftstellerin**
  4 Bang, Munk, Soya
  5 Abell, Ewald
  6 Blixen
  7 Brandes, Heiberg, Holberg, Lauesen, Sibbern
  8 Andersen
  9 Gjellerup, Grundtvig, Michaelis
  11 Kierkegaard
- **Seefahrer**
  6 Bering
- **Stadt auf Fünen**
  6 Odense
- **Währungseinheit**
  5 Krone
- **Zither**
  5 Humle

Dankgeschenk
9 Belohnung

Dantes Jugendliebe
8 Beatrice

Danziger ...
- **Getränkespezialität**
  10 Goldwasser
- **Schriftsteller**
  5 Grass
- **Sehenswürdigkeit**
  7 Krantor
  8 Artushof, Zeughaus
  12 Marienkirche

Darbietung
4 Show
5 Schau
6 Nummer
7 Vortrag
8 Auftritt
11 Vorfuehrung, Vorstellung
13 Praesentation

Dardanellen
10 Hellespont

Dargebrachtes
4 Gabe
5 Opfer

Darlegung
6 Exposé
7 Entwurf, Exposee
10 Erklaerung, Exposition
11 Ausfuehrung
13 Demonstration

Darlehen
6 Kredit
7 Anleihe

Darling
8 Liebling

Darmausgang
4 Anus
5 After

Darmeinlauf
6 Klysma
8 Klistier

Darmentzündung
9 Enteritis

Darmschmarotzer
8 Bandwurm, Spulwurm
9 Madenwurm

Darmträgheit
11 Obstipation, Verstopfung

Darmüberfunktion
8 Diarrhoe
9 Durchfall

Darmverschluss
5 Ileus

darreichen
5 geben

Darsteller
4 Mime
6 Akteur
7 Statist
8 Komparse
9 Interpret
12 Schauspieler

Darstellung
3 Akt
4 Bild, Demo
6 Grafik, Skizze
7 Graphik, Plastik
8 Gemaelde
9 Schaubild, Zeichnung
10 Ueberblick
11 Schilderung
12 Illustration

Darstellung der Erdoberfläche
9 Landkarte

Darstellungsweise
4 Stil

darum
7 deshalb
das ...
· **Altertum**
6 Antike
· **andere Ich**
8 Alter ego
· **Feld bestellen**
6 ackern
· **Ganze**
5 alles
· **gesamte Dasein**
5 Leben
6 Lebtag
· **gesamte Schrifttum**
9 Literatur
· **Seiende** (philosophisch)
3 Ens
das, den, die ... betreffend
· **Alpen**
5 alpin
· **Altertum**
5 antik
· **Atomkern**
7 nuklear
· **Fetus**
5 fetal
· **Landwirtschaft**
5 agrar
· **Meer**
7 maritim
· **Seewesen**
7 maritim
Dasein
5 Leben
8 Bestehen, Existenz
Daseinsablauf
5 Leben
daseinsbejahend
10 lebensfroh
12 optimistisch
Daseinsfreude
10 Lebenslust
dasselbe
4 dito
Dasselfliege
6 Bremse
Daten für Ausweise
11 Personalien
Datenausgabe
6 Output
Dateneingabe
5 Input
Datenendgerät
8 Terminal
10 Bildschirm
Datenspeicherwerk
5 Datei
Datenträger
8 Diskette
Datenverarbeitung (Abkürzung)
3 EDV
Datum
3 Tag
4 Zeit
6 Termin
9 Zeitpunkt
10 Zeitangabe
Datumsanzeiger
8 Kalender
Dauer
4 Zeit
5 Frist, Weile
6 Laenge, Spanne
7 Bestand
8 Zeitraum
9 Permanenz
10 Ausdehnung, Zeitspanne
12 Fortbestehen
Dauerbelastung
6 Stress
Dauerbezug
10 Abonnement
Dauergebäck
4 Keks
8 Zwieback
dauerhaft
6 solide, stabil
7 durabel, haltbar
10 bestaendig
Dauerhaftigkeit
11 Stabilitaet
Dauerläuten kleiner Glocken
8 Gebimmel
Dauermagnetwerkstoff
6 Alnico
Dauermiete
10 Abonnement
dauernd
5 immer, stets
8 bleibend, konstant, staendig
9 chronisch, permanent
10 bestaendig
12 fortwaehrend
13 unaufhoerlich
14 ununterbrochen
dauernder Körperschaden
9 Gebrechen
Dauerverkaufserfolg
10 Longseller
Dauerware
8 Konserve
Dauerwurst
6 Salami
8 Cervelat
9 Cabanossi, Hartwurst
10 Landjaeger, Plockwurst
12 Schlackwurst
Daunenvogel
9 Eiderente
Dauphin
9 Kronprinz
11 Thronfolger
Daus
2 As
Davids ...
· **Feldherr**
4 Joab, Uria
5 Urias
· **Frau**
6 Michal, Michol
7 Abigail
8 Bathseba, Bethseba
· **Gegner**
7 Goliath
· **Sohn**
6 Salomo
7 Absalom, Salomon
· **Vater**
4 Isai
davon
3 weg
4 fort
dazu
9 obendrein
Debakel
4 Pech, Ruin
6 Fiasko, Pleite
7 Konkurs
10 Misserfolg
Debatte
6 Dialog
10 Aussprache, Diskussion
11 Eroerterung, Kontroverse, Wortgefecht
18 Auseinandersetzung
Debattenbeginn
8 Einstieg
Debet
4 Soll
6 Schuld

D

9 Belastung
Debitor
9 Schuldner
Debitoren
11 Forderungen
13 Aussenstaende
Debüt
12 Erstauftritt
Debütant
7 Neuling
9 Anfaenger, Greenhorn
Deck
4 Bord
Deckblatt
6 Tektur
Decke
5 Plaid
deckelartiger Verschluss
6 Klappe
Deckelbehälter
4 Dose, Etui, Korb, Sarg, Topf
5 Kanne, Truhe
6 Karton, Kasten
7 Buechse, Schrein
8 Kassette, Kochtopf
9 Sarkophag, Schachtel, Schatulle
Deckendekoration
8 Soffitte
Deckengemälde
13 Freskomalerei
Deckengewölbe
6 Kuppel
Deckenverkleidung aus Holz
8 Taeflung
9 Taefelung
Deckgarn zum Vogelfang
6 Tirass
Deckmantel
7 Tarnung
Deckname
9 Pseudonym
Deckoffizier
9 Bootsmann
Decköffnung
4 Luke
Deckschicht
5 Belag
8 Hangende, Ueberzug
deckungsgleich
9 kongruent
Deduktion
6 Beweis
9 Ableitung
10 Herleitung
Defekt
5 Panne
6 Fehler
defekt
6 kaputt
7 entzwei
Defekt
7 Schaden
9 Gebrechen, Plattfuss
defekt
9 schadhaft
11 beschaedigt
Defekt im Strumpf
10 Laufmasche
defekte Stelle
4 Loch
defensiv Fußball spielen
6 mauern
Defensive
6 Abwehr
12 Verteidigung
Defilee
6 Parade
12 Vorbeimarsch
definitiv
8 bestimmt
10 endgueltig, massgebend
12 entscheidend
Defizit
5 Manko
6 Mangel
7 Verlust
8 Einbusse, Passivum
10 Fehlbetrag
Defloration
13 Entjungferung
Deformation
10 Verformung
11 Entstellung, Missbildung
13 Verunstaltung
deftig
4 derb
Degen
6 Espada, Rapier
Degenbehälter
7 Scheide
Degeneration
7 Abstieg, Verfall
9 Entartung
10 Niedergang
degenerieren
8 entarten
Degengehänge
8 Portepee
Degensportler
7 Fechter
Degradierung
12 Erniedrigung, Herabsetzung
13 Wertminderung
15 Herabwuerdigung
dehnbar
6 duktil
7 biegsam
8 flexibel
9 beweglich, elastisch
dehnbares Gewebe
7 Elastik, Stretch
dehnbares Material
5 Gummi
9 Kautschuk
Dehnbarkeit
12 Elastizitaet
Dehnung
7 Tension
Dehnungszeichen
10 Zirkumflex
Deich
4 Damm
deichgeschütztes Land
6 Polder
Deichschleuse
4 Siel
Dekade
8 Zehnzahl
9 Jahrzehnt
Dekadenz
7 Verfall
9 Entartung
Dekan
7 Dechant
14 Superintendent
19 Fakultaetsvorsteher
Deklamation
7 Vortrag
10 Rezitation, Wiedergabe
Deklaration
10 Erklaerung, Wertangabe
11 Zollmeldung
13 Inhaltsangabe
Deklination
7 Beugung
10 Abweichung
13 Winkelabstand
deklinierbares Wort
5 Nomen

Dekolletee (Dekolleté)
10 Ausschnitt
14 Halsausschnitt
Dekor
4 Zier
5 Motiv
6 Muster, Zierat, Zierde
7 Schmuck, Zierrat
10 Verzierung
Dekoration
5 Orden
7 Kulisse
8 Medaille
10 Gestaltung
11 Ausstattung, Buehnenbild
12 Auszeichnung, Ehrenzeichen
14 Ausschmueckung
Dekret
6 Erlass
Delegat
11 Abgesandter
17 Bevollmaechtigter
Delegation
9 Abordnung
delikat
6 heikel, lecker
9 koestlich
10 auserlesen, bedenklich
11 appetitlich
14 wohlschmeckend
Delikatesse
6 Genuss
8 Feinheit, Feinkost
10 Comestible, Hochgenuss
12 Leckerbissen
Delikatessenart
12 Leberpastete
18 Gaenseleberpastete
Delikt
3 Tat
8 Straftat, Vergehen, Verstoss
10 Verbrechen, Verfehlung
Deliktmerkmal
10 Tatbestand
Delinquent
6 Taeter
10 Verbrecher
11 Angeklagter, Missetaeter, Uebeltaeter
Delirium
6 Rausch
8 Wahnsinn
10 Verwirrung
deliziös
9 koestlich
11 schmackhaft
Delle
5 Beule
10 Vertiefung
12 Blechschaden
Delfinart (Delphinart)
6 Beluga, Narwal
7 Zahnwal
8 Grindwal, Tuemmler, Weisswal
Demagoge
8 Agitator
14 Volksverhetzer
15 Volksverfuehrer
Demarkation
10 Abgrenzung, Begrenzung
12 Grenzziehung
Demarkationslinie
6 Grenze
Dementi
8 Widerruf
12 Berichtigung, Zuruecknahme
15 Richtigstellung
Demimonde
8 Halbwelt
9 Unterwelt
Demission
10 Entlassung, Ruecktritt
demnach
8 folglich
demnächst
4 bald
7 alsbald
10 naechstens
Demokratie
15 Volksherrschaft
Demonstration
6 Beweis
9 Bekundung, Darlegung
10 Erklaerung, Kundgebung
11 Vorfuehrung
12 Erlaeuterung
17 Protestkundgebung
Demontage
5 Abbau
7 Abbruch
9 Zerlegung
Demoralisation
11 Entmutigung
14 Entsittlichung, Zuchtlosigkeit
demütig
5 devot
7 ergeben
12 unterwuerfig
demütige Ehrerweisung
5 Kotau
Demutsgeste
8 Kniefall
demzufolge
4 also, ergo
7 demnach
8 folglich
13 infolgedessen
den Göttern eine Gabe darbringen
6 opfern
den Wald abholzen
5 roden
Dengel
8 Schneide
Denkart
7 Ansicht, Meinung
9 Gesinnung
10 Auffassung, Standpunkt
11 Einstellung, Mentalitaet
14 Weltanschauung
denkbar
8 moeglich
10 potentiell, potenziell
Denken
6 Noesis
9 Reflexion
10 Reflektion
Denker
9 Philosoph
15 Geistesarbeiter
Denkfehler
6 Irrtum
11 Trugschluss
Denklehre
5 Logik
Denkmal
8 Monument
Denkmalunterbau
6 Sockel
Denkorgan
6 Gehirn
denkrichtig
7 logisch
Denkschrift
4 Memo
10 Memorandum

D

Denkspiel
4 Quiz
Denksport
5 Raten
9 Ratespiel
Denksportaufgabe
5 Rebus
7 Raetsel
9 Quizfrage
10 Mixraetsel, Vexierbild
12 Schachstudie, Wabenraetsel
13 Schachproblem, Silbenraetsel, Zahlenraetsel
14 Zahlenknobelei
15 Schwedenraetsel
16 Kreuzworträtsel, magisches Quadrat
Denksporttätigkeit
12 Raetselraten
Denkspruch
5 Gnome
Denkvermögen
5 Ratio
8 Vernunft, Verstand
9 Intellekt
11 Intelligenz
Denkweise ▶ Denkart
Denkwissenschaft
11 Philosophie
denkwürdig
7 epochal
8 sekulaer
Denkwürdigkeiten
8 Memoiren
Denkzettel
5 Lehre
6 Strafe
7 Verweis
8 Notabene
dennoch
4 doch, zwar
8 trotzdem
Dentallaborant
13 Zahntechniker
Denunziant
6 Petzer
7 Spitzel
9 Verraeter
12 Anschwaerzer
Departement in Frankreich
3 Ain, Lot, Var
4 Aube, Aude, Cher, Eure, Gard, Gers, Jura, Nord, Oise, Orne, Tarn
5 Aisne, Corse, Doubs, Drôme, Indre, Isère, Loire, Marne, Meuse, Rhône, Seine, Somme, Yonne
6 Allier, Ariege, Cantal, Creuse, Landes, Loiret, Lozère, Manche, Nièvre, Sarthe, Savoie, Vendée, Vienne, Vosges
7 Ardèche, Aveyron, Bas-Rhin, Belfort, Corrèze, Gironde, Herault, Mayenne, Moselle
8 Ardennes, Calvados, Charente, Dordogne, Haut-Rhin, Morbihan, Vaucluse
9 Finistère
Dependance
11 Zweigstelle
13 Nebengebaeude, Niederlassung
Depesche
9 Telegramm
10 Funkspruch
13 Funknachricht
14 Drahtnachricht
Deplatzierung (Deplazierung)
13 Fehlbesetzung
Deportation
10 Verbannung
13 Verschleppung
Depot
5 Lager
7 Bahnhof, Einlage, Filiale
10 Niederlage
12 Aufbewahrung, Sammelstelle
13 Niederlassung
Depotraum
10 Lagerhalle
Depotverwalter
8 Lagerist
Depression
4 Tief
5 Krise, Senke
9 Schwermut, Tiefdruck, Tiefpunkt
12 Mutlosigkeit
20 Niedergeschlagenheit
Deputation
9 Abordnung, Ausschuss
10 Vertretung
Deputierter
12 Abgeordneter
der ...
· **blaue Planet**
4 Erde
· **nach dem Zweiten**
7 Dritter
· **römische Herakles**
8 Herkules
· **rote Planet**
4 Mars
derart
2 so
derb
3 rau, roh
4 grob, hart, rauh
5 drall, plump, ruede, stark
6 robust, stramm
8 kraeftig, ordinaer
derb für Essen
5 Frass
derber Mensch
7 Grobian
derber Streich
6 Possen
derbkomisches Lustspiel
5 Farce, Posse
7 Schwank
Derby
6 Rennen
12 Galopprennen, Pferderennen
Derwisch
5 Fakir
12 Bettelmoench
derzeit
3 nun
5 jetzt
derzeitiger Stand
3 Ist
6 Status
des Lesens Unkundiger
10 Analphabet
des Menschen Innerstes
5 Seele
Desaster
7 Unstern
Deserteur
12 Ueberlaeufer
17 Fahnenfluechtiger
desgleichen
4 auch, dito
6 ebenso
9 ebenfalls

deshalb
4 drum
5 daher, darum
7 dadurch
8 deswegen, insofern
13 infolgedessen
Desillusion
13 Enttaeuschung, Ernuechterung
Desinfektion
9 Abtoetung
10 Entgiftung, Entkeimung
11 Entseuchung
13 Sterilisation
Desinfektionsmittel
3 Jod
4 Kalk
5 Borax, Chlor, Lysol
6 Karbol, Kresol, Phenol
7 Alkohol, Kreosot
8 Formalin, Jodoform, Sagrotan
9 Chloramin, Chlorkalk
11 Formaldehyd
Desinfektor
12 Kammerjaeger
despektierlich
9 abfaellig
10 respektlos
11 abschaetzig
15 geringschaetzig
Desperado
6 Bandit
7 Raeuber
10 Abenteurer
Despot
6 Tyrann
8 Diktator
10 Machthaber
15 Gewaltherrscher
Despotie
6 Terror
8 Diktatur, Tyrannei, Willkuer
16 Gewaltherrschaft
Dessert
3 Eis
7 Kompott, Pudding
9 Nachtisch
10 Nachspeise
11 Suessspeise
Dessertwein
5 Samos
6 Malaga, Sherry
7 Madeira, Marsala, Tokaier
8 Jenerodi, Portwein
9 Tarragona
Dessin
4 Plan
6 Muster
7 Entwurf, Vorlage
Dessous
7 Waesche
12 Damenwaesche, Unterwaesche
Destillationsgefäß
7 Retorte
Destillationsprodukt
4 Teer
6 Benzin, Gasoel
7 Alkohol
9 Petroleum
Detail
4 Teil
6 Stueck
10 Einzelheit, Einzelteil
11 Bestandteil, Kleinigkeit
12 Einzelposten, Einzelstueck
Detektei
14 Auskunftsbuero
16 Ermittlungsbuero
Detektiv
8 Polizist
9 Ermittler
11 Kriminalist
14 Geheimpolizist
determiniert
8 bestimmt
10 festgelegt
Detonation
5 Knall, Krach
9 Entladung, Explosion
Deuter
9 Interpret
deutlich
4 klar
6 betont
9 eindeutig, plastisch
10 auffallend, profiliert
11 anschaulich, artikuliert
12 ueberzeugend
13 verstaendlich
19 unmissverstaendlich
deutlich machen
9 erklaeren
10 erlaeutern
deutliche Aussprache
12 Artikulation
deutliche Erwähnung
15 Apostrophierung
Deutlichkeit
7 Drastik, Evidenz
8 Klarheit
deutsch(e, er, es) ...
[▶ auch altdeutsch(e, er, es) ...]
· **Adelsgeschlecht**
6 Nassau, Welfen
12 Hohenstaufen, Hohenzollern
· **Adelstitel**
4 Graf
5 Baron, Prinz
6 Freiin, Fuerst, Herzog, Ritter
7 Baronin, Graefin, Komtess
8 Baroness, Burggraf, Freifrau, Freiherr, Fuerstin, Komtesse, Landgraf, Markgraf
9 Baronesse, Kurfuerst, Pfalzgraf
10 Prinzessin
11 Burggraefin, Kurfuerstin, Landgraefin, Markgraefin
12 Pfalzgraefin
· **Admiral**
4 Heye, Spee
6 Raeder, Scheer
7 Canaris, Doenitz, Tirpitz
· **Anrede**
4 Frau, Herr
9 Fraeulein
· **Archäologe**
10 Schliemann
· **Arzt**
3 Erb
4 Koch
5 Borst, Krehl
7 Behring, Ehrlich, Virchow, Warburg, Windaus
8 Kussmaul
9 Hahnemann, Uhlenhuth
10 Paracelsus
11 Pettenkofer, Weizsaecker
· **Astronom**
6 Kepler, Olbers
10 Kopernikus

D

- **Atomforscher**
  4 Born, Hahn
  5 Bothe
  6 Geiger, Planck
  7 Ardenne
  10 Heisenberg
- **Automobilpionier**
  4 Benz
  7 Daimler
- **Badeort**
  3 Ems, Orb
  5 Berka, Essen, Soden, Toelz
  6 Abbach, Elster, Muskau, Sachsa, Vilbel
  7 Aibling, Berneck, Doberan, Homburg, Nauheim, Pyrmont, Teinach, Waldsee, Wimpfen, Wurzach
  8 Harzburg, Hersfeld, Kohlgrub, Muenster, Neuenahr, Neustadt, Rappenau, Segeberg
  9 Duerkheim, Godesberg, Kissingen, Kreuznach, Krozingen, Niedernau, Peterstal, Salzuflen, Salzungen, Schwartau, Steinbeck, Wildungen
  10 Baden Baden, Bergzabern, Hoenningen, Lauterberg, Liebenzell, Oeynhausen, Schwalbach
  11 Badenweiler, Gandersheim, Gleisweiler, Langensalza, Lippspringe, Mergentheim, Reichenhall, Woerishofen
  13 Frankenhausen
  14 Friedrichshall
- **Bankier**
  3 Abs
  10 Herrhausen
- **Berg, Gebirge**
  3 Alb
  4 Harz, Teck
  5 Alpen, Arber, Eifel, Hardt, Rhoen
  6 Haardt, Taunus
  7 Belchen, Brocken, Deister, Heuberg, Kniebis, Solling
  8 Auerberg, Beerberg, Ederkopf, Feldberg, Flaeming, Kreuzeck, Meissner, Odenwald, Spessart, Wallberg, Watzmann
  9 Auersberg, Erbeskopf, Hainleite, Hassberge, Hunsrueck, Kalkalpen, Kreuzberg, Nebelhorn, Schurwald, Wetzstein, Zugspitze
  10 Bauersberg, Erzgebirge, Hesselberg, Hohentwiel, Ochsenkopf, Petersberg, Rosstrappe, Sturmhaube, Vogelsberg, Westerwald
  11 Boehmerwald, Donnersberg, Drachenfels, Eggegebirge, Fichtelberg, Frankenwald, Heuchelberg, Kaiserstuhl, Koenigstuhl, Kyffhaeuser, Schwarzwald, Steigerwald, Wasserkuppe, Wendelstein, Wetterstein
  12 Hohenstaufen, Hornisgrinde, Katzenbuckel, Koenigsstuhl, Lennegebirge, Leupoldstein, Maedelegabel, Obersalzberg, Predigtstuhl, Schauinsland, Wesergebirge
  13 Siebengebirge, Weserbergland
  14 Benediktenwand, Braunarlspitze, Fichtelgebirge, Rothaargebirge, Thueringerwald
  15 Rheingaugebirge
- **Bildhauer**
  5 Kolbe, Stoss
  7 Barlach
  8 Kollwitz, Penzoldt
  9 Dannecker, Lehmbruck, Schlueter
  11 Feichtmayer
  15 Riemenschneider
- **Binnensee**
  6 Eibsee
  7 Mueritz, Titisee, Wannsee
  8 Ammersee, Arendsee, Bodensee, Chiemsee
  9 Kochelsee, Mummelsee, Tegernsee
  10 Koenigssee, Schliersee, Schluchsee, Staffelsee, Walchensee
  11 Ruppiner See
  13 Schweriner See
- **Buchdrucker**
  5 Unger
  9 Gutenberg
- **Bucht**
  4 Haff
  6 Bodden
  7 Dollart
  9 Jadebusen
- **Bundeshauptstadt**
  4 Bonn
  6 Berlin
- **Bundeskanzler**
  4 Kohl
  6 Brandt, Erhard
  7 Schmidt
  8 Adenauer
  9 Kiesinger, Schroeder
- **Bundesland**
  6 Bayern, Berlin, Bremen, Hessen
  7 Hamburg, Sachsen
  8 Saarland
  10 Thueringen
  11 Brandenburg
  13 Niedersachsen, Sachsen-Anhalt
  14 Rheinland-Pfalz
  17 Baden-Wuerttemberg, Schleswig-Holstein
  18 Nordrhein-Westfalen
  21 Mecklenburg-Vorpommern
- **Bundespräsident**
  3 Rau
  5 Heuss
  6 Herzog, Luebke, Scheel
  8 Carstens
  9 Heinemann
  11 Weizsaecker
- **Chemiker**
  4 Auer, Hahn, Kuhn, Mohr, Munk
  5 Alder, Bosch, Diels, Eigen, Frank, Haber, Knorr, Kolbe, Krebs,

Lunge, Lynen, Reppe, Stahl
6 Achard, Baeyer, Bunsen, Dafert, Engler, Gmelin, Graebe, Liebig, Loewig, Magnus, Nernst, Schott, Werner
7 Balling, Behring, Bergius, Buchner, Classen, Clusius, Curtius, Fischer, Geitner, Hofmann, Lambert, Landolt, Lepsius, Martius, Ostwald, Wallach, Wieland, Woehler
8 Boettger, Duisberg, Klaproth, Marggraf
9 Butenandt, Fresenius
10 Erlenmeyer, Staudinger, Strassmann
11 Doebereiner, Pettenkofer

· **Dichter ▶ deutscher Schriftsteller**

· **Dichterfürst**
6 Goethe

· **Dirigent**
5 Masur
6 Walter
7 Karajan, Strauss
9 Klemperer
12 Furtwaengler

· **Epos**
14 Nibelungensage

· **Erfinder**
3 Ohm
4 Abbe, Benz, Opel, Otto, Reis
5 Bosch, Braun, Drais, Linde
6 Bunsen, Diesel, Halske, Wankel
7 Daimler, Henlein, Junkers, Litfass, Siemens
8 Guericke, Roentgen, Zeppelin
9 Gutenberg
10 Fahrenheit
12 Gabelsberger

· **Farbfernsehsystem**
3 Pal

· **Feldherr**
4 Illo

· **Finanzexperte**
3 Abs

· **Flächenmaß**
2 Ar
5 Acker
6 Hektar, Morgen
7 Tagwerk

· **Flieger/Fliegerin**
4 Udet
5 Beese
8 Beinhorn

· **Forschungsschiff**
6 Meteor

· **Frauenrechtlerin**
5 Cauer, Lange
6 Zetkin
9 Schwarzer

· **Fürstenbund**
9 Rheinbund

· **Fürstenhaus**
6 Salier, Welfen
7 Staufer
8 Askanier, Wettiner
10 Karolinger
12 Hohenzollern
13 Wittelsbacher

· **Fußballspieler**
4 Held, Rahn
5 Maier, Turek, Vogts
6 Brehme, Haller, Libuda, Netzer, Seeler, Walter
7 Briegel, Hoeness, Moeller, Morlock, Mueller, Overath, Voeller
8 Breitner, Haessler
9 Grabowski, Klinsmann, Matthaeus, Szymaniak, Tilkowski
10 Littbarski, Rummenigge, Schumacher
11 Augenthaler, Beckenbauer
12 Schnellinger

· **Geldreformer**
6 Gesell

· **Geograph**
5 Krebs, Maull, Penck
7 Wegener
8 Humboldt

· **Germanist**
5 Grimm, Leyen, Wrede
6 Neckel, Panzer
7 Gundolf

· **Grenzfluss**
4 Oder
5 Rhein

· **Großstadt**
4 Bonn, Gera, Kiel
5 Essen, Hagen, Halle, Herne, Koeln, Mainz, Neuss, Trier
6 Aachen, Berlin, Bochum, Bremen, Erfurt, Kassel, Siegen, Witten
7 Bottrop, Dresden, Hamburg, Koblenz, Krefeld, Leipzig, Luebeck, Potsdam, Rostock, Zwickau
8 Augsburg, Chemnitz, Dortmund, Duisburg, Freiburg, Hannover, Mannheim, Muelheim, Muenchen, Muenster, Solingen
9 Bielefeld, Darmstadt, Frankfurt, Heilbronn, Karlsruhe, Magdeburg, Nuernberg, Offenbach, Oldenburg, Remscheid, Stuttgart, Wiesbaden, Wolfsburg, Wuerzburg, Wuppertal
10 Goettingen, Heidelberg, Leverkusen, Oberhausen, Osnabrueck, Regensburg, Salzgitter
11 Bremerhaven, Duesseldorf
12 Braunschweig, Ludwigshafen, Saarbruecken
13 Gelsenkirchen, Wilhelmshaven
14 Kaiserslautern, Recklinghausen
16 Moenchengladbach

· **Hafenstadt**
4 Kiel
5 Emden, Husum
6 Bremen, Wismar
7 Hamburg, Luebeck, Rostock
8 Cuxhaven
9 Flensburg, Stralsund
11 Bremerhaven, Travemuende
13 Wilhelmshaven

· **Heidedichter**
5 Loens

· **Heldendichtung**
14 Nibelungenlied

D

- **Herrschername**
  4 Karl, Otto
  5 Franz
  6 Arnulf, August, Joseph, Lothar, Ludwig, Wenzel
  7 Leopold, Philipp, Wilhelm
  8 Heinrich
  9 Ferdinand, Friedrich, Sigismund
  10 Barbarossa, Maximilian
- **Historiker**
  3 Roh
  4 Fest, Mann
  5 Dehio, Ranke, Reich, Sybel
  6 Haller, Marcks, Menzel, Oncken, Ritter
  7 Droysen, Gundolf, Leibniz, Lessing, Mommsen, Niebuhr
  8 Bachofen, Dahlmann, Meinecke, Schlegel
  9 Delbrueck, Lamprecht
  10 Schnitzler, Treitschke
  11 Giesebrecht
- **Humanist**
  5 Brant
  6 Celtis, Hutten, Reuter
  7 Neander, Sabinus, Schedel
  8 Eichrodt, Reuchlin, Rhodeman, Tritheim
  9 Cellarius, Peutinger
  10 Camerarius, Mosellanus, Pirkheimer
  11 Pirckheimer
- **Humorist**
  7 Erhardt
- **Ingenieur**
  4 Benz, Otto
  6 Diesel
  7 Daimler, Siemens
  10 Lilienthal
- **Insel ▶ deutsche Nordseeinsel, ▶ deutsche Ostseeinsel**
- **Jesuit**
  4 Spee
- **Jugendorganisation**
  10 Pfadfinder
- **Kabarettistin**
  4 Vita
  5 Noack
  6 Wieder
  7 Herking, Lorentz, Waldoff
  9 Schlueter
- **Kaiserin**
  5 Agnes
  7 Augusta
  8 Adelheid, Viktoria
- **Kaiserstadt**
  6 Aachen
- **Kartenspiel**
  4 Skat
  5 Rommé
  6 Bridge, Ramsch, Rommee, Tarock
  7 Canasta
  8 Quartett
  9 Schafkopf
  10 Doppelkopf
  13 Einundzwanzig
  14 Kartenlotterie
  15 Sechsundsechzig
- **katholischer Kirchenmusiker**
  3 Ett
- **Klavierbauer**
  9 Bechstein, Bluethner
- **Komiker**
  4 Otto
  6 Erhard, Loriot
- **Komponist**
  3 Egk, Fux, Ott
  4 Bach, Berg, Knab, Marx, Orff, Wolf
  5 Blech, Bruch, Burck, Finck, Gluck, Graun, Hasse, Henze, Kollo, Liszt, Loewe, Reger, Senfl, Spohr, Weber
  6 Albert, Bialas, Borris, Brahms, Cramer, Dostal, Eybler, Hiller, Hummel, Keiser, Kuhnau, Kullak, Kusser, Lincke, Lothar, Mahler, Meisel, Muffat, Quantz, Schein, Schulz, Wagner
  7 Blacher, Distler, Fortner, Haendel, Hassler, Hoeffer, Krieger, Nicolai, Pepping, Raymond, Reimann, Reutter, Scheidt, Schuetz, Silcher, Stamitz, Strauss, Walther
  8 Hartmann, Hoffmann, Kaminski, Kreutzer, Kuenneke, Lortzing, Pfitzner, Schreker, Schumann, Telemann, Zumsteeg
  9 Beethoven, Buxtehude, Cornelius, Hindemith, Holzbauer, Marschner, Meyerbeer, Pachelbel, Reichardt, Schroeder
  10 Praetorius, Schoenberg
  11 Dittersdorf, Humperdinck, Mendelssohn
- **Kraftwagenerfinder**
  4 Benz
- **Kriegsauszeichnung**
  11 Ritterkreuz
  13 Eisernes Kreuz
  14 Deutsches Kreuz
- **Kunstflieger**
  4 Udet
- **Landeshauptstadt**
  4 Kiel
  5 Mainz
  6 Berlin, Bremen, Erfurt
  7 Dresden, Hamburg, Potsdam
  8 Hannover, Muenchen, Schwerin
  9 Magdeburg, Stuttgart, Wiesbaden
  11 Duesseldorf
  12 Saarbruecken
- **Landschaft**
  4 Baar, Ries
  5 Baden, Hegau, Lippe, Pfalz, Senne
  6 Angeln, Anhalt, Barnim, Bayern, Boerde, Hadeln, Hessen, Wische
  7 Allgaeu, Altmark, Bauland, Emsland, Ermland, Franken, Hellweg, Kurmark, Lausitz, Linzgau, Maifeld, Masuren, Neumark, Ortenau, Pommern, Sachsen, Samland, Schwalm, Wagrien
  8 Breisgau, Flaeming, Grabfeld, Holledau, Holstein, Lechfeld, Odenwald, Prignitz, Rheingau, Saarland, Schwaben, Spessart, Stormarn, Vogtland, Westrich, Wetterau

9 Ammerland, Donaumoos, Friesland, Hafelland, Hallertau, Jeverland, Kraichgau, Loessnitz, Nordbaden, Oberpfalz, Oldenburg, Rheinland, Sauerland, Schlesien, Schleswig, Suedbaden, Uckermark, Westfalen
10 Oberbayern, Oberhessen, Soederland, Thueringen
11 Brandenburg, Butjadingen, Mainfranken, Mecklenburg, Oberfranken, Oberlausitz, Ostpreussen, Rheinhessen, Schorfheide, Schwarzwald
12 Dithmarschen, Hohenzollern, Muensterland, Niederbayern, Ostfriesland, Unterfranken
13 Mittelfranken, Niederlausitz, Niedersachsen, Nordfriesland, Westfriesland

- **Landsmann**
5 Hesse
6 Franke
- **Längenmaß**
3 Lot, Ohm
4 Elle, Fuss, Rute, Zoll
- **Luftverkehrsunternehmen**
9 Lufthansa
- **Maler/Malerin**
3 Dix
4 Asam, Klee, Marc, Veit
5 Ernst, Grosz, Kluge, Macke, Nolde, Runge, Thoma
6 Duerer, Menzel
7 Corinth, Cranach, Holbein, Muenter, Richter, Slevogt
8 Beckmann, Carstens, Gebhardt, Hosemann, Kaulbach, Kirchner, Kollwitz, Overbeck, Penzoldt, Rottmann, Rottmayr, Schinkel, Spitzweg
9 Feininger, Feuerbach, Kandinsky, Modersohn, Pechstein
10 Liebermann, Schwitters
15 Modersohn-Becker
- **Märchen**
12 Aschenputtel, Dornroeschen, Rotkaeppchen
13 Aschenbroedel
14 Schneewittchen
15 Rumpelstilzchen
16 Haensel und Gretel
28 Der Wolf und die sieben Geisslein
- **Marxist**
5 Bebel
6 Engels
9 Luxemburg
10 Liebknecht
- **Maß**
5 Pfund
- **Mathematiker**
5 Artin, Frege, Gauss, Hesse, Klein, Pfaff, Study, Weber
6 Cantor, Kepler, Landau, Peschl
7 Clepsch, Hilbert, Leibniz, Riemann
8 Dedekind, Kaestner
9 Lipschitz, Minkowski
11 Tschirnhaus, Weierstrass
- **Mineraloge**
4 Mohs
- **Mittelgebirge ▶ deutscher Berg**
- **Modezar**
13 Karl Lagerfeld
- **Motorenerfinder**
4 Otto
- **Münze**
4 Mark
5 Krone, Taler
6 Batzen, Heller
7 Dukaten, Kreuzer, Pfennig
8 Groschen
10 Reichsmark, Rentenmark
11 Kaisertaler
- **Name für Champignon**
8 Egerling
- **Naturheilkundiger**
6 Kneipp
7 Schroth
- **Nobelpreisträger für Chemie**
4 Hahn
5 Bosch, Eigen, Haber
6 Baeyer, Nernst, Wittig
7 Bergius, Fischer, Ostwald
9 Butenandt
- **Nobelpreisträger für Frieden**
6 Brandt
9 Ossietzky
- **Nobelpreisträger für Literatur**
4 Mann
5 Boell, Grass, Hesse, Heyse
6 Eucken
7 Mommsen
9 Hauptmann
- **Nobelpreisträger für Medizin**
4 Koch
5 Neher
7 Behring, Ehrlich, Sakmann
9 Forssmann
- **Nobelpreisträger für Physik**
4 Born, Laue, Wien
5 Bothe, Braun, Hertz, Stark
6 Franck, Jensen, Lenard, Planck
8 Einstein, Roentgen
10 Heisenberg, Moessbauer
- **Nordseeinsel**
4 Sylt
5 Amrum, Foehr, Juist
6 Borkum, Hallig, Mellum
7 Baltrum, Neuwerk
8 Langeoog, Pellworm, Trischen
9 Helgoland, Langeness, Norderney
10 Nordstrand, Scharhoern, Spiekeroog, Wangerooge
- **Normenzeichen**
3 DIN
- **Ostseeinsel**
3 Oie
4 Poel, Vilm
5 Ruden
6 Ruegen, Ummanz, Usedom, Wollin

D

7 Fehmarn
9 Hiddensee

· **Pädagoge**
4 Nohl, Otto
5 Campe, Lietz
6 Geheeb
7 Basedow, Flitner, Froebel, Herbart, Steiner, Suevern, Wyneken
10 Diesterweg
15 Kerschensteiner

· **Parlament**
9 Bundestag

· **Philosoph**
4 Apel, Kant, Litt, Nohl, Oken, Otto, Wust
5 Bauer, Bloch, Carus, Cohen, Frege, Fries, Hegel, Huber, Lange, Lipps, Lotze, Misch, Weber, Wolff, Wundt
6 Adorno, Baader, Engels, Eucken, Fichte, Gehlen, Hamann, Herder, Jacobi, Klages, Krings, Kuelpe, Natorp, Nelson, Simmel, Stumpf, Zeller
7 Dilthey, Dingler, Driesch, Fechner, Fischer, Gadamer, Haeckel, Herbart, Husserl, Jaspers, Lambert, Leibniz, Lessing, Rickert, Scheler, Strauss
8 Brentano, Buechner, Duehring, Guardini, Habermas, Hartmann, Reimarus, Spengler
9 Avenarius, Feuerbach, Heidegger, Holzapfel, Nietzsche, Pufendorf, Schelling, Thomasius, Troeltsch, Vaihinger
10 Baumgarten, Horkheimer, Keyserling, Windelband
11 Mendelssohn
12 Schopenhauer
13 Trendelenburg
14 Schleiermacher

· **Physiker**
3 Ohm
4 Abbe, Arco, Auer, Born, Hahn, Laue, Mach, Wien
5 Bothe, Braun, Eigen, Fuchs, Gauss, Hertz, Jolly, Justi, Kundt, Linde, Luest, Mayer, Stark, Stern, Vogel, Weber
6 Geiger, Graetz, Jensen, Jordan, Lenard, Lommel, Magnus, Nernst, Planck, Ritter, Segner
7 Ardenne, Clusius, Fechner, Gerlach, Hittorf, Karolus, Wehnelt
8 Clausius, Dessauer, Einstein, Guericke, Roentgen, Scheiner
9 Helmholtz, Kirchhoff
10 Barkhausen, Fahrenheit, Fraunhofer, Heisenberg, Kohlrausch, Moessbauer, Poggendorf, Sommerfeld
11 Lichtenberg, Weizsaecker

· **Pianist/Pianistin**
3 Ney
5 Sauer, Stech, Wieck
6 Buelow, Cramer, Giesen, Kempff
8 Backhaus
9 Gieseking
10 Eschenbach

· **Politiker**
4 Apel, Bahr, Ertl, Heck, Kiep, Kohl, Lehr, Zinn
5 Bebel, Benda, Ebert, Ehmke, Erler, Focke, Heuss, Kogon, Leber, Loebe, Maier, Mende, Papen, Pieck, Stein, Stoph, Sydow, Vogel, Wirth
6 Arendt, Barzel, Brandt, Ehlers, Eisner, Engels, Eppler, Erhard, Gagern, Goppel, Hassel, Katzer, Luebke, Reuter, Roeder, Scheel, Schmid, Wehner
7 Caprivi, Naumann, Schmidt, Strauss
8 Adenauer, Albrecht, Bismarck, Bluecher, Bruening, Carstens, Genscher, Hoecherl, Honecker, Rathenau, Ulbricht
9 Erzberger, Filbinger, Goerdeler, Heinemann, Kiesinger, Lambsdorf, Thaelmann
10 Armansperg, Hardenberg, Hindenburg, Liebknecht, Ollenhauer, Schleicher, Schumacher, Stresemann, Windthorst
11 Scheidemann, Stoltenberg
12 Friedensburg, Gerstenmaier, Stauffenberg

· **Raketenforscher**
5 Braun
6 Oberth
7 Saenger

· **Rebensaft**
9 Rheinwein

· **Rechenmeister**
4 Ries, Roth
5 Riese
6 Ceulen
9 Faulhaber

· **Rechtschreibebuch**
5 Duden

· **Rechtslehrer**
4 Wolf
6 Kohler
7 Ihering

· **Reeder**
6 Ballin
8 Woermann

· **Reformator**
6 Luther
11 Melanchthon

· **Regisseur**
6 Barlog, Gobert, Jugert
7 Hilpert, Ophuels, Staudte, Stemmle
8 Kaeutner, Lubitsch
9 Weidemann
10 Fassbinder, Gruendgens

· **Reichskanzler**
4 Cuno, Marx
5 Papen, Wirth
6 Buelow, Hitler, Luther
7 Caprivi, Mueller
8 Bismarck, Bruening, Hertling
9 Hohenlohe
10 Schleicher, Stresemann
11 Scheidemann

· **Reichspräsident**
5 Ebert
10 Hindenburg

- **Rotweingebiet**
12 Wuerttemberg
- **Sagengestalt**
3 Ute
4 Mime, Till
5 Etzel, Hagen
6 Gernot, Gudrun, Laurin, Roland, Volker
7 Gunther, Lorelei, Wieland
8 Alberich, Brunhild, Dietrich, Giselher, Ruediger, Siegmund
9 Kriemhild, Ruebezahl, Siegfried, Sieglinde
10 Hildebrand
13 Rattenfaenger
14 Schimmelreiter
- **Schauspieler/Schauspielerin**
2 Im
3 Dor, Ode
4 Baal, Eyck, Glas, Graf, Held, Hinz, Horn, John, Kinz, Knef, Koch, Kowa, Lenz, Loos, Matz, Piel, Rahl, Rose, Todd, Vita, Wenk, Wery
5 Adorf, Bildt, Boehm, Diehl, Drews, Ewert, Felmy, Forst, Frank, Goetz, Grimm, Gross, Haack, Hasse, Holst, Hoppe, Hoven, Kainz, Kerst, Knuth, Krahl, Lange, Leibl, Loeck, Lorre, Neuss, Prack, Stahl, Stolz, Treff, Uhlen, Veidt, Vogel, Wicki, Wieck, Wuest
6 Albers, Andree, Angely, Balser, Berger, Birgel, Breuer, Bruehl, Caspar, Clarin, Dahlke, Diessl, Dongen, Dorsch, Feiler, Fernau, Froebe, George, Giehse, Giller, Gobert, Godden, Hansen, Harvey, Hebbel, Heuser, Holtei, Horney, Juhnke, Kinski, Krauss, Lieven, Lingen, Loebel, Lommel, Lothar, Lowitz, Marian, Markus, Meisel, Moissi, Neuber, Odemar, Palmer, Platte, Preiss, Pulver, Schell, Sessak, Sieber, Slezak, Sommer, Stuewe, Tiller, Waldau, Wangel, Weigel, Weiser, Werner, Wieder, Wieman, Wimmer, Wolter, Wussow
7 Borsche, Dagover, Deltgen, Deutsch, Durieux, Eggerth, Fischer, Forster, Fritsch, Gebuehr, Girardi, Gutwell, Herking, Huebner, Iffland, Kampers, Kieling, Klinger, Koczian, Kortner, Krueger, Leibelt, Liedtke, Minetti, Mueller, Paulsen, Peitsch, Regnier, Richter, Riemann, Roberts, Schmitz, Schroth, Sebaldt, Steppat, Theimer, Ullrich, Valente, Valetti, Wegener, Wessely, Ziemann
8 Bethmann, Bollmann, Borchers, Buchholz, Collande, Dietrich, Hartmann, Hoeflich, Jannings, Juergens, Kirchner, Kloepfer, Leuwerik, Ruehmann, Sandrock, Soehnker, Thomalla, Tressler, Valentin, Waescher
9 Bleibtreu, Froehlich, Hielscher, Hoerbiger, Hubschmid, Meyerinck, Mosbacher, Quadflieg, Schneider, Schollwer, Schygulla
10 Bassermann, Gruendgens, Hesterberg, Hubschmidt, Schoenherr, Soederbaum, Stankowski, Tschechowa, Vespermann, Wohlbrueck
11 Fuchsberger, Hildebrandt, Liebeneiner, Matterstock, Schoenboeck, Weissgerber, Westermeier
12 Biederstaedt, Kuhlenkampff
14 Flickenschildt
- **Schreibschrift**
7 Kurrent
10 Suetterlin
- **Schrift**
7 Fraktur
- **Schriftsteller/Schriftstellerin**
3 May, Ott
4 Apel, Bamm, Benn, Brod, Eich, Eyth, Heym, Huch, Kolb, Lenz, Mann
5 Andres, Arndt, Arnim, Boell, Busch, Busse, Campe, Ernst, Ewers, Fried, Fulda, Graff, Grass, Grimm, Groth, Gruen, Hauff, Hebel, Heine, Hesse, Kafka, Kluge, Loens, Musil, Nabor, Nowak, Opitz, Otten, Raabe, Rilke, Rothe, Sachs, Storm, Thoma, Trakl, Ulitz, Unger, Weber, Zweig
6 Brecht, Fichte, George, Gmelin, Goethe, Griese, Hebbel, Herder, Herzog, Keller, Kleist, Knigge, Krolow, Kugler, Ludwig, Miegel, Pechel, Platen, Rinser, Seidel, Spoerl, Uhland, Walser
7 Doeblin, Fallada, Fleming, Fontane, Gellert, Goerres, Klabund, Lessing, Luserke, Nossack, Novalis, Seghers, Stifter, Vischer, Vulpius, Wichert
8 Bachmann, Borchert, Brentano, Buechner, Chamisso, Claudius, Doerfler, Fechtner, Gryphius, Hoffmann, Kaestner, Kotzebue, Langbehn, Penzoldt, Scheffel, Schiller, Schlegel, Wedekind, Wiechert, Winckler
9 Bechstein, Ganghofer, Gottsched, Hauptmann, Klopstock, Tucholsky, Zuckmayer

D

10 Hoelderlin, Liliencron, Ringelnatz
11 Bergengruen, Eichendorff, Freiligrath, Gerstaecker, Langgaesser, Morgenstern
12 Enzensberger, Fallersleben, Feuchtwanger, Hofmannsthal
14 Grimmelshausen

· **Seehafen ▶ Hafenstadt**

· **Seeräuber**
12 Stoertebeker

· **Sondersteuer**
4 Soli

· **Sozialist**
4 Marx
5 Bebel
6 Brandt, Engels, Wehner
8 Lassalle, Weitling
10 Liebknecht, Schumacher

· **Spielkarte**
4 Ober
5 Unter

· **Spielkartenfarbe**
3 Rot
4 Herz, Laub
5 Gruen, Kreuz
6 Eckern, Eichel, Herzen
8 Eckstein, Schellen, Schippen
9 Schueppen

· **Sprachforscher**
5 Duden
11 Konrad Duden

· **Sprachwissenschaft**
10 Linguistik

· **Staatsmann ▶ deutscher Politiker**

· **Städtebund**
5 Hanse

· **Strom ▶ deutscher Fluss**

· **Theologe**
6 Cremer
7 Ritschl, Wichern
8 Bultmann, Dibelius, Fliedner, Guardini, Niemeyer
9 Ratzinger
10 Bonhoeffer, Doellinger, Gollwitzer, Niemoeller, Schweitzer
13 Bodelschwingh

· **Turnvater**
4 Jahn

· **Universitätsstadt**
3 Ulm
4 Bonn, Jena, Kiel
5 Halle, Koeln, Mainz, Trier
6 Aachen, Berlin, Bochum, Bremen, Passau, Siegen
7 Bamberg, Giessen, Hamburg, Leipzig, Marburg, Rostock
8 Bayreuth, Dortmund, Erlangen, Freiburg, Hannover, Konstanz, Mannheim, Muenchen, Muenster
9 Bielefeld, Frankfurt, Karlsruhe, Stuttgart, Tuebingen, Wuerzburg
10 Goettingen, Greifswald, Heidelberg, Regensburg
11 Duesseldorf
12 Saarbruecken
14 Kaiserslautern

· **Volksstamm**
6 Bayern, Hessen
7 Franken, Friesen, Pommern, Sachsen
8 Ostfalen, Schwaben
9 Alemannen, Schlesier, Westfalen
10 Ostfriesen, Thueringer
11 Nordfriesen, Ostpreussen
13 Mecklenburger, Niedersachsen

· **Vorsilbe**
2 er, un
3 auf, aus, top, ver, zer

· **Währung**
2 DM
5 DMark

· **Weinbaugebiet**
3 Ahr
4 Nahe, Saar
5 Baden, Mosel, Pfalz, Ruwer
7 Franken
8 Bodensee, Rheingau, Schwaben
10 Rheinpfalz
11 Mainfranken, Rheinhessen
12 Wuerttemberg

· **Weltstadt**
6 Berlin

· **Zeichner**
5 Busch, Zille
6 Menzel

· **Zirkusunternehmen**
5 Krone
9 Sarrasani

· **Zoologe**
5 Brehm

deutsch-amerikanischer Raketeningenieur
5 Braun

Deutschkunde
11 Germanistik

Deutschlands höchster Berg
9 Zugspitze

Deutung
6 Lesart
9 Auslegung
10 Erklaerung
12 Erlaeuterung
14 Interpretation

Deutung der Gestirnkonstellationen
8 Horoskop

Devise
5 Motto, Tenor
6 Losung, Parole, Slogan
10 Leitspruch, Schlagwort, Sinnspruch, Wahlspruch
12 Wappenspruch
14 Zahlungsmittel

devital
6 leblos
11 abgestorben

devot
5 fromm
7 ergeben
8 demuetig
12 kriecherisch, unterwuerfig

Dezennium
9 Jahrzehnt

dezent
4 zart
9 gedaempft
10 schicklich
12 unauffaellig
14 unaufdringlich, zurueckhaltend

Dezenz
16 Verschwiegenheit

Dezernat
11 Sachbereich
17 Geschaeftsbereich
Dezimierung
11 Reduzierung, Vernichtung
diabolisch
9 hoellisch, satanisch, teuflisch
Diadem
5 Krone
9 Stirnband, Stirnreif
10 Stirnbinde, Stirnkrone
Diagnose
10 Bestimmung, Erkenntnis
12 Feststellung
Diagramm
6 Schema
9 Schaubild
Diagramm der Herzströme
3 EKG
diakritisches Zeichen
7 Cedille
Dialekt
5 Idiom, Slang
7 Mundart, Sprache
Dialog
6 Disput
7 Debatte
9 Gespraech
11 Wechselrede
13 Zwiegespraech
Diamant am Zepter des russischen Zaren
5 Orlow
Diamantenstadt in Südafrika
9 Kimberley
Diarium
8 Tagebuch
Diät
9 Schonkost
Diäten
10 Tagegelder
18 Abgeordnetengehalt
dicht ...
2 zu
3 nah
7 kompakt
· **anliegend**
7 hauteng
· **dabei**
3 nah
· **gedrängt**
3 eng
dicht(e, er, es) ...
· **Baumanpflanzung**
4 Wald
· **Nebel**
4 Smog
· **Nebel in England**
3 fog
· **Rauch**
5 Qualm
Dichter
4 Poet
6 Epiker
7 Lyriker
Dichter ...
· *des* **Faust**
6 Goethe
· *der* **Ilias**
5 Homer
· *der* **Lorelei**
5 Heine
Dichtergott
6 Apollo
dichterisch
7 lyrisch
8 poetisch
dichterisch/poetisch für Wäldchen
4 Hain
Dichterross
7 Pegasos, Pegasus
Dichtersitz
7 Parnass
Dichtkunde
6 Poetik
Dichtkunst
5 Lyrik
6 Poesie
Dichtung
3 Ode
4 Epik, Epos, Fama, Poem, Saga, Sage
5 Drama, Eloge, Essay, Fabel, Hymne, Lyrik, Posse, Prosa, Roman, Xenie
6 Elegie, Mythos, Poesie, Satire, Sketch, Xenion
7 Ballade, Gedicht, Legende, Novelle, Romanze, Schwank
8 Epigramm, Groteske, Komoedie, Libretto, Maerchen
9 Humoreske, Lustspiel, Tragoedie
10 Erzaehlung, Schauspiel
11 Trauerspiel
13 Buehnenstueck, Tragikomoedie
14 Kurzgeschichte
Dichtung ...
· **Homers**
5 Ilias
6 Iliade
7 Odyssee
· **Vergils**
6 Aeneis
Dichtung in freier Form
5 Prosa
Dichtungsmaterial
4 Kitt, Pech, Teer, Werg
5 Gummi
7 Silikon
9 Glaswolle
dick
4 fett
5 drall, feist, stark
6 massig, mollig, ueppig
7 beleibt, fuellig
8 pummelig, rundlich
9 korpulent
10 fettleibig
11 vollschlank
dick(e, er, es) ...
· **Bauch**
5 Wampe, Wanst
· **Brett**
5 Bohle
6 Planke
· **Buch**
7 Waelzer
8 Schwarte
· **Farbauftrag**
7 Impasto
· **Honigsäfte**
4 Seim
· **Pfahl**
6 Pflock
· **Pflanzenstängel (Pflanzenstengel)**
6 Strunk
· **Seil**
3 Tau
6 Strick, Trosse
· **Strick**
4 Seil
dickbauchiges Hanseschiff
5 Kogge
Dickblatt
5 Sedum

D

D

9 Fetthenne
dickblättriges Liliengewächs
4 Aloe
Dickdarmentzündung
7 Colitis, Kolitis
Dickfelligkeit
7 Phlegma
9 Lethargie
dickflüssig
4 zaeh
6 saemig, seimig, viskos
dickflüssig(e, er, es) ...
· **Absonderung**
7 Schleim
· **Masse**
4 Brei
· **Saft**
5 Sirup
· **Tunke**
9 Majonaese
10 Mayonnaise
· **Zuckersaft**
5 Sirup
Dickhäuter
5 Tapir
7 Elefant, Nashorn
8 Nilpferd
10 Flusspferd, Rhinozeros
Dickicht
5 Busch
6 Geaest
8 Gebuesch
9 Gestruepp, Roehricht, Unterholz
dickköpfig
4 stur
11 eigensinnig, eigenwillig
Dickwurzel
6 Knolle
die ...
· **City betreffend**
15 innerstaedtisch
· **eigene Person**
3 ich
· **menschliche Existenz**
6 Dasein
· **Neue Welt**
7 Amerika
Dieb
6 Gauner
9 Spitzbube
10 Einbrecher, Kleptomane, Langfinger
Diebesgut
4 Sore
5 Beute
diebischer Vogel
6 Elster
Diebshelfer
6 Hehler
8 Komplize
Diebsschlüssel
8 Dietrich
Diebstahl
4 Raub
7 Plagiat
8 Einbruch
10 Entwendung
12 Unterschleif, Veruntreuung
13 Hinterziehung
14 Unterschlagung
Diebstahlschutz
9 Fussangel
11 Alarmanlage
Diele
4 Flur, Gang
5 Brett, Tenne
6 Entree
7 Vorraum
8 Hausflur, Korridor
9 Vorzimmer
11 Tanzparkett
14 Fussbodenbrett
dienende indische Kaste
5 Paria
6 Shudra
dienende Treue
11 Ergebenheit
Diener
3 Boy
5 Groom, Lakai
6 Butler, Knecht
7 Bursche, Famulus
8 Domestik, Faktotum
9 Bueckling
10 Verbeugung
Diener des Don Quichotte
5 Pansa
11 Sancho Pansa
Diener im Livree
5 Lakai
Dienerin
4 Magd, Zofe
Dienerkleidung
6 Livree
Dienerschaft
7 Gesinde
8 Personal
Dienst
5 Beruf, Hilfe
6 Arbeit
7 Einsatz, Pflicht, Service
8 Leistung
Dienstältester
5 Doyen
Dienstantritt
8 Einstand
Dienstanweisung
11 Instruktion
Dienstanzug
7 Uniform
Dienstbereich
7 Ressort
8 Sprengel
Dienstbezüge
4 Lohn
6 Gehalt
9 Besoldung
11 Arbeitslohn
Dienstenthebung
9 Kassation
10 Entlassung, Suspension
Dienstgrad
4 Rang
5 Stufe
6 Charge
Dienstgrad bei der Bundeswehr
5 Major
6 Oberst
7 General
8 Kanonier, Leutnant, Schuetze
9 Faehnrich, Hauptmann
Dienstkleidung
4 Robe
5 Ornat, Talar
6 Livree, Montur
7 Uniform
10 Amtstracht
Dienstleistung
7 Service
dienstlicher Ungehorsam
15 Insubordination
Dienstmahlzeit
12 Arbeitsessen
Dienstordnung
9 Reglement
Dienstraum eines Anwalts
7 Kanzlei
Dienstschwur
7 Amtseid

Dienststelle
3 Amt
5 Buero
6 Office
7 Kanzlei
8 Behoerde
9 Amtsstube
Dienststelle eines Geistlichen
8 Pfarramt
Dienststellenwechsel
10 Versetzung
Dienststempel
6 Siegel
dienstuntauglich
7 invalid
8 invalide, versehrt
Dienstvorschrift
9 Anweisung, Direktive, Reglement
Dienstweg
12 Instanzenweg
Dienstzimmer
5 Buero
diesig
5 trueb
6 neblig
7 dunstig
diesige Luft
4 Smog
5 Nebel
diesjährig
6 heurig
different
8 ungleich
10 abweichend
11 verschieden
15 unterschiedlich
Differenz
4 Rest
5 Zwist
7 Abstand
10 Fehlbetrag, Restbetrag
11 Kontroverse, Uneinigkeit, Unterschied
13 Unstimmigkeit
diffizil
6 heikel
9 schwierig
diffus
4 wirr
6 unklar
8 unscharf
9 nebelhaft, zerstreut
10 undeutlich
12 verschwommen
13 weitschweifig
Diktat
5 Zwang
6 Ansage, Befehl
11 Nachschrift
13 Niederschrift
Diktatur
8 Despotie, Tyrannei
14 Totalitarismus
16 Gewaltherrschaft
Diktierapparat/Diktiergerät
8 Diktafon
9 Diktaphon
Diktion
4 Stil
14 Ausdrucksweise
Dilemma
3 Not
5 Krise
6 Klemme, Misere
7 Notlage
10 Zwangslage
Dilettant
4 Laie
7 Amateur
8 Stuemper
13 Nichtfachmann
Dill
10 Baerenwurz
11 Gurkenkraut
Dimension
5 Hoehe, Tiefe, Weite
6 Breite, Laenge
7 Bereich, Groesse
9 Abmessung
10 Ausdehnung
Diner
5 Essen
9 Festessen
11 Mittagessen
Ding
5 Sache
6 Geraet, Objekt
7 Koerper
10 Gegenstand
Ding zum Gebrauch
9 Utensilie
Dinge
4 Zeug
Dinge wegschaffen
10 beseitigen
dinglich
4 real
15 gegenstaendlich
Dingwort
10 Substantiv
Dinosaurier
12 Brontosaurus
13 Tyrannosaurus
Diözese
6 Bistum
Diphthong
8 Zwielaut
10 Doppellaut
Diplom
7 Urkunde, Zeugnis
10 Ehrenbrief
12 Auszeichnung
Diplomat
5 Legat
6 Konsul
7 Attaché, Nuntius
9 Gesandter, Vertreter
11 Botschafter
Diplomatie
11 Gewandtheit, Staatskunst
20 Verhandlungsgeschick
diplomatisch(e, er, es) ...
· **Begriff**
11 Aide-mémoire
· **Eilbote**
6 Kurier
· **Leiter einer Institution**
5 Doyen
· **Schriftstück**
4 Note
10 Kommunikee, Kommuniqué
· **Schritt**
8 Demarche
· **Vertretung**
8 Konsulat
9 Botschaft
13 Gesandtschaft
Diplomlandwirt
7 Agronom
direkt
4 live
10 geradewegs, unumwunden
11 unmittelbar
direkte Rede
11 Oratio recta
Direktion
7 Leitung
8 Vorstand

D

D

Direktive
7 Weisung
8 Massgabe
9 Anordnung, Anweisung
10 Richtlinie, Vorschrift
11 Richtschnur
Direktor
6 Leiter
9 Vorsteher
11 Schulleiter
Direktübertragung
11 Live-Sendung
Dirigentennotenheft
8 Partitur
Dirigentenstab
9 Taktstock
Dirigismus
18 Wirtschaftslenkung
Dirne
4 Hure
5 Metze, Nutte
7 Hetaere, Kokotte
8 Callgirl
13 Prostituierte
15 Freudenmaedchen
Disharmonie
7 Misston
9 Missklang
11 Uneinigkeit
13 Unstimmigkeit
Diskant
6 Fistel
10 Oberstimme
11 Gegenstimme
12 Fistelstimme
Diskont
5 Abzug
7 Vorzins
9 Zinsabzug
Diskothek
9 Tanzlokal
15 Plattensammlung
Diskrepanz
9 Zwiespalt
15 Missverhaeltnis
diskret
8 heimlich, schonend, taktvoll
12 unauffaellig, verschwiegen
17 wohl unterschieden
Diskretion
4 Takt
16 Verschwiegenheit
Diskus
11 Wurfscheibe
Diskussion
7 Debatte
10 Aussprache
11 Eroerterung
Diskussionsleiter
9 Moderator
Diskussionstagung
9 Symposium
10 Kolloquium
Dispens
6 Urlaub
9 Befreiung
disperses Gebilde
6 Schaum
Disposition
4 Form, Plan
7 Entwurf, Planung, Zustand
8 Befinden, Stimmung, Vorsorge
9 Anordnung, Kondition
10 Einteilung, Gliederung, Verfassung, Verfuegung
12 Vorbereitung
Disqualifikation
10 Ausschluss
Dissertation
12 Doktorarbeit
Dissident
10 Abweichler, Freidenker
15 Andersdenkender
16 Konfessionsloser
Dissonanz
9 Missklang
11 Uneinigkeit
13 Unstimmigkeit
Distanz
7 Abstand
10 Entfernung
14 Reserviertheit, Zurueckhaltung
Distelfink
9 Stieglitz
Distelgewächs
5 Karde
11 Artischocke
Distribution
10 Verteilung
Distrikt
3 Gau
5 Kreis
6 Bezirk, Gebiet
7 Bereich
9 Abteilung
10 Landstrich
Disziplin
4 Fach
7 Ordnung, Strenge
10 Fachgebiet
14 Beherrschtheit
15 Unterrichtsfach
18 Selbstbeherrschung
dito
4 auch
6 ebenso
11 desgleichen, gleichfalls
Divergenz
10 Abweichung
divers
11 verschieden
Dividend
7 Zaehler
Dividende
12 Gewinnanteil
Dividendenschein
5 Kupon
6 Coupon
Divis
11 Bindestrich
14 Teilungsstrich
Division
7 Teilung
14 Truppenverband
Divisionsergebnis
8 Quotient
Divisor
6 Nenner
Diwan
4 Bett, Sofa
5 Couch, Liege
8 Bettsofa, Wandsofa
9 Liegesofa
Döbel
5 Aitel
doch
7 dennoch
8 trotzdem
Dodekanesinsel
3 Kos
5 Leros
Dogma
8 Lehrsatz
12 Glaubenssatz
Dogmatik
13 Glaubenslehre
Doktorarbeit
12 Dissertation

Doktortitel (Abkürzung)
2 Dr
5 Dr med
6 Dr phil
8 Dr rer nat
9 Dr med dent
Doktrin
5 Lehre
8 Lehrsatz
9 Grundsatz
11 Lehrmeinung
Dokument
5 Beleg
6 Beweis
7 Urkunde
8 Nachweis
12 Beweisstueck
Dokumentarbericht
6 Report
7 Feature
9 Reportage
Dolch
4 Kris
7 Stilett
Dolchverletzung
5 Stich
Dolde
12 Bluetenstand
Dolde von Beeren
6 Traube
Doldengewächs
4 Anis, Merk
5 Berle, Silge
6 Aralie, Kerbel
7 Fenchel
9 Mannstreu
10 Baerenklau, Pimpinelle, Waldkerbel
12 Liebstoeckel
Dolerit
6 Basalt
Dolmen
4 Grab
9 Steingrab
Dolmetscher
11 Uebersetzer
Dom
8 Muenster
10 Kathedrale
14 Bischofskirche
Domäne
9 Staatsgut
10 Fachgebiet
13 Wirkungskreis
Domherr
6 Propst
9 Kanoniker, Kapitular
Dominostein mit Doppelzahl
5 Pasch
Domizil
4 Heim
7 Wohnung
8 Wohnsitz
Dompfaff
6 Gimpel
Dompteur
8 Dresseur
13 Tierabrichter, Tierbaendiger
Don Quijotes ...
· **Begleiter**
11 Sancho Pansa
· **Gegner**
10 Windmuehle
· **Pferd**
9 Rosinante
Donar
4 Thor
Donars Hammer
9 Mjoellnir
Donaudurchbruch
11 Eisernes Tor
Donaulandschaft
5 Lobau
6 Wachau
Donaumündungsarm
5 Kilia
Donaustädter
5 Ulmer
12 Regensburger
13 Ingolstaedter
Donauzufluss ... ▶ Nebenfluss ...
Donkosakenführer
5 Rasin
Doppel
5 Kopie, Match, Mixed
6 Partie
8 Dublette, Duplikat
9 Abschrift, Doublette
11 Durchschlag
12 Durchschrift, Tennispartie, Zweitschrift
doppeldeutig
10 ambivalent
Doppelehe
7 Bigamie
Doppelfahrrad
6 Tandem
Doppelgänger
6 Double
8 Ebenbild
doppelgeschlechtlich
8 androgyn, zwittrig
9 bisexuell
doppelgesichtiger römischer Gott
5 Janus
doppelkohlensaures Natrium
6 Natron
doppelkohlensaures Salz
10 Bikarbonat
Doppelkontinent
7 Amerika
8 Eurasien
doppelköpfiger Haltebolzen
4 Niet
Doppelkringel
6 Brezel
Doppellaut
9 Diphthong
Doppelreihe als Ehrengasse
7 Spalier
Doppelrumpfboot
9 Katamaran
Doppelsalz
5 Alaun
Doppelsinn
10 Amphibolie
Doppelspiel beim Tennis
5 Mixed
Doppelspieler
6 Double
Doppelstern im Orion
5 Rigel
Doppelstern im Perseus
5 Algol
Doppelstück
4 Paar
8 Dublette, Duplikat
doppelte Buchführung
6 Doppik
doppeltes Filetsteak
13 Chateaubriand
Doppeltreffer
4 Ambe
8 Dublette
Doppelwertigkeit
10 Ambivalenz

D

D

Doppelzug beim Schach
7 Rochade
Dorade
10 Goldbrasse
Dorado
8 Goldland, Paradies
Dorf
3 Ort
4 Kaff
6 Weiler
8 Gemeinde, Siedlung
9 Ortschaft
12 Marktflecken
Dorfbarbier
5 Bader
Dörfer und Städte
4 Orte
dörfliche Gegend
4 Land
Dorfplatz
5 Anger
Dorfschenke
4 Krug
Dorfschulze
11 Schultheiss
Dorfwiese
5 Anger
Dorn für Laufschuhe
5 Spike
Dornhaifleisch
6 Seeaal
Dörrfrüchte
8 Backobst
11 Trockenobst
Dörrgerät
5 Darre
Dörrobstfigur
17 Zwetschkenkrampus
Dörrobstschnitzel
6 Hutzel
Dorsch
4 Leng
5 Torsk
8 Kabeljau, Laberdan
10 Klippfisch, Stockfisch
11 Schellfisch
dort
2 da
Dose
4 Etui
7 Buechse
9 Behaelter, Schachtel
Dosennahrung
13 Fischkonserve
dosieren
8 zumessen
9 aufteilen
Dosis
4 Gabe
5 Menge, Prise
Dossier
3 Akt
4 Akte, Heft
7 Buendel
8 Faszikel
9 Aktenheft, Geheimakt
10 Aktenstoss
11 Aktenstueck
12 Aktenbuendel
Dotation
7 Mitgift
9 Aussteuer, Ehrengabe, Schenkung, Zuwendung
Dotter
6 Eigelb
Double
6 Doppel
8 Stuntman
13 Doppelspieler, Ersatzspieler
Dozentur
11 Lehrauftrag
13 Lehrerlaubnis
Drache
6 Fafner, Fafnir
8 Lindwurm
10 Fluggeraet, Tatzelwurm, Tazzelwurm
11 Flugapparat, Segelschiff
14 Wikingerschiff
Drachenechse
5 Waran
Drachenviereck
7 Deltoid
Dragée, Dragee
5 Pille
7 Konfekt
8 Tablette
Drahtbügel
6 Krampe
Drahtgeflecht
6 Rastel
drahtlose Telegrafie
4 Funk
Drahtnachricht
5 Telex
8 Depesche
9 Telegramm
13 Fernschreiben
Drahtseil
6 Trosse
Drahttauwerk
5 Brook
Drahtwicklung
5 Spule
Drahtzaun
4 Fenz
5 Etter
Drahtzieher
9 Anstifter
10 Hintermann
Drahtziergeflecht
8 Filigran
drakonisch
4 hart
6 streng
Drall
5 Effet
7 Drehung, Torsion, Windung
8 Drillung
10 Drehimpuls
Drama
10 Schauspiel
11 Buehnenwerk
Drama ...
· *von* **Goethe**
5 Tasso
6 Stella
· *von* **Ibsen**
4 Nora
dramatisch
8 erregend, spannend
9 aufregend
dramatisch(e, er, es) ...
· **Gedicht**
7 Ballade
· **Sprechgesang**
9 Rezitativ
· **Tonstück**
9 Oratorium
Dramaturgie
12 Buehnenkunde, Theaterkunde
15 Schauspiellehre
Dramengestalt bei ...
· **Goethe**
5 Faust, Goetz, Tasso
6 Egmont
· **Schiller**
4 Posa, Tell
· **Shakespeare**
4 Lear
6 Hamlet

7 Macbeth, Othello
Dramenteil
3 Akt
5 Szene
6 Aufzug
8 Auftritt
Drang
5 Druck, Trieb
7 Ehrgeiz, Streben
9 Bestreben, Sehnsucht, Verlangen
Drang zur Schnelligkeit
4 Eile
Drängender
9 Antreiber
drastisch
7 wirksam
8 deutlich, merklich
11 unverbluemt
Draufgängertum
7 Schneid
Dreck
5 Muell, Unrat
7 Schlamm, Schmutz
Dreh
5 Drall, Finte, Kniff, Trick
9 Handgriff
10 Handhabung, Kunstgriff
drehbare Walze
5 Rolle
drehbarer Schiffskran
5 Davit
Drehflügel
5 Rotor
Drehflügelflugzeug
8 Autogiro
Drehgriff
3 Rad
6 Kurbel
Drehhebel
6 Reitel
Drehimpuls
5 Drall
Drehkörper
7 Kreisel
Drehorgel
11 Leierkasten
Drehpunkt
3 Pol
5 Achse, Mitte
7 Zentrum
Drehpunkt der Erdachse
3 Pol
Drehschwung
9 Pirouette
Drehstab
5 Achse
Drehstrom
12 Wechselstrom
Drehteil an Maschinen
5 Rotor
Drehung
4 Tour
5 Wende
7 Wendung
8 Rotation
Drehzahl
8 Frequenz
Drehzahlmesser
13 Tourenzaehler
drei Musikanten
4 Trio
7 Terzett
drei Töne im Taktteil
6 Triole
dreiatomiger Sauerstoff
4 Ozon
Dreibeingestell
6 Stativ
dreidimensionale Aufnahme
9 Hologramm
Dreieck
8 Triangel
dreieckig(e, er, es) ...
- **Beisegel**
9 Spinnaker
- **Flagge**
6 Wimpel
7 Stander
- **Vorsegel**
7 Kluever
Dreiecksberechnung
13 Trigonometrie
Dreieckslinie
5 Basis, Hoehe
17 Seitenhalbierende, Winkelhalbierende
Dreiecksseite
7 Kathete
10 Hypotenuse
Dreieinigkeit
9 Trinitaet
Dreierherrschaft
10 Triumvirat
dreifache Papstkrone
5 Tiara
dreifacher Torerfolg
8 Hattrick
Dreifachgeburt
9 Drillinge
Dreifaltigkeit
9 Trinitaet
Dreifingerfaultier
2 Ai
Dreiflüssestadt in Bayern
6 Passau
Dreigespann
5 Triga
6 Troika
Dreiheit
5 Trias
6 Triade
dreijährliche Veranstaltung
9 Triennale
Dreikampf im Sport
9 Triathlon
Dreikäsehoch
3 Bub
5 Junge
6 Knirps
7 Steppke
9 Hosenmatz
10 Gernegross
Dreiklangstoß
5 Tusch
Dreiklangtrompete
7 Fanfare
Dreikönigsfest
10 Epiphanias
dreimastiges Segelschiff
4 Bark
Dreisatzrechnung
10 Regeldetri
dreiseitige Pyramide
9 Tetraeder
dreist
4 kess
5 frech
9 furchtlos, vorwitzig
11 impertinent, unverfroren
12 unverschaemt
dreistellige Zahl
7 Hundert
dreiteiliger Altaraufsatz
10 Triptychon
dreiteiliges Literaturwerk
8 Trilogie
Dreitonintervall
4 Terz
dreiwertiger Alkohol
8 Glyzerin

D

D

Dreizack
7 Trident
Dreizahl
6 Triade
Dreizehn- bis Neunzehnjähriger
8 Teenager
Drellgewebe
8 Drillich
Dreschabfall
5 Spreu
Dresche
4 Haue
5 Senge
7 Pruegel
Dreschertrag
6 Drusch
Dreschplatz
5 Tenne
Dresdener Arzt
5 Carus
Dresdener Bauwerk
7 Zwinger
Dresseur
8 Dompteur
dressiertes Raubtier
8 Tanzbaer
Dressur
10 Abrichtung
Dressurleine
5 Longe
Dressurübung
5 Volte
6 Levade, Pesade
8 Kapriole
9 Courbette, Pirouette
Drill
7 Schliff
dringend
4 akut
5 eilig
6 noetig
7 wichtig
9 notwendig
dringende Nachricht
8 Eilbrief
9 Telegramm
12 Expressbrief
13 Fernschreiben
14 Blitztelegramm
dringender Bedarf
11 Benoetigung
Dringlichkeitsvermerk
4 eilt

dritt(e, er, es) ...
· **Fall in der Sprachlehre**
5 Dativ
· **Fastensonntag**
5 Okuli
· **Potenz**
5 Kubus
· **Sinfonie Beethovens**
6 Eroica
· **Sohn Adams**
4 Seth
· **Stufe der Tonleiter**
4 Terz
· **Ton vom Grundton**
4 Terz
Droge
10 Rauschgift
14 Arzneirohstoff
Drogenszenenbegriff
4 Koks
5 Crack, Joint, Hasch
6 Dealer, Junkie
8 Cannabis
drohender Rat
7 Warnung
drohendes Unheil
6 Gefahr
Drohung
5 Zwang
9 Noetigung, Ultimatum
10 Erpressung
drollig
5 ulkig
6 lustig
7 skurril
11 possierlich, verschroben
drollige Bilderserie
5 Comic
drolliger Mensch
7 Urviech
Dromedar
5 Kamel
Droschkenfahrer
13 Taxichauffeur
drosselartiger Vogel
11 Steinroetel
drüben
8 jenseits
Druck
5 Zwang
8 Pression
Druckabsatz
6 Alinea
Druckbuchstabe
4 Type
6 Letter
Druckeinheit
3 Bar
4 Atue, Torr
6 Pascal
11 Atmosphaere
drückende Wärme
8 Schwuele
Druckerei
7 Offizin
Druckerlaubnis
10 Imprimatur
Druckerzeugnis
4 Buch, Heft
7 Annalen, Chronik, Journal, Katalog, Lexikon, Magazin, Traktat, Zeitung
8 Almanach, Kalender, Prospekt
10 Bilderbuch, Broschuere, Flugzettel, Handzettel
11 Taschenbuch, Zeitschrift
13 Enzyklopaedie
Druckfehler
7 Erratum
Druckform
5 Model
Druckgitter
6 Raster
Druckhebel
5 Taste
Druckkolonne
6 Spalte
Druckmaschine
6 Presse
Druckmaschinenteil
5 Rakel
Druckmesser
9 Manometer
Druckmittel
11 Repressalie
Drucknachbildung
9 Faksimile
Druckreihe
5 Zeile
Drucksache an alle Haushalte
15 Postwurfsendung
Druckschriftgrad
6 Cicero
Druckspalte
7 Kolumne
Druckstock
8 Klischee

drucktechnischer Begriff
4 Falz, fett, Perl, Satz, Text, Type
5 Abzug, Druck, Fahne, Folio, mager, Notiz, Oktav, Petit, Quart, Seite
6 Absatz, Duodez, Einzug, Format, Glosse, Korpus, Kritik, kursiv, Lay-out, Layout, Letter, Litera, Platte, Presse, Raster, Rubrik, Schiff, Setzer, Signet, Spalte
7 Affiche, Andruck, Anzeige, Auflage, Ausgabe, Buckram, Edition, Einband, Feature, Fraktur, Geviert, Initial, Inserat, Kapitel, Kolumne, Konzept, Kurrent, Legende, Ligatur, Matrize, Meldung, Negativ, Positiv, Spiegel, Titelei, Umbruch, Umdruck, Vorsatz
8 Akzidenz, Bildtext, Bleisatz, Broschur, Fotosatz, Fuellsel, Gravuere, halbfett, Initiale, Klischee, kompress, Majuskel, Praegung, Rotation, Signatur, Versalie, Vorspann
9 Aufmacher, Autotypie, Copyright, Faksimile, Impressum, Leerzeile, Lichtsatz, Makulatur, Photosatz
10 Aufmachung, Broschuere, Hauptzeile, Hochformat, Imprimatur, Konkordanz, Manuskript, Querformat, Unterzeile, Widerdruck
11 Durchschuss, Offsetdruck, Satzspiegel, Schoendruck, Schriftgrad, Stereotypie, Winkelhaken
13 Spaltenbreite, Zwischentitel

drucktechnisches Gerät
5 Rakel
6 Presse, Raster, Winkel
7 Tenakel

Druckverfahren
6 Offset
8 Linotype, Rotation
9 Buchdruck, Hochdruck, Rotaprint, Siebdruck, Tiefdruck
10 Flachdruck, Lichtdruck, Steindruck
11 Lithografie
12 Lithographie, Rollenoffset
14 Rotationsdruck
15 Kupfertiefdruck

Druckvorlage
10 Manuskript

Druckwerküberschrift
9 Buchtitel

Drude
4 Hexe
8 Zauberin

Drudenfuß
8 Fuenfeck
10 Pentagramm

Drüsenabsonderung
6 Sekret

Drüsengeschwulst
6 Adenom

Drüsensaft
6 Inkret, Sekret

Drüsenwirkstoff
5 Enzym
6 Hormon

Dschungelheld
6 Tarzan

Duckmäuser
6 Mucker
8 Feigling, Kriecher
9 Hasenfuss
11 Leisetreter
13 Drueckeberger

Duckstein
4 Tuff

Dudelsack
7 Musette
10 Sackpfeife

Duellzeuge
9 Sekundant

Duett
10 Zwiegesang

Duft
5 Aroma, Blume, Hauch, Odeur
6 Bukett, Geruch
10 Wohlgeruch

duftende Gartenblume
8 Edelrose

duftendes Harzgemisch
9 Weihrauch

duftig
10 aromatisch

Duftspender
13 Rauchkerze

Duftstoff
5 Amber, Ambra, Bisam, Zibet
6 Myrrhe, Parfum
7 Juchten, Kumarin, Moschus, Parfuem
8 Lavendel, Rosenoel, Weihrauch
12 Bergamottoel

Duftwasser
6 Parfum

Duldsamkeit
8 Toleranz

dumm
5 bloed
7 stupide
8 toericht
9 unwissend

dummdreist
5 frech
11 impertinent
12 unverschaemt

dumme Handlung
6 Eselei

dummes Zeug
6 Unsinn
7 Nonsens, Quatsch
9 Bloedsinn

Dummheit
6 Betise, Eselei
7 Torheit
9 Toelpelei
11 Stupiditaet
12 Unwissenheit

Dummkopf
3 Tor
4 Depp, Narr
5 Idiot
6 Dussel
7 Toelpel, Trottel
9 Tolpatsch
10 Kleingeist, Tollpatsch
14 Einfaltspinsel

Dummy
8 Attrappe
9 Blindband

D

12 Schaupackung
dumpf dröhnender Lärm
8 Gepolter
dumpfer Schlag
4 Bums
Düne im Meer
8 Sandbank
Dünengras
11 Strandhafer
Dung
4 Mist
Düngemittel
4 Kali, Kalk, Mist
5 Guano
6 Jauche, Mergel
7 Kompost
8 Blutmehl, Salpeter
10 Hornspaene, Stickstoff, Thomasmehl
11 Knochenmehl
12 Kalksalpeter, Knochenasche
13 Chilesalpeter, Nitrophosphat
dunkel
6 obskur, unklar
7 duester, finster, schwarz
8 ungewiss
Dünkel
7 Hochmut
dunkelbraun
5 umber, umbra
dunkelbraune Wasserfarbe
6 Bister
dünkelhaft
5 stolz
8 arrogant, spleenig
10 hochmuetig
11 eingebildet
dunkelhäutiger Mensch
7 Negride
9 Schwarzer
dunkl(e, er, es) ...
· **englisches Bier**
5 Stout
6 Porter
· **Gestein**
6 Basalt
· **Tagesteil**
5 Nacht
· **Vorgefühl**
6 Ahnung
dünn
4 fein, zart
5 duerr, hager, mager
6 schmal
7 schwach
8 fluessig, zierlich
9 schuetter
dünn bewachsen
5 licht
dünn(e, er, es) ...
· **Ast**
5 Zweig
· **Blättchen**
5 Folie
7 Lamelle
· **Brühe**
5 Lorke
· **Edelholzblatt**
7 Furnier
· **Gebäck**
6 Oblate
· **Gewebe**
4 Flor, Gaze, Mull
6 Etamin
7 Chiffon, Organdy
9 Georgette
· **Kalkanstrich**
7 Tuenche
· **Lederstreifen**
5 Keder
· **Metallplättchen**
5 Blech
6 Lamina
· **Pfannkuchen**
5 Crêpe
· **Röhrchen**
7 Kanuele
· **Seil**
6 Strick
· **Stange**
4 Stab
· **Stoffeinlage**
6 Futter
· **Weidenstock**
5 Gerte
· **Zinn**
8 Stanniol
dünnschalige Zitrusfrüchte
8 Limetten
Dunst
4 Smog
5 Dampf, Nebel
6 Ahnung, Brodem, Wrasen
Dunstgebilde
8 Schwaden
Dunstgebilde am Himmel
5 Wolke
Dunstglocke
4 Smog
dunstig
5 trueb
6 diesig, neblig, truebe
durch
3 mit, per
durch die Nase sprechen
7 naeseln
durch Gärung verdorben (Milch)
5 sauer
durchaus
7 absolut, partout
durchaus nicht
11 keinesfalls
Durchblick im Brett
7 Astloch
Durchbohrung
11 Perforation
durchbrochen
5 à jour
durchbrochenes Gewebe
6 Spitze
9 Grenadine
durchdacht
10 methodisch
durchdringend
5 stark
6 scharf
8 beissend, stechend, strident
9 penetrant
durcheinander
4 wirr
Durcheinander
4 Wust
5 Chaos
6 Gewirr, Tumult, Wirbel
8 Ramasuri, Wirrwarr
9 Charivari, Getuemmel
10 Kunterbunt, Mischmasch, Tohuwabohu, Verwirrung
12 Kuddelmuddel
Durchfahrt
6 Portal, Tunnel
7 Passage
Durchfall
8 Diarrhoe
11 Darmkatarrh
Durchfuhr von Waren
7 Transit
durchführbar
11 praktikabel

Durchgang
3 Tor
4 Flur, Furt
6 Portal, Rennen, Umlauf
7 Passage, Stechen, Transit
8 Korridor, Oeffnung
Durchgangshindernis
6 Sperre
8 Barriere, Schranke
durchgehend
5 immer, stets
7 dauernd
8 staendig
9 permanent
14 kontinuierlich, ununterbrochen
durchgeistigt
10 aetherisch
durchgekocht
3 gar
durchgezeichnete Kopie
5 Pause
Durchhieb im Wald
8 Schneise
durchlässig
6 poroes
7 undicht
8 loechrig
9 permeabel
durchlaufend
14 kontinuierlich
durchleuchten
8 roentgen
durchlocht
10 perforiert
Durchmesser
5 Linie, Sehne
6 Gerade
7 Kaliber
8 Diameter
Durchscheinbild
3 Dia
10 Diapositiv
durchscheinend
7 diaphan
11 transparent
durchscheinender Gips
9 Alabaster
durchschimmernd
10 opaleszent
12 opalisierend
durchschimmerndes Mineral
4 Opal
Durchschlag
5 Seihe
Durchschnitt
4 Norm
5 Mitte
6 Mittel
10 Mittelmass, Mittelwert
durchschreitbare Flussstelle
4 Furt
Durchschrift
5 Kopie
6 Doppel
8 Duplikat
Durchsicht
8 Pruefung, Revision
9 Kontrolle
12 Nachpruefung
durchsichtig
4 klar
11 transparent
durchsichtig(e, er, es) ...
· **Farbüberzug**
4 Lack
5 Lasur
· **Gewebe**
4 Flor, Gaze
5 Tuell, Voile
7 Bobinet
· **Glocke**
9 Glassturz
· **Material**
4 Glas
Durchsichtigkeit
11 Transparenz
Durchsuchung
6 Razzia
Durchsuchung einer Person
10 Visitation
durchtrainiert
3 fit
6 topfit
durchtrieben
4 link
5 smart
6 clever
10 raffiniert
durchtriebener Mensch
6 Gauner
durchwatbare Flussstelle
4 Furt
durchweg
8 generell
dürftig
4 karg
5 knapp
7 mickrig
8 aermlich, armselig, primitiv, schlecht
9 spaerlich
dürr
4 arid, welk
5 hager, mager
7 trocken
8 verdorrt
11 vertrocknet
dürres Astholz
6 Reisig
Dusche
6 Brause
Düsenflugzeug
3 Jet
5 Jumbo
düster
5 trist
6 dunkel
7 finster
Dynamik
4 Elan
7 Schwung
12 Lebendigkeit
14 Bewegungslehre
dynamisch
5 vital
7 lebhaft
11 schwungvoll
15 temperamentvoll
Dynamo
9 Generator
13 Stromerzeuger
Dynastie
10 Geschlecht
13 Herrscherhaus
Dynastie ...
· *in* **England**
5 Tudor
7 Windsor
· *in* **Frankreich**
5 Anjou
7 Bourbon, Orléans
9 Bourbonen
· *in* **Italien**
7 Savoyen
· *in den* **Niederlanden**
7 Oranien
· *in* **Russland**
7 Romanow
· *in* **Schweden**
4 Wasa
· *in* **Spanien**
12 Bourbon-Parma

D

E

E

Ebbe
6 Fallen
9 Tiefstand
Ebbe und Flut
5 Tiden
8 Gezeiten
eben
4 plan
5 flach, glatt
9 kuerzlich
Ebenbild
6 Abbild
8 Duplikat
9 Konterfei
ebenbürtig
6 gleich
7 wuerdig
9 kongenial
11 angemessen
12 gleichwertig
Ebene
7 Flaeche
8 Tiefland
9 Flachland, Niederung
Ebene bei Augsburg
8 Lechfeld
ebenfalls
4 auch, dito
6 ferner
9 ausserdem
11 desgleichen
Ebenmaß
8 Harmonie
9 Symmetrie
10 Gleichmass
14 Ausgewogenheit
ebenso
7 unisono
Eber
6 Keiler
Eberesche
10 Teufelbaum
11 Elsbeerbaum, Sperberbaum, Teufelsbaum
13 Vogelbeerbaum
Eberwurz
6 Distel
9 Saudistel
10 Golddistel, Sonnenrose
12 Silberdistel, Wetterdistel
Echo
7 Anklang
8 Nachhall
9 Widerhall
Echse, die ihre Hautfarbe wechselt
10 Chamaeleon
Echsenart
4 Teju
5 Agame, Gecko, Waran
6 Leguan
8 Eidechse, Krokodil
9 Schleiche
10 Chamaeleon
11 Kragenechse
12 Bergeidechse, Perleidechse, Zauneidechse
14 Blindschleiche
echsenartiges Fabeltier
6 Drache
echt
4 edel, rein
6 genuin
7 ehrlich, primaer, typisch
8 gediegen, original
9 originaer, originell, verbuergt
10 natuerlich, urwuechsig
11 authentisch
13 unverfaelscht, urspruenglich
Echtheit
13 Originalitaet
Echtheitserklärung
12 Bestaetigung, Legitimation
Ecke
6 Winkel
7 Eckball
Eckfeld des Halmabretts
3 Hof
eckig
6 kantig
Eckstein
4 Karo
Eckstoß beim Fußball
4 Ecke
6 Corner
Eckzahn des Keilers
5 Hauer
7 Haderer
Eckzahn des Rotwildes
7 Grandel
ecuadorianisch(e, er, es) ...
· **Berg**
8 Cotopaxi
11 Chimborasso
· **Münze**
5 Sucre
· **Vulkan**
6 Sangay
8 Antisana, Cotopaxi
edel
4 echt, hehr
5 adlig, nobel
7 erlesen, kostbar, vornehm
10 reinrassig
11 grossmuetig
Edelgas
4 Neon
5 Argon, Radon, Xenon
6 Helium
7 Krypton
Edelholz
4 Teak
8 Ebenholz, Mahagoni
10 Palisander, Sandelholz
Edelkastanie
6 Marone
Edelknabe
4 Page
Edelmann
6 Junker, Ritter
7 Adliger
Edelmetall
4 Gold
6 Osmium, Platin, Silber
7 Iridium, Rhodium
9 Palladium, Ruthenium
11 Quecksilber
Edelmetallart
7 Altgold
Edelmetallgewicht
4 Gran, Unze
5 Graen, Karat
edelmütig
8 generoes
Edelpelz
3 Feh
4 Nerz, Seal
5 Bisam, Fuchs, Iltis, Otter, Zobel

6 Nutria, Ozelot
7 Seehund
8 Hermelin, Rotfuchs
9 Blaufuchs, Persianer
10 Chinchilla
11 Silberfuchs

Edelpflaume
8 Reneklode

Edelpilz
10 Champignon

Edelpilzkäse
9 Camembert, Roquefort

Edelrost
6 Patina

Edelstein
4 Jade, Onyx, Opal
5 Achat, Lapis, Pyrit, Quarz, Rubin, Topas
6 Apatit, Azurit, Beryll, Calcit, Granat, Jadeit, Jaspis, Olivin, Saphir, Sarder, Thulit, Zirkon, Zitrin
7 Diamant, Fluorit, Karneol, Lasurit, Melanit, Nephrit, Peridot, Smaragd, Spinell, Tuerkis
8 Almandin, Amazonit, Amethyst, Brillant, Edelopal, Haematit, Magnesit, Malachit, Pleonast, Rhodonit, Sardonyx, Turmalin, Vesuvian
9 Aquamarin, Aventurin, Bernstein, Blutstein, Brasilian, Chalcedon, Demantoid, Edelquarz, Edeltopas, Goldtopas, Grossular, Heliotrop, Kapgranat, Mondstein, Moosachat, Oligoklas, Rosatopas, Tigerauge
10 Alexandrit, Chrysolith, Chrysopras, Falkenauge, Katzenauge, Labradorit, Meerschaum, Milchquarz, Rauchquarz, Rauchtopas, Rosenquarz, Speckstein
12 Azurmalachit, Bergkristall, Chrysoberyll, Rhodochrosit
13 Amazonenstein, Labradorstein
15 Quarzkatzenauge

Edelsteingewicht
5 Karat

Edelsteinglanz
5 Feuer

Edelsteinimitation
5 Talmi
6 Simili, Strass
9 Imitation

Edelsteinnachahmung
▶ Edelsteinimitation

Eden
8 Paradies
14 Paradiesgarten

Edikt
5 Gebot
6 Befehl, Erlass
9 Anordnung
10 Verfuegung, Verordnung

Edition
6 Verlag
7 Ausgabe
9 Nachdruck
10 Herausgabe

edles Warmblutpferd
10 Lipizzaner

EDV- …
· **Begriff** (auch ▶ computertechnischer Begriff)
3 Bit, RAM, ROM
5 Error, print
7 Numerik
9 Datenbank
17 Datenverarbeitung
· **Bildschirm**
16 Computerterminal
· **Dateneingabe**
5 input
· **Fehler**
5 Error
· **Gerät**
8 Computer
16 Personalcomputer
· **Liebhaber**
13 Computerfreak
· **Schaltungseinheit**
5 Modul
· **Sichtgerät**
7 Display
· **Systemeindringling**
6 Hacker

Effekt
5 Folge
6 Erfolg
7 Wirkung
8 Eindruck, Leistung, Resultat
10 Konsequenz

Effekten
11 Wertpapiere
14 Boersenpapiere

effektiv
7 lohnend, wirksam
8 greifbar, wirklich
10 nachhaltig
12 tatsaechlich

Effektzwirn
6 Boucle

Effet
5 Drall

effilieren
11 beschneiden

egal
6 gleich
8 einerlei
11 gleichartig
13 gleichgueltig

Egalisierung
9 Ausgleich
12 Ausgleichung

Egerling
10 Champignon

Egoismus
8 Ichsucht
9 Eigennutz, Eigensinn
11 Selbstsucht

Egozentrik
14 Ichbezogenheit

ehe
5 bevor

ehedem
5 einst

Ehefrau
6 Gattin
8 Gemahlin
10 Angetraute

ehelich
11 verheiratet

ehelos
5 ledig
11 zoelibataer
13 unverheiratet

ehemalig
7 frueher

ehemalig(e, er, es) …
· **amerikanischer Militärsender** (Abkürzung)
3 AFN
· **äthiopischer Fürst**
3 Ras

E

E

- **äthiopischer Kaisertitel**
  5 Negus
- **Beamtentitel**
  9 Geheimrat
- **Beamter bei Hofe**
  17 Zeremonienmeister
- **berühmter Rennfahrer**
  5 Lauda
- **brasilianischer Fußballer**
  4 Pele
- **britische Münze**
  8 Shilling
- **britisches Weltreich**
  6 Empire
- **Bundeskanzler**
  7 Kreisky
- **Bundespräsident**
  5 Heuss
  6 Scheel
  8 Carstens
  9 Heinemann
  14 Kirchschlaeger
- **chinesischer Parteichef**
  3 Mao
- **chinesisches Gewicht**
  4 Tael
- **deutsche Kupfermünze**
  6 Dreier
- **deutsche Münze**
  5 Taler
- **deutscher Boxer**
  9 Schmeling
- **deutscher Landsmann**
  7 Preusse
- **deutscher Nationalspieler**
  6 Seeler
- **deutscher Radsportler**
  5 Altig
- **Dorfbarbier**
  5 Bader
- **Druckmaßeinheit** (Abkürzung)
  2 At
  3 Atm
  4 Atue
- **englisches Königshaus**
  5 Tudor
- **Fadenstärkemaß**
  3 Den
  6 Denier
- **französisches Papiergeld**
  10 Assignaten
- **Gebiet in Kleinasien**
  6 Lydien
- **Gerät der Bauern**
  12 Dreschflegel
- **Getreidemaß**
  6 Malter
- **Gewicht**
  5 Pfund
- **Hausangestellte**
  8 Dienerin
- **Hausangestellter**
  6 Diener
- **Hausmeister an Schulen**
  6 Pedell
- **Herren Venedigs**
  5 Dogen
- **israelisches Gesangsduo**
  6 Ofarim
- **japanische Adlige**
  7 Samurai
- **japanisches Längenmaß**
  3 Rin
- **Kolonialsoldat**
  6 Askari
- **König der Saudis**
  6 Faisal, Feisal
- **König von Libyen**
  5 Idris
- **Kriegsschiff**
  6 Bireme
- **lettische Münze**
  3 Lat
- **Luftdruckeinheit**
  4 Torr
- **Marktplätze**
  6 Agoren
- **Maßeinheit der Kraft**
  4 Pond
- **Maßeinheit des Drucks**
  3 Atm
- **Modetanz**
  7 Letkiss
- **Name von Äthiopien**
  10 Abessinien
- **Name von Benin**
  7 Dahomey
- **Name von Iran**
  7 Persien
- **Name von Simbabwe**
  9 Rhodesien
- **Name von Sri Lanka**
  6 Ceylon
- **Name von Wolgograd**
  10 Stalingrad
- **orientalischer Herrscher**
  5 Mogul
- **Papstpalast**
  7 Lateran
- **persische Kaiserin**
  6 Soraya
- **persischer Monarch**
  5 Schah
- **portugiesische Besitzung**
  3 Goa
- **portugiesische Münze**
  7 Milreis
- **Postkutscher**
  10 Postillion
- **Prügelstrafe**
  9 Bastonade
- **Raummaß für Holz**
  4 Ster
- **Raummaß für Schiffe** (Abkürzung)
  3 BRT
- **Reiternomade**
  5 Aware
- **Reitersoldat**
  4 Ulan
  5 Husar
- **Rundfunksender in Berlin**
  4 Rias
- **russische Gewichtseinheit**
  3 Pud
- **russische Monarchin**
  5 Zarin
- **russischer Monarch**
  3 Zar
- **russisches Parlament**
  4 Duma
- **Sammlung berühmter Zitate**
  3 Ana
- **Schirennfahrer**
  7 Klammer, Schranz
- **Schriftzeichen**
  4 Rune
  11 Hieroglyphe
- **Schulklasse**
  5 Prima, Sexta
  6 Quarta, Quinta, Tertia
  7 Sekunda
- **schwedische Popgruppe**
  4 Abba
- **schwedischer Tennisstar**
  4 Borg

· **sowjetischer Diktator**
6 Stalin
· **sowjetischer Minister**
7 Gromyko
· **sowjetischer Staatschef**
8 Andropow
· **spanische Goldmünze**
7 Dublone
· **spanische Hochadlige**
7 Granden
· **spanische Königin**
3 Ena
· **spanischer Statthalter**
4 Alba
· **Stadt in Nordbabylonien**
5 Akkad
· **Straßenleuchte**
10 Gaslaterne
· **thailändische Münze**
5 Tikal
· **türkische Gewichtseinheit**
4 Okka
· **türkischer Beamtentitel**
3 Aga
· **türkischer Offizierstitel**
3 Aga
· **türkischer Sultanspalast**
6 Serail
· **türkischer Titel**
3 Beg, Bei
· **US-Präsident**
4 Bush
6 Reagan
7 Clinton, Kennedy
· **US-Raumfahrtprogramm**
6 Gemini
· **Vorhut des Heeres**
5 Harst
· **Wanderberuf**
16 Scherenschleifer
· **Wort für Widerspruch**
6 Rekurs
ehemals
5 einst
7 dazumal, frueher
Ehemann
5 Gatte
6 Gemahl
15 Lebensgefaehrte
Ehemann der Tochter
13 Schwiegersohn
Ehemann, dessen Frau verreist ist
11 Strohwitwer
eher
5 bevor
6 lieber, vorher
7 frueher
8 vielmehr
ehern
4 fest, hart
6 eisern
9 unbeugsam
Ehescheu
9 Misogamie
Eheschließung
6 Heirat
7 Trauung
8 Hochzeit
11 Vermaehlung
Ehesymbol
8 Trauring
Eheverfehlung
7 Untreue
Eheversprechen
9 Verlobung
13 Heiratsantrag
Ehrabschneider
10 Beleidiger
Ehrabschneidung
6 Insult
7 Rufmord
11 Verleumdung
12 Diffamierung
ehrbar
6 bieder, honett
7 honorig
9 honorabel
10 anstaendig
11 achtenswert, respektabel
13 rechtschaffen
Ehre
3 Ruf
Ehrenabzeichen
5 Orden
Ehrenbezeigung
5 Gruss, Salut, Salve
8 Honneurs, Reverenz
Ehrenbrief
6 Diplom
7 Urkunde
Ehrengabe
13 Gratifikation
Ehrengasse
7 Spalier
Ehrengeleit
7 Eskorte
Ehrengruß
5 Salut, Salve
ehrenhaft ► ehrbar
ehrenhaftes Spiel
8 Fairplay
ehrenhalber (Abkürzung)
2 eh, hc
Ehrenname Jesu
8 Christus
Ehrensalve
5 Salut
Ehrenstrafe im Mittelalter
7 Pranger
Ehrentag
9 Jubilaeum
10 Geburtstag
Ehrentitel
6 Konsul
7 Eminenz, Senator
9 Exzellenz
Ehrentitel beim Schach
12 Grossmeister
Ehrenurkunde
6 Diplom
Ehrenvorstellung
7 Benefiz
ehrenwert
4 brav
6 bieder
7 achtbar
Ehrerbietung
5 Gruss
6 Diener, Knicks
7 Achtung, Honneur, Respekt
8 Reverenz
9 Bueckling, Kratzfuss
10 Verbeugung
Ehrfurcht
7 Achtung, Pietaet, Respekt
Ehrfurcht gebietend
4 hehr
Ehrgeiz
7 Streben
8 Ambition
13 Geltungstrieb
ehrgeizige Frau
9 Streberin
ehrgeiziger Mensch
7 Streber
Ehrgeizling
7 Streber
ehrlich
4 fair

E

5 reell
6 lauter, sauber
7 redlich
10 anstaendig, aufrichtig
13 rechtschaffen
Ehrlichkeit
12 Arglosigkeit
ehrlos
5 infam
6 falsch, gemein
12 veraechtlich
15 niedertraechtig
Ehrloser
4 Lump
6 Schuft
7 Schurke
Ehrlosigkeit
7 Infamie, Schande, Schimpf
11 Niedertracht
Ehrung
3 Lob
4 Dank
7 Lobrede
10 Wuerdigung
12 Auszeichnung
ehrwürdig
8 erlaucht
ehrwürdige alte Frau
7 Matrone
ehrwürdiger alter Mann
7 Padrone
9 Patriarch
Ei der Laus
5 Nisse
Eibisch
5 Malve
6 Althee
7 Althaea
8 Hibiskus
12 Wetterroesel
Eichelschwamm
12 Stinkmorchel
Eichhörnchenfell
3 Feh
Eichhörnchennest
5 Kobel
Eichmaß
6 Etalon
Eid
6 Schwur
8 Geluebde
Eidbruch
7 Meineid
Eidechsenart ► Echsenart
eidesstattliche Versicherung
9 Affidavit
Eidgenosse
9 Schweizer
Eidotter
6 Eigelb
Eier ...
· *des* **Fisches**
5 Rogen
· *des* **Vogelnestes**
6 Gelege
· *von* **Wassertieren**
5 Laich
Eier hervorbringen (Huhn)
5 legen
Eierauflauf
7 Soufflé
8 Soufflee
Eierfrucht
9 Aubergine
Eierkuchen
5 Crêpe, Krepp
6 Plinse
7 Omelett
13 Palatschinken
Eierpusch
10 Loewenzahn
Eierspeise
6 Setzei
7 Omelett, Ruehrei
9 Spiegelei
11 Pfannkuchen
13 Palatschinken
Eierteigware
5 Nudel
8 Spagetti
9 Makkaroni, Spaghetti
Eifelkratersee
4 Maar
Eifellandschaft
4 Venn
6 Ahrtal
Eifelstädtchen
4 Daun
6 Adenau
Eifer
6 Fleiss
9 Emsigkeit
11 Ruehrigkeit
12 Strebsamkeit
Eiferer
9 Fanatiker
Eifersucht
4 Neid
9 Missgunst
10 Rivalitaet
Eiform (Mehrzahl)
5 Ovale
eiförmig
4 oval
5 ovoid
eifrig
8 fleissig
eifriger Leser
11 Buecherwurm
Eigelb
6 Dotter
eigen
9 sonderbar
11 waehlerisch
Eigenart
3 Typ
4 Tick
5 Typus, Wesen
9 Charakter
11 Seltsamkeit
15 Individualitaet
eigenartig
6 kurios
7 ominoes, seltsam
8 reizvoll
9 originell
11 merkwuerdig
13 bemerkenswert
Eigenbrötler
4 Kauz
8 Original
10 Sonderling
12 Aussenseiter
13 Einzelgaenger
eigene Lebensbeschreibung
14 Autobiographie
eigengesetzlich
7 autonom
11 unabhaengig
eigenhändig
6 selbst
Eigenliebe
8 Egoismus, Ichsucht
10 Narzissmus
11 Selbstsucht
eigenmächtig
14 selbstherrlich
Eigenname ...
· **Buddhas**
7 Gautama

- *von* **Irland**
  4 Eire
- *einer* **italienischen Stadt**
  6 Napoli
  7 Firenze
- *von* **Japan**
  6 Nippon
- *von* **Norwegen**
  5 Norge

Eigenpreisung
9 Selbstlob

eigens
3 nur
5 extra
8 speziell
9 besonders
10 namentlich
15 ausschliesslich

Eigenschaft
3 Art, Zug
5 Wesen
6 Anlage, Talent
7 Merkmal
8 Attribut
9 Qualitaet, Wesenszug
10 Faehigkeit
16 Charakteristikum

Eigenschaftswort
8 Adjektiv

Eigensinn
5 Trotz
8 Sturheit

eigensinnig
4 stur
7 trotzig
11 dickkoepfig, halsstarrig, hartnaeckig
12 starrkoepfig
13 unzugaenglich, widerspenstig

eigensinniges Kind
9 Trotzkopf

eigenständig
6 autark
7 autonom

eigensüchtiger Mensch
6 Egoist

eigentlich
5 quasi
8 faktisch

Eigentum
4 Habe
6 Besitz
9 Vermoegen

Eigentümer
6 Eigner, Halter
7 Inhaber
8 Besitzer

Eigentümlichkeit
3 Art
6 Cachet

Eigentumsdelikt
4 Raub
6 Betrug
8 Einbruch
9 Diebstahl
12 Veruntreuung
13 Hinterziehung
14 Unterschlagung

eigenwillig
8 spleenig
10 kaprizioes

Eigner
8 Besitzer
11 Eigentuemer

Eignung
13 Brauchbarkeit, Qualifikation

Eignungsprüfung
4 Test

Eignungstest
8 Pruefung
16 Aufnahmepruefung

Eihaut
6 Amnion

Eiklar
7 Eiweiss

Eiland
5 Insel

Eiland im Pazifik
10 Osterinsel

Eilande im Südatlantik
14 Falklandinseln

Eilandsbewohner
9 Insulaner

Eilbote
6 Kurier
8 Stafette
11 Expressbote

Eile
4 Hast
5 Tempo
14 Ueberstuerzung

eilends
5 rasch
11 schleunigst

eilig
3 fix
5 flink, rasch
6 hastig, hurtig, rasant

eiliges Entweichen
6 Flucht

Eilnachricht
8 Depesche
9 Telegramm
12 Expressbrief
13 Fernschreiben

Eimasse von Wassertieren
5 Laich

Eimer
6 Kuebel

ein ...
- **Gerät zusammenbauen**
  9 montieren
- **Glas Schnaps schnell trinken**
  6 kippen
- **Lied vortragen**
  6 singen
- **Schiff erbeuten**
  6 kapern
- **Schiff stürmen**
  6 entern
- **Signalhorn betätigen**
  5 hupen

ein Ganzes
6 Eintel

ein(e, en) ...
- **Hund scheren**
  7 trimmen
- *der* **Kontoseiten**
  5 Haben
- **Nachlass erhalten**
  5 erben
- **Richtung bestimmen**
  6 peilen

Einäscherung
9 Kremation
11 Verbrennung

Einäscherungsanlage
11 Krematorium

Einatmung
10 Inhalation

einäugiger Riese
4 Oger
6 Kyklop, Zyklop
8 Polyphem

einbalsamierte Leiche
5 Mumie

Einband
8 Umschlag
10 Buchhuelle

Einbau
12 Installation

E

Einbaum der Naturvölker
4 Kanu
5 Kanoe
6 Piroge
einbegriffen ▶ einschließlich
Einberufung
12 Mobilmachung
17 Gestellungsbefehl
Einbildung
4 Wahn
7 Duenkel, Hochmut
8 Chimaere, Fantasie, Illusion
9 Phantasie
10 Suggestion
11 Imagination, Spekulation, Vorstellung
13 Halluzination
Einbildungskraft
8 Fantasie
9 Phantasie
Einblicklinse an optischen Geräten
6 Okular
Einbrecher
4 Dieb
6 Bandit
7 Raeuber
Einbrenne
8 Schwitze
Einbringen der Baumfrüchte
9 Obsternte
Einbringen der Feldfrüchte
5 Ernte
Einbuße
7 Schaden, Verlust
Eindämmen eines Flussbettes
11 Regulierung
eindeutig
4 klar
8 deutlich
eindringlich
5 ernst
6 betont
8 bestimmt, intensiv
10 instaendig
13 ausdruecklich
14 nachdruecklich
Eindruck
4 Spur
6 Effekt
7 Wirkung
8 Anschein
10 Empfindung, Impression, Vertiefung
eindrucksvoll
7 wirksam
8 imposant
11 imponierend
eine ...
· **Art Schneidersitz**
9 Lotossitz
· **Computersprache**
4 Logo
· **Diät** (Abkürzung, umgangssprachlich)
3 FDH
· *der* **drei Chariten**
6 Aglaia, Thalia
10 Euphrosyne
· *der* **Erinnyen**
6 Alekto
7 Megaere
9 Tisiphone
· *der* **Gezeiten**
4 Ebbe, Flut
· *der* **Gorgonen**
6 Medusa, Meduse
· **Hochschule besuchen**
9 studieren
· **hohen Einsatz wagen**
6 pokern
· *der* **Horen**
4 Dike
· **Last hochziehen**
6 hieven
· **Mahlzeit**
7 Eintopf
· **Million Ohm**
6 Megohm
· *der* **Musen**
4 Klio
5 Erato
6 Thalia, Urania
7 Eunomia, Euterpe
8 Kalliope
9 Melpomene
10 Polyhymnia
11 Terpsichore
· *der* **Nereiden**
6 Thetis
· *der* **Nornen**
3 Urd
Einehe
9 Monogamie
einen Motor in Gang setzen
7 starten
einer ...
· *der* **Apostel**
6 Paulus, Petrus
· *der* **die Schafe hütet**
5 Hirte
· *der* **Erzengel**
5 Uriel
6 Rafael
7 Gabriel, Raphael
· *der* **Kaiser** (962–1002)
6 Ottone
· *der* **Kleinen Propheten**
5 Hosea
· *der* **Ozeane**
8 Atlantik
· *der* **Raben Odins**
5 Hugin, Mumin
· *der* **sich gerne prügelt**
6 Raufer
· *der* **Sinne**
6 Gehoer, Geruch
· *der* **Titanen**
10 Prometheus
· *der* **vier Winkel im Boxring**
4 Ecke
· *der* **Vornamen Kischs**
4 Egon
einerlei
4 egal
Einerlei
9 Monotonie
einerlei
13 gleichgueltig
eines Sinnes
5 einig
einfach
6 frugal, simpel
8 primitiv, schlicht
10 bescheiden
11 spartanisch, unscheinbar
12 anspruchslos
einfach(e, er, es) ...
· **Eiweißkörper**
7 Protein
· **Fahrzeug**
6 Karren
· **Holzfackel**
4 Kien
· **Lagerstätte**
8 Pritsche
· **Mahlzeit**
7 Eintopf
14 Eintopfgericht

· **Schrank**
5 Spind
· **Schuppen**
9 Verschlag
· **Segelflugzeug**
7 Gleiter
· **Wagen**
5 Karre
· **Wasserfahrzeug**
4 Boot
· **Wort**
7 Simplex
· **Zimmer**
4 Bude
Einfachheit
12 Simplizitaet
13 Primitivitaet
einfachstes Lebewesen
9 Einzeller
Einfahrt
3 Tor
4 Flur
6 Portal
7 Ankunft, Landung
Einfall
3 Gag
4 Idee
7 Gedanke
8 Invasion
9 Eingebung, Intuition
11 Erleuchtung, Inspiration
12 Geistesblitz
einfallsreich
7 gewitzt, pfiffig
Einfallsreichtum
8 Fantasie
9 Phantasie
14 Erfindungsgabe
Einfalt
8 Dummheit
9 Naivitaet
15 Beschraenktheit
einfältig
4 dumm, naiv
6 albern, arglos, simpel
8 kindisch, toericht
10 treuherzig
11 toelpelhaft
einfältiger Mensch
3 Tor
Einfaltspinsel
3 Tor
4 Depp, Narr
6 Dussel, Simpel
7 Toelpel, Trottel
8 Dummkopf
Einfamilienhaus
5 Villa
8 Bungalow
9 Eigenheim
einfarbig
3 uni
9 monochrom
15 monochromatisch
einfarbiges Gewebe mit Muster
6 Damast
Einfassung
4 Rand, Saum, Zaun
5 Borte, Kante, Knick, Litze, Zarge
6 Rahmen
8 Borduere
9 Umrandung
11 Einfriedung
einfetten
5 oelen
9 schmieren
Einflieger
9 Testpilot
Einfluss
3 Ruf
5 Macht
7 Geltung, Wirkung
8 Renommee
10 Autoritaet
Einflussnahme
12 Manipulation
einflussreiche Highsociety
6 Jetset
einförmig
3 oed
4 oede
7 farblos, monoton, reizlos, uniform
9 eintoenig, ermuedend
10 langweilig
15 abwechslungslos
Einförmigkeit
8 Einerlei
9 Monotonie
12 Uniformitaet
Einfräsung
4 Nute
Einfriedung
4 Fenz, Zaun
5 Hecke, Knick, Mauer
6 Gatter, Gitter, Pferch
Einfrierung der Gehälter
9 Lohnstopp
Einfuhr
6 Import
Einführen von Flüssigkeit in den Körper
8 Infusion
Einfuhrgebühr
4 Zoll
10 Schutzzoll
Einfuhrgeschäft
12 Importhandel
Einfuhrhändler
9 Importeur
Einführung
6 Prolog
7 Vorrede, Vorwort
9 Anleitung
10 Initiation, Investitur
12 Introduktion
Eingabe
6 Antrag, Gesuch
8 Petition
10 Memorandum
11 Bittschrift, Denkschrift
Eingang
3 Tor
4 Tuer
5 Tuere
6 Portal
7 Empfang
10 Eintreffen, Zustellung
Eingangshalle
9 Vestibuel
Eingangsraum
6 Entree
eingearbeitete Mannschaft
4 Team
eingebildet
5 eitel
6 irreal
8 arrogant, blasiert
9 imaginaer
10 hochmuetig, unwirklich
11 duenkelhaft, snobistisch
12 ueberheblich
eingebildeter Kranker
8 Simulant
11 Hypochonder
Eingebildetheit
7 Duenkel
8 Arroganz
eingeboren
8 heimisch

E

E

Eingeborener ...
· **Amerikas**
5 Indio
8 Indianer
· **Australiens**
9 aborigine
· **Indiens**
5 Hindu
· **Japans**
4 Ainu
· *von* **Neuguinea**
5 Papua
· *von* **Neuseeland**
5 Maori
· *der* **Südseeinseln**
6 Kanake
eingebügelte Falte
7 Plissee
Eingebung
4 Idee
7 Einfall, Gedanke
9 Intuition
11 Erleuchtung, Inspiration
12 Geistesblitz
eingedeichtes Marschland
4 Koog
6 Polder
eingedickt(e, er, es) ...
· **Flüssigkeit**
5 Sirup
10 Konzentrat
· **Saft**
5 Gelee, Sirup
· **Süßholzsaft**
8 Lakritze
eingefleischter Junggeselle
9 Hagestolz
eingefräste Rille
3 Nut
eingeführte Ware
6 Import
eingehend besprechen
9 eroertern
eingehende Besprechung
11 Eroerterung
eingelegt(e, er, es) ...
· **Ei**
5 Solei
· **Fisch**
10 Oelsardine, Salzhering
· **Frucht**
10 Essiggurke
· **Gemüsefrucht**
9 Senfgurke
10 Essiggurke
11 Perlzwiebel
12 Mixedpickles
· **Hering**
4 Sild
8 Rollmops
14 Bismarckhering
· **kleine Gurke**
9 Cornichon
· **Knospe**
5 Kaper
· **Locke**
10 Schneckerl
· **Tierprodukt**
5 Solei
· **Weißkohl**
10 Sauerkraut
Eingemachtes
4 Obst
8 Fruechte, Konserve
9 Marmelade
10 Konfituere
eingesalzener Fisch
8 Laberdan
10 Klippfisch, Stockfisch
eingesäuertes Viehfutter
6 Silage
eingeschränkt
7 bedingt
eingetragenes Warenzeichen
11 Schutzmarke
Eingeweide vom Tier
7 Gedaerm, Kutteln
8 Gedaerme, Gekroese
9 Innereien, Kaldaunen
eingezäunte Fläche für Tiere
5 Weide
6 Koppel, Pferch
eingezuckerte Schale von Zitrusfrüchten
8 Orangeat, Zitronat
Einglas
7 Monokel
Eingliederung
11 Integration
Eingriff
9 Massnahme, Operation
10 Verletzung
12 Intervention, Nichtachtung
einheimisch(e, er, es) ...
· **Getreidesorte**
5 Emmer, Hafer, Hirse
6 Dinkel, Gerste, Roggen, Weizen
7 Einkorn
8 Zweikorn
10 Buchweizen
· **Giftpilz**
8 Erdstern, Risspilz
9 Faelbling
10 Satanspilz, Speiteufel
11 Fliegenpilz, Giftreizker, Pantherpilz
12 Giftegerling
13 Birkenreizker, Speitaeubling
15 Gallenroehrling, Kartoffelbovist, Tigerritterling
19 Knollenblaetterpilz
· **Giftschlange**
10 Kreuzotter
· **Orchidee**
5 Orant
6 Orchis
7 Ragwurz
8 Nestwurz
9 Sumpfwurz, Zweiblatt
11 Frauenschuh, Knabenkraut
· **Raubtier**
5 Dachs, Fuchs, Iltis, Kuder, Otter
6 Marder, Wiesel
8 Hermelin
9 Frettchen, Wildkatze
10 Fischotter
· **Reptil**
8 Eidechse
· **Schlange**
12 Ringelnatter
· **Waldtier**
3 Reh
· **Wild**
3 Reh
4 Hase
einheimsen
6 nehmen
9 kassieren
Einheit ...
· *für* **ebene Winkel**
3 Gon
· *zur* **Größenmessung**
4 Mass
· *der* **Lautstärke**
3 Fon
4 Phon

- *des* **musikalischen, rhythmischen Ablaufs**
  4 Takt
- *beim* **Telefonieren**
  8 Zeittakt
- *aus* **zehn Gliedern**
  6 Dekade
- *von* **zehn Tagen**
  6 Dekade

Einheitenzeichen für ...
- **Ar**
  1 a
- **Atmosphäre**
  2 at
  3 ata, atm
- **Atmosphärenüberdruck**
  4 atue
- **Bruttoregistertonne**
  3 BRT
- **Candela**
  2 Ca
- **Coulomb**
  1 C
- **Dekameter**
  3 dam
- **Denier**
  3 den
- **Deziliter**
  2 dl
- **Dezimeter**
  2 dm
- **Gramm**
  1 g
- **Hektar**
  2 ha
- **Hektoliter**
  2 hl
- **Kilogramm**
  2 kg
- **Kilokalorie**
  4 kcal
- **Kilometer**
  2 km
- **Kilowatt**
  2 KW
- **Kilowattstunde**
  3 KWh
- **Knoten**
  2 kn
- **Lumen**
  2 lm
- **Lux**
  2 lx
- **Megahertz**
  3 MHz
- **Megatonne**
  2 Mt
- **Meter**
  1 m
- **Millibar**
  2 mb
- **Millimeter**
  2 mm
- **Minute**
  3 min
- **Nettoregistertonne**
  3 NRT
- **Newton**
  1 N
- **Pfund**
  3 Pfd
- **Seemeile**
  2 sm
- **Sekunde**
  1 s
  3 sek
- **Tonne**
  1 t
- **Watt**
  1 W

einheitlich
3 uni
6 gleich
7 genormt, homogen, uniform
13 gleichmaessig

Einheitslehre
8 Monismus

Einheitsmuster
4 Norm

einhöckriges Kamel
8 Dromedar

Einhufer
4 Esel, Muli
5 Mulus, Pferd, Zebra
8 Maultier

Einhüllung in Dunst
10 Umnebelung

einig
5 innig
7 konform
9 friedlich
16 uebereinstimmend

einige
6 manche
7 diverse, etliche, mehrere
12 verschiedene

Einigung
9 Abmachung
13 Uebereinkunft

Einigungsbewegung der Christenheit
8 Oekumene

einjährig
7 annuell

einjähriges Fohlen
5 Enter

Einkauf
11 Akquisition, Anschaffung

Einkauf ohne Service
15 Selbstbedienung

Einkaufsanlage
6 Center

Einkaufsbehälter
4 Korb
6 Tasche

Einkaufsbummel
8 Shopping

Einkaufsstätte
9 Warenhaus

Einkehr
4 Reue
9 Besinnung
10 Meditation

Einkerbung
3 Nut

Einkerbung im Gelände
3 Tal

Einklang
7 Unisono
8 Harmonie
16 Uebereinstimmung

Einkommen
4 Gage, Lohn, Sold, Zins
5 Rente
6 Gehalt, Salaer
7 Bezuege, Diaeten, Entgelt, Honorar, Pension, Revenue
8 Loehnung, Pfruende, Tantieme
9 Besoldung, Bezahlung, Dividende, Verdienst
10 Entlohnung
11 Honorierung

Einkorn
6 Dinkel

Einkreisungsjagd
13 Kesseltreiben

Einladende
11 Gastgeberin

Einladender
9 Gastgeber

E

Einlage im Füllfederhalter
7 Patrone
Einlage im Schreibstift
4 Mine
Einlasskarte
7 Ausweis, Billett
Einlauf
8 Klistier
Einlegearbeit
6 Mosaik
8 Intarsia
9 Intarsien
Einlegesauce
8 Marinade
Einleitung
6 Prolog
7 Vorrede, Vorwort
8 Vorspann, Vorspiel
9 Introitus, Praeambel
10 Ouvertuere
11 Prolegomena
12 Introduktion
Einleitungstanz
9 Polonaise
einleuchtend
4 klar
7 evident
9 plausibel
12 augenfaellig, ueberzeugend
13 verstaendlich
einmalige Zahlung
9 Abfindung
Einmaliges
6 Unikat, Unikum
Einmannruderboot
5 Skiff
Einmaster
4 Slup
5 Tjalk
6 Kutter
einmastiges Flussschiff
5 Mutte
Einmischung
12 Intervention
Einmütigkeit
8 Harmonie
9 Eintracht
10 Konkordanz
16 Uebereinstimmung
Einnahme
6 Erloes, Gewinn
9 Verdienst
einnehmen
7 erobern
8 stuermen
Einöde
6 Wueste
9 Wuestenei
10 Einsamkeit
16 Abgeschiedenheit
einordnen
9 sortieren
11 rubrizieren, subsumieren
12 subsummieren
Einordnung
14 Klassifikation
einpassen
9 justieren
Einpauker
9 Repetitor
12 Korrepetitor
Einpflanzung
12 Implantation
einprägsam
7 markant
10 instruktiv
11 anschaulich
einrädriges Fahrzeug
5 Karre
10 Schubkarre
Einreibemittel
3 Oel
5 Creme, Paste, Salbe
6 Balsam
7 Tinktur
8 Vaseline
Einreihung
10 Klassement
Einrichter
9 Justierer
Einrichtung
8 Institut, Inventar, Mobiliar
9 Anordnung
10 Gestaltung
11 Ausstattung, Bearbeitung, Institution, Moeblierung
12 Installation, Organisation
13 Etablissement
Einrichtung für Bankkunden
5 Konto
Einrichtungsgegenstand
4 Bank, Bett, Sofa
5 Couch, Diwan, Lampe, Liege, Regal, Stuhl, Tisch, Truhe
6 Buffet, Hocker, Kissen, Moebel, Sessel
7 Bruecke, Eckbank, Kanapee, Laeufer, Schrank, Teppich, Vertiko, Vitrine, Vorhang
8 Anrichte, Ottomane, Vorleger
9 Regalwand, Stehlampe
10 Klubsessel, Nachttisch
11 Wandschrank
12 Chaiselongue
14 Kleiderschrank
eins im anderen
10 ineinander
Einsager/Einsagerin beim Theater
9 Souffleur
10 Souffleuse
einsam
3 jwd, oed
4 oede
6 allein
8 entlegen, solitaer
9 abgelegen, unbewohnt, verlassen
12 menschenleer
einsame Gegend
7 Einoede
einsames Inselleben
11 Robinsonade
Einsatz bei Gefahr
8 Nothilfe
einsatzbereit
3 fit
einsatzfähig
11 alarmbereit
Einschätzung
7 Wertung
8 Ermessen
11 Beurteilung
einschließlich
4 samt
7 mitsamt
9 implizite, inklusive
11 inbegriffen
Einschließung
8 Blockade
9 Okklusion
Einschnitt
3 Nut, Tal
5 Kerbe
6 Luecke, Zaesur

7 Scharte
8 Inzision
9 Durchlass
einschränkend
10 restriktiv
Einschränkung
4 aber
9 Vorbehalt
11 Reduzierung, Restriktion
Einschränkung des Geldumlaufs
9 Deflation
Einsegnung evangelischer Christen
12 Konfirmation
einsehbar
4 klar
9 plausibel
einseifen
9 betruegen
11 schmeicheln
einseitig
9 subjektiv
10 doktrinaer, parteiisch, unilateral
Einseitigkeit
9 Vorurteil
Einsenkung im Gelände
5 Mulde
Einsicht
6 Raeson, Raison
8 Vernunft
Einsickerung
12 Infiltration
Einsiedelei
6 Klause
8 Kartause
9 Eremitage
Einsiedler
6 Eremit
8 Klausner
Einsiedlerorden
10 Kartaeuser
Einspänner
3 Cab, Gig
7 Dogcart
einspännige Droschke
3 Cab
Einspritzung
9 Injektion
Einspruch
4 Veto
6 Rekurs
7 Einrede, Protest
Einspruchsrecht
4 Veto
einst
7 ehemals, frueher
Einsteckpflock
7 Pfosten
Einsteller
6 Regler
einstellige Zahl
4 acht, drei, eins, neun, vier, zwei
5 fuenf, sechs
6 sieben
Einstellknopf
6 Regler
Einstellmarke für Fernrohre
4 Mire
Einstellraum
6 Garage, Kammer, Remise
8 Schuppen
9 Verschlag
Einstieg
4 Luke, Tuer
5 Tuere
einstimmig
7 unisono
einstöckiges Gebäude
7 Baracke
8 Bungalow, Pavillon
einstudierte Stücke
10 Repertoire
Einstudierung
9 Einuebung
Einsturztrichter im Karst
6 Doline
einstweilig
12 provisorisch
einstweilige Amtsenthebung
10 Suspension
Eintagsfliege
10 Ephemeride
Eintänzer
6 Gigolo
einteiliger Schutzanzug
7 Overall
Einteilungsbegriff
3 Art
5 Menge, Rasse, Reihe, Sorte, Stamm, Typus
6 Klasse
7 Familie, Gattung, Ordnung
9 Kategorie
10 Geschlecht
eintönig ► einförmig
eintönige Musik
7 Gedudel
eintöniges Gerede
6 Sermon
7 Geleier, Litanei
Eintönigkeit
9 Monotonie
Eintopfgericht
8 Labskaus, Ritscher
9 Irishstew
11 Erbsensuppe, Linsensuppe
13 Pichelsteiner
Eintracht
6 Friede
7 Frieden
8 Harmonie
16 Uebereinstimmung
einträglich
7 lohnend
8 lukrativ, rentabel
14 Gewinn bringend
Eintragung
5 Notiz
Eintragungsliste von Universitäten
8 Matrikel
Eintreffen
6 Kommen
7 Ankunft, Landung
10 Erscheinen
Eintritt
6 Anfang, Beginn, Entree, Zugang
Eintritt ins Leben
6 Geburt
Eintrittsbillett
10 Platzkarte
Eintrittsgeld
6 Entree
Eintrittskarte
6 Ticket
7 Billett
9 Freikarte
Einverleibung
8 Annexion
9 Aneignung, Requester
11 Besitznahme
13 Inbesitznahme
Einverständnis
2 Ja
6 Jawort, Plazet, Zusage
7 Konsens

E

9 Billigung, Erlaubnis
10 Zustimmung
11 Genehmigung
Einwand
4 aber
7 Einrede
8 Bedenken
10 Gegengrund
11 Widerspruch
14 Einschraenkung
Einwanderer
9 Immigrant
einwandfrei
5 prima
6 sauber
7 astrein, korrekt
8 makellos, tadellos
9 fehlerlos, untadelig
Einwegmundtuch
15 Papierserviette
Einweichmittel
4 Soda
11 Seifenlauge
Einweihung
10 Initiation
einwertige Atomgruppe
6 Phenyl
Einwilligung
15 Einverstaendnis
Einwohner
7 Buerger
Einwohner einer Stadt in Niedersachsen
8 Mellener
Einwohnerverzeichnis
10 Adressbuch
Einzahl
8 Singular
Einzahlungsformular
9 Zahlkarte
Einzelaufzählung
13 Spezifikation
Einzeldarbietung
4 Solo
Einzeldarsteller
6 Solist
Einzeldarstellung
10 Monografie
11 Monographie
Einzelfakten
5 Items
Einzelfaktum
4 Item
Einzelgänger
4 Kauz
10 Sonderling
12 Aussenseiter
13 Eigenbroetler, Individualist
Einzelheit
6 Aspekt, Detail
Einzeljagd
6 Pirsch
Einzeller
4 Alge
6 Amoebe
8 Bakterie
9 Protozoon
einzelliges Lebewesen
4 Vire
6 Amoebe
8 Bakterie
Einzelmensch
6 Person
10 Individuum
einzeln
5 apart
6 allein
7 separat
9 gesondert, singulaer
11 abgesondert, partikulaer
einzeln gefasster Edelstein
8 Solitaer
einzeln lebender Mönch
6 Eremit
Einzelposten
8 Position
Einzelraum
5 Stube, Zelle
6 Kammer, Zimmer
7 Separee
8 Kabinett
Einzelsängerin
8 Solistin
Einzelstück
6 Unikat
8 Exemplar
Einzelvortrag
4 Solo
Einzelvortragender
6 Solist
Einzelwesen
10 Individuum
Einziehen von Geld
7 Inkasso
Einziehung
12 Konfiskation
13 Beschlagnahme
einzigartig
8 einmalig
9 originell, singulaer
17 aussergewoehnlich
Einzigartiges
6 Unikum
einzig(e, er, es) ...
· **englischer Papst**
7 Hadrian
· **Nachlassempfänger**
10 Alleinerbe
· **polnischer Papst**
7 Wojtyla
Einzimmerwohnung
9 Apartment
11 Appartement, Garçonnière
Eipulver
9 Trockenei
eirund ► eiförmig
eirunde Fläche
4 Oval
Eisen anziehender Gegenstand
6 Magnet
Eisenabfälle
6 Spaene
7 Schrott
Eisenbahner
6 Heizer
7 Bremser
9 Rangierer, Schaffner
10 Lokfuehrer, Zugfuehrer
14 Weichensteller
16 Fahrdienstleiter, Lokomotivfuehrer, Streckenarbeiter
Eisenbahnfähre
7 Trajekt
Eisenbahnfahrplan
8 Kursbuch
Eisenbahnfahrzeug
3 Lok
4 Lore
6 Tender, Waggon
8 Draisine
9 Diesellok, Postwagen, Tieflader
10 Elektrolok, Kuehlwagen, Lokomotive, Rangierlok, Triebwagen
11 Gueterwagen, Schienenbus, Schlafwagen, Speisewagen
Eisenbahnsignalanlage
9 Stellwerk

eisenbahntechnischer Begriff
3 Zug
4 Bake, Halt, Netz
5 Block, Gleis
6 Eilzug, Signal, Weiche
7 Abfahrt, Ankunft, Bahnhof, Express, Fernzug, Geleise, Schiene, Station, Strecke
8 Barriere, Einfahrt, Eurocity, Fahrzeit, Gegenzug, Kupplung, Schranke, Unterbau
9 Fahrdraht, Fahrkarte, Intercity, Kontrolle, Laeutwerk, Netzkarte, Notbremse, Uebergang, Vorortzug, Warnkreuz
10 Endstation, Interregio, Platzkarte, Schnellzug, Signalmast
11 Abfertigung, Bahnkoerper, Gepaecknetz, Oberleitung, Sackbahnhof, Verspaetung
14 Nahverkehrszug
15 Streckenwaerter
16 Intercityexpress

Eisenbahnwagen mit Eigenantrieb
10 Triebwagen

Eisenbahnwaggon
11 Gueterwagen

Eisenbeton
10 Stahlbeton

Eisenblock
6 Bramme

Eisenblock zum Schmieden
6 Amboss

Eisenerz
5 Pyrit
7 Minette, Siderit
8 Haematit, Magnetit, Markasit, Rasenerz
9 Eisenkies, Eisenspat
10 Eisenstein

Eisenfraß
4 Rost

eisenhaltiges Mineral
3 Erz

Eisenhowers Spitzname
3 Ike

Eisenhut
6 Aconit
8 Aconitum, Sturmhut
10 Hahnenfuss, Kopfschutz

Eisenhutgift
8 Aconitin

Eisenkies
5 Pyrit

Eisenklumpen
5 Luppe

Eisenkraut
7 Verbena, Verbene
10 Verbenazee

Eisenoxid
4 Rost

Eisenspat
7 Siderit

Eisenstift
4 Niet
5 Haken, Nagel, Niete
10 Nietbolzen

Eisenwerk
6 Huette
8 Walzwerk
9 Giesserei

eisern
4 hart
5 ehern
12 unerbittlich, unnachgiebig
13 kompromisslos

Eisgipfel bei Zermatt
6 Pollux

Eisheilige
6 Sophie

Eisheiliger
6 Servaz
7 Bonifaz, Pankraz
8 Mamertus
9 Servatius
10 Bonifatius, Pankratius

Eishockeyanspiel
5 Bully

Eishockeyscheibe
4 Puck

Eishockeyspielabschnitt
7 Drittel

Eishockeystrafstoß
7 Penalty

eisiger Schneesturm
8 Blizzard

eisiger Überzug
4 Reif
7 Raureif

Eiskrautgewächs
12 Mittagsblume

Eiskunstlaufdisziplin
8 Paarlauf

Eiskunstlauffigur
4 Mond
5 Bogen, Wende
6 Achter, Dreier, Zirkel
7 Flieger, Libelle, Spirale
9 Pirouette
12 Doppeldreier, Todesspirale

Eiskunstlaufsprung
4 Axel, Flip, Lutz
5 Euler
6 Thoren
7 Salchow
10 Doppelaxel, Rittberger

Eiskunstlaufwettbewerb
4 Kuer
7 Eistanz, Pflicht

Eismeerhafen Russlands
11 Archangelsk

Eismond
6 Januar

Eisniederschlag
5 Hagel

Eisprung
9 Ovulation

Eisprunghemmer
5 Pille
16 Ovulationshemmer

Eisschießen
7 Bosseln, Curling

Eisscholle
5 Flarr
7 Packeis
8 Treibeis

Eisschützenmannschaft
10 Moarschaft

Eisstrom im Gebirge
9 Gletscher

Eiszeitalter
7 Glazial
8 Diluvium
11 Pleistozaen

eiszeitlich
7 glazial

eiszeitliches Faultier
11 Megatherium

Eiszeittier
6 Mammut

eitel
5 affig
6 kokett

E

10 affektiert
Eitelkeit
10 Koketterie
11 Gefallsucht
Eiteransammlung
7 Abszess
Eiterbläschen
6 Pustel
Eitergeschwür
7 Abszess
8 Furunkel
eitler Fant
4 Geck, Snob
eitler Selbstbewunderer
7 Narziss
Eiweiß
6 Eiklar
Eiweiß im Zellkern
3 RNA, RNS
17 Ribonukleinsaeure
Eiweißbaustein im Muskel
7 Kreatin
eiweißhaltige Pflanze
4 Soja
Eiweißkörper
5 Muzin
6 Globin, Glutin, Kasein, Myosin
7 Albumen, Albumin, Keratin, Nuklein, Proteid, Protein
8 Globulin, Kollagen, Lezithin
10 Fibrinogen
11 Haemoglobin
Eiweißstoff in der Milch
6 Kasein
Ekel
5 Graus
6 Degout
7 Abscheu, Grausen
8 Noergler, Scheusal
9 Abneigung, Entsetzen, Uebelkeit
10 Ueberdruss, Widerwille
Eklat
5 Knall, Krach
7 Skandal
8 Aufsehen
eklatant
8 offenbar
11 offenkundig
15 augenscheinlich
ekuadorianisch ► ecuadorianisch
Ekzem
7 Flechte
9 Ausschlag
13 Hautausschlag
Elan
3 Pep
7 Schwung
10 Vitalitaet
12 Begeisterung, Enthusiasmus
elastisch ► biegsam
elastisch(e, er, es) ...
· **Aufhängung**
8 Federung
· **Bindegewebe**
7 Knorpel
· **Gewebe**
7 Stretch
· **Kordel**
9 Gummiband
· **Stahldraht**
5 Feder
· **Werkstoff**
5 Gummi
9 Hartgummi
Elbhafen
7 Hamburg
Elbinsel bei Hamburg
12 Finkenwerder
Elbstädter
8 Torgauer
Elch
3 Elk
4 Elen
Elchbulle
9 Schaufler
Elchgeweih
8 Schaufel
Eldorado
8 Goldland, Paradies
9 Traumland
Elefant der Vorzeit
6 Mammut
8 Mastodon
Elefantenführer
5 Mahut
6 Kornak
Elefantenkörperteil
7 Ruessel
Elefantenstoßzahn
9 Elfenbein
elegant
4 chic, fein
5 fesch, flott, nobel
6 schick
7 erlesen, modisch, mondaen, vornehm
10 kultiviert
elegant(e, er, es) ...
· **Damenzimmer**
7 Boudoir
· **Einfamilienhaus**
5 Villa
· **Kutsche**
7 Karosse
8 Equipage
· **Mann**
4 Beau
elegisch
9 wehmuetig
12 schwermuetig
elegischer Gesang
9 Klagelied
Elektras ...
· **Bruder**
5 Orest
7 Orestes
· **Mutter**
13 Klytaemnestra
· **Schwester**
9 Iphigenie
· **Vater**
9 Agamemnon
elektrisch geladene Teilchen
5 Ionen
elektrisch geladenes Teilchen
3 Ion
elektrisch gesteuerter Schalter
6 Relais
elektrisch leitende Stoffgruppe
7 Metalle
elektrisch(e, er, es) ...
· **Anschluss**
6 Buchse
7 Kontakt, Stecker
· **Anschlussstelle**
9 Steckdose
13 Verteilerdose
· **Bedienungsanlage**
10 Schaltpult
· **Bratgerät**
8 Friteuse
· **Einheit** ► **elektrische Maßeinheit**
· **Energie**
5 Strom

9 Drehstrom
11 Gleichstrom
12 Wechselstrom
· **Entladung**
5 Blitz
9 Elmsfeuer
· **Heißlufttrockner**
4 Foen
5 Foehn
· **Leiter**
4 Gold
6 Kupfer, Silber
9 Elektrode, Konduktor
· **Leiterplatte**
7 Platine
· **Leitung**
5 Kabel
· **Lichterscheinung**
5 Blitz
9 Elmsfeuer, Nordlicht
10 Polarlicht
· **Lichtquelle**
10 Gluehlampe
· **Maßeinheit**
3 Ohm
4 Volt, Watt
5 Farad
6 Ampere
· **Messgerät**
7 Zaehler
9 Voltmeter
10 Voltameter
11 Amperemeter, Elektroskop
12 Elektrometer, Galvanometer
· **Minuspol**
7 Kathode
· **Musikinstrument**
11 Synthesizer
12 Hammondorgel
· **Pluspol**
5 Anode
· **Pol**
5 Anode
7 Kathode
· **Röstgerät**
7 Toaster
· **Schalteinrichtung**
6 Relais
· **Schaltungseinheit**
5 Modul
· **Schutzeinrichtung**
6 Erdung
7 Automat
9 Isolation, Sicherung
10 Isolierung
25 Fehlerstromschutzschalter
· **Schwingungszustand**
5 Phase
· **Störung**
11 Kurzschluss
· **Strom**
9 Drehstrom
11 Gleichstrom
12 Wechselstrom
· **Stromerzeuger**
4 Akku
6 Dynamo
7 Turbine
8 Batterie
9 Generator
· **Stromspeicher**
4 Akku
8 Batterie
11 Akkumulator
· **Taste**
13 Lichtschalter
Elektrizität
5 Strom
Elektrizitätsteilchen
8 Elektron
Elektrizitätsträger
3 Ion
5 Ionen
10 Elektronen
elektroakustische Maßeinheit
3 Bel
elektrochemischer Vorgang
11 Elektrolyse
Elektrode
5 Anode
7 Kathode
Elektrokardiogramm (Abkürzung)
3 EKG
Elektronenbeschleuniger
8 Betatron
9 Zyklotron
Elektronengehirn
8 Computer
Elektronenröhre
5 Diode
6 Audion, Triode
elektronisch(e, er, es) ...
· **Bauteil**
6 Roehre
10 Transistor
· **Datenverarbeitung** (Abkürzung)
3 EDV
· **Fühler**
6 Sensor
· **Lesegerät**
7 Scanner
· **Rechner**
8 Computer
· **Ziffer**
5 Digit
elektrotechnische Schutzmaßnahme
6 Erdung
elektrotechnischer Begriff
9 Drehstrom
Element (► auch chemisches Element)
7 Urstoff
10 Grundstoff, Naturkraft
11 Bestandteil, Naturgewalt
13 Wesensmerkmal
elementar
7 einfach
11 fundamental
Elementarlehrbuch
5 Fibel
7 ABC-Buch
Elementarteilchen
4 Atom, Myon, Pion
5 Boson, Meson, Quark
6 Baryon, Lepton, Photon, Proton
7 Hyperon, Neutron, Nukleon
8 Elektron, Neutrino, Positron
10 Antiproton
Elementengruppe
8 Edelgase
Elen
4 Elch
Elend
3 Not
elend
4 mies
Elend
6 Misere
7 Notlage
elend
9 miserabel
10 hinfaellig
Elendsviertel
4 Slum

6 Favela
Eleve
8 Schueler
Elfenkönig
3 Erl
6 Oberon
Elfenkönigin
7 Titania
Elfenschuh
6 Akelei
elfisches Wesen
12 Rautendelein
Elfmeter beim Fußball
10 Strafstoss
Elite
7 Auslese, Auswahl
11 Oberschicht
Elitetruppe
5 Garde
Eller
4 Erle
Eloge
6 Ehrung
7 Lobrede
10 Kompliment
Eloquenz
12 Beredsamkeit
Elritze
7 Pfrelle, Pfrille
elsässischer Gelehrter
7 Lambert
elsässischer Wein
5 Pinot
8 Sylvaner
11 Edelzwicker
15 Gewuerztraminer
Eltern mit Kindern
7 Familie
elternloses Kind
5 Waise
10 Findelkind
Elternteil
5 Elter, Vater
6 Mutter
Emanzipation
8 Freigabe
9 Befreiung
14 Gleichstellung
18 Gleichberechtigung
Emanzipationsziel
18 Gleichberechtigung
Embargo
7 Boykott
20 Ausfuhrbeschraenkung

Emblem
6 Symbol, Wappen
7 Kokarde
8 Sinnbild
9 Abzeichen
11 Kennzeichen, Wahrzeichen
Embryo
5 Fetus
6 Foetus
embryonales Haarkleid
6 Lanugo
Emigration
12 Auswanderung
Emirat am Persischen Golf
4 Oman
5 Dubai
7 Bahrain
8 Abu Dhabi
Emissär
11 Abgesandter
Emission
6 Abgabe, Abgase
8 Ausstoss
10 Aussendung
Emotion
7 Gefuehl
8 Erregung
9 Aufregung
15 Gemuetsbewegung
Empfang
4 Cour
5 Lever
6 Cercle, Erhalt
7 Audienz
8 Aufnahme
9 Rezeption
11 Begruessung
13 Entgegennahme
Empfang bei Hofe
6 Cercle
empfangend
6 passiv
8 rezeptiv
Empfänger
8 Adressat
Empfängerin von Altengeld
9 Rentnerin
empfänglich
7 geneigt
8 sensibel
9 anfaellig
14 aufgeschlossen
Empfängnis
10 Konzeption
11 Befruchtung

Empfängnisverhütung
13 Kontrazeption
Empfangsapparat
10 Funkgeraet
Empfangsbescheinigung
8 Quittung
Empfangsbüro
9 Rezeption
Empfangsgebäude
7 Bahnhof
8 Terminal
9 Flughafen
Empfangsgerät
5 Radio
9 Fernseher
12 Radioapparat
14 Fernsehapparat
Empfangsraum
5 Foyer, Halle, Salon
Empfangsschalter im Hotel
► Empfangsbüro
Empfangsschein
8 Quittung
Empfangszimmer ► Empfangsraum
empfehlen
5 raten
11 vorschlagen
empfehlenswert
4 klug
9 nuetzlich
Empfehlung
3 Rat, Tip
5 Gruss
7 Angebot, Hinweis
8 Auskunft, Referenz
9 Vorschlag
empfindlich
4 zart
7 reizbar
8 sensibel, sensitiv
11 feinfuehlig, gefuehlvoll, sentimental
empfindliche Pflanze
6 Mimose
Empfindsamkeit
11 Feingefuehl
13 Sensibilitaet
Empfindung
6 Ahnung
7 Gefuehl
8 Eindruck
9 Sentiment
10 Impression
11 Wahrnehmung

Empfindungsorgan
4 Sinn
Empfindungsstrang
4 Nerv
Empfindungsursache
4 Reiz
Empfindungsvermögen
12 Sensualitaet
empirisch
17 erfahrungsgemaess
empirische Verhaltensforschung
9 Ethologie
empor
9 aufwaerts
Empore
4 Rang
6 Podium
7 Galerie
14 Kirchengalerie
empörend
10 skandaloes
Empörer
6 Rebell
emporgekommen
9 arriviert
Emporhebung
9 Elevation
Emporkömmling
6 Yuppie
8 Parvenue
9 Homo novus
10 Aufsteiger, Neureicher
empört
10 indigniert
Empörung
11 Entruestung
Emse
6 Ameise
emsig
4 rege
5 aktiv
6 eifrig
7 rastlos, ruehrig
8 fleissig, tuechtig
9 umtriebig
en vogue
2 in
Endbetrag
5 Summe
Ende
7 Schluss
Ende ...
· *der* **Arbeitszeit**
10 Feierabend
· *der* **Frostperiode**
9 Tauwetter
· *des* **Jahres**
9 Silvester
· *des* **Karnevals**
14 Aschermittwoch
· *des* **Lebens**
3 Tod
· *eines* **Wasserlaufs**
8 Muendung
Endergebnis
5 Fazit
8 Resultat
11 Quintessenz
endgültig
4 fest
9 definitiv
11 verbindlich
Endkampf im Sport
5 Spurt
6 Finale, Finish
7 Stechen
8 Endspurt
17 Elfmeterschiessen
endloses Gerede
6 Sermon
7 Gelaber, Palaver
Endpunkt
4 Ziel
7 Schluss
Endpunkt einer Fahrt
9 Reiseziel
Endspiel
6 Finale
Endspielteilnehmer
8 Finalist
Endstellung beim Schach
4 Matt, Patt
Endstück des Brotes
5 Knust
8 Scherzel
Endsumme
5 Fazit
8 Ergebnis, Resultat
Energie
5 Eifer, Kraft
8 Tatkraft
9 Nachdruck
12 Willenskraft
Energie der Sonne
8 Strahlen
Energie erzeugendes Werk (Abkürzung)
3 AKW
Energie für Motoren
10 Treibstoff
Energieerzeuger
9 Generator, Kraftwerk
Energieform
6 Waerme
Energiemenge
5 Quant
7 Quantum
Energiequelle
3 Gas, Oel
4 Holz, Torf, Wind
5 Kohle, Sonne, Strom
6 Biogas, Erdgas, Erdoel, Wasser
9 Atomkraft, Kernkraft
11 Wasserkraft
Energieteilchen
5 Quant
Energieträger ▶ Energiequelle
energisch
6 streng
7 resolut
eng
5 dicht, knapp
6 schmal
8 begrenzt
9 gedraengt
eng bemessen
5 knapp
eng vertraut
5 innig, intim
eng(e, er, es) ...
· **Ausströmöffnung**
5 Duese
· **Berührung**
12 Tuchfuehlung
· **Durchgang**
4 Gatt
· **Raum**
5 Zelle
· **Straße**
5 Gasse
· **Tal**
5 Canon, Klamm
6 Canyon
· **Verbindung**
7 Liaeson, Liaison
8 Liierung
· **Vertrauter**
7 Intimus
· **Waldschlucht**
5 Tobel

E

Engagement
10 Anstellung
Engel
6 Cherub, Seraph
10 Gottesbote
Engel von Sibirien
12 Braendstroem
Engelfigur
5 Putte
Engelfisch
6 Rochen
Engelkraut
9 Sonnentau
Engelwurz
7 Theriak
8 Angelika
engherzig
7 penibel
8 pingelig, spiessig
9 kleinlich
10 intolerant, pedantisch
11 philistroes
Engherzigkeit
4 Geiz
9 Knauserei
England
9 Britannia
10 Britannien
England, Schottland und Wales
15 Grossbritannien
Engländer
5 Brite
englisch für ...
· **acht**
5 eight
· **Aktie**
5 share
· **alkoholisches Mischgetränk**
5 drink
· **alkoholisches Mixgetränk**
8 Cocktail
· **alt**
3 old
· **Anführer**
6 leader
· **angeschlagen**
6 groggy
· **Arbeit**
3 Job
· **auflebender alter Schlager**
5 Oldie
· **Auge**
3 eye
· **Ausflug**
4 trip
· **Außenseiter**
8 Outsider
· **Auto**
3 car
· **Barzahlung**
4 cash
· **begeisterter Anhänger**
3 Fan
· **beliebter Schlager**
3 Hit
· **Berufssportler**
12 professional
· **Bier**
4 beer
· **blau**
4 blue
· **Blut**
5 blood
· **Boot**
4 boat
· **Briefpost**
4 mail
· **Buch**
4 book
· **Bucht**
3 bai
· **damenhaft**
8 ladylike
· **Dampfer**
7 Steamer
· **deutsch**
6 german
· **dichter Nebel**
3 fog
· **Diener**
6 butler
· **Dienststelle**
6 office
· **direkt**
4 live
· **Drall des Balls**
4 spin
· **Drehort**
3 Set
· **drei**
5 three
· **drogenunabhängig**
5 clean
· **du**
3 you
· **Ei**
3 egg
· **Eingeweihter**
7 Insider
· **eins**
3 one
· **Eis**
3 ice
· **es**
2 it
· **Fass**
6 barrel
· **Fenster**
6 window
· **Feuer**
4 fire
· **Fleisch**
4 meat
· **Fliege**
3 fly
· **Fluss**
5 river
· **frei**
4 free
· **Frühstücksspeck**
5 bacon
· **Führer**
6 leader
· **fünf**
4 five
· **Fußballtor**
4 goal
· **Gefangenenlager**
4 camp
· **geheim**
6 secret
· *in* **gehobener Stimmung**
4 high
· **Geschäft** (machen)
4 deal
8 business
· **Gesetzloser**
6 outlaw
· **gewandt**
5 smart
· **Graf**
4 earl
· **gut**
4 good
· **halt**
4 stop
· **Handel**
4 deal
· **Hauch**
5 touch
· **Herr**
3 Sir

6 Mister
- **Herzog**
4 duke
- **Himmel**
3 sky
6 heaven
- **hoch**
4 high
- **Information**
7 message
- **Ingwer**
6 ginger
- **Irland**
7 Ireland
- **ja**
3 yes
- **Jargon**
5 slang
- **Kämpfer**
7 fighter
- **Kasse**
4 cash
- **Katze**
3 cat
- **Kaugummi**
3 gum
- **Kinderpflegerin**
5 nurse
- **kleine Mahlzeit**
5 snack
- **Knabe**
3 boy
- **König**
4 king
- **Königin**
5 queen
- **Konzern**
5 trust
- **Krabben**
7 shrimps
- **kürzere Abhandlung**
5 essay
- **Landstraße**
4 road
- **Landstreicher**
5 tramp
- **leichte Damenschuhe**
5 pumps
- **leichte Mittagsmahlzeit**
5 lunch
- **Leiter**
6 leader
- **Liebe**
4 love
- **Liebling**
7 darling
- **Lied**
4 song
- **Loch**
4 hole
- **Luftpost**
7 airmail
- **Lüge**
3 lie
- **Mannequin**
5 model
- **Männer**
3 men
- **Marmelade**
3 jam
- **Mixgetränk**
5 shake
- **Modestil**
4 look
- **Mond**
4 moon
- **Musikkapelle**
4 band
- **Mutter**
6 mother
- **nach**
2 to
- **Nachricht**
7 message
- **Nachrichten**
4 News
- **Nacht**
5 night
- **nein**
2 no
- **neu**
3 new
- **neun**
4 nine
- **Niveau**
5 level
- **Oberst**
7 colonel
- **oder**
2 or
- **Osten**
4 east
- **Persönlichkeitsbild**
5 image
- **Pferderennen**
5 Derby
- **pfiffig**
5 smart
- **Pokalwettbewerb**
3 cup
- **Preisgrenze**
5 limit
- **Rauschgiftzigarette**
5 joint
- **rosa**
4 pink
- **sanft**
4 soft
- **Sankt**
5 saint
- **Schau**
4 show
- **Schlange**
5 snake
- **Schlangen**
6 snakes
- **schlecht**
3 bad
- **Schluss**
3 end
- **Schriftstück**
5 paper
- **Schwimmbecken**
4 pool
- **sechs**
3 six
- **See**
4 lake
- **sieben**
5 seven
- **sind**
3 are
- **spielen**
4 play
- **Sportmannschaft**
4 team
- **Spurt**
5 speed
- **Stein**
5 stone
- **Stelle**
3 job
- **Stern**
4 star
- **Straße**
4 road
6 street
- **Stufe**
5 level
- **Süden**
5 south
- **süß**
5 sweet

E

E

· **Tag**
3 day
· **Tasche**
3 bag
· **Taxi**
3 cab
· **Tee**
3 tea
· **Tennisplatz**
5 court
· **Teufel**
5 devil
· **Torwart**
10 goalkeeper
· **trocken**
3 dry
· **und**
3 and
· **unmodern**
3 out
· **uns**
2 us
· **Varietee (Varieté)**
4 show
· **Vater**
3 dad
5 daddy
6 father
· **veraltet**
3 out
· **Verbrechen**
5 crime
· **Verein**
4 club
· **Wagen**
3 car
· **Weg**
3 way
· **Weich**
4 soft
· **Werbekurzfilm**
4 spot
· **Wettkampf**
5 match
· **wir**
2 we
· **Woche**
4 week
· **Wochenende**
7 weekend
· **zehn**
3 ten
· **Zeit**
4 time
· **zeitgemäß**
8 up to date
· **Ziel**
3 end
6 target
· **Zielscheibe**
6 target
· **zu**
2 to
· **zwanzig**
6 twenty
· **zwei**
3 two

englisch(e, er, es) ...

· **Abkürzung für Frau**
3 Mrs
· **Adelstitel**
3 Sir
4 Duke, Earl, Lady, Lord, Peer
5 Count
6 Gentry, Knight
7 Baronet, Duchess
8 Countess, Marquess, Viscount
12 Viscountesse
· **Admiral**
6 Nelson
· **Afrikaforscher**
5 Bruce
7 Stanley
11 Livingstone
· **Anrede**
3 Sir
6 Mister
· **Anrede für Fräulein**
4 Miss
· **Arktisforscher**
3 Rae
· **Artikel**
1 a
2 an
3 the
· **Auswärtiges Amt**
13 Foreign Office
· **Bakteriologe**
7 Fleming
· **Ballspiel**
5 Rugby
7 Kricket, Krocket
9 Badminton
· **Baustil**
5 Tudor
· **Begrüßung**
2 Hi
· **Bejahung**
3 yes
· **Berg**
7 Snowdon
· **Biersorte**
3 Ale
5 Stout
6 Porter
· **Bildhauer**
5 Moore
7 Epstein
8 Armitage, Chadwick
· **Biologe**
6 Huxley
· **Bischof**
6 Becket
7 Beckett
· **Branntwein**
6 Whisky
· **Chemiker**
6 Dalton
· **Dichter**
5 Eliot
· **Dramatiker**
4 Shaw
· **Dramenkönig**
4 Lear
7 Richard
· **Dynastie**
5 Tudor
7 Windsor
· **Erdumsegler**
5 Drake
· **Erfinder**
4 Watt
5 Darby
7 Faraday
8 Bessemer
9 Arkwright
· **Expremier**
6 Attlee
9 Churchill
· **Feldherr**
8 Cromwell
10 Cumberland, Wellington
11 Marlborough
· **Filmkomiker**
7 Chaplin
14 Charlie Chaplin
· **Filmregisseur**
4 Reed
· **Flächenmaß**
4 Acre
· **Flüssigkeitsmaß**
6 Barrel

- **Frauenkurzname**
  3 Ann
- **Frauenname**
  3 Ann, Eve
  4 Jane, Joan, Maud
  5 Daisy, Ethel, Helen, Jenny, Mabel, Sarah
- **Frühstücksspeck**
  5 Bacon
- **Fürwort**
  2 he, we
- **Gaststätte**
  3 Inn, Pub
- **geistlicher Titel**
  4 Dean
- **Getreidebranntwein**
  6 Whisky
- **Gewichtsmaß für Butter**
  3 tub
- **Gewürz**
  6 Piment
- **Glücksspiel**
  5 Bingo
- **Graf**
  4 Earl
- **Grafschaft**
  3 Ely
  4 Kent, York
  5 Berks, Derby, Devon, Essex, Wight, Wilts
  6 Dorset, Durham, London, Radnor, Surrey, Sussex
  7 Bedford, Denbigh, Heshire, Lincoln, Norfolk, Rutland, Suffolk, Warwick
  8 Anglesey, Cardigan, Cheshire, Cornwall, Hereford, Monmouth, Pembroke, Somerset, Stafford
  9 Berkshire, Carnarvon, Glamorgan, Hampshire, Lancaster, Leicester, Middlesex, Wiltshire, Worcester, Yorkshire
  10 Carmarthen, Cumberland, Derbyshire, Devonshire, Gloucester, Huntingdon, Lancashire, Montgomery, Shropshire
  11 Befordshire, Dorsetshire, Northampton, Oxfordshire, Westmorland
  12 Bedfordshire, Lincolnshire, Peterborough, Rutlandshire, Warwickshire
  13 Herefordshire, Hertfordshire, Somersetshire, Staffordshire
  14 Cambridgeshire, Leicestershire, Northumberland, Worcestershire
  15 Buckinghamshire, Gloucestershire, Huntingdonshire, Nottinghamshire
- **Hafenstadt**
  5 Dover
- **Herrenanrede**
  3 Sir
- **Hochadliger**
  4 Peer
- **Hohlmaß**
  4 pint, pipe
  6 barrel
- **Hohlmaß für Wein**
  4 pipe
- **Hunderasse**
  7 Mastiff
- **Ingenieur**
  4 Watt
  6 Fowler
  10 Stephenson
- **Insel**
  3 Man
  4 Sark
  5 Lundy, Sercq, Wight
  6 Jersey, Scilly
  7 Bardsey
  8 Alderney, Anglesey, Guernsey
- **Kartenspiel**
  5 Poker
  6 Bridge
- **Käsesorte**
  7 Chester
- **Komponist**
  4 Byrd
  5 Parry, Scott
  6 Delius
  7 Britten, Purcell
  8 Sullivan
- **Königin**
  4 Anna, Mary
  5 Maria
  8 Victoria, Viktoria
  9 Elisabeth, Elizabeth, Katharina, Margareta
- **Konservativer**
  4 Tory
- **Korbballspiel**
  10 Basketball
- **Krankheit**
  8 Rachitis
- **Kronkolonie in Südeuropa**
  9 Gibraltar
- **Kurzform für Michael**
  4 Mike
- **Landadel**
  6 Gentry
- **Längenmaß**
  3 ell
  4 foot, inch, mile, yard
- **Maler**
  3 Cox
  4 Hunt, Nash
  5 Bacon, Blake
  6 Morris, Turner
  7 Hogarth
  12 Gainsborough
- **Männerkosename**
  5 Teddy
- **Männerkurzname**
  3 Ian, Joe, Sam, Tom
  4 Dick, Stan
  5 Steve
- **Männername**
  3 Ron
  5 Kevin
  6 Norman
- **Mathematiker**
  4 Wren
  5 Green
  6 Briggs, Napier, Newton, Stokes
  7 Russell, William
  8 Hamilton
- **Mediziner**
  6 Lister
- **Möbelstil**
  11 Chippendale
- **Münze**
  5 Penny
- **Münze bis 1971**
  8 shilling
- **Nationalgericht**
  8 Porridge
- **Nobelpreisträger für Chemie**
  4 Todd

E

E

5 Aston, Soddy, Synge
6 Barton, Harden, Martin, Perutz, Porter, Ramsay, Sanger
7 Haworth, Kendrew, Norrish
8 Mitchell, Robinson
9 Cornforth, Wilkinson
10 Rutherford
11 Hinshelwood
15 Crowfoot-Hodgkin

· **Nobelpreisträger für Frieden**
6 Angell, Cremer
7 Boyd-Orr
9 Henderson, Noel-Baker
11 Chamberlain

· **Nobelpreisträger für Literatur**
4 Shaw
5 Eliot, Yeats
7 Golding, Kipling, Russell
9 Churchill
10 Galsworthy

· **Nobelpreisträger für Medizin**
4 Dale, Hill, Katz, Ross
5 Chain, Crick, Krebs
6 Adrian, Florey, Huxley, Porter
7 Fleming, Hodgkin, Hopkins, Medawar, Wilkins
10 Hounsfield
11 Sherrington

· **Nobelpreisträger für Physik**
4 Mott, Ryle
5 Bragg, Dirac, Gabor
6 Barkla, Hewish, Powell, Wilson
7 Thomson
8 Appleton, Blackett, Chadwick, Cockroft, Rayleigh
9 Josephson
10 Richardson

· **Nobelpreisträger für Wirtschaft**
5 Lewis, Meade

· **Pastete**
3 Pie

· **Pferderennplatz**
5 Ascot, Epsom

· **Philosoph**
4 Ayer, Hume, Mill, More
5 Bacon, Locke, Smith
6 Austin, Hobbes, Huxley, Keynes, Russel
7 Russell, Spencer, Toynbee
9 Whitehead

· **Physiker**
5 Bragg, Joule
6 Newton
10 Rutherford

· **Politikerin**
8 Thatcher

· **Polizist**
5 Bobby
10 Konstabler

· **Porzellanmanufaktur**
8 Wedgwood

· **Prinzessin**
4 Anne
5 Diana
8 Margaret

· **Regisseur**
9 Hitchcock

· **Rosinenspeise**
11 Plumpudding

· **Rundfunkgesellschaft** (Abkürzung)
3 BBC

· **Sagenkönig**
4 Lear
5 Artus
6 Arthur

· **Schauspieler/Schauspielerin**
4 Kean, Todd
5 Grant, Leigh, Mason
6 Burton, Howard, Taylor
7 Chaplin, Hepburn, Olivier
8 Guinness, Laughton

· **Schriftsteller/Schriftstellerin**
4 Shaw
5 Bacon, Blair, Byron, Defoe, Eliot, Scott, Swift, Wilde, Woolf, Young
6 Bulwer, Butler, Cronin, Greene, Huxley, Milton, Morgan, Orwell, Pinter, Ruskin, Sidney, Steele, Sterne, Thomas
7 Addison, Bennett, Chapman, Chaucer, Dickens, Kipling, Maugham, Osborne, Raleigh, Ustinov, Wallace, Webster
8 Campbell, Christie, Disraeli, Fletcher, Forester, Geoffrey, Kingsley, Lawrence, Macauley
9 Priestley
11 Shakespeare

· **Schulstadt**
4 Eton

· **Seebad**
5 Dover

· **Seeheld**
5 Drake

· **Seemann**
4 Cook
5 Drake
6 Baffin, Hudson, Nelson
7 Raleigh
9 Vancouver

· **Spitzenschlager**
6 Tophit

· **Staatsgefängnis**
5 Tower

· **Staatsmann**
3 Fox, Pym
4 Eden, Peel, Pitt
5 Bacon, Bevan, Bevin, Heath
6 Keynes, Rhodes, Wilson
7 Baldwin, Halifax
8 Aberdeen, Cromwell, Disraeli
9 Churchill, Gladstone
11 Chamberlain
12 Chesterfield

· **Südpolforscher**
5 Scott

· **Thronfolger**
7 Charles

· **Universitätsstadt**
6 Oxford
9 Cambridge

· **Wacholderschnaps**
3 Gin

· **weiblicher Kosename**
5 Nelly

· **Wollgewebe**
5 Tweed

· **Wurfspiel**
5 Darts

· **Zeitung**
5 Times

· **Zustimmung**
2 ok
engmaschig
5 dicht
Engpass
7 Hohlweg
engstirnig
8 borniert
11 beschraenkt
12 kleinkariert
Engtal der Donau
6 Wachau
ennuyant
3 fad, oed
4 fade, oede
10 langweilig
enorm
6 riesig
7 masslos
8 gewaltig
9 ungeheuer
11 erstaunlich
16 ausserordentlich
17 aussergewoehnlich
enorme Menge
5 Masse
entartet
7 pervers
8 dekadent
11 degeneriert
Entartung
12 Degeneration
entbehrlich
8 unnoetig
13 ueberfluessig
Entbehrung
3 Not
6 Mangel
11 Frustration
Entbindung
6 Geburt, Partus
11 Niederkunft
Entbindungshelferin
7 Hebamme
Entbindungsraum
10 Kreisssaal
Entblößungszwang
15 Exhibitionismus
Entdecker
6 Finder
Entdecker ...
· *von* **Amerika**
4 Leif
5 Colon
8 Columbus, Kolumbus
· *der* **Asepsis**
6 Lister
10 Semmelweis
· *des* **Blutkreislaufes**
6 Harvey
· *der* **Chloroformnarkose**
7 Simpson
· *des* **Cholerabazillus**
4 Koch
· *des* **Diphtherieserums**
7 Behring
· *des* **Gravitationsgesetzes**
6 Newton
· *des* **Insulins**
4 Best
7 Banting
· *der* **Kernspaltung**
4 Hahn
7 Meitner
10 Strassmann
· *von* **Mexiko**
6 Cortez
· *von* **Neuem**
8 Erfinder
· *von* **Neuseeland**
4 Cook
6 Tasman
· *von* **Ostindien**
4 Gama
· *des* **Penicillins**
7 Fleming
· *von* **Peru**
7 Pizarro
· *der* **Philippinen**
8 Magellan
9 Magalhaes
· *der* **Radioaktivität**
9 Becquerel
· *des* **Radiums**
5 Curie
· *der* **Schilddrüsen-krankheit**
7 Basedow
· *des* **Seewegs nach Indien**
4 Gama
· *des* **Südpols**
8 Amundsen
· *des* **Transhimalaja**
5 Hedin
· *des* **Tuberkelbazillus**
4 Koch
· *des* **Wasserstoffs**
9 Cavendish
· *der* **X-Strahlen**
8 Roentgen
entdeckte Utensilien
10 Fundsachen
Entdeckung
5 Fund
10 Ausgrabung
Enteignung
12 Konfiskation
13 Expropriation
15 Verstaatlichung
Entengattung
6 Saeger
Entenwal
8 Doegling
Enterich
5 Erpel
Entertainer
10 Showmaster
11 Unterhalter
entfernt
4 weit
6 weitab
8 entlegen
entferntes Gewitter
14 Wetterleuchten
Entfernung
7 Abstand, Distanz
12 Exstirpation
Entfernung des Inhaltes
7 Leerung
Entfernung vom geraden Weg
10 Abweichung
Entfernungsbegriff
3 nah
4 fern, weit
5 Ferne, Naehe, Weite
8 Umgebung
Entfettungsmaßnahme
3 FdH
8 Slimming
13 Reduktionskur
14 Abmagerungskur
Entführer
9 Kidnapper
Entführung
4 Raub
10 Kidnapping
entgaste Steinkohle
4 Koks
entgegen
5 wider
6 contra, kontra
7 zuwider
entgegengesetzt
5 polar

E

8 kontraer
9 diametral, umgekehrt
entgegenkommend
6 kulant
10 freundlich, konziliant
11 verbindlich
Entgegennahme
6 Erhalt
7 Empfang
Entgegennahme an Ort und Stelle
8 Abholung
Entgegnung
6 Replik
7 Antwort
10 Erwiderung
Entgelt
4 Gage, Lohn
6 Gehalt, Salaer
7 Honorar
9 Besoldung, Bezahlung
10 Verguetung
Entgelt bei Havarie
9 Bergelohn
Entgelt für Wohnung
5 Miete
Entgleisung
7 Fauxpas
enthaltsam
6 keusch
7 maessig
9 abstinent, asketisch
enthaltsamer Mensch
5 Asket
Enthaltsamkeit
6 Askese, Karenz
8 Verzicht, Zoelibat
9 Abstinenz
Enthaltsamkeit beim Essen
6 Fasten
enthülste Weizenkörner
7 Graupen
Enthusiasmus
12 Begeisterung
Enthusiast
3 Fan
9 Anhaenger
enthusiastisch
10 begeistert
11 hingerissen
Entjungferung
11 Defloration
Entkeimung
10 Antisepsis
12 Desinfektion
13 Sterilisation
15 Pasteurisierung
Entkleidungsnummer
10 Striptease
Entkleidungstänzerin
10 Stripperin
Entkoloriermittel
10 Entfaerber
Entkommen
6 Flucht
Entkräftung
8 Marasmus
Entlassung
7 Weggang
8 Abschied
10 Kuendigung
11 Rausschmiss
Entleerungsrohr
7 Abfluss
Entlüfter
9 Exhaustor
10 Ventilator
Entlüftungseinrichtung
5 Abzug
Entmannter
6 Eunuch
7 Kastrat
Entmannung
10 Kastration
entmutigt
6 mutlos
7 verzagt
10 deprimiert
13 demoralisiert
Entnahme von Flüssigkeit
8 Punktion
Entpflichtung
7 Dispens
Enträtselung
7 Loesung
Entrechteter
5 Paria
6 Sklave
7 Outcast
Entrückung
7 Ekstase
Entrüstung
9 Empoerung
11 Indignation
Entsagung
6 Askese
8 Verzicht
9 Preisgabe
11 Resignation
Entschädigung
6 Ersatz
9 Abfindung, Ausgleich, Rekompens
10 Reparation, Verguetung
12 Kompensation
16 Wiedergutmachung
Entscheid des Papstes
9 Dekretale
entscheidend
7 dezisiv
10 endgueltig
entscheidender Boxsieg
8 Knock-out
entscheidender Handgriff
4 Dreh
Entscheidung
4 Wahl
5 Krise, Votum
6 Dekret, Urteil
9 Anordnung, Beschluss, Machtwort
10 Entschluss, Hoehepunkt, Verfuegung
Entscheidungsrecht
6 Option
entschieden
7 resolut
9 dezidiert
13 selbstbewusst
Entschließung
9 Beschluss
10 Resolution
entschlossen
5 mutig
6 bereit
7 beherzt, gewillt, resolut, willens
9 energisch
10 kurzerhand
11 tatkraeftig, zielstrebig
Entschlusskraft
10 Initiative
Entschuldigung
6 Pardon
9 Vergebung
10 Verzeihung
Entschuldigungslüge
7 Ausrede, Vorwand
entseelt
3 tot
6 leblos
Entsetzen
5 Angst, Graus
6 Furcht, Grauen, Horror

7 Abscheu, Grausen, Schreck
8 Schauder
entsetzliches Geschehen
7 Inferno
entspannt
6 locker
8 zwanglos
Entspannung
4 Ruhe
5 Musse
6 Siesta
7 Detente
8 Erholung
entsprechend
6 analog
7 gemaess, homolog
8 adaequat
Entsprechung
7 Pendant
8 Analogie
9 Parallele
11 Gegenstueck
entstandener Defekt
13 Beschaedigung
Entstehung
6 Genese
11 Entwicklung
Entstehung des Lebens
9 Biogenese
Entstehungsgeschichte
7 Genesis
21 Schoepfungsgeschichte
entstelltes Bild
8 Zerrbild
9 Karikatur
Entstellung
5 Luege
10 Verdrehung, Verzerrung
13 Verfaelschung
enttäuscht
10 frustriert
Enttäuschung
6 Kummer
11 Desillusion, Erbitterung, Frustration
13 Ernuechterung
Entwässerung
8 Drainage
Entwässerungsgraben
5 Draen
Entweichen
6 Flucht
Entweihung
10 Schaendung
entwendet
7 geklaut
entwendeter Gegenstand
5 Beute, Prise
Entwendung
4 Raub
8 Wegnahme
9 Diebstahl
13 Hinterziehung
14 Unterschlagung
Entwicklung
6 Genese
10 Entstehung
Entwicklungsabschnitt
5 Phase
7 Stadium
Entwicklungsbeschleunigung
12 Akzeleration
Entwicklungsbild beim Foto
7 Negativ
Entwicklungsjahre
9 Pubertaet
Entwicklungslinie ► Entwicklungsrichtung
Entwicklungsrichtung
5 Trend
7 Tendenz
Entwicklungsstadium bei Insekten
5 Imago, Larve, Puppe
Entwicklungsstufe
5 Phase
7 Stadium
entwicklungsverzögert
10 retardiert
Entwurf
4 Idee, Plan
6 Abriss, Design, Lay-out, Modell, Muster, Schema, Skizze
7 Aufriss, Konzept, Projekt
10 Konzeption
Entwurf einer Zeichnung
4 Riss
entzogenes Wohlwollen
7 Ungnade
Entzücken
5 Wonne
6 Freude
7 Ekstase
9 Seligkeit
entzückend
4 nett
5 apart
7 huebsch, reizend
8 charmant, reizvoll
10 berueckend, bezaubernd, zauberhaft
11 bestrickend
entzündbar
8 brennbar
11 entflammbar, inflammabel
16 feuergefaehrlich
entzündlicher Vorgang
11 Vereiterung
entzündliches Wundsekret
5 Eiter
Entzündung
6 Angina
7 Katarrh
12 Inflammation
Entzündung der Talgdrüsen
4 Akne
Entzündung des Rachenraums
6 Angina
entzwei
6 defekt, kaputt
entzweien
10 verkrachen
Entzweiung
7 Teilung
8 Spaltung, Trennung
Enurese
11 Bettnaessen
Enzian
8 Gentiana
Enzyklopädie
7 Lexikon
12 Grosslexikon
15 Nachschlagewerk
Enzym
7 Ferment
ephemer
9 kurzlebig
14 voruebergehend
ephemeres Fieber
13 Eintagsfieber
Epidemie
4 AIDS, Pest
5 Lepra
6 Pocken, Seuche
7 Aussatz, Cholera
Epigone
9 Nachahmer

10 Nachfolger
Epigramm
6 Spruch
7 Gedicht
9 Spottvers
10 Aufschrift, Sinnspruch
11 Sinngedicht
Epigraph
9 Inschrift
Epiker
7 Dichter
9 Erzaehler
Epilepsie
9 Fallsucht, Veitstanz
epileptischer Anfall
7 Haut Mal
8 Grand Mal, Petit Mal
Epilog
7 Nachruf
8 Ausklang, Nachwort, Nekrolog
episch-dramatisches Gedicht
7 Ballade
Episkopat
11 Bischofsamt
14 Bischofswuerde
Episode
5 Flirt
8 Liebelei
13 Nebenhandlung, Zwischenspiel
Epistel
6 Lesung
12 Apostelbrief
Epoche
4 Aera
7 Periode
8 Zeitraum
9 Abschnitt, Zeitpunkt
10 Wendepunkt, Zeitspanne
13 Zeitabschnitt
Epode
7 Gedicht
8 Abgesang
Epos ...
· *der* **Antike**
5 Ilias
6 Aeneis, Iliade
7 Odyssee
· *von* **Homer**
5 Ilias
7 Odyssee
· *von* **Klopstock**
7 Messias
· *des* **Mittelalters**
8 Parzival
10 Gudrunlied
11 Rolandslied
14 Nibelungenlied
15 Hildebrandslied
· *von* **Vergil**
6 Aeneis
Equipage
7 Kutsche
Equipe
10 Mannschaft
Erbanlage
3 Gen
Erbarmen
7 Mitleid
10 Mitgefuehl
erbärmlich
9 klaeglich, miserabel
11 jaemmerlich
Erbauer
9 Architekt
10 Baumeister
12 Konstrukteur
Erbauer ...
· *der* **Arche**
4 Noah
· *des* **Eiffelturms**
6 Eiffel
· *des* **ersten Luftschiffes**
8 Zeppelin
· *des* **Panamakanals**
7 Lesseps
· *des* **Suezkanals**
7 Lesseps
Erbauung
10 Errichtung
Erbauungsschrift
7 Traktat
8 Postille
Erbbild
7 Genotyp
9 Genotypus
Erbbiologie
7 Genetik
Erbe
5 Legat
8 Nachlass
9 Nachkomme
10 Nachfolger
12 Vermaechtnis
18 Hinterlassenschaft
erbetene Auskunft
6 Angabe
erbetene Mitteilung
3 Rat
8 Auskunft
Erbfaktor
3 Gen
Erbfaktoren
4 Gene
Erbfolgeordnung
7 Majorat
Erbgesundheitslehre
7 Eugenik
erbitterter Gegner
5 Feind
Erblasser
8 Testator
erblich
6 genuin
9 angeboren
10 hereditaer, kongenital
erbliches Blutmerkmal
12 Rhesusfaktor
erblicken
5 sehen
Erbschaft
8 Nachlass
12 Vermaechtnis
Erbsenhülse
6 Schote
Erbsenschote
6 Huelse
Erbträger
3 Gen
Erbveränderung
8 Mutation
Erdabsatz
8 Terrasse
Erdabtragung
7 Erosion
Erdachsenendpunkt
3 Pol
7 Nordpol, Suedpol
Erdachsenschwankung
8 Nutation
Erdalkalimetall
6 Barium, Radium
7 Calcium, Kalzium
9 Beryllium, Magnesium, Strontium
Erdaltertum
12 Palaeozoikum
Erdanziehung
11 Gravitation, Schwerkraft
Erdapfel
9 Kartoffel

Erdarbeiten
7 Tiefbau
Erdart
3 Ton
Erdarten
4 Tone
Erdaufschüttung
4 Wall
5 Warft
Erdball
6 Globus
9 Erdenrund, Weltkugel
Erdbebenanzeiger
10 Seismograf, Seismoskop
11 Seismograph, Seismometer
Erdbebenherd
10 Epizentrum
Erdbebenkunde
7 Seismik
erdbeerfarben
6 fraise
Erdbegleiter
7 Trabant
8 Satellit
Erdbirne
10 Topinambur
erdbraun
5 khaki
erdbraune Farbe
5 ocker
erdbrauner Farbstoff
5 Umbra
Erde
4 Welt
5 Boden, Grund, Humus, Krume
6 Globus
7 Scholle
Erdenbürger
6 Mensch
erdfarben
5 khaki, ocker, umbra
Erdformation
4 Jura, Lias, Perm, Raet
5 Devon, Silur, Trias
6 Dogger, Karbon
8 Kambrium
Erdforscher
7 Geologe
Erdgas
6 Methan
Erdgebiet ohne Pflanzenwuchs
6 Wueste
Erdgeist
4 Gnom
5 Troll, Wicht, Zwerg
6 Alraun, Kobold
7 Alraune
16 Wichtelmaennchen
Erdgeschichte
8 Geologie
erdgeschichtliche Formation ▶ Erdformation
Erdgeschoss
8 Parterre
13 Rez-de-chaussée
Erdgöttin
4 Gaea
Erdhalbkugel
11 Hemisphaere
Erdhörnchenart
10 Murmeltier
erdichtet
6 fiktiv
erdichtete Erzählung
4 Maer
8 Maerchen
Erdichtung
7 Fiktion
Erdinneres
4 Kern
5 Magma
Erdkugel
6 Globus
Erdkunde
9 Geografie
10 Geographie
Erdloch
4 Riss
5 Grube, Kluft
6 Krater, Spalte
Erdmesser
7 Geodaet
8 Geometer
12 Markscheider
Erdmittelalter
10 Mesozoikum
Erdneuzeit
9 Neozoikum
11 Kaenozoikum
Erdoberflächendelle
10 Bodensenke
Erdöllagerstätte
7 Oelfeld
Erdölleitung
8 Pipeline
Erdölprodukt
6 Benzin, Benzol, Diesel
7 Bitumen
8 Vaseline
9 Petroleum
Erdölschiff
6 Tanker
Erdpech
7 Asphalt, Bitumen
Erdrauch
7 Fumaria
9 Feldraute
Erdrinde
12 Lithosphaere
Erdrinne
6 Graben
Erdrosselung
13 Strangulation
Erdrutsch
5 Ruefe
Erdsatellit
4 Mond
Erdstufe am Hang
8 Terrasse
Erdteil
5 Asien
6 Afrika, Europa
7 Amerika
8 Eurasien
9 Antarktis, Kontinent
10 Australien
Erdtrabant
4 Mond
8 Satellit
Erdüberflutung
8 Sintflut
Erdumlaufbahn
5 Orbit
Erdvermessung
9 Geodaesie
Erdvermessungsgerät
9 Theodolit
Erdwall
4 Damm
5 Deich
Erdwissenschaft
8 Geologie
Erdzeitalter
4 Jura
5 Devon, Silur, Trias
6 Karbon, Kreide
8 Kambrium, Quartaer, Tertiaer
Ereignis
7 Vorgang
9 Geschehen, Happening, Sensation

11 Begebenheit
Ereignis in München
11 Oktoberfest
Ereignis ohne eigenes Zutun
6 Zufall
Ereignisablauf
7 Hergang
9 Geschehen
Ereignisgrund
5 Motiv
7 Ursache
Eremit
8 Klausner
10 Einsiedler
erfahren
8 versiert
10 beschlagen, routiniert
erfahrene Fachfrau
8 Kennerin
Erfahrung
6 Praxis
7 Empirie, Routine
8 Kenntnis
Erfahrungsbeweis
10 Experiment
erfahrungsgemäß
8 induktiv
9 empirisch
11 pragmatisch
Erfahrungslehre
7 Empirie
Erfahrungsmensch
9 Empiriker
11 Pragmatiker
erfassen
6 nehmen
Erfinder ... (▶ auch Entdecker ...)
· *des* **Augenspiegels**
9 Helmholtz
· *des* **Automobilmotors**
4 Otto
6 Diesel
7 Daimler
· *des* **Barometers**
10 Torricelli
· *des* **Bieres**
9 Gambrinus
· *der* **Blindenschrift**
7 Braille
· *der* **Buchdruckerkunst**
9 Gutenberg
· *des* **Dampfkochtopfes**
5 Papin
· *der* **Dampfmaschine**
4 Watt
· *des* **Dampfschiffes**
6 Fulton
· *der* **Differenzialrechnung (Differentialrechnung)**
6 Newton
7 Leibniz
· *der* **Draisine**
5 Drais
· *des* **Drehkolbenmotors**
6 Wankel
· *der* **Druckluftbremse**
5 Knorr
12 Westinghouse
· *des* **Dynamits**
5 Nobel
· *der* **Dynamomaschine**
7 Siemens
· *des* **Fahrrads**
5 Drais
· *der* **Farbfotografie**
8 Lippmann
· *des* **Fernrohrs**
6 Kepler
7 Galilei
· *des* **Fernsehens**
6 Nipkow
· *des* **Fernsprechers**
4 Bell, Reis
· *des* **Flaschenzuges**
10 Archimedes
· *des* **Fleischextrakts**
6 Liebig
· *des* **Flugzeugs**
10 Lilienthal
· *der* **Fotografie**
6 Niepce, Talbot
8 Daguerre
· *des* **Funkalphabets**
5 Morse
· *des* **Funktelegrafen**
7 Marconi
· *des* **Gasglühlichts**
4 Auer
· *der* **Glühlampe**
6 Edison, Goebel
· *des* **Grammofons (Grammophons)**
6 Edison
8 Berliner
· *der* **Kältemaschine**
5 Linde
· *des* **Laufrades**
5 Drais
· *der* **Lokomotive**
10 Stephenson
· *der* **Luftpumpe**
8 Guericke
· *des* **Luftreifens**
6 Dunlop
· *der* **Nähmaschine**
12 Madersperger
· *der* **Pendeluhr**
7 Huygens
· *der* **Plakatsäule**
7 Litfass
· *des* **Porzellans**
8 Boettger
· *der* **Relativitätstheorie**
8 Einstein
· *des* **Saxophons**
3 Sax
· *der* **Schallplatte**
8 Berliner
· *des* **Schießpulvers**
7 Schwarz
· *der* **Spinnereimaschine**
9 Arkwright
· *des* **Stahlbetons**
6 Monier
· *des* **Steinguts**
8 Wedgwood
· *der* **Taschenuhr**
7 Henlein
12 Peter Henlein
· *des* **Telefons**
4 Reis
· *des* **Thermometers**
10 Fahrenheit
· *des* **Tonfilms**
4 Engl, Vogt
7 Masolle
· *des* **Viertaktmotors**
4 Otto
· *des* **Zählrohrs**
6 Geiger
Erfinderschutz
6 Patent
Erfindungsgabe
8 Fantasie, Ingenium
9 Phantasie
12 Kreativitaet
13 Ingeniositaet
16 Einfallsreichtum
Erfolg
4 Sieg
6 Effekt, Gewinn
7 Triumph, Wirkung
8 Ergebnis, Resultat

Erfolg im Sport
3 Tor
4 Goal, Sieg
5 Punkt
6 Rekord
erfolgreich(e, er, es) ...
· **Artikel**
8 Knueller
· **Forscher**
9 Entdecker
· **Laufbahn**
8 Karriere
Erfolgsbuch
7 Reisser
10 Bestseller
Erfolgsfilm
7 Reisser
Erfolgsschlager
3 Hit
9 Evergreen
11 Gassenhauer
Erfolgszuversicht
10 Optimismus
16 Siegesgewissheit
erforderlich
6 noetig
9 notwendig
13 obligatorisch
erforderliche Menge
6 Bedarf
Erforschung
9 Recherche
11 Exploration
Erforschungssatellit
9 Mondsonde
erfreulich
8 angenehm
erfreulicher Anblick
10 Augenweide
erfrischen
5 baden, laben
Erfrischung
6 Labsal
Erfrischungsgetränk (Abkürzung)
4 Limo
5 Drink
6 Brause
7 Sprudel
8 Limonade
Erfrischungsstand
7 Eisbude
erfundene Jagdgeschichten
12 Jaegerlatein
ergänzend
4 dazu
ergänzendes Gegenstück
7 Pendant
Ergänzung
6 Zusatz
7 Beigabe, Beiwerk, Pendant
8 Nachtrag
10 Accessoire, Supplement
ergeben
4 treu
6 getreu
7 folgsam
11 anhaenglich, untertaenig
Ergebnis
5 Fazit, Folge
6 Effekt, Erfolg
7 Loesung, Wirkung
8 Resultat
9 Endeffekt
Ergebung
7 Aufgabe
12 Kapitulation
ergo
4 also
5 somit
7 demnach
8 folglich
13 infolgedessen
ergötzlich
8 amuesant
Ergreifung
7 Zugriff
Ergriffenheit
8 Ruehrung
14 Erschuetterung
Ergussgestein
6 Basalt
14 Effusivgestein
erhaben
4 hehr
6 konvex
7 vornehm
8 festlich
10 pathetisch
12 vorspringend
13 majestaetisch
erhaben geschnittener Stein
5 Kamee
erhabene Rundung
8 Woelbung
erhabenes Bildwerk
6 Relief
Erhalt
7 Empfang
erhaltend
11 konservativ
erhaltenes Geld
8 Einnahme
erheblich
4 sehr
8 relevant
Erhebung
4 Berg
6 Huegel
7 Umfrage
8 Aufstand, Meuterei
9 Empoerung, Rebellion
12 Insurrektion
erheiternde Wirkung
5 Komik
erhitzt
11 echauffiert
Erhitzung von Erzen
6 Roeste
erhöht(e, er, es) ...
· **Bühne**
6 Podium
· **Fußbodenteil**
7 Estrade
· **Gleisanlage**
8 Bahndamm
· **Kirchenraum**
4 Chor
· **Körpertemperatur**
6 Fieber
· **Platz**
6 Empore
7 Estrade, Galerie
· **Sitzplätze**
6 Empore
· **Verladebühne**
5 Rampe
Erhöhung
8 Anhebung
Erholung
3 Kur
4 Rast
5 Musse, Pause
6 Ferien, Urlaub
8 Freizeit
12 Regeneration
14 Rekonvaleszenz
Erholungsort
3 Bad
6 Kurort, Seebad

E

7 Badeort, Heilbad
10 Luftkurort, Sanatorium
13 Sommerfrische

Erikagewächs
10 Heidekraut

erinnernder Mahnruf
7 Memento

Erinnerung
4 Memo
7 Mahnung
8 Andenken, Gedenken
10 Rueckblick
11 Gedaechtnis, Reminiszenz

Erinnerungen
8 Memoiren
13 Reminiszenzen

Erinnerungsbauwerk
7 Denkmal

Erinnerungsbild
7 Engramm

Erinnerungsbuch
5 Album

Erinnerungsstätte
7 Denkmal, Mahnmal
8 Monument
9 Mausoleum

Erinnerungstafel
7 Marterl

Erinnerungsverlust
7 Amnesie
9 Vergessen

Erinnye
5 Furie
7 Megaere
8 Eumenide
12 Rachegoettin

erkälten
10 verkuehlen

Erkältung
6 Grippe, Husten
7 Katarrh
9 Influenza

Erkältungserscheinung
6 Husten, Niesen

Erkennen einer Krankheit
8 Diagnose

Erkenntlichkeit
4 Dank
11 Anerkennung

Erkenntnis
6 Gnosis
8 Einsehen, Einsicht
12 Apperzeption

Erkenntnislehre
6 Noetik
13 Epistemologie

Erkennungswort
6 Losung

Erkennungszeichen
3 Mal
5 Marke
7 Merkmal

Erkennungsziffer
7 Chiffre

Erker am Haus
6 Vorbau

erklären
10 erlaeutern

Erklärer
9 Interpret

Erklärung
7 Deutung
9 Darlegung
11 Ausfuehrung, Deklaration
12 Erlaeuterung, Proklamation
13 Manifestation
14 Interpretation

Erklärung vor Gericht
7 Aussage

Erkrankung der Leber
9 Gelbsucht

Erkrankung durch Abkühlung
10 Erkaeltung

Erkundigung
5 Frage
9 Nachfrage

Erlass
4 Ukas
5 Edikt
6 Dekret
7 Weisung
8 Amnestie
9 Anordnung
10 Bestimmung, Verfuegung, Verordnung

Erlass ...
· *von* **Kaisern und Königen**
5 Edikt
· *des* **Papstes**
5 Breve, Bulle
· *des* **Sultans**
5 Irade
· *des* **Zaren**
4 Ukas

Erlaubnis
6 Lizenz, Plazet
9 Billigung
10 Konzession, Permission, Zustimmung
11 Genehmigung

Erlaubnis haben
7 duerfen

erläutern
9 erklaeren

Erläuterung
6 Anhang, Glosse
9 Auslegung, Darlegung, Kommentar
14 Interpretation
15 Exemplifikation

Erle
5 Eller

Erlebnis
8 Eindruck
9 Abenteuer
10 Impression

Erlebnishungriger
10 Abenteurer

erledigt
6 fertig, vorbei
8 knock-out

erlegtes Wild
5 Beute

erlernte Tätigkeit
5 Beruf

erlesen
4 edel
7 elegant, kostbar
8 exquisit, wertvoll
9 exzellent
10 ausgesucht, kultiviert
12 hervorragend, vortrefflich

Erleuchtung
4 Idee
7 Einfall
9 Eingebung, Intuition
11 Inspiration
12 Geistesblitz

erlittener Schaden
7 Verlust

Erlogenes
3 Lug
5 Bluff
9 Schwindel

Erlös
6 Ertrag, Gewinn
7 Rendite
8 Einnahme

10 Reingewinn
Erlöser
5 Jesus
7 Heiland, Messias
8 Befreier
Erlöser aus einer Gefahr
6 Retter
ermächtigt
6 befugt
9 kompetent
Ermächtigung
9 Vollmacht
Ermahnung
12 Aufforderung
Ermattung
9 Ermuedung
Ermittler
8 Detektiv
Ermittlung
7 Enquete
9 Recherche
11 Inquisition
12 Ausforschung, Untersuchung
Ermittlung von Kosten
11 Kalkulation
Ermittlungsbüro
8 Detektei
Ermordung
9 Totschlag
11 Liquidation
ermüdend
3 oed
7 monoton
14 einschlaefernd
ermüdet
4 matt
7 schlapp
10 erschoepft
Ermüdung
9 Ermattung
Ernährungsform
5 Diaet
Ernennung
10 Nomination
11 Designation, Nominierung
erneuerte Schuhsohle
7 Doppler
12 Schuhdoppler
Erneuerung
6 Reform
10 Renovation
11 Reformation, Renovierung
12 Reformierung, Regeneration, Restauration
14 Modernisierung, Rekonstruktion
Erniedrigung
11 Degradation
15 Herabwuerdigung
ernstes Musikstück
9 Oratorium
ernsthaft
7 serioes
Ernsthaftigkeit
12 Serioesitaet
Ernte
6 Ertrag
Erntearbeiter
9 Schnitter
Erntegerät
5 Sense
6 Sichel
10 Maehbinder
12 Maehdrescher, Maehmaschine
Erntemonat
7 Ernting
Ernüchterung
11 Desillusion
13 Enttaeuschung
17 Desillusionierung
Eroberer
7 Invasor
9 Aggressor, Bezwinger
12 Konquistador
erobern
8 besetzen
Eröffnung
6 Beginn
7 Auftakt
10 Ouvertuere
Eröffnung im Schach
8 Spanisch
12 Sizilianisch
Eröffnungsart im Schachspiel
6 Gambit
10 Fianchetto
Eröffnungsrede
9 Ansprache
Eröffnungsregatta
8 Ansegeln
Eröffnungsstück der Suite
7 Intrade
Erörterung
6 Disput, Exkurs
7 Debatte, Diskurs
8 Beratung
10 Diskussion
Erörterung im Parlament
7 Debatte
17 Bundestagsdebatte
Eroscenter
7 Bordell
Erotik
11 Liebeskunst
erotisch
4 sexy
Erpel
8 Enterich
erpicht
6 gierig
9 versessen
Erpressung
9 Noetigung
Erprobung
4 Test
7 Versuch
8 Pruefung
10 Experiment
erquicken
6 laben
Erquickung
4 Labe
6 Labsal
erregbar
7 reizbar
9 irritabel
erregbarer Mensch
10 Choleriker
erregende Spannung
8 Dramatik
erregendes Ereignis
5 Drama
9 Sensation
Erreger
4 Keim
5 Virus
7 Mikrobe
8 Bakterie, Bazillus
erregt
11 aufgebracht
erregtes Streitgespräch
6 Disput
Erregung
3 Wut
4 Rage, Reiz, Zorn
6 Affekt
7 Emotion
Erregungsauslöser
4 Reiz
8 Stimulus

E

Errichter
7 Erbauer
8 Gruender
12 Konstrukteur
Errichtung
3 Bau
6 Aufbau
Errichtung von Gebäuden
7 Hausbau
Errungenschaft
4 Kauf
11 Akquisition
Ersatz
6 Behelf
7 Reserve
8 Aushilfe, Prothese, Surrogat
12 Substitution
14 Entschaedigung
Ersatzanspruch
7 Regress
Ersatzdarsteller
6 Double
Ersatzkörperteil
8 Prothese
Ersatzmann
4 Vize
9 Reservist, Substitut, Suppleant
Ersatzreifen im Auto
10 Reserverad
Erschaffer
7 Kreator
9 Schoepfer
Erscheinung
6 Vision
7 Phantom
8 Gespenst
9 Phaenomen
Erscheinungsbild
8 Aussehen
Erscheinungsfest
10 Epiphanias
15 Dreikoenigsfest
Erscheinungsform
3 Art
7 Habitus
8 Aussehen, Variante
9 Phaenotyp, Varietaet
Erscheinungsvermerk
9 Impressum
Erschießung
12 Fuesilierung
Erschießungskommando
7 Peloton
Erschlaffung
6 Atonie
7 Paresis
erschlossenes Areal
7 Bauland
erschöpft
4 matt
5 muede
6 groggy
10 abgespannt, ausgepumpt
11 abgekaempft
Erschöpfung
9 Ermattung
Erschöpfungserscheinung
7 Apathie
Erschöpfungszustand
12 Neurasthenie
erschütterndes Leid
6 Tragik
9 Tragoedie
erschüttert
6 bewegt
9 ergriffen
11 aufgewuehlt, fassungslos
Erschütterung
5 Stoss
9 Vibration
Erschütterung des Erdbodens
8 Erdbeben, Erdstoss
erschwerend
10 gravierend
Erschwerung
8 Handicap, Handikap
12 Komplikation
Erspartes
11 Notgroschen
erst
5 zuvor
7 primaer
erst(e, er, es) ...
· **Anstoß**
10 Initiative
· **Barthaare**
5 Flaum
· **Buch Mose**
7 Genesis
· **deutscher Bundeskanzler**
8 Adenauer
· **deutscher Bundespräsident**
5 Heuss
· **deutscher Reichskanzler**
8 Bismarck
· **deutscher Reichspräsident**
5 Ebert
· **Erdsatellit**
8 Sputnik
· **europäische Universität**
7 Bologna
· **Frau**
3 Eva
· **Frau Jakobs**
3 Lea
· **Gang** (Menü)
6 Entree
· **Gebiss**
11 Milchzaehne
· **Geige**
9 Primgeige
· **Geiger**
6 Primas
14 Konzertmeister
· **General der Heilsarmee**
5 Booth
· **Halswirbel**
5 Atlas
· **Hilfe für Verletzte**
10 Notverband
· **in der Klasse**
6 Primus
· **Januar**
7 Neujahr
· **Kanalschwimmerin**
6 Ederle
· **Kaufrate**
9 Anzahlung
· **König von Israel**
4 Saul
· **Kosmonaut**
7 Gagarin
· **Lesebuch**
5 Fibel
· **Mensch**
4 Adam
· **Mondlandefähre**
5 Eagle
· **Mörder**
4 Kain
· **Mordopfer**
4 Abel
· **öffentliche Aufführung**
13 Urauffuehrung
· **öffentliches Auftreten**
6 Debuet

- **Opernsängerin**
  10 Primadonna
- **Preis**
  11 Hauptgewinn
- **römischer Kaiser**
  8 Augustus
- **Sängerin**
  10 Primadonna
- **Schullesebuch**
  5 Fibel
- **Sohn Adams**
  4 Kain
- **Sohn Noahs**
  3 Sem
- **Solotänzerin**
  8 Assoluta
  14 Primaballerina
- **Tänzerin**
  9 Ballerina
  14 Primaballerina
- **technischer Test**
  9 Probelauf
- **Tonstufe**
  4 Prim
  5 Prime
- **US-Präsident**
  10 Washington
- **Zeit der Ehe**
  13 Flitterwochen

erstarrtes Wasser
3 Eis
Erstattung der Fahrtkosten
8 Wegegeld
10 Benzingeld
Erstattungsanspruch
7 Regress
Erstauftritt
5 Debut
6 Debuet
8 Premiere
erstaunlich
5 enorm
11 frappierend
12 verblueffend
Erster
6 Bester, Sieger
Erstgeborener
11 Stammhalter
Erstgeburtsrecht
12 Primogenitur
erstklassig
5 prima
11 vorzueglich
12 hervorragend
Erstlingsfeder
5 Daune
erstmalig öffentlich Auftretende
11 Debuetantin
erstrebter Punkt
4 Ziel
Erstrecht
10 Prioritaet
Ersuchen
5 Bitte
ersuchen
6 bitten
Ersuchen
8 Petition
erteilte Befugnis
9 Vollmacht
erteilte Erlaubnis
8 Befugnis
Ertönen von Glocken
7 Laeuten
Ertrag
4 Zins
5 Ernte
6 Erloes, Gewinn, Nutzen, Profit
7 Rendite
8 Ausbeute, Einnahme
ertragloser Boden
7 Oedland
ertragreich
8 ergiebig, rentabel
9 fruchtbar, produktiv
Eruption
6 Erguss
8 Ausbruch
eruptiv(e, er, es) ...
- **Ausbruch**
  6 Erguss
- **Ausströmen**
  9 ergiessen

Eruptivgestein
4 Bims, Lava, Tuff
6 Basalt, Diabas, Diorit, Gabbro
7 Porphyr
8 Melaphyr
erwägenswert
10 diskutabel
erwärmen
6 heizen
erwarteter Sieger
7 Favorit
Erweiterung
5 Anbau
6 Ausbau
Erwerb
4 Kauf, Lohn
9 Einkommen, Verdienst
11 Akquisition, Anschaffung
Erwerb gegen Zahlung
6 Ankauf
erwerben
8 aneignen
Erwerbslosigkeit
16 Arbeitslosigkeit
Erwerbstätigkeit
5 Beruf
14 Beschaeftigung
16 Berufstaetigkeit
erwerbsunfähig
7 invalid
8 invalide
Erwerbung
4 Kauf
11 Anschaffung
Erwiderung
6 Replik
7 Antwort
9 Gegenrede
10 Entgegnung
Erwiderung auf Kontra
2 Re
Erwirtschaftetes
6 Ertrag
Erwünschtes
9 Desiderat
erzählend
6 episch
erzählend(e, er, es) ...
- **Dichtkunst**
  4 Epik
- **Dichtung**
  4 Epos, Saga, Sage
  5 Fabel, Roman, Story
  6 Mythos
  7 Ballade, Legende, Novelle
  8 Maerchen
  10 Geschichte
- **Dichter**
  6 Epiker

Erzähler
6 Epiker
7 Dichter
9 Novellist, Romancier
Erzählungsform
7 Parabel

E

Erzbergwerk
4 Mine
Erzbischof
6 Primas
9 Patriarch
10 Metropolit
Erzbischof von Genua
4 Siri
Erzengel
5 Uriel
7 Gabriel, Michael, Raphael
Erzeuger
9 Fabrikant, Produzent
10 Hersteller
Erzeugnis
4 Ware
7 Artikel, Produkt
8 Fabrikat
Erzeugnis hoher Güte
16 Qualitaetsarbeit
Erzeugung
10 Produktion
11 Fabrikation
Erzgang
4 Ader
Erzhafen in Norwegen
8 Kirkenes
Erzieher
5 Tutor, Vater
6 Eltern, Lehrer, Mentor
7 Vormund
9 Paedagoge
Erzieher Samuels
3 Eli
Erzieherehepaar
6 Eltern
12 Pflegeeltern
13 Adoptiveltern
Erzieherin
5 Bonne, Nurse
6 Mutter
8 Lehrerin
10 Paedagogin
11 Gouvernante
12 Hauslehrerin
14 Kindermaedchen
erzieherisch
12 paedagogisch
erzieherische Härte
7 Strenge
Erziehung
5 Zucht
7 Anstand
Erziehungsanstalt
8 Internat
13 Fuersorgeheim
Erziehungsanstalt für Mädchen
9 Pensionat
Erziehungslehre
10 Paedagogik
erzielter Effekt
7 Wirkung
erzielter Treffer
3 Tor
Erzittern des Bodens
5 Beben
8 Erdbeben
Erzpocher
5 Hauer
6 Haeuer
Erzschelm
12 Eulenspiegel
erzürnt
10 veraergert
11 aufgebracht
Erzürntheit
3 Wut
5 Grimm
Erzvater
9 Patriarch
Erzvater im Alten Testament
7 Abraham
Erzverarbeitungslehre
11 Metallurgie
erzwungen
8 ertrotzt
9 gewaltsam
11 widerwillig
12 unfreiwillig
Esaus ...
· **Bruder**
5 Jakob
· **Mutter**
7 Rebekka
· **Vater**
5 Isaak
Esel
7 Langohr
8 Grautier
Eselei
7 Torheit
Eselsabart
8 Maulesel, Maultier
Eselsart
6 Onager
Eselsruf
3 Iah
Eskalation
10 Steigerung
14 Aufschaukelung
Eskapade
12 Seitensprung
Eskimoboot
5 Kajak, Umiak
Eskimohund
5 Husky
Eskimohütte
4 Iglu
Eskimojacke
6 Anorak
Eskorte
6 Geleit
10 Begleitung
11 Ehrengeleit
17 Begleitmannschaft
Esprit
4 Witz
5 Geist
Essay
7 Aufsatz, Versuch
10 Abhandlung
essbar(e, er, es) ...
· **Dinge**
7 Nahrung
10 Viktualien
12 Lebensmittel
14 Nahrungsmittel
· **Früchte**
4 Obst
6 Beeren
· **Kastanienfrucht**
6 Marone
· **Meerestier**
11 Schellfisch
· **Meermuschel**
6 Auster
· **Pflanzen**
7 Gemuese
· **Pflanzenteil**
6 Frucht
· **Schaum**
8 Eischnee
· **Tiereingeweide**
7 Kutteln
9 Innereien, Kaldaunen
Essbedürfnis
6 Hunger
7 Appetit
Esse
4 Lohe

5 Kamin
6 Schlot
9 Rauchfang
11 Schornstein

Essen
4 Mahl
5 Diner, Lunch, Menue
6 Dinner, Speise
7 Nahrung
8 Gastmahl, Mahlzeit

Essener Großbau
10 Grugahalle

Essener Konzern
5 Krupp

Essenspause
10 Jausenzeit

Essensversorgung
9 Bewirtung

Essenz
5 Geist, Wesen
6 Auszug, Gehalt
9 Wesenheit

essenziell
7 wichtig
10 wesentlich

Essenzubereiter
4 Koch

Essgefäße
8 Geschirr

Essgerät
5 Gabel
6 Messer
7 Besteck, Loeffel
8 Geschirr
9 Staebchen

Essgeräte für eine Person
7 Besteck

Essgeschirr
4 Napf
5 Tasse
6 Platte, Schale, Teller
7 Terrine
8 Sauciere
9 Schuessel

Essigäther
5 Ester

Essigbaum
4 Rhus

Essiggeist
6 Aceton, Azeton

essigsaures Salz
6 Acetat, Azetat

Esskastanie
6 Marone

Esslokal
8 Gasthaus
9 Wirtshaus
10 Restaurant, Wirtschaft
11 Gaststaette, Imbissstube

Essraum für Studenten
5 Mensa

Essraum in Betrieben
7 Kantine

Esstrieb
6 Hunger

Este
5 Balte

Estland, Lettland und Litauen
8 Baltikum

estnische(e, er, es) ...
· **Hauptstadt**
5 Reval
7 Tallinn
· **Name für Estland**
5 Eesti
· **Ostseeinsel**
5 Oesel
· **Universitätsstadt**
5 Tartu
6 Dorpat

Estragon
7 Beifuss

etablierte Gesellschaft
13 Establishment

Etablissement
7 Bordell

Etage
5 Stock
8 Geschoss
9 Stockwerk

Etagere
7 Gestell
8 Stellage

Etappe
3 Weg
5 Phase, Route, Stufe

Etat
6 Budget
8 Haushalt
13 Haushaltsplan
14 Staatshaushalt

Ethik
5 Moral, Sitte
9 Wertlehre
10 Morallehre
11 Sittenlehre

ethisch
8 sittlich
9 moralisch

ethische Haltung
8 Purismus

ethischer Begriff
4 Ehre, Reue
5 Ethos, Luege, Moral, Sitte, Treue
6 Schuld, Suehne, Tugend, Wuerde
8 Gewissen, Wahrheit
9 Charakter, Gesinnung
12 Sittengesetz, Sittlichkeit

Ethnologie
12 Voelkerkunde

Ethologie
19 Verhaltensforschung

Ethos
5 Moral, Sitte
12 Sittlichkeit
18 Pflichtbewusstsein

Etikett
5 Label
9 Aufkleber
10 Schildchen
11 Preisschild

Etikette
6 Sitten
11 Zeremoniell
12 Hoeflichkeit
13 Umgangsformen

etliche
6 einige, manche

Etui
6 Huelle, Kapsel
8 Futteral
9 Behaelter

etwa
4 rund
5 quasi, zirka
9 eventuell, ungefaehr
10 vielleicht
14 gleichermassen
16 schaetzungsweise

etwas vom Schiff an Land schaffen
8 anlanden

etwas, worüber man nicht spricht
4 Tabu

Eucharistie
9 Abendmahl, Kommunion
14 Altarsakrament

E

Eucharistiefeier
14 Altarsakrament
eucharistisches Brot
6 Hostie
Eugenik
23 Erbgesundheitsforschung
Eulenart
3 Uhu
4 Kauz
8 Waldkauz
9 Steinkauz
12 Schleiereule
Eulenspiegelei
6 Scherz
7 Streich
Eulenvogel ▶ Eulenart
euphemisch
13 beschoenigend
Euphorie
6 Rausch
7 Ekstase
eurasischer Staatenbund
3 GUS
eurasisches Gebirge
4 Ural
Europa und Asien
8 Eurasien
Europäer
3 Ire
4 Este, Pole
5 Balte, Brite, Daene, Finne, Flame, Lette, Russe, Serbe, Ungar
6 Kroate
7 Albaner, Belgier, Bulgare, Grieche, Litauer, Rumaene, Schotte, Schwede, Slowake, Spanier
8 Albanier, Franzose, Norweger, Tscheche, Ukrainer
9 Deutscher, Islaender, Italiener, Jugoslawe, Monegasse, Schweizer
10 Andorraner, Englaender, Hollaender, Portugiese
11 Luxemburger, Sanmarinese
12 Skandinavier
13 Niederlaender, Oesterreicher
15 Liechtensteiner, Tschechoslowake

Europäer im Baltikum
4 Este
5 Lette
Europäerin im Baltikum
5 Estin
6 Lettin
europäisch(e, er, es) ...
· **Atomforschungsgesellschaft**
7 Euratom
· **Atomforschungszentrum**
4 CERN
· **Binnenmeer**
6 Ostsee
· **Fluss**
4 Maas
· **Freihandelszone**
4 EFTA
· **Fürstentum**
6 Monaco
13 Liechtenstein
· **Gebirgszug**
5 Alpen
6 Balkan
7 Apennin
8 Karpaten
9 Apenninen, Pyrenaeen
· **Gemeinschaft**
2 EG
· **Grenzgebirge**
4 Ural
· **Großherzogtum**
9 Luxemburg
· **Hauptstadt**
3 Rom
4 Bern, Bonn, Oslo, Prag, Roma, Wien
5 Athen, Paris, Sofia, Vaduz
6 Berlin, Dublin, Lisboa, London, Madrid, Monaco, Moskau, Tirana
7 Belgrad
8 Bruessel, Budapest, Bukarest, Helsinki, Lissabon, Warschau
9 Amsterdam, La Valetta, Luxemburg, Ostberlin, Reykjavik, San Marino, Stockholm
10 Kopenhagen
· **Hochgebirge**
5 Alpen
· **Hochgebirgsteil**
8 Ostalpen

· **Inselbewohner**
3 Ire
5 Brite, Korse, Sarde
9 Irlaender, Islaender
· **Inselstaat**
5 Malta
6 Irland, Island
7 Ireland
15 Grossbritannien
· **Inselvolk**
4 Iren
6 Briten
· **Königreich**
7 Belgien, Spanien
8 Norwegen, Schweden
9 Daenemark
11 Niederlande
15 Grossbritannien
· **Luftfahrtprojekt**
11 Eurofighter
· **Meer**
6 Ostsee
· **Rakete**
6 Ariane
· **Randgebirge**
15 Alpenauslaeufer
· **Staat**
5 Malta, Polen
6 Irland, Island, Monaco, Ungarn
7 Andorra, Belgien, Holland, Italien, Schweiz, Spanien, Vatikan
8 Albanien, Finnland, Kroatien, Norwegen, Portugal, Schweden, Slowakei
9 Bulgarien, Daenemark, Luxemburg, Rumaenien, San Marino, Slowenien
10 Frankreich
11 Deutschland, Jugoslawien, Niederlande, Oesterreich
12 Griechenland, Vatikanstaat, Vatikanstadt
13 Liechtenstein
15 Grossbritannien
20 Tschechische Republik
25 Bundesrepublik Deutschland
· **Staat in der Landessprache**
6 Italia
· **Strom**
2 Po

3 Don
4 Ebro, Elbe, Kama, Oder
5 Donau, Rhein, Rhone, Tiber, Wolga
6 Dnjepr, Moldau, Themse
8 Weichsel
9 Petschora
· **Trägerrakete**
6 Ariane
· **Ureinwohner**
7 Germane
· **Völkergruppe**
6 Balten, Basken, Finnen, Kelten, Lappen, Slawen
7 Romanen
8 Germanen, Magyaren
· **Vulkan**
4 Etna
5 Aetna, Askja, Hekla, Vesuv
9 Stromboli
· **Wildrind**
6 Wisent
Euterteil
5 Zitze
Evakuierung
8 Raeumung
11 Aussiedlung
evangelische Christen
7 Unierte
10 Hugenotten, Lutheraner
11 Reformierte
12 Protestanten
evangelischer Hilfsgeistlicher
6 Diakon
Evangelist
5 Lukas
6 Markus
8 Johannes, Prediger
9 Matthaeus
14 Wanderprediger
Evangelium
13 Frohbotschaft
14 Frohe Botschaft, Heilsbotschaft
Evastochter
4 Frau
8 Maedchen
eventuell
10 vielleicht
15 moeglicherweise
evident
8 glasklar, offenbar
11 offenkundig
12 einleuchtend
15 augenscheinlich
ewig
5 immer, stets
6 endlos
7 zeitlos
8 immerdar
9 unendlich
13 unaufhoerlich
ewig lange Zeiten
6 Aeonen
ewige Stadt
3 Rom
Ewigkeit
9 Weltalter
exakt
5 genau
7 praezis, sorgsam
8 praezise, treffend
10 gruendlich
11 sorgfaeltig
12 gewissenhaft
exaktes Zitat
8 Wortlaut
exaltiert
10 empfindsam, ruehrselig
11 ueberspannt
Examen
8 Pruefung
Examinand
8 Kandidat
9 Pruefling
Exchampion
10 Altmeister
Exegese
14 Bibelauslegung
Exekution
11 Hinrichtung
13 Vollstreckung
Exempel
6 Muster
7 Aufgabe
8 Beispiel
Exemplar
6 Muster, Stueck
12 Einzelstueck
exemplarisch
11 vorbildlich
12 beispielhaft
13 mustergueltig
Exhaustor
8 Absauger, Geblaese
10 Entluefter, Ventilator
Exhibitionist
13 Sittenstrolch
Exhumierung
10 Ausgrabung
Exil
10 Emigration, Verbannung
14 Verbannungsort
existent
2 da
4 real
8 wirklich
9 bestehend, vorhanden
Existenz
5 Leben
6 Dasein
9 Auskommen, Unterhalt
existenzialistischer Philosoph
6 Sartre
7 Jaspers
9 Heidegger
11 Kierkegaard
Existenzniveau
14 Lebensstandard
Exitus
3 Tod
7 Ableben, Sterben
Exkaiserin des Iran
5 Farah
6 Soraya
exklusiv
6 feudal
7 vornehm
Exkommunikation
4 Bann
11 Kirchenbann
17 Kirchenausschluss
Exkremente
9 Faekalien
Exkurs
6 Anhang, Zusatz
10 Abhandlung
12 Abschweifung
Exkursion
7 Ausflug
9 Lehrfahrt, Streifzug, Wanderung
11 Lehrausflug
12 Studienfahrt
Exmission
8 Raeumung
Exodos
11 Schlusschor, Schlussteil
13 Schlussgesang
Exodus
6 Auszug
9 Bibelteil

E

11 Abwanderung
12 Auswanderung
exotisch
5 fremd
10 fremdartig
14 fremdlaendisch
exotisch(e, er, es) ...
· **Frucht**
4 Kiwi
· **Harz**
9 Weihrauch
· **Käfigvogel**
13 Wellensittich
· **Raubkatze**
5 Tiger
6 Gepard
7 Leopard
· **Stachelpflanze**
6 Kaktee
· **Vogel**
7 Papagei
· **Zierpflanze**
8 Orchidee
Expansion
10 Ausdehnung
11 Ausbreitung
Expedient
8 Absender
9 Versender
13 Versandleiter
18 Reisebuerokaufmann
Expedition
15 Forschungsreise
16 Versandabteilung
Experiment
4 Test
5 Probe
6 Wagnis
7 Versuch
Experiment mit Samen
9 Keimprobe
Experimentiergefäß
7 Retorte
11 Reagenzglas
Experte
6 Kenner
7 Koenner
8 Fachmann
9 Gutachter
10 Sachkenner, Spezialist
15 Wissenschaftler
Expertin
8 Kennerin
Expertise
9 Gutachten
explodierender Stern
4 Nova
9 Supernova
Explosion
5 Knall, Krach
6 Schlag
7 Bersten, Krachen, Platzen
9 Sprengung
10 Detonation
Explosionsauslösung
8 Zuendung
Explosionsgeräusch
5 Knall
Explosivgeschoss
4 Mine
5 Bombe
6 Rakete
7 Torpedo
11 Handgranate
Explosivmaterial ► Explosivstoff
Explosivstoff
3 TNT
7 Melinit
13 Nitroglyzerin, Schiesspulver, Schwarzpulver
14 Nitrozellulose, Trinitrotoluol
16 Knallquecksilber
Exponent
8 Hochzahl
9 Vertreter
13 Repraesentant
Export
7 Ausfuhr
9 Biersorte
Exposee (Exposé)
4 Plan
6 Skizze
7 Entwurf
express
5 eilig, rasch
7 eiligst, schnell
9 schleunig
10 namentlich
11 schleunigst
expressis verbis
13 ausdruecklich
expressiv
13 ausdrucksvoll
expressive Musik
4 Soul
exquisit
7 erlesen
9 exzellent
10 ausgesucht
11 erstklassig, vorzueglich
extern
8 draussen
10 ausserhalb, auswaertig
11 aeusserlich
extra
6 aussen, ausser, eigens
8 nebenbei
9 ausserdem, besonders
10 ausserhalb
11 zusaetzlich
13 ausdruecklich
Extrablatt
13 Sonderausgabe
Extrakt
6 Auszug, Essenz
13 Herausloesung
Extraraum im Lokal
7 Separee, Séparée
extravagant
8 versnobt
extrem
5 krass
6 scharf
7 radikal
11 ausgepraegt
extrem gekleideter Mann
4 Geck
extrem(e, er, es) ...
· **Lichtverstärker**
5 Laser
· **Überlebensfähigkeit**
8 Anabiose
Extremist
5 Ultra
10 Radikalist
Extremität
3 Arm
5 Glied
10 Gliedmasse
exzellent
8 exquisit
11 vorzueglich
12 hervorragend, vortrefflich
13 ausgezeichnet
Exzess
5 Orgie
13 Ausschreitung, Ausschweifung, Masslosigkeit

F

Fabel
4 Fama, Maer
10 Erzaehlung
Fabelflugtier
5 Greif
fabelhaft
10 grossartig
11 erstaunlich
17 aussergewoehnlich
Fabelland
5 Thule
6 Dorado, Utopia
8 Arkadien, Atlantis, Eldorado, Paradies
15 Schlaraffenland
Fabelname ...
· *des* **Adlers**
3 Aar
· *des* **Bären**
4 Petz
5 Braun
· *des* **Dachses**
8 Grimbart
· *des* **Esels**
7 Langohr
· *des* **Fuchses**
7 Reineke
· *der* **Füchsin**
11 Frau Reineke
· *des* **Hahnes**
7 Henning
· *des* **Hasen**
5 Lampe
· *des* **Katers**
6 Murner
· *des* **Löwen**
3 Leo, Leu
· *des* **Storches**
6 Adebar
· *des* **Wolfes**
7 Isegrim
Fabeltier
6 Drache
7 Drachen, Einhorn, Werwolf
8 Basilisk, Lindwurm
10 Tatzelwurm
Fabeltier des Meeres
12 Seeungeheuer
Fabelvogel
5 Greif
Fabelwesen
3 Fee
4 Elfe, Gnom
5 Greif, Troll
6 Meduse, Sphinx
7 Kentaur, Phoenix, Zentaur
Fabrik
4 Werk
7 Betrieb
Fabrikat
4 Ware
5 Marke
7 Artikel, Produkt
9 Erzeugnis
Fabrikrestaurant
7 Kantine
Fabrikschornstein
4 Esse
6 Schlot
Fabrikzeichen
5 Marke
9 Trademark
12 Warenzeichen
Fach
4 Lade
6 Rubrik, Sparte
9 Abteilung, Disziplin, Schublade
Fach im Zugabteil
11 Gepaecknetz
Facharbeiter
6 Bohrer, Heizer
7 Fraeser
9 Justierer
10 Maschinist, Mechaniker
14 Feinmechaniker
Facharbeiter an Kraftmaschinen
6 Heizer
Facharzt
6 Anatom
7 Chirurg, Dentist, Urologe
8 Hautarzt, Zahnarzt
9 Internist, Neurologe, Paediater
10 Frauenarzt, Kardiologe, Kinderarzt, Orthopaede, Psychiater
11 Dermatologe, Gynaekologe
13 Roentgenologe
15 Psychotherapeut
Facharzt für Operationen
7 Chirurg
Fachausdruck
8 Terminus
17 Terminus technicus
Fachausdruck beim Fußball
► Fußballausdruck
Fachausdruck der Akustik
11 Beschallung
Fachauskunft
8 Beratung
Fachbearbeiter
9 Dezernent
Fachbericht
7 Referat
Fachblatt
5 Organ
fächerartige Flussmündung
5 Delta
Fachgebiet
6 Sparte
7 Bereich, Ressort
9 Disziplin
Fachgeschäft
8 Drogerie
Fachgespräch
10 Kolloquium
Fachgröße
9 Koryphaee
10 Kapazitaet
Fachhelferin
9 Beraterin
10 Ratgeberin
Fachhilfe leisten
7 beraten
Fachhochschule
8 Akademie
9 Technikum
13 Kunstakademie, Polytechnikum
14 Konservatorium
Fachingenieur
8 Statiker
fachkundig ► fachmännisch
Fachleute
12 Spezialisten

F

fachlich sicher
4 firm
fachliche Unterweisung
8 Beratung
Fachmann
6 Kenner
7 Experte, Koenner
10 Spezialist
17 Sachverstaendiger
fachmännisch
7 gekonnt
12 qualifiziert
13 professionell
fachmännisches Urteil
9 Gutachten
Fachmediziner (► auch Facharzt)
7 Urologe
8 Zahnarzt
9 Augenarzt, Ohrenarzt
10 Orthopaede
Fachsprache
6 Jargon
12 Terminologie
Fachverkäufer
7 Drogist
Fachvortrag
7 Referat
Fachwerkgebäude
10 Riegelhaus
Fachwirkung
7 Kolorit
Fachwort
8 Terminus
Fachzeitung
5 Organ
Fackel
8 Kienspan
fad
5 schal
10 ungewuerzt
11 abgestanden
12 geschmacklos, nichts sagend
fad-witziges Wortspiel
7 Kalauer
Fädchen
5 Faser
6 Fussel
Faden
4 Garn
5 Faser, Zwirn
Faden aus Darm
6 Katgut
Fäden aus Ziegenwolle
8 Haargarn
Faden zum Ausbessern
9 Stopfgarn
Fadengewichtseinheit
3 Den
6 Denier
Fadenloch
9 Nadeloehr
Fadennudeln
8 Spagetti
9 Spaghetti
Fadenrolle
5 Spule
fadenscheinig
9 abgenutzt
14 vordergruendig
Fadenstärke (Abkürzung)
3 Den
Fadenverschlingung
6 Knoten
Fadenwurm
7 Aelchen
8 Nematode, Trichine
fähig
5 habil
6 begabt
7 passend
8 geeignet, tauglich, tuechtig
10 talentiert
fahl
5 blass
6 bleich
fahles Pferd
5 Falbe
Fahlheit
7 Blaesse, Bleiche
13 Farblosigkeit
Fahndung
10 Aufspueren
Fahndungsblatt
10 Steckbrief
Fahndungsstreife
6 Razzia
Fahne
6 Banner, Flagge
9 Standarte
Fahne Dänemarks
8 Danebrog
Fahne Frankreichs
9 Trikolore
Fahnenflucht
9 Desertion
Fahrausweis ► Fahrkarte
Fahrbahn für Fahrräder
8 Radweg
Fahrbahn neben einer Straße
8 Radweg
Fahrbahnmarkierung
10 Haltelinie
fahrbar
5 mobil
13 transportabel
fahrbar(e, er, es) ...
· **Bagger**
4 Trax
· **Beistelltisch**
12 Servierwagen
· **Dampfmaschine**
3 Lok
10 Lokomotive
15 Dampflokomotive
· **Serviertisch**
8 Teewagen
Fährboot
4 Naue
fahrende Leute
8 Artisten
10 Zirkusvolk
14 Nichtsesshafte
Fahrer
6 Lenker
8 Steuerer
9 Chauffeur, Schoffoer
Fahrerkopfschutz
4 Helm
10 Schutzhelm
12 Integralhelm
Fahrerlaubnis
13 Fuehrerschein
Fahrersitz im Flugzeug
7 Cockpit
Fahrgast
6 Sozius
7 Insasse
9 Beifahrer, Mitfahrer, Passagier
Fahrgastbetreuerin
10 Stewardess
Fahrgästeverzeichnis
14 Passagierliste
Fahrgastschiff
16 Passagierdampfer
Fahrgeschwindigkeitsmesser
5 Tacho
10 Tachometer

Fahrgestell
7 Chassis
Fahrgestell für Trabrennen
5 Sulky
fahrig
7 nervoes, reizbar
9 aufgeregt
14 unkonzentriert
fahriger Mensch
8 Schussel
Fahrkarte
6 Ticket
7 Billett
9 Flugkarte, Umsteiger
fahrlässig
10 unbesonnen
11 absichtslos
Fährmann
5 Ferge
Fährmann der griechischen Mythologie
6 Charon
Fahrplanübersicht
8 Kursbuch
Fahrpreisanzeiger
9 Taxameter
Fahrpromenade
5 Korso
Fahrrad
4 Velo
Fahrrad für zwei Personen
6 Tandem
Fahrrad mit Hilfsmotor
5 Moped, Solex
6 Mokick
Fahrradteil
3 Rad, Zug
4 Nabe
5 Felge, Pedal
6 Dynamo
7 Klingel, Speiche
9 Schaltung
10 Lenkstange, Ruecktritt
11 Schutzblech
Fahrradvorläufer
8 Draisine
Fahrradzubehör
9 Luftpumpe
Fahrspur von Zügen
5 Gleis
7 Geleise
Fahrstuhl
4 Lift
6 Aufzug
11 Paternoster
Fahrt
5 Reise
7 Ausflug
Fahrt ...
· *nach* **Hause**
9 Heimreise
· *mit dem* **Segelboot**
5 Toern
· *zum* **Zielort**
7 Anreise
Fährte
7 Abdruck
Fahrtenbuch für Schiffe
7 Logbuch
Fahrtenschreiber
10 Tachograph
Fahrtrichtung
4 Kurs
5 Route
Fahrtrichtung eines Flugzeugs
4 Kurs
Fahrtweg
10 Reiseroute
Fahrtwind
5 Brise
Fahrunterricht Erteilender
10 Fahrlehrer
Fahrwasserkundiger
5 Lotse
Fahrwasserrinne im Wattenmeer
5 Priel
Fahrweg für den Urlaub
10 Reiseroute
Fahrzeug ► Verkehrsmittel
Fahrzeug ...
· *für* **Babys**
11 Kinderwagen
· *für* **Kinder**
6 Roller
7 Dreirad, Kettcar
11 Seifenkiste
· *für* **Kleinkinder**
5 Buggy
10 Sportwagen
· *für* **Kranke**
9 Rollstuhl
· *mit* **Ladefläche**
14 Lastkraftwagen
· *im* **Straßenbau**
10 Dampfwalze
· *im* **Weltall**
10 Raumschiff
Fahrzeug wenden
11 reversieren
Fahrzeugbesitzer
6 Halter
Fahrzeugluftreifen
4 Pneu
Fahrzeugoberbau
10 Karosserie
Fahrzeugschaden
5 Beule, Delle, Panne
6 Defekt
8 Schramme
Fahrzeugteil
3 Rad
5 Achse
8 Wagenrad
9 Hinterrad, Vorderrad
Fahrzeugversicherung
5 Kasko
9 Teilkasko, Vollkasko
11 Haftpflicht
Faible
4 Hang
7 Neigung
8 Vorliebe
9 Schwaeche
Faible ...
· *für* **England**
11 Anglophilie
· *für* **Frankreich**
12 Frankophilie
fair
6 sauber
7 ehrlich, redlich
10 anstaendig
12 regelgemaess
faire Gesinnung
10 Loyalitaet
Fäkalien
10 Exkremente
14 Ausscheidungen
Fakir
4 Yogi
5 Asket
Faksimile
9 Nachdruck
12 Reproduktion
Fakt ► Faktum
Faktor
7 Umstand
12 Druckmeister, Multiplikant
13 Multiplikator
14 Setzereileiter

F

Faktotum
6 Diener, Helfer
7 Gehilfe
Faktum
8 Tatsache
10 Tatbestand
11 Sachverhalt
Faktur
8 Rechnung
12 Lieferschein
Fakultas
16 Lehrberechtigung
fakultativ
8 wahlfrei
10 freiwillig
Fakultätsleiter
5 Dekan
Falbe
5 Pferd
falbes Pferd
8 Isabelle
Falkenabrichter
7 Falkner
9 Falknerin
Falkenjagd
5 Beize
Falkenmännchen
6 Terzel
Falkenvogel
5 Adler, Milan, Weihe
7 Habicht
9 Turmfalke
Falklandinseln
8 Malvinen, Malwinen
Fall
5 Kasus, Sache, Sturz
7 Abstieg
10 Niedergang, Vorkommnis
13 Angelegenheit
Fallbeil
8 Schafott
10 Guillotine
Fallen der Börsenkurse
6 Baisse
Fallensteller
7 Trapper
Fallhammer
5 Ramme
8 Rammbaer
Fallhöhe
8 Gefaelle
Fallklotz
5 Ramme
Fallklötze
6 Rammen
Fallreep
13 Schiffstreppe
Fallsucht
9 Epilepsie
Fallwind
4 Bora
5 Foehn
7 Mistral
falsch
5 irrig
6 unecht
8 verkehrt, verlogen
11 irrtuemlich
12 heuchlerisch, hinterlistig, unaufrichtig
falsch geleitete Post
10 Irrlaeufer
falsch(e, er, es) ...
· **Akazie**
7 Robinie
· **Aussage**
5 Luege
· **Eid**
7 Meineid
· **Folgerung**
11 Trugschluss
· **Glanz**
4 Tand
7 Flitter
9 Blendwerk
· **Glaube**
8 Haeresie, Irrlehre
· **Haarteil**
6 Toupet
8 Peruecke
· **Handeln**
6 Fehler
13 Fehlverhalten
· **Richtung**
6 Irrweg
· **Schein**
4 Trug
8 Trugbild
10 Taeuschung
· **Schmuck**
5 Talmi
6 Strass
· **Schwur**
7 Meineid
· **Spur**
6 Irrweg
· **Theorie**
8 Irrlehre
· **Vorbild**
4 Idol
· **Zähne**
10 Zahnersatz
· **Zeitungsmeldung**
4 Ente
Fälscher
9 Betrueger
10 Schwindler
Falschgeld
6 Bluete
Falschmünzer
9 Betrueger
Fälschung
9 Imitation
10 Falsifikat
Falsett
10 Kopfstimme
12 Fistelstimme
Falsifikat
10 Faelschung
faltbare Unterkunft
4 Zelt
5 Biwak
Falte
5 Knick, Kniff
faltenlos
5 glatt
Faltenstoff
7 Plissee
Faltenwurf
6 Behang
8 Draperie
Falter
13 Schmetterling
14 Schmetterlinge
Falterlarve
5 Raupe
Falz
3 Nut
4 Fuge, Nute
Fama
3 Ruf
8 Geruecht
Familie in „Dallas"
5 Ewing
Familie oder Ehe
18 Lebensgemeinschaft
Familienältester
6 Senior
Familienangehörige
3 Oma
6 Mutter
7 Tochter
9 Schwester

11 Grossmutter
Familienangehöriger
3 Opa
4 Sohn
5 Vater
6 Bruder
10 Grossvater
Familienerbgut im Mittelalter
5 Allod
Familienfeier
5 Taufe
6 Heirat
8 Hochzeit
9 Kommunion, Verlobung
10 Geburtstag
12 Konfirmation
13 Erstkommunion
14 Silberhochzeit
15 goldene Hochzeit
Familienforscher
9 Genealoge
Familienforschung
10 Genealogie
Familienjüngster
6 Junior
8 Benjamin
Familienname
6 Zuname
8 Nachname
Familienname Napoleons
9 Bonaparte
Familienstammbaum
10 Ahnentafel
Familienstand
5 ledig
9 verwitwet
10 geschieden
11 verheiratet
Familienverband
5 Sippe
Familienzweig
5 Linie
famos
5 prima
9 praechtig, sagenhaft
10 grossartig
Famulus
6 Diener
7 Gehilfe
8 Schueler
9 Assistent
Fan
9 Anhaenger, Liebhaber
Fanal
6 Fackel, Signal
7 Zeichen
12 Feuerzeichen
Fanatiker
7 Eiferer
fanatisch
6 hitzig
7 eifernd
11 blindwuetig
fanatischer Nationalist
10 Chauvinist
Fangarm des Tintenfisches
8 Tentakel
Fanggerät von Wilderern
5 Falle
8 Schlinge
9 Tierfalle
Fangkorb für Wassertiere
10 Fischreuse
Fangnetz
7 Kescher
Fant
4 Geck
5 Laffe
6 Fatzke
Fantasie (Phantasie)
8 Trugbild
10 Einbildung, Traeumerei
11 Vorstellung
12 Hirngespinst
14 Erfindungsgabe
16 Einbildungskraft
fantasiearm (phantasiearm)
9 nuechtern, prosaisch
Fantast
7 Utopist
10 Schwaermer
fantastische (phantastische) Erzählung
2 SF
8 Groteske
14 Sciencefiction
fantastischer (phantastischer) Erzähler
8 Fabulant
Farbe (▶ auch Farben)
7 Couleur, Kolorit
Farbe ...
· *der* **Gesichtshaut**
5 Teint
· *der* **Hoffnung**
5 gruen
· *im* **Kartenspiel**
3 Pik
4 Herz, Karo
5 Kreuz, Treff
6 Eichel
8 Schellen
· *der* **Liebe**
3 rot
· *des* **Neides**
4 gelb
· *der* **Reinheit**
5 weiss
· *beim* **Roulett**
4 noir
5 rouge
· *einer* **Stimme**
6 Timbre
· *des* **Tintenfisches**
5 sepia
· *der* **Trauer**
7 schwarz
· *der* **Treue**
4 blau
Färbebad
5 Kuepe
6 Flotte
Färbekessel
5 Kuepe
Färbemaschine für Gewebe
6 Jigger
Färbemittel
5 Henna
Farben
3 rot
4 blau, gelb, grau, lila, rosa
5 braun, gruen, weiss
6 orange
7 schwarz, tuerkis, violett
Farbenblindheit
13 Achromatopsie
Farbenbrett
7 Palette
farbenfroh
4 bunt
Farbengrundstoff
4 Teer
6 Anilin
Farbenhalbring am Himmel
10 Regenbogen
Farbenlehre
9 Chromatik
Farbenmischbrett
7 Palette
farbenprächtiger Schmetterling
7 Admiral

F

farbenprächtiger Vogel
4 Pfau
7 Papagei
Farbenzusatz
7 Leinoel
Färbergras
6 Reseda, Resede
Färberpflanze
3 Wau
4 Waid
5 Henna, Krapp
6 Reseda
9 Gilbkraut
Farbfolge (Prisma)
8 Spektrum
Farbgebung
7 Kolorit
8 Faerbung
farbig
4 bunt
9 koloriert
Farbiger
9 Afrikaner, Schwarzer
Farbiger in der Karibik
6 Kreole
farbiges Abzeichen
7 Kokarde
Farbkörper in der Haut
7 Pigment
farblos
7 reizlos
9 eintoenig
farbloses Gas
8 Ammoniak
11 Formaldehyd
12 Kohlendioxid
13 Kohlenmonoxid
Farblosigkeit
7 Blaesse
8 Fahlheit
10 Albinismus
Farbmesser
10 Chromoskop
Farbmischtafel
7 Palette
Farbschattierung
7 Toenung
Farbstoff
5 Henna, Kohle, Krapp, Ocker, Sepia, Umber, Umbra
6 Indigo, Karmin, Kobalt, Purpur, Safran
8 Karmesin, Zinnober
9 Zinkweiss
10 Cochenille
11 Koschenille
Farbton
4 azur, bleu, gold, grau, lila, oliv, pink
5 beige, creme, ocker, umbra
6 orange, purpur, reseda
7 weinrot
8 bruenett, flamingo, perlgrau, zinnober
9 meergruen, ziegelrot, zinkweiss
10 kobaltblau
11 bordeauxrot, lachsfarben, semmelblond
12 scharlachrot
Farbüberzug
5 Lasur
Färbung
7 Kolorit
10 Farbgebung
Färbung des Himmels
8 Abendrot
9 Morgenrot
Farbwalze der Schnellpresse
6 Duktor
Farce
5 Posse
7 Schwank
8 Fuellsel, Fuellung, Groteske, Komoedie
9 Lustspiel
13 Zwischenspiel
Farm in Nordamerika
5 Ranch
Farmer
5 Bauer
7 Rancher, Siedler
8 Landwirt
Farngewächs
8 Baerlapp, Haarfarn
9 Adlerfarn
10 Frauenhaar
11 Hirschzunge, Koenigsfarn, Tuepfelfarn
Farre
5 Stier
Färse
3 Kuh
Fasanart
9 Goldfasan
Fasanengehege
9 Fasanerie
Fasanenvogel
4 Pfau
7 Rebhuhn
faschiertes Laibchen
13 Fleischlaberl
Fasching
6 Fasnet
8 Fasnacht, Karneval
9 Fastnacht
Faschingsfest
7 Gschnas
Faschingsgebäck
7 Krapfen
Faschingsgeck
4 Narr
Faschingstreiben
8 Narretei
Faschingszeit ▶ Fasching
Faser
5 Fiber, Zasel
Faser der Kokosnuss
4 Coir
Fasergewebe
8 Textilie
faseriges Mineral
6 Asbest
Faserpflanze
4 Hanf, Jute, Lein
5 Agave, Kapok, Kokos, Ramie, Sisal
6 Flachs
9 Baumwolle
Faserstoff des Blutes
6 Fibrin
Fass
5 Tonne
6 Barrel
Fassade
5 Front
9 Hausfront
10 Schauseite
11 Vorderfront, Vorderseite
Fassbrett
5 Daube
Fassmacher
6 Kuefer
9 Boettcher
Fasson
4 Form, Stil
6 Muster
7 Machart, Schnitt
Fassseitenbrett
5 Daube
Fassung
7 Version

fassungslos
9 betroffen
12 konsterniert
Fassungsvermögen
6 Inhalt
7 Volumen
10 Kapazitaet, Rauminhalt
18 Aufnahmefaehigkeit
Fassverschluss
5 Spund
fast
5 knapp
6 beinah, nahezu
7 beinahe
8 ziemlich
10 annaehernd
fast ...
· **gar nicht**
4 kaum
· **geräuschlos**
5 leise
· **immer**
5 meist
7 zumeist
· **nicht**
4 kaum
Fastenmonat der Moslems
7 Ramadan
Fastensonntag
6 Judika
9 Invokavit
Fastnacht ▶ Fasching
Fastnachtsausschuss
8 Elferrat
Fastnachtsende
14 Aschermittwoch
Fastnachtsgeck
4 Narr
Fastnachtsmontag
11 Rosenmontag
Fastnachtsruf
5 alaaf, helau
Faszination
12 Verzauberung
Fata Morgana
8 Trugbild
14 Luftspiegelung
16 Sinnestaeuschung
fatal
7 schlimm
8 peinlich
10 unangenehm
12 unerfreulich
faul
6 modrig, morsch, traege
7 muessig
8 untaetig
9 verdorben
12 phlegmatisch
13 schwerfaellig
Faulbaum
9 Kreuzdorn
Faulbrand
8 Gangraen
Faulendes
5 Moder
Faulenzer
7 Gammler
8 Tagedieb
10 Nichtsnutz
11 Taugenichts
14 Muessiggaenger
fauler Witz
4 Zote
7 Kalauer
faules Holz
4 Mulm
Fäulnisgift
6 Neurin
Faultier
2 Ai
4 Unau
10 Zweifinger
Fauna
8 Tierwelt
Faustfeuerwaffe
7 Pistole
Faustgewalt
14 Brachialgewalt
Faustkampf
5 Boxen
Faustkämpfer
5 Boxer
Favela
4 Slum
14 Elendsquartier
favorisierter Star
17 Publikumsliebling
Favorit
10 Guenstling
Faxen
2 Uz
3 Jux, Ulk
4 Witz
5 Spass, Unfug
6 Possen, Unsinn
9 Grimassen
Fayence
7 Tonware
8 Steingut
Fazit
7 Wirkung
8 Endsumme, Ergebnis, Resuemee, Resultat
16 Schlussfolgerung
Feature
7 Bericht
14 Fernsehbericht
17 Dokumentarbericht
Fechtausdruck
4 Filo, Gang, Hieb
5 Finte, Stich, Stoss, Volte
6 Cercle, Mensur, Parade
7 Ausfall, Rimesse, Riposte, Treffer
8 Inkontro, Kavation
10 Tempostoss
Fechtbahn
7 Planche
Fechthandschuhteil
5 Stulp
Fechthieb
4 Prim, Terz
5 Quint
Fechtwaffe
5 Degen
6 Rapier, Saebel
7 Florett
Federball
9 Badminton
Federbett
5 Duvet
7 Plumeau, Tuchent
Federbettenstoff
6 Inlett
Federbusch
7 Panasch
Federbüschel
5 Haube
Federhalter
7 Fueller
Federhaube der Vögel
5 Holle
Federkleid der Vögel
8 Gefieder
Federmappe
6 Pennal
federnd
7 biegsam
8 flexibel
9 elastisch
federnde Hülse
6 Buchse
federndes Sprungtuch
9 Trampolin

F

Federschmuck
8 Aigrette
Federvieh
4 Ente, Gans, Hahn, Huhn, Pute
5 Erpel, Fasan, Henne, Puter, Taube
6 Ganter, Glucke, Gockel, Kueken
7 Goessel, Kuecken
8 Enterich, Perlhuhn, Poularde, Truthahn
10 Goesseling
Federwechsel der Vögel
6 Mauser
9 Mauserung
Federweiß
4 Talk
6 Talkum
9 Talkpuder
Federweißer
4 Most
6 Sauser
9 Neuer Wein
11 Traubenmost
Federwild
5 Fasan
7 Rebhuhn, Wachtel
8 Auerhahn, Birkhahn, Birkhuhn, Schnepfe, Wildente, Wildgans
9 Goldfasan, Haselhuhn, Stockente, Sumpfhuhn
10 Blaesshuhn
Federwolke
6 Zirrus
Federzange
8 Pinzette
Fee
4 Elfe
Feeling
7 Gefuehl
Fegefeuer
9 Vorhoelle
11 Purgatorium
fegen
6 kehren
Feger
5 Besen
6 Kehrer
Feh
17 Eichhoernchenfell
Fehde
5 Zwist
6 Streit
8 Unfrieden
Fehl
5 Makel, Tadel
Fehlbetrag
5 Manko, Minus
6 Abgang
7 Defizit, Verlust
Fehldruck
9 Makulatur
Fehlen
6 Absenz
fehlend(e, er, es) ...
· **Anlass**
14 Grundlosigkeit
· **Sehvermögen**
9 Blindheit
· **Stück**
6 Luecke
· **Wissen**
8 Unwissen
14 Bildungsluecke
· **Zuständigkeit**
11 Inkompetenz
Fehler
4 Bock
5 Makel
6 Defekt, Irrtum, Lapsus, Patzer
8 Nachteil, Versehen, Verstoss
9 Missgriff, Schnitzer
fehlerfrei
6 intakt
7 korrekt, richtig
fehlerhaft
6 defekt, falsch
9 inkorrekt, schadhaft
fehlerhaft sprechen
7 lispeln
Fehlgeburt
5 Abort
6 Abgang
7 Abortus
fehlgehen
5 irren
fehlgeleiteter Brief
10 Irrlaeufer
Fehlleitung
12 Irrefuehrung
Fehllos
5 Niete
Fehlschlag
4 Flop
5 Niete
6 Fiasko, Pleite
8 Reinfall
10 Misserfolg
Fehlschluss
6 Irrtum
8 Versehen
11 Trugschluss
Fehlstoß beim Billard
5 Kicks
Fehltritt
6 Suende
7 Fauxpas
8 Vergehen
11 Ausrutscher
Fehlurteil
6 Irrung
12 Justizirrtum
Feier
4 Fest, Fete
5 Party
7 Festakt
Feier am 1. Januar
12 Neujahrsfest
Feier beim Hausbau
9 Aufrichte, Richtfest
feierlich
5 ernst
6 solenn
7 wuerdig
8 erhebend, festlich
10 pathetisch, wuerdevoll
feierlich(e, er, es) ...
· **Amtstracht**
4 Robe
5 Ornat
· **Ansprache**
8 Festrede
· **Empfang**
7 Audienz
· **Eröffnung**
10 Einweihung
· **Festgesang**
5 Hymne
· **Gedicht**
3 Ode
· **Gelübde**
5 Votum
· **Handlung**
5 Ritus
9 Zeremonie
11 Zeremoniell
· **katholische Messe**
7 Hochamt
· **Lied**
5 Hymne
6 Hymnus

· **Umzug**
10 Prozession
· **Veranstaltung**
4 Gala
7 Festakt
· **Verleihung einer Auszeichnung**
7 Festakt
· **Versicherung**
3 Eid
6 Schwur
· **Versprechen**
8 Geluebde
9 Ehrenwort, Geloebnis
· **Zeremonie**
5 Weihe

Feiertag
7 Festtag

Feiertag kurz vor Ostern
10 Karfreitag

feige
6 mutlos
7 schwach
10 aengstlich

Feigenkaktus
7 Opuntie

feiges Ausweichen
7 Kneifen

Feigling
5 Memme
9 Angsthase, Hasenfuss

feil
9 kaeuflich

Feilenart
6 Raspel

feilhalten
8 anbieten
9 verkaufen

Feilmaschine
6 Fraese

fein
4 zart
5 duenn, genau
6 grazil, schmal
7 anmutig, delikat, elegant, huebsch, praezis, schlank, vornehm
8 grazioes, praezise, zierlich
10 kultiviert
11 empfindlich

fein ...
· **gehacktes Fleisch**
7 Haschee
· **gekleidet**
7 elegant
· **gemahlener Zucker**
9 Raffinade
· **gerippter Stoff**
9 Gabardine
· **regnen**
7 nieseln
· **schmeckend**
6 lecker
7 delikat
9 delizioes, koestlich

fein(e, er, es) ...
· **Abstufung**
6 Nuance
· **Benehmen**
3 Pli
· **Gebäck**
10 Patisserie
· **Handarbeit**
14 Kloeppelspitze
· **Instinkt**
9 Spuersinn
· **Kochkunst**
11 Gastronomie
· **Mehlspeise**
12 Bischofsbrot
· **Pulver**
5 Puder
· **Schmutz**
5 Staub
· **Sitte**
8 Etikette
· **Spalt**
4 Riss
6 Fissur
· **Spott**
6 Ironie
· **Streupulver**
6 Talkum
· **Süßigkeit**
16 Nougatschokolade

Feinbäcker
8 Konditor

Feinbäckerei
10 Konditorei

Feind
6 Gegner
8 Opponent
11 Widersacher
12 Gegenspieler

feindlich
9 aggressiv
10 gegnerisch

feindlich(e, er, es) ...
· **Agent**
5 Spion
· **Auseinandersetzung**
5 Krieg
· **Eindringlinge**
9 Invasoren
· **Einfall**
8 Invasion
· **Spion**
5 Agent
· **Vorstoß**
7 Angriff, Attacke

Feindschaft
5 Fehde
6 Streit

feindseliges Gefühl
4 Neid

Feindseligkeit
4 Zank
5 Fehde, Krieg
6 Streit

feinfühlend
4 zart
8 sensibel, taktvoll
10 empfindsam
11 empfindlich, mimosenhaft
12 zartbesaitet

Feingebäck
4 Keks
5 Torte
6 Baiser, Brezel, Kuchen, Waffel
7 Biskuit, Krapfen, Kringel, Makrone, Pastete

Feingebäck mit Früchten
9 Obsttorte

Feingefühl
4 Takt
11 Zartgefuehl

Feingeist
7 Aesthet

Feingemüse
7 Spargel
9 Aubergine

Feingewicht bei Gold
5 Karat

feingliedrig
8 filigran

Feinheit
4 Form
5 Guete, Kniff
6 Detail

7 Finesse
9 Qualitaet
10 Praezision, Raffinesse
11 Raffinement

Feinheitsmaß für Garn
3 den
6 Denier

feinkeramisches Produkt
6 Fliese, Kachel
8 Majolika, Steingut
9 Porzellan
10 Terrakotta

feinkörniges Gestein
4 Sand

feinkörniges Stärkemehl
4 Sago

Feinkost
12 Delikatessen
13 Komestibilien

Feinleder
3 Kid
5 Nappa

Feinmechaniker
7 Optiker
9 Uhrmacher
11 Goldschmied

Feinmessgerät
9 Goldwaage
10 Mikrometer, Schublehre
11 Tarierwaage

Feinscharnier ohne Gelenk
6 Brisur

Feinschmecker
7 Gourmet
9 Schlemmer

feinsinnig ► feinfühlend

feinst(e, er, es) ...
· **Rohseide**
5 Grège
· **Schmutz**
5 Staub
· **Tonware**
9 Porzellan

feist
4 dick, fett
9 fleischig
10 dickleibig, fettleibig

Feld
4 Kamp
5 Acker, Platz
6 Gebiet, Gruppe, Sektor
9 Abschnitt

Feldbahnwagen
4 Lore

Feldbefestigung
6 Bunker
7 Schanze

Feldblume
4 Mohn
11 Klatschmohn

Feldeinfriedung
5 Knick

Felder beim Billard
5 Cadre

Feldertrag
5 Ernte

Felderträge
6 Ernten

Feldfrucht
4 Hanf, Klee, Kohl, Korn, Lein, Mais, Mohn, Raps, Senf
5 Bohne, Erbse, Hafer, Hirse, Kraut, Linse, Ruebe, Spelt, Spelz
6 Dinkel, Flachs, Gerste, Lupine, Roggen, Weizen
7 Luzerne, Rotklee
8 Erdapfel, Erdbirne, Feldklee, Getreide, Ruebsame
9 Blaukraut, Gruenkern, Heidekorn, Kartoffel, Kohlruebe, Krauskohl
10 Buchweizen, Esparsette, Topinambur, Weisskraut

Feldfrüchte einbringen
6 ernten

Feldgemeinschaft
8 Allmende

Feldgeschütz
6 Kanone
8 Haubitze

Feldgrenze
4 Rain

Feldhase
6 Krumme

Feldherr
8 Stratege
11 Heerfuehrer

Feldherr ...
· *des* **30-jährigen Krieges**
4 Illo
5 Tilly
6 Gallas
11 Gustav Adolf, Piccolomini, Wallenstein
· **Davids**
5 Urias
· *im* **Krieg gegen Napoleon**
8 Bluecher
9 Gneisenau
10 Wellington
· **Nebukadnezars**
10 Holofernes
· **Wallensteins**
4 Illo

Feldhuhn
7 Rebhuhn, Wachtel

Feldjäger
7 Gendarm, Schuetz

Feldlager
5 Biwak

Feldmark
4 Flur

Feldmaß
2 Ar
4 Hufe, Joch, Rute
5 Acker
6 Hektar, Morgen

Feldmesser
7 Geodaet
8 Geometer

Feldnachtlager
5 Biwak

Feldrand
4 Rain

Feldraute
8 Erdrauch

Feldsalat
8 Rapunzel

Feldstecher
8 Fernglas

Feldstein
6 Felsit

Feldstück
4 Kamp
6 Gewann

Feldunkraut
10 Ackerwinde

Feldwache
7 Vedette
9 Vorposten

Feldzeichen
6 Banner, Panier

Fell der Bärenrobbe
8 Sealskin

Fell des Seebären
4 Seal

Fellranzen
9 Tornister

Fellzuchtbetrieb
8 Nerzfarm

Fels
3 Lei
Felsblock im Meer
6 Klippe
Felsbrocken
5 Stein
Felsen ...
· *im* **Elbsandsteingebirge**
6 Bastei
· *im* **Harz**
10 Rosstrappe
· *am* **Mittelrhein**
7 Lorelei, Loreley
· *im* **Teutoburger Wald**
12 Externsteine
Felsenhöhle
6 Grotte
Felseninsel vor Marseille
2 If
Felsenklippe
4 Riff
Felsenriff
6 Klippe
Felsenschlucht
7 Abgrund
Felsgruppe bei Detmold
12 Externsteine
Felsnische
3 Kar
Felsschlucht
4 Klus
5 Klamm
Felssorte
11 Gesteinsart
Felsspalte
5 Kamin
Felsstück
5 Stein
Felsstücke
7 Gestein
Felswand
4 Fluh
Fensterbehang
5 Stor
7 Gardine
12 Schalgardine
Fensterdekoration
6 Behang
Fensterglas
7 Scheibe
Fensterhaken
5 Haspe
Fensterladen
7 Spalett
fensterlose Kammer
6 Kabuff
fensterlose Zimmernische
7 Alkoven
Fensterschutz
5 Laden, Rollo
6 Balken
7 Markise
8 Jalousie, Rolladen
Fensterverschluss
5 Laden
8 Rolladen
Fenstervorhang
5 Rollo, Store
7 Gardine, Rouleau
Fenstervorhänge
6 Stores
Fensterzone in einer Basilika
9 Obergaden
Ferien
6 Urlaub
8 Erholung
Ferienaufenthalt
13 Sommerfrische
Ferienbagage
12 Reisegepaeck
Feriendauer
11 Urlaubszeit
Ferienfahrt
12 Urlaubsreise
Feriengast
7 Tourist
8 Urlauber
Ferienreisender
8 Urlauber
Ferienzeit
6 Urlaub
Ferment
3 Lab
5 Enzym
fern
3 weg
4 weit
6 weitab
7 weit weg
8 entlegen
9 abgelegen
Ferne
5 Weite
6 Fremde
7 Abstand
Ferne eines Planeten
5 Aphel
ferne Position
12 Entlegenheit
ferne Sonne
8 Fixstern
ferner
4 auch, item, noch
6 ebenso
9 ausserdem, ebenfalls
11 desgleichen
Ferner Osten
8 Ostasien
Ferngespräch
5 Anruf
9 Telefonat
17 Telefonverbindung
Fernglas ► Fernrohr
Fernleitung
5 Kabel
Fernrohr
8 Teleskop
9 Refraktor
11 Feldstecher
Fernrohr fürs All
16 Weltraumteleskop
Fernschreiben
5 Telex
9 Telegramm
Fernschreiber
8 Telegraf
9 Telegraph
Fernsehbegriff
(Abkürzung)
3 MAZ
Fernsehen
10 Television
Fernsehen direkt
4 live
Fernseher
10 Bildschirm
11 Mattscheibe
Fernsehfigur
3 Alf
5 Ernie
6 Samson
16 Mainzelmaennchen
fernsehgeeignet
7 telegen
Fernsehhund
6 Lassie
Fernsehpferd
4 Fury
Fernsehprofessor
5 Haber
Fernsehredakteur
9 Moderator

F

F

Fernsehsendung
4 Film, Show
5 Heute
7 Feature, Magazin
8 Panorama
10 Tagesschau
11 Nachrichten
Fernsehsprecherin
11 Moderatorin
Fernsehsystem
3 Pal
fernsehtechnischer Begriff
3 VHS
Fernsehunterricht
10 Telekolleg
Fernsicht
5 Blick
Fernsprechapparat
7 Telefon
Fernsprechbereich
8 Ortsnetz
Fernsprechraum
5 Zelle
6 Kabine
12 Telefonzelle
Fernsprechteilnehmer
7 Anrufer
Fernweh
9 Reiselust
Ferse
5 Hacke
Fersenstachel
5 Sporn
fertig
5 parat
6 bereit
7 beendet
8 erledigt
9 startklar, vollendet
13 abgeschlossen
fertig ...
· **gebacken**
3 gar
· **gebraten**
3 gar
· **gekocht**
3 gar
· **gestelltes Gebäude**
6 Neubau
fertiges Insekt
5 Imago
Fertiggericht
8 Konserve
13 Tiefkuehlkost
Fertigkeit
7 Koennen, Routine
8 Geschick
10 Faehigkeit
11 Gewandtheit
Fertigkeitstraining
6 Uebung
Fertigkleidung
10 Konfektion
Fertigteile zum Zusammenbauen
7 Bausatz
Fertigung
10 Produktion
11 Fabrikation, Herstellung
Fertigungsprodukt
4 Ware
9 Erzeugnis
fesch
5 flott
6 schick
7 elegant
9 schneidig
Fessel
5 Bande, Druck, Kette, Zwang
6 Gelenk
8 Knoechel
fesselnd
7 packend
8 spannend
11 interessant
12 faszinierend
fesselnde Wirkung
11 Faszination
fest
3 fix
4 firm, hart, stur
5 solid, stark, starr
6 massiv, robust, sicher, solide, stabil, straff, stramm
7 haltbar, kompakt
8 bestimmt, staendig
9 standhaft, unbeugsam
10 bestaendig
11 unbeweglich
Fest
4 Fete
5 Feier, Party
fest ...
· **anliegend**
3 eng
· **gegründet**
8 fundiert
9 etabliert
· **gespannt**
6 straff
· **verbunden**
4 treu
· **vorhaben**
6 wollen
Fest ...
· *der* **Auferstehung**
6 Ostern
· *der* **Bauern**
9 Erntedank
· *im* **Oktober**
13 Erntedankfest
fest(e, er, es) ...
· **Absicht**
5 Wille
· **Boden**
4 Erde
· **Einkommen**
5 Fixum
· **Elemente**
7 Metalle
· **Entschluss**
7 Vorsatz
9 Intention
· **Erdoberfläche**
4 Land
· **Fußbekleidung**
11 Haferlschuh
· **Gesinnung**
5 Ernst
· **Gewebe**
5 Drell
6 Drilch
8 Drillich
· **Hülle**
6 Huelse
· **Kissengewebe**
5 Drell
· **Körpergewebe**
7 Knorpel
· **Monatslohn**
6 Gehalt
· **Ortungsgerät**
12 Radarstation
· **Seezeichen**
4 Bake
· **Vorhaben**
4 Plan
· **Zeitpunkt**
6 Termin
· **Zueinanderhalten**
5 Treue

Festbeleuchtung
9 Feuerwerk
12 Illumination
festbinden
6 zurren
11 anschnallen
Festessen
5 Diner
6 Dinner, Souper
7 Bankett, Schmaus
8 Gastmahl
9 Galadiner
Festgedicht
3 Ode
Festgelage
5 Orgie
festgelegt(e, er, es) ..
· **Ablauf**
6 Turnus
11 Reihenfolge
· **Spielfolge**
8 Programm
Festgesang
5 Hymne
festgesetzt(e, er, es) ...
· **Gebühr**
4 Taxe
· **Preis**
4 Taxe
· **Speisenfolge**
5 Menue
· **Zahlungstermin**
5 Frist
Festhaltegerät
5 Haken, Zange
6 Klemme
7 Klammer
festhängen
6 haften, heften
Festigkeit
7 Staerke
11 Stabilitaet
14 Beharrlichkeit
Festigkeit eines Materials
6 Haerte
Festigung
14 Konsolidierung, Stabilisierung
Festival
9 Festspiel
Festivität
12 Festlichkeit
festkleben
6 haften, heften
Festkleidung
4 Gala, Robe
5 Frack, Stola
7 Smoking
9 Ballkleid
10 Abendkleid
13 Cocktailkleid
Festkneipe
7 Kommers
Festland
4 Erde
7 Erdteil
9 Kontinent
Festland aus Asien und Europa
8 Eurasien
Festlandgewässer
9 Binnensee
festländisch
11 kontinental
Festlandsockel
6 Schelf
festlandumgebende Wassermassen
4 Meer
festlegend
9 definitiv
12 determinativ
Festlegung
10 Bestimmung
12 Entscheidung
festlich(e, er, es) ...
· **Abendessen**
6 Souper
· **Aufführung**
4 Gala
· **Beerdigung**
10 Funeralien
· **Begehung**
5 Feier
· **Essen**
9 Galadiner
· **Herrenanzug**
7 Smoking
· **Kleider**
5 Galas
· **Kleidung**
4 Gala
· **Mahl**
5 Diner
· **Robe**
10 Abendkleid
· **Tanzrobe**
9 Ballkleid
· **Tanzveranstaltung**
4 Ball
· **Umzug**
5 Korso
Festlichkeit
5 Feier
11 Festivitaet
Festmahl
7 Bankett
Festmahl mit Gästen
5 Diner
festnehmen
9 ergreifen
Festsaal in der Universität
4 Aula
Festsaal in Schulen
4 Aula
festsitzend
6 sessil
Festspiel
8 Festival
Festspielort ...
· *in* **Bayern**
8 Bayreuth
12 Oberammergau
· *in* **Belgien**
6 Knogge
· *in* **Frankreich**
6 Cannes
· *in* **Österreich**
3 Erl
7 Bregenz
8 Salzburg
· *in der* **Schweiz**
8 Montreux
feststehend
3 fix
5 starr
7 fixiert
8 konstant
9 stereotyp
feststehender Ausdruck
6 Formel
Feststellung
6 Befund
8 Diagnose
Feststellung einer Person
14 Identifikation
15 Identifizierung
Festteilnehmer
4 Gast
7 Jubilar
9 Ehrengast

F

F

Festung ...
· *bei* **Brugg**
8 Habsburg
· *im* **Mittelalter**
4 Burg
· *am* **Rhein**
15 Ehrenbreitstein
Festungsanlage
4 Burg, Fort, Wall, Wehr
5 Feste
7 Bastion, Kastell, Schanze
9 Bergfried, Zitadelle
Festungsbollwerk
6 Bastei
Festungsteil
9 Esplanade
Festwert
9 Konstante
Festzug
5 Korso, Umzug
6 Parade
10 Prozession
Fete
4 Fest
5 Feier
11 Festivitaet
Fetisch
6 Abgott, Goetze
Fett
3 Oel
4 Flom, Talg, Tran
5 Speck, Wachs
6 Butter, Flomen
7 Lanolin, Schmalz, Stearin
8 Paraffin
9 Margarine
fett
4 dick
5 feist, oelig
6 massig, mollig
9 korpulent, schmierig
Fett auf der Milch
4 Rahm
Fett spaltendes Enzym
6 Lipase
fettähnlicher Stoff
6 Lipoid
Fettansatzverfahren
7 Mastkur
fettarm
5 mager
Fettarmut
9 Magerkeit
fette Tonerde
4 Klei
fetten
5 oelen
9 schmieren
fetter Marschboden
4 Klei
Fettfütterung von Tieren
4 Mast
Fettgeschwulst
5 Lipom
fetthaltigster Teil der Milch
4 Rahm
Fetthenne
5 Sedum
12 Mauerpfeffer
fettig
5 oelig
6 tranig
9 schmierig
fettleibig
9 korpulent
Fettleibigkeit
9 Fettsucht, Korpulenz
Fettprodukt zur Kerzenherstellung
7 Stearin
Fettsalbe
8 Vaseline
Fettschicht
5 Speck
Fettstückchen
6 Griebe
Fetttropfen auf der Suppe
4 Auge
Fetzen
4 Tuch
5 Wisch
6 Lappen, Lumpen, Stueck
7 Flicken
9 Schnitzel
feucht
4 nass
5 humid, klamm, tauig
7 benetzt
8 waessrig
feucht(e, er, es) ...
· **Boden**
4 Moor, Moos
5 Lache, Suhle, Sumpf
6 Morast
7 Schlamm, Schlick
· **Gelände**
2 Au
3 Aue
4 Moor
5 Sumpf
· **Niederung**
2 Au
3 Aue
· **Umschlag**
6 Wickel
9 Kompresse
· **Wiesengrund**
3 Aue
feuchtheiße Erdzone
6 Tropen
Feuchtigkeit
4 Nass
6 Naesse
7 Feuchte
Feuchtigkeitsmesser
9 Hygroskop
10 Hygrometer
feuchtwarm
7 schwuel
9 drueckend
feudal
5 adlig, nobel
7 vornehm
8 exklusiv
10 prachtvoll
14 herrschaftlich
feudalistische Besitzform
5 Lehen
Feuer
4 Lohe
5 Brand
Feuer speiender Berg
6 Vulkan
Feueranfachgerät
9 Blasebalg
Feueranzünder
5 Flint
7 Fidibus
9 Brennglas, Feuerzeug, Zuendholz
10 Feuerstein
11 Streichholz
Feuerbestattungsanstalt
11 Krematorium
feuerfest(e, er, es) ...
· **Kleidung**
11 Asbestanzug
· **Mineral**
6 Asbest
· **Schmelzgefäß**
6 Tiegel

- **Ton**
  9 Schamotte

feuergefährliche Flüssigkeit
6 Aether, Benzin, Benzol
8 Spiritus

Feuergeist
10 Salamander

Feuergott
4 Agni, Loki
6 Vulkan
8 Hephaest
10 Hephaistos

Feuerhaken
7 Stocher

Feuerkatastrophe
9 Waldbrand

Feuerkröte
4 Unke

Feuerkugel
6 Meteor

Feuerländer
3 Ona

Feuerlöschgerät
7 Spritze

Feuerreich in der Edda
6 Muspel

Feuerruf
6 feurio

Feuersbrunst
5 Brand
10 Grossbrand
12 Schadenfeuer

Feuerschutzwand
10 Brandmauer

Feuerschwamm
6 Zunder

Feuerspender
9 Feuerzeug, Zuendholz
11 Streichholz

Feuerstäbchen
9 Zuendholz
11 Streichholz

Feuerstein
3 Cer, Zer
5 Flint, Silex
6 Eolith

Feuerstelle
4 Esse, Herd, Ofen, Rost
5 Grill, Kamin

Feuerwaffe
6 Flinte, Gewehr
7 Buechse, Pistole
9 Karabiner

Feuerwasser
7 Schnaps

Feuerwehrfahrzeug
9 Loeschzug
12 Geraetewagen, Krankenwagen
13 Spritzenwagen

Feuerwehrgebäude
10 Brandwache

Feuerwehrgerät
5 Pumpe
6 Leiter
7 Spritze

Feuerwehrmann
12 Brandmeister

Feuerwelt
10 Muspelheim

Feuerwerker
13 Pyrotechniker, Sprengmeister

Feuerwerkskörper
5 Sonne
6 Frosch, Heuler, Rakete
7 Kracher
8 Feuerrad
10 Knallerbse, Schwaermer
11 Knallfrosch
13 Kanonenschlag

Feuerzeichen
5 Fanal
6 Signal

Feuilleton
10 Kulturteil

feurig
6 rassig
8 vehement

feurig roter Edelstein
9 Karfunkel

Fiaker
7 Kutsche
8 Droschke, Kutscher
14 Pferdedroschke

Fiasko
4 Ruin
6 Pleite
7 Konkurs, Verlust
8 Reinfall
10 Fehlschlag, Misserfolg

Fibel
5 Nadel
6 Spange
7 ABC-Buch, Agraffe, Brosche, Klammer
8 Lehrbuch, Lesebuch

Fiber
5 Faser

Fibrille
5 Faser
11 Gewebefaser, Nervenfaser

Fibula
6 Spange
7 Brosche, Klammer
9 Wadenbein

Fichtenharz
7 Galipot

fidel
6 heiter, lustig
9 froehlich, vergnuegt

Fidschi-Insel
5 Moala

Fieber
7 Pyrexie
10 Temperatur

Fieberbaum
10 Eukalyptus

fieberhaft
6 febril

fieberhaft(e, er, es) ...

- **Arbeit**
  6 Hektik
- **Eile**
  4 Hast
- **Hautausschlag**
  12 Nesselfieber
- **Treiben**
  6 Hektik

Fiebermittel
6 Chinin
7 Aspirin, Salizyl
10 Chinchonin

Fiebermücke
9 Anopheles

Fieberwahn
8 Delirium

fiebrige Erkrankung
6 Angina, Grippe

Fiedel
5 Geige
7 Violine

fies
10 abstossend

fifty-fifty
7 geteilt
8 haelftig, halbiert
10 halbe-halbe

Fight
5 Duell, Kampf
6 Streit

F

7 Gefecht
8 Boxkampf
9 Zweikampf

Fighter
5 Boxer
8 Kaempfer
12 Draufgaenger

Figur
6 Statue

Figur ...

· *bei* **Disney**
5 Bambi, Dumbo

· *bei* **Freitag**
4 Ingo

· *bei* **Gotthelf**
3 Uli

· *aus* **Himmelskörpern**
9 Sternbild

· *der* **hohen Schule**
6 Levade, Pesade

· *bei* **Lessing**
5 Minna

· *am* **Naumburger Dom**
3 Uta
8 Dietrich, Ekkehard

· *einer* **Negeroper**
4 Bess
5 Porgy

· *in* **New York**
15 Freiheitsstatue

· *der* **Quadrille**
3 Ete

· *beim* **Schachspiel**
4 Dame, Turm
6 Koenig
7 Laeufer
8 Springer

· *bei* **Thomas Mann**
5 Krull
10 Felix Krull

· *bei* **Tolstoi**
12 Anna Karenina

Figur aus ...

· **1001 Nacht**
7 Alibaba

· **Aida**
7 Amneris, Radames, Ramphis
8 Amonasro

· **Carmen**
4 Jose
6 Zuniga
7 Micaela
8 Mercedes
9 Escamillo

· **Der Bajazzo**
5 Beppo, Canio, Nedda, Tonio
6 Silvio

· **Der Barbier von Sevilla**
6 Figaro, Rosine
7 Bartolo, Basilio
8 Fiorillo
10 Marzelline

· **Der fliegende Holländer**
5 Senta

· **Der Rosenkavalier**
6 Annina, Sophie
7 Faninal
8 Oktavian, Quinquin
9 Valzacchi
11 Marschallin
15 Feldmarschallin

· **Der Vetter aus Dingsda**
5 Julia

· **Der Zigeunerbaron**
5 Peter, Saffi
6 Arsena, Czipra, Sandor, Zsupan
7 Ottokar
9 Mirabella

· **Die Csardasfürstin**
4 Boni

· **Die Entführung aus dem Serail**
5 Osmin, Selim
8 Belmonte, Pedrillo
9 Blondchen, Konstanze

· **Die Fledermaus**
5 Adele

· **Die Nibelungen**
3 Ute
5 Etzel, Hagen
6 Gernot, Rumolt, Volker
7 Gunther
8 Alberich, Brunhild, Dankwart, Giselher, Ruediger, Siegmund
9 Kriemhild, Sieglinde
10 Hildebrand

· **Die Zauberflöte**
6 Pamina, Tamino
8 Papagena, Papageno, Sarastro
10 Monostatos

· **Don Carlos**
5 Eboli

· **Egmont**
4 Alba

· **einem deutschen Märchen**
11 Drosselbart
12 Aschenputtel, Dornroeschen, Froschkoenig, Rotkaeppchen
13 Rattenfaenger
14 Schneewittchen
15 Rumpelstilzchen
17 Gestiefelter Kater

· **Eine Nacht in Venedig**
5 Guido

· **Ein Sommernachtstraum**
4 Puck
5 Troll
6 Helena, Hermia, Oberon, Thispe, Zettel
7 Schnauz, Theseus, Titania

· **Eugen Onegin**
4 Olga

· **Faust**
6 Marthe, Siebel, Wagner
7 Famulus
8 Gretchen, Mephisto, Valentin
9 Margarete
14 Mephistopheles

· **Hamlet**
7 Horatio, Laertes, Ophelia
8 Claudius, Gertrude, Polonius

· **La Bohème**
4 Mimi

· **Land des Lächelns**
2 Mi
4 Lisa, Lore
6 Gustav
7 Tschang

· **Macbeth**
6 Banquo, Duncan, Seyton
7 Fleance, Macduff, Malcolm

· **Maria Stuart**
8 Mortimer

· **Minna von Barnhelm**
8 Tellheim

· **Mutter Courage**
5 Eilif

· **My Fair Lady**
5 Eliza
7 Freddie, Higgins
9 Doolittle, Pickering

- **Peer Gynt**
  4 Aase
- **Rigoletto**
  5 Gilda
- **Romeo und Julia**
  6 Marcus, Tybalt
  7 Capulet, Lorenzo
  8 Benvolio, Gregorio, Montague
  9 Balthasar
- **Tristan und Isolde**
  5 Marke, Melot
  8 Kurwenal
  9 Brangaene
- **Wallenstein**
  3 Max
  4 Illo, Seni
- **Zar und Zimmermann**
  5 Marie, Peter
  6 Lefort
  7 Syndham

Figürchen
8 Figurine

figürlicher Gesimsstreifen
5 Fries

Filetschnitte
5 Steak
9 Beefsteak

Filia
7 Tochter

Filiale
7 Agentur
10 Niederlage, Zweigbuero
11 Zweigstelle
12 Zweigbetrieb
13 Niederlassung
14 Zweiggeschaeft

Filibuster
5 Pirat
6 Korsar
10 Seeraeuber

Filius
4 Sohn

Film
10 Lichtspiel

Film der Beatles
4 Help

Filmapparat
6 Kamera

Filmatelier
6 Studio
11 Traumfabrik

Filmbearbeiter
6 Cutter

Filmberuf
6 Cutter
9 Produzent, Regisseur
10 Kameramann
12 Schauspieler

Filmbühne
4 Kino
10 Filmpalast
11 Lichtbuehne

Filmdrehbuch
6 Skript

Filmfachmann
7 Cineast

Filmfan
7 Cineast

Filmfestival in Berlin
9 Berlinale

Filmfestival in Venedig
8 Biennale

Filmgesamtaufnahme
6 Totale

Filmgröße
4 Star

Filmkammer
7 Magazin

Filmkenner
7 Cineast

Filmmanuskript
6 Skript
8 Drehbuch

Filmpreis
5 Bambi, Oscar

Filmsammlung
10 Cinemathek

Filmtheater
4 Kino
6 Cinema
11 Lichtspiele
14 Lichtspielhaus

Filmvertriebsfirma
7 Verleih

Filmvorführer
9 Operateur

Filmvorführfläche
8 Leinwand

Filmvorlage
8 Drehbuch

Filmwitz
3 Gag
4 Clou

Filmzentrum in Amerika
9 Hollywood

Filmzubehör
8 Requisit

Filou
4 Dieb
6 Gauner, Schelm
8 Spitzbub
9 Spitzbube
10 Schlaukopf, Schwindler

Filter
4 Sieb

Filtertuch
6 Seiher

Filz
17 Vetternwirtschaft

Filzmütze
6 Kalpak, Kolpak

Filzzelt
5 Jurte
7 Kibitka

Fimmel
4 Tick
6 Spleen
7 Marotte

Finale
4 Ende
6 Finish
7 Endlauf, Schluss
8 Endkampf, Endrunde, Endspiel
9 Abschluss
12 Schlussszene

Finanzbehörde
6 Fiskus

Finanzen
6 Gelder
9 Vermoegen
10 Geldmittel

Finanzexperte
7 Bankier

finanziell
8 monetaer

finanziell(e, er, es) ...
- **Aufwand**
  7 Zahlung
- **Geschäft**
  11 Transaktion
- **Verbesserung**
  6 Zulage
- **Verpflichtung**
  6 Schuld

Finanzier
7 Sponsor
9 Geldgeber

Finanzierungsform
7 Leasing

Finanzmann
6 Banker

F

9 Finanzier
Finanzmittel
6 Gelder
Findelhaus
10 Waisenhaus
Findelkind
5 Waise
8 Findling
Finden von Neuem
10 Entdeckung
findig
4 klug
6 schlau
7 pfiffig
13 einfallsreich
Finesse
8 Feinheit, Klugheit
10 Kunstgriff, Schlauheit
Fingerentzündung
6 Umlauf
Fingerhut
9 Digitalis
Fingerkraut
10 Gaensefuss, Gaenserich, Tormentill
11 Gaensegarbe
Fingernagelhalbmond
6 Lunula
Fingerreif
4 Ring
Fingerschmuck
4 Ring
7 Ehering
8 Trauring
Fingerspiel
4 Mora
Fingerspitzengefühl
4 Takt
Fingertier
6 Aye Aye
Fingerzeig
3 Tip
4 Tipp, Wink
7 Hinweis
Finish ▶ Finale
Finish im Rennen
8 Endspurt
Finkenvogel
5 Ammer
6 Gimpel, Zeisig
8 Bergfink, Buchfink, Dompfaff, Sperling
9 Goldammer, Gruenfink, Gruenling, Haenfling, Rohrammer, Stieglitz
10 Distelfink
11 Kernbeisser
13 Berghaenfling, Kanarienvogel
finnisch für Finnland
5 Suomi
finnisch(e, er, es) ...
· **Archipel**
11 Alandinseln
· **Architekt**
8 Saarinen
· **Dampfbad**
5 Sauna
· **Feldmarschall**
10 Mannerheim
· **Hafenstadt**
3 Abo
4 Kemi, Oulu, Vasa
5 Vaasa
· **Harfe**
7 Kandele, Kantele
· **Heißluftbad**
5 Sauna
· **Komponist**
8 Sibelius
9 Palmgreen
· **Landschaft**
8 Karelien, Lappland
· **Läufer**
5 Nurmi
· **Münze**
5 Penni
· **Nationalepos**
8 Kalevala, Kalewala
· **Nobelpreisträger für Chemie**
8 Virtanen
· **Nobelpreisträger für Literatur**
11 Sillanpaeae
· **Politiker**
8 Kekkonen
· **Schriftsteller**
3 Aho
4 Kivi
11 Sillanpaeae
· **See**
4 Oulu
· **Völkergruppe**
5 Esten, Liven
6 Lappen
8 Karelier, Ostjaken
· **Währung**
6 Markka
8 Finnmark
finster
6 dunkel, obskur
7 duester
Finsternis
10 Dunkelheit
Finte
4 Dreh
5 Trick
7 Vorwand
9 Ausflucht
13 Scheinangriff
Firlefanz
4 Kram
firm
4 fest
6 sicher
10 sattelfest
Firma
7 Betrieb
9 Geschaeft
11 Unternehmen
Firmament
6 Himmel
8 Horizont
11 Sternenzelt
15 Himmelsgewoelbe
Firmeninhaber
4 Boss, Chef
9 Fabrikant
11 Unternehmer
Firmenleiter
7 Manager
8 Direktor
Firmenleitung
8 Vorstand
9 Direktion
10 Management
Firmenmitbesitzer
9 Aktionaer
Firmennachfolger
10 Juniorchef
Firmenregister
12 Ragionenbuch
Firmenschaffung
9 Gruendung
Firmenteilnehmer
14 Gesellschafter
Firmenurheber
8 Gruender
Firmenvertreter
9 Reisender
Firmenvertretung
7 Agentur, Filiale
Firmenzeichen
5 Marke

Firmenzusammenschluss
6 Fusion
7 Konzern
Firn
9 Altschnee
Firnis
7 Leinoel
First
4 Dach, Kamm
5 Kante
6 Gipfel
First Lady
9 Erste Dame
16 Praesidentenfrau
Fisch in den Voralpenseen
5 Renke
Fisch in Würztunke
8 Marinade
Fischart
3 Aal, Hai
4 Leng, Salm, Wels
5 Barbe, Hecht, Lachs
6 Aesche, Barsch, Brasse, Doebel, Seeaal, Zander
7 Aalbutt, Elbbutt, Felchen, Fogosch, Forelle, Scholle, Sprotte
8 Anchovis, Heilbutt, Kabeljau, Sardelle, Seebarbe, Seelachs, Seezunge, Truesche, Tunfisch
9 Hammerhai, Knurrhahn, Seeteufel, Thunfisch, Zitteraal
10 Bitterling, Flussbarbe, Goldbarsch, Goldbrasse, Klippfisch, Seeforelle, Zitterwels
11 Bachforelle, Blaufelchen, Kofferfisch, Schellfisch
12 Lanzettfisch, Lederkarpfen, Seepferdchen, Zitterrochen
13 Flussneunauge, Korallenfisch, Teufelsrochen
14 Petermaennchen, Spiegelkarpfen
15 Schleierschwanz
Fischatmungsorgan
6 Kiemen
Fischbehältnis
6 Kalter
Fischbein
5 Barte
8 Walbarte
Fischbrut
5 Laich
Fischdampfer
7 Trawler
Fische der Nervlinge
6 Alande
Fischeier
5 Rogen
6 Kaviar
Fischer
6 Angler
Fischereifahrzeug
6 Kutter, Logger
7 Trawler
Fischereigerät ► Fischfanggerät
Fischereischiff
6 Logger
Fischerkahn
8 Weidling
Fischfanggerät
4 Netz
5 Angel, Hamen, Reuse
7 Kescher
9 Angelrute
11 Schleppnetz
Fischfangrequisit
10 Angelhaken
Fischfett
4 Tran
Fischgericht
8 Aalsuppe
Fischkaltgericht
12 Heringssalat
Fischknochen
6 Graete
Fischkonserve
8 Rollmops
10 Oelsardine
14 Bismarckhering
Fischkunde
12 Ichthyologie
Fischmarder
5 Otter
Fischöl
4 Tran
Fischöl als Zusatz zur Kindernahrung
9 Lebertran
Fischprodukt
9 Lebertran
Fischruder
6 Flosse
Fischspezialität
10 Brathering
Fischsuppe
13 Bouillabaisse
Fischwasserbehälter
8 Aquarium
Fischweib
10 Seejungfer
12 Meerjungfrau
Fischzugergebnis
4 Fang
fiskalischer Begriff
12 Steuerklasse
Fiskus
9 Finanzamt
11 Staatskasse
Fistel
5 Kanal
7 Abszess
Fistelstimme
7 Falsett
10 Kopfstimme
Fistula
9 Panfloete
12 Hirtenfloete
fit
8 tauglich
14 durchtrainiert
15 leistungsfaehig
Fittich
7 Fluegel
Fitzbohne
10 Veitsbohne
12 Schnittbohne, Stangenbohne
fix
4 fest
5 eilig, flink, rasch
7 gewandt
fixe Idee
4 Tick
6 Grille, Irrtum, Spleen
7 Marotte
8 Schrulle
17 Zwangsvorstellung
Fixiermittel
7 Fixativ
9 Schellack
11 Kolophonium
Fixstern
4 Wega
5 Atair, Deneb, Rigel, Sonne

6 Castor, Kastor, Pollux, Sirius, Taurus
7 Antares, Canopus, Capella, Kapella, Zentaur
9 Aldebaran, Centaurus
10 Alpha Tauri
15 Proxima Centauri

Fixsternansammlung
12 Milchstrasse

Fixsterngruppe
9 Sternbild

Fixum
6 Gehalt
7 Entgelt
9 Einkommen, Festbezug, Verdienst
10 Festgehalt

Fjord
5 Bucht
11 Meeresbucht

fjordähnliche Bucht
9 Meeresarm

FKK-Anhänger
6 Nudist

flach
4 eben
5 platt
7 niedrig
10 huegelfrei

flach gedrückt
5 platt

flach(e, er, es) ...

· **Beschaffenheit**
8 Ebenheit

· **Boot**
3 Gig
4 Kanu
5 Kajak
7 Einbaum
8 Canadier, Kanadier

· **Frachtkahn**
5 Zille

· **Gefäß**
6 Schale

· **Gewässerstelle**
7 Untiefe

· **Kopfbedeckung**
6 Barett
12 Baskenmuetze, Tellermuetze

· **Kuchen**
6 Fladen

· **Küstenbucht**
4 Haff

· **Küstengewässer**
6 Lagune
9 Strandsee

· **Küstensegelschiff**
4 Ewer

· **Landschaft**
5 Ebene

· **Lastschiff**
7 Trauner

· **Meeresbucht**
4 Wiek

· **Meeresteile**
7 Lagunen

· **Pfannkuchen**
6 Fladen

· **Schale als Essgerät**
6 Teller

· **Schnittholz**
5 Brett
7 Bretter

· **Schüssel**
6 Platte, Schale

· **Stab des Arztes**
6 Spatel

· **Strandsee**
4 Haff
6 Lagune

· **Talsenke**
5 Mulde

· **Tasche**
5 Mappe

· **Topf**
6 Tiegel

· **Torte**
5 Waehe

· **Trinkgefäß**
10 Sektschale

Flachbildwerk
9 Basrelief

Flachbrustvogel
4 Kiwi
7 Strauss

Flachdachhaus
8 Bungalow

Flachdruckverfahren
6 Offset
10 Lichtdruck, Steindruck
12 Lithographie

Fläche
4 Feld, Raum
5 Areal, Boden, Ebene, Platz
6 Bezirk, Gebiet
7 Terrain
12 Bodenflaeche

Flächenabschnitt im Forst
5 Jagen

Flächenbegrenzung
4 Rain, Rand

Flächeninhalt
5 Areal

Flächenmaß
2 Ar
3 Are
4 Acre, Hufe, Joch, Rute
6 Hektar, Morgen
7 Tagwerk
12 Quadratmeter
16 Quadratdezimeter, Quadratkilometer
17 Quadratmillimeter, Quadratzentimeter

Flächenmesser
10 Planimeter

Flächenverzierung
8 Arabeske

Flachland
5 Ebene

Flachs
4 Lein

Flachsabfall
4 Hede, Werg

Flachsbündel
5 Riste

Flachskamm
6 Riffel

Flachsprodukt
6 Leinen
9 Leinsamen

Flachssamen
8 Leinsaat

flackernde Flamme
4 Lohe

fladenartige Mehlspeise
6 Dalken

Flagge
5 Fahne
6 Banner, Wimpel
7 Stander
9 Standarte

Flagge der USA
13 Sternenbanner

Flagge Frankreichs
9 Trikolore

Flaggengruß auf See
6 Dippen

Flaggenmast
12 Fahnenstange

Flaggenstange
10 Fahnenmast

Flair
7 Fluidum
11 Atmosphaere
flämischer Geograph
8 Mercator
flämischer Maler
4 Dyck
6 Rubens
Flamme
4 Lohe
Flammenblume
5 Phlox
Flammenglut
4 Lohe
Flammenzeichen
5 Fanal
Flammeri
7 Pudding
flandrisch(e, er, es) ...
· **Küstenfluss**
4 Yser
· **Stadt**
4 Gent
7 Bruegge
· **Zither**
6 Hommel
Flanellgewebe
8 Barchent
Flaneur
4 Geck
5 Stenz
9 Bummelant
10 Nichtstuer
Flanke
5 Seite
6 Sprung, Weiche
7 Fluegel
Flanke beim Fußball
7 Vorlage, Zuspiel
10 Hereingabe
Flasche
5 Pulle
6 Ballon, Buddel, Flakon
7 Gefaess, Karaffe
8 Versager
9 Dilettant
Flaschenansammlung
8 Batterie
Flaschenbehälter
5 Kiste
9 Bierkiste
Flaschenform
11 Bocksbeutel
Flaschenkürbis
9 Kalebasse
Flaschenöffner
12 Korkenzieher
13 Stoppelzieher
Flaschenreihe
8 Batterie
Flaschenverschluss
4 Kork
5 Krone
6 Korken, Pfropf
8 Stoepsel
10 Kronenkork
12 Kronenkorken
Flaschenzug
5 Winde
8 Elevator
Flaschner
8 Blechner, Klempner, Spengler
Flattergras
6 Milium
9 Waldhirse
flatterhaft
6 unstet
12 unbestaendig
flatterhaftes Geschöpf
8 Irrwisch
Flattertier
8 Flughund
10 Fledermaus
flau
3 mau
4 matt, mies
5 muede
7 lustlos, schwach
8 schlecht
Flaumfeder
5 Daune
10 Eiderdaune
flauschiger Stoff
6 Ratine
Flause
5 Luege
7 Ausrede
10 Geschwaetz
12 Hirngespinst
Flausen
12 Fisimatenten
Flaute
6 Baisse
10 Windstille
Flechte
5 Ekzem
9 Ausschlag
13 Hautausschlag
Flechtmaterial
4 Bast, Hanf, Jute
6 Schilf
10 Peddigrohr
Flechtstoff
4 Bast, Jute
Flechtwerk
4 Korb
5 Matte
8 Geflecht
Flechtwerk für Böschungen
5 Hurde
Fleck
3 Mal, Ort
5 Markt, Platz
6 Klecks, Lappen, Stelle
7 Flicken, Schmutz
8 Spritzer
fleckenlos
4 rein
5 sauber
Fleckenmuster
5 Moiré
Fleckenspezialist
9 Detacheur
Fleckfieber
6 Typhus
Fledermaus
6 Vampir
8 Flughund
10 Flederhund
11 Abendsegler
Flegel
6 Bengel, Ruepel
7 Grobian, Luemmel
Flegelei
5 Unart
13 Ungezogenheit
Flegelhaftigkeit
8 Ruepelei
Flegeljahre
9 Pubertaet
flehentlich
10 instaendig
Fleisch des Wildes
8 Wildbret
Fleisch fressend(e, er, es) ...
· **Lebewesen**
8 Raubtier
· **Pflanze**
9 Sonnentau
12 Fliegenfalle
13 Kannenpflanze
17 Venusfliegenfalle

F

F

· **Vogel**
8 Aasgeier
9 Raubvogel
10 Greifvogel
Fleisch in Aspik
6 Suelze
Fleisch räuchern
7 selchen
Fleischart
12 Schweinernes
Fleischbeilage
9 Apfelkren
13 Semmelknoedel
Fleischbeize
3 Sur
Fleischbrühe
8 Bouillon, Consommé
Fleischer
7 Metzger
10 Schlachter
Fleischereiprodukt
9 Bockwurst
10 Plockwurst
Fleischextrakt
6 Bruehe
Fleischfaserbündel
6 Muskel
Fleischfresser
9 Karnivore
Fleischfüllung
5 Farce
Fleischgelee
5 Aspik
Fleischgericht
6 Ragout
7 Gulasch
9 Frikassee
10 Hackbraten
Fleischhauer
7 Metzger
Fleischhülle
6 Panier
fleischig
7 pulpoes
9 sukkulent
Fleischkloß
5 Klops
7 Bulette
8 Boulette
10 Frikadelle
Fleischklößchen
9 Brisolett
10 Brisolette
Fleischkonserve
8 Pemmikan
10 Cornedbeef
Fleischkrem
6 Mousse
fleischlich
8 leiblich
11 koerperlich
fleischlose Ernährung
12 Vegetarismus
Fleischmaschine
4 Wolf
Fleischpastetchen
10 Rissolette
Fleischprodukt (▶ auch Wurstart)
5 Wurst
8 Schinken
10 Leberkaese
12 Fleischkaese
Fleischrolle
7 Roulade
Fleischsaftgallert
3 Jus
4 Fond
6 Suelze
Fleischscheibe
7 Tranche
Fleischschnitte
5 Steak
9 Schnitzel
Fleischspeise
6 Braten
7 Eisbein, Gulasch
9 Beefsteak, Entrecote, Roastbeef
12 Lendenbraten, Rinderbraten
Fleischspeise in Teighülle
7 Pastete
Fleischstücke in Gallert
6 Suelze
Fleischsud
6 Bruehe
Fleischsuppe
11 Kraftbruehe
Fleischton auf Gemälden
8 Inkarnat
Fleischtunke
5 Sauce, Sosse
11 Bratensosse
Fleischvergiftung
10 Botulismus
Fleischwerdung Christi
11 Inkarnation
Fleischwolf
16 Faschiermaschine
Fleiß
5 Eifer, Muehe
7 Absicht, Streben
12 Strebsamkeit, Tuechtigkeit
fleißig
5 emsig
6 eifrig
fleißiges Insekt
4 Emse, Imme
5 Biene
6 Ameise
fleißiges Lieschen
9 Balsamine
11 Springkraut
flexibel
7 beugbar, beugsam, biegsam, dehnbar
9 beweglich, elastisch
11 geschmeidig
flexible Gummileitung
8 Schlauch
flexibler Zollstock
8 Messband
Flexion
7 Beugung
11 Deklination, Konjugation
Flickarbeit
9 Reparatur
12 Ausbesserung
14 Instandsetzung
fliederfarben
4 lila
Fliegenart
6 Bremse, Muecke
10 Florfliege
12 Rinderbremse, Stubenfliege, Tsetsefliege
13 Eintagsfliege
14 Schmeissfliege
fliegend(e, er, es) ...
· **Brandteilchen**
6 Funken
· **Fisch**
8 Flughahn
11 Hochflieger
12 Meerschwalbe
13 Stachelbarsch
· **Hund**
6 Kalong
· **Personal**
5 Pilot
6 Funker
7 Kopilot, Steward

9 Navigator
10 Bordfunker, Stewardess
· **Untertasse**
3 Ufo
Fliegenfanggerät
4 Leim, Netz
8 Klatsche
Fliegenlarve
4 Made
Fliegenschnäppervogel
10 Grasmuecke, Rotschwanz
11 Rohrsaenger
Flieger
5 Pilot
6 Segler
8 Aeronaut
9 Radfahrer, Rennpferd
10 Bahnfahrer, Rennfahrer
13 Radrennfahrer
15 Flugzeugfuehrer
Fliegerstandort
5 Horst
Fliegertruppe
9 Luftwaffe
Fliehkraft
16 Zentrifugalkraft
Fliese
6 Kachel, Platte
10 Plaettchen
Fließarbeitsanlage
7 Rutsche
9 Rolltisch
10 Fliessband
fließend(e, er, es) ...
· **Eis**
8 Eisstrom
9 Gletscher
· **Gewässer** ► Fließgewässer
· **Vulkanmasse**
9 Lavastrom
Fließgewässer
4 Bach
5 Fluss, Strom
7 Rinnsal
8 Wildbach
Fließheck an Autos
8 Fastback
Fließpapier
12 Loeschpapier
flink
3 fix, vif
4 agil, rege
5 alert, eilig, flott, rasch
6 behend, hurtig, munter, regsam, wendig
7 behaend, behende, gewandt, lebhaft, schnell
9 behaende, beweglich, geschickt, geschwind
10 aufgeweckt
flink im Jargon
5 dalli
Flinkheit
9 Agilitaet
Flint
10 Feuerstein
Flinte
6 Gewehr
7 Buechse
10 Jagdgewehr
Flintglas
12 Kristallglas
Flirt
8 Liebelei
9 Taendelei
14 Techtelmechtel
Flitter
4 Kram, Tand
7 Plunder, Troedel
Flitterkram
9 Firlefanz
Flocke
8 Flankerl
Flor
6 Bluete
9 Wohlstand
11 Kreppgewebe
12 Blumenfuelle
13 Bluetenfuelle
Flora
12 Pflanzenwelt
Florentiner ...
· **Adelsgeschlecht**
6 Medici
· **Architekt**
12 Michelangelo
· **Dichter**
5 Dante
· **Kunstgalerie**
8 Uffizien
· **Politiker**
11 Machiavelli
· **Reformator**
10 Savonarola
Florenz auf italienisch
7 Firenze
Florgewebe
4 Samt
7 Pluesch
Florin
6 Gulden
Floristin
14 Blumenbinderin
Floskel
9 Redensart
11 Redewendung
floßartiges Fahrzeug
5 Balsa
Flossenfüßer
5 Robbe
7 Seehund
12 Meerschnecke
Flößerstange
5 Stake
Flotationszusatz
6 Flotol
Flötenart
7 Pikkolo
9 Panfloete
10 Flageolett, Querfloete
11 Blockfloete
Flötenregister der Orgel
10 Flageolett
flott
4 chic, kess
5 fesch, flink
6 schick
7 modisch
9 schneidig
11 schwungvoll
Flotte
4 Navy
6 Armada, Marine
14 Schiffsverband
Flottenbasis
11 Kriegshafen, Stuetzpunkt
Flottenchef
7 Admiral
Flottenwesen
6 Marine
Fluch
7 Unsegen
10 Laesterung, Schmaehung
Flucht Mohammeds
8 Hedschra
Fluchtburg
8 Refugium

F

flüchtig(e, er, es) ...
· **Brennstoff**
7 Heizgas
· **Erlebnis**
7 Episode
· **Flüssigkeit**
6 Aceton, Aether, Benzin, Benzol
7 Alkohol
· **Verbrennungsrückstand**
5 Abgas
· **Zeichnung**
6 Skizze
Flüchtlingskolonne
5 Treck
Fluchtstab für Vermessungen
5 Jalon
Flugbahn
5 Kurve
7 Parabel
Flugbahnkunde
9 Ballistik
Flugbegleiter
7 Steward
Flügel
5 Piano, Seite, Trakt
6 Flanke
7 Fittich
8 Schwinge
9 Seitenbau
10 Seitenteil
11 Seitentrakt, Tragflaeche
Flügelaltar
9 Diptychon
10 Triptychon
Flügelhorn
7 Kornett
flügelloses Insekt
4 Floh, Laus
Flügelpferd
7 Pegasus
flugfähiges Säugetier
8 Flughund
9 Flugfuchs
10 Fledermaus
flugfähiges Tier
5 Vogel
Flugfigur
4 Turn
5 Rolle, Runde
7 Looping
8 Schleife
Fluggast
9 Passagier
Fluggastbetreuerin
10 Stewardess
Fluggastbrücke
6 Jetway
7 Gangway
Fluggebiet
8 Luftraum
Fluggerät
6 Ballon
7 Drachen
15 Heissluftballon
Flughafen
4 Base
5 Basis, Horst
7 Airbase, Airport
8 Aeroport
Flughafen von ...
· **Amsterdam**
8 Schiphol
· **Berlin**
5 Gatow, Tegel
9 Tempelhof
11 Schoenefeld
· **Hamburg**
12 Fuhlsbuettel
· **London**
7 Croydon, Gatwick
8 Heathrow, Northolt
· **München**
4 Riem
· **New York**
8 Idlewild
14 Kennedy Airport
· **Paris**
4 Orly
9 Le Bourget
15 Charles de Gaulle
· **Prag**
6 Ruzyne
· **Rom**
9 Fiumicino
15 Leonardo da Vinci
· **Uganda**
7 Entebbe
· **Wien**
9 Schwechat
· **Zürich**
6 Kloten
Flughafenhalle
8 Terminal
Flughafenlandebahn
5 Piste
Flughafenpiste
8 Rollbahn
9 Landebahn
Fluginsekten
7 Muecken
Flugkäfig für Vögel
7 Voliere
Flugkontrollturm
5 Tower
Flugkörper
6 Ballon, Rakete
Flugkörpergeschoss
13 Cruisemissile
Flugnavigator
5 Orter
Flugnotgerät
10 Fallschirm
Flugpionier
4 Udet
6 Fokker, Wright
7 Dornier
8 Zeppelin
9 Lindbergh
10 Lilienthal, Richthofen
13 Messerschmitt
Flugsandhügel
5 Duene
Flugschrift
7 Traktat
8 Pamphlet
10 Broschuere, Handzettel
Flugtier
5 Vogel
flugunfähiger Jungvogel
8 Nestling
flugunfähiger Vogel
3 Emu
4 Kiwi
5 Nandu
7 Pinguin, Strauss
Flugwesen
9 Fliegerei
10 Aeronautik
Flugzeugankunft
7 Landung
Flugzeugart
3 Jet
5 Jumbo
6 Bomber
7 Clipper, Gleiter
9 Eindecker, Turboprop
10 Aufklaerer, Fernbomber, Jagdbomber
11 Starfighter
12 Duesenjaeger, Jagdflugzeug, Lastensegler
13 Segelflugzeug, Sportflugzeug

14 Duesenflugzeug
Flugzeugbesatzung
4 Crew
Flugzeugeinheit
5 Kette
Flugzeugentführung
9 Hijacking
Flugzeugführer
5 Pilot
7 Copilot, Flieger
Flugzeugführung
10 Navigation
Flugzeughalle
6 Hangar
Flugzeugkommandant
8 Kapitaen
12 Flugkapitaen
Flugzeugmieter
9 Charterer
Flugzeugmotor
9 Triebwerk
15 Duesentriebwerk
Flugzeugpilotenkabine
7 Cockpit
Flugzeugstarthilfe
5 Winde
7 Schlepp
8 Katapult
9 Seilwinde
10 Motorwinde
Flugzeugteil
4 Heck
5 Rumpf
6 Kabine
7 Cockpit, Fluegel
9 Propeller, Triebwerk
11 Fahrgestell, Hoehenruder, Seitenruder, Tragflaeche
Flugzeugtyp
5 Piper
6 Airbus, Boeing, Cessna, Condor, Fokker
7 Concorde, Douglas
9 Iljuschin
Flugzeugverband
7 Staffel
10 Geschwader, Luftflotte
Fluidum
3 air
5 Flair
8 Stimmung
11 Atmosphaere
12 Ausstrahlung
Fluktuation
7 Wechsel
Flunder
4 Butt
7 Scholle
Flur
3 Ern
4 Gang, Mark
5 Acker, Boden, Diele, Flett
6 Entree
7 Vorraum
8 Korridor
9 Ackerland
10 Kulturland
Flurbuch
8 Kataster
Flurhüter
7 Schuetz
8 Bannwart
11 Feldpolizei, Feldschuetz, Flurschuetz
12 Feldpolizist
Flurschaden
11 Wildschaden
Flurstück
6 Gewann
Fluse
6 Fussel
8 Faedchen
Fluss
5 Strom
9 Gewaesser
10 Wasserlauf
Fluss ... (▶ auch Nebenfluss)
· *durch* **Aberdeen**
3 Dee
· *zur* **Adria**
5 Etsch
7 Rubikon
· *in* **Afrika**
3 Nil
4 Adar, Bani, Juba, Ruki, Sebu, Tana, Vaal
5 Akobo, Benue, Djuba, Ituri, Kasai, Komoe, Kongo, Kotto, Mbomu, Niger, Ogowe, Sanga, Sobat, Uelle, Volta, Zaire
6 Atbara, Gambia, Kunene, Lomani, Lukuga, Muluja, Oranje, Rovuma, Sanaga, Schari, Ubangi
7 Bandama, Dschuba, Kubango, Limpopo, Lulonga, Pangani, Sambesi, Sankuru, Semliki, Senegal
8 Komadugu, Okavango
9 Blauer Nil
10 Medscherda, Weisser Nil
13 Gazellenfluss
· *in* **Ägypten**
3 Nil
· *in* **Albanien**
4 Drin
· *durch* **Amberg**
4 Vils
· *in* **Amerika**
3 Ene, Ica
4 Gila, Jary, Meta, Napo, Ohio, Para, Paru
5 Apure, Cauca, Jurua, Miami, Owens, Plata, Purus, Snake, Xingu, Yukon
6 Albany, Atrato, Biobio, Carson, Chubut, Dakota, Fraser, Hudson, Japura, Javari, Kansas, Manamo, Morona, Ottawa, Parana, Sonora
7 Abitibi, Alabama, Araguay, Berbice, Bermejo, Guapore, La Plata, Madeira, Maranon, Niagara, Orinoco, Potomac, Ribeira, Rio Beni, San Juan, Schingu, Surinam, Tapajoz, Ucayali, Uruguay
8 Amazonas, Apurimac, Arkansas, Chukamba, Colorado, Delaware, Guaviare, Huallaga, Humboldt, Illinois, Klondike, Merri Mac, Missouri, Paraguay, Parahyba, Pastassa, Red River, Rio Chico, Rio Negro, Rio Pecos, Rio Yaqui, St. Lorenz
9 Athabaska, Des Moines, Mackenzie, Parnahyba, Pilcomayo, Rio Grande, Rio Salado, Saint John, Tennessee, Tocantins, Vilcamayo, Wisconsin

F

11 Hudson River, Lorenzstrom, Mississippi, Saint Lorenz, Susquehanna, Yellowstone
12 Rio de la Plata, Saskatchewan
14 Tennessee River
· *durch* **Amsterdam**
6 Amstel
· *bei* **Ancona**
5 Esino
· *zum* **Aralsee**
3 Amu
· *in* **Armenien**
4 Aras
· *durch* **Aschaffenburg**
4 Main
· *in* **Asien**
2 Ik, Ob, Ui
3 Amu, Ili, Ket, Kur, Tas, Tom, Uil
4 Aksu, Amur, Aras, Assa, Buna, Hida, Ilim, Jalu, Jana, Kuma, Kura, Lena, Mahi, Maja, Moma, Onon, Oxus, Rion, Seja, Tura, Ural, Urup
5 Airai, Aldan, Argun, Atrek, Gogra, Halys, Indus, Irgis, Jumna, Kabul, Karun, Katun, Kuban, Menam, Nonni, Okawa, Peiho, Purna, Samba, Sindh, Tapti, Tarim, Terek, Tobol, Tschu, Usbej, Weiho, Witim
6 Abakan, Anabar, Anadyr, Angara, Barito, Bureja, Ganges, Ghagra, Goeksu, Hagari, Ingoda, Ischim, Jordan, Kapuas, Karasu, Kistna, Kolyma, Kuaiho, Mekong, Olekma, Olenek, Omolon, Orchon, Pahang, Saleph, Saluen, Salwen, Sangpo, Songka, Taimyr, Tigris, Ussuri, Wiljui
7 Abukuma, Alaseja, Bjelaja, Euphrat, Ghaggar, Hilmend, Hoangho, Hwangho, Irawadi, Irtysch, Jarkand, Kerulen, Krishna, Kumgang, Narbada, Orontes, Pekiang, Sakaria, Schilka, Selenga, Sungari, Tschuja, Wukiang
8 Amudarja, Brahmani, Chatanga, Dschamma, Godawari, Hankiang, Jaxartes, Jenissei, Krischna, Mahanadi, Menderes, Minkiang, Sinkiang, Syr Darja, Tschinab, Tschulym, Tunguska, Tunkiang
9 Indigirka, Indragiri, Indrawadi, Julukiang, Ling Kiang, Madhumati, Mahananda, Menam Ping, Satledsch, Tschambal
10 Serafschan, Skamandros
11 Brahmaputra
12 Jangtsekiang
· *zwischen* **Asien und Europa**
4 Ural
· *zum* **Asowschen Meer**
3 Don
· *zum* **Atlantik**
5 Duero
· *in* **Australien und Ozeanien**
8 Burdekin, Flinders, Georgina, Victoria, Wooramel
9 Condamine, Fortescue, Mackenzie, Murchison, Swan River
10 Strickland
11 Barwon River, Culgoa River, Norman River, Palmer River
12 Alberga River, Darling River, Derwent River, Fitzroy River, Gilbert River, Murrumbidgee
13 Flinders River, Gascoyne River, Mitchell River
14 Ashburton River, Mackenzie River
15 Diamantina River, Hawkeburry River
· *durch* **Avignon**
5 Rhone
· *durch* **Bad Neuenahr**
3 Ahr
· *durch* **Bad Vilbel**
5 Nidda
· *in* **Baden**
3 Oos
· *durch* **Baden-Baden**
3 Oos
· *zum* **Balchaschsee**
3 Ili
· *der* **Balkanhalbinsel**
4 Drin, Save
5 Donau, Drina
6 Morava, Morawa, Wardar
7 Maritza
· *im* **Bayerischen Wald**
3 Ilz
5 Regen
· *in* **Bayern**
5 Aisch
· *in* **Belgien**
3 Lys
4 Maas, Yser
5 Demer, Nethe
6 Dender, Ourthe, Sambre
7 Schelde
· *durch* **Belgrad**
4 Save
5 Donau
· *durch* **Berlin**
5 Havel, Panke, Spree
· *durch* **Bern**
4 Aare
· *bei* **Bingen**
4 Nahe
5 Rhein
· *aus dem* **Bodensee**
5 Rhein
· *in* **Böhmen**
4 Eger, Iser
· *durch* **Bordeaux**
7 Garonne
· *in* **Bosnien-Herzegowina**
5 Bosna, Drina
· *in* **Brasilien**
9 Rio Grande
· *durch* **Bremen**
5 Weser
· *durch* **Budapest**
5 Donau
· *aus dem* **Chiemsee**
3 Alz
· *in* **China**
5 Tarim

7 Hoangho, Hwangho, Jangtse
- *durch* **Coburg**
3 Itz
- *durch* **Detmold**
5 Werre
- *in* **Deutschland**
2 Aa
3 Ahr, Ems, Enz, Ill, Ilz, Inn, Rur
4 Aach, Bode, Breg, Dill, Eder, Elbe, Eltz, Erft, Gera, Glan, Isar, Jade, Kyll, Lahn, Lech, Main, Murg, Naab, Nahe, Oder, Oker, Rems, Saar, Sieg, Urft
5 Aller, Donau, Eider, Fulda, Havel, Iller, Jagst, Leine, Lippe, Mosel, Netze, Regen, Rhein, Ruwer, Saale, Sauer, Spree, Traun, Trave, Uchte, Werra, Weser, Wuerm
6 Elster, Gutach, Kinzig, Kocher, Nagold, Neckar, Neisse, Pregel, Tauber, Wupper, Wutach
7 Brigach, Dreisam, Emscher, Loisach, Pegnitz, Regnitz, Schwalm, Sprotte, Unstrut
8 Altmuehl
- *zum* **Dollart**
3 Ems
- *durch* **Dresden**
4 Elbe
- *aus der* **Eifel**
3 Ahr
4 Urft
5 Nette
6 Lieser
- *durch* **Ellwangen**
5 Jagst
- *im* **Engadin**
3 Inn
- *in* **England**
3 Dee, Don, Exe, Nen, Taw, Ure, Wye
4 Avon, Hull, Tyne
5 Stour, Trent, Tweed
6 Humber, Kennet, Medway, Severn, Themse
- *in* **Europa**
4 Elbe
- *in den* **Finnischen Meerbusen**
4 Newa
- *in* **Finnland**
8 Kalajoki
12 Kokemaenjoki
- *durch* **Florenz**
4 Arno
- *in* **Frankreich**
3 Ain, Arc, Ill, Tet, Var
4 Arve, Aube, Aude, Cher, Gard, Oise, Orne, Tarn, Yser
5 Aisne, Doubs, Isère, Loire, Marne, Meuse, Rhone, Saône, Seine, Sèvre, Somme
6 Allier
7 Durance, Garonne, Gironde, Hérault, Moselle
8 Charente, Dordogne
- *durch* **Freiburg**
7 Dreisam
- *durch* **Gerona**
3 Ter
- *in* **Ghana**
5 Volta
- *durch* **Gießen**
4 Lahn
- *in den* **Golf von Bengalen**
6 Ganges
- *durch* **Graz**
3 Mur
- *durch* **Grenoble**
5 Isère
- *in* **Griechenland**
3 Iri
4 Arda, Arta
5 Axios
6 Alfios, Asopos, Louros, Mestra, Nestos, Pyrros
7 Acheron, Alphios, Peneios, Strymon
8 Acheloos, Aliakmon, Alpheios, Megdobas
9 Bouraikos, Salamvria
- *der* **griechischen Sage**
8 Eridanus
- *durch* **Halle**
5 Saale
- *durch* **Hamburg**
4 Elbe
6 Alster
- *durch* **Hamm**
5 Lippe
- *aus dem* **Harz**
4 Bode, Bode, Ilse, Ilse, Oker, Oker
5 Selke
- *im* **Heiligen Land**
6 Jordan
- *aus dem* **Hohen Venn**
3 Rur
- *in* **Holstein**
5 Trave
- *aus dem* **Hunsrück**
4 Nahe
5 Ruwer
- *in* **Indien**
4 Kusi
5 Indus
6 Ganges
11 Brahmaputra
- *durch* **Innsbruck**
3 Inn
- *im* **Irak**
6 Tigris
7 Euphrat
- *in* **Irland**
4 Erne, Nore, Suir
6 Barrow, Liffey, Slaney
7 Shannon
10 Blackwater
- *in* **Israel**
6 Jordan
- *in* **Italien**
2 Po
3 Era
4 Arno
5 Allia, Etsch, Parma, Piave, Tiber
6 Ticino
7 Busento, Rubikon
- *in* **Kalifornien**
3 Eel
- *in* **Kanada**
5 Yukon
6 Fraser
9 Mackenzie
12 Saskatchewan
- *zum* **Kanal**
5 Seine
- *zum* **Kaspisee**
4 Kura
- *an der* **Katalonischen Küste**
3 Ter

F

- *im* **Kaukasus**
  5 Terek
- *durch* **Kempten**
  5 Iller
- *in* **Kolumbien**
  7 Orinoko
- *durch* **Kroatien**
  3 Una
  4 Save
- *ins* **Kurische Haff**
  5 Memel
- *vom* **Ladogasee**
  4 Newa
- *durch* **Leningrad**
  4 Newa
- *durch* **Liverpool**
  6 Mersey
- *durch* **London**
  6 Themse
- *durch* **Lüttich**
  4 Maas
- *in* **Luxemburg**
  3 Our
- *durch* **Makedonien**
  4 Drin
- *bei* **Mannheim**
  5 Rhein
  6 Neckar
- *durch* **Marburg**
  4 Lahn
- *durch* **Meran**
  5 Etsch
- *in* **Mexiko**
  5 Verde
  6 Sonora
- *in* **Mitteleuropa**
  4 Elbe, Oder
  5 Rhein
- *zum* **Mittelmeer**
  3 Tet
  4 Ebro
- *zum* **Mittelrhein**
  4 Lahn
- *durch* **Montenegro**
  3 Lim
  4 Tara
- *durch* **Moskau**
  6 Moskwa
- *durch* **München**
  4 Isar
- *durch* **Münster**
  2 Aa
- *in* **Nahost**
  6 Jordan
- *durch* **Naumburg**
  5 Saale
- *durch* **Neuss**
  4 Erft
- *in den* **Niederlanden**
  3 Eem, Lek, Rur
  4 Maas, Roer, Waal
  6 IJssel
  7 Schelde
- *in* **Niedersachsen**
  4 Elbe
  5 Aller, Leine, Weser
- *bei* **Nizza**
  3 Var
- *in* **Nordamerika**
  4 Ohio
  5 Snake
  6 Hudson
  8 Arkansas, Colorado, Columbia, Delaware, Illinois, Missouri
  9 Tennessee
  11 Mississippi, Yellowstone
- *in* **Nordbayern**
  7 Pegnitz
- *in* **Nordrussland**
  5 Dwina
- *zur* **Nordsee**
  4 Elbe
- *zur* **Nordsee bei Aberdeen**
  3 Dee
- *in* **Nordwestdeutschland**
  3 Ems
- *in* **Nordwestrussland**
  5 Onega
- *in der* **Normandie**
  4 Orne
- *durch* **Nürnberg**
  7 Pegnitz
- *zum* **Ob-Busen**
  3 Tas, Taz
- *in* **Österreich**
  3 Ill, Inn, Mur
  4 Drau, Enns, Ybbs
  5 Salza, Steyr, Thaya, Traun
  6 Ziller
  7 Saalach, Salzach
  8 Lassnitz, Schwarza
- *zur* **Ostsee**
  4 Rega
- *in* **Ostsibirien**
  4 Amur, Lena
- *in* **Pakistan**
  5 Indus
  6 Sutlej
  9 Satledsch
- *in* **Pandschab**
  6 Chenab
- *durch* **Paris**
  5 Seine
- *durch* **Passau**
  3 Ilz, Inn
  5 Donau
- *in* **Patagonien**
  5 Chico
- *aus dem* **Peipussee**
  5 Narwa
- *durch* **Perm**
  4 Kama
- *in* **Peru**
  7 Maranon, Ucayali
- *durch* **Pisa**
  4 Arno
- *in* **Polen**
  6 Neisse, Warthe
  8 Weichsel
- *in* **Pommern**
  4 Ihna, Leba, Rega
- *in* **Portugal**
  3 Tua
  4 Sado, Tejo
  5 Douro
  8 Guadiana
  12 Guadalquivir
- *durch* **Prag**
  6 Moldau
- *durch* **Regensburg**
  5 Regen
- *aus dem* **Riesengebirge**
  4 Elbe
  5 Bober
- *durch* **Riga**
  5 Duena
- *durch* **Rom**
  5 Tiber
- *durch* **Rosenheim**
  3 Inn
- *in* **Russland**
  2 Ob
  3 Don
  4 Amur, Jana, Kama, Lena, Newa, Ural
  5 Dwina, Onega, Tobol, Wolga
  6 Angara, Dnjepr, Kolyma, Moskwa
  7 Dnjestr, Irtysch

8 Jenissei, Tunguska
9 Indigirka, Petschora
· *durch* **Saint Louis**
11 Mississippi
· *durch* **Salzburg**
7 Salzach
· *im* **Sauerland**
6 Ennepe
· *in* **Schottland**
3 Dee, Don, Tay
4 Ness, Spey, Tyne
5 Tweed
· *in* **Schweden**
3 Dal
5 Byske, Goeta, Kalix
6 Ljunga, Ljusna
· *in der* **Schweiz**
3 Inn
4 Aare, Thur
5 Reuss
6 Kander, Maggia
· *in* **Serbien**
6 Morava, Morawa
· *durch* **Sevilla**
12 Guadalquivir
· *in* **Sibirien**
3 Tas
4 Lena
· *durch* **Slawonien**
4 Drau
· *in* **Slowenien**
4 Reka
· *in* **Spanien**
3 Ter
4 Ebro, Tajo
5 Duero
· *aus dem* **Starnberger See**
5 Wuerm
· *in der* **Steiermark**
3 Mur
5 Muerz
· *zum* **Stettiner Haff**
4 Oder
· *durch* **Straßburg**
3 Ill
· *in* **Südafrika**
4 Vaal
7 Limpopo, Sambesi
11 Oranjefluss
· *in* **Südamerika**
6 Parana
· *in* **Südtirol**
5 Etsch
· *in* **Thailand**
3 Nan
5 Menam
6 Mekong
· *in* **Thüringen**
3 Ilm
· *durch* **Toledo**
4 Tajo
· *in der* **Toskana**
4 Arno
· *durch* **Turin**
2 Po
· *in der* **Ukraine**
6 Dnjepr
· *durch* **Ulm**
5 Donau
· *in den* **USA ▶ Fluss in Nordamerika**
· *durch* **Verden**
5 Aller
· *durch* **Villach**
4 Drau
· *in* **Vorderindien**
6 Ganges
· *durch* **Warschau**
8 Weichsel
· *zum* **Wash** (Englisch)
4 Nene
· *durch* **Weiden**
4 Naab
· *durch ein* **Weingebiet**
4 Saar
· *in* **Westafrika**
5 Niger
· *in* **Westeuropa**
5 Rhein
· *im* **westlichen Asien**
3 Ili
· *durch* **Zürich**
6 Limmat

Fluss der griechischen Unterwelt
4 Styx
5 Lethe
7 Acheron
8 Eridanos

Fluss des Vergessens
5 Lethe

Flussabschnitt nach der Quelle
8 Oberlauf

Flussarm im Rheindelta
3 Lek
5 Linge
6 IJssel

Flussbett in Afrika
4 Wadi

Flussbiegung
4 Knie
8 Maeander

Flusserweiterungsanlage
7 Uferbau

Flussfahrt mit Musik
16 Riverboatshuffle

Flussgeröllstück
11 Kieselstein

Flussgestade
4 Ufer

Flussgestein
4 Kies

Flussgott der Griechen
5 Ladon
6 Asopos, Peneos
7 Alpheus, Penelos
8 Acheloos, Alphaios

flüssig
6 liquid
10 verfuegbar

flüssig(e, er, es) ...
· **Arznei**
6 Liquor
· **Bodenschatz**
3 Oel
6 Erdoel
· **Dünger**
6 Guelle, Jauche
· **Fett**
3 Oel
· **Gestein**
4 Lava
· **Hautpflege**
6 Lotion
13 Koerperlotion
· **Labung**
5 Trank, Trunk
· **Mörtel**
5 Speis
· **Speise**
5 Suppe
14 Kartoffelsuppe
· **Vorspeise**
6 Bruehe
8 Bouillon
9 Rindsuppe
10 Nudelsuppe
12 Gerstelsuppe, Karfiolsuppe

Flüssiggas
5 Gasol

Flüssigkeit
6 Wasser

F

Flüssigkeit einer Tropennuss
10 Kokosmilch
Flüssigkeit in den Adern
4 Blut
Flüssigkeitsbehälter
4 Fass, Glas, Krug, Napf, Tank, Topf
5 Eimer, Kanne, Kruke, Pokal, Tonne, Wanne, Zuber
6 Ballon, Becher, Flakon
7 Flasche, Gefaess, Karaffe
8 Kanister, Zisterne
Flüssigkeitsentnehmer
5 Heber
Flüssigkeitsgemisch
6 Mixtur
7 Loesung
8 Emulsion
Flüssigkeitsleitung
4 Rohr
8 Pipeline
Flüssigkeitsmaß
▶ Hohlmaß
Flüssigkeitsreiniger
6 Filter
Flussinsel
6 Werder
Flusslandestelle
6 Laende
Flusslandschaft
2 Au
Flusslauflandschaft
9 Simmental
Flussmündungsform
5 Delta
7 Aestuar
Flussmuschel
6 Najade
Flussneunauge
6 Pricke
Flussniederung
2 Au
3 Aue
Flusspferd
8 Nilpferd
12 Hippopotamus
Flussrand
4 Ufer
9 Boeschung
Flussregulierung
13 Kanalisierung
Flussschlinge
4 Knie
8 Maeander
Flusstal
2 Au
3 Aue
Flusstal in Amerika
5 Canon
Flussübergang
4 Furt, Steg
5 Steig
7 Bruecke, Viadukt
Flussursprung
6 Quelle
Flussverbauung
4 Wehr
5 Buhne
Flusswindung
8 Maeander
Flusswirtschaft
9 Fischerei
flüstern
6 raunen
7 murmeln
Flut
4 Tide
7 Steigen
Flut und Ebbe
5 Tiden
8 Gezeiten
flutartiger Wasserguss
7 Schwall
Flutbrandung
5 Barre
Föderation
4 Bund
7 Verband
11 Staatenbund, Vereinigung
15 Zusammenschluss
föderatives Bundesorgan
9 Bundesrat
Fog
4 Smog
5 Nebel
Fohlen
5 Enter
7 Fuellen
9 Jungpferd
Föhre
5 Forle
6 Kiefer
Fokus
10 Brennpunkt
Folge
5 Kette, Reihe, Serie
6 Zyklus
7 Sequenz, Wirkung
8 Ergebnis, Resultat
9 Endeffekt
10 Auswirkung, Konsequenz
11 Fortsetzung
Folge ...
· *von* **drei gleichen Tönen**
6 Triole
· *von* **drei Werken**
8 Trilogie
· *der* **Schwerkraft**
17 Erdbeschleunigung
18 Fallbeschleunigung
· *von* **Stockungen**
9 Rueckstau
folgend
4 nach
folgenschwer
5 fatal
folgenschweres Unglück
11 Katastrophe
folgerichtig
7 logisch
10 konsequent
folgerichtiges Denken
5 Logik
Folgerung
5 Fazit
7 Schluss
10 Konsequenz
folgewidrig
6 falsch
9 unlogisch
12 inkonsequent
Folgewidrigkeit
7 Unlogik
11 Fehlschluss, Trugschluss
12 Inkonsequenz
Folgezeit
7 Zukunft
folglich
4 also, ergo
5 daher, darum
6 mithin
7 demnach, deshalb
8 deswegen, insofern
13 infolgedessen
folgsam
4 brav
5 artig
7 ergeben, fuegsam
8 gehorsam
11 wohlerzogen

Folie aus Zinn
8 Stanniol
Folklore
9 Volkslied, Volkstanz
10 Volkskunde
folkloristische Kleidung
6 Tracht
folkloristisches Singstück
9 Volkslied
Folter
4 Pein, Qual
6 Marter, Tortur
9 Peinigung
12 Misshandlung
foltern
7 martern
folternde Qual
4 Pein
Fön
12 Haartrockner
Fontäne
12 Wasserstrahl
13 Springbrunnen
Fopperei
6 Uzerei
Förde
5 Bucht
9 Meerbusen
11 Meeresbucht
Förderanlage
5 Pumpe
7 Rutsche
8 Elevator, Schnecke, Seilbahn
10 Fliessband, Schoepfrad
11 Foerderband, Foerderkorb
14 Schuettelrinne
Förderer
6 Helfer, Maezen
7 Goenner, Sponsor
9 Geldgeber, Protektor
Fördergerät
5 Pumpe
Forderung
8 Anspruch, Begehren, Postulat
9 Verlangen
Förderung
5 Abbau
9 Gewinnung
12 Exploitation
14 Unterstuetzung

Förderung von Bodenschätzen
7 Bergbau
Förderwagen
4 Hund, Lore
Forke
5 Gabel, Harke
8 Heugabel
9 Mistgabel
Form
3 Art, Typ
5 Figur, Modus, Typus, Weise
6 Kontur, Manier, Modell, Muster
7 Gestalt, Schnitt
8 Struktur
10 Gestaltung
Form ...
· *der* **Abstimmung**
8 Handmehr
12 Hammelsprung
· *der* **Anrede**
5 Duzen
6 Siezen
· *des* **Ausdrucks**
4 Stil
· *des* **Daseins**
5 Leben
· *des* **Kunstturnens**
9 Akrobatik
· *der* **Materie**
15 Aggregatzustand
· *einer* **Regierung**
12 Absolutismus
· *des* **religiösen Erlebens**
6 Mystik
· *des* **Sauerstoffs**
4 Ozon
· *von* **sein**
3 ist
· *des* **Singens im Alpengebiet**
6 Jodeln
Formalität
9 Formsache
13 Foermlichkeit
15 Aeusserlichkeit
Formänderung
11 Deformation
Format
4 Mass, Norm
5 Figur
6 Niveau
9 Abmessung, Dimension, Zuschnitt
11 Normgroesse
Formation
5 Reihe
6 Truppe
7 Gefuege, Verband
10 Schichtung
13 Zeitabschnitt
Formation des Mesozoikums
4 Lias, Malm
6 Dogger
Formation des Paläozoikums
4 Perm
5 Devon, Silur
8 Kambrium
formbar
5 weich
9 plastisch
Formblatt
8 Formular, Vordruck
Formel
5 Regel
7 Floskel, Wendung
9 Redensart
11 Redewendung
Formelglied
4 Term
formelhaftes Bildsymbol
10 Piktogramm
formell
5 steif
9 foermlich
11 aeusserlich
Formenlehre
9 Grammatik
11 Morphologie
Former
8 Designer
9 Gestalter
Formgebung
6 Layout
7 Styling
10 Gestaltung
Formgestalter
7 Stylist
8 Designer
förmlich
5 steif
6 formal
7 formell
13 konventionell

förmliche Anrede
3 Sie
förmliche Handlung
11 Zeremoniell
Förmlichkeit
8 Etikette
formlos
5 leger
6 amorph, salopp
10 nonchalant
Formlosigkeit
11 Nonchalance
Formsache
11 Formalitaet
15 Aeusserlichkeit
Formstück an Rohren
7 Fitting
Formular
8 Vordruck
9 Formblatt
10 Fragebogen
Formung
10 Gestaltung
Formveränderung
11 Deformation
Formvorrichtung
5 Model
6 Gesenk
Formwandel
12 Metamorphose
forsch
9 schneidig
10 burschikos
16 draufgaengerisch
Forscher
9 Entdecker, Gelehrter
15 Wissenschaftler
Forschung
12 Untersuchung, Wissenschaft
Forschungsanstalt
5 Labor
8 Institut
12 Laboratorium
13 Observatorium
Forschungsgerät im Weltraum
5 Sonde
Forschungsmittel
10 Experiment
Forschungsraum (Kurzwort)
5 Labor
Forschungsreise
10 Expedition
Forschungsweise
7 Methode
Forstabschnitt
5 Jagen
6 Beritt, Revier
Forstbeamter
8 Assessor, Foerster, Forstrat
10 Waldhueter, Wildhueter
11 Hegemeister
12 Forstgehilfe, Forstmeister, Jagdaufseher, Oberfoerster
14 Revierfoerster
Forstbezirk
6 Beritt, Revier
Forsthochschule
13 Forstakademie
Forstschädling
5 Nonne
7 Spanner, Spinner
12 Borkenkaefer
fort
2 ab
3 weg
Fort
7 Festung
Fortbestehen
5 Dauer
7 Bestand
Fortbestehen eines Zustands
7 Andauer
Fortbewegung
7 Gangart
Fortbewegung zu Fuß
5 Gehen
6 Laufen
14 Spazierengehen
Fortbewegung zu Pferde
4 Ritt
Fortdauer
10 Stetigkeit
12 Kontinuitaet
Fortpflanzung
10 Vermehrung
12 Reproduktion
fortpflanzungsfähig
9 fruchtbar
Fortpflanzungsorgane
10 Genitalien
Fortpflanzungszelle
2 Ei
4 Same
5 Gamet
Fortsatz des Blinddarms
8 Appendix
fortschreitende Entwicklung
9 Evolution
fortschreitende Steigerung
11 Progression
Fortschritt
8 Progress
9 Besserung
11 Entwicklung, Progression
12 Verbesserung
Fortsetzung
5 Folge
9 Anschluss
14 Weiterfuehrung, Wiederaufnahme
Fortsetzungsfolge
5 Serie
Fortsetzungsfolge
6 Serial
Fortuna
6 Erfolg, Glueck
14 Gluecksgoettin
Fortwendung
6 Abkehr
Forum
5 Markt, Runde
7 Gericht
10 Marktplatz
11 Gerichtshof, Versammlung
12 Richterstuhl
15 Gespraechsrunde
Fossil
7 Abdruck
13 Versteinerung
fossil(e, er, es) ...
· **Brennstoff**
3 Oel
· **Harz**
9 Bernstein
· **Tier**
7 Saurier
8 Stegadon
13 Archaeopterix
Foto
4 Bild
8 Aufnahme
9 Lichtbild
Fotoapparat (Photoapparat)
3 Box
6 Kamera

14 Polaroidkamera
19 Spiegelreflexkamera

Fotobuch
8 Bildband

Fotograf
12 Lichtbildner

Fotografie
4 Bild

fotografisch(e, er, es) ...
· **Arbeitsraum**
12 Dunkelkammer
· **Begriff**
3 Bad, Dia
4 Bild, Film, Foto
5 Blitz, Labor, Linse, Photo, Spule
6 Blende, Kamera, Platte, Stativ
7 Negativ, Positiv
8 Aufnahme, Farbfilm, Kassette, Objektiv, Rollfilm
9 Fixierbad, Lichtwert
10 Belichtung, Blitzlicht, Diapositiv, Entwickler, Farbfilter, Gegenlicht
· **Beruf**
10 Retuscheur
· **Flüssigkeit**
9 Fixierbad
10 Entwickler
· **Gerät**
10 Filmkamera
17 Belichtungsmesser
· **Nachbildung** (Kurzwort)
5 Repro

Fotokopie
5 Kopie
10 Ablichtung

Fotoreise in Ostafrika
6 Safari

fototechnischer Begriff
5 Repro

Fotozubehör
4 Film
6 Filter, Platte, Stativ
8 Kassette, Rollfilm
10 Blitzlicht, Farbfilter
11 Lichtfilter, Lichtmesser
15 Elektronenblitz, Selbstausloeser
17 Belichtungsmesser

Foyer
7 Vorraum
8 Vorhalle
10 Wandelgang
11 Wandelhalle
16 Erfrischungsraum

Fracht
5 Kargo
6 Ladung
7 Ladegut
12 Transportgut

Frachtauslage
4 Zoll
9 Lagergeld

Frachtentladung bei Schiffen
8 Loeschen

Frachter
6 Schute, Tanker
8 Lastkahn, Leichter
9 Oeltanker
15 Containerschiff

Frachtkahn
5 Zille

Frachtklausel
3 cif, fas, fob

Frachtraum
7 Tonnage

Frachtsegelschiff
4 Ewer

Frachtstück
4 Pack
5 Kiste, Kollo, Paket
6 Ballen, Ballon, Karton, Kasten, Packen
9 Container

Frachtstücke (Kurzwort)
5 Kolli

Frachtverkehr
14 Warentransport
15 Guetertransport

Frachtvertrag
7 Charter

Frage
7 Problem, Raetsel
11 Erkundigung

Fragebogen
8 Formular, Vordruck

Fragelust
7 Neugier

fragend
9 skeptisch
12 interrogativ

Fragespiel
4 Quiz

Fragewort
2 wo
3 was, wem, wen, wer, wie
4 wozu
5 warum, wieso, woher, wohin, woran, wovon
6 wofuer
7 welches, weshalb
8 weswegen

fraglich
6 dubios
8 ungewiss, unsicher
11 zweifelhaft

Fraglichkeit
12 Ungewissheit

Fragment
5 Torso
10 Stueckwerk, Unfertiges
11 Bruchstueck
13 Unvollendetes

fragwürdig
6 dubios, obskur
7 ominoes, seltsam, suspekt
10 mysterioes
11 verdaechtig, zweifelhaft

Fraktion
12 Parteigruppe

Fraktur
5 Bruch
7 Schrift
12 Knochenbruch

frank
4 frei
5 offen

Frankenkönig
4 Karl, Otto
6 Pippin
8 Chlodwig
10 Theoderich

Frankfurter ...
· **Apfelweinviertel**
13 Sachsenhausen
· **Bauwerk**
6 Roemer
11 Paulskirche
· **Hauptgeschäftsstraße**
4 Zeil
· **Rathaus**
6 Roemer

fränkisch(e, er, es) ...
· **Hausflur**
3 Ern
4 Eren
· **Herrschergeschlecht**
6 Salier
10 Karolinger, Merowinger

11 Arnulfinger
· **Weinflaschenform**
11 Bocksbeutel
Franse
4 Saum
8 Posament
9 Fadensaum
Fransenbüschel
6 Quaste
7 Troddel
Franziskaner
9 Kapuziner, Klarissen, Minoriten
Franzose
7 Bretone
französisch für ...
· **Abendessen**
5 diner
· **acht**
4 huit
· **Alter**
3 age
· **Angelegenheit**
5 chose
· **Ankunft**
7 arrivée
· **Arbeit**
7 travail
· **Arm**
4 bras
· **Art**
5 genre
· **Atmosphäre**
5 flair
· **Baby**
4 bébé
· **Ball**
3 bal
· **Bauer**
6 paysan
· **Baum**
5 arbre
· **Berg**
4 mont
· **Bergspitze**
3 pic
· **Bezirk**
11 département
· **blau**
4 bleu
· **Blume**
5 fleur
· **breite Ringstraße**
9 Boulevard
· **Brüderlichkeit**
10 fraternité
· **danke**
5 merci
· **der**
2 le
· **deutsch**
8 allemand
· **die**
2 la
· **Dienst**
7 service
· **Dorf**
7 village
· **drei**
5 trois
· **du**
2 tu
· **durchaus**
7 partout
· **Durchgang**
7 passage
· **Eindruck**
10 impression
· **einfarbig**
3 uni
· **eins**
2 un
· **Eintritt**
6 entrée
· **Einzelheit**
6 détail
· **elf**
4 onze
· **Ende**
3 fin
· **Fahrkarte**
6 billet
· **Fahrt**
6 voyage
· **Farbe**
7 couleur
· **Fehltritt**
7 fauxpas
· **Feinschmecker**
7 gourmet
· **Fluidum**
5 flair
· **Frankreich**
6 France
· **Frau**
5 femme
· **Fräulein**
12 Mademoiselle
· **Freiheit**
7 liberté
· **Freund**
3 Ami
· **fünf**
4 cinq
· **Gattung**
5 genre
· **Gaunersprache**
5 argot
· **Geck**
4 beau
· **Geist**
6 esprit
· **Gepäck**
6 bagage
· **Geruch**
5 odeur
· **Gesetz**
3 loi
· **Gold**
2 or
· **Gott**
4 dieu
· *im* **Großen**
6 en gros
· **gut**
3 bon
· **halb**
4 demi
· **heilig**
5 saint
· **Herzog**
3 duc
· **hundert**
4 cent
· **Hut**
7 chapeau
· **Insel**
3 île
· **ja**
3 oui
· **Kartenspiel**
3 jeu
· **Katze**
4 chat
· **Kellner**
6 garçon
· **klein**
5 petit
· **König**
3 roi
· **Kopf**
4 tête

- **Korsika**
  5 corse
- **krank**
  6 malade
- **Kreis**
  6 cercle
- **Kreuz**
  5 croix
- **Kugel**
  5 boule
- **Küste**
  4 cote
- **Leben**
  3 vie
- **Liebe**
  5 amour
- **Luft**
  3 air
- **man**
  2 on
- **Mann**
  5 homme
- **Meister**
  6 maître
- **Mitternacht**
  6 minuit
- **Morgen**
  5 matin
- **Mut**
  7 courage
- **Nacht**
  4 nuit
- **nebenbei bemerkt**
  7 a propos
- **nein**
  3 non
- **neun**
  4 neuf
- **nichts**
  4 rien
- **Null**
  4 zéro
- **oder**
  2 ou
- **Ohr**
  7 oreille
- **Osten**
  3 est
- **Palast**
  6 palais
- **Polizist (ugs.)**
  4 flic
- **Regenschirm**
  9 parapluie
- **Reise**
  6 voyage
- **Ritter**
  9 chevalier
- **rot**
  5 rouge
- **Ruhm**
  6 gloire
- **Sankt**
  5 saint
- **Schliff im Benehmen**
  3 pli
- **Schloss**
  6 palais
  7 chateau
- **Schwachsinniger**
  6 Cretin
- **sechs**
  3 six
- **See**
  3 lac
- **sieben**
  4 sept
- **Sohn**
  4 fils
- **Sommer**
  3 eté
- **Sonne**
  6 soleil
- **Spiel**
  3 jeu
- **Stern**
  6 étoile
- *im* **Stil von**
  3 à la
- **Straße**
  3 rue
  5 route
  6 chemin
- **Streife**
  10 patrouille
- **Stutzer**
  4 beau
- **Tanzschritt**
  3 pas
- **tausend**
  5 mille
- **Tisch**
  5 table
- **Tod**
  4 mort
- **Tür**
  5 porte
- **und**
  2 et
- **Versammlung**
  9 assemblée
- **Verzeihung**
  6 pardon
- **vier**
  6 quatre
- **von**
  2 de
- **vorwärts**
  5 allez
  6 allons
- **Wasser**
  3 eau
- **Weihnachten**
  4 noël
- **Wein**
  3 vin
- **weiß**
  5 blanc
- **wenig**
  3 peu
- **Weste**
  5 gilet
- **Wohlgeruch**
  5 odeur
- **zehn**
  3 dix
- **zwanzig**
  5 vingt
- **zwei**
  4 deux
- **zwischen**
  5 entre
- **zwölf**
  5 douze

französisch(e, er, es) ...

- **Abschiedsgruß**
  5 adieu
- **Adelsprädikat**
  2 de
  3 Duc
  4 Pair
  5 Baron, Comte
  6 Prince
  7 Baronne, Marquis, Vicomte
  8 Comtesse, Duchesse, Marquise
  9 Baronesse, Chevalier, Princesse
- **Akzentzeichen**
  4 Aigu
  5 Grave
  10 Zirkumflex
  11 Circonflexe

F

F

- **alte Münze**
  3 Sou
  5 Livre
  8 Louisdor
- **alter Tanz**
  7 Gavotte, Menuett
- **Anrede**
  4 Sire
  6 Madame
  8 Monsieur
  12 Mademoiselle
- **Anrede an einen Monarchen**
  4 Sire
- **Aperitif**
  6 Pernod, Ricard
- **Apfelbranntwein**
  8 Calvados
- **Apfelwein**
  5 Cidre
- **Artikel**
  2 la, le, un
  3 les, une
- **Arzt**
  7 Barnard, Pasteur
- **Astronom**
  5 Arago
  7 Laplace
  9 Leverrier
- **Atomphysiker**
  6 Joliot
- **Autorennstrecke**
  6 Le Mans
- **Badeort**
  5 Nizza
  8 Arcachon
- **Bakteriologe**
  7 Pasteur
- **Baumeister**
  6 Eiffel, Vauban
- **Benediktinerabtei**
  5 Cluny
- **Bildhauer**
  5 Rodin
  6 Braque
  7 Maillol, Pigalle
- **Biologe**
  5 Jacob, Monod
- **Chansonnette**
  4 Piaf
  5 Greco
- **Chansonnier**
  6 Bécaud, Distel
  8 Aznavour
- **Chemiker**
  9 Lavoisier
- **Comicfigur**
  6 Obélix
  7 Astérix
- **Departement**
  4 Orne
- **Dichter/Dichterin**
  4 Gide, Hugo, Sade, Sand, Zola
  5 Camus, Sagan, Sorel, Stael
  6 Balzac, Racine, Sartre, Villon
  7 Anouilh, Ionesco, Molière, Rimbaud
  8 Beauvoir, Flaubert, Rousseau, Verlaine, Voltaire
  9 Corneille
  10 Baudelaire, Maupassant
  11 Montesquieu
  13 Rochefoucauld
- **Dramatiker**
  6 Racine
  9 Corneille
- **Entdecker**
  5 Curie, Monge, Papin
  6 Besson, Joliot, Lenoir, Niepce
  7 Braille, Pasteur, Réaumur
  8 Daguerre, Foucault
  9 Becquerel
- **Farbfernsehsystem**
  5 Secam
- **Festung**
  6 Verdun
  7 Belfort
- **Festungsbaumeister**
  6 Vauban
- **Filmkomiker**
  4 Tati
- **Filmregisseur**
  5 Malle
  6 Godard, Guitry, Renoir
- **Filmstar**
  5 Delon
  6 Bardot, Morgan
- **Flagge**
  9 Trikolore
- **Form von Heinrich**
  5 Henri
- **Form von Hieronymus**
  6 Jerome
- **Forscherehepaar**
  5 Curie
  6 Joliot
- **Frauenname**
  5 Aimée, Renée
  6 Denise, Jeanne, Nadine, Odette
  9 Madeleine
- **Fürstenanrede**
  4 Sire
- **Gasthaus**
  6 Bistro
  7 Auberge
  9 Brasserie
- **Gebirge**
  4 Jura
  6 Morvan
  7 Vogesen
  8 Ardennen, Cevennen
  9 Meeralpen, Pyrenaeen
  13 Massif Central
- **Gebirgsdepartement**
  5 Alpes
- **Gebirgslandschaft**
  7 Vogesen
  8 Auvergne
  13 Zentralmassiv
- **Gemüseeintopf**
  11 Ratatouille
- **General**
  7 Leclerc
  8 de Gaulle
- **Grenzlandschaft**
  6 Elsass
  10 Lothringen
- **Hafenstadt**
  4 Caen, Sète
  5 Brest
  6 Calais
  7 Bayonne
  8 Bordeaux
  9 Cherbourg, Dunkerque, Marseille
  11 Duenkirchen
- **Halbinsel**
  8 Bretagne
- **Hauptstadt**
  5 Paris
- **Herrschergeschlecht**
  5 Anjou
  7 Bourbon
  10 Kapetinger
- **Herrschername**
  5 Henri, Louis
  7 Charles

8 Napoleon
- **hinweisendes Fürwort**
2 ce
3 cet
5 cette
- **Historiker**
4 Duby
5 Ariès
8 Voltaire
- **Humanist**
5 Ramée, Ramus
- **Ingenieur**
6 Eiffel
7 Ardenne, Flobert, Lesseps
- **Insel**
2 If, Ré
7 Korsika
11 Noirmoutier
12 Porquerolles
- **Jagdbomber**
6 Mirage
- **Jagdhund**
6 Basset
- **Kaiserhaus**
9 Bonaparte
- **Kampfflugzeug**
6 Mirage
- **Kardinal**
7 Mazarin
9 Richelieu
- **Kartenglücksspiel**
5 Tarot
6 Pharao
- **Kartenspiel**
6 Ecarté
- **Käsesorte**
4 Brie
8 Romadour
9 Camembert, Roquefort
- **katholischer Pfarrer**
4 Cure
- **Kleinmünze**
3 sou
- **Komponist**
5 Bizet, Ravel
6 Albert, Franck, Godard, Gounod, Rameau
7 Berlioz, Débussy
- **Königsname**
5 Louis
- **Kräuterlikör**
10 Chartreuse
- **Kriegshafen**
5 Brest
6 Toulon
- **Kristallograph**
4 Hauy
- **Kronprinz**
7 Dauphin
- **kubistischer Maler**
5 Léger
- **Kugelspiel**
5 Boule
- **Landschaft**
4 Brie, Foix
5 Anjou, Artois, Bearn, Médoc
6 Elsass, Poitou
7 Burgund, Savoyen
8 Armagnac, Bretagne, Rhônetal
9 Normandie
- **Maler**
5 Corot, Degas, Léger, Manet, Monet, Redon
6 Braque, Ingres, Lebrun, Legros, Renoir, Rigaud, Seurat, Signac, Sisley, Vernet
7 Cézanne, Chagall, Daumier, Gauguin, Matisse, Pissaro, Prudhon, Utrillo
8 Delauney, Pissarro, Rousseau
9 Delacroix
15 Toulouse Lautrec
- **Maler alerin**
4 Dufy
- **Männername**
3 Guy
4 Ives, Jean, René
5 Alain, André, Henri, Louis, Raoul
6 Gaston, Jérôme, Pierre
7 Étienne, Gilbert, Maurice
- **Märchenwesen**
4 Oger
8 Magelone
- **Marschall**
4 Foch, Niel
5 Murat
6 Pétain
- **Mathematiker**
4 Thum
5 Monge
6 Ampère, Cauchy, Fermat, Galois, Moivre, Oresme, Pascal, Picard
7 Fourier, Laplace
8 Lagrange, Poincaré
9 Descartes
- **Mehrzahlartikel**
3 les
- **Minnesänger**
10 Troubadour
- **Mittelgebirge**
7 Vogesen
- **Mittelmeerhafen**
4 Sète
6 Toulon
9 Marseille
- **Mittelmeerküste**
7 Riviera
- **Modeschöpfer**
4 Dior
- **Modeschöpfer/Modeschöpferin**
5 Ricci
6 Cardin, Chanel, Lanvin
7 Esterel
9 Courrèges
- **Münze**
3 Sou
5 Franc
7 Centime
8 Louisdor
- **Name der Maas**
5 Meuse
- **Name der Saar**
5 Sarre
- **Name des Rheins**
4 Rhin
- **Name für Korsika**
5 Corse
- **Name von Nizza**
4 Nice
- **Narrenspiel im 15./16. Jh.**
5 Sotie
6 Sottie
- **Nationalflagge**
9 Trikolore
- **Nationalheldin**
10 Jeanne d'Arc
- **Nationalhymne**
12 Marseillaise
- **Nobelpreisträger für Chemie**
5 Curie
6 Joliot
7 Moissan
8 Grignard, Sabatier
11 Joliot-Curie

F

- **Nobelpreisträger für Frieden**
  5 Passy
  6 Briand, Cassin
  7 Buisson, Jouhaux, Renault
  9 Bourgeois
- **Nobelpreisträger für Literatur**
  4 Gide
  5 Camus
  6 France, Sartre
  7 Bergson, Mauriac, Rolland
- **Nobelpreisträger für Medizin**
  6 Richet
  7 Dausset, Laveran, Nicolle
- **Nobelpreisträger für Physik**
  5 Curie, Dirac
  6 Perrin
  7 Broglie, Kastler
  8 Lippmann
  9 Becquerel, Guillaume
- **Opernkomponist**
  4 Adam
- **Pfarrer**
  4 Curé
- **Philosoph**
  5 Alain, Bayle, Camus, Comte, Leroy, Ramus, Renan, Sorel, Taine
  6 Buffon, Cousin, Marcel, Nicole, Pascal, Sartre
  7 Bergson, Diderot, Duhamel
  8 Alembert, Gassendi, Lametrie, Rousseau, Voltaire
  9 Condorcet, Descartes, Helvetius, Montaigne
  11 Malebranche, Montesquieu
- **Physiker**
  4 Biot
  5 Arago, Curie, Papin, Petit
  6 Ampère, Carnot, Fizeau, Joliot, Perrin
  7 Broglie, Réaumur
  8 Alembert, Gassendi, Mariotte
  9 Becquerel, Guillaume
  10 Berthollet
- **Politiker/Politikerin**
  4 Blum, Veil
  5 Debré, Faure, Favre, Ferry, Laval, Maret, Mayer, Nicot, Pinay, Ribot, Sully
  6 Barres, Briand, Carnot, Combes, Dubois, Fleury, Fouché, Gaulle, Guizot, Jaurès, Lebrun, Pétain, Philip
  7 Colbert, Maginot, Malraux, Mazarin, Reynaud, Schuman
  8 Caillaux, Daladier, de Gaulle, Gambetta, Loucheur, Mac-Mahon, Mirabeau, Pompidou
  9 Lafayette, Lamartine, Richelieu, Trautmann
  10 Clemenceau, Mitterrand, Talleyrand
- **politische Polizei**
  6 Sureté
- **Presseagentur**
  3 AFP
- **Protestanten**
  10 Hugenotten
- **Psychologe**
  5 Binet, Lacan
- **Revolutionär**
  5 Marat
  6 Danton
  8 Mirabeau
  11 Robespierre
- **Revuestar**
  5 Baker
- **Revuetanz**
  6 Cancan
- **Romanautorin**
  5 Sagan
- **Romancier**
  3 Sue
  4 Anet, Gide, Sade
- **Rotweinsorte**
  5 Médoc
  8 Bordeaux
  10 Beaujolais
- **Rundtanz**
  6 Rondel
- **Sängerin**
  5 Gréco
  7 Mathieu
  15 Mireille Mathieu
- **Satiriker**
  8 Rabelais
- **Schaumwein**
  10 Champagner
- **Schauspieler/Schauspielerin**
  4 Baur, Tati
  5 Delon, Gabin, Talma
  6 Guitry, Marais, Rachel
  8 Barrault, Delaunay
- **Schloss**
  3 Pau
  5 Biron, Blois
  6 Annecy, Chinon, Loches, Nantes, Saumur
  7 Amboise, Brissac, Trianon, Vendome
  8 Chambord, Cheverny, Tarascon, Valençay
  9 Perpignan
  10 Chateaudun, Versailles
  11 Chenonceaux, Rambouillet
  13 Fontainebleau
- **Schriftsteller/Schriftstellerin**
  4 Anet, Sade, Zola
  5 Camus, Green, Sagan, Staël
  6 Sartre
- **Schriftstellerfamilie**
  5 Dumas
- **Seebad**
  5 Nizza
  6 Cannes, Dieppe, Fréjus, Menton
  7 Antibes, La Baule
  8 Biarritz, St. Tropez
- **Showtanz**
  6 Cancan
- **Sozialist**
  6 Jaurès
- **Soziologe**
  5 Sorel
- **Staatsphilosoph**
  5 Bodin
  11 Montesquieu, Tocqueville
- **Tanz**
  6 Cancan
  7 Gavotte, Musette
  8 Chaconne
- **Tänzerin**
  5 Baker

- **unbestimmter Artikel**
  2 un
  3 une
- **Verneinung**
  3 non
- **Waffenschmied**
  7 Flobert
- **Währung**
  5 Franc
- **Wallfahrtsort**
  7 Lourdes
- **Walzer**
  7 Musette
- **Weinbaugebiet**
  5 Médoc
  6 Alsace, Elsass
  7 Burgund
  8 Bordeaux
  9 Bourgogne
- **Weinbrand**
  6 Cognac, Kognak
  8 Armagnac
- **Weinsorte**
  9 Burgunder
- **Weißwein**
  7 Chablis
- **Weltgeistlicher**
  4 Abbé
- **Widerstandsbewegung**
  10 Résistance

Fräsrille
3 Nut

Fraß
6 Futter
10 Tierfutter, Viehfutter

Frater
6 Bruder

Fraternisierung
13 Verbruederung

Fratze
5 Miene
6 Visage
8 Grimasse, Zerrbild
9 Karikatur, Spottbild

Frau
4 Dame, Weib
6 Gattin
8 Gemahlin
11 Evastochter

Frau ...
- *der* **Antike**
  8 Germanin
- *aus einem* **fernen Land**
  6 Exotin
- *der* **Gesellschaft**
  4 Dame
- *im* **Wochenbett**
  10 Woechnerin

Frau von ...
- **Abraham**
  4 Sara
  5 Hagar, Sarah
- **Adam**
  3 Eva
- **Admetos**
  7 Alkeste
  8 Alkestis
- **Aga Khan**
  5 Begum
- **Agamemnon**
  12 Klytemnestra
  13 Klytaemnestra
- **Ahasver**
  6 Esther
- **Amenophis (IV.)**
  9 Nofretete
- **Amphion**
  5 Niobe
- **Amphitryon**
  7 Alkmene
- **Armin, Arminius**
  9 Thusnelda
- **Augustus**
  5 Livia
- **Bacchus**
  7 Ariadne
- **Balder**
  4 Nana
- **Brutus**
  6 Porcia
- **Claudius**
  9 Agrippina, Messalina
- **David**
  6 Michal
  7 Abigail
  8 Bathseba
  9 Bethsabee
- **Dionysos**
  7 Ariadne
- **Donar**
  3 Sif
- **Erebus**
  3 Nox
- **Etzel**
  6 Helche
  9 Kriemhild
- **Fro**
  5 Freia
  6 Freyja
- **Gunther**
  8 Brunhild
  9 Bruenhild, Brunhilde
- **Hades**
  10 Persephone
- **Hektor**
  10 Andromache
- **Hephaistos**
  9 Aphrodite
- **Herakles**
  4 Hebe
- **Hermann dem Cherusker**
  9 Thusnelda
- **Isaak**
  7 Rebecca, Rebekka
- **Jakob**
  3 Lea
  5 Rahel
  6 Rachel
- **Jason**
  5 Medea
  6 Glauke, Kreusa
- **Jupiter**
  4 Juno
- **Kalif Ali**
  6 Fatima
- **Kronos**
  4 Rhea
  5 Rheia
- **Lohengrin**
  4 Elsa
- **Menelaos**
  6 Helena
- **Mohammed**
  6 Aischa
  10 Chadidscha
- **Napoleon I.**
  9 Josephine
  11 Marie Louise
- **Napoleon III.**
  7 Eugenie
- **Oberon**
  7 Titania
- **Odin**
  4 Fria
  5 Frigg, Frija
  6 Frigga
- **Ödipus**
  7 Iokaste
- **Odysseus**
  8 Penelope
- **Orkus**
  10 Persephone, Proserpina
- **Orpheus**
  8 Eurydike

F

- **Osiris**
  4 Isis
- **Othello**
  9 Desdemona
- **Paris**
  6 Helena
- **Perikles**
  7 Aspasia
- **Perseus**
  9 Andromeda
- **Philemon**
  6 Baucis
- **Pluto**
  10 Proserpina
- **Poseidon**
  10 Amphitrite
- **Priamos**
  6 Hekabe, Hekuba
- **Rembrandt**
  6 Saskia
  9 Hendrikje
- **Rubens**
  6 Helene
  8 Isabella
- **Saturnus**
  4 Rhea
- **Siegfried**
  9 Kriemhild
- **Sokrates**
  9 Xanthippe
- **Theseus**
  7 Antiope, Phaedra
  9 Hippolyta
- **Thor**
  3 Sif
- **Uranos**
  4 Gaea, Gaia
- **Uria**
  8 Bathseba
  9 Bethsabee
- **Vulcanus**
  5 Venus
- **Xerxes**
  6 Esther
- **Zeus**
  4 Hera

Frauen mit Kindern
7 Muetter

Frauenarzt
11 Gynaekologe

Frauenberuf
4 Amme, Zofe
5 Nurse
6 Modell, Oberin
7 Aerztin, Hebamme, Koechin, Malerin, Weberin
8 Cutterin, Friseuse, Hausfrau, Lehrerin, Lektorin, Masseuse, Modistin, Naeherin, Putzfrau, Wirkerin
9 Ansagerin, Ballerina, Floristin, Kellnerin, Mannequin, Pflegerin, Pianistin, Saengerin, Taenzerin
10 Direktrice, Erzieherin, Fotografin, Gaertnerin, Grafikerin, Laborantin, Reporterin, Scriptgirl, Souffleuse, Stewardess
11 Assistentin, Graphikerin, Hutmacherin, Kassiererin, Kontoristin, Photomodell, Schneiderin, Sekretaerin, Serviererin
12 Arzthelferin, Buchhalterin, Empfangsdame, Fuersorgerin, Journalistin, Photographin, Putzmacherin, Telefonistin, Verkaeuferin
13 Datentypistin, Haushaelterin, Kranzbinderin, Modeberaterin, Phonotypistin, Raumpflegerin, Reinmachefrau, Stenotypistin, Telephonistin, Zuschneiderin
14 Bibliothekarin, Blumenbinderin, Buchhaendlerin, Garderobenfrau, Schauspielerin, Wirtschafterin, Zimmermaedchen
15 Hausangestellte, Kinderfraeulein, Kinderpflegerin, Korrespondentin, Maskenbildnerin, Platzanweiserin
16 Kindergaertnerin, Krankenschwester
18 Sprechstundenhilfe

Frauenbewegung
10 Feminismus

Frauenboot der Eskimos
5 Umiak

Frauenbüroberuf
11 Sekretaerin

Frauenfeind
5 Macho

Frauenflachs
9 Leinkraut

Frauengemach einer Burg
8 Kemenate

Frauengemach im Islam
5 Harem

Frauengestalt als Sinnbild ...
- **Bayerns**
  7 Bavaria
- **Berlins**
  8 Berolina
- **Deutschlands**
  8 Germania
- **Frankreichs**
  8 Marianne

Frauengestalt im Hamlet
7 Ophelia

Frauengewand
5 Kleid

Frauenhaar
8 Adiantum, Milzfarn
9 Federgras, Hasenbrot
10 Zittergras

Frauenheilkunde
12 Gynaekologie

Frauenheld
4 Beau
6 Belami, Gigolo
7 Don Juan, Playboy
8 Casanova, Charmeur
15 Schuerzenjaeger

Frauenkittel
6 Kasack

Frauenkosename
4 Emmi
5 Lollo, Nanni
6 Gretel

Frauenkurzname ▶ weiblicher Vorname

Frauenliebling
6 bel ami

Frauenmantel
8 Ohmkraut, Taublatt, Taukraut
9 Hasenklee, Taumantel
10 Alchemilla, Milchkraut
11 Marienkraut, Silberkraut
12 Marienmantel

Frauenmantel aus Seide
8 Mantille

Frauenname ▶ weiblicher Vorname
Frauenrechtlerin
6 Emanze
10 Feministin
11 Blaustrumpf, Suffragette
Frauenrock
4 Jupe
6 Schoss
Frauenschleierhaube im Mittelalter
4 Rise
Frauenschuh
8 Orchidee
Frauensingstimme
3 Alt
6 Sopran
11 Mezzosopran
15 Koloratursopran
Frauensperson
4 Weib
Frauenturngerät
13 Schwebebalken
Frauenunterrock
5 Jupon
9 Krinoline
fraulich
7 feminin
Freak
10 Aussteiger
frech
4 keck, kess
6 dreist, kiebig, pampig, patzig
11 impertinent
12 unverschaemt
frech(e, er, es) ...
· **Göre**
5 Range
· **Junge**
6 Bengel
7 Lausbub
· **Mensch**
7 Luemmel
· **Mädchen**
4 Goer
frei
4 leer
5 frank, ledig, offen
6 franko, gratis, vakant
7 umsonst
8 zwanglos
9 degagiert, kostenlos
10 ungebunden, verfuegbar
11 unabhaengig
13 unentgeltlich
frei ...
· **an Bord**
3 fob
· **herabhängender Faden**
6 Franse
· **lebend**
4 wild
· **liegend**
9 exponiert
· **stehender Glockenturm**
8 Belfried
9 Campanile
· **von**
4 ohne
· **von Feuchtigkeit**
7 trocken
frei(e, er, es) ...
· **Angriff beim Fechten**
5 Coupe
· **Entscheidung**
6 Option
· **Platz**
6 Vakanz
9 Esplanade
· **Stelle im Wald**
8 Lichtung
· **Überschlag**
5 Salto
· **Verteidiger beim Fußball**
6 Libero
freiberufliches Entgelt
7 Honorar
Freibeuter
5 Kaper, Pirat
6 Korsar
10 Filibuster, Flibustier, Seeraeuber
Freibrief
7 Charter
8 Privileg
Freidenker
8 Libertin
9 Dissident, Freigeist
Freidenkerglaube
7 Deismus
Freier
6 Werber
8 Bewerber
11 Brautwerber
Freifrau
7 Baronin
Freifräulein
6 Freiin
9 Baronesse
Freigabe des Abflugs
14 Starterlaubnis
freigebig
6 guetig
7 honorig
8 generoes
9 spendabel
10 weitherzig
11 grosszuegig
freigebiger Gönner
6 Maezen
Freigebigkeit
8 Noblesse
Freigebühr
6 Franko
Freigehege für Tiere
8 Reservat
Freigeist ▶ Freidenker
Freigericht
4 Feme
freigestellt
10 fakultativ
Freigut im Mittelalter
5 Allod
freihängendes Ruhenetz
11 Haengematte
Freiheit
8 Privileg, Vorrecht
10 Immunitaet
14 Souveraenitaet, Ungebundenheit
15 Unabhaengigkeit
16 Selbstaendigkeit
18 Selbststaendigkeit
freiheitliche Gesinnung
12 Liberalitaet
Freiheitsentzug
4 Haft
6 Arrest, Kerker
9 Festnahme, Zuchthaus
10 Gefaengnis, Verhaftung
11 Arretierung
12 Inhaftierung, Jugendarrest
21 Sicherheitsverwahrung
Freiheitsgesinnung
12 Liberalismus
Freiheitsheld
8 Jenatsch
Freiheitsheld der Tiroler
5 Hofer

Freiheitsstrafe ▶ Freiheitsentzug
Freiheitsverbrechen
10 Kidnapping, Kindesraub
11 Entfuehrung
12 Menschenraub
Freiherr
5 Baron
Freiherrnwürde
7 Baronie
Freikaufsumme
9 Loesegeld
Freikirchler
7 Baptist
Freikörperkultur
8 Nudismus
10 Naturismus
Freilager
5 Biwak
Freilicht in der Malerei
8 Pleinair
Freilichtbühne
12 Naturtheater
Freilos beim Tennisturnier
4 Rast
Freiluftmöbel
10 Liegestuhl
Freimachung von Sendungen
9 Frankatur
Freimaurersymbol
5 Kelle
Freimaurervereinigung
4 Loge
9 Grossloge
Freischärler
8 Guerilla, Partisan
11 Franktireur
14 Heckenschuetze
Freischlag beim Hockey
9 lange Ecke
Freisinn
12 Liberalismus
freisinnig
7 liberal
13 vorurteilslos
Freisprechung
10 Absolution
Freistatt
4 Asyl
6 Obdach
8 Zuflucht
Freistehen des päpstlichen Stuhles
11 Sedisvakanz
Freistilringen als Show
7 Catchen
Freitag vor Ostern
10 Karfreitag
Freitisch für Hochschüler
7 Konvikt
Freitreppe an Burgen
5 Grede
Freiübungen
9 Gymnastik
freiwillig
7 spontan
10 fakultativ
11 ungezwungen
Freiwilligentruppe
6 Legion
Freiwilliger
9 Volontaer
freiwillig(e, er, es) ...
· **Gabe**
6 Spende
7 Almosen
· **Krankenpfleger**
9 Samariter
· **Mitarbeiter**
6 Helfer
Freizeit
5 Musse, Pause
6 Ferien, Urlaub
8 Erholung
10 Feierabend
Freizeitausflug
7 Radtour
8 Velotour
Freizeitberater
9 Animateur
Freizeitbeschäftigung
5 Hobby, Spiel, Sport
7 Passion
11 Liebhaberei
12 Steckenpferd
Freizeitlandschaft
10 Ferienpark
Freizeitlaufen
7 Jogging
Freizeitsport
7 Wandern
8 Minigolf
11 Windsurfing
Freizeitsportler
7 Amateur
fremdartig
8 exotisch
Fremde
5 Ferne, Weite
7 Ausland
fremde Währung
6 Valuta
Fremdenheim
5 Hotel, Motel
7 Gasthof, Pension
8 Gasthaus, Herberge
Fremdenverkehr
9 Tourismus, Touristik
Fremder
4 Gast
7 Tourist
9 Fremdling, Reisender
10 Auslaender, Logiergast
fremdes Staatsgebiet
7 Ausland, Enklave
Fremdgebiet
7 Ausland
Fremdgebiet im andern Staat
7 Exklave
Fremdgebiet im Staat
7 Enklave
Fremdherrschaft
9 Besatzung
Fremdkapital
4 Pump
5 Leihe
8 Hypothek
10 Obligation
Fremdländer
4 Exot
5 Exote
fremdländisch
8 exotisch
fremdländische Frau
6 Exotin
Fremdländischer
4 Exot
Fremdwort für ...
· **Altertum**
6 Antike
· **ausschließlich**
8 exklusiv
· **danke**
5 merci
· **ebenso**
4 item
· **Elendsviertel**
4 Slum
· **erwachsen**
5 adult
· **gegen**
4 anti

- **Geschlecht**
 5 Genus
- **Hochebene**
 7 Plateau
- **im Jahre**
 4 anno
- **Irrtum**
 5 Error
- **Meinungsumfrage**
 10 Demoskopie
- **Mitlaut**
 9 Konsonant
- **Mundart**
 7 Dialekt
- **Pöbel**
 5 Plebs
- **Selbstlaut**
 5 Vokal
- **Selbstlosigkeit**
 10 Altruismus
- **Selbstsucht**
 8 Egoismus
- **Soll**
 5 Debet
- **Vernunft**
 5 Ratio
- **Werbeschlagwort**
 6 Slogan

Fremdwortgegner
 6 Purist

Fremdwortteil ...
- **allein**
 4 mono
- **fern**
 4 tele
- **halb**
 4 demi
- **jenseits**
 5 ultra
- **neu**
 3 neo
- **tausend**
 4 Kilo
- **unter**
 3 sub
- **vor**
 4 prae

frenetisch
 6 rasend, tobend
 10 begeistert, stuermisch

frequentieren
 8 besuchen

Frequenz
 11 Haeufigkeit
 15 Schwingungszahl

Frequenzband
 5 Kanal

Frequenzeinheit
 5 Hertz

Fresko
 8 Wandbild
 12 Wandgemaelde

Fressen
 5 Frass
 6 Atzung, Futter
 10 Tierfutter, Viehfutter

fressen (Wild)
 5 aesen

Fressgefäss
 4 Napf, Trog

Frettchen
 5 Iltis

Freude
 4 Lust
 5 Gaudi, Jubel, Spass, Wonne
 7 Gaudium
 8 Frohsinn
 9 Ergoetzen
 10 Vergnuegen
 11 Beglueckung

Freude am ...
- **Quälen**
 8 Sadismus
- **Schmerz**
 11 Masochismus
- **Tun**
 4 Lust, Lust
- **Zusehen**
 11 Voyeurismus

Freudenausbruch
 5 Jubel

Freudengesang
 9 Halleluja

Freudenhalle der nordischen Sage
 7 Wingolf

Freudenhaus
 4 Puff
 7 Bordell

Freudenruf
 3 hei
 6 heissa
 8 Hosianna

freudig
 5 gerne

freudige Erwartung
 9 Vorfreude

freudlos
 5 trist
 7 traurig
 12 schwermuetig

Freund
 5 Spezi
 6 Kumpel
 7 Intimus, Kamerad, Partner
 9 Begleiter, Gefaehrte, Geliebter, Liebhaber
 10 Vertrauter

Freund ...
- *des* **Achill**
 9 Patroklos, Patroklus
- *von* **Briefmarken**
 11 Philatelist
- **Ciceros**
 4 Tiro
- *von* **Dick**
 4 Doof
- *von* **Doof**
 4 Dick
- **Friedrichs des Großen**
 5 Katte
- **Goethes**
 5 Carus
 6 Moritz, Zelter
 8 Behrisch
- **Isoldes**
 7 Tristan
- **Luthers**
 11 Melanchthon
- *eines* **Mädchens**
 9 Bekannter
- *des* **Orest**
 7 Pylades
- *des* **Patroklos**
 6 Achill
 8 Achilles
- *des* **Sadismus**
 6 Sadist
- *des* **Schönen**
 7 Aesthet

Freund Hein
 3 Tod
 10 Sensenmann

Freundin ...
- **Goethes**
 5 Stein
 7 Vulpius
 8 Herzlieb, Willemer
 9 Schroeter
 10 Schoenkopf, Schulthess
 11 Goechhausen

F

F

· **Michelangelos**
7 Colonna
· **Odysseus'**
5 Circe
7 Kalypso
8 Nausikaa
· **Praxiteles'**
6 Phryne
· **Schillers**
4 Kalb
· **Voltaires**
8 Chatelet
freundlich
4 lieb, nett
6 guetig, heiter
11 ansprechend, liebenswert, sympathisch
14 liebenswuerdig
freundlich gesinnt
7 zugetan
freundlich(e, er, es) ...
· **Aufnahme**
7 Anklang
· **Dienst**
8 Gefallen
· **Förderer**
7 Goenner
· **Gesinnung**
5 Guete, Gunst
9 Zuneigung
· **Spender**
5 Geber
· **Wesen**
10 Nettigkeit
Freundschaft
5 Treue
9 Sympathie, Zuneigung
13 Kameradschaft
Freundschaftsinseln
11 Tongainseln
Frevel
5 Untat
6 Suende
7 Unrecht
8 Sakrileg, Vergehen, Verstoss
10 Laesterung, Verbrechen
13 Versuendigung
frevelhafter Übermut
6 Hybris
Frevler
7 Suender
10 Verbrecher
11 Uebeltaeter
Friede
3 Pax
4 Ruhe
6 Stille
8 Harmonie
9 Einigkeit, Eintracht
Friedensbewegung
10 Pazifismus
Friedensgott
7 Forseti
Friedensgöttin
6 Eirene
Friedenslehre
6 Irenik
Friedensliebe
10 Pazifismus
Friedensnobelpreisträgerin
6 Menchú, Teresa
7 Suttner
Friedenspfeife der Indianer
7 Kalumet
Friedensversprechen
7 Urfehde
Friedhof
8 Kirchhof
9 Katakombe
10 Totenacker
11 Gottesacker
friedlich
4 brav, zahm
5 ruhig, still
8 irenisch
9 gutmuetig, idyllisch
10 harmonisch
12 konfliktfrei
friedliches Nebeneinander
10 Koexistenz
friedliebend
8 irenisch
12 pazifistisch
Friedlosigkeit als Strafe
4 Acht
Frieselstoff
7 Frottee
Friesenhausteil
8 Reetdach
friesisch für Insel
3 Oge
friesisch(e, er, es) ...
· **Frauenname**
4 Gesa
· **Inseln**
4 Roem, Sylt
5 Amrum, Fanoe, Foehr, Habel, Hooge, Juist, Manoe, Oland, Texel
6 Borkum, Groede, Roemoe
7 Ameland, Baltrum
8 Langeoog, Pellworm, Suedfall, Vlieland
9 Langeness, Norderney, Norderoog, Suederoog, Wangeroog
10 Boschplaat, Nordstrand, Spiekeroog, Wangerooge
11 Rottumeroog
12 Terschelling
· **Männerkurzname**
3 Jan
Friggs Botin
3 Gna
Frikadelle
7 Bulette
frisch
3 neu
4 jung, kalt
5 alert, kuehl
6 gesund, munter, rezent
7 lebhaft
Frische
6 Kuehle
frischer Schnee
4 Neue
9 Neuschnee
frischer Wind
5 Brise
Frischhalteanlage
7 Froster
9 Eiskeller, Kuehlfach
10 Eisschrank, Frigidaire, Kuehltruhe
11 Kuehltasche
12 Gefriertruhe, Kuehlschrank
13 Tiefkuehlfach
14 Tiefkuehltruhe
16 Tiefkuehlschrank
Frischhaltung
13 Konservierung
Frischluftzufuhr im Bergbau
11 Bewetterung
Friseur
6 Figaro
7 Barbier, Stylist
8 Coiffeur
Friseurgeschäft
5 Salon

Frisieren eines Motors
6 Tuning
Frisiergerät
4 Foen, Kamm
5 Foehn, Haube
6 Schere, Wickel
7 Buerste
8 Haarnetz
9 Haarnadel
10 Brenneisen, Haarklemme, Haarspange
11 Brennschere, Haarbuerste
12 Rasiermesser, Trockenhaube
13 Lockenwickler
Frisierkunst
8 Coiffure
Frisiermittel
3 Oel
4 Fett
5 Spray
6 Pomade
7 Shampon, Shampoo
8 Haarlack, Spuelung
9 Haarspray
10 Haarwasser
11 Brillantine
12 Haarfestiger,
14 Schaumfestiger
Frisiertisch
8 Toilette
Frist
4 Ziel
6 Spanne, Termin
8 Zeitraum
9 Zeitpunkt
10 Bedenkzeit, Zeitspanne
Fristgewährung
8 Stundung
Frisur
10 Haartracht
frivol
8 schamlos
froh
6 heiter, lustig, munter
9 froehlich
10 beschwingt
Frohbotschaft
10 Evangelium
Frohgefühl
6 Freude
fröhlich(e, er, es) ...
· **Feier**
4 Fest, Fete
· **Naturell**
7 Frohmut
· **Stimmung**
10 Heiterkeit
Fröhlichkeit
10 Heiterkeit
Frohlocken
4 Lust
Frohsinn
10 Heiterkeit
13 Froehlichkeit
fromm
8 glaeubig
9 religioes
10 andaechtig
15 gottesfuerchtig
fromm(e, er, es) ...
· **Büßer**
5 Asket
· **Sage**
7 Legende
· **Wanderer**
6 Pilger
10 Wallfahrer
Frömmelei
10 Bigotterie
16 Scheinheiligkeit
frömmelnd
6 bigott
12 scheinheilig
Frömmigkeit
7 Pietaet
12 Gottesfurcht
13 Gottvertrauen, Religiositaet
Fron
12 Zwangsarbeit, Zwangsdienst
17 Herrschaftsdienst
Frondienst ▶ Fron
Front
10 Kampflinie, Stirnseite
11 Vorderseite
12 Grenzflaeche
13 Gefechtslinie
16 Kriegsschauplatz
frontal
6 en face
8 von vorne
11 frontseitig
Frontglas am Auto
17 Windschutzscheibe
Froschlarve
10 Kaulquappe
Froschlurch
4 Unke
6 Kroete
8 Bergunke
9 Erdkroete, Taufrosch
10 Grasfrosch, Laubfrosch
11 Teichfrosch
12 Wasserfrosch
Froschmensch
7 Taucher
Frostablagerung
7 Raureif
8 Rauhreif
Frostbarriere
7 Eisbank
frösteln
7 frieren
Frostgebilde
3 Eis
4 Reif
6 Harsch, Schnee
7 Raureif
8 Eisblume, Glatteis, Rauhreif
9 Eiszapfen
11 Eiskristall
Frostgebilde an Glasscheiben
8 Eisblume
frostig
4 kalt
5 eisig
frottieren
8 abreiben
10 abtrocknen
Frucht
4 Kiwi, Nuss
5 Apfel, Birne, Bohne, Ecker, Erbse, Feige, Linse, Olive
6 Ananas, Banane, Eichel, Limone, Mandel, Melone, Orange, Quitte, Tomate, Traube
7 Erdnuss, Kirsche, Kuerbis, Pflaume, Walnuss, Zitrone
8 Aprikose, Erdbeere, Himbeere, Paranuss, Pfirsich, Zwetsche
9 Apfelsine, Blaubeere, Brombeere, Hagebutte, Haselnuss, Kartoffel, Kokosnuss, Mandarine,

Mirabelle, Nektarine, Reneklode, Zwetschge
10 Grapefruit, Kronsbeere, Pampelmuse, Topinambur, Weintraube
11 Heidelbeere, Navelorange, Reineclaude
12 Preiselbeere, Sauerkirsche, Schwarzbeere, Stachelbeere
13 Holunderbeere, Johannisbeere
15 Schattenmorelle

Frucht ...
· *der* **Betelpalme**
9 Arekanuss
· *der* **Buche**
9 Buchecker
· *der* **Edelkastanie**
6 Marone
· *der* **Eiche**
6 Eichel
· *des* **Getreides**
4 Korn
· *mit* **harter Schale**
4 Nuss
· *der* **Heckenrose**
9 Hagebutte
· *mit* **Kerngehäuse**
5 Apfel
· *im* **Mutterleib**
5 Fetus
6 Embryo, Foetus
· *des* **Ölbaums**
5 Olive
· *der* **Palme**
6 Dattel
9 Kokosnuss
· *der* **Rebe**
6 Traube
9 Weinbeere
10 Weintraube

Fruchtauszug
3 Jus
4 Saft
5 Juice
7 Extrakt

fruchtbar
6 fertil
9 produktiv
11 ertragreich

fruchtbar(e, er, es) ...
· **Bodenart**
4 Klei
5 Loess
· **Bodenschicht**
5 Humus
· **Ebene**
6 Boerde
· **Küstenland**
6 Marsch

Fruchtbarkeit
11 Fertilitaet

Fruchtbarkeitsgott
3 Fro
4 Faun, Frey
5 Freyr
6 Faunus
7 Priapos
8 Dionysos

Fruchtbarkeitsgöttin
3 Deo
5 Ceres, Freia, Freya
6 Freyja
7 Artemis, Demeter

Fruchtbonbon
4 Drop

Fruchtbrei
3 Mus

Früchte
4 Obst

Früchtebranntwein
7 Obstler

Fruchteinbringung
5 Ernte

Fruchterzeugnis
5 Gelee
9 Marmelade
10 Konfituere

Früchteverkäufer
12 Obsthaendler

Fruchtflüssigkeit
4 Saft

Fruchtform
4 Nuss
5 Beere, Dolde
6 Huelse, Kapsel, Schote, Traube

Fruchtgärten um Damaskus
5 Ghuta

Fruchtgetränk
4 Most, Saft
5 Juice
8 Limonade
11 Himbeersaft, Ribiselsaft, Traubensaft

Fruchtgirlande
6 Feston

Fruchthülle
6 Huelse, Kapsel, Schale, Schote

Fruchtjogurt (Fruchtjoghurt)
6 Frufru

fruchtleere Getreidehalme
5 Stroh

Fruchtmark
4 Pulp
5 Pulpe

Fruchtpresse
6 Kelter

Fruchtsaft
4 Most

Fruchtsaftgetränk
5 Juice
9 Orangeade

Fruchtstand
5 Aehre, Dolde, Rispe
6 Kolben, Traube, Zapfen
9 Kaetzchen

Fruchtstand einer Körnerpflanze
10 Maiskolben

Fruchtzucker
6 Inulin
8 Fructose, Fruktose

frühchristlicher Kirchenbau
8 Basilika

frühchristliches Liebesmahl
5 Agape

Frühdruck
9 Inkunabel
11 Wiegendruck

früher
4 eher
5 einst
7 ehemals, einstig
8 zeitiger

früher als
3 vor
5 bevor

früher als erwartet
5 schon
7 bereits

früher(e, er, es) ...
· **Abgabe an die Kirche**
5 Zehnt
· **Adelstitel in Russland**
5 Bojar
· **Adliger**
8 Edelmann

- **asiatischer Nomade**
  5 Aware
- **äthiopischer Herrschertitel**
  3 Ras
  5 Negus
- **Autokennzeichen von Stadthagen**
  3 STH
- **berittener Soldat**
  4 Ulan
  5 Husar
  8 Dragoner
- **Berliner Sender** (Abkürzung)
  4 Rias
- **chinesischer Staatsbeamter**
  8 Mandarin
- **chinesisches Gewicht**
  4 Tael
- **deutsche Münze**
  5 Krone, Taler
  6 Batzen, Gulden, Heller
  7 Kreuzer
  8 Groschen
  9 Schilling
- **deutsche Währung**
  2 RM
  10 Reichsmark
- **deutscher Städtebund**
  5 Hansa, Hanse
- **deutsches Gewicht**
  5 Quent
- **Feldmaß**
  7 Tagwerk
  8 Tagewerk
- **Form von wessen**
  3 wes
- **französisches Herzogtum**
  7 Burgund
- **französische Silbermünze**
  8 ECU
- **Geheimbund in Kenia**
  6 Mau Mau
- **geistliches Gericht**
  4 Send
- **Gerichtsbote**
  7 Buettel
- **Goldmünze der USA**
  5 Eagle
- **Handwerkervereinigung**
  5 Zunft
- **Herrschertitel in Russland**
  3 Zar
- **holländische Münze**
  4 Deut
- **Holzraummaß**
  4 Ster
  7 Klafter
- **indische Münze**
  4 Anna
- **iranischer Herrschertitel**
  5 Schah
- **Kirchenstrafe**
  4 Acht, Bann
- **Längenmaß**
  4 Elle, Rute, Zoll
  5 Meile
- **leichter Lanzenreiter**
  4 Ulan
- **Luftdruckmaß**
  4 Torr
- **Maß der Fadenstärke**
  6 Denier
- **mechanisches Musikinstrument**
  11 Orchestrion
- **Name Thailands**
  4 Siam
- **Name von Ankara**
  6 Angora
- **Name von Istanbul**
  14 Konstantinopel
- **Name von Myanmar**
  5 Birma
- **Name von Taiwan**
  7 Formosa
- **Name von Zagreb**
  5 Agram
- **Narkosemittel**
  6 Aether
- **Oberhäupter in Venedig**
  5 Dogen
- **Papiermaß**
  4 Ries
- **Papstpalast**
  7 Lateran
- **polnischer Staatspräsident**
  6 Walesa
- **portugiesische Kolonie in Indien**
  3 Goa
- **portugiesischer Besitz in China**
  5 Macao
- **Reifrock der Frauen**
  9 Krinoline
- **reitender Eilbote**
  8 Stafette
- **Reitersoldat**
  5 Husar
- **Rekrutenaushebung**
  5 Levee
- **russische Dorfgemeinschaft**
  3 Mir
- **Schiffstyp**
  7 Galeere
- **schnelles Segelkriegsschiff**
  8 Fregatte
- **Schulgefängnis**
  6 Karzer
- **schwarzafrikanischer Soldat**
  6 Askari
- **spanische Kriegsflotte**
  6 Armada
- **Sultanspalast**
  6 Serail
- **türkischer Anredetitel**
  6 Efendi
- **türkischer Ehrenwächter**
  6 Kawass
- **türkischer Titel**
  3 Aga
- **türkisches Nomadenvolk**
  6 Awaren
- **US Raumfahrtprogramm**
  6 Gemini
- **Verbrauchssteuer**
  6 Akzise
- **Verwaltungsbeamter**
  4 Vogt
- **Währung in Lettland**
  3 Lat
- **Zählmaß**
  4 Gros
  6 Mandel
- **Zehnpfennigstück**
  6 Nickel

frühere Bezeichnung für ...

- **(junge) Militärpferde**
  8 Remonten
- **Altersheim**
  11 Siechenhaus
- **Ausbilder**
  8 Lehrherr
- **Bauerngehilfin**
  4 Magd

F

- **bequem**
  6 kommod
- **Dienstbote**
  8 Domestik
- **Dienstmädchen**
  4 Magd
- **Erlass**
  5 Edikt
- **Erzählung**
  4 Maer
- **Freund**
  8 Gevatter
- **Friseur**
  7 Barbier
- **Gepäck**
  6 Bagage
- **Hoferbe**
  6 Anerbe
- **Hofpersonal**
  7 Gesinde
- **Jungknecht**
  3 Enk
- **Kneifer**
  8 Pincenez
- **Leibeigener**
  6 Sklave
- **Leibwache der Fürsten**
  5 Garde
- **Liebesmahl**
  5 Agape
- **Märchen**
  4 Maer
- **Onkel**
  5 Oheim
- **Pfarrer**
  6 Pfaffe
- **Rechtsanwalt**
  7 Advokat
- **Sage**
  4 Maer
- **Turmwächter**
  7 Tuermer
- **Zeitung**
  7 Gazette
- **Zoll**
  4 Maut

Frühform des Jazz
3 Rag
7 Ragtime

frühgeschichtlich(e, er, es) ...

- **Blasinstrument**
  4 Lure
- **Gewandspange**
  5 Fibel
- **Zeitabschnitt**
  7 Eiszeit
  9 Eisenzeit, Steinzeit
  10 Bronzezeit

Frühgottesdienst
5 Mette

Frühjahr
4 Lenz
5 Maien
9 Fruehling, Maienzeit

Frühling
4 Lenz

Frühlingsblume
5 Tulpe
6 Krokus, Primel
7 Anemone, Aurikel
8 Narzisse, Veilchen
9 Hyazinthe
10 Osterblume
11 Osterglocke
13 Maerzenbecher, Maigloeckchen
15 Schluesselblume
16 Schneegloeckchen, Traubenhyazinthe

Frühlingsfest
6 Ostern

Frühlingsgott
6 Baldur

Frühlingsgöttin
6 Ostara

Frühlingsmonat
3 Mai
4 Juni
5 April, Maerz
7 Lenzing
9 Ostermond, Wonnemond

frühreif
7 altklug
10 unkindlich

Frühstück im Freien
8 Picknick

Frühstücksspeck
5 Bacon

Frühvorstellung
7 Matinee

Frustration
13 Enttaeuschung

Fuchs in der Fabel
7 Reineke
8 Reinhart

Fuchsbau in der Tierfabel
10 Malepartus

Füchsin
5 Faehe

Fuchsschwanz
5 Lunte, Saege
9 Standarte

Fuchtel
4 Rute
5 Degen, Gerte, Knute, Stock
8 Peitsche

Fuge
3 Nut
4 Falz, Nute
5 Kanon, Ritze, Spalt
6 Furche, Runzel

fugenartig
5 fugal
6 fugato

fugenloser Fußboden
7 Estrich

Fugenmasse
4 Kitt

Fugenschnitt
4 Falz

fügsam
4 zahm
7 ergeben
8 gehorsam

Fügung
3 Los
5 Fatum
8 Geschick
9 Schicksal

fühlbar
8 palpabel

fühlbare Strafe
10 Denkzettel

fühlbarer Herzschlag
4 Puls

Fühler
6 Taster
7 Antenne
8 Tentakel

Fühlungnahme
7 Kontakt
10 Beruehrung

Fuhrbetrieb
9 Spedition

Fuhre
5 Fuder
6 Fracht, Ladung

führender Jakobiner
11 Robespierre

Führer ...

- *der* **Argonauten**
  5 Iason, Jason

· *im* **Bauernkrieg**
5 Geyer, Goetz
· *der* **Hugenotten**
7 Coligny
· *der* **Makkabäer**
5 Judas
· *beim* **Militär**
8 Offizier
· *einer* **Räuberbande am Rhein**
14 Schinderhannes
· *eines* **Schiffes**
8 Kapitaen
· *durch* **unbekanntes Gebiet**
5 Lotse

Führerin
6 Chefin
8 Leiterin
11 Vorgesetzte

Führerschein
13 Fahrerlaubnis

Fuhrknecht
6 Karrer

Fuhrmann
8 Kutscher
10 Fuhrknecht

Führung
5 Regie
7 Leitung
9 Direktion

Führungsgremium
4 Stab

Führungsschicht
5 Elite

Führungstier
10 Leithammel

Fuhrunternehmer
9 Spediteur

Fuhrwerk
5 Karre, Wagen
7 Gespann, Kutsche

Fuhrwerkskolonne
5 Treck

Fuhrwerkslenker ▶ Fuhrmann

Fuhrwesen der Feldtruppe
5 Tross

Fülle
5 Masse, Menge
8 Reichtum
10 Ueberfluss

Fülle von Ackerfrüchten
10 Erntesegen

Füllen
5 Enter
6 Fohlen
9 Jungpferd

Füllgas für Leuchtröhren
4 Neon

Füllmasse für Metallzeichnungen
6 Niello

Füllsel für Fleisch
5 Farce

Füllung
5 Farce, Masse
6 Inhalt
8 Fuellsel

fulminant
9 glaenzend
11 mitreissend

Fundament
4 Fuss
5 Basis, Boden, Grund
6 Sockel
8 Grundbau, Unterbau
9 Grundlage

Fundort ...
· *von* **Mineralien**
5 Lager
9 Vorkommen
· *einer* **Venusstatue**
4 Milo
· **vorgeschichtlicher Menschen**
4 Roth
6 La Tène
10 Heidelberg, Neandertal

Fundus
5 Grund
6 Mittel
7 Bestand
9 Grundlage

Funeralien
10 Beerdigung, Begraebnis

fünf Bücher Mose
5 Thora
10 Pentateuch

Fünfeck
8 Pentagon
10 Drudenfuss

Fünfergruppe
8 Quintett

fünffüßiger Vers der Antike
10 Pentameter

Fünfkampf der Hellenen
10 Pentathlon

Fünfmaß
10 Pentameter

Fünfstromland
6 Punjab
9 Pandschab

fünfter Sonntag nach Ostern
6 Rogate

fünfter Tag der Karwoche
15 Gruendonnerstag

fünfzackiger Stern
10 Drudenfuss, Pentagramm

Fungizid
8 Pilzgift

fungizid
11 pilztoetend

Funk
5 Radio
10 Telegrafie
11 Telegraphie

Funkanlage
6 Sender
7 Antenne

Funkdarbietung
7 Sendung

Funknotruf auf See
3 SOS

Funknotruf im Luftverkehr
6 Mayday

Funkortung
5 Radar
7 Peilung

Funkspruch
8 Depesche

Funkstation
6 Sender

Funksteuerung
13 Fernbedienung

Funkstille
10 Sendepause

Funktion
3 Amt
5 Zweck
7 Aufgabe
8 Leistung
9 Beziehung
10 Anstellung, Bestimmung, Taetigkeit
11 Verrichtung, Wirksamkeit

Funktionsprüfung
5 Probe

Funktionsträger
5 Organ

F

F

Funkturm
6 Sender
9 Sendemast
Funkwellenempfänger
12 Richtantenne
Funkzubehör
7 Antenne
Funzel
5 Kerze, Lampe, Licht
für
3 pro
für ...
· **immer**
4 ewig
· **richtig halten**
5 ahnen
· **sich allein**
7 einzeln
· **wahr erklären**
10 versichern
Furche
3 Nut
4 Fuge, Nute
5 Falte, Rille, Rinne
6 Graben, Runzel
9 Querrinne
10 Einschnitt, Vertiefung
Furcht
5 Angst, Bange, Graus
7 Schreck
9 Schrecken
12 Unsicherheit
Furcht erregend
8 schaurig
furchtbares Verbrechen
9 Greueltat
Furchtgefühl
5 Angst
6 Horror
furchtlos
5 mutig
furchtsamer Mensch
9 Angsthase
Furie
7 Erinnye
9 Xanthippe
12 Kratzbuerste, Rachegoettin
Furnierholz
5 Limba
8 Mahagoni
10 Palisander
Furore
7 Beifall
8 Aufsehen
11 Bewunderung
12 Begeisterung
Fürsorge
5 Obhut
6 Pflege
7 Karitas
9 Betreuung, Wohlfahrt, Zuwendung
10 Versorgung
11 Sozialhilfe
Fürsorgeeinrichtung
4 Asyl, Heim, Hort
7 Anstalt
9 Armenhaus
10 Altersheim, Jugendheim, Waisenhaus
11 Blindenheim, Waermestube
15 Obdachlosenasyl
Fürsorgeverband
7 Caritas
10 Rotes Kreuz
13 Innere Mission
17 Arbeiterwohlfahrt
fürsorgliche Aufsicht
5 Obhut
Fürsprache
5 Gunst
9 Fuerbitte
Fürst
5 Prinz
6 Herzog, Regent
8 Erbprinz, Potentat
9 Erzherzog, Herrscher, Imperator
10 Landesherr
11 Grossherzog, Prinzregent
Fürst ...
· *in* **England**
4 Duke, King
6 Prince
· *in* **Frankreich**
3 Duc, Roi
8 Empereur
· *in* **Indien**
11 Maharadscha
· *im* **Islam**
5 Kalif
6 Chalif, Sultan
· *in* **Japan**
5 Tenno
6 Mikado
· *von* **Monaco**
7 Rainier
· *im* **Orient**
4 Chan, Emir, Khan
5 Mogul
9 Padischah
10 Grossmogul
· *in* **Russland**
3 Zar
· *der* **Waräger**
5 Rurik
Fürstendoktor
8 Leibarzt
Fürstengeschlecht
8 Dynastie
Fürstenhaus von Monaco
8 Grimaldi
Fürstenhaushalt
3 Hof
Fürstenname
8 Waldemar
Fürstensohn
5 Prinz
Fürstenstaat im Himalaja
6 Bhutan
Fürstentum in Europa
6 Monaco
13 Liechtenstein
Fürstin
8 Duchesse, Herzogin, Kaiserin, Koenigin
10 Prinzessin
11 Erzherzogin
13 Grossherzogin
Fürstin in Indien
4 Rani
8 Maharani
Fürstinnenname
5 Irene
fürstlich(e, er, es) ...
· **Anrede**
6 Hoheit
8 Erlaucht
9 Majestaet
11 Durchlaucht
· **Diener**
5 Lakai
· **Emblem**
5 Krone
6 Zepter
· **Truppe**
5 Garde
Furunkel
7 Abszess
14 Eitergeschwuer
Fürwort
8 Pronomen

Fusion
13 Verschmelzung
15 Zusammenschluss
Fuß
5 Basis, Grund
6 Sockel
Fußabtreter
5 Matte
8 Vorleger
9 Fussmatte
Fußballausdruck
2 EM, WM
3 Aus, Cup, Elf, Tor
4 Ball, Ecke, FIFA, Foul, Goal, Hand, Netz, Pass, Team, UEFA
5 Derby, Latte, Leder, Match, Mauer, Pokal, Sturm
6 Abgabe, Abwurf, Balken, Corner, Finale, Flanke, Libero
7 Abpfiff, Abseits, Abstoss, Angriff, Anpfiff, Anspiel, Anstoss, Deckung, Eckball, Einwurf, Stopper, Tormann, Tornetz, Torraum, Trainer, Treffer, Weltcup
8 Abschlag, Eckstoss, Elfmeter, Endspiel, Halbzeit, Kopfball, Stuermer, Torlinie
9 Abpfeifen, Aufsetzer, Ausgleich, Ausputzer, Dribbling, Flutlicht, Freistoss, Handspiel, Offensive, Querlatte, Selbsttor, Spielfeld, Steilpass, Strafraum, Torhueter, Torjaeger
10 Bundesliga, Fernschuss, Mittelfeld, Querbalken, Seitenwahl, Spieldauer, Strafstoss, Torpfosten
11 Abwehrmauer, Mittellinie, Rueckzieher, Seitenlinie, Spielmacher, Sturmspitze
12 Abseitsfalle, Platzverweis, Regionalliga, Steilvorlage
13 Aussenpfosten, Elfmeterpunkt, Pfostenschuss
15 Fallrueckzieher
Fußballberuf
7 Manager, Spieler, Trainer
17 Bundesligatrainer
Fußballbundesligist (Abkürzung)
3 KSC
Fußballclub in Bielefeld
7 Arminia
Fußballclub von Mailand (Kurzwort)
5 Inter
Fußballclub von Rostock
4 Hansa
Fußballfreistoß
7 Eckball
Fußballglücksspiel
4 Toto
Fußballmannschaft
3 Elf
Fußballspiel
5 Match
Fußballspielbeginn
7 Anpfiff, Anstoss
Fußballspieler
6 Keeper, Kicker, Libero
7 Laeufer, Stopper, Tormann, Torwart
8 Stuermer
9 Ausputzer, Torhueter
11 Linksaussen, Verteidiger
12 Halbstuermer, Rechtsaussen
13 Aussenlaeufer, Doppelstopper, Innenstuermer, Mittellaeufer
14 Aussenstuermer, Mittelstuermer, Reservespieler
15 Angriffsspieler, Deckungsspieler
17 Auswechselspieler, Mittelfeldspieler
Fußballspielpause
8 Halbzeit
Fußballteam
3 Elf
Fußballtreffer
3 Tor
Fußballwettbewerb
9 Europacup
11 Europapokal
Fußballwette
4 Toto
Fußbank
6 Hocker
7 Schemel
Fußbekleidung
5 Boots, Clogs, Pumps, Schuh
6 Opanke, Spikes
7 Pantine, Sandale, Slipper, Stiefel
8 Galosche, Gamasche, Latschen, Skischuh
9 Halbschuh, Hausschuh, Holzschuh, Lackschuh, Pampusche, Pantoffel, Schischuh, Schlappen, Turnschuh
10 Gummischuh, Lederschuh, Sandalette, Skistiefel, Sportschuh, Ueberschuh
11 Holzsandale, Lackstiefel, Stiefelette
12 Gummistiefel
14 Schnuerstiefel
Fußbodenbelag
3 PVC
4 Kork
6 Dielen, Fliese, Platte
7 Balatum, Estrich, Fliesen, Laeufer, Parkett, Teppich
8 Linoleum, Stragula
15 Haargarnteppich
Fußbodenbrett
5 Diele
Fußbodenerhöhung
7 Estrade
Fußbodenpflegemittel
11 Bohnerwachs
Fußbodenplatte
6 Fliese
Fussel
5 Fluse
11 Staubflocke
Fußgänger
7 Passant
Fußgelenk
6 Fessel
8 Knoechel
Fußgestell
6 Podium, Sockel
9 Piedestal
Fußgicht
7 Podagra
10 Zipperlein
Fußglied
3 Zeh
4 Zehe

Fußhebel
5 Pedal
Fußkleidschlupfhilfe
12 Schuhloeffel
13 Schuhanzieher
Fußknöchel
5 Enkel
Fußleiste
6 Sockel
7 Lambrie
8 Lamperie
fußlose Insektenlarve
4 Made
fußloses Kriechtier
4 Wurm
8 Schlange
Fußmatte
8 Abtreter
Fußmissbildung
9 Klumpfuss
Fußnote
6 Glosse
9 Anmerkung
10 Marginalie
Fußpfad
3 Weg
4 Steg
5 Steig, Stieg
Fußpflege
9 Pedikuere
Fußpunkt
5 Basis, Nadir
Fußreise
6 Marsch
11 Spaziergang
Fußrücken
4 Rist
5 Spann
Fußsoldat
9 Grenadier
11 Infanterist
Fußspur
5 Tapfe
6 Stapfe, Tapfen
Fußstoß
5 Tritt
Fußstütze
7 Bandage, Einlage
11 Fersenkappe, Fersenleder
12 Einlegesohle
Fußstütze am Sattel
11 Steigbuegel
Fußteil
3 Zeh
4 Rist, Zehe
5 Enkel, Ferse, Sohle, Spann
6 Ballen, Fessel, Gelenk, Hacken
8 Knoechel, Zehnagel
12 Sprunggelenk
Fußteil der Paarhufer
5 Klaue
Fußteil vieler Tiere
3 Huf
Fußtruppe
10 Infanterie
Fußwanderung
11 Spaziergang
Fußweg
8 Gehsteig, Trottoir
12 Buergersteig
Fußwurzelknochen
10 Sprungbein
Futter
5 Frass
7 Nahrung, Polster
Futter ...
· *für ein* **Haustier**
11 Hundekuchen
· *für alte* **Tiere**
10 Gnadenbrot
Futteral
4 Dose, Etui
5 Bezug
6 Beutel, Huelle, Kapsel
7 Scheide
8 Ueberzug
16 Brillenbehaelter
Futterbehälter
4 Napf, Trog
5 Raufe
6 Krippe
9 Fressnapf
Futtergefäß ► Futterbehälter
Futtergewebe
5 Serge
Futterkrippe
5 Raufe
Futtermittel
3 Heu
4 Korn, Malz
5 Kleie, Samen, Spreu, Stroh
6 Schrot, Silage
7 Eicheln, Knollen
8 Getreide, Haecksel
9 Fischmehl
Futternapf
4 Trog
Futterpflanze
4 Gras, Klee, Mais
5 Hafer, Ruebe
6 Gerste, Lupine
7 Luzerne, Ruebsen
9 Kartoffel, Kohlruebe
11 Runkelruebe
Futterspeicher
4 Silo
Futterstoff
5 Serge, Twill
6 Koeper
9 Gloriette
Futterstroh
8 Haecksel
Futtertöpfchen
4 Napf
Futtertrog
5 Mulde
6 Krippe
Fütterung
4 Mast
6 Aesung, Atzung
Futur
7 Zukunft
Futurologie
20 Zukunftswissenschaft

G

Gabe
5 Dosis, Opfer
6 Anlage, Spende, Talent
7 Almosen
8 Begabung, Geschenk, Praesent
9 Angebinde, Vermoegen
10 Faehigkeit
11 Befaehigung, Veranlagung

Gabe an die Gottheit
5 Opfer
Gabe zum Christfest
16 Weihnachtsteller
Gabel
5 Forke, Trage, Zweig
6 Geweih
8 Deichsel
9 Essgeraet
Gabelbissen
5 Snack
6 Imbiss
Gabelfrühstück
5 Lunch
6 Imbiss
8 Dejeuner
Gabelhirsch
6 Gabler
Gabelmücke
9 Anopheles
Gabelstapler
6 Karren
15 Transportkarren
Gabelteil
4 Zahn
5 Zacke, Zinke
Gabelung
10 Abzweigung
Gabelweihe
5 Milan
Gaben der Ceres
9 Zerealien
Gabenbehälter der Kirche
10 Opferstock
Gabler
4 Bock
6 Hirsch
7 Rehbock
Gaffelsegel
5 Besan
Gag
6 Pointe
7 Einfall
Gagat
9 Pechkohle
Gage
4 Lohn
6 Gehalt
7 Entgelt, Honorar
9 Bezahlung
10 Verguetung
Galadiner
9 Festessen
Galan
8 Liebster
9 Geliebter, Liebhaber
galant
8 hoeflich
10 aufmerksam, ritterlich
12 zuvorkommend
Galanterie
12 Hoeflichkeit
14 Ritterlichkeit
Galeere
11 Ruderschiff
Galeerensklave
6 Galeot
Galerie
4 Gang, Rang
6 Empore, Museum
8 Laufgang, Sammlung
13 Kunsthandlung, Kunstsammlung
16 Gemaeldesammlung
Galerist
13 Kunsthaendler
Galgenhumor
12 Selbstironie
Galgenvogel
4 Lump, Rabe
6 Bandit, Gauner
8 Kolkrabe
9 Betrueger
Gallenfarbstoff
9 Bilirubin
10 Biliverdin
Gallenwirkstoff
6 Cholin
Gallert um Fisch oder Fleisch
5 Aspik
gallertartige Substanz
3 Gel
7 Kolloid
Gallerterzeuger
6 Pektin
8 Agar-Agar
11 Knochenleim
Gallertmasse
3 Gel, Jus
5 Aspik, Gelee
8 Gelatine
Gallien
10 Frankreich
gallische Provinz
10 Aquitanien
gallischer Volksstamm
5 Bojer
6 Aeduer
8 Arverner, Eburonen
Gallusgerbsäure
6 Tannin
Galon
5 Borte, Litze
6 Tresse
Galopp
4 Tanz
6 Kanter
7 Gangart
8 Rundtanz
Galosche
10 Gummischuh, Ueberschuh
Gambe
9 Kniegeige
Gambohanf
5 Kenaf
Gams
5 Gemse
6 Gaemse
Gämse (Gemse)
4 Gams
Gämse (Gemse) in der Jägersprache
4 Gams
Gämsenjunges (Gemsenjunges)
4 Kitz
gämsfarben (gemsfarben)
7 chamois
Gämsgehörn (Gemsgehörn)
6 Krucke
7 Krickel, Kricket
8 Krickeln
Gandhis Ehrentitel
7 Mahatma
Gang
3 Weg
4 Flur
5 Bande, Diele, Stufe
7 Galerie
8 Korridor
Gang des Viehs von den Almen
7 Abtrieb
Gangart
5 Trott
Gangart ...
· *der* **hohen Schule**
5 Volte
6 Levade, Pesade, Piaffe
7 Lançade
8 Kapriole, Kurbette
9 Courbette, Pirouette

G

- *des* **Islandponys**
  5 Toelt
- *des* **Pferdes**
  4 Pace, Trab
  5 Toelt
  6 Galopp, Kanter
  7 Alluere, Passage, Renvers, Schritt, Travers
  8 Karriere, Kurbette
  9 Courbette

Gängelband
5 Leine
8 Aufsicht
9 Laufleine

Gangesebene am Himalaja
5 Tarai

Gangesmündungen
11 Sunderbunds

Ganggestein aus Quarz
5 Aplit

gängig
6 kurant

Gangregler im Uhrwerk
5 Unruh

Gangster
4 Dieb
6 Bandit, Ganeff, Ganove, Gauner
7 Mafioso, Raeuber
9 Betrueger
10 Verbrecher

Gangstergruppe
4 Gang
5 Bande

Ganove ► Gangster

Gänschen
7 Goessel

Gänseart
8 Graugans, Wildgans
10 Schneegans

Gänseblümchen
9 Grasblume
12 Massliebchen
13 Tausendschoen
17 Tausendschoenchen

Gänsedistel
9 Hasenkohl
10 Milchkraut
12 Milchlattich, Schweinekohl

Gänsefüßchen
18 Anfuehrungsstriche

Gänsefußgewächs
5 Melde
6 Kochie

Gänserich
6 Ganser, Ganter

Gänsevogel
4 Ente
6 Schwan

ganz
4 heil
5 total
6 gesamt, in toto
7 restlos, voellig
8 komplett
9 ungeteilt
10 unversehrt
12 vollstaendig

ganz gefüllt
4 voll

ganz und gar
7 absolut
13 unumschraenkt

Ganzheit
10 Totalitaet
15 Geschlossenheit

gänzlich
5 total
8 komplett
11 ausnahmslos

Ganzton in der Musik
5 Tonus

Garant
6 Buerge
12 Gewaehrsmann

Garantie
7 Gewaehr, Haftung, Kaution
10 Sicherheit
11 Buergschaft, Verbuergung
14 Sicherstellung

Garantie für den Gläubiger
5 Pfand

Garaus
3 Tod
4 Ende
9 Verderben
11 Vernichtung

Garbenhaufen zum Trocknen
5 Hocke
6 Mandel

Garderobe
6 Ablage, Gewand
8 Kleidung
10 Bekleidung
12 Ankleideraum, Umkleideraum
13 Kleiderablage

Gardine
5 Store
6 Stores
7 Vorhang

Gardinenstoff
4 Mull
5 Tuell, Voile
6 Etamin
10 Filettuell
11 Marquisette

gärender Brotteig
9 Sauerteig

gärender Most
5 Suser
6 Sauser
12 Federweisser

Gärfutter
6 Silage

Gärfutterbehälter
4 Silo

Gärfutterbereitung
8 Ensilage

Gargefäß
6 Kocher
8 Kochtopf
13 Dampfkochtopf

Gärmittel
4 Hefe
5 Enzym
7 Ferment
8 Weinhefe

Garn
5 Faden, Zwirn

Garnaufwickler
5 Spule

Garnele
5 Krebs
6 Granat, Krabbe
8 Krevette

Garnfeinheitsgrad
3 den
5 Titer
6 Denier

Gärniederschlag
4 Trub

Garnison
8 Standort

Garnitur
3 Set

Garnrolle
5 Spule
6 Haspel

Garnstrang
5 Docke

Garnstück
5 Faden
9 Bindfaden
Garnwinde
6 Haspel
garstig
5 boese
9 ablehnend, haesslich
Gärstoff
4 Hefe
6 Zymase
Garten ...
· **Eden**
8 Paradies
· **Gottes**
4 Eden
8 Paradies
· *am* **Ölberg**
10 Gethsemane
Gartenammer
7 Ortolan
Gartenbau
11 Hortikultur
Gartenblume
4 Iris, Rose
5 Aster, Kalla, Lilie, Malve, Nelke, Phlox, Tulpe, Wicke, Winde
6 Akelei, Azalee, Cosmea, Dahlie, Enzian, Krokus, Lupine, Mimose, Primel, Reseda, Zinnie
7 Anemone, Aurikel, Begonie, Fuchsie, Geranie, Glyzine, Levkoje, Lobelie, Petunie, Tagetes, Verbene, Zyklame
8 Eisenhut, Georgine, Gladiole, Gloxinie, Goldlack, Goldrute, Goldwurz, Lavendel, Magnolie, Maiblume, Narzisse, Oleander, Rosmarin, Veilchen, Zyklamen
9 Bartnelke, Buschrose, Dickblatt, Echinacea, Goldregen, Heliotrop, Herzblume, Hortensie, Hyazinthe, Mohnblume, Pechnelke, Samtblume, Stockrose, Zaunwinde
10 Christrose, Ehrenpreis, Federnelke, Feuerlilie, Gartenmohn, Heckenrose, Heidekraut, Helianthus, Herbstrose, Immortelle, Leberblume, Loewenmaul, Marguerite, Mauerraute, Montbretie, Nachtkerze, Osterblume, Pelargonie, Schneeball, Silberwurz, Sonnenrose, Steinnelke, Sternblume, Strohblume, Trollblume
11 Becherblume, Fingerkraut, Gartenmalve, Gartennelke, Goldmelisse, Pfingstrose, Ringelblume, Rittersporn, Schildblume, Sonnenblume, Wucherblume
12 Becherglocke, Chrysantheme, Flammenblume, Fuchsschwanz, Glockenblume, Koenigskerze, Mittagsblume, Rhododendron, Windroeschen
13 Alpenveilchen, Gelbweiderich, Kokardenblume, Kuckucksblume, Laternenblume, Maerzveilchen, Maigloeckchen, Schleierkraut, Tausendschoen
14 Indianernessel
15 Gaensebluemchen, Schlafmuetzchen, Schluesselblume
16 Schneegloeckchen, Stiefmuetterchen, Vergissmeinnicht
17 Himmelsschluessel
Gartenbohne
6 Fisole
Gartenbratrost
15 Holzkohlengrill
Gartenerzeugnis
4 Kohl, Mais, Nuss
5 Apfel, Beere, Birne, Blume, Bohne, Erbse, Gurke, Lauch, Melde, Ruebe, Salat
6 Melone, Moehre, Porree, Quitte, Spinat, Tomate, Traube
7 Endivie, Gemuese, Gewuerz, Karfiol, Karotte, Kirsche, Kuerbis, Lattich, Mangold, Marille, Paprika, Pflaume, Rettich, Rotkohl, Spargel, Wirsing, Zwiebel
8 Aprikose, Chicorée, Erdbeere, Himbeere, Pastinak, Pfirsich, Portulak, Rotkraut, Sellerie, Zwetsche
9 Blaukraut, Brombeere, Gruenkohl, Kartoffel, Knoblauch, Kopfsalat, Mirabelle, Mohrruebe, Reneklode, Rhabarber, Rosenkohl, Schikoree, Weisskohl, Zwetschge
10 Blumenkohl, Topinambur
11 Artischocke, Reineclaude
12 Schnittlauch, Stachelbeere
13 Endiviensalat, Johannisbeere, Schwarzwurzel
Gartenfest
10 Grillparty
Gartengefäß
10 Giesskanne
Gartengerät
5 Eimer, Forke, Hacke, Harke, Kanne, Leine, Saege
6 Leiter, Maeher, Rechen, Schere, Schnur, Spaten
7 Sauzahn
8 Schaufel, Schlauch
9 Baumsaege
10 Baumschere, Giesskanne, Kultivator, Schubkarre
11 Rasenmaeher, Rasenschere
12 Heckenschere, Schiebkarren
13 Okuliermesser, Rasensprenger, Vertikutierer
14 Wasserschlauch
17 Rasenmaehmaschine
Gartenhaus
5 Laube
8 Pavillon
Gartenkrähe
12 Eichelhaeher

G

G

Gartenmöbel
10 Liegestuhl
12 Sonnenschirm
17 Hollywoodschaukel
Gartenpartyleuchte
9 Windlicht
Gartenpforte
6 Hoftor
Gartenstaude
11 Fackellilie
Gartenstiefmütterchen
6 Pensee
Gartenstrauch
10 Berberitze
Gartenstück
4 Beet
8 Parzelle
Gartenunkraut
5 Miere
Gartenzierpflanze
6 Resede
8 Ranunkel
Gärtner
16 Pflanzenzuechter
gärtnerische Anlage
4 Beet, Park
5 Rasen
7 Rabatte, Rondell
9 Treibhaus
11 Steingarten
Gärtnermesser
5 Hippe
Gärung
7 Aufruhr
12 Fermentation
Gärungsgetränk
4 Bier
Gärungsmittel
4 Hefe
Gasaustausch bei Lebewesen
6 Atmung
Gasbehälter
9 Gasometer
Gasdruck
7 Tension
Gasfernleitung
8 Pipeline
gasförmig(e, er, es) ...
· **Brennstoff**
5 Butan
6 Erdgas, Methan, Propan
7 Butylen
8 Acetylen, Azetylen, Stadtgas
· **Element**
4 Neon
5 Argon, Fluor, Radon, Xenon
6 Helium
7 Krypton
10 Sauerstoff, Stickstoff
11 Wasserstoff
· **Kohlenwasserstoff**
5 Butan
Gasgemisch um die Erde
4 Luft
Gashülle der Erde
11 Atmosphaere
Gaskammer im Fesselballon
9 Ballonett
Gasleitung
4 Rohr
8 Pipeline
Gasmann
7 Ableser
Gasmesser
6 Gasuhr
Gasse
3 Weg
7 Hohlweg, Passage
9 Durchgang
Gassenhauer
3 Hit
5 Oldie
8 Schlager
9 Evergreen
Gassenjunge
5 Gamin
7 Lausbub
Gast
7 Fremder, Tourist
8 Besucher
9 Hospitant
Gastaufenthalt
6 Besuch
Gästebediener
7 Kellner
Gastgeber
4 Wirt
Gastgewerbe
10 Hotellerie
11 Gastronomie
Gasthausbesitzer
4 Wirt
8 Gastwirt
9 Gastronom
Gasthausbesuch
7 Einkehr
Gasthausrechnung
5 Zeche
Gasthaustheke
11 Schanktisch
Gasthörer an Hochschulen
9 Hospitant
gastlich
8 wirtlich
9 einladend
Gastmahl
5 Diner
7 Bankett
9 Festessen, Galadiner
Gastpflanze
7 Parasit
11 Schmarotzer
Gastronom
4 Wirt
8 Gastwirt, Hotelier
12 Restaurateur
gastronomischer Beruf
4 Koch
8 Chefkoch
Gastroskopie
15 Magenspiegelung
Gastspielreise
7 Tournee
Gaststätte ▶ Gastwirtschaft
Gaststättenangestellter
4 Ober
7 Barmann, Kellner, Pikkolo
8 Barmixer
9 Barkeeper
11 Oberkellner
Gaststätteninhaber
4 Wirt
8 Gastwirt
9 Gastronom
Gastwirt
8 Kneipier
9 Gastronom
Gastwirtschaft
3 Bar
4 Café, Krug
5 Beisl, Beize, Hotel, Logis, Lokal, Motel, Pinte
6 Beisel, Bodega, Budike, Butike, Casino, Hospiz, Huette, Kasino, Klause, Kneipe
7 Gasthof, Kantine, Pension, Schenke, Tanzbar, Taverne

8 Bierhaus, Bierzelt, Destille, Dorfkrug, Eisdiele, Herberge, Milchbar, Quartier, Rasthaus, Schaenke, Snackbar, Spelunke, Teestube
9 Bierhalle, Bierlokal, Bierstube, Tanzlokal, Weinlokal, Weinstube, Wirtshaus
10 Biergarten, Bierkeller, Braustuebl, Kaffeehaus, Ratskeller, Restaurant, Schutzhaus, Trinkhalle, Trinkstube, Unterkunft, Weinkeller, Wirtschaft
11 Braeustuebl, Gartenlokal, Raststaette, Weinschenke, Winzerstube
12 Bierschwemme, Restauration, Schutzhuette, Waldschaenke
16 Erfrischungsraum, Speisewirtschaft
18 Bahnhofswirtschaft

Gatte
4 Mann
6 Gemahl
7 Ehemann
10 Ehepartner

Gatte von ...
· **Abigail**
5 David, Nabal
· **Andromache**
6 Hektor
· **Andromeda**
7 Perseus
· **Ariadne**
8 Dionysos, Dionysus
· **Brunhilde**
7 Gunther
· **Desdemona**
7 Othello
· **Enite**
4 Erek
· **Eurydike**
7 Orpheus
· **Hagar**
7 Abraham
· **Hekuba**
7 Priamos
· **Helena**
5 Paris
8 Menelaos, Menelaus
· **Hera**
4 Zeus
· **Isis**
6 Osiris
· **Jokaste**
7 Oedipus
· **Juno**
7 Jupiter
· **Kriemhild**
5 Etzel
9 Siegfried
· **Lea**
5 Jakob
· **Loren**
5 Ponti
· **Medea**
5 Jason
· **Nofretete**
8 Echnaton
9 Amenophis
· **Penelope**
8 Odysseus
· **Rebekka**
5 Isaak
· **Sophia Loren**
5 Ponti
· **Thusnelda**
5 Armin
7 Hermann
8 Arminius
· **Xanthippe**
8 Sokrates

Gattenzwist
9 Ehestreit

Gatter
4 Zaun
6 Gehege, Gitter, Pferch
9 Schaltung

Gattin
4 Frau
7 Ehefrau
8 Gemahlin

Gattin von ... (▶ auch Frau von ...)
· **Abraham**
4 Sara
· **Aga Khan**
5 Begum
· **Agamemnon**
13 Klytaemnestra
· **Ägir**
3 Ran
· **Ahab**
6 Isebel
· **Amphitryon**
7 Alkmene
· **Äneas**
7 Lavinia
· **Atreus**
6 Aerope
· **Baal**
5 Baala
· **Baldur**
5 Nanna
· **Bernadotte**
7 Desirée
· **Dionysos**
7 Ariadne
· **Donar**
3 Sif
· **Erek**
5 Enite
· **Etzel**
9 Kriemhild
· **Gorbatschow**
6 Raissa
· **Hektor**
10 Andromache
· **Isaak**
7 Rebekka
· **Jason**
5 Medea
· **Lohengrin**
4 Elsa
· **Menelaos**
6 Helena
· **Mohammed**
6 Aischa
10 Chadidscha
· **Mussolini**
7 Rachele
· **Odin**
5 Frigg
· **Oedipus**
7 Jokaste
· **Orpheus**
8 Eurydike
· **Peron**
5 Evita
· **Perseus**
9 Andromeda
· **Poseidon**
10 Amphitrite
· **Priamos**
6 Hekabe, Hekuba
· **Reagan**
5 Nancy
· **Siegfried**
9 Kriemhild

G

· **Sokrates**
9 Xanthippe
· **Thor**
3 Sif
· **Wagner**
5 Minna
6 Cosima
· **Wodan**
5 Frigg
· **Xerxes**
6 Esther
· **Zeus**
4 Hera

Gattung
3 Art, Typ
5 Genre, Genus, Menge, Rasse, Sippe, Sorte, Typus
6 Gruppe, Klasse, System
7 Familie, Ordnung, Spezies
9 Kategorie
10 Geschlecht

Gattung der ...
· **erzählenden Dichtung**
4 Epik
· **Frösche**
4 Rana
· **Korbblütler**
8 Zichorie
· **Malerei**
5 Genre
· **Poesie**
5 Lyrik
· **Reptilien**
9 Schlangen

Gau
6 Bezirk, Gebiet, Gegend, Region
7 Provinz
10 Landschaft, Landstrich

Gaube ▶ Gaupe

Gaudi
2 Uz
3 Jux, Ulk
5 Spass, Unfug
6 Freude, Unsinn
7 Streich

Gaukler
5 Fakir
6 Magier
7 Magiker
8 Zauberer
11 Illusionist
14 Taschenspieler
15 Zauberkuenstler

Gauklerblume
9 Braunwurz
10 Affenblume
11 Maskenblume

Gaul
4 Ross
5 Pferd
6 Maehre
7 Klepper
12 Arbeitspferd

Gaumenfreude
6 Genuss

Gaumenlaut
8 Guttural

Gaumensegellaut
5 Velar

Gauner
4 Dieb, Lump
6 Ganove, Nepper
7 Luegner, Stehler, Strolch
8 Gangster, Heuchler, Tagedieb
9 Betrueger, Spitzbube
10 Einbrecher, Langfinger, Schwindler
11 Galgenvogel, Hochstapler, Taschendieb, Taugenichts
13 Bauernfaenger, Erbschleicher

Gaunerei
4 Nepp
6 Betrug
9 Schwindel
10 Taeuschung

Gaunergehilfe
3 Ede
6 Hehler

Gaunersprache
5 Argot
9 Rotwelsch

Gaunerwort für ...
· **Braut**
5 Kalle
· **Diebesgut**
4 Sore
· **Falschgeld**
7 Blueten
· **Gauner**
6 Ganeff
· **Gefängnis**
5 Knast
· **Geld**
4 Kies, Moos
5 Pinke
· **Glück**
6 Massel
· **Herberge**
5 Penne
· **Kokain**
4 Koks
· **Münzfälscher**
6 Kipper, Wipper
· **Polizist**
5 Bulle, Polyp

Gaunerzeichen
5 Zinke
6 Zinken

Gaupe
10 Dachaufbau

gazeartiges Baumwollgewebe
5 Marly

Gazegewebe
6 Etamin

Gazellenart
6 Impala

Gazette
7 Zeitung

Geäst eines Baumes
7 Astwerk

geäußerter Wunsch
5 Bitte

Gebäck mit Fleischfüllung
7 Pastete

Gebäckart ▶ Gebäcksorte

gebacken(e, er, es) ...
· **Kartoffelklößchen**
9 Kroketten
10 Croquetten
· **Kartoffelscheibchen**
5 Chips
· **Speise**
6 Gratin
7 Auflauf
· **Teig**
4 Brot, Weck
6 Kuchen
10 Plaetzchen

Gebäcksorte
4 Brot, Keks, Kipf, Laib, Weck, Zopf
5 Kranz, Torte, Wecke
6 Baiser, Beugel, Brezel, Eclair, Fladen, Kipfel, Kuchen, Oblate, Printe, Semmel, Stolle, Stuten, Waffel, Wecken
7 Biscuit, Biskuit,

Brioche, Krapfen, Kringel, Krokant, Makrone, Stollen, Strudel
8 Feinbrot, Schrippe, Striezel, Zwieback
9 Broetchen, Gugelhupf, Lebkuchen, Negerkuss
10 Napfkuchen, Nussbengel, Plaetzchen, Salzbrezel, Salzstange, Windbeutel
11 Apfeltasche, Bienenstich, Florentiner, Kaesestange, Knaeckebrot, Pfeffernuss, Spekulatius
12 Apfelstrudel, Pumpernickel, Russischbrot, Salzstangerl
13 Liebesknochen, Rosinenkuchen, Schillerlocke
19 Berliner Pfannkuchen

gebälktragende Frauengestalt
4 Kore

gebälktragende Männerfigur
6 Atlant

Gebälkträger
6 Atlant
9 Kanephore, Karyatide

geballte Hand
5 Faust

gebändigt
4 zahm

Gebärde
5 Geste
7 Zeichen
8 Bewegung

Gebärdenspiel
5 Mimik
6 Gestik
9 Pantomime
10 Pantomimik

Gebärdensprache
5 Mimik
6 Gestik
13 Gestikulation

Gebaren
7 Habitus

Gebärmutter
6 Uterus

Gebärraum
10 Kreisssaal

Gebäude
3 Bau
4 Haus, Kate
5 Villa
6 Huette
8 Bungalow, Hochhaus

Gebäude ...

· *für* **Altertümer**
6 Museen

· *in* **Berlin**
16 Brandenburger Tor

· *in* **Frankfurt**
6 Roemer

· *für* **Sammlungen**
6 Museum

· *in* **Venedig**
11 Dogenpalast

Gebäudeabbruch
6 Abriss

Gebäudeart
10 Fertighaus

Gebäudeeingang
8 Haustuer

Gebäudeentwurf
7 Bauplan

Gebäudeerweiterung
5 Anbau

Gebäudeflügel
5 Trakt

Gebäudeteil
4 Dach, Raum, Saal, Tuer
5 Boden, Diele, Erker, Etage, First, Front, Halle, Kamin, Stock, Stube, Trakt, Tuere
6 Balkon, Empore, Giebel, Kammer, Keller, Kuppel, Loggia, Pforte, Portal, Saeule, Treppe, Zimmer
7 Fassade, Fenster, Pfeiler, Veranda, Vorraum, Wohnung
8 Geschoss, Gewoelbe, Hausflur, Lichthof, Mansarde, Speicher
9 Apartment, Dachboden, Dachstuhl, Fundament, Stockwerk
10 Hinterhaus
11 Appartement, Erdgeschoss, Giebelseite, Schornstein, Treppenhaus

Gebäudeveränderung
5 Umbau

Gebäudeverwalter
11 Hausmeister

Gebäudevorbau
5 Erker
6 Balkon

Gebäudevorsprung
7 Risalit

Gebäudewart
11 Hausmeister

gebefreudig
9 freigebig, spendabel
11 grosszuegig

Gebeinaschegefäß
4 Urne

Gebeine
7 Knochen, Skelett
14 Knochengeruest

Gebeine von Heiligen
9 Reliquien

Gebeinurne
8 Ossarium

geben
10 darreichen

Geben auf Wechselseitigkeit
6 Tausch

Gebenedeite
7 Madonna
12 Gottesmutter

Geber
7 Spender, Stifter
8 Schenker

Geberlaune
14 Freizuegigkeit

Gebetbuch
6 Agende
7 Brevier, Missale

Gebetsanrede für Gott
4 Abba

Gebetsaufruf der Liturgen
6 Oremus

Gebetsende
4 Amen

Gebetsform
10 Rosenkranz

Gebetsmantel
6 Tallit
7 Tallith

Gebetsmühle der Lamaisten
5 Korle

Gebetsnische in der Moschee
6 Mihrab

G

Gebetsruf
8 Hosianna
Gebetsrufer im Islam
7 Muezzin
Gebetsschluss
4 Amen
Gebetsstunde
4 Hora, None
Gebetsstunden
5 Horen
Gebetsteppich
8 Namazlik
Gebetszusammenstellung
6 Agende
Gebiet
3 Gau
4 Fach, Feld, Land, Raum, Zone
5 Areal, Boden, Zweig
6 Bezirk, Gegend, Metier, Region, Sektor, Sparte
7 Bereich, Branche, Ressort, Sektion, Terrain
8 Distrikt, Gelaende
9 Abschnitt, Disziplin
10 Landesteil, Landschaft, Landstrich
11 Territorium
Gebiet ...
· *in* **Belgien**
8 Flandern
· *ohne* **Besitzer**
12 Niemandsland
· *am* **Bodensee**
7 Linzgau
· *in* **Böhmen**
8 Egerland
· *mit* **dauernder Schneebedeckung**
5 Nival
· *im* **ehemaligen Ostpreußen**
7 Ermland
· *mit* **hohem Luftdruck**
4 Hoch
· *am* **Indus**
8 Kaschmir
· **innerhalb der Staatsgrenzen**
6 Inland
· *am* **Jordan**
4 Moab
· *im* **Kanton Uri**
10 Urserental
· *mit* **niedrigem Luftdruck**
4 Tief
· *in* **Norddeutschland**
8 Holstein
· *in* **Nordnamibia**
6 Owambo
· *um den* **Nordpol**
6 Arktis
· *an der* **Nordsee**
12 Dithmarschen
· *mit* **religiöser Minderheit**
8 Diaspora
· *in der* **Steiermark**
7 Ennstal
· **südlich der Sahara**
5 Sahel
· *in* **Südosteuropa**
7 Serbien
· *um den* **Südpol**
9 Antarktis
· *der* **Technik**
10 Elektronik
· *ohne* **Vegetation**
6 Wueste
· *in* **Vietnam**
6 Tonkin
· *in* **Westfalen**
13 Soester Boerde
· *am* **Zürichsee**
5 March
Gebieter
4 Herr
6 Regent
8 Potentat
9 Herrscher, Oberhaupt
10 Machthaber
Gebieterin
6 Herrin
gebieterisch
8 herrisch
Gebietsaneignung
8 Annexion
10 Okkupation
Gebietsausschluss
7 Exklave
Gebietseinschluss
7 Enklave
Gebietsseuche
7 Endemie
Gebietsstreifen
4 Zone
gebietstypische Krankheit
7 Endemie
Gebilde
4 Ding, Form
5 Figur, Sache
6 Objekt
7 Gefuege, Gestalt, Koerper
8 Struktur
10 Gegenstand
Gebilde ...
· *von* **gewaltigem Ausmaß**
8 Ungetuem
· *am* **Himmel**
5 Wolke
· *aus* **Spielkarten**
10 Kartenhaus
gebildet
4 klug
7 belesen, gelehrt
8 studiert
10 kultiviert
gebildeter Mann
4 Herr
Gebinde
4 Bund
5 Garbe, Kranz
6 Bukett
7 Bouquet, Buendel, Strauss
Gebirge
6 Massiv
9 Bergkette, Bergstock, Hoehenzug
10 Berggruppe, Bergmassiv
12 Gebirgsstock
Gebirge ...
· *in* **Afghanistan**
10 Hindukusch
· *in* **Afrika**
3 Rif
5 Atlas
· *in* **Algerien**
5 Atlas, Aures
· *in* **Amerika**
5 Anden
11 Kordilleren
· *der* **Antarktis**
12 Vinsonmassiv
· *in* **Asien**
5 Altai
8 Himalaja, Kaukasus
9 Karakorum, Tienschan
10 Hindukusch
15 Byrrangagebirge, Putoranagebirge
· *in* **Belgien**
8 Ardennen

· *bei* **Budapest**
5 Matra
· *in* **Bulgarien**
6 Balkan
· *im* **Elsass**
7 Vogesen
· *in* **Frankreich**
7 Vogesen
8 Cevennen
9 Pyrenaeen
13 Zentralmassiv
· *in* **Griechenland**
4 Oeta
· *in* **Indien**
12 Khasigebirge
· *im* **Iran**
6 Elburs, Elwend
· *in* **Israel**
6 Karmel
· *in* **Italien**
7 Apennin
8 Abruzzen
9 Dolomiten
· *der* **Kalkalpen**
9 Karwendel
· *der* **Karpaten**
5 Tatra
8 Beskiden
· *in* **Kleinasien**
6 Taurus
· *auf* **Kreta**
3 Ida
· *auf der* **Krim**
5 Jaila
· *in* **Luxemburg**
8 Ardennen
· *in* **Marokko**
3 Rif
5 Atlas
· *in* **Nordamerika**
10 Appalachen
· *der* **Ostalpen**
6 Tauern
· *in* **Polen**
5 Tatra
8 Beskiden, Karpaten
· *der* **Rätischen Alpen**
9 Silvretta
· *in* **Russland**
4 Ural
5 Jaila
8 Kaukasus
· *in der* **Schweiz**
4 Rigi
7 Bernina
· *in* **Sibirien**
5 Altai
· *in der* **Slowakei**
5 Tatra
8 Karpaten
10 Erzgebirge
· *in* **Slowenien**
5 Karst
· *in* **Spanien**
9 Pyrenaeen
· *in* **Südamerika**
5 Anden
· *in* **Südfrankreich**
13 Zentralmassiv
· *in* **Südosteuropa**
6 Balkan
· *in* **Tadschikistan**
5 Pamir
· *in* **Thessalien**
6 Pelion
· *des* **Tienschan**
4 Alai
· *in der* **Tschechischen Republik**
7 Sudeten

Gebirgsbach
4 Ache

Gebirgsbahn
4 Lift
6 Aufzug
7 Skilift
8 Bergbahn, Seilbahn
10 Sessellift
11 Kabinenbahn, Schlepplift, Schwebebahn, Zahnradbahn
12 Lastenaufzug, Materialbahn
13 Drahtseilbahn
15 Seilschwebebahn

Gebirgsbildung
9 Orogenese

Gebirgseinschnitt
3 Kar, Tal
4 Pass
5 Cañon, Klamm, Kluft, Kluse, Mulde, Senke, Toerl
6 Kessel
7 Hochtal
8 Schlucht

Gebirgserhebung
3 Pic, Pik, Piz
4 Berg, Grat, Kamm, Peak, Pico
5 Hoehe, Kegel, Kuppe, Spitz, Zacke, Zinne
6 Gipfel, Klippe, Sattel, Sierra, Spitze
7 Anhoehe, Plateau, Ruecken

Gebirgsfluss
4 Ache
8 Wildbach

Gebirgsform
13 Faltengebirge

Gebirgsgruppe
14 Ennstaler Alpen

Gebirgshaus
5 Baude
6 Huette
9 Almhuette
10 Schutzhaus
12 Schutzhuette

Gebirgskamm
4 Grat

Gebirgskette
6 Sierra
12 Glarner Alpen

Gebirgslandschaft
11 Berner Alpen

Gebirgsmulde
3 Kar

Gebirgsnische
3 Kar

Gebirgspflanze
4 Arve, Erle
5 Miere, Speik
6 Arnika, Enzian
7 Aurikel, Latsche
8 Gemswurz
9 Almrausch, Alpenerle, Alpenhelm, Alpenklee, Alpenrose, Edelweiss, Legfoehre
10 Alpenlilie, Bergkiefer
11 Almenrausch, Gaemskresse, Steinroesel, Wohlverleih
12 Zirbelkiefer
13 Alpenveilchen, Schwarzkiefer, Taeschelkraut, Teufelskralle
15 Bergwohlverleih

Gebirgsschlucht
5 Klamm

Gebirgsstock
6 Massiv

G

Gebirgsstock der Zentralschweiz
13 Sankt Gotthard
Gebirgstier
4 Gams
5 Gemse
6 Gaemse
9 Alpenhase, Steinbock, Steinhuhn
10 Alpendohle, Murmeltier, Schneefink, Schneehase, Schneehuhn, Steinadler
Gebirgstier in Südamerika
4 Lama
6 Alpaka
7 Guanako
Gebirgstruppe in Italien
6 Alpini
Gebirgsübergang
4 Pass
Gebirgsweg
5 Steig, Stieg
8 Saumpfad
Gebirgsweide
3 Alm
5 Matte
Gebirgszug der Ostalpen
6 Tauern
Gebirgszug in Israel
6 Karmel
Gebiss
6 Zaehne
8 Prothese
10 Zahnersatz
12 Zahnprothese
Gebissstange des Pferdes
7 Kandare
Gebissteil der Elefanten
9 Stosszahn
Gebissteile
6 Zaehne
Gebläse
10 Ventilator
12 Winderzeuger
Gebläsevorrichtung
9 Blasebalg, Exhaustor, Lederbalg
10 Entluefter, Fluegelrad, Kompressor, Ventilator
geblättert
8 lamellar
gebleichtes Wachs
7 Ceresin, Zeresin
geblendet
10 fasziniert

Geblüt
6 Erbgut
8 Erbmasse, Herkunft
10 Abstammung, Geschlecht
gebogen
5 krumm
6 konkav, konvex
9 gekruemmt
gebogen(e, er, es) ...
· **Gebäck**
7 Kipferl
· **Hiebwaffe**
6 Saebel
· **Metallstift**
5 Haken
· **Nagel**
6 Kramme, Krampe, U-Nagel
· **Nussgebäck**
14 Vanillekipferl
· **Wurfholz**
8 Bumerang
Geborgenheit
5 Obhut
6 Schutz
9 Betreuung, Fuersorge
Geborgtes
4 Borg, Pump
7 Anleihe
Gebot
5 Order, Regel
6 Befehl, Erlass, Gesetz
9 Anweisung, Forderung
Gebotsübertreter
7 Suender
Gebotsübertretung
6 Fehler, Suende
8 Vergehen, Verstoss
Gebotsverstoß
6 Suende
gebrannt(e, er, es) ...
· **Baustein**
6 Ziegel
7 Klinker
· **Ton**
10 Terrakotta
· **Tonware**
7 Keramik
· **Ziegel**
7 Klinker
· **Zucker**
7 Karamel

gebraten(e, er, es) ...
· **Fleischklößchen**
5 Klops
7 Bulette
10 Frikadelle
· **Fleischstück**
5 Steak
8 Kotelett
9 Beefsteak, Entrecote, Karbonade, Rumpsteak, Schnitzel
10 Filetsteak
20 Zwischenrippenstueck
· **Rippenstück**
9 Karbonade
Gebrauch
4 Usus
5 Sitte
6 Praxis
7 Nutzung
9 Anwendung, Benutzung
10 Verwendung
gebräuchlich
6 normal
7 gaengig, ueblich
gebrauchsfertig
5 parat
6 bereit
13 einsatzbereit
Gebrauchsgegenstand
7 Utensil
Gebrauchsgegenstände
10 Utensilien
Gebrauchsmöbel
5 Tisch
gebraucht
3 alt
Gebrauchtwarenhandlung
14 Secondhandshop
Gebrechen
6 Fehler, Leiden, Mangel
7 Schaden
8 Siechtum
9 Krankheit, Schwaeche
gebrechlich
5 siech
7 schwach
gebrochene Schrift
7 Fraktur
Gebühr
4 Maut, Satz, Taxe, Zoll
5 Porto, Tarif
6 Abgabe, Steuer
7 Beitrag, Entgelt, Honorar, Praemie

Gebühr für Briefbeförderung
5 Porto
Gebührenliste
5 Tarif
gebündelter Wasserausstoß
6 Strahl
gebündeltes Getreide
5 Garbe
gebunden(e, er, es) ...
· **Buch**
9 Hardcover
· **Druckwerk**
4 Buch
· **Heft**
10 Broschuere
· **Schreibblätter**
4 Heft
· **Tonstück**
6 Legato
Geburt
6 Partus
8 Herkunft
10 Abstammung, Entbindung
11 Niederkunft
Geburtenregelung
10 Verhuetung
13 Kontrazeption
15 Familienplanung
Geburtshelfer
4 Arzt
Geburtshelferin
7 Hebamme
Geburtshilfeoperation
13 Kaiserschnitt
Geburtsmal
5 Nabel
10 Bauchnabel
Geburtsort
6 Heimat
10 Heimatdorf, Vaterstadt
11 Heimatstadt
Geburtsort von ...
· **Bach**
8 Eisenach
· **Beethoven**
4 Bonn
· **Dürer**
9 Nuernberg
· **Einstein**
3 Ulm
· *dem* **heiligen Franz**
6 Assisi
· **Jesus**
9 Bethlehem
· **Luther**
8 Eisleben
· **Mohammed**
5 Mekka
· **Mozart**
8 Salzburg
· **Schiller**
7 Marbach
Geburtsschmerz
4 Wehe
Geburtsschmerzen
5 Wehen, Wehen
Geburtstag
8 Ehrentag
10 Wiegenfest
Geburtstag Mohammeds
6 Mewlud
Geburtstagsgruß
13 Happy birthday
Geburtsvorgang beim Schaf
6 Lammen
Gebüschformation
5 Hecke
Gebüschpflanzung
7 Boskett
Geck
4 Beau, Fant, Narr, Snob
5 Dandy, Laffe, Protz, Stenz
6 Fatzke
7 Angeber, Flaneur, Prahler, Stutzer
8 Lackaffe, Modenarr
9 Schniepel
10 Schoentuer
geckenhaft
5 eitel
Gedächtnis
5 Mneme
8 Andenken, Gedenken
10 Erinnerung
Gedächtnisfeier
9 Jubilaeum
Gedächtnisschulung
12 Mnemotechnik
Gedächtnisschwäche
7 Amnesie
15 Vergesslichkeit
Gedächtnisschwund
7 Amnesie
Gedächtnisspiel
6 Memory
Gedächtnisstätte
7 Denkmal, Mahnmal
8 Ehrenmal
Gedächtnisstütze
5 Notiz
6 Agenda, Agende
7 Vermerk
9 Merkhilfe
12 Eselsbruecke
gedämpft
6 dezent
14 unaufdringlich
gedämpft in der Musik
5 sordo
Gedanke
4 Idee, Plan
7 Einfall
9 Eingebung, Vorschlag
11 Inspiration, Vorstellung
Gedankenabschnitt
6 Phrase
Gedankenflug
8 Fantasie
9 Phantasie
Gedankeninhalt
5 Noema
Gedankensplitter
10 Aphorismus
Gedankenübertragung
10 Telepathie
Gedankenverbindung
11 Assoziation
gedankenverloren
8 abwesend
10 vertraeumt
gedanklich
6 mental
11 begrifflich, theoretisch
gedankliche Aussicht
9 Erwartung
Gedärm
7 Innerei
8 Gekroese
9 Kaldaunen
10 Eingeweide
Gedeck
3 Set
4 Menu
5 Menue
6 Kuvert
gedeckter Tisch
5 Tafel
Gedenkbuch
5 Album

G

Gedenken
5 Gruss
10 Erinnerung
11 Gedaechtnis
Gedenkfeier
8 Ehrentag
9 Jubilaeum
Gedenkmünze
8 Medaille, Plakette
Gedenkstätte
5 Bogen
6 Saeule
7 Denkmal, Mahnmal, Obelisk
8 Ehrenmal, Monument
9 Siegestor
12 Triumphbogen
Gedenkstätte ...
· *gegenüber* **Bingen**
17 Niederwalddenkmal
· *in* **Laboe**
14 Marineehrenmal
· *in* **Masuren**
17 Tannenbergdenkmal
· *im* **Teutoburger Wald**
15 Hermannsdenkmal
Gedenktag
7 Festtag
8 Feiertag
9 Jubilaeum
Gedicht
4 Poem
Gedichtform
3 Lai, Ode
4 Epos, Lied, Poem, Reim
5 Epode, Hymne, Xenie
6 Ekloge, Elegie, Ghasel, Hymnus, Sonett
7 Ballade
9 Distichon, Hexameter, Volksepos, Volkslied
10 Heldenepos, Heldenlied, Pentameter, Vierzeiler, Zweizeiler
Gedichtsammlung
5 Diwan
9 Analekten
10 Anthologie
13 Musenalmanach
gedickter Obstsaft
5 Gelee, Sirup
gediegen
4 fein, rein
5 solid
6 sauber, solide
7 serioes, vornehm
gedienter Soldat
7 Veteran
Gedinge
6 Akkord
10 Akkordlohn, Stuecklohn
12 Akkordarbeit, Stueckarbeit
13 Gruppenakkord
gedörrter Dorsch
10 Stockfisch
Gedränge
4 Enge
7 Andrang
gedrängt
3 eng
4 voll
5 knapp
7 kompakt
8 massiert
11 haufenweise, komprimiert, massenweise
gedrehte Schnur
5 Litze
6 Kordel
gedrehtes Band
6 Schnur
gedroschenes Getreide
4 Korn
gedruckte Anzahl
7 Auflage
gedruckte Menge
7 Auflage
Gedrücktheit
4 Tief
9 Schwermut
10 Depression
gedrungen
7 kompakt
8 staemmig
10 untersetzt
Geduld
4 Ruhe
5 Milde
7 Langmut
8 Ausdauer, Grossmut, Sanftmut
9 Gleichmut, Nachsicht
11 Duldsamkeit
geduldig
8 gelassen
11 gottergeben
12 quietistisch
Geduldsspiel
6 Puzzle
8 Patience
geeignet
6 begabt, faehig
12 qualifiziert
geeignet fürs Fernsehen
7 telegen
geeignet zum Fotografieren
7 fotogen
Gefahr
3 Not
5 Krise
6 Krisis, Risiko, Wagnis
7 Drohung, Notlage
8 Faehrnis
9 Bedrohung
11 Bedraengnis, Gefaehrdung
Gefahr für ...
· **Alpinisten**
6 Lawine
9 Eislawine
11 Schneebrett, Steinschlag, Wettersturz
14 Wetterumschlag
· **Bergleute**
9 Grubengas
12 Schlagwetter, Stollenbruch
· **Kinder**
7 Verkehr
15 Strassenverkehr
· **Schiffe**
4 Riff
5 Barre, Orkan, Sturm
6 Klippe
7 Eisberg, Packeis, Untiefe
8 Treibeis
Gefahrenlage
8 Notstand
Gefahrenmeldung
5 Alarm
10 Warnsignal
Gefahrensituation
7 Notfall
gefährlich
5 boese
6 gewagt
7 drohend, riskant
8 kritisch
9 boesartig
10 bedenklich, bedrohlich, unheilvoll
11 risikoreich
13 beaengstigend

gefährlich(e, er, es) ...
· **Filmszene**
5 Stunt
· **Giftschlange**
15 Brillenschlange, Klapperschlange
· **Infektionskrankheit**
8 Gasbrand
· **Lage**
5 Krise
6 Krisis
· **Leidenschaft**
10 Eifersucht
· **Mineralfaser**
6 Asbest
· **Raubfisch**
3 Hai
· **Raufbold**
13 Messerstecher
· **Reptil**
12 Giftschlange
· **Situation**
5 Krise
6 Krisis
· **Substanz**
4 Gift
· **Tierseuche**
7 Tollwut
· **Unternehmung**
6 Risiko, Wagnis
9 Abenteuer
Gefahrmeldung
5 Alarm
Gefährt
5 Wagen
7 Vehikel
Gefährt für Gehbehinderte
9 Rollstuhl
16 Krankenfahrstuhl
Gefährt für Kleinkinder
5 Buggy
9 Babywagen
10 Sportwagen
11 Kinderwagen
Gefährte
5 Spezi
6 Freund, Kumpan
7 Genosse, Intimus, Kamerad, Partner
9 Begleiter
11 Busenfreund
Gefährte des Don Quichotte
11 Sancho Pansa
Gefährte des Jason
6 Kastor, Neleus, Peleus
7 Admetos, Telamon, Theseus
8 Euphemos, Herakles
Gefährtin
8 Freundin
9 Kameradin, Partnerin, Vertraute
11 Begleiterin
Gefährtin der Artemis
4 Aura
gefahrvoll ► gefährlich
Gefahrvorwarnung
5 Alarm
Gefälle einer Fläche
7 Neigung
Gefallen
6 Dienst, Freude
8 Belieben
9 Sympathie, Zuneigung
12 Liebesdienst
gefallener Kämpfer
9 Einherier
gefällig
6 kulant
9 hilfreich
Gefälligkeit
14 Entgegenkommen
Gefallsucht
9 Eitelkeit
10 Koketterie
gefällte Bäume
8 Langholz
Gefälschtes
10 Falsifikat
gefältelter Kleiderbesatz
7 Ruesche
gefälteltes Gewebe
7 Plissee
gefalteter Papierstreifen
7 Fidibus
9 Leporello
Gefangenenfieber
11 Fleckfieber
Gefangenenlager
4 Camp
Gefangenschaft
4 Haft
6 Arrest
9 Gewahrsam
12 Einkerkerung, Inhaftierung
15 Freiheitsentzug
Gefängnis
5 Knast
6 Arrest, Karzer, Kerker
7 Verlies
8 Kittchen
9 Gewahrsam, Zuchthaus
11 Haftanstalt
12 Strafanstalt
15 Vollzugsanstalt
Gefängnisraum
5 Zelle
gefärbt
4 bunt
6 farbig
11 tendenzioes
gefärbter Baumwollstoff
5 Batik
gefärbtes Mineral
6 Apatit
Gefasel
7 Rederei
9 Gequassel
10 Geschwaetz
Gefäß
4 Ader, Dose, Fass, Glas, Krug, Napf, Pott, Tank, Topf, Trog, Urne, Vase, Vene
5 Buett, Butte, Eimer, Kanne, Kelch, Kruke, Molle, Pokal, Tasse, Tonne, Wanne, Zuber
6 Bassin, Becher, Becken, Boiler, Buette, Flacon, Flakon, Humpen, Kessel, Kuebel, Pfanne, Phiole, Roemer, Schale, Seidel, Teller, Tiegel
7 Amphore, Ampulle, Arterie, Bottich, Buechse, Flasche, Karaffe, Retorte, Terrine, Traenke
8 Aquarium, Blutader, Kanister, Kochtopf, Kuevette, Messglas, Schoppen, Ziborium
9 Badewanne, Kalebasse, Schuessel, Teekessel
10 Bratpfanne, Giesskanne, Kasserolle, Messbecher, Sektkuebel, Wassersack
11 Bettflasche, Feldflasche, Reagenzglas, Sektkuehler

G

12 Waermflasche
14 Thermosflasche
15 Schnellkochtopf
Gefäß …
· *für ein* **alkoholisches Getränk**
8 Bierfass
· *für* **Blumen**
4 Vase
· *zum* **Einkochen**
11 Einkochglas
12 Einsiedeglas
· *im* **Haushalt**
5 Eimer, Kanne
9 Putzeimer, Schuessel, Teekessel
11 Wassereimer
· *mit* **Henkel**
5 Eimer
· *für* **Kleintiere**
9 Terrarium
· *in der* **Küche**
8 Kochtopf
15 Schnellkochtopf
· *im* **Labor**
7 Retorte
11 Reagenzglas
· *der* **Parzivalsage**
4 Gral
· *für* **Schreibflüssigkeit**
10 Tintenfass
· *für* **Stimmzettel**
4 Urne
· *zum* **Teigkneten**
4 Trog
· *für* **Tierfutter**
4 Napf, Trog
6 Krippe
7 Traenke
· *für* **Treibstoff**
4 Tank
8 Kanister
· *für* **Wassertiere**
6 Bassin, Becken
8 Aquarium
11 Schaubecken
Gefäßgeschwulst
6 Angiom
gefasst
5 ruhig
7 stoisch
8 gelassen
Gefäßverschluss
7 Infarkt
9 Thrombose
Gefäßverstopfung
7 Embolie
Gefecht
5 Kampf
8 Bataille
12 Scharmuetzel
13 Schusswechsel
Gefechtslinie
5 Front
gefedertes Sprungtuch
9 Trampolin
gefeierte Künstlerin
4 Diva, Star
10 Primadonna
gefeit
5 immun
6 bereit, sicher
9 gewappnet, resistent
10 abgebrueht, geschuetzt
14 unempfaenglich
17 widerstandsfaehig
Gefieder
6 Federn
10 Federkleid
gefiederter Sänger
9 Singvogel
gefiedertes Käfigtier
13 Kanarienvogel
Gefiederwechsel
6 Mauser
9 Mauserung
Gefilde
5 Lande
6 Gegend, Region
10 Landschaft
Gefilde der Asen
6 Asgard
7 Idafeld
9 Idafoellr
Gefilde der Seligen
6 Himmel
7 Elysium
8 Jenseits, Paradies
gefilterter Zucker
9 Raffinade
geflammtes Gewebe
5 Chine
Geflecht
4 Korb, Netz, Zopf
5 Matte
6 Gewebe, Gitter, Plexus
8 Faschine
10 Gitterwerk, Verbindung
geflecktes Pferd
7 Schecke
geflecktes Rind
7 Schecke
geflochten(e, er, es) …
· **Backwerk**
4 Zopf
6 Brezel
· **Behälter**
4 Korb
8 Eierkorb
· **Damenschuh**
6 Opanke
· **Gebäck**
8 Striezel
· **Haar**
4 Zopf
· **Schnur**
7 Schecke
· **Sitzmöbel**
10 Korbsessel
· **Strohhut**
6 Panama
Geflügel
4 Ente, Gans, Hahn, Huhn, Pfau, Pute
5 Erpel, Fasan, Henne, Puter, Taube
6 Ganter, Glucke, Gockel, Kapaun, Kueken, Tauber
7 Goessel, Kuecken
8 Enterich, Perlhuhn, Truthahn
9 Federvieh, Truthenne
10 Taeuberich
Geflügel zum Kochen
10 Suppenhuhn
Geflügelfett
7 Schmalz
13 Gaenseschmalz
Geflügelfüllsel
5 Farce
Geflügelgericht
5 Hendl
9 Backhendl, Brathendl
Geflügelkrankheit
4 Pips, Roup, Zips
11 Huehnerpest, Kuecken-ruhr
Geflügelprodukt
2 Ei
5 Daune, Feder
10 Flaumfeder
Geflügelräuber
5 Fuchs
6 Marder
7 Habicht

Geflügelrumpf
8 Karkasse
Geflügelstall
12 Taubenschlag
geflügelt(e, er, es) ...
· **Dichterross**
7 Pegasus
· **Fabeltier**
5 Greif
· **Liebesgötter**
6 Eroten
· **Wort**
5 Zitat
6 Bonmot
9 Redensart
Geflügelzuchtbetrieb
4 Farm
Gefolge
4 Stab
5 Staat, Suite, Tross
6 Anhang, Geleit
7 Eskorte
8 Hofstaat
10 Begleitung
Gefolge altrussischer Fürsten
9 Druschina
Gefolge der Fürsten
5 Suite
Gefolgsleute
6 Mannen
8 Vasallen
Gefolgsmann
5 Lakai
6 Satrap, Vasall
7 Paladin, Trabant
8 Satellit
Gefolgsmann Jesu
7 Juenger
Gefolgsmann Karls des Großen
6 Roland
geformt
9 gestaltet
10 profiliert
geformtes Brot
4 Laib
gefrierender Niederschlag
8 Eisregen
Gefriergerät
10 Eisschrank
12 Kuehlschrank
14 Tiefkuehltruhe
Gefrierschutzmittel
6 Glykol

gefroren(e, er, es) ...
· **Schnee**
5 Hagel
6 Harsch
· **Tau**
4 Reif
· **Wasser**
3 Eis
Gefrorenes
3 Eis
6 Sorbet
7 Eiskrem
8 Eiscreme
9 Fruchteis, Speiseeis
Gefüge
3 Bau
6 Aufbau
8 Struktur
9 Anordnung
10 Gliederung, Organismus, Schichtung
Gefüge von Stangen
9 Gestaenge
gefügig
4 brav, zahm
5 kirre
6 willig
7 folgsam
8 gehorsam
gefügig machen
7 zaehmen
Gefügigmachung
8 Zaehmung
Gefühl
4 Sinn, Takt
5 Flair, Seele
6 Ahnung, Gemuet
7 Behagen, Feeling, Gespuer
8 Instinkt, Tastsinn
9 Empfinden, Sentiment, Spuersinn, Unbehagen
10 Empfindung
11 Einstellung
12 Verstaendnis
Gefühl ...
· *des* **Abscheus**
4 Ekel
· *der* **Anerkennung**
11 Dankbarkeit
· *der* **Bedrohung**
5 Angst
· *der* **Sicherheit**
10 Beruhigung

· *der* **Zufriedenheit**
7 Behagen
gefühllos ▶ gefühlskalt
gefühlsarm
5 kuehl
Gefühlsausbruch
8 Erregung
gefühlsbedingtes Verhalten
4 Reue
5 Laune
6 Affekt, Regung, Trauer
7 Emotion
8 Stimmung
12 Ressentiment
Gefühlsbereich
6 Gemuet
gefühlsbetont
8 affektiv
9 emotional, expressiv
10 pathetisch
gefühlsbetonte Dichtung
5 Lyrik
gefühlsbetonte Seite des Menschen
6 Gemuet
Gefühlsbewegung
6 Regung
8 Erregung
Gefühlsduselei
14 Ruehrseligkeit
16 Sentimentalitaet
Gefühlserregung
6 Pathos
gefühlskalt
3 roh
4 hart, stur
6 brutal, frigid, stumpf
7 grausam, lieblos
8 steinern
10 hartherzig
11 abgestumpft
13 gleichgueltig, unempfindlich
Gefühlslage eines Menschen
8 Stimmung
Gefühlsleben
6 Gemuet
11 Seelenleben
gefühlsmäßig
8 intuitiv
9 emotional
10 emotionell, instinktiv

G

gefühlsmäßige Erkenntnis
9 Intuition
gefühlsmäßige Handlung
6 Affekt
7 Emotion
Gefühlsmensch
10 Romantiker
Gefühlsschwärmer ▶ Gefühlsmensch
Gefühlswallung
6 Regung
gefühlvoll
10 empfindsam, ruehrselig, seelenvoll
11 sentimental
gefüllt
4 voll
7 besetzt
gefüllt(e, er, es) ...
· **Eierkuchen**
13 Palatschinken
· **Mehlspeise**
7 Strudel
· **Omelett**
13 Palatschinken
· **Schmalzgebäck**
7 Beignet
· **Süßspeise**
11 Schaumrolle
· **Teigtaschen**
7 Ravioli
gefürchtet
8 verhasst
9 unbeliebt
11 gefaehrlich
gefürchtete Maifröste
10 Eisheilige
gegebene Veranlagung
4 Erbe
8 Naturell
gegebenenfalls
9 eventuell
10 vielleicht
15 moeglicherweise
Gegebenheit
4 Fakt, Lage
5 Stand
6 Fakten, Faktum, Status
8 Tatsache
9 Realitaet, Situation
Gegebenheiten
9 Umstaende
gegen
4 anti, etwa, fast, nach, nahe, rund
5 wider, zirka
6 kontra, nahezu
9 ungefaehr
gegen Ansteckung gefeit
5 immun
gegen Motten schützen
9 einmotten
Gegenangriff
6 Konter
Gegenansage beim Skat
6 kontra
Gegenargument
7 Einwand
Gegenbehauptung
9 Antithese
Gegenbild
7 Pendant
13 Doppelgaenger
Gegenbuchung
8 Ristorno
Gegend
4 Zone
6 Gebiet, Region
7 Bereich, Gefilde
8 Umgebung
9 Erdstrich
10 Landschaft
Gegendarstellung
9 Korrektur
Gegenerklärung ▶ Gegenrede
Gegenfüßler
8 Antipode
Gegengift
7 Antidot
9 Antidotum, Antitoxin
Gegengrund
7 Einwand
11 Widerspruch
Gegenleistung in Geld
9 Bezahlung
Gegenmaßnahme
6 Abwehr, Parade, Paroli, Reflex
7 Antwort
8 Reaktion, Revanche
12 Konterschlag
Gegenpartei
10 Opposition
Gegenpol zur Anode
7 Kathode
Gegenpol zur Kathode
5 Anode
Gegenpunkt zum Zenit
5 Nadir
Gegenrede
6 Replik
7 Antwort
10 Entgegnung, Erwiderung
11 Widerspruch
Gegensatz (▶ auch Gegenteil)
8 Kontrast
9 Antithese, Differenz, Widerpart, Zwiespalt
10 Antithesis, Opposition
11 Feindschaft, Kontroverse, Unterschied, Widerspruch, Widerstreit
12 Antagonismus
Gegensatz zur Materie
5 Eidos, Geist
gegensätzlich
5 polar
7 paradox
8 kontraer
11 antinomisch
12 antithetisch
14 antagonistisch
16 kontradiktorisch, widerspruechlich
Gegensätzlichkeit
9 Antinomie, Dualismus
10 Polaritaet
Gegenschlag
6 Konter
8 Reaktion
gegenseitig
8 reziprok
gegenseitiger Wechsel
9 Austausch
Gegenspieler
6 Gegner
8 Opponent
9 Widerpart
10 Antagonist
Gegenspieler Martin Luthers
3 Eck
Gegenstand
4 Ding, Idee
5 Sache, Stoff, Sujet, Thema
6 Gehalt, Inhalt, Objekt
7 Gebilde, Koerper, Materie
8 Entitaet, Material, Substanz
Gegenstand von Heiligen
8 Reliquie

gegenständlich
4 real
7 konkret
8 greifbar, objektiv
Gegenströmung
8 Reaktion
Gegenstück
7 Pendant
8 Korrelat
12 Entsprechung
Gegenteil
8 Negation
9 Umkehrung, Widerpart
Gegenteil von ...
· **Abend**
6 Morgen
· **Abreise**
7 Anreise
· **absolut**
7 relativ
· **abstrakt**
7 konkret
· **aktiv**
6 passiv
· **alt**
3 neu
4 jung
· **Analyse**
8 Synthese
· **arm**
5 reich
· **Ausland**
6 Inland
· **außen**
5 innen
· **Baisse**
6 Hausse
· **böse**
3 gut
· **brutto**
5 netto
· **dunkel**
4 hell
· **Ebene**
7 Gebirge
· **Erlaubnis**
6 Verbot
· **Ernst**
6 Scherz
· **Export**
6 Import
· **Ferne**
5 Naehe
· **fest**
4 lose
6 locker
· **Flaute**
4 Wind
· **Frau**
4 Mann
· **Frieden**
5 Krieg
· **Gebirge**
5 Ebene
· **geschlossen**
5 offen
· **Gesundheit**
9 Krankheit
· **groß**
5 klein
· **gut**
5 boese
· **Hass**
5 Liebe
· **hell**
6 dunkel
· **Himmel**
6 Hoelle
· **Hitze**
6 Kaelte
· **Höhe**
5 Tiefe
· **Hölle**
6 Himmel
· **Import**
6 Export
· **Inland**
7 Ausland
· **innen**
6 aussen
· **jung**
3 alt
· **Kälte**
5 Hitze
· **Kontra**
3 Pro
· **Krankheit**
10 Gesundheit
· **Krieg**
7 Frieden
· **Leben**
3 Tod
· **Lee**
3 Luv
· **Licht**
8 Schatten
· **links**
6 rechts
· **lose**
4 fest
· **Luv**
3 Lee
· **Mann**
4 Frau
· **Morgen**
5 Abend
· **Nacht**
3 Tag
· **natürlich**
10 kuenstlich
· **negativ**
7 positiv
· **netto**
6 brutto
· **oft**
6 selten
· **Okzident**
6 Orient
· **Orient**
8 Okzident
· **passiv**
5 aktiv
· **positiv**
7 negativ
· **Praxis**
7 Theorie
· **rechts**
5 links
· **reich**
3 arm
· **relativ**
7 absolut
· **Schatten**
5 Licht
· **schwarz**
5 weiss
· **selten**
3 oft
· **süß**
5 sauer
· **Synthese**
7 Analyse
· **Tag**
5 Nacht
· **Theorie**
6 Praxis
· **Tod**
5 Leben
· **Traum**
12 Wirklichkeit
· **Wind**
6 Flaute
· **Wirklichkeit**
5 Traum

G

G

gegenüber
7 vis-à-vis
9 diametral
Gegenüberstellung
9 Vergleich
13 Konfrontation
Gegenvorschlag
11 Alternative
Gegenwart
5 Heute
8 Praesens, Praesenz
9 Jetztzeit, Teilnahme
11 Aktualitaet, Anwesenheit
gegenwärtig
2 da
3 nun
5 jetzt, parat
7 aktuell, derzeit
8 anwesend, momentan
14 augenblicklich
gegenwärtige Sachlage
11 Aktualitaet
gegenwartsbezogen
6 modern
7 aktuell, zeitnah
Gegenwartsform
8 Praesens
Gegenwartsform von sein
3 bin
Gegenwehr
10 Widerstand
Gegenwert
5 Preis
6 Valuta
7 Entgelt
11 Aequivalent
Gegenwirkung
8 Reaktion
gegerbte Tierhaut
5 Leder
gegerbtes Ziegenleder
7 Saffian
Gegner
5 Feind
6 Rivale
8 Opponent
10 Antagonist, Konkurrent, Kontrahent
11 Widersacher
12 Gegenspieler
Gegner beim Boxtraining
16 Sparringspartner
Gegner Cäsars
4 Cato
Gegner Luthers
3 Eck
gegoren(e, er, es) ...
· **Agavensaft**
6 Pulque
· **Getränk aus Brot**
5 Kwass
· **Honigsaft**
3 Met
· **Milchprodukt**
5 Kefir
6 Jogurt
7 Joghurt
· **Stutenmilch**
5 Kumys
· **Traubensaft**
4 Wein
gegossen(e, er, es) ...
· **Druckbuchstabe**
4 Type
6 Letter
· **Edelmetall**
10 Goldbarren
· **Metall**
6 Barren
Gehabe
5 Getue
7 Alluere, Gebaren
gehacktes Rindfleisch
5 Tatar
gehacktes Schweinefleisch
4 Mett
Gehalt
4 Gage, Lohn, Sinn, Sold, Wert
5 Fixum, Heuer, Wesen
6 Essenz, Inhalt, Salaer
7 Entgelt, Honorar
8 Substanz
9 Bedeutung, Besoldung, Einkommen, Verdienst
gehaltlos
4 leer
7 trivial
11 unbedeutend
12 nichts sagend
14 oberflaechlich
Gehaltsbestandteil
8 Fahrgeld
10 Kindergeld
11 Kleidergeld
12 Ortszuschlag
15 Trennungszulage
Gehaltsempfänger
12 Angestellter, Arbeitnehmer
Gehaltskürzung
9 Lohnabzug
Gehaltsstufe
5 Tarif
16 Besoldungsgruppe
gehaltvoll
4 voll
8 ergiebig, wertvoll
12 inhaltsreich
gehandikapt
9 behindert
14 eingeschraenkt
gehärtete Bleikügelchen
6 Schrot
gehärtetes Eisen
5 Stahl
8 Rohstahl
gehässig
6 falsch, odioes
11 schadenfroh
12 hinterlistig
13 heimtueckisch, hinterhaeltig
gehässig schimpfen
6 keifen
gehäuft
3 oft
Gehäuse
3 Tor
6 Huelle, Kapsel, Kasten
9 Behaelter
10 Behaeltnis
gehbehindert
4 lahm
7 hinkend
Gehbewegung
7 Schritt
geheftetes Buch
9 Paperback
10 Broschuere
Gehege
3 Hag
6 Korral, Pferch
7 Paddock, Zwinger
8 Aviarium
9 Fasanerie
geheiligter Brauch
5 Ritus
geheim
6 anonym, intern, okkult
7 diskret
9 verborgen

11 vertraulich
Geheimagent
8 Emissaer
Geheimanschlag
6 Kabale
Geheimbote
8 Emissaer
Geheimbund ...
· *der* **Antike**
6 Mysten
7 Kariben
8 Orphiker
10 Mystagogen
· *in* **Europa**
10 Freimaurer
12 Rosenkreuzer
13 Rosenkreutzer
· *in* **Italien**
5 Mafia
9 Carbonari, Karbonari
10 Cosa Nostra
· *in* **Neapel**
7 Camorra, Kamorra
· *in* **Ostafrika**
6 Mau Mau
· *auf* **Sizilien**
5 Mafia
6 Maffia
· *in der* **USA**
10 Cosa Nostra, Ku-Klux-Klan
Geheimbündelei
12 Konspiration
Geheimermittler
8 Detektiv
Geheimkult
9 Mysterium
Geheimkult auf Haiti
6 Voodoo
Geheimkunst
5 Magie
Geheimlehre
6 Gnosis
7 Kabbala
8 Alchemie, Alchimie, Esoterik
11 Okkultismus, Spiritismus
Geheimnis
4 Hehl
7 Arkanum, Raetsel
9 Mysterium
Geheimnisbrecher
9 Verraeter
Geheimnisbruch
6 Verrat
Geheimnislüftung
9 Preisgabe
geheimnisvoll
6 okkult
8 mystisch, orphisch
9 verborgen
10 mysterioes
11 raetselhaft
12 sibyllinisch
geheimnisvoll(e, er, es) ...
· **Ausstrahlung**
2 Od
· **Geschehen**
9 Mysterium
· **Inschrift**
9 Menetekel
· **Schale**
4 Gral
· **Weissagung**
6 Orakel
Geheimschriftschlüssel
4 Code, Kode
Geheimwissenschaft ► Geheimlehre
Geheimzeichen
7 Chiffre
8 Kennwort
Geheinheit
7 Schritt
Geheiß
5 Order
6 Befehl
9 Anordnung, Anweisung
gehemmt
11 gehandikapt
Gehfläche im Zimmer
5 Boden
9 Fussboden
Gehilfe
6 Helfer, Kommis
7 Adjunkt, Adlatus, Famulus
8 Adjutant, Komplice, Komplize
9 Assistent
Gehilfin der Hausfrau
15 Hausangestellte
Gehirn vom Schlachttier
6 Bregen
Gehirnentzündung
12 Encephalitis, Enzephalitis
Gehirnhautentzündung
10 Meningitis
Gehirnschlag
9 Apoplexie
Gehirntätigkeit
6 Denken
gehoben für Adler
3 Aar
gehoben für Erfrischung
4 Labe
gehobenes Lebensgefühl
6 Freude
8 Euphorie
Gehöft
3 Gut, Hof
7 Anwesen
9 Bauernhof, Einoedhof
Gehölz
4 Baum, Hain, Wald
5 Busch, Forst
7 Waldung
8 Gebuesch, Kniehole, Schonung
9 Buschwerk, Gestruepp, Unterholz, Waeldchen
11 Strauchwerk
Gehölzkunde
11 Dendrologie
Gehörknöchelchen
6 Amboss, Hammer
11 Steigbuegel
gehörlos
4 taub
Gehörn
6 Geweih
gehörnter Ehemann
7 Hahnrei
Gehörorgan
3 Ohr
gehorsam
4 brav
5 artig
7 folgsam
Gehorsamsverweigerung
8 Meuterei
gehörsmäßig
9 akustisch
Gehörsteinchen
7 Otolith
Gehörstörung
9 Hoersturz
Gehrock
3 Cut
7 Cutaway
Gehstange
6 Stelze

Gehsteig
8 Trottoir
12 Buergersteig
Gehunfähigkeit
6 Abasie
Gehweg
3 Weg
4 Pfad
7 Fussweg
Geier der Anden
6 Kondor
Geierart
6 Kondor
8 Aasgeier
9 Bartgeier, Kammgeier
11 Gaensegeier, Kuttengeier
12 Koenigsgeier, Laemmergeier, Moenchsgeier
Geifer
6 Saliva
8 Speichel
Geige
5 Gambe, Viola
6 Fiedel
7 Violine
8 Bratsche
11 Violoncello
Geigenbauer
4 Dier
5 Amati
7 Stainer, Testore
10 Stradivari
Geigenharz
11 Kolophonium
Geigenteil
4 Hals, Steg
5 Boden, Bogen, Decke, Saite, Zarge
6 Buegel, Wirbel
7 Sordine, Sordino
8 Daempfer, Schnecke
9 Schalloch
10 Bassbalken, Griffbrett, Schallloch
11 Kinnstuetze, Untersattel
12 Saitenhalter, Wirbelkasten
Geigentonerzeuger
5 Saite
Geigenvirtuose
5 Stern, Varga
7 Corelli, Heifetz, Menuhin
8 Oistrach, Paganini, Sarasate
Geisel
10 Leibbuerge
Geisha
9 Taenzerin
12 Tanzmaedchen
Geiß
5 Ziege
Geißbart
8 Wollgras
10 Maedesuess, Ziegenbart
11 Krampfkraut
Geißblattgewächs
8 Holunder
Geißel
5 Knute, Zilie
6 Wimper
8 Peitsche
Geißelbruder
10 Flagellant
Geißeltierchen
9 Flagellat
Geißfuß
7 Giersch, Kuhfuss, Spanner
Geist (▶ auch Geistererscheinung)
4 Idee, Witz
5 Genie, Ratio, Seele, Wesen
6 Esprit, Genius
8 Gespenst, Klugheit, Substanz, Vernunft, Verstand
9 Gesinnung, Intellekt
11 Intelligenz
Geister der Verstorbenen
5 Manen
7 Lemuren
8 Schatten
Geisterbeschwörer
8 Exorzist
9 Spiritist
Geistererscheinung
3 Alb, Alp, Fee
4 Elfe, Gnom, Hexe, Nixe, Spuk
5 Drude, Noeck, Troll
6 Daemon, Kobold, Schrat, Teufel
8 Gespenst, Irrlicht, Irrwisch, Ungetuem
9 Beelzebub, Nachtmahr, Ruebezahl, Ungeheuer
13 Klabautermann
14 Schimmelreiter
Geisterglaube
9 Animismus
10 Aberglaube
11 Okkultismus, Spiritismus
Geisterlehre
11 Spiritismus
Geisterstunde
11 Mitternacht
Geistesarbeiter
15 Intellektueller
Geistesarmut
7 Einfalt
8 Dummheit
15 Beschraenktheit
Geistesart
11 Mentalitaet
Geistesblitz
4 Idee
7 Einfall
9 Eingebung, Intuition
Geisteserkrankung
8 Psychose
Geistesgegenwart
15 Entschlusskraft
22 Reaktionsschnelligkeit
geistesgestört
3 irr
Geistesgröße
5 Genie
11 Genialitaet
Geisteshaltung
7 Habitus
11 Mentalitaet
13 Rationalismus
geisteskrank
3 irr
6 dement
7 imbezil
8 paranoid
9 idiotisch
11 schizophren
14 psychopathisch
Geisteskranker
5 Irrer
10 Psychopath
Geisteskrankheit
4 Wahn
5 Manie
7 Irrsinn
8 Paranoia, Psychose, Wahnsinn
9 Katatonie, Monomanie
10 Umnachtung

13 Schizophrenie
15 Verfolgungswahn
Geistesschwäche
7 Idiotie
10 Debilitaet
13 Imbezillitaet
geistesverwandt
9 kongenial
Geisteswerk
4 Buch, Opus
Geisteswissenschaft
5 Ethik, Logik
6 Metrik, Poetik
7 Melodik
9 Aesthetik, Dialektik, Ontologie, Theologie
10 Ethnologie, Geschichte, Metaphysik, Mythologie, Paedagogik, Philologie, Soziologie
11 Germanistik, Philosophie, Psychologie
13 Anthropologie
15 Kunstgeschichte
geistig
6 ideell, mental
10 spirituell
11 immateriell
13 intellektuell
geistig beschränkt
4 dumm
5 bloed, debil
6 bloede
10 einfaeltig, geistesarm
13 schwachsinnig
14 geistesschwach
geistig beweglich
4 rege
6 munter
geistig rege
4 wach
6 wendig
geistig regsames Wesen
10 Wendigkeit
geistig(e, er, es) ...
· **Anteilnahme**
9 Interesse
· **Ausdrucksform**
4 Stil
· **Befähigung**
6 Talent
· **Diebstahl**
7 Plagiat
· **Fähigkeit**
11 Intelligenz
· **Formung**
7 Bildung
· **Gehalt**
4 Sinn
· **Geschulter**
15 Intellektueller
· **Gesinnung**
5 Ethos
· **Getränke**
11 Spirituosen
· **Hilfe**
3 Rat
· **Umnachtung**
8 Wahnsinn
· **Vorstellung**
7 Gedanke
· **Wahrnehmen**
6 Noesis
· **Wert**
4 Sinn
6 Gehalt
geistlich
10 spirituell
geistlich(e, er, es) ...
· **Amt**
3 Abt
4 Abbé
5 Abate, Dekan, Doyen, Papst, Pater, Prior, Vikar
6 Diakon, Kaplan, Moench, Oberer, Oberin, Pastor, Propst
7 Bischof, Dechant, Domherr, Nuntius, Pfarrer, Praelat
8 Kardinal, Katechet, Parochus, Pastorat, Priester, Reverend, Superior, Vikariat
9 Kanonikus, Kapitular, Lizentiat, Missionar, Patriarch, Presbyter
10 Erzbischof, Kirchenrat, Metropolit, Pontifikat
11 Archidiakon, Hofprediger, Weihbischof
13 Fuerstbischof
14 Oberkirchenrat, Superintendent
· **Amtsbereich**
6 Bistum
7 Dekanat, Pfarrei
8 Dioezese, Gemeinde, Parochie, Sprengel
10 Kirchspiel
· **Amtsbruder**
9 Konfrater
· **Amtstracht**
4 Albe
5 Inful, Mitra, Ornat, Tiara
7 Soutane
8 Messrock
· **Buch**
5 Bibel
6 Missal
7 Brevier, Missale, Psalter
8 Messbuch
9 Gebetbuch
10 Evangelium, Gesangbuch
11 Katechismus
· **Chorwerk**
9 Oratorium
· **Kleidungsstück**
5 Talar
· **Komposition**
4 Leis
5 Credo, Kyrie, Messe, Missa, Psalm
6 Choral, Gloria, Tedeum
7 Kantate, Litanei, Motette, Passion, Psalter, Requiem
9 Introitus, Kyrieleis, Oratorium
· **Lied**
5 Psalm
· **Negergesang**
9 Spiritual
· **Orden**
7 Templer
8 Jesuiten, Malteser
9 Kapuziner, Minoriten, Ursulinen
10 Albigenser, Augustiner, Barnabiten, Guttempler, Johanniter, Karmeliter, Trappisten
11 Dominikaner, Karthaeuser
12 Benediktiner, Franziskaner, Ignorantiner, Kluniazenser, Tempelherren
13 Mechitaristen, Zisterzienser
14 Ursulinerinnen
15 Karmeliterinnen
· **Schauspiel**
13 Passionsspiel
14 Mysterienspiel

G

- **Übung**
10 Exerzitium, Meditation
- **Volkslied im Mittelalter**
4 Leis
- **Würdenträger**
7 Praelat

Geistlicher
4 Pope
5 Pater, Vikar
6 Diakon, Kaplan, Pastor
7 Dechant, Pfarrer
8 Prediger, Priester
10 Seelsorger
11 Kanzelredner

Geistlicher der griechisch-orthodoxen Kirche
4 Pope

Geistlichkeit
6 Klerus

geistlos
3 oed
5 dumpf

geistreich
4 klug
6 witzig
8 spritzig
12 schlagfertig

geistreich(e, er, es) ...
- **Ausspruch**
6 Bonmot
- **Bemerkung**
6 Aperçu
- **Einfall**
3 Gag
4 Idee
10 Aphorismus
- **Idee**
6 Aperçu
- **Spass**
4 Witz
- **Verspottung**
7 Parodie
9 Karikatur
10 Persiflage
- **Witzwort**
6 Bonmot

geistvoll ▶ geistreich

geistvolle Betrachtung
5 Essay
10 Aphorismus

Geiz
4 Gier
7 Habgier
8 Geldgier, Habsucht, Raffgier
9 Knauserei
11 Sparsamkeit
13 Engherzigkeit, Knauserigkeit

geizen
8 knausern

Geizhals
4 Filz
6 Raffer
7 Knauser, Knicker
8 Raffzahn
14 Pfennigfuchser

geizig
9 knauserig

Geizkragen ▶ Geizhals

Gejammer
5 Klage
6 Geheul
7 Lamento
8 Geraunze, Gewinsel, Wehklage
9 Noergelei

gekeimte Gerste
4 Malz

gekelterter Fruchtsaft
4 Most

geklärte Flüssigkeit
7 Filtrat

geklebtes Bild
7 Collage

geknickte Buchseite
8 Eselsohr

gekocht
3 gar

gekochter Obstbrei
3 Mus

Gekochtes
3 Sud

gekochtes Obst
7 Kompott

gekonnte Arbeit
8 Leistung

geköpertes Gewebe
6 Croise

gekränkt
7 pikiert
8 verletzt
9 beleidigt, verstimmt

gekräuselte Haare
6 Locken

gekrönter Dichter
9 Laureatus

gekrönter Herrscher
5 Prinz
6 Fuerst, Herzog, Kaiser, Koenig

gekrümmte Linie
5 Bogen, Kreis, Kurve
7 Ellipse, Parabel, Spirale
8 Hyperbel, Maeander, Schlange, Zickzack
10 Serpentine

gekrümmter Rücken
6 Buckel

gekünstelt
10 affektiert, manieriert
12 unnatuerlich

gekünstelte Haltung
4 Pose

gekünstelter Stil
11 Manierismus

Gel
7 Kolloid

Gelächter
5 Spott
6 Lachen
7 Kichern
10 Heiterkeit

geladen(e, er, es) ...
- **Atom**
3 Ion
5 Anion
6 Kation
- **Besucher**
4 Gast
- **Kreis**
12 Gesellschaft

Gelage
5 Orgie
7 Bankett
9 Bacchanal

gelagerte Dinge
8 Vorraete

Gelände
5 Areal

Gelände für Kinder
10 Spielplatz

Gelände ringsum
7 Umkreis

Geländebeschreibung
11 Topographie

Geländeerhebung
4 Berg
6 Huegel

Geländefahrzeug
4 Jeep

Geländeform
2 Au
3 Aue, Tal

4 Berg, Land, Moor, Moos, Raum
5 Ebene, Geest, Heide, Hoehe, Mulde, Platz, Senke
6 Graben, Huegel, Kessel, Krater, Marsch
7 Anhoehe, Flaeche, Gebirge, Hochtal, Terrain
8 Tiefland
9 Flachland, Hoehenzug, Niederung, Talkessel
10 Huegelland, Stufenland
11 Hochgebirge
13 Mittelgebirge
14 Flussniederung

geländegängiges Fahrzeug
4 Jeep
6 Panzer
7 Traktor, Trecker

Geländekamm
5 Krete

Geländeneigung
8 Gefaelle
9 Boeschung

Geländeprüfung für Motorräder
9 Motocross

Geländepunkt einer Karte
4 Kote

Geländer
6 Reling
9 Bruestung
10 Balustrade

Geländerstab
6 Tralje

Geländerstütze
8 Baluster

Geländerteil
8 Handlauf

Geländevertiefung ► Geländeform

Gelass
4 Raum
5 Zelle
6 Gemach, Kammer, Klause, Zimmer
8 Kemenate

gelassen
5 ruhig
7 gefasst, stoisch

Gelassenheit
9 Gleichmut
10 Stoizismus

Gelatine
7 Gallert
8 Gallerte

geläufig
9 habituell

gelb
4 gehl

gelb blühend(e, er, es) ...
· **Blume**
7 Teerose
· **Ölpflanze**
4 Raps
· **Strauch**
7 Ginster, Mahonie
9 Goldregen
14 Ginsterstrauch

gelb(e, er, es) ...
· **Bergkristall**
6 Oitrin, Zitrin
· **Blume**
7 Teerose
· **Farbstoff**
5 Morin
6 Lutein
7 Auramin
· **Fluss**
7 Hoangho, Huangho, Hwangho
· **Frucht**
9 Mirabelle
· **Gewürz**
6 Safran
· **Narzisse**
10 Osterblume
· **Pferd**
5 Falbe
· **Pflanzenfarbstoff**
6 Flavon
· **Rasse**
10 Mongoliden
· **Rübe**
6 Moehre
7 Karotte
9 Mohrruebe
· **Safranfarbstoff**
6 Krozin
· **Schmuckstein**
5 Topas
6 Citrin
9 Tigerauge
· **Teichrose**
6 Mummel

Gelbbleierz
8 Wulfenit

gelbbrauner Uniformstoff
4 Kaki
5 Khaki

gelbbräunlich
7 chamois

gelbgrünes giftiges Gas
5 Chlor

Gelbguss
7 Messing

gelbliche Farbe
4 falb
5 beige, khaki
6 bronze
7 chamois
9 erdfarben
10 sandfarben

Gelbling
9 Tagfalter
10 Kleefalter, Postillion
13 Schmetterling

Gelbreizker
11 Pfifferling

gelbrot
6 orange

Gelbrübe
7 Karotte
9 Mohrruebe

Gelbsucht
7 Ikterus
9 Hepatitis

Gelbwurz
7 Kurkuma

Geld
6 Mammon, Muenze, Schein
8 Banknote
14 Zahlungsmittel

Geld ...
· *in* **ausländischer Währung**
6 Valuta
· **investieren**
7 anlegen
· *für* **Investitionen**
7 Kapital
13 Kapitalbedarf
· *im* **Jargon**
5 Knete
6 Zaster
7 Moneten
· *im* **Volksmund**
4 Kies, Moos
6 Floehe, Kohlen, Mammon, Piepen, Zaster

G

7 Kroeten, Moneten, Penunse, Penunze
10 Pinkepinke
· **zurücklegen**
6 sparen
Geldadel
11 Plutokratie
Geldaufnahme
4 Pump
6 Kredit
7 Anleihe, Darlehn
8 Darlehen
Geldaufwendungen
6 Kosten
8 Ausgaben
Geldbehälter
4 Safe
5 Kasse
6 Boerse, Tresor
8 Kassette, Spardose
9 Geldkatze, Portmonee, Schatulle
10 Geldbeutel, Geldboerse
11 Brieftasche, Sparbuechse, Sparschwein
12 Portefeuille, Portemonnaie
13 Panzerschrank
Geldbeitreibung
7 Inkasso
Geldbetrag
5 Summe
Geldbeutel
9 Portmonee
12 Portemonnaie
Geldbezug im Alter
5 Rente
7 Pension
8 Ruhegeld
Geldbörse
12 Portemonnaie
Gelddieb
11 Bankraeuber
Geldeinzahlung
7 Einlage
Geldeinziehung
7 Inkasso
Geldentschädigung
10 Reparation
14 Schmerzensgeld
Geldentwertung
9 Inflation
Geldgeber
6 Maezen
7 Sponsor
9 Finanzier
10 Glaeubiger
Geldgurt
5 Katze
Geldherrschaft
11 Plutokratie
Geldimitator
13 Falschmuenzer
Geldinstitut
4 Bank
9 Sparkasse
13 Postsparkasse
Geldinstitutart
12 Bausparkasse
Geldinstitutschef
12 Bankdirektor
Geldleistung
9 Bezahlung
geldlich
8 monetaer
9 pekuniaer
10 finanziell
geldloser Handel
6 Tausch
Geldmann
6 Banker
7 Bankier
9 Financier, Finanzier
Geldmittel
5 Fonds
8 Finanzen
Geldnehmer
7 Debitor
9 Schuldner
Geldnot
5 Armut
Geldrollenpaket
5 Grupp
Geldrückleger
6 Sparer
Geldschein
8 Banknote
Geldschließfach
4 Safe
6 Tresor
Geldsendung
9 Anweisung
12 Ueberweisung
13 Postanweisung
Geldstück
6 Muenze
Geldstücktelefon
17 Muenzfernsprecher
Geldsumme
6 Betrag
Geldverdiener
9 Ernaehrer
Geldverleiher
11 Kreditgeber
Geldwechsel
6 Change
Geldwechselstube
8 Exchange
Geldwert
5 Preis
9 Kaufkraft
Geldzahlung
11 Abfertigung
Geldzuschuss
7 Wechsel
10 Stipendium, Subvention
13 Monatswechsel
14 Unterstuetzung
Gelee
3 Jus
5 Juice
7 Gallert
8 Gallerte
Gelee aus Fleischsaft
5 Glace
geleeartige Masse
7 Gallert
Gelegenheit
6 Anlass, Chance, Zufall
12 Moeglichkeit
Gelegenheit bieten
12 ermoeglichen
Gelegenheitsarbeit
3 Job
Gelegenheitsarbeiter
6 Jobber
11 Tageloehner
Gelegenheitskauf
8 Occasion, Okkasion
gelegentlich
10 episodisch
gelegentlich vorkommend
10 sporadisch
Gelehrsamkeit
6 Wissen
7 Bildung
Gelehrtensprache
6 Latein
Gelehrter
6 Nestor
8 Forscher
9 Professor
10 Akademiker, Studierter
15 Intellektueller, Wissenschaftler

Gelehrter ...
- *am Hofe* **Karls des Großen**
  6 Alkuin
- *von* **Rotterdam**
  7 Erasmus
- *von* **Sevilla**
  6 Isidor

Geleis
8 Schienen

Geleit
6 Schutz
7 Eskorte
9 Bedeckung, Bewachung, Sicherung

Geleitwort
5 Motto
6 Devise

Geleitzug
6 Konvoi

Gelenk
5 Angel
6 Zapfen
9 Drehpunkt, Scharnier

Gelenk ...
- *des* **Armes**
  8 Ellbogen
  10 Ellenbogen
- *des* **Beines**
  4 Knie
  8 Knoechel
- *zwischen* **Ober- und Unterschenkel**
  4 Knie

Gelenkband
8 Ligament

Gelenkentzündung
5 Gicht
8 Arthrose
9 Arthritis

Gelenkentzündung des Pferdes
4 Spat

Gelenkteil
5 Kugel
6 Kapsel

Gelenkwellenart
11 Kardanwelle

gelernter Handwerker
7 Geselle, Meister

Geliebte(r) von ...
- **Abaelard**
  7 Heloise
- **Adonis**
  9 Aphrodite
- **Amor**
  6 Psyche
- **Antonius**
  9 Cleopatra, Kleopatra
- **Aphrodite**
  6 Adonis
- **Bess**
  5 Porgy
- **Caesar**
  9 Cleopatra, Kleopatra
- **Chloe**
  7 Daphnis
- **Cleopatra ▶ Kleopatra**
- **Dalila, Delila**
  6 Samson
- **Dante Alighieri**
  8 Beatrice
- **Demeter**
  6 Jasion
- **Hero**
  7 Leander
- **Hölderlin**
  7 Diotima
- **Isolde**
  7 Tristan
- **Julia**
  5 Romeo
- **Kleopatra**
  6 Caesar
  8 Antonius
- **Leander**
  4 Hero
- **Ludwig XV. von Frankreich**
  7 Dubarry
  9 Pompadour
  15 Madame Pompadour
- **Petrarca**
  5 Laura
- **Porgy**
  4 Bess
- **Romeo**
  5 Julia
- **Samson**
  6 Dalila, Delila
- **Tristan**
  6 Isolde
- **Zeus**
  2 Io
  4 Leda, Leto
  5 Danae
  6 Semele

Geliebte/Geliebter
5 Buhle

geliehenes Auto
9 Mietwagen

Gelierstoff
6 Pektin

Gelingen
4 Sieg
6 Erfolg, Glueck

Gelöbnis
3 Eid
6 Schwur
8 Geluebde
11 Versprechen

Gelobtes Land
10 Palaestina

gelockt
5 kraus
6 lockig, wellig

gelockte Haare
6 Krause

geltende Gesetze
5 Recht

Geltung
3 Ruf
4 Wert
6 Nimbus
7 Ansehen, Leumund
8 Einfluss, Prestige, Renommee
9 Bedeutung
10 Autoritaet
14 Wertschaetzung

Geltungstrieb
7 Ehrgeiz

Gelüste
5 Drang
8 Begehren, Begierde
9 Verlangen

Gemach
4 Raum
6 Kammer, Zimmer

gemächlich
5 ruhig
7 langsam

Gemahl
4 Mann
5 Gatte
7 Ehemann
8 Ehegatte

Gemahl von ... ▶ Gatte von ...

gemahlener Schnupftabak
5 Rapee

gemahlenes Getreide
4 Mehl
6 Schrot

G

G

Gemahlin
4 Frau
6 Gattin
7 Ehefrau
9 Ehegattin
Gemahlin von ... ▶ Gattin von ...
Gemälde
4 Bild
6 Fresko
7 Bildnis, Gouache, Oelbild, Pastell, Tableau
8 Aquarell, Portrait
9 Konterfei, Stilleben
10 Landschaft, Oelmalerei, Stillleben
11 Temperabild
Gemälde auf Kalkwand
6 Fresko
Gemälde von da Vinci
8 Mona Lisa
Gemäldeeinfassung
6 Rahmen
12 Bilderrahmen
Gemäldeentwurf
6 Skizze, Studie
Gemäldesammlung
7 Galerie
10 Pinakothek
12 Kunstgalerie
Gemäldesammlung in ...
· **Florenz**
8 Uffizien
· **Leningrad**
9 Eremitage
· **Madrid**
5 Prado
· **München**
10 Pinakothek
· **Paris**
6 Louvre
gemaltes Laubwerk
9 Feuillage
Gemarkung
4 Flur
5 Grund
6 Bezirk, Gebiet
gemäß
4 laut, nach
6 analog
10 angemessen
12 entsprechend
gemästet
4 fett
gemästetes Junghuhn
6 Poulet
gemauerte Uferstraße
3 Kai
4 Mole, Pier
gemein
4 fies
5 infam
7 ruchlos
8 schaebig, schnoede
11 gewoehnlich
15 niedertraechtig
Gemeinde
3 Ort
4 Dorf
5 Markt, Sekte, Stadt
7 Kommune
13 Koerperschaft
Gemeinde in ... ▶ Stadt, Gemeinde in ...
Gemeindebezirk
9 Gemarkung
Gemeindegrund
9 Gemarkung
Gemeindehelfer
6 Diakon
Gemeindekassenleiter
9 Kaemmerer
Gemeindekirchenrat
12 Presbyterium
Gemeindeland
8 Allmende
Gemeindeoberhaupt
14 Buergermeister
18 Oberbuergermeister
Gemeindevertreter
11 Gemeinderat
14 Buergermeister
Gemeindevertretung
8 Stadtrat
11 Gemeinderat
Gemeindevorsteher
▶ Gemeindeoberhaupt
Gemeindewiese
5 Anger
Gemeindezentrum
7 Rathaus
10 Marktplatz, Stadtplatz
12 Rathausplatz
Gemeindezentrum im alten Griechenland
5 Agora
Gemeindezentrum im alten Rom
5 Forum
gemeine Bosheit
12 Niedertracht
Gemeinheit
5 Untat
7 Infamie
10 Schurkerei
12 Niedertracht
gemeinhin
5 vulgo
8 generell
gemeinnützig
6 sozial
Gemeinplatz
9 Platitude, Plattheit
10 Banalitaet, Platituede
11 Plattituede
gemeinsam
10 kooperativ
11 solidarisch
Gemeinsamkeit
10 Affinitaet
Gemeinschaft
3 Ehe
4 Bund, Clan, Club, Crew, Gang, Klub, Team, Volk
5 Bande, Gilde, Kaste, Sekte, Sippe, Staat, Stamm
6 Clique, Gruppe, Klasse, Nation, Partei, Verein, Zirkel
7 Einheit, Familie, Kommune, Verband
8 Buendnis
10 Konsortium
12 Gesellschaft, Gewerkschaft
gemeinschaftlich
9 kollektiv
gemeinschaftliche Arbeitsniederlegung
6 Streik
Gemeinschaftsarbeit
8 Teamwork
Gemeinschaftserziehung
11 Koedukation
gemeinschaftsfähig
6 sozial
gemeinschaftsfeindlich
7 asozial
Gemeinschaftsgesang
4 Chor
Gemeinschaftslied
5 Kanon
10 Rundgesang

gemeinschaftsschädlich
7 asozial
Gemeinschaftssinn
12 Freundschaft, Solidaritaet
13 Kameradschaft, Verbundenheit
Gemeinschaftswährung
4 Euro
gemeinverständlich
8 populaer
Gemeinwesen
4 Dorf
5 Staat, Stadt
7 Kommune
8 Gemeinde, Siedlung
Gemenge von Stoffen
6 Mixtur
8 Mischung
gemessen
11 zeremoniell
13 gravitaetisch, majestaetisch
gemessene Schwere
7 Gewicht
Gemetzel
7 Blutbad
8 Massaker, Schlacht
10 Massenmord
13 Schlaechterei
Gemisch
3 Mix
6 Mixtur
7 Amalgam, Loesung
8 Emulsion, Mischung
11 Kombination, Konglomerat
Gemisch ...
- *zum* **Mauern**
5 Speis
7 Moertel
- *aus* **Sauerstoff und Wasserstoff**
8 Knallgas
- *aus* **Stickstoff und Sauerstoff**
4 Luft

Gemme
8 Intaglio
9 Edelstein
Gemmologe
17 Edelsteinkundiger
Gemse ▶ Gämse
gemsfarben ▶ gämsfarben
Gemsgehörn ▶ Gämsgehörn
Gemunkel
4 Fama
5 Ondit
6 Gerede
7 Klatsch, Tratsch
8 Geruecht
Gemüseart ▶ Gartenerzeugnis
Gemüsefrucht
5 Gurke
6 Tomate
Gemüsegericht
12 Tomatensuppe
Gemüsepflanze
5 Bohne, Gurke, Salat
6 Spinat
7 Rotkohl, Spargel, Zwiebel
8 Sellerie
13 Schwarzwurzel
Gemüserübe
7 Karotte
Gemüsesorte
6 Spinat
8 Chicorée
9 Schikoree
Gemüsesuppe
8 Julienne
10 Minestrone
Gemüt
5 Wesen
8 Naturell
9 Charakter
11 Temperament
gemütlich
6 bequem, kommod
10 anheimelnd
gemütliche Plauderei
7 Plausch
Gemütsart
5 Wesen
8 Naturell
11 Temperament
Gemütsbewegung
3 Wut
4 Ekel, Hass, Rage, Reue, Zorn
5 Angst, Groll, Scham
6 Aerger, Affekt, Freude, Furcht, Regung, Trauer, Unlust
7 Emotion
8 Erregung
9 Empoerung
Gemütskrankheit ▶ Geisteskrankheit
Gemütsruhe
6 Geduld
9 Gleichmut
10 Stoizismus
12 Gelassenheit
Gemütsstimmung
5 Laune
Gemütszustand
5 Laune
8 Stimmung
gemütvoll
4 warm
10 seelenvoll
11 sentimental
Gen
9 Erbanlage
genagelter Bergschuh
8 Goiserer
genähter Kleiderrand
4 Saum
8 Saumnaht
genarbtes Leder
7 Chagrin
genau
5 exakt
6 strikt, subtil
7 akkurat, korrekt, penibel, praezis
8 pingelig, praezise
9 akribisch, minuzioes
10 ordentlich, pedantisch, puenktlich
11 sorgfaeltig
12 gewissenhaft
genau anvisieren
6 zielen
genaue Nachbildung
9 Faksimile
genaue Überprüfung
8 Revision
Genauigkeit
7 Akribie
9 Exaktheit, Praegnanz
10 Praezision
11 Akkuratesse
Genealogie
14 Ahnenforschung
15 Sippenforschung
17 Familienforschung
genealogischer Begriff ▶ Verwandter, ▶ Verwandtschaft

G

Genehmigung
5 Recht
6 Lizenz
9 Billigung, Erlaubnis
10 Konzession
12 Einwilligung, Ratifikation
Genehmigung zum Arztberuf
11 Approbation
geneigte Bergseite ▶ geneigte Fläche
geneigte Fläche
4 Hang
6 Abhang
9 Boeschung
Geneigtheit
4 Huld
Generalsekretär der UNO
3 Lie
5 Annan
6 U Thant
7 Cuellar
8 Waldheim
9 De Cuellar
11 Butros Ghali
12 Boutros Ghali
13 Hammarskjoeld
Generation
11 Altersstufe
13 Menschenalter
Generationsangehöriger
11 Zeitgenosse
Generator
6 Dynamo
13 Stromerzeuger
generell
9 allgemein
10 universell
16 allgemein gueltig
generieren
8 erzeugen
11 produzieren
generös
9 freigebig, spendabel
11 grossmuetig, grosszuegig
Generosität
15 Grosszuegigkeit
Genesender
14 Rekonvaleszent
Genesis
6 Werden
8 Ursprung
9 Erzeugung, Werdegang
10 Entstehung, Schoepfung
11 Entwicklung, Erschaffung
Genesungsstätte
7 Kurheim
10 Sanatorium
13 Erholungsheim
Genesungsurlaub
3 Kur
Genetik
8 Erblehre
15 Vererbungslehre
Genfer Reformator
6 Calvin
Genfer Seewind
5 Rebat
genial
4 klug
6 begabt
8 begnadet
12 bahnbrechend
13 schoepferisch
Genick
6 Nacken
Genießer
7 Gourmet
8 Bacchant, Gourmand, Lebemann
9 Epikureer, Luestling, Schlemmer
13 Feinschmecker
Genitalien
10 Schamteile
16 Geschlechtsteile
Genitiv
7 Wesfall
Genius
14 Schoepferkraft
Genosse
6 Freund, Kumpan, Kumpel
7 Kamerad
14 Parteimitglied
Genossenschaft
4 Bund
9 Sozietaet
10 Konsortium
11 Vereinigung
Genotyp
6 Erbgut
7 Erbbild
Genre
3 Art, Typ
4 Stil
7 Gattung
genuesisch(e, er, es) ...
· **Fürst**
4 Doge
· **Seeheld**
5 Doria
11 Andrea Doria
· **Staatsmann**
5 Doria
· **Verschwörer**
6 Fiesco
genug
5 basta
7 punktum, sattsam
11 ausreichend
genügend
10 suffizient
11 hinreichend
genügsam
9 asketisch, zufrieden
10 bescheiden
11 spartanisch
12 anspruchslos
genügsame Schafrasse
13 Heidschnucken
Genugtuung
5 Busse, Rache
6 Suehne
7 Triumph
8 Revanche
10 Vergeltung
12 Satisfaktion
Genus
7 Gattung
10 Geschlecht
Genuss
4 Lust
5 Spass, Wonne
6 Freude
10 Vergnuegen
Genussgift
7 Alkohol, Koffein, Nikotin
Genussmensch
7 Phaeake, Sybarit
8 Bacchant, Lebemann
9 Epikureer, Geniesser, Luestling
Genussmittel
3 Tee
4 Bier, Sekt, Wein
5 Mokka, Tabak
6 Kaffee, Kognak, Likoer
7 Alkohol, Coffein, Koffein, Nikotin, Schnaps
8 Kautabak

10 Branntwein
genusssüchtige Frau
8 Lebedame
Geodät
10 Feldmesser
13 Landvermesser
geöffnet
3 auf
Geographie
8 Erdkunde
geographisch(e, er, es) ...
· **Begriff**
7 Erdteil, Erosion, Gebirge
8 Aequator, Archipel, Festland, Gradnetz, Meridian, Weltmeer
9 Formation, Geodaesie, Gewaesser, Kontinent, Landkarte, Polarzone, Subtropen
10 Binnenland, Kartennetz, Landschaft
11 Breitengrad, Laengengrad, Polargebiet
12 Luftaufnahme, Schneegrenze
14 Erdoberflaeche
· **Gebiet**
10 Landschaft
· **Kartenwerk**
5 Atlas
· **Lage**
11 Breitengrad, Laengengrad
· **Raumeinheit**
6 Geotop
· **Zone**
6 Tropen
9 Subtropen
geologisch(e, er, es) ...
· **Begriff**
4 Kies, Lehm, Salz, Sand
6 Basalt, Erdoel, Fossil, Granit, Kaolin, Mergel, Syenit
7 Faltung, Glimmer, Porphyr
8 Erdrinde, Feldspat, Melaphyr, Schiefer, Warmzeit
9 Erdkruste, Formation, Fossilien, Kalkstein, Sandstein, Zechstein
10 Auffaltung, Braunkohle, Gipsmergel, Steinkohle
11 Plattenkalk, Schichtform, Vulkanismus
12 Bruchfaltung, Dachschiefer, Rotliegendes
13 Buntsandstein
15 Plattentektonik
· **Formation**
4 Jura, Lias, Malm, Perm
5 Devon, Silur, Trias
6 Dogger, Karbon, Keuper, Kreide
8 Alluvium, Diluvium, Kambrium, Quartaer, Tertiaer
10 Ordovizium
11 Muschelkalk
13 Buntsandstein
· **Zeitalter**
10 Mesozoikum
12 Palaeozoikum
Geometrie
9 Raumlehre
geometrisch(e, er, es) ...
· **Begriff**
3 Lot, Ort
4 Satz
5 Achse, Bogen, Ebene, Figur, Hoehe, Kegel, Kreis, Kubus, Kugel, Kurve, Linie, Punkt, Raute, Sehne, Seite
6 Beweis, Gerade, Prisma, Quader, Radius, Sektor, Trapez, Winkel, Wurzel
7 Dreieck, Ellipse, Flaeche, Kathete, Koerper, Parabel, Polygon, Quadrat, Rhombus, Segment, Sekante, Spirale, Vieleck, Viereck, Volumen, Wuerfel
8 Hyperbel, Pentagon, Pyramide, Rechteck, Rhomboid, Scheitel, Schenkel, Tangente, Zylinder
9 Diagonale, Dimension, Parallele
10 Hypotenuse, Kreislinie, Peripherie
11 Durchmesser, Mittelpunkt, Planimetrie
12 Kegelschnitt
14 Parallelogramm
16 Mittelsenkrechte
17 Seitenhalbierende, Winkelhalbierende
· **Figur**
5 Kegel, Kreis, Kugel, Raute
6 Prisma, Quader, Trapez
7 Ellipse, Parabel, Quadrat, Rhombus, Vieleck, Wuerfel
8 Hyperbel, Pyramide, Sechseck, Zylinder
14 Parallelogramm
· **Körper**
5 Kegel, Kugel
8 Pyramide
· **Linie**
5 Kurve, Sehne
· **Muster**
8 Ornament
· **Zeichengerät**
6 Lineal, Zirkel
12 Kurvenlineal
· **Zeichnung**
7 Aufriss
geophysikalische Naturkraft
14 Erdmagnetismus
geordnet(e, er, es) ...
· **Ablage von Schriftstücken**
11 Registratur
· **Aufstellung von Menschen**
5 Reihe
· **Flucht**
8 Rueckzug
· **Verzeichnis**
5 Liste
Georgien
9 Grusinien
Georgine
6 Dahlie
georgische Königin
6 Tamara
Gepäckabteil im Auto
10 Kofferraum
Gepäcknische im Zelt
5 Apsis
Gepäckstück
5 Mappe, Plaid
6 Bagage, Beutel, Koffer, Tasche
7 Buendel, Seesack
8 Rucksack

9 Tornister
10 Aktenmappe, Handtasche
11 Aktentasche, Reisetasche

Gepäckträger
10 Dienstmann

gepanzerte Ritterrüstung
8 Harnisch

gepflegt
4 chic
6 adrett, sauber
7 elegant, serioes

gepflegte Grünfläche
5 Rasen

gepflegter Mann
4 Herr

Gepflogenheit
3 Uso
4 Usus
5 Sitte
6 Brauch, Praxis, Usance
9 Tradition
10 Gewohnheit

gepflügtes Feld
5 Acker

geplante Verkehrswegführung
6 Trasse

gepökeltes Fleisch
5 Gnagi

gepökeltes Fleischgericht
7 Eisbein
8 Kasseler
10 Corned beef, Corned Beef, Cornedbeef

gepolstert(e, er, es) ...
· **Brustschutz**
8 Plastron
· **Halsbügel der Zugtiere**
4 Kumt
6 Kummet
· **Sitzmöbel**
6 Sessel

Gepräge
3 Art
4 Form, Stil
5 Wesen
7 Merkmal
8 Eigenart
9 Charakter, Wesensart, Wesenszug

geprägt(e, er, es) ...
· **Edelmetallmünzen**
10 Brakteaten
· **Metallscheibe**
6 Muenze
8 Medaille
· **Milieu**
5 Scene

Gepränge
4 Pomp
5 Prunk
6 Pracht

gepresster Süßstoff
13 Wuerfelzucker

gequetschte Nährmittel
7 Flocken

gerade
4 eben, just, pair
5 genau, jetzt, offen
6 direkt, soeben
7 ehrlich
8 momentan, vertikal
11 ungekruemmt

Gerade
5 Linie
6 Strahl
7 Strecke

gerade erst
4 eben

geradeaus
7 stracks

Geradflügler
6 Grille, Schabe
7 Ohrwurm, Termite
8 Heimchen, Heupferd, Kakerlak
11 Heuschrecke

Geradheit
12 Schlichtheit
14 Aufrichtigkeit

geradlinig
6 direkt, linear

geraspelte Backzutat
9 Kokosette

Gerät
7 Apparat
8 Requisit, Werkzeug
10 Instrument
11 Hilfsmittel

Gerät ...
· *der* **Akrobaten**
6 Trapez
· *zum* **Auftragen von Salbe**
6 Spatel
· *im* **Auto**
10 Tachometer
· *auf dem* **Bauernhof**
9 Mistgabel
· *zum* **Bereiten von warmem Wasser**
6 Boiler
· *des* **Bergmanns**
6 Forkel
· *des* **Bergsteigers**
4 Seil
6 Pickel
8 Rucksack
· *im* **Betonbau**
8 Ruettler
· *zum* **Betrachten von Dias**
5 Gucki
· *zum* **Bewegen von Lasten**
5 Hebel
11 Flaschenzug
· *der* **Boxer**
9 Maisbirne
12 Punchingball
· *im* **Büro**
6 Lineal, Schere
7 Stempel
8 Computer
9 Bleistift
10 Bildschirm
11 Aktenordner, Radiergummi
12 Zeichenbrett
13 Stempelkissen
14 Kugelschreiber, Taschenrechner
15 Schreibmaschine
· *zur* **Datenübertragung**
5 Modem
· *der* **Erdarbeiter**
5 Hacke
6 Spaten
8 Schaufel
· *zum* **Fischfang**
5 Angel, Reuse
7 Harpune
· *zur* **Flüssigkeitsentnahme**
7 Pipette
· *des* **Friseurs**
4 Kamm
6 Schere
· *zur* **Gewichtsbestimmung**
5 Waage
· *für* **Gymnastik**
11 Medizinball
· *im* **Haushalt**
7 Oeffner
8 Trockner
10 Brotmesser

G

11 Buegeleisen, Waffeleisen
12 Kaffeemuehle
13 Waschmaschine
· *zum* **Heizen**
4 Ofen
· *der* **Kammmacher (Kammacher)**
4 Iler
· *des* **Kellermeisters**
10 Stechheber
· *zum* **Kochen**
4 Ofen
· *zum* **Krankentransport**
5 Bahre, Trage
· *in der* **Küche**
4 Sieb
5 Reibe
· *im* **Kuhstall**
12 Melkmaschine
· *im* **Labor**
13 Bunsenbrenner
· *in der* **Landwirtschaft**
4 Egge
· *zum* **Lockern des Ackerbodens**
4 Egge
· *zum* **Mähen**
5 Sense
6 Sichel
11 Rasenmaeher
· *des* **Maurers**
3 Lot
5 Kelle
11 Wasserwaage
· *zum* **Messen der Wassertiefe**
7 Echolot
· *zum* **Messen von Winkeln**
9 Theodolit
10 Goniometer
· *zur* **Richtungsbestimmung**
7 Kompass
· *zur* **Schallortung**
5 Sonar
· *des* **Schneiders**
5 Nadel
6 Schere
· *zum* **Spalten**
3 Axt
4 Beil, Keil
· *der* **Sportfischer**
5 Angel
· *zur* **Strahlenzählung**
9 Zaehlrohr
13 Geigerzaehler
· *des* **Töpfers**
11 Drehscheibe
· *zum* **Umgraben**
6 Spaten
· *zum* **Wärmemessen**
11 Thermometer
· *zum* **Würzen**
13 Pfeffermuehle
· *zum* **Zeichnen**
6 Lineal, Zirkel
9 Reisszeug
12 Kurvenlineal
· *zum* **Zeitmessen**
3 Uhr
11 Chronometer
· *zum* **Ziehen von Notenlinien**
7 Rastral
· *zum* **Ziehen von Strichen**
6 Lineal
Geräteschuppen
6 Remise
Gerätesportler
6 Turner
10 Reckturner
geräucherte Fleischware
5 Speck, Wurst
6 Salami
8 Schinken, Zervelat
9 Mettwurst
geräucherter Fisch
7 Sprotte
9 Bueckling
11 Raeucheraal
13 Schillerlocke
14 Raeucherhering
Geräuchertes
10 Geselchtes
geräumiges Familienauto
3 Van
Geräusch
3 Ton
4 Laut
5 Klang, Knall, Krach, Laerm, Rumor
6 Schall
9 Explosion, Widerhall
Geräusch ...
· *von* **Feuer**
8 Prasseln
· *des* **Gebirgsbaches**
7 Brausen
· *beim* **Gewitter**
6 Donner
· *von* **Rädern**
7 Rattern
· *von* **schleifenden Ketten**
7 klirren
· *der* **Sirene**
6 Heulen
· *des* **Wassers**
7 Brausen, Gurgeln, Rieseln
8 Rauschen
11 Plaetschern
· *von* **welkem Laub**
8 Rascheln
· *des* **Windes**
6 Heulen, Sausen
7 Brausen, Pfeifen
Geräuschbelästigung aus der Luft
9 Fluglaerm
geräuschlos
5 leise, still, stumm
geräuschvoll
4 laut
Gerbereibottich
6 Haspel
Gerbereiprodukt
10 Spaltleder
Gerberfett
6 Degras
Gerbmittel
4 Lohe
5 Alaun, Chrom, Eiche
6 Tannin
8 Dividivi
12 Alaunloesung
Gerbsäure
6 Tannin
gerecht
4 fair
8 objektiv, verdient
10 unbefangen
12 rechtdenkend, unparteiisch
Gerede
4 Fama
7 Gefasel, Klatsch, Palaver, Rederei, Tratsch
8 Geruecht, Nachrede
10 Geschwaetz
geregelter Zustand
7 Ordnung
geregeltes Vorgehen
10 Systematik

gereinigt
6 sauber
10 raffiniert
13 unverfaelscht
gereinigter Zucker
9 Raffinade
gereizt
6 erregt
7 nervoes, pikiert
8 hektisch
10 aergerlich, cholerisch
gereizter Zustand
8 Spannung
Gericht
4 Mahl
5 Essen
6 Kammer, Speise
7 Instanz
8 Mahlzeit, Tribunal
11 Strafkammer, Zivilkammer
14 Justizbehoerde
Gericht aus Lauch
13 Porreegemuese
Gericht im Menü
4 Gang
gerichtlich
10 forensisch
gerichtliche Entscheidung
4 Haft
6 Arrest, Kerker, Spruch, Strafe, Urteil
9 Geldbusse, Zuchthaus
10 Freispruch, Gefaengnis, Geldstrafe
12 Schuldspruch, Verurteilung
13 Urteilsspruch
15 Freiheitsstrafe
16 Bewaehrungsfrist
gerichtliches Verfahren
7 Prozess
Gerichtsanzeige
5 Klage
Gerichtsbarkeit
12 Jurisdiktion, Justizhoheit
Gerichtsbeisitzer
8 Assessor, Schoeffe
12 Geschworener
Gerichtsbeschluss
6 Urteil
Gerichtsdiener
7 Buettel
Gerichtshof
5 Forum
6 Kammer
8 Judizium, Tribunal
Gerichtshof der Kurie
4 Rota
Gerichtsmedizin
13 Rechtsmedizin
Gerichtsordnung Karls V.
8 Carolina
Gerichtsplatz
8 Tribunal
Gerichtsschreiber
6 Aktuar
Gerichtssitzung
11 Verhandlung
Gerichtsstand
6 Kammer
7 Instanz
Gerichtstage im römischen Kalender
5 Fasti
Gerichtsverfahren
7 Prozess
Gerichtsverhandlung am Tatort
11 Lokaltermin
Gerichtsvollzieher
8 Exekutor, Pfaender
Gerichtswesen
6 Justiz
gerieben
5 smart
6 clever, schlau
12 durchtrieben
geriebene Semmel
10 Paniermehl
geringe Entfernung
5 Naehe
geringe Zeitspanne
2 Nu
6 Kuerze
geringeltes Haar
5 Locke
geringfügig
5 klein, wenig
6 winzig
7 minimal
11 unbedeutend, verzeihlich
13 bedeutungslos
14 nebensaechlich
geringfügig abweichende Spielart
5 Abart
8 Variante
geringfügiger Fehler
8 Lappalie
Geringfügigkeit
9 Bagatelle
10 Nebensache
11 Kleinigkeit
geringschätzig
9 abfaellig
12 veraechtlich
14 despektierlich
geringwertiges Garn
8 Pelseide
Gerinnmittel
3 Lab
Gerinnsel
8 Pfropfen
12 Blutpfropfen
Gerippe
7 Skelett
14 Knochengeruest
gerippter Stoff
4 Cord, Kord, Rips
9 Gabardine
11 Schnuersamt, Stretchcord, Stretchkord
geripptes Köpergewebe
5 Serge
gerissen
3 fix
5 smart
6 clever, findig, listig, schlau
7 gewieft
8 gerieben
10 raffiniert
12 durchtrieben
Germane
7 Teutone
Germanien
11 Deutschland
germanisch(e, er, es) ...
· **Adliger**
7 Edeling
· **Asenheim**
6 Asgard
· **Blasinstrument**
4 Lure
· **Buchstabe**
4 Rune
· **Dichtung**
4 Edda
· **Donnergott**
4 Thor

- **Drachentöter**
  9 Siegfried
- **Eisenmesser**
  3 Sax
- **Gefallenenhalle**
  7 Walhall
  8 Walhalla
- **Gewandnadel**
  5 Fibel
- **Gott**
  2 We
  3 Ali, Ase, Fro, Nix, Tyr, Ziu
  4 Loki, Odin, Thor, Wili
  5 Donar, Freyr, Hoedr, Vidar, Wodan, Wotan
  6 Balder, Baldur, Foseti, Hoenir, Njoerd
  7 Forseti, Skirnir
  8 Byleistr, Heimdall, Thuiskon
- **Götter**
  4 Asen
  5 Disen, Vanen, Wanen
- **Götterbotin**
  3 Gna
- **Götterreich**
  6 Asgard
- **Göttervater**
  4 Odin
  5 Wodan, Wotan
- **Gottheit**
  3 Ase
  4 Dise, Wane
  5 Norne
  8 Walkuere
- **Göttin**
  3 Hel, Ran, Sif, Syn, Urd
  4 Asin, Erke, Frea, Gerd, Grid, Idun, Laga, Lofn, Nott, Saga, Sygn, Vara
  5 Frigg, Frija, Iduna, Joerd, Nanna, Rinda, Skadi, Skuld
  6 Freyja, Frigga, Gefjon, Loeffa, Ostara
  7 Asynien, Loeffna, Sjoefna
  8 Verdandi
- **Grabstätte**
  10 Huenengrab
- **Hauptwaffe**
  5 Frame
- **Heerführer**
  7 Odoaker
- **Heldenjungfrau**
  8 Walkuere
- **Heldensage**
  4 Edda
- **Honigwein**
  3 Met
- **Meeresriesin**
  3 Ran
- **Riesentochter**
  5 Skadi
- **Sagengeschlecht**
  10 Nibelungen
- **Sagengestalt**
  3 Ask, Nix, Ran, Ute
  4 Egil, Geri, Gnom, Groa, Hate, Hati, Heid, Neck, Nixe, Surt, Ullr, Ymir
  5 Alfar, Aslak, Baugi, Eldir, Embla, Freki, Fylla, Galar, Hagen, Holde, Hugin, Mimir, Noeck, Nunin, Uller
  6 Fafnir, Fenris, Fjalar, Gernot, Gudrun, Oernir, Rother, Sigurd, Volker, Widolf
  7 Alfadur, Gungnir, Gunther, Skjoeld, Wieland
  8 Alberich, Brunhild, Dietrich, Farbaute, Giselher, Managarm, Neidhard, Siegmund, Sleipnir
  9 Brunhilde, Siegfried
  10 Hildebrand, Kriemhilde
- **Sagenriese**
  5 Gymir
- **Sänger und Dichter**
  6 Skalde
- **Schicksalsgöttin**
  5 Norne
- **Schmuckreif**
  5 Bauge
- **Schriftzeichen**
  4 Rune
- **Seefahrervolk**
  7 Chauken
  8 Wikinger
  9 Normannen
- **Suebenfürst**
  8 Ariovist
- **Totenreich**
  3 Hel
- **Trank**
  3 Met
- **Ungeheuer**
  10 Fenriswolf
  15 Midgardschlange
- **Volk am Rhein**
  5 Ubier
- **Volksstamm**
  5 Goten, Ubier
  6 Angeln, Bayern, Jueten, Rugier, Salier, Sueben
  7 Bataver, Chatten, Franken, Friesen, Gepiden, Kimbern, Sachsen, Zimbern
  8 Ostgoten, Schwaben, Semnonen, Silingen, Teutonen, Vandalen, Wikinger
  9 Alemannen, Burgunder, Cherusker, Normannen, Westgoten
  10 Cambrivier
  11 Hermunduren, Langobarden, Markomannen
- **Volksversammlung**
  5 Thing
- **Waffe**
  3 Ger, Sax
- **Wassergeist**
  3 Nix
  4 Neck
  5 Noeck
  6 Necken
- **Wintersonnenfest**
  3 Jul
- **Wurfspieß**
  3 Ger
- **Zwergenfürst**
  8 Alberich
- **Zwergenkönig**
  6 Laurin
- **Zwergin**
  6 Dwalin

Germteiggebäck
7 Buchtel
9 Golatsche, Kolatsche
16 Faschingskrapfen

Germteigmehlspeise
8 Rendling

Gernegroß
7 Angeber, Steppke

gerodet
5 urbar

Geröll
4 Kies
6 Schutt

G

Geröllhalde
4 Gand, Mure
7 Moraene
Geröllkies
5 Grien
Gerölllawine (Geröllawine)
11 Steinschlag
Geröllwüste in Afrika
3 Reg
Gerontologie
15 Altersforschung
geröstete Esskastanie
6 Marone
geröstetes Brot
5 Toast
Gerstenkorn
5 Werre
Gerstensaft
4 Bier
Gerte
4 Rute
5 Zweig
8 Peitsche
10 Stoeckchen
Geruch
3 Ruf
4 Arom, Duft
5 Aroma, Blume, Hauch, Odeur
6 Bukett
7 Bouquet, Geltung, Gestank
Geruchsorgan
4 Nase
Geruchsstoff
6 Essenz
Geruchsverschluss
6 Siphon
Gerücht
4 Fama
5 Odium, Ondit
6 Gerede
7 Klatsch
8 Nachrede
Gerüchteverbreitung
10 Kolportage
geruchtilgendes Mittel
3 Deo
9 Deodorant
geruhsamer Sport
6 Angeln
7 Billard
Gerümpel
4 Kram
6 Abfall
7 Altware, Plunder
8 Altwaren
10 Krimskrams
Gerüst
7 Gestell
8 Tragwerk
9 Gestaenge
Gerüst für den Sarg
8 Katafalk
Gerüst für Hinrichtungen
8 Schafott
gerüstet
5 parat
7 armiert
Gesalbter
8 Christus
gesalzener Fisch
8 Anchovis, Sardelle
9 Anschovis
10 Stockfisch
gesammelte Schriftstücke
5 Akten
8 Regesten
gesamt
4 ganz
5 alles, total
6 global
8 komplett
11 vollzaehlig
12 vollstaendig
Gesamtamerika
10 Panamerika
Gesamtanschauung
8 Weltbild
Gesamtansicht einer Landschaft
8 Panorama
Gesamtbetrag
5 Summe
gesamter Besitz
9 Vermoegen
Gesamterlös an Waren
6 Umsatz
Gesamthaftung
14 Solidarhaftung
Gesamtheit
5 Summe, Total
6 Gaenze
8 Ganzheit
10 Totalitaet
Gesamtheit ...
· *der* **baltischen Staaten**
8 Baltikum
· *der* **bekannten Persönlichkeiten**
9 Prominenz
· *der* **Betriebsangehörigen**
8 Personal
11 Belegschaft
· *der* **Bischöfe**
9 Episkopat
· *der* **Christen**
8 Oekumene
· *der* **Erbanlage**
7 Genotyp
8 Erbmasse
· *der* **Erdbevölkerung**
10 Menschheit
· *der* **Erde**
4 Welt
· *der* **essbaren Dinge**
7 Nahrung
12 Lebensmittel
· *an* **Fahrzeugen**
8 Fuhrpark
9 Wagenpark
· *der* **Gebärden**
6 Gestik
· *der* **Geistlichen**
6 Klerus
· *der* **Gene**
8 Erbmasse
· *der* **Gesetze**
5 Recht
· *der* **Lehrerschaft**
9 Kollegium
· *der* **Medizin**
9 Heilkunde
· *eines* **Menschenalters**
10 Generation
· *der* **Nutzvögel**
9 Gefluegel
· *der* **Pazifikinseln**
8 Ozeanien
· *der* **Schöpfung**
5 Natur
· *der* **Schriftwerke**
9 Literatur
· *des* **Wissens**
12 Wissenschaft
· *der* **Zähne**
6 Gebiss
· *der* **Zeitungen**
6 Presse
Gesamtvergütung
9 Pauschale
Gesamtwerk eines Künstlers
6 Oeuvre

Gesandter
5 Doyen, Legat
7 Nuntius
8 Diplomat
11 Botschafter
13 Unterhaendler
Gesandter des Papstes
5 Legat
Gesangsdarbietung
4 Arie, Lied
5 Kanon
Gesangsgruppe
4 Chor
5 Duett
7 Terzett
8 Ensemble, Quartett, Quintett
10 Doppelchor, Frauenchor, Kinderchor
11 Kirchenchor, Maennerchor
13 Vokalensemble
gesangsmäßig
5 vokal
Gesangspaar
3 Duo
Gesangspart
6 Stimme
Gesangsrolle in einer Oper
6 Partie
Gesangsschule
14 Konservatorium
Gesangsstimme
3 Alt
4 Bass
5 Tenor
6 Sopran
7 Bariton
11 Mezzosopran
15 Koloratursopran
Gesangsstück
3 Duo
4 Arie, Lied
5 Kanon, Messe
6 Choral, Hymnus
7 Chanson, Couplet, Kantate, Kanzone, Moritat, Passion
8 Schlager
9 Oratorium, Spiritual, Volkslied
Gesangsübung
10 Singstunde
Gesangsverzierung
6 Flores
7 Triller
9 Koloratur
Gesangverein
4 Chor
8 Kurrende
9 Singkreis
Gesäß
2 Po
4 Popo
6 Steiss
7 Hintern
10 Hinterteil, Hosenboden
gesättigt
4 satt, voll
8 gefuellt
9 saturiert
Geschäft
3 Job, Tun
4 Coup, Shop, Werk
5 Beruf, Buero, Firma
6 Arbeit, Gewinn, Handel
7 Agentur, Betrieb, Filiale
8 Boutique, Einnahme, Notdurft
10 Profession, Taetigkeit, Vertretung
11 Transaktion, Unternehmen
12 Arbeitsplatz
Geschäft für Büroartikel
9 Papeterie
Geschäft mit Risiko
11 Spekulation
geschäftig
4 rege
5 emsig
geschäftiges Treiben
6 Hektik, Trubel
geschäftiges Tun
7 Treiben
Geschäftigkeit
14 Betriebsamkeit
geschäftliche Unternehmung
11 Transaktion
geschäftlicher Gewinn
6 Ertrag
Geschäftsauflösung wegen Zahlungsunfähigkeit ► Geschäftszusammenbruch
Geschäftsauftrag
10 Kommission
Geschäftsausgaben
6 Spesen
Geschäftsbedingungen
11 Konditionen
Geschäftsbereich
5 Zweig
6 Sektor, Sparte
7 Branche, Ressort
8 Dezernat
Geschäftsbereich eines Ministers
12 Portefeuille
Geschäftsbezeichnung
5 Firma
Geschäftsbrauch
6 Usance
Geschäftsbuch
6 Kladde
8 Inventar
9 Hauptbuch, Kontobuch
10 Kassenbuch
Geschäftseinlage
4 Mise
7 Kapital
Geschäftsführer
6 Leiter
7 Manager
8 Direktor, Syndikus
9 Prokurist
10 Impresario
Geschäftsgewinn
6 Ertrag
7 Rendite
9 Dividende
Geschäftsinhaber
4 Chef
Geschäftslage
10 Konjunktur
Geschäftsleitung
9 Direktion
Geschäftsmann
5 Agent
6 Makler
7 Manager
8 Haendler, Kaufmann
9 Fabrikant, Produzent
11 Businessman, Unternehmer
Geschäftsmappe
11 Aktentasche
Geschäftsnebenstelle
7 Agentur, Filiale
11 Zweigstelle
Geschäftsordnung
6 Statut
7 Satzung
9 Reglement

G

G

Geschäftspartner
6 Sozius
8 Konsorte
9 Kompagnon, Teilhaber
14 Gesellschafter
Geschäftsraum
5 Buero
6 Kontor
Geschäftsreisender
6 Kommis
9 Vertreter
Geschäftsreport
16 Gebarungsbericht
Geschäftsschluss
10 Feierabend
Geschäftsschulden
7 Passiva
Geschäftsservice
12 Kundendienst
Geschäftsstille
6 Flaute
Geschäftsstraße in New York
10 Wallstreet
Geschäftssymbol
13 Firmenzeichen
Geschäftsteilhaber
7 Partner
9 Kompagnon
geschäftstüchtig
8 gerieben, gerissen
9 geschickt
11 erfolgreich
Geschäftsunkosten
6 Spesen
Geschäftsunternehmung
5 Firma
Geschäftsvermittler
5 Agent
6 Makler
Geschäftsvermögen
6 Aktiva
Geschäftsvollmacht
7 Prokura
Geschäftszentrum
14 Shoppingcenter
Geschäftszimmer
5 Buero
Geschäftszusammenbruch
7 Konkurs
8 Bankrott
Geschäftszweig
7 Branche
Geschäftszweigstelle
▶ Geschäftsnebenstelle
Geschehen
3 Tat
4 Fall
7 Vorfall, Vorgang
8 Ereignis
11 Begebenheit
Geschehensablauf
4 Zeit
10 Geschichte
Geschehnis ▶ Geschehen
Geschehnisabfolge
4 Zeit
6 Ablauf
11 Chronologie
Geschehnisfolge
6 Ablauf
7 Verlauf
gescheit
4 klug
5 weise
6 begabt, schlau
11 intelligent
Geschenk
4 Gabe
8 Praesent
11 Mitbringsel
14 Aufmerksamkeit
Geschenktafel
10 Gabentisch
Geschichte
7 Chronik
8 Historie
geschichteter Heuhaufen
7 Schober
geschichtlich
10 historisch
12 diachronisch
geschichtliche Jahrbücher
7 Annalen
Geschichtsabschnitt ▶ Geschichtsepoche
Geschichtsepoche
4 Aera
6 Antike, Urzeit
7 Eiszeit, Neuzeit, Vorzeit
8 Altertum
9 Eisenzeit, Fruehzeit, Gegenwart, Steinzeit, Zeitalter
10 Bronzezeit, Kupferzeit
11 Mittelalter, Neolithikum, Renaissance
12 Altsteinzeit, Mesolithikum
13 Atomzeitalter
14 Palaeolithikum
Geschichtsforscher
10 Historiker
Geschichtsschreiber
8 Chronist
13 Historiograph
Geschichtswerk
7 Annalen, Chronik
Geschick (▶ auch Geschicklichkeit)
3 Los
5 Fatum
7 Fuegung
9 Schicksal
Geschicklichkeit
4 Gabe
6 Anlage, Talent
7 Eignung
8 Begabung
10 Faehigkeit, Fertigkeit
11 Befaehigung, Gewandtheit
16 Fingerfertigkeit
Geschicklichkeitskünstler
6 Artist
8 Jongleur
Geschicklichkeitsspiel
4 Jojo
6 Mikado
7 Diabolo
geschickt
4 klug
5 flink, smart
6 behend
7 behaend, gewandt
geschickt(e, er, es) ...
· **Maßnahme**
9 Schachzug
· **Täuschung**
4 List
· **Vorgehen**
6 Taktik
Geschirr
4 Joch, Zaum
5 Kanne, Tasse
6 Kummet, Platte, Teller, Trense, Zuegel
7 Service, Terrine
8 Sauciere, Teekanne
9 Porzellan, Schuessel
10 Untertasse
11 Kaffeekanne
Geschirrsatz
7 Service

Geschirrschrank
6 Buffet
7 Buefett
8 Anrichte
Geschlecht
3 Sex
4 Haus
5 Genus, Sexus, Sippe, Stamm
7 Familie, feminin, Gattung, Gebluet, neutral, Neutrum
8 Dynastie, maskulin, weiblich
9 Femininum, maennlich, saechlich
10 Maskulinum
Geschlechterabfolge
10 Generation
Geschlechterkunde
10 Genealogie
geschlechtlich
6 sexual
7 sexuell
geschlechtlich kalt
6 frigid
geschlechtliche Anziehung
9 Sexappeal
Geschlechtlichkeit
11 Sexualitaet
geschlechtsbetont
4 sexy
Geschlechtsdrüse
6 Gonade
Geschlechtshormon
6 Prolan
8 Androgen, Gestagen
9 Oestrogen
11 Androsteron, Progesteron, Testosteron
Geschlechtskrankheit
4 AIDS
7 Tripper
8 Schanker, Syphilis
9 Gonorrhoe
Geschlechtsleben
6 Erotik
11 Sexualitaet
geschlechtsreif
5 adult
9 erwachsen
Geschlechtsreifung
9 Pubertaet
Geschlechtsteile
10 Genitalien, Schamteile
Geschlechtstrieb
6 Libido
Geschlechtstrieb bei Tieren
6 Brunft, Brunst
Geschlechtsverkehr
6 Coitus, Koitus
Geschlechtswort
7 Artikel
Geschlechtszelle
5 Gamet
geschliffen
6 scharf
geschliffen(e, er, es) ...
· **Benehmen**
3 Pli
· **Diamant**
8 Brillant
· **Flasche**
7 Karaffe
· **Glas**
8 Kristall
· **Glasfläche**
7 Facette
geschlossen
2 zu
4 rund
7 vereint
8 allesamt, gesperrt, zusammen
9 einmuetig, gemeinsam, versperrt
10 abgerundet
geschlossen(e, er, es) ...
· **Hausvorbau**
5 Erker
· **Kurve**
5 Kreis
7 Ellipse
· **PKW**
9 Limousine
Geschmack
4 Chic, Stil
5 Aroma, Gusto
7 Eleganz
8 Gefallen
9 Empfinden
10 Empfindung
geschmacklos
4 fade
6 billig, simpel
7 stillos, taktlos
8 kitschig
12 abgeschmackt
Geschmacksknospe
7 Papille
Geschmacksorgan
5 Zunge
Geschmacksrichtung
4 herb, Mode
5 sauer, suess, Trend
6 bitter, salzig
Geschmacksstoff
5 Aroma
Geschmacksverirrung
6 Kitsch
geschmackvoll
4 chic, fein
5 apart, apart, nobel
6 dezent, schick, schoen
7 anmutig, elegant, huebsch, vornehm
8 gediegen, stilvoll
10 kultiviert
geschmackvoll gekleidet
7 elegant
Geschmeide
7 Juwelen
10 Edelsteine, Kleinodien
geschmeidig
4 rank
5 weich
6 grazil
7 biegsam, schlank
9 beweglich, elastisch
10 schmiegsam
16 anpassungsfaehig
geschniegelt
10 aufgeputzt
14 zurechtgemacht
geschnittener Stein
5 Gemme, Kamee
6 Glyphe, Glypte
8 Intaglio
geschnittenes Holz
4 Stab
5 Bohle, Brett, Diele, Latte
6 Balken, Leiste
geschnörkelt
6 barock
Geschnürtes
7 Buendel
Geschöpf
4 Baby, Kind, Tier
5 Figur, Wesen
6 Mensch
7 Kreatur, Pflanze
9 Erzeugnis, Lebewesen

G

Geschoss
5 Boden, Etage, Kugel, Stock
6 Keller
8 Mansarde, Mezzanin, Parterre, Speicher
9 Stockwerk
10 Dachgarten, Souterrain
Geschoss mit Hülse
7 Granate, Patrone
Geschossdrehung
5 Drall
geschraubt ▶ geziert
Geschraubtheit
5 Getue
6 Gehabe
8 Ziererei
Geschrei
3 Ruf
5 Laerm, Rumor
6 Geheul
7 Gezeter
8 Gebruell, Hilferuf
11 Zetermordio
geschriebene Buchstabenreihe
5 Zeile
geschriebenes Recht
6 Gesetz
Geschützart (Abkürzung)
4 Flak
geschützt
6 gefeit, sicher
12 ungefaehrdet
Geschütztsein
10 Sicherheit
Geschützuntergestell
7 Lafette
geschwänzter Lurch
5 Molch
Geschwätz
6 Gerede
7 Faselei, Klatsch, Rederei, Tratsch
geschwätzige Frau
11 Klatschbase
geschwind
5 rasch
6 behend
7 behaend, behende, schnell
8 behaende
13 unverzueglich
Geschwindigkeit
4 Eile, Elan, Hast
5 Hitze, Tempo
6 Rasanz
7 Schwung
13 Schnelligkeit
Geschwindigkeitsänderung
8 Bremsung
14 Beschleunigung
Geschwindigkeitsbegrenzung
10 Tempolimit
Geschwindigkeitsgrad
5 flott, rapid
7 langsam, schnell
Geschwindigkeitsmesser
3 Log
5 Tacho
10 Tachometer
Geschwister
7 Brueder
9 Drillinge, Mehrlinge, Vierlinge, Zwillinge
10 Schwestern
Geschwisterkind
4 Base
5 Kusin, Neffe
6 Cousin, Kusine, Nichte, Vetter
7 Cousine
Geschworener
8 Schoeffe
12 Laienrichter
Geschwulst
4 Myom
5 Gliom, Lipom, Tumor, Ulcus, Ulkus, Zyste
6 Sarkom
8 Carcinom, Karzinom, Schanker, Schwaere
9 Karbunkel, Karfunkel, Wucherung
Geschwür
5 Ulkus
gesegnet
8 benedeit
10 gebenedeit
Geselle
6 Helfer
7 Gehilfe, Genosse, Kamerad
9 Gefaehrte
gesellig
11 umgaenglich
13 extravertiert
gesellig(e, er, es) ...
· **Damenrunde**
16 Kaffeekraenzchen
· **Gespräch**
12 Unterhaltung
· **Kreis**
4 Club, Klub
5 Kranz, Runde
6 Korona, Verein, Zirkel
10 Kegelrunde, Kraenzchen, Stammtisch
11 Liederkranz, Liedertafel
· **Plauderei**
12 Unterhaltung
· **Runde**
10 Stammtisch
· **Unterhaltung**
12 Konversation
· **Veranstaltung**
4 Ball, Fest, Fete
5 Party
7 Bankett, Empfang, Tanztee
9 Ballabend, Skatabend, Tanzabend, Tanzparty
10 Kegelabend, Kraenzchen
Geselligkeit
13 Beisammensein
Gesellschaft
2 AG, IG, KG
3 OHG
4 GmbH
5 Firma
6 Gruppe
11 Unternehmen, Vereinigung
12 Bevoelkerung
14 Genossenschaft
Gesellschaft für Musikrechte
4 Gema
Gesellschafter
6 Sozius
7 Partner
8 Konsorte
9 Aktionaer, Kompagnon, Teilhaber
10 Mitinhaber
11 Unterhalter
gesellschaftlicher Verkehr
6 Umgang
Gesellschaftsanzug
5 Frack
7 Smoking
Gesellschaftsform
11 Matriarchat, Patriarchat
Gesellschaftsinsel
3 Hao

4 Anaa
5 Murea, Tahaa
6 Moorea, Scilly, Tahiti
7 Maupiti

Gesellschaftskunde
10 Soziologie

Gesellschaftsraum
4 Saal
5 Salon
8 Kabinett, Klubhaus, Klubraum
9 Klublokal
10 Klubzimmer, Stammlokal, Stammtisch
12 Vereinslokal

Gesellschaftsreise in Afrika
6 Safari

gesellschaftsschädlich
7 asozial

Gesellschaftsschicht
4 Adel
5 Kaste, Stand
10 Buergertum
11 Bourgeoisie, Mittelstand, Proletariat
12 Aristokratie
15 Grossbuergertum

Gesellschaftsspiel
2 Go
4 Dame, Golf, Poch, Quiz, Skat
5 Boule, Halma, Lotto, Poker, Rommé, Whist
6 Boccia, Bridge, Domino, Kegeln, Mau Mau, Mikado, Muehle, Pokern, Puzzle, Rommee, Schach, Tarock
7 Billard, Bowling, Canasta, Diabolo, Knobeln, Malefiz, Roulett, Tombola
8 Lotterie, Monopoly, Quartett, Roulette, Scrabble, Wuerfeln
9 Schafkopf
10 Doppelkopf, Fang den Hut, Federspiel, Kegelspiel, Schafskopf

Gesellschaftstanz ► Tanz

Gesellschaftswissenschaftler
9 Soziologe

Gesellschaftszimmer
5 Salon

Gesenk
4 Anke, Form
12 Schmiedeform

Gesetz
3 Lex
4 Norm
5 Gebot, Recht, Regel
7 Prinzip
9 Anordnung, Grundsatz
10 Bestimmung, Rechtsnorm, Rechtssatz, Verfuegung, Verordnung, Vorschrift

Gesetzbuch
3 BGB, BHG, HGB
4 ABGB, StGB, StVO
5 Codex, Kodex, Thora
6 Talmud
12 Code Napoléon

Gesetzbuch der Juden
6 Talmud

Gesetzbuch Mose
5 Thora

Gesetzesabschnitt
9 Paragraph

Gesetzesbruch
7 Unrecht
10 Verbrechen

Gesetzesnachtrag
7 Novelle

Gesetzessammlung
12 Kodifikation

Gesetzestreue
10 Loyalitaet

Gesetzesvorlage
7 Novelle

Gesetzesvortext
9 Praeambel

gesetzgebende Gewalt
11 Legislative

Gesetzgeber der Juden
5 Moses

Gesetzgeber im alten Athen
5 Solon
6 Drakon

gesetzlich
5 legal
7 legitim
12 rechtmaessig

Gesetzlichkeit
10 Legalitaet

Gesetzlosigkeit
8 Anarchie

gesetzmäßig ► gesetzlich

gesetzter Zeitraum
5 Frist
6 Termin

gesetzwidrig
7 illegal
8 verboten
9 illegitim

Gesicht
5 Traum
6 Vision
7 Ansehen, Antlitz
9 Angesicht, Traumbild
10 Augenlicht
12 Physiognomie

Gesichtsausdruck
3 Air
5 Miene, Mimik
11 Mienenspiel
12 Physiognomie

Gesichtsausschlag
4 Akne

Gesichtsfalte
6 Runzel

Gesichtsfarbe
5 Roete, Teint

Gesichtsfeld
8 Horizont, Sehkreis
11 Blickwinkel, Perspektive

Gesichtsgebärden
11 Mienenspiel

Gesichtshaare
4 Bart
5 Braue, Flaum
6 Wimper
7 Stoppel

Gesichtshaartracht der Männer
4 Bart

Gesichtshaut
5 Teint

Gesichtsknochen
6 Kiefer
8 Jochbein, Keilbein, Siebbein
9 Nasenbein, Stirnbein
10 Oberkiefer
11 Traenenbein, Unterkiefer
13 Schlaefenbein

Gesichtskreis
7 Sphaere

Gesichtslarve
5 Maske
Gesichtsmaske
5 Larve
Gesichtsnerv
10 Trigeminus
Gesichtspartie
4 Kinn
5 Backe, Wange
Gesichtspflege
7 Massage, Packung
8 Kosmetik
Gesichtspickel
4 Akne
8 Mitesser
Gesichtspunkt
6 Aspekt, Detail, Moment
7 Annahme, Ansicht, Meinung
8 Position
9 Vermutung
10 Auffassung, Standpunkt
Gesichtsschutz am Helm
6 Visier
Gesichtsteil
3 Lid, Ohr
4 Auge, Bart, Kinn, Mund, Nase
5 Backe, Braue, Falte, Lippe, Stirn, Wange
6 Kiefer, Runzel, Stirne, Wimper
8 Kinnlade, Schlaefe
9 Gruebchen, Nasenbein, Oberlippe
10 Augenbraue, Oberkiefer, Unterlippe
11 Augenwimper, Unterkiefer
Gesichtsverfärbung
5 Roete
Gesichtsverkleidung
5 Larve, Maske
Gesichtsverzerrung
8 Grimasse
Gesichtszucken
3 Tic
Gesichtszüge
12 Physiognomie
Gesims
5 Wulst
9 Vorsprung
Gesimsstreifen
5 Fries
Gesinde
8 Personal
11 Dienstboten
12 Dienerschaft
15 Hausangestellte
Gesindel
3 Mob
4 Pack
5 Plebs
6 Bagage, Poebel
7 Gelumpe, Gesocks
8 Abschaum, Halbwelt, Kanaille, Packzeug
9 Gelichter, Unterwelt
Gesinnung
5 Ethos, Moral
7 Ansicht, Denkart, Haltung
9 Denkweise, Ideologie
11 Einstellung, Mentalitaet, Philosophie
12 Grundhaltung
14 Weltanschauung
Gesinnungsgenosse
12 Sympathisant
gesinnungslos
5 feige, infam
6 falsch, gemein, untreu
8 verlogen
Gesinnungswechsel
6 Umfall
gesittet
5 artig, zivil
10 kultiviert, manierlich
gesondert
7 separat
Gesottenes
3 Sud
gespaltenes Stück Holz
6 Scheit
Gespannkolonne
5 Treck
gespannt
5 prall
6 stramm
9 neugierig
gesparte Beträge
10 Ruecklagen
11 Ersparnisse, Notgroschen
Gespenst
4 Spuk
5 Geist
6 Daemon, Lemure, Vampir
7 Phantom
8 Trugbild
11 Erscheinung, Spukgestalt
13 Klabautermann
Gespensterfurcht
11 Aberglauben
Gespensterstory
14 Spukgeschichte
gespenstische Erscheinung
4 Spuk
gespenstisches Wesen
3 Alb, Alp
Gespielin des Dionysos
7 Maenade
Gespinst (▶ auch Gewebe)
4 Garn, Idee, Netz
5 Faden, Kokon
6 Gewebe
7 Einfall
8 Trugbild
11 Imagination, Inspiration, Spinnennetz
Gespinstpflanze
4 Lein
6 Nessel
9 Baumwolle
Gespräch
6 Dialog, Disput
7 Debatte, Diskurs, Plausch
9 Plauderei
10 Aussprache, Diskussion, Wortstreit
12 Konversation, Unterhaltung
Gespräch mit Gott
5 Gebet
gesprächig
8 redselig
10 mitteilsam
12 geschwaetzig
Gesprächsleiter
9 Moderator
Gesprächsstoff
5 Thema
Gesprächsstoffe
6 Themen
7 Themata
gespreizt ▶ geziert
gespreizter Pfauenschwanz
3 Rad
gesprenkelt
7 meliert
Gestade
4 Ufer

6 Kueste, Strand
10 Meeressaum

Gestalt
4 Bild, Form
5 Figur, Wuchs
6 Kontur, Person
7 Gebilde, Gefuege, Koerper
8 Aussehen, Struktur
16 Erscheinungsbild

Gestalt aus ... ▶ Figur aus ...

Gestalt bei Karl May
5 Scout

gestaltend
9 plastisch

Gestalter
8 Designer
11 Organisator

gestaltete Gebrauchsform
6 Design

Gestaltlehre
11 Morphologie

gestaltlos
6 amorph

Gestaltung
9 Formation
10 Formgebung
12 Konstruktion

Gestaltungsentwurf
6 Lay-out

gestattet
7 erlaubt
9 bewilligt, gebilligt, genehmigt, zulaessig
10 konzediert
12 sanktioniert

Geste
4 Wink
5 Blick, Gruss
6 Nicken, Winken
8 Abwinken, Bewegung, Gebaerde, Zuwinken
10 Fingerzeig, Kopfnicken
12 Achselzucken, Handbewegung
14 Kopfschuetteln

Gesteinsablagerung
11 Konglomerat

Gesteinsart
3 Erz, Ton
4 Bims, Kalk, Lava, Tuff
5 Flint, Gneis, Ophit, Quarz
6 Basalt, Bauxit, Granit, Kreide, Marmor, Mergel
7 Dolerit, Dolomit, Porphyr, Quarzit
8 Schiefer, Vulkanit
9 Bimsstein, Kalkstein, Sandstein
10 Feuerstein
11 Muschelkalk
13 Buntsandstein, Ergussgestein, Tiefengestein
14 Eruptivgestein
15 Sedimentgestein

gesteinsbildendes Mineral
4 Talk

Gesteinsbruchstücke
7 Geroell

Gesteinsflüssigkeit
3 Gur

Gesteinsgemenge
11 Konglomerat

Gesteinshohlraum
5 Druse

Gesteinskörnchen
4 Sand

Gesteinskunde
10 Lithologie
11 Mineralogie
12 Petrographie

Gesteinsmasse
9 Felsblock

Gesteinsschmelzfluss
4 Lava
5 Magma

Gesteinsschutt
7 Geroell, Moraene

Gesteinsspalte
7 Erzader

Gesteinsstruktur
6 Textur

Gestell
4 Bord
5 Regal
6 Rahmen, Stativ
7 Chassis, Geruest
8 Stellage, Unterbau

Gestell ...
· *für* **Bücher**
4 Bord
5 Regal
· *für* **Fahrräder**
15 Fahrradstaender
· *für* **Fotoapparate**
6 Stativ
· *für* **Gemälde**
9 Staffelei
· *zum* **Heutrocknen**
6 Reiter
· *für* **Kerzen**
8 Leuchter
· *zum* **Obsttrocknen**
5 Horde

gestern
6 Vortag
13 Vergangenheit

Gestikulation
8 Gebaerde
14 Gebaerdenspiel

Gestirn
4 Erde, Mond
5 Sonne, Stern
6 Planet
8 Fixstern
14 Himmelskoerper

Gestirnsforschung
10 Astronomie

Gestirnskonstellation
9 Sternbild

Gestöber
10 Schneefall
13 Schneetreiben

gestohlene Ware
4 Sore
9 Diebesgut

gestreckt
4 lang

gestreiftes Gewebe
4 Raye

gestreiftes Wildpferd
5 Zebra

gestrenge Herren
10 Eisheilige

Gestrüpp
5 Hecke
8 Dickicht, Gebuesch
9 Buschwerk, Unterholz

Gestüt
5 Zucht
9 Rennstall
11 Pferdezucht

Gesuch
5 Bitte
6 Antrag
8 Ansuchen, Ersuchen, Petition
11 Bittschrift

Gesuch um Auskunft
7 Anfrage

Gesuch um Verzeihung
7 Abbitte

G

Gesuchseinreicher
11 Bittsteller
13 Antragsteller
gesund
5 rosig
7 ruestig
gesund werden
7 genesen
Gesundbrunnen
8 Jungborn
10 Heilquelle
Gesundheit
11 Wohlergehen
12 Wohlbefinden
Gesundheitslehre
7 Hygiene
gesundheitsschädlicher Stoff
4 Gift
Gesundheitsverlust
9 Krankheit
10 Erkrankung
Gesundmacher
4 Arzt
9 Mediziner
Gesundung
7 Heilung
8 Erholung, Genesung
14 Rekonvaleszenz
getäfelter Fußboden
7 Parkett
Getändel
5 Flirt
8 Liebelei
14 Techtelmechtel
geteertes Hanftau
4 Reep
geteilt
4 halb
8 getrennt
geteiltes Land
5 Korea
Getobe
5 Laerm
Getöse
5 Krach, Laerm, Radau
7 Poltern
8 Gepolter
getragen
5 ernst
9 feierlich
10 pathetisch
Getränk
3 Ale, Gin, Met, Rum, Tee
4 Bier, Coca, Cola, Flip, Grog, Koem, Korn, Limo, Mate, Most, Pils, Raki, Saft, Sake, Sekt, Wein
5 Bowle, Drink, Fusel, Jerez, Juice, Kakao, Kwass, Milch, Mokka, Stout, Trunk, Wodka
6 Brandy, Brause, Cherry, Cognac, Enzian, Kaffee, Kognak, Likoer, Malaga, Pernod, Porter, Punsch, Sauser, Sherry, Wasser, Weisse, Wermut, Whisky
7 Absinth, Aquavit, Campari, Chianti, Cinzano, Genever, Kuemmel, Madeira, Marsala, Martini, Pilsner, Rotwein, Sangria, Schnaps, Schorle, Selters, Sprudel
8 Anisette, Aperitif, Bockbier, Coca Cola, Cocktail, Espresso, Heuriger, Limonade, Malzbier, Obstwein, Portwein, Vermouth
9 Duennbier, Gluehwein, Orangeade, Slibowitz, Weinbrand, Weissbier, Weisswein
10 Branntwein, Champagner, Chartreuse, Eierlikoer, Exportbier, Fruchtsaft, Malzkaffee, Schaumwein, Sodawasser, Weizenbier
11 Buttermilch, Kraeutertee, Maerzenbier, Magenbitter, Quellwasser, Traubensaft
13 Brunnenwasser, Mineralwasser, Selterswasser
Getränk vor dem Essen
8 Aperitif
Getränkebehältnis
11 Bierflasche
Getränkelage für alle Gäste
10 Lokalrunde
Getränkemischer
5 Mixer
9 Barkeeper
Getränkerest
5 Neige
Getränkerunde
4 Lage
Getränkeschrank
7 Hausbar
Getratsch
4 Fama
6 Gerede
7 Klatsch
10 Geschwaetz
Getreide
4 Korn
6 Frucht
9 Zerealien
Getreideanbaufläche
8 Maisfeld
Getreideart
4 Mais, Reis
5 Emmer, Hafer, Hirse, Spelt
6 Dinkel, Gerste, Roggen, Weizen
7 Einkorn
9 Gruenkern
Getreidebündel
5 Docke, Garbe
Getreidedreschplatz
5 Tenne
Getreideerzeugnis
4 Mehl
5 Kleie
6 Griess, Schrot
7 Flocken, Popcorn
8 Puffmais
10 Cornflakes
Getreidefrucht
4 Korn
8 Reiskorn
Getreidefruchtstand
5 Aehre
Getreidehaufen
5 Dieme, Feime, Felme
6 Stadel
7 Schober
Getreidehülse
6 Spelze
Getreidekornschalen
5 Kleie
Getreidekrankheit
4 Rost
5 Brand
7 Mehltau
8 Gelbrost
9 Maisbrand
10 Mutterkorn

Getreidemahlgut
6 Griess
Getreidemaß
3 Imi
6 Malter
Getreidenebenprodukt
5 Stroh
Getreideprodukt ▶ Getreideerzeugnis
Getreidereiniger
4 Fege
5 Tarar
6 Trieur
8 Windfege
Getreideschädling
8 Kornrade, Kornwurm
9 Blattlaus, Engerling, Kornmotte, Mehlmotte
10 Kornkaefer, Kornschabe
12 Mehlzuensler
13 Getreidemotte
Getreideschnaps
4 Korn
Getreideschnitt
5 Ernte
Getreidesorte ▶ Getreideart
Getreidespeicher
4 Silo
7 Scheuer, Scheune
Getreidestengel
4 Halm
Getreideunkraut
4 Rade
8 Kornrade
Getreidezerkleinerungsmaschine
12 Schrotmuehle
getrennt
7 separat
8 isoliert
9 separiert
getreu
7 ergeben
getreue Nachbildung
9 Faksimile
getreue Wiedergabe
6 Abbild
Getreuer
9 Anhaenger
11 Gefolgsmann
Getriebe
6 Rummel
7 Betrieb, Treiben, Verkehr
8 Mechanik
9 Apparatur, Gestaenge, Schaltung, Triebwerk
10 Raederwerk
Getriebeflüssigkeit
3 Oel
Getriebeteil
5 Achse, Hebel, Kranz, Raste, Stift, Welle
6 Gelenk, Kurbel, Riemen, Sperre
7 Reibrad, Scheibe, Zahnrad
8 Gehaeuse, Schieber, Schraube
9 Zahnkranz
12 Differential, Differenzial
getrocknet(e, er, es) ...
· **Blut auf Wunden**
6 Schorf
· **Früchte**
6 Hutzel
9 Doerrobst
· **Grünfutter**
3 Heu
· **Pflanzensaft**
5 Manna
· **Weinbeere**
6 Rosine
8 Korinthe
9 Sultanine
getrübte Atmosphäre
5 Dunst
Getue
5 Faxen
6 Gehabe
8 Allueren
Getümmel
6 Tumult
7 Gewuehl, Theater
13 Durcheinander
Getuschel
4 Fama
5 Ondit
8 Gemunkel
geübt
8 versiert
9 bewandert
10 routiniert
geübter Praktiker
9 Routinier
Geübtheit
7 Routine
Gevatter
4 Pate
Gevattersmann
4 Pate
Gewächs
4 Baum
5 Kraut, Sorte, Zucht
6 Staude
7 Pflanze, Strauch
10 Geschwulst
Gewächs mit festem Stamm
4 Baum
gewachsene Insel
5 Atoll
gewachsener Stein
4 Fels
6 Felsen
Gewächshaus
9 Orangerie, Treibhaus
Gewächsteil
3 Ast
4 Dorn
5 Aehre, Blatt, Dolde, Gabel, Ranke, Rispe, Stamm, Trieb, Zweig
6 Bluete, Frucht, Huelse, Knospe, Schote, Spross, Wurzel
7 Stengel
8 Staengel
11 Fruchtstand
gewagt
7 riskant
11 gefaehrlich, risikoreich
13 abenteuerlich
gewagtes Geschäft
11 Spekulation
gewagtes Unternehmen
10 Experiment
gewählt
7 gehoben, vornehm
gewählt(e, er, es) ...
· **Behörde**
10 Kantonsrat
· **Parlamentarier**
11 Abgeordnete
· **Volksvertretung**
9 Parlament
Gewährleistung
7 Haftung
8 Garantie
10 Sicherheit
11 Buergschaft
Gewahrsam
4 Haft
5 Obhut

6 Arrest
Gewährsleute
7 Buergen
Gewährsmann
5 Zeuge
6 Buerge, Garant
9 Informant
Gewährsurkunde
14 Garantieschein
Gewalt
5 Kraft, Macht, Zwang
8 Befugnis
10 Herrschaft
Gewaltherrschaft
6 Terror
8 Despotie, Diktatur, Tyrannei
gewaltig
5 enorm, gross
6 immens, massig, riesig
7 wuchtig
8 imposant, kolossal, maechtig
9 kraftvoll, machtvoll, titanisch
10 gigantisch, monumental
gewaltiger Jäger
6 Nimrod
Gewaltlosigkeit
10 Pazifismus
Gewaltregime
8 Diktator
gewaltsam
10 tyrannisch
gewaltsam(e, er, es) ...
· **Aneignung**
4 Raub
8 Annexion
· **Bezwinger**
8 Eroberer
· **Entwendung**
4 Raub
· **Maßregel**
9 Drakonade
· **Wegnahme**
4 Raub
gewalttätig
3 roh
6 brutal, rabiat
7 radikal
13 handgreiflich
gewalttätiger Mensch
7 Rabauke
9 Terrorist
gewalztes Metall
5 Blech
8 Stanniol
10 Weissblech
Gewand
4 Robe
5 Anzug, Dress, Kleid, Kluft
6 Montur, Schale, Tracht
7 Kostuem, Uniform
8 Kleidung
Gewand der ...
· **alten Griechen**
6 Chiton, Peplos
7 Chlamys
8 Himation
· **alten Römer**
4 Toga
5 Palla, Stola
6 Tunica, Tunika
· **Araber**
3 Aba
6 Burnus
· **Artisten**
6 Trikot
· **Beduinen**
6 Burnus
· **Diener**
6 Livree
· **Fußballer**
5 Dress
6 Trikot
13 Spielkleidung
· **Inderinnen**
4 Sari
· **Indios**
6 Poncho
· **Indonesierinnen**
6 Sarong
· **Japanerinnen**
6 Kimono
· **Juden**
6 Kaftan
· **Naturvölker**
6 Schurz
12 Lendenschurz
· **Schotten**
4 Kilt
Gewandspange
5 Fibel
6 Fibula
7 Agraffe, Brosche
9 Schliesse
gewandt
3 fix
4 agil
5 alert, flink
6 behend, clever, munter, wendig
7 behaend, behende
8 behaende, gelenkig
9 beweglich, geschickt
Gewandtheit
3 Pli
7 Schliff
9 Agilitaet
16 Geschicklichkeit
Gewässer
3 Bai, Bay, See
4 Ache, Bach, Golf, Haff, Meer
5 Bucht, Busen, Delta, Fjord, Fleet, Fluss, Kanal, Ozean, Priel, Strom, Teich
6 Becken, Bodden, Foerde, Gracht, Lagune, Quelle, Weiher
7 Bergsee, Rinnsal, Stausee, Tuempel
8 Flussarm, Muendung, Weltmeer, Wildbach
9 Baggersee, Binnensee, Talsperre
10 Binnenmeer, Gebirgssee, Wattenmeer
Gewässer ... (► auch See ...)
· *im* **Bayerischen Wald**
9 Rachelsee
· *im* **finnischen Lappland**
8 Inarisee
· *bei* **Garmisch**
10 Riessersee
· *in* **Hamburg**
12 Aussenalster
· *in* **Kärnten**
9 Faaker See
10 Weissensee
11 Woerther See
12 Ossiacher See
15 Millstaetter See
· *in* **Kasachstan**
7 Aralsee
· *in* **Masuren**
8 Mauersee
· *in* **Mittelasien**
7 Aralsee
· *in* **Norditalien**
7 Idrosee

· *in* **Nordamerika**
7 Eriesee
· *in* **Nordwestrussland**
8 Onegasee
· *in* **Oberbayern**
9 Tegernsee
· *in* **Pinzgau**
9 Zeller See
· *in* **Sibirien**
9 Baikalsee
· *in* **Tirol**
8 Achensee
· *in* **Ungarn**
10 Plattensee
· *in* **Vorarlberg**
8 Bodensee
· *an der* **Zugspitze**
6 Eibsee
Gewässerbeschreibung
12 Hydrographie
Gewässerkunde
10 Hydrologie
Gewässerrand
3 Kai
4 Damm, Fels, Mole, Pier, Quai, Ufer, Wehr
5 Mauer
6 Felsen, Kueste, Strand
7 Gestade
9 Boeschung, Steilufer
11 Steilkueste
Gewässersediment
7 Schlamm
Gewässerverschmutzung
7 Oelpest
Gewebe
4 Netz, Zeug
5 Stoff
7 Gefuege
8 Gespinst
Gewebe ...
· *aus* **Flachs**
6 Leinen
· *aus* **Metall**
4 Rost, Sieb
6 Filter, Gitter
· *mit* **weicher Flordecke**
4 Samt
Gewebeart
4 Cord, Gaze, Jute, Kord, Lamé, Mull, Netz, Rips, Samt
5 Atlas, Crepe, Drell, Glace, Krepp, Linon, Loden, Moiré, Ombre, Orlon, Pikee, Rasch, Satin, Seide, Serge, Tuell, Tweed, Voile
6 Asbest, Batist, Brokat, Chintz, Damast, Dralon, Etamin, Frotte, Jersey, Koeper, Leinen, Linnen, Madras, Molton, Nessel, Pepita, Perkal, Perlon, Tricot, Trikot, Velvet
7 Chiffon, Etamine, Flanell, Flausch, Foulard, Frottee, Mouline, Organdy, Organza, Pluesch, Popelin, Schappe, Stramin, Trevira, Velours
8 Barchent, Bourette, Cretonne, Drillich, Duchesse, Homespun, Kammgarn, Moleskin, Musselin, Popeline, Velveton
9 Bourrette, Changeant, Charmeuse, Gabardine, Georgette, Glencheck
10 Kunstseide, Manchester, Mousseline, Rippensamt, Waschseide
11 Marquisette
13 Kraeuselkrepp
Gewebebänder
8 Streifen
Gewebebindung
6 Koeper, Leinen
8 Jacquard
Gewebeflüssigkeit
6 Lymphe
Gewebeimprägnierung
8 Appretur
Gewebekante
4 Egge
7 Salband
9 Salleiste
Gewebeknoten
5 Noppe
Gewebelehre
10 Histologie
Gewebeschlinge
6 Masche
Gewebeschwund
8 Atrophie
Gewebestreifen
4 Band
5 Borte, Litze
Gewebeteil
5 Faden, Faser, Kante, Noppe
6 Knoten
8 Schleife, Schlinge
Gewebeveredelung
8 Appretur
Gewebeverpflanzung
15 Transplantation
Gewebewassersucht
5 Oedem
Gewebsentfernung
9 Resektion
gewebtes Kleidungsstück
6 Textil
Gewehr in der Soldatensprache
6 Knarre
Gewehrsalve
5 Garbe
Geweih
7 Gehoern, Gewicht, Krickel, Stangen
9 Schaufeln
Geweihansatz
4 Rose
geweiht
6 sakral
Geweihteil
4 Ende
5 Gabel
6 Spiess, Stange
gewelltes Haar
6 Locken
9 Kraushaar, Krauskopf
10 Lockenhaar, Lockenkopf
Gewerbe
3 Job
5 Beruf
6 Arbeit, Metier
7 Branche
8 Handwerk
Gewerbebetrieb
6 Fabrik
9 Bauernhof, Industrie
16 Handwerksbetrieb
Gewerbetreibender
8 Haendler, Kaufmann
10 Handwerker
11 Unternehmer
Gewerbeverband
6 Innung
Gewerbezweig
8 Handwerk

gewerblich Tätiger
10 Handwerker
gewerbsmäßige Unzucht
12 Prostitution
gewerbsmäßiger Warenverkauf
6 Handel
Gewerk
5 Zunft
6 Innung
Gewese ▶ Getue
Gewicht
4 Last
5 Druck, Kraft, Wucht
6 Buerde, Ladung
7 Ballast, Gehoern, Schwere
9 Bedeutung
Gewicht des Verpackungsmaterials
4 Tara
Gewichtheben
7 Reissen, Stossen
8 Druecken
Gewichthebeübung
7 Stossen
gewichtig
6 schwer
9 bedeutsam
Gewichtigkeit
7 Schwere
Gewichtseinheit (▶ auch Einheitenzeichen für ...)
3 Ton
4 Gran, Kilo, Unze
5 Graen, Gramm, Karat, Pfund, Pound, Tonne
6 Barrel, Talent
7 Zentner
9 Dekagramm, Dezigramm, Kilogramm
10 Milligramm, Zentigramm
13 Doppelzentner
Gewichtsklasse (Boxen)
6 Bantam
12 Federgewicht
13 Bantamgewicht, Leichtgewicht, Mittelgewicht, Schwergewicht, Weltergewicht
14 Fliegengewicht
17 Halbschwergewicht
gewichtslos
11 federleicht
Gewichtsmesser
5 Waage
Gewichtsminderung
7 Abnahme
Gewichtsverlust
10 Abmagerung
gewieft
5 smart
6 clever, schlau
8 gerissen
10 raffiniert
12 durchtrieben
Gewinde
7 Spirale
Gewindebolzen
8 Schraube
Gewinn
4 Mehr
6 Ertrag, Nutzen, Profit
8 Ausbeute
10 Reinerloes
11 Ueberschuss
Gewinn bringend
7 lohnend
8 lukrativ, rentabel
12 eintraeglich
Gewinn eines Kampfes
4 Sieg
Gewinn im Wettbewerb
4 Sieg
Gewinn- und Verlustrechnung
5 Saldo
Gewinnanteil
5 Bonus
7 Praemie
8 Ausbeute, Tantieme
9 Dividende
Gewinnanteilschein
3 Los
6 Coupon
Gewinne
7 Erloese
Gewinner
6 Erster, Sieger
7 Meister
12 Preistraeger
Gewinner beim Boxen
11 Punktsieger
Gewinnmöglichkeit
15 Verdienstspanne
Gewinnsituation
11 Ertragslage
Gewinnsucht
7 Ehrgeiz, Habgier
9 Pleonexie
10 Profitgier
Gewinnung
5 Abbau, Ernte
6 Ertrag, Frucht
8 Ausbeute
Gewinnung von Bodenschätzen
5 Abbau
gewirkter Stoff
6 Trikot
Gewirr
5 Chaos
8 Wirrwarr
9 Unordnung
10 Tohuwabohu
13 Durcheinander
gewiss
6 sicher
7 positiv
8 bestimmt
10 garantiert
Gewissen
13 Verantwortung
18 Pflichtbewusstsein
gewissenhaft
5 exakt, genau
7 akkurat, penibel, sorgsam
9 minuzioes, pfleglich
10 ordentlich, skrupuloes
11 sorgfaeltig
12 zuverlaessig
14 pflichtbewusst
gewissenlos
5 infam
7 perfide
10 skrupellos
16 pflichtvergessen
Gewissensbiss
4 Reue
5 Scham
7 Skrupel
13 Schuldgefuehl
gewissermaßen
5 quasi
9 gleichsam, sozusagen
Gewissheit
6 Wissen
8 Garantie
10 Sicherheit
12 Bestimmtheit, Ueberzeugung
Gewitter
8 Unwetter

Gewitterdonner
7 Grollen
Gewittererscheinung
3 Boe
5 Blitz, Hagel, Regen, Sturm
6 Donner
7 Graupel, Schauer
Gewittergrollen
6 Donner
Gewitterschutz
13 Blitzableiter
gewittrig
7 schwuel
gewitzt
6 clever, findig, schlau
7 pfiffig
Gewogenheit
5 Gunst
9 Sympathie, Zuneigung
10 Wohlwollen
Gewohnheit
3 Uso
4 Usus
5 Sitte
6 Brauch, Manier, Uebung
7 Routine
9 Tradition
Gewohnheitstrinker
11 Alkoholiker
gewöhnlich
6 billig, gemein, normal
7 einfach, ueblich, vulgaer
8 ordinaer, primitiv
9 unflaetig
gewöhnlicher Wochentag
6 Alltag
Gewöhnung
5 Sucht
6 Laster
7 Routine
9 Anpassung
12 Angewohnheit
Gewölbe
5 Bogen
6 Keller, Kuppel
7 Rotunde
8 Runddach, Woelbung
10 Bogendecke, Mauerbogen
Gewölbebogen
6 Arkade
gewollte Handlung
3 Tat
gewonnener Stoff
5 Edukt
Gewühl
5 Chaos
6 Trubel
8 Gewimmel
9 Gedraenge
gewürfeltes Muster
4 Karo
Gewürz
4 Anis, Dill, Malz, Salz, Senf, Ysop, Zimt
5 Chili, Curry, Essig, Lauch, Nelke, Sesam, Sesel
6 Ingwer, Kaneel, Kerbel, Kresse, Muskat, Piment, Porree, Safran, Salbei, Wermut
7 Beifuss, Catchup, Cayenne, Fenchel, Ketchup, Kuemmel, Kurkuma, Lorbeer, Majoran, Melisse, Oregano, Paprika, Pfeffer, Quendel, Thymian, Vanille, Zwiebel
8 Boretsch, Estragon, Kardamom, Ketschup, Lavendel, Mostrich, Rosmarin, Sellerie
9 Basilikum, Borretsch, Engelwurz, Knoblauch, Koriander, Wacholder, Weinblatt
10 Muskatnuss, Petersilie
11 Bohnenkraut, Gurkenkraut, Meerrettich, Pfefferminz
12 Gewuerznelke, Liebstoeckel, Lorbeerblatt, Muskatbluete, Pfefferkraut, Schnittlauch
14 Cayennepfeffer
Gewürz aus Südamerika
5 Chili
Gewürz für Süßspeisen
7 Vanille
Gewürzbeet
14 Kraeutergarten
Gewürzblatt
7 Lorbeer
Gewürzgebäck
11 Spekulatius
Gewürzinseln
8 Molukken
Gewürzknospe
5 Kaper, Nelke
Gewürzkonzentrat
11 Essigessenz
Gewürzkörner
6 Piment
Gewürzkugel
10 Muskatnuss
Gewürzlikör
8 Anisette
gewürzlos
4 fade
Gewürzmenge
5 Prise
Gewürzmischung
5 Curry
Gewürznuss
6 Muskat
Gewürzpflanze
4 Dill, Dost
7 Beifuss, Majoran
8 Rosmarin
9 Basilikum, Knoblauch
Gewürzständer
6 Menage
gewürzt
6 pikant
gewürzt(e, er, es) ...
· **Aufguss**
8 Marinade
· **Schweine- und Rinderhack**
4 Mett
· **Soße**
9 Remoulade
Gewürzwaren
10 Spezereien
Gewürzwein
5 Bowle
6 Punsch
9 Gluehwein
gewusst wie
7 Know-how
Geysir
6 Quelle
12 Springquelle
gezahntes Schneidewerkzeug
5 Saege
9 Lochsaege
11 Saegemesser
Gezeiten
4 Ebbe, Flut, Tide

5 Tiden
Gezeitendifferenz
8 Tidenhub
Gezeter
8 Geschrei
gezielte Beeinflussung
12 Manipulation
geziert
6 unecht
9 etepetete
10 affektiert, manieriert, zimperlich
11 gekuenstelt
gezierte Haltung
4 Pose
geziertes Benehmen
5 Getue, Schau
6 Gehabe
10 Stutzertum
14 Affektiertheit
gezogen(e, er, es) ...
· **Metall**
5 Draht
· **Strich**
5 Linie
· **Wechsel**
6 Tratte
7 Rimesse
gezuckert
5 suess
8 gesuesst, kandiert
gezuckerte Mandeln
7 Krokant
Gibbonaffe
3 Lar
5 Unklo
6 Hulock
7 Siamang
Gicht
9 Arthritis
10 Zipperlein
Gichtkraut
15 Schluesselblume
Gichtrose
7 Paeonie
11 Pfingstrose
Giebelfeld antiker Tempel
5 Aetos
8 Tympanon, Tympanum
Giebelwand
5 Gehre
Gier
4 Lust
5 Drang, Sucht, Trieb
6 Hunger
7 Geluest, Habgier
8 Begehren, Begierde, Habsucht
9 Raffsucht, Verlangen
12 Besessenheit, Leidenschaft
gierig
11 habsuechtig
Gießerei
8 Formerei
Gießereifacharbeiter
6 Former
Gießgefäß
5 Kanne
Gift
5 Toxin
7 Toxikum
Gift ...
· *in der* **Brechnuss**
9 Strychnin
· *des* **Eisenhutes**
8 Aconitin, Akonitin
· *der* **Fieberrinde**
6 Chinin
· *der* **Herbstzeitlose**
9 Colchicin, Kolchizin
· *im* **Kokastrauch**
6 Cocain, Kokain
· *im* **Mohn**
5 Opium
· *im* **Tabak**
7 Nikotin
· *in der* **Tollkirsche**
7 Atropin
Giftgas
4 Cyan, Lost, Zyan
5 Chlor
7 Senfgas
9 Gelbkreuz
10 Blausaeure, Kohlenoxid
13 Kohlenmonoxid
giftig
8 virulent
giftig(e, er, es) ...
· **Ausdünstung**
6 Miasma
· **exotisches Reptil**
15 Brillenschlange, Klapperschlange
· **Halbmetall**
5 Arsen
· **Salz**
8 Zyankali
· **Schwermetall**
4 Blei
· **Spinne**
8 Tarantel
11 Kreuzspinne
· **Staude**
8 Einbeere
· **Waldstaude**
4 Aron
· **Zierstrauch**
9 Goldregen
10 Seidelbast
Giftpflanze
4 Aron, Mohn
5 Bilse, Tabak
8 Aronstab, Einbeere, Eisenhut, Giftheil, Hohlzahn, Kornrade, Magsamen, Nieswurz, Ranunkel, Sadebaum, Sturmhut, Tollkorn, Zehrwurz
9 Alpenmohn, Aronsstab, Blutkraut, Brechnuss, Digitalis, Dornapfel, Dullkraut, Feigbohne, Fingerhut, Giftbeere, Giftwende, Goldregen, Spaltpilz, Tollbeere, Tollkraut, Wollblume
10 Belladonna, Christwurz, Feuerblume, Hahnenfuss, Kellerhals, Schierling, Schlafmohn, Seidelbast, Stechapfel, Tollgerste, Trollblume, Wolfsbeere, Wolfsmilch
11 Bilsenkraut, Bingelkraut, Bittersuess, Klatschmohn, Mottenkraut, Schlafbeere, Stachelnuss, Taumellolch, Teufelsauge, Teufelswurz, Tollkirsche, Wanzenkraut, Wiesenlolch, Wiesenraute
12 Koenigskerze, Moenchskappe, Purgierkraut, Schoellkraut, Teufelsbeere
Giftpilz
7 Lorchel
8 Erdstern, Risspilz
9 Faelbling, Gichtpilz
10 Satanspilz, Schirmling, Speiteufel

11 Fliegenpilz, Giftreizker, Pantherpilz
12 Gichtmorchel, Giftegerling, Stinkmorchel
13 Birkenreizker
19 Knollenblaetterpilz

Giftschlange
3 Ara
4 Naja
5 Aspis, Kobra, Mamba, Otter, Viper
8 Lachesis, Surukuku
9 Hornviper, Puffotter, Sandviper
10 Aspisviper, Kreuzotter
11 Grubenotter
12 Buschmeister
15 Brillenschlange, Klapperschlange

Giftspinne der Mittelmeerländer
8 Tarantel
11 Malmignatte

Giftstoff
4 Blei
5 Arsen
6 Cocain, Codein, Curare, Cyanid, Kodein, Kokain, Kurare, Zyanid
7 Arsenik
8 Thallium, Zyankali
9 Strychnin
10 Blausaeure

Giftwarnungszeichen
9 Totenkopf

Gigant
4 Held
5 Huene, Riese
6 Koloss

gigantische Götter der griechischen Sage
7 Titanen

gigantische Märchenwesen
6 Riesen

Gigolo
8 Betreuer
10 Eintaenzer

Gilde
5 Zunft
6 Innung

Gimpel
3 Tor
5 Tropf
8 Dompfaff, Dummkopf
14 Einfaltspinsel

Ginsterkatze
7 Genette
10 Zibetkatze

Gipfel
3 Pik, Piz
4 Peak, Pico, Ziel
10 Hoehepunkt

Gipfel ...
· *der* **Berner Alpen**
8 Wildhorn
· *der* **Hohen Tauern**
15 Dreiherrnspitze
· *im* **Kanton Wallis**
11 Aletschhorn
· *im* **Pinzgau**
14 Schwarzes Hendl

Gipfelgruppe der Alpen
10 Drei Zinnen

Gipfelstürmer
11 Bergsteiger

Gipsarbeit
5 Stuck

Gipsart
9 Alabaster

Gipser
10 Stuckateur, Stukkateur

Gipsornamentik
5 Stuck

giraffenartiges Tier
5 Okapi

Giraffengazelle
7 Gerenuk

Gischt
6 Schaum
8 Brandung
12 Spruehwasser, Wellenschaum

Gitarrenart
5 Banjo
7 Klampfe
9 Balalaika

Gitter
4 Netz, Rost
6 Raster

Gittergewebe
4 Gaze
5 Tuell
6 Etamin
7 Kanevas, Stramin

Gitterleinen
7 Kanevas, Stramin

Gitterschlange
6 Python

Gitterstab
6 Tralje

Gittersystem bei Abbildungen
6 Raster

Glace
3 Eis

Glacee (Glacé)
9 Lammleder
11 Zickelleder

Gladiole
8 Siegwurz
12 Schwertlilie

Glanz
3 Erz
4 Pomp, Ruhm
6 Glorie, Pracht, Reflex, Schein
7 Flitter
8 Brillanz, Schimmer
10 Schoenheit, Spiegelung
11 Widerschein

glänzend
5 blank
8 brillant
9 fulminant

glänzend poliert
5 blank

glänzend(e, er, es) ...
· **Gewebe**
5 Glace, Seide
6 Glacee
· **Kohle**
9 Anthrazit
· **Laufbahn**
8 Karriere
· **Metall**
4 Gold
5 Chrom
6 Platin, Silber
· **Steinkohle**
9 Anthrazit
· **Stoff**
4 Silk, Taft
5 Atlas, Lurex, Rayon, Reyon, Satin, Seide
6 Damast
7 Luester
· **Überzug**
4 Lack
5 Lasur
6 Glasur

Glanzkattun
6 Chintz

glanzlos
4 matt

Glanznummer
4 Clou
10 Attraktion
Glanzpunkt
4 Clou
9 Sensation, Zugnummer
10 Attraktion
Glanzschicht bei Muscheln
8 Perlmutt
10 Perlmutter
Glanzüberzug
4 Lack
5 Email, Lasur
6 Glasur
7 Emaille
glanzvolles Ballfest
7 Bal paré
Glas
6 Becher
9 Werkstoff
12 Trinkgefaess
Glas des Fensters
7 Scheibe
glasartig(e, er, es) ...
· **Schmelzmasse**
6 Fritte
· **Überzug**
6 Glasur
7 Emaille
Glasbarsch
5 Snook
6 Chanda
Glasbehälter für ...
· **Arzneien**
7 Ampulle
· **Fische**
8 Aquarium
· **Getränke**
7 Flasche
13 Einwegflasche
· **Kleintiere**
9 Terrarium
Glasbruchstücke
7 Scherbe
gläserner Schauschrank
7 Vitrine
Glasflasche
6 Ballon, Flakon, Phiole
7 Karaffe
Glasflasche mit Stöpsel
7 Karaffe
glasglänzendes Mineral
6 Berryl, Orthit, Pennin
Glasglocke
5 Sturz
Glashaus
9 Treibhaus
glasierte Tonware
6 Kachel
7 Fayence
8 Majolika
glasklarer Kunststoff
9 Plexiglas
Glaskolben
7 Retorte
Glaslichtbild
3 Dia
Glasopal
6 Hyalit
Glasplatte mit Liniennetz
6 Gitter, Raster
Glasröhrchen
7 Ampulle, Pipette
8 Buerette
11 Reagenzglas
Glasröhrchen mit Injektionslösung
7 Ampulle
Glasschmelze
5 Email
7 Emaille
Glasschneider
7 Diamant
8 Stahlrad
Glasschrank
7 Vitrine
Glasstableuchte
10 Neonroehre
Glasur
4 Guss
7 Schmelz
8 Ueberzug
10 Zuckerguss
glatt
4 eben, plan
5 blank, flach
8 muehelos, rutschig
9 glitschig
11 reibungslos, schluepfrig
Glätte
7 Politur
glatter Stock
4 Stab
Glattrochen
6 Fleten
glattschaliger Pfirsisch
9 Nektarine
Glättwerkzeug
5 Feile, Hobel
6 Raspel
8 Kalander
10 Sandpapier
Glatze
6 Platte
8 Kahlkopf
Glaube
10 Bekenntnis, Konfession, Zuversicht
12 Ueberzeugung
Glaube ...
· *an* **einen einzigen Gott**
12 Monotheismus
· *an* **Gott**
8 Religion
· *im* **Islam**
4 Iman
· *an* **viele Götter**
12 Polytheismus
Glaubensabtrünniger
6 Ketzer
7 Renegat
9 Dissident
10 Haeretiker
Glaubensanhänger
6 Christ
Glaubensbekenntnis
5 Credo
10 Bekenntnis
Glaubensbewegung
11 Reformation
Glaubenseifer
10 Fanatismus
Glaubenseiferer
5 Zelot
9 Fanatiker
Glaubensgemeinschaft
5 Sekte
6 Kirche
10 Bekenntnis, Konfession
12 Christenheit
Glaubensgruppe ► Glaubensgemeinschaft
Glaubensheld
9 Maertyrer
Glaubenslehre
8 Dogmatik
Glaubenslehrer im Islam
4 Imam
Glaubensloser
7 Atheist
Glaubenssatz
5 Dogma
Glaubenswechsel
10 Konversion

Glaubersalz
13 Natriumsulfat
gläubig
5 fromm
9 religioes
Gläubiger
8 Kreditor
gläubiger Moslem
5 Hafis
glaubwürdig
7 serioes
11 authentisch
Glaubwürdigkeit
6 Kredit
Glazialzeit
7 Eiszeit
8 Diluvium
gleich
3 nun
5 jetzt
6 ebenso, sofort
7 homolog
8 momentan, umgehend
9 identisch
12 bevorstehend
gleich ...
· **bleibend**
4 stet
6 stetig
7 dauernd
8 konstant, staendig
9 andauernd, anhaltend, dauerhaft
10 bestaendig
12 fortwaehrend, unveraendert
· **gestimmt**
11 sympathisch
· **lautend**
7 homonym
Gleichaltriger
11 Jahrgaenger
gleichartig
4 egal
Gleichartigkeit
12 Homogenitaet
gleichbedeutend
7 homonym, synonym
gleichberechtigt
11 emanzipiert
12 paritaetisch
gleicher Meinung
5 einig
gleichermaßen
2 so
4 auch, dito, item
6 ebenso, ferner
9 ebenfalls
gleichförmig
7 monoton, uniform
15 abwechslungslos
Gleichförmigkeit
8 Einerlei
9 Monotonie
gleichgerichtet
8 parallel
gleichgestaltig
8 isomorph
Gleichgewicht
4 Ruhe
7 Balance
8 Harmonie, Ruhelage
14 Ausgewogenheit
Gleichgewichtslehre
6 Statik
gleichgültig
4 egal
7 achtlos
8 einerlei
9 apathisch
11 indifferent
15 desinteressiert
Gleichheit
9 Egalitaet, Kongruenz
10 Identitaet
Gleichklang im Vers
4 Reim
gleich laufend
8 parallel, synchron
gleich laufende Linie
9 Parallele
gleichmachen
11 nivellieren
Gleichmaß
4 Takt
8 Harmonie, Rhythmus
9 Symmetrie
10 Proportion
gleichmäßig flach
4 eben
gleichmäßig hoch
4 eben
Gleichmäßigkeit
9 Monotonie
12 Uniformitaet
gleichmütig
5 ruhig
7 stoisch
8 gelassen
gleichmütiger Mensch
7 Stoiker
Gleichnis
4 Bild
6 Symbol
8 Sinnbild
9 Allegorie
gleichnishafte Redewendung
8 Metapher
Gleichrichterröhre
5 Diode
6 Triode
gleichsam
3 wie
5 quasi
9 sozusagen
14 gewissermassen
gleichseitiges Parallelogramm
5 Raute
7 Quadrat, Rhombus
gleichsinnig
6 analog
7 homolog
Gleichstellung
8 Paritaet
12 Emanzipation
Gleichwert
4 Pari
Gleichwertigkeit
8 Paritaet
11 Aequivalenz
14 Kongenialitaet
15 Ebenbuertigkeit
gleichzahlig
6 isomer
gleichzeitig
8 simultan, synchron
Gleis
4 Spur
6 Strang
7 Schiene
9 Bahnsteig
Gleisabschnitt
5 Block
7 Strecke
Gleisanlage
4 Damm
6 Signal, Weiche
7 Bettung, Oberbau, Schiene
8 Bahndamm, Kreuzung, Schotter, Schranke, Schwelle, Unterbau

G

9 Ladegleis, Prellbock, Stellwerk, Vorsignal, Warnkreuz
10 Abzweigung, Gleiswaage, Handweiche, Prellblock, Signalmast
11 Ablauframpe, Bahnkoerper, Blocksignal, Drehscheibe, Gleisbremse, Hauptsignal, Oberleitung
12 Abstellgleis, Hauptstrecke, Nebenstrecke, Rangiergleis
13 Gleiskreuzung, Rangierhuegel, Stromfuehrung, Ueberfuehrung, Unterfuehrung

G

Gleisbautrupp
5 Rotte
Gleiskette
5 Raupe
Gleisner
8 Heuchler
14 Scheinheiliger
gleisnerisch
9 unredlich
gleißend
4 hell
5 grell
9 strahlend
Gleisstrecke
7 Schiene
Gleitbahn
7 Rutsche
Gleitbahngerüst
5 Riese
gleitende Bewegung
8 Rutschen
gleitende Tonfolge
8 Arpeggio
9 Glissando
Gleitmittel
5 Wachs
Gleitschiene
4 Kufe
Gleitschritt beim Tanzen
8 Glissade
Gleitschutz an Reifen
5 Rille, Spike
6 Profil, Spikes
11 Schneekette
Gletscher
4 Kees
6 Ferner
7 Eisfeld, Glacier
8 Eisstrom
Gletscherbach
10 Keeswasser
Gletscherbrocken
7 Eisberg
Gletschereinschnitt
4 Riss
5 Bruch
6 Spalte
7 Schrund
Gletscherfloh
13 Springschwanz
Gletschergeröll
7 Moraene
Gletscherschlucht
3 Kar
Gletscherschnee
4 Firn
Glibber
4 Seim
5 Gelee
7 Gallert, Pudding, Schleim
8 Gallerte, Schmiere
Glied
4 Teil
5 Linie, Organ, Penis
7 Segment
11 Extremitaet, Koerperteil
15 Geschlechtsteil
Glied ...
· *des* **Fußes**
3 Zeh
4 Zehe
· *der* **Hand**
6 Finger
· *einer* **mathematischen Formel**
4 Term
Gliederband
5 Kette
Gliederfüßer
6 Spinne
Gliedermessstab
9 Zollstock
Gliederpuppe
10 Hampelmann, Marionette
Gliederreißen
6 Rheuma
Gliedertier
5 Assel, Krebs, Milbe
6 Insekt, Spinne
8 Kerbtier
9 Bandassel, Krebstier, Rollassel
10 Mauerassel, Ringelwurm
11 Kellerassel, Krustentier, Ringelkrebs, Schnurassel, Wasserassel
15 Tausendfuessler
Gliederung
4 Plan
5 Kette, Linie
6 Aufbau, System
7 Gefuege, Ordnung
8 Struktur
9 Anordnung
10 Aufteilung
11 Disposition, Gruppierung
Gliederzittern
6 Tremor
Gliedmaße
11 Extremitaet
Gliedmaße des Affen
3 Arm
Gliedmaße des Menschen
3 Arm
Gliedmaßen
4 Arme
5 Beine
Gliedstaat
4 Land
6 Kanton
7 Provinz
10 Bundesland
11 Bundesstaat
glimmendes Feuer
4 Glut
Glimmstängel
7 Zigarre
9 Zigarette, Zigarillo
glitschig
5 glatt
8 rutschig
Glitzerplättchen
9 Paillette
global
6 gesamt
9 allgemein, umfassend
Globetrotter
13 Weltenbummler, Weltreisender
Globus
7 Erdball
8 Erdkugel
Glocke
7 Klingel, Schelle

Glocke in London
6 Big Ben
Glockenklang
7 Gelaeut
8 Gelaeute
Glockenklöppel
9 Schwengel
Glockenschläger
6 Rapier
Glockenschwengel
8 Kloeppel
Glockenturm
9 Campanile, Kampanile
Glockenturm des Londoner Parlamentsgebäudes
6 Big Ben
Glockenwalzenspiel
11 Leierkasten
Gloria
3 Lob
4 Ehre, Ruhm
5 Glanz
9 Lobgesang
Glosse
7 Artikel
9 Anmerkung, Kommentar
Glück
4 Heil
5 Dusel, Segen
6 Erfolg, Freude, Zufall
7 Bonheur, Fortune
8 Gedeihen, Geschick
9 Schicksal, Seligkeit
Glück verheißend
5 rosig
Glucke
4 Huhn
5 Henne
9 Bruthenne
Glücksbringer
7 Amulett, Schwein
8 Talisman
9 Kleeblatt
11 Maskottchen
16 Schornsteinfeger
Glückseligkeit
5 Wonne
6 Freude
10 Eudaemonie
11 Verzueckung
Glückseligkeitslehre
13 Eudaemonismus
Glücksfall
6 Chance
Glücksgöttin
5 Tyche
7 Fortuna
Glückskäfer
12 Marienkaefer
Glückspflanze
4 Klee
9 Kleeblatt
Glückspielstadt in Nevada
8 Las Vegas
Glücksspiel
4 Poch
5 Lotto, Makao, Poker
6 Mau Mau, Pokern
7 Knobeln, Roulett, Tombola
8 Bakkarat, Lotterie, Roulette, Wuerfeln
15 Siebzehnundvier
Glücksspieler
6 Zocker
9 Hasardeur
Glückssymbol
9 Kleeblatt
16 Schornsteinfeger
Glückwunsch
11 Gratulation
Glückwünschender
9 Gratulant
Glückwunschkarte
7 Billett
Glucose
13 Traubenzucker
glühend(e, er, es) ...
· **Erdkern**
5 Magma
· **Gasausbrüche der Sonnenoberfläche**
13 Protuberanzen
· **Masse**
4 Glut
· **Vulkanausfluss**
4 Lava
Glühlampe
5 Birne
Glut
4 Lohe
5 Feuer, Hitze
7 Gefuehl, Passion
12 Begeisterung
Glutin
6 Kleber
8 Gelatine
Glykose ▶ Glucose
Gnade
4 Gabe, Huld
6 Ablass
8 Erbarmen, Nachlass
9 Nachsicht, Vergebung, Verzeihen
10 Verzeihung
Gnadenbrief
6 Brevet
gnadenlos
12 unbarmherzig
Gnadenmittel
9 Sakrament
Gnom
5 Geist, Troll, Wicht, Zwerg
6 Kobold
8 Erdgeist
Gnome
10 Denkspruch, Sinnspruch
Gnoseologie
15 Erkenntnislehre
Gnosis
8 Einsicht
10 Erkenntnis
14 Gotterkenntnis
Gnu
11 Kuhantilope
Goal beim Fußball
3 Tor
7 Treffer
9 Torschuss
Goalkeeper beim Fußball
7 Tormann, Torwart
9 Torhueter
11 Schlussmann, Torwaechter
Goalmann ▶ Goalkeeper
Goethes ...
· **Geliebte**
5 Brion
· **Mutter**
3 Aja
· **Sekretär**
9 Eckermann
Goethestadt
9 Frankfurt
Gold der Ostsee
9 Bernstein
Goldamsel
5 Pirol
Goldauflage
6 Dublee
Goldblume
12 Chrysantheme

G

Goldbrasse
5 Orade
Goldbutt
7 Scholle
Golddukaten
5 Taler
Goldene Stadt
4 Prag
Goldfischart
15 Schleierschwanz
Goldfürst
5 Nabob
9 Foerderer
goldgelb
6 orange
Goldgräber
6 Digger
Goldgräberstück
5 Claim
Goldhase
5 Aguti
Goldklumpen
6 Nugget
Goldland
8 Eldorado
Goldmacher
5 Adept
9 Alchemist, Alchimist
Goldmacherkunst
8 Alchemie, Alchimie
Goldmakrele
6 Dorade
Goldminenanteil
5 Claim
Goldmittel
4 Etat
Goldparmäne
5 Apfel
7 Renette
Goldschmied
8 Juwelier
Goldverzierung auf Büchern
6 Filete
Goldwurz
6 Akelei
Golf
3 Bai, Bay
5 Bucht
9 Meerbusen
11 Meeresbucht
Golfabschlagplatz
3 Tee
Golfjunge
6 Caddie
Golfschlägerart
4 Iron, Wood
5 Spoon
6 Driver
Golfschlägerträger
6 Caddie
Golfspieler
6 Golfer
Golfziel
4 Hole, Loch
Goliath
5 Huene, Riese
Gondel
4 Boot, Kahn, Korb
6 Nachen, Schiff
8 Schaukel
10 Ballonkorb
Gondelführer
10 Gondoliere
Gondellied
9 Barcarole, Barkarole
Gondelstadt
7 Venedig
Gong
6 Tamtam
Gönner
6 Maezen
7 Sponsor
9 Foerderer, Protektor
10 Schirmherr
gönnerhaft
6 jovial
Göre
5 Range
8 Maedchen
Gorgo
6 Medusa, Meduse
Gorgone
6 Medusa, Stheno
7 Euryale
Gose
9 Weissbier
Gospel
9 Spiritual
Gosse
5 Rinne
9 Rinnstein
Gössel
4 Gans
9 Gaenschen
Gote
5 Patin
10 Taufzeugin
gotisch(e, er, es) ...
· **Bibelübersetzer**
7 Ulfilas, Wulfila
· **Schrift**
7 Fraktur
· **Türmchen**
5 Fiale
Gott
4 Herr
7 Demiurg
8 Herrgott
Gott ...
· *der* **Dichtkunst**
7 Apollon
· *des* **Donners**
4 Thor
5 Donar
· *der* **Ehe**
5 Hymen
· *des* **Feuers**
4 Agni, Loki
6 Vulkan
8 Hephaest, Vulcanus, Vulkanus
10 Hephaestos, Hephaistos
· *des* **Friedens**
5 Freyr, Janus
· *der* **Fruchtbarkeit**
5 Freyr
6 Bachus, Hermes
8 Dionysos, Saturnus
· *der* **Germanen**
5 Donar
· *des* **Gewitters**
4 Thor
5 Donar
· *des* **Handels**
6 Hermes, Merkur
· *der* **Heilkraft**
8 Aesculap, Aeskulap
9 Asklepios
11 Aesculapius
· *des* **Islam**
5 Allah
· *der* **Juden**
5 Jahwe
6 Jehova
· *der* **Kanaanäer**
4 Baal
· *des* **Krieges**
3 Tyr, Ziu
4 Mars
· *des* **Lichtes**
5 Apoll
6 Apollo, Balder, Baldur

7 Apollon, Mithras
· *der* **Liebe**
4 Amor, Eros
6 Cupido
· *des* **Meeres**
6 Neptun
7 Okeanos
8 Poseidon
· *der* **Mohammedaner**
5 Allah
· *der* **Natur**
3 Pan
· *der* **Parsen**
9 Zoroaster
11 Zarathustra
· *der* **Sonne**
2 Ra, Re
3 Hor, Sol, Tum
6 Helios, Osiris
7 Serapis
· *des* **Todes**
4 Loki
8 Thanatos
· *der* **Unterwelt**
5 Hades, Orkus, Pluto
6 Anubis, Erebus, Pluton
7 Serapis
· *des* **Weines**
7 Bacchus
8 Dionysos
· *der* **Zeit**
5 Janus
6 Kronos
Gotte
5 Patin
10 Taufzeugin
Götterberg
5 Olymp
Götterbote
6 Hermes, Merkur
Götterbotin
3 Gna
Götterburg
7 Walhall
8 Walhalla
göttergleicher Held
5 Heros
Gotterkenntnis
6 Gnosis
Gotterlebnis
11 Offenbarung
Götterlehre
10 Mythologie
Göttersage
5 Mythe
6 Mythos, Mythus
Göttersitz der Asen
6 Asgard
Götterspeise
8 Ambrosia
Götterspruch
6 Orakel
Göttertrank
6 Nektar
Göttervater der nordischen Sage
4 Odin
Gottes heilige Schrift
5 Bibel
Gottesacker
8 Friedhof, Kirchhof
Gottesbote
5 Engel
8 Erzengel
Gottesdienst
4 Kult
5 Messe, Mette, Ritus
6 Kultus, Ritual
7 Andacht
gottesdienstlich
6 sakral
gottesdienstliche Handlung
5 Opfer, Segen
6 Gesang
7 Andacht, Beichte
8 Anbetung
9 Abendmahl, Fuerbitte, Kommunion
10 Absolution, Einsegnung
Gottesdienstordnung
6 Agende
gottesfürchtig
5 fromm
Gottesgabe
5 Gnade
9 Begnadung
Gottesgelehrtheit
9 Theologie
Gotteshaus
3 Dom
6 Kirche, Pagode, Tempel
7 Kapelle, Moschee
8 Basilika, Muenster, Synagoge
10 Kathedrale
Gotteshaus in München
16 Liebfrauenkirche
Gotteslästerung
6 Frevel
8 Sakrileg
10 Blasphemie, Entweihung
Gotteslehre
9 Theologie
Gottesleugner
7 Atheist
Gottessohn
5 Jesus
7 Heiland
8 Christus, Erloeser
13 Jesus Christus
Gottesurteil
5 Ordal
Gottgläubiger
6 Theist
Gottheit der Germanen
3 Ase
4 Wane
Gottheitslobpreisung
10 Aretalogie
Göttin ...
· *des* **Ackerbaus**
5 Ceres
7 Demeter
· *der* **alten Ägypter**
4 Isis
· *der* **Blumen**
5 Flora
· *der* **Eintracht**
8 Harmonia
9 Concordia
· *der* **Erde**
4 Gaea
· *der* **Familie**
4 Juno
· *der* **Gerechtigkeit**
4 Dike
7 Nemesis
8 Justitia
· *der* **Gesundheit**
7 Hygieia
· *des* **Glücks**
5 Tyche
7 Fortuna
· *des* **Herdes**
4 Frea
5 Frigg, Frija, Vesta
6 Hestia
· *der* **Jagd**
5 Diana
7 Artemis
· *der* **Klugheit**
5 Metis
6 Athena

G

· *der* **Kunst**
4 Muse
· *der* **Liebe**
5 Venus
9 Aphrodite
· *des* **Mondes**
4 Luna
6 Selene
· *der* **Morgenröte**
3 Eos
6 Aurora
· *der* **Nacht**
3 Nyx
6 Hekate
· *der* **Rache**
5 Furie
7 Erinnye, Megaere
· *des* **Rechts**
6 Themis
8 Justitia
· *des* **Schachs**
6 Caissa
· *der* **Schönheit**
5 Venus
6 Freyja
9 Aphrodite
· *des* **Sieges**
4 Nike
8 Victoria, Viktoria
· *der* **Sorgen**
4 Cura
· *des* **Todes**
3 Hel
· *des* **Unheils**
3 Ate
· *der* **Unsterblichkeit**
5 Iduna
· *der* **Unterwelt**
3 Hel
6 Hekate
10 Persephone, Proserpina
· *der* **Vergeltung**
7 Nemesis
· *der* **Weisheit**
6 Athena, Athene
7 Minerva
· *der* **Wissenschaft**
6 Athena, Athene
· *der* **Zeit**
4 Hore
Göttinger Dichterbund
8 Hainbund
göttlich(e, er, es) ...
· **Bacchusbegleiter**
3 Pan
· **Tugend**
6 Glaube
· **Walten**
9 Schicksal, Vorsehung
Gottlosigkeit
6 Asebie
Gottvertrauen
6 Glaube
Götze
4 Idol
6 Abgott
7 Fetisch
Götze des Geldes
6 Mammon
Götzenbild
4 Idol
Götzendienst
9 Idolatrie
Gourmand
9 Vielfrass
Gourmet
9 Geniesser
13 Feinschmecker
Gouvernante
10 Erzieherin, Kinderfrau
Gouvernement
6 Bezirk
7 Provinz
8 Distrikt
Gouverneur
10 Kommandeur
11 Statthalter
12 Befehlshaber
Grab
5 Gruft
6 Krypta
8 Monument, Pyramide, Urnenmal
9 Mausoleum
Graben
4 Dole, Siel
5 Gosse, Rinne
Gräberfeld des Altertums
9 Nekropole
10 Nekropolis
Grabgefäß
4 Urne
Grabgerät
6 Spaten
7 Schippe
8 Schaufel
Grabgewölbe
5 Gruft
Grabinschrift
7 Epitaph
Grabmal
5 Kreuz, Stein
10 Grabplatte
Grabmale in Ägypten
9 Pyramiden
Grabrede
7 Nachruf
Grabsäule
5 Stele
Grad
7 Einheit
9 Abstufung
10 Einstufung, Einteilung
12 Unterteilung
Grad bei den Pfadfindern
6 Venner
Grad beim Judo
3 Dan, Kyu
Gradeinheit der Temperatur
6 Kelvin
7 Celsius, Réaumur
10 Fahrenheit
Gradeinteilung
5 Skala
Gradierwerk
6 Saline
10 Rieselwerk
Gradleiste
5 Skala
Grafentitel in England
4 Earl, Lord
8 Viscount
Grafentitel in Frankreich
5 Comte
7 Marquis
Grafik
6 Plakat
8 Diagramm
9 Schaubild
10 Kunstblatt
grafisch(e, er, es) ...
· **Beruf**
6 Aetzer, Faktor, Setzer
7 Anleger, Drucker, Graveur, Metteur
8 Kolorist, Typograf, Ziseleur
9 Korrektor, Lithograf, Typograph
10 Handsetzer, Lithograph, Retuscheur
11 Buchdrucker, Lichtsetzer
13 Kupferstecher

· **Betrieb**
7 Offizin
8 Binderei, Setzerei
9 Druckerei, Druckhaus
· **Darstellung**
6 Schema
· **Erzeugnis**
4 Buch, Heft
5 Druck, Repro
6 Grafik, Plakat, Poster
7 Affiche, Collage, Graphik, Journal, Katalog, Zeitung
8 Kalender, Prospekt
Grafologie
18 Handschriftenkunde
20 Handschriftendeutung
Grafschaft in der Republik Irland
4 Cork, Mayo
6 Ulster
Gralskönig
8 Amfortas
Gralsritter
7 Titurel
8 Lanzelot, Parzival
9 Lohengrin
Gram
4 Leid
5 Sorge
6 Kummer, Trauer
Grammatik
11 Sprachlehre
grammatikalischer Begriff
4 Fall, Satz, Verb
5 Aktiv, Dativ, Futur, Genus, Kasus, Modus, Silbe, Stamm, Vokal
6 Adverb, Objekt, Passiv, Plural, Syntax, Tempus, Umlaut
7 Ablativ, Artikel, Beugung, Einzahl, Genitiv, Mitlaut, Neutrum, Numerus, Perfekt, Satzbau, Subjekt, Vokativ, Zukunft
8 Adjektiv, Attribut, Dingwort, Fuerwort, Gerundiv, Mehrzahl, Nennform, Numerale, Partizip, Praesens, Pronomen, Singular, Zahlwort, Zeitform, Zeitwort
9 Akkusativ, Diphthong, Femininum, Gegenwart, Hauptsatz, Imperativ, Imperfekt, Indikativ, Infinitiv, Konsonant, Leideform, Nebensatz, Nominativ, Praedikat
10 Apposition, Beifuegung, Geschlecht, Komparativ, Konjunktiv, Maskulinum, Selbstlaut, Steigerung, Substantiv, Superlativ
11 Deklination, Konjugation
Grammmolekül, Grammolekül
3 Mol
Grandseigneur
4 Herr
8 Kavalier
9 Gentleman
Grapefruit
10 Pampelmuse
Graph
9 Schaubild
13 Flussdiagramm
Graphik ▶ Grafik
graphische Darstellung ▶ grafische Darstellung
graphischer Beruf ▶ grafischer Beruf
graphischer Betrieb ▶ grafischer Betrieb
graphisches Erzeugnis ▶ grafisches Erzeugnis
Graphologie ▶ Grafologie
Gras der Dünen
11 Strandhafer
grasähnliche Pflanze
5 Binse
Grasart
4 Aira
5 Lolch
6 Bambus, Schilf
7 Esparmo
8 Alfagras
10 Schilfrohr
Grasebene Nordamerikas
7 Praerie
Grasfläche
5 Matte, Rasen, Wiese
Grasflur mit Bäumen
7 Savanne
Grasgattung ▶ Grasart
Grashüpfer
11 Heuschrecke
Grasland
3 Alm, Alp
5 Anger, Matte, Pampa, Weide, Wiese
6 Llanos, Pampas, Pussta, Puszta, Steppe
7 Praerie, Savanne
Grasplatz im Dorf
5 Anger
Grasschneider
6 Maeher
Grasschnitt
7 Grummet
grassieren
6 wueten
Grasspitze
5 Spier
Grasstängel
4 Halm
Grassteppe in ...
· **Afrika**
7 Savanne
· **Nordamerika**
7 Praerie
· **Südamerika**
5 Pampa
· **Ungarn**
6 Pussta, Puszta
Grat
4 Kamm
5 Kante
9 Kammlinie
Gratifikation
6 Zulage
7 Praemie
gratis
4 frei
7 umsonst
9 kostenlos
13 unentgeltlich
Gratulation
12 Glueckwunsch
grau
4 gris
Graubär Nordamerikas
6 Grisly
7 Grizzly
graue Vögel
6 Tauben
Grauen
5 Angst, Graus
6 Furcht, Greuel, Horror
7 Abscheu, Schreck

8 Schauder
9 Entsetzen, Schrecken
grauenvoll
7 makaber
10 graesslich
graues Einerlei
6 Alltag
graugelb
4 falb
graugelbes Pferd
5 Falbe
8 Isabelle
grausam
3 roh
6 brutal
grausamer (alt)römischer Kaiser
4 Nero
Grausamkeit
6 Haerte
Grausamkeiten
8 Rohheiten
Grausen ► Grauen
Grautier
4 Esel, Maus
grauweißes Pferd
13 Apfelschimmel
gravierend
9 belastend
13 schwer wiegend
Gravitation
11 Schwerkraft
15 Massenanziehung
18 Erdanziehungskraft
Grazer Flughafen
9 Thalerhof
Grazer Schloss
9 Eggenberg
Grazie
5 Anmut
8 Liebreiz
grazil
4 rank, zart
5 apart
graziles Huftier
7 Gazelle
8 Antilope
greifbar
4 real, wahr
7 konkret
8 effektiv, wirklich
9 materiell
greifen
6 nehmen
8 erfassen
Greifer
6 Bagger
Greiforgan
4 Hand
Greiforgan der Elefanten
7 Ruessel
Greiforgan der Kraken
8 Tentakel
Greifvogel
5 Adler, Falke, Geier, Milan, Weihe
7 Bussard, Habicht, Sperber
Greifvogelnest
5 Horst
Greifwerkzeug
5 Zange
8 Pinzette
10 Kneifzange
greisenhaft
5 senil
13 altersschwach
Greisenhaftigkeit
10 Senilitaet
Greisenhaupt
6 Kaktus
grell
7 knallig
9 gleissend
greller Farbton
8 feuerrot
Gremium
9 Ausschuss
11 Institution
Gremium in Straßburg
15 Europaparlament
Grenzabgabe
4 Maut, Zoll
Grenzabgabenbehörde
7 Zollamt
Grenzbarriere
8 Schranke
10 Schlagbaum
Grenzbeamter
8 Zoellner
Grenze
4 Ende, Rain, Rand
5 Kante, Limes, Limit
7 Schluss
8 Schranke
10 Markierung, Trennlinie
11 Demarkation
Grenze eines Grubenfeldes
11 Markscheide
Grenzfall
6 Extrem
Grenzfläche eines Körpers
5 Seite
Grenzfläche in der Wetterkunde
5 Front
Grenzgebiet
4 Mark
Grenzgebirge in Westeuropa
9 Pyrenaeen
Grenzgebirge zweier Erdteile
4 Ural
Grenzkontrolle
15 Zollabfertigung
Grenzkontrollpunkt
10 Checkpoint
Grenzpassierdokument
4 Pass
7 Triptyk
Grenzstein
3 Mal
5 Terme
Grenzübergang ► Grenzübertritt
Grenzübertritt
8 Ausreise, Einreise
Grenzwall der Römer
5 Limes
Grenzwall in China
11 Grosse Mauer
16 Chinesische Mauer
Grenzwert in der Mathematik
5 Limes
Grieche
7 Hellene
Griechen bei Homer
6 Danaer
7 Achaeer
Griechenland
6 Hellas
griechisch für ...
· **allein**
4 mono
· **auf, hinauf**
3 ana
· **darauf, darüber**
3 epi
· **Erde**
3 geo
· **falsch**
6 pseudo

· **fern**
4 tele
· **gegen**
4 anti
· **gleich**
3 iso
· **groß**
4 mega
· **Leben**
3 bio
· **Luft**
4 aero
· **neu**
3 neo
· **Stern**
5 astro
· **weg, fern**
3 apo
· **zehn**
4 deka

griechisch(e, er, es) ...
· **Anisbranntwein**
4 Ouzo
· **Arzt**
11 Hippokrates
· **Astronom**
5 Meton
7 Eudoxus
8 Hipparch
9 Aristarch
10 Hipparchos, Ptolemaeus, Ptolemaios
11 Aristarchos
· **Baumeister**
9 Sostratos
11 Deinokrates, Kallikrates, Kallimachos
· **Bauwerk**
8 Theseion
9 Parthenon
11 Erechtheion
· **Berg**
3 Ida
4 Oeta, Ossa
5 Athos, Olymp
· **Bergland**
6 Epirus
· **Bergnymphe**
6 Oreade
· **Bibelübersetzung**
11 Septuaginta
· **Bildhauer**
5 Myron
6 Skopas
7 Antenor, Phidias
8 Ageladas, Kresilas, Lysippos, Paionios, Pheidias, Polyklet
10 Praxiteles
· **Buchstabe**
2 My, Ny, Pi, Xi
3 Chi, Eta, Phi, Psi, Rho, Tau
4 Beta, Iota, Jota, Zeta
5 Alpha, Delta, Gamma, Kappa, Omega, Sigma, Theta
6 Lambda
7 Digamma, Epsilon, Omikron, Ypsilon
· **Dichter**
6 Alkman
· **Dichterin**
6 Sappho
7 Corinna, Korinna
· **Dichterross**
7 Pegasus
· **Dodekanes-Insel**
5 Leros
· **Erfinder**
5 Heron
9 Ktesebios
10 Archimedes
· **Fabeldichter**
5 Aesop
· **Fährmann der Unterwelt**
6 Charon
· **Feldgeist**
3 Pan
· **Feldherr**
4 Ajax
5 Kimon
6 Nikias
8 Leonidas, Timoleon
9 Agamemnon, Miltiades, Pelopidas
10 Alkibiades, Lysimachos
11 Epaminondas
· **Fleischspieß**
8 Souflaki
· **Flieger der Sage**
6 Ikaros, Ikarus
8 Daedalos, Daedalus
· **Fluss der Unterwelt**
4 Styx
5 Lethe
7 Acheron
· **Fußsoldat**
6 Hoplit
· **Gebirge**
4 Oeta
· **Geograf (Geograph)**
6 Strabo
7 Marinus, Strabon
10 Ptolemaeus
· **Geschichtsschreiber**
7 Herodot
8 Logograf
9 Logograph
10 Thukydides
· **Gesetzgeber**
5 Solon
6 Drakon
· **Gott**
3 Pan
4 Eros, Zeus
5 Apoll, Hymen, Ladon, Momos, Pluto
6 Aeolus, Apollo, Arolos, Asopos, Boreas, Erebos, Helios, Hermes, Hypnos, Ikelos, Kratos, Kronos, Nereos, Nereus, Peneos, Pluton, Triton, Uranos
7 Alpheus, Anteros, Apollon, Bacchus, Chronos, Ganymed, Okeanos, Peneios, Phoebus, Priapos, Proteus
8 Acheloos, Aeskulap, Alpheios, Dionysos, Morpheus, Palaimon, Poseidon, Thanatos
9 Apeliates, Asklepios, Hymenaeos, Phantasos
10 Hephaestos, Hephaistos
· **Gott der Dichtkunst**
7 Apollon
· **Gott der Heilkunde**
8 Aeskulap
9 Asklepios
· **Gott der Liebe**
4 Eros
· **Gott der Zeit**
6 Kronos
7 Chronos
· **Gott des Handels**
6 Hermes
· **Gott des Krieges**
4 Ares
· **Gott des Lichts**
6 Apollo

G

- **Gott des Meeres**
  6 Nereus
  7 Okeanos
  8 Poseidon
- **Gott des Weins**
  6 Dionysos
- **Götterberg**
  5 Olymp
- **Götterbote**
  6 Hermes
- **Götterbotin**
  4 Iris
- **Göttermutter**
  4 Hera
- **Götterriese**
  5 Titan
- **Göttervater**
  4 Zeus
- **Göttin**
  3 Ate, Bia, Eos, lno, Nyx
  4 Aura, Dike, Enyo, Eris, Eros, Gaea, Gaia, Hebe, Hera, Iris, Klio, Leto, Nike, Ossa, Styx
  5 Elpis, Erato, Keren, Metis, Tyche
  6 Alekto, Athene, Eirene, Hekate, Hestia, Peitho, Selene, Tethys, Thalia, Themis, Thetis, Urania
  7 Artemis, Astraea, Demeter, Eunomia, Euterpe, Megaera, Nemesis, Plejade
  8 Aletheia, Erinnyen, Harmonia, Kalliope
  9 Aphrodite, Melpomene, Mnemosyne, Tisiphone
  10 Amphitrite, Elleithyia, Persephone
  11 Terpsichore
  12 Pallas Athene
- **Göttin der Anmut**
  6 Aglaia
- **Göttin der Ehe**
  4 Hera
- **Göttin der Erde**
  4 Gaea, Gaia
- **Göttin der Gerechtigkeit**
  4 Dike
  6 Themis
  7 Nemesis
- **Göttin der Gesundheit**
  7 Hygieia
- **Göttin der Jagd**
  7 Artemis
- **Göttin der Jahreszeiten**
  4 Dike, Hore
- **Göttin der Jugend**
  4 Hebe
- **Göttin der Kunst**
  4 Muse
- **Göttin der Liebe**
  9 Aphrodite
- **Göttin der Morgenröte**
  3 Eos
- **Göttin der Nacht**
  3 Nyx
  6 Hekate
- **Göttin der Rache**
  7 Erinnye
- **Göttin der Schönheit**
  9 Aphrodite
- **Göttin der Verblendung**
  3 Ate
- **Göttin der Weisheit**
  6 Athene
- **Göttin des Ackerbaus**
  7 Demeter
- **Göttin des Friedens**
  6 Eirene
- **Göttin des Glücks**
  5 Tyche
- **Göttin des Mondes**
  6 Selene
- **Göttin des Sieges**
  4 Nike
- **Göttin des Streits**
  4 Eris
- **Göttin des Unheils**
  3 Ate
- **Grabsäule**
  5 Stele
- **Held vor Troja**
  4 Ajax
  6 Nestor
  8 Achilles, Diomedes, Odysseus
  9 Achilleus, Agamemnon, Patroklos
- **Helden**
  10 Argonauten
- **Heldengedicht**
  5 Ilias
  6 Iliade
  7 Odyssee
- **Heros**
  7 Aktaeon
- **Hirtengott**
  3 Pan
- **Höllenhund**
  8 Kerberos, Zerberus
- **Insel**
  3 Ios, Kea, Kos
  4 Milo
  5 Chios, Delos, Korfu, Kreta, Leros, Milos, Naxos, Paros, Psara, Samos, Syros, Telos, Thera, Thira, Tinos
  6 Aegina, Andros, Euboea, Gaudos, Ikaria, Ithaka, Kandia, Lemnos, Lesbos, Leukas, Lipsos, Patmos, Rhodos, Skyros, Thasos
  7 Amorgos, Kefalos, Kerkyra, Kythera, Mykonos, Nikaria, Pelagos, Salamis
  8 Mytilene, Santorin, Skiathos, Skopelos, Skorpios
  9 Alonnesos, Kassandra
  10 Chalkidike, Samothrake
  11 Kephallenia, Samothrakei
- **Inselgruppe**
  9 Dodekanes
- **Jahreszeitgöttinnen**
  5 Horen
- **Jüngling**
  6 Adonis, Ephebe
  7 Narziss
- **Kirchenlehrer**
  10 Athanasius
- **Kirchenvater**
  8 Irenaeus
- **Klosterberg**
  5 Athos
- **Kolonie in Unteritalien**
  4 Elea
  7 Paestum
- **Kriegerin**
  7 Amazone
- **Kultort**
  5 Delos
  6 Delphi
  7 Eleusis, Olympia
- **Küstenlandschaft**
  4 Elis
- **Kykladeninsel**
  3 Ios

- **Landschaft**
  4 Elis
  5 Doris
  6 Achaia, Argeia, Attika, Epirus, Lokris, Phokis
  7 Argolis, Laurion
  8 Aetolien, Arkadien, Boeotien, Lakonien, Magnesia, Thrakien, Thrazien
  9 Messenien
  10 Makedonien, Mazedonien, Thessalien
- **Lauteninstrument**
  6 Busuki
- **Mathematiker**
  5 Heron, Meton
  6 Euklid, Pappus, Thales
  7 Eudoxos, Hippias
  8 Archytas
  10 Apollonius, Archimedes, Pythagoras
  11 Hippokrates
  12 Eratosthenes
- **Mediziner**
  11 Hippokrates
- **Meernymphe**
  7 Nereide
  8 Ozeanide
- **Meerschlange**
  5 Hydra
- **Mönchsrepublik**
  5 Athos
- **Münze**
  5 Obole
  6 Lepton, Obolos, Obolus, Talent
  7 Drachme
- **Musenberg**
  7 Parnass
- **Musikinstrument**
  4 Lyra
  6 Busuki
  7 Kithara
  8 Barbiton
- **Name von Troja**
  5 Ilion
- **Naturgottheit**
  6 Nymphe
- **Nobelpreisträger für Literatur**
  6 Elytis
- **Nymphe**
  4 Echo
  6 Daphne, Oreade
  7 Kalypso, Nereide
- **Philosoph**
  4 Zeno
  5 Plato, Zenon
  6 Epikur, Platon, Thales
  7 Gorgias, Hippias, Leukipp, Phaedon, Phaidon, Proklos
  8 Demokrit, Diogenes, Heraklit, Plutarch, Sokrates
  9 Leukippos
  10 Anaxagoras, Aristippos, Chrysippos, Demokritos, Empedokles, Parmenides, Protagoras, Pythagoras, Theophrast
  11 Anaximander, Aristoteles
- **Physiker**
  5 Heron
  10 Archimedes
- **Priesterin in Delphi**
  6 Pythia
- **Rachegöttin**
  7 Erinnye
  8 Eumenide
- **Reeder**
  7 Onassis
- **Rennbahn**
  9 Hippodrom
- **Rhetoriker**
  7 Gorgias
- **Riese der Sage**
  5 Argus, Atlas, Titan
- **Ringerschule**
  9 Palaestra
- **Rosinenbranntwein**
  4 Raki
- **Sagenfluss**
  5 Lethe
- **Sagengestalt**
  3 Ino
  4 Ajax, Leda
  5 Danae, Jason, Medea, Niobe
  6 Achill, Castor, Helena, Ikarus, Kastor, Pollux, Zyklop
  7 Ariadne, Elektra, Jokaste, Laokoon, Oedipus, Orpheus, Theseus
  8 Antigone, Daedalus, Eurydike, Herakles, Herkules, Odysseus, Penelope, Tantalus
  9 Agamemnon, Deukalion, Euphorion, Hesperide, Iphigenie
  10 Kassiopeia, Prometheus
- **Sagenheld**
  5 Orion
- **Sagenkönig**
  5 Midas, Minos, Thoas
  6 Augias, Nestor
  7 Oedipus
  8 Menelaos
  9 Agamemnon
- **Sagenkönigin**
  5 Niobe
- **Sagenwesen**
  7 Kentaur, Zentaur
- **Sänger**
  5 Arion
  6 Ibykus
  7 Orpheus
  8 Rhapsode
- **Sängerin**
  6 Callas
  9 Mouskouri
- **Schriftsteller**
  5 Aesop, Homer
  6 Hesiod, Platon, Sappho
  7 Alkaeus, Herodot, Korinna
  8 Anakreon, Diodorus, Menander, Plutarch, Theokrit, Xenophon
  9 Aeschylus, Aischylos, Euripides, Sophokles
  10 Empedokles, Thukydides, Xenophanes
  11 Archilochos, Bakchylides, Demosthenes, Kallimachos, Kazantzakis
  12 Aristophanes, Eratosthenes
- **Seher**
  9 Teiresias
- **Seherin**
  9 Kassandra
- **Sonnengott**
  6 Helios
  8 Hyperion
- **Spezialität**
  5 Gyros
- **Sporadeninsel**
  3 Kos

- **Staatsmann**
  5 Kimon, Kleon, Timon
  6 Kineas, Lykurg
  7 Kanaris
  8 Kolettis, Perikles
  9 Aristides, Papandreu, Venizelos
  10 Alkibiades, Karamanlis, Papandreou
  11 Kleisthenes
  12 Themistokles
- **Stamm**
  5 Dorer
  6 Aeoler, Dorier, Ionier
  7 Achaeer, Aeolier
- **Stirnbinde**
  5 Mitra
- **Süßwein**
  5 Samos
- **Tempelsklave**
  8 Herodule
- **Tempelstadt**
  6 Delphi
- **Tonhalle**
  5 Odeon
- **Trinkgelage**
  9 Symposion, Symposium
- **Tyrann**
  6 Hieron
- **Ungeheuer**
  5 Gorgo, Hydra
  6 Skylla
  9 Charybdis
  10 Minotaurus
- **Unterwelt**
  5 Hades
  8 Tartarus
- **Unterweltfluss**
  5 Lethe
- **Versfuß**
  8 Daktylus
  9 Distichon
- **Verwaltungsbezirk**
  5 Nomos
- **Volkstanz**
  7 Sirtaki
- **Volksversammlung**
  5 Agora
- **Wächter**
  5 Argus
- **Währung**
  7 Drachme
- **Waldgeist**
  5 Satyr
- **Waldgott**
  3 Pan
- **Wegemaß**
  7 Stadion
- **Wein**
  5 Samos
- **Weiser**
  4 Bias
  5 Solon
  6 Chilon, Thales
  10 Pythagoras
- **Wettkampf**
  4 Agon
- **Zauberin**
  5 Circe, Kirke
  6 Hekate
- **Zeitform**
  6 Aurist

griechische Vorsilbe für ...
- **eigen**
  4 auto
- **fern**
  4 tele
- **gleich**
  3 iso
- **neu**
  3 neo
- **selbst**
  4 auto

Griesgram
  8 Murrkopf
  10 Miesepeter

Griff
  6 Halter, Henkel, Klinke
  8 Handhabe

Griff an der Tür
  12 Tuerklinke

griffbereit
  5 parat

Griffbrett
  8 Tastatur

Griffstange am Barren
  4 Holm

Grill
  4 Rost
  8 Barbecue, Bratrost

Grille
  5 Laune, Zirpe
  6 Insekt, Spleen, Zikade
  7 Einfall, Marotte
  8 Heimchen, Schrulle
  11 Heuschrecke

Grillgitter
  4 Rost

Grimasse
  6 Fratze

Grimbart
  5 Dachs

Grimm
  3 Wut
  4 Rage, Zorn
  5 Groll

Grind
  6 Schorf
  7 Flechte, Schmutz
  9 Ausschlag
  10 Hirschkopf

Grippe
  9 Influenza

Grips
  8 Klugheit, Schlaeue, Verstand
  9 Koepfchen
  10 Schlauheit
  11 Intelligenz

Grisli (Grizzly)
  8 Graubaer

grob
  3 rau, roh
  4 derb, rauh
  5 ruede
  6 barsch, rabiat, ruppig
  7 schroff
  8 ordinaer
  10 ungehobelt

grob gemahlenes Getreide
  6 Schrot

grob(e, er, es) ...
- **Beleidigung**
  7 Affront
- **Feile**
  6 Raspel
- **Filter**
  4 Sieb
- **Geröll für Straßenbau**
  8 Schotter
- **Gewebe**
  5 Drell
  6 Nessel, Rupfen
  10 Beiderwand
- **Holzfeile**
  6 Raspel
- **Kerl**
  6 Flegel
  7 Grobian
- **Leinwand**
  5 Blahe
- **Mehl**
  6 Griess

· **Mensch**
7 Luemmel, Rohling
9 Wuestling
· **Sand**
4 Kies
· **Schimpfwort**
5 Luder
· **Ungezogenheit**
8 Flegelei
· **Verweis**
7 Rueffel
· **Witz**
4 Zote
· **Wollstoff**
3 Aba
5 Loden
Grobheit
9 Frechheit
Grobian
5 Rowdy
6 Flegel, Ruepel
7 Rohling
Groll
3 Pik, Wut
4 Hass, Zorn
5 Grimm
11 Erbitterung
grollen
7 donnern, krachen
grönländisch(e, er, es) ...
· **Apostel**
5 Egede
· **Bewohner**
6 Eskimo
· **Boot**
5 Kajak, Umiak
· **Hauptort**
7 Godthab
· **Kap**
8 Farewell
· **Raubfisch**
6 Eishai
· **Schneehütte**
4 Iglu
Grönlandwal
8 Glattwal
groß(e, er, es) ...
· **Abstand**
5 Ferne
· **Anfangsbuchstabe**
7 Initial
8 Initiale
· **Ansehen**
4 Ruhm
· **Ansiedlung**
5 Stadt
· **Anstrengung**
8 Strapaze
· **Antilleninsel**
4 Kuba
5 Haiti
7 Jamaika
10 Puerto Rico
· **Anzahl**
5 Menge
· **Arbeitsstätte**
9 Werkhalle
· **arktisches Gewässer**
13 Nordpolarmeer
· **Aufbewahrungsraum**
5 Halle
· **Aufsehen**
5 Trara
· **Baumbestand**
4 Wald
· **Beil**
3 Axt
· **bischöfliche Kirche**
3 Dom
· **Buch**
7 Foliant
· **Deckenlampe**
12 Kronleuchter
· **deutscher Dichter**
6 Goethe
· **Dummheit**
6 Eselei
· **Dummheiten**
8 Eseleien
· **Eile**
4 Hast
6 Stress
· **Einkaufsstätte**
5 Laden
9 Warenhaus
10 Supermarkt
14 Einkaufscenter
· **Erderhebung**
4 Berg
· **Eulenart**
3 Uhu
· **Fass**
5 Tonne
· **Fluss**
5 Strom
· **Gartenanlage**
4 Park
· **Gefäß**
4 Fass
· **Geist der Algonkin-Indianer**
6 Manitu
· **Gesteinsgebilde**
4 Fels
· **Getreidespeicher**
4 Silo
· **Gewässer**
4 Meer
5 Ozean
· **Gewichtseinheit**
1 t
5 Tonne
· **Grabmal**
9 Mausoleum
· **Gräserart**
4 Rohr
· **Greifvogel**
5 Adler
· **Grundbesitzungen**
11 Latifundien
· **Hitze**
4 Glut
· **Kirche**
3 Dom
8 Muenster
10 Kathedrale
· **Klavier**
7 Fluegel
· **Kloster**
5 Abtei
· **Krach**
5 Laerm
· **Längeneinheit**
9 Lichtjahr
· **längliches Gefäß**
4 Trog
· **Lärm**
7 Getoese
· **Mann**
5 Huene
· **Märchenfrau**
6 Riesin
· **Meeressäugetier**
3 Wal
6 Narwal
7 Blauwal
12 Groenlandwal
· **Menschenaffe**
7 Gorilla
9 Orang Utan
· **Misere**
5 Elend
· **Missgeschick**
7 Unstern

8 Desaster
· **Mönchskloster**
5 Abtei
· **Musikinstrument**
5 Orgel
· **Pflanze**
6 Staude
· **Pfütze**
5 Pfuhl
· **Qual**
9 Martyrium
· **Raubtier**
4 Baer
· **Raum**
5 Halle
· **Raum für Festlichkeiten**
4 Saal
· **Robbe**
8 Seeloewe
· **Säugetier**
7 Elefant
· **Schüssel**
8 Weitling
· **Schwimmvogel**
6 Schwan
7 Pelikan
· **Sportanlage**
7 Stadion
· **Strom in Ostasien**
4 Amur
· **Sumpfgebiet**
4 Moor
· **Talent**
5 Genie
· **Tanzfest**
4 Ball
· **Theater**
5 Odeon
· **Trockenheit**
6 Duerre
· **Unglück**
11 Katastrophe
· **Unternehmen**
7 Konzern
· **Vogelkäfig**
7 Voliere
· **Warendepot**
5 Lager
· **Welle**
4 Woge
· **Wespenart**
8 Hornisse
· **Wohngebäude**
9 Mietshaus

großartig
5 famos, super
6 feudal, superb
7 pfundig, sueperb
8 grandios, imposant
9 bedeutend, praechtig
10 monumental, prachtvoll
Großbauernhof
3 Gut
Großbehälter
9 Container
Großbetrieb im Einzelhandel
8 Kaufhaus
9 Warenhaus
10 Supermarkt
Großbrand
12 Feuersbrunst
Großbuchstabe
6 Versal
8 Majuskel, Versalie
Größe
4 Mass, Wert
6 Format
7 Ausmass
9 Dimension, Koryphaee
10 Ausdehnung
Größe im Showgeschäft
4 Diva, Star
Großeinkaufsstätte
6 Center
Größenfestsetzung
7 Normung
Größenlehre
10 Arithmetik, Mathematik
Größenverhältnis
10 Proportion
Größenwahn
11 Megalomanie
12 Gigantomanie
größer(e, er, es) ...
· **Beet**
7 Rabatte
· **Binnengewässer**
3 See
· **Blumenstrauß**
6 Bukett
· **Blutentnahme**
8 Aderlass
· **Fahrt**
5 Reise
· **gebundenes Druckwerk**
4 Buch
· **Gewässer**
3 See
10 Binnenmeer
· **Hohlmaß**
10 Hektoliter
· **Junge**
5 Knabe
· **Landschaftsbereich**
9 Naturpark
· **Landwirtschaft**
3 Gut
4 Farm
8 Plantage
· **militärische Übung**
8 Manoever
· **Ort**
5 Stadt
9 Metropole
10 Subzentrum
· **Pflanzung**
8 Plantage
· **Truppenteil**
5 Armee
7 Brigade
8 Division
· **Zeitabschnitt**
6 Epoche
Großeule
3 Uhu
Großfamilie
4 Clan, Klan
5 Sippe
Großgräser
4 Rohr
Großgrundbesitz
3 Gut
9 Rittergut
11 Laendereien, Latifundien
Großhandel
6 en gros
Großhandelsmarkt
5 Messe
Großhändler
8 Grossist
großherzig
4 edel
6 guetig
Großherzigkeit
7 Edelmut
Großherzogtum
9 Luxemburg
Großindustrieller
6 Magnat
11 Schlotbaron
17 Industriekapitaen

Großinsel in der Arktis
9 Groenland
großjährig
7 muendig
9 erwachsen
11 volljaehrig
Großkatze
4 Puma
5 Loewe, Tiger
6 Gepard, Jaguar, Ozelot
7 Leopard, Panther
Großkaufhaus
6 Center
Großkind
5 Enkel
Großkreis der Erdkugel
8 Aequator
Großmachtbestrebungen
13 Imperialismus
Großmaul
5 Protz
7 Angeber, Prahler
11 Wichtigtuer
12 Aufschneider
Großmogul
5 Akbar
großmolekularer Kunststoff
5 Plast
großmütig
4 edel
6 guetig
8 generoes
Großmutter
3 Oma
Großpflanze
4 Baum
Großpflanzung
8 Plantage
Großraubtier in Afrika
5 Loewe
Großraumflugzeug
5 Jumbo
8 Jumbo Jet
Großspiel (Skat)
5 Grand
Großstadt in ... ▶ Stadt ...
Großstadtbahn
5 Metro, S-Bahn, U-Bahn
8 Hochbahn
14 Untergrundbahn
größt(e, er, es) ...
· **Binnenhafen Europas**
8 Duisburg
· **deutsche Stadt**
6 Berlin
· **Drüsenorgan des Körpers**
5 Leber
· **Erdteil**
5 Asien
· **estnische Ostseeinsel**
5 Oesel
· **europäische Eule**
3 Uhu
· **Fluss zur Donau**
6 Theiss
· **Gebirge in Europa**
5 Alpen
· **Gesellschaftsinsel**
6 Tahiti
· **Hirschart**
4 Elch
· **Hochland der Erde**
5 Tibet
· **Hörsaal der Uni** (Kurzwort)
7 Audimax
· **Insel der Erde**
9 Groenland
· **Insel Deutschlands**
6 Ruegen
· **Kaskade Mitteleuropas**
9 Rheinfall
· **Landblock der Erde**
8 Eurasien
· **Landsee in Europa**
9 Ladogasee
· **Landtier Europas**
6 Wisent
· **lebender Vogel**
7 Strauss
· **lebendes Landtier**
7 Elefant
· **lebendes Säugetier**
3 Wal
· **Nagetier**
5 Biber
· **Planet unseres Sonnensystems**
7 Jupiter
· **Planetoid**
5 Ceres
· **See Deutschlands**
8 Bodensee
· **Stadt Boliviens**
5 La Paz
· **Stadt Marokkos**
10 Casablanca
· **Strom in Afrika**
3 Nil
· **Strom in Amerika**
8 Amazonas
· **Strom in Asien**
12 Jangtsekiang
· **Strom in Europa**
5 Wolga
· **Talsperre in Hessen**
7 Edersee
· **Wasserfläche**
12 Stiller Ozean
· **Wüste**
6 Sahara
Großtierverband
5 Herde
Großvater
3 Opa
Großwesir
7 Premier
Großwildpark in Afrika
9 Serengeti
Großwuchs
11 Gigantismus
großwüchsiger Mensch
5 Huene, Riese
großzügig
3 lax
6 kulant
8 generoes
9 freigebig, spendabel
grotesk
6 bizarr
7 komisch, seltsam
8 verzerrt
10 eigenartig, wunderlich
11 fantastisch, verschroben
12 phantastisch
Groteskschrift
7 Antiqua
10 Sans Serife
Grotte
6 Hoehle
Grottenmolch
3 Olm
Grube
4 Loch, Mine
5 Falle, Kuhle, Mulde, Zeche
8 Bergwerk
Grübelei
9 Reflexion
10 Reflektion

G

grübeln
9 sinnieren
Grubengas
6 Methan
grüblerisches Nachdenken
8 Tiefsinn
Gruft
4 Grab
6 Krypta
Grummet
3 Heu
Grün von Knollen
5 Kraut
grün(e, er, es) ...
· **Edelstein**
6 Beryll
7 Smaragd
· **Halbedelstein**
4 Jade
· **Schmuckstein**
4 Jade
· **Zweig als Hutschmuck**
5 Bruch
Grünanlage
4 Beet, Park
5 Rasen, Wiese
6 Garten
7 Rabatte
grünblau
4 bleu
Grund
4 Fond, Sinn
5 Basis, Boden, Motiv
6 Anlass, Beginn, Faktor, Quelle
7 Anstoss, Terrain, Umstand, Ursache, Vorwand
Grund und Boden
6 Fundus
Grundbalken der Wasserfahrzeuge
4 Kiel
Grundbaustein der Lebewesen
5 Zelle
Grundbegriff
9 Kategorie
Grundbesitz
9 Laenderei
10 Immobilien
11 Laendereien
14 Liegenschaften
Grundbesitzer
4 Sass
5 Sasse
6 Magnat
8 Gutsherr
Grundbuch
8 Kataster
Gründe für ein Urteil
8 Indizien
Gründer, Gründerin ...
· *des* **deutschen Reiches**
8 Bismarck
· *der* **Heilsarmee**
5 Booth
· *des* **Jesuitenordens**
6 Loyola
8 Ignatius
· *von* **Karthago**
4 Dido
· *der* **olympischen Spiele**
9 Coubertin
· *von* **Pennsylvanien**
4 Penn
· *von* **Prag**
7 Libussa
· *des* **Protestantismus**
6 Luther
· *von* **Rom**
5 Remus
7 Romulus
· *des* **Roten Kreuzes**
6 Dunant
11 Henri Dunant
· *des* **Sozialismus**
4 Marx
· *des* **türkischen Reichs**
5 Osman
· *der* **UdSSR**
5 Lenin
Grundfarbe
3 Rot
4 Blau, Gelb
Grundfeste
5 Basis
9 Fundament
Grundfläche
5 Areal, Basis
Grundform
3 Typ
5 Typus
6 Urbild
Grundform des Jazz
5 Blues
Grundgedanke
5 Thema
Grundgehalt
5 Fixum
Grundgesetz
6 Charta
10 Verfassung
Grundkapital
5 Stock
Grundlage
4 Fond
5 Basis, Boden
6 Fundus, Sockel
8 Unterbau, Ursprung
9 Fundament
13 Ausgangspunkt
Grundlast
8 Servitut
grundlegende Änderung
7 Umbruch
gründlich
5 exakt, genau
7 penibel
8 intensiv
11 sorgfaeltig
12 gewissenhaft
gründliche Prüfung
10 Erdauerung
Grundlinie
5 Basis
Grundlinie beim Tennis
8 Baseline
grundlos
11 unmotiviert
12 unbegruendet
Grundmaterial
8 Rohstoff
Grundmodell
5 Urtyp
Grundpfandrecht
8 Hypothek
Grundrechenart
6 Teilen
8 Abziehen, Addition, Division
9 Malnehmen, Zuzaehlen
11 Subtraktion
14 Multiplikation
Grundrichtung
5 Trend
Grundriss
4 Plan
6 Skizze
9 Fundament
Grundsatz
5 Axiom, Dogma, Regel
6 Gesetz, Maxime
7 Prinzip

Grundsatzerklärung
8 Manifest, Programm
11 Deklaration
grundsätzlich
9 elementar
11 fundamental, prinzipiell
Grundschleppnetz
5 Trawl
Grundschuld
8 Hypothek
Grundschulfach
5 Lesen, Musik, Sport
6 Turnen, Werken
7 Rechnen
9 Sachkunde, Schreiben
11 Heimatkunde
12 Handarbeiten
Grundstein
9 Fundament
Grundstock ▶ Grundlage
Grundstoff
7 Element
Grundstoff ...
· *für* **Alkohol im Wein**
6 Zucker
· *für* **Arzneimittel**
5 Droge
· *für* **Farben**
6 Anilin
· *einer* **Gruppe**
7 Edelgas
· *für* **Kerzen**
7 Stearin
· *der* **Papierherstellung**
4 Holz
· *für* **Puder**
4 Talk
· *für* **Säcke**
5 Sisal
· *für* **Salben**
7 Lanolin
8 Vaseline
Grundstück
5 Areal
6 Besitz
7 Anwesen, Bauland, Terrain
8 Parzelle
9 Besitztum, Immobilie
12 Liegenschaft
Grundstück mit Haus
7 Anwesen
9 Heimwesen
Grundstückseinfriedung
4 Rain, Zaun
Grundstücksmiete
5 Pacht
Grundstücksvermittler
6 Makler
Grundstücksverzeichnis
8 Kataster
Grundstufe (Grammatik)
7 Positiv
Gründünger
6 Lupine
Grundzug
5 Wesen
7 Merkmal
13 Wesensmerkmal
16 Charakteristikum
Grüne Insel
6 Irland
Grünes
13 Suppengemuese
Grünfläche
5 Rasen, Wiese
Grünfläche in der Wüste
4 Oase
Grünfutter
4 Gras, Klee
6 Lupine
Grünland
3 Alm
5 Egart, Weide, Wiese
6 Koppel
grünlich(e, er, es) ...
· **Farbe**
4 oliv
· **Pflanzenfarbstoff**
11 Chlorophyll
· **Schmuckstein**
4 Jade
Grünreizker
10 Ritterling
Grünrock
6 Jaeger
8 Foerster, Waidmann
12 Forstbeamter
Grunzochse
3 Jak, Yak
Gruppe
4 Liga
5 Schar
9 Abteilung
Gruppe ...
· *der* **Ostalpen**
6 Tauern
10 Karawanken
· *der* **Säuger**
9 Nagetiere
· **übermütiger Kinder**
11 Rasselbande
· *der* **Westfinnen**
5 Esten
Gruppenakkord
7 Gedinge
Gruppentanz
6 Reigen
8 Laendler
9 Polonaise, Quadrille
Gruppentänzer
8 Figurant
Gruppenunterkunft
4 Heim
Gruppierung
9 Anordnung
13 Konstellation
Gruß
3 Ade, Hei
5 Adieu
6 Servus, Tschau
7 Tschues
Gruß ...
· *zum* **Abschied**
3 Ade
· *unter* **Personen**
10 gruess Gott
guatemaltekisch(e, er, es) ...
· **Berg**
5 Fuego
6 Tacema
9 Tajamulco
· **Münze**
7 Centavo, Quetzal
· **Nobelpreisträger für Literatur**
8 Asturias
· **Ureinwohner**
4 Maya
5 Mayas
6 Ladino
· **Vulkan**
5 Fuego
Guckkasten
7 Diarama
11 Kaleidoskop
Guckloch
5 Spion
Guerilla
8 Partisan
Guillotine
8 Fallbeil
Gullivers Zwergenland
7 Liliput

G

gültig
9 abgemacht, anerkannt, offiziell
11 verbindlich
gummiartige Kunststoffe
6 Elaste
Gummibaum Australiens
10 Eukalyptus
Gummiharzart
5 Asant
Gummiherstellung
13 Vulkanisation
Gummilack
9 Schellack
Gummirohstoff
9 Kautschuk
Gummiüberschuh
8 Galosche
Gunst
4 Huld
5 Gnade, Guete, Hilfe
9 Zuneigung
10 Protektion, Wohlwollen
Gunst Gottes
5 Segen
Gunstgewerblerin
4 Hure
5 Metze, Nutte
8 Callgirl
13 Prostituierte
günstig
8 opportun
günstig(e, er, es) ...
· **Bodenzustand**
4 Gare
· **Gelegenheit**
6 Chance
· **Humusform**
4 Mull
· **Urteil**
3 Lob
· **Zeitpunkt**
6 Chance
8 Okkasion
11 Gelegenheit
Günstling
7 Favorit, Protegé
8 Liebkind, Liebling
11 Schuetzling
Gurgel
4 Hals
5 Kehle
6 Rachen
7 Schlund
8 Kehlkopf
9 Halsorgan
Gurkenkraut
4 Dill
9 Borretsch
Gurt
4 Band
6 Riemen
Gürtel
4 Band, Gurt, Zone
6 Koppel, Riemen
9 Halteband, Halterung, Hueftband
10 Leibriemen
11 Hueftriemen, Ringstrasse
Gürtel des Kimonos
3 Obi
Gürtellinie
6 Taille
Gürtelrand der Hose
4 Bund
Gürtelschließe
6 Spange
7 Schloss
8 Schnalle
Gürtelweite
6 Taille
Gurtförderer
4 Band
10 Fliessband
11 Foerderband
GUS-Staat
7 Ukraine
Gussbarren
6 Massel
Gussform für Stahl
7 Kokille
Gussform im Druckwesen
5 Mater
Gusto
7 Neigung
8 Vorliebe
9 Geschmack
Gut
3 Hof
4 Habe, Ware
6 Besitz, Fracht, Ladung
7 Anwesen, Domaene, Produkt
8 Eigentum
gut
4 edel, fein, lieb, wohl
5 prima
gut ...
· **aussehender Mann**
4 Beau
· **erzogen**
5 artig
· **gelaunt**
4 froh
· **im Geschmack**
6 lecker
· **situiert**
5 reich
10 wohlhabend
· **temperiert**
4 warm
· **trainiert**
3 fit
gut(e, er, es) ...
· **Ausgang eines Films**
8 Happyend
· **Bekannter**
6 Freund
7 Intimus, Kamerad, Kollege
10 Vertrauter
· **Benehmen**
3 Pli
7 Anstand
· **Bodenzustand**
4 Gare
· **Einfall**
4 Idee
· **Einvernehmen**
9 Eintracht
· **Entwicklung**
8 Gedeihen
· **Ergebnis**
6 Erfolg
· **Frau im Märchen**
3 Fee
· **Geist**
11 Schutzengel
· **Kondition**
7 Fitness
· **Laune**
5 Humor
10 Heiterkeit
· **Rat**
3 Tip
· **Ruf**
8 Renommee
· **Segelwinde**
6 Brisen
· **Wetter**
12 Sonnenschein

Gutachten
9 Expertise
Gutachter
7 Experte
17 Sachverstaendiger
gutartig
4 brav
7 benigne
gutartige Geschwulst
4 Myom
5 Warze
6 Adenom
Gutdünken
8 ermessen
Güte
4 Wert
5 Gnade, Gunst
7 Edelmut
8 Grossmut, Sanftmut, Toleranz
9 Qualitaet
10 Humanitaet, Wohlwollen
Güterausstellung
5 Messe
Güteraustausch
6 Handel
Güterbeförderung
9 Transport
Gütereinkauf
6 Import
Gütertransport
11 Fernverkehr
Güterverkauf
6 Export
Guthaben
5 Haben
gutmütige Dummheit
7 Einfalt
Gutsarbeiter
5 Inste
Gutschein
3 Bon
5 Bonus, Kupon, Talon
6 Coupon
Gutschrift
5 Bonus
6 Rabatt, Skonto
Gutshof
7 Gehoeft
Gutspersonal
7 Gesinde
Gutsverwalter
5 Meier
11 Rentmeister

Guttural
8 Kehllaut
Gymnasialklasse (veraltet)
5 Prima, Sexta
6 Quarta, Quinta, Tertia
7 Sekunda
Gymnasiallehrer
10 Studienrat
Gymnasiast
12 Oberschueler
14 Mittelschueler
gymnastisch(e, er, es) ...
· **Übung**
5 Rolle
6 Spagat
9 Kniebeuge
12 Strecksprung
· **Künstler**
7 Akrobat
· **Gerät**
4 Ball, Seil, Stab
5 Keule
6 Hantel, Reifen
Gynäkologie
15 Frauenheilkunde

H

Haar
4 Bart, Fell
5 Braue, Faser, Flaum, Locke, Tolle, Welle
6 Borste, Frisur, Maehne, Schopf, Wimper
8 Bueschel, Straehne
haarartige Oberfläche (Teppich)
4 Flor
Haarausschnitt katholischer Geistlicher
6 Tonsur
Haarbusch
7 Panasch

Haarbüschel
5 Tolle
6 Schopf, Zottel
8 Straehne
Haare bei Löwen
6 Maehne
Haarersatz
6 Toupet
8 Peruecke
Haarfarbe
4 grau
5 blond
7 schwarz
9 hellblond
Haarfärbemittel
5 Henna
haarfein
8 kapillar
Haarfett
6 Pomade
Haargarnteppich
6 Bouclé, Buklee
Haargebilde der Vögel
8 Gefieder
Haargefäß
9 Kapillare
Haarklammer
6 Spange
9 Haarnadel
Haarkleid
4 Balg, Fell, Pelz
haarklein
5 genau
7 praezis
Haarklemmen
5 Clips, Klips
Haarknoten
4 Dutt
7 Chignon
Haarkringel
5 Locke
Haarlocke
5 Tolle, Welle
haarlos
4 kahl
haarloser Kopf
6 Glatze
Haarmähne ► Haarbüschel
Haarnadelkurve
10 Spitzkehre
Haarpflegegerät
4 Foen, Kamm
5 Foehn, Haube
6 Schere
7 Buerste

12 Trockenhaube
Haarpflegemittel
5 Spray
6 Pomade
7 Shampoo
8 Festiger, Haarfett, Schampon, Shampoon
10 Haarwasser
11 Brillantine
Haarpfleger
5 Bader
6 Figaro
7 Barbier, Friseur, Frisoer
8 Coiffeur
Haarpflegerin
8 Friseuse
Haarreihe in Augennähe
6 Brauen
7 Wimpern
Haarröhrchen
9 Kapillare
Haarschmuck
6 Diadem, Spange
Haarschneider
7 Friseur
Haarschopf
5 Tolle
Haarspalter
6 Pedant
7 Sophist
8 Rabulist
Haarspalterei
9 Sophistik
10 Rabulistik
13 Wortklauberei
15 Spitzfindigkeit
Haarspange
5 Fibel
7 Agraffe
Haarstoff
4 Filz
Haarteil
6 Toupet
Haartracht
4 Dutt, Pilz, Pony, Zopf
6 Fasson, Frisur, Knoten, Tonsur
8 Afrolook, Bubikopf, Igelkopf, Pilzkopf, Scheitel
9 Pagenkopf
10 Dauerwelle, Ponyfrisur
11 Wasserwelle
Haartrockner
4 Foen
5 Foehn
Haarwaschmittel
7 Shampoo
Haarwellen
6 Locken
Haarwickel
9 Papillote
Haarwuchs
4 Bart
5 Tolle
6 Maehne
Haarwuchs über dem Auge
6 Brauen
Haarzopf
7 Flechte
Habe
3 Gut
4 Geld
6 Besitz
7 Kapital
8 Eigentum
9 Barschaft, Vermoegen
10 Immobilien
Haben
4 Plus
Habgier
4 Geiz, Gier, Neid
8 Geldgier, Raffgier
9 Raffsucht
13 Besitzstreben
habgieriger Mensch
6 Raffke
7 Knauser
8 Geizhals, Raffzahn
10 Geizkragen
Habit
5 Anzug, Kleid
6 Gewand, Tracht
8 Kleidung
10 Gewohnheit
Habitus
7 Gebaren, Haltung
9 Auftreten, Verhalten
Habseligkeiten
6 Besitz, Sachen
Habsucht ▶ Habgier
Hackbrett
6 Zimbal
Hacke
4 Haue
5 Karst
Hacken
5 Ferse
6 Absatz
Hackfleisch
4 Hack, Mett
7 Haschee
13 Schabefleisch
Hackfleischfüllung in Speisen
5 Farce
Hackfleischklößchen
7 Bulette
10 Frikadelle
Hackfrucht
5 Ruebe
6 Moehre
9 Kartoffel, Kohlruebe, Mohrruebe
10 Steckruebe
Hader
4 Zank
5 Fehde, Zwist
6 Fetzen, Lumpen, Streit
7 Haendel
hadern
6 zanken
8 streiten
Hades
5 Orkus
6 Hoelle
9 Unterwelt
10 Totenreich
Hafen
4 Port
Hafen ... (▶ auch Hafenstadt ...)
- *im* **alten Phönizien**
5 Sidon
- *in der* **Bretagne**
5 Brest
7 Lorient
- *in* **Libyen**
5 Derna
- *am* **Panamakanal**
5 Colon
- *in* **Südindien**
6 Madras
- *in der* **Volksrepublik China**
6 Ningpo
Hafenanlage
3 Kai
4 Damm, Dock, Kran, Mole, Pier, Quai, Steg
5 Dalbe, Reede
6 Becken, Poller
Hafenarbeiter
6 Stauer

11 Schauermann
Hafenboot
4 Kahn
5 Prahm
6 Faehre, Kutter, Schute
7 Pinasse
8 Barkasse, Leichter
9 Schlepper
Hafenbrücke
4 Pier
Hafendamm
3 Kai
4 Mole, Pier
Hafeninsel vor New York
5 Ellis
Hafenmauer ► Hafendamm
Hafenpfahlgruppe
5 Dalbe
Hafenstadt ...
· *an der* **Adria**
4 Bari
5 Fiume
6 Triest
7 Venedig
8 Brindisi
· *an der* **Agäis**
5 Athen
6 Smyrna
8 Saloniki
· *in* **Ägypten**
4 Sues, Suez
6 Abukir
8 Port Said
10 Alexandria
· *in* **Alaska**
4 Nome
5 Sitka
· *in* **Algerien**
4 Bone, Oran
6 Algier, Annaba, Bougie
· *des* **alten Rom**
5 Ostia
· *in* **Argentinien**
11 Buenos Aires
· *in* **Aserbaidschan**
4 Baku
· *in* **Äthiopien**
7 Massaua
· *in* **Australien**
5 Perth
6 Darwin, Sydney
8 Adelaide, Brisbane
9 Melbourne
· *in* **Belgien**
4 Gent
7 Bruegge, Ostende
9 Antwerpen
· *in* **Birma**
6 Rangun
· *auf* **Bornholm**
6 Roenne
· *in* **Brasilien**
3 Rio
4 Para
5 Bahia, Belem, Ceara, Natal
6 Campos, Ilheus, Maceio, Recife, Santos
7 Camocim, Niteroi, São Luiz, Vitoria
8 Belmonte, Salvador
9 Caravelas, Fortaleza, Joinville, Rio Grande
10 Pernambuco
11 Porto Alegre, São Salvador
12 Rio de Janeiro
· *in* **Bulgarien**
5 Varna, Warna
· *in* **Chile**
5 Arica, Yanes
6 Huasco
7 Caldera, Iquique
8 Valdivia
9 Las Serena
10 San Antonio, Valparaiso
11 Antofagasta, Puerto Montt
· *in* **China**
4 Amoy, Wusi
5 Lueta, Macao
6 Antung, Dairen, Kanton, Minhou, Ningpo, Tainan
7 Nanking, Tschifu, Yungkia
8 Anschang, Futschou, Hongkong, Shanghai, Tientsin, Tsingtau
9 Ninghsien, Schanghai, Tangschan, Weihaiwei, Wentschou
10 Hangtschou, Yanptschou
11 Tschinkiang
· *am* **Dollart**
5 Emden
· *am* **Don**
4 Asow
6 Rostow
· *in* **England**
5 Dover
· *in* **Estland**
5 Reval
6 Paernu, Pernau
· *am* **finnischen Meerbusen**
7 Tallinn
8 Helsinki
9 Kronstadt
· *in* **Finnland**
3 Abo
4 Kemi, Nemi, Oulu, Vasa
5 Borga, Hanko, Kotka, Turku, Vaasa
6 Hangoe
7 Kokkola
8 Helsinki, Uleaborg
· *in* **Frankreich**
4 Caen, Sète
5 Brest
6 Calais, Cannes, Dieppe, Nantes, Toulon
7 Bayonne, Le Havre, Lorient, Quimper
8 Bordeaux, Boulogne
9 Abbeville, Cherbourg, Dunkerque, Marseille, Martigues, Saint Malo
10 Concarneau, Douarnenez, La Rochelle
11 Duenkirchen
12 Saint Nazaire
· *in* **Gabun**
10 Libreville, Port Gentil
· *in* **Gambia**
8 Bathurst
· *in* **Ghana**
5 Accra
· *am* **Golf von Salerno**
6 Amalfi
· *in* **Griechenland**
5 Athen, Aulis, Bolos
6 Kabala, Kandia, Patras, Pyrgos
7 Chalkis, Kalamae, Kalamai, Kavalla, Korinth, Laurion, Piraeus, Prebeza, Preveza
8 Nauplion, Saloniki
9 Epidauros, Heraklion
12 Thessalonike
· *in* **Großbritannien**
4 Bath, Hull

5 Barry, Blyth, Dover, Flint, Fowey, Hythe, Leith, Poole
6 Cromer, Dundee, Exeter, Jarrow, London, Maldon
7 Bristol, Cardiff, Harwich, Ipswich, Newport, Norwich, Rhondda, Swansea
8 Brighton, Hastings, Plymouth, Ramsgate, Yarmouth
9 Blackpool, Liverpool, Newcastle, Rochester
10 Birkenhead, Eastbourne, Folkestone, Gloucester, Portsmouth, Sunderland
11 Bournemouth, Southampton

· *in* **Guinea**
7 Conakry

· *auf* **Haiti**
12 Port-au-Prince

· *auf* **Hawaii**
4 Hilo

· *auf* **Honschu** (Japan)
5 Osaka
6 Numazu

· *in* **Humberside** (England)
4 Hull

· *in* **Indien**
6 Bombay, Kandia, Madras
8 Kalkutta

· *am* **Indischen Ozean**
4 Aden
5 Perth
6 Bombay, Durban
7 Colombo
8 Djakarta, Kalkutta

· *der* **Indischen Union**
6 Bombay, Madras
8 Kalkutta

· *in* **Indonesien**
6 Padang
7 Jakarta
8 Djakarta, Semarang, Surabaja

· *im* **Irak**
5 Basra

· *im* **Iran**
5 Ahwas
6 Abadan
8 Baendaer, Schahpur

· *in* **Irland**
4 Cork
6 Dublin

· *auf* **Island**
9 Reykjavík

· *in* **Israel**
4 Akka
5 Eilat, Elath, Haifa
6 Ashdod

· *in* **Italien**
4 Bari, Fano
5 Gaeta, Genua, Grado, Paola
6 Amalfi, Ancona, Neapel, Reggio, Rimini, Tarent, Triest
7 Catania, Livorno, Messina, Otranto, Palermo, Salerno, Syrakus, Venedig
8 Brindisi, Cagliari, La Spezia, Molfetta, Piombino, Siracusa, Sorrento

· *auf* **Jamaika**
8 Kingston

· *in* **Japan**
4 Kobe, Moje
5 Akita, Atami, Iwaki, Kochi, Omuta, Osaka, Otaru, Sakai, Tokio
6 Nagoja, Nagoya, Numazu
7 Aeomori, Tschiba
8 Hakodate, Jokohama, Kanasawa, Nagasaki, Schimizu, Yokohama

· *auf* **Java**
8 Semarang

· *in* **Kambodscha**
9 Phnom Penh

· *in* **Kamerun**
5 Duala

· *in* **Kanada**
6 Quebec
7 Halifax, Toronto
8 Montreal
9 Vancouver

· *an der* **Kanalküste**
5 Dover, Gorey, Poole
6 Calais, Dieppe
8 Weymouth

· *am* **Kaspischen Meer**
4 Baku
9 Astrachan

· *in* **Kenia**
7 Mombasa

· *in* **Kolumbien**
9 Cartagena
12 Barranquilla, Buenaventura

· *auf* **Korsika**
6 Bastia

· *auf* **Kreta**
5 Kanea, Sitia
10 Herakleion

· *auf der* **Krim**
5 Jalta

· *in* **Kroatien**
4 Omis, Pola, Pula, Senj
5 Fiume, Koper, Kotor, Porec, Split, Zadar
6 Ragusa, Rijeka, Trogir, Ulcinj
7 Abbazia, Opatija, Sibenik
9 Dubrovnik

· *auf* **Kuba**
7 Havanna

· *in* **Lettland**
5 Libau

· *im* **Libanon**
5 Saida, Sidon
6 Beirut
7 Tripoli

· *in* **Liberia**
8 Monrovia

· *in* **Libyen**
5 Derna, Sirte
6 Tobruk
7 Bengasi
8 Tripolis

· *in* **Litauen**
4 Riga

· *auf* **Mallorca**
5 Palma

· *in* **Marokko**
4 Safi
5 Ceuta, Rabat
6 Agadir, Tanger, Tetuan
10 Casablanca, Darel Beida

· *in* **Mexiko**
7 Tampico
8 Mazatlan, Veracruz

· *am* **Mittelmeer**
4 Akko, Bari, Bone, Oran, Pola, Sète, Suez
5 Athen, Ceuta, Derna, Genua, Haifa, Izmir, Jaffa, Palma, Sidon, Sirte
6 Ankona, Bastia, Beirut, Durres, Malaga, Neapel,

Patras, Ragusa, Smyrna, Tobruk, Toulon, Triest
7 Bengasi, Durazzo, Korinth, Livorno, Messina, Palermo, Piraeus, Salerno, Venedig
8 Brindisi, Port Said, Saloniki, Tripolis
· *in* **Moçambique**
5 Beira
· *auf* **Neuguinea**
6 Madang
· *auf* **Neuseeland**
8 Auckland
10 Wellington
· *der* **Niederlande**
9 Amsterdam, Rotterdam
10 Vlissingen
· *in* **Nordamerika**
5 Diego, Tampa
6 Mobile
7 Buffalo, New York, Norfolk, Oakland, Seattle
8 Portland
9 Baltimore, Galveston
10 Charleston, Los Angeles, Sacramento
12 Jacksonville, Philadelphia
· *in* **Nordirland**
7 Belfast
· *an der* **Nordsee**
4 Hull, Leer
5 Brake, Emden, Husum
6 Bergen, Bremen, Dundee, Narvik
7 Esbjerg, Hamburg
8 Aberdeen, Cuxhaven
9 Rotterdam, Stavanger
10 Folkestone, Zeebruegge
11 Bremerhaven
12 Kristiansand
13 Wilhelmshaven
· *in* **Nordspanien**
6 Bilbao
· *in* **Norwegen**
4 Oslo
6 Bergen, Halden, Horten, Larvik, Namsos, Narvik
7 Alesund, Arendal, Drammen, Tromsoe
8 Kirkenes
9 Drontheim, Haugesund, Stavanger, Trondheim, Trondhjem
10 Hammerfest
11 Fredrikstad
12 Kristiansand, Kristiansund
· *in* **Ostfriesland**
4 Leer
5 Emden
· *in* **Ostpreußen**
6 Elbing, Labiau, Pillau
11 Koenigsberg
· *an der* **Ostsee**
3 Abo
4 Kiel, Oulu, Riga, Umea
5 Libau, Lulea, Memel, Pitea, Turku, Wisby, Ystad
6 Danzig, Wiborg, Wismar
7 Gdingen, Luebeck, Rostock, Stettin
9 Stockholm, Stralsund
· *in* **Pakistan**
9 Karatschi
· *in* **Panama**
5 Colon
6 Balboa, Panama
· *in* **Paraguay**
8 Asuncion
· *am* **Persischen Golf**
6 Abadan
· *in* **Peru**
5 Chala, Pisco
6 Callao
7 San Juan
· *der* **Philippinen**
6 Manila
· *in* **Polen**
6 Danzig
7 Gdingen, Stettin
· *in* **Pommern**
7 Kolberg, Stettin
8 Sassnitz
9 Stralsund
· *in* **Portugal**
5 Porto, Sines
7 Setubal
8 Lissabon
· *am* **Roten Meer**
5 Akaba, Akiba
6 Djidda
· *in* **Russland**
6 Moskau
8 Murmansk
9 Astrachan
11 Archangelsk, Wladiwostok
15 Sankt Petersburg
· *in* **Saudi-Arabien**
5 Katif
6 Damman, Djidda
· *in* **Schleswig-Holstein**
4 Kiel
9 Flensburg
· *in* **Schottland**
5 Leith, Perth
6 Dunbar, Dundee, Irvine, Methil
7 Glasgow
8 Aberdeen, Greenock
9 Edinburgh
· *am* **Schwarzen Meer**
5 Batum
6 Batumi, Odessa, Rostow
· *in* **Schweden**
4 Umea
5 Kivik, Lulea, Ystad
6 Gaevle, Kalmar, Malmoe
7 Varberg
8 Halmstad
9 Goeteborg, Nykoeping, Stockholm, Sundsvall
10 Karlskrona, Nynaeshamm, Oskarshamm, Trelleborg
12 Haelsingborg
· *in* **Senegal**
5 Dakar
10 Saint Louis
· *in* **Sierra Leone**
8 Freetown
· *auf* **Sizilien**
5 Patti
6 Agosta, Cefalu, Licata, Mazara
7 Augusta, Marsala, Messina, Palermo
· *in* **Somalia**
3 Eil
4 Mait
10 Mogadischu
· *in* **Spanien**
4 Vigo
5 Cádiz, Ceuta, Gijon, Mahon, Palma
6 Bilbao, Málaga, Tarifa
7 Almería, Melilla
8 Alicante, La Coruña, Valencia
9 Algeciras, Barcelona, Cartagena, Santander
12 San Sebastian

15 Palma de Mallorca
- *auf* **Sri Lanka**
5 Galle
6 Jaffna
7 Colombo
- *in* **Südafrika**
6 Durban
8 Kapstadt
- *der* **Südafrikanischen Republik**
6 Durban
8 Kapstadt
- *in* **Südarabien**
4 Aden
- *in* **Süditalien**
7 Salerno
- *in* **Südjemen**
4 Aden
- *in* **Südportugal**
4 Faro
- *auf* **Taiwan**
5 Takao
6 Taipeh
- *in* **Tansania**
5 Tanga
10 Daressalam
- *in* **Thailand**
7 Bangkok
- *in* **Togo**
4 Lome
- *in* **Tunesien**
4 Sfax, Susa
5 Gabes, Tunis
6 Sousse
7 Biserta, Bizerta, Bizerte
- *der* **Türkei**
5 Izmir
6 Mersin, Samsun, Smyrna
7 Giresun
8 Istanbul
- *in der* **Ukraine**
6 Odessa
- *in* **Uruguay**
10 Montevideo
- *in den* **USA** ▶ Hafenstadt in Nordamerika
- *in* **Vietnam**
6 Cholon, Saigon
8 Haiphong
- *am* **Weißen Meer**
11 Archangelsk
- *auf* **Zypern**
7 Larnaka
8 Limassol
9 Famagusta

Haferflockenbrei
6 Muesli
8 Porridge

Haff
6 Lagune
7 Ufersee
9 Strandsee

Hafner
7 Toepfer

Haft
6 Arrest, Kerker
9 Gewahrsam
10 Gefaengnis
14 Gefangenschaft
15 Freiheitsstrafe

Haftanstalt
3 Bau
5 Knast
6 Karzer, Kerker
9 Zuchthaus
10 Gefaengnis
15 Vollzugsanstalt

Haftbarmachung
7 Regress

Häftling
9 Arrestant
10 Gefangener, Straefling

Haftraum
5 Zelle
7 Verlies

Haftsumme
7 Kaution

Haftung
6 Obligo
7 Gewaehr
8 Garantie
10 Sicherheit
11 Buergschaft
15 Gewaehrleistung

Haftungsfrist
12 Garantiezeit

Haftzeher
5 Echse, Gecko, Tokee
8 Eidechse
10 Mauergecko

Hagelkorn
7 Graupel
8 Schlosse

Hagens Beiname
6 Tronje

hager
5 duenn, duerr, mager
6 schmal
7 knochig
9 asketisch
10 ausgezehrt

Hagestolz
11 Junggeselle
13 Einzelgaenger

Hahn
6 Gockel
11 Wetterfahne
12 Abzugsbuegel

Hahn in der Fabel
7 Henning

Hähne und Ventile
9 Armaturen

Hahnenfußgewächs
6 Akelei
7 Anemone
8 Eisenhut, Feigwurz, Nieswurz, Ranunkel, Waldrebe
9 Haarkraut
11 Dotterblume, Rittersporn
14 Kuechenschelle, Leberbluemchen
15 Scharbockskraut
16 Sumpfdotterblume

Hahnenschrei
8 Kikeriki

Hairückenflosse
5 Finne

Haifischart
9 Katzenhai
11 Menschenhai

haifischartiges Tier
6 Rochen
10 Seedrachen

Haifischflosse
5 Finne

Hain
3 Loh
4 Tann, Wald
5 Forst

Häkelmasche
9 Staebchen

Haken
6 Krampe

Hakenbüchse
8 Arkebuse

Hakenschlinge
4 Oese

halb offene Bogenhalle
6 Loggia

Halbaffe
4 Lori, Maki, Vari
5 Indri, Katta, Komba, Lemur, Potto

6 Galago, Kukang, Lemure, Pukang
8 Faulaffe
9 Duennleib, Fuchsaffe, Ohrenmaki
10 Fingertier

halbamtlich
9 offizioes

Halbblut
7 Bastard, Mestize, Mulatte
9 Mischling

Halbbogen
5 Folio

Halbdunkel
7 Daemmer
8 Schummer
9 Zwielicht
10 Daemmerung

Halbedelstein
4 Jade, Onyx, Opal
5 Achat, Topas
6 Granat, Jaspis
7 Spinell
8 Amethyst, Malachit
9 Aquamarin, Tigerauge
10 Katzenauge
11 Lapislazuli

Halbesel
6 Onager
8 Maulesel, Maultier

Halbfreier
4 Lite
8 Hoeriger

Halbgefrorenes
6 Sorbet
7 Sorbett
9 Scherbett

Halbgeschwister
11 Stiefbruder
14 Stiefschwester

Halbgott
4 Held
5 Heros

Halbinsel ...
· *in der* **Adria**
7 Istrien
· *in* **Afrika**
6 Somali
· *in* **Ägypten**
5 Sinai
· *in* **Amerika**
6 Alaska, Avalon, Seward
7 Florida
8 Labrador
11 Kalifornien
· *in* **Asien**
5 Korea, Sinai
10 Kleinasien
· *im* **Bodensee**
5 Hoeri
· *in* **Dänemark**
8 Juetland
· *bei* **Danzig**
4 Hela
· *in* **Europa**
4 Krim
5 Athos, Morea, Wales
6 Attika
7 Istrien, Kintyre
8 Bretagne, Cornwall, Juetland
9 Gallipoli, Kassandra
10 Chalkidike, Peloponnes
· *in* **Frankreich**
5 Medoc
8 Bretagne
9 Normandie
· *in* **Griechenland**
5 Athos, Morea
6 Attika
8 Sithonia
10 Chalkidike, Peloponnes
· *in* **Großbritannien**
5 Wales
8 Cornwall
· *in* **Hinterindien**
7 Malakka
· *in* **Kanada**
8 Labrador
· *in* **Kroatien**
7 Istrien
· *in* **Mexiko**
7 Yukatan
· *in* **Nahost**
5 Sinai
· *in* **Neufundland**
6 Avalon
· *in* **Nordamerika**
7 Florida
8 Labrador
· *im* **Persischen Golf**
5 Katar
· *im* **Roten Meer**
5 Sinai
· *auf* **Rügen**
5 Zudar
· *in* **Russland**
4 Kola, Krim
5 Kanin
6 Taimyr
11 Kamtschatka
· *im* **Schwarzen Meer**
4 Krim
5 Taman
· *in* **Südostasien**
12 Hinterindien
· *in* **Südosteuropa**
6 Balkan
· *im* **Südwesten von Großbritannien**
5 Wales
· *in der* **Türkei**
9 Gallipoli
· *in* **Vorderasien**
7 Arabien

Halbjahr
8 Semester

Halbkanton der Schweiz
8 Obwalden
9 Appenzell, Nidwalden

Halbkontinent
11 Nordamerika, Suedamerika

Halbkugel
11 Hemisphaere

halblange Pumphose
13 Knickerbocker

Halblicht in der Frühe
16 Morgendaemmerung

Halbmesser
6 Radius

Halbmetall
5 Arsen, Selen
6 Tellur
7 Antimon
8 Silicium, Silizium
9 Germanium

Halbmond
6 Sichel

halbplastisches Bildwerk
6 Relief

Halbporzellan
7 Fayence
8 Majolika

halbrunde Nische
6 Exedra

Halbschlaf
6 Doesen
9 Schlummer

Halbschmarotzerstrauch
6 Mistel

Halbschuh
5 Pumps
6 Opanke

H

7 Slipper
8 Mokassin
halbseiden
8 verrucht
9 anruechig
Halbseidengewebe
8 Eolienne
halbseitiger Kopfschmerz
8 Migraene
halbsteife Masse
7 Gallert
Halbstiefel
11 Stiefelette
Halbteil
7 Haelfte
Halbton in der Musik
1 b
2 as, es
3 ais, ces, cis, des, dis, eis, fes, fis, ges, gis, his
Halbton über d
3 dis
halbwarm
3 lau
Halbwelt
9 Demimonde, Unterwelt
Halbweltdame
7 Kokotte
9 Kurtisane
Halbwisser
9 Dilettant
Halbwüchsige/Halbwüchsiger
4 Teen, Twen
6 Teenie
8 Teenager
9 Backfisch
halbzahmer Vogel
5 Taube
Halbziege
4 Thar
Halfter
4 Joch, Zaum
6 Kummet
Hall
3 Ruf, Ton
4 Echo
5 Klang, Sound
6 Schall
8 Resonanz
Halle
4 Aula, Saal
5 Foyer
Halle Odins
7 Walhall
8 Walhalla
Hallenkirche
8 Basilika
Hallensische Münze
7 Haeller
Hallig
5 Habel, Hooge, Oland
6 Groede
8 Suedfall
9 Langeness, Norderoog, Suederoog
10 Nordstrand
Hallighügel
5 Warft
Halluzination
4 Wahn
8 Fantasie, Trugbild
9 Phantasie
Halmfrüchte
8 Getreide
Halmgewächs
4 Gras
8 Getreide
Halogen
3 Jod
4 Brom
5 Astat, Chlor, Fluor
Halsabschneider
6 Gauner
8 Wucherer
Halsbekleidung
5 Schal
6 Kragen
Halsbinde
6 Binder, Fliege
7 Schlips
8 Krawatte, Plastron, Schleife
Halsbinde katholischer Priester
6 Kollar
Halseisen
7 Pranger
Halsentzündung
6 Angina
Halsfalte des Rindes
5 Wamme
Halskette
7 Kollier
Halskrankheit
10 Diphtherie
Halskrause
6 Fraese, Kroese
Halsorgan
6 Gurgel
8 Kehlkopf
Halsschlagader
7 Karotis
Halsschmuck
5 Kette
7 Collier, Kollier
13 Perlenkollier
Halsschmuck der Bronzezeit
6 Lunula
halsstarrig
4 stur
11 eigensinnig
Halsteil
5 Kehle, Zunge
6 Gaumen, Genick, Gurgel, Mandel, Nacken, Rachen
7 Mandeln, Schlund
8 Kehlkopf
9 Zaepfchen
10 Adamsapfel, Luftroehre, Zungenbein
12 Schilddruese, Speiseroehre
Halsteil an der Kleidung
6 Kragen
Halstuch
5 Schal, Stola
8 Cachenez
Halswirbel
5 Atlas
Halt
4 Rast, Stop
5 Pause, Stopp
7 Station
haltbar
5 solid
6 robust
10 bestaendig, konsistent
17 widerstandsfaehig
Haltbarkeit
10 Soliditaet
Haltbarmachung
13 Konservierung, Sterilisation
15 Pasteurisierung
Halteband
4 Gurt
7 Traeger
15 Sicherheitsgurt
Haltebolzen
4 Niet
Halteeinrichtung
6 Bremse
9 Notbremse

Haltegestell
8 Staender
Halteklotz
6 Poller
Haltekraft
9 Kohaesion
halten
7 stoppen
13 stehen bleiben
Haltepflock
5 Pilar
Haltestation
7 Bahnhof
Haltestelle
4 Stop
5 Stopp
7 Station
Haltetau
4 Stag
Haltevorrichtung
5 Griff
6 Bremse
Haltezeichen (Musik)
7 Fermate
haltlos
5 labil
7 schwach
14 unzuverlaessig, willensschwach
Haltung
3 Air
4 Pose, Stil
5 Tenue
6 Gehabe, Pflege
7 Fassung, Gebaren, Habitus, Positur
8 Aussehen, Benehmen, Betragen
9 Attituede, Auftreten
Halunke
4 Dieb, Lump
6 Bandit, Gauner, Schuft
Hamburger ...
· **Gewässer**
6 Alster
· **Promenade**
13 Jungfernstieg
· **Reeder**
6 Ballin
8 Woermann
· **Schauspieler**
4 Vahl
· **Schauspielerin**
5 Kabel
· **Schriftsteller**
4 Leip
· **Sehenswürdigkeit**
5 Hafen
6 Michel
7 Rathaus
· **Sportverein** (Abkürzung)
3 HSV
· **Stadtkanal**
5 Fleet
· **Stadtteil**
5 Lurup
6 Altona, Eilbek
7 Barmbek
8 Ottensen
9 Wandsbeck
10 Blankenese, Eidelstedt, Uhlenhorst, Winterhude
11 Eimsbuettel
12 Harvestehude
· **Vergnügungsviertel**
7 St. Pauli
10 Reeperbahn, Sankt Pauli
· **Wahrzeichen**
6 Michel
15 Michaeliskirche
· **Weihnachtsmarkt**
3 Dom
· **Witzfigur**
4 Erna
6 Hummel
9 Klein Erna
Hamilkars Sohn
8 Hannibal
hämisch
9 malizioes
11 schadenfroh
hamitisches Volk
6 Massai, Tuareg
Hammelfett
4 Talg
Hammelfleisch
12 Schoepsernes
Hammelkeule
5 Gigot
Hammer der Bergleute
8 Faeustel
9 Schlaegel
Hammerklavier
5 Piano
10 Pianoforte
hamstern
6 horten
Hand beim Tier
5 Pfote, Tatze
6 Pranke
Hand-out
4 Text
6 Papier
10 Manuskript
Handarbeit
5 Weben
6 Naehen
7 Flicken, Haekeln, Sticken, Stopfen
8 Knuepfen, Stricken
15 Teppichknuepfen
Handarbeitsart ▶ Handarbeit
Handarbeitsstoff
7 Stramin
Handarbeitstätigkeit
5 Weben
Handarbeitsutensil
9 Naehnadel
Handballausdruck
3 Tor
4 Ecke
6 Abwehr, Abwurf, Anwurf
7 Abspiel, Eckwurf, Einwurf, Torraum
8 Freiwurf, Torlinie
11 Anwurfkreis, Mittellinie, Seitenlinie, Siebenmeter
12 Torraumlinie
13 Freiwurflinie
Handbeutel
9 Pompadour
Handbewegung
4 Wink
5 Geste
8 Abwinken, Zuwinken
10 Fingerzeig
Handbuch
6 Manual
9 Leitfaden
10 Kompendium
Handdreschgerät
6 Flegel
Handdruckgerät
7 Stempel
Händeklatschen
7 Applaus, Beifall
Handel
4 Deal, Kauf
7 Einkauf, Kommerz, Verkauf
8 Vertrieb
9 Geschaeft

H

Handel mit Diebesgut
8 Hehlerei
Handel Treibender
8 Kaufmann
Handeln
6 Wirken
handeln
6 wirken
7 agieren
Handeln
10 Taetigkeit
handeln
12 taetig werden
handelnd
5 aktiv
6 taetig
Handelnder
6 Akteur
Handelsbrauch
3 Uso
4 Usus
6 Usance
Handelsgehilfe
5 Clerk
6 Kommis
Handelsgott
6 Hermes, Merkur
Handelsgut
3 Gut
4 Ware
7 Artikel, Produkt
Handelsmann
6 Hoeker
7 Kraemer
8 Grossist, Kaufherr, Kaufmann, Troedler
9 Exporteur, Hausierer, Importeur
13 Grosshaendler, Kleinhaendler
14 Einzelhaendler
Handelsmarke
5 Marke
9 Trademark
12 Warenzeichen
Handelsname
5 Firma
Handelsniederlassung
5 Depot
6 Kontor
7 Filiale
8 Faktorei
10 Vertretung
11 Zweigstelle
Handelsplatz
5 Markt, Messe
6 Boerse
Handelspreis einer Währung
4 Kurs
Handelsschiff
6 Tanker
8 Frachter
15 Containerschiff
Handelsunternehmen
9 Geschaeft
Handelsvertreter
5 Agent
6 Makler, Nepper
9 Reisender, Schlepper
Handelsvertretung
7 Agentur
Handelsvollmacht
7 Prokura
Handelswaren
6 Gueter
8 Produkte
Handelszeichen ▶ Handelsmarke
handfester Mann
4 Kerl
Handfeuerwaffe
6 Gewehr
7 Muskete, Pistole
8 Revolver
16 Maschinenpistole
17 Parabellumpistole
Handfischnetz
5 Hamen
7 Kescher
Handgelenk
4 Rist
handgemein ▶ handgreiflich
Handgemenge
9 Pruegelei
11 Schlaegerei
Handgepäck
5 Mappe
6 Beutel, Koffer, Tasche
7 Seesack
8 Rucksack
9 Reisekorb
10 Aktenmappe, Handkoffer, Handtasche
11 Aktentasche, Reisetasche
12 Hutschachtel
handgeschriebene Vorlage
10 Manuskript
handgezogener Wagen
6 Karren
handgreiflich
7 konkret
8 taetlich
9 drastisch
12 gewalttaetig
Handgriff
5 Hebel, Knauf, Stiel
6 Buegel, Henkel
8 Schlaufe, Schlinge
Handhabe
6 Anlass
11 Druckmittel
Handhabung
4 Dreh
5 Griff, Stiel
6 Praxis, Umgang
7 Einsatz, Technik
8 Gebrauch
Handharmonika
9 Akkordeon
15 Schifferklavier
Handikap
7 Vorgabe
8 Nachteil
11 Behinderung
Handklapper
11 Kastagnette
Handklaviatur
6 Manual
Handknöchel
6 Knobel
Handlanger
6 Helfer
8 Komplize
12 Beistehender
13 Helfershelfer
Händler
7 Kraemer, Tandler
8 Antiquar, Troedler
9 Hausierer
11 Marketender
Händlerin bei der Feldtruppe
13 Marketenderin
Handlesekunst
10 Chirologie
11 Chiromantie
Handleuchte
7 Laterne
handlich
6 bequem

9 nuetzlich, praktisch
Handluftwedler
7 Faecher
Handlung
3 Akt, Tat
5 Thema
6 Ablauf, Aktion, Inhalt
7 Vollzug, Vorgang
8 Ereignis, Fortgang
10 Geschehnis, Vorkommnis
Handlungsablauf
9 Geschehen
Handlungsbevollmächtigter
9 Prokurist
Handlungsgehilfe ► Handelsgehilfe
Handlungsgerüst eines Werkes
5 Fabel, Story
Handlungsreisender
► Handelsreisender
Handlungsvollmacht
7 Prokura
Handlungsweise
3 Tun
Handmähgerät
5 Sense
6 Sichel
Handpflege
9 Manikuere
Handpflegemittel
3 Oel
4 Fett, Lack
5 Creme, Paste, Salbe, Seife
8 Glyzerin, Vaseline
Handpuppe
10 Marionette
Handpuppenbühne
13 Kaspertheater
14 Kasperltheater
15 Kasperletheater
Handpuppenfigur
4 Hexe
6 Gretel, Kasper
8 Kasperle, Polizist
11 Grossmutter
Handramme
5 Hoyer
Handreichung
5 Hilfe
6 Dienst
7 Service
9 Assistenz
Handsäge
12 Fuchsschwanz
Handschelle
6 Fessel
Handschlitten
5 Rodel
Handschrift
5 Codex, Kodex
8 Eigenart
Handschriftendeuter
9 Grafologe
10 Graphologe
Handschuh
3 Kid
8 Faeustel
10 Faeustling
Handschuhleder
3 Kid
5 Glacé, Nappa
6 Glacee
Handstableuchte
12 Taschenlampe
Handstandüberschlag
10 Flickflack
Handstempel
9 Petschaft
Handstreich
4 Coup
6 Putsch
9 Ueberfall
Handtäschchen
8 Ridikuel
Handteil
4 Rist
5 Nagel, Sehne
6 Daumen, Finger, Teller
8 Knoechel
9 Nagelbett
10 Ringfinger
11 Fingerkuppe, Fingernagel, Kleinfinger, Zeigefinger
12 Fingerspitze, Mittelfinger
Handtrommel
8 Tamburin
Handtuchstoff
7 Frottee
Handturngerät
4 Stab
5 Keule
6 Hantel, Reifen
Handwagen
6 Karren
handwarm
3 lau
Handwärmer
4 Muff
Handwerk
6 Gewerk, Metier
Handwerker
5 Maler, Weber
6 Gerber, Gipser, Glaser, Maurer, Setzer, Wirker
7 Drucker, Graveur, Sattler, Schmied, Spinner, Toepfer
8 Klempner, Schuster, Spengler, Tischler, Zimmerer
9 Boettcher, Drechsler, Emailleur, Kloeppler, Leinweber, Lohgerber, Polsterer, Schleifer, Schlosser, Schreiner, Steinmetz, Taeschner
10 Dachdecker, Elektriker, Fassbinder, Kuerschner, Ofensetzer, Stuckateur, Stukkateur, Tapezierer, Zimmermann
11 Anstreicher, Goldschmied, Knopfmacher, Schuhmacher, Stellmacher
12 Installateur
15 Heizungsmonteur, Moebelschreiner
Handwerkerdiplom
12 Meisterbrief
13 Gesellenbrief
Handwerkergerät
9 Loetlampe
Handwerkertitel
7 Geselle, Meister
12 Zunftmeister
Handwerkervereinigung
5 Gilde, Zunft
6 Innung
handwerklich Erfahrener
9 Praktiker
handwerkliche Arbeit
6 Faktur
Handwerksberuf ► Handwerker
Handwerksbetrieb
12 Buchbinderei
Handwerksgehilfe
5 Stift

7 Geselle
Handwerkszeug
3 Axt
4 Ahle, Beil
5 Feile, Hobel, Kelle, Saege, Zange
6 Beitel, Bohrer, Hammer, Messer, Pinsel, Raspel, Schere, Spaten
7 Buerste, Meissel, Stichel
8 Schaufel, Spachtel
9 Zollstock
10 Brecheisen, Kneifzange, Loetkolben, Stemmeisen
11 Drillbohrer, Wasserwaage
12 Bohrmaschine
15 Schraubenzieher
Handzettel
8 Prospekt
9 Flugblatt
Handziehwagen
5 Karre
6 Karren
hanebüchen
9 unerhoert
Hanfabfall
4 Werg
Hanfbindfaden
6 Kordel
Hanffaser
5 Sisal
Hanfpflanze
4 Aloe
Hang
5 Piste
6 Faible, Spleen
7 Neigung
8 Vorliebe
9 Boeschung
Hängebrückenpfeiler
5 Pylon
Hängelampe
5 Ampel
Hannibals Bruder
9 Hasdrubal
Hannibals Vater
8 Hamilkar
Hanseschiff
5 Kogge
Hansestadt
4 Riga
5 Emden, Koeln, Memel, Reval, Thorn
6 Bergen, Bremen, Danzig, Dorpat, Elbing
7 Breslau, Bruegge, Hamburg, Kolberg, Luebeck, Rostock, Stettin
8 Nowgorod
9 Amsterdam, Antwerpen, Magdeburg, Stralsund
11 Koenigsberg
12 Braunschweig
Hansestadt an der Trave
7 Luebeck
Hansestädter
6 Bremer
8 Luebecker
9 Hamburger, Rostocker
Hanswurst
4 Narr
5 Clown
6 Kasper
8 Harlekin, Kasperle
Happening
7 Meeting, Treffen
8 Ereignis
10 Geschehnis
Haremswächter
6 Eunuch
Häresie
8 Ketzerei
16 Gotteslaesterung
harfenartiges Instrument
4 Lyra
5 Leier
Harke
6 Rechen
Harlekin
4 Narr
5 Clown
6 Kasper
9 Hanswurst
Harm
4 Gram, Leid
5 Sorge
6 Kummer
7 Schmerz
12 Verbitterung
harmlos
9 friedlich
13 ungefaehrlich
harmlos(e, er, es) ...
· **Schlange**
12 Ringelnatter
· **Streit**
8 Kabbelei
· **Tanzvergnügen**
10 Ringelpiez
Harmonie
6 Friede
7 Einheit, Frieden
8 Ebenmass, Einklang
9 Einigkeit, Eintracht, Konsonanz
12 Einvernehmen
Harmonielehre
8 Harmonik
Harmonika
9 Akkordeon, Bandoneon
15 Schifferklavier
harmonisch(e, er, es) ...
· **Klangfolge**
7 Melodie
· **Töne**
5 Klang
· **Wesen**
16 Ausgeglichenheit
· **Zustand**
6 Friede
Harn
4 Urin
9 Exkrement
Harnisch
3 Wut
4 Zorn
6 Panzer
7 Kuerass
8 Ruestung
Harnvergiftung
7 Uraemie
Harpune
5 Speer
6 Spiess
9 Wurfspeer
10 Wurfspiess
hart
4 fest, stur
6 streng
7 rigoros
8 eisern
9 unbeugsam
10 drakonisch
12 unerbittlich
hart(e, er, es) ...
· **Gestein**
6 Basalt, Granit
· **Innenteil**
4 Kern
· **Kräuterkäse**
10 Schabziger

- **Metall**
  5 Chrom, Titan, Widia
  6 Tantal
  7 Iridium
- **militärische Ausbildung**
  5 Drill
- **Mineral**
  5 Stein
- **Papier**
  5 Pappe
- **Reibkäse**
  8 Parmesan
- **Tonart**
  3 Dur
  4 Moll
- **Tonschiefer**
  6 Adinol
- **Ziegel**
  7 Klinker

Härte
7 Strenge
10 Konsequenz, Widerstand
11 Grausamkeit

härtestes Mineral
7 Diamant

Hartgeld
6 Muenze

Hartgummi
6 Ebonit

Hartgummischeibe beim Eishockey
4 Puck

Hartholz
5 Paduk
6 Makore
9 Eisenholz, Kasuarine

Hartkäse
5 Gouda
7 Cheddar, Chester, Gruyère
8 Parmesan

Hartmetall
5 Titan

hartnäckig
4 stur
9 verbissen
11 halsstarrig

hartnäckige Sturheit
12 Verbohrtheit

Hartriegelgewächs
6 Cornus
8 Liguster

Hartschalenfrucht
4 Nuss
6 Mandel

Hartung
6 Januar
7 Jaenner

Hartwurst
6 Salami

Haruspex
9 Wahrsager

Harzabflussrinne am Baum
6 Lachte

Harzart
5 Elemi, Kopal
6 Benzoe, Dammar, Guajak, Mastix, Myrrhe, Storax, Styrax
7 Galipot, Ladanum
8 Sandarak
9 Bernstein, Gummigutt, Kautschuk, Schellack, Terpentin, Weihrauch

Harzgipfel
7 Brocken

Harzkurort
8 Schierke
9 Bad Sachsa, Braunlage
11 Bad Harzburg, Wernige-rode

Harzöl
9 Terpentin

Harzprodukt
11 Kolophonium

harzreiches Nadelholz
4 Kien

Hasard
6 Glueck, Zufall
12 Gluecksspiel

Häscher
7 Buettel, Scherge

Hase im Märchen
5 Lampe
11 Muemmelmann
12 Meister Lampe

Haselmaus
5 Bilch, Relle
9 Schlaefer
14 Haselschlaefer

Haselschwamm
7 Porling

Haselwurz
6 Asarum
9 Brechwurz

Haselwurzkampfer
6 Asaron

Hasenampfer
9 Sauerklee

hasenartiges Tier
4 Mara
5 Aguti
9 Kaninchen, Karnickel
10 Chinchilla, Murmeltier

Hasenbein
4 Lauf

Hasenbock
7 Rammler

Hasenfell
5 Kanin

Hasenfuß
5 Memme
8 Feigling
9 Angsthase

Hasenlager
5 Sasse

Hasenmännchen
7 Rammler

Hasenmaus
10 Chinchilla

Hasenpanier
5 Angst
6 Flucht, Furcht
8 Feigheit

Hasenschwanz
5 Blume

Häsin
5 Zibbe, Zippe
8 Satzhase, Setzhase

Hass
5 Groll, Odium
7 Abscheu
11 Feindschaft

hässlich
4 mies
10 abstossend

hässlich(e, er, es) ...
- **Anblick**
  6 Fratze
  8 Grimasse
- **Angewohnheit**
  5 Unart
  6 Laster
- **Wesen**
  8 Scheusal, Ungetuem

Hast
4 Eile
5 Hetze, Tempo
6 Stress

hastiges Umhereilen
8 Rennerei

hätscheln
9 liebkosen
10 streicheln

H

Hatz
4 Jagd
5 Hetze
10 Verfolgung
Haube
4 Dach, Helm
5 Kappe
7 Aufsatz, Kalotte
8 Woelbung
Haubenpapagei
6 Kakadu
Haubitze
9 Geschuetz
Hauch
4 Atem, Aura, Odem, Spur
6 Anflug, Nuance, Pneuma
7 Fluidum, Luftzug
Haudegen
5 Recke
6 Soldat
7 Veteran
Haue
5 Hiebe, Keile, Senge
7 Dresche, Pruegel
8 Schlaege
9 Abreibung
Haufen
4 Pulk, Wust
5 Masse, Menge, Schar, Stoss
6 Anzahl, Stapel
7 Schwarm
11 Garbenstand
Haufenwolke
7 Kumulus
häufig
3 oft
10 wiederholt
Häufigkeit
8 Frequenz
Häufung
5 Masse
10 Ansammlung
12 Akkumulation
Haumesser
7 Machete
Haun
3 Uhu
Haupt
4 Boss, Chef, Kopf
6 Leiter
7 Fuehrer
9 Anfuehrer
Hauptausdehnung
6 Laenge
Hauptbuch
7 Journal
9 Kontobuch
Haupteingang
6 Portal
8 Haustuer
Hauptfigur
4 Held
11 Protagonist
12 Titelgestalt
Hauptfluss
5 Strom
Hauptgedanke
5 Thema
Hauptgeistlicher der anglikanischen Kirche
4 Dean
Hauptgeschäftsstelle
8 Zentrale
Hauptgewicht
11 Schwerpunkt
Hauptgott der Philister
5 Dagan, Dagon
Hauptgrundsatz
6 Maxime
Hauptheiligtum des Islam
5 Kaaba
Hauptinsel ...
· *der* **Balearen**
8 Mallorca
· **Japans**
6 Honshu
· *der* **Marianen**
4 Guam
· *der* **Philippinen**
5 Luzon
Hauptkirche
3 Dom
8 Basilika, Muenster
10 Kathedrale
Häuptling
6 Kazike
Hauptmahlzeit
5 Diner
11 Mittagessen
Hauptmasse
4 Gros
9 Ueberzahl
10 Hauptmenge
Hauptmasse des Körpers
5 Rumpf
Hauptort ...
· *auf* **Bornholm**
6 Roenne
· *auf* **Elba**
12 Portoferraio
· *auf* **Gotland**
5 Visby, Wisby
· *von* **Graubünden**
4 Chur
· *auf* **Grönland**
8 Godthaab
· *des* **Kantons Uri**
7 Altdorf
· *auf* **Madeira**
7 Funchal
· *auf* **Mallorca**
5 Palma
· *auf* **Malta**
9 La Valetta
· *von* **Nidwalden**
5 Stans
· *auf* **Sylt**
10 Westerland
· *von* **Tahiti**
7 Papeete
· *auf* **Zypern**
7 Nikosia
Hauptperson einer Feier
7 Jubilar
9 Jubilarin
15 Geburtstagskind
Hauptpflanze der Wiesen
4 Gras
Hauptplatz von Städten
5 Markt
Hauptpriel im Wattenmeer
6 Seegat
Hauptpunkt
6 Pointe
Hauptraum des altrömischen Hauses
6 Atrium
Hauptregister der Orgel
9 Prinzipal
Hauptreisezeit
6 Saison
10 Hochsaison
Hauptsache
4 Clou
6 Gehalt, Pointe
8 Substanz
9 Kernpunkt
11 Quintessenz
Hauptschlagader
5 Aorta
Hauptschneide am Pflug
5 Schar

Hauptspeise der Tibeter
6 Dsamba
Hauptstadt
8 Kapitale
9 Metropole
14 Regierungssitz
Hauptstadt ...
· *von* **Afghanistan**
5 Kabul
· *von* **Ägypten**
5 Kairo
· *von* **Albanien**
6 Tirana
· *von* **Algerien**
6 Algier
· *des* **alten Elam**
4 Susa
· *von* **Andorra**
14 Andorra la Vella
· *von* **Angola**
6 Loanda, Luanda
· *von* **Argentinien**
11 Buenos Aires
· *von* **Armenien**
6 Eriwan
· *von* **Aserbeidschan**
4 Baku
· *des* **Assyrerreiches**
5 Assur
6 Ninive
· *von* **Äthiopien**
10 Addis Abeba
· *von* **Australien**
8 Canberra
· *von* **Baden-Württemberg**
9 Stuttgart
· *der* **Bahamas**
6 Nassau
· *von* **Bahrein**
6 Manama
· *der* **Balearen**
5 Palma, Palma
· *von* **Bali**
8 Denpasar
· *von* **Bangladesh**
5 Dacca, Dhaka
· *von* **Barbados**
10 Bridgetown
· *von* **Baschkirien**
3 Ufa
· *von* **Bayern**
8 Muenchen
· *von* **Belgien**
8 Bruessel
· *von* **Bengalen**
8 Kalkutta
· *von* **Benin**
9 Porto Novo
· *von* **Birma**
6 Rangun
· *von* **Bolivien**
5 La Paz, Sucre
· *von* **Botswana**
8 Gaberone
· *von* **Brandenburg**
7 Potsdam
· *von* **Brasilien**
8 Brasilia
· *von* **Brunei**
7 Begawan
· *von* **Bulgarien**
5 Sofia
· *von* **Burgenland**
10 Eisenstadt
· *von* **Burma ► Birma**
· *von* **Burundi**
9 Bujumbura
· *von* **Chile**
15 Santiago de Chile
· *der* **chinesischen Provinz Schenzi**
4 Xian
· *der* **chinesischen Volksrepublik**
6 Peking
· *von* **Costa Rica**
7 San Jose
· *der* **CR**
4 Prag
· *von* **Dänemark**
10 Kopenhagen
· *von* **Deutschland**
6 Berlin
· *der* **Dominikanischen Republik**
12 Santo Domingo
· *von* **Ecuador**
5 Quito
· *von* **El Salvador**
11 San Salvador
· *der* **Elfenbeinküste**
7 Abidjan
· *von* **Eritrea**
6 Asmara
· *von* **Estland**
5 Reval
7 Tallinn
· *in* **Europa**
6 Lisboa
· *in* **Fernost**
5 Tokio
· *von* **Finnland**
8 Helsinki
· *von* **Frankreich**
5 Paris
· *von* **Gabun**
10 Libreville
· *von* **Gambia**
6 Banjul
8 Bathurst
· *von* **Ghana**
5 Akkra
· *der* **Goldküste**
5 Accra
· *von* **Griechenland**
5 Athen
· *von* **Großbritannien**
6 London
· *von* **Guatemala**
13 Guatemala City
· *von* **Guinea**
7 Conakry
· *von* **Guinea-Bissau**
6 Bissau
· *von* **Guyana**
10 Georgetown
· *von* **Haiti**
12 Port au Prince
· *von* **Hessen**
9 Wiesbaden
· *von* **Holland**
9 Amsterdam
· *von* **Honduras**
11 Tegucigalpa
· *von* **Indien**
8 Neu Delhi, New Delhi
· *der* **Indischen Union**
5 Delhi
· *von* **Indonesien**
7 Jakarta
8 Djakarta
· *des* **Irak**
6 Bagdad
· *des* **Iran**
7 Teheran
· *von* **Irland**
6 Dublin
· *von* **Island**
9 Reykjavik
· *von* **Israel**
9 Jerusalem
· *von* **Italien**
3 Rom

H

- *von* **Jamaika**
  8 Kingston
- *von* **Japan**
  5 Tokio
- *von* **Jemen**
  4 Sana
- *von* **Jordanien**
  5 Amman
- *von* **Jugoslawien**
  7 Belgrad
- *von* **Kambodscha**
  8 Pnompenh
- *von* **Kamerun**
  6 Jaunde
- *von* **Kanada**
  6 Ottawa
- *des* **Kantons Uri**
  7 Altdorf
- *der* **Kapverdischen Inseln**
  5 Praia
- *von* **Kärnten**
  10 Klagenfurt
- *von* **Katar**
  4 Doha
- *von* **Kenia**
  7 Nairobi
- *von* **Kolumbien**
  6 Bogota
- *der* **Komoren**
  6 Moroni
- *des* **Kongo**
  11 Brazzaville
- *von* **Kreta**
  9 Heraklion
- *von* **Kroatien**
  6 Zagreb
- *von* **Kuba**
  6 Habana
  7 Havanna
  8 La Habana
- *von* **Kuwait**
  6 Kuwait
- *von* **Ladakh**
  3 Leh
- *von* **Laos**
  9 Vientiane
- *von* **Lesotho**
  6 Maseru
- *von* **Lettland**
  4 Riga
- *des* **Libanon**
  6 Beirut
- *von* **Liberia**
  8 Monrovia
- *von* **Libyen**
  8 Tripolis
- *von* **Liechtenstein**
  5 Vaduz
- *von* **Litauen**
  5 Wilna
  6 Kaunas
- *von* **Luxemburg**
  9 Luxemburg
- *von* **Madagaskar**
  12 Antananarivo
- *des* **Malaiischen Bundes**
  11 Kuala Lumpur
- *von* **Malawi**
  8 Lilongwe
- *von* **Malaysia**
  11 Kuala Lumpur
- *der* **Malediven**
  4 Male
- *von* **Mali**
  6 Bamako
- *von* **Mallorca**
  5 Palma
- *von* **Malta**
  10 La Valletta
- *von* **Marokko**
  5 Rabat
- *von* **Mecklenburg-Vorpommern**
  8 Schwerin
- *von* **Mexico**
  10 Mexico City
- *von* **Moçambique**
  6 Maputo
- *von* **Monaco**
  6 Monaco
- *der* **Mongolischen Volksrepublik**
  9 Ulan Bator
- *von* **Namibia**
  7 Windhuk
  8 Windhoek
- *von* **Nepal**
  8 Katmandu
- *von* **Neuseeland**
  10 Wellington
- *von* **Nicaragua**
  7 Managua
- *der* **Niederlande**
  9 Amsterdam
- *von* **Niederösterreich**
  12 Sankt Poelten
- *von* **Niedersachsen**
  8 Hannover
- *von* **Niger**
  6 Niamey
- *von* **Nigeria**
  5 Lagos
- *in* **Nordafrika**
  5 Tunis
  6 Algier
- *in* **Nordeuropa**
  4 Oslo
- *von* **Nordirland**
  7 Belfast
- *von* **Nordrhein-Westfalen**
  11 Duesseldorf
- *von* **Norwegen**
  4 Oslo
- *von* **Oberösterreich**
  4 Linz
- *von* **Oman und Maskat**
  6 Maskat
- *von* **Ontario**
  7 Toronto
- *von* **Oregon**
  5 Salem
- *von* **Österreich**
  4 Wien
- *von* **Pakistan**
  9 Islamabad
- *von* **Panama**
  10 Panama City
- *von* **Paraguay**
  8 Asuncion
- *von* **Peru**
  4 Lima
- *der* **Philippinen**
  6 Manila
- *der* **Phönizier**
  5 Sidon, Tyros
- *von* **Polen**
  8 Warschau
- *von* **Portugal**
  8 Lissabon
- *von* **Puerto Rico**
  7 San Juan
- *der* **Republik China**
  6 Taipeh
- *der* **Republik Irland**
  6 Dublin
- *der* **Republik Korea**
  5 Seoul
- *von* **Rheinland-Pfalz**
  5 Mainz
- *von* **Rhodesien**
  9 Salisbury
- *von* **Ruanda**
  6 Kigali

· *von* **Rumänien**
8 Bukarest
· *von* **Russland**
6 Moskau
· *des* **Saarlandes**
12 Saarbruecken
· *von* **Sachsen**
7 Dresden
· *von* **Sachsen-Anhalt**
9 Magdeburg
· *von* **Sambia**
6 Lusaka
· *von* **San Marino**
9 San Marino
· *von* **Sankt Helena**
9 Jamestown
· *von* **Sardinien**
8 Cagliari
· *von* **Saudi-Arabien**
4 Riad
· *von* **Schleswig-Holstein**
4 Kiel
· *von* **Schottland**
9 Edinburgh
· *von* **Schweden**
9 Stockholm
· *der* **Schweiz**
4 Bern
· *von* **Senegal**
5 Dakar
· *von* **Sierra Leone**
8 Freetown
· *von* **Simbabwe**
6 Harare
· *von* **Singapur**
8 Singapur
· *von* **Sizilien**
7 Palermo
· *von der* **Slowakei**
9 Pressburg
10 Bratislava
· *von* **Somalia**
10 Mogadischu
· *von* **Spanien**
6 Madrid
· *von* **Sri Lanka**
7 Colombo
· *der* **Steiermark**
4 Graz
· *von* **Südafrika**
8 Pretoria
· *der* **Südafrikanischen Republik**
8 Pretoria
· *des* **Sudan**
7 Khartum
· *von* **Südkarolina**
8 Columbia
· *von* **Südkorea**
5 Seoul
· *von* **Swasiland**
7 Mbabane
· *von* **Syrien**
8 Damaskus
· *von* **Tahiti**
7 Papeete
· *von* **Taiwan**
6 Taipeh
· *von* **Tansania**
6 Dodoma
10 Daressalam
· *von* **Texas**
6 Austin
· *von* **Thailand**
7 Bangkok
· *von* **Thüringen**
6 Erfurt
· *von* **Tibet**
5 Lhasa
· *von* **Togo**
4 Lome
· *von* **Trinidad und Tobago**
11 Port of Spain
· *des* **Tschad**
8 Fort Lamy, Ndjamena
· *der* **Tschechischen Republik**
4 Prag
· *von* **Tunesien**
5 Tunis
· *der* **Türkei**
6 Ankara
· *von* **Uganda**
7 Kampala
· *der* **Ukraine**
4 Kiew
· *von* **Ungarn**
8 Budapest
· *von* **Uruguay**
10 Montevideo
· *der* **USA**
10 Washington
· *von* **Venezuela**
7 Caracas
· *der* **Vereinigten Arabischen Emirate**
5 Dubai
· *von* **Vietnam**
5 Hanoi
· *der* **Volksdemokratischen Republik Korea**
10 Pjoengjang
· *der* **Volksrepublik China**
6 Peking
· *von* **Vorarlberg**
7 Bregenz
· *von* **Wales**
7 Cardiff
· *von* **Wallis**
4 Sion
· *von* **Weißrussland**
5 Minsk
· *von* **Westsamoa**
4 Apia
· *von* **Wisconsin**
7 Madison
· *von* **Zaire**
8 Kinshasa
· *der* **Zentralafrikanischen Republik**
6 Bangui
· *von* **Zypern**
7 Nikosia
Hauptstierkämpfer
7 Matador
Hauptstraße ...
· *in* **Berlin**
6 Kudamm
15 Kurfuerstendamm
· *in* **Düsseldorf**
3 Koe
12 Koenigsallee
· *in* **London**
10 Piccadilly
· *in* **Paris**
13 Champs Elysées
Haupttür
6 Pforte
7 Eingang
Hauptturm der Burg
9 Bergfried, Burgfried
Hauptverkehr
8 Rushhour
9 Stosszeit
Hauptvolk der Kelten
7 Gallier
Hauptwort
5 Nomen
8 Dingwort
10 Substantiv
Hauptzeit einer Woche
6 Alltag
Hauptzeuge
9 Kronzeuge

Haus
3 Bau
4 Heim
5 Villa
6 Huette
7 Bauwerk
8 Bungalow, Dynastie, Gebaeude
12 Mietskaserne

Haus ...
· *während der* **Errichtung**
3 Bau
· *eines* **Feldarbeiters**
4 Kate
· *für* **Geselligkeiten**
6 Kasino
· *mit* **Hof**
8 Hofstatt
· *für* **Kunstausstellungen**
6 Museum
7 Galerie

Hausabschluss
4 Dach
5 First

Hausanbau
5 Erker

Hausangestellte
4 Magd
7 Koechin
8 Dienerin, Maedchen
13 Haushaelterin
14 Dienstmaedchen, Wirtschafterin

Hausangestellter
5 Lakai
6 Butler, Diener
7 Bursche
11 Hausmeister

Hausbesitzer
4 Wirt
8 Hauswirt
9 Vermieter

Hausboot
6 Sampan

Häuschen auf der Alm
10 Sennhuette

Häuschen im Grünen
11 Gartenlaube

Hauseigner
9 Vermieter

Hauseingang
3 Tor
4 Tuer
6 Pforte, Portal

Hauseinrichtung
6 Moebel

Häuser an Seen
11 Pfahlbauten

Häuserkomplex
5 Block, Reihe
8 Quartier, Siedlung

Hauserrichter
7 Erbauer

Häuservermittler
6 Makler
16 Immobilienmakler

Häuserviereck
5 Block

Hauserweiterung
5 Anbau, Annex

Häuserzwischenraum
7 Bauwich

Hausfest
4 Fete
5 Party

Hausflur
3 Ern
4 Gang
5 Diele
8 Korridor

Hausfront
7 Fassade

Hausgeist
4 Puck
5 Wicht, Zwerg
6 Kobold
16 Heinzelmaennchen

Hausglocke
4 Gong

Hausgötter der alten Römer
5 Laren, Manen
7 Penaten

Hausgrille
8 Heimchen

Haushalt
4 Etat
6 Budget

haushaltführende Ehefrau
8 Hausfrau

Haushaltsführung
9 Oekonomie

Haushaltsgefäß
5 Kanne
9 Schuessel

Haushaltsgerät
3 Mop
4 Foen, Herd, Mopp, Wolf
5 Besen, Eimer, Mixer
6 Leiter, Messer, Schere
8 Backofen, Kochherd, Kochtopf
9 Putzeimer, Schrubber
11 Buegeleisen, Staubsauger
12 Kaffeemuehle, Kuehlschrank
13 Waschmaschine
14 Kaffeemaschine, Teppichklopfer, Tiefkuehltruhe
15 Buechsenoeffner, Schnellkochtopf

Haushaltsituation
8 Etatlage

Haushaltsplan
4 Etat
6 Budget
11 Voranschlag

Haushaltstextilien
7 Waesche

Hausherr ▶ Hausbesitzer

Haushofmeister im Mittelalter
5 Meier

Haushuhnrasse
7 Leghorn

Hausierer
6 Hoeker

Hausierhandel
10 Kolportage

Hauskleid
7 Negligé
8 Negligee
10 Déshabillé

Hausknecht
3 Enk

Häuslerwohnung
4 Kate

Hausmeier der Merowinger
10 Majordomus

Hausmeister
6 Pedell
7 Portier
8 Hauswart
9 Kalfakter

Hausmeisterin in Frankreich
9 Concierge

Hausrat
6 Moebel
8 Geschirr, Inventar, Mobiliar

Hausrock
5 Joppe
6 Janker
Hausschuhe
8 Latschen
9 Pantoffel, Schlappen
Hausse
4 Boom
Haussier
13 Boersenmakler
Haustier
3 Kuh, Ren, Sau
4 Bock, Eber, Ente, Esel, Gans, Hahn, Hase, Huhn, Hund, Kalb, Lamm, Pony, Pute, Rind
5 Biene, Bulle, Erpel, Geiss, Henne, Kater, Katze, Ochse, Pferd, Puter, Ruede, Schaf, Stier, Stute, Taube, Welpe, Ziege
6 Faerse, Ferkel, Fohlen, Ganter, Glucke, Gockel, Hammel, Hengst, Kapaun, Kueken, Tauber, Widder
7 Fuellen, Goessel, Hamster, Huendin, Kuecken, Rammler, Ren-tier, Schwein, Wallach
8 Enterich, Grautier, Maul-esel, Maultier, Perlhuhn, Truthahn
9 Kaninchen, Karnickel, Schafbock, Siamkatze, Truthenne
11 Goldhamster
13 Kanarienvogel, Wellen-sittich
Haustier ...
· *der* **Anden**
4 Lama
· *der* **Lappen**
3 Ren
7 Rentier
· **reiner Abstammung**
9 Rassehund
· *in* **Südamerika**
4 Lama
6 Alpaka
Haustiere
4 Vieh
Haustürklingel
4 Gong
6 Glocke
7 Klingel, Schelle
Hausveränderung
5 Umbau
Hausvorbau
5 Altan, Erker
6 Balkon, Loggia
7 Veranda
Hauswart
7 Portier
11 Hausmeister
Hauswiese
8 Hofstatt
Hauswirt
9 Vermieter
Hauswurz
11 Sempervivum
Haut
4 Balg, Fell
5 Pelle
7 Schicht
9 Epidermis
Haut am Geweih
4 Bast
Hautabschürfung
8 Schrunde
Hautabsonderung
8 Schweiss
Hautarzt
11 Dermatologe
Hautatmung
12 Perspiration
Hautausschlag
4 Akne
5 Ekzem
6 Herpes
7 Flechte, Kraetze
Hautauswuchs
5 Warze
9 Gruebchen
Hautbemalung
6 Tattoo
Hautbewuchs
4 Bart, Haar
5 Flaum
Hautbräunanlage
8 Solarium
Hautentzündung
5 Ekzem
10 Dermatitis
Hauterkrankung
9 Ausschlag
Hauterkrankung bei Haus-tieren
6 Raeude
Hautfalte
6 Runzel
Hautfalte zum Schutz des Auges
3 Lid
Hautfarbe
5 Teint
Hautfärbemittel
5 Rouge
8 Schminke
Hautfarbstoff
7 Pigment
Hautfleck
3 Mal
9 Muttermal
10 Leberfleck
13 Sommersprosse
Hautflügler
4 Emse, Imme
5 Biene, Wespe
6 Ameise, Hummel
8 Hornisse
Hautglätten (chirurgisch)
6 liften
Hautjucken
8 Pruritus
Hautknötchen
5 Papel, Warze
Hautkrankheit
4 Akne
5 Ekzem, Finne
6 Herpes
7 Flechte, Kraetze
8 Furunkel
10 Dermatitis
11 Guertelrose
15 Schuppenflechte
Hautkrankheitslehre
12 Dermatologie
Hautoberschicht
9 Epidermis
Hautöffnung
4 Pore
Hautpflegemittel
3 Oel
5 Creme, Puder, Salbe
8 Vaseline
Hautpilzerkrankung
7 Flechte
11 Pilzflechte
Hautplättchen
7 Schuppe
Hautpustel
6 Pickel

Hautrötung
11 Sonnenbrand
Hautunreinheit
6 Pickel
8 Mitesser
Hautverfärbung
5 Roete
Hautverhärtung
8 Hornhaut, Schwiele
Hautverzierung
12 Taetowierung
Hautwucherung
5 Warze
Hautzeichnung
12 Taetowierung
Hauwerkzeug
3 Axt
4 Beil
6 Hammer
Havarie
11 Schiffbruch
13 Zusammenstoss
Hawaiigitarre
7 Ukulele
Hawaiiinsel
4 Maui, Oahu
5 Kauai, Kaula, Lanai
6 Hawaii, Niihau
7 Molokai
8 Kahulaui
9 Kahoolawe
Headline
12 Ueberschrift
Hebel ...
· *im* **Auto**
9 Schaltung
· *im* **Flugzeug**
14 Steuerknueppel
· *am* **Steuerruder**
5 Pinne
Hebelbewegung
3 Hub
Heber für Flüssigkeiten
7 Pipette
8 Saugrohr
9 Giftheber
Hebevorrichtung
4 Baum, Dock, Kran, Lift
5 Winde
6 Aufzug
8 Elevator, Hebebaum, Schleuse
9 Fahrstuhl
11 Flaschenzug, Paternoster
12 Gabelstapler, Lastenaufzug
Hebewerk für Schiffe
4 Dock
8 Schleuse
hebräisch ...
· **für „es geschehe"**
4 amen
· **für Gott**
5 Eloah
6 Adonai
· **für Sohn**
3 Ben
hebräisch(e, er, es) ...
· **Buchstabe**
3 Mem
5 Aleph, Dalet, Gimel, Lamed, Resch, Sajin, Schin
· **Gruß**
6 Shalom
7 Schalom
· **Münze**
5 Sekel
7 Schekel
· **Name Gottes**
5 Eloah
· **Namensteil**
3 Ben
Hebrideninsel
3 Rum
4 Coll, Eigg, Iona, Jura, Muck, Mull, Nist, Skye
5 Barra, Canna, Islay, Lewis, Tiree
6 Harris, Staffa
Hebung des Wasserspiegels
4 Stau
Hebung in der Metrik
5 Arsis
hecheln
5 atmen
7 lechzen
Hecht
8 Schnoeck
10 Wasserwolf
Hechtbarsch
6 Zander
Heckbalken (Schiff)
6 Steven
Hecke
3 Hag
Heckengewächs ► Heckenpflanze
Heckenpflanze
5 Buchs
7 Rotdorn
8 Hagedorn, Liguster
9 Hainbuche, Weissdorn
Heckenrose
8 Hagedorn
9 Hundsrose
Heckenschütze
8 Guerilla, Partisan
11 Franktireur
Hede
4 Werg
Hederich
7 Unkraut
12 Ackerrettich
Heer
5 Armee
6 Truppe
11 Streitmacht
Heeresabteilung
5 Armee, Korps
8 Division, Kompanie, Regiment
9 Bataillon
Heeresangehöriger
6 Soldat
8 Offizier
Heeresfuhrwesen
5 Train
Heeresgefolge
5 Tross
Heeresteil
5 Armee
Heeresverband
5 Armee
10 Armeekorps
Heerführer
7 General
8 Feldherr, Stratege
9 Marschall
Heerführer im 30-jährigen Krieg
5 Tilly
11 Wallenstein
Heerkönig der Sweben
8 Ariovist
Heerschar
6 Truppe
7 Einheit, Verband
Heerschau
6 Parade
Heerschersitz
5 Thron

Heerwesen
8 Militaer
Hefe
4 Germ, Pilz
6 Baerme
hefeähnliche Pilzart
4 Kahm
Hefegebäck
7 Brioche, Krapfen
8 Berliner, Schnecke
11 Germknoedel, Pfannkuchen
Heft
5 Griff, Stiel
6 Kladde
7 Journal, Magazin
11 Zeitschrift
heftig
4 akut, jaeh, wild
5 stark
6 hitzig
8 impulsiv, vehement
9 ungestuem
heftig ...
· **ansteigend**
5 steil
· **verlaufend** (Krankheit)
4 akut
· **ziehen**
6 zerren
heftig(e, er, es) ...
· **Abneigung**
4 Hass
· **Anprall**
5 Stoss
· **Erregung**
6 Affekt
10 Ereiferung
· **Fall**
5 Sturz
· **Gefühlsdrang**
12 Leidenschaft
· **Gemütsbewegung**
6 Affekt
· **Kopfschmerz**
8 Migraene
· **Krampf**
5 Kolik
· **Regen**
4 Guss
11 Wolkenbruch
· **Sehnsucht**
7 Heimweh
· **Sturm**
3 Boe
5 Orkan
· **Unwille**
3 Wut
4 Zorn
7 Raserei
· **Verlangen**
4 Gier
5 Manie, Sucht, Trieb
6 Begier
8 Begehren, Begierde
· **Windstoß**
3 Boe
· **Wut**
4 Rage, Zorn
· **Zank**
6 Streit
Heftigkeit
8 Vehemenz
Heftmaschine
6 Tacker
Heftzwecke
10 Reissnagel, Reissstift
Hege
6 Pflege, Schutz
8 Schonung
Hegemonie
13 Vorherrschaft
16 Vormachtstellung
Hegezeit
9 Schonzeit
Hehler
8 Komplize
9 Mittaeter, Mitwisser
10 Hintermann
13 Helfershelfer
Hehlerware
5 Beute
9 Diebesgut
hehr
4 rein
6 sublim
7 erhaben
Heide
5 Lehde
7 Atheist
12 Unglaeubiger
Heidedichter
5 Loens
Heidekraut
5 Erika
6 Azalee
7 Bruesch
12 Glockenheide
Heidelbeere
9 Bickbeere, Blaubeere, Waldbeere
12 Schwarzbeere
Heidelberger Bibliothek
8 Palatina
Heidelberger Hofnarr
6 Perkeo
13 Klemens Perkeo
Heidenapostel
6 Paulus
Heidenbekehrer
7 Apostel
9 Missionar
Heidentum
9 Atheismus
10 Paganismus
Heidepflanze
5 Erika, Gagel
7 Ginster
9 Machandel, Wacholder
Heideschaf
12 Heidschnucke
heidnisch
10 unglaeubig
heidnisch(e, er, es) ...
· **Brauchtum**
5 Magie
6 Mantik
8 Zauberei
· **Wesen**
7 Goetter
· **Zauberer**
6 Theurg
· **Zauberkunst**
8 Theurgie
Heiduck
5 Lakai
6 Diener
8 Soeldner
heikel
7 delikat, kitzlig, prekaer
8 diffizil
9 schwierig
10 unangenehm
13 zweischneidig
heikle Situation
5 Krise
heil
4 ganz
6 gesund, intakt
7 integer
10 unverletzt, unversehrt
Heil
4 Wohl

5 Gnade
6 Gloria, Glueck
8 Gedeihen
Heil- und Duftpflanze
8 Lavendel
Heil- und Pflegeanstalt
6 Klinik, Kurbad, Spital
7 Kurhaus
8 Badehaus, Hospital, Lazarett
9 Armenhaus
10 Altersheim, Findelhaus, Pflegeheim, Sanatorium, Waisenhaus
11 Muetterheim
Heil- und Zierpflanze
5 Malve
12 Koenigskerze
Heiland
5 Jesus
7 Messias
8 Erloeser
Heilanzeige
10 Indikation
Heilbad
6 Kurort
Heilbäderkunde
11 Balneologie
Heilbehandlung
3 Kur
8 Therapie
Heilbehandlung durch Nadelstiche
10 Akupunktur
Heilbehandlung durch Punktmassage
10 Akupressur
Heilbutt
7 Scholle
10 Plattfisch
Heilerde
4 Moor
5 Fango
Heilgehilfe
5 Bader
7 Masseur, Pfleger
10 Sanitaeter
14 Krankenpfleger
Heilgetränk
5 Trank
11 Kamillentee
heilig
5 sankt
6 sakral
10 sakrosankt

heilig(e, er, es) ...
· **deutsche Königin**
9 Kunigunde
· **Handlung**
5 Gebet, Segen, Taufe, Weihe
7 Firmung, Trauung
9 Abendmahl, Kommunion, Sakrament
· **Schrift der Inder**
4 Veda, Weda
· **Schrift der Parsen**
6 Awesta
· **Schrift des Islam**
5 Koran
· **Stier der alten Ägypter**
4 Apis
· **Tier der Inder**
3 Kuh
Heilig(e, er, es) ...
· **der russischen Kirche**
4 Olga
· **Land**
10 Palaestina
· **Nacht**
11 Christnacht
· **Schrift**
5 Bibel
· **Vater**
5 Papst
Heiligenbild der Ostkirche
5 Ikone
Heiligenerzählung
7 Legende
9 Martyrium
Heiligenlehre
10 Hagiologie
Heiligenschein
6 Glorie, Nimbus
7 Aureole
8 Gloriole
Heiligsprechung
12 Kanonisation
13 Kanonisierung
Heiligtum der alten Griechen
5 Olymp
6 Delphi
7 Eleusis, Olympia
Heiligtum des Islam
5 Kaaba, Mekka
6 Medina
heilkräftig
6 gesund
8 lindernd, nahrhaft
9 staerkend, wohltuend
11 bekoemmlich
heilkräftig(e, er, es) ...
· **Harz**
5 Asant
· **Schlamm**
5 Fango
· **Wurzel**
7 Ginseng
Heilkraut
10 Odermennig
Heilkunde
7 Medizin
Heilkundiger
4 Arzt
9 Mediziner, Therapeut
heilkundiger Kentaur
6 Chiron
heillos
6 unklar
9 verfahren
10 verwickelt
Heilmaßnahme
3 Kur
Heilmittel
3 Bor, Jod, Tee
5 Droge, Pille, Salbe
6 Arznei, Balsam, Chinin, Natron
7 Aspirin, Insulin, Kampfer, Medizin
8 Borsalbe
9 Impfstoff, Pharmakon
10 Medikament, Penicillin
11 Sulfonamide
12 Antibiotikum
13 Therapeutikum
Heilmittelart
6 Arznei
7 Medizin
Heilmittelhersteller
9 Apotheker
10 Pharmazeut
12 Pharmakologe
15 Pharmaindustrie
Heilmittelrohstoff
5 Droge
Heilmittelverschreibung
6 Rezept
Heilnahrung
5 Diaet
9 Schonkost
Heilpaste
5 Salbe

H

Heilpflanze
4 Aloe, Anis, Lein, Senf, Ysop
5 Alant, Asant, Inula, Malve, Minze, Raute, Senna, Sesel, Ysop, Ziest
6 Akonit, Alante, Arnika, Enzian, Germer, Hopfen, Ingwer, Kalmus, Mistel, Salbei, Szilla, Wermut
7 Beifuss, Betonie, Bryonie, Eibisch, Fenchel, Ginseng, Kamille, Kuemmel, Kurkuma, Majoran, Melisse, Quendel, Rettich, Rizinus, Sanikel, Schlehe, Thymian
8 Angelika, Baerlapp, Baldrian, Beinwell, Blutwurz, Eberwurz, Eisenhut, Faulbaum, Gamander, Holunder, Labkraut, Lavendel, Nieswurz, Rosmarin, Sanddorn, Wallwurz, Wegerich, Wundklee, Wurmfarn
9 Aberraute, Blutkraut, Digitalis, Engelwurz, Fingerhut, Gichtrose, Hauhechel, Knoblauch, Kreuzdorn, Leinkraut, Mannstreu, Sabadille, Steinwurz, Wacholder, Weissdorn
10 Augentrost, Baerenwurz, Belladonna, Berberitze, Bibernelle, Bitterklee, Bitterwurz, Blasentang, Brennessel, Eisenkraut, Huflattich, Loewenzahn, Pimpernell, Schafgarbe, Schierling
11 Brennnessel, Schoenmalve, Waldmeister
12 Koenigskerze, Pfefferminze
18 Tausendguldenkraut
19 Tausendgueldenkraut
Heilpraktiker
10 Homoeopath
14 Chiropraktiker
Heilquelle
13 Thermalquelle
Heilquellengetränk
13 Mineralwasser
Heilsbotschaft
10 Evangelium
Heilschlaf
11 Hibernation
Heilschlamm
5 Fango
Heilstätte ► Heil- und Pflegeanstalt
Heilteepflanze
7 Fenchel
12 Pfefferminze
Heiltrank
3 Tee
7 Elixier, Theriak
Heilung
8 Erholung, Genesung
9 Gesundung
Heilverfahren
3 Kur
10 Akupunktur, Allopathie
12 Homoeopathie
13 Phytotherapie
Heim
4 Asyl, Hort
6 Krippe
7 Wohnung, Zuhause
8 Internat
10 Waisenhaus
Heim ...
· *für* **gefangene Tiere**
6 Kaefig
· *eines* **Geistlichen**
9 Pfarrhaus
· *für* **Mittellose**
9 Armenhaus
· *im* **Urlaub**
13 Ferienwohnung
Heimarbeiter
6 Faktor
Heimat
7 Wohnort, Zuhause
8 Wohnsitz
9 Vaterhaus, Vaterland
10 Elternhaus, Geburtsort
11 Geburtsland
Heimat ...
· *des* **Abraham**
2 Ur
· *des* **heiligen Franziskus**
6 Assisi
· *von* **Jesus**
8 Nazareth
· *des* **Odysseus**
6 Ithaka
· *des* **Sokrates**
5 Athen
Heimaterde
7 Scholle
heimatlos
10 ungeborgen, vertrieben
Heimatplanet
4 Erde
Heimatstaat
9 Vaterland
Heimatvertriebener
9 Umsiedler
10 Aussiedler
11 Fluechtling
Heimgegangener
5 Toter
12 Verstorbener
heimischer Straßenvogel
5 Spatz, Taube
8 Schwalbe, Sperling
heimisches Wildtier
4 Hase
5 Dachs, Fuchs, Iltis, Otter
6 Marder, Wiesel
Heimkunft
9 Rueckkehr
heimlich
6 geheim, latent, okkult
7 diskret
9 inkognito, insgeheim, unbemerkt, verborgen
heimlich(e, er, es) ...
· **Absprache**
12 Konspiration
· **Botschaft**
8 Kassiber
· **Gericht**
4 Feme
· **Groll**
5 Pieke
12 Ressentiment
· **Zorn**
5 Groll
Heimlichkeit
9 Geheimnis, Getuschel
10 Diskretion, Gefluester
13 Leisetreterei
Heimlichtuer
5 Spion
7 Kiebitz, Spaeher, Spanner, Spitzel
8 Lauscher, Naseweis
11 Schnueffler

H

12 Kundschafter
Heimreise
9 Rueckkehr
10 Rueckfahrt
Heimschule
7 Alumnat
8 Internat
Heimstätte bei Bielefeld
6 Bethel
Heimtücke
6 Kabale
7 Arglist, Bosheit, Intrige
8 Perfidie
9 Heuchelei
10 Hinterlist
12 Niedertracht
heimtückische Falle
10 Hinterhalt
Heimweh
9 Langezeit, Nostalgie
Heimwerker
7 Bastler
Heimzahlung
5 Rache
8 Revanche
10 Vergeltung
Heimzögling
7 Interne
8 Interner
Hein ▶ Freund Hein
Heinzelmännchen
4 Gnom
5 Wicht, Zwerg
6 Kobold
7 Wichtel
9 Daeumling
Heirat
7 Trauung
8 Hochzeit
11 Vermaehlung
14 Eheschliessung
Heirat von zwei Paaren
14 Doppelhochzeit
Heiratsangebot
6 Antrag
Heiratsantrag
6 Freite
7 Werbung
Heiratsgut
7 Mitgift
9 Aussteuer
heiratslustiger Mann
6 Freier
Heiratsmöglichkeit
6 Partie
Heiratsschwindler
9 Betrueger
11 Hochstapler
Heiratssymbol
7 Ehering
8 Trauring
11 Myrtenkranz
heiser
3 rau
4 rauh
6 tonlos
10 kraechzend
heiß(e, er, es) ...
· **alkoholisches Getränk**
4 Grog
6 Punsch
9 Gluehwein
16 Feuerzangenbowle
· **Jazz**
3 Hot
· **Klimazone**
6 Tropen
· **Quelle**
6 Geysir, Therme
· **Wüstenwind**
5 Samum
6 Kamsin
· **Zone**
6 Tropen
heißblütig
7 lebhaft
15 temperamentvoll
Heißgetränk
3 Tee
4 Grog
8 Jagertee
Heißhunger
7 Appetit
9 Kohldampf
Heißluftbad
5 Sauna
8 Dampfbad
Heißsporn
8 Hitzkopf
9 Desperado
10 Choleriker
12 Draufgaenger
Heißwasserbereiter
6 Boiler
11 Tauchsieder
17 Durchlauferhitzer
Heißwasserbetrieb
11 Pfeifkessel
heiter
4 froh, klar
5 fidel
6 lustig, munter, sonnig
9 froehlich, vergnuegt
heiter(e, er, es) ...
· **Bühnenstück**
5 Posse
7 Schwank
8 Burleske, Komoedie
9 Lustspiel
· **Erzählung**
8 Anekdote
· **Gemüt**
5 Humor
· **Musikstück**
7 Scherzo
· **Schauspieler**
7 Komiker
· **Sinnesart**
5 Humor
· **Stimmung**
13 Froehlichkeit
· **Zwischenfall**
10 Intermezzo
Heiterkeit
5 Humor
8 Frohsinn
Heiterkeitsauslöser
3 Gag
4 Witz
5 Gaudi
6 Pointe
Heiz- und Treibgas
5 Butan
Heizgerät ▶ Heizungsanlage
Heizgitter
4 Rost
Heizkörper
4 Ofen
8 Radiator
Heizmaterial
3 Gas, Oel
4 Holz, Koks, Torf
5 Butan, Kohle
6 Erdgas, Propan
7 Brikett, Heizoel
8 Naturgas, Stadtgas
9 Brennholz, Holzkohle
10 Braunkohle, Steinkohle
11 Eierbrikett
Heizungsanlage
4 Ofen
5 Kamin
6 Kessel
7 Gasofen, Oelofen

8 Radiator, Strahler
9 Kohleofen
10 Kachelofen, Oelheizung
11 Fernheizung
14 Zentralheizung
16 Fussbodenheizung
17 Nachtspeicherofen

hektisch
6 erregt
7 gereizt, nervoes

Held
5 Heroe, Heros, Recke, Titan
6 Gigant
7 Krieger
8 Halbgott
15 Hauptdarsteller

Held/Heldin ...
· *der* **Argonautensage**
5 Medea
· *der* **Artussage**
4 Erek
5 Iwein
8 Lancelot, Lanzelot
· *der* **Edda**
3 Dam, Dan
· *der* **griechischen Sage**
6 Hektor
7 Theseus
8 Achilles
· *der* **indischen Sage**
3 Nal
4 Manu
· *des* **Nibelungenliedes**
9 Siegfried
· *bei* **Schiller**
5 Damon
· *bei* **Shakespeare**
7 Othello
· *bei* **Swift**
8 Gulliver
· *der* **Tristansage**
6 Isolde
· *vor* **Troja**
4 Ajax
6 Achill, Aeneas, Hektor, Nestor
8 Achilles, Odysseus

Heldendarsteller
5 Heroe
8 Tragoede

Heldenepos
3 Cid
5 Ilias
6 Iliade
7 Odyssee

Heldengedicht
4 Epos
6 Mythos
7 Epopoee

heldenhaft
8 heroisch

heldenhafte Symphonie
6 Eroica

Heldensage
6 Mythos

Heldentum
9 Heroismus

Heldin
6 Heroin
7 Heroine
17 Hauptdarstellerin

Helenenkraut
5 Alant

Helfer
5 Adept
6 Maezen, Mentor, Retter
7 Adlatus, Famulus, Gehilfe
8 Beistand, Ratgeber
9 Assistent
10 Handlanger
12 Beistehender

Helfer ...
· *in* **Finanzangelegenheiten**
13 Steuerberater
· *aus* **Gefahr**
6 Retter
· **in allem**
8 Faktotum
· *bei der* **katholischen Messe**
10 Messdiener
12 Ministranten

Helferin aus der Not
8 Retterin

Helferin im Märchen
3 Fee

Helfershelfer
6 Hehler
8 Komplize
9 Mitwisser
10 Hintermann

Helikopter
12 Hubschrauber

Helikopterflügel
5 Rotor

Heliodor
6 Beryll

Heliotrop
9 Edelstein
11 Sonnenwende

Helium
7 Edelgas

hell
4 klar
5 blank, licht

hell(e, er, es) ...
· **Biersorte**
4 Pils
· **durchsichtige Farbschicht**
5 Lasur
· **englisches Bier**
3 Ale
· **Flamme**
4 Lohe
· **Freude**
5 Jubel
· **Haarfarbe**
5 blond
· **Kopf**
11 Schlaumeier
· **Mineral**
6 Leuzit
· **Schein**
5 Blitz, Licht
· **Stern**
4 Wega
5 Rigel
9 Nordstern
10 Abendstern
· **Vulkangestein**
4 Bims

Hellas
12 Griechenland

Helldunkelmalerei
11 Clair-obscur

Helldunkelzone
9 Zwielicht

hellenistische Umgangssprache
5 Koine

Hellespont
11 Dardanellen

hellgrüner Kunstsaphir
6 Amaryl

hellhaarig
5 blond

hellhaarige Frau
8 Blondine

Helligkeit
5 Glanz, Licht
6 Strahl

H

Helligkeitsregler
6 Dimmer
hellroter Wein
4 Rosé
8 Schiller
9 Schilcher
11 Weissherbst
Hellsehen
9 Prophetie
14 zweites Gesicht
Hellseher
5 Augur
7 Prophet
8 Haruspex
9 Wahrsager
hellster Fixstern
6 Sirius
hellviolett
4 lila
Helmbiene
6 Drohne
Helmbusch
7 Panasch
Helmschmuck
6 Zimier
Helvetia
7 Schweiz
He-Man
10 Frauenheld
Hemd
6 Chiton, Kittel, Tunika
Hemdbrust
5 Jabot
8 Plastron
9 Brustlatz
10 Chemisette
hemdsärmelig
3 rau, roh
4 rauh
5 leger
10 ungehobelt
Hemdteil
5 Knopf
6 Aermel, Kragen
9 Knopfloch
11 Manschetten
Hemisphäre
9 Halbkugel
10 Erdhaelfte
Hemlocktanne
5 Tsuga
hemmen
6 stauen
7 bremsen
12 verlangsamen
hemmend
9 repressiv
Hemmschuh
6 Bremse
9 Hindernis
Hemmung
6 Buerde
7 Skrupel
8 Handikap
hemmungslos
10 skrupellos
Hemmvorrichtung
6 Bremse
Hemmvorrichtung am Fahrrad
12 Felgenbremse
Hengst Odins
8 Sleipnir
Hengst Siegfrieds
5 Grane
Henkel
5 Griff
9 Handgriff
Henkelgefäß
4 Krug, Topf, Vase
5 Kanne, Tasse
7 Karaffe, Terrine
Henkelglas
11 Bierkruegel
Henkergerüst
6 Galgen
8 Fallbeil, Schafott
10 Guillotine, Richtblock
Henkerseil
6 Strang, Strick
Henne
4 Huhn
6 Glucke
herabhängende Hautfalte
5 Wamme, Wampe
herablassend
10 hochmuetig, hochnaesig
11 duenkelhaft
herabsetzen
8 abwerten
Herabsetzung
9 Abwertung, Reduktion
11 Degradation
12 Degradierung, Diffamierung, Ermaessigung
13 Deklassierung
15 Diskriminierung
herabstürzende Schneemasse
6 Lawine
herabwürdigen
8 abwerten
Herabwürdigung
15 Diskriminierung
Herabzählen zum Start
9 Count-down
Heraldik
11 Wappenkunde
heraldisches Abzeichen
6 Wappen
Herantransport
6 Anfuhr
9 Lieferung
heranwachsend
4 jung
Heranwachsende
4 Maid
5 Teeni
8 Maedchen
Heranwachsender
8 Teenager
9 Juengling
12 Jugendlicher
herausfordernd
9 provokant
10 ostentativ, provokativ
12 provozierend
herausfordernde Körperhaltung
7 Positur
Herausforderung
5 Duell, Wette
11 Provokation
Herausgabe
7 Edition
Herausgeber
6 Editor
8 Verleger
9 Publizist
Herausschneiden eines Körperteils
9 Resektion
Herausschneiden eines Organs
12 Exstirpation
Herausziehen eines Zahnes
10 Extraktion
herb
3 rau
4 rauh
5 ernst, sauer
6 bitter, streng
7 sproede
herbeibringen
11 apportieren

Herberge
6 Hospiz, Obdach
8 Quartier
10 Unterkunft
Herberge im Orient
3 Han
4 Chan
12 Karawanserei
Herbergswirt
6 Balbos
Herbstblume
5 Aster, Malve
6 Dahlie
8 Goldrute
12 Chrysantheme
14 Herbstzeitlose
Herbstfest in den Bergen
10 Almabtrieb
Herbstmonat
7 Oktober
8 Dezember, November
9 September
Herbstmond
9 September
Herbstrose
5 Malve
Herd
4 Rost
5 Grill
8 Barbecue, Bratrost
10 Kochstelle
11 Feuerstelle
12 Feuerstaette
Herd einer Schmiede
4 Esse
Herde
3 Zug
5 Masse, Menge, Meute, Rotte, Rudel, Schar
6 Gruppe, Haufen
7 Schwarm
Herdentier als Anführer
10 Leithammel
Herdentier der Lappen
3 Ren
hereditär
7 erblich
9 angeboren
10 kongenital
Hergang
6 Ablauf
7 Verlauf
9 Geschehen
Heringsart
6 Matjes, Tarpon
7 Sardine, Sprotte
8 Anchovis, Rollmops, Sardelle
9 Anschovis, Bueckling
Heringsbrühe
4 Lake
Heringsfisch
4 Alse
8 Anchovis
Herkommen
7 Abkunft, Gebluet
8 Ursprung
9 Tradition
10 Abstammung, Deszendenz, Provenienz
herkömmlich
6 usuell
9 klassisch
12 traditionell
13 konventionell
Herkules
11 Kraftmensch
Herkunft ► Herkommen
Herkunftsbezeichnung auf Briefen
8 Absender
Herkunftskunde
10 Etymologie
Herkunftsland
6 Heimat
Herkunftszeichen einer Ware
5 Marke
Herleitung
9 Deduktion, Induktion
11 Abstraktion
Hermann der Cherusker
5 Armin
8 Arminius
Hermanns Gegner
5 Varus
Hermaphrodit
7 Zwitter
12 Zwitterwesen
Hermelin
6 Wiesel
Hermelinfell
5 Lasky
heroisch
6 tapfer
10 heldenhaft
heroisches Handeln
9 Heldentat
Heros
4 Held
8 Halbgott
Herr
8 Gebieter
9 Herrscher
Herr ...
· *in* **Afrika**
5 Bwana
· *auf* **Englisch**
3 Sir
6 Master, Mister
· *auf* **Französisch**
8 Monsieur
· *in der* **Hölle**
5 Satan
6 Teufel
· *auf* **Indisch**
5 Sahib
· *auf* **Italienisch**
6 Signor
7 Signore
· *auf* **Lateinisch**
7 Dominus
· *auf* **Russisch**
8 Gospodin
13 Towarischtsch
· *auf* **Spanisch**
3 Don
5 Señor
· *auf* **Türkisch**
6 Efendi
7 Effendi
Herrenbekleidungsstück
3 Cut
4 Hemd, Hose, Slip
5 Anzug, Frack, Sakko, Weste
6 Mantel, Schuhe
7 Smoking
8 Pullover
9 Unterhemd, Unterhose
Herrenbinder
8 Krawatte
Herrendienst
4 Fron
Herrenhaus der Ritterburg
5 Palas
Herrenhut
6 Melone
7 Homburg
Herrenjackett
5 Sakko
Herrenklubjacke
6 Blazer
herrenloses Gebiet
12 Niemandsland

H

H

Herrenlotion
12 Rasierwasser
Herrenmantel
6 Ulster
7 Paletot
8 Havelock
Herrenpilz
9 Steinpilz
Herrenreiterin
7 Amazone
Herrenschicht im alten Peru
4 Inka
Herrenschoßrock
3 Cut
5 Frack
Herrentier (Biologie)
6 Primat
Herrin
6 Domina
herrisch
6 barsch, bruesk, scharf
9 anmassend
10 despotisch, tyrannisch
herrlich
5 famos, prima
7 bestens
9 glanzvoll, koestlich, praechtig, wunderbar
10 grossartig, prachtvoll, wundervoll
Herrschaft
5 Macht
6 Gewalt, Hoheit, Regime
8 Regiment
9 Regierung
10 Oberhoheit
12 Staatsgewalt
Herrschaft ...
· *der* **Ärzte**
11 Iatrokratie
· *der* **Minderheit**
10 Oligarchie
· *der* **Reichen**
11 Plutokratie
· *des* **Volkes**
10 Demokratie
herrschaftlich
6 feudal
7 vornehm
herrschaftliche Kutsche
8 Equipage
herrschaftlicher Diener
5 Lakai

Herrschaftsaneignung
6 Putsch
10 Usurpation
Herrschaftsbereich
7 Domaene
Herrschaftsgebiet
11 Territorium
13 Hoheitsgebiet
Herrschaftsgebiet des Staates
13 Hoheitsgebiet
Herrschaftslosigkeit
8 Anarchie
Herrscher
6 Despot, Tyrann
7 Monarch
8 Diktator
9 Souveraen
Herrschergeschlecht
8 Dynastie
Herrscherhaus
8 Dynastie
10 Geschlecht
Herrscherin
8 Fuerstin, Kaiserin, Koenigin
10 Gebieterin
Herrschersitz
5 Thron
Herrscherstab
6 Zepter
Herrschersymbol
5 Krone
6 Diadem, Zepter
11 Reichsapfel
Herrschertitel
3 Zar
4 Emir, Herr, Khan
5 Kalif, Mogul, Negus, Schah, Tenno
6 Fuerst, Kaiser, Koenig, Mikado, Regent, Sultan
11 Grossherzog, Maharadscha, Prinzregent
herrschsüchtiger Mensch
6 Despot, Tyrann
herstellen
5 bauen
Hersteller
6 Macher
8 Erzeuger
9 Fabrikant, Produzent
Hersteller von Behältern aus Leder
8 Taschner

Herstellung von Büchern
5 Druck
Herstellungsverfahren
7 Technik
Herstellungsweise
7 Machart
Hertransport
6 Anfuhr
Herummäkeln
9 Noergelei
herumtollen
5 toben
6 balgen
Herumtreiber
7 Gammler, Strolch, Stromer
8 Faulpelz, Tagedieb, Vagabund
9 Bummelant, Faulenzer
13 Landstreicher
14 Stadtstreicher
hervorheben
7 betonen
12 akzentuieren
Hervorhebung
6 Akzent
8 Betonung, Betonung
9 Nachdruck
13 Akzentuierung
hervorragend
5 prima
7 eminent
8 blendend, dominant, grandios
9 exzellent, prominent
10 grossartig
11 dominierend, vorzueglich
12 vortrefflich
13 ausgezeichnet
hervorragende Leistung
11 Meisterwerk
hervorragender Meister
8 Virtuose
hervorstechende Eigenschaft
16 Charakteristikum
Hervortreten der Eingeweide
5 Bruch
hervortretender Kehlkopf
10 Adamsapfel
Herz
3 Cor
5 Seele

6 Kardia
Herz im Kartenspiel
5 Coeur
Herzangst
14 Angina Pectoris
herzanregendes Mittel
7 Koffein
9 Digitalis
12 Strophanthin
Herzattacke
7 Infarkt
11 Herzinfarkt
Herzblatt
8 Liebling
Herzeleid
6 Kummer, Trauer
7 Schmerz
12 Liebeskummer
Herzensbrecher
10 Frauenheld
Herzenswunsch
9 Sehnsucht
Herzerkrankung
12 Kardiopathie
herzhaft
6 deftig
Herzkrampf ▶ Herzangst
herzlich
5 innig, intim
9 liebevoll
herzlos
3 roh
4 hart
6 brutal
7 grausam, inhuman
Herzog ...
· *von* **Bayern**
7 Tassilo
· *auf* **Englisch**
4 Duke
· *auf* **Französisch**
3 Duc
· *der* **Gallier**
13 Vercingetorix
· *der* **Sachsen**
8 Widukind
· *von* **Toledo**
4 Alba
· *der* **Ungarn**
5 Arpad
Herzogin von York
5 Sarah
Herzschlag
4 Puls
7 Systole
8 Diastole
Herzstromkurve
3 EKG
18 Elektrokardiogramm
Herzvorkammer
6 Atrium
Hessen
7 Chatten
hessisch(e, er, es) ...
· **Großtalsperre**
7 Edersee
· **Stadt im Rheingau**
8 Eltville
· **Weinbaugebiet**
8 Rheingau
Hetäre
4 Hure
5 Metze
13 Prostituierte
Hetäre des griechischen Altertums
5 Thais
6 Phryne
7 Aspasia
hethitische Hauptstadt
7 Hattusa
hethitischer Herrscher
8 Labarnas, Mursilis, Telepinu
10 Hattusilis
Hetze
4 Eile
6 Pogrom, Stress
9 Agitation, Demagogie
14 Ueberstuerzung
hetzen
5 jagen
9 verfolgen
Hetzer
8 Agitator, Demagoge
10 Aufwiegler
Hetzhund
6 Packer
9 Hatzruede
Hetzjagd
4 Hatz
Heuboden
5 Tenne
Heuchelei
3 Lug
5 Getue, Luege, Mache
10 Falschheit, Muckerturm
11 Falschspiel, Verstellung
Heuchler bei Molière
8 Tartuffe
heuchlerisch
12 pharisaeisch
heuchlerischer Frömmler
6 Mucker
Heugabel
5 Forke
Heugestell
5 Reute
6 Heinze, Reiter, Reuter
Heuhaufen
5 Dieme
Heuhüpfer
5 Werre
6 Grille
8 Heimchen, Heupferd
11 Grashuepfer
Heumond
4 Juli
Heurigenlokal
13 Buschenschank
Heurigenmusiker
10 Schrammeln
Heurigenunterhaltung
14 Schrammelmusik
Heuschnitt
4 Mahd
5 Grumt, Oehmd
7 Grummet
Heuschober
6 Stadel
heutiger Name von ...
· **Abessinien**
10 Aethiopien
· **Persien**
4 Iran
· **Reval**
7 Tallinn
Heutrockengestell ▶ Heugestell
Hexe
5 Circe, Drude, Kirke
8 Daemonin, Zauberin
Hexenaustreiber
8 Exorzist
Hexenberg
7 Brocken
Hexenbesen
6 Mistel
8 Wollgras
Hexenfest
14 Walpurgisnacht
Hexenmeister
6 Magier
8 Schamane, Zauberer

H

Hexenschuss
7 Lumbago
13 Muskelschmerz
Hexer ▶ Hexenmeister
Hexerei
5 Magie
6 Zauber
8 Zauberei
Hibiskus
6 Ibisch
7 Eibisch
Hieb
6 Schlag
7 Streich
Hiebe
4 Haue
5 Senge
7 Dresche, Pruegel
8 Schlaege
9 Abreibung
Hiebwaffe
5 Degen, Dolch, Lanze
6 Messer, Saebel
7 Florett, Schwert
10 Hellebarde
Hiebwunde
8 Schmarre
hier Ansässiger
8 Hiesiger
Hierarchie
9 Rangfolge
11 Rangordnung
Hieroglyphen
13 Bilderschrift
14 Schriftzeichen
Hiesiger
12 Eingeborener
Hifthorn
8 Jagdhorn
10 Signalhorn
Hifthorn Rolands
7 Olifant
Hilfe
4 Heil
6 Ausweg
7 Loesung
Hilfe aus Gefahr
6 Ausweg
7 Rettung
Hilfe aus Mitleid
8 Erbarmen
Hilfeleistung
5 Zutun
7 Rettung
8 Beistand
Hilfesignal
3 SOS
hilflos
6 ratlos
hilfloser Zustand
12 Ratlosigkeit
hilfreich
4 edel
hilfreich(e, er, ers) ...
· **Gesinnung**
5 Guete
· **Hausgeister**
16 Heinzelmaennchen
· **Mensch**
9 Samariter
10 Wohltaeter
· **Vorschlag**
3 Rat
Hilfsarbeiter
10 Handlanger
Hilfsbau aus Leitern
7 Geruest
hilfsbereit
9 kollegial
10 barmherzig
Hilfsgeistlicher
5 Vikar
6 Diakon, Kaplan
10 Praedikant
Hilfsgelder
9 Subsidien
12 Subventionen
Hilfskraft
8 Adjutant, Schoeffe
9 Assistent, Beisitzer
10 Handlanger
11 Mitarbeiter
Hilfsmittel
6 Geraet
7 Kruecke
8 Requisit
10 Instrument, Ressourcen, Utensilien
Hilfsoffizier
8 Adjutant
Hilfstätigkeit
9 Fuersorge
Hilfszeitwort
4 sein
5 haben
6 wollen
Himalajabewohner
7 Tibeter
8 Nepalese
Himalajagipfel
5 Kamet
11 Nanga Parbat
12 Mount Everest
Himalajastaat
5 Nepal
6 Bhutan
himbeerfarben
6 fraise
Himmel
8 Jenseits
9 Baldachin, Firmament
11 Sternenzelt
himmelblau
4 azur
Himmelsbote
5 Engel
Himmelsbrot
5 Manna
Himmelserscheinung
5 Blitz
8 Abendrot
9 Morgenrot, Nordlicht
10 Polarlicht
14 Wetterleuchten
Himmelsfärbung
5 Roete
8 Abendrot
9 Morgenrot
Himmelsforscher
8 Astronom
Himmelsgerste
6 Dinkel
Himmelsgewölbe
7 Sphaere
9 Firmament
Himmelskönigin
5 Maria
7 Madonna
Himmelskörper
4 Mond
5 Komet, Sonne, Stern
6 Meteor, Planet
7 Gestirn, Trabant
8 Fixstern, Meteorit, Satellit
9 Planetoid
11 Wandelstern
13 Sternschnuppe
Himmelskugel
7 Sphaere
9 Firmament
Himmelskunde
10 Astronomie

Himmelsleiter
10 Sperrkraut
Himmelslichter
6 Sterne
Himmelspförtner
6 Petrus
Himmelsrichtung
2 NO, NW, SO, SW
3 Ost
4 Nord, Sued, West
5 Osten
6 Norden, Sueden, Westen
Himmelsschauspiel
9 Feuerwerk
Himmelsschlüssel
6 Primel
15 Schluesselblume
Himmelsstürmer
10 Prometheus
Himmelsverfärbung im Osten
9 Morgenrot
Himmelsverfärbung im Westen
8 Abendrot
Himmelswächter
7 Heimdal
Himmelswesen
5 Engel
8 Erzengel
Himmelszelt
9 Firmament
himmlisch
9 goettlich
10 aetherisch, ambrosisch
12 paradiesisch
himmlisches Wesen
5 Engel
8 Erzengel
Hin- und Herfahrender
7 Pendler
hinablassbare Schiffstreppe
8 Fallreep
hinaufführender Weg
7 Anstieg
hinderlich
7 hemmend, laestig
8 storend
10 nachteilig
hindernde Angelegenheit
5 Quere
Hindernis
5 Mauer
6 Huerde, Klippe, Sperre
7 Engpass, Hemmnis, Hemmung
8 Barriere, Blockade, Schranke
9 Barrikade, Hemmschuh
Hindernis ...
· *im* **Pferdesport**
4 Oxer, Wall
5 Knick, Mauer
6 Gatter, Graben, Huerde
· *beim* **Rennen**
6 Huerde
· *in der* **Schifffahrt**
4 Riff, Wehr
5 Barre, Nebel
7 Eisberg, Untiefe
8 Katarakt, Sandbank, Schleuse, Treibeis
· *im* **Sport**
6 Huerde
· *beim* **Springreiten**
4 Reck
· *im* **Verkehr**
5 Nebel
6 Unfall
8 Glatteis, Sperrung
9 Baustelle, Umleitung
Hindernisbahn
8 Parcours
Hindernispfahl
8 Palisade
Hindernisrennen
11 Huerdenlauf
Hinderniswand
8 Eskalade
Hinderung an weiterem Tun
7 Einhalt
hinduistisch(e, er, es) ...
· **Asket**
5 Sadhu
· **Fest**
3 Hul
· **Gottheit**
4 Agni, Diti, Iama, Kali, Maja, Rama
5 Aditi, Durga, Indra, Shiva, Surja
6 Brahma, Schiwa, Skanda, Varuna, Vishnu
7 Ganesha, Kasjapa, Krishna, Lakshmi, Parvati, Parwati, Wischnu
8 Ganescha, Karikeja, Krischna, Lakschmi
· **Hauptgott**
6 Schiwa
· **heilige Schrift**
4 Veda, Weda
· **Lehrer**
4 Guru
· **Sekte**
4 Sikh
Hinfahrt
7 Anfahrt, Anreise
hinfällig
5 elend, krank, siech
Hingabe
4 Lust
5 Eifer, Opfer
7 Passion
11 Aufopferung
12 Leidenschaft
hingebungsvoll
7 ergeben
hinhaltend
10 zoegerlich
11 ausweichend, dilatorisch
Hinkelstein
6 Dolmen, Menhir
hinken
6 lahmen
7 humpeln
hinlänglich
5 genug
7 sattsam
9 genuegend
11 ausreichend
Hinlänglichkeit
7 Genuege
Hinnahme
7 Duldung
Hinreise
7 Anfahrt
8 Hinfahrt
Hinrichtung
9 Exekution
Hinrichtungsgerät
6 Galgen
Hinsicht
5 Bezug
6 Aspekt
8 Einblick
9 Beziehung
hinter(e, er, es) ...
· **Autositz**
4 Fond
· **Backenzahn**
5 Molar

H

8 Mahlzahn
· **Fußteil**
5 Ferse
6 Hacken
· **Körperende**
6 Steiss
· **Körperpartie**
7 Ruecken
· **Kraftfahrzeugteil**
10 Kofferraum
· **Schiffsteil**
4 Back, Heck
12 Achterschiff
· **Teil des Fußes**
5 Erbse
· **Teil des Halses**
6 Genick, Nacken
· **Teil des Rachens**
7 Schlund
· **Zehenseite**
5 Koete
Hinterbänkler
12 Abgeordneter
Hinterbliebene, Hinterbliebener
5 Waise, Witwe
6 Witwer
7 Witfrau, Witmann
Hintergedanke
4 List
6 Tuecke
7 Arglist
10 Heimtuecke, Hinterlist
Hintergrund
4 Fond
5 Folie, Tiefe
7 Kulisse
8 Prospekt
10 Background
Hintergrundlärm
9 Geraeusch
Hinterhalt
5 Falle, Lauer
hinterhältig
6 falsch, perfid
8 verlogen
9 intrigant, tueckisch
13 heimtueckisch
15 niedertraechtig
hinterher
4 dann
Hinterindien
12 Suedostasien
hinterindisch(e, er, es) ...
· **Halbinsel**
7 Malakka
· **Königreich**
4 Laos
· **Staat**
4 Laos
7 Vietnam
8 Thailand
10 Kambodscha
· **Strom**
5 Menam
6 Mekong
7 Irawadi
· **Völkergruppe**
4 Thai
· **Wildrind**
5 Gayal
Hinterlassenschaft
4 Erbe
8 Nachlass
9 Erbschaft
hinterlegte Bürgschaft
5 Pfand
7 Kaution
hinterlegter letzter Wille
9 Testament
Hinterlegtes
5 Pfand
Hinterleib der Insekten
7 Abdomen
Hinterlist
6 Betrug, Kabale, Raenke, Tuecke
7 Arglist, Intrige
8 Perfidie
12 Machenschaft
hinterlistig
7 boshaft
hinterlistige Intrigen
6 Raenke
Hintern
2 Po
7 Gesaess
14 Allerwertester
Hinterschiff
4 Back, Heck
12 Achterschiff
Hinterseite
6 Revers
7 Ruecken
9 Kehrseite
10 Rueckseite
hinterster Schiffsbaum
9 Besanmast
Hintertreffen
6 Verzug
10 Rueckstand
hintertreiben
9 vereiteln
10 verhindern
12 konspirieren
hinterwäldlerisch
8 spiessig
11 provinziell
12 kleinkariert
Hinterziehung
6 Betrug
12 Veruntreuung
14 Unterschlagung
Hinundherlaufen
7 Gerenne
hinunter
6 nieder
8 abwaerts
hinweg
4 fort
5 davon
Hinweg
7 Anfahrt, Anreise
8 Anmarsch
Hinweis
3 Rat, Tip
4 Avis, Tipp, Wink
7 Zeichen
10 Fingerzeig
hinweisend
9 deiktisch
12 demonstrativ
hinweisendes Fürwort
2 da
4 dies, dort, jene
5 diese, jener, jenes
6 dieser, dieses, solche
7 solcher, solches
Hinweistafel
6 Schild
9 Wegweiser
10 Ortsschild
Hinweiszeichen
5 Pfeil
Hinzufügung
6 Anlage
8 Addendum, Nachtrag
10 Ergaenzung, Supplement
11 Nachschrift
hinzuzählende Zahl
7 Summand

Hiob
3 Job
Hiobsbotschaft
16 Ungluecksmeldung
Hippe
5 Geiss, Ziege
Hippie
7 Gammler
10 Blumenkind
Hippologiefachberuf
10 Pferdewirt
14 Pferdezuechter
Hirn
6 Bregen
7 Braegen
Hirnanhangdrüse
9 Hypophyse
Hirngespinst
4 Trug
6 Utopie
7 Phantom
8 Fantasie, Illusion, Tagtraum, Trugbild, Wahnidee
9 Phantasie, Schimaere
Hirnhautentzündung
10 Meningitis
hirnrissig ► hirnverbrannt
Hirnstromkurve
3 EEG
hirnverbrannt
4 irre
6 absurd
7 sinnlos
8 toericht, unsinnig
Hirschart
3 Dam, Elk, Reh, Ren
4 Axis, Elch, Elen, Pudu, Sika
6 Wapiti
7 Rentier
Hirschbrunftgeschrei
7 Roehren
Hirschfänger
6 Messer
10 Jagdmesser
Hirschkuh
5 Hinde
6 Hindin
Hirschziege
8 Antilope
Hirseart
5 Fench
7 Fennich
Hirt auf der Bergweide
4 Senn
5 Almer
Hirtenbrief
13 Sendschreiben
Hirtendichtung
7 Bukolik
Hirtenflöte
5 Frula
6 Syrinx
8 Schalmei
9 Panfloete
Hirtengott
3 Pan
Hirtenjunge
9 Halterbub
Hirtenlied
6 Ekloge, Idylle
8 Madrigal
9 Pastorale
Hirtenlieddichter
9 Bukoliker
Hirtenvolk
4 Afar
5 Tussi
6 Lappen, Massai, Tuareg
7 Jakuten, Nomaden
8 Beduinen, Tungusen
Hirtenwaffe
14 Steinschleuder
Histologie
11 Gewebskunde
Histörchen
5 Story
7 Episode
8 Anekdote, Schnurre
Historie
10 Geschichte
Historik
15 Geschichtskunde
Historiograph
19 Geschichtsschreiber
historisch(e, er, es) ...
· **Aufzeichnungen**
7 Annalen, Chronik
· **Autor**
8 Chronist
· **Bauwerk**
8 Stadttor
· **Bereich der City**
8 Altstadt
· **Flotte Spaniens**
6 Armada
· **Gebäude in Dresden**
7 Zwinger
· **Gebiet der Karpaten**
8 Galizien
· **Landschaft in Arabien**
4 Saba
· **Landschaft in Kleinasien**
6 Karien
· **Landschaft in Mittelitalien**
6 Latium
· **lettisches Gebiet**
7 Kurland
· **Name der Schweiz**
17 Eidgenossenschaft
· **Name von Frankreich**
7 Gallien
· **norditalienische Landschaft**
8 Venetien
· **rumänische Landschaft**
8 Walachei
13 Siebenbuergen
· **spanische Flotte**
6 Armada
· **spanische Provinz**
8 Aragonien, Asturien, Galicien
11 Estremadura
· **spanisches Gebiet**
9 Aragonien
· **südarabische Landschaft**
4 Saba
· **Waldwiese im Kanton Uri**
6 Ruetli
· **Zeitbericht**
7 Chronik
Hit
6 Erfolg, Renner
7 Reisser
10 Bestseller
Hitinterpret
15 Schlagersaenger
Hitsche
8 Fussbank
Hitze
4 Glut
5 Feuer
12 Leidenschaft
Hitzebläschen
6 Pustel
7 Wimmerl
Hitzemesser
9 Pyrometer
11 Thermometer

hitzig
6 furios
7 reizbar
9 ungestuem
12 unbeherrscht
Hitzkopf
9 Fanatiker
10 Brausekopf, Choleriker, Heisssporn
12 Draufgaenger
Hobby
11 Liebhaberei
12 Steckenpferd
Hobbyarbeit
8 Bastelei
Hobbyfischer
6 Angler
Hobelabfall
4 Span
6 Spaene
Hobelmaschine
6 Fraese
Hobelwerkzeug ► Hobelmaschine
hoch achtbar
7 wuerdig
hoch ...
· **aufragendes Gestein**
4 Fels, Wand
8 Felswand
· **begabter Mensch**
5 Genie
6 Genius
· **empfindlich**
8 sensibel, sensitiv
11 feinfuehlig
· **empfindliches Kontrollgerät**
6 Sensor
· **gelegenes, trockenes Küstenland**
5 Geest
· **gewachsen**
4 lang, rank
5 gross
· *im* **Preis**
5 teuer
Hochachtung
6 Anwert, Tribut
7 Respekt
8 Reverenz
9 Ehrfurcht, Verehrung
12 Ehrerbietung
Hochadel in Russland
5 Bojar

hochaktuell
7 brisant
8 explosiv
Hochamt
5 Messe
13 Pontifikalamt
hochbedeutsam
7 epochal
Hochbehälter für Wasser
10 Wasserturm
hochbetagt
3 alt
5 greis, uralt
8 steinalt
Hochbetrieb
3 Run
6 Trubel
7 Andrang, Ansturm
Hochbild in der Grafik
6 Relief
Hochburg
7 Zentrum
Hochdruckgebiet
4 Hoch
11 Antizyklone
Hochdruckkrankheit
10 Hypertonie
Hochebene
7 Plateau
Hochebene ...
· *in* **Asien**
5 Pamir, Tibet
· *an der* **Donau**
4 Baar
· *in* **Spanien**
6 Meseta
· *in* **Südamerika**
5 Punas
· *im* **Sudan**
6 Darfur
hochexplosiv
7 brisant
hochfahrend
8 arrogant
11 duenkelhaft, eingebildet
hochfeine modische Erscheinung
7 Eleganz
Hochfläche
7 Plateau
Hochform
7 Topform
Hochfrequenzgleichrichter
8 Detektor

Hochgebirge ...
· *in* **Amerika**
5 Anden
11 Kordilleren
· *in* **Asien**
8 Himalaja, Nanschan
9 Karakorum
· *in* **Europa**
5 Alpen
· *zwischen* **Frankreich und Spanien**
9 Pyrenaeen
· *auf der* **Iberischen Halbinsel**
12 Sierra Nevada
· *in* **Südamerika**
5 Anden
· *in* **Tibet**
6 Dangla
hochgebirgig
5 alpin
Hochgebirgsblume
6 Enzian
9 Edelweiss
Hochgebirgsmulde
3 Kar
Hochgebirgsrind
3 Jak, Yak
Hochgebirgstier
5 Gemse
6 Gaemse
8 Gamsbock
Hochgebirgsweide
3 Alm
4 Alpe
Hochgebirgswild
5 Gemse
6 Gaemse
hochgeboren
5 adlig
Hochgefühl
5 Wonne
8 Euphorie
15 Glueckseligkeit
Hochgericht
6 Galgen
8 Schafott
hochgestimmt
5 selig
10 euphorisch
hochgezüchtet
4 edel
Hochglanz
5 Wachs
7 Politur

hochgradig ausgeprägt
5 krass
hochgradig Begeisterter
3 Fan
hochgradiger Schwachsinn
7 Idiotie
Hochgrasebene in Südamerika
5 Llano
6 Llonos
Hochhaus
13 Wolkenkratzer
hochherzig
4 edel
8 generoes
9 freigebig, selbstlos, spendabel
11 grossmuetig
12 altruistisch
Hochherzigkeit
7 Edelmut
hochkant
8 aufrecht
Hochkonjunktur
4 Boom
6 Hausse
Hochkonzentrat
6 Essenz
Hochland ...
· *in* **Asien**
4 Iran
5 Pamir, Tibet
6 Dekhan
8 Armenien, Mongolei
9 Kurdistan
· *in* **Brasilien**
5 Goias
· *im* **Donauquellgebiet**
4 Baar
· *in* **Jordanien**
5 Kerak
· *in* **Libyen**
5 Barka
· *in* **Südamerika**
4 Puna
· *in* **Südfrankreich**
8 Auvergne
· *am* **Toten Meer**
4 Edon
· *in den* **USA**
11 Great Plains
· *in* **Vorderasien**
8 Armenien
· *zwischen* **Werra und Fulda**
5 Rhoen
· *in* **Zentralasien**
5 Tibet
Hochländer
7 Schotte
Hochlandschaft
7 Gebirge
Hochleistungssportler
6 Athlet
hochliegend
4 oben
Hochmeister des Deutschen Ordens
7 Hermann, Winrich
8 Albrecht, Heinrich
Hochmut
7 Duenkel
8 Arroganz
9 Anmassung, Eitelkeit
12 Blasiertheit
16 Ueberheblichkeit
hochnäsig
5 stolz
12 herablassend
Hochnäsigkeit ► Hochmut
Hochofenwerk
8 Schmelze
9 Eisenwerk
11 Eisenhuette
hochprozentiger Auszug
10 Konzentrat
hochroter Farbstoff
6 Purpur
Hochruf
5 Hurra, Vivat
8 Lebe hoch
Hochrufmusik
5 Tusch
Hochschätzung
7 Achtung, Respekt
Hochschaukel für Artisten
6 Trapez
Hochschlag beim Tennis
3 Lob
Hochschulabsolvent
10 Akademiker
Hochschulabteilung
9 Fakultaet
Hochschulbereich
7 Dekanat
Hochschulbesuch
7 Studium
Hochschule
2 FH, PH, TH, TU
3 ETH, FHS, Uni
Hochschule (Kurzwort)
3 Uni
Hochschule
9 Alma Mater
12 Universitaet
Hochschuleinrichtung
7 Seminar
8 Institut
9 Fakultaet
11 Fachbereich
Hochschüler
7 Student
11 Studierende
Hochschulfestsaal
4 Aula
Hochschulhalbjahr
8 Semester
Hochschulkurs
7 Seminar
Hochschullehrer
6 Dozent, Lektor
9 Professor
10 Ordinarius
12 Privatdozent
15 Extraordinarius
16 Lehrbeauftragter
Hochschullehrraum
8 Hoersaal
11 Sprachlabor
Hochschulprüfer
10 Examinator
Hochschulreife
6 Abitur, Matura
Hochschulsaal
8 Hoersaal
10 Auditorium
Hochschulstadt in Deutschland ► deutsche Universitätsstadt
Hochseefisch ► Fisch
Hochseefischereifahrzeug
6 Kutter
7 Trawler
Hochsitz
6 Ansitz, Kanzel
7 Anstand
10 Jagdkanzel
Hochsprunggerät
4 Stab
Hochsprungleiste
5 Latte
Hochsprungstil
4 Flop
8 Straddle

höchst
4 sehr
6 extrem
7 maximal
8 ueberaus, ungemein
9 aeusserst
höchst(e, er, es) ...
· **Begabung**
5 Genie
· **Begeisterung**
7 Ekstase
· **Berg Amerikas**
9 Aconcagua
· **Berg auf Kreta**
3 Ida
· **Berg der Anden**
9 Aconcagua
· **Berg der britischen Inseln**
8 Ben Nevis
· **Berg der Erde**
12 Mount Everest
· **Berg der Hardt**
6 Kalmit
· **Berg der Rhön**
11 Wasserkuppe
· **Berg der Türkei**
6 Ararat
· **Berg des Bayrischen Waldes**
5 Arber
· **Berg des Kaukasus**
6 Elbrus
· **Berg des nördlichen Schwarzwaldes**
12 Hornisgrinde
· **Berg Deutschlands**
9 Zugspitze
· **Berg Europas**
9 Montblanc
· **Berg im Harz**
7 Brocken
· **Berg im Riesengebirge**
11 Schneekoppe
· **Berg im Schwarzwald**
8 Feldberg
· **Berg in Afrika**
14 Kilimandscharo
· **Berg in Amerika**
9 Aconcagua
· **Berg in Asien**
12 Mount Everest
· **Berg in Australien**
15 Mount Kosciuszko
· **Berg in den Ostalpen**
7 Bernina
· **Berg in der Türkei**
6 Ararat
· **Berg in Finnland**
13 Haltiatunturi
· **Berg in Japan**
4 Fuji
7 Fudschi
11 Fudschijama
· **Berg in Österreich**
13 Grossglockner
· **Berg in Slowenien**
7 Triglav
· **Chef**
8 Oberster
· **Cheftitel**
8 Direktor
· **deutsches Gericht**
17 Bundesgerichtshof
· **Diplomat**
11 Botschafter
· **Fußballklasse**
10 Bundesliga
· **Gebäude der Welt**
10 Sears Tower
· **Gebirge der Erde**
8 Himalaja
· **Gebirge Europas**
5 Alpen
· **Gebirgszug der Karpaten**
5 Tatra
· **germanischer Gott**
5 Wodan, Wotan
· **Gesangsstimme**
6 Sopran
· **Glückseligkeit im Buddhismus**
7 Nirwana
· **Gott der Germanen**
5 Wodan, Wotan
· **griechischer Gott**
4 Zeus
· **Gut des Lebens**
10 Gesundheit
· **indische Gottheit**
5 Indra
· **jüdischer Feiertag**
9 Jom Kippur
· **katholischer Gerichtshof**
4 Rota
· **Offizier**
7 General
· **päpstliches Gericht**
4 Rota
10 Rota Romana
· **Punkt des Himmelsgewölbes**
5 Zenit
· **Rang eines Diplomaten**
11 Botschafter
· **Richter im alten Rom**
7 Praetor
· **Schuh**
7 Stiefel
· **Sorgfalt**
7 Akribie
· **Spielkarte**
2 As
3 Ass
· **Spitze**
6 Gipfel
· **Stadt der Erde**
12 Cerro de Pasco
· **Steigerungsform**
10 Superlativ
· **Vulkan Europas**
5 Aetna
· **Wesen**
4 Gott
Hochstand ► Hochsitz
Hochstapler
6 Gauner
7 Blender
9 Betrueger
10 Schwindler
höchstbegabter Mensch
5 Genie
höchstens ► höchst
höchstentwickelte Säugetiere
8 Primaten
höchstentwickeltes Lebewesen
6 Mensch
Hochstimmung
8 Euphorie
Höchstleistung
5 Atout
6 Rekord
Höchstmaß
7 Maximum
Höchstwert
7 Maximum, Optimum
10 Superlativ
Hochtal ...
· *im* **Berner Oberland**
11 Grindelwald
· *in* **Graubünden**
6 Greina

7 Engadin
· *im* **Salzkammergut**
5 Gosau
· *in* **Tirol**
9 Stubaital
Hochtourist
8 Alpinist
9 Kletterer
11 Bergsteiger
hochtrabend
7 pompoes
10 pathetisch
11 bombastisch, schwuelstig
Hochverräter
5 Spion
11 Staatsfeind
15 Landesverraeter
Hochwasser
4 Flut
8 Sintflut
9 Sturmflut
10 Springflut
15 Ueberschwemmung
Hochwasserschutz
4 Damm
5 Deich
Hochweide
3 Alm
4 Alpe
hochwertig
5 prima
7 kostbar
8 exquisit
9 exzellent
11 erstklassig, vorzueglich
12 hervorragend, vortreff-lich
13 ausgezeichnet
Hochwildart ► Wildart
Hochzahl
8 Exponent
Hochzeit
6 Heirat
7 Trauung
11 Vermaehlung
14 Eheschliessung
Hochzeiter
10 Braeutigam
Hochzeiterin
5 Braut
Hochzeitsgewand
10 Brautkleid
Hochziel
5 Ideal

7 Vorbild
Hocker
7 Schemel
8 Taburett
Höcker
6 Buckel
Hocker für Musiker
12 Klavierstuhl
15 Klavierstockerl
höckerloses Kamel
4 Lama
Höckertier
4 Zebu
5 Kamel
8 Dromedar
11 Trampeltier
Hoden
8 Testikel
Hof
3 Gut
5 Platz
6 Besitz
7 Anwesen, Gefolge
8 Residenz
Hof der Sonne, des Mondes
4 Halo
7 Aureole
Hof um ein Licht
4 Halo
Hofbeamter
6 Schenk
9 Kaemmerer, Marschall, Truchsess
10 Hofmeister, Kammerherr, Mundschenk, Seneschall
Hofburg
5 Pfalz
Hoffart
7 Hochmut
Hoffnung
5 Trost
9 Erwartung, Sehnsucht, Verlangen
Hoffnungsfreude
10 Optimismus
hoffnungslos
8 desperat
9 ausweglos
10 deprimiert
11 verzweifelt
Hoffnungslosigkeit
12 Verzweiflung
Hoffnungsschimmer
10 Lichtblick

höfische Dichtung
4 Epos
9 Minnelied, Minnesang
höfischer Tanz
6 Pavane
7 Menuett
höflich
4 nett
5 artig
6 galant
10 freundlich
höflich auffordern
6 bitten
8 ersuchen
höflich(e, er, es) ...
· **Anrede**
3 Ihr, Sie
· **Benehmen**
3 Pli
7 Anstand, Schliff
8 Manieren
· **Entgegenkommen**
10 Galanterie
· **Mensch**
8 Kavalier
9 Gentleman
Höflichkeit
4 Takt
8 Bravheit
9 Artigkeit
10 Galanterie
Höflichkeitsbezeugung
5 Gruss
10 Handschlag, Verbeu-gung, Verneigung
Höfling
8 Kavalier, Schranze
Höfling von Dionysos
8 Damokles
Hofmaler Napoleons
6 Gérard
Hofnarr in Heidelberg
6 Perkeo
Hofritter
7 Paladin
Hofschranze
11 Schmarotzer
Hofsitte
8 Etikette
Hofstatt
9 Bauernhof
Hoftierbehausung
11 Hundehuette
Hoftracht
4 Gala

hoh(e, er, es) ...
· **Ansehen**
4 Ruhm
· **Bauwerk**
4 Esse, Turm
6 Kirche, Schlot
8 Hochhaus
9 Sendemast
11 Fernsehturm, Schornstein
13 Wolkenkratzer
· **Bauwerk mit Plattform**
13 Aussichtsturm
· **Beamter im alten China**
8 Mandarin
· **Beamter im alten Rom**
7 Praetor
· **Begabung**
5 Genie
6 Talent
· **Behörde**
11 Ministerium
· **Blutdruck**
10 Hypertonie
· **Cheftitel**
8 Direktor
· **evangelischer Feiertag**
10 Karfreitag
· **Fabrikschornstein**
4 Esse
6 Schlot
· **Gesinnung**
7 Edelmut
· **Herrenhut**
8 Zylinder
· **katholischer Würdenträger**
8 Kardinal
· **Kirchenfest**
6 Ostern
9 Pfingsten
11 Weihnachten
· **Laufgestell**
6 Stelze
· **Männerhalskragen**
12 Vatermoerder
· **Offizier**
7 Admiral, General
· **Offizier bei den Römern**
5 Legat
· **Offiziersrang**
7 General
· **Richtergremium**
5 Senat
· **schlanker Pfahl**
4 Mast
· **Schneiderkunst**
12 Haute Couture
· **Schuh**
7 Stiefel
· **Spielkarte**
2 As
3 Ass
· **Staatsbeamter**
3 Eli
8 Minister
· **Stangen mit Trittklötzen**
7 Stelzen
· **Streben**
8 Ambition
10 Idealismus
· **Temperatur**
5 Hitze
· **Tempo**
13 Schnelligkeit
· **trockenes Küstenland**
5 Geest
· **TV-Gebäude**
11 Fernsehturm
· **weithin sichtbares Seezeichen**
10 Leuchtturm
· **Wiedergabetreue**
4 Hifi
· **Wuchs**
6 Laenge
14 Koerpergroesse

Höhe
4 Berg
5 Kuppe
6 Gipfel, Spitze
8 Erhebung

Hoheit
9 Majestaet

Hoheit im Karneval
14 Karnevalsprinz

Hoheitsgebiet eines Staates
11 Territorium

Hoheitsgewalt
14 Souveraenitaet

Hoheitsrecht
5 Regal

Hoheitszeichen
5 Adler, Fahne
6 Banner, Emblem, Flagge, Symbol, Wappen
7 Kokarde, Stander
9 Standarte
11 Feldzeichen, Wahrzeichen

Höhenlage
6 Niveau

Höhenlinien
12 Niveaulinien

Höhenmesser
7 Echolot, Sextant
9 Aerometer

Höhenruder
8 Leitwerk

Höhensonne
7 UV-Lampe
9 Strahlung
10 Quarzlampe
11 Bestrahlung

Hohenstaufenanhänger
9 Gibelline
10 Ghibelline

Höhensteuer
8 Leitwerk

Höhenunterschied
8 Gefaelle

Hohenzollernprinzessin
4 Mira

Höhenzug
7 Gebirge

Höhenzug ...
· *in* **Baden-Württemberg**
3 Alb
4 Jura
11 Schwarzwald
· *bei* **Bonn**
13 Siebengebirge
· *bei* **Braunschweig**
3 Elm
· *bei* **Einbeck**
4 Hils
· *im* **Elsass**
7 Vogesen
· *in* **Franken**
3 Alb
11 Steigerwald
· *bei* **Hameln**
3 Ith
· *bei* **Hannover**
3 Ith
7 Deister
· *am* **Harz**
5 Heber
· *im* **Harzvorland**
3 Elm
· *im* **Hunsrück**
8 Idarwald

· *der* **Karpaten**
5 Tatra
· *im* **Lennegebirge**
6 Homert
· *in* **Niedersachsen**
3 Elm, Ith
4 Hils
7 Deister, Solling
· *in* **Nordostfrankreich**
8 Ardennen
· *im* **Odenwald**
5 Tromm
· *bei* **Paderborn**
4 Egge
· *in der* **Pfalz**
9 Hunsrueck
· *im* **Sauerland**
4 Ebbe, Haar
· *in* **Schwaben**
3 Alb
· *in* **Thüringen**
4 Duen
5 Finne
9 Hainleite
· *im* **Weserbergland**
3 Ith
4 Hils
7 Solling
· *in* **Westfalen**
4 Haar
· *bei* **Wolfenbüttel**
4 Asse
Hohepriester
3 Eli
Höhepunkt
4 Akme, Clou
5 Krise, Zenit
6 Finale, Klimax, Krisis, Spitze
7 Maximum, Optimum
8 Epitasis
9 Sensation
höher stehend
5 ueber
höher(e, er, es) …
· **Beamte**
5 Raete
15 Regierungsraete
· **Fußbogenteil**
7 Estrade
· **geistliche Behörde**
10 Ordinariat
· **katholischer Geistlicher**
7 Dechant
· **kaufmännische Schule**
15 Handelsakademie
· **Kochkunst**
11 Gastronomie
12 Haute Cuisine
· **Kriegskunst**
9 Strategie
· **Mathematik**
20 Differentialrechnung, Differenzialrechnung
· **Schule**
6 Lyzeum
9 Gymnasium
10 Oberschule, Realschule
· **Schüler**
9 Pennaeler
10 Gymnasiast
12 Realschueler
· **türkischer Titel**
3 Beg, Bei
· **Vorgesetzter beim Militär**
8 Offizier
· **Wichtigkeit**
7 Vorrang
10 Prioritaet
hohl
4 leer
11 phrasenhaft
13 unausgefuellt
Hohlbauwerk
6 Tunnel
Höhle
5 Druse
6 Grotte
7 Kaverne
8 Hohlraum
Höhle …
· *auf* **Capri**
11 Blaue Grotte
· *in der* **Dordogne**
7 Lascaux
· *des* **Reineke Fuchs**
10 Malepartus
· *in* **Spanien**
8 Altamira
hohle Abgussform
7 Matrize
hohle Stange
4 Rohr
Höhlenbewohner
5 Dachs, Fuchs
Höhlenkunde
12 Spelaeologie
Höhlenmensch
12 Neandertaler
Höhlentropfstein
9 Stalagmit, Stalaktit
Höhlenwohnung des Wildes
3 Bau
Hohlform für Gusserzeugnisse
5 Model
Hohlgang im Körper
6 Fistel
Hohlhering
4 Ihle
Hohlkopf
4 Depp, Fant, Geck
5 Laffe
6 Fatzke
7 Angeber
9 Duemmling
Hohlkörper
4 Ball, Rohr
5 Blase, Kugel, Tubus
6 Ballon, Huelle, Roehre
7 Trommel
8 Zylinder
Hohlmaß
5 Eimer, Fuder, Kanne, Liter
7 Gallone
8 Scheffel
9 Deziliter
10 Hektoliter, Milliliter, Zentiliter
Hohlmaß für 100 Liter (Abkürzung)
2 Hl
Hohlmaß für Wein
5 Fuder
Hohlmetallwerkzeug
13 Gewindebohrer
Hohlnadel
7 Kanuele
Hohlorgan
5 Blase
Hohlpfanne
10 Dachziegel
Hohlpflanze
4 Rohr
Hohlraum
5 Leere
Hohlraum …
· **im Körper**
5 Zyste

- **in Gussstücken**
 6 Lunker
- **in Zellen und Organen**
 5 Lumen

Hohlspiegel
 9 Reflektor
Hohltier
 5 Hydra, Polyp
 6 Meduse, Qualle
 7 Koralle, Schwamm, Seemoos, Seerose
 8 Seefeder
 9 Wachsrose
 10 Blumentier, Nesseltier, Seeanemone
Hohlwurz
 12 Lerchensporn
Hohlziegel
 6 Hourdi
Hohn
 5 Spott
 6 Ironie, Satire
 8 Zynismus
 9 Sarkasmus
höhnisch
 7 zynisch
 8 ironisch
 10 spoettisch
 11 sarkastisch, schadenfroh
Höhrensagen
 5 Ondit
Höker
 7 Kraemer, Tandler
 9 Hausierer
 10 Kolporteur
Hokuspokus
 2 Uz
 3 Jux, Ulk
 4 Witz
 5 Spass, Trick, Unfug
 6 Unsinn, Zauber
 8 Gaukelei, Zauberei
 11 Schabernack
hold
 7 anmutig, huebsch
Holder
 8 Holunder
Holdseligkeit
 5 Anmut
 6 Charme
 8 Liebreiz
Holland
 11 Niederlande
Holländer
 4 Mast
 6 Geraet
 7 Gebaeck, Mynheer, Zigarre
 8 Maschine, Mastbaum, Mijnheer
 10 Sagenfigur, Windmuehle
 11 Reissgeraet
 12 Sagengestalt, Schlittschuh
 13 Niederlaender, Reissmaschine
holländisch(e, er, es) ...
► niederländisch
Hollandmädchen
 6 Meisje
Hölle
 4 Qual
 5 Hades, Orkus
 7 Inferno
 9 Totenwelt, Unterwelt
Hölle im Koran
 5 Sakar
Höllenfürst
 5 Hades, Pluto, Satan
 6 Teufel
 8 Mephisto
Höllenhund
 8 Kerberos, Zerberus
Höllenmaschine
 5 Bombe
 9 Zeitbombe
Höllenspektakel
 5 Laerm, Radau
Höllenstein
 5 Lapis
 12 Silbernitrat
höllisch
 6 rasant
 8 infernal
 9 teuflisch
 12 infernalisch
höllisches Geschehen
 7 Inferno
höllisches Tempo
 6 Rasanz
holprig
 6 uneben
 7 rumplig
holsteinisches Bauernhäuschen
 4 Kate
Holunder
 6 Holder, Holler
 7 Flieder
Holunderstaude
 11 Hollerbusch
Holz für Stuhlfüße
 6 Kantel
Holz verarbeitender Betrieb
 8 Saegerei
 9 Saegewerk
 12 Papiermuehle
Holzabfälle
 11 Saegespaene
Holzart
 4 Arbe, Arve, Eibe, Erle, Espe, Ilex, Iper, Teak, Ulme
 5 Ahorn, Birke, Birne, Buche, Eiche, Esche, Forle, Limba, Linde, Palme, Pinie, Tanne, Weide, Zeder
 6 Akazie, Fichte, Foehre, Kiefer, Makore, Mispel, Pappel, Pisang, Quitte
 7 Flieder, Hickory, Laerche, Platane, Robinie, Ruester, Schlehe
 8 Birnbaum, Ebenholz, Kastanie, Mahagoni, Nussbaum, Oleander, Pistazie, Rotbuche, Rottanne, Zypresse
 9 Apfelbaum, Bergahorn, Blutbuche, Buchsbaum, Eberesche, Edeltanne, Hainbuche, Haselnuss, Korkeiche
 10 Berberitze, Bergkiefer, Eukalyptus, Feigenbaum, Kirschbaum, Lebensbaum, Mammutbaum, Mandelbaum, Palisander, Sandelholz, Steineiche
Holzbearbeitungswerkzeug
 3 Axt
 4 Beil, Keil
 5 Saege
 6 Raspel
Holzbehälter
 5 Kiste, Truhe
 6 Kasten
 7 Schrank

Holzblasinstrument
4 Oboe
6 Fagott, Floete
7 Alphorn
8 Schalmei
10 Klarinette
11 Blockfloete
Holzblasmusiker
12 Klarinettist
Holzblatt
7 Furnier
Holzblättchen
4 Span
8 Splitter
Holzbottich
5 Zuber
Holzbrett
5 Bohle, Diele, Latte
6 Balken, Leiste
Holzdeckblatt
7 Furnier
Holzeinlegearbeit
8 Intarsie
holzen
6 foulen
hölzern(e, er, es) ...
· **Behälter**
4 Fass
5 Kiste
6 Kasten
· **Flugzeugrippe**
5 Spant
· **Fußform**
7 Leisten
· **Geschirr für Rinder**
4 Joch
· **Klapperinstrument**
12 Kastagnetten
· **Lagerstätte**
8 Pritsche
· **Milchgeschirr**
8 Melchter
· **Stuhl**
8 Stabelle
· **Wandtäfelung**
6 Paneel
· **Zielstück** (Eisschießen)
5 Daube
Holzfällerwerkzeug
5 Saege
Holzfaserprodukt
6 Papier
Holzfass
4 Kufe

Holzfußboden
5 Diele
6 Dielen, Riemen
7 Parkett
Holzgebäude
9 Blockhaus
Holzgeflecht
5 Flake
Holzgeist
8 Methanol
Holzgewächs ► Holzart
Holzgummi
5 Xylan
Holzhaufen des Köhlers
6 Meiler
Holzhaus
4 Bude
6 Huette
Holzhütte
4 Bude
5 Baude
holzige Kletterpflanze
5 Liane
Holzknecht
6 Holzer
11 Holzfaeller
12 Waldarbeiter
Holzkohlenhersteller
7 Koehler
Holzkonservierungsmittel
11 Karbolineum
Holzkopf
7 Grobian
8 Dummkopf
Holzkugelspiel
6 Boccia
Holzliege
8 Pritsche
Holzmessgerät
6 Kluppe
Holzpantoffel ► Holzschuh
Holzplanke
5 Brett
Holzraummaß
4 Ster
5 Faden
7 Klafter
9 Festmeter, Raummeter
Holzrinne für Grubenwasser
6 Fluder
Holzrohrpflanze
6 Bambus
Holzrutschbahn
6 Leiste

Holzschädling
5 Nonne
7 Spanner, Spinner
8 Holzbock, Holzwurm, Totenuhr
12 Borkenkaefer
Holzschalenfrucht
4 Nuss
7 Walnuss
8 Paranuss
Holzscheit
6 Kloben
Holzschlag
5 Maiss
Holzschneidebetrieb
8 Saegerei
Holzschneidekunst
10 Xylografie
11 Xylographie
Holzschneider
8 Xylograf
9 Xylograph
Holzschuh
4 Clog
7 Pantine
Holzspaltwerkzeug
3 Axt
4 Beil, Keil
Holzsplitter
4 Span
8 Schiefer
Holzstäbchen
5 Speil
Holzstange
5 Latte
Holzstoff
6 Lignin
Holzstoß des Köhlers
6 Meiler
Holzstreifen
6 Leiste
Holztäfelung
6 Paneel
Holztransport auf Gewässern
10 Floesserei
Holzung
3 Hau
4 Hieb
6 Rodung
9 Einschlag
Holzverhau
15 Lattenverschlag
Holzverpackung
5 Kiste

6 Kasten
Holzweg
6 Irrweg
9 Sackgasse
Holzzaun
6 Gatter
Holzzeichnung
5 Maser
8 Maserung
Holzzucker
6 Xylose
homerische Dichtung
5 Ilias
7 Odyssee
homerische Versform
9 Hexameter
Homers Übersetzer
4 Voss
Hommage
12 Ehrerbietung
homogen
11 einheitlich
homogene Körper
9 Kristalle
homonym
10 mehrdeutig, wortgleich
Homöopathie
14 Naturheilkunde
honett
6 ehrbar
9 ehrenhaft
11 respektabel
Honig liebendes Tier
4 Baer
Honigbiene
4 Imme
Honigdachs
5 Ratel
Honigfalke
7 Bussard
13 Wespenbussard
Honiggebäck
9 Lebkuchen
Honiggras
6 Meddel
Honiginsekt
4 Imme
5 Biene
6 Hummel
Honigklee
8 Hornklee
9 Steinklee
Honigkuchen
9 Lebkuchen, Lebzelten
11 Pfeffernuss

Honiglikör
10 Baerenfang
Honigmond
13 Flitterwochen
Honigpilz
10 Hallimasch
Honigproduzent
5 Biene
Honigsaft
4 Seim
6 Nektar
Honigseim
6 Nektar
11 Bluetensaft
Honigwabe
5 Rosse
Honigwein
3 Met
honorabel ► honett
Honorar
4 Gage
7 Entgelt
9 Bezahlung, Ehrensold
10 Verguetung
Honoratioren
11 Oberschicht
honorig
9 ehrenhaft
honoris causa
11 ehrenhalber
Hopfensteckling
7 Fechser
Hopfentrank
4 Bier
Hora
6 Stunde
12 Gebetsstunde
Hörapparat
8 Hoerrohr
hörbar(e, er, es) ...
· **Laut**
9 Geraeusch
· **Luftschwingung**
3 Ton
6 Schall
· **Ton**
4 Laut
5 Klang
6 Schall
· **Zeichen**
6 Signal
7 Fanfare
horchen
8 lauschen

Horcher
5 Spion
7 Spitzel
8 Lauscher
Horde
5 Bande, Meute, Rotte, Schar
6 Gruppe, Haufen
Horen
4 Dike
6 Eirene
7 Eunomia
Hörerschaft
8 Publikum
10 Auditorium
Horizont
4 Kimm
7 Kimming, Kimmung
8 Sehkreis
13 Gesichtskreis
Horizontale
10 Waagrechte
11 Waagerechte
Horizontlinie
7 Skyline
Hormon
6 Cholin, Inkret, Prolan
7 Insulin, Oestron
8 Androgen, Cortison, Gestagen, Glucagon, Glukagon, Histamin
9 Adrenalin, Oestrogen
11 Progesteron, Testosteron
Hormonpräparat
10 Anabolikum
Horn
7 Kornett
Horn der Gämse (Gemse)
7 Krickel
hornähnlicher Stoff
6 Chitin
hornartige Körpersubstanz
4 Haar
Hörnchen
4 Kipf
6 Gipfel, Kipfel
7 Kipferl
Hornhaut des Auges
6 Cornea, Kornea
Hornhauttrübung im Auge
6 Pannus
Hornhautübertragung
13 Keratoplastik

Hornhautverdickung
5 Warze
Hornklee
5 Lotus
Hornplättchen an Finger und Zeh
5 Nagel
Hornplatte der Schildkröte
7 Karette
10 Schildpatt
Hornplatte im Gaumen der Wale
5 Barte
Hornschuh bei Tieren
3 Huf
Hornstoff
7 Keratin
Horntier
3 Kuh, Ren
4 Elch, Gams, Rind, Zebu
5 Gemse, Schaf, Ziege
6 Gaemse, Hirsch
7 Rentier
8 Antilope
Hornung
7 Februar
Hornvieh
4 Rind
Hörorgan
3 Ohr
Hörrohr des Arztes
10 Stethoskop
Horror
5 Angst
6 Furcht
7 Abscheu, Grausen
8 Schauder
9 Entsetzen
Horror im Schlaf
8 Albtraum, Alptraum
Horrorfilm
8 Thriller
Hörsaal
10 Auditorium
Horst
4 Nest
6 Genist
9 Flugplatz, Vogelnest
Hort
8 Zuflucht
9 Tagesheim
10 Kinderheim
11 Spielschule
12 Kindergarten
hörunfähig
4 taub
Hose
5 Jeans
6 Shorts
8 Bermudas, Hot Pants, Pantalon
9 Beinkleid, Blue Jeans, Pantalons
13 Knickerbocker
Hose mit Jacke
5 Anzug
Hosensaumverstärkung
9 Stossband
Hospital
4 Heim
6 Klinik, Spital
8 Lazarett
11 Krankenhaus
Hospitant
4 Gast
10 Gasthoerer
12 Gastschueler
Hospiz
4 Heim
5 Hotel
8 Gasthaus, Herberge
9 Armenhaus
11 Krankenhaus
Hostess
10 Stewardess
11 Begleiterin
Hostie
6 Oblate
14 Abendmahlsbrot
Hostienbehälter
5 Pyxis
8 Ziborium
Hostienschrein
10 Tabernakel
Hostienteller
6 Patene
Hostientraeger
9 Monstranz
Hotdog
8 Sandwich
10 Wuerstchen
Hotel
7 Gasthof, Pension
8 Herberge
Hotel für Autofahrer
5 Motel
Hotelangestellte
7 Koechin
9 Kellnerin
14 Zimmermaedchen
Hotelangestellter
3 Boy
4 Koch, Ober, Page
7 Barmann, Liftboy, Pikkolo, Portier
9 Pfoertner
10 Hausdiener
13 Etagenkellner
Hotelbediensteter ► Hotelangestellter
Hotelbesitzer
8 Hotelier
9 Gastronom
Hotelboy
4 Page
Hoteldiener
3 Boy
4 Page
Hotelgewerbe
10 Hotellerie
11 Gastronomie
Hotelhalle
6 Lounge
Hotelraum mit zwei Betten
12 Doppelzimmer
Hotelwohnung
9 Apartment
11 Appartement
Hotte
4 Korb
8 Tragkorb
Hottentottendorf
4 Kral
Hottentottenhütte
6 Pontok
Hottentottenstamm
4 Nama
6 Korana
hübsch
4 nett
5 apart, fesch, flott
6 adrett, schoen
Hubschrauber
10 Helikopter
Hufentzündung der Pferde
4 Rehe
Hüft- oder Brustband
8 Schaerpe
Hufteil der Paarhufer
5 Klaue
Hüften
6 Becken, Lenden, Schoss, Seiten

H

Hüftgelenksverrenkung
8 Luxation
Hüfthalter
6 Mieder
7 Korsett
9 Korselett
Hüfthorn Rolands
7 Olifant
Huftier
3 Gnu, Kuh, Ren
4 Elch, Elen, Esel, Rind
5 Kamel, Pferd, Tapir
6 Hirsch
7 Elefant, Giraffe, Nashorn, Rentier, Schwein
8 Antilope, Dromedar, Maulesel, Maultier
9 Erdferkel
10 Flusspferd
hüftlange Bluse
6 Kasack
Hüftweh
7 Ischias
Hügel
4 Nock
5 Buehl, Hubel
8 Erhebung
Hügel ...
· *in* **Athen**
7 Areopag
· *in* **Jerusalem**
4 Zion
7 Oelberg
8 Golgatha
· *am* **Meeresufer**
9 Sanddüne
· *in* **Rom**
7 Aventin, Caelius, Kapitol, Palatin, Viminal
8 Esquilin, Quirinal
· *mit* **Sternwarte bei Rom**
5 Mario
hügelfrei
4 eben
hügelfreies Gebiet
5 Ebene
hügelig
6 bergig
hügellos
4 eben
Hugenotte
10 Protestant
Hugenottenführer
5 Rohan
7 Coligny
Huhn
5 Henne
6 Glucke, Hinkel, Poulet
8 Poularde
Hühnerhund
6 Setter
Hühnerprodukt
2 Ei
5 Feder
Hühnerrasse
6 Cochin
7 Leghorn, Minorka
9 Faverolle, Italiener, Orpington, Wyandotte
10 Andalusier, Brahmahuhn
11 Australorps, Blausperber
Hühnervogel
4 Guan, Mitu, Pfau
5 Fasan, Hokko
7 Rebhuhn, Wachtel
8 Auerhahn, Auerhuhn, Birkhuhn, Feldhuhn, Perlhuhn, Truthahn
9 Edelfasan, Goldfasan, Haselhuhn, Jagdfasan, Steinhuhn, Truthenne
10 Schneehuhn
Huld
5 Gnade, Gunst
10 Wohlwollen
Huldigung
7 Beifall, Ovation
8 Anbetung
9 Adoration
huldvoll
7 gnaedig
11 wohlwollend
Hülle
4 Etui, Haut
5 Bezug, Decke, Pelle
6 Bluete, Frucht, Huelse, Kapsel, Kuvert, Mantel, Schale, Schutz
7 Packung
8 Futteral, Konvolut, Ueberzug, Umschlag
9 Kartusche
10 Umhuellung, Verpackung
Hülle ...
· *der* **Chromosomen**
6 Matrix
· *aus* **Ei und Bröseln**
6 Panade, Panier
· *der* **Insektenpuppe**
5 Kokon
hüllenlos
5 nackt
10 entkleidet
Hülse von Früchten
4 Pale
6 Schote
Hülsenfrucht
5 Bohne, Erbse, Linse
9 Sojabohne
human
8 tolerant
10 menschlich, wohltaetig
Humanismus
12 Zivilisation
Humanist
5 Ramus
6 Hutten
7 Erasmus, Grotius
8 Petrarca, Reuchlin
10 Pirkheimer
11 Melanchthon
Humbug
2 Uz
3 Ulk
5 Unfug
6 Unsinn
7 Nonsens, Quatsch
Hummer
5 Krebs
8 Languste
Humor
4 Witz
5 Laune, Spass
6 Ironie
8 Frohsinn
10 Heiterkeit
humorlos
5 ernst
7 trocken
humpeln
6 hinken, lahmen
Humuserde
11 Mutterboden
humusreich
5 humos
Hund
5 Toele
6 Koeter
8 Klaeffer
hundeartiges Raubtier
4 Wolf
5 Dingo, Fenek, Fuchs
6 Hyaene

7 Schakal
Hundeblume
10 Loewenzahn
Hundegebell
8 Geklaeff
Hundegras
6 Quecke
Hundehütte
4 Kaue
6 Kotter
Hundejunges
5 Welpe
Hundekläffen
6 Gebell
Hundekrankheit
6 Raeude, Staupe
7 Tollwut
Hundelaut
3 wau
Hundelaute
6 Bellen, Gebell
Hundeleben
3 Not
5 Armut, Elend
6 Jammer, Misere
Hundemännchen
5 Ruede
Hundename
3 Rex
4 Bazi, Hexe, Karo
5 Bello, Hasso, Lumpi, Waldi
6 Flocki
Hunderasse
3 Fox
4 Chin, Fido, Mops
5 Boxer, Dogge, Pudel, Spitz
6 Barsoi, Basset, Beagle, Bracke, Bullie, Collie, Dackel, Hunter, Saluki, Scotch, Setter, Teckel
7 Afghane, Bobtail, Griffon, Mastiff, Pointer, Rattler, Sheltie, Spaniel, Terrier, Whippet
8 Bluthund, Chow Chow, Pekinese, Pinscher, Windhund
9 Bulldogge, Dobermann, Schnauzer, Windspiel, Wolfshund
10 Dalmatiner, Foxterrier, Hirtenhund, Leonberger, Rottweiler, Zwergpudel
11 Bullterrier, Huehnerhund, Irish Setter, Rehpinscher, Vorstehhund
12 Bernhardiner, Pudelpointer, Schaeferhund
13 Cockerspaniel, Rauhaardackel, Scotchterrier, Zwergpinscher
14 Neufundlaender, Rauhhaardackel
15 Airedaleterrier, Riesenschnauzer
hundertäugiger Riese
5 Argus
Hundertjahrfeier
11 Zentenarium
Hundertschaft
8 Zenturie
Hundertstel (Vorsatz)
5 Zenti
7 Prozent
Hundeschar
5 Meute
Hundeschwanz
4 Rute
Hundeunterkunft
6 Huette
7 Zwinger
Hundewache
10 Nachtwache
Hundeweibchen
7 Huendin
Hundezecke
8 Holzbock
Hundezüchter
8 Kynologe
Hundezwinger
6 Kennel
Hundskopfaffe
5 Magot, Makak
6 Pavian, Rhesus
8 Mandrill
9 Meerkatze
10 Rhesusaffe
Hundsstern
6 Sirius
Hüne
5 Riese
6 Gigant
hünenhaft
5 gross
6 riesig
Hünenstein
6 Dolmen, Menhir
Hunger
7 Appetit
8 Begierde
9 Kohldampf
Hungerblümchen
5 Wesel
Hungerjahre
14 Nachkriegszeit
Hungerkur
6 Fasten
9 Nulldiaet
15 Schlankheitskur
Hungerleider
5 Armer
7 Bettler
9 Schlucker
10 Habenichts
Hungertyphus
11 Fleckfieber
Hunnenkönig
5 Etzel
6 Attila
hunnenverwandter Reiternomade
5 Aware
Hupe
4 Horn
hüpfen
6 hopsen
8 springen
Hürde
6 Pferch
8 Barriere
9 Hindernis
Hürdenlauf
15 Hindernisrennen
Hürdenläufer
8 Steepler
Hurenhaus
4 Puff
7 Bordell
10 Eroscenter
11 Freudenhaus
Hurenkind
13 Ausgangszeile
Hurrikan
5 Orkan
6 Taifun, Zyklon
7 Tornado
11 Wirbelsturm
hurtig
3 fix
5 rapid, rasch
7 behende, eilends, schnell

H

Husar
6 Reiter
11 Kavallerist
Husarenmütze
6 Kalpak, Kolpak
7 Tschako
Husarenrock
6 Attila
Husarenstück
11 Handstreich
Hussit
9 Utraquist
10 Kalixtiner
Hussitenführer
5 Ziska, Zizka
6 Prokop
Hustenmittel
4 Anis
6 Kodein, Salbei
10 Eukalyptus
Hut der Cowboys
7 Stetson
Hut der Kleriker
6 Birett
Hutaffe
5 Makak
Hüter
4 Hirt
5 Hirte
6 Patron
8 Bewacher, Waechter
Hüter ...
· *des* **heiligen Grals**
7 Titurel
· *von* **Kleinkindern**
10 Babysitter
· *von* **Lämmern und Schafen**
8 Schaefer
· *des* **Nibelungenhorts**
8 Alberich
Hüterin der Erde
4 Hera
Hutform
6 Melone, Panama
7 Filzhut, Homburg
8 Sombrero, Strohhut, Zylinder
9 Dreispitz, Zweispitz
10 Kalabreser, Schlapphut
11 Florentiner
Hutmacherin
8 Modistin
12 Putzmacherin
Hutrand
6 Krempe
Hutschlange ► Brillenschlange
Hutstroh
5 Tagal
Hütte
4 Bude, Kate
5 Baude
8 Schuppen
9 Eisenwerk, Haeuschen, Verschlag
10 Schutzhaus
Hütte für Viehfutter
9 Heustadel
Hüttenkunde
11 Metallurgie
Hüttenkundler
10 Metallurge
Hüttner
7 Kaetner
hutzelig
5 klein
6 faltig
Hybride
7 Bastard
Hybris
8 Uebermut
9 Frevelmut
13 Vermessenheit
Hydra
5 Polyp
6 Untier
8 Schlange
Hygiene
16 Gesundheitslehre
Hygieneartikel
6 Tampon
8 Sacktuch
11 Taschentuch
hygienisch
6 sauber
8 reinlich, sanitaer
hygienische Einrichtung
3 Bad
8 Toilette
hygienische Maßnahme
7 Asepsis
10 Isolierung
11 Quarantaene
12 Desinfektion
Hymne
3 Ode
4 Lied
7 Loblied
9 Lobgesang
hypnotischer Schlafzustand
6 Trance
hypochondrisch
11 truebsinnig
12 schwermuetig
Hypophyse
10 Hirnanhang
16 Hirnanhangdruese
Hypothek
6 Kredit
11 Grundschuld
Hypothese
7 Annahme, Theorie
9 Bedingung, Vermutung
10 Mutmassung
13 Unterstellung, Voraussetzung
hypothetisch
6 fiktiv
Hysterie
7 Neurose
11 Reizzustand
hysterisch
9 aufgeregt
11 ueberspannt

I

Iason ► Jason
iberischer Staat
7 Spanien
8 Portugal
Ibis
10 Stelzvogel
11 Storchvogel
ichbezogener Mensch
12 Egozentriker
Ichmensch
6 Egoist
Ichsucht
8 Egoismus

10 Egozentrik, Eigenliebe, Eigensucht
11 Selbstsucht
ideal
7 perfekt
Ideal
7 Vorbild
8 Leitbild
ideal
9 imaginaer
Ideal
9 Leitstern
ideal
10 vollkommen
Ideal
10 Wunschbild
11 Leitgedanke
ideal
11 vorbildlich
ideales Eiland
10 Trauminsel
Idee
4 Kern, Plan, Sinn
5 Linie, Thema, Wesen
6 Gehalt, Urbild
7 Einfall, Gedanke
9 Eingebung, Intuition
11 Leitgedanke, Ueberlegung, Vorstellung
12 Grundgedanke
ideenarm
11 einfallslos, fantasielos
12 phantasielos
ideenreich
7 kreativ
12 fantasievoll
13 phantasievoll
identische Bedingungen
17 Chancengleichheit
Identität
10 Gleichheit
16 Uebereinstimmung
Identitätsurkunde
7 Ausweis
Identitätszeichen (Tier)
8 Ohrmarke
Idiom
7 Mundart
11 Redewendung
Idiot
4 Depp, Narr
7 Trottel
8 Dummkopf
15 Schwachsinniger
Idol
6 Abgott, Goetze
7 Fetisch
11 Goetzenbild
Idyll
13 Stimmungsbild
idyllisch
5 still, traut
8 heimelig, traulich
9 arkadisch, friedlich, laendlich
10 gemuetlich, ungestoert
11 beschaulich
Iffland-Ring-Träger
7 Meinrad
Ignoranz
10 Unkenntnis
15 Beschraenktheit
illegal
8 verboten
9 illegitim
11 unzulaessig
12 gesetzwidrig, ungesetzlich
14 unrechtmaessig
illegitim (► auch illegal)
9 unehelich
illiquid
6 pleite
16 zahlungsunfaehig
illoyal
6 untreu
9 unredlich
Illusion
4 Trug, Wahn
5 Traum
6 Schein, Utopie
8 Fantasie, Trugbild, Wahnbild
9 Phantasie
10 Einbildung, Wunschbild
11 Luftschloss
16 Selbsttaeuschung
Illustration
4 Bild, Foto
5 Photo
6 Grafik
7 Graphik
8 Diagramm, Vignette
9 Abbildung, Faksimile, Schaubild, Zeichnung
11 Bebilderung, Darstellung
17 Veranschaulichung
Illustriertencover
9 Titelbild
illustriertes Kinderbuch
10 Bilderbuch
Iltisart
5 Frett
9 Frettchen
11 Stinkmarder
im ...
· **bestimmten Augenblick**
7 jeweils
· **gleichen Umschlag liegend**
5 anbei
· **Haar getragene Klammer**
6 Spange
· **Kleinen** (französisch)
8 en détail
· **Meer treibender Gletscherbrocken**
7 Eisberg
· **Raum befindlich**
5 innen
· **Tabakrauch enthaltener Stoff**
4 Teer
im Stande (imstande)
6 faehig
7 kapabel
imaginär
6 irreal
10 unwirklich
11 eingebildet
12 phantastisch
Imagination
8 Fantasie
9 Phantasie
10 Einbildung
Imbiss
5 Jause, Snack
6 Bissen, Happen
8 Brotzeit, Mahlzeit
Imbiss einnehmen
6 jausen
7 jausnen
Imbiss im Freien
8 Picknick
Imbissstätte
13 Jausenstation
Imbissstube
8 Snackbar
Imbisswagen
13 Wuerstelstand
Imitation
7 Parodie

I

10 Faelschung, Falsifikat, Nachahmung
imitiertes Wildleder
5 Nubuk
Imker
14 Bienenzuechter
Imme
5 Biene
immens
5 gross
6 riesig
8 gewaltig
10 gigantisch
12 unermesslich
immer
4 ewig
5 stets
8 staendig
immer Gleiches
8 Einerlei
immerdar
4 ewig
immergrünes Gewächs
4 Efeu, Ilex
5 Vinca
6 Mistel
8 Oleander, Rosmarin
9 Buchsbaum, Hundsgift
Immigrant
11 Einwanderer
Immigration
12 Einwanderung
immobil
11 unbeweglich
Immobilieneigner
15 Hauseigentuemer
immun
6 gefeit
10 geschuetzt
11 abgehaertet
12 unangreifbar
13 unempfindlich
Immunisierung
7 Impfung
13 Schutzimpfung
14 Schluckimpfung
Imperativ
11 Befehlsform
Imperium
5 Reich
9 Weltreich
11 Kaiserreich
12 Machtbereich
impertinent
5 frech
6 dreist
7 laestig, vorlaut
9 ungezogen
10 dummdreist, ungehoerig
11 zudringlich
12 aufdringlich, unverschaemt
Impetus
4 Hang
7 Neigung, Tendenz
Impfflüssigkeit ► Impfstoff
Impfpustel
5 Pocke
Impfstoff
5 Serum
6 Lymphe, Vakzin
7 Vakzine
Impfstoffe
4 Sera
5 Seren
Impfung
13 Immunisierung
Implantation
12 Einpflanzung
Import
7 Einfuhr
Imprägniermittel (für Holz)
11 Karbolineum
Impresario
7 Manager
Impression
8 Eindruck
10 Empfindung
Imprimatur
13 Druckfreigabe
Improvisation
9 Extempore, Impromptu
13 Stegreifspiel
Impuls
5 Stoss
6 Anreiz
7 Ansporn, Anstoss, Antrieb
8 Anregung
16 Bewegungsgroesse
impulsiv
7 spontan
impulsives Handeln
12 Spontanitaet
13 Spontaneitaet
in ...
· **... und Braus**
4 Saus
· **Angriff nehmen**
7 angehen
· *der* **Anlage**
5 anbei
10 beiliegend
· **Besitz nehmen**
8 aneignen
· **Betrieb**
2 an
· **der Höhe**
4 oben
· **der Tiefe**
5 unten
· **diesem Jahr**
5 heuer
· **Fett geröstetes Mehl**
8 Einbrenn
9 Einbrenne
· **Form**
3 fit
· **Fülle vorhanden**
6 ueppig
· **Gang bringen**
9 ankurbeln
10 aktivieren
· **großen Mengen**
6 en gros
· **größerem Umfang**
4 mehr
· **höchstem Maß begabt**
6 genial
· **hohem Grade**
4 sehr
· **Kürze**
4 bald
· *der* **Mitte geteilt**
4 halb
· *der* **Musik**
6 Legato
· *der* **Nähe von**
3 bei
5 neben
· **naher Zukunft**
4 bald
· **Reichweite**
3 nah
· **Schwung bringen**
10 aktivieren
· **Teeblättern enthaltenes Koffein**
4 Tein
· **vier Teile zerlegen**
8 vierteln
· **vorgerücktem Alter**
7 bejahrt

In-sich-Gehen
4 Reue
5 Busse
6 Umkehr
7 Einkehr
10 Meditation
inaktiv
4 faul
6 traege
8 untaetig
Inangriffnahme
6 Angang
10 Initiative
Inbegriff
4 Kern
5 Summe, Wesen
6 Gehalt, Inhalt
8 Substanz
9 Charakter, Hoechstes, Innerstes
11 Quintessenz
Inbegriff ...
· **alles Seienden**
4 Welt
· *der* **Persönlichkeit**
9 Charakter
· *des* **Bösen**
5 Satan
6 Daemon, Teufel
inbegriffen
9 inklusive
Inbesitznahme
9 Eroberung
Inbild
5 Ideal
Inbrunst
12 Enthusiasmus, Leidenschaft
Index
8 Register
11 Verzeichnis
Indianer
7 Rothaut
Indianer im alten Mexiko
6 Azteke
Indianerbehausung
6 Wigwam
Indianerboot
4 Kanu
6 Piroge
Indianerfrau
5 Squaw
Indianergott
6 Manitu
Indianerpfeife
7 Kalumet
Indianerpferd
7 Mustang
Indianerschuh
8 Mokassin
Indianerschutzgebiet
8 Reservat
11 Reservation
Indianerstamm
4 Dene, Hopi, Inka, Maja, Maya
5 Creek, Huron, Sioux
6 Dakota, Indios, Navaho, Navajo
7 Apachen, Azteken, Guarani, Huronen, Olmeken, Quechua
8 Cherokee, Comanche, Delaware, Irokesen, Mixteken, Tolteken
9 Apatschen, Mohikaner, Zapoteken
11 Komantschen
12 Kommantschen, Tscherokesen
Indianertrophäe
5 Skalp
Indianerwaffe
8 Tomahawk
Indianerzelt
4 Tipi
6 Wigwam
indianisch(e, er, es) ...
· **Friedenspfeife**
7 Kalumet
· **Gottheit**
6 Manitu
· **Kulturvolk**
4 Maya
· **Ortsvorsteher**
6 Kazike
· **Pfeilgift**
6 Curare, Kurare
· **Siegestrophäe**
5 Skalp
· **Stammeszeichen**
5 Totem
In-Dienst-Nahme
11 Einstellung
indifferent
7 neutral
8 tolerant
10 unbestimmt
12 teilnahmslos
13 gleichgueltig
Indigestation
18 Verdauungsstoerung
Indignation
11 Entruestung
12 Veraergerung
Indigofarbe
6 Anilin
Indikativ
17 Wirklichkeitsform
Indio vor Kolumbus
4 Inka
indirekt
9 abhaengig, mittelbar
indirekte Route
5 Umweg
indisch(e, er, es) ...
· **Amtssprache**
5 Hindi
· **Anrede für Herr**
5 Sahib
· **Antilope**
6 Nilgau
· **Asket**
4 Jogi
5 Fakir
· **Berg**
3 Abu
8 Satpatra
· **Brillenschlange**
5 Kobra
· **Bundesstaat**
5 Assam, Bihar
6 Kerala, Sikkim
· **Büßer**
4 Yogi
· **Dichter**
6 Tagore
· **Dichtung**
7 Rigweda
· **Ehrentitel**
7 Mahatma
· **Feuergott**
4 Agni
· **Flächenmaß**
5 Bigha
· **Flachs**
4 Jute
· **Fluss**
6 Ganges
8 Krischna
11 Brahmaputra
· **Frauengewand**
4 Sari

- **Fürstin**
  4 Rani
  5 Begum
  8 Maharani
- **Gaukler**
  5 Fakir
- **geistlicher Lehrer**
  4 Guru
- **Gesellschaftsschicht**
  5 Kaste
- **Gewand**
  4 Sari
- **Gewicht**
  3 Ser
- **Gong**
  6 Tamtam
- **Gottheit**
  6 Brahma, Schiwa
  7 Wischnu
  8 Krischna
- **Großfürst**
  11 Maharadscha
- **Großstadt**
  6 Madras
- **Hafenstadt**
  6 Bombay, Madras
  8 Kalkutta
- **Halbziege**
  4 Tahr, Thar
- **Hauptgott**
  5 Indra
- **Heiliger**
  4 Guru, Jogi
  5 Sadhu
- **Held**
  4 Rama
- **Hirschart**
  10 Axishirsch
- **Holzart**
  10 Sandelholz
- **Kaste**
  5 Paria, Sudra
  6 Parias, Shudra
  8 Vaischya
  9 Brahmanen, Brahminen
  10 Kschatriya
  11 Radschputen
- **Kastenloser**
  5 Paria
- **Landsmann**
  7 Bengale
- **Liebeslehrbuch**
  9 Kamasutra
- **Münze**
  3 Pie
  4 Anna, Lakh
  5 Rupie
- **Nobelpreisträger**
  5 Raman
  6 Tagore
- **Oasenstadt**
  7 Bikanir
- **Politiker**
  5 Desai, Nehru
  6 Ghandi
- **Provinz**
  3 Goa
  4 Kurg
  5 Assam, Bihar
  6 Katsch, Orissa, Punjab
  7 Manipur, Tripura
  8 Bengalen, Kaschmir
  9 Pandschab
  10 Haidarabad
  11 Radschastan
- **Religion**
  9 Sikhismus
  10 Buddhismus, Hinduismus
  11 Brahmaismus
  12 Dschainismus
- **Religionsstifter**
  6 Buddha
- **Rind**
  4 Zebu
- **Sänfte**
  8 Palankin
- **Schrift**
  4 Urdu, Weda
- **Tempeltänzerin**
  8 Bajadere
- **Währungseinheit**
  5 Rupie
- **Waldbock**
  6 Nilgau
- **Wasserbüffel**
  7 Kerabau
- **Wasserpfeife**
  4 Huka
- **Wickelgewand**
  4 Sari
- **Witwe**
  4 Sati
- **Wüste**
  5 Tharr

indiskret
7 taktlos

Indiskretion
7 Klatsch, Rederei, Tratsch
10 Geschwaetz
11 Klatscherei
13 Taktlosigkeit
15 Vertrauensbruch

Individualist
13 Einzelgaenger

Individualität
8 Eigenart
15 Einzigartigkeit, Persoenlichkeit

individuell
11 persoenlich
13 eigentuemlich

Individuum
6 Person
11 Einzelwesen
12 Einzelperson

Indiz
7 Hinweis
9 Anzeichen
15 Verdachtsmoment

Indoeuropäer
5 Slawe

Indogermane
5 Kelte

indogermanischer Stamm
5 Arier, Daker
6 Balten, Italer, Kelten, Slawen
7 Albaner, Illyrer, Iranier, Phryger, Romanen, Thraker
8 Armenier, Germanen, Griechen, Hethiter, Italiker
9 Indoarier

indolent
6 traege
10 schmerzlos

indonesisch(e, er, es) ...
- **Berg**
  3 Awu
  4 Gede
  5 Dempo, Kelut
  6 Leuser, Makian, Merapi, Semeru
  7 Tambora
  8 Kerintji
  10 Papantajan
  12 Puntjak Djaya
- **Hafenstadt**
  6 Padang
  8 Semarang, Surabaja
  14 Tandjungperiuk
- **Hüftrock**
  6 Sarong

· **Insel**
4 Alor, Bali, Buru, Cebu, Java, Laut, Nias, Roti, Sawu
5 Ambon, Banka, Buton, Ceram, Ceres, Sumba, Timor, Wetar
6 Bangka, Borneo, Butung, Flores, Lombok, Madura, Sebuku, Wowoni
7 Celebes, Sumatra, Sumbawa
8 Billiton, Relitung, Sulawesi
9 Halmahera
· **Inselbewohner**
8 Balinese
· **Inselgruppe**
8 Molukken
10 Sulainseln
11 Sundainseln, Tigerinseln
12 Nassauinseln
14 Mentaweiinseln
· **Kleidungsstück**
6 Sarong
· **Münze**
3 Sen
· **Pfeilgift**
4 Upas
· **Politiker**
7 Sukarno
· **Reisgericht**
10 Nasi-goreng
· **Stadt**
5 Ambon, Medan
6 Padang
7 Bandung, Batavia, Jakarta
8 Djakarta, Makassar
9 Palembang, Pontianak
10 Dschakarta
· **Volksstamm**
4 Bugi
5 Batak, Dajak, Moken
7 Malaien
· **Vulkan**
8 Krakatau
· **Währung**
6 Rupiah
· **Wildrind**
4 Anoa
Industrieanlage
4 Werk
Industriediamant
4 Bort
industriell(e, er, es) ...
· **Ausdruck**
5 Serie, Trust
6 Fabrik
7 Kartell, Normung
10 Fliessband, Rohprodukt, Veredelung
· **Betriebsstätte**
6 Fabrik
· **Kunststoff**
10 Chemikalie
Industrieluftreiniger
10 Entstauber
Industriemaß für Normgrößen
3 DIN
Industrienorm
3 DIN
inegal
8 ungleich
inexakt
7 ungenau
infam
6 ehrlos, gemein
11 schaendlich
12 veraechtlich
15 niedertraechtig
Infant
11 Thronfolger
Infant von Spanien
6 Felipe
infantil
8 kindisch, kindlich
Infektion
10 Ansteckung
11 Virusbefall
Infektionsausbreitung
6 Seuche
7 Endemie
8 Epidemie, Pandemie
Infektionskrankheit
4 Aids, Lues, Pest, Ruhr
5 Lepra, Mumps, Polio
6 Angina, Grippe, Masern, Pocken, Seuche, Typhus
7 Aussatz, Cholera, Malaria, Roeteln, Tetanus, Tollwut, Tripper
8 Blattern, Gasbrand, Schanker, Syphilis, Wundrose
9 Gonorrhoe, Influenza, Milzbrand, Scharlach
10 Diphtherie, Gelbfieber, Paratyphus, Windpocken
11 Fleckfieber, Flecktyphus, Guertelrose, Keuchhusten, Starrkrampf, Tuberkulose, Ziegenpeter
12 Denguefieber, Genickstarre
13 Poliomyelitis, Wechselfieber
14 Kindbettfieber, Kinderlaehmung
15 Rueckfallfieber, Schlafkrankheit, Wundstarrkrampf
17 Lungenentzuendung
infernal
9 hoellisch, teuflisch
Inferno
5 Chaos
6 Hoelle
9 Unterwelt
Infinitiv
8 Nennform
infizieren
9 anstecken
11 uebertragen
Inflation
14 Geldentwertung
Influenza
6 Grippe
infolgedessen
4 ergo
Information
7 Meldung
8 Auskunft
9 Botschaft, Nachricht
10 Mitteilung
Informationsbüro
11 Berichthaus
Informationseinheit
3 Bit
4 Byte
Informationsmittel
4 Buch, Film
5 Radio
6 Plakat, Presse
7 Journal, Katalog, Lexikon, Zeitung
8 Anschlag, Prospekt, Rundfunk, Sachbuch
9 Fernsehen, Flugblatt
10 Broschuere
11 Flugschrift, Zeitschrift

12 Illustrierte
13 Enzyklopaedie

Ingenieurschule
2 TH, TU
3 ETH
9 Technikum
13 Polytechnikum
14 Fachhochschule

Ingredienzien
7 Zutaten

Ingwerbier
9 Gingerale

Ingwergewürz
8 Kardamom

Inhaber
6 Eigner
8 Besitzer
11 Eigentuemer

Inhaber eines Lokals
4 Wirt
8 Gastwirt
9 Gastronom

Inhaberpapier
5 Aktie
10 Obligation, Pfandbrief

inhaftieren
9 verhaften
10 arretieren, festnehmen

Inhaftierter
10 Gefangener

inhalieren
8 einatmen

Inhalt
4 Kern, Saft, Sinn
5 Masse, Thema
7 Volumen
8 Fuellsel, Fuellung, Handlung, Substanz

Inhalt entfernen
6 leeren

Inhaltsangabe
5 Index, Liste
6 Aufbau, Expose, Rubrum
7 Synopse
8 Register, Resuemee, Synopsis
10 Gliederung, Uebersicht
11 Aufstellung, Deklaration, Verzeichnis
12 Sachregister

inhaltslos
4 leer
7 trivial

Inhaltsübersicht
8 Resuemee

Inhaltsverzeichnis
5 Index
8 Register

Initialen von ...
· **Dürer**
2 AD
· **Fontane**
2 TF
· **Gauguin**
2 PG
· **Hals** (Maler)
2 FH
· **Kästner**
2 EK
· **Pitt**
2 WP
· **Renoir**
2 AR
· **Rubens**
3 PPR

Initiative
7 Anstoss, Antrieb
8 Anregung, Befugnis
10 Einleitung
14 Inangriffnahme
15 Entschlusskraft
18 Unternehmungsgeist

Initiator
7 Urheber
9 Schoepfer

Injektion
7 Spritze
12 Einspritzung

Injektionen-Schutznachweis
8 Impfpass

Injektionsnadel
7 Kanuele

Inkakaiser
9 Atahualpa

Inkarnation
9 Inbegriff

inkognito
6 geheim
8 heimlich, verdeckt
9 unerkannt

Inkraftsetzung
12 Bestaetigung

Inkrimination
7 Anklage
13 Anschuldigung, Beschuldigung

Inkunabel
10 Fruehdruck
11 Wiegendruck

Inland
10 Binnenland

Inlandgewässer
9 Binnensee

inmitten
8 zwischen

innehalten
9 pausieren

innen
4 drin
5 darin, intus

Innenausstattung
9 Interieur

Innendurchmesser von Rohren
7 Kaliber

Innengarten
6 Atrium

Innenhof
6 Atrium

Innenorgan
4 Herz, Milz
5 Leber, Magen, Niere

Innenraum
9 Interieur

Innenstadt
4 City
7 Zentrum
9 Stadtkern

Innenstürmer
6 Inside

Innenteil der Hand
11 Handflaeche

Innenteil von Früchten
4 Kern

inner(e, er, es) ...
· **Anspannung**
6 Unruhe
· **Antrieb**
5 Drang
· **Bereitschaft**
4 Lust
· **Einstellung**
9 Attituede
· **Erregtheit**
6 Unruhe
· **Gewissheit**
6 Glaube
· **Harmonie**
7 Frieden
· **Ordnung**
7 Gefuege
· **Organ des Menschen**
4 Darm, Herz, Milz

5 Blase, Galle, Leber, Lunge, Magen, Niere
· **Organe**
10 Eingeweide
· **Rindenschicht**
4 Bast
· **Schwung**
3 Pep
4 Elan
· **Teil einer Frucht**
4 Kern
· **Teil unseres Planeten**
7 Erdkern
· **Trieb**
4 Gier
5 Drang
8 Instinkt
· **Unruhe**
5 Sorge
6 Unrast
· **Verhältnisse**
7 Interna
· **Verlangen**
5 Drang
· **Zerrissenheit**
9 Zwiespalt
innerasiatische Wüste
4 Gobi
innerasiatisches Gebirge
4 Alai
5 Altai
Innereien
8 Gekroese
10 Eingeweide
Inneres
4 Kern
Inneres der Knochen
4 Mark
innerhalb
5 innen
6 binnen
innerhalb kurzer Zeit
4 bald
innerlich
6 intern
innerlich erfüllt
7 beseelt
innerster Reaktorkern
4 Core
Innerstes in der Pflaume
4 Kern
innewohnend
8 immanent
9 inhaerent
innewohnende Kraft
7 Energie
innig
5 intim
8 vertraut
innige Zuneigung
5 Liebe
inniges Verlangen
9 Sehnsucht
Innung
5 Gilde, Zunft
6 Gewerk
Input
7 Eingabe
ins Eis gehauenes Loch
4 Wune
ins Stocken geraten
6 stauen
Insasse
6 Mieter
8 Bewohner, Fahrgast, Fluggast
9 Beifahrer, Mitfahrer, Passagier
Insasse einer Pflegeanstalt
7 Kranker, Patient
Insasse einer Strafanstalt
9 Arrestant, Haeftling
10 Gefangener
15 Strafgefangener
Inschrift
7 Legende, Widmung
8 Epigramm, Epigraph
9 Zueignung
11 Inskription
Inschrift am Kreuz Christi
4 INRI
Inschrift in einem Buch
7 Widmung
Inschriftenkunde
10 Epigraphik
Insekt
4 Floh, Imme, Kerf, Laus
5 Biene, Motte, Wanze, Wespe
6 Ameise, Bremse, Falter, Fliege, Grille, Hummel, Kaefer, Muecke, Schabe, Spinne, Zikade
7 Erdfloh, Libelle, Moskito, Ohrwurm, Reblaus, Schnake, Termite
8 Filzlaus, Heimchen, Heupferd, Holzbock, Hornisse, Kakerlak, Kerbtier, Kopflaus, Qualster
9 Anopheles, Baumwanze, Gallwespe, Grabwespe, Maikaefer, Sandwespe
10 Bienenlaus, Biesfliege, Blattwanze, Blattwespe, Bohrfliege, Feldgrille, Goldfliege, Mauerwespe, Schildlaus, Schwaermer
11 Faltenwespe, Goldjungfer, Heuschrecke
12 Hirschkaefer, Schlupfwespe
13 Eintagsfliege, Schmetterling
14 Gluehwuermchen, Tausendfuesser
15 Tausendfuessler
Insekt mit Stachel
5 Biene
Insekten fressende Pflanze
8 Taublatt
9 Fettkraut, Nepenthes, Sonnentau
12 Fliegenfalle
14 Wasserschlauch
17 Venusfliegenfalle
Insektenart
6 Kerbtier
Insektenbauwerk
4 Wabe
5 Stock
Insektenbekämpfungsmittel
3 DDT
7 Kampfer
10 Insektizid
11 Mottenkugel
12 Mottenpulver
14 Fliegenfaenger
Insektenforscher
10 Entomologe
Insektenfresser
4 Igel
5 Vogel
8 Maulwurf
9 Spitzmaus
10 Fledermaus
11 Ameisenbaer
Insektenlarve
4 Made
5 Puppe, Raupe
9 Engerling

Insektenordnung
6 Kaefer
Insektenpanzerstoff
6 Chitin
Insektenprodukt
5 Honig
Insektenpuppe
5 Kokon
Insektenschlupfloch
10 Wespennest
Insektenwaffe
7 Stachel
Insel
5 Atoll
6 Eiland, Hallig
7 Schaere
Insel ...
· *bei* **Afrika**
5 Malta, Pemba
7 Reunion, São Tomé, Sokotra
8 Sansibar
9 Mauritius
10 Madagaskar
11 Fernando Poo
· *in der* **Ägäis**
3 Kos
5 Chios, Imroz, Samos
6 Euboea, Imbros, Lemnos, Lesbos, Limnos
7 Kythira, Thassos
8 Mytilini
10 Samothraki
· *bei* **Alexandria**
6 Pharos
· *der* **Antillen**
5 Haiti
· *im* **Ärmelkanal**
4 Sark
5 Wight
6 Jersey
7 Aurigny
8 Alderney, Guernsey
· *bei* **Athen**
7 Salamis
· *bei* **Australien**
5 Timor
9 Neuguinea, Tasmanien
10 Neuseeland
· *der* **Balearen**
5 Ibiza
7 Menorca
8 Mallorca
· *im* **Bodensee**
6 Mainau
9 Reichenau
· *im* **Chiemsee**
10 Krautinsel
14 Frauenchiemsee, Herrenchiemsee
· *vor der* **chinesischen Küste**
6 Hainan
· *vor* **Estland**
5 Dagoe, Oesel
· *vor* **Florida**
4 Kuba
· *im* **Golf von Neapel**
6 Ischia
· *im* **griechischen Mythos**
3 Aea
· *vor* **Grönland**
6 Island
· *der* **Großen Antillen**
4 Cuba, Kuba
5 Haiti
6 Tobago
7 Jamaika
8 Trinidad
10 Puerto Rico
· *der* **Hawaii-Gruppe**
4 Maui, Oahu
5 Kauai, Lanai
6 Hawaii, Niihau
7 Molokai
· *der* **Hebriden**
4 Skye
· *im* **hohen Norden**
5 Thule
· *vor* **Indien**
6 Ceylon
8 Sri Lanka
· *im* **Indischen Ozean**
6 Ceylon
7 Reunion, Sokatra
8 Sri Lanka
9 Mauritius, Rodrigues
10 Madagaskar
· *in der* **Irischen See**
3 Man
8 Anglesey
· *vor* **Kanada**
8 Bathurst, Melville, Somerset
9 Anticosti, Vancouver
10 Baffinland, Parryinsel
11 Neufundland
13 Viktoriainsel
· *der* **Kanaren**
5 Ferro, Palma
6 Gomera, Hierro
9 Lanzarote, Teneriffa
11 Gran Canaria
13 Fuerteventura
· *in der* **Karibik**
10 Martinique
· *der* **Kleinen Antillen**
7 Bahamas, Grenada
8 Bermudas
10 Carriaceen, Grenadinen, Turkinseln
12 Caicosinseln, Caymaninseln, Virgininseln
13 Leewardinseln
14 Jungferninseln, Windwardinseln
· *bei* **Kreta**
3 Dia
· *der* **Kykladen**
5 Delos, Melos, Naxos
· *bei* **Madeira**
10 Porto Santo
· *an der* **Magalhaesstraße**
9 Feuerland
· *vor* **Malakka**
6 Penang
· *bei* **Mallorca**
7 Cabrera
9 Dragonera
· *der* **Marianen**
4 Guam
· *bei* **Marseille**
2 If
· *im* **Mittelmeer**
2 If
3 Kos
4 Elba
5 Capri, Chios, Delos, Ibiza, Korfu, Kreta, Leros, Malta, Milos, Naxos, Samos
6 Euboea, Ischia, Ithaka, Lemnos, Lesbos, Rhodos, Zypern
7 Cabrera, Korsika, Kythera, Menorca, Minorca, Salamis
8 Mallorca, Santorin, Sizilien, Skorpios
9 Dragonera, Sardinien
· *vor* **Neapel**
5 Capri
6 Ischia
· *bei* **New York**
5 Ellis

9 Nantucket
10 Long Island
11 Ellis Island
· *in* **Norddalmatien**
3 Rab
· *im* **nördlichen Eismeer**
12 Wrangelinsel
· *im* **Nordmeer**
6 Island
9 Groenland
· *in der* **Nordsee**
3 Als
4 Roem, Sylt
5 Amrum, Fanoe, Foehr, Hooge, Juist, Manoe, Texel
6 Borkum, Mellum, Roemoe
7 Ameland, Baltrum, Neuwerk
8 Langeoog, Pellworm, Trischen, Vlieland
9 Helgoland, Norderney
10 Alte Mellum, Nordstrand, Scharhoern, Spiekeroog, Wangerooge
12 Terschelling
· *vor* **Ostafrika**
8 Sansibar
· *in* **Ostasien**
8 Sachalin
· *vor der* **Ostküste Nordamerikas**
10 Long Island
· *vor der* **Ostküste Sibiriens**
8 Sachalin
· *in der* **Ostsee**
3 Fyn, Oie
4 Moen, Moon, Poel, Vilm
5 Alsen, Dagoe, Oesel, Ruden
6 Fuenen, Oeland, Ruegen, Samsoe, Ummanz, Usedom, Wollin
7 Falster, Fehmarn, Gotland, Laaland, Lolland, Seeland
8 Bornholm, Saaremaa
9 Hiddensee, Langeland
· *im* **Pazifik**
4 Guam
5 Timor
6 Hawaii, Tahiti, Taiwan
7 Honschu, Kiuschu
8 Eniwetok
· *der* **Philippinen**
4 Cebu
5 Bohol, Leyte, Luzon, Panay, Samar
6 Negros
7 Mindoro, Palawan
8 Mindanao
· *vor* **Pommern**
3 Oie
4 Vilm
5 Ruden
6 Ruegen, Usedom, Wollin
9 Hiddensee
· *in der* **Pommerschen Bucht**
6 Usedom
· *vor* **Portsmouth**
5 Wight
· *im* **Rhein**
11 Nonnenwerth
· *bei* **Rügen**
3 Oie
9 Hiddensee
· *im* **Saronischen Golf**
6 Aegina
· *vor* **Schweden**
6 Oeland
7 Gotland
8 Bornholm
· *vor* **Sizilien**
5 Malta
6 Lipari, Salina, Ustica
7 Alicudi, Vulcano
9 Lampedusa, Stromboli
11 Pantelleria
· *der* **Sporaden**
3 Kos
5 Leros
· *im* **Stillen Ozean**
3 Aru
4 Ebon, Wake
5 Nauru
6 Taiwan
7 Formosa
9 Neuguinea
13 Neukaledonien
· *bei* **Sumatra**
4 Nias
6 Bangka
8 Belitung
· *bei* **Trinidad**
6 Tobago
· *bei* **Venezuela**
6 Tobago
7 Tortuga
8 Trinidad
9 Margarita
· *im* **Wattenmeer**
6 Hallig
· *vor* **Wismar**
4 Poel
· *im* **Zürichsee**
6 Ufenau
Inselbau bei Bingen
10 Maeuseturm
Inselbewohner
9 Insulaner
Inselchen bei Rügen
3 Oie
Inseleuropäer
3 Ire
5 Brite, Korse, Sarde
6 Kreter
8 Malteser, Zypriote
9 Islaender
10 Englaender, Sizilianer
12 Groenlaender
Inselgruppe
8 Archipel
Inselgruppe ...
· *der* **Ägäis**
8 Kykladen, Sporaden
9 Dodekanes
· *bei* **Alaska**
7 Aleuten
· *zwischen* **Alaska und Sibirien**
7 Aleuten
· *im* **Atlantik**
6 Azoren
7 Lofoten
8 Bermudas
16 Kanarische Inseln
· *im* **Beringmeer**
7 Aleuten
· *östlich von* **Florida**
7 Bahamas
· *im* **Golf von Bengalen**
9 Andamanen, Nikobaren
· *vor der* **griech. Küste**
14 Ionische Inseln
· *im* **Indischen Ozean**
9 Amiranten, Andamanen, Kerguelen
10 Maskarenen
11 Kokosinseln
13 Keelinginseln

I

- *in der* **Karibik**
  7 Bahamas
  8 Antillen
- *vor der* **Küste Norwegens**
  6 Ofoten
  7 Lofoten
- *im* **Mittelmeer**
  8 Balearen
- *vor der* **Nordküste Schottlands**
  12 Orkneyinseln
- *im* **Pazifik**
  5 Samoa
  6 Hawaii
  7 Fidschi
  8 Marianen
  9 Karolinen
  11 Mikronesien
- *im* **Persischen Golf**
  13 Bahreininseln
- *im* **Stillen Ozean**
  7 Aleuten, Kurilen
  8 Marianen
  9 Karolinen, Marquesas
  10 Neuseeland
  11 Tongainseln
  12 Hawaiiinseln, Neue Hebriden
  13 Gilbertinseln
  15 Galapagosinseln
- *der* **Südsee**
  19 Gesellschaftsinseln

Inselkette bei Alaska
7 Aleuten

Inseln ... ► Inselgruppe ...

Inseln im Wattenmeer
8 Halligen

Inselstaat
4 Eire, Kuba
5 Haiti, Japan, Malta, Nauru, Samoa, Tonga
6 Ceylon, Irland, Island, Tuvalu, Zypern
7 Fidschi, Jamaika
8 Kiribati, Malaysia, Sri Lanka
9 Mauritius
10 Indonesien, Madagaskar, Neuseeland
11 Philippinen
15 Grossbritannien
17 Trinidad und Tobago

Inselstaat ...
- *der* **Antillen**
  5 Haiti
- *im* **Indischen Ozean**
  8 Sri Lanka
- *in* **Mittelamerika**
  4 Kuba
- *im* **Mittelmeer**
  5 Malta
- *der* **USA**
  6 Hawaii
- *im* **Pazifik**
  5 Tonga
- *in der* **Karibik**
  4 Kuba

Inselvolk in der Südsee
7 Kanaken

Inselvolk in Europa
6 Briten

Inselwelt im Pazifik
8 Ozeanien
10 Polynesien
11 Mikronesien

Inserat
7 Annonce, Anzeige

insgesamt
4 alle, ganz
5 alles, total
8 pauschal, zusammen
9 gaenzlich

Insignien
11 Amtszeichen
12 Ehrenzeichen

insolvent
6 pleite
8 bankrott
16 zahlungsunfaehig

Inspektion
8 Aufsicht, Behoerde, Pruefung
9 Kontrolle
10 Verwaltung
12 Besichtigung, Ueberwachung
13 Ueberpruefung

Inspektionsleiter
10 Inspekteur

Inspiration
4 Idee
7 Einfall
8 Anregung
9 Eingebung
11 Erleuchtung
12 Geistesblitz

inspirieren
8 eingeben
12 beeinflussen

Installateur
7 Monteur
10 Handwerker

Installation
6 Einbau

Instandhaltung
6 Pflege
7 Service, Wartung
12 Kundendienst

inständiges Bitten
6 Flehen

Instandsetzer
10 Reparateur

Instandsetzung
7 Flicken, Stopfen
9 Reparatur
11 Renovierung
12 Ausbesserung, Restauration
13 Restaurierung

Instantgetränk
12 Pulverkaffee

Instinkt
5 Trieb
6 Ahnung
7 Gefuehl

instinktiv
15 gefuehlsmaessig

Institut
7 Anstalt, Seminar

Institution
8 Stiftung
11 Einrichtung

Instruktion
7 Weisung
9 Anleitung, Anweisung, Belehrung
10 Unterricht, Vorschrift
11 Richtschnur
13 Unterrichtung

instruktiv
9 lehrreich
11 interessant

Instrument
6 Geraet, Mittel
7 Apparat
8 Maschine, Werkzeug
11 Hilfsmittel, Vorrichtung

Instrument ...
- *des* **Arztes**
  5 Nadel, Sonde
  6 Klemme
  7 Kanuele, Spritze
  8 Hoerrohr, Lanzette, Pinzette, Skalpell

9 Hohlnadel
10 Stethoskop
11 Wundklammer
12 Augenspiegel, Seziermesser
· *zur* **Ermittlung der Geschwindigkeit**
10 Tachometer
· *zum* **Messen des Luftdrucks**
9 Barometer
· *zum* **Messen elektrischer Spannungen**
9 Voltmeter
· *zum* **Messen elektrischer Ströme**
11 Amperemeter
· *der* **Optik**
4 Lupe
6 Brille, Kamera
8 Fernglas, Fernrohr
9 Mikroskop, Projektor, Reflektor

Instrumentalstück
8 Sinfonie
9 Symphonie

intakt
4 ganz, heil
10 unberuehrt, unversehrt

Intarsienmaterial
8 Ebenholz

Intellekt
5 Geist
8 Vernunft, Verstand
13 Denkvermoegen

Intellektueller
7 Egghead

intelligent
4 klug

Intelligenz
8 Klugheit
12 Gescheitheit
14 Aufgewecktheit

intensivieren
8 steigern
11 verstaerken

Intention
4 Idee, Plan, Ziel
5 Zweck
7 Absicht, Vorsatz
8 Vorhaben
10 Entschluss
11 Vorstellung
12 Zielrichtung

Interesse
6 Anteil, Belang, Wunsch
7 Neigung
11 Anteilnahme, Beteiligung

Interesselosigkeit
9 Lethargie

Interessengemeinschaft
6 Verein

Interessengruppe
5 Lobby
7 Kartell

Interessenverband
13 Pressuregroup

Interessenvertreter
5 Agent
7 Manager
8 Lobbyist

international
17 zwischenstaatlich

international(e, er, es) ...
· **Bank**
8 Weltbank
· **Bündnis**
4 Liga, Pakt
7 Allianz
· **Fußballverband**
4 FIFA
· **Gesellschaft**
6 Jetset
· **Hilfssprache**
9 Esperanto
· **Kriminalpolizei**
8 Interpol
· **Kulturorganisation**
6 UNESCO
· **Luftfahrtverband**
4 IATA
· **Notsignal**
3 SOS
· **Olympisches Komitee**
3 IOC
· **Organisation**
2 EG, EU, UN
3 EWG, UNO
4 EFTA, NATO
5 SEATO
6 UNICEF
16 Vereinte Nationen
· **Polizei**
8 INTERPOL
· **Satzung**
6 Charta
· **Schachverband**
4 FIDE
· **Schriftstellerverband**
3 PEN
· **Schwimmverband**
4 FINA
· **Seenotruf**
3 SOS
· **Skiverband**
3 FIS
· **Sportwettkämpfe**
9 Olympiade
17 Weltmeisterschaft
19 Europameisterschaft
· **Staatengemeinschaft**
2 EG
4 EFTA
· **Tennisverband**
3 ATP
· **Verrechnungsverfahren**
8 Clearing
· **Verteidigungsgemeinschaft**
4 NATO
5 SEATO
· **Warenaustausch**
10 Welthandel
· **Wirtschaftsgemeinschaft**
2 EG
3 EWG

Internatsschüler
6 Alumne
7 Interne
8 Zoegling

internieren
9 isolieren
11 inhaftieren

Interpellation
7 Anfrage

Interpretation
7 Deutung
9 Auslegung
10 Ausdeutung, Erklaerung

Interpunktion
14 Zeichensetzung

Interpunktionssymbol
14 Ausrufezeichen

Intervall
4 None, Prim, Sext, Terz
5 Quart, Quint
6 Dezime, Oktave
7 Abstand, Sekunde, Septime
8 Tonstufe
10 Tonabstand, Zeitspanne
11 Zeitabstand
12 Zwischenraum

Interview
9 Befragung
intim
5 innig
8 vertraut
intim(e, er, es) ...
· **Anrede**
2 Du
· **Bekannte**
8 Freundin
· **Freundin**
8 Geliebte
· **Lokal**
3 Bar
· **Räumlichkeit**
7 Separee
Intimität
15 Vertraulichkeit
intolerant
9 unduldsam
Intoleranz
13 Unduldsamkeit
Intrige
6 Kabale, Raenke
8 Komplott
11 Raenkespiel
12 Machenschaft
Intrigenspiel ► Intrige
Intuition
7 Einfall
9 Eingebung
10 Anschauung
12 Geistesblitz
Invasion
7 Einfall
9 Besetzung
Inventar
7 Bestand
11 Aufstellung, Einrichtung, Verzeichnis
investieren
7 anlegen
9 einsetzen, einweisen
10 einfuehren
investiertes Geld
13 Kapitalanlage
Investoren
7 Anleger
inwendig
5 innen, intus
6 intern
Inzest
11 Blutschande

ionisch(e, er, es) ...
· **Insel**
5 Korfu
6 Leukas
· **Philosoph**
11 Anaximander
· **Tempel**
11 Erechtheion
irakisch(e, er, es) ...
· **Königsname**
6 Faisal
· **Münze**
3 Fil
4 Rial
5 Dinar
6 Dirham
· **Ölhafen**
3 Fao
· **Revolutionsführer**
6 Gadafi
8 Gaddhafi
· **Zentralgebiet**
12 Mesopotamien
Iran
7 Persien
iranisch(e, er, es) ...
► auch persisch(e, er, es) ...
· **Anrede (Herr)**
3 Aga
· **Exkaiserin**
5 Farah
· **Exportartikel**
3 Oel
· **Geistlicher**
6 Mullah
9 Ayatollah
· **Gitarre**
5 Sitar
· **Hafenstadt**
6 Abadan
· **Herrschertitel**
5 Schah
· **Münze**
4 Rial
5 Dinar
· **Politiker**
8 Morsadeq
· **Provinz**
13 Aserbeidschan
· **Reitervolk**
6 Alanen
· **Religion**
9 Parsismus
· **Religionsstifter**
9 Zoroaster
11 Zarathustra
· **Revolutionsführer**
8 Chomaini, Khomeini
· **Saiteninstrument**
3 Tar
5 Sitar
· **Währung**
4 Rial
· **Wüste**
3 Lut
5 Kawir, Kewir
irdenes Geschirr
8 Steingut
irgendwann
6 jemals
irisch(e, er, es) ...
· **Apostel**
7 Patrick
8 Colomban
10 Kolumbanus
· **Berg**
6 Keeper, Nephin
7 Brandon, Errigal
· **Dichter**
4 Shaw
· **Freiheitskämpfer**
8 Casement
· **Geheimbund**
6 Fenier
· **Hafenstadt**
4 Cork
· **Insel**
4 Aran
6 Achill, Mullet
8 Valentia
· **Luftverkehrszentrum**
7 Shannon
· **Mathematiker**
8 Hamilton
· **Missionar**
6 Gallus
8 Columban
· **Name von Irland**
4 Eire
· **Nationalheiliger**
7 Patrick
· **Nobelpreisträger für Frieden**
8 Corrigan, Mac Bride, Williams
· **Nobelpreisträger für Literatur**
7 Beckett

· **Nobelpreisträger für Physik**
6 Walton
· **Parlament**
4 Dail
11 Dail Eireann
· **Physiker**
7 Tyndall
· **Politiker**
8 Casement, Costello
· **Rebellenarmee**
3 IRA
· **Sagengestalt**
6 Ossian
· **Schriftsteller**
4 Shaw
5 Joyce, Synge, Yeats
7 Beckett
· **Tanz**
4 Reel
· **Volksstamm in Schottland**
6 Skoten
· **Wahrzeichen**
8 Shamrock
irisch-keltischer Bewohner Schottlands
5 Skote
Irisgewächs
12 Schwertlilie
Irland
4 Eire
Ironie
5 Spott
10 Spoettelei
ironisch für Geliebte
8 Dulcinea, Dulzinea
ironische Dichtung
6 Satire
ironischer Kritiker
9 Satiriker
irr
8 unsicher
9 zweifelnd
irreal
10 unwirklich
Irreführung
5 Bluff
10 Taeuschung
irren
9 fehlgehen
Irrfahrt
7 Odyssee
Irrgarten
9 Labyrinth
Irrglaube ▶ Irrlehre
Irrlehre
8 Haeresie, Ketzerei
11 Heterodoxie
Irrsinn
5 Manie
8 Wahnsinn
Irrtum
6 Errata, Fehler
7 Erratum
8 Versehen
10 Denkfehler, Fehlurteil
Isaaks ...
· **Frau**
7 Rebekka
· **Mutter**
5 Sarah
· **Sohn**
4 Esau
5 Jakob
· **Vater**
7 Abraham
Isegrim
4 Wolf
islamisch(e, er, es) ...
· **Asket**
4 Sufi
8 Derwisch
· **Bethaus**
7 Moschee
· **Bettelmönch**
5 Fakir
8 Derwisch
· **Fastenmonat**
7 Ramadan
· **Frauenhaus**
5 Harem
· **Gebetsrufer**
7 Muezzin
· **Geistlichkeit**
5 Ulema
· **Gelehrtentitel**
5 Mulla
6 Mullah
· **Gelehrter**
5 Ulema
· **Gesetzeskundiger**
5 Mufti, Ulema
6 Mullah
· **Gott**
5 Allah
· **Gotteshaus**
7 Moschee
· **Gottheit**
5 Allah
· **Heiliges Buch**
5 Koran
· **Heiligtum**
5 Kaaba
· **Herrschertitel**
4 Imam
5 Kalif, Mufti, Wesir
6 Sultan
· **Hochschule**
7 Medrese
· **Konfession**
8 Schiiten, Sunniten
· **Lehrbuch**
5 Sunna
6 Hadith
· **Mekkapilger**
7 Hadschi
· **Minister**
5 Wesir
10 Grosswesir
· **Name Jesu**
3 Isa
· **Ordensmitglied**
8 Derwisch
· **Paradiesmädchen**
4 Huri
· **Pilgerziel**
5 Mekka
6 Medina
· **Prediger**
6 Schech, Scheik
7 Scheich
· **Prophet**
8 Mohammed
· **Recht**
7 Scharia
· **Rechtsgelehrter**
5 Mufti, Ulema
· **Religionsbuch**
5 Koran
· **Republik**
4 Iran
11 Mauretanien
· **Richter**
4 Kadi
· **Schicksal**
6 Kismet
· **Schutzgeist**
5 Malik
6 Asrael, Ridvan
7 Gabriel, Israfil, Michael
· **Symbol**
8 Halbmond
· **Theologe**
7 Ghazali, Ibn Sina

8 Alghazel, Averroes, Ibn Rushd
· **Vorbeter**
4 Imam
· **Wallfahrtsort**
5 Mekka
6 Medina
Islamit
6 Moslem, Muslim
8 Muselman
9 Muselmann
12 Mohammedaner
isländisch(e, er, es) ...
· **Dichtung**
4 Edda, Saga
· **Erzählung**
4 Saga
· **Geschichtsschreiber**
15 Snorri Sturluson
· **Heldengedicht**
12 Frithjofsage
· **Maler**
7 Jonsson
· **Münze**
5 Aurar, Eyrir
· **Nobelpreisträger für Literatur**
7 Laxness
· **Ringkampf**
5 Glima
· **Schriftsteller**
7 Laxness
8 Svensson
10 Gunnarsson
11 Gudmundsson
· **Springquelle**
6 Geiser, Geisir, Geysir
· **Vulkan**
5 Askia, Hekla
Islandmoos
10 Lungenmoos
Ismailitenoberhaupt
7 Aga Khan
Isolation
11 Abkapselung, Absonderung, Quarantaene
Isoldes Geliebter
7 Tristan
Isolierflasche
12 Dewar-Gefaess
14 Thermosflasche
Isoliermaterial
4 Filz, Glas, Kork, Teer, Werg
5 Gummi, Pappe, Seide
6 Asbest
7 Bitumen, Glimmer
8 Paraffin, Torfmull
9 Glaswolle, Holzwolle, Kieselgur, Kunstharz, Porzellan, Teerpappe
11 Schaumstoff
12 Astbestpappe
isoliert
6 allein, einsam
10 vereinsamt
isolierte Leitung
5 Kabel
Isotop des Wasserstoffs
7 Tritium
9 Deuterium
israelisch(e, er, es) ...
· **Amtssprache**
6 Iwrith
· **Autor**
6 Kishon
13 Ephraim Kishon
· **Badeort**
5 Eilat, Elath
· **Berg**
5 Tabor
6 Jermak, Karmel, Semawe
7 Oelberg
· **Flughafen**
3 Lod
· **Hafenstadt**
5 Eilat, Haifa, Jaffa
· **Kollektiv**
6 Kibbuz
· **König**
3 Asa, Ela
4 Abia, Ahab, Ahas, Saul
5 David, Josia
6 Salomo
7 Herodes, Salomon
· **Monatsname**
4 Elul
· **Münze**
6 Agorot
· **Nobelpreisträger für Frieden**
5 Begin
· **Nobelpreisträger für Literatur**
5 Agnon
· **Parlament**
7 Knesset
· **Politiker**
5 Begin, Dajan, Dayan, Ebban
7 Eschkol, Schasar, Sharett
8 Goldmann
9 Ben Gurion
· **Politikerin**
4 Meir
· **See**
10 Genezareth
11 Tiberiassee
· **Stamm**
3 Dan, Gad
4 Juda, Levi
5 Asser, Ruben
6 Joseph, Reuben, Simeon
7 Sebulon
8 Benjamin, Isaschar, Naphtali
· **Stammvater**
3 Ham, Sem
4 Noah
5 Jakob
6 Japhet
7 Abraham
· **Wüste**
5 Negev
· **Wüstenwind**
8 Scharaff
Israelit
4 Jude
8 Hebraeer
Israels Bürger
7 Israeli
italienisch für ...
· **„Die Blauen"** (Sport)
7 Azzurri
· **Abend**
4 sera
· **acht**
4 otto
· **Arzt**
6 medico
· **Autobahn**
10 autostrada
· **Badestrand**
4 lido
· **Bahnhof**
8 stazione
· **Bejahung**
2 si
· **Berg**
5 monte
· **Bier**
5 birra
· **bitte**
5 prego

- **Brief**
  7 lettera
- **Brot**
  4 pane
- **Brücke**
  5 ponte
- **Buch**
  5 libro
- **Dame**
  7 signora
- **danke**
  6 grazie
- **drei**
  3 tre
- **ein**
  2 un
- **eine**
  3 una
- **eins**
  3 uno
- **Engel**
  6 angelo
- **Flasche**
  9 bottiglia
- **Frau**
  7 signora
- **Fräulein**
  9 signorina
- **Früchte**
  6 frutti
- **fünf**
  6 cinque
- **Gasthaus**
  7 albergo, osteria, taverne
  9 trattoria
- **Gendarmerie**
  11 carabinieri
- **genug**
  5 basta
- **Gold**
  3 oro
- **Graf**
  4 conte
- **Gräfin**
  8 contessa
- **Haus**
  4 casa
- **Herr**
  6 signor
  7 signore
- **hundert**
  5 cento
- **ich**
  2 io
- **Insel**
  5 isola
- **Italien**
  6 Italia
- **ja**
  2 si
- **Jahr**
  4 anno
- **Junge**
  7 ragazzo
- **Kasse**
  5 cassa
- **klein**
  7 piccolo
- **kleiner Junge**
  7 bambino
- **Kleinkind**
  7 bambino
- **Land**
  8 campagna
- **Leben**
  4 vita
- **Lebewohl**
  4 ciao
  5 addio
- **Liebe**
  5 amore
- **Lied**
  7 canzone
- **Mädchen**
  7 ragazza
- **Marktplatz**
  6 piazza
- **Meer**
  4 mare
- **Meister**
  7 Maestro
- **Mittagsruhe**
  6 siesta
- **Mond**
  4 luna
- **Musiklehrer**
  7 Maestro
- **Mutter**
  5 madre
- **nein**
  2 no
- **neun**
  4 nove
- **nichts**
  6 niente
- **Palast**
  7 palazzo
- **sechs**
  3 sei
- **See**
  4 lago
- **sieben**
  5 sette
- **Stadt**
  5 citta
- **Straße**
  6 strada
- **Stunde**
  3 ora
- **tausend**
  5 mille
- **Tonsilbe**
  2 do, fa, la, mi, re, so
- **Tor**
  5 porta
- **Vater**
  5 padre
- **vier**
  7 quattro
- **Vorspeise**
  9 antipasto
- **vorwärts**
  6 avanti
- **Weg**
  3 via
- **Wirtshaus**
  7 osteria
- **zehn**
  5 dieci
- **Zeit**
  5 tempo
- **Zug**
  5 treno
- **zwanzig**
  5 venti
- **zwei**
  3 due

italienisch(e, er, es) ...

- **Abenteurer**
  8 Casanova
  10 Cagliostro
- **Abschiedsgruß**
  4 Ciao
- **Adelsfamilie**
  4 Este
  6 Borgia, Medici, Orsini
  7 Farnese
  8 Borghese
  9 Malatesta
- **Adelstitel**
  4 Duca
  5 Conte

8 Contessa, Marchesa, Marchese, Principe, Visconte
11 Principessa
· **Adriahafen**
4 Bari
8 Brindisi
· **Adriaseebad**
4 Fano
5 Grado
6 Rimini
· **alkoholisches Getränk**
6 Grappa
· **Alpengewässer**
8 Comer See
· **Alpenjäger**
6 Alpini
· **Anrede**
7 Signora, Signore
9 Signorina
· **Art der Kaffeezubereitung**
8 Espresso
· **Artikel**
1 i
2 il, la, le, lo
3 gli
· **Astronom**
5 Ricco
6 Secchi
7 Galilei
12 Schiaparelli
· **autonomes Gebiet**
8 Aostatal
· **Autorennstrecke**
5 Monza
· **Badeort**
4 Como, Riva
5 Grado, Lecco, Ostia
6 Amalfi, Ancona, Cervia, Jesolo, Limone, Rimini
7 Alassio, Sorrent
8 Sorrento
· **Barockmaler**
4 Reni
· **Basilikumsauce**
5 Pesto
· **Baumeister**
12 Brunelleschi
15 Leonardo da Vinci
· **Bejahung**
2 si
· **Berg**
4 Tosa
5 Aetna, Vesuv
6 Amiata, Cimone, Ortler, Serino, Tofana
7 Antelao, Antenna, Bernina, Pollino, Rotondo, Schlern
8 Adamello, Cevedale
9 Falterona, Marmolata, Monte Rosa
10 Presanella
11 Gennargentu, Pramaggiore, Rosengarten
· **Bergmassiv**
7 Apennin
8 Abruzzen
9 Dolomiten, Gran Sasso
12 Gran Paradiso
· **Bergsteiger**
7 Trenker
· **Bildhauer**
4 Rosa
5 Manzu, Paggi, Puget
6 Marini
10 Giacometti
12 Brunelleschi, Michelangelo
15 Leonardo da Vinci
· **Botaniker**
6 Alpini
7 Delpino
8 Saccardo
9 Bertoloni, Cesalpino
· **Brechtinterpretin**
5 Milva
· **Buchdrucker**
6 Bodoni
· **Bußprediger**
10 Savonarola
· **Dichter**
5 Dante, Tasso
· **Diktator**
9 Mussolini
· **Dirigent**
6 Sabata
9 Toscanini
· **Entdecker**
5 Cabot, Colon
· **Erfinder**
5 Volta
7 Galilei, Galvani, Marconi
8 Grimaldi
10 Cascariolo, Torricelli
15 Leonardo da Vinci
· **Erzähler**
7 Baldini
· **Exkönig**
7 Umberto
· **Exkönigin**
5 Elena
· **Fernsehen**
3 RAI
· **Filmdiva**
5 Loren
· **Filmfestspiele**
8 Biennale
· **Filmregisseur**
5 Leone
7 Fellini, Trenker
· **Fingerspiel**
4 Mora
· **Frauenheld**
8 Casanova
· **Frauenname**
3 Pia
5 Bella, Doria, Elena
9 Francesca
· **Freiheitskämpfer**
7 Mazzini
9 Garibaldi
· **Fremdenführer**
8 Cicerone
· **Fürstengeschlecht**
7 Farnese
· **Gaststätte**
7 Albergo, Osteria, Taverne
9 Trattoria
· **Gebirge**
7 Apennin
8 Abruzzen
· **Gebirgsgruppe**
8 Abruzzen
· **Gebirgstruppe**
6 Alpini
· **Gedichtform**
7 Kanzone
· **Geheimbund**
5 Mafia
6 Maffia
7 Camorra
10 Cosa Nostra
· **Geigenbauer**
5 Amati, Santo
10 Stradivari
· **Geigenvirtuose**
8 Paganini
· **Geistlicher**
6 Abbate
· **Gendarmen**
11 Carabinieri

· **Geograf (Geograph)**
6 Nobile
9 Marco Polo
· **Geologe**
9 Capellini
· **Gesangsstil**
8 Belcanto
· **Goldmünze**
6 Florin
· **Gondelführer**
10 Gondoliere
· **Gondellied**
9 Barkarole
· **Gruß zum Abschied**
4 Ciao
· **Hafenstadt**
4 Bari, Fano
5 Gaeta, Genua, Grado
6 Amalfi, Ancona, Neapel, Reggio, Rimini, Tarent, Triest
7 Catania, Livorno, Marsala, Messina, Otranto, Palermo, Ravenna, Salerno, Sorrent, Syrakus, Venedig
8 Brindisi, Cagliari, La Spezia, Molfetta, Piombino, Siracusa, Sorrento
9 Gallipoli
12 Castellamare
· **Hafenstädter**
12 Neapolitaner
· **Halbinsel**
7 Apulien
9 Kalabrien
· **Hartkäse**
8 Parmesan
· **Hauptstadt**
3 Rom
4 Roma
· **Hauptstädterin**
8 Roemerin
· **Hefegebäck**
5 Pizza
· **Heiliger**
4 Neri
5 Franz
8 Antonius
10 Franziskus
11 Filippo Neri
14 Franz von Assisi
· **Herrschergeschlecht**
► italienische Adelsfamilie
· **Historiker**
5 Croce
· **Humanist**
4 Pico
5 Valla
· **Insel**
4 Elba
5 Capri, Ponza
6 Giglio, Ischia, Linosa, Lipari, Salina, Ustica
7 Alicudi, Asinara, Capraia, Caprera, Panaria, Pianosa, Procida, Tremiti, Vulcano
8 Filicudi, Sizilien
9 Favignana, Giannutri, Lampedusa, Sardinien, Stromboli, Ventotene
11 Monte Cristo, Pantelleria
· **Inselbewohner**
5 Sarde
10 Sizilianer
· **Jahrmarkt**
5 Fiera
· **Jongleur**
8 Rastelli
· **Kaffeegetränk**
8 Espresso
10 Cappuccino
· **Käsesorte**
10 Gorgonzola
· **Klosterbruder**
3 Fra
· **Komponist**
3 Feo, Gui
4 Nono, Paer, Peri
5 Abaco, Boito, Cesti, Lotti, Sarti, Verdi, Ziani
6 Anerio, Busoni, Pacini
7 Corelli, Puccini, Rossini, Torelli, Vivaldi
8 Albinoni, Gabrieli
9 Cherubini, Scarlatti
10 Boccherini, Monteverdi, Palestrina
11 Leoncavallo
· **König**
7 Emanuel, Humbert, Umberto
· **Kräuterlikör**
7 Rosolio
· **Kriegshafen**
6 Ancona
8 Brindisi, La Spezia
· **Kugelspiel**
6 Boccia
· **Kunstphilosoph**
3 Eco
· **Kurort bei Genua**
5 Nervi
· **Küstenstreifen**
5 Adria
7 Riviera
· **Lagunenstadt**
7 Venedig
· **Landschaft**
5 Aosta
6 Emilia, Friaul, Friuli, Latium, Marche, Molise
7 Apulien, Piemont, Romagna, Toskana, Umbrien
8 Abruzzen, Aostatal, Benevent, Campagna, Etrurien, Ligurien, Sizilien, Venetien
9 Kalabrien, Kampanien, Lombardei, Sardinien
10 Basilicata, Monferrato
13 Emilia Romagna
· **Liebesabenteurer**
8 Casanova
· **Maisgericht**
7 Polenta
· **Maler**
4 Afro, Cima, Reni, Rosa
5 Carra, Credi, Dolei, Lippi, Palma, Sarto
6 Giotto, Guardi, Piombo, Sodoma, Tizian, Vasari
7 Alberti, Bellini, Bertini, Chirico, da Vinci, Raffael, Solario, Tiepolo, Uccello
8 Leonardo, Pissarro
9 Segantini
10 Botticelli, Modigliani, Signorelli, Tintoretto
12 Michelangelo
15 Leonardo da Vinci
· **Männername**
4 Aldo, Nino, Tino
5 Mario, Vitus
6 Angelo, Benito
7 Lorenzo
9 Francesco
· **Mathematiker**
5 Betti, Peano

7 Cardano, Cremona, Ferrari, Galilei
8 Beltrami, Brioschi, Volterra
9 Cavalieri
10 Torricelli
· **Mediziner**
5 Porro
6 Pacini, Scarpa
8 Lombroso, Malpighi, Morgagni
9 Eustachio
10 Montessori
· **Modeschöpfer**
9 Schuberth
· **Mönch**
6 Frater
· **Münze**
4 Lira, Lire
5 Scudo, Soldo
6 Florin
9 Centesimo
· **Mystiker**
11 Bonaventura
· **Nachrichtenagentur**
4 ANSA
· **Name der Etsch**
5 Adige
· **Name von Meran**
6 Merano
· **Name von Neapel**
6 Napoli
· **Name von Rijeka**
5 Fiume
· **Name von Rom**
4 Roma
· **Nobelpreisträger für Chemie**
5 Natta
· **Nobelpreisträger für Frieden**
6 Moneta
· **Nobelpreisträger für Literatur**
7 Deledda, Montale
8 Garducci
9 Quasimodo
10 Pirandello
· **Nobelpreisträger für Medizin**
5 Bovet, Golgi
8 Dulbecco
· **Nobelpreisträger für Physik**
5 Fermi
6 Rubbia
· **Novellensammlung**
9 Dekameron
· **Nudelart**
9 Makkaroni, Spaghetti
· **Nudelgericht**
7 Lasagne, Ravioli
10 Cannelloni
· **Opernkomponist**
5 Verdi
6 Busoni
9 Donizetti
· **Ordensbruder**
3 Fra
6 Frater
· **Ordensgründer**
4 Neri
5 Franz
8 Benedikt
10 Franziskus
11 Filippo Neri
14 Franz von Assisi
· **Ordenspriester**
5 Padre
· **Palast**
7 Palazzo
· **Pasteten aus Nudelteig**
7 Ravioli
· **Pflaume**
6 Susine
· **Philosoph**
4 Pico
5 Bruno, Croce
6 Ficino
7 Gentile
8 Guardini
10 Campanella
· **Physiker**
5 Fermi, Volta
6 Rubbia
7 Galilei, Galvani
8 Avogadro
10 Torricelli
· **Polarflieger**
6 Nobile
· **Politiker**
4 Moro, Zoli
5 Amari, Balbo, Craxi, Leone, Nenni, Nitti, Pella, Rumor, Segni
6 Cavour, Crispi, Nicola, Scelba, Sforza
7 Boselli, Cairoli, Colombo, Fanfani, Gasperi, Orlando, Saragat
8 Badoglio, Giolitti, Salandra, Tambroni
9 De Gasperi, Garibaldi, Mussolini, Togliatti
10 Berlinguer
11 Machiavelli
· **Polizist**
11 Carabiniere
· **Provinz**
4 Bari
5 Lecce, Massa, Padua, Parma, Pavia, Siena, Terni, Turin, Udine
6 Mantua, Novara, Pesaro, Tarent, Trient, Verona
7 Bologna, Brescia, Caserta, Cosenza, Ferrara, Florenz, Livorno, Mailand, Messina, Ravenna, Viterbo
9 Frosinone
· **Rechtsgelehrter**
3 Azo
· **Region**
7 Toskana
· **Region in Norditalien**
8 Aostatal
· **Reisender**
9 Marco Polo
· **Reisspeise**
7 Risotto
· **Rennstrecke**
5 Monza
· **Revolutionär**
7 Mazzini
9 Garibaldi
· **Rivieraseebad**
7 San Remo
· **Rotwein**
7 Chianti
9 Lambrusco
12 Valpolicella
· **Rundfunkanstalt**
3 RAI
· **Sänger**
5 Gigli, Lanza
6 Caruso
9 del Monaco
· **Sängerin**
7 Bartoli
· **Schaumwein**
8 Spumante
· **Schauspielerin**
4 Duse, Muti
5 Loren

9 Cardinale
12 Lollobrigida
· **Schiffer**
10 Gondoliere
· **Schimmelkäse**
10 Gorgonzola
· **Schnelltanz**
10 Tarantella
· **Schriftsteller**
3 Eco
4 Rosa, Todi
5 Betti, Boito, Dante, Gozzi, Negri, Pocci, Pulci, Svevo, Tasso, Verga
6 Alvaro, Amicis, Ariost, Marino, Papini, Pavese, Silone, Tomasi, Vasari
7 Allieri, Aretino, Ariosto, Boiardo, Buzzati, Chirico, Colonna, Deledda, Giraldi, Goldoni, Guarini, Manzoni, Montale, Moravia, Pascoli
8 Bandello, Carducci, Leopardi, Petrarca
9 Alighieri, Bacchelli, Bartolini, Boccaccio, Crescenzo, d'Annunzio, Guareschi, Lampedusa, Malaparte, Marinetti, Mirandola, Pogazzaro, Quasimodo, Ungaretti
10 Cavalcanti, Guinicelli, Metastasio, Mussolinio, Pirandello
11 Machiavelli
14 Dante Alighieri
· **See**
7 Idrosee, Iseosee
8 Comer See, Gardasee
10 Luganer See
11 Misurinasee
12 Lago Maggiore
· **Seefahrer**
8 Kolumbus, Vespucci
9 Verrazano
· **Sopranistin**
7 Tebaldi
· **Strom**
2 Po
· **Süßwein**
7 Marsala
· **Tanz**
6 Pavane
10 Saltarello, Tarantella
· **Teigware**
9 Canelloni, Makkaroni, Spaghetti
10 Cannelloni, Tortellini
· **Tenor**
5 Gigli, Lanza
6 Caruso
9 Pavarotti
14 Benjamino Gigli
· **Tonsilbe**
2 mi
· **Tonware**
8 Majolika
· **Verschwörer**
6 Fiesco
· **Volksstamm**
6 Umbrer
7 Sabiner
8 Samniter
· **Vulkan**
5 Aetna, Vesuv
9 Stromboli
· **Vulkaninsel**
9 Stromboli
· **Währung**
4 Lira, Lire
· **Wallfahrtsort**
6 Assisi, Loreto
· **Weinbauort**
4 Asti
6 Tramin
7 Termeno
· **Weinbaustadt**
4 Asti
· **Weinschenke**
7 Osteria, Taverne
9 Trattoria
· **Weinsorte**
4 Asti, Fara, Faro, Gavi, Giro
5 Eloro, Soave, Zucco
6 Barolo, Epomeo
7 Barbera, Chianti, Lacrima, Marsala, Moscato, Vesuvio
8 Falerner, Malvasia, Nebbiolo, Prosecco
9 Bardolino
· **Weltgeistlicher**
5 Abate
· **Wirtshaus**
7 Osteria
· **Wolfsspinne**
8 Tarantel
· **Wurstsorte**
6 Salami
10 Mortadella
· **Zervelatwurst**
6 Salami
· **Zupfinstrument**
7 Mandola

J

Jabot
6 Krause
Jacke und Pulli aus gleichem Material
7 Twinset
Jackenart
4 Rock, Wams
5 Joppe, Sakko, Weste
6 Bolero, Janker, Kittel
7 Jackett, Spenzer
Jackenkleid
7 Kostuem
Jagd
4 Hatz
5 Hetze, Tempo
8 Jaegerei, Waidwerk, Weidwerk
10 Verfolgung
Jagd mit ...
· **Falken**
5 Beize
· **Hunden**
4 Hatz
· **Vögeln**
9 Falknerei
Jagdausdruck ► weidmännischer Begriff
jagdbar(e, er, es) ...
· **Borstentier**
11 Wildschwein
· **Tier**
3 Reh
4 Hase
5 Dachs, Fuchs
6 Hirsch
7 Rebhuhn

11 Wildschwein
· **Vogel**
5 Fasan
7 Rebhuhn
8 Auerhahn, Schnepfe
· **Waldtier**
3 Reh
4 Wild
Jagdbereich
6 Gehege, Revier
Jagdbeute
8 Trophaee
Jagdbezirk
6 Revier
Jagdergebnis
4 Fang
5 Beute
7 Strecke
8 Trophaee
jagdfreie Monate
9 Schonzeit
Jagdfrevel
8 Wilderei
12 Wilddieberei
Jagdfrevler
8 Wilddieb, Wilderer
Jagdgebiet
6 Revier
Jagdgehilfe
7 Treiber
jagdgerecht
13 waidmaennisch, weidmaennisch
Jagdgeschichten
12 Jaegerlatein
Jagdgewehr mit 3 Läufen
8 Drilling
Jagdgewehrart
8 Drilling
12 Schrotflinte
Jagdgöttin
5 Diana
7 Artemis
Jagdhelfer
7 Treiber
Jagdhorn
6 Piston
8 Hifthorn
Jagdhund
3 Fox
6 Bracke, Dackel, Setter, Teckel
7 Spaniel, Terrier
10 Foxterrier
11 Vorstehhund

Jagdhundrudel
5 Meute
6 Koppel
Jagdhütte
9 Forsthaus
Jagdkanzel
6 Ansitz
Jagdleopard
6 Gepard
Jagdmesser
6 Nicker
7 Knicker, Weidner
13 Hirschfaenger
Jagdmunition
4 Blei
5 Kugel
6 Schrot
9 Rehposten
10 Bleischrot, Vogeldunst
Jagdpferd
6 Hunter
Jagdreise in Afrika
6 Safari
Jagdrevier
4 Jagd
6 Gehege
Jagdruf
6 Halali
Jagdsignalinstrument
8 Hifthorn
Jagdtasche
8 Weidsack
Jagdvergehen
7 Wildern
8 Wilderei
10 Wildfrevel
12 Wilddieberei
Jagdwaffe
3 Ger
4 Bola
5 Bogen, Keule, Lanze, Pfeil, Speer
6 Flinte, Gewehr, Spiess
7 Harpune
8 Armbrust, Blasrohr, Bumerang, Drilling, Saufeder
9 Schleuder, Wurfspeer
10 Jagdmesser, Wurfspiess
13 Hirschfaenger
Jagdwagen
5 Break
jagen
6 hetzen
8 pirschen

9 verfolgen
Jäger
6 Nimrod
8 Schuetze, Waidmann, Weidmann
9 Gruenrock
11 Jagdflieger
12 Jagdflugzeug
Jäger der griechischen Sage
5 Orion
7 Aktaeon
Jäger im Alten Testament
6 Nimrod, Nimrud
Jägeranstand
6 Ansitz
8 Hochsitz
9 Hochstand
10 Jagdkanzel
Jägerei
8 Waidwerk, Weidwerk
Jägerlatein
5 Luege
14 Aufschneiderei
Jägerrucksack
4 Aser
Jägerwort für Iltis
4 Ratz
jäh
4 kurz
5 steil
6 abrupt, heftig
7 schroff
8 impulsiv
9 ruckartig
10 blindlings, ploetzlich
12 unvermittelt
jäh(e, er, es) ...
· **Fall**
5 Sturz
· **Windstoß**
3 Boe
· **Wut**
5 Furor
Jahrbücher
7 Annalen, Chronik
8 Almanach, Kalender, Tagebuch
11 Ephemeriden
Jahresabschluss
6 Bilanz
8 Inventur
9 Silvester
Jahresende
9 Silvester

Jahresring am Baum
6 Flader
Jahresteil
3 Tag
5 Monat, Woche
7 Quartal
8 Semester
9 Trimester
Jahreswende
7 Neujahr
9 Silvester
Jahreszeit
4 Lenz
6 Herbst, Saison, Sommer, Winter
9 Fruehjahr, Fruehling
Jahrfünft
7 Lustrum
Jahrgeld
7 Apanage
Jahrhundert
8 Saekulum
Jährling
5 Enter
Jahrmarkt
3 Dom
4 Dult, Kerb
5 Messe
6 Kirmes, Kirtag, Rummel
9 Kirchweih, Volksfest
Jahrmarktsattraktion
▶ Jahrmarktsvergnügen
Jahrmarktsfahrzeug
9 Karussell
Jahrmarktsvergnügen
8 Autodrom, Lotterie, Schaukel
9 Karussell, Riesenrad
10 Achterbahn, Ponyreiten
11 Autoscooter, Geister-bahn, Schiessbude
14 Schiffschaukel
15 Kettenkarussell, Spie-gelkabinett
Jahrtausend
10 Millennium
Jahrzehnt
9 Dezennium
jähzornig
10 cholerisch
12 unbeherrscht
jähzorniger Mensch
10 Choleriker
Jak
10 Grunzochse

Jakobs ...
· **Bruder**
4 Esau
· **Frau**
3 Lea
5 Rahel
6 Rachel
· **Vater**
5 Isaak
Jalousie
8 Rolladen
9 Rollladen
10 Eifersucht
12 Sonnenschutz
Jam
3 Mus
9 Fruchtmus, Marmelade
Jamaika-Popmusik
6 Reggae
Jammer
3 Not
4 Leid, Pech, Pein, Qual
5 Klage
6 Kummer, Misere
7 Lamento, Notlage, Schmerz
8 Unglueck, Wehklage
Janhagel
5 Plebs
6 Poebel
8 Abschaum
Janker
5 Jacke
9 Hausjacke
Januar
7 Eismond, Hartung, Jaenner
10 Schneemond
Japan
6 Nippon
japanisch(e, er, es) ...
· **Adelsschicht**
7 Samurai
· **Arzt**
4 Hata
· **Automobilmarke**
5 Honda
6 Suzuki, Toyota
8 Daihatsu
10 Mitsubishi
· **Badeort**
5 Oakan
7 Atakawa, Odawara
· **Berg**
3 Aso
4 Akan, Fuji, Hida
5 Oakan
7 Abukuma, Fujisan
8 Kitagami
11 Fudschijama
· **Binnensee**
7 Biwasee
· **Blumensteckkunst**
7 Ikebana
· **Brettspiel**
2 Go
· **Buddhismus**
3 Zen
· **Feldherrentitel**
6 Shogun
· **Flächenmaß**
3 Seh
4 Kung, Schu, Tang
5 Tschi, Tsubu
6 Tsjubo
· **Frauengewand**
6 Kimono
· **Gedichtform**
5 Haiku
· **Gemälde auf Seide oder Papier**
8 Kakemono
· **Gesellschafterin**
6 Geisha
· **Gewand**
6 Kimono
· **Gewicht**
2 Go, Mo, Ri, To, Wu
3 Ken, Kin, Mon, Rin, Sai, Tan
4 Kwan, Scho, Tael
5 Momme, Picul, Shaku, Tschi, Tsubo
· **Herrschertitel**
5 Tenno
6 Mikado
· **Hirschart**
4 Sika
· **Hochadel**
6 Daimio
· **Hosenrock**
6 Hakama
· **Insel**
3 Oki
4 Sado
5 Hondo, Jesso, Osumi
7 Honschu, Kiuschu, Kyuschu
8 Hokkaido, Schikoku

J

- **Kaiser**
  7 Akihito
  8 Hirohito
- **Kaisertitel**
  5 Tenno
- **Kampfsport**
  4 Budo, Judo, Sumo
  5 Kendo
  6 Aikido, Karate
  8 Jiu-Jitsu
  9 Taekwondo
- **Karren**
  7 Rikscha
- **Keramik**
  4 Yaki
- **Kimonogürtel**
  3 Obi
- **Kleidungsstück**
  3 Obi
  6 Kimono
- **Kriegerstand**
  7 Samurai
- **Kultspiegel**
  6 Kagami
- **Kunst des Bogenschießens**
  5 Kyudo
- **Kurzgedichtform**
  3 Uta
  5 Tanka
- **Längenmaß**
  2 Bu, Ma
  3 Ken, Sun
  4 Keng, Sasi
  6 Schaku
- **Lokal**
  7 Teehaus
- **Maskenspiel**
  2 No
- **Mathematiker**
  7 Kodaira
  8 Hironaka
- **Mediziner**
  8 Kitasato
- **Meile**
  2 Ri
- **Münze**
  3 Jen, Sen, Yen
- **Musikinstrument**
  4 Biwa, Koto
  5 Bieva
  7 Samisen
- **Name von Japan**
  6 Nippon
- **Nationalgetränk**
  3 Tee
  4 Sake
  8 Reiswein
- **Nationalreligion**
  12 Schintoismus
- **Nationaltracht**
  3 Obi
  6 Kimono
- **Nobelpreisträger für Chemie**
  5 Fukui
- **Nobelpreisträger für Frieden**
  4 Sato
- **Nobelpreisträger für Literatur**
  8 Kawabata
- **Nobelpreisträger für Physik**
  6 Yukawa
  8 Tomonaga
- **Physiker**
  6 Yukawa
  8 Tomonaga
- **Politiker**
  3 Ito
  4 Sato, Tojo
  5 Ikeda, Okuma
  6 Banzan, Komura
  7 Katsura
  8 Hatoyama, Joschida, Nakasone, Yamagata
- **Präfektur**
  3 Ken
- **Prosadichtung**
  5 Nikki
- **Puppenspiel**
  6 Joruri
  7 Bunraku
- **Reisgott**
  5 Inari
- **Reiswein**
  4 Sake
- **Religion**
  8 Tenrikyo
  10 Buddhismus
  12 Schintoismus
- **Richtung des Buddhismus**
  3 Zen
- **Riesenstatue**
  8 Daibutsu
- **Ringen**
  4 Sumo
- **Ritter**
  7 Samurai
- **Rollbild**
  8 Kakemono
- **Schrift**
  8 Hiragana, Katakana
- **Schwertfechten**
  5 Kendo
- **Selbstmordart**
  7 Seppuku
  8 Harakiri
- **Selbstverteidigung**
  4 Judo
  6 Aikido, Karate
  8 Jiu-Jitsu
- **Silbenschrift**
  8 Hiragana, Katakana
- **Stadt auf Honshu**
  3 Ono
  4 Kobe
- **Tänzerin**
  6 Geisha
- **Tempelbau**
  6 Pagode
- **Theaterstil**
  2 No
  6 Kabuki
  7 Bunraku
- **Todesflieger**
  8 Kamikaze
- **Trommel**
  5 Kakko
- **Ureinwohner**
  4 Aino, Ainu
- **Verwaltungsbezirk**
  3 Ken
- **Währung**
  3 Sen, Yen
- **Wallfahrtsort**
  3 Ise
  4 Nara
  5 Kioto, Kyoto, Nikko, Tenri
  8 Kotohira, Miyajima
- **Wegmaß**
  2 Ri
- **Wintersportort**
  7 Sapporo
- **Zwergbaum**
  6 Bonsai

Jargon
5 Idiom, Slang
7 Mundart
11 Fachsprache
12 Kauderwelsch

14 Ausdrucksweise
Jasons Gefolgsleute
10 Argonauten
Jasons Schiff
4 Argo
jauchzen
10 frohlocken
Jause
6 Imbiss, Vesper
16 Zwischenmahlzeit
Jause in Tirol
7 Marende
Jausenstation
9 Almhuette, Alphuette
11 Gaststaette
javanische Färbemethode
5 Batik
Jazzbegriff
3 Bop, Cat, Hot, Rag
4 Band, Beat, Cool, Jump, Lead, Riff, Scat
5 Bebop, Blues, Brass, Break, Combo, Drive, Growl, Shake, Sound, Stomp, Swing
6 Bounce, Chorus, Gospel, Leader
7 Bigband, Hardbop, Oldtime, Ragtime, Skiffle, Twobeat
8 Bluenote, Cooljazz, Freejazz
9 Dixieland, Headgroup, Spiritual, Statement
10 Bandleader, Commercial, Creolejazz, Jamsession
11 Chicagostil, Rhythmgroup, Traditional
12 Boogie-Woogie
13 Improvisation
14 Rhythm and Blues, Rhythmusgruppe
Jazzensemble
4 Band
5 Combo
7 Bigband
Jazzführungsstimme
4 lead
Jazzinstrument
4 Bass
5 Banjo, Drums, Orgel, Piano
6 Becken, Floete, Timbal, Zymbal
7 Cornett, Gitarre, Klavier, Kornett, Posaune, Violine
8 Guitarre, Saxophon, Trompete, Xylophon
9 Sousaphon, Vibraphon
10 Klarinette, Schlagzeug
11 Synthesizer
12 Hammondorgel
Jazzkapelle
4 Band
Jazzmusikant
6 Jazzer
Jazzmusiker
3 May, Ory
4 Byrd, Cole, Getz
5 Baker, Basie, Brown, Davis, Ellis, Young
6 Barber, Barnet, Bechet, Blakey, Dorsey, Garner, Herman, Joplin, Kenton, Miller, Mingus, Oliver, Parker, Powell
7 Brubeck, Coleman, Goodman, Hampton, Hawkins, Jackson, Jarrett, Johnson, Rollins, Vaughan, Webster
8 Eldridge, Gershwin, Grapelli, King Cole, Mulligan, Peterson
9 Armstrong, Doldinger, Ellington, Gillespie, Henderson, Reinhardt
11 Beiderbecke
12 Mangelsdorff
Jazzstil
3 Rag
5 Bebop, Blues, Dixie, Swing
9 Dixieland
Jazztanz im 4/4-Takt
9 Jitterbug
je
3 pro
je Hundert
7 Prozent
je Tausend
8 Promille
jeder ohne Ausnahme
4 alle
jedermann
4 alle
jederzeit
5 immer, stets
8 staendig
jedoch
4 aber
5 indes
6 allein
jegliches
5 alles
11 saemtliches
jemand ...
· *der* **alles ablehnt**
9 Neinsager
· *eines* **Amtes entheben**
9 abberufen
· *der* **etwas verzehrt**
5 Esser
· *der* **Geld zurücklegt**
6 Sparer
· *der* **Gott um Hilfe bittet**
5 Beter
· *mit* **mehr Schein als Sein**
7 Blender
· *der* **sein Auto abstellt**
6 Parker
· *der eine* **Straftat begeht**
6 Taeter
· *der* **weggelaufen ist**
10 Ausreisser
jemandem Achtung erweisen
5 ehren
jemanden demütig um etwas bitten
6 flehen
8 anflehen
jemenitische Hauptstadt
4 Sana
5 Sanaa
jenseitig
7 drueben
9 himmlisch
12 transzendent
Jenseits
5 Hades
6 Himmel, Hoelle
9 Fegefeuer, Unterwelt
jenseits der Alpen
10 transalpin
Jerusalem
4 Zion
Jesus
7 Heiland
8 Christus
10 Gottessohn
Jet
14 Duesenflugzeug, Duesenmaschine

Jeton
4 Chip
10 Spielmarke
Jetset
11 Oberschicht
jetzig
9 derzeitig
jetziger Vorrat
7 Bestand
jetzt
3 nun
4 eben, itzo, just
5 heute
6 gerade
7 derzeit
8 momentan
12 gegenwaertig
14 augenblicklich
Jetztzeit
5 Heute
7 Neuzeit
9 Gegenwart
Job
5 Beruf
6 Arbeit, Stelle
9 Geschaeft, Verdienst
10 Anstellung, Taetigkeit
12 Arbeitsplatz
13 Arbeitsstelle
14 Beschaeftigung
Jobber
8 Haendler
9 Spekulant
10 Boersianer
16 Boersenspekulant
Jobbertum
8 Agiotage
Jobvermittler
10 Arbeitsamt
Joch
4 Last
6 Buerde, Travee
12 Flaechenmass
Jodverbindung
5 Jodat, Jodid, Jodit
8 Jodoform
10 Jodtinktur
Jogaform
10 Meditation
Jogging
9 Dauerlauf
Johannisbeere
7 Ribisel
8 Ahlbeere
10 Gichtbeere
Johannisbrot
6 Karube
Johannisnacht
8 Sonnwend
10 Mittsommer
11 Sonnenwende
Johannistag
7 Johanni
Johanniter
8 Malteser
Jokus
2 Uz
3 Jux, Ulk
5 Spass, Unfug
6 Scherz
11 Schabernack
Jolle
7 Beiboot
9 Ruderboot, Segelboot
jonglieren
11 balancieren
Joppe
4 Rock, Wams
5 Jacke
jordanisch(e, er, es) ...
· **Hafenstadt**
5 Akaba
· **König**
7 Hussein
· **Königin**
3 Nur
· **Währungseinheit**
4 Fils
5 Dinar
Journal
4 Heft
5 Blatt, Organ
7 Magazin, Zeitung
8 Tagebuch
10 Periodikum
11 Zeitschrift
Journal für Bargeld
10 Kassenbuch
Journalist
8 Reporter
9 Kolumnist, Redakteur
13 Korrespondent
16 Berichterstatter
Journalistik
13 Zeitungswesen
20 Zeitungswissenschaft
jovial
9 leutselig
11 goennerhaft, wohlgesinnt, wohlwollend
Jubel
6 Freude
7 Applaus, Beifall, Triumph
Jubelfeier
9 Jubilaeum
jubelnder Sieger
11 Triumphator
Jubelruf
8 Hosianna
Jubiläum
7 Festtag
8 Ehrentag
9 Gedenktag, Jahrestag
11 Gedenkfeier, Jahresfeier
juckende Anschwellung
7 Quaddel
juckender Hautausschlag
7 Kraetze
11 Nesselsucht
Judas' Beiname
9 Ischariot
Jude
7 Israeli
8 Hebraeer, Israelit
Judenfeindlichkeit
14 Antisemitismus
Judenkirsche
10 Belladonna, Geissblatt
Judentum
9 Judaismus, Zionismus
10 Semitismus
Judenviertel
5 Getto
6 Ghetto
jüdisch(e, er, es) ...
· **Bewegung**
9 Zionismus
· **Bezeichnung für Nichtjuden**
3 Goi
· **Bibelauslegung**
8 Midrasch
· **Brautzelt**
6 Chuppa
· **Brot**
5 Matze
· **Deutsch**
8 Jiddisch
· **Ehrentitel**
5 Rabbi
· **Ernährungsart**
7 koscher
· **Erzieher Samuels**
3 Eli

· **Feiertag**
5 Purim
6 Passah, Sabbat
7 Neujahr
8 Chanukka
9 Jom Kippur
10 Wochenfest
14 Gesetzesfreude
15 Laubhuettenfest, Versoehnungstag
· **Freudenfest**
5 Purim
· **Frühlingsmonat**
5 Nisan
· **Gebetbuch**
7 Tefilla
· **Gedenkfest**
6 Passah
· **Geheimlehre**
7 Kabbala
· **Geistlicher**
8 Rabbiner
· **Gelehrter**
5 Rabbi
8 Rabbiner
· **Gemeindevorsteher**
6 Parnes
· **Gesetzbuch**
5 Thora
6 Talmud
8 Midrasch
10 Pentateuch
· **Gesetzeslehrer**
5 Rabbi
· **Gotteshaus**
8 Synagoge
· **heiliger Berg**
5 Horeb, Sinai
· **Heiligtum**
10 Bundeslade
· **Hoher Priester**
3 Eli
· **König**
3 Asa, Ela
4 Ahab, Ahas, Saul
5 David, Hosea, Josia
6 Hiskia, Salomo
7 Herodes, Manasse, Salomon, Zedekia
8 Rehabeam
· **König zur Zeit Jesu**
7 Herodes
· **Lichterfest**
8 Chanukka
· **Losfest**
5 Purim
· **Monatsname**
3 Mem
· **Obergewand**
6 Kaftan
· **Passahmonat**
5 Nisan
· **Philosoph**
5 Buber, Cohen
6 Maimon, Philon
7 Gabirol, Spinoza
10 Maimonides
11 Mendelssohn
· **Politiker**
5 Begin, Dajan, Peres
7 Schamir
8 Weizmann
9 Ben Gurion
· **Politikerin**
4 Meir
· **Priester**
3 Eli
4 Esra
5 Aaron
7 Ananias, Kaiphas
· **Religion**
9 Mosaismus
· **Religionsstifter**
5 Moses
· **religiöse Bewegung**
12 Chassidismus
· **Ruhetag**
6 Sabbat
· **Sagengestalt**
5 Golem
· **Schriftrolle**
5 Thora
· **Seelsorger**
8 Rabbiner
· **siebenarmiger Leuchter**
6 Menora
· **Staat**
6 Israel
· **Überrock**
6 Kaftan
· **Versöhnungsfest**
9 Jom Kippur

Judograd
3 Dan, Kyu

Judogürtel
3 Obi

Judosportler
6 Judoka

Jugendbuchautor
4 Ende

Jugendfreund
8 Gespiele

Jugendgöttin
5 Iduna

jugendlich
4 jung
6 pueril
7 juvenil

Jugendliche
4 Girl
5 Teeny
8 Maedchen, Teenager

jugendliche Liebhaberin
5 Naive

Jugendlicher
4 Twen
5 Junge, Knabe
7 Bursche
8 Teenager

Jugendliebe Goethes
5 Brion
10 Friederike
15 Friederike Brion

Jugendlokal
9 Diskothek

Jugendschriftsteller
3 May

Jugendstrafe
6 Arrest

Jugendzeit
4 Lenz
8 Kindheit
9 Pubertaet

jugoslawisch(e, er, es) ...
· **Staatsmann**
4 Tito
6 Djilas
· **Währungseinheit**
4 Para
5 Dinar

Juli
5 Heuet
6 Heuert
7 Heumond

Julias Geliebter
5 Romeo

Julmond
8 Dezember

jung(e, er, es) ...
· **Baumtrieb**
11 Schoessling

· **Birke**
4 Maie
7 Maibaum
· **Buche**
7 Heister
· **Ergussgestein**
5 Dazit
· **Gans**
7 Goessel
· **Geflügel**
6 Kueken
· **Haustier**
4 Kalb, Kitz, Lamm
5 Farre, Welpe
6 Faerse, Ferkel, Fohlen, Kueken
· **Hering**
6 Matjes
· **Hoteldiener**
4 Page
· **Huhn**
6 Kueken
· **Hund**
5 Welpe
· **Kerl**
5 Spund
· **Kohlenart**
10 Braunkohle
· **Kuh**
4 Kalb
6 Faerse
· **Leute um die 20**
5 Twens
· **Mädchen**
4 Girl, Maid
6 Maedel
8 Teenager
9 Backfisch
· **Mann**
7 Bursche
· **Masthuhn**
8 Poularde
· **Mensch**
4 Baby, Kind, Twen
· **Pferd**
5 Enter
6 Fohlen
7 Fuellen
· **Pflanze der Mutterpflanze**
7 Ableger
· **Pflanzenspross**
5 Trieb
7 Ableger
· **Reh**
4 Kitz
7 Rehkalb, Rehling
· **Rind**
4 Kalb
· **Sängergruppe**
10 Kinderchor
· **Schaf**
4 Lamm
· **Schwein**
6 Ferkel
7 Laeufer
· **Seehund**
6 Heuler
· **Stier**
5 Farre
· **Waldanpflanzung**
8 Schonung
· **Wein**
4 Most
5 Neuer
6 Sauser
9 neuer Wein
12 Federweisser
· **Wildsau**
5 Bache
· **Wildschwein**
10 Frischling
· **Ziege**
4 Kitz
8 Kitzlein, Zicklein
· **Zuchttier**
4 Brut, Wurf
5 Fasel

Junge
3 Boy, Bub
4 Bube
5 Knabe
6 Bengel, Knirps

jungenhaft
6 pueril
10 burschikos

Jünger Jesu
5 Judas, Lukas, Simon
6 Markus, Paulus, Petrus, Thomas
7 Andreas, Apostel, Jakobus
8 Johannes, Matthias
9 Matthaeus, Philippus, Thaddaeus
13 Bartholomaeus

Jungfernzeugung
14 Parthenogenese

Jungfrau Maria
7 Madonna

Jungfrau von Orléans
7 Johanna
10 Jeanne d'Arc

jungfräulich
6 keusch
10 unberuehrt

Junggeselle
7 Lediger
9 Hagestolz

Junghandwerker
7 Geselle

Jungherr
6 Junker

Jungknecht
3 Enk

Jüngling
3 Boy
4 Twen
5 Junge, Knabe
6 Adonis, Ephebe, Junior
7 Bursche
12 Jugendlicher

Jünglingsalter
10 Adoleszenz

Jungpferd in der Ausbildung
7 Remonte

Jungschaf
4 Lamm

jüngst
7 neulich
9 kuerzlich

Jungsteinzeit
11 Neolithikum

Jüngstenrecht
7 Minorat

jüngster Lehrling
5 Stift

Jungtertiär
6 Neogen

Jungtier großer Huftiere
4 Kalb

Jungtiere der Säuger
4 Wurf

Jungtierkrankheit
6 Laehme

Jungvögel im Nest
4 Brut

Juni
7 Brachet
9 Brachmond

Jupiter
6 Fulgur

Jupitermond
2 Jo
5 Elara
6 Ananke, Europa
7 Ganymed
8 Kallisto
Jupon
9 Unterrock
Jura
5 Recht
6 Rechte
12 Jurisdiktion, Jurisprudenz
14 Rechtsprechung
Juraformation
4 Lias, Malm
6 Dogger
Jurarandgewässer
14 Neuenburger See
Jurist
5 Notar
6 Anwalt
7 Advokat, Richter
9 Justitiar, Justiziar, Justizrat
12 Rechtsanwalt, Staatsanwalt
Juristenberuf
6 Anwalt
7 Richter
12 Rechtsanwalt, Staatsanwalt
Juristenmantel
5 Talar
juristisch für Sache
3 Res
juristisch(e, er, es) ...
· **Begriff**
3 BGB, Eid, Tat
4 Haft, Spur, StGB
5 Alibi, Frist, Indiz, Klage, Notar, Recht, Zeuge
6 Arrest, Beweis, Delikt, Gesetz, Karenz, Klient, Mandat, Partei, Schuld, Schwur, Strafe, Taeter, Tatort, Urteil
7 Anklage, Anzeige, Aussage, Injurie, Instanz, Kaution, Klaeger, Klausel, Mandant, Meineid, Protest, Prozess, Verhoer
8 Amnestie, Berufung, Fahndung, Paragraf, Revision, Schoeffe, Unschuld, Verdacht, Vergehen, Verstoss
9 Einspruch, Festnahme, Kassation, Paragraph, Plaedoyer, Praejudiz, Protokoll, Verfahren, Vergleich
10 Abtrennung, Anfechtung, Bestrafung, Bewaehrung, Falsifikat, Freispruch, Haftbefehl, Steckbrief, Tateinheit, Verbrechen, Verhaftung, Vernehmung
11 Angeklagter, Begnadigung, Gestaendnis, Lokaltermin, Strafantrag, Strafgesetz, Verjaehrung
12 Beweismangel, Beweismittel, Geschworener, Gnadengesuch, Justizirrtum, Kreuzverhoer, Nebenklaeger, Strafprozess, Strafvollzug, Untersuchung, Verurteilung, Zivilprozess
13 Fingerabdruck, Rechtsbeugung, Schwurgericht, Strafaufschub, Strafregister
14 Beweisaufnahme, Rechtsbeistand, Wiederaufnahme
15 Indizienprozess, Spurensicherung
17 Untersuchungshaft
· **Berufung**
11 Appellation
· **Bestreitung**
10 Anfechtung
· **Gegebenheiten**
10 Rechtslage
Jury
12 Kampfgericht, Preisgericht
Jus ▶ Jura
just
4 eben
5 genau
6 gerade, soeben
justieren
6 eichen
10 ausrichten, einstellen
Justierer
6 Eicher
10 Einrichter
Justiz
12 Rechtspflege
Justizbeamter
10 Amtsanwalt
15 Justizassistent, Justizinspektor, Justizsekretaer, Vollzugsbeamter
18 Gerichtsvollzieher, Justizangestellter
Justizbehörde
7 Gericht
11 Amtsgericht, Landgericht
13 Bundesgericht
14 Arbeitsgericht, Bezirksgericht
17 Oberlandesgericht
18 Verwaltungsgericht
Justizirrtum
10 Fehlurteil
Juwel
5 Perle
6 Schatz
7 Kleinod, Schmuck
8 Pretiose
9 Edelstein
11 Kostbarkeit
13 Schmuckstueck
Juwelengewicht
4 Gran
5 Karat
Juwelier
11 Goldschmied
13 Silberschmied
Jux
2 Uz
3 Ulk
5 Jokus, Spass
6 Scherz
10 Albernheit
Jux am 1. des 4. Monats
11 Aprilscherz
jwd
6 einsam
9 abgelegen

K

Kabale
4 List
6 Raenke
7 Arglist, Intrige
8 Anschlag, Komplott
10 Hinterlist
11 Raenkespiel
12 Machenschaft
Kabarett
6 Brettl
16 Kleinkunstbuehne
Kabarettansager
12 Conférencier
Kabarettlied
4 Song
7 Chanson, Couplet
9 Quodlibet
Kabarettsänger
6 Diseur
10 Chansonier
11 Chansonnier
Kabarettszene
6 Sketch
7 Parodie
8 Black-out
Kabbelei
4 Zank
6 Streit
8 Zankerei
11 Kontroverse
18 Auseinandersetzung
Kabel
5 Draht
7 Leitung
9 Drahtseil, Telegramm
Kabeljau
5 Bolch
6 Dorsch
8 Laberdan
10 Klippfisch, Stockfisch
11 Schellfisch
Kabine
5 Zelle
6 Gondel
10 Schlafraum
12 Telefonzelle, Umkleideraum
Kabinett
4 Raum
6 Gemach, Zimmer
9 Nebenraum, Regierung
11 Nebenzimmer
13 Beratungsraum
20 Regierungsmannschaft
Kabinettschef
7 Kanzler
Kabinettsmitglied
13 Innenminister
14 Aussenminister, Finanzminister, Justizminister, Kultusminister
Kachel
6 Fliese, Platte
Kadaver
3 Aas
10 Tierleiche
Kader
12 Linientreuer
13 Stammpersonal
Kadett
8 Zoegling
9 Faehnrich
Käferart
6 Gerber
8 Gelbrand, Hausbock, Heldbock, Totenuhr
9 Aaskaefer, Gluehwurm, Maikaefer, Oelkaefer, Saegebock, Schreiner, Totenwurm
10 Bohrkaefer, Eichenbock, Gerberbock, Junikaefer, Kornkaefer, Laufkaefer, Mehlkaefer, Mistkaefer, Pappelbock, Sandkaefer, Skarabaeus, Spiessbock, Zimmerbock
11 Blattkaefer, Blattroller, Diebskaefer, Glanzkaefer, Goldschmied, Klopfkaefer, Sandlaeufer, Schabkaefer, Speckkaefer, Stutzkaefer, Weichkaefer
12 Apfelstecher, Baumruessler, Blattwickler, Borkenkaefer, Grundlaeufer, Hirschkaefer, Kurzfluegler, Kurzruessler, Leuchtkaefer, Marienkaefer, Pillendreher, Rebenstecher, Taumelkaefer, Totengraeber
13 Nashornkaefer, Ruesselkaefer
14 Gelbrandkaefer, Gluehwuermchen, Johanniskaefer, Pflaumenbohrer, Schattenkaefer
15 Blatthornkaefer, Kartoffelkaefer, Strauchruessler, Trichterwickler, Waldsandlaeufer
Käferlarve
8 Mehlwurm
9 Engerling
Käferschnecke der Meere
6 Chiton
Kaffee ohne Milch
9 Schwarzer
Kaffeeart
5 Mokka
6 Brasil, Santos
7 Brauner, Melange
8 Espresso
10 Cappuccino
11 Einspaenner
Kaffeegefäß
5 Kanne
Kaffeehaus
4 Café
9 Cafeteria
Kaffeerückstand
4 Satz
Kaffeewirkstoff
7 Koffein
Kaffeezusatz
8 Zichorie
Kaffeezutat
5 Sahne
10 Dosenmilch
Kaffernhirse
4 Dari
6 Sorgho
7 Sorghum
Kaffernstamm
4 Kosa, Zulu
5 Bantu, Fingu, Pondo, Swazi, Tonga
6 Basuto
7 Amakosa
11 Betschuanen

Käfig
5 Bauer, Koben
6 Pferch
7 Voliere, Zwinger
9 Terrarium
10 Vogelbauer
Käfigvogel
3 Beo
7 Papagei
13 Wellensittich
Kahlkopf
6 Glatze, Platte
Kahlstelle
6 Tonsur
7 Bloesse
Kahn
4 Boot, Trog
5 Zelle
6 Arrest, Gondel, Nachen, Schiff
Kains ...
· **Bruder**
4 Abel
· **Mutter**
3 Eva
· **Vater**
4 Adam
Kaiseite
4 Kaje
Kaiser
9 Imperator
Kaiser der Franzosen
8 Napoleon
Kaiser Friedrich I.
10 Barbarossa
kaiserlose Zeit
11 Interregnum
Kaiserreich
8 Imperium
Kaiserresidenz im Mittelalter
5 Pfalz
Kaiserschmarren
7 Omelett
Kaiserstadt
6 Aachen
Kaisertitel ...
· *im* **alten Rom**
9 Imperator
· *in* **Äthiopien**
5 Negus
12 Negus Negesti
· *in* **Frankreich**
8 Empereur
· *im* **Iran**
5 Schah
12 Schahinschah
· *in* **Japan**
5 Tenno
6 Mikado
· *in* **Russland**
3 Zar
Kajüte
6 Kabine
kakaohaltige Leckerei
10 Schokolade
Kakaoprodukt
10 Schokolade
Kakerlak
6 Schabe
10 Ungeziefer
Kakteenart
6 Cereus, Peyotl
7 Opuntia, Opuntie
10 Igelkaktus
11 Blattkaktus, Kugelkaktus
12 Greisenhaupt, Warzenkaktus
Kalamität
6 Klemme
7 Notlage
9 Missstand
10 Uebelstand
12 Verlegenheit
Kalauer
4 Witz, Zote
Kälberferment
3 Lab
Kalbsbrustdrüse
5 Bries
Kalbsleder
3 Kid
7 Boxcalf
Kalbsmilch
5 Bries
6 Thymus
Kaldaunen
8 Gekroese
9 Innereien
10 Eingeweide
Kaldaunengericht
5 Fleck
Kalender
8 Almanach
Kalendertag
5 Datum
Kalendertage im alten Rom
4 Iden
5 Nonen
8 Kalenden
Kalesche
7 Kutsche
Kalif
3 Ali
Kalif von Bagdad
5 Harun, Mamun
8 Suleiman
14 Harun al Raschid
Kalifengeschlecht
9 Abbasiden, Omaijaden
kalifornische Stadt
7 Oakland
8 Pasadena
9 Sausalito
10 Los Angeles
12 San Francisco, San Franzisko
Kaliumkarbonat
9 Pottasche
Kaliumverbindung
8 Salpeter
9 Pottasche
Kalkanstrich
7 Tuenche
Kalkart
3 Gur
Kalkgebirge in Slowenien
5 Karst
Kalkgesteinsrinnen
6 Karren
Kalkgipfel der Berner Alpen
5 Eiger
kalkhaltiger Lehm
5 Loess
Kalkinsel bei Neapel
5 Capri
Kalkmassiv im Salzkammergut
9 Dachstein
kalkreicher Ton
5 Tegel
Kalkspat
6 Kalzit
7 Siderit
8 Magnesit
Kalkstein
6 Donith, Kreide, Marmor
9 Travertin
Kalkül
8 Rechnung
10 Berechnung

Kalkulation
8 Rechnung
10 Berechnung
16 Kostenberechnung
17 Kostenvoranschlag
kalorienfreie Fastenkur
9 Nulldiaet
kalt
5 kuehl
6 frigid
7 frostig
kalt stellen
7 kuehlen
kalt(e, er, es) ...
· **Adriawind**
4 Bora
· **Frauenschönheit**
4 Vamp
· **Gericht**
5 Salat
· **Jahreszeit**
6 Winter
· **Nordostwind**
4 Bise
· **Süßspeise**
8 Flammeri
· **Tage im Mai**
10 Eisheilige
· **Wind in Südfrankreich**
7 Mistral
kaltblütig
5 ruhig
8 gelassen
Kälte
5 Frost
6 Kuehle
11 Frigiditaet
Kälte empfinden
7 frieren
Kälte ohne Schnee
5 Frost
Kältepackung
9 Eisbeutel
Kälteprodukt
3 Eis
Kältesteppe
6 Tundra
Kaltgetränk
5 Bowle
kaltherzig
10 hartherzig
12 gefuehlskalt
Kaltspeise
3 Eis
5 Salat
9 Feldsalat
10 Nudelsalat, Wurstsalat
11 Gurkensalat
13 Endiviensalat, Haeuptelsalat
14 Erdaepfelsalat, Kartoffelsalat
Kaltstarthilfe
5 Choke
Kaltwasserheilverfahren
9 Kneippkur
Kalumet der Indianer
16 Friedenspfeife
Kalvarienberg
8 Golgatha
Kalziumverbindung
6 Karbid
Kamarilla
6 Clique, Partei
9 Hofpartei
Kambodschaner
3 Moi
5 Khmer
Kamel
8 Dromedar
11 Trampeltier
kamelartiges Tier
4 Lama, Pako
6 Alpaka, Vicuna
7 Guanako, Huanako, Vikunja
kamelzüchtende Araberstämme
8 Beduinen
Kamerad
5 Spezi
6 Freund, Kumpan, Kumpel, Macker
7 Genosse, Kollege, Partner
9 Begleiter, Gefaehrte
10 Vertrauter
Kameradschaft
5 Treue
12 Gemeinschaft, Zusammenhalt
13 Verbundenheit
Kameraeinstellung
6 Totale
Kameralinse
6 Okular
Kameralinsensystem
5 Optik
Kameramann
9 Operateur
Kamerareise
10 Fotosafari
11 Photosafari
Kamerazubehör
4 Film
6 Filter
12 Sonnenfilter, Teleobjektiv
Kamin
4 Esse
5 Spalt
6 Schlot
9 Felsspalt
11 Feuerstelle, Schornstein
12 Felsschlucht
Kaminholzstück
6 Scheit
Kaminkehrer
5 Feger
16 Schornsteinfeger
Kaminschwärze
4 Russ
Kamisol
4 Wams
5 Weste
10 Unterjacke
Kamm
4 Grat, Hals
6 Nacken
7 Ruecken
11 Bergruecken, Rueckenteil
13 Frisiergeraet
Kammer
4 Raum
5 Laden, Lager, Stube
6 Zimmer
7 Gericht, Instanz
8 Behoerde, Hohlraum, Kabinett
Kammer des englischen Parlaments
8 Oberhaus
9 Unterhaus
Kammerdiener
5 Lakai
Kammerjungfer
4 Zofe
Kammgarnstoff
6 Melton
Kammmacherwerkzeug (Kammacher-Werkzeug)
4 Iler
10 Schabeisen

Kampagne
6 Saison
7 Feldzug
9 Wahlkampf
Kampf im Untergrund
8 Guerilla
Kampfabschnitt
5 Front
Kampfaxt
5 Barte
Kampfbahn
5 Arena
Kämpfer
8 Streiter
Kampfer aus Petersilienöl
5 Apiol
Kämpfer zur Ritterzeit
5 Recke
Kampferfolg
4 Sieg
kampferhaltiges Einreibemittel
9 Opodeldok
kämpferisch
8 militant
11 martialisch
Kampfesweise
6 Taktik
7 Technik
9 Strategie
Kampfgefährte
7 Genosse, Kamerad, Partner
11 Mitstreiter
Kampfgerät
5 Waffe
Kampfgericht
4 Jury
Kampfgewinn
4 Sieg
Kampfjungfrau
7 Amazone
8 Walkuere
Kampflinie
5 Front
Kampfmittel ...
· *der* **Arbeitgeber**
11 Aussperrung
· *der* **Arbeitnehmer**
6 Streik
Kampfplanung
6 Taktik
9 Strategie
Kampfplatz
4 Ring
5 Arena
8 Walstatt
12 Schlachtfeld
16 Kriegsschauplatz
Kampfreihe
7 Phalanx
Kampfrichter
14 Schiedsrichter
Kampfspiel
5 Match
7 Treffen, Turnier
9 Wettkampf
10 Konkurrenz, Wettstreit
Kampfspiel der Ritter
6 Buhurt
Kampfsportart
4 Judo
5 Boxen
6 Karate, Ringen
7 Fechten
9 Schiessen
kampfunfähig
2 ko
Kampfwaffe der Indianer
9 Streitaxt
Kampfwagen der Antike
8 Quadriga
11 Streitwagen, Viergespann
Kampfzeuge
9 Sekundant
Kampfzone
5 Front
kampieren
6 lagern, zelten
12 uebernachten
Kanaans Bewohner
10 Kanaaniter
Kanadas Bewohner
8 Kanadier
kanadisch(e, er, es) ...
· **Ballspiel**
8 Lacrosse
· **Berg**
4 Hunt
5 Logan
6 Robson
8 Columbia
10 Carruthers
· **Bucht**
8 Jamesbai
9 Baffinbai, Hudsonbai
· **Elch**
5 Moose
· **Hafenstadt**
6 Quebec
7 Halifax, Toronto
8 Montreal
9 Vancouver
· **Halbinsel**
5 Gaspe
6 Ungava
8 Labrador, Melville
13 Neuschottland
· **Hauptstadt**
6 Ottawa
· **Insel**
5 Banks, Brook, Coats, Devon, Sable, Wales
6 Brelon, Edward, Mansel
8 Bathurst, Melville, Somerset, Victoria
9 Anticosti, Vancouver
10 Baffinland
11 Neufundland
13 Viktoriainsel
· **Nobelpreisträger für Medizin**
7 Banting
· **Pianist**
5 Gould
· **Politiker**
7 Trudeau
· **Provinz**
5 Yukon
6 Quebec
7 Alberta, Ontario
8 Columbia, Franklin, Keewatin, Manitoba
9 Mackenzie
11 Neufundland
· **Schlitten**
8 Toboggan
· **See**
7 Eriesee
8 Huronsee
9 Baerensee, Oberer See
10 Ontariosee
11 Michigansee, Winnipegsee
Kanaille
4 Lump, Pack
6 Poebel, Schuft
7 Schurke
8 Dummkopf, Gesindel, Spitzbub
10 Lumpenpack
Kanal
5 Fleet

6 Gracht

Kanal ...

· *in* **Ägypten**

9 Sueskanal, Suezkanal

· *zwischen* **Frankreich und England**

11 Aermelkanal

· *zwischen* **Maas und Schelde**

11 Albertkanal

· *zwischen* **Nordsee und Ostsee**

15 Nordostseekanal

Kanalbauwerk

8 Schleuse

Kanalhafen

5 Dover

6 Calais, Dieppe, St. Malo

7 Le Havre, Ostende

8 Boulogne, Plymouth

9 Cherbourg, Saint Malo

10 Portsmouth

11 Bournemouth, Southampton

Kanalinsel

4 Herm, Sark

5 Wight

6 Jersey

7 Aurigny

8 Alderney, Guernsey

9 Eddystone

Kanalisationsanlage

2 WC

4 Siel

5 Gully

6 Kloake

7 Ausguss, Klosett

8 Senkloch

9 Rinnstein, Senkgrube

10 Rieselfeld

11 Klaeranlage

Kanalschacht

5 Gully

Kanalstufe

4 Wehr

8 Schleuse, Stauwehr

Kanapee

4 Sofa

5 Diwan, Liege

8 Ruhebett

Kanarische Insel

5 Ferro, Palma

6 Gomera, Hierro

7 La Palma

8 La Gomera

9 Lanzarote, Teneriffa

11 Gran Canaria

13 Fuerteventura

Kandel

9 Dachrinne

Kandelaber

8 Leuchter

11 Armleuchter, Lichthalter

12 Kerzenhalter

Kandidat

8 Aspirant, Bewerber

9 Anwaerter, Pruefling

kandierte Backzutat

8 Orangeat, Zitronat

Kaneel

4 Zimt

Kaninchenbock

7 Rammler

Kaninchenfell

5 Kanin

9 Biberette

Kanker

11 Weberknecht

Kannegießer

10 Schwaetzer

19 Stammtischpolitiker

kannenartiges Gefäß

4 Krug

Kannenkraut

13 Schachtelhalm

Kannenschnabel

6 Tuelle

Kannibale

15 Menschenfresser

Kanon

11 Richtschnur

12 Kettengesang

Kanoniker

7 Domherr

8 Chorherr

9 Kapitular

10 Stiftsherr

kanonisieren

14 heilig sprechen

Kante

4 Ecke, Rand, Saum

Kantenband

9 Vorleimer

Kantenstreifen

4 Rand

Kantine

5 Messe

6 Casino, Kasino

7 Essraum

10 Speiseraum

12 Verkaufsraum

14 Betriebskueche

Kantine der Studenten

5 Mensa

Kanton der Schweiz

3 Uri, Zug

4 Bern, Genf

5 Basel, Waadt

6 Aargau, Glarus, Luzern, Schwyz, Tessin, Wallis

7 Thurgau, Zuerich

8 Freiburg, Obwalden, St. Gallen

9 Appenzell, Basel Land, Neuenburg, Nidwalden, Solothurn

10 Basel Stadt

11 Graubuenden, Innerrhoden, Sankt Gallen, Unterwalden

12 Ausserrhoden, Schaffhausen

Kanton und Stadt der Schweiz

3 Zug

4 Genf

5 Basel

6 Glarus, Luzern, Schwyz

7 Zuerich

11 Sankt Gallen

12 Schaffhausen

kantonales Ministerium

9 Direktion

Kantonsautokennzeichen der Schweiz

2 Ag, Ai, Ar, Be, Bl, Bs, Fr, Ge, Gl, Gr, Ju, Lu, Ne, Nw, Ow, Sg, Sh, So, Sz, Tg, Ti, Ur, Vd, Vs, Zg, Zh

Kanufahrer

6 Kanute

Kanüle

9 Hohlnadel

Kanzel

4 Sitz

5 Stand, Stuhl

6 Ansitz

7 Anstand, Cockpit

8 Hochsitz, Katheder

9 Lehrstuhl

11 Fuehrerraum

12 Chorschranke, Predigtstuhl

13 Felsvorsprung, Pilotenkabine

Kanzelrede
7 Predigt
Kanzelredner
8 Prediger
11 Geistlicher
Kanzlei
11 Sekretariat
Kanzleiformat
5 Folio
Kanzler
7 Premier
14 Regierungschef
Kap
10 Vorgebirge
Kap ...
· *in* **Afrika**
5 Verde
· *in* **Algerien**
3 Fer
· *am* **Kanal**
5 Hague
· *in* **Nordwestfrankreich**
6 Frehel
· *in* **Nordwestspanien**
5 Bares
10 Finisterre
· *auf* **Rügen**
6 Arkona
· *in* **Südamerika**
5 Hoorn
Kapelle
4 Band
5 Combo
6 Gruppe, Kirche
8 Ensemble, Musikzug
9 Orchester
10 Gotteshaus, Kirchenbau
11 Kirchenraum
Kapellmeister
8 Dirigent
10 Bandleader
Kapellmeisterstab
9 Taktstock
Kapergut
5 Prise
kapern
10 aufbringen
Kapern eines Schiffes
6 entern
Kapholländer
4 Bure
10 Afrikander
11 Afrikaander
Kapital
4 Geld, Habe
5 Stock
6 Besitz, Fundus, Gelder
8 Substanz
9 Vermoegen
10 Grundstock
Kapitalanlage
10 Investment
11 Investition
Kapitalanteil
5 Aktie
7 Einlage
Kapitale
10 Hauptstadt
Kapitalertrag
4 Zins
6 Zinsen
7 Rendite
9 Dividende
Kapitalgesellschaft
2 AG, KG
3 OHG
4 GmbH
18 Aktiengesellschaft
21 Kommanditgesellschaft
Kapitalmarkt
6 Boerse
Kapitalnutzungs-entschädigung
4 Zins
Kapitalverbrechen
4 Mord
Kapitän
9 Hauptmann, Kommodore
10 Kommandant
11 Seeoffizier
12 Spielfuehrer
Kapitän bei Jules Verne
4 Nemo
Kapitel
9 Abschnitt
13 Geistlichkeit
Kapitel des Korans
4 Sure
Kapitelherr
7 Domherr
8 Chorherr
9 Kapitular
10 Stiftsherr
Kapitell
11 Pfeilerkopf, Saeulenkopf
Kapitular
7 Domherr
Kapitulation
8 Ergebung
9 Uebergabe
13 Verpflichtung
Kaplan
5 Vikar
Käppchen der Richter
6 Barett
Käppchen der Verbin-dungsstudenten
7 Zerevis
Kappe
5 Haube
6 Deckel, Kaeppi, Kapuze, Muetze
10 Verschluss
11 Schuhspitze
Kappes
4 Kohl
Käppi
7 Tschako
Kapriole
6 Sprung
8 Narretei, Uebermut
10 Bocksprung, Dressurakt, Luftsprung
13 Dressursprung, Dressuruebung
Kapsel
6 Huelle, Huelse
8 Futteral, Gehaeuse, Satellit
9 Behaelter
10 Raumschiff
12 Raumfahrzeug
kaputt
3 hin
6 defekt
8 ruiniert
9 verdorben, zerstoert
Kapuzenwindbluse
6 Anorak
Kapuziner
5 Orden
12 Franziskaner
Kapuzinerkresse
12 Kletterkraut
Kapuzinerpilz
9 Roehrling
15 Birkenroehrling
Kapverdische Insel
3 Sal
4 Fogo, Maio
5 Brava, Praia
8 Boavista, Sao Antao, Sao Tiago
10 Sao Vicente

Karacho
5 Tempo
Karaffe
7 Flasche
11 Glasflasche, Weinflasche, Zierflasche
13 Wasserflasche
Karambolage
6 Unfall
13 Zusammenprall, Zusammenstoss
Karawane
3 Zug
5 Treck
7 Kolonne
Karawanentier
5 Kamel
Karawanserei
3 Han
8 Herberge, Quartier
10 Unterkunft
Karbolsäure
6 Phenol
Kardinalstracht
12 Purpurmantel
Kardinaltugend
7 Glauben, Staerke
8 Hoffnung, Klugheit
11 Maessigkeit
13 Gerechtigkeit
Karenz
9 Sperrzeit, Wartezeit
karg
5 knapp
6 frugal
8 aermlich, armselig, duerftig
9 spaerlich
11 kuemmerlich
kärgliches Arbeitsentgelt
10 Hungerlohn
Karibenfisch
7 Piranha
karierter Rock der Schotten
4 Kilt
karierter Textilstoff
6 Pepita
Karies
10 Zahnfaeule
Karikatur
7 Cartoon
8 Zerrbild
9 Spottbild
karitative Anstalt
4 Asyl, Heim
5 Stift
8 Hospital
9 Altenheim, Wohlfahrt
10 Pflegeheim
karitativer Warenverkauf
5 Basar
Karneval
8 Fasching, Fasnacht
9 Fastnacht
Karnevalistin
7 Naerrin
Karnevalsausschuss
8 Elferrat
Karnevalsdonnerstag
18 Altweiberfastnacht
Karnevalsgeck
4 Jeck, Narr
Karnevalsgremium
8 Elferrat
Karnevalshut
11 Narrenkappe
Karnevalskleidung
17 Fastnachtskostuem
Karnevalsrednerpult
5 Buett
Karnevalsruf
5 alaaf, helau
Karnevalssitzung
7 Session
Karnevalsveranstaltung
10 Maskenball, Maskenfest
11 Kostuemball, Kostuemfest
12 Mummenschanz
15 Rosenmontagszug
Karo
5 Farbe, Figur, Raute
6 Dessin, Muster
7 Viereck
11 Kartenfarbe
13 Wuerfelmuster
Karo beim Kartenspiel
7 Schelle
8 Eckstein, Schellen
karolingische Silbermünze
5 Denar
karolingischer Gelehrter
6 Alkuin
Karotte
6 Moehre
9 Gelbruebe, Mohrruebe
10 Gelbe Ruebe
Karpatenlandschaft
8 Bukowina
10 Buchenland
Karpatenteil
5 Tatra
8 Beskiden
karpfenartiger Fisch
4 Albe, Blei, Nase, Orfe
5 Aitel, Aland, Barbe, Hasel, Laube
6 Brasse, Doebel, Erling, Schlei, Ukelei
7 Brachse, Elritze, Guester, Pfrelle, Ploetze, Rotauge, Schleie
8 Blaunase, Goldorfe, Nerfling, Peitzger, Rotfeder, Schmerle
9 Goldfisch, Karausche
10 Bitterling, Gruendling, Weissfisch
11 Bartgrundel
12 Steinbeisser
14 Schlammbeisser
Karpfenfisch ► karpfenartiger Fisch
Karree
7 Quadrat, Viereck
12 Haeuserblock, Rippenstueck
Karren
5 Wagen
7 Karrete, Rikscha, Vehikel
8 Karrette
9 Handwagen
10 Kleinwagen, Schubkarre
Karriere
8 Laufbahn
karrieresüchtig
9 ehrgeizig
Karstfluss
7 Fiumare
Karsttrichter
6 Doline
Kartäuserkloster in Frankreich
10 Chartreuse
Karte
4 Plan
5 Blatt
7 Billett
Karte im Tarockspiel
5 Pagat
Kartei
12 Zettelkasten

Karteikartenreiter
3 Tab
Kartenausteiler
5 Geber
Kartenfarbe
3 Pik
4 Herz, Karo
5 Kreuz
8 Eckstein
Kartenglücksspiel
5 Poker
8 Bakkarat
15 Siebzehnundvier
Kartenmischgriff
5 Volte
Kartenrest beim Geben
5 Talon
Kartenspiel
4 Jass, Poch, Skat, Tapp
5 Pharo, Poker, Rommé, Whist
6 Boston, Bridge, Pikett, Tarock, Watten
7 Canasta
8 Bakkarat, Patience, Quartett
9 Schafkopf, Schnapsen
10 Doppelkopf, Schafskopf
13 Einundzwanzig
14 Schwarzer Peter
15 Sechsundsechzig, Siebzehnundvier
Kartenspiel für drei Personen
4 Skat
Kartenspiel zur Zukunftdeutung
5 Tarot
Kartenspielausdruck
2 As, Re
3 Pik
4 Auge, Bock, Bube, Dame, Hand, Herz, Karo, Null, Ober, Satz, Solo
5 Atout, Blatt, Bluff, Farbe, Geber, Grand, Joker, Jolly, Junge, Kreuz, Pagat, Point, Runde, Stich, Talon, Treff, Unter, Valet, Volte
6 Eichel, Herzen, Kontra, mauern, mogeln, Ouvert, passen, Trumpf
7 Einsatz, Kiebitz, mischen, Renonce, Schelle, Schwarz, Sequenz, Spieler, Vorhand
8 bedienen, bekennen, Eckstein, Full Hand, Hochzeit, Schellen, Schippen
9 Grand Hand, kiebitzen, schneiden, Schneider, Schueppen
10 Hinterhand, Mittelhand, Null ouvert, Schippchen
Kartenspielrunde
10 Skatpartie
Kartenwissenschaft
12 Kartographie
Karthager
6 Punier
karthagischer Feldherr
8 Hamilkar, Hannibal
9 Hasdrubal
karthagischer Seefahrer
5 Hanno
Karthagos Gründerin
4 Dido
Kartoffel
6 Batate
8 Erdapfel
10 Grundbirne
Kartoffelbrei
6 Pueree
Kartoffelgericht
6 Roesti
16 Erdaepfelgulasch
Kartoffelmehl
7 Staerke
Kartoffelpuffer
6 Plinse
11 Reibekuchen
Kartoffelstäbchen
12 Pommes frites
Karton
5 Pappe
9 Schachtel
13 Pappschachtel
kartoniertes Buch
9 Paperback
Kartothekbehälter
12 Karteikasten
Kartusche
6 Huelse, Ladung, Rahmen
8 Ornament
10 Zierstueck
Karwochentag
10 Karfreitag, Karsamstag
15 Gruendonnerstag
Karzer
5 Zelle
6 Kerker
Karzinom
10 Geschwulst
Kaschemme
6 Kneipe
8 Spelunke
Käsegericht
6 Fondue
Kasernenschrank
5 Spind
Käsesorte
4 Brie, Tome
5 Gouda, Quark
6 Edamer, Harzer
7 Chester, Gervais, Gruyère, Romadur, Stilton
8 Belpaese, Muenster, Parmesan, Tilsiter, Vacherin
9 Allgaeuer, Camembert, Greyerzer, Handkaese, Limburger, Rahmkaese, Roquefort, Schweizer
10 Emmentaler, Gorgonzola, Hollaender
11 Schafskaese, Ziegenkaese
Käsesorte mit roter Rinde
6 Edamer
Käsestadt in Belgien
7 Limburg
Käsestadt in Holland
4 Edam
Käsewasser
5 Molke
Kasinochip
5 Jeton
Kaskade
10 Wasserfall
11 Wasserspiel
Kasper
10 Spassvogel
Kassation
10 Entlassung
22 Nichtigkeitserklaerung
Kassenansturm
3 Run
Kassenbestand
3 Ist
Kassenführer
9 Kassierer

Kassenprüfer
7 Revisor
Kassenschlager
3 Hit
6 Renner
7 Reisser
8 Knueller
10 Bestseller, Longseller
Kassenschrank
4 Safe
6 Tresor
Kassensturz
8 Revision
Kassenverwalter
13 Schatzmeister
Kassenwart
11 Saeckelwart
Kassenzettel
3 Bon
5 Beleg
8 Quittung
Kasserolle
4 Topf
8 Kochtopf
Kassette
6 Huelle, Kasten
9 Behaelter, Kaestchen, Schatulle
kastanienbraun
5 maron
Kastanienfrucht
6 Marone
Kaste
5 Stand
6 Klasse
7 Schicht
Kaste in Ostindien
5 Cudra
Kastell
4 Burg
5 Feste
7 Festung, Schloss
9 Zitadelle
11 Befestigung
12 Festungswerk
Kastellmauerrest
9 Burgruine
Kasten
4 Lade
5 Kiste, Truhe
7 Schrank, Schrein
9 Behaelter, Schublade
10 Turngeraet
kastenloser Inder
5 Paria
Kastenmöbel
5 Truhe
7 Kommode
Kastors ...
· **Bruder**
6 Pollux
· **Mutter**
4 Leda
· **Vater**
4 Zeus
Kastrat
6 Eunuch
10 Entmannter
14 Verschnittener
kastriert(e, er, es) ...
· **Bulle**
5 Ochse
· **Eber**
4 Barg, Bork
· **Hahn**
6 Kapaun
· **Hengst**
7 Wallach
· **Stier**
5 Ochse
Katalog
10 Uebersicht
11 Aufstellung, Verzeichnis
16 Warenverzeichnis
Katapult
9 Schleuder
12 Wurfmaschine
14 Startschlitten
17 Flugzeugschleuder
Katarakt
4 Star
10 Wasserfall
13 Stromschnelle
14 Linsentruebung
Kataster
8 Flurbuch
9 Grundbuch
Katastrophenart
4 Ruin
5 Chaos, Krieg
6 Seuche, Unheil
7 Absturz, Debakel, Havarie, Umsturz
8 Einsturz, Epidemie, Erdbeben, Unglueck, Unwetter
9 Dammbruch, Explosion, Kollision, Sturmflut, Tragoedie, Untergang, Wassernot
10 Deichbruch, Grossbrand. Grossfeuer, Hochwasser, Hungersnot
11 Schiffbruch
12 Feuersbrunst, Lawinensturz
14 Vulkanausbruch
15 Flugzeugabsturz, Ueberschwemmung
16 Schiffsuntergang
Kate
6 Huette
12 Bauernhuette
Kategorie
6 Gruppe, Klasse, Rubrik
7 Gattung, Ordnung
Kater in der Fabel
4 Murr
6 Murner
17 Gestiefelter Kater
Katharsis
9 Reinigung
10 Laeuterung
Katheder
4 Pult
6 Kanzel
9 Lehrstuhl
10 Rednerpult
12 Predigtstuhl
Kathedrale
3 Dom
8 Muenster
14 Bischofskirche
Kathedrale in Paris
12 Invalidendom
katholisch(e, er, es) ...
· **Altardiener**
7 Akoluth
10 Ministrant
· **Aufsichtsgeistlicher**
5 Dekan
· **Bettelorden**
9 Kapuziner, Minoriten
10 Augustiner, Karmeliter
11 Dominikaner
12 Franziskaner
· **Bischofstreffen**
6 Konzil
· **Bittgebet**
7 Litanei
· **Feier der Eucharistie**
9 Messopfer
· **Feiertag**
11 Allerseelen
12 Fronleichnam

13 Allerheiligen
· **Frauenorden**
12 Klarissinnen
15 Karmeliterinnen, Salesianerinnen
· **Gebet**
8 Ave-Maria
10 Vaterunser
· **Gebetskranz**
10 Rosenkranz
· **Geistlicher**
8 Kleriker, Priester
· **Geistlichkeit**
6 Klerus
7 Kapitel
· **Gnadenmittel**
6 Ablass
8 Nachlass
10 Absolution
12 Lossprechung
· **Gottesdienst**
5 Messe
· **Heilige**
4 Afra
5 Lydia
7 Barbara
8 Veronika
9 Katharina
· **Heiliger**
5 Georg, Vitus
7 Blasius, Erasmus
8 Achatius, Aegidius, Nikolaus
13 Christophorus
· **Hilfsgeistlicher**
5 Vikar
· **Hilfspriester**
5 Kurat
· **Kirchenfürst**
10 Erzbischof
· **Kirchenlehrer**
6 Gregor
8 Augustin
9 Ambrosius
10 Athanasius, Augustinus, Hieronymus
· **Kirchenmusiker**
3 Ett
· **Kultperson**
7 Heilige
8 Heiliger
· **Küster**
6 Mesner
7 Messner
· **Lobgesang**
6 Gloria, Tedeum
· **Messdiener**
10 Ministrant
· **Messgebet**
6 Sekret
· **Orden**
8 Jesuiten, Mauriner
9 Kapuziner, Minoriten, Ursulinen
10 Augustiner, Karmeliter, Kartaeuser, Trappisten
11 Dominikaner
12 Benediktiner, Franziskaner, Kluniazenser
13 Zisterzienser
· **Ordensfrau**
5 Nonne
· **Ordenspriester**
5 Pater
· **Priestergewand**
4 Albe
5 Stola
8 Pluviale
· **Priesterstand**
6 Klerus
· **Religionslehrer**
8 Katechet
· **Sakrament**
3 Ehe
5 Busse, Taufe
6 Oelung
7 Firmung
9 Abendmahl
11 Eucharistie
13 Priesterweihe
14 Krankensalbung
· **Seelenmesse**
7 Requiem
· **Stundengebet**
4 Hora, None, Prim
· **Würdenträger**
14 Kurienkardinal
Kattun
4 Mako
5 Zietz
6 Chintz, Kaliko
8 Indienne
9 Schirting
Katzen- oder Hundefuß
5 Pfote
Katzenart
3 Rex
4 Eyra, Manx, Onze, Puma, Siam, Unze
5 Birma, Khmer, Korat, Loewe, Luchs, Mungo, Tiger
6 Angora, Gepard, Jaguar, Ozelot, Perser
7 Leopard, Panther
8 Kurzhaar, Manguste
9 Bergloewe, Ichneumon, Siamkatze, Wildkatze
10 Abessinier, Chinchilla, Kartaeuser, Khmerkatze
11 Angorakatze, Perserkatze, Silberloewe
12 Ginsterkatze, Koenigstiger
13 Schneeleopard
katzenartiges afrikanisches Raubtier
6 Serval
katzenartiges Raubtier
5 Luchs
Katzenauge
5 Quarz
9 Edelstein
13 Rueckstrahler
Katzenbär des Himalaja
5 Panda
Katzenfisch
4 Wels
9 Zwergwels
Katzenfuß
5 Pfote
Katzengold
6 Biotit
7 Glimmer
13 Biotitglimmer
Katzenjammer
5 Kater
Katzenlaut
4 miau
Katzenmusik
6 Jaulen, Miauen
7 Gedudel
8 Gejammer, Gewimmer
9 Charivari, Geklimper, Klimperei
Katzensilber
7 Glimmer
8 Muskovit
11 Kaliglimmer
Kau- und Genussmittel
5 Betel
9 Betelnuss
Kauf
5 Bezug

6 Erwerb
9 Erwerbung
11 Anschaffung

Kauf von Waren
6 Erwerb

Käufer
5 Kunde
8 Abnehmer, Erwerber
9 Konsument
11 Verbraucher

Kaufhaus
9 Warenhaus

Kaufhaus in Moskau
3 GUM

Kaufinteressent
5 Kunde

käuflich
4 feil
9 unredlich
11 bestechlich, erhaeltlich

Kaufmann
7 Kraemer
8 Haendler
10 Discounter

K

kaufmännisch
9 merkantil

kaufmännisch für heute
4 dato

kaufmännisch(e, er, es) ...
· **Angebot**
7 Offerte
· **Begriff**
3 Uso
4 Nota, Rate, Soll, Tara, Usus, Ware
5 Abruf, Bonus, Damno, Debet, Firma, Haben, Kassa, Kasse, Konto, Kunde, Lager, Markt, Netto, Order, Preis, Saldo, Summe
6 Absatz, Aktiva, Bilanz, Brutto, Budget, Detail, Engros, Erloes, Ertrag, Export, Faktur, Franko, Import, Konsum, Kredit, Option, Profit, Rabatt, Skonto, Spesen, Storno, Ultimo, Umlage, Usance, Zufuhr
7 Abnahme, Angebot, Artikel, Ausfuhr, Branche, Buchung, Einfuhr, Einkauf, Faktura, Inkasso, Kaeufer, Magazin, Monopol, Offerte, Passiva, Prokura, Prozent, Solvenz, Verkauf, Zahlung
8 Einnahme, Inventar, Inventur, Quittung, Rohstoff, Unkosten, Vertrieb
9 Abbuchung, Abschluss, Abzahlung, Anzahlung, Bezahlung, Emballage, Forderung, Hauptbuch, Insolvenz, Kondition, Lagergeld, Lagerraum, Lieferant, Lieferung, Nachfrage, Provision
10 Anlagewert, Ausverkauf, Verbuchung
13 Zahlungsfrist
14 Mehrwertsteuer, Schlussverkauf
· **Beruf**
6 Makler
7 Manager, Revisor
8 Grossist, Haendler, Lagerist
9 Expedient, Exporteur, Importeur, Kassierer, Kontorist, Prokurist, Reisender, Vertreter, Verwalter
10 Buchhalter, Einkaeufer, Kalkulator, Konzipient, Verkaeufer
11 Werbeleiter
12 Filialleiter
14 Einzelhaendler, Verkaufsleiter
15 Vertriebsleiter
17 Geschaeftsfuehrer
· **Eintragung**
7 Buchung
· **Lieferungsanweisung**
5 Abruf
· **Rechnungsführung**
11 Buchhaltung
· **Unternehmen**
5 Firma
6 Betrieb

Kaufmannsgehilfe
6 Kommis

Kaufsumme
5 Preis

Kaufwert von Waren
5 Preis

Kaukasier
5 Alane, Aware
8 Georgier

kaukasisch(e, er, es) ...
· **Spießlaute**
3 Tar
· **Teppich**
5 Kasak, Kelim, Sumak
6 Kasach
· **Volksstamm**
5 Lasen
6 Alanen, Awaren
8 Georgier
12 Tscherkessen
13 Tschetschenen

Kaukasusberg
6 Elbrus, Kasbek

Kaukasusbergvolk
7 Osseten

Kaukasusbewohner
8 Grusiner

Kaukasusfluss
5 Terek

Kaukasushirsch
5 Maral

Kaulbarsch
7 Schroll
11 Pfaffenlaus

Kaulkopf
6 Quappe

kaum vorkommend
3 rar
6 selten

kausal
11 begruendend, ursaechlich

Kautabak
5 Priem

Kaution
5 Pfand
8 Garantie
9 Haftsumme
11 Buergschaft

Kautschukart
4 Buna
5 Latex

Kautschukbaum
5 Ficus, Hevea
9 Castilloa, Gummibaum

Kautschukmilch
5 Latex

Kauwerkzeug
4 Zahn

6 Gebiss, Zaehne
Kauz
10 Sonderling
kauziger Mensch
6 Unikum
Kavalier
9 Gentleman
Kavallerie
8 Reiterei
Kavallerieangriff
7 Attacke
Kavallerieeinheit
8 Eskadron
9 Schwadron
Kavallerieoffizier
11 Rittmeister
Kavalleriesäbel
8 Pallasch
Kavalleriesoldat
8 Dragoner
Kavallerist
4 Ulan
5 Husar
6 Reiter
8 Dragoner
10 Kuerassier
Kaventsmann
14 Prachtexemplar
Kaviar
6 Beluga
8 Malossol
Kaviarfisch
5 Stoer
Kaviarlieferant
5 Stoer
6 Beluga, Hausen, Scherg
7 Sterlet
Kaviarsorte
6 Beluga
keck
5 frech
6 dreist
9 anmassend
kecke Kühnheit
12 Verwegenheit
Keckheit
7 Schneid
9 Frechheit
10 Forschheit
13 Ungeniertheit
Keeper
7 Barmann, Tormann, Torwart
Kegel
5 Konus
kegelähnlicher Körper
6 Konoid
Kegelbruder
6 Kegler
kegelförmig
7 konisch
kegelförmiger Berggipfel
5 Kofel, Kogel
kegelförmiger Zapfen
5 Konus
Kegelschnittlinie
5 Kreis
6 Gerade
7 Ellipse, Parabel
8 Hyperbel
Kegelstumpf
5 Konus
Kegelwurf
5 Schub
Keglergruß
7 Gut Holz
Kehlkopf
6 Gurgel
Kehlkopfdiphtherie
5 Krupp
Kehlkopfentzündung
10 Laryngitis
Kehlkopfteil
6 Deckel
8 Kehlsack
9 Stimmband
Kehlsackvogel
7 Pelikan
Kehraus
6 Finale
11 Schlusstanz
Kehrbesen
5 Feger
Kehrbild
7 Negativ
Kehre
5 Kurve, Wende
7 Drehung
10 Serpentine, Turnuebung
14 Haarnadelkurve
Kehre im Kunstflug
4 Turn
kehren
5 fegen
Kehrgerät
5 Besen, Feger
8 Schaufel
9 Handfeger
Kehricht
5 Dreck, Muell, Staub
7 Schmutz
Kehrreim
7 Refrain
Kehrschleife
10 Serpentine
Kehrseite
5 Verso
7 Ruecken
10 Rueckseite
11 Hinterseite
Kehrwiederkeule
8 Bumerang
Kehrwisch
9 Handfeger
Keil an Kleidern
7 Zwickel
Keile
4 Haue
7 Dresche, Pruegel
8 Schlaege
9 Abreibung
Keiler
4 Eber
Keilerei
8 Rauferei
11 Schlaegerei
keilförmiger Stoffrest
5 Godet
Keilschriftmaterial
8 Tontafel
10 Steintafel
Keilschwanzsittich
3 Ara
Keim
5 Virus
7 Erreger
8 Bakterie, Bazillus
Keimdrüse
6 Gonade
10 Germinalie
keimfrei
6 steril
9 aseptisch
Keimfreiheit
7 Asepsis
11 Sterilitaet
Keimgut des Flachses
9 Leinsamen
Keimkorn
5 Spore
Keimling
6 Embryo, Frucht
9 Samenkorn

Keimlinge für neue Pflanzen
4 Saat
Keimlinge im Boden
7 Aussaat
keimtötend
12 antiseptisch
keimtötendes Mittel
12 Antiseptikum
Keimtötung
12 Desinfektion
Keimträger
4 Same
8 Saatkorn
Keimzelle
2 Ei
4 Same
5 Gamet, Samen
6 Pollen
Keimzelle des Farnes
5 Spore
kein ...
· **Erz enthaltend** (Gestein)
4 taub
· **Fachmann**
4 Laie
· **Regelfall**
8 Ausnahme
keinesfalls
3 nie
7 niemals
Kelch
4 Glas
5 Pokal
6 Becher, Bluete, Huelle
7 Gefaess
kelchförmiges Weinglas
6 Roemer
Kelle
12 Biberschwanz
14 Maurerwerkzeug, Schoepfloeffel
Kellerei
9 Weinlager
Kellereibehälter
8 Weinfass
Kellergeschoss
10 Souterrain
Kellergewölbe
9 Kasematte
Kellermeister
6 Kuefer
Kellerungeziefer
5 Assel
6 Schabe

Kellner
4 Ober
6 Garçon
7 Steward
8 Bediener
9 Servierer
14 Gaestebediener
Kellnerlehrling
7 Pikkolo
Kelte in Schottland
5 Gaele
Kelten
4 Iren
6 Gaelen, Skoten
8 Bretonen, Schotten, Walliser
Kelter
10 Obstpresse
13 Traubenpresse
Kelterer
6 Winzer
Kelterrückstand
6 Treber
7 Trester
keltisch(e, er, es) ...
· **Barde**
6 Ossian
· **Name von Irland**
4 Erin
· **Priester**
6 Druide
Kenner
7 Experte, Gourmet, Koenner
8 Fachmann, Gourmand
10 Kapazitaet
13 Feinschmecker
17 Sachverstaendiger
Kenner der Gesteine
9 Lithologe
Kenntnis
5 Kunde, Notiz
6 Wissen
8 Einblick
9 Erfahrung
Kenntniserwerb ► Kenntnisse aneignen
Kenntnisnahme
8 Einsicht
Kenntnisse aneignen
6 lernen
Kennwort
5 Motto
6 Losung, Parole

Kennzahl
6 Nummer
7 Chiffre
Kennzeichen
3 Art, Mal
4 Norm, Note, Zahl
5 Kreuz, Marke, Punkt
6 Emblem
7 Merkmal, Symptom
8 Attribut
14 Charakteristik
Kennzeichen für deutsche Normteile
3 DIN
Kennzeichen staatlicher Macht und Würde
9 Insignien
kennzeichnend
7 markant, typisch
16 charakteristisch
kennzeichnendes Merkmal
12 Charakterzug
Kennzeichnung
10 Markierung
11 Signalement
14 Charakteristik
Kennziffer
7 Chiffre
13 Telefonnummer
Kentaur
6 Chiron, Nessos, Nessus
10 Fabelwesen
kentern
6 kippen
10 umschlagen
Keramiker
6 Hafner
7 Haefner, Toepfer
keramisches Erzeugnis
4 Krug, Vase
6 Fliese, Kachel, Roehre, Schale, Teller
7 Fayence, Tonware
8 Geschirr, Majolika, Steingut, Tonfigur
9 Porzellan, Schamotte, Steinzeug
Kerbe
5 Kimme, Rille, Rinne
6 Furche
7 Scharte
10 Einschnitt
Kerbtier
4 Kerf, Wurm
6 Insekt, Kaefer, Spinne

Kerker
4 Turm
5 Bagno
7 Verlies
9 Zuchthaus
10 Gefaengnis
11 Arrestzelle
Kern
7 Nukleus
Kernenergie
9 Atomkraft
11 Atomenergie
14 Nuklearenergie
Kernforschung
13 Nuklearphysik
Kerngehäuse des Obstes
6 Griebs
kernig
4 urig
Kernland von Vietnam
5 Annam
kernlose Mandarine
10 Clementine, Klementine
kernlose Rosine
9 Sultanine
Kernobst
5 Apfel, Birne
6 Mispel, Quitte
Kernobstgewächs
8 Birnbaum
9 Apfelbaum
Kernpunkt
4 Clou
11 Quintessenz
Kernreaktor
4 Pile
10 Atommeiler
11 Uranbrenner
Kernschleife
9 Chromosom
Kernschleifen
11 Chromosomen
Kernteilchen
5 Meson, Quark
6 Proton
7 Neutron, Nukleon
8 Elektron
Kerntruppe eines Heeres
5 Kader
Kernwaffe
9 Atombombe
11 Kobaltbombe
14 Neutronenbombe
16 Wasserstoffbombe
Kerwe
9 Jahrmarkt
Kerze
5 Licht
Kerzenfaden
5 Docht
Kerzenfett
7 Stearin
Kerzenleuchter ▶ Kerzenständer
Kerzenmaterial
4 Talg
5 Wachs
7 Stearin
8 Paraffin
9 Unschlitt
11 Bienenwachs
Kerzenständer
8 Flambeau
10 Kandelaber
11 Armleuchter
kess
4 chic, keck
5 fesch, flott, frech
6 dreist
7 vorlaut
9 schneidig
12 selbstsicher
Kessel
8 Kochtopf
Kesselpauken
7 Timpani
Kesseltreiben
4 Jagd
5 Hetze
9 Treibjagd
12 Hetzkampagne
Kettchenanhänger
7 Amulett
Kette
4 Band
5 Faden, Folge, Reihe, Serie
6 Fessel, Kordon
7 Collier
8 Girlande
10 Armschmuck
11 Halsschmuck
Kette von Schienenfahrzeugen
3 Zug
Kette beim Tanzen
6 Chaine
Kettenfahrzeug
4 Tank
5 Raupe
6 Panzer
7 Traktor, Trecker
9 Bulldozer
12 Planierraupe
Kettengeräusch
7 Rasseln
8 Gerassel
Kettengesang
5 Kanon
Kettenglied
6 Schake
Kettenpanzer
7 Bruenne
8 Harnisch, Ruestung
Kettenteil
5 Glied
6 Schake
Kettfaden
6 Chaine
Ketzerei
8 Haeresie, Irrlehre
Ketzergericht
8 Autodafé
11 Inquisition
keuchender Atem
5 Puste
Keule
5 Waffe
7 Pistill
8 Schenkel, Schinken, Schlegel
9 Schlaegel
10 Schlagholz
Keulenärmel
5 Gigot
Keulenfleisch
8 Schinken
Keulenstück des Rindes
4 Ziem
Keuschheit
8 Reinheit, Unschuld
11 Virginitaet
17 Jungfraeulichkeit
Keyboard
12 Elektroorgel
Kfz- ...
· **Fahrgestell**
7 Chassis
· **Motorteil**
11 Kurbelwelle
· **Produktion**
18 Automobilindustrie
· **Rundfunkgerät**
9 Autoradio

- **Standbeleuchtung**
  9 Parklicht
- **Testbauwerk**
  9 Windkanal
- **Unterbau**
  6 Rahmen

Kfz-Kennzeichen der Länderregierung von ...
- **Baden-Württemberg**
  3 BWL
- **Bayern**
  3 BYL
- **Hessen**
  3 HEL
- **Niedersachsen**
  2 NL
- **Nordrhein-Westfalen**
  3 NWL
- **Rheinland-Pfalz**
  3 RPL
- **Saarland**
  3 SAL
- **Sachsen**
  3 LSN
- **Sachsen-Anhalt**
  3 LSA
- **Schleswig-Holstein**
  2 SH

Kfz-Kennzeichen der Nationen von ...
- **Äthiopien**
  3 ETH
- **Grenada**
  2 WG
- **Guatemala**
  3 GCA
- **Hong Kong**
  2 HK
- **Kenia**
  3 EAK
- **Kroatien**
  2 HR
- **Kuwait**
  3 KWT
- **Laos**
  2 LS
- **Mali**
  3 RMM
- **Panama**
  2 PA
- **Russland**
  3 Rus
- **Slowenien**
  3 SLO
- **Südafrika**
  2 ZA
- **Tansania**
  3 EAT
- **Togo**
  2 TG
- **Vietnam**
  2 VN
- **Zaire**
  3 ZRE

Kfz-Kennzeichen von ...
(► auch Nationalitätenkennzeichen)
- **Aachen**
  2 AC
- **Aalen**
  2 AA
- **Ahaus**
  2 AH
- **Ahrweiler**
  2 AW
- **Aichach-Friedberg**
  3 AIC
- **Alb-Donau-Kreis**
  2 UL
- **Alfeld**
  3 ALF
- **Alsfeld**
  3 ALS
- **Altena**
  2 AL
- **Altenkirchen**
  2 AK
- **Altötting**
  3 AOE
- **Alzenau**
  3 ALZ
- **Alzey-Worms**
  2 AZ
- **Amberg**
  2 AM
- **Ammerland**
  3 WST
- **Anklam**
  3 ANK
- **Ansbach**
  2 AN
- **Apolda**
  3 APD
- **Arnsberg**
  2 AR
- **Aschaffenburg**
  2 AB
- **Aschendorf-Hümmling**
  3 ASD
- **Aue-Schwarzenberg**
  3 ASZ
- **Augsburg**
  1 A
- **Aurich**
  3 AUR
- **Backnang**
  2 BK
- **Bad Aibling**
  3 AIB
- **Bad Bergzabern**
  3 BZA
- **Bad Berleburg**
  3 BLB
- **Bad Brückenau**
  3 BRK
- **Bad Doberan**
  3 DBR
- **Bad Dürkheim**
  4 DUEW
- **Bad Ems**
  3 EMS
- **Bad Gandersheim**
  3 GAN
- **Bad Hersfeld**
  3 HEF
- **Bad Homburg**
  2 HG
- **Bad Kissingen**
  2 KG
- **Bad Kreuznach**
  2 KH
- **Bad Mergentheim**
  3 MGH
- **Bad Neustadt**
  3 NES
- **Bad Oldesloe**
  2 OD
- **Bad Reichenhall**
  3 REI
- **Bad Schwalbach**
  3 SWA
- **Bad Segeberg**
  2 SE
- **Bad Tölz-Wolfratshausen**
  4 TOEL
- **Baden-Baden**
  3 BAD
- **Balingen**
  2 BL
- **Bamberg**
  2 BA
- **Bayreuth**
  2 BT

- **Beckum**
  2 BE
- **Beilngries**
  3 BEI
- **Berchtesgaden**
  3 BGD
- **Bergheim**
  2 BM
- **Bergisch Gladbach**
  2 GL
- **Bergstraße**
  2 HP
- **Berlin**
  1 B
- **Bern**
  2 BE
- **Bernau**
  3 BER
- **Bernburg**
  3 BBG
- **Bernkastel**
  3 BKS
- **Bernkastel-Wittlich**
  3 WIL
- **Bersenbrück**
  3 BSB
- **Biberach**
  2 BC
- **Biedenkopf**
  3 BID
- **Bielefeld**
  2 BI
- **Bingen**
  3 BIN
- **Birkenfeld**
  3 BIR
- **Bitburg-Prüm**
  3 BIT
- **Blankenburg**
  3 BRL
- **Böblingen**
  2 BB
- **Bocholt**
  3 BOH
- **Bochum**
  2 BO
- **Bodenseekreis**
  2 FN
- **Bogen**
  3 BOG
- **Bonn**
  2 BN
- **Borken**
  3 BOR
- **Bottrop**
  3 BOT
- **Brake**
  3 BRA
- **Braunlage**
  3 BRL
- **Braunschweig**
  2 BS
- **Bremervörde**
  3 BRV
- **Brilon**
  3 BRI
- **Bruchsal**
  2 BR
- **Buchen**
  3 BCH
- **Büdingen**
  4 BUED
- **Bühl**
  2 BH
- **Bundesbahn**
  2 DB
- **Bundesgrenzschutz**
  2 BG
- **Bundespost**
  2 BP
- **Bundesrat, Bundesregierung, Bundestag**
  2 BD
- **Bundeswehr**
  1 Y
- **Büren**
  4 BUER
- **Burgdorf**
  2 BU
- **Burglengenfeld**
  3 BUL
- **Burgsteinfurt**
  2 BF
- **Büsingen**
  4 BUES
- **Calw**
  2 CW
- **Castrop-Rauxel**
  3 CAS
- **Celle**
  2 CE
- **Cham**
  3 CHA
- **Chemnitz**
  1 C
- **Clausthal-Zellerfeld**
  3 CLZ
- **Cloppenburg**
  3 CLP
- **Coburg**
  2 CO
- **Cochem-Zell**
  3 COC
- **Coesfeld**
  3 COE
- **Corps Consulaire**
  2 CC
- **Corps Diplomatique**
  2 CD
- **Cottbus**
  2 CB
- **Crailsheim**
  2 CR
- **Cuxhaven**
  3 CUX
- **Dachau**
  3 DAH
- **Dannenberg**
  3 DAN
- **Darmstadt**
  2 DA
- **Daun**
  3 DAU
- **Deggendorf**
  3 DEG
- **Delmenhorst**
  3 DEL
- **Detmold**
  2 DT
- **Deutsche Bahn**
  2 DB
- **Deutsche Bundespost**
  2 BP
- **Dieburg**
  2 DI
- **Diepholz**
  2 DH
- **Diez**
  3 DIZ
- **Dillenburg**
  3 DIL
- **Dillingen**
  3 DLG
- **Dillkreis**
  3 DIL
- **Dingolfing-Landau**
  3 DGF
- **Dinkelsbühl**
  3 DKB
- **Dinslaken**
  3 DIN
- **Diplomatisches Korps**
  2 CD

- **Dithmarschen**
  3 HEI
- **Döbeln**
  2 DL
- **Donau-Ries**
  3 DON
- **Donaueschingen**
  2 DS
- **Donauwörth**
  3 DON
- **Donnersbergkreis**
  3 KIB
- **Dortmund**
  2 DO
- **Dresden**
  2 DD
- **Duderstadt**
  3 DUD
- **Duisburg**
  2 DU
- **Düren**
  2 DN
- **Düsseldorf**
  1 D
- **Ebermannstadt**
  3 EBS
- **Ebern**
  3 EBN
- **Ebersberg**
  3 EBE
- **Eberswalde**
  2 EW
- **Eckernförde**
  3 ECK
- **Eggenfelden**
  2 EG
- **Ehingen**
  3 EHI
- **Eichsfeld**
  3 EIC
- **Eichstätt**
  3 EIH
- **Eiderstedt**
  4 TOEN
- **Einbeck**
  3 EIN
- **Elbe-Elsterkreis**
  2 EE
- **Emden**
  3 EMD
- **Emmendingen**
  2 EM
- **Ennepe-Ruhr-Kreis**
  2 EN
- **Enzkreis**
  2 PF
- **Erbach**
  3 ERB
- **Erding**
  2 ED
- **Erftkreis**
  2 BM
- **Erfurt**
  2 EF
- **Erkelenz**
  3 ERK
- **Erlangen**
  2 ER
- **Eschenbach**
  3 ESB
- **Eschwege**
  3 ESW
- **Essen**
  1 E
- **Esslingen**
  2 ES
- **Euskirchen**
  2 EU
- **Eutin**
  3 EUT
- **Fallingbostel**
  3 FAL
- **Feuchtwangen**
  3 FEU
- **Flensburg**
  2 FL
- **Flöha**
  4 FLOE
- **Forchheim**
  2 FO
- **Frankenberg**
  3 FKB
- **Frankenthal**
  2 FT
- **Frankfurt-Höchst**
  2 FH
- **Frankfurt/Main**
  1 F
- **Frankfurt/Oder**
  2 FF
- **Freiburg**
  2 FR
- **Freising**
  2 FS
- **Freudenstadt**
  3 FDS
- **Freyung-Grafenau**
  3 FRG
- **Friedberg**
  2 FB
- **Friedberg** (Bayern)
  3 FDB
- **Friedrichshafen**
  2 FN
- **Friesland**
  3 JEV
- **Fritzlar-Homberg**
  2 FZ
- **Fulda**
  2 FU
- **Fürstenfeldbruck**
  3 FFB
- **Fürth**
  3 FUE
- **Füssen**
  4 FUES
- **Garmisch-Partenkirchen**
  3 GAP
- **Geilenkirchen-Heinsberg**
  2 GK
- **Geldern**
  3 GEL
- **Gelnhausen**
  2 GN
- **Gelsenkirchen**
  2 GE
- **Gemünden**
  3 GEM
- **Gera**
  1 G
- **Germersheim**
  3 GER
- **Gerolzhofen**
  3 GEO
- **Gießen**
  2 GI
- **Gifhorn**
  2 GF
- **Gladbeck**
  3 GLA
- **Glauchau**
  2 GC
- **Göppingen**
  2 GP
- **Goslar**
  2 GS
- **Gotha**
  3 GTH
- **Göttingen**
  3 GOE
- **Grafenau**
  3 GRA

- **Grevenbroich**
  2 GV
- **Griesbach**
  3 GRI
- **Groß-Gerau**
  2 GG
- **Gummersbach**
  2 GM
- **Günzburg**
  2 GZ
- **Gunzenhausen**
  3 GUN
- **Gütersloh**
  2 GT
- **Hagen**
  2 HA
- **Halberstadt**
  3 HBS
- **Halle** (Westfalen)
  2 HW
- **Hamburg**
  2 HH
- **Hameln-Pyrmont**
  2 HM
- **Hamm**
  3 HAM
- **Hammelburg**
  3 HAB
- **Hanau**
  2 HU
- **Hannover**
  1 H
- **Hannoversch-Münden**
  4 HMUE
- **Hansestadt Bremen**
  2 HB
- **Hansestadt Hamburg**
  2 HH
- **Hansestadt Lübeck**
  2 HL
- **Harburg in Winsen**
  2 WL
- **Haßberge**
  3 HAS
- **Hechingen**
  3 HCH
- **Heide**
  3 HEI
- **Heidelberg**
  2 HD
- **Heidenheim**
  3 HDH
- **Heilbronn**
  2 HN
- **Heinsberg**
  2 HS
- **Helmstedt**
  2 HE
- **Heppenheim**
  2 HP
- **Herford**
  2 HF
- **Herne**
  3 HER
- **Hersbruck**
  3 HEB
- **Hessen, Landesregierung und Landtag**
  3 HEL
- **Hildburghausen**
  3 HBN
- **Hildesheim**
  2 HI
- **Hilpoltstein**
  3 HIP
- **Hochsauerland-Kreis**
  3 MES
- **Hochschwarzwald**
  3 NEU
- **Höchstadt**
  4 HOES
- **Hochtaunuskreis**
  2 HG
- **Hof**
  2 HO
- **Hofgeismar**
  3 HOG
- **Hofheim**
  3 HOH
- **Hohenlohe-Kreis**
  4 KUEN
- **Holzminden**
  3 HOL
- **Homberg**
  2 HR
- **Homburg**
  3 HOM
- **Horb**
  3 HOR
- **Höxter**
  2 HX
- **Hünfeld**
  4 HUEN
- **Husum**
  3 HUS
- **Illertissen**
  3 ILL
- **Ilmenau**
  2 IL
- **Ingolstadt**
  2 IN
- **Iserlohn**
  2 IS
- **Itzehohe**
  2 IZ
- **Jena**
  1 J
- **Jever**
  3 JEV
- **Jülich**
  4 JUEL
- **Jüterbog**
  2 JB
- **Kaiserslautern**
  2 KL
- **Kamenz**
  2 KM
- **Karlsruhe**
  2 KA
- **Karlstadt**
  3 KAR
- **Kassel**
  2 KS
- **Kaufbeuren**
  2 KF
- **Kehl**
  3 KEL
- **Kelheim**
  3 KEH
- **Kemnath**
  3 KEM
- **Kempen-Krefeld**
  2 KK
- **Kempten**
  2 KE
- **Kiel**
  2 KI
- **Kirchheimbolanden**
  3 KIB
- **Kitzingen**
  2 KT
- **Kleve**
  3 KLE
- **Koblenz**
  2 KO
- **Köln**
  1 K
- **Königshofen**
  4 KOEN
- **Konstanz**
  2 KN
- **Konsularisches Korps**
  2 CC

- **Korbach**
  2 KB
- **Köthen**
  4 KOET
- **Kötzting**
  4 KOEZ
- **Krefeld**
  2 KR
- **Kronach**
  2 KC
- **Krumbach**
  3 KRU
- **Kulmbach**
  2 KU
- **Künzelsau**
  4 KUEN
- **Kusel**
  3 KUS
- **Lahn-Dill-Kreis**
  3 LDK
- **Lahr**
  2 LR
- **Landau/Isar**
  3 LAN
- **Landau/Pfalz**
  2 LD
- **Landsberg**
  2 LL
- **Landshut**
  2 LA
- **Lauf**
  3 LAU
- **Laufen**
  2 LF
- **Lauterbach**
  3 LAT
- **Leer**
  3 LER
- **Leipzig**
  1 L
- **Lemgo**
  2 LE
- **Leonberg**
  3 LEO
- **Leverkusen**
  3 LEV
- **Lichtenfels**
  3 LIF
- **Limburg-Weilburg**
  2 LM
- **Lindau**
  2 LI
- **Lingen**
  3 LIN
- **Lippstadt**
  2 LP
- **Lohr**
  3 LOH
- **Lörrach**
  3 LOE
- **Lübbecke**
  2 LK
- **Lübeck**
  2 HL
- **Lüchow-Dannenberg**
  3 DAN
- **Luckau**
  2 LC
- **Lüdenscheid**
  2 LS
- **Lüdinghausen**
  2 LH
- **Ludwigsburg**
  2 LB
- **Ludwigshafen**
  2 LU
- **Lüneburg**
  2 LG
- **Lünen**
  4 LUEN
- **Main-Spessart-Kreis**
  3 MSP
- **Main-Taunus-Kreis**
  3 MTK
- **Mainburg**
  3 MAI
- **Mainz**
  2 MZ
- **Mallersdorf**
  3 MAL
- **Mannheim**
  2 MA
- **Marburg-Biedenkopf**
  2 MR
- **Marktheidenfeld**
  3 MAR
- **Marktoberdorf**
  3 MOD
- **Marktredwitz**
  3 MAK
- **Mayen**
  2 MY
- **Mayen-Koblenz**
  2 MYK
- **Meißen**
  3 MEI
- **Meldorf**
  3 MED
- **Melle**
  3 MEL
- **Mellrichstadt**
  3 MET
- **Melsungen**
  3 MEG
- **Memmingen**
  2 MM
- **Meppen**
  3 MEP
- **Mergentheim**
  3 MGH
- **Merseburg**
  3 MER
- **Merzig-Wadern**
  3 MZG
- **Meschede**
  3 MES
- **Mettmann**
  2 ME
- **Miesbach**
  2 MB
- **Miltenberg**
  3 MIL
- **Mindelheim**
  2 MN
- **Minden-Lübbecke**
  2 MI
- **Moers**
  2 MO
- **Mönchengladbach**
  2 MG
- **Monschau**
  3 MON
- **Montabaur**
  2 MT
- **Mosbach**
  3 MOS
- **Mühldorf**
  3 MUE
- **Mülheim/Ruhr**
  2 MH
- **Müllheim/Baden**
  4 MUEL
- **Münchberg**
  4 MUEB
- **München**
  1 M
- **Münsingen**
  4 MUEN
- **Münster**
  2 MS
- **Nabburg**
  3 NAB

K

- **Naila**
  3 NAI
- **Neu-Ulm**
  2 NU
- **Neubrandenburg**
  2 NB
- **Neuburg-Schroben-hausen**
  2 ND
- **Neumarkt**
  2 NM
- **Neumünster**
  3 NMS
- **Neunburg**
  3 NEN
- **Neunkirchen**
  2 NK
- **Neuruppin**
  2 NP
- **Neuss**
  2 NE
- **Neustadt am Rüben-berge**
  4 NRUE
- **Neustadt-Bad Winds-heim**
  3 NEA
- **Neustadt/Aisch**
  3 NEA
- **Neustadt/Coburg**
  3 NEC
- **Neustadt/Hochschwarz-wald**
  3 NEU
- **Neustadt/Waldnaab**
  3 NEW
- **Neustadt/Weinstraße**
  2 NW
- **Neuwied**
  2 NR
- **Niebüll**
  3 NIB
- **Nienburg**
  2 NI
- **Norden**
  3 NOR
- **Nordfriesland**
  2 NF
- **Nordhorn**
  3 NOH
- **Nördlingen**
  3 NOE
- **Northeim**
  3 NOM
- **Nürnberg**
  1 N
- **Nürtingen**
  2 NT
- **Oberallgäu**
  2 OA
- **Oberhausen**
  2 OB
- **Obernburg**
  3 OBB
- **Ochsenfurt**
  3 OCH
- **Offenbach**
  2 OF
- **Offenburg**
  2 OG
- **Öhringen**
  4 OEHR
- **Oldenburg/Holstein**
  3 OLD
- **Oldenburg/Oldenburg**
  2 OL
- **Oldesloe**
  2 OD
- **Olpe**
  2 OE
- **Opladen**
  2 OP
- **Oschatz**
  2 OZ
- **Oschersleben**
  2 OC
- **Osnabrück**
  2 OS
- **Ostalbkreis**
  2 AA
- **Ostallgäu**
  3 MOD
- **Osterholz**
  3 OHZ
- **Osterode**
  3 OHA
- **Ostholstein**
  2 OH
- **Otterndorf**
  3 OTT
- **Ottweiler**
  3 OTW
- **Paderborn**
  2 PB
- **Parchim**
  3 PCH
- **Parsberg**
  3 PAR
- **Passau**
  2 PA
- **Pegnitz**
  3 PEG
- **Peine**
  2 PE
- **Pfaffenhofen**
  3 PAF
- **Pfarrkirchen**
  3 PAN
- **Pforzheim**
  2 PF
- **Pinneberg**
  2 PI
- **Pirmasens**
  2 PS
- **Plauen**
  2 PL
- **Plön**
  4 PLOE
- **Prüm**
  4 PRUE
- **Quedlinburg**
  3 QLB
- **Rastatt**
  2 RA
- **Ratzeburg**
  2 RZ
- **Ravensburg**
  2 RV
- **Recklinghausen**
  2 RE
- **Regen**
  3 REG
- **Regensburg**
  1 R
- **Rehau**
  3 REH
- **Remscheid**
  2 RS
- **Rendsburg-Eckernförde**
  2 RD
- **Reutlingen**
  2 RT
- **Rheydt**
  2 RY
- **Rhön-Grabfeld**
  3 NES
- **Ribnitz-Damgarten**
  3 RDG
- **Riedenburg**
  3 RID
- **Riesa**
  3 RIE

- **Rinteln**
  2 RI
- **Rockenhausen**
  3 ROK
- **Roding**
  3 ROD
- **Rosenheim**
  2 RO
- **Rostock**
  3 HRO
- **Rotenburg/Fulda**
  3 ROF
- **Rotenburg/Hannover**
  3 ROH
- **Rotenburg/Wümme**
  3 ROW
- **Roth**
  2 RH
- **Rothenburg**
  3 ROT
- **Rottal-Inn**
  3 PAN
- **Rottenburg**
  3 ROL
- **Rottweil**
  2 RW
- **Rüdesheim**
  4 RUED
- **Saalfeld**
  3 SLF
- **Saarbrücken**
  2 SB
- **Saarburg**
  3 SAB
- **Saarlouis**
  3 SLS
- **Säckingen**
  4 SAEK
- **Salzgitter**
  2 SZ
- **Sankt Goar**
  3 GOA
- **Sankt Goarshausen**
  3 GOH
- **Sankt Ingbert**
  3 IGB
- **Sankt Wendel**
  3 WND
- **Saulgau**
  3 SLG
- **Scheinfeld**
  3 SEF
- **Schleiden**
  3 SLE
- **Schleiz**
  3 SLZ
- **Schleswig**
  2 SL
- **Schlüchtern**
  4 SLUE
- **Schongau**
  3 SOG
- **Schrobenhausen**
  3 SOB
- **Schwabach**
  2 SC
- **Schwäbisch Gmünd**
  2 GD
- **Schwäbisch Hall**
  3 SHA
- **Schwabmünchen**
  4 SMUE
- **Schwalbach**
  3 SWA
- **Schwalm-Eder-Kreis**
  2 HR
- **Schwandorf**
  3 SAD
- **Schweinfurt**
  2 SW
- **Schwenningen**
  2 VS
- **Selb**
  3 SEL
- **Siegburg**
  2 SU
- **Siegen**
  2 SI
- **Siegkreis**
  2 SU
- **Sigmaringen**
  3 SIG
- **Simmern**
  3 SIM
- **Singen**
  2 KN
- **Sinsheim**
  3 SNH
- **Soest**
  2 SO
- **Solingen**
  2 SG
- **Soltau**
  3 SOL
- **Sonthofen**
  2 SF
- **Speyer**
  2 SP
- **Spree-Neiße-Kreis**
  3 SPN
- **Springe**
  3 SPR
- **Stade**
  3 STD
- **Stadthagen**
  3 STH
- **Stadtsteinach**
  3 SAN
- **Staffelstein**
  3 STE
- **Starnberg**
  3 STA
- **Steinburg**
  2 IZ
- **Steinfurt**
  2 ST
- **Stendal**
  3 SDL
- **Stockach**
  3 STO
- **Straubing**
  2 SR
- **Stuttgart**
  1 S
- **Sulzbach-Rosenberg**
  3 SUL
- **Syke**
  2 SY
- **Tauberbischofsheim**
  3 TBB
- **Tecklenburg**
  2 TE
- **Templin**
  2 TP
- **Tettnang**
  2 TT
- **Tirschenreuth**
  3 TIR
- **Titisee-Neustadt**
  3 NEU
- **Tönning**
  4 TOEN
- **Torgau**
  2 TG
- **Traunstein**
  2 TS
- **Trier**
  2 TR
- **Tübingen**
  3 TUE
- **Tuttlingen**
  3 TUT

K

· **Überlingen**
3 UEB
· **Ueckermünde**
3 UEN
· **Uelzen**
2 UE
· **Uffenheim**
3 UFF
· **Ulm**
2 UL
· **Unna**
2 UN
· **Unstrut-Hainich-Kreis**
2 UH
· **Usingen**
3 USI
· **Vaihingen**
3 VAI
· **Vechta**
3 VEC
· **Verden**
3 VER
· **Viechtach**
3 VIT
· **Viersen**
3 VIE
· **Villingen**
2 VL
· **Villingen-Schwenningen**
2 VS
· **Vilsbiburg**
3 VIB
· **Vilshofen**
3 VOF
· **Vohenstrauß**
3 VOH
· **Völklingen**
2 VK
· **Waiblingen**
2 WN
· **Waldeck**
2 WA
· **Waldmünchen**
4 WMUE
· **Waldshut**
2 WT
· **Wangen**
2 WG
· **Wanne-Eickel**
3 WAN
· **Warburg**
3 WAR
· **Warendorf**
3 WAF
· **Wasserburg**
2 WS
· **Wattenscheid**
3 WAT
· **Wegscheid**
3 WEG
· **Weiden**
3 WEN
· **Weilburg**
3 WEL
· **Weilheim**
2 WM
· **Weimar**
2 WE
· **Weißenburg-Gunzen-hausen**
3 WUG
· **Wertingen**
3 WER
· **Wesel**
3 WES
· **Wesermünde**
3 WEM
· **Westerburg**
3 WEB
· **Westerstede**
3 WST
· **Wetzlar**
2 WZ
· **Wiedenbrück**
2 WD
· **Wiesbaden**
2 WI
· **Wilhelmshaven**
3 WHV
· **Winsen**
2 WL
· **Witten**
3 WIT
· **Wittenberg**
2 WB
· **Wittlage**
3 WTL
· **Wittlich**
3 WIL
· **Wittmund**
3 WTM
· **Witzenhausen**
3 WIZ
· **Wolfach**
3 WOL
· **Wolfenbüttel**
2 WF
· **Wolfhagen**
3 WOH
· **Wolfratshausen**
3 WOR
· **Wolfsburg**
3 WOB
· **Wolfstein**
3 WOS
· **Worbis**
3 WBS
· **Worms**
2 WO
· **Wunsiedel**
3 WUN
· **Wuppertal**
1 W
· **Würzburg**
3 WUE
· **Zell**
3 ZEL
· **Zerbst**
2 ZE
· **Ziegenhain**
3 ZIG
· **Zoll**
1 Z
· **Zweibrücken**
2 ZW
· **Zwickau**
1 Z

Kick
5 Stoss, Tritt

Kicker
10 Fussballer
15 Fussballspieler

Kickstarter
8 Anlasser

Kidnapper
10 Entfuehrer
13 Kindesraeuber
16 Kindesentfuehrer

kiebig
4 keck
5 frech
6 dreist

Kiebitz
6 Kiwitt
9 Zuschauer

Kieferkrampf
10 Maulsperre

Kiefernart
4 Arve
5 Pinie, Zirbe
6 Foehre, Zirbel
7 Latsche
9 Legfoehre
10 Bergkiefer

12 Aleppokiefer
Kiefernbaum
8 Zypresse
Kiefernharz
9 Terpentin
Kiefernholzspan
4 Kien
Kiefernzapfen
9 Kienapfel
Kielraum des Schiffes
5 Bilge
Kielwasser
3 Sog
4 Spur
Kies
4 Geld
7 Geroell
Kieselalge
8 Diatomee
Kieswüste
5 Serir
Kilometerstein
9 Markstein
11 Meilenstein
15 Verkehrszeichen
Kilt
12 Schottenrock
Kimm
8 Horizont, Sehkreis
Kimme
5 Kerbe
10 Einschnitt
Kimonogürtel
3 Obi
Kind
3 Boy, Bub
4 Baby, Girl
5 Junge, Knabe
8 Maedchen, Tragling
9 Saeugling
11 Sproessling
Kind des Agamemnon
7 Elektra, Orestes
9 Iphigenie
Kinder
6 Blagen, Rangen
9 Trabanten
Kinder fressendes Nachtweib
5 Lamia
Kinderbett
5 Wiege
Kinderei
5 Unfug
6 Unsinn
10 Albernheit
Kinderfahrzeug
6 Roller
7 Dreirad, Kettcar
10 Dreiradler, Tretroller
11 Seifenkiste
Kinderfrau
4 Amme
5 Bonne, Nurse
10 Babysitter, Erzieherin
11 Gouvernante
Kindergarten
4 Hort
6 Krippe
12 Krabbelstube
Kinderhandpuppe
7 Kasperl
Kinderheilkunde
10 Paediatrie
Kinderkrankheit
5 Krupp, Mumps, Polio
6 Masern
7 Roeteln
8 Rachitis
9 Scharlach
10 Diphtherie, Windpocken
11 Keuchhusten, Ziegenpeter
14 Kinderlaehmung
Kinderlähmung
5 Polio
13 Poliomyelitis
kinderleicht
8 muehelos
Kinderlesestoff
10 Bilderbuch
Kindermädchen ▶ Kinderfrau
Kindermundtuch
4 Latz
9 Laetzchen, Serviette
Kinderpflegerin ▶ Kinderfrau
Kinderroller
10 Trottinett
Kinderspaß zu Ostern
10 Eiersuchen
Kinderspeise
3 Mus
4 Brei
Kinderspiel
6 Fangen, Hoppen
7 Diabolo, Haschen, Kriegen
10 Verstecken
12 Kippel-Kappel, Seilspringen
Kinderspielecke
10 Sandkasten
Kinderspielzeug
4 Ball, Lego, Tute
5 Puppe, Teddy
6 Roller
7 Dreirad, Kreisel
8 Katapult, Schaukel
9 Baukasten, Stofftier, Teddybaer
10 Sandkasten
11 Puppenstube, Puppenwagen
13 Schaukelpferd
16 Stehaufmaennchen
Kindertagesstätte
4 Hort
Kindertanz
12 Ringelreihen
Kindertrompete
4 Tute
Kindervergnügen ▶ Kinderspiel
Kindesannahme
8 Adoption
Kindeskind
5 Enkel
7 Enkelin
Kindesraub
10 Kidnapping
Kindesräuber
9 Kidnapper
kindisch
6 albern, simpel
8 infantil
9 laeppisch
10 einfaeltig
kindisches Getue
7 Alberei
kindlich
4 naiv
Kindslage
5 Situs
7 Positio
Kino
11 Filmtheater
17 Lichtspieltheater
Kinodarsteller
16 Filmschauspieler
Kinooperateur
10 Vorfuehrer
14 Filmvorfuehrer

Kinostück
4 Film
7 Tonfilm
8 Farbfilm, Streifen
9 Spielfilm, Stummfilm
Kipf
9 Hoernchen
Kipferl
9 Hoernchen
Kippwagen
4 Lore
Kirche
9 Sakralbau
Kirchenältester
9 Presbyter
Kirchenanbau
9 Sakristei
Kirchenausschluss
4 Bann
15 Exkommunikation
Kirchenbann
7 Anathem
Kirchenbauwerk
3 Dom
6 Pagode, Tempel
7 Bethaus, Dschami, Kapelle, Moschee
8 Basilika, Muenster, Synagoge
10 Gotteshaus, Kathedrale
Kirchendiener
6 Mesner
7 Kuester, Messner, Sigrist
9 Gloeckner
Kirchenerneuerung
11 Reformation
Kirchenfürst
7 Bischof
8 Kardinal
Kirchengalerie
6 Empore
Kirchengemeinde
6 Pfarre
7 Pfarrei
8 Sprengel
11 Pfarrbezirk
Kirchengemeinschaft
8 Oekumene
Kirchengesang
6 Choral
Kirchengesetz
5 Kanon
Kircheninstrument
5 Orgel
Kirchenlehre
5 Dogma
Kirchenlied
5 Credo, Kyrie
6 Choral, Gloria, Tedeum
9 Halleluja
Kirchenmann
11 Geistlicher
Kirchenmusiker
3 Ett
6 Kantor
8 Organist
Kirchenmusikerin
10 Organistin
Kirchenmusikinstrument
5 Orgel
Kirchenpräsident
7 Praeses
Kirchenprovinz
8 Dioezese
Kirchenraub
8 Sakrileg
11 Sakrilegium
Kirchenrede
7 Predigt
Kirchensonntag
5 Okuli
Kirchenspaltung
7 Schisma
Kirchenspiel
7 Pfarrei
Kirchenstaat
7 Vatikan
Kirchenstrafe
4 Bann
Kirchenversammlung
6 Konzil, Synode
Kirchenvorstand
12 Presbyterium
Kirchenvorsteher
5 Dekan
7 Dechant
Kirchhof
8 Friedhof
10 Totenacker
11 Gottesacker
kirchlich
6 sakral
8 klerikal
kirchlich(e, er, es) ...
· **Bauwerk**
3 Dom
6 Kirche, Tempel
7 Kapelle
8 Muenster
10 Kathedrale
· **Bezirk**
6 Bistum
8 Dioezese
· **Bittgesang**
7 Litanei
· **Brauchtum**
6 Ritual
· **Dokument**
10 Taufschein, Trauschein
· **Einkommen**
8 Kommende, Pfruende
· **Feier**
12 Gottesdienst
· **Feiertag**
6 Ostern
9 Pfingsten
10 Epiphanias, Karfreitag
11 Allerseelen, Himmelfahrt, Weihnachten
12 Fronleichnam
13 Allerheiligen, Erntedankfest
16 Reformationsfest
· **Fest**
5 Agape
· **Gesang**
5 Kyrie
7 Eleison
9 Kyrieleis
12 Kyrieeleison
· **Gnadenmittel**
9 Sakrament
· **Handlung**
5 Gebet, Messe, Ritus, Segen, Taufe, Weihe
6 Ablass
7 Andacht, Beichte, Firmung, Hochamt, Predigt, Requiem, Segnung, Trauung
8 Totenamt
9 Abendmahl, Kommunion, Sakrament
10 Einsegnung, Prozession, Totenmesse
11 Eucharistie, Vermaehlung
12 Konfirmation
13 Priesterweihe
· **Lobgesang**
6 Tedeum
· **Pfründe**
10 Benefizium

· **Umzug**
10 Prozession
· **Würdenträger**
6 Probst
7 Bischof, Praelat
Kirchturm in Italien
9 Campanile, Kampanile
Kirchweih
4 Kerb
5 Kilbi
6 Kirmes
9 Jahrmarkt
Kirgisendorf
3 Aul
Kirgisenhütte
5 Jurte
Kirmes
4 Kerb
9 Jahrmarkt, Kirchweih
Kirmesbude
12 Lachkabinett
Kirmesfahrzeug
9 Karussell, Riesenrad
10 Achterbahn
11 Geisterbahn
Kirschenart
7 Morelle
8 Amarelle, Weichsel
12 Sauerkirsche
15 Schattenmorelle
Kirschlikör
6 Cherry
10 Maraschino
kirschrot
6 cerise
Kirschwasser
7 Obstler, Schnaps
Kismet
5 Fatum
9 Schicksal
Kissen
7 Polster
Kissenbezugsstoff
6 Inlett
Kissenfüllung
6 Daunen
11 Flaumfedern
Kissenhülle
5 Bezug
Kiste
6 Kasten
Kitsch
4 Tand
6 Schund
Kittchen
3 Bau
5 Knast
10 Gefaengnis
12 Strafanstalt
15 Vollzugsanstalt
kitten
6 kleben, leimen
Kitzbühler Alpenpass
5 Thurn
Kitzel
4 Reiz
Kitzler
8 Clitoris, Klitoris
kitzlig
6 heikel
9 schwierig
Kladde
4 Heft
7 Diarium
8 Tagebuch
14 Geschaeftsbuch
kläffen
6 bellen
Klage
6 Jammer
7 Lamento, Querele, Seufzer
10 Beschwerde
klageführende Person
9 Klaegerin
Klagegeschrei
7 Lamento
Klagelaut
6 Geheul
7 Seufzer, Wehlaut
10 Schluchzer
Klagelied
6 Elegie
7 Lamento
9 Jeremiade
Klageliederdichter
8 Elegiker
klagende Töne
8 Gejammer
Klageruf ► Klagelaut
kläglich
5 elend
9 miserabel
10 lamentabel
11 erbaermlich, jaemmerlich
Klamauk
2 Uz
3 Fez, Ulk
5 Spass
6 Scherz, Unsinn
10 Albernheit
Klammer
5 Klipp
Klammeraffe
9 Breitnase, Kapuziner
Klamotten
6 Lumpen
Klampfe
7 Gitarre
9 Zupfgeige
10 Bauklammer
Klang
3 Ruf, Ton
4 Echo, Hall, Laut, Name
5 Musik
6 Akkord, Gesang, Schall
8 Nachhall
Klangfarbe
6 Timbre
7 Tonfall
Klangfülle
5 Sound
Klanggestaltungslehre
8 Harmonik
Klangkörper
9 Orchester
Klangkörper mit Klöppel
6 Glocke
klanglich
9 akustisch
Klangnachahmung
11 Lautmalerei
Klangschönheit
8 Euphonie, Harmonie
klangvoll
5 sonor
10 euphonisch, harmonisch
11 volltoenend
12 wohlklingend
Klangwirkung
7 Akustik
Klangwirkung beim Jazz
5 Sound
Klappe
4 Bett
6 Deckel
Klapper
6 Rassel
7 Ratsche
11 Kastagnette
Klappergerät
7 Ratsche
18 Karfreitagsratsche

K

klappern
7 rasseln, rattern
klapprig
3 alt
10 hinfaellig
klappriges Pferd
7 Klepper
Klaps
6 Schlag
klar
4 fein, hell, rein
6 gewiss, lauter, sauber, sicher
7 praezis
9 eindeutig, wolkenlos
11 startbereit, startfertig, transparent
12 durchsichtig
klare Wahl
12 Entscheidung
Klarer
7 Schnaps
klarer Schnaps
4 Korn
Klärung
10 Aufloesung
Klasse
4 Rang
5 Kaste, Stand, Stufe
6 Gruppe, Rubrik
7 Gattung, Schicht
9 Abteilung, Kategorie
Klassenbester
15 Vorzugsschueler
Klassenbezeichnung im Gymnasium
5 Prima, Sexta
6 Quarta, Quinta, Tertia
7 Sekunda
Klassenerster
6 Primus
Klassenfahrt
11 Maturareise
Klassenprüfung
11 Schularbeit
Klassifikation
10 Einteilung, Gliederung
11 Gruppierung
Klatsch
4 Fama
6 Gerede
7 Geraune, Rederei, Tratsch
8 Geruecht, Nachrede
10 Geschwaetz
11 Hoerensagen, Verleumdung
Klatschbase
11 Laestermaul
Klaue
5 Pfote, Tatze
6 Kralle, Pranke
11 Handschrift
Klause
5 Zelle
9 Eremitage
11 Einsiedelei
Klausner
6 Eremit
10 Einsiedler
Klaviatur
8 Tastatur
Klavier
5 Piano
Klavierspieler
7 Pianist
Klavierstück träumerischen Inhalts
8 Notturno
Klebeetikett
5 Label
Klebemittel ▶ Befestigungsmittel
klebendes Verbandsmaterial
8 Pflaster
Klebereiweiß
7 Aleuron
klebrig
4 zaeh
6 pappig, viskos
klebrige Flüssigkeit
7 Schleim
Klebstoff ▶ Befestigungsmittel
Klebstoff zum Insektenfang
11 Fliegenleim
Klecks
5 Fleck
8 Spritzer
Kleid
4 Robe
6 Gewand
7 Kostuem
Kleid der Vögel
6 Federn
8 Gefieder
Kleidausschnitt
9 Décolleté, Dekolleté
10 Dekolletee
Kleiderablage
9 Garderobe
Kleideraufhänger
5 Haken
6 Buegel
9 Garderobe
Kleideraufschlag
6 Revers
Kleiderbesatz
5 Borte, Litze
6 Braeme, Spitze, Tresse, Volant
7 Ruesche
Kleiderform
7 Schnitt
Kleidergestell
8 Staender
Kleidergewebe
5 Stoff
Kleiderhaken
6 Buegel
Kleidermode
4 Maxi, Midi, Mini
Kleidernaht
8 Abnaeher
Kleiderpracht
4 Gala, Putz
Kleiderrand
4 Saum
Kleiderschädling
5 Motte
Kleiderschließe
5 Knopf
15 Reissverschluss
Kleiderschnitt
4 Mode
5 Façon
6 Fasson
Kleidersitte
4 Mode
Kleiderstoff
4 Samt, Taft, Tuch
5 Satin, Seide, Tweed
6 Cloqué
Kleiderteil
4 Hose, Rock
5 Bluse, Jacke, Kleid, Weste
6 Tasche
Kleiderumschlag
4 Saum
Kleiderverschluss
5 Haken, Knopf
7 Guertel

8 Schnalle
9 Knopfloch
15 Reissverschluss

Kleiderverzierung
7 Ruesche

Kleidung
5 Habit, Kluft
6 Gewand
9 Garderobe

kleidungslos
5 nackt

Kleidungsstück
2 BH
3 Cut, Hut
4 Cape, Gurt, Hemd, Hose, Kilt, Muff, Pelz, Robe, Rock, Slip, Tuch, Wams
5 Anzug, Bluse, Dress, Frack, Gilet, Haube, Jacke, Joppe, Jupon, Kappe, Kleid, Kutte, Pulli, Pulli, Pumps, Sakko, Schal, Schuh, Socke, Stola, Weste
6 Anorak, Barett, Bikini, Binder, Bolero, Fliege, Gewand, Janker, Jumper, Kaeppi, Kapuze, Kasack, Kimono, Kittel, Kragen, Livree, Mantel, Melone, Muetze, Schurz, Socken, Stulpe, Tracht, Tresse, Turban, Ulster, Umhang
7 Gehrock, Guertel, Jackett, Kapotte, Komplet, Kostuem, Overall, Sandale, Schlips, Smoking, Soutane, Spenzer, Stiefel, Strumpf, Stutzen, Sweater, Taghemd, Tschako, Uniform, Vorhemd
8 Badehose, Galosche, Gamasche, Halstuch, Kniehose, Kopftuch, Krawatte, Oberhemd, Pelerine, Polohemd, Pullover, Pumphose, Reifrock, Reithose, Sacktuch, Schihemd, Schleier, Schuerze, Strohhut, Turnhose, Zierrock
9 Badeanzug, Ballkleid, Halbschuh, Handschuh, Hausanzug, Hausjacke, Hausschuh, Hemdbluse, Hosenrock, Kaeppchen, Panamahut, Pantoffel, Pelzjacke, Pelzschuh, Regenhaut, Soeckchen, Sporthemd, Sporthose, Turnschuh, Ueberwurf, Unterhemd, Unterhose, Unterrock, Windjacke, Wollsocke
10 Bademantel, Chemisette, Faltenrock, Hausmuetze, Lederjacke, Lodenanzug, Morgenrock, Pelzmantel, Pelzmuetze, Pluderhose, Sakkoanzug, Sandalette, Sportanzug, Sportschuh, Suedwester, Trenchcoat, Wollmuetze
11 Knabenanzug, Kniestrumpf, Kombination, Ledermantel, Lodenmantel, Pudelmuetze, Regenmantel, Regenumhang, Reisemantel, Strickjacke
13 Buestenhalter

Kleidungsstück der Inderin
4 Sari

Kleidungsstück in Japan
6 Kimono

Kleidungsweise
4 Stil
6 Tracht

klein
5 luett
6 gering, winzig
8 niedlich, zierlich
10 bescheiden
11 unbedeutend
12 geringfuegig

klein kariertes Gewebe
6 Pepita

klein(e, er, es) ...

· **Abhandlung**
5 Essay

· **amerikanische Münze**
4 Cent

· **Anhöhe**
6 Huegel

· **Ansiedlung**
3 Ort
4 Dorf
6 Weiler
7 Flecken

· **Apfelsine**
7 Satsuma
9 Mandarine
10 Klementine

· **Ast**
5 Zweig

· **Aufklärungsschiff**
5 Aviso

· **Axt**
4 Beil

· **Bach**
7 Rinnsal

· **Bauernhaus**
4 Kate

· **Behälter**
4 Dose, Etui

· **Beiboot**
5 Dingi

· **Beitrag**
6 Obolus

· **Berg**
6 Huegel

· **Betrüger**
5 Filou
6 Mogler

· **Beule**
5 Delle

· **Bild**
8 Miniatur

· **Blutgefäß**
9 Kapillare

· **Bohrer**
5 Fritt

· **Brotstücke**
6 Krumen

· **Brücke**
4 Steg

· **Buchstabe**
8 Minuskel

· **Bucht**
4 Anse

· **Burg**
7 Kastell

· **chirurgisches Messer**
8 Skalpell

· **Dachfenster**
4 Luke

· **Deckelbehälter**
4 Dose

K

· **Deichschleuse**
4 Siel
· **dicklicher Mensch**
6 Moppel
· **Dolch**
7 Stilett
· **Eingangstür**
6 Pforte
· **Eiterbläschen**
6 Pustel
· **Erbgutträger**
2 Id
· **Erdgeist**
4 Gnom
5 Zwerg
· **Eule**
4 Kauz
· **Fahne**
6 Wimpel
7 Stander
· **Fahrzeugschaden**
5 Panne
· **Falke**
4 Weih
· **Fass**
5 Tonne
· **Federdeckbett**
7 Plumeau
· **Feier**
5 Party
· **Feingebäck**
4 Keks
· **Feldbahnwagen**
4 Lore
· **Feldhuhn**
7 Wachtel
· **Felsstück**
5 Stein
· **Fenster**
4 Luke
· **Fest**
4 Fete
· **Feuererscheinung**
5 Funke
· **Filmstar**
7 Starlet
· **Fließwasser**
4 Bach
· **Fluss**
4 Ache, Bach
· **Fluss in Baden**
3 Oos
· **französische Kneipe**
6 Bistro
· **Furche**
5 Rille
· **Garnspule**
9 Roellchen
· **Gartenhaus**
5 Laube
· **Gebietskörperschaften**
9 Gemeinden
· **Gefährt**
5 Karre
· **Gefäß für Salz**
7 Streuer
· **Gefecht**
12 Scharmuetzel
· **Geldspende**
7 Almosen
10 Scherflein
· **Gemeinde**
6 Weiler
· **Geschenk**
8 Praesent
· **Gewässer**
4 Bach
6 Weiher
9 Dorfteich
· **Gewichtseinheit**
4 Gran, Unze
5 Gramm
10 Milligramm
· **Glaubensgemeinschaft**
5 Sekte
· **Handziehwagen**
5 Karre
6 Karren
· **Haus**
4 Kate
· **Heringsart**
7 Sprotte
· **Heringsfisch**
7 Sardine, Sprotte
8 Anchovis, Sardelle
· **Heuschrecke**
6 Grille
· **Hirschart**
3 Reh
· **Hocker**
7 Schemel
· **Höhle**
6 Grotte
· **Hütte**
4 Bude, Kate
· **Imbiss**
5 Snack
· **Insel**
6 Eiland
· **Insel bei Greifswald**
3 Oie
· **Insel im Wattenmeer**
6 Hallig
· **Jazzorchester**
5 Combo
· **Junge**
4 Bubi
5 Pimpf
· **Kahn**
6 Nachen
· **Kammer**
9 Stuebchen
· **Kanal**
5 Fleet
6 Gracht
· **Karpfenfisch**
6 Ukelei
7 Elritze
10 Bitterling
· **Kellerkrebs**
5 Assel
· **Kerl**
5 Pimpf, Wicht
6 Knirps
7 Steppke
· **Kind**
4 Baby
9 Saeugling
· **Kirche**
7 Kapelle
· **Klavier**
7 Pianino
· **Kneipe**
5 Pinte
· **Kraftrad**
5 Moped
· **Krebse** (italienisch)
6 Scampi
7 Skampis
· **Krume**
7 Kruemel
· **Küstenschiff**
4 Ewer
· **Ladenkaufmann**
7 Kraemer
· **Laster**
5 Unart
· **Mahlzeit**
6 Imbiss
· **Märchenfigur**
5 Zwerg
· **Marderart**
5 Iltis

- **Meereskrebs**
  6 Krabbe
- **Menge**
  5 Dosis
- **Mensch**
  4 Kind
- **Modeladen**
  8 Boutique
- **Mörser**
  7 Boeller
- **Motorboot**
  8 Barkasse
- **Motorrad**
  6 Mokick
- **Mücke**
  5 Gelse
- **Musikerbesetzung**
  3 Duo
  4 Trio
  5 Combo
- **Musikstück**
  8 Sonatine
- **Nagel**
  5 Stift
- **Nagetier**
  4 Maus
  5 Ratte
  7 Hamster
  8 Feldmaus
- **Operationsmesser**
  8 Lanzette
- **Orchester**
  7 Kapelle
- **Papageienvogel**
  7 Sittich
- **Pferderasse**
  4 Pony
- **Planeten**
  11 Planetoiden
- **Platzdecke**
  3 Set
- **Prophet**
  5 Hosea
- **Quantum**
  5 Prise
- **Raubtier**
  5 Iltis
  6 Marder
- **Raum**
  4 Koje
  5 Zelle
- **Rechnung**
  4 Nota
- **Rille**
  6 Furche
- **Robbe**
  6 Heuler
- **Rosine**
  8 Korinthe
- **Sack**
  6 Beutel
- **Schallplatte**
  6 Single
- **Schar**
  5 Trupp
  6 Truppe
- **Schellentrommel**
  8 Tamburin
- **Schiff**
  4 Boot, Naue
- **Schnellimbiss**
  5 Snack
- **Schramme**
  4 Ritz
- **Schrank mit Aufsatz**
  7 Vertiko
- **Segelschiff**
  9 Einmaster
- **Sense**
  6 Sichel
- **Skulptur**
  9 Statuette
- **Spaziergang**
  6 Bummel
- **Specht**
  9 Wendehals
- **Spielkugel**
  6 Murmel
- **Spinnentiere**
  6 Milben
- **Sportsegelboot**
  5 Dingi
- **sprachliche Einheit**
  6 Phonem
- **Sprung**
  7 Huepfer
- **Standbild**
  9 Statuette
- **stehende Gewässer**
  6 Teiche
  7 Tuempel
- **Stein**
  6 Kiesel
- **Straftat**
  8 Vergehen
- **Straße**
  5 Gasse
- **Stuhl ohne Lehne**
  6 Hocker
  8 Taburett
- **Sundainsel**
  4 Bali
  5 Solor, Timor, Wetar
  6 Flores
- **Tanzlokal**
  3 Bar
- **Teich**
  6 Weiher
  7 Tuempel
- **Teigstück**
  7 Nockerl
- **Teil der Materie**
  4 Atom
  5 Quark
  8 Molekuel
  17 Elementarteilchen
- **Teppich**
  5 Matte
  7 Bruecke
- **Trommel**
  5 Bongo
- **Tropenvogel**
  7 Kolibri
- **Trupp**
  5 Schar
- **Verkaufshaus**
  5 Kiosk
- **Verletzung**
  4 Riss
- **Verrücktheit**
  4 Tick
- **Vertiefung**
  5 Delle
- **Vielzahl von Menschen**
  6 Gruppe
- **vorlautes Mädchen**
  4 Goer
  5 Goere
- **Wald**
  3 Hag
  4 Hain
- **Walze**
  5 Rolle
- **Wanderung**
  4 Tour
- **Wandtresor**
  4 Safe
- **Warenrechnung**
  4 Nota
- **Warenschild**
  7 Etikett
- **Wasserfahrzeug**
  4 Boot, Kahn, Kanu
  5 Dingi
  6 Nachen

10 Paddelboot
· **Wasserlauf**
7 Rinnsal
· **Wattenmeerinsel**
6 Hallig
· **Wesen**
5 Zwerg
· **Wohngebäude**
15 Einfamilienhaus
· **Zahnrad**
6 Ritzel
· **Zeiteinheit**
7 Sekunde
· **Zeitspanne**
2 Nu
5 Weile
6 Moment
10 Augenblick
· **Zeitungsaufsatz**
7 Artikel
· **Ziergegenstände**
6 Nippes
10 Nippsachen
· **Zigarre**
9 Zigarillo
· **Zweig**
4 Reis
· **Zweige**
6 Reiser
· **Zwiebel**
9 Schalotte
Kleinasiat
6 Tuerke
kleinasiatisch(e, er, es) ...
· **Gebetsteppich**
5 Melas
· **Küstenlandschaft**
6 Ionien
· **Stadt**
5 Milet
7 Ephesus
Kleinbär
5 Koati, Panda
6 Schupp
9 Kakamizli, Nasenbaer, Waschbaer
11 Katzenfrett
Kleinbauernhaus
4 Kate
Kleinbild
8 Miniatur
Kleinbuchstabe
8 Minuskel
kleinbürgerlich
8 spiessig
9 engherzig
10 engstirnig
11 philistroes
13 philisterhaft
Kleincomputer
14 Taschenrechner
Kleindarsteller
7 Statist
8 Komparse
kleiner(e, er, es) ...
· **Grasfläche im Dorf**
5 Anger
· **Schauspieleraufgabe**
10 Nebenrolle
· **Stücke abbeißen**
5 nagen
Kleinformat bei Büchern
6 Duodez
kleinformatige Klassikerausgabe
6 Aldine
Kleingarten
14 Schrebergarten
Kleingartenanlage
13 Laubenkolonie
Kleingärtner
12 Laubenpieper
16 Schrebergaertner
Kleingebäck
4 Keks
6 Waffel
7 Biskuit, Cracker
9 Anisbogen
Kleingeld
7 Muenzen
Kleinhändler
7 Kraemer
Kleinhäusler
9 Keuschler
Kleinholz
5 Bruch
9 Brennholz
Kleinigkeit
4 Deut, Fitz, Idee, Spur
5 Hauch
6 Bissen, Happen, Imbiss
8 Bisschen, Lappalie
9 Bagatelle
Kleinigkeiten
8 Minuzien
10 Petitessen
11 Quisquilien
Kleinigkeitskrämer
6 Pedant
11 Haarspalter
kleinkariert
8 borniert
10 engstirnig, pedantisch
Kleinkind
4 Baby
9 Saeugling
Kleinkindbetreuer
10 Babysitter
Kleinkraftrad
4 Mofa
5 Moped
6 Mokick
Kleinkram
7 Plunder
8 Lappalie
Kleinkunstbühne
6 Brettl
7 Varieté
8 Kabarett, Varietee
kleinlaut
5 scheu
8 verlegen
9 bedrueckt, verstimmt
14 zurueckhaltend
kleinlich
8 pingelig, pinselig, spiessig
9 engherzig
10 banausisch, pedantisch
12 kleinkariert
kleinlich(e, er, es) ...
· **Auslegung**
8 Deutelei, Deuterei
· **Beamter**
9 Buerokrat
· **Mensch**
6 Pedant
· **Tadel**
9 Noergelei
Kleinmalerei
8 Miniatur
Kleinod
5 Bijou, Juwel
6 Schatz
7 Schmuck
8 Pretiose
9 Edelstein
Kleinodien
7 Juwelen
9 Pretiosen
10 Edelsteine
Kleinpapagei
7 Sittich
Kleinschmetterling
5 Motte

kleinst(e, er, es) ...
- **bedeutungstragende Spracheinheit**
5 Monem
- **Blutgefäße**
10 Kapillaren
- **deutsche Münze**
7 Pfennig
- **Energiemenge**
5 Quant
- **Erbgutträger**
2 Id
- **Erdteil**
10 Australien
- **Lebewesen**
5 Viren
8 Mikroben
- **Teil der Materie**
5 Quark
- **Teilchen**
4 Atom

Kleinstaat in Europa
6 Monaco
7 Andorra, Vatikan
9 Luxemburg, San Marino
12 Vatikanstadt
13 Liechtenstein

Kleinstlebewesen
15 Mikroorganismus

Kleinstplanet
8 Asteroid

Kleintaxi
7 Minicar

Kleintierfanggerät
10 Mausefalle

Kleinverkauf
12 Detailhandel

Kleinvieh
5 Schaf, Ziege
9 Gefluegel, Kaninchen

Kleinwohnung
9 Apartment

Kleinwüchsiger
11 Liliputaner

kleinwüchsiges Nagetier
9 Zwerghase

Kleinzeug
4 Kram

Kleister
4 Leim

Klemme
4 Enge
7 Dilemma, Notlage
10 Kalamitaet
11 Zwickmuehle

Klemmer
7 Kneifer
8 Pincenez

Klempner
8 Blechner, Spengler
9 Schlosser
12 Installateur

Klempnerwerkzeug
9 Rohrzange

Klepper
4 Gaul
6 Maehre

Kleptomane
4 Dieb

Kleriker
11 Geistlicher

Kletterausrüstung
4 Helm, Seil
5 Haken, Stock
6 Hammer, Pickel
9 Eispickel
10 Reepschnur, Steigeisen
11 Kombihammer
14 Kletterguertel

Klettereidechse
5 Gecko

Kletterer
8 Alpinist
11 Bergsteiger

Kletterpflanze
4 Efeu, Wein
5 Liane
15 Kapuzinerkresse

Kletterpflanze mit Haftwurzeln
4 Efeu

Kletterstaude
12 Zimmerhopfen

Klettertier
4 Affe

Klettertour
11 Bergsteigen

Klettertrieb
5 Ranke

Klettervogel
6 Specht

Klicker
6 Murmel

Klient
5 Kunde
7 Mandant
12 Auftraggeber

Klient eines Rechtsanwalts
7 Mandant

Klientel
10 Kundschaft

Kliff
4 Ufer

Klimaanpassung
15 Akklimatisation

Klimakterium
12 Wechseljahre

Klimakunde
12 Klimatologie

Klimax
10 Hoehepunkt

Klinge
13 Messerschneide

Klingel
6 Bimmel, Glocke
7 Schelle

Klinik
6 Spital
8 Hospital
11 Krankenhaus

Klinikabteilung
8 Ambulanz

Klinikmediziner
8 Chefarzt, Oberarzt
13 Assistenzarzt

Klinke
5 Griff
9 Tuergriff

Klinker
6 Ziegel
10 Hartziegel
11 Ziegelstein

Klipp zum Aufhängen von Wäsche
14 Waescheklammer

Klippe
4 Fels, Riff
6 Felsen

Klippfisch
6 Dorsch
8 Kabeljau

klirren
9 scheppern

Klischee
9 Abklatsch, Vorurteil
10 Druckstock

Klopffestigkeitsmaß für Kraftstoffe
9 Oktanzahl

Klopfkäfer
8 Totenuhr
9 Totenwurm, Trotzkopf

Klops
5 Kloss

7 Bulette
12 Fleischkloss
Klosett
2 WC
5 Abort
8 Toilette
Kloß
5 Klops
7 Klumpen, Knoedel
Kloster
5 Abtei, Stift
7 Konvent, Priorat
Kloster ...
· *in* **Bayern**
5 Ettal
10 Wessobrunn
· *am* **Bodensee**
5 Hegne
6 Birnau
9 Reichenau
· *in* **Frankreich**
5 Cluny
6 Corbie, Fleury
10 Chartreuse
· *bei* **Garmisch**
5 Ettal
· *in* **Griechenland**
5 Athos
· *bei* **Hannover**
6 Loccum
· *bei* **Höxter**
6 Corvey
· *in* **Italien**
12 Monte Cassino
· *bei* **Lhasa**
4 Sera
· *in* **Österreich**
4 Melk
· *in* **Portugal**
5 Belem
· *im* **Schwarzwald**
12 Sankt Blasien
· *in der* **Schweiz**
10 Einsiedeln
· *in* **Tibet**
4 Sera
Klosteranwärter
6 Novize
Klosterbruder
3 Fra
5 Pater
6 Frater, Moench, Novize
11 Laienbruder
Klosterfrau
5 Nonne
7 Novizin
14 Laienschwester
15 Ordensschwester
Klostergemeinschaft
5 Orden
7 Konvent
Klosterneuling
6 Novize
Klosteroberer
5 Prior
Klosterschlafsaal
11 Dormitorium
Klosterspeisesaal
11 Refektorium
Klosterteil
5 Zelle
7 Klausur
Klostervorsteher
3 Abt
5 Prior
6 Oberer
Klostervorsteherin
6 Oberin
9 Aebtissin
Klosterzelle
6 Klause
Klotz
5 Block, Trumm
6 Kloben
Klub
6 Verein, Zirkel
11 Vereinigung
Klubjacke
6 Blazer
Kluft
4 Riss
6 Spalte
7 Abstand, Distanz
8 Kleidung, Schlucht
9 Differenz, Klamotten, Zwiespalt
klug
5 weise
6 clever, findig, ratsam, schlau
7 gewitzt
9 geschickt
11 intelligent, verstaendig
klug Vorgehender
8 Taktiker
Klugscheißer
12 Besserwisser
17 Allesbesserwisser
Klumpen
5 Masse
6 Batzen
7 Brocken, Scholle
Klüngel
6 Clique
10 Sippschaft
Klytämnestras Mann
9 Agamemnon
Knabberei zum Kaffee
7 Gebaeck
knabbern
5 nagen
8 muemmeln
9 anbeissen
Knabe
3 Boy, Bub
4 Bube
5 Junge
Knabenkraut
6 Orchis
Knall
4 Bums
5 Krach, Stoss
6 Schlag, Schuss
9 Explosion
10 Detonation, Feuerstoss
Knalleffekt
6 Pointe
knapp
3 eng, rar
4 karg, kurz
7 lapidar
9 lakonisch, spaerlich
Knappe
6 Diener
Knappe des Don Quichotte
11 Sancho Pansa
knappe literarische Abhandlung
5 Essay
knappe Unterhose
4 Slip
Knast
10 Gefaengnis
11 Haftanstalt
12 Strafanstalt
15 Vollzugsanstalt
Knäuel
3 Ile
Knauf
5 Griff
Knauser
8 Geizhals
10 Geizkragen
Knauserei
4 Geiz

13 Engherzigkeit
knausern
7 knapsen
knebeln
7 fesseln
13 unterdruecken
Knecht
3 Enk
6 Diener
Knecht des Abraham
7 Elieser
knechtisch
6 servil
Kneifer
7 Klemmer, Zwicker
8 Pincenez
Kneifwerkzeug
5 Zange
Kneipe
5 Beize, Lokal, Pinte
7 Schenke
8 Gasthaus, Spelunke
9 Bierabend
10 Wirtschaft
Knetkur
7 Massage
Knetmasse
3 Ton
4 Fimo, Teig
5 Knete
9 Plastilin
Knettherapie
7 Massage
Knick
4 Ecke
5 Falte, Hecke, Kante, Kniff
knickrig
6 geizig
9 knauserig
kniefreie Hose
6 Shorts
8 Bermudas
Kniegeige
5 Cello, Gambe
11 Violoncello
Knieholz
6 Kiefer
7 Latsche
9 Legfoehre
knielanger Anorak
5 Parka
Knierock der Schotten
4 Kilt
Knies
6 Aerger, Streit
Kniestrumpf
7 Stutzen
Kniff
4 Dreh
5 Falte, Trick
7 Finesse
Kniff im Stoff
5 Falte
Knirps
7 Steppke
Knobel
7 Wuerfel
8 Knoechel
12 Handknoechel
Knöchelgegend
6 Fessel
knöchelhohe Schuhe
5 Boots
Knochen
7 Gebeine, Skelett
Knochen betreffend
5 ossal
6 ossaer
Knochen des Brustkorbs
5 Rippe
9 Brustbein
13 Schulterblatt
14 Schluesselbein
Knochen des Schädels
6 Kiefer
Knochenbestandteil
4 Kalk, Mark
Knochenbruch
7 Fraktur
Knochenerweichung
8 Rachitis
18 englische Krankheit
Knochenfischart
3 Aal
4 Wels
5 Hecht, Lachs, Stint
7 Karpfen, Scholle, Seehase
8 Seekatze
9 Seeteufel
10 Kugelfisch, Zitterwels
11 Lungenfisch
Knochenfraß
6 Karies
Knochengelenk
4 Knie
8 Ellbogen, Knoechel
10 Ellenbogen
Knochengerüst
6 Gebein
7 Gerippe, Skelett
Knocheninneres
4 Mark
Knochenkunde
10 Osteologie
Knochenleim
6 Glutin
8 Gelatine
Knochenlücke im kindlichen Schädel
10 Fontanelle
Knochenriss
6 Fissur
Knochenverbindung
6 Gelenk
Knochenverletzung
4 Riss
5 Bruch
6 Fissur
knochig
5 hager, mager
Knollenfrucht der Tropen
6 Batate, Maniok
Knollengemüse
4 Bete, Taro
5 Ruebe
7 Rettich, Zwiebel
8 Kohlrabi, Sellerie
9 Kartoffel
Knollengewächs
6 Krokus
knopfartiger Griff
5 Knauf
knorke
5 super
9 trefflich
Knorpelfisch
3 Hai
5 Stoer
6 Rochen
Knorpelscheibe im Knie
8 Meniskus
Knospe
4 Keim
6 Spross
Knoten (Haartracht)
4 Dutt
Knotenschnur der Inka
5 Quipu
Knöterichgewächs
6 Ampfer
knotige Hauterhebung
5 Warze

6 Pickel
Knüller
3 Hit
7 Reisser
9 Sensation
10 Bestseller
Knüpfarbeit
7 Teppich
8 Makramee
Knüppel
5 Stock
7 Pruegel
knusprig
5 kross
11 appetitlich
Knute
8 Peitsche
Koalition
4 Bund, Liga
5 Union
7 Allianz
8 Buendnis
10 Verbindung
11 Vereinigung
15 Zusammenschluss
Koben
5 Stall
9 Viehstall
Kobold
4 Butz, Gnom, Puck
5 Dogge, Geist, Troll, Wicht, Zwerg
6 Schrat
7 Bilwiss, Kerkops
8 Erdgeist
9 Hausgeist, Waldgeist
11 Heinzelmann
13 Klabautermann
Kobra
15 Brillenschlange
Kochanweisung
6 Rezept
Kochbrühe
3 Sud
kochen
6 sieden
Kochgefäß
4 Topf
6 Boiler, Kessel, Pfanne, Tiegel
7 Braeter, Retorte
8 Kochtopf
9 Teekessel
10 Bratpfanne, Kasserolle
Kochgefäße
8 Geschirr
Kochkunst
11 Gastronomie
Kochraum
6 Kueche
Kochsalz
14 Natriumchlorid
kochsalzhaltiges Wasser
4 Sole
Kochsalzlösung
4 Lake, Sole
Kochstelle
4 Herd
6 Platte
7 Gasherd
11 Elektroherd
Kochtemperatur
10 Siedepunkt
Kochutensil
4 Topf
12 Ruehrloeffel
Kochvorgang
5 Garen
Kochvorschrift
6 Rezept
Köder
5 Luder, Pilke
10 Lockmittel, Lockspeise
koffeinhaltiges Getränk
4 Cola
Kogge
7 Galeone, Galione
9 Karavelle
11 Hanseschiff
Kohäsion
10 Bindekraft, Haltekraft
Kohl
5 Kraut
6 Kappes
Kohlart
6 Spinat
7 Rotkohl, Wirsing
9 Rosenkohl, Weisskohl
10 Blumenkohl
Kohldampf
6 Hunger
Kohlehydrat
6 Zucker
7 Staerke
Kohlenabbaufront
5 Streb
Kohlenart
9 Holzkohle
10 Braunkohle, Steinkohle
Kohlenaufschüttung
► Kohlenberg
Kohlenberg
5 Halde
Kohlenbergwerk
5 Grube, Zeche
Kohlenbrenner
7 Koehler
Kohlenhydrat ► Kohlehydrat
Kohlenprodukt
3 Gas
4 Buna, Grus, Koks, Pech, Russ, Teer
6 Benzin, Benzol, Kresol, Phenol
7 Brikett, Heizoel, Pyridin
8 Azetylen, Gichtgas, Methanol, Paraffin
9 Dachpappe, Farbstoff, Kokskohle, Nusskohle
10 Kokereigas, Kunststoff, Naphthalin
kohlensaures Natrium
4 Soda
kohlensaures Salz
8 Carbonat, Karbonat
Kohlenschicht
5 Floez
Kohlenstaub
4 Grus, Russ
Kohlenstaublunge
8 Silikose
Kohlenstoffverbindung
6 Karbid
Kohlenwagen der Lok
6 Tender
Kohlenwasserstoff
5 Oktan
6 Aethan, Methan
10 Naphthalin
Kohlenwasserstoffgas
5 Butan
Kohleprodukt
4 Teer
Köhlerhaufen
6 Meiler
Kohlgemüse
7 Wirsing
8 Brokkoli
kokettes Spiel
5 Flirt
9 Taendelei
kokettieren
7 flirten

Kokosgebäck
7 Makrone
Kokosnussprodukt
5 Kopra
Koksarbeiter
5 Koker
Koksschlacke
6 Sinder
Kokswerk
7 Kokerei
Kolbenfrucht
4 Mais
Kolbenweg beim Motor
3 Hub
Kolchose
9 Kollektiv
25 Produktionsgenossenschaft
Kollaps
6 Schock
13 Zusammenbruch
15 Schwaecheanfall

K

Kolleg
7 Anstalt
8 Institut
9 Vorlesung
Kollege
6 Kumpel
11 Mitarbeiter
13 Berufsgenosse
14 Arbeitskamerad, Arbeitskollege
Kollektion
7 Auswahl
8 Sammlung
9 Sortiment
Kollektiv
6 Kibbuz
8 Kolchose, Kombinat, Sowchose
12 Gemeinschaft
14 Genossenschaft
Kollision
13 Zusammenprall, Zusammenstoss
Kolloid
3 Gel
Kölner ...
· **Karnevalsruf**
5 alaaf
· **Oberbürgermeister**
8 Adenauer
· **Popgruppe**
3 BAP
· **Stadtteil**
5 Deutz
8 Holweide
· **Wahrzeichen**
3 Dom
· **Witzfigur**
6 Schael
7 Tuennes
Kölnisch Wasser
12 Eau de Cologne
Kolonialwaren
10 Viktualien
12 Genussmittel, Lebensmittel, Suedfruechte
Kolonist
7 Siedler
Kolonisten in Südafrika
5 Buren
Kolonnade
11 Saeulengang
Kolonne
5 Reihe
9 Abteilung
Kolonne von Ziffern
11 Zahlenreihe
Kolonnennachbar
9 Nebenmann
Kolonnenspitze
4 Tete
Koloratur
7 Triller
Koloriermittel
9 Farbstoff
Kolorierung
8 Faerbung
koloritlose Erscheinung
13 Farblosigkeit
Koloss
5 Huene, Riese
6 Gigant
8 Ungetuem
15 Riesenstandbild
kolossal
5 enorm
6 riesig
8 gewaltig
10 gigantisch
kolumbianisch(e, er, es) ...
· **Autor**
5 Nunez
6 Isaacs
7 Marquez
· **Berg**
5 Huila
6 Cumbal, Purace, Tolima
· **Hafenstadt**
9 Cartagena
12 Barranquilla, Buenaventura
· **Münze**
4 Peso
7 Centavo
· **Nobelpreisträger für Literatur**
7 Marquez
13 Garcia Marquez
· **Politiker**
5 Nunez
Kombattant
8 Kaempfer
Kombination
8 Garnitur, Synthese
9 Anordnung
10 Verbindung
Kombiwagen
7 Caravan
komfortabel
6 bequem
8 wohnlich
9 behaglich
10 annehmlich, gemuetlich
komfortables Auto
15 Strassenkreuzer
Komfortwohnhaus
5 Villa
8 Bungalow
Komiker
8 Humorist, Parodist
10 Komoediant
11 Spassmacher
komisch
4 urig
7 grotesk, spassig
11 laecherlich
komisch(e, er, es) ...
· **Bühnenwerk**
5 Posse
8 Komoedie
· **Einfall**
3 Gag
4 Witz
· **Figur in der Oper**
5 Buffo
Komitee
9 Ausschuss
Kommandant
7 Fuehrer, General
8 Kapitaen, Offizier
9 Kommodore
12 Befehlshaber

Kommandeur ▶ Kommandant
Kommandeursflagge
7 Stander
Kommanditist
9 Teilhaber
14 Gesellschafter
Kommando
3 Ruf
4 Wort
6 Befehl, Signal
7 Weisung
13 Befehlsgewalt
kommende Zeit
7 Zukunft
Kommentar
6 Glosse, Kritik
7 Deutung
9 Anmerkung, Auslegung, Bemerkung
10 Erklaerung, Standpunkt
12 Erlaeuterung
kommerziell
13 geschaeftlich, kaufmaennisch
Kommis
16 Handlungsgehilfe
Kommiss
6 Barras
8 Militaer
Kommunalbeamter
7 Landrat
Kommunalobligation
10 Wertpapier
Kommune
8 Gemeinde
Kommunikation
7 Verkehr
9 Austausch
10 Mitteilung, Verbindung
Kommunikationsmittel
6 Medium
Kommunion
11 Eucharistie
Komödie
5 Farce, Posse
6 Sketch
7 Schwank
8 Burleske, Schnurre
9 Lustspiel
Kompagnon
6 Sozius
10 Mitinhaber
kompakt
4 fest, hart
5 dicht
6 massiv, stabil
9 gedrungen
Komparativ
16 Steigerungsstufe
Komparse
7 Statist
Kompassscheibe
8 Windrose
Kompassstift
5 Pinne
kompetent
6 befugt
10 zustaendig
11 ermaechtigt
Komplement
10 Ergaenzung
komplett
9 vollendet
12 vollstaendig
13 abgeschlossen
komplette Briefmarkenserie
4 Satz
komplettes Essen
5 Menue
8 Mahlzeit
Komplettierung
18 Vervollstaendigung
Komplex
6 Ganzes, Gebiet, Gruppe
7 Bereich, Neurose
12 Verknuepfung
Komplice ▶ Komplize
Kompliment
9 Artigkeit
12 Schmeichelei
Komplize
9 Mittaeter, Mitwisser
13 Helfershelfer
kompliziert
9 schwierig
10 verwickelt
Komplott
7 Intrige
13 Verschwoerung
Komponist
10 Tondichter
Komponist von ...
· **La Traviata**
5 Verdi
· **Othello**
5 Verdi
Komposition
9 Tonstueck
Komposition für drei Instrumente
4 Trio
Kompottart
7 Roester
8 Apfelmus
Kompottpflanze
9 Rhabarber, Zwetschge
Kompresse
7 Auflage, Verband
8 Umschlag
Kompression
11 Verdichtung
komprimierte Luft
9 Pressluft
Kompromiss
8 Einigung
9 Ausgleich, Kuhhandel, Vergleich
13 Uebereinkunft, Zugestaendnis
14 Uebereinkommen
15 Zwischenloesung
kompromittiert
8 blamiert
13 blossgestellt
Kondition
7 Fitness
9 Bedingung
10 Verfassung
Konditorei
10 Confiserie, Konfiserie
13 Feinbaeckerei
Konditoreierzeugnis
5 Torte
6 Kuchen
7 Gebaeck
10 Amerikaner
11 Apfelkuchen, Kaesekuchen, Rodonkuchen
12 Apfelstrudel, Erdbeertorte
13 Erdbeerkuchen
Kondolenz
7 Beileid
11 Anteilnahme
Konfekt
5 Drops
6 Bonbon
7 Praline
9 Naschwerk
10 Teegebaeck, Zuckerware
Konferenz
6 Tagung
7 Sitzung, Treffen

8 Beratung, Kongress
11 Besprechung
13 Zusammenkunft
Konfession
10 Bekenntnis
Konfirmation
10 Einsegnung
Konfiseur
8 Konditor
11 Feinbaecker
Konfiskation
10 Einziehung
13 Beschlagnahme
Konfiszierung ► Konfiskation
Konfitüre
9 Marmelade
Konflikt
5 Zwist
6 Streit
9 Differenz, Zwiespalt
11 Kontroverse, Widerstreit
konform
5 einig
10 linientreu
Konfrontation
13 Zusammenprall
18 Gegenueberstellung
konfus
3 irr
4 wirr
9 verworren
Konglomerat
7 Gemenge
Kongregation
5 Orden
12 Bruderschaft
Kongress
6 Tagung
7 Treffen
9 Konferenz, Parlament
11 Versammlung
13 Zusammenkunft
Kongresspalast in Washington
7 Kapitol
Konifere
9 Nadelholz
König, Königin ... (► auch unter den einzelnen Ländern)
· *von* **Akkad**
5 Argon
· *der* **Albaner**
4 Zogu
· *im* **alten Israel**
4 Ahab
5 David
· *von* **Argos**
4 Abas
· *von* **Assyrien**
6 Sargon
8 Sanherib
9 Semiramis
12 Assurbanipal
· *der* **Azteken**
9 Montezuma
10 Cuauhtemoc
· *der* **Blumen**
4 Rose
· *von* **Böhmen**
7 Ottokar
· *von* **Bulgarien**
5 Boris
· *der* **Elfen**
6 Oberon
7 Titania
· *der* **englischen Sage**
4 Lear
5 Artus
6 Arthur
· *von* **Georgien**
6 Tamara, Thamar
· *der* **griechischen Sage**
5 Kreon, Midas, Minos, Thoas
6 Augias, Danaus, Nestor
8 Menelaos, Menelaus
9 Agamemnon
· *der* **Hunnen**
5 Etzel
6 Attila
· *und* **Hüter des Grals**
7 Titurel
· *des* **Irak**
6 Faisal
· *des* **Iran**
4 Resa, Reza
11 Resa Pahlawi
· *über* **Israel und Juda**
5 David
· *von* **Jerusalem**
7 Balduin
· *von* **Jordanien**
3 Nur
· *von* **Juda**
5 Abium, Achaz, Joram, Josia, Ozias
6 Ahasja, Asarja, Joahas, Josias, Jotham
7 Manasse
· *der* **keltischen Sage**
5 Artus
· *von* **Kreta**
5 Minos
· *von* **Libyen**
5 Idris
· *von* **Lydien**
4 Atys
5 Gyges
7 Kroesus
· *von* **Marokko**
6 Hassan
· *der* **Merowinger**
8 Chlodwig, Dagobert
· *von* **Mykene**
6 Atreus
9 Agamemnon
· *von* **Neapel**
5 Murat
· *im* **Nibelungenlied**
5 Etzel
7 Gunther
8 Siegmund
9 Siegfried
· *der* **nordischen Sage**
6 Nidhad
· *von* **Norwegen**
5 Sonja
· *der* **Ostgoten**
4 Teja
6 Totila
7 Witigis
8 Dietrich
10 Theoderich
· *von* **Pergamon**
7 Attalos
· *eines* **persischen Epos**
5 Mobed
· *von* **Phrygien**
5 Midas
· *von* **Preußen**
5 Luise
· *von* **Pylos**
6 Neleus, Nestor
· *von* **Schottland**
11 Maria Stuart
· *von* **Sparta**
4 Agis, Leda
8 Leonidas, Menelaos
9 Agesilaus
10 Archidamos
· *der* **Sueben**
8 Ariovist

· *von* **Theben**
5 Kreon, Niobe
6 Kadmos
7 Oedipus
10 Amphitryon
· *von* **Troja**
7 Priamus
· *von* **Ungarn**
4 Zita
· *der* **Wandalen**
7 Gelimer
9 Geiserich
· *der* **Westgoten**
6 Eurich
7 Alarich, Athaulf
8 Roderich
9 Amalarich
· *der* **Zwerge**
6 Laurin
königliches Spiel
6 Schach
Königreich
9 Monarchie
Königreich im/in ...
· **Europa**
7 Belgien, Holland, Spanien
8 Norwegen, Schweden
9 Daenemark
11 Niederlande
15 Grossbritannien
· **Himalaja**
6 Bhutan
· **Nahost**
9 Jordanien
12 Saudi-Arabien
· **Südostasien**
4 Siam
8 Thailand
Königsberger Philosoph
4 Kant
Königssohn
5 Prinz
königstreu
12 royalistisch
konisch zulaufendes Rohrstück
5 Duese
konjugieren
6 beugen
Konjunktion
2 da
3 als, und
4 aber, auch, dass
9 Bindewort
Konjunkturrückgang
9 Rezession
konkret
4 real
8 greifbar, leibhaft, wirklich
11 anschaulich, koerperlich, sinnfaellig
15 gegenstaendlich
Konkurrent
6 Gegner, Rivale
11 Mitbewerber, Nebenbuhler, Widersacher
Konkurrenzkampf
10 Wettbewerb
konkurrieren
10 wetteifern
12 rivalisieren
Konkurs
6 Pleite
8 Bankrott
Können
5 Kunst
6 Talent, Wissen
9 Vermoegen
10 Faehigkeit
Könner
3 Ass
6 Kenner
7 Experte, Meister
8 Fachmann, Virtuose
9 Koryphaee, Kuenstler, Routinier
10 Kapazitaet
Konsekration in der katholischen Kirche
5 Weihe
Konsequenz
5 Folge
7 Schluss
8 Ausdauer
9 Folgerung, Nachspiel, Weiterung
10 Zaehigkeit
konservative Partei in England
6 Tories
Konservenbehältnis
4 Dose
7 Buechse
konservieren
8 erhalten
9 einmachen
13 haltbar machen
konservierte Leiche
5 Mumie
Konserviertes
12 Eingemachtes
14 Tiefgefrorenes
konserviertes Ei
5 Solei
Konservierungsstoff
4 Salz
Konsonant
7 Mitlaut
Konsorte
7 Genosse
8 Komplize
9 Mittaeter
Konsortium
12 Zweckverbund
Konspiration
13 Verschwoerung
konstant
3 fix
6 stetig
10 bestaendig
15 unveraenderlich
Konstitution
6 Aufbau
7 Zustand
8 Befinden, Eigenart, Struktur
9 Anordnung
10 Verfassung
14 Beschaffenheit
Konstrukteur
7 Erbauer
8 Erfinder
9 Errichter, Ingenieur, Techniker
Konstruktion
6 Aufbau, Bauart
9 Konstrukt
10 Gestaltung
Konsultation
8 Beratung
9 Befragung
Konsum
7 Verzehr
9 Verbrauch
konsumieren
9 verzehren
11 verbrauchen
Kontakt
8 Fuehlung
10 Beruehrung, Verbindung
12 Stromschluss
13 Fuehlungnahme

Kontaktblättchen
7 Lamelle
kontaktfreudig
6 sozial
8 gesellig
Kontenabschluss
5 Saldo
6 Bilanz
Konterfei
4 Bild
6 Abbild
7 Bildnis
8 Ebenbild, Portraet
10 Fotografie
12 Photographie
kontern
8 erwidern, parieren
9 reagieren
Kontertanz
9 Quadrille
Kontinent
5 Asien
6 Afrika, Europa
7 Amerika, Erdteil
8 Festland
10 Australien
Kontingent
6 Anteil
Kontor
5 Buero
13 Niederlassung
Kontoseite
4 Soll
5 Debet, Haben
Kontoseitendifferenz
5 Saldo
Kontrahent
6 Gegner
11 Widersacher
12 Gegenspieler
Kontrakt
7 Vertrag
8 Abkommen
9 Abmachung
Kontrakt von Paaren
10 Ehevertrag
Kontrast
9 Abstufung, Gegensatz
11 Unterschied
Kontrollbeamter
9 Inspektor
10 Inspekteur
Kontrollbildschirm
7 Monitor
Kontrolle
8 Aufsicht, Pruefung, Revision
10 Durchsicht, Inspektion
12 Nachpruefung, Ueberwachung
Kontrolle der Emissionen eines PKW
9 Abgastest
Kontrolleur
7 Revisor
Kontrollgang
7 Streife
kontrollierter Durchgang
6 Sperre
Kontrollturm auf Flughäfen
5 Tower
Kontrolluhr
8 Stechuhr
10 Stempeluhr
20 Zeiterfassungsgeraet
Kontur
6 Umriss
9 Randlinie
10 Silhouette
11 Umrisslinie
Konus
5 Kegel
Konvent
5 Stift
7 Kloster
11 Versammlung
13 Zusammenkunft
15 Zusammenschluss
Konvention
6 Brauch
7 Vertrag
8 Abkommen, Kontrakt
9 Herkommen, Tradition
13 Uebereinkunft
Konversation
9 Gespraech, Plauderei
12 Unterhaltung
Konversion
9 Bekehrung
Konzentration
14 Aufmerksamkeit
Konzentrationsausgleich
6 Osmose
konzentrierte Lösung
6 Essenz
konzentrierter Auszug
6 Essenz
Konzept
4 Plan
6 Skizze
7 Entwurf
8 Programm, Vorhaben
Konzern
5 Trust
Konzerthaus
5 Odeon
Konzertunternehmer
7 Manager
10 Impresario
Konzession
6 Lizenz
8 Befugnis
9 Erlaubnis, Zulassung
11 Einraeumung, Genehmigung
13 Zugestaendnis
Konzil
6 Synode
11 Versammlung
Koog
6 Marsch, Polder
Kopenhagener Sehenswürdigkeit
11 Seejungfrau
Kopenhagener Volkspark
6 Tivoli
Köper
9 Gewebeart
Kopf
5 Haupt
7 Fuehrer
9 Anfuehrer, Oberhaupt
Kopf bei Säulen
8 Kapitell
Kopfauswuchs beim Wild
6 Geweih
7 Gehoern
Kopfbedeckung
3 Fez, Hut
4 Helm, Tuch
5 Haube, Kappe
6 Barett, Birett, Kaeppi, Kapuze, Melone, Muetze, Turban
7 Filzhut
8 Kopftuch, Peruecke, Sombrero, Strohhut, Zylinder
9 Kaeppchen, Sturzhelm
11 Pudelmuetze
12 Baskenmuetze

K

Kopfbedeckung der Bischöfe
5 Inful, Mitra
Kopfbedeckung der Kleriker
6 Birett
Kopfbewuchs
4 Haar
Kopffüßer
5 Krake, Polyp, Sepia
6 Kalmar
7 Ammonit, Oktopus
8 Nautilus, Seepolyp
11 Tintenfisch
Kopfjäger auf Borneo
5 Dajak
Kopfkohl
5 Kabis
Kopflederzeug für Reittiere
4 Zaum
kopflos
7 panisch
9 uebereilt
12 ueberstuerzt
Kopfschlagader
7 Carotis, Karotis
Kopfschmerzen
5 Kater
8 Migraene
13 Brummschaedel
Kopfschmuck
4 Haar, Kamm, Zopf
5 Feder, Haube, Krone, Locke
6 Bluete, Diadem, Spange
7 Ohrring
8 Schleife
9 Nasenring, Stirnband, Stirnreif
Kopfschmuck der Hirsche
6 Geweih
Kopfschmuck von Tieren
6 Maehne
Kopfschutz
4 Helm
Kopfskelett
8 Schaedel
Kopfsprung
7 Koepfer
8 Koepfler
11 Hechtsprung
Kopfstimme
6 Fistel
7 Falsett
Kopfteil
3 Lid, Ohr
4 Auge, Bart, Haar, Kinn, Mund, Nase, Zahn
5 Backe, Braue, Lippe, Stirn, Wange
6 Gebiss, Genick, Kiefer, Nacken, Stirne, Wimper
7 Antlitz, Gesicht, Wimpern
8 Augenlid, Kinnlade, Schaedel, Schlaefe
9 Kinnbacke, Oberlippe
10 Augenbraue, Oberkiefer, Ohrmuschel, Unterlippe
11 Hinterhaupt, Unterkiefer
12 Ohrlaeppchen
Kopfteil bei Tieren
4 Horn, Kamm, Maul
5 Aeser, Lefze, Licht
6 Geweih, Taster
7 Fuehler, Gehoern, Ruessel
8 Lauscher, Schnabel, Schnauze
Kopftracht der Schwestern
5 Haube
Kopie
5 Abzug, Repro
6 Doppel
8 Duplikat
9 Abschrift
10 Ablichtung, Nachahmung
11 Durchschlag, Nachbildung
12 Durchschrift, Reproduktion, Zweitschrift
Koppel
5 Weide, Wiese
7 Guertel
Koralleninsel
4 Riff
5 Atoll
Koranabschnitt
4 Sure
Koranschule
8 Medresse
Koranteil
5 Sunna
Korb
5 Kiepe, Zaine
Korb ...
· *für* **Esswaren**
5 Kober
· *zum* **Fischfang**
5 Reuse
· *am* **Heißluftballon**
6 Gondel
Korbballspiel
10 Basketball
Korbblütler
5 Aster, Inula
6 Arnika, Cosmea, Dahlie, Distel, Klette, Kosmee, Saflor, Wermut, Zinnie
7 Beifuss, Endivie, Kamille, Lattich, Tagetes
8 Eberwurz, Estragon, Georgine, Goldrute, Masslieb, Zichorie
9 Artemisia, Bocksbart, Edelweiss, Kornblume, Margerite
10 Huflattich, Knopfkraut, Loewenzahn, Schafgarbe
11 Gaenseblume, Kugeldistel, Ringelblume, Sonnenblume, Wucherblume
12 Chrysantheme, Flockenblume, Massliebchen
Korbflasche
6 Ballon
Korbgriff
6 Henkel
Kordart
10 Manchester
Kordel
6 Bendel
7 Baendel
kordial
8 herzlich
11 vertraulich
Kordilleren in Südamerika
5 Anden
Kordon
5 Kette
6 Sperre
7 Spalier
10 Absperrung
Korken
6 Pfropf
7 Stopfen
8 Stoepsel
Kormoran
7 Scharbe, Seerabe
Kornblume
4 Rade

5 Zyane
kornblumenblau
10 ultramarin
Körnerfrucht
4 Korn, Mais, Reis
5 Durra, Emmer, Hafer, Hirse
6 Dinkel, Gerste, Roggen, Weizen
7 Einkorn, Sorghum
8 Getreide
Körnersilo
16 Getreidespeicher
Kornett
6 Piston
9 Faehnrich
körnig
9 granuloes
körniger Hochgebirgsschnee
4 Firn
Kornkeimgut
12 Saatgetreide
Kornmahlbetrieb
6 Muehle
9 Muellerei
12 Wassermuehle
Kornpflanzen
8 Getreide
Kornspeicher
12 Getreidesilo
Körper
4 Ding, Leib, Soma
5 Sache
6 Korpus, Objekt
10 Gegenstand
Körper eines Lebewesens
4 Leib
Körper mit acht Flächen
8 Oktaeder
Körperabsonderung
3 Kot
4 Harn, Urin
5 Galle
6 Sekret
7 Traenen
8 Schweiss
Körperanschwellung
5 Beule
Körperart (Geometrie)
5 Kegel
6 Prisma, Quader
7 Wuerfel
8 Pyramide, Zylinder
Körperausscheidung
4 Harn
Körperausstrahlung
2 Od
Körperbau
5 Wuchs
6 Statur
12 Konstitution
Körperbauforscher
6 Anatom
Körperbaulehrer
6 Anatom
Körperbautyp
8 Pykniker
9 Leptosome
10 Astheniker, Athletiker
Körperbedeckung
4 Haut
5 Haare
körpereigene Abwehrsubstanz
10 Interferon
Körpereiweiß
5 Enzym
Körpererfrischung
3 Bad
5 Sauna
6 Dusche
8 Dampfbad
Körperertüchtigung
5 Spiel, Sport
6 Turnen
7 Jogging
9 Gymnastik
12 Breitensport
14 Leibesuebungen
Körperfleck
3 Mal
9 Muttermal
10 Leberfleck
13 Sommersprosse
Körperflüssigkeit
4 Blut
6 Lymphe, Sekret
Körperfunktionsteil
5 Organ
Körpergelenk
4 Knie
6 Genick
8 Ellbogen
10 Ellenbogen
Körpergestalt
5 Figur
Körperglied
3 Arm
4 Bein, Fuss, Hand
7 Oberarm
8 Unterarm
Körpergröße
6 Laenge
Körperhaltung in tiefer Kniebeuge
5 Hocke
Körperhülle
4 Haut
Körperknetkur
7 Massage
Körperkraft
7 Staerke
14 Brachialgewalt
Körperlänge
7 Groesse
körperlich
7 konkret
8 physisch
9 somatisch
körperlich beeinträchtigt
5 krank
körperlich entwickelt
4 reif
körperlich(e, er, es) ...
· **Anspannung**
6 Stress
· **Befinden**
18 Gesundheitszustand
· **Beschaffenheit**
6 Physis
12 Konstitution
· **Bestform**
7 Fitness
· **Erscheinungsbild**
6 Statur
· **Leiden**
9 Gebrechen
· **Peinigung**
6 Folter
· **Überbelastung**
6 Stress
· **Verfassung**
9 Kondition
· **Wirkstoff**
6 Hormon
· **Zustand**
17 Allgemeinbefinden
Körpermitte
5 Nabel
Körperorgan
4 Darm, Herz, Milz
5 Blase, Galle, Leber, Lunge, Magen, Niere

K

6 Gehirn

Körperpartie
5 Bauch, Brust, Lende
6 Huefte

Körperpflege
7 Hygiene
8 Kosmetik

Körperreinigung
3 Bad
5 Sauna
6 Dusche
8 Dampfbad, Duschbad

Körperschaft
6 Gruppe, Innung, Verein
7 Gremium, Verband
9 Ausschuss
11 Korporation, Vereinigung
12 Gesellschaft
13 Handelskammer
14 Genossenschaft

Körperschwäche
8 Asthenie

Körperspray
9 Deodorant

Körperteil
3 Arm, Ohr, Zeh
4 Auge, Bein, Fuss, Haar, Hals, Hand, Haut, Kinn, Knie, Kopf, Leib, Mund, Nase, Nerv, Wade, Zehe
5 Bauch, Brust, Ferse, Haupt, Kreuz, Lende, Magen, Organ, Rumpf, Sehne, Stirn, Wange
6 Achsel, Becken, Daumen, Druese, Fessel, Finger, Gebiss, Gehirn, Gelenk, Genick, Gewebe, Huefte, Kiefer, Leiste, Muskel, Nacken, Schoss, Steiss, Stirne, Taille, Wirbel
7 Gerippe, Gesaess, Gesicht, Knochen, Knorpel, Oberarm, Ruecken, Skelett
8 Ellbogen, Schaedel, Schenkel, Schulter, Unterarm
9 Brustkorb, Rueckgrat, Unterleib
10 Ellenbogen
12 Oberschenkel
13 Unterschenkel

Körperteil der Egel
8 Saugnapf

Körperteil des Elefanten
7 Ruessel

Körperwäsche
3 Bad

Körperwuchs
5 Figur
6 Statur

korpulent
7 beleibt

korrekt
5 genau
7 richtig
8 tadellos
10 fehlerfrei, ordentlich
11 einwandfrei
12 gewissenhaft

Korrektur
8 Revision
12 Berichtigung, Verbesserung
15 Richtigstellung

Korrekturabzug
5 Fahne
10 Druckfahne

Korrekturzeichen
8 Deleatur

Korrespondent
9 Berichter
10 Journalist
12 Briefpartner
16 Berichterstatter

Korrespondenz
12 Briefwechsel

Korridor
4 Flur, Gang
5 Diele
7 Passage, Vorraum
8 Hausflur

korrodieren
6 rosten
9 verfallen

Korrosionsverhütung
10 Rostschutz

korrupt
11 bestechlich

Korsar
5 Pirat
8 Bukanier
10 Flibustier, Freibeuter, Seeraeuber

Korsett
6 Mieder
8 Leibchen

Korsikas Bewohner
6 Korsen

korsische Berühmtheit
8 Napoleon

korsische Hauptstadt
7 Ajaccio

Korso
5 Umzug
7 Festzug
8 Auffahrt

Kosakenbluse
6 Kasack

Kosakenführer
6 Ataman, Hetman, Otaman

Kosakenpeitsche
5 Knute
7 Nagaika

Koseform, Kosename, Kosewort für ...
· **Anastasia**
5 Stasi
· **Ilona**
4 Ilka
· **Karl Heinz**
5 Kalle
· **kleiner Junge**
4 Bubi
· **Ronald**
5 Ronny
· **Therese**
4 Resi

Kosename ...
· *der* **Eva Peron**
5 Evita
· *für* **Goethes Mutter**
3 Aja
· *der* **Großmutter**
3 Oma, Omi
· *des* **Großvaters**
3 Opa
· *der* **Kaiserin von Österreich**
4 Sisi
5 Sissi
· *der* **Katze**
5 Mieze
· *für* **Knaben**
4 Bubi
· *der* **Mutter**
4 Mama, Mami
· *des* **Vaters**
4 Papa, Papi, Paps
5 Daddy

K

Kosmetik
10 Hautpflege
13 Koerperpflege
17 Schoenheitspflege
Kosmetiker
8 Visagist
kosmetische Hautpaste
5 Creme
kosmetischer Artikel
3 Bad, Oel
5 Creme, Gloss, Henna, Puder, Rouge, Spray
6 Aceton, Azeton, Make-up, Parfum, Pomade, Talkum
7 Parfuem, Shampoo
8 Badesalz, Schminke
9 Badeseife, Fettcreme, Fettpuder, Haarspray, Nagellack, Zahncreme, Zahnpasta
10 Duftwasser, Foenlotion, Hautlotion, Nachtcreme, Tagescreme
11 Lippenstift
13 Konturenstift, Wimperntusche
15 Reinigungsmilch
16 Augenbrauenstift
18 Nagellackentferner
kosmetischer Begriff
7 Peeling
kosmisch
12 interstellar
kosmischer Kleinkörper
6 Meteor
Kosmonaut
9 Astronaut
14 Weltraumfahrer
Kosmos
3 All
7 Weltall
9 Universum
Kost
5 Essen
6 Speise
7 Nahrung
8 Proviant
10 Ernaehrung, Versorgung
11 Verpflegung
Kost und Wohnung
7 Pension
kostbar
4 edel
7 erlesen
8 prezioes, wertvoll
kostbar(e, er, es) ...
· **Andenken**
8 Reliquie
· **Besitz**
6 Schatz
· **Besteckteil**
13 Silberloeffel
· **Drucke**
10 Inkunabeln
· **Gewebe**
4 Samt
5 Seide
6 Brokat
· **Kasten**
7 Schrein
· **Kleid**
4 Robe
· **Kleiderbesatz**
6 Braeme
· **Mineral**
9 Edelstein
· **Pelzart**
4 Nerz
9 Persianer
· **Stirnreif**
6 Diadem
Kostbarkeit
5 Juwel
6 Schatz
7 Kleinod, Schmuck
8 Pretiose
10 Geschmeide
11 Erlesenheit
Kosten
6 Spesen
7 Aufwand
8 Ausgaben, Auslagen
9 Gebuehren
kosten
9 probieren, versuchen
11 abschmecken
Kosten für eine Ware
5 Preis
Kostenabrechnung
11 Liquidation
Kostenaufteilung
6 Umlage
kostenfrei
4 frei
6 franko, gratis
7 umsonst
13 unentgeltlich
kostenlose Beförderung
9 Nulltarif
Kostenvoranschlag
7 Angebot
11 Kalkulation
köstlich
4 fein
5 prima
6 lecker
7 delikat, erlesen
9 delizioes
11 appetitlich, schmackhaft
Kostprobe
11 Degustation
Kostschüler im Heim
6 Alumne
7 Alumnus
kostspielig
5 teuer
kostspielige Lebensführung
5 Luxus
Kostümball
10 Maskenball, Maskenfest
Kostümfest
9 Maskerade
10 Maskenball
kostümieren
10 verkleiden
Kot
8 Faekalie
9 Exkrement
Kot des Wildes
6 Losung
Kotau
9 Bueckling
10 Verbeugung
Kotelett
9 Karbonade
12 Rippenstueck
Kotelett vom Schwein
6 Karree
Krabbe
5 Krebs
7 Garnele
8 Krevette
Krach
4 Zank
5 Knall, Laerm, Radau, Zwist
6 Streit, Tumult, Unruhe
7 Getoese, Krawall
8 Gepolter, Stoerung
9 Explosion, Spektakel
10 Detonation

11 Kontroverse, Zerwuerfnis
Krachen beim Gewitter
7 donnern
krächzender Vogel
4 Rabe
krackseln
8 klettern
Kraft
5 Macht, Wucht
6 Gewalt, Potenz
7 Antrieb, Dynamik, Energie, Staerke
9 Nachdruck
11 Intensitaet
Kraft aus Atomen
11 Kernenergie
Kraftarm
5 Hebel
Kraftbrühe
8 Bouillon, Consommé
Kraftdroschke
4 Taxe, Taxi
Kräfteaufwand
11 Anstrengung
Kräfteeinsatz vor dem Ziel
5 Spurt
8 Endspurt
Krafteinheit
4 Pond
6 Newton
Kraftfahrer
6 Lenker
9 Chauffeur, Schoffoer
12 Automobilist
Kraftfahrzeug
3 Bus, Lkw, Pkw
4 Auto, Jeep, Krad, Mofa
5 Coupé, Kombi, Moped, Truck
6 Kabrio, Laster, Mokick
7 Lastzug, Omnibus, Traktor, Trecker
8 Kleinbus, Kraftrad, Lastauto, Motorrad, Roadster
9 Automobil, Lastwagen, Limousine, Rennwagen, Tankwagen
10 Kabriolett, Kombiwagen, Kraftwagen, Sportwagen
11 Fernlastzug, Motorroller, Zugmaschine
12 Kleinomnibus
15 Sattelschlepper
Kraftfahrzeug für Land- und Wasserfahrt
17 Amphibienfahrzeug
Kraftfahrzeugkennzeichen
► Kfz-Kennzeichen
Kraftfahrzeugraum
6 Garage
8 Parkhaus
10 Tiefgarage
Kraftfahrzeugschein
9 Zulassung
Kraftfahrzeugwartung
10 Inspektion
kräftig
4 derb
5 stark
6 deftig, robust, stabil
kräftig gewürzt
6 pikant, scharf
kräftiger Hieb
6 Schlag
Kräftigung nach Krankheit
14 Rekonvaleszenz
kraftlos
4 flau, lahm, matt
7 schlapp, schwach
11 geschwaecht, lethargisch
Kraftlosigkeit
8 Asthenie
Kraftmaschine
5 Motor
7 Turbine
9 Generator
Kraftmensch
6 Athlet
8 Herkules
Kraftrad (Kurzbezeichnung)
4 Krad
Kraftspiel auf Jahrmärkten
5 Lukas
Kraftstoff
5 Super
6 Benzin, Diesel
Kraftstoffbehältnis
4 Tank
8 Kanister
11 Reservetank
Kraftstoffstation
10 Tankstelle
Kraftübertragung
12 Transmission
kraftvoll
5 stark
7 wuchtig
Kraftwagen
4 Auto
9 Automobil
Kraftwagenaufbau
10 Karosserie
Kraftwagengestell
7 Chassis
Kragen
7 Goeller
Kragenform
10 Stehkragen
Kragstein
7 Konsole
Krake
5 Polyp
11 Kopffuesser, Tintenfisch
Krakeel
6 Gezank, Streit, Unruhe
Kram
4 Tand, Zeug
7 Krempel, Plunder, Troedel
9 Firlefanz
Krampe
5 Haken
7 Klammer
Krampf
7 Spasmus
10 Konvulsion
Krampfader
6 Varize
krampfartig
9 spasmisch
krampfartige Schmerzanfälle
5 Kolik
Krampfzustand
6 Starre
7 Spasmus
Kranichvogel
6 Trappe
krank
5 malad, siech
6 malade
7 leidend
11 unpaesslich
Kranke beim Arzt
9 Patienten
Krankenbahre
5 Trage
Krankenbehandlung
8 Therapie
Krankenbericht
8 Bulletin

Krankenbesuch
6 Visite
Krankenbetreuer
7 Pfleger
9 Schwester
11 Heilgehilfe
Krankenfahrzeug
9 Rollstuhl
Krankengymnast
15 Physiotherapeut
Krankenhaus
6 Hospiz, Klinik, Spital
7 Charité, Spittel
8 Hospital, Lazarett
10 Poliklinik, Sanatorium
Krankenhaus ...
· *in* **Berlin**
7 Charité
· *in* **Paris**
7 Bicètre
Krankenhausabteilung
8 Ambulanz
Krankenkost
5 Diaet
9 Schonkost
Krankenliege
5 Bahre, Trage
Krankenpfleger
4 Sani
10 Sanitaeter
Krankensalbung
6 Oelung
Krankentrage
5 Bahre
Krankentransportliege
5 Trage
Krankenvorgeschichte
8 Anamnese
Krankenwagen
7 Rettung
Krankenwärter
7 Pfleger
Kranker
7 Patient
9 Leidender
krankhaft
6 morbid
12 pathologisch
krankhafter Kauftrieb
9 Oniomanie
Krankheit
5 Uebel
6 Leiden, Seuche
8 Allergie, Epidemie, Siechtum
9 Gebrechen
11 Beschwerden
Krankheit der Atemwege
6 Asthma
10 Bronchitis
Krankheitsanzeichen
7 Symptom
Krankheitsbestimmung
8 Diagnose
Krankheitsereignis
6 Anfall, Insult, Krampf
7 Attacke
krankheitserregend
8 pathogen, virulent
Krankheitserreger
4 Keim
5 Kokke, Virus
8 Bakterie, Bazillus
Krankheitserregerfreiheit
7 Asepsis
Krankheitserregervernichtung
12 Desinfektion
krankheitsfrei
6 gesund
Krankheitsheuchler
8 Simulant
11 Hypochonder
Krankheitskeim
7 Erreger
Krankheitslehre
10 Pathologie
Krankheitssymptom
6 Anfall, Fieber, Husten, Niesen
7 Schmerz
8 Mattheit
9 Ausschlag, Erbrechen, Schwindel
11 Ohrensausen
Krankheitsvorgeschichte
8 Anamnese
Krankheitszeichen
7 Symptom
Kränkung
4 Tort
6 Insult
7 Affront, Injurie
10 Schmaehung, Verletzung
11 Beleidigung
Kranz
7 Gebinde
Krapfen
7 Beignet
krass
6 extrem
kraterförmige Vertiefung
4 Maar
Kratersee bei Rom
4 Nemi
7 Nemisee
kratzbürstig
9 abweisend
13 unzugaenglich
Krätze
7 Skabies
Kratzer
7 Blessur
8 Schramme
krauses Gewebe
5 Krepp
krauses Haar
6 Locken
Kraut mit Brennhaaren
6 Nessel
Kräuterpflanze
10 Knoeterich
Kräutersoße
9 Remoulade
11 Vinaigrette
krautige Pflanze
4 Farn
6 Staude
8 Wegerich
Krawall
5 Krach, Laerm, Radau
6 Streit, Unruhe
Krawattenart
6 Binder, Fliege
7 Schlips
12 Selbstbinder
Kreatur
4 Tier
6 Mensch
7 Pflanze
9 Geschoepf, Lebewesen
Krebs
6 Krabbe
krebsartiges Kellertier
5 Assel
Krebsgeschwulst
6 Sarkom
8 Karzinom
Krebstier
5 Assel
6 Granat, Hummer, Krabbe
7 Daphnie, Garnele
8 Krevette, Languste
10 Mauerassel

11 Krustentier, Schalentier
Kredenz
8 Anrichte
Kredit
7 Anleihe
8 Darlehen
Kredit auf ein Pfand
9 Beleihung
Kreditanstalt
4 Bank
9 Sparkasse
12 Geldinstitut
Kreditaufnahme
7 Anleihe
Kreditbrief
10 Akkreditiv
Kreditgrenze bei Handelsverträgen
5 Swing
Kreditnehmer
9 Schuldner
Kreditor
10 Glaeubiger
Kreditseite (Buchführung)
5 Haben
Kreditwürdigkeit
8 Bonitaet
Kreidefarben-Malerei
7 Pastell
Kreidefelsen auf Rügen
13 Stubbenkammer
Kreideformation
6 Neokom
Kreidegebirge auf Kreta
3 Ida
Kreidezeichnung
7 Pastell
Kreis
4 Klub, Ring
5 Kranz, Kurve, Runde
6 Bezirk, Gebiet, Zirkel
9 Ortslinie
12 Kegelschnitt
Kreis von Menschen
5 Runde
Kreisabschnitt
7 Segment
Kreisachtel
6 Oktant
kreisartig
4 rund
Kreisausschnitt
6 Sektor
Kreisberührungslinie
8 Tangente
Kreisel
5 Rotor
Kreiselbewegung der Erdachse
11 Praezession
kreisförmig
4 rund
8 rundlich, zirkular
9 zirkulaer
Kreishalbmesser
6 Radien, Radius
Kreislauf
11 Zirkulation
kreisrund(e, er, es) ...
· **Gemälde**
5 Tondo
· **Haarausschnitt**
6 Tonsur
· **Schneehütte**
4 Iglu
Kreisschnittlinie
7 Sekante
Kreisumfang
10 Peripherie
Kreiszahl
2 Pi
Krem
5 Creme, Salbe
krepieren
7 bersten, platzen, sterben
8 umkommen, verenden
9 verrecken
10 detonieren
11 explodieren, zerspringen
Kreppgewebe
6 Krepon
Kretin
5 Idiot
15 Schwachsinniger
kretische Hauptstadt
9 Heraklion
kretischer Sagenkönig
5 Minos
Kreuz beim Kartenspiel
5 Treff
Kreuz im Freien
9 Bildstock
kreuz und ...
4 quer
Kreuzbild Jesu
8 Kruzifix
Kreuzblütler
4 Kohl, Raps, Senf
6 Crambe, Isatis, Neslia
7 Levkoje, Rettich
8 Goldlack, Meerkohl
9 Kruzifere, Mauersenf, Rosenkohl
11 Schaumkraut
13 Brunnenkresse
17 Wiesenschaumkraut
Kreuzbruder
8 Geissler
10 Flagellant
13 Geisselbruder
Kreuzesinschrift
4 INRI
Kreuzfahrer
7 Tankred
Kreuzgeflecht
6 Gitter
Kreuzigungsstätte Jesu
8 Golgatha
13 Kalvarienberg
Kreuzkraut
7 Senecio
10 Greiskraut
11 Jakobskraut
Kreuzstab des Papstes
6 Ferulu
Kreuzträger Jesu
5 Simon
Kreuzung zwischen Pferd und Esel
8 Maulesel, Maultier
Kreuzungsstelle großer Verkehrswege
11 Knotenpunkt
Kriecherei
13 Byzantinismus
kriecherisch
6 servil
12 unterwuerfig
Kriechtier
3 Boa
4 Teju, Wurm
5 Echse, Gecko, Kobra, Mamba, Otter, Urutu, Viper, Waran
6 Kaiman, Leguan, Natter, Python, Reptil
8 Anaconda, Eidechse, Krokodil, Matamata, Schlange
9 Alligator, Schleiche
10 Chamaeleon
12 Schildkroete
14 Blindschleiche

Kriechtierordnung
9 Eidechsen, Krokodile, Schlangen
13 Schildkroeten
Krieger
5 Degen, Recke
6 Kaempe, Soldat
7 Landser, Veteran
8 Kaempfer, Soeldner
Kriegerin der griechischen Sage
7 Amazone
kriegerisch
11 martialisch
Kriegerstand im Mittelalter
6 Ritter
Kriegsbereitmachung
13 Mobilisierung
Kriegsentschädigung
10 Reparation
Kriegsfahrzeug
4 Jeep, Tank
6 Panzer
Kriegsflotte der Spanier
6 Armada
Kriegsflugzeug
4 Jabo
5 Stuka
6 Bomber, Jaeger
Kriegsflugzeugverband
7 Staffel
10 Luftflotte
Kriegsführung
6 Taktik
9 Strategie
Kriegsgebiet
5 Front
Kriegsgott ...
· *der* **Germanen**
3 Ziu
· *der* **Griechen**
4 Ares
· *der* **nordischen Sage**
3 Tiu, Tyr, Ziu
· *der* **Römer**
4 Mars
Kriegskunst
6 Taktik
9 Strategie
Kriegsmaschine
6 Widder
8 Katapult
9 Rammklotz, Schleuder
10 Sturmhaken
kriegsmäßige Truppenübung
8 Manoever
Kriegsministerium der USA
8 Pentagon
Kriegsschar
5 Horde
Kriegsschiff
5 Aviso, Kogge, U-Boot
6 Tender
7 Galeere, Galeone, Kreuzer
8 Fregatte, Korvette, Wachboot
10 Minenleger, Zerstoerer
11 Schnellboot, Torpedoboot
14 Schlachtschiff
15 Flugzeugtraeger
Kriegsschule der USA
9 Westpoint
Kriemhilds ...
· **Bruder**
6 Gernot
7 Gunther
8 Giselher
· **Gatte**
9 Siegfried
· **Mutter**
3 Ute
Kriminalautorin
6 Millar
8 Christie
14 Agatha Christie
Kriminalpolizei
5 Kripo
kriminell
8 strafbar
12 ungesetzlich
14 verbrecherisch
kriminelles Vergehen
4 Mord, Raub
6 Betrug
9 Diebstahl
10 Erpressung, Hochverrat
12 Menschenraub
Krimskrams
7 Plunder, Troedel
Kristallbildung
15 Kristallisation
Kristallgestein
5 Druse
kristalliner Kalkstein
6 Marmor
kristalliner Schiefer
5 Gneis
kristallisierter Zucker
6 Kandis
Kriterium
7 Merkmal
8 Massstab
Kritik
6 Urteil
8 Pruefung
9 Rezension
11 Besprechung, Beurteilung
13 Stellungnahme
Kritik der Kritik
10 Metakritik
Kritikaster
8 Meckerer, Noergler
10 Beckmesser
12 Besserwisser
18 Allesbesserwisser
Kritiker
9 Rezensent
kritische Anmerkung
9 Kommentar
kroatisch(e, er, es) ...
· **Hafen**
5 Fiume
6 Rijeka
· **Hauptstadt**
5 Agram
6 Zagreb
· **Insel**
3 Krk
5 Ciovo, Silba
· **Physiker**
5 Tesla
· **Würdenträger**
3 Ban
Krokodil
6 Kaiman
9 Alligator
Krokusart
6 Safran
Krone des Papstes
5 Tiara
Kronleuchter
7 Luester
Kronprinz
9 Thronerbe
11 Thronfolger
Krönungsmantel
8 Pluviale
Kropf
6 Struma

Kropfstorch
6 Marabu
kross
8 knusprig
Kröte mit flachem Körper
4 Unke
Krötenart
3 Aga
4 Unke
Krücke
5 Stock
Krume
7 Broesel, Brosame, Kruemel
Krümel
7 Brosame
krumme Linie
5 Kurve
7 Spirale
krümmen
6 beugen, biegen
Krummholzart
6 Foehre, Kiefer
7 Latsche
9 Legfoehre
10 Bergkiefer
Krummholzkiefer
7 Latsche
Krummsäbel
7 Jatagan
Krümmung
5 Bogen, Kurve
7 Biegung
10 Abweichung
Kruste
5 Borke, Rinde
6 Schale, Schorf
Krustentier ▶ Krebstier
kubanisch(e, er, es) ...
· **Berg**
8 Turquino
· **Dichter**
5 Casal
· **Exportartikel**
6 Zucker
10 Zuckerrohr
· **Modetanz**
5 Rumba
· **Mulatte**
5 Pardo
6 Moreno
· **Regierungschef**
6 Castro
· **Revolutionär**
10 Che Guevara
· **Tanz**
8 Habanera
· **Währungseinheit**
4 Peso
7 Centavo
Kübel
4 Fass
5 Balge, Eimer
7 Bottich
8 Holzfass
9 Waschfass
Kübelwagen
4 Jeep
Küchen- und Essgeräte
8 Geschirr
Küchenabfall
5 Muell
11 Speisereste
Kuchenauflage
6 Glasur
8 Streusel
Küchenbecken
6 Spuele
7 Ausguss
10 Spuelstein
Küchenchef
4 Koch
Küchendunst
6 Wrasen
Küchendunsthaube
11 Wrasenabzug
Kücheneinrichtung
4 Herd
5 Abzug, Grill
6 Spuele
7 Ausguss
8 Anrichte, Backofen, Kochherd
10 Eisschrank, Muelleimer, Spuelstein
11 Abfalleimer, Spuelbecken
12 Besenschrank, Brotmaschine, Kuehlschrank
14 Kaffeemaschine
15 Geschirrschrank
Küchenfett
9 Speiseoel
Küchengegenstand
4 Form, Korb, Sieb, Topf
5 Blech, Eimer, Grill, Kanne, Kelle, Mixer, Quirl, Reibe, Tasse
6 Kessel, Pfanne, Platte, Raspel, Schale, Teller
7 Buerste, Eieruhr, Oeffner
8 Kochtopf, Teekanne, Trichter
9 Backblech, Entsafter, Holzbrett, Nudelholz, Reibeisen, Schuessel
10 Bratpfanne, Eierkocher, Kasserolle, Kuchenform, Messbecher, Roemertopf, Schneerute, Topflappen, Untertasse
11 Holzloeffel, Kaffeekanne, Kochloeffel, Ruehrgeraet, Schneebesen, Waffeleisen
12 Dosenoeffner, Kaffeemuehle, Schoepfkelle, Spuelbuerste
14 Kaffeemaschine
15 Buechsenoeffner
Küchengehilfe
4 Aide
Küchengerät ▶ Küchengegenstand
Kuchengewürz
4 Anis, Zimt
Küchengewürz
4 Anis, Dill, Salz, Senf, Ysop, Zimt
5 Chili, Curry, Essig, Nelke
6 Ingwer, Kerbel, Muskat, Piment, Safran, Salbei, Wermut
7 Beifuss, Fenchel, Kuemmel, Lorbeer, Majoran, Melisse, Oregano, Paprika, Pfeffer, Thymian, Vanille, Zwiebel
8 Estragon, Kardamom, Rosmarin
9 Basilikum, Borretsch, Engelwurz, Knoblauch, Koriander, Peterling, Wacholder
10 Bibernelle, Muskatnuss, Petersilie, Pimpinella
11 Bohnenkraut, Gurkenkraut, Suppenkraut
12 Gewuerznelke, Liebstoeckel, Schnittlauch
Küchenhobel
6 Hachel
Küchenkraut
9 Borretsch

10 Petersilie
Küchenmaß
10 Messbecher
Küchenschabe
8 Kakerlak
Küchenschädling ► Küchenungeziefer
Kuchentreibmittel
10 Backpulver
Küchenungeziefer
6 Schabe
8 Kakerlak
Kuchenzutat
2 Ei
4 Anis, Mehl
6 Rosine
8 Orangeat, Zitronat
10 Backpulver
kuckucksartiger Vogel
3 Ani
6 Didrik
9 Wiedehopf
Kudelkraut
7 Thymian
Kufenfahrzeug
3 Bob
9 Schlitten
Küfer
6 Binder
7 Kuebler
9 Boettcher
Kugel
6 Kuller
Kugelabschnitt
7 Kalotte, Segment
kugelartiger Griff
5 Knauf
Kugelbakterie
5 Kokke
6 Kokkus
Kügelchen
5 Pille
7 Globuli
8 Pastille
kugelförmig
4 rund
kugelförmiger Glasbehälter
6 Ballon
Kugelkappe
7 Kalotte
Kugelspiel
6 Boccia, Kegeln, Pelota
7 Billard
8 Roulette
Kugelsportler
6 Kegler
Kuh vor dem ersten Kalben
6 Faerse
Kuhantilope
3 Gnu
11 Haartebeest
Kuhblume
10 Hahnenfuss, Loewenzahn
16 Sumpfdotterblume
Kuhhandel
10 Kompromiss
kühl
4 herb, kalt
5 steif
6 frisch
7 frostig
8 sachlich
9 foermlich
10 reserviert
13 unpersoenlich
14 zurueckhaltend
Kuhle
4 Loch
5 Grube, Mulde
7 Erdloch
Kühlmaterial
3 Eis
10 Trockeneis
Kühlungsmittel bei Schmerzen
9 Eisbeutel
Kuhmilchgetränk
5 Kefir
kühn
4 keck
5 mutig
6 forsch, tapfer
7 beherzt
9 waghalsig
10 couragiert
13 unerschrocken
kühne Unternehmung
6 Wagnis
kühne Unternehmungslust
7 Wagemut
Kuhorgan
5 Euter
kujonieren
12 schikanieren
13 unterdruecken
Kukumber
5 Gurke
Kulanz
14 Entgegenkommen
kulinarische Genüsse
12 Tafelfreuden
Kult
5 Ritus
8 Anbetung
9 Verehrung
13 Vergoetterung
15 Gottesverehrung
Kultbild der Ostkirche
5 Ikone
Kulthandlung
5 Gebet, Opfer
kultische Bräuche
5 Riten
7 Rituale
kultivieren
8 veredeln
kultiviert
7 elegant, erlesen
8 gebildet
13 geschmackvoll
Kultivierung
14 Nutzbarmachung
Kultrequisit
9 Weihrauch
Kultstätte
6 Tempel
9 Heiligtum
Kultstätte des Zeus
7 Olympia
Kultur
4 Hege
5 Anbau, Zucht
6 Pflege
7 Bildung
8 Bebauung
9 Erziehung, Gesittung, Lebensart
12 Zivilisation
Kulturbeutel
10 Necessaire, Nessessaer
Kulturboden
4 Gare
Kulturdenkmal
8 Monument
Kulturepoche
5 Gotik
6 Antike, Barock, Empire, Rokoko
7 Klassik, Moderne, Neuzeit, Romanik
8 Altertum, Romantik
10 Humanismus

11 Biedermeier, Mittelalter, Postmoderne, Renaissance
12 Klassizismus

Kulturerde
7 Kompost

Kulturerscheinung
5 Kunst
9 Literatur
12 Wissenschaft, Zivilisation

Kulturgruppe
6 Ethnie

Kulturhochzeit
7 Klassik

Kulturpflanze der Tropen
3 Tee
4 Kola, Mate, Reis, Soja
5 Kakao, Olive, Tabak
6 Kaffee, Maniok, Orange
7 Erdnuss, Oelbaum
10 Feldfrucht, Kaffeebaum

Kulturstätte
4 Oper
6 Museum
7 Galerie, Theater
8 Akademie, Sammlung
10 Bibliothek, Glyptothek, Pinakothek
12 Konzerthalle, Universitaet

Kulturteil bei Zeitungen
10 Feuilleton

Kümmelbranntwein
4 Koem
7 Aquavit

Kummer
4 Crux, Gram, Harm, Last, Leid
5 Sorge
6 Trauer
7 Schmerz
10 Betruebnis
13 Enttaeuschung, Seelenschmerz

kümmerlich
4 karg
7 popelig
8 armselig
9 spaerlich

kümmerlich dahinleben
10 vegetieren

Kumpan
6 Kumpel
7 Genosse, Kamerad, Partner
8 Komplize
9 Gefaehrte, Teilhaber

Kunde
4 Fama, Maer, Sage
5 Lehre, Maere
6 Klient
7 Kaeufer, Mandant, Meldung
8 Abnehmer, Kenntnis
9 Konsument, Nachricht
11 Information, Verbraucher

Kundendienst
7 Service

Kundenwerber
9 Vertreter
11 Akquisiteur
18 Handlungsreisender

Künder
5 Seher
6 Mahner
7 Prophet
9 Weissager

Kundgebung
9 Aufmarsch
11 Versammlung
13 Demonstration, Protestmarsch

kundiger Mensch
6 Weiser

kundiger Schiffsführer
5 Lotse

Kündigung der Mitgliedschaft
8 Austritt

Kundschaft
8 Klientel

Kundschafter
5 Agent, Spion
7 Spaeher, Spitzel

künftig
5 in spe

Kunst des ...
· **Scherenschnittes**
12 Psaligraphie
· **Schönschreibens**
12 Kalligraphie
· **Zeichnens**
6 Grafik
7 Graphik

Kunstausstellung
5 Salon
15 Gemaeldegalerie

Kunstbeurteiler
8 Kritiker
15 Theaterkritiker

Kunstdruck
6 Grafik
7 Graphik

Kunstdünger
4 Kali
10 Thomasmehl

Künstelei
14 Manieriertheit

Kunstepoche
8 Romantik
10 Jugendstil
11 Renaissance

Kunstfaser
5 Acryl, Dolan, Lycra, Nylon, Orlon, Rayon, Redon, Reyon
6 Acetat, Azetat, Diolen, Dralon, Grilon, Perlon, Tergal
7 Acrylan, Cupresa, Helanca, Nyltest, Trevira
9 Courtelle, Zellwolle

kunstfertig
7 virtuos
8 versiert
10 routiniert

Kunstflugfigur
4 Turn
5 Rolle
7 Looping

Kunstflugschneise
4 Turn

Kunstförderer
6 Maezen
7 Goenner

Kunstfreund
7 Aesthet

Kunstgalerie
11 Ausstellung

Kunstgattung
4 Epik, Tanz
5 Lyrik, Musik, Prosa
6 Mosaik, Mystik, Poesie
7 Graphik, Keramik, Malerei, Plastik
8 Baukunst, Dichtung
9 Literatur
10 Schauspiel
11 Architektur, Bildhauerei, Schnitzerei

Kunstgewerbler
9 Modelleur

kunstgewerbliche Handarbeit
7 Gobelin, Keramik, Teppich
Kunstglied
8 Prothese
Kunstgöttin
4 Muse
Kunstgriff
4 Dreh
5 Finte, Kniff, Trick
7 Finesse
12 Manipulation
Kunstgriff beim Kartenmischen
5 Volte
Kunstgummi
4 Buna
Kunsthandlung
7 Galerie
Kunstharz
5 Resol
6 Ebonit
7 Bakelit
Kunstharzbeschichtung für Bratgeschirr
6 Teflon
9 Hostaflon
Kunstharzkitt
6 Asplit
Kunstkautschuk
4 Buna
Kunstleder
4 Skai
Künstler
4 Mime, Poet
5 Autor, Clown, Maler
6 Geiger, Kantor, Magier, Solist
7 Akrobat, Dichter, Gaukler, Komiker, Literat, Lyriker, Maestro, Meister, Musiker, Pianist, Saenger, Statist, Taenzer
8 Dirigent, Fotograf, Grafiker, Jongleur, Organist, Radierer, Virtuose, Vokalist, Zauberer, Zeichner
9 Bildhauer, Graphiker, Komponist, Regisseur, Romancier
10 Komoediant, Librettist, Photograph
11 Choreograph, Chorsaenger, Illustrator, Kabarettist
12 Opernsaenger, Schauspieler
13 Kapellmeister
14 Schriftsteller
16 Filmschauspieler
Künstlerentgelt ▶ Künstlerhonorar
Künstlerfete
11 Atelierfest
Künstlergruppe
8 Ensemble
Künstlerhonorar
4 Gage
Künstlerimitator
8 Parodist
Künstlerin bei Bühne und Film
4 Diva, Star
9 Ballerina, Saengerin, Taenzerin
künstlerisch
7 musisch
künstlerisch(e, er, es) ...
· **Entwurf**
10 Konzeption
· **Leiter einer Bühne**
9 Intendant
· **Morgenvorstellung**
7 Matinee
Künstlerkolonie bei Bremen
9 Worpswede
11 Fischerhude
Künstlerkontrakt
10 Engagement
Künstlernamenszug
9 Autogramm
Künstlerpaar
3 Duo
Künstlerviertel von ...
· **München**
9 Schwabing
· **Paris**
10 Montmartre
Künstlerwerkstatt
6 Studio
7 Atelier
Künstlerzeichen
8 Signatur
künstlich
6 unecht
11 artifiziell
künstlich(e, er, es) ...
· **Atmung**
14 Wiederbelebung
· **Brutstätte**
10 Nistkasten
· **Damm**
4 Wall
5 Buhne, Deich
· **Erdtrabant**
8 Satellit
· **Ersatz für Glieder und Zähne**
8 Prothese
· **Gewässer**
7 Stausee
· **Glucke**
8 Brutofen
· **Haarkräuselung**
10 Dauerwelle
· **Haarteil**
6 Toupet
· **Hindernis**
6 Verhau
· **Höhle**
6 Grotte
· **Kautschuk**
4 Buna
· **Lichtspender**
5 Kerze, Lampe
7 Leuchte
· **Mensch**
7 Android
10 Homunkulus
· **Saphir**
6 Amaryl
· **Süßstoff**
9 Saccharin
· **Wangenrot**
5 Rouge
· **Wasserfall**
7 Kaskade
· **Wasserlauf**
5 Kanal
6 Graben
· **Wasserstraße**
5 Kanal
· **Weltsprache**
3 Ido
6 Lincos, Novial
7 Mondial
9 Esperanto, Volapueck
· **Zahnersatz**
5 Krone
6 Gebiss
7 Bruecke

8 Prothese
· **Zahnfüllung**
6 Plombe
Kunstmuseum in Paris
6 Louvre
Kunstobjekt
6 Feelie
Kunstrichtung
5 Gotik
6 Barock, Empire, Rokoko
7 Klassik, Moderne, Romanik
8 Kubismus, Romantik
9 Dadaismus, Realismus
10 Futurismus, Jugendstil
11 Biedermeier, Manierismus, Renaissance
12 Naturalismus
15 Expressionismus, Impressionismus
Kunstrichtung ...
· *des* **18. Jahrhunderts**
6 Rokoko
· *im* **Mittelalter**
7 Romanik
· *in der* **Zeit Napoleons**
6 Empire
Kunstsammlung
6 Museum
7 Galerie
8 Kabinett
10 Glyptothek, Kollektion, Pinakothek
Kunstseidenwirkware
9 Charmeuse
kunstsinnig
7 musisch
Kunstsprache ► künstliche Weltsprache
Kunstsprung
5 Salto
Kunststil ► Kunstrichtung
Kunststoff
3 PVC
4 Skai
5 Acryl, Akryl, Plast
6 Ebonit, Igelit, Teflon
7 Bakelit, Eternit, Plastik, Resopal, Silikon, Vinidur
8 Astralon, Galalith, Hostalen, Perbunan, Polyamid
9 Duroplast, Kunstharz, Moltopren, Plexiglas, Polyakryl, Zelluloid, Zellulose
10 Polystyrol
12 Polyaethylen
16 Polyvinylchlorid
Kunststück
8 Leistung
11 Meisterwerk
Kunsttanz
7 Ballett
Kunsttänzer
7 Stepper
Kunsttöpfer
9 Keramiker
Kunstturnen
9 Akrobatik
Kunstveranstaltung
9 Happening
kunstvolles Bücherzeichen mit Namen
8 Exlibris
Kunstwerk
3 Bau, Dom
4 Bild, Oper
5 Drama, Figur, Posse
6 Fresko, Grafik, Kirche, Statue
7 Gedicht, Graphik, Musical, Oelbild, Plastik
8 Aquarell, Dichtung, Gemaelde, Komoedie, Operette, Portraet, Skulptur
9 Standbild, Symphonie, Tonstueck, Tragoedie, Zeichnung
11 Holzschnitt, Komposition, Kupferstich, Musikstueck
13 Buehnenstueck
Kunterbunt
8 Allerlei
9 Potpourri
10 Mischmasch
13 Durcheinander
Kupfer-Zinn-Legierung
6 Bronze
Kupferlegierung
6 Bronze
7 Messing
Kupferoxid
6 Patina
9 Gruenspan
Kupferstecher
6 Aetzer
Kupferstechkunst
13 Chalkographie
Kupferstich
9 Radierung
kupieren
11 beschneiden
Kupon
3 Bon
8 Quittung
9 Abschnitt, Gutschein
Kuppe
6 Gipfel
Kuppel
8 Gewoelbe
9 Kugeldach
Kuppelaufsatz
7 Laterne
Kuppelbau
7 Rotunde
Kur
7 Heilung
8 Erholung, Therapie
12 Verschickung
14 Heilbehandlung
Kuranstalt
10 Sanatorium
Kuranwendung
3 Bad
7 Massage, Moorbad
9 Wannenbad
Kurare
9 Pfeilgift
Kuratel
13 Vormundschaft
Kurator
9 Verwalter
kürbisähnliche Frucht
5 Gurke
6 Melone
kürbisartige Südfrucht
6 Melone
Kürbisflasche
5 Gurde
9 Kalabasse, Kalebasse
Kürbisgewächs
6 Melone
Kurdenstamm
6 Awrami, Kalhur
Kurier
4 Bote
11 Abgesandter
Kurierdienst
9 Botengang

kurieren
6 heilen
kurios
7 seltsam
10 eigenartig
Kuriosität ▶ Kuriosum
Kuriosum
15 Merkwuerdigkeit
Kurort
3 Bad
6 Seebad
7 Heilbad
Kurort ...
· *im* **Allgäu**
9 Hindelang, Sonthofen
10 Oberstdorf
· *in* **Bayern**
5 Prien
· *in* **Belgien**
3 Spa
6 Knokke
7 Ostende
· *am* **Comer See**
8 Bellagio
· *im* **Engadin**
4 Sils
5 Davos
10 Pontresina
· *im* **Ermstal**
5 Urach
· *an der* **Etsch**
5 Meran
· *in* **Florida**
5 Miami
· *in* **Frankreich**
3 Aix, Pau
5 Vichy
· *am* **Gardasee**
4 Riva
6 Limone
7 Gardone, Torbole
· *am* **Genfer See**
8 Montreux
· *in* **Graubünden**
5 Arosa
· *im* **Harz**
5 Elend, Grund, Thale
7 Altenau
8 Harzburg
· *an der* **Isar**
5 Toelz
· *im* **Kanton Bern**
6 Gstaad
9 Adelboden
· *im* **Kanton Sankt Gallen**
5 Ragaz
9 Rorschach
· *im* **Kanton Uri**
9 Andermatt
· *am* **Karwendel**
10 Mittenwald
· *in* **Kroatien**
7 Opatija
· *am* **Lago Maggiore**
6 Ascona, Stresa
7 Locarno
· *an der* **Lahn**
3 Ems
6 Nassau
· *am* **Luganer See**
6 Lugano
· *am* **Meer**
6 Seebad
· *bei* **Montreux**
4 Caux
· *an der* **Mosel**
8 Bertrich
· *am* **Neckar**
4 Horb
· *in* **Niedersachsen**
6 Eilsen
· *in* **Oberbayern**
7 Aibling
· *an der* **Ostsee**
11 Travemuende
· *an der* **Riviera**
5 Nervi, Nizza
6 Cannes
7 Rapallo
· *im* **Salzkammergut**
5 Ischl
6 Aussee, Fuschl
· *in* **Sankt Gallen**
5 Ragaz
· *in* **Schleswig-Holstein**
5 Ploen
· *im* **Schwarzwald**
7 Triberg, Wildbad
· *in der* **Schweiz**
5 Amden, Arosa, Davos, Flims, Ragaz, Scuol
6 Ascona, Buochs, Gstaad, Heiden, Leysin, Lugano, Maloja
8 Klosters, Montreux
9 Adelboden, Andermatt
10 Interlaken
11 Sankt Moritz
· *in* **Slowenien**
4 Bled
· *im* **Spessart**
3 Orb
· *in* **Südtirol**
3 Ala
5 Bozen, Meran, Tione
6 Levico
· *am* **Taunus**
5 Soden
· *im* **Tessin**
6 Ascona
· *im* **Weserbergland**
7 Pyrmont
Kurort mit Heilquelle
6 Solbad
Kurpfuscher
10 Scharlatan
11 Quacksalber
Kurs
4 Bahn, Lauf, Wert
5 Loipe, Piste, Preis, Route, Stand
6 Kursus, Umlauf
7 Gelaeuf, Strecke
8 Lehrgang, Parcours, Rennbahn, Richtung
11 Rennstrecke, Rundstrecke
12 Boersenpreis, Flugrichtung
13 Fahrtrichtung
Kursabschlag
7 Disagio
Kursanstieg
6 Hausse
Kursbestimmung
10 Navigation
Kursbuch
8 Fahrplan
Kürschnerprodukt
10 Pelzmantel
Kurserholung
7 Reprise
Kurssturz
6 Baisse
Kursunterschied
4 Agio
5 Ekart
Kursus
8 Lehrgang
10 Unterricht
Kurve
5 Bogen, Kehre, Kreis, Linie

7 Biegung, Ellipse, Parabel, Rundung, Spirale
8 Hyperbel
Kurve ...
· **berührende Gerade**
8 Tangente
· **einer Straße**
10 Wegbiegung
· **schneidende Gerade**
7 Sekante
Kurven der Gehirnströme (Abkürzung)
3 EEG
Kurven der Herzströme (Abkürzung)
3 EKG
Kurvenabschnitt
5 Bogen
kurvenlose Strecke
6 Gerade
kurvenreiche Bergstraße
10 Serpentine
kurz ...
· **danach**
4 bald
· **gebratene Rinderscheibe**
9 Beefsteak
· **hochheben**
7 luepfen
· **und bündig**
7 lapidar
· **und treffend**
9 lakonisch
· **zusammengefasst**
10 summarisch
kurz(e, er, es) ...
· **Abstand**
5 Naehe
· **Augenblick**
2 Nu
· **Ausgussröhrchen**
6 Tuelle
· **Äußerung**
9 Bemerkung
· **Bewegung**
4 Ruck
· **Bühnenauftritt**
5 Szene
· **Herrenstrumpf**
5 Socke
· **Hose**
6 Shorts
· **Imbiss**
5 Snack
· **Jäckchen**
6 Bolero
· **Lanze**
6 Spiess
· **Mantel**
5 Caban
· **Moment**
2 Nu
10 Augenblick
· **Regenschauer**
4 Guss
· **Reise**
4 Trip
· **Schlüpfer**
4 Slip
· **Sinnspruch**
5 Gnome
· **Strumpf**
5 Socke
· **Unterhose**
4 Slip
· **Vermerk**
5 Notiz
· **Zeitspanne**
9 Atempause
Kurzatmigkeit
6 Asthma
Kurzdrama
6 Sketch
Kürzel
5 Sigel
Kürzel für: Name unbekannt
2 NN
kürzere Abhandlung
5 Essay
kürzere Prosaerzählung
7 Novelle
kürzest(e, er, es) ...
· **Distanz zwischen zwei Punkten**
9 Luftlinie
· **Entfernung**
9 Luftlinie
· **Verbindung zweier Punkte**
6 Gerade
8 Geodaete
Kurzform für ... (► auch Abkürzung für ...)
· **Abitur**
3 Abi
· **Akkumulator**
4 Akku
· **Alfred**
3 Alf
· **Alphabet**
3 Abc
· **Aluminium**
3 Alu
· **an dem**
2 am
· **Autobus**
3 Bus
· *eine* **Berliner Hauptstraße**
6 Kudamm
· **Charlotte**
5 Lotte
· **daran**
4 dran
· **darin**
4 drin
· **Denkschrift**
4 Memo
· **Diapositiv**
3 Dia
· *eine* **Düsseldorfer Hauptstraße**
3 Koe
· **Eduard**
3 Edi
· **Edward**
3 Ted
· **Elisabeth**
4 Else
· **Fernschreiben**
5 Telex
· **Fernsehen**
2 TV
· **Franziska**
5 Fanni
· **Gangsterbande**
4 Gang
· **Gerhard**
4 Gerd
· **Geschwindigkeitsmesser**
5 Tacho
· **Hochschule**
3 Uni
· **internationale Kriminalpolizei**
8 Interpol
· **Johannes**
4 Hans
· **Judith**
5 Jutta
· **Juliane**
3 Lia

· **Kapitänleutnant**
5 Kaleu
· **Katharine**
5 Trine
· **Kraftfahrzeug**
4 Auto
· **Kraftrad**
4 Krad
· **Kriminalfilm**
5 Krimi
· **Kriminalpolizei**
5 Kripo
· **Kriminalroman**
5 Krimi
· **Kunibert**
4 Kuno
· **Kurzschrift**
5 Steno
· **Lokomotive**
3 Lok
· **Omnibus**
3 Bus
· **Pariser U-Bahn**
5 Metro
· **Personenwagen**
3 Pkw
· *einen* **Polizisten**
6 Schupo
· **Pullover**
5 Pulli
· **Rettich**
4 Radi
· **Rundfunkgerät**
5 Radio
· **Sanitäter**
4 Sani
· *einen* **Schiedsrichter**
6 Schiri
· *ein* **Schienenfahrzeug**
3 Lok
4 E-Lok
· **Schnellbahn**
5 S-Bahn
· **Schutzpolizei**
6 Schupo
· **Spielmarke**
4 Chip
5 Jeton
· **Spiritus**
5 Sprit
· **Stadt in Brasilien**
3 Rio
· **Stereophonie**
6 Stereo
· **Straßenbahn**
4 Tram
· **Studienbeihilfe**
6 Bafoeg
· **Teledialog**
3 Ted
· **Telekopie**
3 Fax
· **Tiergarten**
3 Zoo
· **Totalisator**
4 Toto
· **Transformator**
5 Trafo
· **Turbinenantrieb**
5 Turbo
· **Ulrike**
4 Ulla
· **Universität**
3 Uni
· **Untergrundbahn**
5 U-Bahn
· **US-Amerikaner**
3 Ami
· *ein* **Verkehrsmittel**
3 Bus
4 Obus, Tram
5 S-Bahn, U-Bahn
· **von dem**
3 vom
· **Wilhelm**
5 Willi
· **Zustimmung**
2 ok

Kurzgeschichte
5 Story
7 Episode, Novelle

Kurzgottesdienst
7 Andacht

Kurzhalsgiraffe
5 Okapi

kurzlebiges Insekt
13 Eintagsfliege

kurzlockig
5 kraus

Kurzname der Taylor
3 Liz

Kurzreise
4 Trip

Kurzrock
4 Mini

Kurzschrift
5 Steno
10 Stenogramm
11 Stenografie
12 Stenographie

Kurzschriftler
9 Stenograf

Kurzsichtigkeit
6 Myopie

Kurzstreckenlauf
6 Sprint

Kurzstreckenläufer
8 Sprinter

Kurzübersicht
6 Abriss, Skizze
8 Abstract

Kürzung
5 Abzug
6 Rabatt, Skonto
8 Nachlass

Kurzunterschrift
6 Signum

Kurzware
4 Band, Garn
5 Borte, Faden, Haken, Knopf, Litze, Nadel, Seide, Wolle, Zwirn
6 Schnur
8 Naehgarn
9 Bindfaden, Naehnadel, Naehseide

Kurzweil
5 Spass
11 Abwechslung
12 Unterhaltung, Zeitvertreib

Kurzweil mit Karten
11 Kartenspiel

Kurzwort für ...
· **Bartschergerät**
8 Rasierer
· **Fernschreiben**
5 Telex
· **Kompaktschallplatte**
2 CD
· **Luftreifen**
4 Pneu
· **Stromspeicher**
5 Akkus

kuschen
9 gehorchen
11 unterwerfen

Kusine
4 Base

Kuss
5 Bussi
6 Bussel
7 Busserl, Schmatz

Küste
7 Gestade
10 Meeressaum, Meeresufer
Küstenabtragung
8 Abrasion
Küstenbewohner
6 Friese
Küstenfahrzeug
4 Ewer
6 Feluke, Kutter
9 Schaluppe
Küstenflachmeer
6 Schelf
Küstenform
3 Bai, Bay, Kap
4 Golf, Haff, Lido, Riff, Ufer, Watt
5 Bucht, Busen, Delta, Fjord, Kliff, Liman
6 Bodden, Foerde, Lagune, Strand
7 Gestade, Nehrung
9 Halbinsel, Landzunge, Meerbusen, Steilufer, Strandsee
10 Felskueste, Meeresufer
Küstenfrachtsegler
8 Galeasse
Küstengebiet
5 Geest
Küstengewässer
4 Watt
10 Wattenmeer
Küstenhochland
5 Geest
Küstenkatastrophe
9 Sturmflut
15 Ueberschwemmung
Küstenschifffahrt (Küstenschiffahrt)
8 Kabotage
Küstenstreifen am Mittelmeer
5 Adria
7 Riviera
9 Côte d'Azur
Küstenvogel
5 Moewe
Küstenzone
7 Litoral
Küster
6 Mesner
7 Messner, Sigrist
8 Kirchner
9 Gloeckner

Kutsche
3 Cab
5 Break, Coach, Coupé, Wagen
6 Fiaker
8 Droschke, Fuhrwerk, Kalesche
11 Einspaenner
12 Zweispaenner
Kutscher
6 Fahrer, Fiaker, Lenker
Kutte
9 Ueberrock
11 Moenchsrock
Kuvert
6 Gedeck, Huelle
8 Konvolut, Umschlag
9 Enveloppe
13 Briefumschlag
Kuvertüre
4 Guss
6 Glasur
8 Ueberzug
19 Schokoladenueberzug
Kykladeninsel
3 Ios, Kea, Kos
4 Keos
5 Delos, Milos, Naxos, Syros, Thira, Tinos
7 Mykonos, Serifos
8 Santorin
Kyklop
8 Polyphem
kyrillisches Alphabet
6 Asbuka

L

Lab
7 Ferment
Labans Tochter
3 Lea
5 Rahel

labberig
3 fad
5 schal
11 abgestanden
laben
9 erquicken
10 erfrischen
labende Erfrischung
5 Trank
Laberdan
6 Dorsch
Labial
10 Lippenlaut
labil
6 unstet
8 instabil, unsicher
9 anfaellig
10 schwankend
12 unbestaendig
Laborgefäß
6 Kolben, Tiegel
7 Retorte
10 Glaskolben
11 Reagenzglas
13 Schmelztiegel
Laborgehilfe
8 Laborant
Laborgerät
5 Abzug
13 Bunsenbrenner
Labsal
5 Trank, Trost, Trunk
6 Balsam
7 Wohltat
9 Linderung
10 Erquickung
11 Erfrischung
Labung
6 Labsal
Labyrinth
9 Irrgarten
Lache
7 Pfuetze
Lacheffekt im Witz
6 Pointe
lächerlich
4 doof
5 banal
6 albern
7 grotesk, komisch, skurril
8 lachhaft
lächerlicher Vorfall
7 Blamage
lächerlicher Vorgang
5 Farce, Posse

lachsartiger Fisch
4 Anke
5 Renke, Stint
7 Felchen, Forelle, Maraene
9 Rheinsalm
Lachsfisch
4 Salm
7 Kapelan
Lachsforelle
4 Anke
Lack dünn auftragen
8 lasieren
Lackaffe
4 Beau, Geck
5 Dandy
7 Angeber, Stutzer
Lackel
6 Flegel
8 Dummkopf
Lackmus
7 Reagenz
14 PH-Wert-Anzeiger
Lacküberzug
5 Lasur
6 Firnis, Glasur
Lade
4 Fach
5 Truhe
7 Schrein
9 Behaelter, Schubfach
Ladebaum
4 Kran
8 Ausleger
Ladebühne
5 Rampe
Ladefähigkeit
8 Nutzlast
Ladeflächendecke
5 Plane
Ladeklappe
3 Luk
4 Luke
Laden
4 Shop
8 Boutique
9 Geschaeft
Ladendiener
6 Kommis
Ladengeschäft
4 Shop
Ladenhüter
4 Kram
13 Schleuderware
Ladentisch
5 Theke
6 Tresen
Ladenzeile
15 Einkaufszentrum
lädiert
10 ramponiert
11 beschaedigt
Ladung
3 Gut
4 Last
5 Fuhre, Kargo
6 Buerde, Fracht
7 Ballast
8 Nutzlast
12 Aufforderung
13 Elektrizitaet
Ladykiller
8 Casanova
10 Frauenheld
ladylike
9 damenhaft
Laertes' Sohn
8 Odysseus
Laffe
4 Beau, Fant, Geck
5 Dandy, Protz
6 Fatzke
7 Stutzer
Lage
3 Ort
5 Platz, Runde
6 Stelle
7 Haltung
8 Position, Stellung
9 Situation
13 Konstellation
Lage ...
· **Bier**
5 Runde
· *der* **Dinge**
13 Konstellation
· *des* **Fetus**
5 Situs
7 Positio
· *von* **Organen**
5 Situs
Lagebezeichnung
4 oben, vorn
5 innen, links, unten
6 aussen, hinten, mitten, rechts
Lager
4 Bett, Sofa
5 Couch, Depot, Liege
6 Kammer, Vorrat
7 Magazin
12 Sammelstelle
Lager für Feldfrüchte
5 Miete
Lager für Kohlen
5 Halde
Lagerhaus für Getreide
12 Getreidesilo, Kornspeicher
Lagerpfandschein
7 Warrant
Lagerpflanze
4 Alge, Moos, Pilz
7 Flechte
Lagerraum
5 Halle
8 Speicher
Lagerstatt
4 Bett
Lagerverwalter
8 Lagerist
10 Magazineur
Lagune
4 Haff
5 Bucht, Liman
7 Ufersee
9 Strandsee
Laguneninsel bei Venedig
6 Murano
Lagunenstadt
7 Venedig
lähmende Furcht
6 Grauen
lähmender Schrecken
9 Entsetzen
Lähmung
8 Paralyse
Laichgebiet der Aale
11 Sargassosee
Laichzeit
6 Laiche
Laie
7 Amateur
9 Dilettant
Laienbruder
6 Frater
laienhaft
11 amateurhaft
13 dilettantisch
Laienrichter
8 Schoeffe
12 Geschworener
Lakai
6 Diener
11 Schmeichler

L

Laken
7 Bettuch
8 Betttuch
lakonisch
4 kurz
5 knapp
8 wortkarg
Lamaart
4 Pako
6 Alpaka
7 Guanako
Lambrie
10 Fussleiste
Lamento
5 Klage
6 Jammer
8 Gejammer, Geschrei, Wehklage
Lammfell
7 Karakul, Krimmer
9 Persianer
Lammfellmütze
6 Kalpak, Kolpak
lammfromm
4 zahm
Lampe in der Tierfabel
4 Hase
Lampe mit UV-Licht
11 Hoehensonne
Lampen am Auto
12 Scheinwerfer
Lampenart
4 Spot
5 Ampel
6 Sucher
7 Laterne, Luester
8 Leuchter, Strahler
9 Spotlight, Wandlampe
10 Kandelaber
12 Kronleuchter, Scheinwerfer, Taschenlampe
Lampenfieber
5 Angst
6 Unruhe
11 Nervositaet
14 Pruefungsangst
Lampengestell
10 Kandelaber
Lampion
5 Ampel
7 Laterne
13 Papierlaterne
lancieren
8 foerdern
11 hochspielen
Land
4 Erde
5 Acker, Boden, Grund, Staat
6 Gebiet, Gegend
7 Gefilde, Terrain
8 Erdboden
11 Territorium
Land ...
· *der* **Bundesrepublik**
6 Bayern, Berlin, Bremen, Hessen
7 Hamburg, Sachsen
8 Saarland
10 Thueringen
11 Brandenburg
13 Niedersachsen, Sachsen-Anhalt
14 Rheinland-Pfalz
17 Baden-Wuerttemberg, Schleswig-Holstein
18 Nordrhein-Westfalen
21 Mecklenburg-Vorpommern
· *des* **ehemaligen deutschen Reichs**
8 Preussen
· *im* **Himalaja**
5 Tibet
· *am* **Jordan**
4 Moab
· *am* **Kaukasus**
8 Georgien
· *der* **Kelten**
7 Gallien
· *am* **mittleren Nil**
6 Nubien
· *im* **Naturzustand**
7 Wildnis
· *des* **Sonnenaufgangs**
5 Japan
· *der* **tausend Seen**
8 Finnland
· *der* **unbegrenzten Möglichkeiten**
3 USA
7 Amerika
· *im* **Wasser**
5 Insel
Landarbeiter
6 Knecht
Landarbeiterin
4 Magd
Landbesitz
3 Gut, Hof
4 Farm
5 Ranch
7 Gehoeft, Gutshof
9 Bauernhof, Rittergut
10 Immobilien, Latifundie
14 Liegenschaften
Landbesitzerkaste in Indien
6 Dschat
Landbewohner
8 Haeusler
Landebahn für Flugzeuge
5 Piste
Landedelmann
6 Junker
Landenge vor Korinth
7 Isthmus
Landeplatz ...
· *der* **Arche Noah**
6 Ararat
· *für* **Flugzeuge**
5 Horst, Piste
8 Flugfeld, Rollbahn, Rollfeld
9 Flughafen, Flugplatz
· *für* **Schiffe**
3 Kai
5 Hafen, Reede
Länder jenseits der Meere
8 Uebersee
Länder Vorderasiens
6 Nahost
10 Naher Osten
Länderei ▶ Landbesitz
Ländervertretung der BRD
9 Bundesrat
landesfremd
6 extern
Landeshauptmann im alten Polen
7 Starost
Landesherr
7 Monarch
8 Potentat
9 Souveraen
Landesherr Jesu
7 Herodes
Landessprache in Togo
3 Ewe
Landesteg
12 Anlegestelle
Landesteg im Hafen
13 Anlegebruecke
Landesteil
3 Gau

5 Kreis
6 Bezirk
7 Provinz

Landesteil ...
· *von* **Bayern**
7 Franken
8 Schwaben
9 Oberpfalz
10 Oberbayern
11 Oberfranken
12 Niederbayern, Unterfranken
13 Mittelfranken
· *von* **Dänemark**
8 Juetland
· *von* **Österreich**
5 Tirol
8 Kaernten
10 Steiermark, Vorarlberg
· *der* **Tschechischen Republik**
7 Boehmen, Maehren

Landesverrat
8 Spionage

L

Landesverweser
6 Regent

Landesverweseramt
12 Regentschaft

landesweiter Ausstand
13 Generalstreik

Landevorhaben
6 Anflug

Landfläche
4 Flur

Landfremdling
6 Gringo

Landgut
3 Hof
4 Farm
5 Ranch

Landgut in Südamerika
8 Estanzia, Hazienda

Landhaus
5 Baude
6 Chalet
7 Cottage, Datscha
8 Bungalow

Landkarte
4 Plan
14 Messtischblatt

Landkartenwerk
5 Atlas

Landkartenzeichner
9 Kartograf
10 Kartograph

Landkreis in Schleswig-Holstein
8 Stormarn

Landkultur
8 Ackerbau
9 Viehzucht

landläufig
6 gemein
7 ueblich

ländlich
5 rural
8 rustikal
9 bukolisch, idyllisch
10 baeuerlich

ländlich(e, er, es) ...
· **Ansiedlung**
3 Gut, Ort
4 Dorf
6 Weiler
· **Besitz**
7 Anwesen, Gehoeft
· **Feier**
5 Kerwe
6 Kirmes
10 Heimatfest
· **Gemeinde**
4 Dorf
10 Dorfschaft
· **Hotel**
7 Gasthof
· **Leben**
6 Idylle
· **Ort**
4 Dorf
· **Wirtshaus**
7 Gasthof

Landmacht eines Staates
4 Heer
5 Armee

Landmann
5 Bauer
8 Agrarier

Landmesser ▶ Landvermesser

Landnase
3 Kap
9 Halbinsel

Landpartie
7 Ausflug

Landpolizei
11 Gendarmerie

Landpolizist
7 Gendarm

Landschaft
3 Gau
4 Moor, Wald
5 Heide
6 Bezirk, Gebiet, Gegend, Region

Landschaft ...
· *in* **Afghanistan**
5 Balch
· *in* **Ägypten**
5 Gosen
· *im* **alten Palästina**
6 Judaea
· *im* **Alten Testament**
7 Aramaea
· *der* **Antike**
4 Saba
6 Phokis
7 Aeolien
9 Bithynien
· *in* **Äthiopien**
6 Harrar, Ogaden
· *in* **Baden**
5 Hegau
6 Albgau
9 Kraichgau
· *im* **Baltikum**
7 Kurland, Livland
9 Semgallen
10 Lettgallen
· *in* **Belgien**
5 Fagne
6 Fagnes, Kempen
7 Brabant
8 Ardennen, Flandern, Hennegau
· *in* **Böhmen**
8 Egerland
· *zwischen* **Donau und Theiß**
5 Banat
· *bei* **Düsseldorf**
10 Neandertal
· *zwischen* **Elbe und Bober**
7 Lausitz
· *in* **Finnland**
8 Karelien, Lappland
· *im* **Kanton Luzern**
9 Entlebuch
· *in* **Kleinasien**
5 Troas
6 Ionien
8 Phrygien
· *bei* **Lyon**
6 Bresse
· *in* **Mesopotamien**
8 Chaldaea

· *am* **Mittelmeer**
7 Riviera
8 Provence
· *am* **Mittelrhein**
5 Pfalz
· *zwischen* **Mosel und Rhein**
5 Eifel
· *in* **Niedersachsen**
4 Harz
6 Hadeln
7 Emsland, Solling
9 Stedingen
· *in* **Norditalien**
6 Friaul
· *in* **Nordrhein-Westfalen**
10 Ruhrgebiet
· *am* **Oberrhein**
7 Ortenau
· *in* **Ostpreußen**
7 Ermland, Masuren, Samland
· *in* **Pakistan**
5 Bugti
6 Punjab
9 Pandschab
· *in* **Palästina**
8 Galilaea
· *bei* **Paris**
4 Brie
· *in* **Portugal**
5 Beira
· *in* **Rumänien**
5 Banat
6 Moldau
8 Bukowina, Walachei
· *in* **Sankt Gallen**
10 Toggenburg
· *in* **Schleswig-Holstein**
6 Angeln
8 Probstei, Stormarn
12 Dithmarschen
· *in der* **Schweiz**
4 Jura
7 Engadin
8 Emmental
· *in* **Sibirien**
5 Taiga
· *in* **Spanien**
8 Asturien, Galicien
9 Aragonien, Kastilien
10 Andalusien, Katalonien
11 Estremadura
· *in* **Süddeutschland**
7 Allgaeu
· *in* **Tirol**
9 Zillertal
· *in* **Ungarn**
6 Pussta, Puszta
· *in* **Westfalen**
7 Hellweg
9 Sauerland
· *bei* **Wien**
5 Lobau

landschaftlich für ...
· **dicker Brei**
4 Pamp
5 Pampe
· **Kleister**
4 Papp
· **quer**
6 zwerch
· **Reibeisen**
6 Raffel
· **Widder**
5 Staer
· **Wurzel**
4 Wurz

Landschaftsbeschreibung
10 Topografie
11 Topographie

Landschaftsbild
8 Szenerie

Landschaftsform
2 Au
3 Aue, Tal
4 Berg, Moor, Moos
5 Bruch, Ebene, Geest, Heide, Karst, Pampa, Taiga
6 Kueste, Marsch, Pussta, Puszta, Steppe, Tundra, Wueste
7 Gebirge, Praerie
8 Bergland, Hochland, Tiefland
9 Flachland, Hochebene, Niederung
11 Hochgebirge
13 Mittelgebirge

Landschaftsgarten
4 Park

Landsknecht
6 Soldat
8 Soeldner

Landsknechtseinheit
5 Haufe

Landsknechtswaffe
4 Pike
10 Hellebarde

Landsmann in Österreich
6 Wiener
7 Steirer, Tiroler
9 Kaerntner
10 Salzburger
12 Vorarlberger
13 Burgenlaender
17 Oberoesterreicher

Landspitze
3 Kap
4 Riff
7 Nehrung
9 Halbinsel

Landstraße
8 Chaussee

Landstreicher
5 Tramp
6 Penner
7 Bettler
8 Streuner, Vagabund
9 Schnorrer
10 Pennbruder
13 Uebernachtler

Landstreitkräfte
4 Heer
5 Armee
6 Truppe

Landstrich
4 Zone
6 Gebiet, Region

Landstück für den Kleinanbau
6 Garten

Landungsbrücke
4 Pier

Landungsplatz der Arche Noah
6 Ararat

Landvermesser
7 Geodaet
8 Geometer

Landvogt bei Wilhelm Tell
7 Gessler

Landvorsprung ► Landspitze

Landwirt
5 Bauer
6 Farmer
7 Agronom
8 Agrarier

landwirtschaftlich
9 agrarisch

landwirtschaftlich(e, er, es) ...
· **Arbeiter**
6 Knecht
· **Beruf**
6 Melker
· **Betrieb**
3 Gut, Hof
4 Farm
5 Ranch
8 Plantage
9 Bauernhof
11 Huehnerfarm
· **Ertrag**
5 Ernte
· **Feldmaß**
4 Joch
· **Gebäude**
5 Stall, Tenne
7 Scheune
8 Heuboden
· **Gerät**
4 Egge
5 Forke, Gabel, Hacke, Harke, Pflug, Sense
6 Rechen, Sichel, Spaten
7 Traktor
8 Heugabel, Heuharke
9 Mistgabel
10 Maehbinder
12 Dreschflegel, Maehdrescher
· **Großbetrieb**
3 Gut
4 Farm
· **Nutzfläche**
4 Feld
5 Acker, Weide
· **Nutztier**
3 Kuh
4 Rind
8 Milchkuh
· **Nutztiere**
4 Vieh
· **Nutzung des Bodens**
8 Ackerbau
· **Personal**
7 Gesinde
· **Produkt**
2 Ei
5 Milch
7 Fleisch, Gemuese
8 Getreide
9 Gefluegel, Kartoffel
· **Tätigkeit**
5 eggen, saeen
· **Zugmaschine**
7 Traktor

Landwirtschaftsorganisation der UN
3 FAO

Landzunge ▶ Landspitze

lang(e, er, es) ...
· **Abendkleid**
4 Robe
· **Beständigkeit**
15 Dauerhaftigkeit
· **Binde**
6 Fasche
· **Festkleider**
5 Roben
· **Gegenstand**
6 Stange
· **Hiebwaffe**
6 Saebel
· **Hundeschwanz**
4 Rute
· **Oberteil des Stiefels**
6 Schaft
· **Skalpell**
8 Bistouri
· **Stäbe**
7 Stangen
· **Strand**
4 Lido
· **Vertiefung**
5 Rinne
· **Zeiträume**
5 Jahre

langatmig
3 oed
10 langweilig
12 ausfuehrlich

langbeiniger Wasservogel
4 Ibis
6 Storch
8 Flamingo

langbeiniges Steppentier
7 Giraffe

Länge
5 Dauer
7 Ausmass
9 Abmessung, Dimension

Längengleichheit
9 Isometrie

Längengrad ▶ Längenkreis

Längenkreis
8 Meridian

Längenmaß (Abkürzung)
2 cm, My
4 Elle, Fuss, Rute, Zoll
5 Faden, Kabel, Meile, Meter
6 Parsec
7 Klafter
8 Seemeile
9 Dezimeter, Kilometer, Lichtjahr, Nanometer
10 Mikrometer, Millimeter, Zentimeter
11 Millimikron

Längentreue (Kartografie)
9 Isometrie

länger(e, er, es) ...
· **Fahrt**
5 Reise
· **Riss**
5 Ritze
6 Spalte
· **Vortrag**
4 Rede
· **Wegfahrt**
5 Reise
· **Zeitraum**
4 Jahr

Langeweile
4 Oede
8 Einerlei
9 Tristheit

Langfinger
4 Dieb
10 Kleptomane

langfristige Kreditnahme
7 Anleihe
8 Darlehen, Hypothek

langhaariger Hühnerhund
6 Setter

langhaariges Lama
6 Alpaka

Langhalsflasche
6 Phiole

langhalsige Gitarre
5 Banjo

langhalsiger Stelzvogel
6 Storch

Langhalstier
7 Giraffe

Langlaufbahn im Skisport
5 Loipe

langlebiger Schlager
9 Evergreen

länglich rund
4 oval
10 elliptisch

länglich(e, er, es) ...
· **Biskuit**
8 Biskotte
· **Brotform**
6 Wecken
· **Gebäck**
7 Weckerl
· **Teigstück**
7 Nockerl
· **Verdickung**
5 Wulst
· **Vertiefung**
3 Nut
5 Rille
· **Weißbrot**
12 Semmelwecken
Langmut
6 Geduld
8 Ausdauer
9 Nachsicht
11 Duldsamkeit
langmütig
8 geduldig
Langohr
4 Esel, Hase
langohriges Jagdtier
4 Hase
längs gerippter Stoff
4 Cord
langsam
4 faul
6 traege
7 saeumig
9 saumselig
langsam in der Musik
5 largo, lento, tardo
6 adagio
langsam(e, er, es) ...
· **amerikanischer Tanz**
5 Blues
· **Filmwiedergabe**
8 Zeitlupe
· **französischer Tanz**
7 Gavotte
· **Gangart**
5 Trott
· **moderner Tanz**
7 Slowfox
· **mühselige Arbeit**
10 Ochsentour
· **Musikstück**
5 Largo
6 Adagio
· **spanischer Tanz**
9 Sarabande
· **Tanz**
5 Blues
7 Slowfox
· **Tonstück**
6 Adagio
Langschwanzpapagei
3 Ara
5 Arara
Längsfaden eines Gewebes
5 Kette
Langspielplatte
2 LP
Längsrinne
5 Riefe
Längsteil des Schiffes
4 Kiel
längst(e, er, es) ...
· **Fluss von Albanien**
4 Drin
· **Gebirge der Erde**
11 Kordilleren
· **Strom der Erde**
3 Nil
Längsträger eines Schiffes
4 Kiel
Langstreckenwettbewerb
4 Giro
6 Rallye
9 Radrennen
10 Autorennen
12 Marathonlauf
14 Motorradrennen
15 Sechstagerennen
Languste
5 Krebs
11 Panzerkrebs, Ritterkrebs
langweilig
3 fad, oed
4 fade, oede
7 monoton
8 einerlei, ennuyant
9 eintoenig, langatmig
langweilig(e, er, es) ...
· **Dorf**
4 Kaff
· **Geschwätz**
6 Sermon
· **Schwätzer**
8 Salbader
Langzeitprüfung
9 Dauertest
Lanze
5 Speer
6 Spiess
10 Hellebarde
Lanzenreiter
4 Ulan
laotischer Grenzfluss
6 Mekong
lapidar
4 kurz
5 knapp
8 wortkarg
Lappalie
9 Bagatelle, Petitesse
10 Banalitaet, Nebensache, Quisquilie
11 Kleinigkeit
Lappen
6 Fetzen, Lumpen
Lappenkuh
3 Ren
Lappenzelt
4 Kote
läppisch
6 albern, simpel
8 infantil, kindisch
Lapsus
9 Fehltritt
11 Versprecher
Larifari
5 Unfug
6 Gerede, Unsinn
Lärm
5 Krach, Radau, Rumor, Trara
6 Getobe, Rabatz, Randal, Trubel, Tumult, Unruhe
7 Aufruhr, Getoese, Klamauk, Krakeel, Krawall
9 Spektakel
12 Ruhestoerung
Lärm um nichts
5 Trara
lärmen
7 groelen, rumoren
8 schreien
9 krakeelen
11 randalieren
Lärmen vor der Hochzeit
11 Polterabend
lärmend(e, er, es) ...
· **Gespenst**
11 Poltergeist
· **Schreien**
7 Groelen
· **Treiben**
10 Remmidemmi

· **Unfug**
6 Randal
7 Randale
Lärminstrument
6 Knarre, Rassel
7 Klapper
Larve
4 Made
5 Maske, Mumme, Puppe, Raupe
9 Engerling
Larve des Maikäfers
9 Engerling
Larve des Schmetterlings
5 Raupe
lasch
3 lax
5 leger
6 salopp
7 laessig, schlaff
Lasche
5 Zunge
6 Nippel
Laschenkragen
8 Beffchen
Läsion
5 Wunde
10 Verletzung
lässig
3 lax
5 lasch, leger
6 bequem, locker, salopp, traege
7 langsam
10 nonchalant
11 ungezwungen
lässige Sprache
5 Idiom, Slang
lässiger Gang
5 Trott
Lässigkeit
7 Laxheit
11 Nonchalance
lässlich
11 verzeihlich
12 entschuldbar
Last
4 Crux, Joch, Krux
5 Muehe, Plage
6 Buerde, Fracht, Kummer, Ladung
7 Gewicht
Lastenheber
4 Kran
7 Stapler
11 Flaschenzug
12 Gabelstapler
Lastensegler
6 Glider
Laster
3 Lkw
5 Manie, Sucht, Truck
6 Suende
7 Unsitte
Lästerung
5 Fluch
12 Beschimpfung
13 Verwuenschung
lästig
6 genant
9 penetrant
10 unangenehm
12 aufdringlich, beschwerlich
13 unsympathisch
lästig(e, er, es) ...
· **Insekt**
4 Floh, Laus
5 Wanze, Wespe
6 Bremse, Fliege, Muecke
7 Schnake
· **Kind**
5 Blage
11 Nervensaege
· **Lärmen**
9 Groelerei
· **Mensch**
7 Stoerer
· **Tier**
5 Biest
Lastkraftwagen
5 Truck
6 Brummi, Camion
Lastrahmen (Technik)
6 Pallet
Lastschiff
4 Kahn
6 Tanker
8 Frachter
11 Transporter
Lasttier
4 Esel, Lama, Muli
5 Kamel, Pferd
8 Dromedar, Maulesel, Maultier
11 Trampeltier
Lastträger im Himalaja
6 Sherpa
Lasur
8 Ueberzug
11 Farbschicht, Lackschicht
Lasurstein
11 Lapislazuli
lasziv
8 erotisch, sinnlich
10 anstoessig, unzuechtig
Lateinamerikaner
6 Kreole
lateinamerikanischer Indianer
5 Indio
lateinamerikanischer Tanz
5 Mambo, Raspa, Rumba, Samba
9 Chachacha
Lateineuropäer
6 Romane
lateinisch für ...
· **aber**
3 sed
· **Abscheu**
6 horror
· **acht**
4 octo
· **Acker**
4 ager
· **also**
4 ergo
· **anders**
5 alias
· **Anhang**
5 annex
· **Anstand**
5 mores
· **Art**
5 modus
· **Arzt**
7 medicus
· **auch**
5 alias
· **aus**
2 ex
· **Ausspruch**
6 diktum
· **Baum**
5 arbor
· **Bedingung**
8 conditio
· **Berg**
4 mons
· **bete**
3 ora
· **bete und arbeite**
11 ora et labora

- **Brot**
  5 panis
- **Bruder**
  6 frater
- **Buch**
  5 liber
- **Buchseite**
  6 pagina
- **Buchstabe**
  6 litera
- **das Gute**
  5 bonum
- **das heißt, das ist**
  5 id est
- **derselbe**
  4 idem
- **deshalb**
  4 ergo
- **Dichter**
  5 poeta
- **Ding**
  3 res
- **drei**
  4 tres
- **durch**
  3 per
- **ebenso**
  4 item
- **Ehre**
  5 honor
- **eins**
  4 unus
- **einst**
  4 olim
- **Eisen**
  6 ferrum
- **eitel, nichtig**
  4 inan
- **Ende**
  5 finis
- **Erde**
  5 terra
- **Erinnerung**
  7 memoria
- **Fall**
  5 casus
- **folglich**
  4 ergo
- **Freund**
  6 amicus
- **Freundin**
  5 amica
- **Frieden**
  3 pax
- **fünf**
  7 quinque
- **für**
  3 pro
- **Gattung**
  5 genus
- **gegen**
  6 contra
- **Gerücht**
  4 fama
- **Geschlecht**
  5 sexus
- **Gesetz**
  3 lex
- **Glaube**
  5 fides
- **gleichfalls**
  4 dito
- **Glück**
  7 fortuna
- **glücklich**
  5 felix
- **Gold**
  5 aurum
- **Gott**
  4 deus
- **groß**
  6 magnus
- **Grund**
  5 causa
- **Hafen**
  6 portus
- **Hand**
  5 manus
- **Haus**
  5 domus, villa
- **Hund**
  5 canis
- **ich**
  3 ego
- **ich glaube**
  5 credo
- **ich kam**
  4 veni
- **ich liebe**
  3 amo
- **im Ganzen**
  6 in toto
- **im Jahre**
  4 anno
- **immer**
  6 semper
- **innen**
  5 intus
- **jugendlich**
  7 juvenil
- **König**
  3 rex
- **Königin**
  6 regina
- **Körper**
  6 corpus
- **Kranz**
  6 corona
- **Kreuz**
  4 crux
- **Krone**
  6 corona
- **Kunst**
  3 ars
- **Last**
  4 onus
- **lebe wohl**
  4 vale
- **Leben**
  4 vita
- **leer**
  4 inan
- **Licht**
  5 lumen
- **Liebe**
  4 amor
- **Löwe**
  3 leo
- **Luft**
  3 aer
- **Mann, Mensch**
  4 homo
- **Meer**
  4 mare
- **Methode**
  3 via
- **mittels**
  3 per
- **Mond**
  4 luna
- **Mühe**
  4 onus
- **Mutter**
  5 mater
- **Nacht**
  3 nox
- **Name**
  5 nomen
- **neun**
  5 novem
- **nichtig**
  4 inan

- **nichts**
  5 nihil
- **niemand**
  4 nemo
- **Odysseus**
  6 Ulixes
- **ohne**
  4 sine
- **Ordensbruder**
  6 Frater
- **Pöbel**
  5 Plebs
- **Recht**
  3 ius
- **Redner**
  6 orator
- **Ruf** (Leumund)
  4 fama
- **Sache**
  3 res
- **Schicksal**
  5 fatum
- **sechs**
  3 sex
- **sei gegrüßt**
  3 ave
  5 salve
- **Seite**
  6 pagina
- **sieben**
  6 septem
- **Sieg**
  8 victoria
- **siehe da**
  4 ecce
- **Sitten**
  5 mores
- **so**
  3 ita, sic
- **Sohn**
  6 filius
- **sonst**
  5 alias
- **Sprache**
  6 lingua
- **Stadt**
  4 urbs
- **Stein**
  5 lapis
- **Stelle**
  5 locus
- **Stern**
  6 astrum
- **Straße**
  3 via
- **Stunde**
  4 hora
- **Tag**
  4 dies
- **Tochter**
  5 filia
- **Tor**
  5 porta
- **und**
  2 et
- **Vater**
  5 pater
- **Vaterland**
  6 patria
- **Vernunft**
  5 ratio
- **Volk**
  7 populus
- **vor**
  4 ante, prae
- **Vorzeichen**
  4 omen
- **Wasser**
  4 aqua
- **Weg**
  3 via
- **Werk**
  4 opus
- **Wolf**
  5 lupus
- **Zahl**
  7 numerus
- **Zauberer**
  5 magus
- **zehn**
  5 decem
- **Zeichen**
  6 signum
- **Zeit**
  6 tempus
- **Zuhörerschaft**
  10 Auditorium
- **zur Sache**
  5 ad rem
- **Zustand**
  6 status
- **zwei**
  3 duo
- **Zweifel**
  6 dubium
- **zwischen**
  5 inter

lateinisch(e, er, es) ...
- **Bibelübersetzung**
  5 Itala
  7 Vulgata
- **Dichter**
  5 Horaz
  6 Vergil
  8 Ausonius
  10 Prudentius
- **Druckschrift**
  7 Antiqua
- **Grußwort**
  3 ave
  5 salve
- **halb** (Vorsilbe)
  4 semi
- **jenseits** (Vorsilbe)
  5 trans
- **Name eines Erdteils**
  4 Asia
- **Name für Irland**
  8 Hibernia
- **Name für Köln**
  15 Colonia Agripina
- **Name für Österreich**
  7 Austria
- **Name für Paris**
  7 Lutetia
- **Name für Polen**
  7 Polonia
- **Name für Wien**
  9 Vindobona
- **Name von Spanien**
  8 Hispania
- **rückwärts** (Vorsilbe)
  5 retro
- **Sprachprüfung**
  7 Latinum
- **viel** (Vorsilbe)
  5 multi

Laterne
5 Lampe
7 Aufsatz, Lampion, Leuchte

Latifundium
10 Landbesitz
12 Liegenschaft

Latona
4 Leto

Latonas Sohn
5 Apoll
6 Apollo
7 Apollon

Latonas Tochter
5 Diana

Latrine
2 WC
5 Abort, Lokus

7 Abtritt, Klosett
12 Donnerbalken
Latsche
5 Schuh
6 Foehre, Kiefer
8 Knieholz, Schlappe
9 Pantoffel, Schlappen
Latte
5 Brett, Laban
6 Leiste, Stange
8 Kantholz, Kerbholz
Lattengestell
5 Horde
7 Spalier
Lattenkiste
6 Steige
9 Obstkiste
Lattenzaun
6 Staket
Latz
9 Serviette
Laub der Bäume
8 Blaetter
Laubbaum
4 Erle, Espe, Ulme
5 Ahorn, Birke, Birne, Buche, Eiche, Esche, Linde, Weide
6 Akazie, Gingko, Mispel, Pappel
7 Lorbeer, Oelbaum, Platane, Robinie, Walnuss
8 Birnbaum, Kastanie, Nussbaum, Rotbuche, Salweide
9 Apfelbaum, Bergahorn, Blutbuche, Buchsbaum, Eberesche, Feldahorn, Hagebuche, Hainbuche, Korkeiche, Mangobaum
10 Eukalyptus, Feigenbaum, Weissbuche
11 Trauerweide
12 Silberpappel
Laubbaum mit essbaren Früchten
12 Edelkastanie
Laubbaumfrucht
6 Eichel, Marone
8 Kastanie
9 Buchecker
Laubengang
6 Arkade
7 Pergola
Laubenland
16 Schrebergarten
Laubgewinde
5 Kranz
6 Feston
8 Girlande
Laubhüttenfest
9 Erntedank
Laubwerk in der Kunst
9 Feuillage
Lauchgemüse ▶ Lauchpflanze
Lauchpflanze
5 Bolle
6 Porree
7 Zipolle, Zwiebel
9 Knoblauch, Schalotte
Laudatio
7 Lobrede
Lauf
4 Bahn, Gang, Kurs
6 Sprint
7 Jogging
Laufart des Pferdes
4 Trab
6 Traben
Laufbahn
3 Weg
8 Aufstieg, Karriere
9 Werdegang
15 Curriculum Vitae
Laufbrett
4 Steg
Laufbrücke
7 Gangway
8 Stelling
Laufbursche
3 Boy
4 Bote, Page
Laufdisziplin
6 Sprint
8 Marathon
9 Dauerlauf
11 Huerdenlauf
laufend
11 unablaessig
13 unaufhoerlich
laufende Rechnung
12 Kontokorrent
Läufer
5 Figur, Stein
6 Athlet
7 Teppich
11 Schachfigur
Lauferei
6 Gerenn
7 Gerenne
Lauffläche des Schuhwerks
5 Sohle
Laufhindernis
6 Graben, Huerde
Laufinneres bei Feuerwaffen
5 Seele
Laufjunge ▶ Laufbursche
Laufkäfer
11 Goldschmied
13 Puppenraeuber
Laufkampf
10 Wettrennen
Laufleine für Pferde
5 Longe
Laufschiene
4 Kufe
Laufschuhe
6 Spikes
Laufstange
6 Stelze
Laufvogel
3 Emu, Moa
4 Kiwi
5 Nandu
7 Strauss
Laufwettbewerb (▶ auch Laufdisziplin)
6 Rennen
Lauge
4 Base
Lauge zum Bleichen
6 Beuche
laugenartige Verbindung
6 Alkali
Laune
4 Lust
5 Mucke
6 Grille, Spleen
7 Einfall, Marotte
8 Allueren, Kapriole, Schrulle, Stimmung
launisch
5 labil
6 bizarr
10 kaprizioes
11 grillenhaft
14 wetterwendisch
Lausbub
5 Range
6 Bengel, Knirps, Lauser
9 Schlingel

10 Frechdachs
13 Dreikaesehoch
Lausbub bei Wilhelm Busch
3 Max
6 Moritz
Lauscher
5 Ohren
7 Horcher
Läuseei
5 Nisse
Läuseeier
6 Nissen
Läuseharke
4 Kamm
Lausei
5 Nisse
Läusetyphus
11 Fleckfieber
Laut
3 Ton
5 Klang
Laut der Rinder
3 muh
Laut des Hundes
3 wau
laut(e, er, es) ...
· **Anruf**
5 hallo
· **Ausruf**
6 Schrei
· **Äußerung**
5 Zuruf
6 Ausruf
8 Gebruell
· **Beifall**
7 Applaus, Ovation
· **Brausen**
5 Tosen
· **Geräusch**
5 Knall
· **Heiterkeit**
5 Jubel
6 Trubel
· **Jammern**
7 Gezeter
· **Klage**
6 Jammer
· **Schallquelle**
6 Sirene
· **Schreien**
8 Gebruell
· **Tadel**
7 Schelte
· **Tonstärke in der Musik**
5 forte
· **Trauer**
5 Klage
· **Unruhe**
6 Trubel
· **Warnung**
5 Alarm
7 Mahnruf
· **zänkisches Streiten**
7 Gekeife
Lautbildung im Kehlkopf
15 Stimmhaftigkeit
Laute von Hühnern
8 Gegacker
Laute von Hunden
6 Bellen, Gebell
lauter
3 pur
4 rein
6 schier
7 ehrlich, integer
8 gediegen, makellos
10 aufrichtig
Lauterkeit
11 Ehrlichkeit, Integritaet
14 Aufrichtigkeit
Läuterung
9 Katharsis, Reinigung
Lautlehre
8 Phonetik
lautlos
5 leise, ruhig, still
8 unbewegt
lautstark schimpfen
9 krakeelen
lautstarke Musik
10 Fortissimo
Lautstärkeeinheit
3 Fon
4 Phon
lautstarkes Streiten
11 Krakeelerei
lavieren
9 taktieren
lax
5 leger
6 locker
7 laessig, schlaff
11 nachlaessig
Laxans
13 Abfuehrmittel
Lay-out, Layout
6 Skizze
7 Entwurf
10 Gestaltung, Gliederung
Lazarett
8 Hospital
11 Krankenhaus
Leanders Geliebte
4 Hero
Leas Gatte
5 Jakob
leasen
6 mieten
7 pachten
Lebemann
7 Playboy
8 Casanova
9 Bonvivant
Leben
4 Sein, Vita
6 Dasein
8 Existenz
Leben im Wohnwagen
10 Caravaning
Leben zerstörender Stoff
4 Gift
lebender Zaun
5 Hecke
lebendig
4 agil, rege
5 queck, quick, vital
6 belebt
7 schnell
Lebensabend
5 Alter
10 Altersjahr
Lebensabschnitt
5 Alter
6 Jugend
8 Kindheit
Lebensanfang
6 Geburt
Lebensanstrengung
12 Daseinskampf
Lebensart
6 Fasson
Lebensbaum
5 Thuja
Lebensbeginn
6 Geburt
lebensbejahender Mensch
8 Optimist
Lebensbeschreiber
7 Biograf
8 Biograph
Lebensbeschreibung
8 Memoiren
9 Biografie

10 Biographie
13 Autobiografie
14 Autobiographie

Lebensbund
3 Ehe

Lebensdarstellung
9 Biografie
10 Biographie
13 Autobiografie
14 Autobiographie

Lebensdauer
5 Alter

lebensdurstig ▶ lebenshungrig

Lebensende
3 Tod
7 Ableben

Lebenserinnerungen
8 Memoiren

lebensfremd
6 droege
7 trocken
10 akademisch
11 theoretisch
13 unrealistisch

Lebensfreude
4 Lust

Lebensfrische
10 Gesundheit

Lebensführungskosten
9 Unterhalt

Lebensgefährte
4 Mann
5 Gatte
6 Gemahl
7 Ehemann, Partner
10 Ehepartner

Lebensgefährtin
4 Frau
6 Gattin
7 Ehefrau
8 Gemahlin
9 Partnerin

Lebensgefährtin von Lennon (Yoko)
3 Ono

Lebensgemeinschaft
3 Ehe
7 Familie

Lebensgemeinschaft mit Kindern
7 Familie

Lebensgrundsatz
6 Devise, Maxime

Lebenshauch
4 Atem, Odem

lebenshungrig
8 begierig
10 lebensfroh
13 unersaettlich

Lebenskosten
9 Unterhalt

Lebenskraft
10 Vitalitaet

Lebenskunde
8 Biologie

Lebenskünstler
9 Geniesser

Lebensmittel ▶ Nahrungsmittel

Lebensmut
10 Optimismus

lebensnotwendig
10 essentiell, essenziell

Lebensnotwendigkeit
10 Beduerfnis

Lebensprinzip ▶ Lebensgrundsatz

Lebensraum (biologisch)
6 Biotop

Lebenssaft
4 Blut

Lebensunterhalt
8 Alimente

Lebensverband großer Tiere
5 Herde

Lebensverband wilder Tiere
5 Herde, Rudel

lebensverneinender Mensch
9 Pessimist

Lebensweisheit
6 Spruch

lebenswichtige Stoffe für den Körper
8 Vitamine
14 Spurenelemente

lebenswichtiger Vorgang
6 Atmung
9 Verdauung

lebenswichtiges Gewürz
4 Salz

Leberabsonderung
5 Galle

Leberentzündung
9 Hepatitis

Leberfleck
9 Muttermal

Lebersekret
5 Galle

Lebewesen
4 Tier
5 Wesen
6 Mensch
7 Kreatur, Pflanze
9 Geschoepf
10 Individuum, Organismus

Lebewohl
3 Ade
5 Adieu

lebhaft
3 vif
4 agil, flink, rege
5 aktiv, alert, vital
6 munter

lebhafte Erörterung
7 Debatte
10 Diskussion
11 Wortgefecht

lebhaftes Musikstück
5 Rondo
7 Allegro

Lebhaftigkeit
7 Schwung
8 Uebermut
10 Munterkeit
11 Temperament

Lebkuchenart
11 Weinbeisser

Lebkuchengebäck
6 Printe

Lebkuchenstadt
9 Nuernberg

Lebkuchenunterlage
6 Oblate

leblos
3 tot
5 starr
8 erstarrt

Leck
4 Loch

lecker
4 fein
7 delikat
9 koestlich
11 appetitlich, schmackhaft

Leckerbissen
10 Schmankerl
11 Delikatesse
12 Spezialitaet

13 Koestlichkeit

Leckermaul
7 Gourmet
8 Gourmand
9 Geniesser

Ledas ...
· **Gatte**
9 Tyndareos
· **Sohn**
6 Castor, Kastor, Pollux
· **Tier**
6 Schwan
· **Tochter**
6 Helena

Lederart
3 Kid
5 Glacé, Kroko, Nappa
7 Boxkalf, Chagrin, Chamois, Glacee, Juchten, Rindbox, Rossbox, Saffian
8 Chevreau, Krokodil, Maroquin, Saemisch
9 Lackleder, Wildleder
11 Ziegenleder

Lederbearbeiter
6 Gerber
7 Sattler
8 Schuster
11 Schuhmacher

Lederer
6 Gerber

Lederfett
6 Abfett, Degras

Lederfleck
7 Riester

Lederflicken auf dem Schuh
7 Riester

Ledergeschirr
5 Siele

Ledergurt
6 Riemen
7 Guertel

Lederhandwerker
7 Sattler

Lederhaut
5 Kutis

Lederhersteller
6 Gerber

Lederimitat
9 Alcantara

Ledermesser
5 Kneif

ledern
4 zaeh

Lederpeitsche
5 Knute
7 Nagaika

Lederriemen
4 Gurt
7 Guertel

Lederriemenpeitsche
5 Knute

Lederstreifen
6 Riemen

Lederwams
6 Koller

Lederwarenstadt
9 Offenbach

ledig
4 frei
13 allein stehend, unverheiratet

ledig(e, er, es) ...
· **Frau**
9 Fraeulein
· **Gräfin**
7 Komtess
8 Komtesse
· **Mann**
11 Junggeselle

lediglich
3 nur
5 bloss

leer
4 hohl
6 blanco, vakant
9 unbesetzt
13 unausgefuellt

leer(e, er, es) ...
· **Ausflüchte**
12 Fisimatenten
· **Gerede**
6 Schmus
8 Larifari
· **Redensart**
6 Phrase
7 Floskel
· **Zwischenraum**
5 Spalt
6 Luecke

Leere
4 Oede
6 Nichts, Vakuum

Leeren von Straßen
8 Raeumung

Leergewicht (Verpackung)
4 Tara

Leergut
5 Kiste
6 Karton, Kasten
9 Behaelter, Container
10 Pappkarton

Leerlauf
9 Nichtstun

Leerseite
5 Vakat

Leerstelle
5 Blank

Leerverkäufe (Börse)
5 Fixen

Lefze
9 Tierlippe

legal
7 legitim
10 gesetzlich
12 rechtmaessig
13 gesetzmaessig

Legation
13 Gesandtschaft

Legehuhn
5 Henne

legendäre englische Popgruppe
7 Beatles

legendäre Wunderschale
4 Gral

Legende
4 Fama, Saga, Sage
10 Aufschrift, Erklaerung, Erzaehlung, Geschichte
16 Bildunterschrift

Legendenspiel
7 Mirakel

leger
3 lax
6 salopp
7 laessig
11 ungezwungen

Legföhre
7 Latsche

Leghuhn
5 Henne

Legierung
8 Mischung

Legionär
6 Soldat
8 Soeldner

legitim
5 legal
12 rechtmaessig

Legitimation
4 Pass

7 Ausweis, Urkunde
8 Befugnis
12 Berechtigung
Legitimationspapier
15 Personalausweis
Leguan
8 Basilisk
Lehen
7 Benefiz
Lehmart
3 Ton
Lehnsessel ▶ Lehnstuhl
lehnsfreies Land
5 Allod
Lehnsmann
6 Vasall
Lehnsmänner
8 Vasallen
lehnsrechtlich
6 feudal
Lehnstuhl
8 Fauteuil
Lehnswesen
11 Feudalismus
Lehramt
8 Dozentur
9 Professur
Lehranstalt
2 PH, TH, TU
3 ETH, FHS, Uni
6 Lyzeum, Schule
7 Seminar
8 Akademie, Internat
9 Gymnasium, Technikum
10 Fachschule, Hochschule, Realschule
11 Grundschule, Hauptschule, Volksschule
12 Berufsschule, Mittelschule, Sonderschule, Universitaet
13 Gewerbeschule, Handelsschule, Kunstakademie, Polytechnikum, Realgymnasium
14 Fachhochschule, Ganztagsschule, Konservatorium
18 Kunstgewerbeschule
22 Technische Universitaet
Lehrausflug
9 Exkursion
Lehrbefähigung
8 Fakultas
12 Venia Legendi
Lehrberuf
7 Drogist
Lehrbuch
5 Fibel
9 Leitfaden
10 Kompendium
Lehre ...
· *von der* **Arzneimittelherstellung**
9 Pharmazie
· *vom* **Auge**
14 Ophthalmologie
· *von den* **ausgestorbenen Lebewesen**
14 Palaeontologie
· *vom* **Bau der Erde**
8 Geologie
· *vom* **Bau der Lebewesen**
8 Anatomie
· *von der* **belebten Natur**
8 Biologie
· *von der* **Bewegung**
7 Kinetik
8 Mechanik
· *von der* **Bewegung der Flüssigkeiten**
12 Hydrodynamik
· *von der* **Bewegung geworfener Körper**
9 Ballistik
· *von den* **Beziehungen der Lebewesen zur Umwelt**
9 Oekologie
· *vom* **Blutserum**
9 Serologie
· *von der* **Dichtkunst**
6 Poetik
· *vom* **Drama**
11 Dramaturgie
· *von den* **Eigenschaften der Stoffe**
6 Chemie
· *von der* **Einheit allen Seins**
8 Monismus
· *von der* **Erziehung**
10 Paedagogik
· *von der* **Erzverarbeitung**
11 Metallurgie
· *von den* **Figuren**
9 Geometrie
· *von den* **Frauenkrankheiten**
12 Gynaekologie
· *von den* **Geisteskrankheiten**
11 Psychiatrie
· *von den* **Giften**
11 Toxikologie
· *vom* **Gleichgewicht**
6 Statik
· *von* **Gott**
9 Theologie
· *von den* **Gründen und Ursachen allen Seins**
10 Metaphysik
· *von den* **Harnwegskrankheiten**
8 Urologie
· *von den* **Hautkrankheiten**
12 Dermatologie
· *vom* **Klima**
12 Klimatologie
· *von den* **Knochen**
10 Osteologie
· *vom* **Körperbau**
8 Anatomie
· *von den* **Kräften**
7 Dynamik
· *von den* **Kräften der Natur**
6 Physik
· *von den* **Krankheiten**
10 Pathologie
· *vom* **Leben**
8 Biologie
· *von den* **Lebenserscheinungen**
11 Physiologie
· *vom* **Licht**
5 Optik
· *von der* **Liebe**
6 Erotik
· *vom* **Liebesleben**
6 Erotik
· *vom* **Menschen**
13 Anthropologie
· **Mohammeds**
5 Islam
· *von den* **Nerven**
10 Neurologie
· *von der* **Redekunst**
8 Rhetorik
· *vom* **richtigen Denken**
5 Logik
· *vom* **Schall**
7 Akustik
· *vom* **Schönen**
9 Aesthetik

- *vom* **Sein**
  9 Ontologie
- *vom* **Sittlichen**
  5 Ethik
- *von den* **Sprachlauten**
  8 Phonetik
- *von den* **Stoffen**
  6 Chemie
- *vom* **Verhalten der Tiere**
  9 Ethologie
- *von den* **Versmaßen**
  6 Metrik
- *von* **W. Ostwald**
  9 Energetik
- *von den* **Wappen**
  8 Heraldik
- *vom* **Wasser**
  10 Hydrologie
- *vom* **Wetter**
  12 Meteorologie
- *von den* **Zahlen**
  10 Arithmetik
- *von den* **Zeichen**
  8 Semiotik
- *von der* **Zeitrechnung**
  11 Chronologie
- *von den* **Zwecken**
  10 Teleologie

Lehrer
6 Dozent, Lektor, Mentor, Pauker
8 Erzieher, Magister
9 Paedagoge, Professor
12 Schulmeister

Lehrer ...
- **Alexanders des Großen**
  11 Aristoteles
- *des* **Aristoteles**
  6 Platon
- *an einer* **Hochschule**
  6 Dozent
- *der* **Redekunst**
  6 Rhetor

Lehrerausbildungsanstalt
7 Seminar
23 paedagogische Hochschule

lehrerhaft
16 schulmeisterlich

Lehrertisch
4 Pult
8 Katheder

Lehrfahrt
9 Exkursion

Lehrgang
4 Kurs
6 Kursus
8 Schulung
10 Unterricht

Lehrgang für Berufstätige
9 Abendkurs

lehrhafte Erzählung
5 Fabel

lehrhafter Sinnspruch
5 Gnome

Lehrherr
7 Meister
9 Ausbilder

Lehrling
5 Azubi, Stift
9 Volontaer
10 Anlernling
14 Auszubildender

Lehrmeinung
5 Dogma, These
7 Doktrin, Theorem, Theorie
10 Anschauung, Auffassung

Lehrmeister
9 Ausbilder

lehrreich
10 instruktiv

lehrreicher Satz
6 Spruch

Lehrsatz ▶ Lehrmeinung

Lehrstelle
16 Ausbildungsplatz

Lehrstoff
6 Pensum

Lehrstück
7 Parabel

Lehrversuch
10 Experiment

Lehrzeit
10 Ausbildung

Leib
5 Bauch, Wanst
7 Abdomen, Koerper

Leibbinde
8 Schaerpe

Leibbürge
6 Geisel

Leibchen
6 Mieder
7 Korsett
9 Korselett

Leibeigenarbeit
4 Fron

Leibeigenschaft
9 Sklaverei

Leibeserziehung
5 Spiel, Sport
6 Turnen
9 Gymnastik

Leibesfrucht
5 Fetus
6 Embryo, Foetus

Leibesmitte
6 Taille

Leibesübung ▶ Leibeserziehung

leibhaftig
4 real
7 konkret
8 dinghaft, wirklich

Leibkleidung
12 Unterwaesche

leiblich
9 somatisch

Leibrente
7 Apanage

Leibriemen
4 Gurt
6 Koppel
7 Guertel

Leibschmerzen
5 Kolik
11 Magenkrampf
12 Bauchgrimmen

Leibwache
5 Garde
7 Eskorte
9 Bedeckung

Leibwache der Fürsten
5 Garde

Leibwache des Papstes
14 Schweizergarde

Leibwächter orientalischer Herrscher
10 Mamelucken

Leichenausgrabung
11 Exhumierung

Leichenbegängnis
9 Trauerzug
10 Beerdigung, Bestattung

Leichenfeierlichkeiten
10 Funeralien

Leichenmahl
7 Schmaus

Leichenöffnung
7 Beschau, Sektion
8 Autopsie
9 Obduktion

Leichenverbrennungsanlage
11 Krematorium
Leichenzergliederung
▶ Leichenöffnung
Leichenzug
7 Kondukt
13 Trauergefolge
Leichnam
5 Toter
leicht ...
· **beeinflussbar**
5 labil
· **nachgebend**
5 weich
7 formbar
· **säuerlich** (Wein)
4 herb
· **schwachsinnig**
5 debil
· **warm**
3 lau
4 mild
· **zu kränkender Mensch**
6 Mimose
leicht(e, er, es) ...
· **Beiboot**
3 Gig
· **Beule**
5 Delle
· **Einspänner**
3 Gig
5 Buggy
· **Erregbarkeit**
11 Nervositaet
· **Freiheitsentzug**
6 Arrest
· **Fußbekleidung**
7 Sandale
· **Haft**
6 Arrest
· **Hautverbrennung**
11 Sonnenbrand
· **Holzart**
5 Balsa
· **Kost**
8 Reisbrei
· **Krankheit**
10 Erkaeltung
· **Kutsche**
8 Kalesche
· **Luftzug**
5 Brise, Hauch
· **Mädchen**
4 Hure
5 Dirne, Nutte
9 Flittchen
· **Naturstoff**
4 Kork
· **Nutzholz**
5 Balsa
· **Pferdezaum**
6 Trense
· **Rausch**
7 Schwips
· **Ruderboot**
3 Gig
· **Schlag**
5 Klaps
· **Sommerschuh**
10 Sandalette
· **Stoß**
5 Knuff, Stups
6 Schubs
· **Verletzung**
7 Kratzer
· **Vertiefung**
5 Delle
· **Wind**
5 Brise, Hauch
Leichtathlet
5 Geher
6 Werfer
7 Laeufer
8 Springer
11 Speerwerfer
12 Diskuswerfer, Mehrkaempfer
14 Huerdenlaeufer
15 Marathonlaeufer
leichtathletische Übung
4 Lauf, Wurf
5 Gehen, Stoss
6 Laufen, Sprint, Sprung, Werfen
7 Stossen
8 Springen
9 Bahngehen, Speerwurf, Zehnkampf
10 Diskuswurf, Dreisprung, Fuenfkampf, Hammerwurf, Hochsprung, Weitsprung
11 Huerdenlauf, Speerwerfen, Staffellauf
12 Diskuswerfen, Hammerwerfen, Kugelstossen, Marathonlauf
14 Stabhochsprung
16 Langstreckenlauf
leichtathletisches Gerät
4 Stab
5 Kugel, Speer
6 Diskus, Hammer
11 Staffelholz
leichtfertig
6 frivol
10 unbesonnen
11 gedankenlos
leichtfertiges Mädchen
8 Grisette
leichtgläubig
4 naiv
6 arglos
leichtlebig
5 flott
7 unsolid
10 liederlich
Leichtmetall
3 Alu
6 Kalium
7 Caesium, Kalzium, Natrium
8 Duralium
9 Aluminium, Magnesium
Leichtöl
5 Sprit
6 Benzin, Benzol, Diesel
7 Gasolin, Heizoel
leichtsinnig ▶ leichtfertig
leichtsinniger Mensch
7 Strizzi
8 Hallodri
Leid
3 Weh
4 Gram, Harm, Pein
5 Uebel
6 Kummer, Trauer
7 Schmerz
8 Unglueck
Leideform
6 Passiv
Leiden
8 Siechtum
9 Gebrechen, Martyrium
Leiden Christi
7 Passion
leidend
5 krank
leidender Mensch
7 Kranker
Leidenschaft
5 Liebe, Trieb

6 Affekt, Begier, Pathos
7 Hingabe, Passion
8 Begierde, Inbrunst
10 Fanatismus
12 Begeisterung, Enthusiasmus

leidenschaftlich(e, er, es) ...

· **Eiferer**
9 Fanatiker

· **Gefühl**
8 Inbrunst

· **Hingabe**
7 Passion
12 Besessenheit

· **Jäger**
6 Nimrod

· **Leser**
9 Leseratte
11 Buecherwurm

· **Mensch**
10 Heisssporn

· **Verlangen**
8 Begierde

· **Wut**
4 Rage

L

Leidenschaftlichkeit
6 Furore
11 Temperament

Leidensgeschichte Jesu
7 Passion

Leidensweg Christi
8 Kreuzweg

leidig
10 unangenehm
12 unerfreulich

leidlich
8 passabel
9 annehmbar

Leidtragender
6 Dulder

Leier
4 Lyra

Leierkasten
9 Drehorgel

leiern
6 drehen
8 hersagen

Leihanstalt
9 Pfandhaus

Leihgeld von der Bank
8 Darlehen

Leihwagen
4 Taxi
8 Mietauto

Leim
6 Kleber
8 Gelatine, Kleister
9 Klebstoff

leimartig
6 viskos
7 klebrig, viskoes

leimen
6 kitten, kleben

Lein
6 Flachs

Leine
3 Tau
4 Seil
6 Riemen, Schnur, Strick

Leinen
6 Linnen

Leinengewebe
5 Drell, Linon
6 Inlett, Linnen
9 Weisszeug

Leingewächs
6 Flachs

Leinöl
6 Firnis

Leintuch
5 Laken

Leinwand
5 Blahe, Plane

Leinwandkünstler
8 Filmstar

Leipziger Buchhändler
5 Reich

Leipziger Ereignis
5 Messe
15 Fruehjahrsmesse

leise
6 sachte
7 schwach

leise ...

· **husten**
8 huesteln

· **lachen**
7 kichern

· **sprechen**
6 raunen
9 fluestern

leises Aufbegehren
4 Muck

leises Wehen
5 Hauch

Leiste an Gebäuden
6 Gesims

Leiste an Wertpapieren
5 Juxta

Leistung
3 Tat
6 Arbeit, Effekt, Ertrag
8 Resultat
9 Verdienst

leistungsfähig
3 fit
5 vital
6 potent
9 effizient

Leistungsfähigkeit
6 Potenz
7 Ability, Energie
9 Kondition, Potenzial
10 Kapazitaet, Spannkraft

Leistungskämpfer
8 Sportler

Leistungskraft
6 Potenz
7 Energie

Leistungslehre
9 Ergonomie

Leistungslohn
6 Akkord

Leistungsnoten
8 Zensuren

Leistungsschulung
6 Uebung

Leistungssportler
6 Athlet

Leistungsstärkster
6 Bester

Leistungssteigerung durch Wiederholung
6 Uebung
8 Training

Leitbild
4 Idol
5 Ideal
7 Vorbild

Leitbündel höherer Pflanzen
5 Xylem

leitender Angestellter
8 Direktor
9 Prokurist
12 Personalchef
14 Betriebsleiter
16 Abteilungsleiter
17 Geschaeftsfuehrer

Leiter
4 Boss, Chef
7 Fuehrer, Manager
8 Direktor, Vorstand

9 Anfuehrer, Konduktor, Oberhaupt, Vorsteher

Leiter ...

· *eines* **Bautrupps**
6 Polier
7 Meister

· *einer* **Behörde**
13 Amtsvorsteher

· *einer* **Bühne**
9 Intendant

· *des* **Burenkrieges gegen England**
7 Krueger

· *des* **Donkosakenchors**
6 Jaroff

· *der* **Egerländer Musikanten**
5 Mosch

· *eines* **Fernsehsenders**
9 Intendant

· *einer* **Hochgebirgstour**
11 Bergfuehrer

· *einer* **Hochschulfakultät**
5 Dekan

· *eines* **Kirchenchors**
6 Kantor

· *eines* **Klosters**
3 Abt
5 Prior

· *eines* **Landkreises**
7 Landrat

· *einer* **Meuterei**
14 Raedelsfuehrer

· *eines* **Nonnenklosters**
9 Aebtissin

· *eines* **Orchesters**
8 Dirigent
13 Kapellmeister

· *einer* **Redaktion**
13 Chefredakteur

· *einer* **Rundfunkanstalt**
9 Intendant

· *einer* **Schule**
6 Rektor
8 Direktor

· *eines* **Spielmannszuges**
12 Tambourmajor

· *einer* **Sportmannschaft**
8 Kapitaen, Teamchef

· *eines* **Theaters**
9 Intendant

· *einer* **Universität**
6 Rektor

· *einer* **Urkundensammlung**
8 Archivar

· *eines* **Verlages**
8 Verleger

Leiterin
6 Chefin
10 Direktrice
11 Vorgesetzte

Leiterin eines Nonnenklosters
6 Oberin

Leiterteil
4 Holm
7 Sprosse

Leitfaden
5 Kanon
6 Abriss
8 Handbuch, Lehrbuch
9 Vademekum
10 Kompendium
11 Instruktion

Leitgedanke
5 Motto, Thema, These
6 Devise, Maxime
7 Prinzip
8 Thematik
10 Grundmotiv

Leitsatz
5 Regel, These
6 Maxime
7 Doktrin, Prinzip

Leitseil für Pferde
5 Longe

Leitspruch
5 Motto
6 Devise
10 Wahlspruch

Leitstelle
8 Zentrale

Leitung
4 Rohr
5 Draht, Kabel
6 Aegide
8 Aufsicht, Fuehrung
9 Direktion
10 Management

Leitungsdraht
5 Litze

Leitwerk
6 Steuer
11 Hoehenruder, Seitenruder

Leitwerkfläche
6 Flosse

Lektion
5 Lehre
6 Lesung, Pensum

Lektion aus der Bibel
6 Lesung

Lektüre
4 Buch
7 Zeitung
9 Lesestoff, Literatur

Lektüre für Kinder
12 Maerchenbuch

Lemma
9 Stichwort

Lemuride
4 Lori, Maki, Vari
5 Geist, Indri, Katta, Potto
6 Kukang
8 Gespenst, Halbaffe
10 Totengeist, Totenseele

Lendenbraten
5 Filet

Lendentuch der Inder
5 Dhoti

lenkbar
8 flexibel

lenken
6 fahren
7 steuern

Lenker
5 Pilot
6 Fahrer, Volant
7 Fuehrer
8 Kutscher, Steuerer
9 Chauffeur

Lenkrad
6 Steuer, Volant
9 Steuerrad

Lenkriemen für Reittiere
8 Zaumzeug

Lenkvorrichtung ► Lenkrad

lentement
7 langsam

Lenz
5 Maerz
7 Lenzing
9 Fruehling

Lenzing
5 Maerz

Leopard
4 Puma
7 Panther

Lepra
7 Aussatz

Lernabschnitt
6 Pensum
7 Lektion

Lernaufgabe
6 Pensum
lernender junger Mensch
7 Student
8 Lehrling, Schueler
9 Studiosus
10 Praktikant
Lernmittel
8 Lesebuch
Lernpensum
7 Lektion
Lernzeit
5 Lehre
7 Studium
Lesart
7 Deutung, Fassung, Version
8 Variante
10 Abwandlung
14 Interpretation
Lesbierin
7 Tribade, Urlinde, Urninde
Lese (Wein)
5 Ernte
Lesebuch
5 Fibel
7 ABC-Buch
Lesebühne
4 Ambo
Lesegestörter
13 Legastheniker
Leseglas
4 Lupe
Lesepult
4 Ambo
Leserschaft
8 Publikum
Leseschwäche
11 Legasthenie
Lesestoff
8 Lektuere
9 Literatur
Lesestörung
9 Paralexie
Leseunkundiger
10 Analphabet
letal
8 toedlich
Lethargie
9 Traegheit
18 Teilnahmslosigkeit
lethargisch
5 muede
6 passiv, traege
12 teilnahmslos
Letos Sohn
5 Apoll
6 Apollo
7 Apollon
Letos Tochter
7 Artemis
Lette
5 Balte
Letter
9 Buchstabe
Letterngießform
5 Mater
lettisch(e, er, es) ...
· **Hafenstadt**
5 Libau
· **Hauptstadt**
4 Riga
· **Landschaft**
7 Kurland, Livland
9 Semgallen
10 Lettgallen
· **Münze**
3 Lat
· **Volkslied**
5 Daina
· **Volksstamm**
5 Kuren
· **Währung**
3 Lat
Lettland in der Landessprache
7 Latvija
letzt(e, er, es) ...
· **Abschnitt der Steinzeit**
13 Jungsteinzeit
· **Anstrengung**
8 Endspurt
· **Aufforderung**
9 Ultimatum
· **Aztekenherrscher**
9 Montezuma
· **deutscher Kaiser**
7 Wilhelm
· **Essen vor der Hinrichtung**
11 Henkersmahl
15 Henkersmahlzeit
· **Haltestelle**
10 Endstation
· **Kaiser Äthiopiens**
13 Haile Selassie
· **Kaiser Chinas**
4 Pu Yi
· **Kaiserin Österreichs**
4 Zita
· **Karnevalstag**
14 Aschermittwoch
· **König Ägyptens**
5 Faruk
· **König Italiens**
7 Umberto
· **Mittel**
11 Ultima Ratio
· **Rest im Glase**
5 Neige
· **Ruhestätte**
4 Grab
· **russischer Zar**
8 Nikolaus
· **Schah von Persien**
11 Reza Pahlevi
· **Schliff**
6 Finish
· **Tag des Jahres**
9 Silvester
· **Tag des Monats**
6 Ultimo
· **Willenserklärung**
9 Testament
letztwillige Verfügung
9 Testament
Leu
5 Loewe
Leuchte
5 Ampel, Lampe
6 Talent
7 Laterne, Luester
9 Koryphaee
leuchtendes Blau
10 Ultramarin
Leuchter
8 Flambeau
10 Kandelaber
Leuchterscheinung im Sumpf
8 Irrlicht
Leuchtgasbehälter
9 Gasometer
Leuchtkäfer
14 Gluehwuermchen
Leuchtkörper
5 Lampe
10 Neonroehre
Leuchtkörperart
9 Leselampe
Leuchtöl
9 Petroleum

Leuchtpunkte
7 Lichter
Leuchtröhrenfüllung
4 Neon
Leuchtstab
10 Neonroehre
12 Taschenlampe
Leuchtstärkemaßeinheit (Abkürzung)
2 lx
3 Lux
4 Phot
Leuchtstoff
8 Naturgas, Phosphor
Leuchtturm
6 Pharus
9 Leitfeuer
10 Richtfeuer
Leuchtturm von Alexandrien
6 Pharos, Pharus
Leuchtzeichen
5 Fanal
Leugner der Dreifaltigkeit
9 Unitarier
Leugnung der Erkenntnisfähigkeit
12 Agnostizimus
Leugnung der Existenz Gottes
9 Atheismus
Leukom
4 Star
Leumund
3 Ruf
7 Ansehen, Geltung
8 Prestige, Renommee
Leute
4 Volk
8 Menschen
Leute eines Gebiets
9 Talschaft
Leute mit Emotionen
8 Gemueter
leutselig
6 jovial
15 entgegenkommend
Liasebene bei Stuttgart
6 Filder
libanesischer Volksteil
6 Drusen
Libation
10 Trankopfer
Libelle
6 Agrion
13 Wasserjungfer
liberal
10 freigiebig, freisinnig
11 grosszuegig
14 vorurteilsfrei
liberianischer Negerstamm
4 Gola
5 Gissi
libysch(e, er, es) ...
· **Bucht**
5 Syrte
11 Grosse Syrte
· **Geröllwüste**
5 Serir
· **König**
5 Idris
14 Idrisel Senussi
· **Landesteil**
6 Fessan, Fezzan
9 Cyrenaica, Cyrenaika
13 Tripolitanien
· **Oase**
3 Gat
5 Djalo, Kufra, Ubari
· **Politiker**
8 Gaddhafi
· **Residenzstadt**
7 Bengasi
licht
4 hell
Licht
5 Feuer, Kerze
licht
9 schuetter
Licht am Nachthimmel
4 Mond
5 Stern
Lichtanlage
11 Beleuchtung
Lichtband
8 Spektrum
Lichtbild
4 Foto
5 Photo
8 Portraet, Portrait
10 Fotografie
12 Photographie
Lichtbildgerät
4 Foto
6 Kamera
10 Filmkamera
11 Fotoapparat
12 Photoapparat
Lichtbildner
8 Fotograf
10 Photograph
Lichtbildwerfer
9 Projektor
Lichtblick
5 Trost
6 Chance, Freude
8 Aussicht, Hoffnung
Lichtbrecher
5 Linse
6 Prisma
Lichtbrechung
10 Refraktion
lichtdurchflutet
4 hell
Lichtdurchlass
4 Luke
7 Fenster
9 Oberlicht
lichte Glut
4 Lohe
Lichteinlass ▶ Lichtdurchlass
lichtempfindliche Filmschicht
8 Emulsion
Lichtengel
6 Cherub, Seraph
Lichterblume
10 Loewenzahn
Lichterscheinung bei elektrischer Entladung
5 Blitz, Bogen, Funke
9 Elmsfeuer
lichtes Rosa
4 pink
Lichtfülle
4 Flut
5 Helle
10 Helligkeit
Lichtgehäuse
7 Laterne
Lichtgott
5 Apoll
6 Apollo, Baldur
7 Apollon, Mithras
Lichthof um den Mond
4 Halo
Lichthof um die Sonne
7 Aureole
Lichtlehre
5 Optik
lichtlos
6 dunkel, duster
7 duester, finster

lichtloser Raum
4 Loch
6 Kabuff
Lichtmast
10 Kandelaber
Lichtmessgröße
3 Lux
Lichtmessung
10 Fotometrie
11 Photometrie
Lichtöffnung am Foto
6 Blende
Lichtöffnung am Mikroskop
8 Objektiv
Lichtquant
6 Photon
Lichtquelle
10 Gluehbirne
Lichtquelle am Bett
9 Leselampe
15 Nachttischlampe
Lichtreflektor
7 Spiegel
Lichtschein
6 Strahl
Lichtschimmer
6 Schein
11 Widerschein
Lichtspiegelung
5 Glanz
Lichtspielhaus
4 Kino
7 Kintopp
11 Filmtheater
Lichtspielstück
4 Film
Lichtstärkemaßeinheit (Abkürzung)
2 cd
7 Candela
Lichtstärkemesser
9 Fotometer
10 Photometer
Lichtstreifen
6 Strahl
Lichtstrommaßeinheit (Abkürzung)
2 lm
5 Lumen
Lichttaste
8 Schalter
Lichttastenart
14 Serienschalter

Lichtverstärker
5 Laser
Lido
6 Strand
lieb
4 nett, wert
5 artig, teuer, traut
7 huebsch
11 sympathisch
Liebe
3 Sex
4 Amor, Eros
5 Sexus
9 Zuneigung
Liebe im Mittelalter
5 Minne
Liebelei
5 Flirt
7 Affaere, Liaison
14 Techtelmechtel
liebenswertes Wohlwollen
14 Freundlichkeit
liebenswürdig
4 nett, wert
6 galant
8 angenehm, charmant, hoeflich
10 freundlich
12 zuvorkommend
15 entgegenkommend
Liebesapfel
6 Tomate
10 Paradeiser
Liebesbeweis
4 Kuss
5 Brief, Bussi
7 Busserl
8 Umarmung
Liebesbezeigung ▶ Liebesbeweis
Liebesbund
3 Ehe
Liebesdiener
8 Charmeur
10 Schoentuer
11 Schmeichler
Liebesdienerin
4 Hure
5 Dirne, Metze, Nutte
7 Hetaere
8 Callgirl, Erostess
13 Prostituierte
15 Freudenmaedchen
Liebesepisode
7 Romanze

Liebesgabe
6 Spende
7 Almosen
Liebesgott
4 Amor, Eros
Liebesgötter in Kindergestalt
6 Eroten
Liebesgottfigur
5 Erote
8 Amorette
Liebesgöttin
4 Lada
5 Venus
6 Freyja
7 Astarte
9 Aphrodite
Liebesheirat
11 Neigungsehe
Liebeskraft
6 Potenz
Liebeskunst
6 Erotik
Liebesleben
11 Sexualitaet
Liebesmahl der Urchristen
5 Agape
Liebesspiel der Vögel
4 Balz
Liebestrank
13 Aphrodisiakum
Liebestrieb
4 Eros
5 Sexus
6 Libido
Liebesverhältnis
6 Gspusi
7 Liaison
liebevolle Zuneigung
9 Innigkeit
liebevolles An-sich-Drücken
8 Umarmung
Liebhaber
3 Fan
5 Buhle, Galan
6 Freund, Schatz
8 Verehrer
9 Anhaenger, Geliebter
Liebhaberei
5 Hobby
7 Passion
12 Steckenpferd
Liebhaberin
8 Freundin, Geliebte

10 Verehrerin
liebkosen
10 streicheln
Liebkosung
8 Umarmung
13 Zaertlichkeit
lieblich
5 suess
7 huebsch
Lieblingsessen
11 Leibgericht
Lieblingsfrau Mohammeds
6 Aischa
Lieblingsjünger Buddhas
6 Ananda
liebloser Elternteil
11 Rabenmutter
Liebreiz
5 Anmut
6 Charme, Grazie
Liebschaft ▶ Liebelei
Liebschaften
7 Amouren
8 Affaeren
Lied
4 Song
5 Weise
7 Chanson, Couplet, Melodie
Lied in der Oper
4 Arie
liedartig
7 lyrisch
Liederabschnitt
7 Strophe
Liederinterpret
7 Saenger
Liederjan
4 Lump
7 Saeufer, Trinker
8 Saufbold, Tagedieb
10 Leichtfuss
liederlich
10 anstoessig
11 nachlaessig
liederlicher Mensch
9 Haderlump
Liedform
3 Ode
4 Arie, Leis, Song
5 Blues, Hymne, Kanon
6 Choral, Gospel, Hymnus
7 Ballade, Chanson, Couplet, Kanzone, Sestine
8 Madrigal, Schlager
9 Barkarole, Quodlibet, Spiritual, Volkslied
liedhafte Gefühlsdichtung
5 Lyrik
liedmäßiges Tonstück
6 Arioso
Liedteil
7 Refrain, Strophe
Liedvortrag
6 Gesang
Lieferanweisung
5 Abruf
Lieferauftrag
10 Bestellung
Lieferstelle
12 Bezugsquelle
Lieferung
6 Anfuhr
7 Sendung, Versand
9 Transport
10 Zustellung
Liegemöbel
4 Bett
Liegenschaften
10 Immobilien
Liegesofa
5 Diwan
Liegesofas
6 Diwane
Liegestatt
4 Bett, Sofa
5 Couch, Diwan
7 Kanapee
8 Ottomane, Pritsche, Ruhebett
9 Klappbett
10 Doppelbett, Himmelbett
11 Haengematte
12 Chaiselongue
Lift
6 Aufzug
8 Seilbahn
9 Fahrstuhl
11 Paternoster
Liga
4 Bund, Pakt
7 Allianz, Verband
8 Buendnis
9 Koalition
11 Vereinigung
Ligaangehöriger
6 Ligist
Ligatur
7 Bindung
9 Koppelung
Lignose
11 Sprengstoff
Ligula
8 Bandwurm
10 Riemenwurm
Liguster
9 Rainweide
Liierter
10 Vertrauter
12 Verbuendeter
Likör
6 Cherry
7 Curaçao
8 Anisette, Rosoglio
9 Cointreau
10 Chartreuse, Eierlikoer, Maraschino
12 Benediktiner
Liliengewächs
4 Aloe
5 Agave, Binse, Lilie, Tulpe, Yucca
6 Funkie, Germer, Scilla
7 Spargel, Zwiebel
8 Affodill, Einbeere, Germerig, Maiblume
9 Baerlauch, Blaustern, Goldstern, Graslilie, Hyazinthe, Weisswurz
10 Feuerlilie, Maeusedorn
13 Maigloeckchen
14 Herbstzeitlose
Liliputaner
5 Zwerg
15 Kleinwuechsiger
Liman
4 Haff
9 Strandsee
Limerick
7 Gedicht
12 Spottgedicht
Limes
6 Grenze
9 Grenzwall, Grenzwert
Limette
6 Limone
Limit
6 Grenze
11 Preisgrenze
22 Hoechstgeschwindigkeit
26 Geschwindigkeitsbegrenzung
Limnograph
5 Pegel
10 Flutmesser

Limnologie
16 Suesswasserkunde
Limonade
6 Brause
7 Sprudel
Limone
7 Limette
limos
7 sumpfig
9 schlammig
lind
4 mild
5 sanft
Linderungsmittel
6 Balsam
11 Analgetikum
13 Schmerzmittel
Lindwurm
6 Drache
Lineal mit Querleiste
12 Reissschiene
linear
10 geradlinig
13 linienfoermig
14 eindimensional
Linie
4 Bahn
5 Bogen, Kurve
6 Gerade, Kontur, Strich, Umriss
Linie im Gesicht
9 Lineament
Linie vom Süd- zum Nordpol
8 Erdachse
Linienführung
6 Duktus
Linienführung beim Straßenbau
6 Trasse
Liniengitter
6 Raster
Liniennetz
6 Raster
Linienzeichnung
9 Guilloche
linke(s) ...
· **Kontoseite**
4 Soll
5 Debet
· **Schiffsseite**
8 Backbord
· **Wagenpferd**
11 Sattelpferd
linkisch
5 steif
8 ungelenk
11 toelpelhaft, ungeschickt
linksorientiert
13 sozialistisch
linksrheinisches Bergland
5 Eifel
7 Vogesen
9 Hunsrueck
Linse
4 Lupe
6 Okular
8 Objektiv
13 Huelsenfrucht
Linsensystem
5 Optik
Liparische Insel
6 Lipari, Salina, Ustica
7 Alicudi, Panarea, Vulcano
8 Filicudi
9 Stromboli
Lippe bei Tieren
5 Lefze
Lippenblütler
7 Labiate
Lippenblütlerart
4 Dost, Isop, Ysop
5 Ajuga, Minze, Ziest
6 Andorn, Salbei
7 Majoran, Melisse, Quendel, Thymian
8 Brunelle, Gamander, Hohlzahn, Lavendel
9 Basilikum
10 Goldnessel, Taubnessel
Lippenlaut
6 Labial
Lippenschminke
5 Rouge
Lippenspalte
12 Hasenscharte
Lippenverwachsung
12 Hasenscharte
liquid
8 fluessig
14 zahlungsfaehig
Liquidation
15 Totalausverkauf
Lissabonner Kloster
5 Belem
List
5 Finte, Kniff, Trick
6 Tuecke
10 Raffinesse, Taeuschung
Liste
7 Katalog, Tabelle
8 Register
10 Uebersicht
11 Aufstellung
Liste ...
· *der* **Heiligen**
5 Kanon
· *der* **Hits**
6 Charts
· **mustergültiger Autoren**
5 Kanon
· **verbotener Bücher**
5 Index
· *von* **Vorfahren**
10 Ahnentafel
listenförmige Aufstellung
7 Tabelle
listige Bitte um Antwort
9 Fangfrage
listige Schläue
12 Gerissenheit
Litauen in der Landessprache
7 Lietuva
Litauer
5 Balte
litauischer Honiglikör
11 Meschkinnis
litauisches Königsgeschlecht
10 Jagellonen
literarisch(e, er, es) ...
· **Abhandlung**
5 Essay
· **Berater im Theater**
9 Dramaturg
· **Beruf**
6 Lektor
8 Kritiker
14 Schriftsteller
· **Erzählform**
7 Novelle
· **Fehde**
7 Polemik
· **Jahrbuch**
8 Almanach
· **Kritiker**
9 Rezensent
· **Unterhaltungsteil** (Zeitung)
10 Feuilleton
· **Werk**
4 Epos

5 Drama, Essay, Roman
7 Ballade, Gedicht, Novelle
8 Dichtung, Sachbuch
10 Erzaehlung, Jugendbuch, Kinderbuch, Shortstory
14 Kurzgeschichte

Literat
14 Schriftsteller

Literat von Format
9 Klassiker

Literatur
8 Dichtung, Lektuere
10 Schrifttum

literaturbewandert
7 belesen

Liturgie
5 Ritus
6 Kultus
13 Wechselgesang

liturgisch(e, er, es) ...
· **Gegenstand**
5 Altar, Kelch, Kreuz
6 Hostie, Missal, Patene
7 Missale
8 Reliquie, Ziborium
9 Monstranz, Paramente
10 Tabernakel
12 Raeucherfass
· **Gesang**
6 Choral
8 Antiphon
· **Gewand**
4 Albe
7 Soutane
8 Parament
· **Jahr**
11 Kirchenjahr

Litze
4 Band
5 Borte
6 Besatz, Leiter, Schnur, Tresse

livländischer Kümmellikör
7 Allasch

livrierter Diener
5 Lakai
6 Butler

Lizenz
5 Recht
8 Befugnis
9 Erlaubnis, Zulassung
10 Konzession
11 Genehmigung

Lkw-Beiwagen
9 Anhaenger

Lob
4 Ruhm
5 Eloge, Hymne, Preis
8 Laudatio
10 Kompliment, Wuerdigung
11 Anerkennung

Lobby
7 Vorraum
8 Vorhalle
10 Wandelgang
11 Wandelhalle
13 Pressuregroup
16 Interessengruppe

loben
7 ruehmen

Lobeserhebung
5 Eloge
11 Anerkennung

Lobgedicht auf Mohammed
5 Burda

Lobrede
5 Eloge
8 Enkomion

Loch
4 Gatt, Leck
5 Grube, Ritze
6 Hoehle, Krater, Luecke
7 Auslauf, Einlauf
8 Oeffnung

Loch im Eis
4 Wune
5 Wuhne

Loch in der Nadel
4 Oehr

löcherig
6 poroes
12 durchlaessig

Lochstechgerät
4 Ahle

Lochung
11 Perforation

Lochvorbohrer
6 Pfriem

lockend
9 anziehend, attraktiv, einladend

lockender Antrieb
6 Anreiz

Lockenwickler
9 Papillote

locker
3 lax
4 lose
7 laessig
8 zwanglos
9 entspannt
11 ungezwungen

locker machen
6 loesen

locker(e, er, es) ...
· **Fasermaterial**
5 Watte
· **Gestein**
4 Tuff
· **Sand an Flüssen**
9 Treibsand

lockern
6 loesen
9 aufbinden

Lockgerät des Jägers
7 Blatter

Lockmittel
5 Luder
6 Koeder

Lockspitzel
5 Agent, Spion
16 Agent provocateur

Lockvogel ► Lockmittel

Lodenbekleidung
14 Hubertusmantel

lodernd(e, er, es) ...
· **Feuersglut**
4 Lohe
· **Flamme**
4 Lohe
· **Glut**
6 Flamme
· **Licht**
6 Fackel

Lofoteninsel (Norwegen)
6 Hindoe, Mosken

logarithmische Maßeinheit
3 Bel
7 Dezibel

logarithmisches Maß
5 Pegel
11 Schallpegel

Logarithmus (Abkürzung)
2 ld, lg, ln
3 log

Logbuch
15 Schiffstagebuch

Loge
12 Theaterplatz

Logenbruder
10 Freimaurer

Loggia
7 Veranda
Logierbetrieb
5 Hotel, Motel
logieren
6 hausen, wohnen
11 beherbergen
Logis
6 Bleibe
8 Quartier
10 Unterkunft
logischer Beweis
9 Deduktion
Logopäde
18 Sprachheilkundiger
Logos
8 Vernunft
Lohe
6 Flamme
Lohengrins Frau
4 Elsa
Lohengrins Vater
8 Parzival
Lohn
4 Gage, Sold
5 Heuer
6 Erwerb, Gehalt, Salaer
7 Entgelt, Honorar
9 Bezahlung, Einkommen, Verdienst
Lohnabzug bei Arbeitnehmern
10 Lohnsteuer
12 Krankenkasse
13 Kirchensteuer
18 Rentenversicherung
24 Arbeitslosenversicherung
lohnend
8 lukrativ, rentabel
10 profitabel
12 eintraeglich
Lohnkutscher
6 Fiaker
Lohnsatz
5 Tarif
Lohntabelle ▶ Lohnsatz
Loireständter
8 Orleaner
Lokal
3 Bar
4 Café
5 Beize, Pinte
6 Kneipe
7 Gasthof, Schenke, Stehbar, Tanzbar, Tearoom
8 Gasthaus, Nachtbar, Snackbar, Spelunke
9 Diskothek, Kaschemme, Nightclub
10 Restaurant, Wirtschaft
11 Gaststaette
14 Gastwirtschaft
Lokal im Wildweststil
6 Saloon
Lokalart im Freien
10 Biergarten
12 Schanigarten
Lokalbesitzer
4 Wirt
8 Gastwirt, Kneipier
9 Gastronom
Lokalinhaber
4 Wirt
8 Gastwirt, Kneipier
9 Gastronom
Lokalpatriotismus
14 Kantoenligeist
Lokalpolitiker in Österreich
16 Bezirkshauptmann
Lokomotivbeiwagen
6 Tender
lombardische Adelsfamilie
8 Visconti
Londoner ...
· **Anlage**
8 Hydepark
· **Bauwerk**
5 Tower
6 Big Ben
9 Parlament, Saint Paul
11 Tower Bridge
16 Westminsterabtei
· **Brücke**
11 Tower Bridge
· **Glockenturm**
6 Big Ben
· **Schriftsteller**
7 Dickens
· **Stadtteil**
3 Lee
4 City, Soho
5 Brent
7 Chelsea, Croydon, Eastend, Westend
8 Richmond
9 Greenwich, Tottenham, Wimbledon
11 Notting Hill
· **Theater**
5 Globe
· **Zentralflughafen**
7 Croydon
8 Heathrow
Looping
5 Rolle, Salto
8 Schleife
9 Luftrolle
11 Ueberschlag
lorbeergekrönter Dichter
9 Laureatus
Lorbeerrose
6 Kalmia
los
4 hopp
Los
5 Fatum
6 Kismet
7 Fuegung
9 Schicksal
10 Bestimmung
20 Lotterieanteilschein
Los ohne Gewinn
5 Niete
Löschtruppe
9 Feuerwehr
Löschung
6 Storno
lose
6 locker
9 schuetter
Lösegeldzahlung
7 Loskauf
loses Blatt Papier
6 Zettel
löslich
7 solubel
Loslösung
10 Abtrennung
Lossprechung
10 Absolution
Lostrennung
7 Schisma
8 Spaltung
Losung
5 Motto
6 Devise, Parole, Slogan
7 Wildkot
Lösung
6 Ausweg
7 Gemisch

L

8 Ergebnis, Resultat
10 Verteilung
Lösung ...
· *eines* **Falles**
11 Aufklaerung
· *aus einer* **Gewohnheit**
8 Absprung
· *zum* **Käsesalzen**
5 Beize
· *von* **Kochsalz**
4 Lake, Sole
· *eines* **Vertrags**
10 Kuendigung
Lösungsmittel
5 Xylol
6 Aceton, Azeton, Benzol, Dioxan, Toluol
7 Alkohol
Lot
8 Senkblei
10 Senkrechte
Lötblei
3 Lot
lothringisches Eisenerz
7 Minette
Lötmaterial
4 Zinn
Lötmetall
3 Lot
Lotos
10 Wasserrose
lotrecht
8 vertikal
9 senkrecht
lotrechter Dachabschluss
6 Giebel
Lotse
5 Pilot
Lotterie
4 Toto
5 Lotto
7 Tombola
9 Verlosung
Lotterieanteilschein
3 Los
Lotteriebegriff
3 Los
5 Niete
6 Gewinn
7 Einsatz, Ziehung
14 Annahmeschluss
Lotteriefehllos
5 Niete
Lotterieschein
3 Los
Lotteriescheinzahl
9 Losnummer
Lötwerkzeug
6 Kolben
Lounge
5 Foyer
Löwe in der Dichtung
3 Leo, Leu
5 Nobel
loyal
4 treu
7 ergeben, redlich
Lübecker ...
· **Komponist**
9 Buxtehude
· **Schriftstellerfamilie**
4 Mann
· **Spezialität**
8 Marzipan
· **Wahrzeichen**
10 Holstentor
luchsäugig
13 scharfsichtig
Lücke
4 Loch, Riss
5 Ritze, Spalt
6 Lakune, Spalte
8 Hohlraum, Oeffnung
Lücke für Angreifer
7 Bresche
Lude
9 Zuhaelter
Luder
3 Aas
4 Lump
6 Koeder
7 Kadaver
10 Tierleiche
ludolfsche Zahl
2 Pi
9 Kreiszahl
Lues
8 Syphilis
Luft der Lungen
4 Atem, Odem
Luftangriff
12 Bombardement
Luftbewegung
3 Boe, Zug
4 Wind
5 Brise, Hauch, Orkan, Sturm
6 Taifun
7 Tornado
8 Hurrikan, Scirocco, Windhose
10 Luftwirbel, Wasserhose, Wirbelwind
11 Wirbelsturm
Lüftchen
5 Brise, Hauch
luftdicht
10 hermetisch
Luftdichtemesser
9 Aerometer
Luftdruckanzeiger
7 Aneroid
Luftdruckmaß
3 Bar
4 Torr
6 Pascal
11 Atmosphaere
Luftdruckmesser
9 Barograph, Barometer
luftdurchlässig
7 undicht
Lufteinschluss im Glas
5 Blase
luftelektrische Entladung
5 Blitz
lüften
7 luepfen
Luftfahrt
7 Aviatik
9 Flugwesen
10 Aeronautik
Luftfahrtbegriff
11 Schallmauer
13 Flugsicherung
Luftfahrtpionier
10 Lilienthal
Luftfahrzeug
3 Jet
6 Ballon
8 Flugzeug, Zeppelin
10 Freiballon, Helikopter, Luftschiff
12 Fesselballon, Hubschrauber, Lastensegler
13 Segelflugzeug, Sportflugzeug, Sportmaschine
14 Duesenflugzeug
15 Heissluftballon
Luftfeuchtigkeitsmesser
10 Hygrometer
Luftfeuchtigkeitsniederschlag
3 Tau

luftförmige Stoffe
4 Gase
luftförmiger Stoff
3 Gas
Luftgeist
5 Ariel
luftgetrocknete Wurst
6 Salami
Lufthülle der Erde
11 Atmosphaere
luftiges Oberteil
3 Top
Luftikus
8 Windhund
9 Hansdampf
10 Leichtfuss
Luftkissenfahrzeug
10 Hovercraft
Luftkissenzug
9 Aerotrain
Luftklappe
5 Choke
6 Ventil
luftleerer Raum
6 Vakuum
Luftleitblech am Auto
7 Spoiler
Luftpirat
8 Hijacker
10 Entfuehrer
18 Flugzeugentfuehrer
Luftpostleichtbrief
9 Aerogramm
Luftreifen
4 Pneu
Luftreiniger
6 Filter
Luftreise
4 Flug, Trip
Luftröhre
7 Trachea, Trachee
Luftröhrenast
8 Bronchie
Luftröhrenkatarrh
10 Bronchitis
Luftrolle
5 Salto
7 Looping
Luftsack im Auto
6 Airbag
Luftschiff
8 Zeppelin
Luftschiff Amundsens
5 Norge
Luftschiffer
8 Aeronaut
Luftschiffpionier
7 Eckener
Luftschloss
5 Traum
6 Utopie
8 Chimaere, Illusion
9 Schimaere, Traumbild
Luftschraube
9 Propeller
Luftschutzgebäude
6 Bunker
Luftspiegelung
11 Fata Morgana
Luftsportart
9 Segelflug
14 Drachenfliegen
Luftsportgerät
13 Segelflugzeug
Luftsprung
5 Salto
8 Kapriole
Luftstrom
3 Zug
7 Windzug
Luftströmung
4 Wind
Luftströmung nach oben
7 Aufwind
Luftströmung nach unten
6 Abwind
Lufttrübung
4 Smog
5 Dunst, Nebel
9 Hochnebel
Luftumwälzer
10 Ventilator
Lüftung
11 Klimaanlage, Ventilation
Luftverkehrsmittel
8 Flugzeug
Luftverkehrszentrum
7 Airport
9 Flughafen
Luftverschmutzung
4 Smog
Luftverunreinigung
8 Emission
9 Immission
Luftwechsel
11 Ventilation
Luftwirbel
9 Turbulenz
Luftzufuhr im Bergwerk
11 Bewetterung
Luftzug
4 Wind
Luftzug machen
6 blasen
Lüge
4 Trug
5 Bluff
6 Betrug, Verrat
8 Unwahres
9 Geflunker, Heuchelei, Schwindel
10 Unwahrheit
Lügenbaron
12 Muenchhausen
Lügengeschichte
9 Flunkerei
Lügner
8 Fabulant
9 Betrueger
10 Schwindler
Luke
11 Dachfenster
lukrativ
7 lohnend
8 rentabel
10 profitabel
12 eintraeglich
14 Gewinn bringend
lukullisch
6 ueppig
13 schwelgerisch
Lulatsch
5 Riese
Lumbago
11 Hexenschuss
lumbecken
6 binden, heften
11 broschieren
Lumme
3 Alk
6 Teiste
Lümmel
6 Bengel, Flegel, Ruepel
7 Grobian
Lump
6 Bandit, Ganove, Gauner, Schuft
7 Halunke, Saeufer, Schurke
8 Ehrloser
9 Liederjan
Lumpen
6 Fetzen, Lappen

Lumpenpack
3 Mob
8 Gesindel
Lunch
11 Mittagessen
Lungenbläschen
8 Alveolen
Lungenentzündung
9 Pneumonie
Lungenkrankheit
6 Asthma
8 Silikose
Lungenschwindsucht
11 Tuberkulose
Lungentätigkeit
6 Atmung
Lupe
5 Linse
9 Brennglas
19 Vergroesserungsglas
Lurchlarve
6 Quappe
Lurchtier
3 Olm
4 Unke
5 Molch
6 Frosch, Kroete
8 Amphibie
10 Laubfrosch
Lust
5 Laune, Spass, Trieb, Wonne
6 Freude, Genuss, Libido, Rausch
7 Geluest, Wollust
8 Begierde
9 Interesse, Verlangen
11 Verzueckung
Lüster
12 Kronleuchter
lüsterner Mensch
9 Luestling
Lustgefilde
7 Elysium
8 Paradies
lustig
4 froh
5 fidel
6 heiter, munter, sonnig
7 drollig, komisch, spassig
8 amuesant
9 froehlich, vergnuegt
lustig(e, er, es) ...
· **Bühnenstück**
7 Schwank
· **Einfall**
3 Gag
4 Witz
6 Bonmot, Pointe
· **Erzählung**
9 Humoreske
· **Fete**
11 Budenzauber
· **Figur**
5 Clown
7 Bajazzo, Kasperl
8 Harlekin, Witzbold
9 Hanswurst
· **Kinderspaß**
14 Kissenschlacht
· **Lied**
7 Gstanzl
· **Mensch**
10 Spassvogel
· **Scherz**
5 Spass
· **Spaß**
6 Scherz
· **Streich**
5 Posse
6 Possen
· **Unfug**
2 Uz
3 Fez, Ulk
5 Spass
Lüstling
4 Faun, Roué
9 Wuestling
15 Schuerzenjaeger
Lustschloss ...
· *bei* **Paris**
9 Malmaison
· *im* **Park von Versailles**
7 Trianon
· *bei* **Potsdam**
9 Sanssouci
· *in* **Wien**
11 Schoenbrunn
Lustspiel
5 Farce, Posse
6 Sketch
7 Schwank
8 Burleske, Komoedie
Lutheraner
10 Protestant
Luthers Bibeldrucker
5 Lufft
Luthers Zuflucht
8 Wartburg
luxemburgischer Landesteil
7 Gutland, Oesland
luxemburgischer Radrennfahrer
4 Gaul
luxuriös(e, er, es) ...
· **Kleinstwohnung**
9 Apartment
· **Schiff**
5 Yacht
· **Schlafstätte**
10 Himmelbett
Luxus
4 Pomp
6 Pracht
7 Aufwand
9 Wohlleben
Luxusrestaurant
14 Schlemmerlokal
Luxusschiff
5 Jacht
Luxuswagen
10 Salonwagen
Luzerner Hausberg
7 Pilatus
luzid
4 hell, klar
12 durchsichtig
Luzifer
5 Satan
6 Teufel
7 Satanas
9 Beelzebub
11 Morgenstern
Lymphknotenschwellung
4 Bubo
Lymphorgan
4 Milz
Lyrik
6 Poesie
8 Dichtung
10 Dichtkunst
Lyriker
4 Poet
7 Dichter
lyrisch
13 stimmungsvoll
lyrisch(e, er, es) ...
· **Chorwerk**
7 Kantate
· **Dichtung**
3 Ode
· **Dichtungsform**
5 Epode

· **Werk**
3 Lai, Ode
4 Lied
5 Hymne
6 Elegie, Hymnus, Sonett
7 Gedicht

M

machbar
8 moeglich
11 praktikabel, realistisch
Mache
5 Getue, Schau
6 Gehabe
8 Ziererei
machen
10 ausfuehren
Machenschaft
6 Raenke
7 Intrige, Umtrieb
8 Komplott
Macht
5 Druck, Kraft
6 Gewalt, Potenz
7 Groesse, Staerke
8 Einfluss, Regiment
9 Nachdruck, Regierung, Vermoegen
10 Herrschaft
12 Staatsgewalt
Machtbereich
5 Reich
7 Sphaere
8 Imperium
Machterweiterungsstreben
13 Imperialismus, Kolonialismus
Machthaber
4 Herr
6 Despot, Regent, Tyrann
7 Monarch
8 Diktator, Gebieter, Potentat
9 Herrscher
mächtig
5 gross, stark
6 massig, massiv, riesig
7 wuchtig
8 gewaltig, kraeftig
9 kraftvoll, souveraen
10 ueberlegen
12 beherrschend, wirkungsvoll
13 einflussreich
mächtigste Handelsstadt des Altertums
8 Karthago
machtlos
7 hilflos, schwach
8 kraftlos, unfaehig
11 ohnmaechtig
12 unvermoegend
Machtmissbrauch
8 Willkuer
machtvoll ▶ mächtig
Machwerk
6 Pfusch
8 Elaborat
Macke
4 Tick
6 Mangel, Spleen
Mädchen
4 Dirn, Girl, Maid
6 Dirndl, Maedel
8 Teenager
9 Backfisch
Mädchen für alles
8 Faktotum
Mädchen in Uniform
9 Majorette
Mädchenfrisur
13 Pferdeschwanz
Mädchenname
11 Geburtsname
Mädchenoberschule
6 Lyzeum
Mädchenspielzeug
5 Puppe
Madenfresser
3 Ani
Madenkrankheit
6 Myiase
Madenwurm
6 Oxyure
Madonna
5 Maria
12 Gottesmutter
Magazin
5 Depot, Lager
6 Kammer
7 Arsenal
8 Speicher
Magenfüller
10 Quellstoff
Magenkatarr (Magenkatarrh)
9 Gastritis
Magenkrampf
5 Kolik
Magensaft
3 Lab
Magensaftbestandteil
6 Lipase, Pepsin
Magenschleimhautentzündung
9 Gastritis
Magenspiegelung
12 Gastroskopie
Magenteil bei Wiederkäuern
5 Wanst
6 Pansen
8 Labmagen
9 Netzmagen
mager
5 duerr, hager
7 knochig, schlank
8 duerftig
Magie
6 Zauber
7 Hexerei
13 schwarze Kunst
magischer Gegenstand
7 Amulett, Fetisch
8 Talisman
11 Maskottchen
magisches Zeichen
10 Drudenfuss, Pentagramm
Magnesiumoxid
10 Bittererde
Magnesiumsilikat
4 Talk
6 Talkum
10 Meerschaum
Magnetende
3 Pol
7 Nordpol, Suedpol
Magnetteil
5 Anker

Magyar
5 Ungar
Mahd
7 Schnitt
Mähgerät
5 Sense
6 Sichel
11 Rasenmaeher
Mahl im Freien
8 Picknick
Mahlprodukt
4 Mehl
6 Griess, Schrot
Mahlrückstand
5 Kleie
Mahlzeit
5 Diner, Essen, Jause, Lunch, Menue
6 Brunch, Imbiss, Vesper
8 Brotzeit
9 Abendbrot, Nachtmahl
10 Abendessen
11 Fruehstueck, Mittagessen
Mahlzeit in England
5 Lunch
6 Dinner
Mahnbrief
7 Epistel, Monitum
Mähne
5 Tolle
6 Frisur, Schopf
mahnen
6 ruegen
8 monieren
Mahnmal
7 Denkmal
8 Monument
Mahnruf
7 Memento, Monitum
9 Menetekel
Mahnung zur Vorsicht
7 Warnung
Mähre
4 Gaul, Ross
5 Pferd
7 Klepper
Maibowlengewürz
11 Waldmeister
Maifröste
10 Eisheilige
Maikäferlarve
9 Engerling
Mailand auf Italienisch
6 Milano
Mailänder ...
· **Adelsgeschlecht**
6 Sforza
· **Fußballverein**
5 Inter
· **Opernhaus**
5 Scala
· **Sehenswürdigkeiten**
3 Dom
5 Scala
Mainmetropole
9 Frankfurt
Mainzelmännchen
3 Det, Edi
Mais
7 Kukuruz
Maischemaß
5 Eiche
Maisfladen
8 Tortilla
Maiskolbenhüllblätter
8 Lieschen
Maisschnaps
6 Chicha
10 Tschitscha
Maisspeise
5 Sterz
7 Polenta
12 Tuerkensterz
Majestät
6 Hoheit, Wuerde
11 Erhabenheit
majestätisch
7 erhaben
8 herrlich
Majorat
14 Aeltestenrecht
Majorität
8 Mehrheit
9 Ueberzahl
15 Stimmenmehrheit
makaber
7 duester
10 grauenvoll
11 schauerlich
Makeup
5 Puder
8 Schminke
11 Lippenstift
Makeup der Augen
8 Eyeliner
11 Lidschatten
13 Wimperntusche
Makeup-Utensil
9 Puderdose
11 Puderquaste
Makel
5 Fleck, Odium
6 Mangel
7 Schande
11 Schandfleck
12 Kainszeichen
Mäkelei
9 Noergelei
makellos
4 rein
6 sauber
8 tadellos
9 untadelig
10 fehlerfrei, vollkommen
11 einwandfrei
mäkeln
7 meckern
8 kritteln, noergeln
10 bekritteln
11 kritisieren, raesonieren
Makiaffe
4 Vari
5 Katta, Lemur
6 Lemure
Makkaroni
6 Nudeln
9 Teigwaren
Makler
6 Broker, Sensal
7 Mittler
10 Vermittler
Maklergebühr
8 Courtage, Sensalie
Makrelenart
8 Tunfisch
9 Thunfisch
Makrelenhecht
5 Saira
Makulatur
6 Abfall
9 Altpapier, Fehldruck
Mal
5 Fleck, Makel, Marke, Narbe
7 Zeichen
10 Markierung
11 Kennzeichen
Malaiendolch
4 Kris
Malaiengewand
6 Sarong
Malaienorchester
7 Gamelan
8 Gamelang

M

malaiisch(e, er, es) ...
· **Archipel**
9 Insulinde
12 Australasien
· **Boot**
4 Prau
· **Bund**
8 Malaysia
· **Bundesstaat**
5 Kedah, Perak
6 Pahang, Perlis
8 Kelantan, Selangor
· **Dolch**
4 Kris
· **Dorfsiedlung**
7 Kampong
· **Gedichtform**
6 Pantum
· **Hackmesser**
6 Parang
· **Halbinsel**
7 Malakka
· **Hüftgewand**
6 Sarong
· **Münzeinheit**
3 Sen
· **Segelboot**
4 Prau
· **Staat**
8 Malaysia
· **Volksstamm**
5 Batak, Bukit, Dajak
· **Wildhund**
5 Adjag
Malaria
11 Sumpffieber
Malariaheilmittel
6 Chinin
7 Atebrin
Malariamücke
7 Moskito
9 Anopheles
Malefizkerl
12 Draufgaenger
Maler
8 Tuencher
10 Tapezierer
11 Anstreicher
Maler und Holzschnitzer
5 Grien
Malereibedarf
5 Farbe
6 Firnis, Pinsel
Malergerät ► Malgerät
malerisch
9 pittoresk
Malerkreis der Romantik
9 Nazarener
Malermaterial
3 Oel
4 Lack
5 Farbe, Tinte
6 Firnis, Tusche
8 Oelfarbe
10 Acrylfarbe
11 Plakatfarbe, Wasserfarbe
12 Terpentinoel
Malerwerk
8 Gemaelde
9 Zeichnung
Malerzeichenstift
6 Roetel
Malgerät
6 Pinsel, Spatel
7 Palette
8 Spachtel
9 Staffelei
Malheur
4 Pech
6 Pleite, Unfall
8 Reinfall, Unglueck
12 Missgeschick
maliziös
7 boshaft
8 haemisch
malvenfarbig
4 lila
5 mauve
7 violett
Malvengewächs
6 Althee, Ibisch
7 Eibisch
8 Hibiskus
Malweise
6 Pastos
8 Aquarell
9 Tachismus
Malzzucker
7 Maltose
Mammon
4 Geld
6 Zaster
8 Reichtum
Mammutbaum
7 Sequoie
Mamsell
9 Fraeulein
manche
6 einige
Mandant
5 Kunde
6 Klient
12 Auftraggeber
Mandarinenart
7 Satsuma
10 Klementine
Mandat
7 Auftrag, Vertrag
Mandelbitterstoff
6 Amarin
Mandelentzündung
6 Angina
mandelförmige Gloriole
8 Mandorla
Mandelgebäck
7 Makrone
Mandelkonfekt
6 Nougat
7 Krokant
8 Marzipan
Mandelkrähe
4 Rake
5 Racke
8 Blaurake
Mangel
3 Not
5 Manko, Minus
6 Bedarf, Defekt, Fehler
7 Defizit, Schaden
9 Desiderat
14 Buegelmaschine
Mangel ...
· *an* **Ausdauer**
8 Ungeduld
· *an* **Beachtung**
17 Vernachlaessigung
· *an* **Erfahrung**
7 Unreife
· *an* **Erfolg**
17 Ergebnislosigkeit
· *an* **Gefühl**
18 Kaltschnaeuzigkeit
· *in der* **Herstellung**
18 Fabrikationsfehler
· *an* **klaren Wegen**
4 Irre
· *an* **Nötigem**
10 Entbehrung
· *an* **Veränderung**
10 Langeweile
· *an* **Vorsicht**
10 Leichtsinn
Mängelanzeige
11 Reklamation

M

Mangelhaftigkeit
18 Unvollstaendigkeit
Mängelhaftung
11 Waehrschaft
Mangelkrankheit
5 Oedem
7 Skorbut
8 Beriberi, Rachitis
mangelnd(e, er, es) ...
· **Anerkennung**
6 Undank
· **Glaube**
7 Zweifel
· **Ruhe**
6 Hektik, Stress
· **Selbstvertrauen**
12 Unsicherheit
Mangoldrippe
10 Krautstiel
Manie
4 Hang
5 Sucht, Trieb
7 Neigung, Passion
12 Besessenheit, Leidenschaft
Manier
3 Art
4 Stil
5 Weise
Manieren
5 Sitte
8 Benehmen, Betragen
9 Auftreten, Lebensart
Manifest
6 Erlass
8 Programm
10 Erklaerung, Kundgebung
Maniküre
10 Handpflege
Manikürgerät
10 Nagelfeile
11 Nagelschere
Maniokmehl
7 Tapioka
Maniokwurzel
7 Kassawa
Manipulation
4 Dreh
5 Kniff, Trick
7 Methode
9 Verfahren
10 Kunstgriff
12 Machenschaft
manipulieren
7 steuern
9 handhaben
12 beeinflussen
manieriert
7 geziert
11 ueberspannt
manisch
6 erregt
8 besessen
11 tobsuechtig
Manko ▶ Mangel
Mann
4 Adam, Kerl
5 Gatte
Mann ...
· *aus* **fernen Ländern**
4 Exot
· *mit* **großem Vermögen**
5 Nabob
· *mit* **hoher Stimme**
5 Tenor
8 Tenorist
· *auf* **Jasons Schiff**
8 Argonaut
· *im* **Paradies**
4 Adam
· *ohne* **Schatten**
9 Schlemihl
· **unter 20**
9 Juengling
Mann von ... ▶ Gatte von ...
Männchen vieler Tiere
4 Bock
Mannen
8 Vasallen
Mannen des Jason
10 Argonauten
Mannen Siegfrieds
10 Nibelungen
Mannequin
6 Modell
12 Vorfuehrdame
Männer mit Kindern
6 Vaeter
Männer verschleissende Frau
4 Vamp
Männeranrede
4 Herr
Männerfigur aus Othello
4 Jago
Männerhass
9 Misandrie
Männerhaus auf den Palauinseln
3 Bai
Männerhaus bei den Naga
6 Morung
Männerjacke
5 Joppe, Sakko
Männerkleidung
4 Hemd, Hose
5 Anzug
10 Herrenhemd
Männerkurzname
2 Jo
3 Edi, Max, Pit, Tim, Uli, Utz, Wim
4 Alex, Axel, Dirk, Fred, Gerd, Hein, Hias, Klas, Kurt, Lutz, Pepi, Rolf, Rudi, Sepp, Sigi, Theo, Toni
5 Beppo, Bernd, Bernt, Fritz, Heini, Heinz, Klaus, Micha, Tommy, Willi
6 Hannes, Jochen, Niklas
7 Bastian, Frieder
Männername ▶ männlicher Vorname
Männerstimme ▶ Männerstimmlage
Männerstimmlage
4 Bass
5 Tenor
7 Bariton
11 Bassbariton
Manneskraft
6 Potenz
Manneszierde
4 Bart
Manneszucht
9 Disziplin
mannhaft
5 mutig, viril
Mannigfaltigkeit
8 Vielfalt
15 Diversifikation
männlich
8 maskulin
männlich(e, er, es) ...
· **Artikel**
3 der
· **Biene**
6 Drohne
· **Blutsverwandter**
5 Agnat

- **Borstentier**
  4 Eber
- **Ente**
  5 Erpel
- **Falke**
  6 Terzel
- **französischer Artikel**
  2 le
- **Gans**
  6 Ganser, Ganter
- **Geflügeltier**
  4 Hahn
  6 Ganter
- **Geschwister**
  6 Bruder
  7 Brueder
- **Gesichtshaartracht**
  4 Bart
- **Haarschmuck**
  4 Bart
- **Hanfpflanze**
  5 Femel
- **Hase**
  7 Rammler
- **Haustier**
  4 Bock, Eber, Hahn
  5 Bulle, Erpel, Kater, Ochse, Ruede, Stier
  6 Ganter, Hammel, Hengst
  7 Rammler, Schoeps, Wallach
  8 Truthahn
  10 Ziegenbock
- **Horntiere**
  6 Boecke
- **Hund**
  5 Ruede
- **Katze**
  5 Kater
- **Kehlkopf**
  10 Adamsapfel
- **Kind**
  3 Bub
  4 Sohn
  5 Junge, Knabe
- **Kosename**
  4 Toni
- **Kurzname**
  3 Adi, Alf, Teo, Utz
  4 Gerd, Jost, Toni
  5 Benno, Heini, Heino
- **Mannequin**
  8 Dressman
- **Nachkomme**
  4 Sohn
  5 Junge, Knabe
- **Pferd**
  6 Hengst
- **Reh**
  4 Bock
- **Rind**
  5 Bulle, Ochse, Stier
- **Rollenfach**
  9 Liebhaber
- **Säugetier**
  14 Elefantenbulle
- **Schaf**
  6 Hammel, Widder
  7 Schoeps
- **Schwein**
  4 Eber
- **Substantiv**
  10 Maskulinum
- **Tier**
  9 Maennchen
- **Tracht**
  9 Lederhose
- **Verwandter**
  3 Opa
  5 Eidam, Enkel, Neffe, Oheim, Onkel, Vater
  6 Bruder, Cousin, Vetter
  7 Urenkel
  10 Grossvater
  12 Urgrossvater
- **Vogel**
  4 Hahn
  5 Erpel
  6 Roller, Tauber
- **Vorfahr**
  3 Ahn
- **Vorname**
  3 Alf, Bob, Ivo, Kai, Kay, Leo, Max, Odo, Udo, Ulf, Uli, Urs, Uwe
  4 Adam, Alex, Arne, Arno, Axel, Bodo, Carl, Curt, Dirk, Egon, Eike, Emil, Enno, Erek, Erik, Falk, Fred, Gerd, Gero, Golo, Hans, Hugo, Ilja, Immo, Ingo, Jens, Jost, Karl, Knut, Kuno, Kurt, Lutz, Niko, Nils, Olaf, Otto, Paul, Ralf, Rolf, Rudi, Theo, Till, Tilo, Toni, Veit, Wolf
  5 Achim, Adolf, Alban, Albin, Aloïs, Aloys, Alwin, Anton, Armin, Arnim, Artur, Benno, Beppo, Bernd, Boris, Botho, Bruno, Claus, David, Edgar, Edwin, Einar, Elmar, Enzio, Erich, Ernst, Erwin, Eugen, Ewald, Felix, Fiete, Frank, Franz, Fritz, Georg, Goetz, Guido, Hanno, Harri, Harro, Harry, Hasso, Heinz, Horst, Ignaz, Jakob, Jobst, Joerg, Josef, Klaus, Lewin, Malte, Oskar, Otmar, Peter, Ralph, Roger, Simon, Thilo, Tomko, Urban, Willi, Willy, Xaver
  6 Adrian, Albert, Alfons, Alfred, Anatol, Anselm, Ansgar, Arnold, Arnulf, Arthur, August, Detlef, Dieter, Edmund, Eduard, Egbert, Fabian, Gerald, Germar, Gernot, Gerold, Gerwig, Gerwin, Gregor, Gunnar, Gustav, Harald, Heiner, Helmut, Henner, Herwig, Hilmar, Holger, Hubert, Isidor, Jochen, Johann, Julian, Julius, Justus, Kaspar, Kilian, Konrad, Lorenz, Lothar, Lucien, Ludger, Markus, Martin, Michel, Moritz, Oliver, Rainer, Rasmus, Robert, Roland, Rudolf, Rupert, Stefan, Thomas, Tobias, Ulrich, Viktor, Volker, Walter, Wenzel, Werner
  7 Agrippa, Amadeus, Andreas, Balduin, Bertold, Bertram, Clemens, Dankrad, Dietmar, Dominik, Eginald, Eilbert, Emanuel, Erasmus, Florian, Friedel, Gabriel, Gerhard, Gilbert, Gisbert, Guenter, Hartmut, Helmuth, Herbert, Hermann, Joachim, Juergen, Karsten, Kasimir, Lambert, Leopold, Manfred, Michael,

M

Norbert, Philipp, Richard, Severin, Steffen, Stephan, Tankred, Tassilo, Theodor, Tilmann, Vinzenz, Walther, Wilhelm, Wolfram
8 Adalbert, Augustin, Benedikt, Benjamin, Bernhard, Berthold, Burkhard, Dagobert, Dietrich, Eberhard, Fridolin, Giselher, Gottlieb, Guenther, Heinrich, Heribert, Hubertus, Johannes, Leonhard, Matthias, Nikolaus, Reginald, Reinhart, Ruprecht, Siegbert, Siegmund, Theobald, Traugott, Valentin, Wilfried, Winfried, Wladimir, Wolfgang
9 Alexander, Balthasar, Christian, Christoph, Ferdinand, Friedhelm, Gottfried, Karlheinz, Ladislaus, Sebastian, Severinus, Siegfried, Sylvester
10 Friedemann, Hildebrand, Stanislaus

· **Waldtier**
7 Rehbock

· **Waldvogel**
8 Auerhahn

· **Wassertier**
5 Erpel
8 Enterich

· **Wildschwein**
6 Keiler

· **Ziege**
4 Bock

· **Zuchtpferd**
6 Hengst

Mannsbild
4 Kerl
7 Bursche

Mannschaft
3 Elf
4 Crew, Team
6 Equipe, Gruppe
8 Aufgebot
9 Besatzung, Formation

Mannschaftsdienstgrad
8 Schuetze
9 Gefreiter

Mannschaftsführer
8 Kapitaen, Teamchef
12 Spielfuehrer

Mannschaftsraum auf Schiffen
5 Logis

Mannschaftsspiel
8 Korbball
9 Prellball

mannstoll
9 nymphoman

Mannweib
6 Virago
7 Zwitter
12 Hermaphrodit

Manöver
10 Kunstgriff
13 Truppenuebung
15 Scheinmassnahme

Manövrierbahn
10 Rangierlok

Manschetten
7 Stulpen
9 Aufschlag

Mantel katholischer Geistlicher
5 Cappa

Mantel mit Kapuze
6 Burnus

Mantel ohne Ärmel
11 Wetterfleck

Mantelart
4 Cape
6 Ulster, Umhang
7 Paletot
8 Havelock
10 Dufflecoat, Trenchcoat

mantelartiger Überrock der Juden
6 Kaftan

mantelartiger Umhang
6 Poncho

mantelartiger Umhang der Araber
3 Aba

Mantelaufschlag
6 Revers

Mantelrückenspanne
8 Dragoner

Mantelschnitt
6 Raglan, Ulster

Mantelstoff
5 Loden, Tweed
8 Popeline

Manteltarif
11 Rahmentarif

Manteltier
5 Salpe
8 Tunikate
10 Seescheide

Mantille
6 Umhang

Manufaktur
6 Fabrik
10 Handarbeit

Manufakturware
9 Textilien

Manuskript
4 Text
7 Hand-out
8 Original
9 Urschrift
11 Handschrift, Satzvorlage
12 Tischvorlage

Manuskriptbearbeiter
6 Lektor
9 Redakteur

Manuskriptschreiber
11 Ghostwriter

Maquisard
8 Partisan

Mär
4 Fama, Saga, Sage
5 Fabel, Kunde, Maere
8 Maerchen
9 Nachricht
10 Erzaehlung

Märchen der Gebrüder Grimm
10 Sterntaler

Märchendichter
5 Grimm

Märchenerzählerin aus Tausendundeiner Nacht
12 Scheherazade, Scheherezade

Märchenfigur
3 Alp, Fee, Nix, Rok
4 Elfe, Gnom, Hexe, Mohr, Muck, Neck, Nixe, Oger, Puck, Spuk
5 Drude, Engel, Geist, Greif, Holle, Hulda, Kater, Lampe, Prinz, Riese, Satan, Troll, Wicht, Zwerg

6 Adebar, Aladin, Drache, Eckart, Gretel, Kobold, Koenig, Laurin, Moloch, Nimrod, Nymphe, Oberon, Riesin, Schrat, Teufel, Undine
7 Ali Baba, Alraune, Einhorn, Haensel, Isegrim, Jorinde, Olifant, Reineke, Sindbad, Zwergin
8 Alberich, Erdgeist, Genoveva, Gespenst, Grimbart, Gulliver, Ilsebill, Irrwisch, Joringel, Klingsor, Koenigin, Lanzelot, Lindwurm, Meerfrau, Melusine, Nikolaus, Rapunzel, Rosenrot, Ruprecht, Sandmann, Zauberer, Zauberin
9 Beelzebub, Berggeist, Daeumling, Eiskoenig, Erlkoenig, Frau Holle, Goldmarie, Huckebein, Osterhase, Pechmarie, Ruebezahl, Vogel Rock, Zwerg Nase
10 Mann im Mond, Prinzessin, Tatzelwurm, Vogel Greif, Waldschrat, Wassermann, Wassernixe
11 Kalif Storch
12 Aschenputtel, Dornroeschen, Froschkoenig, Gaenseliesel, Hans im Glueck, Koenig Laurin, Meerjungfrau, Mooswéiblein, Rotkaeppchen, Scheherezade, Suppenkaspar
13 Aschenbroedel, Rattenfaenger, Sandmaennchen, Struwwelpeter, Zappelphilipp
14 Harun al Raschid, Schneewittchen, Weihnachtsmann
15 Rumpelstilzchen, Schneeweisschen
16 Heinzelmaennchen
17 Gestiefelter Kater

Märchengestalt ▶ Märchenfigur

märchenhaft
6 irreal
9 fabelhaft, sagenhaft, traumhaft, wunderbar
11 fantastisch
12 phantastisch

Märchenland
7 Liliput
15 Schlaraffenland

Märchenland der griechischen Sage
3 Aea, Ais

Märchenriese
4 Oger
9 Ruebezahl

Märchentanz
10 Feenreigen

Märchenvogel
4 Roch, Ruch

Märchenwesen
3 Fee
4 Hexe
5 Elfen, Zwerg

marderähnliches Pelztier
4 Nerz

Marderart
4 Jerf, Mink, Nerz, Ratz
5 Dachs, Frett, Iltis, Otter, Skunk, Zobel
6 Grison, Wiesel
7 Zorilla
8 Hermelin, Seeotter
9 Frettchen, Stinktier, Vielfrass
10 Fischotter

Marderhund
4 Enok

Märe
5 Kunde
9 Nachricht

Marge
6 Spanne
8 Toleranz
9 Spielraum

Marginalie
6 Glosse
9 Anmerkung
13 Randbemerkung

Maria mit Leichnam Christi
5 Pieta

Marianeninsel
4 Guam, Rota
5 Agana, Pagan
6 Saipan, Tinian

Marienbildnis
7 Madonna

Mariendarstellung ▶ Marienbildnis

Marienkäfer
11 Siebenpunkt
15 Herrgottskaefer

Marille
8 Aprikose

Marinade beim Kochen
5 Beize

Marine in den USA
4 Navy

Marinedenkmal bei Kiel
5 Laboe

Marinedienstgrad
4 Maat
7 Admiral, Matrose
8 Kapitaen, Obermaat
9 Bootsmann
16 Kapitaenleutnant

Marineleitung
12 Admiralitaet

Marineoffizier
7 Admiral
17 Fregattenkapitaen

Marineoffiziersschüler
6 Kadett
9 Seekadett

mariniert(e, er, es) ...
· **Blütenknospe**
5 Kaper
· **Dornhaifleisch**
6 Seeaal
· **Fischart**
8 Rollmops

Marionette
11 Gelenkpuppe
12 Gliederpuppe

Marionettenakteur
13 Puppenspieler

Marionettenbühne
13 Puppentheater

markant
7 typisch
10 auffaellig, auffallend
11 bezeichnend, einpraegsam
13 eindrucksvoll
16 charakteristisch

Marke
3 Mal
7 Merkmal, Stempel, Zeichen
10 Briefmarke

11 Kennzeichen, Wertzeichen
12 Warenzeichen
13 Firmenzeichen
15 Postwertzeichen
Marketing
16 Absatzfoerderung
Markgraf Ottos des Großen
4 Gero
Markierung an Messgeräten
4 Grad
5 Skala
Markierung von Grenzen
10 Grenzstein
märkischer Dichter
5 Arnim
7 Fontane
Markomannenkönig
6 Marbod
Markt
5 Messe
Markt ...
· *im* **alten Griechenland**
5 Agora
· *im* **alten Rom**
5 Forum
· *im* **Orient**
5 Basar, Bazar
· *für* **Trödelwaren**
9 Flohmarkt
marktbeherrschende Organisation
5 Trust
7 Konzern
Marktbude
5 Stand
Marktschreier
8 Haendler
10 Scharlatan
marktschreierischer Lärm
6 Tamtam
Marktstand
4 Bude
Marktwert
4 Kurs
5 Preis
Marmel
6 Marbel, Murmel
7 Klicker
Marmelade
3 Jam, Mus
7 Kompott
10 Konfituere
13 Brotaufstrich

marokkanisch(e, er, es) ...
· **Gebirge**
3 Rif
5 Atlas
· **König**
6 Hassan
· **Leder**
8 Maroquin
· **Sultansschloss**
6 Kasbah
· **Volksteil**
6 Berber, Mauren
7 Kabylen
10 Rifkabylen
Marotte
4 Tick
5 Laune, Macke
6 Fimmel, Spleen
8 Eigenart, Schrulle
9 Eigenheit
Marsch
4 Koog
6 Helder, Polder
7 Neuland
Marsch von Truppen
7 Heerzug
Marschboden
4 Fenn, Klei
7 Schlick
Marschformation
7 Kolonne
Marschgepäck
8 Rucksack
9 Tornister
11 Ausruestung
Marschgruppe
5 Rotte
Marschhügel
4 Warf
5 Warft
Marschinseln im Wattenmeer
8 Halligen
Marschland
4 Koog
Marschland der Niederlande
6 Betuwe
Marschland zwischen Hunte und Weser
9 Stedingen
Marschlandschaft an der Unterelbe
9 Kehdingen

Marschlandschaft in Niedersachsen
6 Hadeln
Marschpause
4 Rast
5 Biwak
Marschverpflegung
8 Proviant
Marschweg
5 Route
Marshallplan (Abkürzung)
3 ERP
Marsmond
6 Deimos, Phobos
Marter
4 Pein, Qual
6 Folter, Leiden, Tortur
9 Peinigung
Marterl
9 Votivbild
martern
7 foltern
martialisch
9 streitbar
11 kriegerisch
Martinstag
7 Martini
Märtyrer, Märtyrerin
5 Alban, Georg, Menas, Simon
7 Blasius, Emmeram, Erasmus, Florian
8 Ignatius, Polykarp
9 Sebastian
10 Bonifatius, Laurentius, Pankratius, Valentinus
März
7 Lenzing
8 Lenzmond
Masche
3 Gag
5 Trick
8 Schlaufe, Schleife, Schlinge
Maschengefüge
8 Netzwerk
Maschenware
6 Gewirk
8 Geflecht
Maschenwerk
4 Netz
Maschine
6 Geraet
7 Apparat
11 Mechanismus

Maschine ...
· *für* **Erdarbeiten**
5 Ramme, Raupe
6 Bagger
7 Scraper, Skraper
· *zur* **Getreidereinigung**
5 Tarar
· *zum* **Glätten**
5 Walze
· *zum* **Heben von Lasten**
4 Kran
11 Flaschenzug
· *zur* **Stromerzeugung**
9 Generator
· *zum* **Tuchaufrauen**
5 Karde
· *zum* **Verdichten**
10 Kompressor
· *zum* **Zerschneiden von Baumstämmen**
11 Gattersaege, Kettensaege

maschinelle Vervielfältigung
5 Druck

Maschinenart
3 Lok
5 Motor, Pumpe, Ramme
6 Bagger, Dynamo, Geraet
7 Apparat, Turbine, Windrad
8 Flugzeug, Motorrad
9 Generator, Triebwerk
11 Mechanismus

maschinenartig
10 maschinell, mechanisch

Maschinenaufsteller
7 Monteur

Maschinenelement
7 Zahnrad

Maschinengruppe
8 Aggregat

Maschinenmeister
10 Maschinist

Maschinenmensch
7 Roboter

Maschinensatz
8 Aggregat

maschinenschriftliche Druckvorlage
10 Typoskript

Maschinenstartpower
13 Antriebspower

Maschinentätigkeit ohne Arbeitsnutzen
8 Leerlauf

Maschinenteil
3 Rad
4 Keil, Niet
5 Achse, Backe, Feder, Kette, Konus, Lager, Niete, Rolle, Rotor, Stift, Welle
6 Bolzen, Bremse, Kolben, Kurbel, Ventil, Zapfen
7 Trommel
8 Anlasser, Exzenter, Getriebe, Kupplung, Schraube, Zylinder
9 Gestaenge

Maschinerie
4 Werk
7 Apparat, Betrieb
8 Getriebe
9 Apparatur
11 Mechanismus

masernähnliche Krankheit
7 Roeteln

Maserung
4 Ader
6 Muster
7 Geaeder

Maskareneninsel
7 Réunion
9 Mauritius, Rodriguez

Maskaron
5 Larve, Maske
6 Fratze
8 Grimasse
14 Fratzengesicht

Maske
5 Larve
6 Huelle
7 Fassade
10 Kopfschutz

Maskenball
7 Redoute
9 Maskerade
11 Gschnasfest, Kostuemfest
12 Mummenschanz

Maskenkleidung
7 Kostuem

Maskenmantel
6 Domino

Maskerade
11 Verkleidung
13 Kostuemierung

Maskierung ▶ Maskerade

Maskottchen
7 Amulett
8 Talisman
14 Gluecksbringer

maskuliner Mensch
4 Mann

Maß
5 Model
6 Format, Mensur
7 Quantum
8 Standard

Maß- und Gewichtskunde
10 Metrologie

Massaker
7 Blutbad
8 Gemetzel

Masse
4 Gros
5 Menge, Stoff
7 Bestand, Materie
8 Substanz
10 Quantitaet

Masse harten Gesteins
4 Fels

Masse im Erdinnern
5 Magma

Masse zum Backen
4 Teig

Massebegriff
6 Dichte

Maßeinheit
5 Tonne

Maßeinheit ...
· *in der* **Akustik**
3 Bel
· *für die* **Dehnbarkeit von Fasern**
3 Den
6 Denier
· *für die* **elektrische Leistung**
4 Watt
· *für die* **elektrische Spannung**
4 Volt
· *für die* **elektrische Stromstärke**
6 Ampere
· *für den* **elektrischen Widerstand**
3 Ohm
· *für die* **Energie**
5 Joule

M

· *der* **Frequenz**
5 Hertz
· *für die* **Induktion**
5 Henry
· *für die* **Kraft**
6 Newton
8 Kilopond
· *für* **Länge**
5 Meter
· *der* **Lautstärke**
3 Fon
4 Phon
· *für die* **Lichtstärke**
5 Lumen
· *für das* **spezifische Mostgewicht**
7 Oechsle
· *für die* **Stärke radioaktiver Strahlung**
3 Rad, Rem
4 Gray
5 Curie
7 Sievert
9 Becquerel
· *der* **Telegrafiergeschwindigkeit**
4 Baud
· *der* **Wärmemenge**
5 Joule
7 Kalorie
· *für die* **Zeit**
7 Sekunde
Maßeinheit auf Skalen
4 Grad
Maßeinteilung (Technik)
5 Skala
10 Skalierung
Massenangst
5 Panik
Massenansturm
3 Run
7 Andrang
Massenaufmarsch
10 Kundgebung
13 Demonstration, Protestaktion
Massenerkrankung
6 Seuche
7 Endemie
8 Epidemie, Pandemie
Massengutbehälter
6 Bunker
9 Container
Massenherstellung von Bekleidung
10 Konfektion
Massenkundgebung ▶ Massenaufmarsch
Massenmedium
9 Fernsehen
Massenopfer
9 Hekatombe
Masseteilchen
4 Atom
7 Molekel
8 Molekuel
9 Korpuskel
maßgebend
8 normativ
9 gewichtig, kompetent
13 einflussreich
15 richtungweisend
maßgebend(e, er, es) ...
· **Persönlichkeit**
10 Autoritaet
· **Umstand**
6 Faktor
· **Zeuge**
9 Kronzeuge
massig
4 dick
5 breit
6 robust, schwer
7 kompakt, wuchtig
8 kraeftig, maechtig
mäßig
3 mau
4 flau
6 gering
7 moderat, schwach
13 mittelmaessig
mäßig kalt
5 kuehl
6 frisch
mäßig langsames Tonstück
7 Andante
mäßig warm
3 lau
mäßiger Wind
5 Brise, Hauch
Mäßigkeit
9 Temperenz
massiver Rundkörper
5 Kugel, Rolle
8 Zylinder
Maßliebchen
15 Gaensebluemchen
maßlos
5 enorm
6 extrem, ueppig
8 exzessiv
9 unbaendig, ungeheuer
10 exorbitant
13 unersaettlich
maßloser Zorn
3 Wut
maßloses Begehren
4 Gier
5 Manie, Sucht
Maßnahme
3 Akt, Tat
6 Aktion
8 Handlung, Regelung, Vorgehen
maßregeln
6 tadeln
9 bestrafen
Maßstab
4 Norm
6 Lineal
8 Standard
Mast
5 Besan, Pfahl
7 Vortopp
8 Fockmast
9 Grossmast
Mastbaumbefestigung
3 Gei
Mastgeflügel
4 Hahn, Huhn
6 Kapaun, Poulet
8 Mastgans, Poularde
Mastix
4 Harz
mastloses Boot
4 Ewer, Kahn
5 Barke
6 Gondel, Nachen
Mastspitze
4 Topp
Mastteil
4 Raah
Matador
6 Torero
13 Stierkaempfer
Match
4 Game
5 Kampf, Spiel, Wette
6 Partie
7 Treffen
9 Wettkampf

Mater
4 Form
6 Mutter
7 Matrize
Mater dolorosa
5 Pieta
7 Madonna
10 Marienbild
Material
5 Masse, Stoff
6 Gehalt, Inhalt, Mittel
8 Rohstoff, Substanz
9 Werkstoff
Material ...
· *zum* **Beschreiben**
6 Papier
· *zum* **Dachdecken**
9 Teerpappe
· *zum* **Einwickeln**
10 Packpapier
· *der* **Elefantenstoßzähne**
9 Elfenbein
· *für* **Flaschenpfropfen**
4 Kork
· *für* **Kämme**
10 Schildpatt
· *zur* **Kerzenherstellung**
7 Stearin
· *des* **Töpfers**
3 Ton
Materialbeschaffer
10 Einkaeufer
Materialverlust
6 Abrieb
7 Schwund
Materie
4 Fach
5 Masse, Stoff
6 Gebiet
8 Substanz
materiell
12 substantiell, substanziell
materieller Schaden
7 Verlust
Materieteilchen
4 Atom
8 Molekuel
Mathematiker
4 Abel, Ries
5 Gauss, Riese
6 Briggs, Cantor, Euklid, Guldin, Ludolf, Newton, Pappus, Pascal
7 Cardano, Hilbert, Lambert, Laplace, Leibniz, Neumann, Riemann
8 Lagrange, Pluecker, Poincaré
9 Descartes
10 Archimedes, Pythagoras
Mathematikteilgebiet
7 Algebra, Numerik
8 Analysis
9 Geometrie
10 Arithmetik
12 Stereometrie
13 Trigonometrie
mathematisch für ...
· **Abziehen**
11 Subtraktion
· **Dazuzählen**
8 Addition
· **Malnehmen**
14 Multiplikation
· **Teilen**
8 Division
mathematisch(e, er, es) ...
· **Ausdruck für ein Ganzes**
6 Eintel
· **Begriff**
3 Lot, Pol
4 Grad, Zahl
5 Achse, Basis, Binom, Bogen, Bruch, Ebene, Fokus, Glied, Hoehe, Kante, Kegel, Komma, Kreis, Kubus, Kugel, Kurve, Linie, Mitte, Punkt, Radix, Raute, Sehne, Seite, Sinus, Summe, Tiefe
6 Breite, Faktor, Formel, Gerade, Inhalt, Laenge, Lineal, Mittel, Nenner, Polare, Potenz, Prisma, Quader, Radius, Sektor, Spitze, Strahl, Teiler, Trapez, Umfang, Vektor, Winkel, Wurzel, Zirkel
7 Achteck, Algebra, Divisor, Dreieck, Einheit, Ellipse, Flaeche, Kathete, Komplex, Kosinus, Loesung, Maximum, Minimum, Numerus, Parabel, Produkt, Prozent, Quadrat, Rhombus, Segment, Sekante, Sphaere, Spirale, Tangens, Teilung, Vieleck, Viereck, Volumen, Wuerfel, Zaehler, Zentrum
8 Abszisse, Addition, Dezimale, Dividend, Division, Exponent, Fuenfeck, Funktion, Hyperbel, Integral, Ordinate, Primzahl, Pyramide, Quotient, Rechteck, Resultat, Scheitel, Schenkel, Sechseck, Tangente, Zylinder
9 Asymptote, Diagonale, Differenz, Dimension, Geometrie, Gleichung, Grundzahl, Halbkreis, Kongruenz, Konstante, Kubikzahl, Parallele, Quersumme, Symmetrie, Vertikale
10 Brennpunkt, Entfernung, Grundlinie, Halbierung, Halbmesser, Hypotenuse, Komponente, Koordinate, Mittelwert, Peripherie, Proportion, Regeldetri, Senkrechte, Sinuskurve, Unbekannte
11 Durchmesser, Horizontale, Koeffizient, Logarithmus, Mengenlehre, Mittelpunkt, Oberflaeche, Perspektive, Progression, Subtraktion, Waagerechte
12 Differential, Differenzial, Grundflaeche, Schnittpunkt, Stereometrie
15 goldener Schnitt
· **Dreisatzrechnung**
10 Regeldetri
· **Figur**
5 Kegel, Kreis, Kubus, Kugel, Raute
6 Prisma, Quader, Trapez
7 Ellipse, Quadrat, Rhombus, Vieleck, Viereck, Wuerfel
8 Pyramide, Zylinder

· **Funktion**
5 Sinus
7 Cosinus, Kosinus, Tangens
9 Cotangens, Kotangens
11 Logarithmus
· **Gerät**
6 Lineal, Zirkel
12 Winkelmesser
14 Rechenschieber
· **Größe**
10 Koordinate
11 Logarithmus
· **Kegelschnitt**
5 Kreis
7 Ellipse, Parabel
8 Hyperbel
· **Linie**
5 Kurve
6 Gerade, Strahl
7 Strecke
· **Relation**
9 Gleichung
· **Symbol**
8 Integral
· **Verbindungslinie**
6 Polare
· **Zeichen**
3 mal
4 plus
5 minus
· **Zeichnung**
8 Diagramm
Matratzenstoff
5 Drell
Mätresse
5 Buhle
8 Geliebte
Mätresse Ludwigs XIV.
9 Fontanges
10 Lavalliere
Mätresse Ludwigs XV.
7 Dubarry
9 Pompadour
Matrize
4 Form
5 Mater
8 Gussform
9 Druckform
Matrose
7 Mariner, Seemann
9 Blaujacke
Matrosengepäck
7 Seesack
Matrosenhemd
6 Troger
Matrosenlied
6 Shanty
Matrosenlöhnung
5 Heuer
Matrosenschlafstatt
11 Haengematte
matt
4 flau
5 muede
7 schwach
10 erschoepft
matt glänzendes Schmuckstück
5 Perle
Matte
8 Vorleger
matter Schein
8 Schimmer
mattfarbig
5 blass
mattgelb
5 creme
Mattkohlenart
5 Durit
Matura
3 Abi
6 Abitur
13 Reifepruefung
14 Hochschulreife
mau
8 duerftig, schlecht
Mauer
4 Wand
9 Steinwand
10 Ziegelwand
Maueraufbau
6 Zinnen
Mauerbewurf
4 Putz
7 Verputz
Mauerbogen auf Säulen
6 Arkade
Mauerbrei
7 Moertel
Mauerbruch
7 Bresche
Mauerkrone
6 Zinnen
Mauerleiste
4 Sims
Mauerlücke
7 Scharte
Mauerpfeiler
6 Lisene
Mauerritze
4 Fuge
Mauersalat
7 Lattich
Mauerstein
6 Ziegel
Mauerstreifen
6 Lisene
Mauerverkleidung
4 Gips, Putz
6 Paneel, Tapete
Mauervertiefung
6 Nische
Mauerverzierung
4 Sims
5 Fries
7 Risalit
Mauervorsprung
5 Erker
Mauerwerk
8 Gemaeuer
Maul
4 Mund
6 Fresse, Rachen
7 Schlund
8 Schnauze
Maul bei Schafen und Ziegen
6 Muffel
Maul des Wildes
5 Aeser
Maulaffe
6 Gaffer
Maulbeergewächs
5 Feige
10 Feigenbaum
Maulesel
4 Muli
Maulform
7 Ruessel
Maulheld
7 Angeber, Poltron
12 Aufschneider
Maulschelle
8 Ohrfeige, Watschen
10 Backpfeife
13 Backenstreich
Maultier ► Maulesel
maulwurfsgrau
5 taupe
Maulwurfsgrille
5 Werre

M

Maurermasse
5 Speis
Maurerwerkzeug
5 Kelle
7 Senklot
8 Faeustel, Senkblei, Spachtel
9 Reibbrett
11 Richtscheit, Wasserwaage
maurisches Schloss bei Granada
8 Alhambra
Mausoleum
7 Grabmal
Maut
4 Zoll
7 Gebuehr, Wegzoll
Maxime
5 Motto
6 Devise
7 Prinzip
9 Grundsatz
11 Lebensregel, Richtschnur
Maya-Gottheit
7 Hunahan, Hunahpu, Hurakan, Itzamna
8 Kukulkan
Maya-Stadt in Guatemala
5 Tikal
Mäzen
6 Patron
7 Goenner
9 Foerderer
Mechanikerberuf
12 Autospengler
13 Autoschlosser
Mechanikteilgebiet
6 Statik
7 Dynamik
9 Kinematik
mechanisch
10 maschinell
11 automatisch
12 selbsttaetig
mechanisch(e, er, es) ...
· **Arbeitsgerät**
9 Maschinen
· **Klavier**
7 Pianola
· **Musikinstrument**
11 Orchestrion
· **Werkzeug**
10 Motorsaege

Mechanismus
4 Werk
7 Apparat
8 Getriebe, Maschine
9 Triebwerk
11 Maschinerie
Mechanismus eines Zeitmessgeräts
7 Uhrwerk
Meckerer
6 Pedant
8 Krittler, Noergler
9 Noergeler, Querulant
11 Kritikaster
12 Besserwisser
mecklenburgisch(e, er, es) ...
· **Adelsgeschlecht**
6 Buelow, Moltke
10 Bernstorff
· **Dichter**
6 Reuter
· **Fluss**
5 Peene
· **Landschaft**
10 Seenplatte
· **Ostseeinsel**
6 Usedom, Wollin
Medaille
5 Orden
12 Auszeichnung
Medeas Heimat
7 Kolchis
Medeas Mann
5 Jason
Medikament
6 Arznei
7 Medizin
9 Pharmakon, Praeparat
10 Heilmittel
Medikament für Malariakranke
6 Chinin
Medikament für Zuckerkranke
7 Insulin
Medikamentform
5 Pille, Salbe
6 Dragee, Kapsel, Pulver
7 Aerosol
8 Granulat, Pastille, Tablette
9 Zaepfchen
Medizin
6 Arznei
10 Heilmittel
Mediziner
4 Arzt
6 Doktor
7 Medikus
8 Oberarzt
12 Heilkundiger
medizinisch für ... ▶ medizinischer Fachausdruck für ...
medizinisch(e, er, es) ...
· **Angestellte**
12 Arzthelferin
· **Betäubung**
7 Narkose
· **Einspritzung**
9 Injektion
· **Gerät**
7 Spritze
· **Messgerät**
12 Fiebermesser
17 Fieberthermometer
· **Pflanze**
9 Heilkraut
· **Röhrchen**
8 Katheter
· **Saugwurm**
8 Blutegel
· **Wissenschaftler**
6 Anatom
medizinischer Fachausdruck für ...
· **Abführmittel**
6 Laxans
· **Anfall**
6 Insult
· **Atemstillstand**
5 Apnoe
· **Benommenheit**
5 Amenz
· **Betäubung**
11 Anaesthesie
· **Bläschenausschlag**
6 Herpes
· **Blase**
5 Bulla
· **Blasengeschwulst**
5 Zyste
· **Boden eines Hohlorgans**
6 Fundus
· **Brechreiz**
6 Nausea
· **Darmverschluss**
5 Ileus
· **den Fetus betreffend**
5 fetal

· **die Lenden betreffend**
6 lumbal
· **Eizelle**
6 Ovulum
· **Fettgeschwulst**
5 Lipom
· **Gehunfähigkeit**
6 Abasie
· **Gewebewassersucht**
5 Oedem
· **Hals**
6 Collum
· **Hautentzündung**
5 Ekzem
· **Hautknötchen**
6 Papula
· **Hautlappen zur Transplantation**
5 Patch
· **Kehlkopf**
6 Larynx
· **Knochengeschwulst**
6 Osteom
· **Knochennaht**
5 Sutur
· **Knochenriss**
6 Fissur
· **Körperkraft**
7 Sthenie
· **krankhafte Angst**
6 Phobie
· **Krankheit**
6 Morbus
· **Kurzsichtigkeit**
6 Myopie
· **Leber**
5 Hepar
· **Lunge**
5 Pulmo
· **Milz**
4 Lien
· **Nacken**
6 Cervix
· **Narbenbildung**
5 Ulose
· **Nerv**
6 Nervus
· **Ohrentzündung**
6 Otitis
· **Rückenmarksschwindsucht**
5 Tabes
· **Schmerz**
5 Dolor
· **schwanger**
6 gravid
· **Streuherd einer Infektion**
5 Focus, Fokus
· **Teillähmung**
6 Parese
· **Tollwut**
5 Lyssa
· **Übel**
5 Malum
· **Verletzung**
7 Laesion
· **Versteifung**
5 Rigor
· **weibliche Brust**
5 Mamma

medizinisches Instrument
5 Nadel, Sonde, Zange
6 Schere
7 Spritze
8 Pinzette, Skalpell

Medizinmann
8 Schamane

Medizinstudent
7 Famulus

Medusa
5 Gorgo
7 Gorgone
9 Ungeheuer

Meduse
6 Qualle

Meer
3 See
5 Indik, Ozean
6 Ostsee
7 Eismeer, Nordsee, Pazifik, Suedsee
8 Atlantik
9 Polarmeer
10 Mittelmeer
12 Stiller Ozean
14 Indischer Ozean
16 Pazifischer Ozean

Meerbusen
4 Golf

Meerbusen in Ostengland
4 Wash

Meerdrachen
6 Rochen

Meerenge ...
· *zwischen* **Amerika und Asien**
13 Beringstrasse
· *zwischen* **Frankreich und England**
5 Kanal
11 Aermelkanal
· *bei* **Istanbul**
8 Bosporus
· *in* **Nordeuropa**
4 Belt, Sund
· *zwischen* **Schweden und Jütland**
8 Kattegat
· *zwischen* **Spanien und Marokko**
19 Strasse von Gibraltar
· *in* **Südosteuropa**
8 Bosporus
10 Hellespont
11 Dardanellen

Meeresalgen
4 Tang

Meeresbewegung
4 Ebbe, Flut, Tide, Woge
5 Welle
7 Brecher, Duenung, Seegang
8 Brandung, Nippflut
9 Sturmflut
10 Springflut

Meeresblumentier
7 Koralle

Meeresbrise
7 Seeluft

Meeresbucht
3 Bai, Bay
4 Golf, Haff
5 Bucht, Busen, Firth, Fjord
6 Bodden, Foerde

Meeresbusen
5 Bucht

Meeresfisch
6 Seeaal
9 Knurrhahn

Meeresgestade
6 Kueste, Strand

Meeresgott
5 Aegir
6 Neptun, Nereus, Pontos, Thetis, Triton
7 Okeanos, Phorkys, Proteus
8 Poseidon

Meeresgöttin
3 Ran

Meereshohltier
5 Hydra, Polyp
6 Qualle
7 Koralle
Meereskrebs
6 Granat, Hummer, Krabbe
7 Garnele
8 Languste
15 Einsiedlerkrebs
Meereskunde
13 Ozeanographie
Meeresküste
4 Lido, Ufer
6 Strand
7 Gestade
9 Steilufer
Meeresmuschel
6 Auster
Meeresnymphe
4 Nixe
6 Sirene, Undine
Meerespflanze
4 Alge, Tang
8 Plankton
9 Braunalge, Gruenalge
11 Meerlattich
Meeresraubfisch
3 Hai
6 Rochen
7 Dornhai, Muraene
Meeresraubtier
8 Seeadler
9 Meerotter
Meeresraum
6 Kueste
Meeressäugetier
3 Wal
5 Robbe
6 Delfin, Narwal, Seekuh, Seiwal
7 Blauwal, Delphin, Finnwal
8 Tuemmler
9 Pelzrobbe
Meeressaum
7 Gestade
Meeresschlamm
7 Schlick
Meeresschnecke
6 Nerite, Seeohr
8 Nautilus
Meeresspeisefisch
6 Hering, Seeaal
8 Kabeljau
Meeresstraße zwischen Frankreich und England
5 Kanal
11 Aermelkanal
Meeresströmung
5 Drift, Strom, Trift
Meerestiefenmessgerät
7 Echolot
Meerestier
3 Aal, Hai, Wal
4 Butt
5 Fisch, Krake, Polyp, Robbe
6 Auster, Delfin, Granat, Hering, Hummer, Krabbe, Narwal, Qualle, Rochen, Seekuh, Seeohr
7 Blauwal, Delphin, Finnwal, Flunder, Garnele, Koralle, Makrele, Meerkuh, Pottwal, Sardine, Scholle, Seehase, Seehund, Seeigel, Seewolf, Walross, Zahnwal
8 Grindwal, Kabeljau, Languste, Seegurke, Seekatze, Seelachs, Seeloewe, Seestern, Seezunge, Tuemmler
9 Steinbutt
10 Einsiedler, Meereichel, Meerspinne, Meerteufel, Schwertwal, Seedrachen, Seeelefant
11 Tintenfisch
12 Seepferdchen
Meeresufer
6 Kueste, Strand
7 Gestade
Meeresvogel
3 Alk
4 Lund
5 Lumme, Moewe
7 Pinguin, Scharbe, Toelpel, Tordalk
8 Albatros, Kormoran
9 Bootsmann
10 Eistaucher, Seetaucher
Meeresweichtier
7 Muschel
8 Nautilus
Meereswoge
5 Welle
Meerfee
8 Melusine
Meerkatze
5 Diana
6 Makake
7 Mangabe
8 Mandrill
meerkatzenartiger Affe
6 Rhesus
Meerrettich
4 Kren
Meerteufel
6 Rochen
Meerweib
8 Melusine
Megafon (Megaphon)
10 Sprachrohr
13 Fluestertuete
Megäre
5 Furie
7 Erinnye
Mehlart
6 Griess, Schrot
mehlartiges Mineral
3 Gur
Mehlklößchen
5 Nocke
Mehlschwitze
4 Roux
9 Einbrenne
Mehlspeise
5 Crêpe
7 Auflauf, Omelett
8 Omelette
9 Gugelhupf
11 Mohnstrudel, Nussstrudel, Pfannkuchen
12 Apfelstrudel
13 Topfenstrudel
15 Kirschenstrudel
Mehlspeise mit Pflaumenmus
11 Germknoedel
mehr
4 plus
Mehrarbeit
12 Ueberstunden
mehrarmige Flussmündung
5 Delta
mehrarmiger Anker
7 Draggen
mehrdeutig
5 ambig
6 ambigu
10 ambivalent
Mehrehe
9 Polygamie

M

mehrere
6 einige
7 etliche
mehrfach
3 oft
7 haeufig
10 wiederholt
mehrfacher Schweizer Bundespräsident
5 Etter
Mehrfachgeburt
9 Drillinge, Vierlinge, Zwillinge
mehrfädiges Strickgarn
5 Twist
mehrfarbig
4 bunt
Mehrgebotenes
6 Zugabe
Mehrheit
4 Gros
9 Ueberzahl
10 Majoritaet
mehrjährige Grünpflanze
6 Staude
mehrmastiges Segelschiff
7 Schoner
10 Dreimaster
Mehrphasenstrom
9 Drehstrom
12 Wechselstrom
Mehrpreis
7 Aufgeld
10 Aufzahlung
mehrsätziges Tonstück
4 Fuge
5 Suite
6 Sonate
8 Sinfonie
mehrseitig
12 multilateral
mehrsprachig
9 polyglott
mehrstimmig
7 polyfon
8 polyphon
mehrstimmig(e, er, es) ...
· **Hirtenlied**
8 Madrigal
· **Tonstück**
5 Kanon
· **Vokalkomposition**
7 Motette
mehrteilige Erzählung
17 Fortsetzungsroman
mehrteiliges Musikstück
4 Oper
9 Oratorium
Mehrzahl
6 Plural
Meidungsgebot
4 Tabu
Meierei
8 Molkerei
Meiereiprodukt ▶ Milchprodukt
Meierhof ▶ Meierei
Meiler
11 Atomreaktor
Meilerprodukt
9 Holzkohle
meinethalben ▶ meinetwegen
meinetwegen
2 ja
9 von mir aus
13 einverstanden
Meinung
6 Glaube, Urteil
7 Annahme, Ansicht, Glauben
8 Erachten
9 Vermutung
10 Auffassung, Schaetzung, Standpunkt
12 Dafuerhalten, Ueberzeugung
Meinungsaustausch
7 Debatte
10 Diskussion
15 Streitgespraech
Meinungsforscher
8 Demoskop
Meinungsforschung
4 Test
7 Umfrage
9 Befragung
10 Demoskopie
Meinungsverschiedenheit
6 Streit
7 Dissens
9 Divergenz
Meisenart
7 Kleiber
9 Blaumeise, Kohlmeise
10 Gruenmeise
meißelartiges Werkzeug
6 Beitel
Meister
4 Herr
6 Kenner, Lehrer
7 Experte, Koenner, Maestro, Vorbild
8 Champion, Fachmann, Lehrherr, Magister, Virtuose
9 Rekordler
Meister Lampe im Märchen
4 Hase
meisterhaft
7 perfekt, virtuos
9 exzellent
11 erstklassig
12 hervorragend
meisterliches Können
5 Kunst
10 Perfektion
Meistersängerlied
3 Bar
Meisterschaft
10 Championat
Meisterschütze der nordischen Sage
4 Egil
Meistersinger bei Wagner
4 Zorn
5 Foltz, Moser, Ortel, Sachs
6 Pogner
7 Kothner, Schwarz
8 Stolzing
Meistersingerstadt
9 Nuernberg
Mekkapilger
7 Hadschi
Melancholie
9 Schwermut, Truebsinn
10 Depression
11 Traurigkeit
Meldereiter
8 Stafette
9 Ordonnanz
Meldung
7 Rapport
9 Nachricht
Meldung einer strafbaren Handlung
7 Anzeige
meliert
8 scheckig
9 gescheckt
10 grauhaarig
11 gesprenkelt
melierter Wollstoff
7 Marengo

8 Shetland
meliorieren
10 verbessern
Melodie
4 Lied, Sang
5 Weise
6 Gesang
Melodienallerlei
6 Medley
9 Potpourri
Melonenbaum
6 Papaya
Memento
6 Aufruf
7 Mahnruf, Mahnung
Memme
8 Feigling
9 Angsthase, Hasenfuss
Memoiren
12 Erinnerungen
13 Lebensbericht
Memorial
7 Denkmal
8 Monument
Menagerie
3 Zoo
8 Tierpark
10 Tiergarten
Menagerie im Zirkus
9 Tierschau
Mendikant
12 Bettelmoench
Menelaos' ...
· **Frau**
6 Helena
· **Mutter**
6 Aerope
· **Vater**
6 Atreus
Menge
5 Dosis, Masse, Prise, Schar
6 Anzahl, Haufen, Klasse
7 Quantum
8 Vielfalt, Vielheit, Vielzahl
10 Quantitaet
Menge ...
· **abgesetzter Güter**
6 Umsatz
· **gleichartiger Waren**
6 Posten
· **zwischen zwei Fingern**
5 Prise
mengenmäßig
11 quantitativ
Mengenzuteilung
9 Dosierung
Mensagutschein
10 Essenkarte
Mensch
4 Frau, Kind, Mann
6 Person
10 Individuum
Mensch ...
· *der* **Antike**
7 Germane
· *der* **Arktis**
6 Eskimo
· *mit* **Freude am Quälen**
6 Sadist
· *mit* **grobem Benehmen**
7 Raubein
8 Rauhbein
· *des* **Ostens**
5 Asiat
· **osteuropäischer Völker**
5 Slawe
· *mit* **überspannten Ideen**
7 Fantast
8 Phantast
· *der* **Vorzeit**
12 Neandertaler
· *in den* **Zwanzigern**
4 Twen
· **zwischen 20 und 29 Jahren**
4 Twen
Menschen
5 Leute
Menschen fressender Riese
4 Oger
Menschenaffe
7 Gorilla
9 Orang Utan
10 Schimpanse
menschenähnliche Zauberwurzel
6 Alraun
7 Alraune
menschenähnliches Tier
4 Affe
10 Anthropoid
Menschenalter
10 Generation
Menschenansammlung
5 Masse
7 Auflauf
9 Getuemmel
10 Kundgebung
13 Demonstration
19 Massenveranstaltung
Menschenansiedlung
3 Ort
4 Dorf
5 Stadt
Menschenbildnis
8 Portraet
Menschenfeind
10 Misanthrop
menschenfressender Riese
4 Oger
Menschenfresser
9 Kannibale
menschenfreundlich
5 human
6 sozial
10 humanitaer
13 naechstenlieb
15 philanthropisch
Menschengattung
5 Rasse
Menschengeschiebe
10 Draengelei
Menschengewühl
9 Gedraenge
Menschenhai
7 Blauhai
Menschenhasser ▶ Menschenfeind
Menschenkenntnis
9 Erfahrung
11 Psychologie
21 Einfuehlungsvermoegen
Menschenkunde
13 Anthropologie
menschenleer
6 einsam
9 unbewohnt
Menschenliebe
13 Philanthropie
14 Naechstenliebe
Menschenmenge ▶ Menschenansammlung
Menschenraub
10 Kidnapping
11 Entfuehrung
13 Verschleppung
Menschenschlag
5 Rasse
Menschenverachtung
12 Misanthropie

menschlich
5 human
10 humanitaer
menschlich(e, er, es) ...
· **Erblehre**
12 Humangenetik
· **Gemeinwesen**
5 Staat
· **Glaube**
8 Religion
· **Natur**
5 Seele, Wesen
· **Tonfigur**
5 Golem
· **Verbindung**
7 Kontakt
13 Kommunikation
· **Vernunft**
5 Logos
· **Verständigungsmittel**
6 Gestik
7 Sprache
Menschlichkeit
10 Humanitaet
14 Naechstenliebe
Menschwerdung
11 Inkarnation
Menstruation
4 Tage
5 Regel
7 Periode
13 Monatsblutung
mental
7 geistig
10 gedanklich
Mentalität
7 Denkart
9 Denkweise, Sinnesart
Mentor
6 Helfer
7 Berater
8 Ratgeber
Menü
6 Gedeck
11 Speisefolge
12 Speisenfolge
Menübeilage
4 Reis
6 Nudeln
7 Knoedel
12 Pommes frites
14 Bratkartoffeln, Salzkartoffeln
Menüverzeichnis
11 Speisekarte
Meridian
12 Laengenkreis
Meridian durch Greenwich
12 Nullmeridian
Meridianeinstellmarke für Fernrohre
4 Mire
Meriten
8 Vorzuege
10 Verdienste
merkantil
13 kaufmaennisch
Merkbuch
6 Agenda, Merker
8 Memorial
9 Notizbuch, Notizheft
Merkmal
5 Indiz
6 Signum
7 Symptom, Zeichen
8 Attribut, Eigenart
9 Anzeichen, Wesenszug
11 Eigenschaft, Kennzeichen
12 Besonderheit
16 Charakteristikum
Merkspruch
7 Sentenz
8 Epigramm
12 Eselsbruecke
Merkvers ▶ Merkspruch
merkwürdig
6 bizarr, kurios
7 abwegig, seltsam
9 sonderbar
10 eigenartig
merkwürdiger Mensch
6 Unikum
Merkzeichen
6 Anhalt
8 Notabene
Mesalliance
10 Missheirat
Mesner
7 Kuester
9 Gloeckner
13 Kirchendiener
Mesopotamien
8 Assyrien
10 Babylonien
13 Zweistromland
Messband
9 Metermass
Messbandeinteilung
5 Skala
messbar
10 mensurabel
Messbuch der Priester
6 Missal
7 Missale
Messdiener
9 Sakristan
10 Ministrant
Messe
11 Ausstellung
Messe für Verstorbene
7 Requiem
11 Seelenmesse
Messebetreuerin
7 Hostess
Messepriester
8 Altarist
Messer des Chirurgen
8 Lanzette, Skalpell
Messer, Gabel, Löffel
7 Besteck
10 Essbesteck
Messerblatt
6 Klinge
8 Schneide
Messerschneide
6 Klinge
Messerspur
7 Schnitt
Messestadt ...
· *des* **Buchhandels**
7 Leipzig
9 Frankfurt
· *der* **Fotografie**
5 Koeln
· *der* **Industrie**
8 Hannover
· *der* **Mode**
7 Mailand
11 Duesseldorf
· *der* **Spielwaren**
9 Nuernberg
· *an der* **Wolga**
5 Gorki
Messfeieroblate
6 Hostie
Messgerät
3 Log, Lot, Uhr
5 Lehre, Waage
6 Lineal
7 Echolot, Kompass, Sextant
8 Bandmass, Messstab, Metronom, Senkblei

9 Aerometer, Barograph, Barometer, Manometer, Metermass, Voltmeter, Zaehlrohr, Zollstock
10 Hygrometer, Messschnur, Mikrometer, Schublehre, Tachometer, Voltameter
11 Amperemeter, Chronometer, Elektroskop, Schieblehre, Thermometer, Wasserwaage
12 Elektrometer
13 Geigerzaehler

Messgewand
4 Albe
5 Kasel

Messias
7 Heiland
8 Erloeser

Messing
6 Tombak

Messlatte der Landmesser
5 Jalon

Messwerkzeug ▶ Messgerät

Messwert für Preisänderungen
5 Index
19 Lebenshaltungsindex

Metall
3 Cer
4 Blei, Gold, Niob, Uran, Zink, Zinn
5 Chrom, Eisen, Titan
6 Barium, Bismut, Erbium, Indium, Kalium, Kobalt, Kupfer, Mangan, Neodym, Nickel, Osmium, Platin, Radium, Silber, Tantal, Tellur, Wismut
7 Antimon, Cadmium, Caesium, Gallium, Hafnium, Iridium, Kadmium, Kalzium, Lanthan, Lithium, Natrium, Niobium, Rhenium, Rhodium, Terbium, Thorium, Vanadin, Wolfram, Yttrium
8 Francium, Polonium, Rubidium, Samarium, Scandium, Silicium, Silizium, Thallium, Thullium, Vanadium
9 Aluminium, Beryllium, Germanium, Magnesium, Molybdaen, Palladium, Plutonium, Ruthenium, Strontium, Ytterbium, Zirkonium
10 Promethium, Technetium
11 Quecksilber
12 Protactinium

Metall mit Goldüberzug
6 Dublee

Metallabfall
7 Schrott
9 Altmetall

Metallarbeiter ▶ Metallberuf

Metallbarren
5 Ingot

Metallbearbeitungsmaschine
6 Fraese, Presse
8 Drehbank

Metallberuf
6 Dreher, Former, Nieter
7 Fraeser, Giesser, Schmied
9 Schlosser
10 Schweisser

Metallbetrieb
8 Schmiede
9 Giesserei
10 Klempnerei
11 Schlosserei

Metallblatt
5 Folie

Metallblock
5 Ingot

Metallbolzen
4 Niet
5 Niete

metallenes Altmaterial
7 Schrott

metallenes Essgeschirr
9 Blechnapf

Metallfaden
5 Draht

Metallfadengewebe
4 Lamé

Metallfolie
8 Stanniol

Metallfraß
4 Rost
9 Gruenspan, Korrosion

Metallgefäß
4 Topf
6 Kessel

Metallgeld
6 Muenze

Metallgemisch
9 Legierung

Metallgestein
8 Eisenerz

metallhaltiges Gestein
3 Erz

Metallhülse
9 Kartusche

metallisches Element
4 Zinn
7 Antimon

Metallkunde
11 Metallurgie

Metalllegierung (Metallegierung)
6 Alpaka, Tombak
7 Messing
9 Duralumin, Weissgold

Metallmischung
9 Legierung

Metallornament
6 Niello
8 Filigran

Metallplatte
5 Blech

Metallplatte mit bildlicher Darstellung
8 Plakette

Metallring
4 Oese

Metallsalz der Halogene
6 Haloid

Metallschlinge
6 Masche

Metallschmelzgefäß
6 Tiegel

Metallstange
6 Barren

Metallstecher
7 Graveur
8 Ziseleur

Metallstift
4 Niet
5 Nagel
6 Bolzen, Zwecke

Metallstrang ▶ Metallfaden

Metallteile verbinden
6 loeten

Metallteller für Hostien
6 Patene

Metallüberzug
7 Emaille
Metallurgie
12 Huettenkunde
Metallverzierung ▶ Metallornament
Metallzeichnung
6 Gravur
Metapher
8 Sinnbild
Meteor
5 Bolid
10 Feuerkugel
13 Sternschnuppe
Meteorismus
10 Blaehsucht
Meteorologie
11 Wetterkunde
meteorologisch(e, er, es) ...
· **Begriff**
4 Hoch, Tief
5 Klima
7 Isobare, Zyklone
9 Kaltfront, Warmfront
10 Hitzewelle
11 Antizyklone, Kaeltewelle, Windstaerke
12 Niederschlag
14 Stoerungsfront
· **Bericht** ▶ meteorologische Mitteilung
· **Mitteilung**
11 Wetterkarte
13 Wetterbericht
Methode
3 Art, Weg
4 Stil
5 Weise
9 Verfahren
Methylalkohol
8 Methanol
9 Holzgeist
Metier
4 Fach
5 Beruf
6 Gebiet, Sparte
7 Gewerbe
8 Handwerk
Metronom
9 Taktgeber
10 Taktmesser
Metropole
10 Hauptstadt
11 Mittelpunkt

Metzger
7 Selcher
9 Fleischer
10 Schlachter
Metzgerei
12 Schlachterei
14 Fleischhauerei
Metzgereierzeugnis
5 Wurst
7 Fleisch, Pastete
8 Schinken
9 Mettwurst
10 Leberwurst
11 Beinfleisch
12 Fleischwurst, Rauchfleisch
Meute
5 Horde, Rudel, Schar
6 Koppel
Meuterei
8 Aufstand, Erhebung
mexikanisch(e, er, es) ...
· **Autor**
5 Nervo, Reyes
· **Badeort**
7 Orizaba
8 Acapulco
· **Branntwein**
7 Tequila
· **Goldmünze**
7 Hidalgo
· **Halbinsel**
7 Yucatan, Yukatan
· **Haupthafen**
7 Tampico
8 Mazatlan, Veracruz
· **Hut**
8 Sombrero
· **Indianer**
4 Maya
5 Indio
6 Azteke, Ladino
8 Zapoteke
· **Insel**
6 Cedros
7 Clarion, Cozumel, Socorro, Tiburon
9 Guadelupe, Magdalena
· **Kaktus**
6 Peyote, Peyotl
· **Mantel**
6 Poncho
· **Melonenbaum**
6 Papaya

· **Münze**
4 Peso
7 Centavo
· **Nationalgetränk**
6 Pulque
· **Präsident**
6 Juarez
· **Raubtier**
6 Ozelot
· **Schnaps**
6 Mescal
· **Schwanzlurch**
7 Axolotl
· **Staat**
7 Yucatan, Yukatan
· **Stadt**
5 El Oro
· **Umschlagtuch**
5 Serap
6 Serape
· **Währung**
4 Peso
· **Wüste**
6 Sonora
· **Zwerghund**
9 Chihuahua
mickerig
7 schwach
11 kuemmerlich
16 zurueckgeblieben
Microsoft-Begründer
5 Gates
Mieder
6 Taille
7 Korsage, Korsett
8 Leibchen
9 Korselett
11 Huefthalter, Schnuerleib
Mieder der Schwarzwaldtracht
5 Libli
Mienenspiel
5 Mimik
mies
3 mau
4 flau
5 uebel
6 unwohl
8 schlecht
Miesepeter ▶ Miesmacher
miesmachen
9 verleiden
Miesmacher
4 Unke
8 Noergler, Querkopf

M

9 Defaitist, Griesgram, Pessimist
Miesmacherei
11 Defaetismus, Pessimismus
Mietauto
4 Taxe, Taxi
9 Leihwagen
Mietautowarteplatz
9 Taxistand
Miete
4 Zins
5 Grube, Pacht
8 Erdgrube, Wohnzins
mieten
7 pachten
Mietfahrzeug
4 Taxe, Taxi
7 Minicar
8 Droschke
9 Leihwagen
Mietflugzeug
15 Chartermaschine
Mietverhältnis
5 Pacht
7 Leasing
11 Franchising
Mieze
5 Katze
Mikroskopart
7 Binokel
Milbenart
5 Zecke
8 Holzbock
Milchbonbon
9 Karamelle
Milcheiweiß
6 Kasein
Milchfett
4 Rahm
milchig
5 trueb
6 unklar
14 undurchsichtig
milchige Flüssigkeit
8 Emulsion
Milchkaffee
7 Melange
Milchkraut
12 Frauenmantel
Milchorgan der Kuh
5 Euter
Milchprodukt
4 Rahm
5 Kaese, Kefir, Quark, Sahne
6 Butter, Topfen
7 Joghurt
9 Dickmilch, Pastmilch, Vollmilch
10 Dosenmilch, Magermilch, Sauermilch
11 Buttermilch, Kaffeesahne, Milchpulver, Schlagsahne
12 Kondensmilch
13 Raeucherkaese
Milchsaft zur Kautschukgewinnung
5 Latex
Milchschleuder
10 Zentrifuge
Milchschorf
5 Grind
Milchschüssel
5 Satte
Milchschwamm
11 Pfifferling
Milchspeise
8 Reisbrei
Milchstraße
7 Galaxis
Milchwirt
5 Meier
Milchwirtschaftsbetrieb
7 Meierei
8 Molkerei, Sennerei
Milchzucker
7 Laktose
mild
3 lau
4 lind, zart
5 sacht, sanft
6 guetig
7 lauwarm
milde Gabe
6 Spende
7 Almosen
milder Südwestwind
6 Zephir, Zephyr
mildtätig
6 sozial
9 karitativ
Mildtätigkeit
14 Naechstenliebe
Milieu
5 Scene
6 Umwelt
8 Umgebung
11 Lebenskreis
13 Nachbarschaft
Milieumaler Bayerns
8 Spitzweg
Milieuzeichner Berlins
5 Zille
militant
12 kaempferisch
Militär
4 Heer
5 Armee
6 Barras, Truppe
7 Kommiss
9 Wehrmacht
Militärakademie in den USA
9 West Point
Militärarzt
9 Feldscher
Militärfahrzeug
11 Knebelwagen
Militärflugzeug
12 Duesenjaeger
Militärgegner
8 Pazifist
Militärgewehr
9 Karabiner
Militärhospital
8 Lazarett
12 Feldlazarett
militärisch(e, er, es) ...
· **Abendsignal**
13 Zapfenstreich
· **Abteilung**
9 Formation
· **Befehl**
8 Kommando
· **Bezeichnung für Flughafen**
12 Fliegerhorst
· **Bündnis**
4 Pakt
7 Entente
· **Dienstgrad**
4 Maat
5 Major
6 Oberst, Rekrut, Soldat, Spiess
7 Admiral, General, Matrose
8 Adjutant, Kanonier, Kapitaen, Korporal, Leutnant, Obermaat, Offizier, Schuetze

9 Bootsmann, Faehnrich, Feldwebel, Gefreiter, Grenadier, Hauptmann, Kommodore, Marschall
10 Kommandant, Kommandeur, Zugfuehrer
13 Generaloberst, Unteroffizier
· **Dienstkleidung**
7 Uniform
· **Ehrengruß**
5 Salut
· **Einheit**
3 Zug
5 Armee, Korps
7 Brigade
8 Division, Kompanie, Regiment
9 Abteilung, Bataillon, Flottille, Schwadron
· **Einübung**
5 Drill
· **Erkennungswort**
6 Parole
· **Feldlager**
5 Biwak
· **Führer**
7 General
· **Führung**
4 Stab
11 Generalstab
· **Geleit**
7 Eskorte
· **Hinterland**
6 Etappe
· **Kapelle**
8 Musikzug
10 Musikkorps
· **Kennwort**
6 Parole
· **Kopfbedeckung**
4 Helm
· **Löhnung**
4 Sold
8 Wehrsold
· **Meldegänger**
9 Ordonnanz
· **Musikstück**
6 Marsch
· **Nachschub**
5 Tross
· **Schutzanlage**
6 Bunker
· **Seewesen**
6 Marine
· **Stammpersonal**
5 Kader
· **Streife**
10 Patrouille
· **Tauglichkeitsprüfung**
9 Musterung
· **Übung**
5 Drill
8 Manoever
10 Exerzieren
· **Wache**
6 Posten
· **Weckruf**
6 Appell
Militärkapelle
13 Spielmannszug
Militärkrankenhaus ► Militärhospital
Militärmusik
6 Marsch
Militärperson
6 Soldat
Militärpferd
7 Remonte
Militärpolizei
10 Feldjaeger
Militärrang (► auch militärischer Dienstgrad)
11 Divisionaer
Militärregierung
5 Junta
Miliz
11 Buergerwehr
Millennium
11 Jahrtausend
milliardenfach
4 giga
Milliardstel einer Einheit
4 Nano
Millionenfaches einer Tonne
9 Megatonne
Milzentzündung
8 Lienitis
Mime
10 Darsteller, Komoediant
12 Schauspieler
Mimik
11 Mienenspiel
Mimikry
8 Tarnform
Mimir (germanische Sagenwelt)
5 Zwerg
10 Quellgeist
mimisch
16 schauspielerisch
Mimose
11 Sinnpflanze
Mimosengewächs
6 Akazie
mimosenhaft
4 zart
11 empfindlich
Minarett
11 Moscheeturm
minder
7 weniger
8 geringer
Minderausgabe
9 Ersparnis
minderbemittelt
3 arm
4 dumm
Minderbetrag
5 Minus
7 Defizit
Minderheit
10 Minoritaet
Minderheitenwohnviertel
5 Getto
6 Ghetto
minderjährig
8 minorenn
9 unmuendig
minderwertig
4 mies
5 uebel
6 billig
8 inferior, schlecht
9 miserabel
10 mangelhaft, schluderig
minderwertig(e, er, es) ...
· **Buch**
8 Schwarte
9 Schmoeker
· **Essen**
5 Frass
· **Literatur**
6 Schund
· **Nachahmung**
9 Imitation
· **Pferd**
7 Klepper
· **Schnaps**
5 Fusel
· **Stück**
8 Klamotte
· **Tabak**
7 Knaster

· **Ware**
4 Tand
6 Kitsch, Schund
7 Gelumpe, Plunder
9 Ausschuss
Mindestmaß ► Mindestwert
Mindestwert
7 Minimum
Mine
5 Bombe, Zeche
8 Bergwerk
13 Sprengkoerper
Mineral
3 Erz, Gur, Wad
4 Gips, Jade, Kalk, Mika, Opal, Spat, Talk
5 Alaun, Augit, Baryt, Borat, Jodit, Mocha, Pyrit, Quarz, Rutil, Trass
6 Adular, Apatit, Asbest, Azurit, Bauxit, Biotit, Bromit, Galmei, Jadeit, Jaspis, Kainit, Kaolin, Karbid, Korund, Kreide, Leuzit, Olivin, Sylvin
7 Andesin, Asphalt, Chromit, Disthen, Dolomit, Glimmer, Graphit, Idokras, Ilmenit, Limonit, Melanit, Minette, Monazit, Nephrit, Peridot, Porphyr, Quarzit, Siderit, Silikat
8 Akantith, Aluminit, Anorthit, Aragonit, Arkansit, Feldspat, Kalkspat, Kryolith, Labrador, Lazulith, Magnesit, Magnetit, Manganit, Muskovit, Nephelin, Pegmatit, Periklas, Periklin, Phosphat, Salpeter, Schwefel, Sodalith, Tellurit, Zinkspat, Zinnober
9 Alabaster, Anthrazit, Bleiglanz, Chalzedon, Eisenkies, Eisenspat, Flussspat, Glaukonit, Gruenerde, Hyalophan, Kieselgur, Lanthanit, Mondstein, Orthoklas, Steinsalz, Stephanit, Tigerauge, Travertin, Vanadinit, Wolframit, Zinnstein
10 Bittererde, Brauneisen, Braunkohle, Eisenglanz, Feuerstein, Katzenauge, Kobaltkies, Kupferkies, Manganspat, Meerschaum, Pechblende, Phosphorit, Schwerspat, Steinkohle, Zinkblende
11 Glaubersalz
12 Bergkristall, Schwefelkies
Mineralfarbe
5 ocker
Mineraliengemenge
7 Gestein
Mineraliengewinnung
5 Abbau
mineralische Ablagerung
6 Sinter
mineralische Faser
6 Asbest
Mineralkörner
4 Kies, Sand
Mineralogie
13 Gesteinskunde
Mineralölprodukt
6 Benzin, Diesel
7 Asphalt, Bitumen, Heizoel, Naphtha
9 Petroleum
Mineralölverarbeitung
7 Kracken
11 Raffinieren
12 Destillieren
Mineralwachs
7 Zeresin
Mineralwasser
7 Selters, Sprudel
Mineralwasser für alkoholische Getränke
5 Tonic
Miniaturwelt bei Klagenfurt
10 Minimundus
Minister
11 Ressortchef
18 Regierungsmitglied
Minister im Islam
5 Wesir
Minister unter Karl dem Großen
7 Einhard
Ministerpräsident
14 Regierungschef
Ministerrunde
8 Kabinett
Ministrant
10 Messdiener
Minnesänger
5 Barde
9 Spielmann
10 Troubadour
Minorität
10 Minderheit, Minderzahl
Minoritätenwohnviertel
5 Getto
6 Ghetto
Minus
5 Manko
6 Fehler, Mangel
7 Defizit, Verlust
10 Fehlbetrag
Minuskel
14 Kleinbuchstabe
minuziös
7 penibel
9 haargenau, kleinlich
10 pedantisch
12 gewissenhaft
Mirakel
6 Wunder
9 Wundertat
Misanthrop
13 Menschenfeind
Mischarznei
6 Mixtur
Mischbecher
6 Shaker
Mischbrett des Malers
7 Palette
mischen (Getränke)
5 mixen
Mischfarbe
4 Gelb, Grau
5 Braun
Mischgericht
7 Eintopf
8 Labskaus
Mischgetränk (► auch Mixgetränk)
4 Fizz, Flip
5 Drink
8 Cocktail
Mischgewebe
10 Halbleinen

Mischkristalle (Hochfrequenztechnik)
6 Ferrit
Mischling
5 Casco, Chino, Cubra, Zamba, Zambo
6 Cafuso, Hybrid, Kreole, Mustio
7 Bastard, Castize, Hybride, Kastize, Mestize, Mulatte
8 Halbblut, Halfcast
9 Quarteron, Terzerone
Mischling Nordafrikas
5 Maure
Mischmasch
8 Mischung
9 Charivari, Potpourri
12 Sammelsurium
13 Durcheinander
Mischpulttechniker
10 Tonmeister
Mischspeise mit Fleischstückchen
6 Ragout
Mischung zur Bierbereitung
6 Maisch
7 Maische
Mischvolk in Russland
7 Tataren
miserabel
5 elend, uebel
8 duerftig, schlecht
9 klaeglich
11 erbaermlich, jaemmerlich, kuemmerlich, schaendlich
12 minderwertig
13 bedauernswert
Misere
3 Not
5 Elend
7 Notlage
Misogamie
8 Ehescheu
Miss World
19 Schoenheitskoenigin
Missachtung
8 Aechtung
Missal, Missale
8 Messbuch
Missbehagen
6 Unlust
8 Verdruss
15 Unzufriedenheit
Missbildung
8 Anomalie
11 Abnormitaet, Deformation
missbilligen
6 tadeln
missbilligende Äußerung
5 Tadel
Missbilligung
5 Ruege, Tadel
7 Verweis
9 Ablehnung
Missbrauch
6 Abusus
11 Schindluder
Missbrauch einer Person
10 Schaendung
Misserfolg
4 Flop, Pech
5 Panne
6 Fiasko, Pleite
8 Schlappe
10 Fehlschlag
13 Zusammenbruch
Missetat
5 Untat
6 Delikt, Frevel, Suende
8 Verstoss
10 Verbrechen
Missetäter
7 Frevler, Suender
10 Boesewicht, Delinquent, Verbrecher
11 Uebeltaeter
Missfallen
5 Unmut
7 Abscheu
8 Verdruss
11 Verstimmung
15 Unzufriedenheit
Missfallensäußerung
6 Buhruf, Murren
missgelaunt
10 aergerlich
Missgeschick
4 Pech
5 Panne
6 Unbill
7 Malheur
8 Unglueck
missgestaltet
9 monstroes
10 deformiert, verwachsen
Missgestimmtheit
5 Unmut
6 Aerger
missglückte Poesie
7 Gereime
missglückter Rennbeginn
9 Fehlstart
Missgriff
4 Bock
6 Lapsus, Patzer
7 Fauxpas
9 Fehlgriff
Missgunst
4 Neid
missgünstig
6 scheel
8 neidisch
11 schadenfroh
Missgünstiger
6 Neider
Misshandlung
4 Qual
6 Folter, Marter
8 Schikane
9 Peinigung, Quaelerei
Misshandlungsspur
7 Strieme
10 Bluterguss
Missheirat
11 Mesalliance
Mission
7 Auftrag, Sendung
9 Botschaft
13 Gesandtschaft
Missionar ...
· *der* **Burgunder**
8 Columban
· *der* **Deutschen**
10 Bonifatius
· *der* **Eskimos**
5 Egede
· *der* **Franken**
6 Kilian
· *der* **Friesen**
10 Willibrord
· *der* **Grönländer**
5 Egede
· *der* **Iren**
7 Patrick
· *der* **Slawen**
6 Kyrill
9 Methodius
· *der* **Westgoten**
7 Wulfila

M

missionarischer Erfolg
9 Bekehrung
Missionsbischof in China
5 Anzer
Missklang
9 Dissonanz
10 Kakophonie
11 Disharmonie
misslich
7 prekaer
8 schlecht
9 schwierig
10 aergerlich, bedenklich
12 unerfreulich
missliche Lage
3 Not
5 Elend
missliche Verfassung
10 Uebelstand
Misslingen
9 Scheitern
Missmut
5 Grant
6 Aerger
7 Unwille
8 Verdruss
Missstand
5 Uebel
10 Kalamitaet
Missstimmung
5 Unmut
misstönend
9 dissonant
12 unharmonisch
13 disharmonisch
Misstrauen
3 Arg
7 Argwohn, Skepsis
8 Verdacht
misstrauische Frau
11 Skeptikerin
misstrauischer Mensch
9 Skeptiker
Missvergnügen
6 Unlust
Missverhältnis
7 Ametrie
10 Asymmetrie, Diskrepanz
13 Disproportion
Missverständnis
6 Fehler, Irrtum
Misswirtschaft
10 Korruption, Vergeudung
17 Vetternwirtschaft

Mist
4 Dung
6 Abfall
7 Duenger
Mistgabel
5 Forke
Mistkäfer
10 Rosskaefer, Skarabaeus
12 Pillendreher
Mistral
8 Fallwind
mit
3 per
5 durch
mit ...
· **... und Recht**
3 Fug
· **Abneigung gemischte Sympathie**
9 Hassliebe
· *den* **Augen wahrnehmen**
5 sehen
· **Ausnahme**
6 ausser
· **Bäumen eingefasste Straße**
5 Allee
· **Cayennepfeffer gewürzte Tunke**
5 Chili
· **Eifer arbeitend**
5 emsig
· **Essig bereitete Tunke**
11 Vinaigrette
· **Faden hergestellte Verbindung**
4 Naht
· **feinsten Löchern versehen**
6 poroes
· **Fleiß und Eifer arbeitend**
5 emsig
· **Flüssigkeit getränkt**
4 nass
· **Gott reden**
5 beten
· **großer Flamme brennen**
6 lodern
· *der* **Hand greifen**
6 nehmen
· **Holz getäfelter Fußboden**
7 Parkett

· **Käse und Schinken gefülltes Schnitzel**
10 Cordon bleu
· **Leitungsdrähten versehen**
9 verkabeln
· **Metallbolzen verbinden**
6 nieten
· **Metallfäden durchwirktes Gewebe**
4 Lamé
· **Nachdruck**
9 energisch
· **Namen erwähnen**
6 nennen
· *von der* **Partie**
5 dabei
7 zugegen
· **Reißzwecken befestigen**
6 pinnen
· **Schnüren besetzter Husarenrock**
6 Attila
· *der* **Sense schneiden**
6 maehen
· **Vorliebe**
4 gern
5 gerne
· **Wasserfarben gemaltes Bild**
8 Aquarell
Mitarbeit
5 Hilfe
7 Beitrag
9 Teilnahme
10 Teamarbeit
11 Kooperation
Mitarbeiter
6 Helfer
7 Famulus, Gehilfe, Geselle, Gespann, Kollege
9 Assistent
Mitarbeiter der Zeitung
8 Redaktor
9 Redakteur
Mitarbeiter des Feindes
13 Kollaborateur
Mitarbeitergruppe
4 Stab, Team
Mitbegründer ... (► auch Begründer, Gründer)
· *der* **amerikanischen Unabhängigkeit**
7 Steuben

- *des* **Marxismus**
  6 Engels
- *der* **Republik Österreich**
  5 Adler
- *von* **Rom**
  5 Remus
  7 Romulus
- *der* **Zeisswerke**
  4 Abbe

Mitbesitz
6 Anteil

Mitbesitzer
9 Teilhaber

Mitbesitzer von Firmen
9 Aktionaer

Mitbewerber
6 Rivale
10 Konkurrent

Mitbewohner
11 Untermieter

Mitbringsel
8 Andenken, Souvenir

miteinander
8 zusammen
9 gemeinsam
16 gemeinschaftlich

Mitempfinden ▶ Mitgefühl

Mitentdecker der Kernspaltung
4 Hahn
10 Strassmann

Miterfinder ...
- *des* **Automotors**
  4 Benz, Otto
  6 Diesel
  7 Daimler
- *des* **Telefons**
  4 Bell
- *des* **Transistors**
  8 Shockley

Mitesser
4 Akne
5 Finne
6 Pickel, Pustel
7 Parasit

Mitfahrer
6 Sozius

Mitgefühl
4 Takt
5 Guete
6 Anteil
7 Beileid, Mitleid
9 Interesse, Teilnahme
11 Anteilnahme

mitgerissen
10 begeistert

Mitgift
9 Aussteuer

Mitglied
7 Genosse, Kollege
13 Vereinsbruder, Vereinsfreund

Mitglied ...
- *einer* **Band**
  12 Schlagzeuger
- *des* **englischen Hochadels**
  4 Earl, Lord, Peer
- *einer* **Familie**
  4 Kind
  5 Vater
  6 Mutter
  10 Verwandter
- *einer* **Flugzeugbesatzung**
  9 Navigator
- *des* **französischen Hochadels**
  4 Pair
- *der* **germanischen Götterfamilie**
  3 Ase
- *eines* **islamischen Ordens**
  8 Derwisch
- *eines* **katholischen Ordens**
  6 Jesuit
  12 Benediktiner
- *eines* **Klosters**
  5 Nonne, Pater
  6 Moench
- *einer* **legendären Popgruppe**
  6 Beatle
- *eines* **Parlaments**
  11 Deputierter
  12 Abgeordneter
- *der* **Regierung**
  8 Minister
- *des* **Senats**
  7 Senator

Mitglieder eines Preisgerichts
7 Juroren

Mitgliedergruppe ▶ Mitgliederzusammenschluss

Mitgliederzusammenschluss
4 Club, Klub
6 Verein
7 Verband

Mitgliedsaufnahme
8 Beitritt

Mitgliedsgebühr
7 Beitrag

mithin
4 also, ergo
5 somit
8 folglich

Mitinhaber
6 Sozius
7 Partner
9 Kompagnon, Teilhaber

Mitläufer
7 Jasager
8 Fussvolk
9 Stimmvieh

Mitlaut
9 Konsonant

Mitleid ▶ Mitgefühl

Mitmachen
9 Teilnahme

Mitra
5 Infel, Inful
14 Bischofsmuetze

mitreißend
6 furios
9 fulminant
11 begeisternd

mitreißende Kraft
7 Schwung

Mitschuldiger
8 Komplize

Mitschüler
14 Klassenkamerad

mitschwingender Ton
8 Beiklang

Mitspieler
4 Aide
7 Partner

Mitstudent
11 Kommilitone

Mittag als Himmelsrichtung
6 Sueden

Mittagessen
5 Diner, Lunch

Mittagskreis
8 Meridian

Mittagsruhe
6 Siesta

Mittagstisch für Studenten
5 Mensa

Mittäter
6 Hehler, Kumpan

M

8 Komplize
13 Helfershelfer

Mitte
7 Zentrum
10 Brennpunkt

mitteilen
12 unterrichten
15 benachrichtigen

Mitteilung
5 Kunde
6 Angabe, Report
7 Meldung
8 Kundgabe
9 Botschaft, Nachricht, Zuschrift
11 Information
13 Kommunikation
16 Benachrichtigung

Mitteilung ...
- *vom* **Fiskus**
14 Steuerbescheid
- *im* **Gefängnis**
8 Kassiber
- *von* **Größen**
10 Massangabe
- *am* **schwarzen Brett**
7 Aushang

M

Mittel
6 Arznei, Medium
10 Medikament
12 Durchschnitt

Mittel ...
- *des* **Ausdrucks**
5 Geste
- *zur* **Beruhigung**
6 Codein, Kodein
8 Baldrian
- *gegen* **Eisglätte**
9 Streusalz
- **gegen Blutarmut**
5 Eisen
- *gegen* **Heiserkeit**
9 Emser Salz
- **zum Blutstillen**
5 Alaun

mittelalterlich
12 scholastisch

mittelalterlich(e, er, es) ...
- **Adliger**
6 Ritter
- **Ausrufer**
6 Herold
- **Baugenossenschaft**
9 Bauhuette
- **Befestigung**
4 Burg
- **Berufsgenossenschaft**
5 Gilde, Zunft
6 Innung
- **Besitzform**
5 Lehen
- **Bezeichnung für Liebe**
5 Minne
- **Burgherr**
6 Ritter
- **Chemie**
8 Alchemie, Alchimie
- **Frauengemach**
8 Kemenate
- **Gefolgsleute**
8 Vasallen
- **geistliches Schauspiel**
14 Mysterienspiel
- **Gutsverwalter**
5 Meier
- **Humanist**
7 Erasmus
- **Kaufmannsbund**
5 Hanse
- **Kopfbedeckung**
6 Barett
- **Kriegsschiff**
7 Galeere, Galeone
- **Kunststil**
5 Gotik
- **Lehnsleute**
8 Vasallen
- **Lehnsmann**
6 Vasall
- **Musikant**
9 Spielmann
- **norwegischer Dichter**
6 Skalde
- **Philosophie**
10 Scholastik
- **Reiterkampfspiel**
7 Turnier
- **Saiteninstrument**
7 Psalter
- **Sänger**
10 Troubadour
12 Minnesaenger
- **Schandpfahl**
7 Pranger
- **Schlagwaffe**
11 Morgenstern
- **Schusswaffe**
8 Arkebuse, Armbrust
- **Segelschiff**
5 Kogge
7 Galeere, Galeone
9 Karavelle, Karawelle
- **Seuche**
4 Pest
6 Pocken
8 Blattern, Syphilis
- **Sklavendienst**
4 Fron
- **spanische Flotte**
6 Armada
- **Städtebund**
5 Hanse
- **Tanzlied**
5 Rondo
7 Rondeau
- **Troubadour**
12 Minnesaenger
- **Vereinigung**
5 Gilde, Zunft
- **Verwaltungsbeamter**
8 Landvogt
- **Waffe**
4 Pike
5 Gleve
6 Spiess
7 Schwert
8 Armbrust
10 Hellebarde
11 Morgenstern
- **Wunderdoktor**
9 Eisenbart

Mittelamerikaner
8 Panamaer
9 Mexikaner
12 Nicaraguaner
13 Salvadorianer

mittelamerikanisch(e, er, es) ...
- **Indianerstamm**
4 Cuna, Maya
5 Aruak, Mayas
7 Azteken, Kariben
8 Karaiben, Mixteken, Tolteken
9 Zapoteken
- **Inselgruppe**
8 Antillen
10 Westindien
- **Mischling**
6 Ladino
- **Politiker**
6 Duarte

· **Republik**
9 Costa Rica
· **Staat**
6 Mexiko, Panama
8 Honduras
9 Costa Rica, Guatemala, Nicaragua
10 El Salvador
· **Wasserstraße**
11 Panamakanal
Mittelasiat
7 Kirgise
mittelasiatischer Fürstentitel
4 Khan
mittelbar
8 indirekt
10 vermittelt
mitteldeutsch für dünnen Kaffee
5 Lorke
mitteldeutsche Landschaft
4 Harz
6 Anhalt
7 Lausitz, Pommern, Sachsen
9 Havelland, Spreewald, Uckermark
10 Thueringen
11 Brandenburg, Mecklenburg
mitteldeutsches Gebiet
▶ mitteldeutsche Landschaft
Mitteleuropäerin
7 Ungarin
mitteleuropäisch(e, er, es) ...
· **Gebirge**
7 Sudeten
8 Karpaten
· **Staat**
8 Slowakei
20 Tschechische Republik
· **Strom**
5 Rhein
· **Volk**
9 Schweizer, Tschechen
· **Zeit** (Abkürzung)
3 MEZ
· **Zugvogel**
5 Racke
mittelgroßer Rassehund
5 Boxer
Mittelhülse eines Rades
4 Nabe
Mittellinie
5 Achse
mittelloser Mensch
5 Armer
10 Habenichts
Mittellosigkeit
3 Not
5 Armut, Elend
11 Pauperitaet
14 Beduerftigkeit
Mittelmeer-Sommerwinde
7 Elesien
Mittelmeerfisch
5 Orade, Umber
7 Muraene, Sardine
8 Tunfisch
9 Thunfisch
11 Sterngucker
Mittelmeerfischerboot
7 Tartane
Mittelmeergewächs
5 Myrte
13 Dattelpflaume
Mittelmeerhafen ▶ Hafenstadt am Mittelmeer
Mittelmeerinsel ▶ Insel im Mittelmeer
Mittelmeerinsulaner
5 Korse, Sarde
6 Kreter
8 Malteser
Mittelmeerküste
5 Adria
7 Riviera
Mittelmeerschiff
6 Feluke
Mittelmeerstaat
5 Malta
6 Israel, Libyen, Monaco, Syrien, Zypern
7 Italien, Libanon, Marokko, Spanien, Tuerkei
8 Aegypten, Albanien, Algerien, Kroatien, Tunesien
9 Slowenien
10 Frankreich
12 Griechenland
Mittelmeerteil
5 Adria, Syrte
7 Aegaeis
Mittelmeerwind
7 Etesien, Mistral
9 Schirokko
Mittelpunkt
4 Kern
7 Zentrum
8 Zentrale
9 Metropole
Mittelpunkt eines Geschehens
10 Angelpunkt
mittels
3 per
mittelschnelle Pferdegangart
4 Pass, Trab
5 Toelt
mittelsibirischer Fluss
3 Ona
Mittelsmann
5 Agent
6 Makler
7 Mittler
10 Handlanger, Vermittler
Mittelsperson im Spiritismus
6 Medium
Mittelstück des Rades
4 Nabe
Mittelwert
7 Schnitt
12 Durchschnitt
Mittelwort
8 Partizip
11 Partizipium
mitten
7 zentral
Mitternachtsmesse
5 Mette
Mittler
6 Medium
Mittlergebühr
9 Provision
Mittönen
8 Resonanz
9 Widerhall
Mittwoch nach Fastnacht
14 Aschermittwoch
mitunter
8 zuweilen
12 gelegentlich
Mitwirkung
9 Mitarbeit
11 Kooperation

M

Mixbecher
6 Shaker
Mixgetränk
4 Fizz, Grog, Hipp, Sour
5 Bowle, Daisy, Shake, Sling, Spezi
6 Cooler, Crusta, Punsch
7 Cobbler, Collins, Schorle
8 Cocktail, Highball
9 Gluehwein
11 Krambambuli, Tuerkenblut
Mixtur
8 Mischung
Mnemotechnik
13 Gehirnjogging
19 Gedaechtnisschulung
Moa
7 Strauss
11 Riesenvogel
Mob
6 Poebel
8 Abschaum
Möbelbezugstoff
7 Epinglé
Möbelholzart
4 Teak
Möbelpflegemittel
7 Politur
Möbelplüsch
6 Mokett
Möbelstil
6 Rokoko
10 Jugendstil
11 Biedermeier, Chippendale
Möbelstück
4 Bank, Bett, Sofa
5 Couch, Diwan, Liege, Regal, Stuhl, Tisch, Truhe
6 Hocker, Sessel
7 Kommode, Schemel, Schrank, Spiegel, Vertiko, Vitrine
8 Anrichte, Esstisch, Ottomane, Sitzbank, Sitzecke, Stellage
9 Bettcouch, Garderobe, Stehlampe
10 Klubsessel, Nachttisch, Rauchtisch
12 Buecherregal, Chaiselongue, Schreibtisch
13 Buecherkasten
14 Kleiderschrank
mobil
4 agil
5 aktiv, flink
7 behende
9 beweglich
13 transportabel
19 unternehmungslustig
mobile Verpflegung
10 Feldkueche
Mobiliar
6 Moebel
8 Inventar
11 Ausstattung, Einrichtung
mobilisierte Kräfte
8 Energien
Modalität
3 Art
5 Weise
Mode
5 Sitte
6 Brauch
7 Fashion
13 Zeitgeschmack
Mode ab 1947
7 New Look
Mode der überkurzen Röcke
4 Mini
Modefarbe
4 bleu
Modegeck ► Modenarr
Modegeschäft
8 Boutique, Hutsalon
Modell
3 Typ
5 Dummy
6 Bauart, Muster
7 Entwurf
8 Dressman, Prototyp
9 Mannequin
Modellentwerfer
8 Designer
Modelliermasse
3 Ton
4 Gips
5 Knete
9 Knetmasse, Plastilin
Modemacher
11 Trendsetter
Modenarr
4 Beau, Geck, Snob
5 Dandy, Stenz
7 Stutzer
Moder
8 Faeulnis
Moderator
7 Ansager
8 Sprecher
Moderbestandteil des Bodens
5 Humus
Moderfleisch
3 Aas
Modergeruch
4 Muff
modern
7 modisch, zeitnah
8 neuartig
11 neuzeitlich
modern und auffallend
6 fetzig, poppig
modern(e, er, es) ...
· **Drucktechnik**
9 Siebdruck
14 Rotationsdruck
17 Desktop-Publishing
· **Einkaufsstätte**
10 Supermarkt
· **Flugkörper**
6 Rakete
· **Flugsport**
11 Gleitsegeln, Paragliding
· **Gymnastik**
7 Aerobic
10 Stretching
11 Callanetics
· **Kochstelle**
13 Heissluftherd
15 Mikrowellenherd
· **Küchengerät**
5 Mixer
14 Kaffeemaschine
15 Geschirrspueler
· **Kunstwerk**
10 Assemblage
· **Musikart**
3 Pop
· **Ortungsverfahren**
5 Radar
· **Personenbeförderungsmittel**
4 Auto
8 Flugzeug
· **Popmusik**
4 Beat
· **Pullover**
10 Sweatshirt

M

· **Rechenanlage**
3 EDV
8 Computer
17 Elektronenrechner
· **Sportdress**
12 Jogginganzug
· **Tanzmusik**
4 Beat
6 Techno
· **Tonträger**
11 Compactdisc
· **Transportbehälter**
9 Container
· **Unterhaltung**
5 Video
9 Fernsehen
· **Unterkunft**
5 Motel
Modeschöpfer
9 Couturier
Modeschöpfung
8 Creation, Kreation
Modestil
4 Look
8 Creation, Kreation
Modetanz
4 slop
5 Mambo, Tango, Twist
7 Lambada, Letkiss
9 Bossa Nova, Cha-Cha-Cha
Modevorführdame
5 Model
9 Mannequin
Modezeichnung
8 Figurine
Modifikation
5 Abart
9 Aenderung
10 Abwandlung
12 Veraenderung
Modifizierung ► Modifikation
modisch
4 chic
6 modern, schick
7 elegant
modisch(e, er, es) ...
· **Damenhut**
4 Bibi
· **Feinheit**
7 Eleganz
· **Frisur**
8 Afrolook
· **Holzschuh**
4 Clog
· **Kragenform**
15 U-Boot-Ausschnitt
· **Kunstart**
6 Pop-Art
· **Leinenschuhe**
12 Espandrilles
· **Minibikini**
5 Tanga
· **Ohrschmuck**
4 Clip
5 Klipp
7 Stecker
· **Richtung**
4 Look
· **Strickart**
11 Wabenmuster
· **Tanzgymnastik**
7 Aerobic
· **Zubehör**
9 Stecktuch
11 Accessoires
Modistin
9 Midinette
11 Hutmacherin
12 Putzmacherin
Modus
3 Art
4 Form, Stil
5 Weise
Modus Vivendi
9 Abmachung
10 Koexistenz
möglich
7 denkbar, machbar
10 potentiell, potenziell
11 praktikabel
13 durchfuehrbar
möglicher Käufer
11 Interessent
möglicherweise
9 eventuell
10 vielleicht
Möglichkeit
13 Eventualitaet
Möglichkeitsform
10 Konjunktiv
Mohairrohstoff
11 Angorawolle
Mohammedaner
6 Moslem, Muslim
7 Islamit
8 Muselman, Sarazene
mohammedanisch(e, er, es) ... (► auch islamisch(e, er, es) ...)
· **Bettelmönch**
8 Derwisch
· **Fastenmonat**
7 Ramadan
· **Frauengemach**
5 Harem
· **Fürstentitel**
4 Emir
· **Gebetsrufer**
7 Muezzin
· **Gebetsteppich**
6 Namasi
· **Geistlichkeit**
5 Ulema
· **Glaubensbuch**
5 Koran
· **Gotteshaus**
7 Moschee
· **Heiligtum**
5 Kaaba
· **Herrscherdynastie in Indien**
5 Mogul
· **hoher Geistlicher**
9 Ajatollah, Ayatollah
· **Kopfbedeckung**
6 Turban
· **Name für Gott**
5 Allah
· **Name für Jesus**
3 Isa
· **Orden**
8 Senussi
· **Paradiesjungfrau**
4 Huri
· **Rechtsgelehrter**
4 Kadi
5 Mufti, Ulema
· **Religionsbuch**
5 Koran
· **Sekte**
7 Sufiten
8 Schiiten, Sunniten
10 Wahhabiten
· **Tempel**
7 Moschee
· **Vorbeter**
4 Imam
· **Wallfahrtsort**
5 Mekka
6 Medina

Mohammeds ...
· **Helfer**
4 Omar
· **Lieblingsfrau**
6 Aischa
· **Nachfolger**
4 Omar
5 Kalif, Osman
7 Abu Bakr, Abu Bekr
· **Schwiegersohn**
3 Ali
· **Tochter**
6 Fatima
Mohrenmaki
6 Akumba
Mohrrübe
6 Moehre
7 Karotte
9 Gelbruebe
10 Gelbe Ruebe
Mohrrübenfarbstoff
7 Karotin
Molch
3 Olm
5 Lurch
10 Salamander
15 Feuersalamander
Mole
4 Damm, Pier
10 Hafenmauer
Molkerei
7 Meierei
9 Milchwerk
Molkereibetrieb
8 Kaeserei
Molkereierzeugnis
▶ Milchprodukt
Molkereiprodukt ▶ Milchprodukt
mollig
4 dick, warm
8 dicklich
9 behaglich
Molukkeninsel
3 Obi
4 Buru
5 Ambon, Ceram
Moment
2 Nu
5 Weile
9 Zeitpunkt
10 Augenblick
Momentaufnahme
13 Schnappschuss

Monacos ...
· **Bürger**
10 Monegassen
· **Fürstenhaus**
8 Grimaldi
· **Landesfürst**
7 Rainier
· **Landesfürstin**
6 Gracia
14 Gracia Patricia
Monarch
6 Koenig, Regent
8 Potentat
9 Herrscher
15 Staatsoberhaupt
Monarchenansprache
9 Thronrede
Monarchensohn
5 Prinz
Monarchentitel
6 Kaiser, Koenig
monarchische Sitzung
7 Kronrat
Monarchist
8 Royalist
Monatsanfang
6 Erster
Monatsblutung
5 Regel
7 Periode
8 Menarche
12 Menstruation
Monatsende
6 Ultimo
Monatsletzter ▶ Monatsende
Monatslohn
6 Gehalt
Monatsmitte im römischen Kalender
4 Iden
Monatsname
3 Mai
4 Juli, Juni
5 April, Feber, Heuet, Maerz
6 August, Heuert, Januar
7 Brachet, Eismond, Ernting, Februar, Hartung, Heumond, Hornung, Jaenner, Julmond, Lenzing, Neblung, Oktober
8 Dezember, Eismonat, Gilbhart, Heilmond, Heumonat, Lenzmond, Nebeling, November, Weinmond, Windmond
9 Brachmond, Erntemond, Lenzmonat, Nebelmond, Ostermond, Rosenmond, Scheiding, September, Weidemond, Wonnemond
10 Augustmond, Brachmonat, Christmond, Heiligmond, Herbstmond, Ostermonat, Schneemond, Wandelmond, Wintermond
11 Christmonat
14 Fruehlingsmond
Mönch
3 Abt
5 Pater, Prior
6 Eremit, Frater, Novize, Oberer
8 Klausner
10 Einsiedler, Ordensmann
12 Ordensbruder
Mönch am letzten Zarenhof
8 Rasputin
Mönch in der Probezeit
6 Novize
Mönchsbehausung
5 Zelle
6 Klause
7 Kloster
9 Eremitage
11 Einsiedelei
Mönchsgewand
5 Kutte
Mönchsoberer
3 Abt
5 Prior
Mönchsorden
8 Jesuiten
9 Kapuziner, Minoriten, Theatiner
10 Augustiner, Barfuesser, Basilianer, Johanniter, Karmeliter, Kartaeuser, Trappisten
11 Dominikaner, Trinitarier
12 Benediktiner, Franziskaner, Kluniazenser
13 Zisterzienser
Mönchsstaat in Griechenland
5 Athos

Mönchszelle
5 Cella
Mond
5 Monat
7 Trabant
8 Satellit
14 Himmelskoerper
Mond betreffend
5 lunar
Mond des ...
· **Jupiter**
2 Io
6 Europa
7 Ganymed
8 Kallisto
· **Mars**
6 Deimos, Phobos
· **Neptun**
6 Nereid, Triton
· **Pluto**
6 Charon
· **Saturn**
4 Rhea
5 Dione, Mimas, Titan
6 Phoebe, Tethys
7 Japetus
8 Hyperion
9 Enceladus
· **Uranus**
5 Ariel
6 Oberon
7 Miranda, Titania, Umbriel
mondän
7 elegant, vornehm
Mondauto der NASA
5 Rover
Mondfahrtunternehmen
6 Apollo
Mondfinsternis
7 Eklipse
Mondgestein
6 Adular
Mondgott
5 Chons, Thoth
Mondgöttin
4 Luna
6 Selene
Mondhof
4 Halo
Mondphase
7 Neumond
8 Halbmond, Vollmond
Mondsonde
4 Luna
5 Lunik
6 Apollo, Ranger
8 Satellit
9 Raumsonde
Mondsucht
10 Lunatismus
Mondsüchtiger
13 Schlafwandler
Mondzeiger
6 Epakte
mongolisch(e, er, es) ...
· **Fürst**
4 Batu
5 Timur
6 Kublai
8 Tamerlan
13 Dschingis Chan, Dschingis Khan, Tschingis Khan
· **Grenzgebirge**
5 Altei
· **Herrschertitel**
4 Khan
· **Nationaltracht**
3 Del
· **Nomade**
5 Hunne
· **Stamm**
3 Mon
4 Boja
5 Kitan
6 Hunnen
7 Tataren
10 Kalmuecken
· **Statthalter**
7 Perwane
monieren
6 mahnen, ruegen
Monitor
10 Bildschirm, Empfaenger
monochromatisch
9 einfarbig
Monogamie
6 Einehe
Monokel
7 Einglas
monoklinisches Mineral
8 Malachit
Monolog
15 Selbstgespraech
Monomanie
8 fixe Idee
Monophthong
5 Vokal
10 Selbstlaut
Monopol
8 Dominanz, Vorrecht
monoton
5 trist
9 eintoenig
10 einfoermig, langweilig
Monotonie
8 Einerlei
17 Gleichfoermigkeit
Monster ► Monstrum
Monstranz
7 Gefaess
12 Altargefaess, Schaugefaess
14 Hostientraeger
monströs
8 gewaltig
13 missgestaltet, ungeheuerlich
Monstrum
6 Untier
8 Scheusal
9 Ungeheuer
10 Missgeburt
11 Missbildung
Montage
6 Aufbau, Einbau
11 Befestigung, Zusammenbau
12 Installation
Montageeinrichtung
10 Fliessband
Monteurkittel
7 Overall
montiertes Bild
7 Collage
Montur
5 Kluft
7 Uniform
8 Kleidung
14 Dienstkleidung
Monument
6 Statue
7 Denkmal, Mahnmal
8 Ehrenmal, Memorial
9 Standbild
18 Erinnerungszeichen
Monumentenpflege
13 Denkmalschutz
Moor
4 Fenn, Moos, Ried
5 Bruch, Sumpf
6 Morast
Moorleuchten
8 Irrlicht, Irrwisch

Moorpflanze
9 Sonnentau
Moorprodukt
4 Torf
Mopp
10 Federwisch, Staubbesen
Moral
4 Ehre
5 Ethik, Ethos
11 Sittenlehre
12 Sittlichkeit
Moralbegriff
4 Ehre
5 Sitte
moralische Gesinnung
5 Ethos
moralische Verkommenheit
10 Verderbnis
Moralist
12 Sittenlehrer
13 Moralprediger
Moralphilosoph
7 Ethiker
Moralphilosophie
5 Ethik
Morast
4 Fenn, Moor, Ried
5 Bruch, Sumpf
7 Schlamm
9 Sumpfland
morbid
6 morsch
10 kraenklich
12 schwaechlich, zerbrechlich
mordähnliche Straftat
9 Totschlag
Mordanschlag
8 Attentat
morden
6 killen, toeten
Mörder ...
· **Heinrichs IV.**
9 Ravaillac
· **Kotzebues**
4 Sand
· **Siegfrieds**
5 Hagen
Mörderin Marats
6 Corday
Mordlauf
4 Amok
Mordwut
4 Amok
Morgen als Himmelsrichtung
5 Osten
Morgenfeier ► Morgenunterhaltung
Morgenfeuchtigkeit
3 Tau
4 Reif
Morgengabe
7 Mitgift
9 Aussteuer
Morgengebet
4 Prim
6 Laudes
Morgengrauen
12 Tagesanbruch
13 Sonnenaufgang
Morgenland
6 Nahost, Orient
7 Levante
10 Naher Osten
Morgenländer
6 Araber
9 Orientale
10 Levantiner
morgenländischer Herrscher
5 Kalif, Mogul
6 Sultan
morgenländischer König (Bibel)
6 Kaspar
8 Melchior
9 Balthasar
Morgenrock
7 Negligé
9 Hausanzug
10 Déshabillé
morgens
5 frueh
10 vormittags
Morgenstern
5 Keule, Venus, Waffe
7 Luzifer
10 Phosphoros
Morgenunterhaltung
7 Matinee
Morgenveranstaltung
► Morgenunterhaltung
Moritat
4 Lied
11 Schauerlied
Moritateninterpret
14 Baenkelsaenger
morsch
3 alt
4 faul
6 morbid, muerbe
8 bruechig
9 verrottet
10 baufaellig
Morseapparat
8 Telegraf
9 Telegraph
Mörser zum Schießen
7 Boeller
Mörserkeule
8 Stoessel
Mörtel
5 Speis
Mörtelbestandteil
4 Sand
Moscheenturm
8 Minarett
Moschus
5 Bisam
Moschusbestandteil
6 Muskon
Moschuskrautgewächs
5 Adoxa
Moselstädter
7 Trierer
Moskau in der Landessprache
6 Moskwa
Moskauer ...
· **Bauwerk**
5 Kreml
· **Gedenkstätte**
14 Leninmausoleum
· **Paradefeld**
10 Roter Platz
· **Tageszeitung**
6 Prawda
· **Universität**
10 Lomonossow
Moslem
6 Muslim
7 Islamit
8 Muselman
12 Mohammedaner
Most
8 Obstwein
Mostgewicht (Einheit)
7 Oechsle
Mostrich
4 Senf
Motiv
4 Idee

5 Grund, Thema
6 Anlass
10 Beweggrund
Motivanordnung um ein Wappen
4 Semé
5 Semis
Motor
7 Antrieb
8 Maschine
9 Triebwerk
Motorboot
8 Barkasse
Motorenerfinder
4 Otto
6 Diesel, Wankel
Motorenteil
6 Kolben, Ventil
7 Kuehler
8 Anlasser, Vergaser, Zylinder
9 Verteiler
10 Zuendkerze
Motorfahrrad
4 Mofa
5 Moped, Solex
6 Mokick
Motorfahrzeug
3 LKW, PKW
4 Auto
5 Moped
6 Roller
7 Omnibus, Traktor, Trecker
8 Motorrad
9 Lastwagen
11 Motorroller
Motorleistungsbasis
7 Hubraum
motorloses Flugzeug
13 Segelflugzeug
Motorrad
4 Krad
8 Kraftrad
10 Feuerstuhl
11 Motorroller
Motorrad-Schnellfahrer
5 Raser
Motorradfahrerschutz
4 Helm
Motorradgeräusch
8 Knattern
9 Geknatter
Motorradhänger
8 Beiwagen
Motorradteil
3 Rad
4 Sitz, Tank
5 Gabel, Motor
6 Lenker, Rahmen, Reifen, Sattel
7 Auspuff
Motorradwettkampf
14 Sandbahnrennen
Motorschlepper
7 Traktor, Trecker
11 Zugmaschine
Motorsport im Gelände
9 Motocross
Motorsportler
10 Rennfahrer
Motortätigkeit ohne Leistung
8 Leerlauf
Mottengift ▶ Mottenmittel
Mottenkraut
9 Honigklee
Mottenmittel
5 Eulan
7 Kampfer
9 Nexalotte
10 Naphthalin
Motto
6 Devise
8 Kennwort, Leitwort
10 Leitspruch, Wahlspruch
motzen
7 meckern
13 widersprechen
möwenartiger Vogel
11 Seeschwalbe
Mozartoper
11 Don Giovanni
Mozartstadt
8 Salzburg
Mückenart
5 Gelse
6 Gnitte, Gnitze
7 Moskito, Schnake
müde
4 matt
6 fertig, kaputt
7 schlapp
10 abgespannt, erschoepft, schlaefrig
11 abgekaempft
Müdigkeit
14 Schlaefrigkeit
Müdigkeitszeichen
7 Gaehnen
Muffel
10 Miesepeter
Mühe
11 Anstrengung
mühelos
6 bequem, leicht
7 einfach
mühelos (2 Worte)
11 nicht schwer
mühelos
15 unproblematisch
mühevolle Arbeit
5 Plage
Mühlenabfallprodukt
5 Kleie
Mühlenbesitzer
7 Mueller
Mühlenbesitzerin
9 Muellerin
Mühlennebenprodukt
5 Kleie
7 Gruesch
Mühlenprodukt
4 Mehl
6 Griess
Mühlensandstein
4 Grit
Mühsal
4 Last, Qual
5 Plage
6 Buerde, Kummer, Tortur
8 Strapaze
9 Plackerei
10 Schinderei
11 Anstrengung
mühsam
7 laestig
8 diffizil
11 anstrengend, strapazioes
mühsames Verfahren
8 Prozedur
Mulatte
9 Mischling
Mulde
3 Kar
5 Grube, Kuhle, Senke
6 Becken
10 Vertiefung
Mulde vor Hochgebirgswänden
3 Kar
muldenförmiges Futtergefäß
4 Trog

Müll
5 Dreck, Unrat
6 Abfall
7 Schmutz
8 Kehricht
Müllabladeplatz
7 Deponie
Müllbehälter
5 Tonne
Müllgefäß im Haushalt
11 Abfalleimer
multipel
8 mehrfach
11 vielfaeltig
Mumm
3 Mut
4 Elan
5 Kraft
7 Schneid, Schwung
11 Muskelkraft
Mümmelmann
4 Hase
mümmeln
5 nagen
8 knabbern
Mummenschanz
9 Maskerade
10 Maskenball, Maskenfest
11 Verkleidung
Mumps
11 Ziegenpeter
Münchener ...
· **Attraktion**
11 Oktoberfest
· **Baumeister**
5 Seidl
6 Klenze
· **Bildhauer**
6 Knappe, Koelle
· **Festplatz**
5 Wiesn
14 Theresienwiese
· **Flughafen**
4 Riem
· **Gemäldegalerie**
10 Pinakothek
· **Grünanlage**
16 Englischer Garten
· **Jahrmarkt**
4 Dult
· **Kabarettist**
8 Valentin
10 Weiss Ferdl
· **Kabarettistin**
9 Karlstadt
· **Rockgruppe**
5 Relax
· **Spezialität**
4 Bier, Radi
10 Weisswurst
· **Sportanlage**
14 Olympiastadion
· **Studentenviertel**
9 Schwabing
· **Symbolfigur**
7 Bavaria
14 Muenchner Kindl
· **Tierpark**
10 Hellabrunn
· **Vergnügungsviertel**
9 Schwabing
· **Verkehrszentrum**
7 Stachus
· **Volksfest**
11 Oktoberfest
· **Wahrzeichen**
12 Frauenkirche
Mund betreffend
4 oral
Mund der Tiere
4 Maul
Mundart
5 Idiom
7 Dialekt
mundartlich für ...
· **Ameise**
4 Emse
· **Ausguck**
3 Lug
· *sich* **balgen**
7 rangeln
· **Gämse (Gemse)**
4 Gams
· **Holunder**
6 Holler
· **Hülse**
4 Pale
· **Schote**
5 Pale
Mundausschlag
7 Aphthen
Mundfessel
6 Knebel
mündig
8 majorenn
11 volljaehrig
12 grossjaehrig
mündlich
4 oral
6 verbal
mündliche Erzählung
4 Sage
mündlicher Bericht
7 Aussage
Mundschenk des Zeus
7 Ganymed
Mundschenkin der griechischen Götter
4 Hebe
Mundteil
4 Zahn
5 Lippe, Zunge
6 Gaumen, Gebiss, Kiefer, Rachen
7 Schlund
Mundtuch
9 Serviette
Mündung eines Flusses in Frankreich
10 Rhonedelta
Mündungsarm der Donau
5 Kilia
6 Sulina
10 Sankt Georg
Mündungsarm der Weichsel
5 Nogat
Mündungsarm des Rheins
3 Lek
4 Oude, Waal
7 Merwede
Mündungsform
5 Delta
8 Trichter
Mündungsgebiet der Rhone
8 Camargue
Mündungstrichter der Garonne
7 Gironde
Mündungstrichter der Schelde
5 Honte
Mundvoll
6 Bissen, Happen
Mundvorrat
6 Ration
8 Proviant
Münster
3 Dom
6 Kirche
10 Kathedrale
Münsterstadt
3 Ulm
8 Freiburg
10 Strasbourg, Strassburg

M

Münsterstadt in Württemberg
3 Ulm
munter
3 vif
4 agil, rege, wach
5 aktiv, alert, fidel, flink, mobil, quick
6 frisch
7 behende, lebhaft
8 lebendig
9 beweglich
10 aufgeweckt
munter werden
8 erwachen
Munterkeit
11 Temperament
Münzanstalt
6 Praege
Münze
9 Kleingeld
10 Geldmittel, Geldstueck, Metallgeld
14 Zahlungsmittel
16 Waehrungseinheit
Münze ... ▶ Währung ...
Münzen
4 Geld
Münzen und Scheine
7 Bargeld
Münzenkunde
10 Numismatik
Münzfälscher
6 Kipper
Münzkunde ▶ Münzenkunde
Münzprüfer
7 Wardein
Münzrückseite
6 Revers
Münzstätte
6 Praege
Münzuhr für das Auto
7 Parkuhr
10 Parkometer
12 Parkingmeter
Münzvorderseite
5 Avers
mürbe
6 morbid, morsch
8 bruechig
9 broecklig, verfallen
Murks
6 Pfusch
Murmel
5 Kugel
6 Letsch, Marbel, Marmel
7 Klicker
8 Schusser
murmeln
6 raunen
Murmeln
7 Geraune
murmeln
9 fluestern
Murmeln
9 Gestammel
murren
6 maulen
mürrisch
5 boese
7 grantig
10 aergerlich
11 aufgebracht
mürrischer Mensch
9 Griesgram
Murrkopf
4 Unke
6 Muffel
8 Noergler
9 Griesgram
10 Miesepeter, Miesmacher
11 Kritikaster
Mus
4 Brei
muschelähnliches Organteil
6 Koncha
Muschelart
6 Auster
9 Pfahlwurm
11 Miesmuschel, Perlmuschel
13 Jakobsmuschel
Muschelgeld
5 Kauri
Muschelkügelchen
5 Perle
10 Zuchtperle
Muschelprodukt
5 Perle
8 Perlmutt
10 Perlmutter
Muschelschale
8 Coquille
Muse ...
· *des* **Gesangs**
7 Euterpe
· *der* **Geschichte**
4 Klio
· *der* **Liebesdichtung**
5 Erato
· *des* **Lustspiels**
6 Thalia
· *der* **Musik**
10 Polyhymnia
· *des* **Schachspiels**
6 Caissa
· *der* **Sternkunde**
6 Urania
· *des* **Tanzes**
11 Terpsichore
· *des* **Trauerspiels**
9 Melpomene
Muselman
6 Moslem, Muslim
8 Sarazene
12 Mohammedaner
Musenberg
7 Helikon, Parnass
Musenkuss
11 Inspiration
Musenquelle
10 Hippokrene
Musenross
7 Pegasus
Musensohn
9 Kuenstler
Musentempel
7 Theater
Musentochter
11 Kuenstlerin
Museum
7 Galerie
8 Kabinett, Sammlung
10 Glyptothek, Pinakothek
13 Kunstsammlung
15 Gemaeldegalerie
Museum in ...
· **Amsterdam**
11 Rijksmuseum
· **Basel**
13 Kunstsammlung
· **Florenz**
8 Uffizien
· **Frankfurt/Main**
7 Staedel
11 Senckenberg
· **Madrid**
5 Prado
· **München**
10 Glyptothek, Pinakothek
15 Deutsches Museum

· **Paris**
6 Louvre
11 Musée d'Orsay
· **St. Petersburg**
9 Eremitage
Museumsbeamter
6 Kustos
7 Kustode
Musical ...
· *von* **Cole Porter**
10 Kiss me Kate
· *von* **Frederick Loewe**
10 My fair Lady
· *von* **Andrew Lloyd Webber**
4 Cats
5 Evita
Musicalgestalt
5 Eliza
Musik
8 Tonkunst
Musik für ...
· **acht Stimmen**
6 Oktett
· **drei Stimmen**
7 Terzett
· **sechs Stimmen**
7 Sextett
· **sieben Stimmen**
7 Septett
· **zwei Stimmen**
5 Duett
Musikalien
5 Noten
10 Partituren
musikalisch gestaltetes Bühnenstück
4 Oper
musikalisch(e, er, es) ...
· **Begriff**
5 largo
6 a tempo, adagio, da capo, Tonart
7 andante
9 Dominante
· **Beruf**
7 Saenger
8 Dirigent
9 Komponist
· **Blasinstrument**
4 Horn, Oboe
6 Fagott, Floete
8 Saxophon, Schalmei, Trompete
· **Bühnenwerk**
4 Oper
5 Revue
7 Musical
8 Operette
9 Singspiel
· **Ehrung**
5 Tusch
· **Einzeldarbietung**
4 Solo
· **Gesangswerk**
7 Kantate
· **Intervall**
4 None, Prim, Sext, Terz
5 Prime, Quart, Quint, Sexte
6 Dezime, Oktave, Quarte, Quinte
7 Sekunde, Septime
· **Klangkörper**
16 Streichorchester
· **Kunstfertigkeit**
12 Virtuositaet
· **Leitung**
12 Stabfuehrung
· **Schlaginstrument**
4 Gong
5 Pauke
7 Trommel
8 Triangel
10 Schlagzeug
· **Schlusssatz**
6 Finale
· **Signal**
5 Tusch
· **Streichgerät**
5 Bogen
· **Streichinstrument**
4 Bass
5 Cello, Geige, Viola
7 Violine
8 Bratsche
9 Bassgeige
11 Violoncello
· **Thema**
5 Motiv
· **Titel**
3 GMD
20 Generalmusikdirektor
· **Übungsstück**
6 Etuede
· **Vorspiel**
7 Prélude
10 Ouvertuere, Praeludium
· **Werk**
4 Opus
· **Zeichen**
14 Bassschluessel
· **Zeitmaß**
8 Lentando, Rhythmus
· **Zwischenspiel**
5 Piece
musikalischer Fachterminus für ...
· **alle**
5 tutti
· **bebend**
7 tremolo, vibrato
· **bewegt**
5 mosso
· **einstimmig**
7 unisono
· **erregt**
7 agitato
· **feierlich**
8 maestoso
· **fließend**
7 andante
· **gedehnt**
5 lento
· **gemäßigt**
8 moderato
· **gleitend**
9 glissando
· **heiter**
7 allegro
· **langsam**
5 lento
6 adagio
· **laut**
5 forte
· **lebhaft**
7 allegro
· **leidenschaftlich**
7 furioso
· **leise**
5 piano
· **lustig**
7 scherzo
· **mittel**
5 mezzo
· **schnell**
6 presto, rapido
7 allegro
· **schwer**
5 grave
· **sehr laut**
10 fortissimo
· **sehr leise**
10 pianissimo

- **stark**
  5 forte
- **stürmisch**
  7 furioso
- **traurig**
  5 mesto
- **Wiederholung**
  6 da capo
- **wild**
  7 furioso

Musikant im Mittelalter
9 Spielmann
Musikapparat
8 Musikbox
11 Orchestrion
Musikaufführung ▶ Musikdarbietung
Musikautomat
7 Jukebox
8 Musicbox, Musikbox
Musikbearbeiter
9 Arrangeur
Musikbearbeitung
11 Arrangement
Musikdarbietung
3 Duo
4 Arie, Fuge, Lied, Oper, Satz, Trio
5 Blues, Duett, Kanon, Messe, Missa, Suite
6 Choral, Gesang, Sonate
7 Konzert, Motette, Musical, Passion, Prelude, Requiem, Tokkata
8 Madrigal, Operette, Sinfonie
9 Oratorium, Ouverture, Pastorale, Potpourri, Quadrille, Symphonie
11 Kammermusik
Musikdose
8 Spieluhr
Musikdrama
4 Oper
Musikensemble
3 Duo
4 Band, Chor, Trio
5 Combo
6 Oktett
7 Bigband, Kapelle, Septett, Sextett
8 Musikzug, Quartett
9 Orchester
10 Sinfoniker
11 Blaskapelle, Kirchenchor, Symphoniker
14 Philharmoniker
Musikergruppe ▶ Musikensemble
Musikhalle
5 Odeon
11 Konzertsaal
Musikhochschule
14 Konservatorium
Musikinstrument
3 Tar
4 Bass, Drum, Gong, Horn, Lure, Lyra, Oboe, Tuba, Zink
5 Banjo, Cello, Gambe, Geige, Harfe, Laute, Leier, Orgel, Pauke, Piano, Viola
6 Becken, Cornet, Fagott, Floete, Rassel, Zimbal, Zither
7 Alphorn, Bandola, Cembalo, Fanfare, Fluegel, Gitarre, Helikon, Klavier, Kornett, Mandola, Musette, Posaune, Spinett, Trommel, Violine
8 Bratsche, Guitarre, Hautbois, Jagdhorn, Saxophon, Schalmei, Tamburin, Triangel, Trompete, Tympanon, Vibrafon, Xylophon
9 Akkordeon, Bandoneon, Bassgeige, Drehorgel, Harmonika, Mandoline, Tambourin, Vibraphon, Zupfgeige
10 Klarinette, Klavichord, Kontrabass, Querfloete, Schlagzeug
11 Blockfloete, Fluegelhorn, Kastagnette, Leierkasten, Tschinellen, Violoncello
12 Englischhorn, Glockenspiel, Hammondorgel
13 Mundharmonika, Ziehharmonika
15 Schifferklavier
Musikkapelle ▶ Musikensemble
Musiknote
2 as, be, es
3 ais, ces, cis, des, dis, eis, fes, fis, ges, gis, his
Musikrechtegesellschaft
4 Gema
Musikrichtung
3 Pop
4 Soul
Musiksaal ▶ Musikhalle
Musikschule
14 Konservatorium
Musikstück
4 Opus, Werk
6 Marsch, Sonate
8 Fantasie
11 Komposition
Musikstück für drei
4 Trio
Musikstück für drei Stimmen
7 Terzett
Musiktheatergebäude
9 Opernhaus
Musiktonträger
2 CD, MC
7 Tonband
12 Schallplatte
15 Langspielplatte
Musikveranstaltung
7 Konzert
11 Liederabend
15 Solistenkonzert
Musikweise
7 Melodie
Musikwerk ▶ Musikdarbietung
Musikzeichen
4 Note
14 Bassschluessel
16 Violinschluessel
Musikzeichen in den Psalmen
4 Sela
musisch
11 kunstsinnig
13 kuenstlerisch
musisch Tätiger
9 Kuenstler
musischer Bereich
5 Kunst
Musizierender
6 Solist
7 Musiker, Musikus
8 Virtuose
9 Interpret

Musiziergerät
10 Instrument
Muskatblüte
5 Mazis
Muskel des Oberarmes
6 Bizeps
11 Deltamuskel
Muskelansatzstrang
5 Sehne
Muskelerschlaffung
6 Atonie
Muskelfaser
5 Fiber, Sehne
Muskelgesamtheit
10 Muskulatur
Muskelkraft
4 Mumm
7 Staerke
Muskelkraftmesser
8 Ergostat
9 Ergometer
Muskelkrampf
7 Tetanie
10 Katalepsie
Muskelmotor
4 Herz
Muskelprotz
6 Athlet
8 Herkules
10 Kraftprotz
Muskelreißen
6 Rheuma
12 Rheumatismus
Muskelschmerz
7 Myalgie
Muskelschwund
8 Atrophie
Muskelstrang
5 Sehne
Muskelstrecker
8 Expander
Muskeltraining
12 Bodybuilding
Muskelverhärtung
11 Verspannung
Muskelzittern
6 Tremor
Muskelzucken
3 Tic
Muskelzucker
6 Inosit
Muskelzusammenziehung
5 Krampf
muskulös
8 kraeftig
10 athletisch
14 durchtrainiert
muskulöser Mann
6 Athlet
Muslim
6 Moslem
7 Islamit
8 Muselman
12 Mohammedaner
Muss
5 Gebot, Zwang
6 Befehl
7 Pflicht
Muße
4 Ruhe
5 Otium
8 Freizeit
müßig
6 traege
8 untaetig
13 ueberfluessig
Müßiggang
9 Nichtstun
Müßiggänger
7 Bummler, Flaneur, Gammler
8 Faulpelz, Tagedieb
9 Faulenzer
Muster
3 Typ
4 Form
5 Ideal, Probe
6 Dessin, Fasson, Modell, Schema, Urform
7 Exempel, Vorbild, Vorlage
8 Beispiel, Prototyp
9 Paradigma, Schablone
Musterbeispiel
9 Inbegriff, Paradigma
Mustergewicht
6 Etalon
mustergültig
5 ideal
8 normativ
9 kanonisch, klassisch
10 vollkommen
11 vorbildlich
12 exemplarisch
14 paradigmatisch
Musterkollektion
9 Sortiment
Musterstickerei
11 Applikation
Musterung
8 Maserung
Musterzeichner
8 Designer
Musterzeichnung
6 Skizze
7 Entwurf
Mut
6 Traute
7 Courage, Schneid, Wagemut
9 Kuehnheit
10 Tapferkeit
11 Beherztheit
15 Furchtlosigkeit
mutig
7 beherzt
10 couragiert
mutiger Mensch
4 Held
mutlos
4 feig
9 aengstlich
Mutlosigkeit
8 Feigheit
10 Depression
mutmaßlich
7 putativ
10 praesumtiv
11 anscheinend
Mutmaßung
9 Vermutung
Mutprobe
6 Risiko, Wagnis
Mutter ...
· *von* **Abel**
3 Eva
· *von* **Achill**
6 Thetis
· *von* **Amor**
5 Venus
· *der* **Antigone**
7 Jokaste
· *der* **Aphrodite**
5 Dione
· *von* **Apoll**
4 Leto
6 Latona
· *der* **Artemis**
4 Leto
· *von* **Baldur**
5 Frigg, Frija
· *von* **Caligula**
9 Agrippina

M

· *von* **Castor**
4 Leda
· *der* **Elektra**
13 Klytaemnestra
· *von* **Eros**
9 Aphrodite
· *von* **Esau**
7 Rebekka
· *der* **Freia**
5 Skadi
· *von* **Gernot**
3 Ute
· *von* **Giselher**
3 Ute
· *von* **Goethe**
3 Aja
· *von* **Gunther**
3 Ute
· *von* **Hektor**
6 Hekabe, Hekuba
· *der* **Helena**
4 Leda
· *der* **Hera**
4 Rhea
· *von* **Herakles, Herkules**
7 Alkmene
· *von* **Hermes**
4 Maja
· *der* **Iphigenie**
13 Klytaemnestra
· *von* **Jakob**
7 Rebekka
· *von* **Jesus**
5 Maria
· *von* **Joseph**
5 Rahel
· *von* **Kain**
3 Eva
· *der* **Kassandra**
6 Hekabe, Hekuba
· *der* **Kriemhild**
3 Ute
· *von* **Mars**
4 Juno
· *der* **Medea**
5 Ideia
· *von* **Nero**
9 Agrippina
· *der* **Nibelungen**
3 Ute
· *von* **Ödipus**
7 Jokaste
· *von* **Orest**
13 Klytaemnestra
· *von* **Paris**
6 Hekabe, Hekuba
· *von* **Perseus**
5 Danae
· *von* **Salomo**
8 Bathseba
· *von* **Samuel**
5 Hanna
· *von* **Siegfried**
9 Sieglinde
· *von* **Thor**
6 Frigga
· *von* **Zeus**
4 Rhea

Mutter oder Vater
10 Elternteil
Mutter, die ein fremdes Kind stillt
4 Amme
Mutterboden
5 Humus
Mutterkuchen
8 Plazenta
Muttermal
10 Geburtsmal, Leberfleck
Muttermörder in der griechischen Sage
5 Orest
7 Orestes
Mutterrecht
11 Matriarchat
Mutterschaf
5 Zippe
Mutterschwein
3 Sau
mutterseelenallein
6 einsam
Muttersöhnchen
5 Memme
8 Feigling
9 Angsthase, Hasenfuss
Muttertier
4 Alte
Mutterwitz
5 Humor
8 Schlaeue
11 Gewitztheit
Mutwille
6 Frevel
8 Uebermut
9 Frechheit
10 Leichtsinn
mutwilliger Streich
8 Eskapade
Mütze
13 Kopfbedeckung
Mütze der Couleurstudenten
7 Zerevis
Mützenabzeichen
7 Kokarde
Mutzuspruch
5 Trost
Myriade
10 Riesenzahl
Myrtenbaum
10 Eukalyptus
Myrtengewächs
14 Zylinderputzer
mysteriös
6 dunkel, obskur, unklar
7 seltsam
9 unfassbar
11 raetselhaft
13 geheimnisvoll
Mysterium
6 Wunder
7 Mirakel, Raetsel
mystisches Verbot
4 Tabu
mythisch
9 legendaer, sagenhaft
mythischer Drache
8 Lindwurm
9 Leviathan
Mythos
7 Legende
10 Heldensage
11 Goettersage
Mythus ► Mythos

N

Nabelschwein
6 Pekari
Nabenbohrer
5 Naber
Nabob
7 Kroesus, Reicher

nach ...
- **Art von**
  3 à la
- **außen gewandt**
  13 extravertiert
- **außen gewölbt**
  6 konvex
- **außen gewölbter Spiegel**
  12 Woelbspiegel
- **draußen**
  6 hinaus
- **hohen Zielen Strebender**
  8 Idealist
- **innen gekrümmter Spiegel**
  11 Hohlspiegel
- **innen gewandt**
  13 introvertiert
- **innen gewölbt**
  6 konkav
- **oben**
  5 empor
- **oben wirkende Kraft**
  8 Auftrieb
- **Steuern**
  5 netto
- **unten**
  5 hinab

Nachahmung
5 Kopie
6 Replik
7 Parodie
9 Abklatsch, Imitation

Nachahmung eines Edelsteins
6 Imitat, Simili

Nachbar
8 Anlieger, Anrainer, Anwohner
10 Anstoesser

Nachbarinsel Gotlands
5 Faroe

Nachbarschaft
5 Naehe
8 Umgebung

Nachbarstadt von Stockholm
5 Nacka, Solna

Nachbarvolk der Juden im Alten Testament
8 Moabiter

nachbessern
12 retuschieren

Nachbesserung
8 Retusche

Nachbildung
5 Kopie, Repro
6 Imitat
7 Plagiat
8 Attrappe, Klischee
9 Abformung, Abklatsch, Faksimile, Imitation, Karikatur
10 Faelschung, Falsifikat, Wiedergabe
12 Reproduktion

Nachbildung ...
- *eines* **Edelsteins**
  6 Simili
- *der* **Erdkugel**
  6 Globus
- *eines* **Geldscheins**
  6 Bluete
- *einer* **Handschrift**
  9 Faksimile
- *eines* **Kunstwerkes**
  5 Kopie
  6 Replik

Nachdenken
9 Reflexion
10 Meditation

Nachdichtung im Scherz
7 Parodie

Nachdruck
6 Akzent
7 Emphase, Gewicht, Reprint
8 Betonung
10 Neuauflage
11 Intensitaet
12 Reproduktion

nachdrücklich
8 deutlich
10 emphatisch, ostentativ
11 kategorisch, zielstrebig
12 eindringlich

nacheinander
9 sukzessiv
11 sequentiell, sequenziell

Nachen
4 Boot, Kahn
5 Nauen

Nachfahr
11 Abkoemmling
12 Angehoeriger

Nachfolger
4 Erbe
5 Adept
7 Epigone, Juenger
8 Schueler

Nachfolger des heiligen Petrus
5 Linus

Nachforschung
5 Suche
7 Enquete
8 Fahndung, Pruefung
9 Recherche
10 Ermittlung

Nachfrage
6 Bedarf
8 Kauflust
9 Interesse
10 Beduerfnis

nachgeahmt(e, er, es) ...
- **Druckerzeugnis**
  9 Faksimile
- **Industrieprodukt**
  6 Imitat
- **Wildleder**
  5 Nubuk

nachgebend
7 formbar

Nachgebühr
10 Strafporto

nachgiebig
5 weich
7 formbar
10 konziliant
14 willensschwach

Nachhall
4 Echo
8 Resonanz
9 Widerhall

nachher
4 dann

Nachhilfelehrer
9 Repetitor

Nachkomme
4 Erbe, Kind, Sohn
5 Enkel
6 Spross
7 Enkelin, Epigone, Tochter, Urenkel
8 Nachfahr
9 Enkelkind, Urenkelin
10 Deszendent, Kindeskind
11 Sproessling, Stammhalter

Nachkommen bei Tieren
4 Brut, Wurf
5 Junge

Nachkommenschaft
6 Kinder
10 Deszendenz

Nachkommenschaft aus Eiern
4 Brut
Nachkömmling
9 Spaetling
12 Nesthaekchen
Nachlass
4 Erbe
5 Abzug
6 Erbgut, Rabatt, Skonto
7 Diskont, Erbteil
8 Erbmasse
9 Erbschaft
18 Hinterlassenschaft
Nachlass empfangen
5 erben
Nachlassanteil
5 Legat
Nachlassempfänger
4 Erbe
Nachlassempfängerin
5 Erbin
Nachlassen der Kräfte
9 Ermattung
Nachlassgut
8 Erbmasse
nachlässig
3 lax
5 leger
6 salopp
9 fluechtig, schlampig, schludrig
10 liederlich
12 unordentlich
Nachlassnehmer
4 Erbe
Nachlassvermögen
9 Erbschaft
Nachlassverwalter
7 Vormund
Nachmittagsmahlzeit
5 Jause
6 Vesper
Nachnahmesendung
13 Einzugsmandat
Nachname
12 Familienname
Nachprüfer
7 Revisor
10 Controller
11 Kontrolleur
Nachprüfung
8 Revision
10 Durchsicht
Nachrede
6 Epilog, Gerede
7 Affront, Klatsch, Tratsch
Nachricht
4 News
5 Maere
7 Meldung
9 Botschaft
10 Mitteilung
11 Information
Nachrichtenagentur (Abkürzung)
2 AP
3 ADN, DPA, UPI
4 TASS
Nachrichtenbüro
7 Agentur
Nachrichtenbüro in Moskau
4 TASS
Nachrichtenmittel
5 Anruf, Brief, E-Mail, Kabel, Radio, Telex
6 Presse
7 Telefax, Telefon, Zeitung
8 Eilbrief, Funkbild, Hoerfunk, Rohrpost, Rundfunk, Satellit, Telegraf
9 Fernsehen, Telefonat, Telegramm, Telegraph
11 Zeitschrift
12 Fernsprecher
13 Fernschreiber
Nachrichtensoldat
6 Funker
Nachrichtenüberbringer
4 Bote
Nachrichtenvogel
10 Brieftaube
Nachrichter
6 Henker
Nachruf
6 Epilog
8 Grabrede, Nekrolog
10 Wuerdigung
Nachsatz im Brief
2 PS
10 Postskript
12 Postskriptum
Nachschlagewerk
7 Lexikon
8 Handbuch
10 Diktionaer, Kompendium
11 Woerterbuch
13 Enzyklopaedie
14 Formelsammlung
Nachschlagewerk ...
- *für* **Personennamen**
10 Adressbuch
- *für* **Prominente**
8 Who is who
Nachschlüssel
8 Dietrich
12 Passepartout
nachschnüffeln
10 spionieren
Nachschrift
2 PS
10 Postskript
12 Postskriptum
Nachschubgebiet
6 Etappe
Nachschubtruppe
5 Train, Tross
Nachschubwesen
8 Logistik
Nachsicht
5 Gnade
6 Geduld
7 Langmut
Nachsilbe
6 Suffix
Nachsommer
15 Altweibersommer
Nachspeise
3 Eis
4 Obst
6 Kuchen
7 Dessert, Kompott, Pudding
8 Eiscreme, Fruechte
Nachspiel
5 Folge
6 Epilog
Nächstenliebe
5 Agape
7 Caritas, Karitas
10 Altruismus, Humanitaet
13 Philanthropie
14 Barmherzigkeit, Mildtaetigkeit
Nachströmung
3 Sog
Nacht ...
- *zum* **1. Mai**
14 Walpurgisnacht
- *zum* **25.Dezember**
12 Heilige Nacht
- *zu* **Neujahr**
9 Silvester

Nachtblindheit
11 Hemeralopie
Nachteil
5 Manko, Minus
6 Fehler, Mangel
7 Schaden
Nachtfalter
5 Motte
7 Spanner
Nachtgespenst
3 Alb, Alp
4 Mahr
5 Drude
9 Nachtmahr, Traummahr
Nachtgewand
6 Pyjama
9 Nachthemd
11 Schlafanzug
Nachtgottesdienst
5 Mette
Nachtgöttin
3 Nyx
6 Hekate
Nachtgreifvogel
3 Uhu
Nachtisch
7 Dessert
Nachtlager
4 Bett
6 Bleibe, Obdach
Nachtlager im Freien
5 Biwak
nächtlich jagender Raubvogel
4 Eule
nächtlich(e, er, es) ...
· **Blutsauger**
6 Vampir
· **Ruhelager**
4 Bett
· **Wachrunde**
7 Streife
10 Scharwache
Nachtlokal
3 Bar
7 Dancing, Tanzbar
9 Discothek, Diskothek, Nightclub
Nachtmusik
8 Nocturne, Notturno, Serenade
Nachtrag
6 Anhang, Zusatz
10 Ergaenzung
nachträgliche Montage
6 Einbau
Nachtragsgesetz
7 Novelle
Nachtraubvogel
4 Eule
Nachtsäugetier
10 Fledermaus
Nachtschattengewächs
5 Tabak
6 Tomate
7 Paprika, Solanum
9 Aubergine, Kartoffel
10 Stechapfel
11 Tollkirsche
Nachttier
4 Igel
5 Katze
Nachtvogel
3 Uhu
4 Eule, Kauz
10 Nachtigall
Nachtwind am Genfer See
6 Morget
Nachweis
5 Alibi, Beleg
6 Attest, Beweis, Quelle
7 Urkunde
8 Dokument
12 Beglaubigung
13 Bescheinigung
Nachweis der Abwesenheit vom Tatort
5 Alibi
nachweisbare Tatsache
4 Fakt
Nachwort
6 Epilog
Nachwuchspferd
7 Remonte
Nachzügler
12 Schlusslicht
Nackenpartie
6 Genick
Nackenstück vom Schlachttier
4 Kamm
nackt
5 bloss
10 ausgezogen, huellenlos, textilfrei
11 unbekleidet
Nacktbadender
6 Nudist
Nacktdarstellung
3 Akt
nacktes Gestein
4 Fels
nackthalsige Storchenart
6 Marabu
Nacktkultur
3 FKK
8 Nudismus
10 Naturismus
17 Freikoerperkultur
Nacktsektierer im Mittelalter
6 Adamit
Nadelarbeit
7 Haekeln, Sticken, Stopfen
8 Stricken
10 Handarbeit
nadelartiges Werkzeug
4 Ahle
Nadelbaum
4 Arve, Eibe
5 Forle, Pinie, Tanne, Thuja, Thuya, Zeder
6 Fichte, Foehre, Kiefer, Zirbel
7 Laerche, Latsche
8 Zypresse
9 Araukarie, Douglasie, Edeltanne, Legfoehre, Wacholder
10 Lebensbaum, Mammutbaum, Weisstanne
12 Zirbelkiefer
13 Douglasfichte, Omorikafichte
14 Latschenkiefer
Nadelgehölz
10 Tannenwald
Nadelholz
8 Konifere
Nadelholzgewächs
5 Zeder
10 Lebensbaum
Nadelloch
4 Oehr
Nadelöffnung ► Nadelloch
Nadelrips
7 Epinglé
Nadelwald
4 Tann
Nagel
5 Stift
6 Zwecke

10 Heftzwecke, Reissstift
11 Metallstift, Reisszwecke
Nagelpflege
9 Manikuere, Pedikuere
nagen
8 knabbern, muemmeln
9 anbeissen
nagender Kummer
4 Gram
Nagetier
3 Feh
4 Hase, Maus
5 Biber, Bilch, Otter, Ratte
6 Nutria, Ziesel
7 Hamster, Lemming
9 Kaninchen, Karnickel, Schermaus
10 Bisamratte, Chinchilla, Murmeltier
11 Goldhamster
13 Eichhoernchen
14 Stachelschwein
15 Meerschweinchen, Siebenschlaefer
nah
6 unweit
Nähbetrieb
9 Stepperei
nahe
3 bei, eng
5 dicht
10 benachbart
nahe Verwandte
6 Eltern, Mutter
7 Tochter
9 Schwester
naher Verwandter
4 Sohn
5 Vater
6 Bruder
nähere Erklärung
12 Erlaeuterung
Näherin
8 Grisette
11 Schneiderin
Näherung
13 Approximation
nahezu
4 fast
6 beinah
7 beinahe
8 ziemlich
10 annaehernd
Nähfaden
4 Garn
5 Zwirn
Nähgarn
5 Zwirn
Nähgerät
5 Nadel
9 Naehnadel
12 Naehmaschine
Nähhilfsmittel
15 Schneiderkreide
Nählinie
4 Naht
Nähmaterial
4 Garn
5 Faden, Seide, Zwirn
9 Naehseide
Nahost
6 Orient
7 Levante
Nahostbewohner
5 Syrer
6 Araber
7 Israeli
9 Orientale
Nahosthalbinsel
7 Arabien
Nährboden
8 Agar-Agar, Substrat
nahrhaftes Getränk
5 Kakao
Nährmutter
4 Amme
5 Bonne
Nährstoff
4 Fett
7 Eiweiss, Vitamin
11 Mineralsalz
12 Kohlenhydrat
Nahrung
4 Kost
5 Essen
6 Futter, Speise
8 Proviant
9 Naturalie
12 Lebensmittel
Nahrung für junge Greifvögel
6 Atzung, Speise
Nahrung für Nutztiere
6 Futter
Nahrung zerkleinern
5 kauen
Nahrungsaufnahme
5 Essen
Nahrungsaufnahme des Rotwildes
5 Aesen
Nahrungsaufnahme des Wildes
6 Aesung
Nahrungsmangel
10 Hungersnot
Nahrungsmittel
2 Ei
3 Oel
4 Brot, Fett, Korn, Mais, Mehl, Obst, Pilz, Reis
5 Fisch, Hirse, Kaese, Milch, Wurst
6 Butter, Griess, Nudeln, Roggen, Weizen
7 Fleisch, Gemuese
9 Kartoffel, Teigwaren
10 Naturalien
12 Haferflocken
Nahrungsstoffe
12 Lebensmittel
Nährwerteinheit
5 Joule
7 Kalorie
9 Kilojoule
11 Kilokalorie
Nahtbesatz
6 Paspel
9 Passepoil
Nähutensil ► Nähwerkzeug
Nahverkehrsmittel
9 Lokalbahn
Nähvorgang
5 Stich
Nähwerkzeug
5 Nadel
6 Schere
9 Fingerhut
10 Stecknadel
16 Sicherheitsnadel
naiv
4 dumm
5 offen
6 arglos
8 kindisch
Najade
11 Wassergeist
Name ...
· *des* **alten Babylonien**
5 Sumer
· *für* **Astarte**
5 Istar
7 Ischtar

N

- *für* **Attila**
  5 Etzel
- *von* **Babylon im Alten Testament**
  5 Babel
- *des* **Bären**
  4 Petz
  5 Teddy
- **britischer Flüsse**
  4 Avon
- *des* **Dachses**
  8 Grimbart
- *aus der* **deutschen Fabel**
  5 Lampe, Nobel
  6 Adebar
  7 Isegrim, Reineke
  8 Grimbart
  11 Muemmelmann
- **deutscher Kaiser**
  10 Maximilian
- *vieler* **deutscher Städte**
  8 Neustadt
- *für* **Donar**
  4 Thor
- *der* **Erinnyen**
  9 Eumeniden
- *der* **ersten Mondfähre**
  5 Eagle
- *der* **ersten Raumsonde**
  7 Sputnik
- *eines* **finnischen Sees**
  8 Enaresee, Inarisee
- *des* **Fuchses**
  7 Reineke
- *des* **Gebietes zwischen Euphrat und Tigris**
  12 Mesopotamien
  13 Zweistromland
- *für* **Griechenland**
  6 Hellas
- *des* **Hasen**
  5 Lampe
  11 Muemmelmann
- *von* **Heiligen**
  8 Ignatius
- *von* **Herrschern**
  4 Karl
- *für den* **Igel**
  5 Mecki
- *eines* **Inkagottes**
  7 Kontiki
- *für* **Jerusalem**
  4 Zion
- *für das* **Kaiserreich Japan**
  6 Nippon
- *des* **Katers im Märchen**
  4 Murr
  5 Felix, Hinze
- *für* **Kleinasien**
  9 Anatolien
- *für* **Libyen**
  5 Barka
- *des* **Löwen**
  3 Leu
  5 Nobel
- **mehrerer französischer Städte**
  3 Aix
- **mehrerer Kalifen**
  4 Omar
- **norwegischer Könige**
  4 Olaf
- *für* **Odin**
  5 Wotan
- *von* **Päpsten**
  3 Leo
  4 Pius
- *der* **Pariser Untergrundbahn**
  5 Metro
- *für* **Persien**
  4 Iran
- **persischer Könige**
  6 Darius
- *von* **polnischen Städten**
  5 Biala
- *der* **Pyrenäenhalbinsel**
  6 Iberia
- *eines* **russischen Sees**
  9 Ladogasee
- *des* **Satans**
  7 Luzifer
- *der* **Schweizer**
  11 Eidgenossen
- **spanischer Königinnen**
  8 Isabella
- *von* **Sportvereinen**
  3 TUS
- *des* **Storches**
  6 Adebar
- *von* **Troja bei Homer**
  5 Ilion
- *der* **vier Wochen vor Weihnachten**
  6 Advent
- **von 8 Päpsten**
  5 Urban
- *des* **Wolfes**
  7 Isegrim
- *von* **Zeitungen**
  8 Anzeiger
- *für* **Zigeuner**
  4 Roma
  5 Sinti
- *von* **zwei deutschen Dichtern**
  8 Brentano
- *von* **zwei Rheinzuflüssen**
  3 Ill
- **zweier Sternbilder**
  4 Hund

Namengebung
5 Taufe
9 Benennung

Namenkunde
12 Onomatologie
13 Onomasiologie

namenlos
6 anonym
9 inkognito

Namensbestandteil in ...
- **Frankreich**
  2 de
- **Holland**
  3 van
- **Schottland**
  2 Mc
  3 Mac

Namenskärtchen
12 Visitenkarte

Namenszeichen
7 Paraphe

Namenszug
6 Signum
7 Paraphe
8 Initiale, Signatur
9 Autogramm, Monogramm
12 Unterschrift

namhaft
7 bekannt
8 beruehmt, illuster
9 angesehen, bedeutend
10 geschaetzt, renommiert

Nansens Polarschiff
4 Fram

Napf
5 Satte
9 Schuessel

Napfkuchen
9 Gugelhupf

Napoli
6 Neapel

Narbe
5 Maser
7 Schmiss
8 Schmarre
Narbe am Bauch
5 Nabel
Narbenleder
5 Nubuk
7 Chagrin, Saffian
Narkose
10 Betaeubung
11 Anaesthesie
Narkosefacharzt
12 Anaesthesist
Narkosemittel
6 Aether, Curare, Evipan, Kurare
7 Lachgas
8 Novocain
10 Chloroform
Narr
3 Tor
4 Jeck
5 Clown
6 Kasper
8 Dummkopf
11 Spassmacher
13 Possenreisser
Narrengestalt
8 Harlekin
Narrenkleidung
7 Kostuem
16 Karnevalskostuem
Narrenrednerpult
5 Buett
Narretei
2 Uz
3 Jux
5 Posse, Unfug
12 Mummenschanz
Narrheit
7 Torheit
11 Absurditaet
närrisch
4 jeck, toll
6 albern, lustig
9 vergnuegt
11 ausgelassen
närrische Zeit
8 Fasching, Karneval
9 Fastnacht
Narzissenart
7 Tazette
9 Amarillis
10 Osterblume
11 Osterglocke
13 Maerzenbecher
Narzissmus
11 Selbstliebe
18 Selbstverliebtheit
Naschwerk
5 Nugat
6 Nougat
7 Bonbons, Gebaeck, Konfekt, Praline
8 Leckerei, Pralinen
10 Schokolade, Suesswaren
13 Suessigkeiten
näselnd
5 nasal
Nasenaffe Borneos
6 Kihonk
Nasenantilope
6 Orongo
Nasengeschwulst
5 Polyp
Nasenheilkunde
10 Rhinologie
Nasenlaut
5 Nasal
Nasenlöcher beim Pferd
8 Nuestern
Nasenspiegel
9 Rhinoskop
Nasenwucherung
5 Polyp
10 Nasenpolyp
naseweis
4 kess
5 frech
7 altklug, vorlaut
9 vorwitzig
naseweises kleines Mädchen
5 Goere
Nashorn
10 Rhinozeros
nass
5 humid, klamm
6 feucht
10 beschlagen
Nassauer
9 Schnorrer
11 Schmarotzer
Nässe
7 Feuchte
12 Feuchtigkeit
Nässe draußen
11 Regenwetter
nasser Straßenschmutz
6 Matsch
Nasszelle
2 WC
3 Bad
6 Dusche
Nation
4 Volk
Nationalabzeichen
6 Emblem, Flagge
Nationalfahne der USA
13 Sternenbanner
Nationalfahne Frankreichs
9 Trikolore
Nationalgetränk in ...
· **Deutschland**
4 Bier
· **Frankreich**
4 Wein
· **Holland**
7 Genever
· **Mexiko**
6 Pulque
· **Russland**
5 Wodka
· **Schottland**
6 Whisky
Nationalheiliger der Iren
7 Patrick
Nationalheld ...
· **Albaniens**
10 Skanderbeg
· **Italiens**
9 Garibaldi
· *der* **Schweiz**
4 Tell
11 Wilhelm Tell
· *der* **Tiroler**
5 Hofer
Nationalheldin der Franzosen
10 Jeanne d'Arc
18 Jungfrau von Orleans
Nationalheldin der Tschechen
7 Libussa
Nationalhymne Deutschlands
15 Deutschlandlied
nationalistisch
14 chauvinistisch, revanchistisch

N

Nationalitätenkennzeichen von ...
- **Ägypten**
  2 ET
- **Albanien**
  2 AL
- **Alderney**
  3 GBA
- **Andorra**
  3 AND
- **Argentinien**
  2 RA
- **Australien**
  3 AUS
- **Belgien**
  1 B
- **Bolivien**
  3 BOL
- **Brasilien**
  2 BR
- **Bulgarien**
  2 BG
- **Bundesrepublik Deutschland**
  1 D
- **Chile**
  3 RCH
- **Dänemark**
  2 DK
- **Finnland**
  2 SF
- **Frankreich**
  1 F
- **Fürstentum Liechtenstein**
  2 FL
- **Gibraltar**
  3 GBZ
- **Griechenland**
  2 GR
- **Großbritannien**
  2 GB
- **Guernesey**
  3 GBG
- **Holland**
  2 NL
- **Indien**
  3 IND
- **Irak**
  3 IRQ
- **Iran**
  2 IR
- **Irland**
  3 IRL
- **Island**
  2 IS
- **Israel**
  2 IL
- **Italien**
  1 I
- **Japan**
  1 J
- **Jemen**
  3 ADN
- **Jersey**
  3 GBJ
- **Jordanien**
  3 JOR
- **Jugoslawien**
  2 YU
- **Kanada**
  3 CDN
- **Libanon**
  2 RL
- **Luxemburg**
  1 L
- **Malta**
  1 M
- **Man**
  3 GBM
- **Marokko**
  2 MA
- **Mexiko**
  3 MEX
- **Monaco**
  2 MC
- **Neuseeland**
  2 NZ
- **Niederlande**
  2 NL
- **Nordirland**
  2 GB
- **Norwegen**
  1 N
- **Österreich**
  1 A
- **Pakistan**
  3 PAK
- **Polen**
  2 PL
- **Portugal**
  1 P
- **Rumänien**
  2 Ro
- **San Marino**
  3 RSM
- **Schweden**
  1 S
- **Schweiz**
  2 CH
- **Spanien**
  1 E
- **Syrien**
  3 SYR
- **Tunesien**
  2 TN
- **Türkei**
  2 TR
- **Ungarn**
  1 H
- **USA**
  3 USA
- **Vatikanstadt**
  1 V
- **Volksrepublik China**
  2 TJ
- **Zypern**
  2 CY

Nationalökonom
9 Volkswirt

Nationalpark in Tansania
9 Serengeti

Nationalspiel ...
- *der* **Basken**
  6 Pelota
- *in* **Deutschland**
  8 Fussball
- *in den* **USA**
  8 Baseball

Nationalzirkus der Schweiz
4 Knie

nativ
9 angeboren
10 kongenital

Natriumkarbonat
4 Soda

Natriumverbindung
4 Soda
6 Natron
8 Kochsalz, Salpeter
11 Glaubersalz

Naturalien
9 Rohstoffe
12 Lebensmittel

Naturalienleistung
7 Deputat

Naturallohn
7 Deputat

Naturarzt
6 Kneipp
9 Physiater

Naturbursche
10 Wurzelsepp

Naturdünger ► natürlicher Dünger

Naturell
3 Art
5 Wesen
6 Anlage
8 Eigenart
9 Charakter, Wesenszug

Naturereignis
3 Boe, Eis, Tau
4 Ebbe, Flut, Reif, Wind, Woge
5 Blitz, Brise, Foehn, Frost, Hagel, Hitze, Komet, Nebel, Orkan, Regen, Sturm, Welle, Wolke
6 Donner, Lawine, Meteor, Monsun, Passat, Schnee, Taifun, Zyklon
7 Graupel, Schauer, Tornado
8 Abendrot, Erdbeben, Gewitter, Gezeiten, Hurrikan, Rauhreif, Seebeben, Windhose
9 Erdrutsch, Morgenrot, Nordlicht
10 Kugelblitz, Polarlicht
11 Wirbelsturm, Wolkenbruch
12 Graupelregen
14 Meeresleuchten, Mondfinsternis, Vulkanausbruch, Wetterleuchten
16 Sonnenfinsternis

Naturerscheinung ► Naturereignis

Naturerzeugnisse
10 Naturalien

naturfarben
5 ekrue

Naturforscher
7 Biologe

Naturgeist
4 Elfe, Nixe

Naturgummi
9 Kautschuk

Naturheilkunde
10 Physiatrie

Naturheilmittel
5 Licht
6 Waerme, Wasser
13 Melissengeist

Naturismus ► Nacktkultur

Naturkatastrophe
5 Orkan
6 Lawine, Taifun
7 Tornado
8 Erdbeben, Hurrikan, Seebeben
9 Erdrutsch
10 Hochwasser
14 Vulkanausbruch
15 Ueberschwemmung

Naturkraft
2 Od
11 Magnetismus, Schwerkraft
13 Elektrizitaet

Naturkunde
8 Biologie
9 Tierkunde
10 Naturlehre
13 Pflanzenkunde
15 Naturgeschichte

natürlich
4 echt, naiv
7 einfach
8 schlicht
11 ungezwungen
13 urspruenglich

natürlich(e, er, es) ...

· **Begabung**
5 Genie
6 Anlage, Talent

· **Brennstoff**
3 Gas, Oel
4 Dung, Holz, Torf
5 Kohle
6 Erdgas, Erdoel
9 Holzkohle

· **Dünger**
4 Dung, Mist
5 Guano
6 Jauche
7 Kompost

· **Einfriedung**
5 Hecke

· **Erdabtragung**
7 Erosion

· **Goldklumpen**
6 Nugget

· **Grundstoff**
3 Erz
10 Mineralien

· **Helligkeit**
11 Sonnenlicht

· **Kopfschmuck**
4 Haar

· **Schutz der Augen**
3 Lid
5 Braue

· **Verschleiß**
9 Abnutzung

· **Zaun**
3 Hag
5 Hecke, Knick

Naturprodukt ► natürlicher Brennstoff, natürlicher Grundstoff

naturrein
13 unverfaelscht

Naturschutzgebiet ...

· *in* **Afrika**
8 Kalahari
9 Serengeti
11 Kruegerpark

· *in* **Norddeutschland**
4 Watt
16 Lueneburger Heide

· *in* **Schwaben**
8 Federsee

· *in der* **Schweiz**
7 Engadin

· *in den* **USA**
8 Yosemite
11 Yellowstone

Naturseidenfaden
5 Grège

Naturtheater
15 Freilichtbuehne

Naturtrieb
8 Instinkt

Naturtrompete
7 Fanfare

Naturvölker
9 Primitive

Naturwissenschaft
6 Chemie, Physik
7 Botanik, Medizin
8 Biologie, Geologie, Zoologie
9 Biochemie, Biophysik, Geophysik
10 Astronomie, Hydrologie
11 Mineralogie
12 Klimatologie, Meteorologie

Naturwissenschaftler
7 Biologe, Geologe, Zoologe
8 Astronom, Chemiker, Physiker
9 Botaniker, Genetiker

10 Mineraloge
11 Biochemiker, Biophysiker, Klimatologe, Meteorologe
Naumburger Domfigur
3 Uta
Nautik
16 Schiffahrtskunde
17 Schifffahrtskunde
Nautiker
5 Lotse
8 Kapitaen
9 Navigator
10 Steuermann
Nautilus
11 Tintenfisch
nautisch(e, er, es) ...
· **Gerät**
3 Log
4 Boje
5 Tonne
6 Oktant, Sender
7 Echolot, Kompass, Sextant
10 Empfaenger, Seezeichen
· **Hilfsmittel**
8 Seekarte
· **Maß**
5 Faden, Kabel
6 Knoten
8 Seemeile
· **Planbild**
8 Seekarte
· **Winkelmessgerät**
6 Oktant
Navigation
6 Ortung
14 Kursfestlegung
18 Standortbestimmung
Navigationsgrundlage
8 Seekarte
neapolitanisch(e, er, es) ...
· **Gericht**
5 Pizza
15 Pizza Margherita
· **Hefegebäck**
5 Pizza
· **Volkstanz**
10 Tarantella
Nebel
3 Fog
4 Smog
5 Dampf, Dunst, Wasen
6 Brodem, Wrasen
Nebel in England
3 Fog
Nebelhorn
7 Foghorn
nebelig
5 trueb
6 diesig
Nebeling
8 November
Nebelmonat
8 November
Nebelrauch über Städten
4 Smog
Nebelreich der nordischen Sage
8 Niflheim
neben
8 seitlich
nebenan Wohnende
8 Nachbarn
nebenbei
5 extra
9 en passant
10 beilaeufig
nebenbei bemerkt
7 apropos
Nebenbestimmung
7 Klausel
Nebenbewohner
7 Nachbar
Nebenbuhler
6 Rivale
10 Konkurrent
12 Gegenspieler
Nebendarsteller
7 Komparse, Statist
nebeneinander laufend
8 parallel
Nebeneinnahme
6 Zubrot
Nebenfluss ...
· *der* **Aare**
2 Aa
3 Sur
4 Emme, Orbe, Suhr
5 Reuss, Saane
· *der* **Ahr**
5 Wirft
6 Adenau
· *der* **Aisne**
4 Aire
· *der* **Aller**
3 Ise
4 Fuse, Ihma, Ilme, Oker
5 Leine, Wiehe
6 Boehme, Lachte, Lehrde, Oertze, Wietze
· *des* **Amazonas**
3 Ica
4 Jary, Napo, Paru, Tefé
5 Jurua, Xingu
6 Japura, Javari, Uatuma
· *des* **Amur**
3 Gan, Kur, Tyr, Uli, Una
4 Seja
5 Amgun
6 Bureja, Ussuri
· *des* **Arno**
3 Era
4 Elsa, Pesa
5 Greve, Sieve
6 Chiana, Pescia
7 Ombrone
· *des* **Bug**
3 Lug
4 Rata
5 Ingul, Narew, Navar
6 Bushok, Kodyma, Liwiec
· *des* **Dnjepr**
3 Ros, Sož, Wop
4 Drut, Orel, Osma, Psel, Ross, Sosh, Suba, Sula, Sura, Udai
5 Desna, Irpen, Irput, Psjol, Sosch, Supoi
6 Samara
7 Pripjet
8 Beresina
· *des* **Don**
3 Jug, Sal
5 Aksei, Donez, Hawia, Ilawa, Jelan, Karai, Sosna, Usman
6 Bitjug, Choper, Mescha, Tschir
· *der* **Donau**
2 Oh
3 Alt, Ilm, Ilz, Inn, Ipf, Jiu, Lom, Nar, Nau, Olt, Pek, Sau, Sed, Sil, Sió, Wit
4 Aach, Aist, Asma, Bera, Drau, Egan, Egau, Elta, Enns, Erfa, Gran, Isar, Kamp, Lanz, Lech, Naab, Nera, Oltu, Osam, Osma, Paar, Raab, Riss, Rodl, Save, Shit, Skit, Vils, Vuka, Waag, Ybbs
5 Abens, Aluta, Arzer, Brenz, Cerna, Drave, Eipel, Guenz, Iller, Isker,

Isper, Kapos, Krems, Laber, March, Muehl, Naarn, Pruth, Rakos, Ranna, Regen, Schyl, Serul, Shill, Skjet, Temes, Timok, Traun, Tulln, Ussel, Zamma, Zusam
6 Ablach, Bakony, Borcea, Gaissa, Jalpug, Jantra, Lauter, Leitha, Mindel, Morawa, Ogosta, Rottum, Sereth, Theiss, Trasen
7 Agostul, Altbach, Argesul, Arschis, Bielach, Brigach, Cibrica, Ostrach, Sarming, Wolfach
8 Altmuehl, Sereskul, Woernitz

- *der* **Dordogne**
4 Bave, Isle, Loue
6 Vézère
- *der* **Drau**
3 Mis, Mur
4 Ache, Gail, Gurk, Isel, Miss, Okor, Rina, Sill
5 Drann, Miess, Moell
6 Bednya, Genest, Lavant, Lieser
7 Bisztra, Vellach
- *der* **Drina**
3 Lim
4 Piva, Tara
5 Draca, Jadar, Praca
- *des* **Duero**
3 Côa, Oca, Tua
4 Cega, Esla, Nela
5 Adaja, Aguas, Jopin, Riaza, Tiron, Ulron
- *der* **Dwina**
3 Wym
4 Meha, Obol, Waga
5 Jemza, Witba, Wyler
- *des* **Ebro**
3 Cea, Ega, Oca, Oja
4 Arba, Arya, Cega, Nela
5 Adago, Duero, Grado, Sabio, Segre, Ucero
6 Aguado, Aragon, Arvigo, Yeltes
- *des* **Eisack**
5 Rienz
- *der* **Elbe**
3 Aue, Upa
4 Aupa, Eger, Ehle, Elde, Este, Ihle, Iser, Ohra, Ohre, Oste, Sude
5 Adler, Aland, Biela, Biese, Bille, Boize, Havel, Luehe, Medem, Mulde, Saale, Stoer
6 Alster, Auscha, Elster, Erlitz, Jeetze, Loucna, Mettau, Moldau, Orlice, Pinnau, Polenc, Polenz
7 Cidlina, Ilmenau, Jeetzel, Tetrowa
8 Pantsche, Rossbach, Schwinge
- *der* **Ems**
3 Ahe
4 Hase, Leda
5 Werse
- *der* **Enns**
5 Salza
- *der* **Enz**
5 Glems
6 Nagold
- *der* **Etsch**
3 Nos
4 Noce
5 Alpon, Fibia, Silla, Solda, Tasso
6 Avisio, Eisack, Fratta, Isarco
- *der* **Fulda**
3 Ufe
4 Ahne, Aule, Eder, Solz
5 Bauna, Beise, Haune, Losse
6 Nieste, Schmer
- *des* **Ganges**
3 Son
4 Kosi
5 Gogra
- *der* **Garonne**
3 Lot
4 Gers, Hers, Noue, Tarn
5 Baïse, Ciron, Dropt
8 Dordogne
- *der* **Havel**
4 Rhin
5 Doeln, Dosse, Nuthe, Plane, Plaue, Spree
6 Briese, Buckau, Polzow
7 Stremme, Wublitz
- *der* **Ill**
4 Thur
- *der* **Ilz**
3 Ohe
- *des* **Inn**
3 Alz
4 Ache, Aill, Alpe, Isen, Rott, Sill
6 Mattig, Ziller
7 Salzach
- *der* **Isar**
4 Finz, Riss
5 Achen, Ammer, Amper, Sempt
6 Jachen, Mosach
7 Ellbach, Loisach, Moosach, Rottach
- *der* **Isère**
3 Arc
4 Drac, Fure
5 Doron
6 Bagnol, Bourne, Ozeins
- *der* **Kinzig**
3 Elm
7 Wolfach
- *des* **Kongo**
4 Rubi, Ruki
5 Ituri, Kasai, Sanga
6 Bologo, Cassai, Kassai, Lomami, Ubangi
- *der* **Kura**
4 Aras
- *der* **Lahn**
3 Aar, Ohm, Ulm
4 Dill, Weil
- *der* **Leine**
4 Ilme
8 Innerste
- *der* **Lena**
3 Sin
4 Anga, Beri
5 Aldan, Witim
6 Olekma, Wiljuj
- *der* **Loire**
4 Ance, Aron, Cher
5 Arzon, Indre, Maine, Sèvre
6 Allier
- *der* **Maas**
3 Bar, Kil, Rur
4 Amer, Chee, Geer, Geul, Jaar, Merk, Neer, Roer
5 Anden, Domel, Donel, Jeker, Lesse, Niers, Vaise, Vence, Wamme

6 Barnob, Chiers, Crelle, Houile, Hoyoux, Mouzon, Ourthe, Sambre, Samson, Semois
7 Wiseppe

- *des* **Mains**
3 Erf, Iff, Itz, Kem, Mud
4 Aalb, Kell, Lohr, Sinn, Unke, Wern
5 Kahle, Nidda, Saale
6 Bieber, Elsawa, Kinzig, Rodach, Tauber, Vokach
7 Rednitz, Regnitz
- *des* **Mississippi**
4 Ohio
8 Arkansas, Illinois, Missouri, Red River
9 Wisconsin
- *des* **Missouri**
6 Kansas
- *der* **Moldau**
5 Otava, Sazau
6 Beraun, Salawa, Sazawa
7 Maltsch, Mastnik, Wottawa
- *der* **Morava**
4 Ibar
- *der* **Mosel**
3 Alf, Bey, Syr
4 Ache, Eltz, Kyll, Orne, Saar, Salm
5 Andry, Brohl, Euron, Luetz, Madon, Ruwer, Sauer
6 Endert, Lieser, Seille
7 Meurthe, Vologne
- *der* **Mur**
5 Muerz
- *der* **Naab**
4 Vils
- *der* **Nagold**
5 Wuerm
- *der* **Nahe**
4 Glan, Idar
6 Simmer
- *des* **Neckars**
3 Enz
4 Aich, Erms, Fils, Murr, Prim, Rems, Sulm
5 Ammer, Echaz, Eyach, Glatt, Jagst, Ulfen, Zaber
6 Echatz, Elsenz, Kocher, Lauter
- *der* **Neiße**
5 Lubst
- *der* **Nidda**
6 Wetter
- *des* **Niger**
4 Bani
5 Benue
6 Sokoto
- *des* **Nil**
6 Atbara
- *des* **Ob**
2 Ui
3 Ass, Ket, Kot, Sob, Tom, Wag
4 Agan, Alei, Anui, Bija, Inja, Iset
5 Jugan, Matyn, Polui, Salym, Sinja, Sosva, Susun, Tabla, Tobel, Wagai
6 Kaslim, Surgut
7 Irtysch
- *der* **Oberelbe**
4 Eger
- *der* **Oder**
3 Aal
4 Ihna, Lohe, Ohle, Olsa, Oppa, Thue
5 Bober, Finow, Lenze, Ochel, Peene, Swine, Weide, Zinna
6 Birsau, Lubina, Neisse, Ploene, Stober, Warthe
7 Bartsch, Iseritz, Pleiske, Proskau
- *der* **Oise**
3 Nar
4 Foss, Yore
5 Aisne
- *der* **Oka**
3 Pra, Upa, Zna
4 Guss, Ugra
6 Moskwa
- *der* **Oker**
4 Gose, Ilse
5 Ecker, Radau
8 Schunter
- *des* **Oranjefluss**
4 Vaal
- *des* **Orinoco**
4 Meta
5 Apure
- *des* **Po**
4 Adda, Arda, Enza, Nura, Nure, Orco, Taco, Taro
5 Banne, Grana, Lonoa, Matra, Oglio, Parma, Sesia
6 Agogne, Bianco, Curone, Lambro, Lemina, Mincio, Ongina, Panaro, Tanaro, Tessin, Ticino
- *des* **Pregel**
4 Alle, Auer, Ihme
5 Droje, Nehne
6 Auxine, Inster
- *der* **Regnitz**
5 Aisch
7 Wiesent
- *des* **Rhein**
2 Ay
3 Ahr, Alb, Eck, Eis, Elz, Erg, Ill, Oos, Ren, Sar
4 Aach, Aare, Birs, Erft, Lahn, Main, Murg, Nahe, Ruhr, Saye, Sayn, Selz, Sieg, Siga, Sorn, Thur, Wied
5 Acher, Argen, Biber, Brohl, Issel, Itter, Lippe, Modau, Moder, Mosel, Nette, Nolla, Pfinz, Rench, Salza, Sauer, Toess, Vecht, Wehre, Wiese
6 Albula, Aubach, Birsig, Durach, Elzach, Ergolz, Fechte, Gutach, Kander, Kinzig, Kraich, Lauter, Neckar, Queich, Tamina, Wisper, Wupper, Wutach
7 Emscher
- *der* **Rhone**
3 Ain, Lez
4 Arve, Cece, Dalo, Doux, Fier, Flon, Gard, Gier, Glan, Visp
5 Berre, Binna, Canca, Dolon, Drôme, Furan, Garon, Isère, Lonza, Morge, Saône
- *der* **Ruhr**
4 Baar, Inde
5 Lenne, Roehr, Sorpe, Valme, Volme, Wenne
- *der* **Rur**
4 Urft
- *der* **Saale**
3 Ilm
4 Bode, Orla, Roda

5 Fuhne, Hasel, Lauer, Luppe, Perse, Rinne, Salza
6 Barget, Brehne, Elster, Geisel, Lamilz, Laucha, Leutra, Wipper, Ziethe
7 Gleisse, Lomnitz, Loquitz, Regnitz, Selbitz, Sorbitz, Unstrut

· *der* **Saar**
4 Bist, Nied
5 Blies, Prims
8 Sulzbach

· *der* **Salzach**
3 Ach
8 Saalbach

· *der* **Saône**
5 Doubs

· *der* **Sauer**
3 Our
5 Pruem

· *der* **Save**
3 Una
4 Gurk, Krka
5 Bosne, Drina, Vrbas

· *der* **Seine**
4 Aube, Epte, Eure, Oise
5 Cally, Loing, Marne, Nauxe, Orvin, Ource, Sarce, Yonne
6 Brevon

· *des* **Severn**
3 Rea, Wye, Yeo
4 Avon

· *der* **Spree**
4 Uske
5 Dahme, Panke, Wuhle

· *des* **Tarn**
5 Agout

· *der* **Theiß**
4 Sajo
5 Maros

· *der* **Themse**
3 Lea, Oek
4 Cole, Coln, Cray
5 Brent, Glyme

· *des* **Tiber**
3 Aja, Nar
4 Anio, Naja, Nera
5 Allia, Farfa, Treja, Vezza
6 Chiana

· *der* **Unstrut**
4 Gera
5 Heime, Helme
6 Wipper

· *der* **Warthe**
3 Lis, Ner, Oxa
4 Obra
5 Lenza, Netze
6 Cybina, Glowna, Grabia, Prosna, Samica

· *der* **Weichsel**
3 Bug, Lea, Leg, San, Wda
4 Laka, Mjen, Nida, Raba, Sola, Spla
5 Brahe, Brake, Bzura, Ferse, Grime, Ilash, Liebe
6 Bosura, Chodel, Czarna, Montau, Pilica, Wieprz

· *der* **Weichsel in Polen**
3 San

· *der* **Werra**
3 Arn, Dam
4 Elte
6 Ulster
7 Hoersel

· *der* **Weser**
3 Arn, Aue, Ils
4 Alen, Esse, Lune
5 Aller, Baune, Bever, Emmer, Exter, Fulda, Hamel, Hunte, Lesum, Nethe, Ochte, Werra, Werre
6 Diemel, Drepte, Geeste, Niemen, Ochtum

· *der* **Wolga**
2 Ik
3 Oka, Sok, Usa
4 Ilet, Kama, Masa, Neja, Pura, Sura, Utka
5 Ainga, Dubna, Irgis, Jelan, Kudma, Nemda, Rudka, Tmaka, Usola
6 Alatyr, Besdna, Mescha, Mologa, Ossuga, Samara, Sestra, Twerza, Unscha

Nebenform
5 Abart
8 Variante
9 Variation

Nebenfrau
5 Kebse
8 Geliebte
9 Konkubine, Maetresse

Nebenfrau Abrahams
5 Hagar

Nebengebäude
10 Dependance

Nebenhandlung
7 Episode
13 Zwischenspiel

nebenher ► nebenbei

Nebenmeer des Atlantiks
6 Ostsee
7 Nordsee
10 Mittelmeer

Nebenort
11 Nachbardorf

Nebenprodukt des Getreides
5 Stroh

Nebenraum
7 Alkoven, Separee
8 Kabinett

Nebenraum der Kirche
9 Sakristei

Nebenrichter
9 Beisitzer

Nebenrolle beim Theater
6 Charge
7 Episode

Nebensache
8 Lappalie
9 Bagatelle
11 Kleinigkeit

nebensächlich
9 unwichtig
13 bedeutungslos

Nebensächliches
7 Beiwerk
8 Staffage

Nebenstelle
7 Agentur, Filiale
11 Zweigstelle

neblig
5 trueb
6 diesig, truebe
7 dunstig
9 verhangen

Neblung
8 November

Neckerei
2 Uz
6 Uzerei
8 Fopperei
9 Haenselei
11 Schabernack

Necking
11 Liebesspiel

neckische Bezeichnung
6 Uzname

neckischer Geist
6 Kobold, Schrat
Neffe
6 Nepote
Neffe Abrahams
3 Lot
Neffe des Königs Artus
6 Gawein
Negation
4 nein
10 Verneinung
negativ geladenes Atom
5 Anion
negativ geladenes Teilchen
5 Anion
8 Elektron
negativ(e, er, es) ...
· **Auswirkung**
7 Schaden
8 Nachteil
· **Charakterzug**
6 Laster
8 Untugend
· **Elektrode**
7 Kathode
· **Mitteilung**
6 Absage
Negativdruckform
5 Mater
Negerrunddorf
4 Kral
Negerstamm
3 Edo, Ewe, For, Ful, Ibo, Kru, Suk, Tiv, Vai
4 Akka, Luba, Madi, Nama, Nuba, Zula, Zulu
5 Banda, Bantu, Bongo, Duala, Lunda, Mossi, Musgu
6 Batusi, Haussa, Jaunde, Joruba, Massai, Ovambo, Owambo, Somali
7 Kaffern, Watussi
11 Betschuanen
12 Buschmaenner, Hottentotten
Negerstamm in Liberia
3 Kru
Negervolk ▶ Negerstamm
Negligé
10 Morgenrock
12 Morgenmantel
nehmen
7 greifen
8 erfassen
Nehrung
4 Lido
neidisch
6 scheel
12 missguenstig
13 eifersuechtig
neidloses Zugestehen
7 Goennen
Neige
4 Ende, Rest
Neigung
3 Zug
4 Hang
5 Drang, Trend, Trieb
6 Abhang, Faible, Tendre
7 Tendenz
8 Vorliebe
Neigung eines Geländes
9 Abdachung
Neinsager
8 Nihilist
Nelkengewächs
5 Knaul, Miere
10 Vogelkraut
Nelkenpfeffer
6 Piment
Nemesis
12 Rachegoettin
Nenner
6 Teiler
7 Divisor
Nennform
9 Infinitiv
Nennwert
4 Pari
8 Parikurs
Nennwort
5 Nomen
8 Adjektiv, Zahlwort
9 Namenwort
10 Substantiv
Neon
7 Edelgas
Nepotismus
9 Schiebung
17 Vetternwirtschaft
21 Guenstlingswirtschaft
Nepp
6 Betrug
8 Gaunerei
neppen
10 schroepfen
14 uebervorteilen
Nereide
6 Nymphe, Thetis
7 Galatea
8 Galateia
10 Amphitrite, Meernymphe
11 Wassergeist
Nerfling
5 Aland
Nervatur
7 Aderung
Nerven betreffend
6 neural
Nervenarzt
9 Neurologe
10 Psychiater
Nervenbündel
8 Hektiker
Nervenentzündung
8 Neuritis
Nervenerkrankung
9 Neuralgie
Nervenerschütterung
6 Schock
Nervenfaser
8 Fibrille
Nervenfasergeschwulst
6 Neurom
Nervengeflecht
4 Glia
6 Plexus
Nervenheilkunde
10 Neurologie
Nervenkitzel
9 Sensation
Nervenknoten
8 Ganglion
Nervenkrankheit
6 Neurom
7 Neurose
8 Hysterie, Neuritis, Psychose
9 Neuralgie
Nervensäge
10 Quaelgeist
12 Stoerenfried
Nervenschmerz
9 Neuralgie
Nervenschwäche
11 Nervositaet
12 Neurasthenie
Nervenstärkungsmittel
8 Baldrian, Lecithin, Lezithin

N

Nervenzelle
6 Neuron
Nervenzentrum
3 ZNS
4 Hirn
6 Gehirn
19 Zentralnervensystem
nervös
6 erregt, fahrig
7 gereizt, pikiert, rastlos, reizbar
8 hektisch
9 chaotisch
14 neurasthenisch
nervöse Betriebsamkeit
6 Hektik
nervöses Muskelzucken
3 Tic
Nervosität
6 Unruhe
7 Aufruhr
Nerz
4 Mink
6 Marder
Nesselpflanze
5 Ramie
Nesselqualle
5 Polyp
6 Meduse
Nesseltier
6 Qualle
Nest
4 Heim
5 Horst
Nest ...
· *des* **Adlers**
5 Horst
· *des* **Eichhörnchens**
5 Kobel
· *mit* **Eiern**
6 Gelege
Nestgelege
4 Brut, Eier
Nesthäkchen
13 Nachkoemmling
nestjunge Vögel
4 Brut
Nestorpapagei
3 Kea
nett
4 lieb
5 artig
6 adrett, proper
8 niedlich, zierlich
11 possierlich, sympathisch
netto
4 rein
Nettoertrag
10 Reinerloes, Reingewinn
Nettogewinn
10 Reinerloes, Reingewinn
Netz
4 Garn
5 Falle
8 Geflecht, Gespinst
netzartig
7 filiert
netzartiges Gewebe
5 Lacis, Tuell
Netzhaut des Auges
6 Retina
Netzmacher
6 Seiler
Netzschlange
6 Python
Netzstoff
5 Filet
Netzwerk
5 Filet
neu
6 rezent
9 unbenutzt
11 ungebraucht
neu(e, er, es) ...
· **Ortsteil**
8 Siedlung
· **Stern**
4 Nova
9 Supernova
· **Zeile**
6 Alinea
neuartig
6 modern
9 originell
Neubekehrter
8 Proselyt
9 Konvertit
Neubildung von Gewebe
12 Regeneration
Neue auf einem Gebiet
11 Anfaengerin
Neue Welt
7 Amerika
Neuerer
10 Reformator
13 Revolutionaer
Neuerscheinung
5 Novum
8 Novitaet
9 Nouveauté
Neuerung
5 Novum
6 Reform
8 Kreation, Novitaet
11 Fortschritt, Renovierung
neueste Zuggeneration der Deutschen Bahn
3 ICT
Neugeborenes
4 Baby
9 Saeugling
11 Kleinstkind
Neugestaltung ► Neuerung
Neugetaufter
7 Neophyt
Neugier
9 Interesse
10 Wissbegier
12 Wissbegierde, Wissensdurst
Neuguinea
5 Irian
Neuguineas Urbevölkerung
5 Papua
6 Papuas
Neuheit ► Neuerscheinung
Neuigkeit
9 Nachricht, Sensation
neuindische Sprache
7 Bengali
Neuland vor dem Deich
6 Groden
neulateinisch für Berlin
8 Berolina
neulateinisch für Leipzig
6 Lipsia
Neuling
6 Novize
9 Anfaenger, Debuetant, Greenhorn
13 Gruenschnabel
neun Musizierende
6 Nonett
Neun Töchter des Zeus
5 Musen
Neunauge
8 Lamprete
Neuneck
7 Nonagon
Neunmalkluger
12 Besserwisser, Oberschlauer

neuntägige katholische Andacht
6 Nonene
neunte Stufe der Tonleiter
4 None
Neuntonintervall
4 None
neununddreißigster Präsident der USA
6 Carter
Neuordnung
6 Reform
14 Reorganisation
Neureicher
5 Protz, Yuppi
6 Raffke
7 Parvenu
11 Selfmademan
14 Emporkoemmling
Neurologe
10 Nervenarzt
neurologische Heilanstalt
12 Nervenklinik
Neurose
5 Manie
6 Phobie
8 Hysterie
16 Gemuetskrankheit
neuseeländisch(e, er, es) ...
· **Frucht**
4 Kiwi
· **Inselgruppe**
14 Aucklandinseln
· **Papagei**
3 Kea
· **Schnepfenstrauß**
4 Kiwi
· **Singvogel**
3 Poe
· **Urvolk**
5 Maori
6 Maoris
Neusilber
6 Alpaka
8 Argentan
Neusteinzeit
11 Neolithikum
neutral
8 objektiv, sachlich
9 parteilos, saechlich
10 unbefangen
11 indifferent, unbeteiligt
12 unparteiisch
Neuverfilmung
6 Remake
Neuzeit
7 Moderne
11 Postmoderne
New Yorker ...
· **Börsenviertel**
10 Wallstreet
· **Chinesenviertel**
9 Chinatown
· **Elendsviertel**
5 Bronx
· **Geschäftsstraße**
8 Broadway
· **Künstlerviertel**
16 Greenwich Village
· **Schwarzenviertel**
6 Harlem
· **Wahrzeichen**
15 Freiheitsstatue
Nibelungenmutter
3 Ute
Nibelungenschwert
7 Nothung
Nibelungenstadt
5 Worms
Nibelungenvolk
9 Burgunder
Nice
5 Nizza
nicht ...
· **alle**
6 einige, manche
· **alt**
3 neu
4 jung
· **amtlich**
9 offizioes
11 inoffiziell
· **aufhörend**
9 unendlich
· **außen**
5 innen
· *für* **Außenstehende**
6 geheim
· **begabt**
12 untalentiert
· **bekömmlich**
6 giftig
· **berufsmäßiger Sportler**
7 Amateur
15 Breitensportler
18 Feierabendsportler
· **beteiligt**
7 neutral
12 unparteiisch
· **beweisbedürftiges Prinzip**
5 Axiom
· **billig**
5 teuer
· **breit**
3 eng
6 schmal
· **dahinter**
5 davor
· **dick**
5 duenn
· **diese**
4 jene
· **dunkel**
4 hell
· **durch zwei teilbar**
8 ungerade
· **ehrlich**
8 unlauter
· **ertragreich**
10 unrentabel
· **exakt**
7 ungenau
10 unpraezise
· **fest**
8 fluessig
10 gasfoermig
· **fleißig**
4 faul
· **freundlich**
9 abweisend
· **gebraucht**
3 neu
· **gebunden**
4 frei
· **gemeinschaftsfähig**
7 asozial
· **genau**
7 ungenau
· **geschleudertes Bienenprodukt**
10 Wabenhonig
· **geschlossen**
5 offen
· **gesund**
5 krank
· **glatt**
4 rauh
· **groß**
5 klein
· **hart**
5 weich

· **häufig**
6 selten
· **heil**
6 kaputt
· **heiß**
4 kalt, warm
7 lauwarm
· **hinter**
3 vor
· **hoch**
7 niedrig
· **hungrig**
4 satt
· **im Raum**
6 aussen
8 draussen
· **jung**
3 alt
· **kalt**
4 warm
· **kaputt**
4 ganz
· **klappen**
6 hapern
7 stocken
· **klug**
4 dumm
· **kostbar**
7 wertlos
· **krank**
6 gesund
· **kurz**
4 lang
· **langsam**
7 schnell
· **laut**
5 leise, ruhig, still
· **lebendig**
3 tot
· **liegen**
6 sitzen, stehen
· **massiv**
4 hohl
· **mit**
4 ohne
· **nah**
4 fern, weit
· **nass**
7 trocken
· **neues Auto**
14 Gebrauchtwagen
· **nur einer**
5 viele
· **oben**
5 unten
· **öffentlich**
6 geheim, privat
· **oft**
6 selten
· **positiv**
7 negativ
· **rechtzeitig**
5 spaet
· **reich**
3 arm
· **rostender Stahl**
7 Nirosta
· **rund**
5 eckig
6 kantig
· **sauer**
5 suess
· **schlafend**
4 wach
· **schlaff**
6 straff
· **schmal**
5 breit
· **schwer**
6 leicht
· **sehr viel**
7 maessig
· **selten**
3 oft
· **sesshafter Mensch**
6 Nomade
· **sprechen**
9 schweigen
· **stehen**
6 liegen, sitzen
· **straff**
7 schlaff
· **süß**
4 herb
5 sauer
7 trocken
· **umkehrbar**
12 irreversibel
· **verbürgt**
9 offizioes
· **verderblich**
7 haltbar
· **verschwenderisch**
7 sparsam
· **verschwiegen**
9 indiskret
· **vertieft**
5 flach
· **vertraut**
5 fremd
· **viel**
5 wenig
· **vorhersehbares Geschehen**
6 Zufall
· **warm**
4 kalt
· **weit**
3 nah
· **weiter**
4 halt
· **weiterführende Straße**
9 Sackgasse
· **wirklich**
6 irreal
· **wissend**
4 naiv
8 ignorant
10 ahnungslos
· **zahlender Zuschauer**
8 Zaungast
· **zu zähmen**
9 unbaendig

Nichtachtung
8 Verstoss
10 Ungehorsam, Verachtung
11 Versaeumnis

Nichtfachleute
5 Laien

Nichtfachmann
4 Laie
7 Amateur
9 Dilettant, Liebhaber

nichtig
4 inan
5 eitel
7 wertlos
9 ungueltig, unwirksam
13 bedeutungslos

Nichtiges
4 Kram, Tand
9 Firlefanz
11 Quisquilien

Nichtigkeit
8 Lappalie
10 Banalitaet

Nichtjude
3 Goi

Nichtleiter
8 Isolator

Nichtprofi
7 Amateur

Nichtromane in Südamerika
6 Gringo
Nichts
4 Null, Zero
6 Vakuum
nichts als
3 nur
5 bloss
9 lediglich
nichts Böses
5 Gutes
nichts sagend
4 fade
5 banal, platt
11 phrasenhaft
nichtsesshafter Mensch
6 Nomade
8 Vagabund, Zigeuner
Nichtskönner
8 Stuemper
Nichtsnutz
4 Lump
8 Versager
11 Taugenichts
Nichtsoldat
8 Zivilist
Nichtstattfinden
7 Ausfall
Nichtstuer
6 Drohne
7 Gammler, Stromer
8 Faulpelz, Tagedieb
9 Faulenzer
14 Muessiggaenger
Nichtstun
4 Ruhe
5 Musse
8 Erholung, Freizeit
11 Muessiggang
Nichtswisser
8 Dummkopf, Stuemper
nichtswürdig
6 ehrlos
9 miserabel
12 veraechtlich
nichtswürdiger Mensch
4 Lump
6 Schuft
7 Halunke
Nickel-Eisen-Erdkern
4 Nife
Nickel-Kupfer-Legierung
5 Monel

nie
6 nimmer
7 niemals
nie endend
4 ewig
nieder(e, er, es) ...
· **englische Adelsstufe**
6 Knight
· **Kriechtier**
4 Wurm
9 Regenwurm
· **Lebewesen**
4 Wurm
5 Echse
6 Amoebe, Getier
9 Einzeller, Regenwurm
· **Pflanze**
4 Moos
7 Flechte
· **Programmiersprache**
5 BASIC
· **Ruf (Leumund)**
4 Fama
· **Umgangssprache**
5 Slang
6 Jargon
· **Volk**
5 Plebs
6 Poebel
· **Waldpflanze**
4 Moos
· **Wasserpflanze**
4 Alge
· **Wasserstand**
4 Ebbe
· **Weltgeistlicher in Frankreich**
4 Abbé
niederdeutsch für ...
· **abgelaichter Hering**
4 Ihle
· **Affe**
3 Aap
· **Bauer**
3 Bur
· **betrunken**
4 duhn
· **Erle**
5 Eller
· **Eule**
3 Ul
· **Färse**
6 Sterke
· **Feldstück**
4 Kamp

· **Fohlen**
5 Enter
· **Geisterseher**
13 Spoekenkieker
· **Haff**
4 Noor
· **Häusler**
6 Kossat
· **Iltis**
3 Ilk
· **klein**
5 luett
· **kleine Mücke**
6 Knitte
· **Kloß**
5 Kloot
· **Köter**
5 Toele
· **Kugel**
5 Kloot
· **Kümmelschnaps**
4 Koem
· **Mädchen**
5 Deern
· **Meister**
4 Baas
· **Moor**
4 Fenn
· **Röhricht**
4 Reet
· **Ruß**
4 Sott
· **Schilf**
4 Reet
· **Schwanz**
5 Stert
· **Schwanzende**
5 Sterz
· **Stadtkanal**
5 Fleet
· **Tagelöhner**
5 Inste
· **Topf**
4 Pott
· **Trockenraum**
5 Stove
· **Vogteiverwalter**
5 Drost
· **Wasserstrudel**
4 Neer
niederdeutsche Mundart
5 Platt
12 Plattdeutsch
niederdeutscher Schriftsteller
3 Lau

N

4 Fock
5 Fehrs, Groth, Raabe, Storm
6 Reuter
8 Claudius

Niedergang
4 Fall, Ruin
7 Abstieg, Verfall, Zerfall
9 Untergang
12 Degeneration

niedergeschlagen
4 down
6 mutlos
7 traurig
10 deprimiert

Niederholz
6 Geaest
8 Dickicht, Knieholz
9 Gestruepp, Unterholz

Niederkunft
6 Geburt
10 Entbindung

Niederlage
7 Debakel, Schmach, Verlust
8 Schlappe

niederländisch für ...

· **eins**
3 een

· **ich**
2 ik

· **ihr**
2 ze

· **Salat**
3 sla

· **sie**
2 ze

· **von**
3 van

niederländisch(e, er, es) ... (► auch holländisch)

· **Admiral**
5 Tromp
6 Ruyter

· **Antilleninsel**
4 Saba
5 Aruba
7 Bonaire, Curaçao

· **Architekt**
6 Floris

· **Astronom**
7 Huygens

· **Bildhauer**
5 Vries
6 Floris, Keyser, Leyden, Sluter
8 Tassaert

· **Botaniker**
5 Vries
6 Hotton
7 Jacquin

· **Branntwein**
7 Genever

· **Chemiker**
4 Hoff
8 van 't Hoff

· **Dirigent**
6 Kempen
10 Mengelberg

· **Edelmann**
5 Hoorn
6 Egmont

· **Fluggesellschaft**
3 KLM

· **Flugzeugkonstrukteur**
6 Fokker

· **Flüsschen**
3 Eem

· **Forscher**
6 Jansen
7 Huygens
11 Leeuwenhoek
13 Musschenbroek

· **Freiheitskämpfer**
5 Geuse

· **Fürstenhaus**
7 Oranien
13 Nassau-Oranien

· **Gemeinde in Gelderland**
3 Ede

· **Grafiker** (Graphiker)
6 Escher

· **Großstadt**
7 Utrecht
9 Amsterdam, Rotterdam

· **Gulden** (französische Bezeichnung)
6 Florin

· **Hafenstadt**
6 Helder
9 Amsterdam, Rotterdam
10 Vlissingen

· **Herrscher**
7 Oranier

· **Historiker**
4 Dozy
5 Kalff
8 Huizinga
10 Halbertsma

· **Humanist**
7 Erasmus, Grotius

· **Insel**
5 Texel
6 Rottum
7 Ameland
8 Schouwen, Vlieland
9 Walcheren
12 Terschelling

· **Kanalstraße**
6 Gracht

· **Käseart**
5 Gouda
6 Edamer

· **Käsestadt**
4 Edam
7 Alkmaar

· **Komponist**
5 Isaac, Larue, Lasso, Monte
6 Pijper
8 Ockeghem, Willaert
10 Andriessen

· **Königin**
7 Beatrix, Juliana
8 Hortense
10 Wilhelmina

· **Kupferstecher**
6 Rubens
7 Sadeler, Soutman

· **Küstenschiff**
3 Kag

· **Maler**
3 Bol, Dou, Mor, Vos
4 Cuyp, Dyck, Eyck, Goes, Gogh, Hals, Kalf, Laer, Neer
5 Bosch, Bouts, David, Goyen, Lucas, Metsu, Noort, Orley, Steen, Velde, Witte
6 Mabuse, Mander, Massys, Ostade, Patini, Potter, Rubens, Scorel, Weyden
7 Beyeren, Brouwer, Hobbema, Memling, Seghers, Snyders, Teniers, van Dyck, van Eyck, van Gogh, Vermeer
8 Breughel, Brueghel, Doesburg, Jordaens, Mondrian, Mostaert, Ruisdael, Ruysdael, Snijders, Terborch
9 Rembrandt

- **Malerfamilie**
  7 Bruegel
  8 Breughel, Brueghel
- **Mathematiker**
  6 Stevin
  7 Brouwer, Huygens
- **Mediziner**
  6 Camper, Ruysch
  7 Swieten
  9 Boerhaave
  10 Halbertsma
- **Münze**
  4 Cent, Deut, Duit
  6 Florin, Gulden, Rijder
- **Mystiker**
  6 Jansen
- **Nachrichtenagentur**
  3 ANP
- **Name der Rur**
  4 Roer
- **Namensbestandteil**
  3 van
- **Naturwissenschaftler**
  5 Vries
  7 Huygens
  8 Snellius
  11 Leeuwenhoek
- **Nobelpreisträger für Chemie**
  8 van't Hoff
- **Nobelpreisträger für Frieden**
  5 Asser
- **Nobelpreisträger für Medizin**
  7 Eijkman
  9 Einthoven, Tinbergen
- **Nobelpreisträger für Physik**
  7 Lorentz, Zernike
  10 van der Meer
  11 van der Waals
  15 Kamerlingh Onnes
- **Ort**
  4 Best
- **Philosoph**
  7 Spinoza
  8 Geulincx
- **Physiker**
  6 Bakker, Stevin, Zeeman
  7 Huygens, Lorentz, Zernike
  10 van der Meer
  15 Kamerlingh Onnes
- **Politiker**
  4 Witt
  5 Hoorn
  7 Grotius
- **Prinzgemahl**
  5 Claus
- **Provinz**
  7 Geldern, Seeland
  9 Friesland, Groningen
  11 Nordbrabant, Nordholland, Suedholland
- **Radrennfahrer**
  9 Zoetemelk
- **Residenzstadt**
  7 Den Haag
- **Schachgroßmeister**
  6 Timman
- **Schachweltmeister**
  4 Euwe
- **Schnaps**
  7 Genever
- **Schriftsteller**
  5 Beets, Borel, Costa, Eeden, Hooft, Klaas, Kloos, Leeuw, Maehl
  6 Donker, Gorter, Hartog, Lulofs, Luyken, Merode, Mulder, Nyhoff, Roland, Verway, Vondel
  8 Bemmelen, Couperus, Gossaert, Hinrichs, Schendel
  13 Ammers-Kueller
- **Seebad**
  8 Nordwijk
  9 Zandvoord
  12 Scheveningen
- **Seefahrer**
  6 Tasman
  7 Barents
- **Showmaster**
  7 Carrell
- **Showstar**
  7 Carrell
  8 Heesters
- **Stadtkanal**
  6 Gracht
- **TV-Star**
  3 Mol
- **Währung**
  6 Gulden
- **Zoologe**
  11 Leeuwenhoek

Niederlassung
3 Ort
4 Dorf
5 Depot, Lager, Stadt
7 Agentur, Filiale, Kolonie
8 Siedlung
10 Dependance, Vertretung
11 Zweigstelle

Niederlegung
7 Aufgabe
10 Beendigung

niederösterreichische Stadt
5 Krems, Tulla
6 Zwettl
8 Moedling
9 Amstetten, Stockerau
10 Hollabrunn, Korneuburg
11 Neunkirchen

niederösterreichischer Fluss
5 Thaya

niedersächsischer Dichter
5 Raabe

Niederschlag
3 Tau
4 Reif
5 Dunst, Hagel, Nebel, Regen
6 Schnee
7 Graupel, Schauer
8 Rauhreif
10 Dauerregen
11 Nieselregen, Wolkenbruch
13 Schnuerlregen

Niederschlag beim Boxen
2 ko
8 Knock-out

niederschlagarmes Gebiet
6 Wueste

niederschmetternd
11 vernichtend
12 deprimierend, katastrophal

Niederschrift
5 Notiz
9 Protokoll

Niederschrift im Register
7 Eintrag

Niedertracht
7 Arglist, Bosheit, Infamie
8 Gaunerei, Perfidie
10 Gemeinheit

niederträchtig
3 arg

N

5 infam
Niederung
2 Au
3 Aue, Tal
5 Ebene, Mulde, Senke
9 Tiefebene
Niederwild
4 Hase
5 Dachs, Fasan, Fuchs, Iltis
6 Marder
7 Rebhuhn
8 Schnepfe, Wildente, Wildgans
9 Kaninchen
niedlich
4 fein, nett
6 putzig
7 drollig, huebsch, reizend
8 charmant, zierlich
11 possierlich
niedrig
4 tief
5 flach
6 gemein
niedrig(e, er, es) ...
· **Hilfsgeistlicher**
9 Koadjutor
· **Kaste in Indien**
5 Paria
· **Lebewesen**
6 Amoebe
9 Einzeller
· **Liegesofa**
5 Diwan
8 Ottomane
· **Stuhl ohne Lehne**
8 Taburett
· **Umgangssprache**
5 Idiom, Slang
6 Jargon
niedrigstes Skatsolo
4 Karo
Niedrigwasser
4 Ebbe
niemals
3 nie
6 nimmer
10 nimmermehr
11 keinesfalls
niemand
6 keiner
Nierenausscheidung
4 Harn, Urin
Nierenbaum
6 Acajou
Nierenentzündung
8 Nephrose
9 Nephritis
Nierensekret
4 Urin
Niesen nachahmender Ruf
7 hatschi
Nießbrauch
13 Nutzungsrecht
Niete
4 Null
6 Bolzen
8 Versager
Niflheim (Sagenwelt)
6 Hoelle
Nigerianer
6 Joruba, Yoruba
nigerianischer Autor
6 Achobe
Nikolausbegleiter
7 Krampus
14 Knecht Ruprecht
Nilland
6 Nubien
Nilort in Oberägypten
6 Nakada
Niloten im Sudan
4 Nuer
Nilpferd im Alten Testament
8 Behemoth
Nilstadt mit Stauwerk
6 Assuan
Nimbus
7 Ansehen
8 Prestige
14 Heiligenschein
nimmer
3 nie
7 nie mehr, niemals
nimmermüde
7 rastlos
9 unentwegt
Nimmersatt
4 Ibis
nimmersatt
6 gierig
Nimmersatt
6 Marabu, Storch
9 Vielfrass
nimmersatt
13 unersaettlich
Nimrod
6 Jaeger
8 Waidmann, Weidmann
Nippon
5 Japan
Nirgendland
6 Utopia
Nische im Gebirge
3 Kar
Nistplatz der Vögel
4 Nest
Niveau
4 Grad, Rang
5 Level, Stand, Stufe
Niveauunterschied
7 Neigung
8 Gefaelle, Schraege
Nixe
6 Undine
7 Lorelei, Loreley
8 Melusine
11 Wassergeist
Noahs Schiff
5 Arche
nobel
4 edel
5 adlig
7 honorig, vornehm
8 gepflegt
9 freigebig
10 kultiviert
Noblesse
4 Adel
7 Edelmut
11 Vornehmheit
13 Freigebigkeit
Nomade
7 Beduine
11 Wanderhirte
Nomadenstamm in Mittelasien
8 Kirgisen
Nomadenstamm in Nordafrika
6 Tuareg
Nomadenzelt
5 Jurte
Nomadenzeltdorf
3 Aul
Nomen
8 Nennwort
9 Hauptwort
Nominativ
7 Werfall

nominell
10 vorgeblich
Nominierung
9 Ernennung
10 Bestallung
11 Aufstellung, Designation
nonchalant
5 leger
7 formlos, laessig
11 ungezwungen
Nonne
6 Oberin
Nonne in der Probezeit
7 Novizin
Nonnenorden
14 Ursulinerinnen
17 Benediktinerinnen
Nonnenschleier
6 Weihel
Nonsens
6 Unsinn
7 Quatsch
Noppengewebe
6 Bouclé
Nordafrikaner
5 Maure
6 Araber, Berber, Kabyle, Libyer
7 Beduine, Numider, Senussi
8 Aegypter, Fellache, Tunesier
10 Marokkaner
11 Mauretanier
nordafrikanisch(e, er, es) ...
· **Gebirge**
3 Rif
5 Atlas, Aurès
7 Ahaggar
· **Gericht**
6 Kuskus
8 Couscous
· **Gewicht**
5 Uckia
· **Grasart**
4 Alfa
5 Halfa
· **Hauptstadt**
5 Kairo, Rabat, Tunis
6 Algier
7 Khartum
8 Tripolis
· **Hirsegericht**
6 Kuskus
· **Landschaft**
6 Nubien, Sahara
8 Nildelta
· **Mischling**
5 Maure
· **Mischvolk**
6 Mauren
· **Reitersoldat**
5 Spahi
· **Staat**
5 Sudan
6 Libyen
7 Marokko
8 Aegypten, Algerien, Tunesien
11 Mauretanien
· **Völkergruppe**
6 Berber
· **Wüste**
6 Sahara
· **Wüstenfuchs**
5 Fenek
Nordamerikaner
6 Yankee
nordamerikanisch(e, er, es) ... [▶ auch amerikanisch(e, er, es) ...]
· **Bär**
6 Grisli, Grisly
7 Grizzly
9 Waschbaer
· **Bauernhof**
4 Farm
5 Ranch
· **Beutelratte**
7 Opossum
· **Büffel**
5 Bison
· **Erfinder**
4 Bell
5 Morse
6 Edison
· **Fallensteller**
7 Trapper
· **Farmer**
7 Rancher
· **Gewässer**
7 Eriesee
9 Oneidasee
10 Ontariosee
· **Goldmünze**
5 Eagle
· **Grasebene**
7 Praerie
· **Halbinsel**
6 Alaska
7 Florida
8 Labrador
· **Hirsch**
6 Wapiti
· **Indianer**
3 Ute
5 Sioux
6 Apache, Dakota, Hurone
7 Irokese
9 Mohikaner
· **Indianerfrau**
5 Squaw
· **Indianerzelt**
4 Tipi
6 Wigwam
· **Insel**
9 Manhattan
· **Inselkette**
7 Aleuten
· **Katarakte**
13 Niagarafaelle
· **Nerz**
4 Mink
· **Nussbaum**
7 Hickory
· **Panzerechse**
9 Alligator
· **Pelztier**
9 Waschbaer
10 Bisamratte
· **Pelztierjäger**
7 Trapper
· **Präriewolf**
6 Kojote
· **Rentier**
6 Karibu
· **Rind**
5 Bison
· **Schachweltmeister**
7 Fischer
· **Schneesturm**
8 Blizzard
· **See**
7 Eriesee
9 Baerensee, Oberer See
10 Ontariosee
· **Staat**
6 Kanada
· **Staatenbund**
3 USA

N

- **Steppengebiet**
  7 Praerie
- **Steppentier**
  11 Praeriehund
- **Strom**
  11 Mississippi
- **Teamsport**
  8 Baseball
- **Variante des Jazz** (Kurzwort)
  5 Dixie
- **Viehfarm**
  5 Ranch
- **Wapitihirsch**
  3 Elk
- **Wasserfall**
  7 Niagara
- **Wildpferd**
  7 Mustang
- **Wildrind**
  5 Bison
- **Wirbelsturm**
  7 Tornado
- **Wühlmaus**
  10 Bisamratte

Nordatlantikpakt (Abkürzung)
  4 NATO

nordatlantisches Inselvolk
  9 Islaender

nordbayerische Stadt
  5 Naila

nordchinesisches Hochland
  8 Mongolei

norddeutsch für ...
- **Dachboden**
  5 Lucht
- **einjähriges Fohlen**
  5 Enter
- **einjähriges Kalb**
  5 Enter
- **Erle**
  5 Eller
- **Haff**
  4 Noor
- **Iltis**
  3 Ilk
- **Jahrmarkt**
  6 Rummel
- **klein**
  5 luett
- **Mädchen**
  5 Deern
- **Napf**
  5 Satte
- **Scholle** (Fisch)
  4 Butt
- **Seil**
  4 Reep

norddeutsch(e, er, es) ...
[▶ auch niederdeutsch(e, er, es) ...]
- **Bauernstube**
  5 Pesel
- **Dichter**
  5 Kinau
- **Fluss**
  3 Ems
  5 Eider, Peene, Trave
  6 Alster, Warnow
- **Gebiet**
  8 Holstein
- **Gericht**
  8 Labskaus
- **Höhenzug**
  3 Elm, Ith
- **Kleinbauernhaus**
  4 Kate
- **Küstenhochland**
  5 Geest
- **Küstensegler**
  4 Ewer
- **Landschaftsform**
  5 Geest, Heide
  6 Marsch
- **Maler**
  5 Runge
  9 Modersohn
- **Männername**
  4 Dirk
- **Sandküste**
  12 Ostseestrand

Norddeutscher
  6 Friese
  9 Ostfriese

Nordeuropa
  12 Skandinavien

Nordeuropäer
  5 Daene, Finne, Lappe
  7 Schwede
  8 Norweger
  9 Islaender
  12 Skandinavier

Nordeuropäerin
  6 Daenin

nordeuropäisch(e, er, es) ...
- **Einmannboot**
  5 Skiff
- **Felseninsel**
  7 Schaere
- **Hafenstadt**
  3 Abo
  4 Oslo, Umea
  5 Lulea, Wisby
  6 Aarhus, Bergen, Kalmar, Malmoe, Narvik, Roenne
  7 Aalborg
  8 Helsinki
  9 Stockholm
  10 Kopenhagen
- **Halbinsel**
  12 Skandinavien
- **Hauptstadt**
  4 Oslo
  8 Helsinki
  9 Reykjavik, Stockholm
  10 Kopenhagen
- **Haustier**
  3 Ren
- **Hirschart**
  3 Elk, Ren
  4 Elch, Elen
- **Insel**
  6 Island
  8 Bornholm
  9 Groenland
- **Königreich**
  8 Norwegen, Schweden
  9 Daenemark
- **Landschaft**
  8 Lappland
- **Meerenge**
  4 Belt, Sund
- **Schwimmvogel**
  3 Alk
  5 Lumme
- **Sprache**
  8 Daenisch
- **Staat**
  6 Island
  8 Finnland, Norwegen, Schweden
  9 Daenemark
- **Trinkspruch**
  4 skål
- **Volk**
  4 Iren
  6 Daenen, Finnen, Lappen
  8 Norweger, Schweden
  9 Islaender

N

nordfinnische Stadt
5 Inari
nordfinnisches Gewässer
8 Enaresee, Inarisee
nordfranzösisch(e, er, es) ...
· **Departement**
4 Nord
11 Pas-de-Calais
· **Fluss**
5 Somme
· **Hafenstadt**
6 Calais
7 Le Havre
8 Boulogne
9 Cherbourg
11 Duenkirchen
· **Industriestadt**
5 Lille
7 Roubaix
· **Landschaft**
8 Picardie
9 Normandie
· **Stadt**
4 Caen, Laon
5 Arras, Reims
nordfriesische Insel
4 Sylt
5 Amrum, Foehr
8 Pellworm
10 Nordstrand
Nordgermane
5 Gaute
6 Friese
8 Normanne, Waraeger, Wikinger
nordgermanische Meeres-riesin
3 Ran
nordgermanische Sagenge-stalt
6 Ingeld
nordgriechische Halbinsel
10 Chalkidike
nordgriechische Land-schaft
8 Thrakien
nordhessische Großstadt
6 Kassel
nordhessischer Luftkurort
7 Arolsen
nordiranisches Gebirge
6 Elburs
nordirländische Grafschaft
6 Tyrone
nordisch(e, er, es) ...
[▶ auch germanisch(e, er, es) ..., nordeuropäisch(e, er, es) ...]
· **Apostel**
5 Egede
· **Dichter**
6 Skalde
· **Dichtung**
4 Edda, Saga
· **Gott des Donners**
5 Donar
· **Gott des Feuers**
4 Loki
· **Götter**
4 Asen
· **Götterbotin**
3 Gna
· **Götterhimmel**
6 Asgard
· **Göttin**
4 Idun
5 Iduna
6 Gefion
· **Göttin der Jugend**
5 Iduna
· **Herdentier**
3 Ren
· **Jagdhorn**
4 Lure
· **Kobold**
5 Troll
· **Männername**
3 Dag, Ole
4 Arne, Erik, Jens, Knut, Lars, Nils, Olaf, Sven
5 Helge
· **Meerriese**
5 Aegir
· **Name des Elchs**
4 Elen
· **Nutztier**
3 Ren
· **Reifriese**
5 Hymir
· **Riesenhirsch**
4 Elch
· **Sagengestalt**
4 Egil
6 Fafnir
8 Walkuere
· **Sagenriese**
6 Fafner, Fafnir
· **Sagenschütze**
4 Egil
· **Sagenzwerg**
6 Nordri
· **Schellfisch**
4 Leng
· **Schicksalsgöttin**
5 Norne
· **Schicksalswesen**
5 Idise, Norne
· **Totengöttin**
3 Hel
· **Totenreich**
3 Hel
8 Niflheim
· **Weihnacht**
3 Jul
· **Wurfwaffe**
3 Ger
norditalienisch(e, er, es) ...
· **Gewässer**
7 Idrosee, Iseosee
8 Gardasee
· **Großstadt**
5 Turin
7 Bologna, Mailand
· **Landschaft**
9 Suedtirol
· **Provinz**
6 Novara
· **Region**
9 Lombardei
· **Seeort**
4 Iseo
· **Stadt**
4 Como, Pisa
5 Arona, Padua, Udine
6 Mantua, Modena, Triest, Varese, Verona
· **Tanzlied**
11 Barzelletta
nördlich
6 boreal
nördlicher Hügel Roms
6 Pincio
nördlichst(e, er, es) ...
· **Punkt der Erde**
7 Nordpol
· **Punkt Europas**
7 Nordkap
· **Staat der USA**
6 Alaska
· **Stadt Europas**
10 Hammerfest
· **Stadt in Schweden**
6 Kiruna

· **Teil Skandinaviens**
8 Lappland
Nordlicht
10 Polarlicht
Nordmeerinsel
6 Island
Nordmeerinselgruppe
8 Faeroeer
Nordosteuropäer
4 Este
5 Balte, Finne, Lette
7 Litauer
Nordpolargebiet
6 Arktis
nordrussische Halbinsel
4 Kola
5 Kanin
Nordschottland
10 Kaledonien
Nordseebad
3 Wyk
4 List
5 Juist
6 Borkum, Buesum, Duhnen, Kampen, Rantum
7 Baltrum
8 Cuxhaven, Langeoog
9 Helgoland, Norderney
10 Spiekeroog, Wangerooge, Westerland
Nordseebucht
7 Dollart
9 Jadebusen
Nordseefrachtboot
4 Ewer
Nordseegarnele
5 Porre
6 Granat, Krabbe
Nordseehalbinsel
10 Eiderstedt
Nordseeinsel
4 Sylt
5 Amrum, Fanoe, Foehr, Hooge
6 Borkum, Mellum
7 Baltrum
8 Langeoog, Pellworm
9 Helgoland, Norderney
10 Nordstrand, Spiekeroog, Wangerooge
Nordseeinsulaner
12 Helgolaender
Nordseekrabbe
7 Garnele
Nordseeküstenbewohner
9 Ostfriese
Nordseevolk
7 Friesen
Nordskandinavier
5 Lappe
nordspanisch(e, er, es) ...
· **Fluss**
4 Ebro
· **Grenzstadt**
4 Irún
· **Küstenfluss**
3 Ter
· **Provinz**
7 Navarra
· **Stadt**
4 Irún
5 Gijon
8 Figueras
Nordstaat der USA
6 Alaska
Nordteil des Pazifik
10 Beringmeer
Nordwestafrikaner
5 Maure
nordwestdeutscher Fluss
3 Ems
Nordwesteuropäer
3 Ire
5 Brite
7 Schotte, Waliser
9 Islaender
10 Englaender
nordwesteuropäische Insel
6 Irland
nordwesteuropäischer Staat
4 Eire
6 Irland, Island
15 Grossbritannien
nordwestrussisches Gewässer
8 Onegasee
Nordwind
4 Bora
6 Boreas
7 Mistral
Nörgler
7 Maekler
8 Meckerer
9 Querulant
10 Beckmesser, Miesmacher
11 Kritikaster
12 Besserwisser
Norm
3 DIN
5 Kanon, Regel
6 Etalon, Muster
8 Standard
11 Richtschnur
normal
7 ueblich
8 regulaer
10 regelrecht
11 normgerecht
Normalmaß
8 Standard
Normalmaßstab
6 Etalon
Normandiehalbinsel
8 Calvados, Cotentin
Normanne
8 Wikinger
Normannenfürst
5 Roger, Rurik
7 Tankred
8 Guiscard
Normannenstamm
3 Rus
normannische Insel
4 Herm, Sark
5 Sercq
6 Jersey
8 Alderney, Guernsey
Normgröße für Papier
6 Format
normieren
15 standardisieren
Normlängenmaß
7 Urmeter
normwidrig
6 abnorm, anomal
Norne
3 Urd
5 Skuld
8 Verdandi, Werdandi
Norne der Vergangenheit
3 Urd
norwegisch(e, er, es) ...
· **Bildhauer**
7 Sinding
8 Vigeland
· **Chemiker**
6 Hassel
8 Bergmann
· **Dichter**
5 Ibsen
· **Dichter im Mittelalter**
6 Skalde

- **Dichterin**
  6 Undset
- **Eiskunstläuferin**
  5 Henie
- **Erzähler**
  6 Hamsun
- **Firnfeld**
  5 Fjell
- **Forscher**
  9 Heyerdahl
- **Geograf und Forschungsreisender**
  6 Nansen
  8 Amundsen
- **Grenzfluss**
  4 Tana
- **Hafenstadt**
  4 Oslo
  6 Bergen
  9 Stavanger
- **Hauptstadt**
  4 Oslo
- **Insel**
  6 Andoey
- **Inselgruppe**
  7 Lofoten
  11 Spitzbergen
- **Komponist**
  5 Grieg
- **Königsname**
  6 Haakon
- **Längenmaß**
  4 Alen
- **Literat**
  3 Lie
- **Maler**
  4 Dahl, Lund
  5 Munch
- **Mathematiker**
  3 Lie
- **Mediziner**
  6 Hansen
- **Meeresbucht**
  5 Fjord
- **Meteorologe**
  4 Mohn
- **Münze**
  4 Oere
  5 Krone
- **Name für Norwegen**
  5 Norge
- **Nobelpreisträger für Chemie**
  6 Hassel
- **Nobelpreisträger für Frieden**
  5 Lange
  6 Nansen
- **Nobelpreisträger für Literatur**
  6 Hamsun, Undset
  9 Bjoernson
- **Oberhaus**
  7 Lagting
- **Pazifist**
  5 Lange
- **Polarforscher**
  6 Nansen
  8 Amundsen, Sverdrup
- **Politiker**
  3 Lie
  6 Hambro, Nansen
  8 Quisling
- **Schriftsprache**
  6 Bokmal
- **Schriftsteller**
  3 Lie, Moe
  5 Ibsen
  6 Hamsun
  8 Kielland
  9 Bjoernson
  11 Gulbranssen
- **Schriftstellerin**
  6 Undset
- **Sprachforscher**
  5 Bugge
- **Unterhaus**
  9 Odelsting
- **Verwaltungsbezirk**
  5 Fylke, Troms
  6 Opland
  7 Hedmark, Oppland, Ostfold
- **Volksvertretung**
  8 Storting
- **Volkswirtschaftler**
  6 Frisch
- **Zeichner**
  11 Gulbransson
- **Zoologe**
  4 Sars

Nostalgie
7 Heimweh

Not
5 Elend
6 Misere

Not leidend
3 arm
5 elend
9 bettelarm, mittellos
10 beduerftig

Notbehelf
6 Ersatz
11 Provisorium

notdürftiger Ersatz
6 Behelf

Note beim Doktorexamen
4 rite
8 cum laude
13 magna cum laude, summa cum laude

Noten
10 Musikalien

Notengestell
8 Staender

Notenschrift im MA
6 Neumen

Notenschriftzeichen
5 Bogen, Kreuz

Notenständer
4 Pult

Notenständer der Dirigenten
4 Pult

Notfallgerät
13 Feuerloescher

notgedrungen
6 ungern
12 unfreiwillig
17 gezwungenermassen

Notgroschen
9 Ersparnis

Nothelfer
5 Georg, Vitus
7 Barbara, Blasius, Erasmus
8 Achatius, Aegidius, Cyriakus
9 Dionysius, Katharina, Margareta, Pantaleon
10 Eustachius
13 Christophorus

nötig
7 geboten, obligat
8 dringend, zwingend
9 notwendig
12 erforderlich

Notiz
7 Eintrag, Vermerk
9 Anmerkung, Bemerkung
12 Aufzeichnung

Notizbuch
5 Kodex
6 Agenda

7 Diarium
8 Merkbuch, Merkheft
Notizpapierstück
6 Zettel
Notlage
5 Armut, Elend
6 Klemme, Mangel, Misere
7 Dilemma, Malaise
Notlösung
6 Behelf
11 Provisorium
Notlüge
6 Flause
7 Ausrede, Vorwand
9 Ausflucht
Notmanöver bei Flugzeugen
12 Bauchlandung
notorisch
7 bekannt
11 beruechtigt, offenkundig
Notpfennig ▶ Notgroschen
Notruf
3 SOS
5 Hilfe
6 Mayday
Notsignal
5 Alarm
Notunterkunft
4 Asyl
6 Obdach
7 Baracke
notwendig
6 noetig
7 obligat
8 zwingend
13 obligatorisch
notwendiger Gegenstand
7 Utensil
November
8 Nebelung, Windmond
9 Nebelmond, Windmonat
10 Nebelmonat
Novität
5 Novum
7 Neuheit
8 Création, Kreation
9 Neuigkeit, Nouveauté
Novität der Mode
7 Neuheit
Nu
6 Moment
7 Sekunde
10 Augenblick
Nuance
4 Idee, Spur
7 Toenung
8 Feinheit, Schatten
Nuancierung
9 Abstufung
nüchtern
8 besonnen, objektiv, sachlich
9 prosaisch
Nudelart
5 Nocke
7 Lasagne, Nockerl
8 Rigatoni, Spaetzle, Spagetti
9 Canelloni, Makkaroni, Spaghetti
10 Tortellini
11 Maultaschen
Nudismus ▶ Naturismus
Nuklearphysik
10 Kernphysik
17 Hochenergiephysik
Nukleus
8 Zellkern
Null beim Roulette
4 Zero
Null-Null
2 WC
5 Abort
8 Toilette
Nulltarif
13 gebuehrenfrei
Numerale
8 Zahlwort
numidischer König
4 Iuba, Juba
5 Iobas, Jobas
numinos
9 goettlich
Numismatik
10 Muenzkunde
Nummer
4 Zahl
6 Numero, Ziffer
10 Darbietung
nun
2 so
4 dann
5 jetzt
nur
5 bloss
6 allein, eigens
9 lediglich
15 ausschliesslich
nur ...
· **gedacht**
6 ideell
9 imaginaer
· **geistig vorhanden**
6 ideell
· **mit Mühe**
4 kaum
· **zum Schein**
8 pro forma
Nürnberger ...
· **Bildhauer**
5 Stoss
6 Krafft
· **Buchdrucker**
6 Hergot
· **Buchhändler**
4 Palm
· **Erfinder**
7 Henlein
12 Peter Henlein
· **Humanist**
11 Pirckheimer
· **Kupferstecher**
5 Beham, Solis
· **Maler**
6 Duerer
· **Meistersinger**
5 Sachs
9 Hans Sachs
· **Sehenswürdigkeit**
9 Mauthalle
10 Duererhaus
· **Spezialität**
9 Lebkuchen
Nurse
4 Amme
5 Bonne
10 Babysitter, Kinderfrau
Nussart
7 Erdnuss, Walnuss
8 Kolanuss, Paranuss
9 Haselnuss, Kokosnuss
10 Cashewnuss
nussartige Frucht
5 Ecker
6 Eichel, Mandel
8 Kastanie
9 Buchecker
Nussbaum
7 Walnuss
12 Haselstrauch

Nusskonfekt
5 Nugat
6 Nougat
7 Krokant
Nussstrauch
5 Hasel
10 Haselbusch
Nut
5 Kerbe, Rille
10 Vertiefung
Nut und ...
5 Feder
Nuten einarbeiten
7 fraesen
Nutte
4 Hure
5 Dirne
13 Prostituierte
nutzbares Mineral
3 Erz
Nutzboden
5 Acker, Krume
Nutzen
4 Heil
6 Gewinn
7 Vorteil
Nutzland
4 Feld
5 Acker, Weide, Wiese
6 Garten
Nutzleistung
6 Output
8 Ausstoss
nützlich
6 ratsam
7 passend
8 opportun
9 hilfreich
nützlich(e, er, es) ...
· **Bodenbewohner**
9 Regenwurm
· **Hinweis**
3 Tip
4 Tipp
· **Insekt**
4 Imme
5 Biene
10 Honigbiene
· **Insektenfresser**
4 Igel
Nützlichkeitsdenken
13 Utilitarismus
nutzlos
8 unnoetig
11 entbehrlich
Nutznießer
8 Benutzer
Nutztier
3 Kuh, Sau
4 Ente, Esel, Gans, Hahn, Huhn, Pute, Rind
5 Ochse, Pferd, Puter, Schaf, Ziege
7 Schwein
Nutztier ...
· *der* **Lappen**
3 Ren
· *in* **Schottland**
5 Schaf
· *in* **südlichen Ländern**
4 Esel
· *in der* **Wüste**
5 Kamel
Nutztiere
4 Vieh
Nutztierfütterung
4 Mast
8 Maestung
Nutztierverband
9 Viehherde
Nutzung gegen Entgelt
5 Miete, Pacht
7 Leasing
Nutzungserlaubnis
6 Lizenz
Nutzungsnehmer gegen Entgelt auf Zeit
8 Paechter
Nutzungsrecht
11 Niessbrauch
Nutzungsrecht im Mittelalter
5 Lehen
Nutzwald
5 Forst
Nymphe
4 Echo
6 Daphne, Dryade, Egeria, Najade, Oreade
7 Galatea, Kalypso, Nereide
8 Galateia, Okeanide
Nymphomanie
9 Liebeswut
13 Mannstollheit

O

Oase in ...
· **Ägypten**
4 Siwa
5 Siwah
6 Charga, Dachla
7 Farafra
8 Baharieh, Bahariya
· **Algerien**
4 Aflu
6 Biskra
7 Gardaia
· **Arabien**
3 Kaf
· **Libyen**
3 Gat
5 Kufra, Nalut
6 Mursuk
7 Audjila, Gadames
· **Saudi-Arabien**
5 Hajil, Hufuf
· **Tunesien**
3 Dus
5 Nefta
Obdach
4 Asyl, Heim
5 Logis
6 Bleibe
8 Zuflucht
10 Nachtlager
12 Unterschlupf
Obdachlosenheim
4 Asyl
Obdachloser in Paris
8 Clochard
Obduktion
7 Sektion
8 Autopsie
Obelisk
6 Saeule
obendrein
4 dazu
5 hinzu
Ober
7 Kellner

8 Bediener
9 Bedienung, Servierer

ober(e, er, es) ...
· **Bauchgegend**
10 Magengrube
· **Dachkante**
5 First
· **Erdschicht**
5 Boden
· **Inntal**
7 Engadin
· **Raumabschluss**
5 Decke
6 Kuppel
8 Gewoelbe
· **Säulenabschluss**
8 Kapitell
· **Schicht der Atmosphäre**
13 Stratosphaere
· **Teil der Bühne**
12 Schnuerboden
· **Teil der Erdkruste**
4 Sial
· **Teil der Scheune**
8 Heuboden
9 Heubuehne
· **Teil des menschlichen Rumpfes**
5 Brust
8 Schulter

Oberarmmuskel
6 Bizeps
7 Trizeps

Oberbau bei Kraftfahrzeugen
10 Karosserie

oberbayerisch(e, er, es) ...
· **Abtei**
5 Ettal
· **Gewässer**
9 Tegernsee
10 Koenigssee
14 Starnberger See
· **Kloster**
5 Ettal
· **Klosterlikör**
7 Ettaler
· **Königsschloss**
9 Linderhof
12 Schleissheim
14 Herrenchiemsee, Neuschwanstein
· **Kreisstadt**
6 Dachau
· **Kurort**
5 Kruen, Prien, Toelz
6 Inzell, Kochel, Kreuth, Murnau, Oberau
7 Aibling, Grainau, Grassau, Wallgau, Wiessee
9 Lenggries
10 Bad Aibling, Bad Wiessee, Schliersee
13 Berchtesgaden
· **Landschaft**
7 Allgaeu
8 Chiemgau
· **Maler**
6 Haider
· **Ort**
6 Inzell
· **Passionsspielort**
12 Oberammergau
· **See**
6 Eibsee
7 Simssee
8 Ammersee, Chiemsee, Ostersee, Wuermsee
9 Kochelsee, Tegernsee
10 Koenigssee, Schliersee, Staffelsee, Walchensee
11 Spitzingsee, Waginger See
14 Starnberger See
· **Stadt**
7 Kempten
8 Freising
9 Starnberg
10 Traunstein

Oberbefehlshaber
8 Feldherr
13 Feldmarschall

Oberer
8 Guardian, Superior

oberer Hausabschluss
4 Dach

Oberfläche des Körpers
4 Haut

Oberflächenbeschaffenheit
4 eben, rauh
5 glatt

Oberflächenglättung
6 Ebnung

oberflächlich
5 flach
6 seicht
7 trivial

oberflächlicher Mensch
8 Luftikus

oberfränkische Stadt
3 Hof
6 Coburg
7 Bamberg

obergäriges Bier
3 Alt
4 Gose
6 Weisse
7 Altbier, Koelsch
9 Weissbier

Obergeschoss
8 Beletage
9 Penthouse

Obergewalt
8 Supremat
10 Suprematie

Obergewand ...
· *mit* **Ärmeln**
9 Dalmatika
· *der* **orthodoxen Juden**
6 Kaftan
· *der* **Römer**
4 Toga
6 Tunika
· *bei* **Turkvölkern**
6 Chalat

oberhalb von
5 ueber

Oberhaupt
4 Boss, Chef
6 Leiter, Regent
8 Gebieter
9 Herrscher, Souveraen

Oberhaupt ...
· *im* **alten Russland**
3 Zar
· *der* **athenischen Akademie**
5 Plato
6 Platon
· *der* **äthiopischen Kirche**
5 Abuna
· *der* **Familie**
5 Vater
· *von* **Genua und Venedig**
4 Doge
· *im* **Islam**
5 Kalif
· *der* **katholischen Kirche**
5 Papst

· *der* **Kosaken**
6 Hetman
· *des* **Lamaismus**
9 Dalai-Lama
· *einer* **Monarchie**
6 Kaiser, Koenig
· *einer* **Republik**
16 Staatspraesident
· *eines* **Ritterordens**
11 Hochmeister
· *der* **Schiiten**
4 Imam
Oberhaut
9 Epidermis
Oberhirt
5 Papst
7 Bischof
8 Kardinal
oberirdische Förderung von Bodenschätzen
7 Tagebau
oberitalienische ...
· **Landschaft**
7 Piemont, Poebene
· **Provinz**
7 Ferrara
· **Stadt**
5 Parma
7 Ravenna
Oberkeuper
4 Raet
Oberkörperteil
6 Achsel
8 Schulter
Oberlauf der Amper
5 Ammer
Oberlauf des Jarmuk
5 Harir
Oberleitung
9 Direktion, Fahrdraht
Oberleitungsverkehrsmittel
4 Obus
9 Eisenbahn
10 Trolleybus
12 Strassenbahn
Oberlippenspalte
12 Hasenscharte
Obermauer der Basilika
5 Gaden
9 Obergaden
10 Lichtgaden
Oberon
11 Elfenkoenig
oberösterreichisch(e, er, es) ...
· **Gewässer**
7 Mondsee
8 Traunsee
· **Kurort**
8 Bad Ischl
· **Stadt**
4 Ried
5 Steyr
7 Braunau, Gmunden
oberpfälzische Stadt
6 Amberg
Oberpriester im antiken Rom
8 Pontifex
Oberschenkel
5 Keule
Oberschicht
4 Adel
5 Creme, Elite
8 Upper Ten
10 Hautevolee, Schickeria
11 Highsociety
12 Honoratioren
13 Establishment
Oberschule
6 Lyzeum
9 Gymnasium
Oberschulfach
6 Latein
Oberschulklasse ► Klasse einer höheren Schule
Oberschullehrer
10 Studienrat
Oberschwelle
5 Sturz
oberst(e, er, es) ...
· **Beamter eines Kreises**
7 Landrat
· **Behörde der katholischen Kirche**
7 Vatikan
· **Bergkante**
4 Grat
· **Bischof eines Landes**
6 Primas
· **Dachkante**
5 First
· **deutsches Gericht**
18 Verfassungsgericht
· **Ende eines Mastes**
4 Topp
· **Exekutivorgan eines Staates**
9 Regierung
· **Gott der alten Inder**
5 Indra
· **Gott der Asen**
4 Odin
· **Gott der Germanen**
4 Odin
· **Gott der Griechen**
4 Zeus
· **Gott der Römer**
7 Jupiter
· **Hautschicht**
9 Epidermis
· **Juraformation**
4 Malm
· **Kante eines Bergrückens**
4 Grat
· **Lederschicht**
5 Narbe
· **Öffnung des Hochofens**
5 Gicht
· **Schiffsrand**
4 Bord
· **Schiffswand**
4 Bord
· **Staatsgewalt**
9 Regierung
· **Teil des Getreidehalms**
5 Aehre
· **Teile eines Baumes**
6 Wipfel
· **Vertreter des Ministers**
15 Staatssekretaer
· **Verwaltungsbehörde**
11 Ministerium
· **Vorgesetzter**
4 Chef
obersteirische Stadt
10 Schladming
Oberstimme
7 Diskant
Oberstock ► Obergeschoss
Oberteil des Bikini
7 Bandeau
Oberton
9 Konsonanz
Obhut
6 Aegide, Pflege, Schutz
9 Fuersorge, Gewahrsam
Objekt
4 Ding
5 Sache
8 Entitaet

O

10 Gegenstand
objektiv
4 fair
Objektiv
4 Zoom
5 Linse
objektiv
7 gerecht, neutral
8 sachlich, wirklich
Objektiv
10 Gummilinse
objektiv
10 unbefangen
12 unparteiisch
Oblate
6 Hostie
Obliegenheit
7 Pflicht
Obliegenheiten
6 Agenda
7 Pflicht
13 Verpflichtung
obligat
6 noetig
14 vorgeschrieben
Obligation
7 Anleihe
10 Wertpapier
Obmann
6 Leiter
12 Vorsitzender
Obolus
6 Abgabe
7 Beitrag
Obrigkeit
10 Autoritaet
Observatorium
10 Sternwarte
obskur
6 dunkel
7 nebulos
9 anruechig
obsolet
9 ueberholt
10 altmodisch
Obst aus dem Backofen
9 Bratapfel
Obst verarbeitender Betrieb
8 Mosterei
Obstart, Obstsorte
5 Apfel, Birne, Feige
6 Ananas, Banane, Dattel, Limone, Orange, Quitte, Traube
7 Kirsche, Kuerbis, Marille, Pflaume, Renette, Zitrone
8 Aprikose, Erdbeere, Himbeere, Pfirsich, Reinette, Zwetsche
9 Apfelsine, Blaubeere, Brombeere, Mandarine, Mirabelle, Reneklode, Ringlotte, Zwetschge
10 Clementine, Grapefruit, Klementine, Pampelmuse, Weintraube
11 Heidelbeere, Reineclaude
12 Preiselbeere, Sauerkirsche, Schwarzbeere, Stachelbeere
13 Johannisbeere
15 Schattenmorelle
Obstbaumtrieb
5 Lotte
Obstbrei
3 Mus
Obstflüssigkeit
4 Saft
10 Fruchtsaft
Obstgehölz
6 Mispel
Obstgericht
7 Kompott
9 Obstsalat
Obstgetränk
9 Apfelsaft
Obstinneres
4 Kern
Obstipation
11 Verstopfung
Obstkern
5 Stein
Obstkerngehäuse
6 Griebs
Obstkistchen
6 Steige
Obstler
7 Schnaps
Obstmarmelade
3 Jam
Obstpresse
6 Kelter
9 Entsafter
Obstprodukt
4 Saft
9 Marmelade
10 Konfituere
Obstsaft
4 Most
Obstschädling
4 Made
Obstschnaps
12 Himbeergeist, Kirschwasser
Obstsorte ▶ Obstart
Obstspeise ▶ Obstgericht
Obsttag
7 Fasttag
obszön
10 anstoessig
12 unanstaendig
öd
10 langweilig
öde
4 kahl, leer
5 wuest
6 einsam
9 abgelegen
10 langweilig
öde Gegend
9 Wuestenei
Odem
4 Atem
5 Hauch
Odeur
4 Duft
6 Geruch
Odin
5 Wodan, Wotan
Odins ...
· **achtbeiniges Pferd**
8 Sleipnir
· **Rabe**
5 Hugin, Munin
· **Speer**
7 Gungnir
· **Wolf**
4 Geri
5 Freki
Odium
5 Makel
Ödland
6 Brache
Odontologie
13 Zahnheilkunde
Odyssee
8 Irrfahrt
Ofengitter
4 Rost
Ofensetzer
6 Hafner
7 Haefner

Ofensetzerbetrieb
8 Hafnerei
offen
4 frei
5 frank
6 vakant
10 aufrichtig
offen(e, er, es) ...
· **Auto**
9 Kabriolet
· **Eisenbahngüterwagen**
4 Lore
· **Feuerstelle**
5 Kamin
10 Lagerfeuer
· **Hausvorbau**
6 Balkon
· **Küstensegelschiff**
6 Feluke
· **Mitteilung**
9 Postkarte
· **Pkw** (Kurzwort)
6 Cabrio, Kabrio
· **Stelle in der Haut**
5 Wunde
· **Umgang**
5 Altan
7 Soeller
· **Verletzung**
5 Wunde
· **Wunde**
10 Verletzung
· **zweisitziger Sportwagen**
8 Roadster
offenbar
7 evident
8 deutlich, manifest, sichtbar
Offenbarung
10 Apokalypse, Bekenntnis
Offenheit
11 Ehrlichkeit
14 Aufrichtigkeit, Freimuetigkeit
Offenherzigkeit ▶ Offenheit
offenkundig ▶ offenbar
Offenkundigkeit
7 Evidenz
offensichtlich ▶ offenbar
Offensive
7 Angriff, Attacke
öffentlich
5 offen
6 publik
7 amtlich
9 allgemein, offiziell, staatlich
öffentlich(e, er, es) ...
· **Abgabe**
4 Zoll
6 Steuer, Tribut
7 Gebuehr
· **Anhörung**
7 Hearing
· **Ankläger**
12 Staatsanwalt
16 Oberstaatsanwalt
· **Ärgernis**
5 Eklat
7 Skandal
· **Aushang**
8 Anschlag
· **Aushang vor der Eheschließung**
8 Aufgebot
· **Auszeichnung**
5 Orden
6 Ehrung
· **Bediensteter**
14 Standesbeamter
· **Behörde**
3 Amt
· **Bekanntmachung**
7 Aushang
· **Beweis der Hochachtung**
6 Ehrung
· **Darbietung**
13 Veranstaltung
· **Empörung**
7 Aufruhr
· **Erklärung**
8 Manifest
9 Statement
· **Fürsorge**
9 Wohlfahrt
· **Geldwesen**
8 Finanzen
· **Mitteilung**
7 Aushang
11 Bekanntgabe, Kundmachung
14 Bekanntmachung
· **Park**
6 Anlage
· **Verkehrsmittel**
3 Bus, Zug
4 Bahn, Obus, Taxi, Tram
5 S-Bahn, U-Bahn
6 Faehre
7 Autobus, Omnibus, Tramway
8 Hochbahn, Trambahn
9 Eisenbahn, Stadtbahn
10 Trolleybus
11 Personenzug, Schnellbahn, Schwebebahn
12 Strassenbahn
14 Untergrundbahn
· **Verleumdung**
7 Rufmord
· **Versteigerung**
4 Gant
· **Werbeanschlag**
6 Plakat
· **Werbemittel**
6 Plakat
Öffentlichkeit
5 Forum
8 Publikum
13 Allgemeinheit
Öffentlichkeitsarbeit
15 Publicrelations
Offerte
7 Angebot, Anzeige
9 Vorschlag
10 Anerbieten
Offertvorlage
14 Angebotslegung
offiziell
7 amtlich
9 foermlich
offiziell(e, er, es) ...
· **Empfang**
7 Audienz
· **Schriftstück**
7 Urkunde
8 Dokument
· **Widerruf**
7 Dementi
Offizier
5 Major
6 Oberst
7 Admiral, General
8 Kapitaen, Leutnant
9 Hauptmann, Marschall
Offizier bei König David
4 Uria
Offizier Caesars
6 Brutus
Offiziersanwärter
6 Kadett
9 Faehnrich, Seekadett
12 Fahnenjunker

Offiziersdienstgrad
6 Oberst
7 General
8 Leutnant
14 Oberstleutnant
Offiziersgehilfe
8 Adjutant
Offiziersheim
6 Kasino
Offiziersrang ▶ Offiziersdienstgrad
Offiziersregierung
5 Junta
Offiziersspeiseraum
5 Messe
Offizin
8 Apotheke
9 Druckerei
offiziös
11 halbamtlich
Öffnen des Fasses
7 Anstich
Öffnung
3 Luk, Tor
4 Leck, Loch, Luke, Mund, Oehr, Pore, Tuer
5 Ritze, Spalt, Tuere
6 Luecke
7 Fenster
8 Ausstieg
9 Oberlicht
Öffnung ...
· *eines* **Saales**
7 Einlass
· *auf* **Schiffen**
3 Luk
· *eines* **Vulkans**
6 Krater
oft
5 meist
7 haeufig
10 wiederholt
öfter
10 wiederholt
Oheim
3 Ohm
5 Onkel
ohne ...
· **Abwechslung**
8 einerlei
· **Abzug**
6 brutto
· **Anzeichen von Leben**
6 leblos
· **Begleitung**
4 solo
6 allein, einsam
· **bestimmte Planung**
7 ziellos
· **Bezahlung**
6 gratis
7 umsonst
9 geschenkt
· **Empfindung**
4 taub
· **Falten**
5 glatt
· **festes Ziel**
7 planlos
· **Feuchtigkeit**
7 trocken
· **Halt**
7 nonstop
· **Hörvermögen**
4 taub
· **Inhalt**
4 leer
· **Kunstverstand**
7 Banause
· **Laut**
5 stumm
6 tonlos
· **Nachsicht**
9 gnadenlos
· **Namensangabe**
6 anonym
· **Planung**
7 ziellos
· **Schuhe und Strümpfe**
7 barfuss
· **Sehvermögen**
5 blind
· **Sinn und Zweck**
7 sinnlos, witzlos
· **Sprechvermögen**
5 stumm
· **Verbindlichkeit**
5 quitt
· **Würze**
4 fade
ohnehin
7 sowieso
Ohnmacht
7 Kollaps
16 Bewusstlosigkeit
Ohr des Wildes
5 Loser
6 Teller
8 Lauscher
Ohren der Hasen
7 Loeffel
Ohrenarzt
7 Otologe
ohrenbetäubend
4 laut
Ohrenentzündung
6 Otitis
Ohrenheilkunde
8 Otiatrie, Otologie
Ohrenschmerz
7 Otalgie
Ohrenschmuck
4 Clip, Ring
5 Clips
7 Ohrring
Ohrenspiegel
7 Otoskop
Ohrenteil
7 Muschel
9 Laeppchen
Ohreulenart
4 Asio, Bulu
Ohrfeige
7 Watsche
8 Watschen
10 Backpfeife
11 Maulschelle
13 Backenstreich
Okeanide
5 Doris, Hippo, Metis, Pluto, Tyche
6 Admete, Eidyia, Lanthe, Okyroe, Peitho
7 Elektra, Kalypso, Petraia, Rhodeia
8 Kalliroe, Plexaure, Polydora
9 Galaxaure
10 Kallirrhoe
Okkasion
11 Gelegenheit
16 Gelegenheitskauf
okkult
6 geheim
7 magisch
9 verborgen
13 spiritistisch, uebersinnlich
Okkultist
9 Spiritist
18 Geisterbeschwoerer
okkultistische Sitzung
6 Séance

Okkupation
7 Einfall
8 Invasion
9 Besetzung, Einmarsch
ökologisches Milieu
6 Umwelt
Ökonom
8 Landwirt
9 Verwalter, Volkswirt
Ökonomie
9 Bauernhof
10 Wirtschaft
11 Haushaltung, Sparsamkeit
13 Rentabilitaet
14 Landwirtschaft
15 Volkswirtschaft
16 Wirtschaftskunde, Wirtschaftslehre
18 Wirtschaftlichkeit
23 Wirtschaftswissenschaft
ökonomisch
7 sparsam
14 wirtschaftlich
Ökotrophologie
20 Hauswirtschaftslehre
Oktober
8 Gilbhard, Weinmond
Okular
5 Linse
Okzident
9 Abendland
ölartiger Stoff
7 Elaidin
Ölbaumfrucht
5 Olive
Ölbaumgewächs
6 Jasmin
7 Flieder
8 Liguster
Ölbaumharz
5 Elemi
Ölbehälter
4 Fass, Tank
5 Kanne
Oleander
12 Rosenlorbeer
ölen
6 fetten
9 einfetten, schmieren
Ölfrucht
5 Olive
6 Mandel
7 Erdnuss

Ölhafen im Iran
6 Abadan
ölig
6 fettig, tranig
ölig(e, er, es) ...
· **Arzneimittel**
6 Oleosa
· **Fischfett**
4 Tran
· **Flüssigkeit**
8 Glyzerin
Olivengewächs
7 Oelbaum
olivgrüner Papagei
3 Kea
Olm
8 Amphibie
9 Amphibium
Ölpflanze
4 Hanf, Lein, Mohn, Nuss, Raps, Senf, Soja
5 Kapok, Narde, Olive, Sesam
6 Flachs
7 Erdnuss, Oelbaum, Rizinus
8 Oelpalme
9 Baumwolle, Ruebsamen
10 Kokospalme, Mandelbaum
11 Sonnenblume
ölreiche Hartfrucht
8 Paranuss
Ölröhre
8 Pipeline
Ölsamenpflanze
4 Lein, Raps
Ölsäure
5 Olein
ölsaures Salz
5 Oleat
Ölschiff
6 Tanker
Ölstadt am Kaspischen Meer
4 Baku
Öltransportschiff
6 Tanker
10 Tankschiff
olympisch(e, er, es) ...
· **Auszeichnung**
8 Medaille
12 Goldmedaille
14 Bronzemedaille, Silbermedaille

· **Bootsklasse**
7 Tempest
· **Disziplin** ▶ Sportart
· **Frauenturndisziplin**
8 Achtkampf
· **Gremium** (Abkürzung)
3 NOK
· **Weltkomitee** (Abkürzung)
3 IOC
Omelette
6 Plinse, Plinze
10 Eierkuchen
11 Pfannkuchen
13 Palatschinken
Omelette mit Füllung
18 Topfenpalatschinke
Omen
7 Vorbote
9 Anzeichen, Menetekel
10 Vorzeichen
ominös
10 bedenklich, unheilvoll
Omnibus
3 Bus, Car
7 Autobus
omnipotent
9 goettlich
11 allmaechtig
Ondit
7 Klatsch, Tratsch
8 Geruecht
Onkel
3 Ohm
5 Oheim
Oper von ...
· **Beethoven**
7 Fidelio
· **Bellini**
5 Norma
· **Berg**
4 Lulu
6 Wozzek
· **Berlioz**
16 Benvenuto Cellini, Fausts Verdammnis
· **Bizet**
6 Carmen
13 Perlenfischer
· **Blacher**
7 Die Flut
· **Borodin**
10 Fuerst Igor
· **Britten**
20 Ein Sommernachtstraum

- **Busoni**
  8 Turandot
  9 Brautwahl
  11 Doktor Faust
- **d'Albert**
  8 Tiefland
- **Debussy**
  19 Pelleas und Melisande
- **Dvorak**
  7 Rusalka
  9 Jakobiner
- **Egk**
  5 Circe
  7 Revisor
  8 Columbus, Peer Gynt
  10 Der Revisor
- **Flotow**
  6 Martha
  9 Stradella
- **Fortner**
  12 Bluthochzeit
- **Gershwin**
  12 Porgy and Bess
- **Gluck**
  5 Orfeo
  6 Armida
  7 Alceste, Orpheus
  8 Alkestis, Antigone, Telemach
  14 Paris und Helena
- **Händel**
  4 Ezio, Poro
  5 Poros, Serse, Siroe, Teseo
  6 Admeto, Alcina, Almira, Oreste, Ottone, Xerxes
  7 Orlando, Rinaldo
  8 Atalanta, Berenice
  9 Agrippina, Feramonde, Rodelinde
- **Haydn**
  9 Apotheker
  15 Welt auf dem Monde
- **Henze**
  12 Koenig Hirsch
- **Hindemith**
  9 Cardillac
  12 Neues vom Tage
  14 Mathis der Maler
  15 Harmonie der Welt
- **Honegger**
  6 Judith
  8 Antigone
  10 Jeanne d'Arc
- **Humperdinck**
  13 Koenigskinder, Marketenderin
  16 Haensel und Gretel
- **Kaminski**
  13 Juerg Jenatsch
- **Lortzing**
  6 Undine
  9 Hans Sachs
  10 Opernprobe
  11 Wildschuetz
  13 Waffenschmied
  16 Zar und Zimmermann
- **Lully**
  7 Alceste
- **Meyerbeer**
  7 Dinorah, Prophet
  9 Nordstern, Struensee
  10 Hugenotten
- **Milhaud**
  5 Medea
  7 Bolivar
- **Monteverdi**
  5 Orfeo
  7 Orpheus
- **Mozart**
  5 Titus, Zaide
  7 Don Juan
  8 Idomeneo
  10 Lucio Silla
  11 Don Giovanni
  12 Cosi fan tutte, Zauberfloete
  15 Die Zauberfloete, Figaros Hochzeit
  18 Gaertnerin aus Liebe
  19 Bastien und Bastienne
  23 Entfuehrung aus dem Serail
- **Mussorgsky**
  12 Boris Godunow
- **Offenbach**
  21 Hoffmanns Erzaehlungen
- **Orff**
  4 Mond
  5 Kluge
  8 Antigone
  10 Bernauerin
- **Pergolesi**
  16 Die Magd als Herrin
- **Pfitzner**
  10 Palestrina
  12 Arme Heinrich
  13 Christelflein
- **Prokofieff**
  7 Spieler
- **Puccini**
  5 Edgar, Tosca
  6 Bohème, Mantel
  8 La Bohème, Turandot
  9 Der Mantel, La Rondine
  12 Manon Lescaut
  14 Gianni Schicchi
  15 Madame Butterfly
- **Rossini**
  7 Othello
  9 Semiramis
  11 Wilhelm Tell
  15 Diebische Elster
  17 Barbier von Sevilla
- **Schönberg**
  15 Glueckliche Hand
- **Schostakowitsch**
  4 Nase
  11 Lady Macbeth
- **Schubert**
  15 Haeusliche Krieg
- **Schütz**
  5 Dafne
- **Smetana**
  4 Kuss
  7 Dalibor, Libussa
  10 Zwei Witwen
  17 Die verkaufte Braut
- **Strauß**
  6 Daphne, Salome
  7 Ariadne, Elektra, Guntram
  8 Arabella
  9 Capriccio, Feuersnot
  10 Intermezzo
  11 Friedenstag
  13 Liebe der Danae, Rosenkavalier
  15 Ariadne auf Naxos
  16 Frau ohne Schatten
  18 Die schweigsame Frau
- **Strawinsky**
  5 Mavra
  10 Nachtigall, Oedipus Rex, Petruschka
- **Tschaikowsky**
  7 Mazeppa
  9 Pique Dame
  11 Eugen Onegin
- **Verdi**
  4 Aida
  6 Aroldo, Ernani

7 Macbeth, Nabucco, Othello
8 Falstaff
9 Don Carlos, Rigoletto
10 La Traviata, Maskenball, Troubadour
11 Luise Miller

· **Wagner**
4 Feen
6 Rienzi
8 Parsifal, Walkuere
9 Lohengrin, Rheingold, Siegfried
11 Tannhaeuser
12 Liebesverbot
13 Meistersinger
16 Tristan und Isolde
17 Goetterdaemmerung
22 Der fliegende Hollaender

· **Weber**
6 Oberon
7 Silvana
8 Preziosa
9 Abu Hassan, Euryanthe
10 Drei Pintos
12 Peter Schmoll
14 Der Freischuetz

· **Weill**
16 Dreigroschenoper

· **Weingartner**
9 Sakuntala
10 Dame Kobold

Operation
7 Schnitt
8 Eingriff, Manoever
10 Handhabung

Operationsarzt
7 Chirurg

Operationsmesser
8 Lanzette, Skalpell

operative ...

· **Entfernung eines Gliedes**
10 Amputation

· **Entfernung von Organen**
7 Ektomie
12 Exstirpation

· **Entfernung von Organteilen**
9 Resektion

· **Heilkunde**
9 Chirurgie

· **Maßnahme**
8 Eingriff

Operette von ...

· **Benatzky**
13 Liebe im Schnee
15 Im weissen Roessl
16 Kleinstadtzauber, Lachende Vagabund

· **Berté**
18 Das Dreimaederlhaus

· **Dostal**
15 Die Vielgeliebte

· **Fall**
11 Fidele Bauer
13 Liebe Augustin

· **Gilbert**
8 Puppchen
9 Annemarie
12 Autoliebchen, Kinokoenigin, Weib in Purpur
14 Frau im Hermelin, Keusche Susanne

· **Jessel**
17 Schwarzwaldmaedel

· **Kalman**
8 Bajadere
12 Faschingsfee
13 Graefin Mariza
14 Herbstmanoever
15 Csardasfuerstin, Hollandweibchen
16 Zirkusprinzessin

· **Kollo**
8 Juxbaron, Marietta
10 Maedel ahoi
12 Frau ohne Kuss, Tolle Komtess
13 Wie einst im Mai
18 Drei alte Schachteln

· **Kreisler**
5 Sissy

· **Künneke**
8 Liselott
9 Traumland
10 Grosse Name
12 Lady Hamilton, Zauberin Lola
13 Herz ueber Bord
14 Dorf ohne Glocke, Lockende Flamme
15 Grosse Suenderin
16 Vetter aus Dingsda, Wenn Liebe erwacht

· **Lehar**
3 Eva
6 Cloclo
8 Giuditta, Paganini
9 Frasquita, Juxheirat
10 Friederike, Zarewitsch
11 Sterngucker
12 Fuerstenkind, Goettergatte, Ideale Gattin, Libellentanz, Lustige Witwe, Rastelbinder, Wiener Frauen
13 Der Zarewitsch, Endlich allein, Tangokoenigin, Zigeunerliebe
15 Die lustige Witwe
16 Graf von Luxemburg, Land des Laechelns

· **Lincke**
6 Grigri
8 Casanova, Frau Luna
10 Lysistrata
12 Berliner Luft
13 Venus auf Erden
14 Ein Liebestraum
15 Nakiris Hochzeit

· **Offenbach**
8 Banditen
10 Die Kreolin
12 Pariser Leben
13 Schoene Helena
16 Herr und Frau Denis
21 Orpheus in der Unterwelt

· **Raymond**
7 Marielu
11 Maske in Blau
13 Lauf ins Glueck, Perle von Tokay
14 Flieder aus Wien
15 Auf grosser Fahrt, Ball der Nationen, Geliebte Manuela
16 Saison in Salzburg

· **Stolz**
5 Maedi
7 Peppina
11 Tanzgraefin
12 Venus in Seide
13 Gluecksmaedel, Tanz ins Glueck
14 Karneval in Wien
15 Verlorene Walzer
16 Eine einzige Nacht, Prinzessin Titipa

· **Strauß**
6 Indigo, Jakuba
10 Cagliostro, Fledermaus, Simplicius, Wiener Blut

11 Waldmeister, Walzertraum
12 Lustige Krieg
13 Karneval in Rom, Tapfere Soldat, Zigeunerbaron
14 Ritter Patzmann
15 Fuerst in Ninetta, Prinz Methusalem
18 Eine Nacht in Venedig
· **Suppé**
9 Boccaccio, Fatinitza, Gascogner
11 Afrikareise
12 Donna Juanita
14 Flotte Burschen
15 Dichter und Bauer, Schoene Galathee
16 Banditenstreiche
· **Zeller**
16 Der Vogelhaendler
Operettenform
7 Musical
Operettenkomponist
4 Fall
5 Kollo, Lehár, Stolz, Suppé
6 Kálmán, Lincke
7 Abraham, Gilbert, Raymond, Strauss
8 Benatzky, Kuenneke
9 Offenbach
Opernarie
8 Kavatine
opernartiges Musikwerk
9 Oratorium
Opernfach
3 Alt
4 Bass
5 Buffo, Tenor
6 Sopran
7 Bariton
15 Koloratursopran
Opernfigur
4 Bess
Opernfigur ...
· *im* **Freischütz**
6 Agathe
· *bei* **Mozart**
6 Figaro
· *bei* **Verdi**
8 Falstaff
Opernhaus in ...
· **London**
12 Covent Garden
· **Mailand**
5 Scala
· **New York**
3 Met
12 Metropolitan
· **Paris**
5 Opera
Opernkomponist
3 Egk
4 Berg, Orff, Wolf
5 Bizet, Gluck, Henze, Verdi, Weber, Weill
6 Busoni, Dvorak, Mozart, Wagner
7 Berlioz, Blacher, Britten, Fortner, Haendel, Puccini, Rossini, Strauss
8 Lortzing, Pfitzner
9 Beethoven, Hindemith, Meyerbeer, Pergolesi
10 Monteverdi, Mussorgski, Strawinsky
12 Tschaikowski
Opernteil
3 Akt
4 Arie, Chor, Solo
5 Duett
6 Arioso, Aufzug, Finale
7 Terzett
8 Quartett
9 Ouverture, Rezitativ
10 Intermezzo, Ouvertuere
Operntextbuch
8 Libretto
Operntextbuchautor
10 Librettist
Opernvorspiel
10 Ouvertuere
Opfer
6 Obolus, Spende, Tribut
7 Almosen, Hingabe
10 Scherflein
Opferbereitschaft
7 Hingabe
Opferfreudigkeit
7 Hingabe
Opfergabe
5 Votiv
Opferschale
6 Phiale
Opfertisch
5 Altar
Opfertod
9 Martyrium
Ophthalmologe
9 Augenarzt
Opiumalkaloid
8 Narcotin, Narkotin
opiumhaltiges Arzneimittel
5 Opiat
Opiumpflanze
4 Mohn
Opponent
5 Feind
6 Gegner
12 Gegenspieler
Opposition
11 Gegenpartei
Optik
10 Lichtlehre
Optimismus
8 Hoffnung
10 Zuversicht
14 Lebensbejahung
Optimum
7 Maximum
10 Hoehepunkt
optisch wahrnehmen
5 sehen
optisch(e, er, es) ...
· **Autosignalgerät**
9 Lichthupe
· **Gerät**
4 Lupe
5 Linse
6 Brille, Kamera, Okular
8 Fernglas, Fernrohr, Objektiv, Periskop, Teleskop
9 Mikroskop
11 Fotoapparat
· **Telegraf**
8 Semaphor
· **Untersuchungsverfahren**
11 Mikroskopie
· **Wahrnehmen**
5 Sehen
· **Zielgerät**
7 Diopter
opulent
6 ueppig
9 reichlich
Opuntie
12 Feigenkaktus
Opus
4 Werk
6 Oeuvre

9 Kunstwerk
11 Komposition
Orakel
9 Menetekel
10 Weissagung
11 Offenbarung
Orakelpriester
5 Augur
Orakelpriesterin der Antike
6 Pythia
7 Sibylle
Orakelstätte der alten Griechen
5 Delos
6 Delphi
Orange
5 Navel
7 Satsuma
9 Apfelsine, Mandarine, Pomeranze
10 Clementine
Oratorium von ...
· **Händel**
4 Saul
5 Josua
6 Esther, Joseph, Salomo, Samson, Semele
7 Deborah, Jephtha, Messias, Susanna
8 Belsazar, Herakles, Theodora
13 Alexanderfest
· **Haydn**
10 Schoepfung
12 Jahreszeiten
· **Mendelssohn**
5 Elias
Orchester
7 Kapelle
Orchesterleiter
8 Dirigent
10 Bandleader
13 Kapellmeister
Orchestermitglied
7 Musiker
Orchesterstück zu einem Bühnenwerk
10 Ouvertuere
Orchestersuite von Händel
15 Feuerwerksmusik
Orchesterwerk
8 Sinfonie
Orchestrion
12 Musikautomat
Orchideenart
6 Dingel, Laelia, Orchis
7 Ragwurz, Vanille
8 Cattleya, Nestwurz, Oncidium
9 Braunelle, Zahnlippe, Zweiblatt
10 Braendlein, Venusschuh
11 Frauenschuh, Knabenkraut
13 Kuckucksblume
Orchideengattung
11 Frauenschuh
Orchideenknolle
5 Salep
Orden
8 Medaille
10 Dekoration
12 Auszeichnung, Ehrenzeichen
Ordensältester der Derwische
3 Pir
Ordensband
6 Kordon
Ordensbruder
3 Fra
6 Frater, Moench
Ordenschefin
6 Oberin
Ordensfrau
5 Nonne
Ordensgeistlicher
5 Pater
Ordensoberer
5 Prior
7 General
Ordensritter
6 Komtur
Ordensschwester
5 Nonne
11 Klosterfrau
Ordensstifter
4 Neri
6 Loyola
7 Chantal, Liguori
8 Benedikt
9 Dominikus
10 Franziskus
Ordenstracht
5 Habit
ordentlich
4 brav
8 tuechtig
ordentlich zupacken
7 klotzen
ordentlicher Professor
10 Ordinarius
16 Lehrstuhlinhaber
ordentlicher Zustand eines Schiffes
5 Trimm
Order
6 Befehl
7 Auftrag, Mission
9 Anordnung
10 Bestellung
Orderpapier
7 Wechsel
ordinär
6 gemein, unfein
7 taktlos, vulgaer
11 alltaeglich, gewoehnlich
Ordination
13 Priesterweihe
Ordinationszimmer
12 Sprechzimmer
ordnende Festlegung
8 Regelung
Ordnung
5 Nomos
8 Regelung
9 Disziplin
Ordnungsbegriff
5 Folge, Reihe
Ordnungsbegriff der Biologie
3 Art
5 Rasse, Sorte
6 Klasse
7 Gattung, Ordnung
Ordnungsbehörde
7 Polizei
Ordnungsform
6 Schema, System
10 Hierarchie
ordnungsgemäß
4 rite
Ordnungsgruppe
5 Menge
6 Klasse
9 Kategorie
Ordnungshüter
6 Schupo
7 Gendarm, Polizei
8 Polizist
Ordnungsprinzip ► Ordnungsform

O

Ordnungssystem
6 Kartei
8 Alphabet
Ordnungstruppe
7 Polizei
Ordnungszahl
6 Nummer
11 Ordinalzahl
ORF-Zusatzinformation
8 Teletext
Organ
4 Darm, Herz, Milz
5 Blase, Galle, Leber, Lunge, Magen, Niere
6 Gehirn
11 Gallenblase
Organ ...
· *einer* **AG**
12 Aufsichtsrat
· *im* **Bauch**
4 Milz
· *der* **Fische**
6 Flosse
· *im* **Hals**
12 Schilddruese
· *zum* **Kauen**
6 Gebiss
· *der* **Kuh**
5 Euter
· *im* **Mund**
5 Zunge
· *im* **Rachen**
6 Mandel
· *der* **Sekretion**
6 Druese
Organeinpflanzung
12 Implantation
Organisation
6 Aufbau
7 Ordnung, Verband
10 Gliederung
Organisation der UN
(Abkürzung)
3 FAO, ILO, IRO, ITU, UIT, UPU, WHO, WMO
4 IAEO, UNDP
5 UNIDO
6 ECOSOC, UNCTAD, UNESCO, UNICEF
Organisator
6 Macher
7 Manager
organisch(e, er, es) ...
· **Bestandteile des Bodens**
5 Humus
· **chemische Verbindung**
5 Ester
7 Aldehyd
· **Fett**
4 Talg
· **Giftstoff**
5 Toxin
· **Säure**
5 Olein
9 Oelsaeure
11 Aminosaeure, Essigsaeure
13 Ameisensaeure, Salizylsaeure
14 Zitronensaeure
· **Verbindung**
4 Amin
5 Furan, Indol, Keton, Orzin, Purin
6 Ketone
7 Aldehyd, Derivat
· **Wirkstoff**
5 Enzym
7 Ferment
organisierte Hilfstätigkeit
7 Karitas
9 Fuersorge, Wohlfahrt
11 Sozialhilfe
Organismus eines Lebewesens
7 Koerper
Organist
6 Kantor
Organübertragung
15 Transplantation
Organverpflanzung
15 Transplantation
Orgelmusik
4 Fuge
10 Praeludium
Orgelpfeifenreihe von gleicher Klangfarbe
8 Register
Orgelregister
7 Fistula
Orgelspieler
8 Organist
Orgelspielerin
10 Organistin
Orgeltaste
6 Clavis
Orgelteil
5 Pedal, Taste
6 Manual, Pfeife
8 Register, Windlade, Windwerk
Orgie
6 Exzess, Gelage
9 Trinkfest, Voellerei
13 Ausschweifung
Orient
5 Osten
6 Nahost
10 Morgenland
Orientale
5 Kurde, Syrer
6 Araber, Iraker, Iraner, Perser, Syrier, Tuerke
8 Armenier, Libanese
9 Jordanier
Orientalin
7 Tuerkin
8 Araberin, Iranerin
orientalisch(e, er, es) ...
· **Badeanlage**
6 Hammam
· **Badehaus**
6 Hammam
· **Bauer**
8 Fellache
· **Bettelmönch**
5 Fakir
8 Derwisch
· **Branntwein**
4 Raki
· **Ehrentitel**
7 Scheich
· **Färbemittel**
5 Henna
· **Flöte**
3 Nei
· **Frauengemach**
5 Harem
· **Frauenhose**
8 Schalwar
· **Fürstentum**
6 Emirat
· **Gebetsteppich**
5 Konya, Ladik
· **Gedichtform**
5 Gasel
6 Ghasel
· **Genussmittel**
3 Kat
5 Betel
9 Betelnuss
· **Gottheit**
2 Ea
4 Baal

5 Istar
7 Astarte
· **Hammelfleischgericht**
5 Kebab
· **Händlerviertel**
5 Basar, Bazar
· **Hausbauform**
5 Liwan
· **Herrschertitel**
6 Sultan
· **Kaumittel**
5 Betel
· **Königreich**
9 Jordanien
12 Saudi-Arabien
· **Kopfbedeckung**
3 Fes, Fez
6 Turban
· **Krummschwert**
7 Jatagan
· **Küstenschiff**
3 Dau
4 Dhau
· **Liebesgöttin**
5 Istar
7 Astarte
· **Mantel**
6 Burnus
· **Märchenerzähler**
6 Meddah
· **Märchenfigur**
6 Aladin
7 Ali Baba
· **Markt**
5 Basar, Bazar
· **Musikinstrument**
10 Kemantsche
· **Naturgott**
6 Adonis
· **Ölpflanze**
5 Sesam
· **Palast**
6 Serail
· **Polizeisoldat**
6 Kawass
· **Reisegesellschaft**
8 Karawane
· **Reiseintopf**
5 Pilau, Pilaw
· **Richter**
4 Kadi
· **Rock**
3 Aba
· **Spießlaute**
3 Tar
· **Teppich**
5 Kelim
· **Titel**
3 Aga, Bei
4 Emir, Khan
5 Kalif, Mogul, Schah
6 Pascha, Sultan
7 Scheich
· **Trinkgeld**
10 Bakschisch
· **Überrock**
6 Kaftan
· **Wanderhirt**
7 Beduine
· **Warenmarkt**
5 Basar
· **Wasserkanne**
5 Ibrik
· **Wasserpfeife**
4 Huka
5 Hukka
6 Kalian
8 Nargileh
· **Weiser**
5 Harim
· **Zauberwort**
5 Sesam
· **Zither**
6 Sewuri

Orientierungsfähigkeit
8 Ortssinn

Orientierungszeichen für Schiffe
4 Bake

Orientteppich aus Persien
3 Mir

Orientteppichsorte
3 Mir
4 Arak, Ghom, Nain
5 Herat, Heris, Kelim, Mahal, Saruk, Senne
6 Afghan, Anatol, Berber, Bidjar, Kerman, Kirman, Perser, Sarugh, Smyrna, Tabriz
7 Bergama, Buchara, Hamadan, Isparta, Karaman, Kaschan, Keshuan, Mesched, Schiras, Schiraz, Taebris, Teheran
8 Luristan, Meschhed, Serabend
9 Ferraghan
10 Muschkabed

Original
4 Kauz
6 Unikum, Urbild
7 Vorlage
9 Urfassung, Urschrift

originär
13 urspruenglich

Orkneyinsel
3 Hoy
4 Eday, Fara
6 Burray, Flotta, Pomona, Sanday
7 Westray
8 Mainland, Stronsay

Ornament
5 Dekor
6 Feston, Zierde
7 Rosette
8 Arabeske, Maeander, Palmette, Zickzack
10 Rankenwerk, Verzierung

Ornamentform
8 Akanthus

Ornat
6 Gewand
12 Festkleidung

Ornithologe
12 Vogelkundler

Ort
4 Dorf
5 Markt, Platz, Punkt, Stadt
6 Stelle, Weiler
7 Flecken, Staette
8 Gemeinde, Siedlung
9 Ortschaft

Ort ...
· *zum* **Abstellen von Fahrzeugen**
8 Parkhaus
9 Parkplatz
10 Tiefgarage
· *bei* **Alexandria**
6 Abukir
· *auf* **Ameland**
3 Nes
· *am* **Arlberg**
5 Zuers
· *der* **Begegnung**
7 Staette
· *am* **Gardasee**
4 Riva
7 Torbole
· *der* **Geborgenheit**
10 Elternhaus

· *der* **Gefallenen** (Sagenwelt)
7 Walhall
8 Walhalla
· *am* **Genfer See**
5 Evian
· *der* **Grabstätte von Gerhart Hauptmann**
9 Hiddensee
· *der* **griechischen Götter**
5 Olymp
· *bei* **Gronau**
3 Epe
· *im* **Kanton Freiburg**
6 Murten
7 Greyerz
· *der* **Kardinäle zur Papstwahl**
8 Konklave
· *der* **Karl-May-Festspiele**
8 Segeberg
· *bei* **London**
5 Ascot
· *bei* **Luxor**
6 Karnak
· *im* **Münsterland**
3 Epe
· *im* **Münsterland bei Gronau**
3 Epe
· *in* **Nordfinnland**
2 Ii
· *der* **nordischen Sage**
7 Walhall
8 Asenheim, Walhalla
· *in* **Oberitalien**
5 Garda
· *der* **Olympischen Winterspiele**
6 Nagano
· *in* **Ostfriesland**
5 Esens
· *der* **Qual**
6 Hoelle
7 Inferno
· *in* **Salzburg**
10 Hofgastein, Saalfelden
· *in der* **Schweiz**
10 Kuessnacht
· *der* **Seligen**
8 Jenseits
· *der* **Seligkeit**
4 Eden
7 Elysium
8 Paradies
· *auf* **Sylt**
4 List
6 Kampen, Keitum, Morsum, Rantum
7 Hoernum
8 Braderup
10 Westerland
12 Wenningstedt
· *nahe der* **Thur**
11 Muehlhausen
· *in* **Tirol**
3 Erl
4 Zirl
7 Soelden
9 Hintertux
· **verbotener Glücksspiele**
11 Spielhoelle
· *der* **Verdammnis**
6 Hoelle
8 Tartarus
· *des* **Wirkens Albert Schweitzers**
9 Lambarene
· *der* **Zusammenkunft**
10 Treffpunkt
Orter
5 Radar
9 Navigator
orthodox
13 rechtglaeubig
14 strenggglaeubig
orthodox(e, er, es) ...
· **Geistlicher**
4 Pope
· **Klostervorsteher**
6 Igumen
· **Politiker**
13 Konservativer
Orthographie
15 Rechtschreibung
örtlich(e)...
· **begrenzt**
3 eng
5 lokal
· **Betäubung**
16 Lokalanaesthesie
· **Dienststelle für Sicherheit**
13 Polizeirevier
· **Verwaltung**
17 Buergermeisteramt
Örtlichkeit
10 Lokalitaet
ortsansässig
6 hiesig
8 heimisch
10 beheimatet, eingeboren
11 eingesessen, einheimisch
Ortsansässige
11 Einwohnerin
Ortsbeschreibung
10 Topografie
11 Topographie
Ortsbestimmung
4 dort
12 Lokalisation
ortsfest
7 immobil
10 stationaer
11 unbeweglich
ortskundiger Schiffsführer
5 Lotse
Ortsnachrichten (Zeitung)
7 Lokales
Ortsveränderung
5 Reise, Umzug
Ortszentrum
10 Innenstadt
Ortung
7 Peilung
Ortungsverfahren
5 Radar
Öse
4 Oehr, Ring
8 Schlaufe, Schleife, Schlinge
Osmane
6 Tuerke
Ostafrikaner
6 Somali
7 Ugander
8 Kenianer
ostafrikanisch(e, er, es) ...
· **Eingeborenensoldat**
6 Askari
· **Insel**
8 Sansibar
10 Madagaskar
· **Inselgruppe**
7 Komoren
10 Seychellen
· **Inselstaat**
10 Madagaskar
· **Nomade**
6 Massai
· **Staat**
5 Kenia, Sudan
6 Ruanda, Uganda
7 Burundi, Somalia

8 Tansania
10 Aethiopien
· **Überlandreise**
6 Safari
· **Verkehrssprache**
9 Kisuaheli

Ostalpengruppe
6 Tauern

Ostasiat
7 Chinese, Japaner
8 Koreaner
10 Vietnamese

ostasiatisch(e, er, es) ...
· **Bär**
10 Kragenbaer
· **Halbinsel**
5 Korea
· **Heilpflanze**
7 Ginseng
· **Nutzpflanze**
4 Reis, Soja
· **Reitervolk**
6 Hunnen
· **Staat**
5 China, Japan, Korea
6 Taiwan
8 Mongolei
9 Nordkorea, Suedkorea
· **Tagelöhner**
4 Kuli
· **Teilvolk**
12 Nordkoreaner, Suedkoreaner
· **Tempel**
6 Pagode
· **Verkehrsmittel**
7 Rikscha
· **Volk**
7 Japaner
· **Wirbelsturm**
6 Taifun
· **Wurzel**
7 Ginseng
· **Zierbaum**
6 Ginkgo

Ostasien
7 Fernost
11 Ferner Osten

ostdeutsch für Butterbrot
5 Bemme

Osten
6 Orient
10 Morgenland

Osterbrauch
6 Marsch

österliche Bastelarbeit
11 Eierfaerben

Ostermond
5 April

Österreicher
6 Wiener
7 Tiroler
9 Kaerntner
10 Salzburger
12 Vorarlberger
13 Burgenlaender, Steiermaerker

österreichisch für ...
· **Anzahlung**
6 Akonto
· **Aprikose**
7 Marille
· **Berghang**
5 Leite
· **Eckball**
6 Corner
· **Felskopf**
4 Nock
· **flott**
5 fesch
· **Gewebe**
4 Webe
· **knusprig**
5 resch
· **Krankenhaus**
6 Spital
· **Männlein**
5 Mandl
· **Matthias**
5 Hiasl
· **Meerrettich**
4 Kren
· **Milchkaffee**
7 Melange
· **Nikolaus**
6 Nikolo
· **Reifeprüfung**
6 Matura
· **Rettich**
4 Radi
· **schick**
5 fesch
· **Schienenstrang**
7 Geleise
· **Schnapsgläschen**
8 Stamperl
· **sowieso**
2 eh
· **Stechmücke**
5 Gelse
· **Taxifahrer**
6 Taxler
· **Theke**
6 Schank
· **Tomate**
10 Paradeiser
· **Torhüter**
6 Keeper
· **Waldschlucht**
5 Dobel
· **Weste**
5 Gilet

österreichisch(e, er, es) ...
· **Abtei**
4 Melk
13 Kremsmuenster
· **Adelstitel**
4 Edle
5 Edler
· **Alpenpass**
4 Fern, Lueg
5 Achen, Loibl, Stein, Strub, Thurn
6 Flexen, Gerlos, Tauern, Wurzen
7 Arlberg, Brenner, Reschen, Seeberg
9 Poetschen, Semmering
10 Katschberg, Zirlerberg
11 Timmelsjoch
· **Amtsehrentitel**
6 Hofrat
· **Anatom**
5 Hayek, Hyrtl
· **Archäologe**
6 Arneth
7 Gomperz, Schoell
· **Arzt**
5 Freud
6 Barany, Dittel
11 Semmelweiss
· **Ausdruck für Mietkutsche**
6 Fiaker
· **Autorin**
5 Busta, Ebner
6 Lavant
8 Jellinek
· **Bergsteiger**
4 Buhl
12 Purtscheller
· **Bezeichnung für ein Viehfutter**
6 Runkel

· **Bildhauer**
5 Mandl, Opitz, Zuern
6 Gasser, Pacher
7 Wotruba
· **Biologe**
6 Mendel
· **Botaniker**
6 Kerner, Mendel, Schenk
10 Haberlandt
· **Bundeskanzler**
4 Figl, Raab
7 Kreisky
8 Dollfuss
11 Schuschnigg
· **Bundesland**
4 Wien
5 Tirol
8 Kaernten, Salzburg
10 Burgenland, Steiermark, Vorarlberg
15 Oberoesterreich
17 Niederoesterreich
· **Bundespräsident**
8 Waldheim
· **Chemiker**
4 Auer
5 Gintl, Pregl
6 Paneth
· **Chirurg**
6 Lorenz
· **Dirigent**
4 Jahn
5 Boehm, Haydn, Krips, Motti
6 Gielen, Krauss, Mahler, Paulik, Schalk, Schuch, Walter
7 Herbeck, Kabasta, Karajan, Kleiber
11 Weingartner
· **Erfinder**
12 Madersperger
· **Ex-Skifahrer**
6 Sailer
· **Feingebäck**
7 Krapfen
· **Feldmarschall**
4 Daun
5 Eugen, Ligne
6 Laudon
8 Radetzky
· **Fernsehanstalt**
3 ORF
· **Filmkomiker**
4 Sima
5 Moser
9 Hoerbiger
· **Flächenmaß**
4 Joch
· **Flugzeugbauer**
6 Etrich
· **Forscher**
4 Auer
6 Mendel, Ressel
7 Neisser
· **Freiheitskämpfer**
12 Messenhauser
· **Geograf, Geograph**
4 Merz
· **Gewicht**
4 Deka
· **Grenzstadt an der Thaya**
3 Laa
· **Grenzstadt nördlich von Wien**
3 Laa
· **Gruß**
6 Servus
11 Habe die Ehre
12 Kuess die Hand
· **Hafenstadt am Bodensee**
7 Bregenz
· **Hauptstädter**
6 Wiener
· **Historiker**
6 Kaplan
· **Ingenieur**
6 Kaplan
· **Instrumentalvirtuose**
5 Gulda
6 Czerny, Morini
8 Kreisler
9 Hofhaimer
· **Instrumentenbauer**
12 Boesendorfer
· **Kaiserin**
4 Zita
· **Kloster**
4 Melk
· **Komponist**
3 Fux
4 Berg, Fall, Toch, Wolf
5 Einem, Gluck, Haydn, Jarno, Lehár, Loewe, Stolz, Suppé
6 Dostal, Hummel, Kálmán, Kienzl, Krenek, Lanner, Mahler, Mozart, Webern, Zeller
7 Raymond, Stamitz, Strauss
8 Benatzky, Bruckner, Schubert
10 Schoenberg
· **Kurort**
4 Hall, Lech, Zell
5 Baden, Ischl, Lofer, Zuers
6 Aussee, Fuschl, Ramsau, Reutte, Velden
7 Gmunden, Mondsee, Ossiach, Seefeld, Villach
10 Badgastein, Kitzbuehel, Sankt Anton
11 Poertschach
· **Landeshauptstadt**
4 Graz, Linz, Wien
7 Bregenz
8 Salzburg
9 Innsbruck
10 Eisenstadt, Klagenfurt
· **Landschaft**
5 Lobau
6 Pongau, Wachau
7 Pinzgau
9 Zillertal
10 Innviertel
11 Waldviertel, Weinviertel
13 Salzkammergut
· **Landsmann**
7 Steirer
· **Literat**
4 Roth
5 Kafka, Kraus, Musil
8 Rosegger
11 Stefan Zweig
· **Logiker**
6 Goedel
· **Lyriker**
4 Rilke
6 Kramer
· **Maler**
3 Alt
5 Klimt, Kubin
9 Defregger, Kokoschka
13 Hundertwasser
· **Mathematiker**
6 Hlawka
9 Wirtinger
· **Mediziner ► Arzt**
· **Mime**
5 Moser
· **Minnesänger**
4 Aist

12 Lichtenstein
· **Münze**
5 Taler
6 Heller
7 Dukaten, Kreuzer
8 Groschen
9 Schilling
· **Nationalökonom**
5 Hayek, Mayer, Mises
· **Neurologe**
5 Freud
· **Nobelpreisträger für Chemie**
5 Pregl
9 Zsigmondy
· **Nobelpreisträger für Frieden**
5 Fried
7 Suttner
· **Nobelpreisträger für Medizin**
5 Loewi
6 Barany, Frisch, Lorenz
11 Landsteiner
13 Wagner Jauregg
· **Nobelpreisträger für Physik**
4 Hess
5 Pauli
· **Nobelpreisträger für Wirtschaft**
5 Hayek
· **Operettenkomponist**
5 Lehar
· **Pazifist**
5 Fried
7 Suttner
8 Lammasch
· **Philosoph**
4 Hahn, Mach
5 Riehl
6 Popper
7 Meinong
12 Wittgenstein
· **Physiker**
4 Hess, Mach
5 Pauli
6 Lecher
· **Pianist**
5 Demus, Gulda
· **Politiker**
4 Figl, Mock
7 Kreisky
8 Dollfuss, Sinowatz
11 Schuschnigg
· **Regelwerk**
6 OE-Norm
· **Regisseur**
4 Lang
5 Forst, Hartl, Pabst
6 Meisel, Ucicky
9 Lindtberg, Reinhardt
· **Rennfahrer**
5 Lauda
· **Rundfunk** (Kurzwort)
3 ORF
· **Sänger**
8 Juergens
· **Sängerin**
6 Lolita
· **Schauspieler/Schauspielerin**
4 Matz
5 Forst, Kainz, Moser, Niese
6 Hansen, Krones, Moissl, Muliar, Odilon, Thimig, Tiller
7 Bergner, Kortner, Nestroy, Raimund, Reimers, Schratt, Wessely
8 Lewinsky, Tressler
9 Bleibtreu, Gallmeyer, Hoerbiger, Reinhardt
10 Stranitzky
· **Schriftsteller/Schriftstellerin**
3 Kay
4 Brod, Roth
5 Broch, Celan, Fried, Jandl, Kafka, Kraus, Kubin, Lenau, Musil, Rilke, Trakl
6 Handke, Werfel
7 Doderer, Meyrink, Nestroy, Stifter
8 Roda Roda, Rosegger
9 Kokoschka
10 Schnitzler
11 Anzengruber, Grillparzer
12 Hofmannsthal
15 Ebner-Eschenbach
· **Staatsmann**
4 Bach, Beck
5 Beust, Bruck, Seitz
6 Badeni, Miklas, Renner, Seipel, Taaffe
7 Kaunitz, Koerner, Schober, Stadion
8 Dollfuss
9 Gleispach
10 Metternich
11 Bartenstein
12 Pillersdorff
13 Khevenhueller, Schwarzenberg
· **Stadt in Tirol**
7 Landeck
· **Tenor**
6 Tauber
· **Verhaltensforscher**
6 Lorenz
· **Wort für Gehalt**
6 Salaer
· **Wort für Kaffee**
7 Brauner
· **Wort für Sahne**
11 Schlagobers
· **Wort für Straßenbahn**
4 Tram
· **Wort für Tabakladen**
6 Trafik
· **Wort für Tomate**
10 Paradeiser
· **Wort für Weste**
5 Gilet
· **Zoologe**
4 Kner
6 Frisch

Osteuropäer
4 Este, Pole
5 Balte, Finne, Lette, Russe, Slawe, Ungar
6 Tuerke
7 Bulgare, Litauer, Rumaene, Ruthene, Slowake
8 Tscheche, Ukrainer
10 Weissrusse

Osteuropäerin
6 Russin

osteuropäische Hirtenflöte
5 Kawal

osteuropäischer Jude
11 Aschkenasim

ostfinnischer Volksstamm
8 Karelier, Udmurten

ostfranzösischer Landsmann
9 Elsaesser

ostfranzösisches Grenzland
6 Elsass
10 Lothringen

ostfriesisch(e, er, es) ...
· **Blödelbarde**
4 Otto
· **Hafenstadt**
4 Leer
5 Emden, Jever
6 Norden
· **Insel**
5 Juist
6 Borkum
7 Baltrum
8 Langeoog
9 Norderney
10 Spiekerooge, Wangerooge
· **Stadt**
4 Leer
5 Jever
ostgermanischer Stamm
5 Goten
7 Gepiden
9 Bastarner, Burgunder
Ostgotenkönig
4 Teja
5 Kniwa
6 Aorich, Berich, Totila
7 Ararich, Erarich, Lidibad, Walamer, Widemer, Witigis
8 Dietrich, Geberich, Hunimund, Ildibald
10 Theoderich
ostgotischer Held
10 Hildebrand
ostgotisches Herrschergeschlecht
6 Amaler
9 Amelungen
osthamitischer Volksstamm
7 Boraner
osthessische Stadt
5 Bebra
ostiranischer Nomade
5 Alane
ostkanadische Halbinsel
8 Labrador
östliche Mittelmeerländer
7 Levante
östlicher Teil des Pfälzer Waldes
6 Haardt
östlichste Insel Kanadas
11 Neufundland
östlichster Punkt Islands
6 Gerpir
ostpreußisch(e, er, es) ...
· **Dichterin**
6 Miegel
· **Hauptstadt**
11 Koenigsberg
· **Honiglikör**
10 Baerenfang
· **Landschaft**
7 Ermland, Masuren, Samland
8 Natangen
· **Ordensburgruine**
5 Balga
· **Pferderasse**
9 Trakehner
· **Schlachtort**
5 Rudau
· **Schriftsteller**
5 Grass, Halbe
9 Sudermann
· **Warmbier mit Eiern**
4 Flip
Ostregion von Nigeria
6 Biafra
oströmisch(e, er, es) ...
· **Feldherr**
6 Narses
7 Belisar
· **Hauptstadt**
6 Byzanz
14 Konstantinopel
· **Kaiser**
4 Leon
5 Zenon
6 Fabius, Julian, Valens
8 Arkadios
9 Justinian
10 Konstantin, Theodosius
· **Kaiserin**
3 Zoe
5 Irene
6 Eirene
8 Theodora
Ostseeanwohner
4 Este, Pole
5 Daene, Finne, Lette, Russe
7 Schwede
9 Deutscher
Ostseebad
4 Binz, Deep
5 Cranz, Dahme, Laboe
6 Bansin, Eldena, Nidden, Rettin, Sellin
7 Ahlbeck, Goehren, Kolberg, Koserow, Mueritz, Selling
8 Groemitz, Haffkrug, Hohwacht, Niendorf
10 Scharbeutz, Timmendorf
11 Swinemuende, Travemuende, Warnemuende
Ostseebad bei Kiel
5 Laboe
Ostseebucht bei Rostock
6 Grabow
Ostseehafen
3 åbo
4 Kiel, Riga
5 Libau, Luleå, Memel, Reval, Turku, Visby
6 Danzig, Kalmar, Malmoe, Pillau, Windau, Wismar
7 Gdingen, Luebeck, Rostock, Stettin
8 Helsinki
9 Leningrad, Stockholm, Stralsund
10 Greifswald, Karlskrona, Puttgarden
11 Swinemuende, Travemuende
Ostseehalbinsel
4 Hela
5 Darss
6 Zingst
7 Wustrow
Ostseeinsel
3 Oie
4 Moen, Poel
5 Alsen, Dagoe, Oesel
6 Anholt, Fuenen, Oeland, Ruegen, Samsoe, Ummanz, Usedom, Wollin
7 Fehmarn, Gotland, Lolland, Seeland
8 Bornholm
9 Hiddensee, Langeland
Ostseemeerenge
4 Belt, Sund

O

8 Oeresund
11 Fehmarnsund
Ostsibirier
6 Ewenke
7 Tunguse
ostspanischer Küstenfluss
3 Ter
ostspanisches Seebad
8 Benidorm
Osttiroler
7 Lienzer
Ostwind in den Tropen
6 Passat
Otter
5 Viper
6 Marder, Natter
8 Schlange
Ottomane
5 Couch, Liege
Outsider
12 Aussenseiter
Ouvertüre
8 Vorspiel
oval
6 eirund
9 eifoermig
10 elliptisch
ovale Kurve
7 Ellipse
Ovation
6 Ehrung
7 Applaus, Beifall
9 Huldigung
12 Ehrbezeugung
Ovulation
8 Eisprung
Ovulationshemmer
5 Pille
13 Antibabypille
Oxidation
6 Rosten
Ozean
4 Meer
7 Pazifik
8 Atlantik, Weltmeer
Ozeanografie, Ozeanographie
11 Meereskunde
Ozelot
9 Raubkatze, Wildkatze
11 Pardelkatze
12 Pantherkatze
Ozon
4 Aran

P

Paar
4 zwei
Paarbund
3 Ehe
Paarhufer, Paarzeher
3 Gnu, Jak, Kuh, Reh, Ren, Sau, Yak
4 Elch, Elen, Gams, Lama, Rind, Zebu
5 Bison, Gemse, Kamel, Okapi, Schaf, Ziege
6 Alpaka, Gaemse, Hammel, Hirsch, Muffel, Nilgau, Seekuh, Wapiti, Widder, Wisent
7 Bueffel, Gazelle, Giraffe, Guanako, Rentier, Schwein
8 Antilope, Dromedar, Nilpferd
9 Bergziege, Schafbock, Steinbock
10 Flusspferd, Grunzochse, Hartebeest
paarige Innenorgane
5 Lunge
6 Nieren
7 Mandeln
paarige Körperteile
4 Arme
5 Augen, Beine, Ohren
6 Fuesse, Haende
Paarlauffigur (Eiskunstlauf)
5 Lasso
Paarungszeit
4 Balz
6 Brunft
Paarungszeit beim Hirsch
6 Brunft (weidmännisch), Brunst
Paarungszeit bestimmter Vögel
4 Balz

Paarverhältnis (Soziologie)
5 Dyade
Pacht
4 Zins
5 Miete
pachten
6 leasen, mieten
Pächter eines Gutes
5 Meier
Pächter eines Lokals
8 Gastwirt
Pachtgeld
4 Zins
5 Miete
7 Entgelt
8 Mietzins
Pachthof
3 Gut
5 Ferme
7 Domaene
Pachthof im Mittelalter
8 Lehnsgut
Pack
3 Mob
6 Bagage, Poebel
8 Abschaum, Gesindel
packend
8 spannend
11 interessant
Packpapier
9 Emballage
Packwagen
6 Waggon
Pädagoge
6 Lehrer, Pauker
8 Erzieher
15 Wissenschaftler
Pädagogin
10 Erzieherin
pädagogisch(e, er, es) ...
· **Akademie**
7 Seminar
· **Beurteilung**
4 Note
6 Zensur
7 Zeugnis
· **Maßnahme**
3 Lob
5 Tadel
6 Strafe
9 Erziehung
Paddel
5 Ruder
Paddelboot
4 Kanu

P

5 Kajak
7 Einbaum
8 Faltboot, Kanadier
Päderast
11 Paedophiler
Pädiatrie
15 Kinderheilkunde
Page
3 Boy
6 Diener
Paketgut
4 Post
pakistanisch(e, er, es) ...
· **Amtssprache**
4 Urdu
7 Bengali
· **Hafenstadt**
9 Karatschi
· **Landschaft**
9 Pandschab
· **Nobelpreisträger für Physik**
5 Salam
· **Politiker/Politikerin**
5 Mirza
6 Bhutto
8 Ajub Khan
· **Strom**
5 Indus
· **Währungseinheit**
3 Pie
4 Anna
5 Annas, Rupie
Pakt
4 Bund, Liga
7 Allianz, Entente, Vertrag
8 Abkommen, Buendnis, Kontrakt
9 Abmachung
Paladin
7 Berater
10 Vertrauter
11 Beschuetzer, Gefolgsmann
Paladin Karls des Großen
6 Oliver, Roland
Palast ...
· *in* **Florenz**
5 Pitti
6 Medici
7 Strozzi, Vecchio
8 Bargello, Uffizien
· *bei* **Granada**
8 Alhambra
· *in* **London**
16 Buckingham Palace
· *in* **Mailand**
5 Brera
· *des* **Papstes**
7 Lateran, Vatikan
· *in* **Paris**
6 Elysée, Louvre
9 Trocadéro
· *in* **Rom**
7 Lateran, Vatikan
8 Quirinal
9 Barberini
· *in* **St. Petersburg**
12 Winterpalais
· *eines* **Sultans**
6 Serail
· *in* **Venedig**
11 Dogenpalast
palastartiges Gebäude
7 Schloss
Palasthund
8 Pekinese
Palatschinke
7 Omelett
8 Omelette
Palauinsel
5 Merir
6 Angaur
Palmblatt
5 Wedel
Palmblattfaser
8 Piassava
Palmblatthut
8 Sombrero
Palmenart
3 Agu, Dum, Ita
5 Yucca
6 Rotang
7 Pandane
8 Oelpalme
9 Rohrpalme, Sagopalme, Weinpalme
10 Kokospalme
11 Dattelpalme, Zuckerpalme
12 Faecherpalme, Koenigspalme
Palmenfaser
6 Africe
Palmenfrucht
6 Dattel
9 Kokosnuss
Palmenhaus
9 Orangerie, Treibhaus
Palmenmarkmehl
4 Sago
Palmenprodukt
9 Kokosfett, Kokosmehl
Palmfächer
5 Punka
Palmlilie
5 Yucca
Palmsonntag
8 Palmarum
Palmwein
5 Toddy
Pampashase
4 Mara
Pampashirsch
6 Guazuy
Pampashirt
6 Gaucho
Pampasstrauß
5 Nandu
Pampelmuse
10 Grapefruit
panamerikanische Organisation (Abkürzung)
3 OAS
Pandschab
14 Fuenfstromland
Pandurenführer
6 Trenck
Panflöte
6 Syrinx
Panier
5 Fahne
6 Banner
10 Wahlspruch
Paniermehl
7 Broesel
8 Weckmehl
10 Semmelmehl
13 Semmelbroesel
Panik
5 Angst
6 Grauen
9 Entsetzen, Schrecken
10 Verwirrung
11 Massenangst
panikartiger Ansturm
3 Run
Pankreashormon
7 Insulin
Panne
6 Defekt
13 Reifenschaden
Panorama
8 Aussicht

9 Rundblick
10 Ueberblick
Pantherkatze
4 Onze
5 Irbis
6 Jaguar
Pantine
9 Holzschuh
Pantoffelblume
10 Tigerblume
11 Frauenschuh
Pantoffelheld
7 Simandl, Trottel
11 Duckmaeuser, Waschlappen
12 Schwaechling
Pantoffelkino
9 Fernsehen
Pantoffeltierchen
10 Infusorium
14 Wimpertierchen
15 Aufgusstierchen
Pantograph
14 Storchschnabel
Pantomime
14 Gebaerdenspiel
Panzer
4 Tank
6 Schutz
8 Harnisch, Ruestung
10 Kampfwagen
Panzerechse
6 Gavial, Kaiman
8 Krokodil
9 Alligator
11 Hechtkaiman, Nilkrokodil
12 Gangesgavial
Panzerhemd
7 Bruenne
Panzerschrank
4 Safe
6 Tresor
8 Bankfach
Papageienart
3 Ara, Kea
4 Jako, Kaka, Lori
5 Makao
6 Kakadu, Kakapo, Lorius, Nymphe
7 Amazone, Rosella, Sittich
8 Arakanga, Ararauna
10 Erdpapagei
11 Graupapagei, Rosenkakadu
13 Wellensittich
14 Nymphensittich
Papageienblume
7 Amarant
Papageienkrankheit
10 Psittakose
Papageienname
4 Lora
7 Lorchen
Papier mit musikalischen Zeichen
10 Notenblatt
Papierabfall
9 Altpapier, Makulatur
papierähnliches Schreibmaterial
7 Papyrus
Papierart
5 Krepp, Pappe, Velin
6 Karton, Leinen
7 Buetten
9 Oelpapier, Pergament
10 Packpapier
11 Chinapapier
12 Offsetpapier, Seidenpapier, Umweltpapier
14 Zeitungspapier
15 Recyclingpapier
16 Kunstdruckpapier
Papierbehälter
5 Tuete
7 Sackerl
Papierblättchen
8 Konfetti
papierdünn gewalztes Zinn
8 Stanniol
Papierformat
3 DIN
5 Folio, Oktav, Quart
6 Duodez
Papiergeld
4 Note
6 Schein
8 Banknote
Papierklebstoffseite
10 Gummierung
Papierlaterne
7 Lampion
Papiermitteilung
13 Schriftstueck
Papiersorte
7 Buetten
Papierstaude
7 Papyrus
Papierstreifen
12 Luftschlange
Papierstück
6 Zettel
Papierzählmaß
4 Ries
Pappdruckmatrize
5 Mater
Pappe
6 Karton
Pappelart
4 Espe
5 Abele, Alber
11 Spitzpappel, Weisspappel
12 Silberpappel, Zitterpappel
Pappschachtel
6 Karton
Pappumrahmung
12 Passepartout
Pappverpackung
9 Kartonage
Paprikaart
5 Chili
päpstlich
5 papal
päpstlich(e, er, es) ...
· **Anrede**
13 Heiliger Vater
14 Eure Heiligkeit
· **Behörde**
4 Rota
5 Kurie
· **Botschafter**
7 Nuntius
· **Erlass**
5 Breve, Bulle
9 Enzyklika
· **Gerichtshof**
4 Rota
· **Gesandter**
5 Legat
· **Gesandtschaft**
8 Legation
9 Nuntiatur
· **Gewand**
5 Falda, Fanon
6 Fanone
7 Pallium
· **Jahrgelder**
7 Annaten
· **Kirche**
9 Petersdom
10 Sankt Peter

P

12 Peterskirche
· **Kopfbedeckung**
7 Kalotte
8 Pileolus
· **Krone**
5 Tiara
· **Leibwache**
10 Nobelgarde
14 Schweizergarde
· **Obergewalt**
8 Supremat
· **Palast in Rom**
7 Lateran
· **Rechtsentscheidungen**
10 Dekretalen
· **Residenz**
7 Vatikan
· **Richter**
7 Uditore
· **Rundschreiben**
9 Enzyklika
· **Tragsessel**
5 Sedia
· **Zentralbehörde**
5 Kurie
Papstname
3 Leo
4 Paul, Pius
5 Urban
6 Agapet, Gregor
7 Clemens
8 Benedikt, Eusebius, Innozenz, Johannes, Nikolaus, Valentin
9 Alexander, Sylvester
12 Johannes Paul
Papstpalast
7 Vatikan
Papyrusboot des Thor Heyerdahl
2 Ra
Parabel
5 Kurve
9 Gleichnis
12 Kegelschnitt
Parade
7 Defilee
9 Aufmarsch, Vorbeizug
12 Truppenschau, Vorbeimarsch
Parade im Sport
6 Abwehr
Paradebett
10 Himmelbett
Paradeiser
6 Tomate
Paradeschritt
12 Stechschritt
13 Gleichschritt
Paradies
4 Eden
6 Himmel
7 Elysium, Nirwana
8 Eldorado
9 Seligkeit
10 Garten Eden
Paradiesapfel ► Paradeiser
Paradiesgarten
4 Eden
Paradiesjungfrau im Islam
4 Huri
Paradieswächter
6 Cherub
Paradigma
7 Vorbild
14 Musterbeispiel
parallel
12 aequidistant
13 gleichlaufend
15 nicht schneidend
Parallele
9 Vergleich
Parallelogramm
5 Raute
7 Quadrat, Rhombus
8 Rechteck
parapsychologischer Begriff
4 Aura
10 Telekinese, Telepathie, Teleplasma
Parasit
9 Schnorrer
11 Schmarotzer
16 Trittbrettfahrer
Parasitenart
6 Laeuse
Parasol
12 Sonnenschirm
Parasolpilz
10 Schirmling
parat
6 bereit, fertig
8 greifbar
Paravent
10 Wandschirm
Parcourshindernis
4 Oxer, Rick
12 Wassergraben
15 Trakehnergraben
Pardelkatze
6 Ozelot
Pardon
10 Verzeihung
14 Entschuldigung
Parentel
7 Familie
12 Abkoemmlinge
Parfümduftstoff
5 Ambra
7 Moschus
Parfümflasche
6 Flacon, Flakon
Parfümriechmittel
9 Duftstoff
Pariakaste in Indien
6 Balahi
Pariser ...
· **Bauwerk**
10 Eiffelturm
· **Bettler**
8 Clochard
· **Existenzialistenviertel (Existentialistenviertel)**
12 Montparnasse
· **Gassenjunge**
5 Gamin
· **Kathedrale**
9 Notre Dame
· **Kirche**
10 Sacre Coeur
12 Invalidendom
14 Sainte Chapelle
· **Kulturzentrum**
14 Centre Pompidou
· **Künstlerviertel**
10 Montmartre
· **Leichenschauhaus**
6 Morgue
· **Modeschöpfer**
4 Dior, Fath
8 Givenchy
· **Modeschöpferin**
6 Chanel
· **Modistin**
9 Midinette
· **Prachtstraße**
13 Champs Elysées
· **Siegesdenkmal**
7 Obelisk
13 Arc de Triomphe
· **Universität**
8 Sorbonne

· **Universitätsviertel**
13 Quartier Latin
· **Untergrundbahn**
5 Métro
· **Variété**
11 Moulin Rouge
· **Vergnügungsviertel**
10 Montmartre
Park
6 Anlage, Garten, Gehege
11 Gruenanlage
12 Gruenflaeche
Park in Badeorten
9 Kurgarten
Parkraum
6 Garage
10 Tiefgarage
Parlament
5 Senat
6 Kammer
7 Landtag
8 Kongress
9 Bundestag
15 Volksvertretung
16 Abgeordnetenhaus
Parlament in Israel
7 Knesset
Parlament in Polen
4 Sejm
Parlamentär
13 Unterhaendler
Parlamentarier
9 Politiker
11 Deputierter
12 Abgeordneter
14 Volksvertreter
Parlamentarierzusammen-schluss
8 Fraktion
parlamentarische Abstimmung
4 Wahl
9 Ballotage
11 Akklamation
12 Hammelsprung
parlamentarische Beratung
6 Lesung
Parlamentsgebäude in Berlin
9 Reichstag
Parlamentsgebäude in Washington
7 Kapitol
Parlamentsgruppe
6 Rechte

Parole
5 Motto
6 Devise, Losung, Slogan
8 Kennwort
11 Losungswort
Paroli
6 Abwehr
9 Gegenwehr
10 Widerstand
Part
5 Rolle
6 Anteil, Partie, Stimme
8 Teilhabe
Part eines Gesangstückes
6 Stimme
Parteifreund
7 Genosse
Parteigenosse
8 Mitglied
parteiisch
8 befangen
10 unsachlich
14 voreingenommen
parteilos
7 neutral
Parteizeitung
5 Organ
parterre
9 ebenerdig
Parterre
11 Erdgeschoss
Partie
4 Teil, Tour, Trip
5 Match, Rolle, Spiel
7 Ausflug
Partie des Körpers
4 Kopf
5 Bauch, Brust
7 Ruecken
Partisan
8 Guerilla
10 Guerillero
11 Franktireur
13 Freischaerler
14 Heckenschuetze
Partitur
9 Notentext
Partiturteil
6 Partie, Stimme
Partizip
10 Mittelwort
Partner
6 Sozius
9 Kompagnon, Teilhaber
10 Mitinhaber, Mitspieler

Party
4 Ball, Fest, Fete
5 Feier
8 Hausball, Hausfest
10 Gartenfest
12 Gesellschaft
Party im Freien
10 Sommerfest
Partygetränk
5 Bowle
Parvenue
14 Emporkoemmling
Parze
5 Moira
6 Klotho
7 Atropos
8 Lachesis
17 Schicksalsgoettin
Pass
7 Ausweis
12 Legitimation
Pass ... (▶ auch Alpenpass)
· *in* **Graubünden**
6 Maloja
· *in* **Griechenland**
11 Thermopylen
· *im* **Hindukusch**
6 Chawak
· *der* **Karawanken**
5 Loibl
· *in* **Ligurien**
5 Giovi
· *bei* **Tieren**
7 Gangart
· *in den* **Vogesen**
15 Col de la Schlucht
passabel
7 gangbar
8 leidlich
9 annehmbar
Passage
9 Durchgang, Uebergang
10 Durchfahrt, Ueberfahrt
Passagier
8 Fahrgast, Fluggast
9 Reisender
Passagierjet
14 Duesenflugzeug
Passah
6 Ostern
9 Osterfest
Passahbrot
5 Matze
Passahfest
5 Azyma

P

passatartiger Wind im Mittelmeer
7 Etesien
passé
9 ueberholt
passend
5 habil
6 faehig
7 gelegen
8 angenehm, geeignet, guenstig, opportun
9 nuetzlich
10 angebracht
Passepartout
12 Bilderrahmen
Passion
4 Hang
5 Hobby, Liebe
6 Faible, Leiden
17 Leidensgeschichte
Passionsblumengewächs
6 Adenia
Passionssonntag
6 Judika
7 Laetare
Passionsspielort
3 Erl
7 Selzach
11 Sankt Gallen
12 Oberammergau
Passionsspielort in Tirol
3 Erl
Passionswoche
8 Karwoche
passiv
7 leidend
8 untaetig
12 teilnahmslos
passives Verhalten
12 Inaktivitaet
Passsichtvermerk
5 Visum
Passus
9 Abschnitt
Paste
5 Creme
Pastenbehältnis
4 Tube
9 Toepfchen
Pastetenart
7 Bouchee, Pirogge, Ravioli, Rissole, Timbale
8 Grisette, Krustade
9 Piroschki

Pastor
8 Priester
10 Seelsorger
Pastorengewand
5 Talar
Pastorenmütze
6 Barett
Pate
8 Gevatter
9 Taufzeuge
Patengeschenk
7 Einbund
Patenkind
8 Firmling
9 Taeufling
patent
5 famos
8 tuechtig
9 brauchbar, geschickt
patentfähige Neuheit
9 Erfindung
Patentnutzung
10 Auswertung
Patentverschluss
10 Druckknopf
15 Reissverschluss
Paternoster
4 Lift
6 Aufzug
10 Vaterunser
pathetische Rede
11 Deklamation
pathogen
12 krankmachend
pathologisch
9 krankhaft
Patient
6 Klient
7 Kranker
Patin
5 Godel
Patina
8 Edelrost
Patisserieerzeugnis
5 Torte
6 Kuchen
9 Tortelett
10 Tortelette
11 Apfelkuchen, Kaesekuchen
12 Apfelstrudel, Erdbeertorte
13 Erdbeerkuchen
patriotische Haltung
12 Chauvinismus

Patriotismus
15 Vaterlandsliebe
Patrizier
7 Buerger
Patron
10 Schutzherr
14 Schutzheiliger
Patron ...
· *der* **Angler**
6 Petrus
· *der* **Apotheker**
6 Damian, Kosmas
7 Michael
· *der* **Autofahrer**
13 Christophorus
· *von* **Bayern und München**
5 Benno
· *der* **Bergsteiger**
8 Bernhard
· *der* **Bettler**
6 Martin
· *von* **Böhmen**
7 Nepomuk
· *gegen* **Feuersnot**
7 Florian
· *der* **Fischer**
6 Petrus
· *der* **Flieger**
5 Elias
· *der* **Förster**
8 Hubertus
· *der* **Jäger**
8 Hubertus
· *der* **katholischen Kirche**
6 Joseph
· *der* **Kinder**
8 Nikolaus
· *der* **Kranken**
8 Johannes
· *der* **Pilger**
7 Jakobus
· *der* **Reisenden**
13 Christophorus
· *der* **Schiffer**
6 Petrus
8 Nikolaus
· *der* **Schützen**
9 Sebastian
· *der* **Schweiz**
5 Klaus
· *der* **Soldaten**
6 Adrian
· *des* **Wetters**
6 Petrus

Patronin ...
· *der* **Augenkranken**
5 Lucia
· *der* **Bergleute**
7 Barbara
· *des* **Elsass**
6 Odilia
· *der* **Hausfrauen**
6 Martha
· *der* **Kaufleute**
4 Anna
· *der* **Musik**
8 Caecilia, Caecilie
· *der* **Mütter**
4 Anna
6 Monika
Patrouille
7 Streife
10 Spaehtrupp
Patsche
3 Not
6 Klemme
12 Verlegenheit
Pauke
7 Timpani, Trommel
pauschal
4 grob
9 insgesamt
Pauschalluftreise
11 Charterflug
Pause
4 Rast, Ruhe
5 Kopie
6 Siesta
8 Freizeit, Halbzeit
13 Unterbrechung
Pausenangabe in der Musik
5 tacet
Pavianart
8 Mandrill
Pavillon
10 Gartenhaus, Messehalle
17 Ausstellungshalle
Pazifist
12 Kriegsgegner
14 Friedensfreund
PC-System
3 DOS
Pechkohle
3 Jet
4 Jett
5 Gagat
Pechleuchte
6 Fackel
Pedant
9 Buerokrat
11 Haarspalter
12 Federfuchser
pedantischer Verwaltungsangestellter
9 Buerokrat
Peddigrohr
6 Rattan
Pein
4 Qual
7 Schmerz
peinigen
7 foltern
Peinigung
6 Folter, Marter
peinlich
5 fatal
6 heikel
10 unangenehm
peinlich berührt
8 betreten
peinlich genau
7 penibel
11 sorgfaeltig
peinlich(e, er, es) ...
· **Angelegenheit**
7 Affaere
· **Bloßstellung**
7 Blamage
· **Vorfall**
5 Eklat
7 Affaere, Skandal
Peitsche
5 Knute
pejorativ
9 abwertend
11 abschaetzig
Pelerine
6 Umhang
11 Regenschutz
pelikanartiger Vogel
8 Kormoran
Pelle
4 Darm, Haut
6 Schale
Pelz ...
· *der* **Biberratte**
6 Nutria
· *eines* **Raubtieres**
9 Dachsfell
· *der* **Robben**
4 Seal
· *des* **sibirischen Eichhörnchens**
3 Feh
· *des* **Sumpfbibers**
6 Nutria
Pelzart
3 Feh, Kid
4 Nerz
5 Bisam
6 Angora, Ozelot
9 Persianer
pelzartiger Wollplüsch
9 Biberette
Pelzcape
9 Nerzstola
Pelze im Handel
10 Rauchwaren
Pelzkragen
3 Boa
Pelzsamt
6 Felbel
Pelztier
4 Baer, Hase, Lamm
5 Biber, Bisam, Fuchs, Iltis, Luchs, Robbe, Schaf, Ziege, Zobel
6 Marder, Murmel, Ozelot, Wiesel, Ziesel
7 Leopard, Seehund
8 Hermelin
9 Kaninchen
10 Bisamratte, Chinchilla
11 Silberfuchs
Pelztierjäger
7 Trapper
Pelzverarbeiter
10 Kuerschner
Pelzwerk
9 Rauchware
Penalty
10 Strafstoss
Pendant
11 Gegenstueck
Pendelbewegung
10 Schwingung
Pendeluhr
9 Regulator
Penelopes Mann
8 Odysseus
Penelopes Sohn
8 Telemach
10 Telemachos
Pension
5 Rente

11 Altersrente, Fremdenheim
Pensionär
7 Rentner
Pensum
7 Aufgabe, Lektion
9 Lehrstoff, Lernstoff
Pentagon
8 Fuenfeck
Pentagramm
10 Drudenfuss
Pep
4 Elan
7 Schwung
perfekt
9 abgemacht, vollendet
10 vollkommen
11 meisterhaft
Perforation
7 Lochung
pergamentartiges Papier
5 Velin
Pergola
10 Laubengang
Perigäum
8 Erdnaehe
Periode
4 Aera
6 Epoche, Zyklus
8 Menarche, Zeitraum
12 Menstruation
Periodenzahl
8 Frequenz
Peripherie
4 Rand
6 Umfang
Periskop
7 Sehrohr
Perlwein
4 Sekt
10 Champagner
permanent
7 dauernd
13 unaufhoerlich
permanente Streiterei
7 Gezaenk, Gezanke
Perons Frau
5 Evita
Perpendikel
6 Pendel
Perron
5 Rampe
8 Auffahrt
9 Bahnsteig, Plattform

Perserteppich ► Orientteppich
Perseusstern
5 Algol
7 Algenib
Persianerschaf
7 Karakul
Persien
4 Iran
persisch(e, er, es) ...
[► auch iranisch(e, er, es) ...]
· **Dichter**
4 Omar
5 Hafis, Saadi
6 Nisami, Nizami
7 Dschami, Firdusi, Marwasi
8 Dschelal, Firdausi
· **Fee**
4 Peri
· **Flohteppich**
3 Mir
· **Flöte**
3 Nei
· **Frauenname**
5 Leila
7 Suleika
· **Gottheit**
5 Haoma
6 Ormuzd
7 Ahriman, Mithras
· **Hauptstadt im Altertum**
4 Susa
· **heilige Schrift**
6 Avesta, Awesta
· **Herrschergeschlecht**
9 Abbasiden
· **Kaisertitel**
5 Schah
· **Klassiker**
5 Saadi
· **König**
5 Cyrus, Kores, Kyros, Nadir
6 Darius, Ismail, Xerxes
8 Kambyses
10 Artaxerxes
· **Laute**
3 Tar
· **Lichtgott**
6 Ormuzd
7 Mithras
· **Lyriker**
5 Feisi

· **Münze**
4 Kran, Rial
5 Dinar, Toman
6 Schahi
8 Dareikos
· **Provinz**
4 Fars
5 Gilan
6 Kerman
8 Kuhistan
· **Reisspeise**
5 Pilaf, Pilaw
· **Religion**
9 Parsismus
10 Mazdaismus
· **Religionsstifter**
4 Mani
5 Manes
9 Zoroaster
11 Zarathustra
· **Saiteninstrument**
3 Tar
· **Schriftsprache**
7 Pehlewi
· **Statthalter**
6 Satrap
· **Teppichstadt**
7 Hamadan, Taebris
· **Titel**
5 Mirsa, Mirza
· **Wasserpfeife**
6 Kalian, Kaliun
· **Wüste**
5 Kawir
Person
6 Mensch
10 Individuum
11 Einzelwesen
Person im Fahrzeug
7 Insasse
Person im Ruhestand
6 Emerit
7 Rentner
10 Pensionaer
Personal
7 Gesinde
11 Belegschaft, Mitarbeiter
12 Dienerschaft
Personal im Lokal
9 Bedienung
Personalausweis
4 Pass
9 Kennkarte, Reisepass
16 Identitaetskarte

Personen des Familienkreises
9 Verwandte
Personenaufspürer
7 Fahnder
Personenaufzug ► Aufzug
Personenbeschreibung
10 Steckbrief
11 Signalement
Personenbezeichnung
4 Name
Personenkraftwagen
3 Pkw
4 Auto
5 Coupé
6 Spider
8 Roadster
9 Cabriolet, Limousine
10 Kabriolett
Personenstandsbehörde
10 Standesamt
persönlich
5 eigen
6 privat, selbst
11 individuell
persönlich(e, er, es) ...
· **Anrede**
2 du
· **Anrede für Fremde**
3 Sie
· **Ansicht**
7 Meinung
· **Ausdrucksweise**
4 Stil
· **deutsches Fürwort**
2 du, er, es
3 ich, ihr, sie, wir
· **Eigenart**
12 Angewohnheit
· **englisches Fürwort**
1 I
2 he, it, we
3 she, you
4 they
· **Festtag**
9 Namenstag
10 Geburtstag
12 Hochzeitstag
· **französisches Fürwort**
2 il, je, tu
3 ils
4 elle, nous, vous
5 elles
· **Fürwort**
5 ihren
· **Gedenkfeier**
9 Jubilaeum
· **Geheimzahl** (Abkürzung)
3 PIN
· **Habe**
8 Eigentum
Persönlichkeit
9 Charakter
Persönlichkeitsbild
5 Image
11 Psychogramm
Persönlichkeitsschutz
10 Immunitaet
Persönlichkeitszerfall
5 Lysis
Perspektive
8 Ausblick, Aussicht
10 Durchblick
11 Blickwinkel, Voraussicht
peruanisch(e, er, es) ...
· **Branntwein**
5 Pisco
· **Bürgermeister**
7 Alkalde
· **Eroberer**
7 Pizarro
· **Exportartikel**
4 Blei, Zink
5 Eisen, Guano, Kakao, Wolle
6 Erdoel, Kaffee, Kupfer, Silber
9 Baumwolle
10 Zuckerrohr
· **Gebirge**
5 Anden
11 Kordilleren
· **Hafenstadt**
5 Chala, Pisco
6 Callao
7 San Juan
· **Herrscherkaste**
4 Inka
· **Münze**
3 Sol
7 Centavo
· **Provinz**
3 Ica
4 Puno
5 Junin, Piura
6 Ancash, Callao, Loreto
· **Schafkamel**
4 Lama, Pako
6 Alpaka, Vicuña
7 Guanako, Vikunja
· **Schriftsteller**
6 Ortega
7 Alegria
· **See**
8 Titicaca
11 Titicacasee
· **Währung**
3 Sol
pervers
7 abartig
15 widernatuerlich
Pessimist
4 Unke
9 Defaetist
12 Schwarzseher
Pest
12 schwarzer Tod
Petersilie
7 Peterle
9 Peterling
Petrarcas Geliebte
5 Laura
petrochemischer Betrieb
13 Oelraffinerie
Petschaft
6 Siegel
Pfad
3 Weg
Pfad zwischen Ackerland
7 Feldweg
Pfadfinder
5 Scout
8 Boyscout
Pfadfindertreffen
8 Jamboree
Pfahl
6 Pflock, Stange
7 Pfosten
Pfahlsperre
8 Palisade
Pfalzgraf
7 Palatin
Pfand
6 Geisel
7 Kaution
10 Sicherheit
Pfandleihanstalt
10 Versatzamt
Pfandrecht an Immobilien
8 Hypothek
Pfannengericht
5 Steak
7 Omelett, Ruehrei

P

8 Omelette
10 Eierkuchen
15 Kartoffelpuffer
Pfannenmehlspeise
9 Schmarren
15 Griessschmarren, Kaiserschmarren
Pfannkuchen
6 Plinse
7 Krapfen, Omelett
8 Omelette
10 Eierkuchen, Eierspeise
11 Eiertaetsch
13 Palatschinken
Pfannkuchenart
8 Berliner
Pfarramt
8 Pastorat
Pfarrbezirk
8 Parochie
Pfarrei
8 Sprengel
Pfarrer
6 Pastor
8 Priester
10 Seelsorger
11 Geistlicher
Pfarrwohnung
8 Pastorat
Pfefferfresser (Vogel)
5 Tukan
Pfeffergefäß
7 Streuer
Pfeffergurke
9 Cornichon
Pfefferkuchenart
6 Printe
Pfefferschoten
8 Peperoni
Pfeifenanzünder
7 Fidibus
Pfeifenmann
14 Schiedsrichter
Pfeifenmaterial
10 Meerschaum
11 Bruyèreholz
Pfeifenstrauch
6 Jasmin
10 Osterluzei, Schneeball
Pfeifentabak
4 Shag
Pfeifton
5 Pfiff
Pfeil
8 Geschoss
9 Wegweiser
Pfeil des Stierkämpfers
10 Banderilla
Pfeilbehälter
7 Koecher
Pfeiler
6 Saeule
7 Pfosten, Stuetze
8 Pilaster, Staender
Pfeiler bei Hängebrücken
5 Pylon
Pfeiler der Antike
4 Ante
Pfeilerabschluss
8 Kapitell
Pfeilerbüste
5 Herme
Pfeilgift
4 Upas
6 Kurare
Pfeilhecht
6 Pikuda
9 Barrakuda
Pfeilkraut
10 Sagittaria
Pfeilschusswaffe
5 Bogen
Pfeilwurfspiel
5 Darts
Pfeilwurz
7 Tapioka
Pfennigfuchser
7 Knauser, Knicker
8 Geizhals
10 Geizkragen
13 Rappenspalter
Pferch
6 Koppel
8 Viehzaun
11 Einzaeunung
Pferd
4 Gaul, Ross
6 Maehre
7 Klepper
Pferd von ...
· **Don Quichote**
9 Rosinante
· **Kara ben Nemsi**
3 Rih
· **Odin**
8 Sleipnir
· **Old Shatterhand**
9 Hatatitla
· **Siegfried**
5 Grane
· **Winnetou**
7 Iltschi
Pferd-Esel-Kreuzung
8 Maulesel
pferdeähnliches Fabeltier
7 Einhorn, Zentaur
pferdeähnliches Tier
5 Zebra
Pferdeart
4 Pony
5 Falbe, Fuchs, Rappe, Stute
6 Jucker, Maehre, Rappen, Zelter
7 Brauner, Mustang, Schecke, Wallach
8 Isabelle, Schimmel
9 Goldfuchs
12 Grauschimmel
13 Apfelschimmel
Pferdebahn
4 Tram
Pferdebesitz
7 Gestuet
8 Marstall
9 Rennstall
Pferdebürste
8 Striegel
11 Kardaetsche
Pferdedecke
7 Woilach
Pferdefuhrwerk
6 Fiaker
7 Karosse, Kutsche
8 Droschke, Equipage, Kalesche
Pferdefußbeschlag
8 Hufeisen
Pferdefußteil
3 Huf
Pferdegangart
4 Pace, Trab
6 Galopp
7 Schritt
Pferdegeräusch
12 Hufgeklapper
Pferdegeschirr
8 Reitzeug
10 Sielenzeug
Pferdegeschirrteil
4 Zaum
5 Siele, Sporn
6 Gebiss, Sattel, Sporen, Trense
7 Halfter, Kandare

11 Steigbuegel
Pferdejunges
6 Fohlen
7 Fuellen
Pferdekrankheit
4 Rehe, Rotz, Spat
5 Druse, Leist, Mauke
6 Koller
Pferdekunde
10 Hippologie
Pferdekutsche
8 Droschke
9 Planwagen
Pferdelaufleine
5 Longe
Pferdenasenloch
7 Nuester
Pferdeputzgerät ► Pferdebürste
Pferderasse
3 Kob
4 Pony
5 Tatar
6 Araber, Berber, Hunter, Perser, Tatare
7 Belgier, Hackney, Suffolk
8 Halbblut, Kaltblut, Turkmene, Vollblut, Warmblut
9 Haflinger, Ostfriese, Pinzgauer, Trakehner
10 Holsteiner, Lipizzaner
11 Oldenburger
12 Hannoveraner, Shetlandpony
Pferderennbahn
9 Hippodrom
Pferderennen
5 Derby
12 Galopprennen
Pferderennplatz
4 Riem
5 Ascot, Epsom
8 Daglfing
9 Iffezheim, Vincennes
10 Baden-Baden
Pferdesport
4 Polo, Turf
5 Derby
6 Reiten
7 Dressur
8 Military, Springen
10 Trabrennen
12 Galopprennen
Pferdesportanlage
8 Reitbahn
Pferdesportler
6 Reiter
12 Springreiter
13 Turnierreiter
Pferdesportrequisit
9 Reitgerte
Pferdestallplatz
3 Box
Pferdestammbuch
8 Stutbuch
Pferdestärke (Abkürzung)
2 PS
Pferdewagen
7 Kutsche
Pferdeweide
6 Koppel
Pferdezaum
6 Trense
7 Halfter
Pfiff
5 Kniff
8 Pfeifton
11 Hoerzeichen
14 Pfeifgeraeusch
Pfifferling
8 Gelbling
14 Eierschwammerl
pfiffig
6 findig
7 gewitzt
Pfingstgrün
4 Maie
Pfingstrose
7 Paeonie
Pfingstvogel
5 Pirol
Pfirsichart
9 Nektarine
Pflanze ...
· *ohne* **Blattgrün**
4 Pilz
· *ohne* **Blüten**
10 Kryptogame
13 Sporenpflanze
· *zur* **Düngung**
6 Lupine
· *mit* **Heilwirkung**
4 Aloe
6 Arnika
7 Melisse
· *des* **Mittelmeergebietes**
5 Agave
· *der* **See**
10 Meeresalge
Pflanzenableger
6 Senker
Pflanzenanbau
6 Kultur
8 Plantage
10 Baumschule
Pflanzenart
4 Alge, Baum, Farn, Gras, Mohn, Moos, Pilz
5 Blume, Busch, Kraut
6 Staude
7 Flechte, Strauch
Pflanzenauszug
4 Harz
5 Wachs
6 Essenz
7 Tinktur
Pflanzenesser
10 Vegetarier
Pflanzenfarbstoff
10 Blattgruen
11 Chlorophyll
Pflanzenfaser
4 Bast, Hanf
5 Sisal
6 Flachs
9 Baumwolle
Pflanzenfett
3 Oel
7 Keimoel, Leinoel
9 Margarine
15 Sonnenblumenoel
Pflanzenkeim
4 Same
5 Samen, Spore
Pflanzenkost
5 Salat
7 Gemuese, Rohkost
12 Vegetabilien
Pflanzenkostbeete
13 Gemuesegarten
Pflanzenkostesser
10 Vegetarier
Pflanzenkrankheit
7 Mehltau
12 Blauschimmel
Pflanzenkunde
7 Botanik
10 Phytologie
Pflanzenlaus
9 Blattlaus
10 Schildlaus

P

Pflanzenleim
7 Staerke
Pflanzenmilch
9 Gummiharz, Kautschuk
Pflanzennährstoff
4 Dung, Kali
7 Duenger
10 Thomasmehl
11 Nitrophoska
Pflanzenornament
8 Arabeske
Pflanzenreich
5 Flora
Pflanzensammlung
9 Herbarium
Pflanzenschädling
7 Reblaus
9 Blattlaus
Pflanzenschössling
5 Trieb
6 Senker
7 Ableger
Pflanzenschutzmittel
8 Fungizid, Pestizid
10 Bakterizid, Insektizid
Pflanzenspross ▶ Pflanzenschössling
Pflanzenstachel
4 Dorn
Pflanzenstängel
4 Halm
5 Stiel
6 Strunk
8 Grashalm
Pflanzenteil
3 Ast
4 Dorn, Halm, Laub
5 Aehre, Beere, Blatt, Borke, Dolde, Faser, Kelch, Nadel, Narbe, Ranke, Rinde, Rispe, Stamm, Stiel, Trieb, Wedel, Zweig
6 Bluete, Frucht, Knolle, Knospe, Kolben, Schote, Senker, Spross, Traube, Wipfel, Wurzel
7 Ableger, Griffel, Stachel, Stempel, Stengel, Zwiebel
8 Staengel
9 Kaetzchen
Pflanzentrieb
5 Ranke
6 Spross
7 Ableger
11 Schoessling
Pflanzenwelt ▶ Pflanzenreich
Pflanzenwuchs
10 Vegetation
Pflanzenwuchsform
6 Staude
Pflanzenzucht in Nährlösung
11 Hydrokultur
Pflanzenzuchtbetrieb
10 Baumschule, Gaertnerei
Pflanzenzüchter
8 Gaertner
Pflanzgut
4 Saat
pflanzlich
9 vegetabil
11 vegetarisch
pflanzlich(e, er, es) ...
· **Brennstoff**
4 Torf
· **Färbemittel**
6 Safran
· **Farbstoff**
7 Carotin, Karotin
· **Klettertrieb**
5 Ranke
· **Ölart**
7 Sojaoel
9 Disteloel
· **Zellverbindung**
6 Gewebe
Pflanzung
6 Kultur
8 Plantage
10 Baumschule
Pflasterart
9 Kopfstein
Pflaumenart
8 Quetsche, Spilling, Zwetsche
9 Damaszene, Mirabelle, Pruenelle, Reneklode, Zwetschge
11 Reineclaude
Pflaumenschnaps
7 Quetsch
9 Slibowitz, Sliwowitz
Pflege
4 Hege
5 Obhut, Sorge
7 Service, Wartung
9 Betreuung, Fuersorge
Pflege der Gesundheit
7 Hygiene
Pflege von Wild
4 Hege
Pflegeanstalt von Bodelschwingh
6 Bethel
Pflegebefohlener
7 Muendel, Patient
Pflegeheim ▶ Heil- und Pflegeheim
Pfleger (Kurzwort)
4 Sani
Pfleger
5 Tutor
7 Kurator, Vormund, Waerter
8 Betreuer
10 Fuersorger, Sanitaeter
Pfleger von Kunstdenkmälern
11 Konservator
Pflegestätte ▶ Heil- und Pflegeheim
Pflegestätte für herrenlose Kreaturen
8 Tierheim
Pflegling ▶ Pflegebefohlener
Pflegschaft
7 Kuratel
Pflegschaftsübernahme
8 Adoption
Pflicht
5 Gebot
6 Dienst
7 Aufgabe
9 Imperativ
11 Anforderung
12 Obliegenheit
Pflichtbeitrag
10 Kontingent
pflichteifrig
9 beflissen
Pflock ▶ Pfosten
pflügen
6 ackern
Pflugmesser
4 Sech
5 Schar
Pflugspur
6 Furche
Pflugteil
4 Baum, Sech
5 Schar

7 Grindel
9 Pflugbaum
Pforte
3 Tor
4 Tuer
6 Portal
7 Eingang, Einlass
Pfortendrehzapfen
5 Angel
Pförtner
7 Portier
9 Concierge
Pförtnerraum
4 Loge
Pfosten
5 Pfahl
6 Balken, Poller, Strebe
7 Pfeiler
Pfosten für die Pferdehalteleine
5 Pilar
Pfote
5 Klaue, Tatze
6 Pranke
11 Handschrift
Pfriem
4 Ahle
7 Ginster
Pfropfbastard
8 Chimaere
Pfropfen
5 Spund
6 Korken
7 Stopfen
8 Stoepsel
Pfropfen in den Blutgefäßen
9 Thrombose
Pfropfzweige auf einem Wildling
10 Edelreiser
Pfründe
6 Besitz
7 Benefiz
9 Praebende
Pfuhl
5 Sumpf
Pfuhlschnepfe
6 Limosa, Limose
Pfuscher
8 Stuemper
Pfütze
5 Lache
Phäake
12 Genussmensch
Phädras ...
· **Mann**
7 Theseus
· **Schwester**
7 Ariadne
· **Vater**
5 Minos
Phänomen
6 Wunder
7 Vorgang
8 Ereignis
11 Erscheinung
Phantasie ▶ Fantasie
phantastisch ▶ fantastisch
Phantom
8 Gespenst, Trugbild
Pharaonengattin
9 Nofretete
Pharaonengrab
8 Pyramide
Pharaonenname
5 Menes
6 Cheops, Ramses
8 Chephren, Echnaton
9 Amenhotep
11 Tutenchamun
Pharisäer
8 Heuchler
Pharmazeut
9 Apotheker
12 Pillendreher
Pharus
10 Leuchtturm
Phase
7 Stadium
9 Abschnitt
Philanthrop
10 Wohltaeter
14 Menschenfreund
Philatelist
18 Briefmarkensammler
philatelistischer Begriff
13 Ersttagsbrief
Philemons Frau
6 Baucis
Philharmonie
9 Musiksaal
philippinisch(e, er, es) ...
· **Diktator**
6 Marcos
· **Einwohner**
6 Tagale
7 Negrito
· **Insel**
4 Cebu
5 Bohol, Luzon, Samar
6 Negros, Tablas
7 Mindoro
8 Camiguin, Mindanao
· **Politiker/Politikerin**
6 Aquino, Enrile
· **Ureinwohner**
4 Aeta
8 Filipino
· **Urmensch**
7 Negrito
· **Vulkan**
3 Apo
5 Mayon
8 Urdaneta
Philisterstadt im A.T.
5 Ekron
Philosoph
6 Denker
15 Weisheitssucher
philosophische ...
· **Disziplin**
5 Ethik, Logik
9 Aesthetik, Dialektik, Ontologie
10 Metaphysik
· **Lehre**
10 Finalismus
· **Richtung**
8 Monismus
9 Realismus
10 Empirismus, Idealismus. Nihilismus
12 Positivismus, Pragmatismus
13 Materialismus, Rationalismus
16 Existentialismus, Existenzialismus
· **Schule**
4 Stoa
7 Kyniker
Phiole
7 Flasche, Gefaess
11 Glasflasche
Phlegma
9 Traegheit
14 Dickfelligkeit
17 Schwerfaelligkeit
phlegmatisch
6 traege
11 lethargisch
phönizische Kolonie
8 Karthago

phönizische Stadt
5 Sidon
Photoapparat ▶ Fotoapparat
photographisch ▶ fotografisch
Phrase
6 Gerede, Tirade
7 Floskel, Wendung
phrygische Göttin
6 Kybele
phrygischer Sagenkönig
5 Midas
physikalische ...
· **Arbeitseinheit**
3 Erg
· **Erscheinungsform**
15 Aggregatzustand
· **Größe der Thermodynamik**
8 Entropie
· **Grundgröße**
4 Zeit
5 Masse
6 Ladung, Laenge
· **Krafteinheit**
4 Pond
6 Newton
· **Untersuchung**
15 Spektralanalyse
· **Zustandsgröße**
8 Entropie
physikalischer Begriff
3 Gas, Ion, Mol, Ton, Weg
4 Atom, Bahn, Fall, Feld, Grad, Kern, Last, Raum, Zeit
5 Achse, Anode, Blitz, Dampf, Druck, Ebene, Farbe, Fokus, Hebel, Hoehe, Kraft, Kurve, Licht, Linse, Masse, Optik, Rolle, Stoff, Stoss, Strom, Welle
6 Dichte, Isotop, Kaelte, Ladung, Laenge, Leiter, Magnet, Moment, Pendel, Schall, Sender, Strahl, Vakuum, Waerme
7 Akustik, Beugung, Biegung, Drehung, Dynamik, Einheit, Element, Energie, Gewicht, Kathode, Kreisel, Materie, Messung, Reibung, Schwere, Spiegel, Volumen
8 Atomkern, Auftrieb, Batterie, Bewegung, Brechung, Drehzahl, Emission, Fernrohr, Flugbahn, Frequenz, Influenz, Isolator, Leistung, Maschine, Mechanik, Molekuel, Rotation, Spannung, Spektrum, Struktur
9 Anziehung, Bildpunkt, Bildweite, Dimension, Elektrode, Entladung, Expansion, Induktion, Konstante, Koppelung, Luftdruck, Nullpunkt, Potential, Potenzial, Reflexion, Strahlung, Traegheit
10 Aufloesung, Brennpunkt, Brennweite, Entfernung, Fallgesetz, Instrument, Kapazitaet, Lichtstrom, Magnetfeld, Oszillator, Rauminhalt, Reichweite, Schwingung, Siedepunkt, Temperatur
physische Stärke
5 Kraft
Piano
7 Klavier
Pianotasten
9 Klaviatur
Picke
4 Haue
5 Hacke
10 Kreuzhacke, Spitzhacke
Pickel
4 Akne
6 Pustel
8 Mitesser
Piefke
7 Banause
8 Spiesser
Pigment
9 Farbstoff
13 Hautfarbstoff
Pigmentmangel
10 Albinismus
pikant
6 scharf
8 gewuerzt
9 prickelnd
10 anstoessig, anzueglich
pikant(e, er, es) ...
· **Kaltgericht**
12 Fleischsalat
· **Kochzutat**
12 Paradeismark
· **Soße**
7 Catchup, Ketchup
8 Ketschup
9 Remoulade
13 Béchamelsauce, Béchamelsosse
Pikanterie
4 Reiz
Pike
5 Lanze
6 Spiess
pikiert
7 gereizt, nervoes
8 verletzt
9 beleidigt, verstimmt
10 indigniert
Piktografie
13 Bilderschrift
Pilgerart in Indien
4 Puri
Pilgerfahrt
9 Wallfahrt
Pilgerfahrt nach Mekka
5 Omrah
6 Hadsch
Pilgerherberge
6 Hospiz
Pilgerziel
13 Wallfahrtsort
Pilgerzug
10 Prozession
Pille
6 Arznei, Dragee
8 Pastille, Tablette
17 Verhuetungsmittel
Pillendreher
9 Apotheker
Pilot
7 Flieger
15 Flugzeugfuehrer
Pilotenkabine
6 Kanzel
7 Cockpit
Pilz
7 Schwamm
Pilzart
6 Bovist, Glucke, Marone

7 Lorchel, Morchel, Parasol, Rehling, Reizker
8 Egerling, Eierpilz, Hefepilz, Trueffel
9 Gruenling, Hexenpilz, Kapuziner, Krempling, Steinpilz, Suessling, Taeubling
10 Birkenpilz, Champignon, Hallimasch, Satanspilz, Schirmpilz, Ziegenbart, Zungenpilz
11 Fliegenpilz, Pfifferling
19 Knollenblaetterpilz

Pilzbelag in der Mundhöhle
4 Soor

Pilzfäden
5 Myzel
8 Myzelium

Pilzgeschwulst
6 Fungus

Pilzkeime
6 Sporen

Pilzkrankheit
6 Mykose

Pilzkunde
9 Mykologie

Pilzvernichtungsmittel
8 Fungizid

Pimpernuss
8 Pistazie

Pinakothek
16 Gemaeldesammlung

P

Pincenez
7 Kneifer

pingelig
9 engherzig, kleinlich

Pinselform
5 Quast

Pionier
11 Bahnbrecher, Vorkaempfer, Wegbereiter
13 Schrittmacher

Pionier der Raketentechnik
5 Nebel

Pionier des Automobilbaus
4 Benz
5 Horch
6 Diesel
7 Daimler

Pipette
9 Saugheber
10 Saugroehre

Pirat
10 Freibeuter, Seeraeuber

Piratenschiff
6 Korsar

Piratenwaffe
10 Enterhaken

Pirolart
6 Buelow
8 Bieresel, Bierhahn

Pirsch
4 Jagd

Piste
11 Rennstrecke

Piste auf Flugplätzen
8 Rollbahn
9 Landebahn, Startbahn

Piste der Skilangläufer
5 Loipe

Pistolentasche
7 Halfter

Pitcher
6 Werfer

Pizzagewürz
7 Oregano, Origano
9 Basilikum

Plage
4 Last, Pein, Qual
5 Elend, Muehe, Uebel
6 Leiden, Tortur
7 Muehsal
8 Strapaze
11 Anstrengung

Plagegeister (Sage)
6 Druden

Plakat
8 Anschlag
13 Werbeanschlag

plakatartiges Bild
6 Poster

plakativ
10 auffaellig

Plakatsäule
11 Litfasssaeule

Plakette
8 Medaille
9 Abzeichen
12 Gedenkmuenze

Plan
4 Idee
6 Design, Skizze
7 Absicht, Entwurf, Konzept, Projekt
8 Vorhaben
10 Uebersicht

Planbild
5 Karte

Planbild der Erde
5 Karte

Plane
5 Blahe, Decke
6 Plache
9 Abdeckung
10 Persenning
11 Regenschutz, Schutzdecke
12 Wetterschutz

Plane beim Camping
10 Zeltblache

Planet
4 Erde, Mars
5 Pluto, Venus
6 Merkur, Neptun, Saturn, Uranus
7 Jupiter
11 Wandelstern

Planetenbegleiter
4 Mond
7 Trabant
8 Satellit

Planetenkonstellation
10 Opposition
11 Konjunktion

Planetoid
4 Eros, Juno
5 Ceres, Vesta
6 Pallas
7 Ganymed

Planierung
9 Einebnung

Planke
5 Bohle, Brett, Diele

Plänkelei
5 Kampf
6 Streit
12 Scharmuetzel

planmäßig
7 gezielt
10 methodisch
12 systematisch

planmäßig(e, er, es) ...
- **Lehren**
10 Unterricht
- **Tilgung**
12 Amortisation
- **Übung**
8 Training

Planspiel
10 Experiment

Plantagenbesitzer
8 Pflanzer
planvoll
8 taktisch
10 methodisch
planvoll(e, er, es) ...
· **Maßnahme**
6 Aktion
8 Handlung
· **Tötung**
4 Mord
· **Vorgehen**
6 Taktik
7 Methode
9 Strategie
· **Vorsorge**
6 Sparen
12 Versicherung
Plastik
5 Figur
6 Bueste, Statue
8 Skulptur
Plastik aus gebranntem Ton
10 Terrakotta, Terrakotte
Plastikhaut
5 Folie
plastisch(e, er, es) ...
· **Bildwerk**
8 Skulptur
· **Brustbild**
6 Bueste
· **Kleindarstellung**
6 Modell
· **Schaubild**
7 Diorama
Plateau
9 Hochebene, Tafelland
11 Hochflaeche
Platitüde
7 Fadheit
10 Banalitaet
Platte
6 Fliese, Glatze, Kachel
7 Scheibe, Tablett
8 Kahlkopf
9 Glatzkopf
Plattengestein
8 Schiefer
Plattenhülle
5 Cover
Plattensammlung
9 Diskothek
Plattenspieler
9 Grammofon
10 Grammophon
Plattfisch
4 Butt
7 Flunder, Scholle
8 Heilbutt
9 Steinbutt
Plattform
5 Basis, Ebene
6 Buehne, Perron, Podest
7 Ausguck
8 Terrasse
Plattfuß am Auto
11 Reifenpanne
Plättgerät
5 Eisen
6 Mangel
11 Buegeleisen, Heissmangel
14 Buegelmaschine
Plattheit ► Platitüde
Plattwurm
8 Bandwurm
Platz
3 Ort
4 Feld, Rang, Raum
5 Markt
6 Posten, Stelle
7 Staette
8 Position
9 Spielfeld
Platz ...
· *für den* **Autolenker**
10 Fahrersitz
· *in* **Berlin** (Kurzwort)
4 Alex
· *für* **Geschenke**
10 Gabentisch
· *in* **München**
7 Stachus
· *im* **Parlament**
4 Sitz
Platzangst
11 Agoraphobie
14 Klaustrophobie
Platzanweiser
6 Ordner
9 Billeteur
Plätzchen
8 Pastille
Plätzchengewürz
4 Anis, Zimt
5 Macis, Mazis
6 Nelken
7 Vanille
Platzdeckchen
3 Set
Platzmangel
4 Enge
9 Gedraenge
11 Ueberfuelle
Platzmiete
9 Standgeld
Platzvormerkung
12 Reservierung
Plauderei
7 Plausch, Schnack
12 Konversation, Unterhaltung
Plauderer
7 Causeur
Pleite
4 Ruin
6 Misere
7 Debakel, Konkurs
8 Bankrott, Reinfall
Plejaden
13 Siebengestirn
Plötze (Fisch)
7 Rotauge
plötzlich
4 jaeh
6 abrupt
7 spontan
11 unversehens
12 unvermittelt
plötzlich auftretend
4 akut
plötzlich(e, er, es) ...
· **Angriff**
9 Ueberfall
· **Angst**
7 Schreck
9 Schrecken
· **Anhalten**
4 Ruck
· **Begreifen**
11 Erleuchtung
· **Blutgefäßverschluss**
7 Embolie
· **Einfall**
4 Idee
· **Erkenntnis**
11 Offenbarung
· **Geistesstörung**
10 Amoklaufen
· **Idee**
7 Einfall
· **Krankheit**
6 Anfall

· **Kreuzschmerz**
11 Hexenschuss
· **Massenangst**
5 Panik
· **Schadensereignis**
6 Unfall
· **Schwächeanfall**
7 Kollaps
· **Unwohlsein**
6 Anfall
· **Wechsel ins Gegenteil**
8 Umschlag
· **Wettererscheinung**
8 Gewitter
· **Windstoß**
3 Boe
· **Wutausbruch**
6 Koller
Plumeau
7 Zudecke
8 Oberbett
11 Schlafdecke
plump
6 traege
9 boeotisch
10 unbeholfen
13 schwerfaellig
plumps
5 plauz
7 pardauz
Plunder
4 Kram, Tand
7 Krempel, Troedel
10 Krimskrams
Plünderer
8 Marodeur
Plus
11 Ueberschuss
Plüschgewebe
6 Mokett
Pluspol
5 Anode
Plutomond
6 Charon
Pöbel
3 Mob
4 Pack
5 Masse, Plebs
6 Bagage
8 Gesindel
10 Lumpenpack
Pocken
8 Blattern
Pockenimpfstoff
6 Lymphe
Pockennarbe
7 Blatter
Pockholz
6 Guajak
Poem
7 Gedicht
Poesie
6 Zauber
8 Stimmung
12 Versdichtung
Poet
7 Dichter, Lyriker
poetisch
11 bilderreich, dichterisch
13 stimmungsvoll
poetisch für ...
· **Adler**
3 Aar
· **Atem**
4 Odem
· **Bauer**
7 Saemann
· **Bier**
11 Gerstensaft
· **Boot**
6 Nachen
· **Brunnen**
4 Born
5 Bronn, Brunn, Quell
· **darüber**
5 darob
· **Erquickung**
4 Labe
· **Flügel**
7 Fittich
· **Frühling**
4 Lenz
· **Gedicht**
4 Poem
· **Glanz**
5 Glast
· **Hauch**
4 Odem
· **Hecke**
3 Hag
· **Heuchler**
8 Gleisner
· **Insel**
6 Eiland
· **Kahn**
6 Nachen
· **Kartoffel**
8 Erdapfel
· **Kopf**
5 Haupt
· **Krieger**
11 Sattelsmann
· **Küste**
7 Gestade
· **Lebenshauch**
4 Odem
· **Leinen**
6 Linnen
· **Liebe**
5 Minne
· **Löwe**
3 Leu
· **Lüge**
3 Lug
· **Mädchen**
4 Maid
· **Pferd**
4 Ross
· *unser* **Planet**
7 Erdball
· **Schwanz**
7 Schweif
· **Tod**
4 Hein
· **Träne**
6 Zaehre
· **Ufer**
7 Gestade
· **Unklarheit**
6 Irrsal
7 Wirrsal
· **Unwahrheit**
3 Lug
· **Wohlgeruch**
4 Arom
· **Wunsch**
6 Begehr
· **Zimmer**
6 Gemach
poetisches Werk
3 Ode
4 Poem
7 Ballade, Gedicht
Pointe
3 Gag
4 Clou, Witz
pointierte Kurzgeschichte
8 Anekdote
Pokal
3 Cup
5 Kelch, Preis
6 Becher
7 Gefaess
8 Trophaee
10 Ehrenpreis

Pökelflüssigkeit
4 Lake
8 Salzlake
Pol
9 Drehpunkt, Zielpunkt
polar
8 arktisch
11 antarktisch, unvereinbar
14 gegensaetzlich
polares Gewässer
7 Eismeer
Polarforscher
6 Andrée
8 Amundsen
Polargebiet
6 Arktis
9 Antarktis, Groenland
Polargewässer
7 Eismeer
Polarhund
5 Laiki
Polarinsel
9 Groenland
Polarleuchten
9 Nordlicht
Polarschiff Nansens
4 Fram
Polarstern
9 Nordstern
Polartier
7 Eisbaer, Pinguin, Seehund, Walross
9 Blaufuchs
Polder
4 Koog
6 Marsch
Pole betreffend
5 polar
Polhöhe
9 Elevation
Polier- und Gleitmittel
6 Talkum
Poliermittel
5 Wachs
7 Politur
Polierschiefer
3 Gur
8 Bergmehl
9 Kieselgur
poliert
4 eben
5 glatt
Politesse
15 Hilfspolizistin
Politikwissenschaft
11 Politologie
politisch(e, er, es) ...
· **Ansprache**
8 Wahlrede
· **Begriff**
7 Junktim
8 Anarchie
10 Demokratie
14 Souveraenitaet
· **Druck**
10 Repression
· **Extremist**
5 Ultra
· **Gebilde**
5 Staat
· **Gemeinschaft**
4 Volk
6 Nation
· **Gewalttat**
8 Attentat
· **Gruppe**
6 Partei
· **Handstreich**
6 Putsch
· **Heißsporn**
9 Desperado
· **Hetzredner**
8 Agitator
· **Mordanschlag**
8 Attentat
· **Partei in den USA**
10 Demokraten
12 Republikaner
· **Programm**
8 Manifest
· **Redner**
8 Agitator
· **Tagesschriftsteller**
9 Publizist
· **Theoretiker**
8 Ideologe
· **Umsturz**
10 Revolution
· **Vereinigung**
6 Partei
· **Versammlung**
7 Meeting
· **Verschwörung**
12 Konspiration
· **Werber**
8 Agitator
· **Werbung**
9 Agitation
10 Propaganda
Politur
5 Glanz
7 Glaette, Schliff
8 Ueberzug
Polizei (Jargon)
6 Bullen
7 Polente, Polypen
Polizei auf dem Lande
11 Gendarmerie
Polizeiauto
10 Peterwagen
Polizeibeamter
5 Bobby
6 Schupo
7 Gendarm
8 Detektiv
10 Schutzmann
11 Kriminalist
12 Wachtmeister
Polizeibeamter in den USA
7 Sheriff
Polizeibeamter in Frankreich
4 Flic
Polizeibüttel
7 Scherge
Polizeidienststelle
6 Revier
Polizeifahrzeug (Abkürzung)
4 Krad
Polizeifessel
11 Handschelle
12 Handschellen
Polizeigewahrsam
4 Haft
Polizeihelm
7 Tschako
polizeiliche Aktion
6 Razzia, Sperre
7 Verhoer
8 Fahndung
9 Festnahme
10 Absperrung, Verhaftung
11 Haussuchung
15 Spurensicherung
polizeilicher Begriff
4 Spur
5 Indiz
6 Taeter, Tatort
8 Tatwaffe
Polizeiorganisation
7 Europol
8 Interpol

Polizeipatrouille
7 Streife
11 Funkstreife
Polizeitruppe
11 Gendarmerie
Polizeiwache
6 Revier
12 Dienststelle
Polizist ▶ Polizeibeamter
Pollux' Zwillingsbruder
6 Castor, Kastor
polnisch(e, er, es) ...
· **Adel**
9 Schlachta
· **Adelstitel**
6 Magnat
· **Arbeiterführer**
6 Walesa
10 Lech Walesa
· **Chemiker/in**
5 Curie
6 Fajans
· **Flächenmaß**
5 Morga, Wloka
· **Gemeindevorstand**
7 Starost
· **Gewerkschaftsführer**
6 Walesa
· **Grenzfluss**
4 Oder
· **Hafenstadt**
6 Danzig, Gdansk
7 Gdingen, Stettin
· **Herrscherhaus**
7 Piasten
10 Jagellonen
· **Komponist**
6 Chopin
· **König**
7 Kasimir
8 Jagiello
10 Stanislaus
· **Landschaft**
5 Posen
7 Masuren
8 Galizien, Masowien
10 Pomesanien
11 Pommerellen
· **Marschall**
9 Pilsudski
· **Mathematiker**
6 Banach, Borsuk
· **Nationalheiliger**
10 Stanislaus
· **Nationaltanz**
7 Mazurka
9 Krakowiak
· **Nobelpreisträger für Frieden**
6 Walesa
· **Nobelpreisträger für Literatur**
7 Reymont
11 Sienkiewicz
· **Parlament**
4 Sejm
· **Philosoph**
10 Kolakowski
· **Physiker**
6 Infeld
· **Pianist**
6 Chopin
· **Politiker**
4 Beck, Pyka
5 Ochab
6 Bierut, Gierek, Walesa
7 Gomulka, Rapacki
8 Morawski, Moscicki, Zawadski
9 Jagielski, Pilsudski
· **Schriftsteller**
3 Lem
4 Asch, Prus
5 Gruda, Tuwim
6 Hlasko, Milosz, Mrozek
7 Rembeck, Reymont, Wybicki
8 Malewska, Zeromski
11 Sienkiewicz
· **Stadt an der Oder**
6 Oppeln
· **Statthalter**
7 Woiwode
· **Tanz**
7 Mazurka
9 Polonaise
· **Währungseinheit**
5 Zloty
Polster
6 Kissen, Pfuehl
8 Matratze
Polsterliege
5 Diwan
Polstermaterial
5 Daune, Feder, Kapok, Watte
7 Seegras
8 Rosshaar
11 Schaumgummi, Schaumstoff
Polstermöbel
4 Bett, Sofa
5 Couch, Diwan, Liege
6 Sessel
7 Kanapee
8 Fauteuil, Ottomane
10 Clubsessel
12 Chaiselongue
13 Fernsehsessel
Polstersitzbank
4 Sofa
Poltergeist
6 Kobold, Schrat
13 Klabautermann
polternder Lärm
7 Getoese
Polygamie
7 Vielehe
polynesische Inselgruppe
5 Samoa
6 Hawaii
Polyp
5 Krake
11 Tintenfisch
Polypen
11 Wucherungen
Pomeranzenart
10 Bergamotte
Pomeranzenlikör
7 Curacao
Pomp
5 Prunk
6 Pracht
7 Aufwand
popelig
8 armselig
Popmusik aus Jamaika
6 Reggae
Popmusik der 60er-Jahre
4 Beat
Popmusikbegriff
3 Hit
4 Band, Bass, Beat, Show, Soul
5 Sound
6 Reggae
7 Session
8 Hardrock
10 Heavymetal
Popmusiktanzlokal
9 Diskothek
poppig
4 bunt

populärer Künstler
8 Filmstar
populäres Liedchen
3 Hit
8 Schlager
11 Gassenhauer
Popularität
11 Beliebtheit
porig
6 poroes
porös
5 porig
12 durchlaessig
poröses Vulkangestein
4 Bims
Portal
3 Tor
6 Pforte
7 Eingang
Portemonnaie
10 Geldbeutel, Geldboerse
Portepee
6 Quaste
Portier
8 Hauswart
9 Pfoertner
Portion
4 Teil
6 Ration
7 Quantum
Porträt
4 Bild
7 Bildnis
8 Gemaelde, Kopfbild
9 Konterfei
11 Nachbildung
portugiesisch für ...
· **Bergkette**
5 Serra
· **heilig** (bei Namen)
3 São
portugiesisch(e, er, es) ...
· **Adelstitel**
7 Fidalgo
· **Asienbesitzung** (ehemalig)
5 Macao, Macau
· **Entdecker**
4 Diaz, Gama
5 Pinto
6 Cabral
8 Magellan
9 Magalhaes
10 Magallanes
11 Vasco da Gama
· **Erfinder**
5 Nunez
· **Geschlecht**
8 Braganza
· **Heerführer**
7 Almeida
· **Insel**
6 Flores
7 Madeira
8 Berlenga, Desertas, Terceira
· **Inselgruppe**
6 Azoren
· **Königsname**
5 Pedro
6 Alfons, Manuel
7 Alfonso, Emanuel
8 Fernando
9 Ferdinand
· **Landschaft**
5 Beira
7 Algarve
· **Mathematiker**
5 Nunez
· **Mediziner**
5 Moniz
8 Giraldes
· **Münze**
7 Centavo
· **Nobelpreisträger für Medizin**
5 Moniz
· **Politiker**
4 Pais
5 Costa, Eanes, Gomes, Lopes
6 Soarez
7 Caetano, Salazar
8 Oliveira
· **Prinzentitel**
6 Infant
· **Provinz**
7 Algarve
· **Schriftsteller**
4 Dias, Lobo
5 Braga, Dinis, Nobre, Pires
6 Pessoa
8 Carneiro, Pascoaes
9 Fernandes
10 Alcoforado, Figueiredo
· **Seefahrer**
4 Diaz, Gama
8 Magellan
11 Vasco da Gama
· **Statthalter in Ostindien**
11 Albuquerque
· **Süßwein**
7 Madeira
· **Währungseinheit**
4 Real, Reis
5 Dobra
6 Escudo
7 Centavo
· **Wallfahrtsort**
6 Fatima
· **Weinsorte**
8 Portwein
Porzellanerde
6 Kaolin
8 Kaolinit
Porzellanmanufaktur
4 Selb, Wien
5 Delft
6 Sèvres
7 Meissen
Porzellanschnecke
5 Kauri
Porzellanstadt
4 Selb
Porzellantasse
13 Kaffeehaeferl
Porzellantrinkgefäß
8 Teetasse
Porzellanverzierung
5 Dekor
Posament
4 Band
5 Borte, Galon, Litze
6 Besatz, Franse, Pompon, Quaste, Schnur, Tresse
7 Troddel
Posaune der alten Germanen
4 Lure
Pose
5 Mache
7 Haltung, Theater
8 Gebaerde, Stellung
9 Federkiel
Position
3 Amt, Ort
4 Lage
6 Posten, Stelle
7 Haltung
8 Stellung
10 Anstellung, Taetigkeit
14 Beschaeftigung

Position eines Flugzeugs festlegen
5 orten
positiv
6 gewiss
8 bejahend, bestimmt
10 zutreffend
positiv ...
· **geladene Elektrode**
5 Anode
· **geladenes Atomteil**
6 Proton
· **geladenes Elementarteilchen**
8 Positron
· **geladenes Ion**
6 Kation
positiv(e, er es) ...
· **Charakterzug**
6 Tugend
· **Elektrode**
5 Anode
· **Ergebnis**
6 Erfolg
· **Kontostand**
4 Plus
8 Guthaben
· **Mitteilung**
6 Zusage
Positur ► Pose
Possen
2 Uz
3 Ulk
4 Witz
5 Farce, Spass, Unfug
6 Scherz, Unsinn
7 Streich
8 Burleske, Groteske, Komoedie
9 Lustspiel
11 Schabernack
possenhaft
7 burlesk
Possenreißer
3 Tor
4 Narr
5 Clown
6 Kasper
7 Bajazzo, Kasperl
8 Harlekin, Witzbold
9 Hanswurst
10 Komoediant, Spassvogel
11 Spassmacher
Possenreißer am Fürstenhof
7 Hofnarr
Possenreißer in der Antike
5 Mimus
possierlich
4 nett
7 drollig
8 niedlich, zierlich
Postadresse
9 Anschrift
postalischer Begriff
5 Porto
6 Inland
7 Ausland
9 Frankatur
12 Postleitzahl
13 Eilzustellung
Postanschrift
7 Adresse
Postaufgeber
9 Adressant
Postbediensteter
7 Postler
Postbeförderung im Krieg
8 Feldpost
Postbote
9 Zusteller
12 Brieftraeger
Postdienststelle
7 Fernamt
12 Fernmeldeamt
Postdynastie
13 Thurn und Taxis
Posteinwurfstelle
11 Briefkasten
Posten
5 Menge, Wache
6 Hueter, Stelle
7 Ausguck, Quantum, Spaeher
8 Position, Stellung
10 Anstellung, Beobachter, Bleischrot, Teilbetrag
Posten von Waren
6 Partie
Postenkette
6 Kordon
10 Absperrung
Poster
6 Plakat
Postgebäude
7 Postamt
13 Fernsprechamt, Telegrafenamt
14 Telegraphenamt
Postgebühr
5 Porto
Postillion
8 Kutscher, Schwager
12 Postkutscher
Postkutscher
8 Schwager
10 Postillion
Postselbstempfänger
7 Abholer
Postsendung
5 Brief, Kabel, Karte, Paket, Telex
7 Telefax
8 Depesche, Eilbrief, Eilpaket, Luftpost, Rohrpost
9 Anweisung, Paeckchen, Postkarte, Telegramm, Wertbrief, Wertpaket
10 Drucksache
Postskript
2 PS
8 Nachsatz, Nachtrag
11 Nachschrift
Postulat
7 Annahme
8 Begehren
9 Forderung, Probezeit, Verlangen
10 Behauptung
13 Voraussetzung
Postversandstück
5 Paket
Postversendungsart
12 Einschreiben
Postwertzeichen
5 Marke
9 Freimarke
10 Briefmarke
Postzusteller
4 Bote
8 Postbote
12 Brieftraeger
Potentat
9 Herrscher
10 Machthaber
Pracht ► Pomp
Prachtbau
5 Villa
6 Palast
7 Schloss
Prachtentfaltung
5 Prunk

Prachtexemplar
11 Kaventsmann
Prachtgebäude
7 Schloss
8 Prunkbau
prächtig
5 famos, prima
6 feudal
7 kostbar, pompoes, vornehm
8 blendend, herrlich
9 prunkvoll
10 grossartig, prachtvoll
13 ausgezeichnet
prächtiges Grab
9 Mausoleum
Prachtkutsche
7 Karosse
13 Staatskarosse
Prachtstraße
5 Allee
6 Avenue
9 Boulevard
Prachtstraße in Paris
13 Champs Elysées
Prachttor
6 Portal
prachtvoll ► prächtig
Prachtwicke
5 Donia, Donie
Prädestination
13 Vorbestimmung
Prädikant
8 Prediger
Prädikat
4 Note
6 Zensur
7 Aussage, Beiwort
9 Bewertung
11 Beurteilung
Prädikat bei Doktorprüfungen
4 rite
8 cum laude
13 magna cum laude, summa cum laude
Prädikat bei Weinen
7 Auslese
8 Kabinett
Prag in der Landessprache
5 Praha
Prägeform
5 Mater
Prägemaschine
8 Kalander
prägende Wirkung
8 Eindruck
Prager Burg
9 Hradschin
Prager Stadtteil
10 Kleinseite
Prägewerkzeug
6 Stanze
Pragmatiker
6 Macher
Prags sagenhafte Gründerin
7 Libussa
Prägung auf Stein
6 Gravur
prähistorisches Werkzeug
6 Eolith
9 Faustkeil
Prahler
11 Wichtigtuer
Prahlerei
6 Angabe
Prahlhans
4 Snob
5 Protz
7 Angeber, Blender
8 Maulheld
9 Grossmaul, Renommist
10 Gernegross, Windmacher
12 Aufschneider, Schwadroneur
praktikabel
7 machbar
13 durchfuehrbar
Praktikant
9 Volontaer
14 Auszubildender
Praktikerfertigkeit
7 Routine
praktisch
6 patent
8 guenstig
11 pragmatisch
Praline mit Alkohol
14 Weinbrandbohne
Pralinen
7 Konfekt
9 Naschwerk
Pralinenfüllung
4 Krem, Nuss
5 Creme, Nugat
6 Cognac, Kognak, Likoer, Nougat
7 Krokant
8 Marzipan
10 Knickebein
Pralinenpackung
11 Bonbonniere
prall
4 dick
6 stramm
Präludium
8 Vorspiel
Prämie
5 Bonus
6 Gewinn
7 Beitrag, Gebuehr
8 Nachlass, Zuschlag, Zuschuss
9 Belohnung
13 Gratifikation
Pranger im Mittelalter
11 Schandpfahl
Pranger in Lübeck
4 Kaak
Pranke
5 Klaue, Pfote, Tatze
10 Gliedmasse
Präposition
2 an, in, um, zu
3 auf, aus, bei, hin, von, vor
4 fuer, nach, ohne, samt, seit
5 durch, neben, nebst, statt, trotz, ueber, unter, wegen
6 ausser, binnen, hinter, laengs, unweit
7 naechst, zufolge
8 jenseits, oberhalb, waehrend, zwischen
9 diesseits, innerhalb, unterhalb
10 ausserhalb
Präriepferd
7 Mustang
Präriewolf
6 Kojote
Präsent
4 Gabe
8 Geschenk
11 Mitbringsel
Präsenz
9 Gegenwart
11 Anwesenheit
Präsident der Bundesrepublik Deutschland
3 Rau
5 Heuss

6 Herzog, Luebke, Scheel
8 Carstens
9 Heinemann
14 von Weizsaecker
Präsident der Palästinenser
6 Arafat
Präsident des HSV
6 Seeler
prassen
9 schlemmen
Prasserei
9 Voellerei
13 Verschwendung
prätentiös
11 duenkelhaft, eingebildet
Praxismediziner
10 Kassenarzt
präzise
5 exakt, genau, knapp
8 treffend
12 gewissenhaft
Präzisionszeitmesser
11 Chronometer
Prediger
10 Praedikant
11 Geistlicher
12 Kanzelredner
Predigerorden
11 Dominikaner
Predigerstand
6 Kanzel
Predigt
6 Sermon
Predigtbuch
8 Postille
Predigtstuhl
6 Kanzel
8 Katheder
Preis
4 Wert
6 Betrag
7 Entgelt, Gebuehr, Praemie
8 Trophaee
9 Gegenwert
Preis ...
· *ohne* **Abzug**
5 netto
6 brutto
· *der* **Beförderung**
6 Fracht
12 Frachtkosten
· *von* **Devisen**
11 Wechselkurs
· *für* **Kapitalnutzung**
4 Zins
· *für* **Leistungen**
5 Tarif
· *des* **US-Geldes**
10 Dollarkurs
· *von* **Wertpapieren**
4 Kurs
Preisabzug
6 Rabatt, Skonto
8 Nachlass
Preisauftrieb
6 Hausse
8 Teuerung
9 Inflation
Preisbrecher
10 Discounter
Preiselbeere
10 Kronsbeere
preisen
7 ruehmen
Preisgabe
7 Aufgabe
8 Verzicht
12 Kapitulation
13 Entaeusserung
Preisgericht
4 Jury
Preisgrenze
5 Limit
Preisliste
7 Katalog
8 Prospekt
Preisnachlass ► Preisabzug
Preisschätzung
4 Taxe
Preisschild
7 Etikett
Preisspanne
5 Marge
Preissturz an der Börse
5 Slump
6 Baisse
7 Deroute
Preisträger
6 Sieger
8 Gewinner
Preistreiber
8 Wucherer
Preisüberhöhung
4 Nepp
Preisunterbietung
7 Dumping
Preisvorschlag
5 Gebot
7 Angebot, Offerte
preiswert
6 billig
8 wohlfeil
prekär
6 heikel
7 kitzlig
8 diffizil
9 schwierig
Premier
18 Ministerpraesident
Premiere
10 Eroeffnung
13 Urauffuehrung
15 Erstauffuehrung
Pressbraunkohle
7 Brikett
Pressearbeitsplatz
9 Redaktion
Presseberichterstatter
8 Reporter
13 Korrespondent
Presseerzeugnis
7 Journal, Magazin, Zeitung
11 Zeitschrift
12 Illustrierte
13 Morgenzeitung
Pressefeldzug
8 Kampagne
Presseschriftstellerei
12 Journalismus
Pressfalte
7 Plissee
Pressholztafel
10 Spanplatte
Presskohle
7 Brikett
Pressrückstand
7 Trester
Pressspan
5 Pappe
Prestige
3 Ruf
5 Image
7 Ansehen, Geltung
8 Renommee
Preuße
7 Borusse
preußisch(e, er, es) ...
· **Adelsgeschlecht**
5 Arnim
6 Buelow

· **Arzt**
10 Sauerbruch
· **Chemiker**
5 Bayer
· **Dynastie**
12 Hohenzollern
· **Feldmarschall**
4 Roon
6 Moltke
7 Wrangel
8 Bluecher
9 Gneisenau
· **Finanzminister**
5 Stein
· **Freikorpsführer**
6 Schill
7 Luetzow
· **General**
4 Roon
5 Boyen, Goltz, Yorck
6 Moltke, Zieten
7 Wrangel
8 Bluecher, Seydlitz
9 Gneisenau
10 Clausewitz, Schlieffen
11 Scharnhorst
· **Heerführer**
9 Gneisenau
· **Kriegsminister**
4 Roon
5 Stein
· **Provinz**
5 Posen
7 Pommern
8 Hannover
9 Schlesien, Westfalen
11 Brandenburg, Ostpreussen
· **Reformer**
5 Stein
10 Hardenberg
11 Scharnhorst
· **Schlachtenort**
4 Jena
6 Torgau
9 Auerstedt
· **Staatsmann**
4 Dohm, Falk, Roon
5 Beuth, Bonin, Stein
6 Abeken, Goertz, Schoen
7 Caprivi, Roedern, Zedlitz
8 Bismarck, Humboldt, Radowitz
9 Achenbach, Hansemann, Ladenberg
10 Hardenberg

prickelnd
6 pikant
8 reizvoll

Priem
8 Kautabak

Priester
5 Pater
6 Kaplan, Pastor
7 Dechant, Pfarrer
10 Seelsorger
11 Geistlicher

Priester der Ostkirche
4 Pope

Priester der Schiiten
9 Ajatollah, Ayatollah

Priestergewand
4 Albe
5 Talar
6 Sutane
7 Soutane

priesterliche Handlung
7 Segnung

Priesterstand
6 Klerus

Priesterumhang
5 Stola

Priesterweihe
10 Ordination

Primärpublikation
9 Erstdruck
11 Erstauflage

Primat
4 Affe

Primelart
7 Aurikel
13 Alpenveilchen
15 Schluesselblume

primitiv(e, er, es) ...
· **Befestigung**
8 Ringwall
· **Haus**
6 Huette
· **Schusswaffe**
5 Bogen, Pfeil
· **Unterkunft**
4 Asyl
6 Huette

Prinz von Savoyen
5 Eugen

Prinzessin aus „Tausendundeiner Nacht"
8 Turandot

Prinzessin von Monaco
8 Caroline
9 Stephanie

Prinzessin von Wales
5 Diana

Prinzip
5 Axiom
6 Maxime
9 Grundsatz

prinzipielle Ablehnung des Krieges
10 Pazifismus

Prise
5 Beute, Dosis, Hauch, Zutat
6 Rapuse, Schuss, Zusatz
7 Portion, Quantum

privater Autoweg zum Haus
8 Einfahrt

Privatkasse
9 Schatulle

Privatkrieg
5 Fehde

Privatschule
8 Internat

Privatsekretär Ciceros
4 Tiro

Privileg
8 Vorrecht
9 Freibrief
11 Sonderrecht

pro
2 je

Proband
14 Versuchsperson

Probe
4 Test
6 Uebung
7 Versuch
8 Pruefung
9 Kontrolle
10 Experiment

Probeabzug
7 Andruck

Probedruck
5 Fahne

Probezeit im Kloster
8 Noviziat

Problem
5 Frage
7 Aufgabe, Raetsel
9 Geheimnis

Produkt
4 Ware
6 Ertrag
8 Ergebnis, Resultat

Produkt ...
· *der* **Auster**
5 Perle
· *der* **Bienen**
5 Honig, Wachs
· *der* **Forstwirtschaft**
4 Holz
· *aus* **Kohle**
4 Teer
· *aus* **Kokosnüssen**
4 Fett
5 Kopra
· *vom* **Lande**
5 Milch
· *aus dem* **Moor**
4 Torf
· *vom* **Rind**
10 Nierenfett
· *der* **Textilindustrie**
5 Tuche
6 Stoffe
· *aus* **Tierhaut**
5 Leder
Produktion
9 Erzeugung, Fertigung
11 Anfertigung, Fabrikation, Herstellung
Produktionsstätte
6 Fabrik
Produzent
10 Hersteller
Professional
5 Profi
14 Berufssportler
Professor im Ruhestand
8 Emeritus
Profil
6 Umriss
7 Ansicht, Schnitt
Profit
6 Ertrag, Gewinn, Nutzen
7 Vorteil
8 Einnahme
9 Verdienst
Prognose
10 Voraussage, Vorhersage
Programm
4 Plan
6 Ablauf
7 Abfolge, Absicht
8 Vorhaben
11 Verzeichnis
12 Nummernfolge, Tagesordnung
13 Theaterzettel
Programmankündigung
6 Ansage
Programmansage
10 Conférence
programmatische Grundsatzerklärung
8 Manifest
Programmerläuterung (Fernsehen)
6 Ansage
Programmgestalter
9 Animateur
Programmiersprache
5 Basic
Projekt ▶ Plan
Projektil
8 Geschoss
Projektionsapparat
7 Diaskop, Episkop
9 Projektor
10 Bildwerfer, Epidiaskop
17 Overheadprojektor
19 Tageslichtprojektor
Proklamation
6 Appell, Aufruf
11 Bekanntgabe, Deklaration
14 Bekanntmachung
Prolog
7 Vorrede, Vorwort
8 Vorspiel
10 Einleitung
Prolog in einem Buch
18 Einleitungskapitel
Promenade
5 Korso
10 Spazierweg
prominent
7 bekannt
8 beruehmt
Promovierender
9 Doktorand
Propaganda
7 Reklame, Werbung
9 Agitation, Publicity
Prophet
5 Seher
6 Mahner
7 Kuender
Prophet im Alten Testament
3 Eli, Gad
4 Amos, Esra, Hiob, Joel, Jona, Nabi, Osee
5 Elias, Elisa, Hosea, Jonas, Josua, Micha, Nahum
6 Daniel, Haggai, Isaias, Jesaja, Nathan, Obadja, Samuel
7 Habakuk, Jeremia, Jesajas, Nehemia
8 Ezechiel, Hesekiel, Jeremias, Maleachi, Sacharja, Zephanja
9 Malachias, Zephanias
Prophetin im alten Israel
6 Debora
7 Deborah
Prophezeiung
6 Orakel
10 Vorhersage, Weissagung
Proportion
8 Ebenmass
10 Gleichmass
11 Verhaeltnis
Prosa
8 Dichtung
Prosawerk
4 Saga
5 Roman
7 Novelle
10 Erzaehlung, Shortstory
14 Kurzgeschichte
Prospekt
10 Preisliste
12 Werbeschrift
Prostituierte
5 Dirne, Nutte
7 Hetaere, Kokotte
8 Callgirl
14 Liebesdienerin, Strichmaedchen
15 Freudenmaedchen
Protein
7 Eiweiss
Protest
4 Veto
9 Einspruch
10 Auflehnung, Opposition, Widerstand
Protestant
6 Hussit
9 Calvinist, Hugenotte, Kalvinist
10 Lutheraner
11 Zwinglianer
12 Reformierter

protestantische Gottesdienstordnung
6 Agende
protestantischer Feiertag
10 Karfreitag
13 Buss- und Bettag
15 Reformationstag
Protestaufmarsch
10 Kundgebung
13 Demonstration
Protokoll
7 Bericht
13 Niederschrift
Protokollant
14 Schriftfuehrer
Prototyp
6 Modell, Muster
8 Testfall
Protz
4 Snob
7 Angeber, Prahler
10 Gernegross
11 Wichtigtuer
Provenienz
8 Herkunft, Ursprung
10 Abstammung
provenzalisch(e, er, es) ...
· **Minnesänger**
8 Trouvère
10 Troubadour
· **Sprache**
9 Languedoc
· **Tanz**
8 Rigaudon
9 Farandole, Olivettes
10 Faranduola
Proviant
6 Vorrat
10 Mundvorrat, Wegzehrung
11 Verpflegung
Provinz ...
· *in* **Belgien**
7 Brabant
8 Hennegau
· *in* **China**
5 Honan, Kansu
7 Schansi
· *in* **Indien**
8 Bengalen
· *in* **Irland**
6 Ulster
· *in* **Italien**
6 Rovigo
· *in* **Kanada**
7 Alberta, Ontario
8 Manitoba
· *in den* **Niederlanden**
7 Utrecht
· *in* **Spanien**
6 Oviedo
8 Alicante
9 Tarragona
Provision
12 Gewinnanteil
Provision des Börsenmaklers
7 Kurtage
8 Courtage
provokant
10 anstoessig, aufreizend
Provokation
15 Herausforderung
Prozedur
6 Ablauf
7 Vorgang
9 Verfahren
Prozess
6 Ablauf
7 Hergang, Verlauf, Vorgang
9 Geschehen
12 Rechtsstreit
17 Gerichtsverfahren
Prozession
5 Umzug
8 Bittgang
9 Pilgerzug, Wallfahrt
Prozesspartei
7 Anklage
11 Angeklagter
12 Verteidigung
Prozessteilnehmer
7 Klaeger
Prozessunterlagen
5 Akten
Prozessvorsitzender
7 Richter
prüde
7 geziert, sproede
9 schamhaft
10 zimperlich
prüfen
6 proben
7 checken
prüfend
8 kritisch
prüfend berühren
6 tasten
Prüfer
6 Tester
7 Revisor
10 Examinator, Inspizient
11 Kontrolleur, Untersucher
Prüfling
8 Kandidat
9 Doktorand
Prüfstein
9 Kriterium
Prüfung
4 Test
6 Examen
9 Kontrolle
10 Experiment
Prüfung ...
· *im* **Griechischen**
7 Graecum
· *von* **Handelsgütern**
9 Warentest
· *im* **Lateinischen**
7 Latinum
· *von* **Messgeräten**
5 Eiche
6 Eichen
· *im* **Motorradsport**
5 Trial
· *von* **Zuchttieren**
7 Koerung
Prüfung ablegen
10 maturieren
Prüfungsarbeit
4 Test
7 Klausur
Prüfungsergebnis ▶ Examensnote
Prüfungsprädikat
4 Note
6 Zensur
Prüfungsurkunde
6 Diplom
7 Zeugnis
Prüfungsverfahren
4 Test
Prügel
4 Haue
5 Hiebe, Keile, Keule, Senge, Stock
8 Schlaege
Prügelei
8 Keilerei, Rauferei
11 Schlaegerei

Prügelknabe
11 Suendenbock
Prügelstrafe
9 Bastonade
Prunk
4 Pomp
5 Luxus, Staat
6 Pracht
9 Gepraenge
Prunkbau ▶ Prachtbau
prunklos
8 schlicht
Prunksarg
9 Sarkophag
prunkvoll
7 pompoes
9 luxurioes, praechtig
prunkvoll(e, er, es) ...
· **Grabmal**
9 Mausoleum
· **Mahlzeit**
9 Festessen
· **Tor**
6 Portal
· **Trinkbecher**
5 Pokal
Prunkwagen
7 Karosse
Prunusgewächs
10 Schlehdorn
Psalmendichter
5 David
Psalmenzeichen
4 Sela
Pseudonym
8 Deckname
10 Nom de plume
Psyche
5 Seele, Wesen
11 Seelenleben
Psyches Geliebter
4 Amor
psychische Belastung
6 Stress
Psychoanalytiker
4 Jung
5 Adler, Freud
psychologisches Experiment
4 Test
Psychotherapeut
10 Eheberater, Seelenarzt
Pubertät
17 Entwicklungsalter, Entwicklungsjahre

publik
7 bekannt
11 oeffentlich
Publikation
17 Veroeffentlichung
Publikum
5 Leser
6 Gaeste, Hoerer
8 Besucher, Zuhoerer
9 Fernseher, Zuschauer
15 Oeffentlichkeit
Publikumsliebling
4 Idol
Publizist
5 Autor
6 Texter
8 Verleger
9 Redakteur
10 Journalist
14 Schriftsteller
pudelartige Schoßhunde
8 Malteser
Puder
6 Pulver
puderartiges Mineral
4 Talk
Pudergrundstoff
4 Talk
6 Talkum
Puderzucker
5 Farin
8 Farinade
Puffer aus Tauwerk
6 Fender
Puffmais
7 Popcorn
Pulk von Flugtieren
7 Schwarm
Pullover
6 Jumper
7 Sweater, Twinset
11 Strickjacke
Puls
10 Herzschlag
Pulsader
7 Arterie
10 Schlagader
Pult
6 Kanzel
8 Katheder
Pulver
5 Puder, Staub
pulverförmiger Holzabfall
9 Saegemehl

Pulverladung in Metallhülsen
9 Kartusche
pulvriges Mineral
3 Gur
Puma
7 Panther
11 Silberloewe
Pump
6 Kredit
7 Anleihe
Pumphose
13 Knickerbocker
Pumpventil bei Blasinstrumenten
6 Piston
Punkt
3 Ort
6 Stelle
11 Satzzeichen
Punkt ...
· *in der* **Antarktis**
3 Pol
7 Suedpol
· *in der* **Arktis**
3 Pol
7 Nordpol
· *der* **Erdachse**
7 Nordpol
· *der* **größten Sonnenferne eines Planeten**
5 Aphel
· *der* **größten Sonnennähe eines Planeten**
7 Perihel
· *im* **Telegramm**
4 stop
· *auf dem* **Würfel**
4 Auge
· *auf der* **Y-Achse** (mathematisch)
8 Ordinate
Punktestand beim Sport
5 Score
Punktgleichheit
8 Einstand
9 Ausgleich
pünktlich
6 strikt, zeitig
11 rechtzeitig
12 zuverlaessig
Punschterrine
5 Bowle
Puppe
5 Larve

P

Puppe für Autotests
5 Dummy
Puppenbühne
15 Kasperletheater
18 Marionettentheater
Puppenhülle bei Insekten
5 Kokon
Puppenkörper
4 Balg
Puppenmutter
5 Kruse
Puppenspiel ▶ Puppenbühne
Puppentheater
17 Marionettenbuehne
pur
4 rein
6 lauter
11 unverduennt
13 unverfaelscht
Püree
3 Mus
13 Kartoffelbrei
Purgatorium
9 Fegefeuer
Purpura
10 Bluterguss
Purzelbaum
6 Kobolz
10 Purzelbock
Puste
4 Atem
Pusztaschänke
6 Csarda
Putsch
7 Revolte, Umsturz
8 Aufstand, Erhebung
9 Rebellion
13 Staatsstreich
Putz
6 Zierat
7 Schmuck
10 Aufmachung
Putzbrett des Maurers
11 Kartaetsche
putzen
8 reinigen
Putzlappen
8 Reibtuch
11 Scheuertuch
Putzmacherin
8 Modistin
9 Midinette
11 Hutmacherin
Putzmaterial
12 Poliermittel
Putzmittel
8 Reiniger
Putzsucht
9 Eitelkeit
11 Gefallsucht
Putztisch
8 Toilette
12 Frisiertisch
Putztuch
6 Lappen
Putzzimmer
7 Boudoir
Pygmäenstamm
4 Aeta, Akka, Kivu
5 Wedda
6 Bafoto, Semang
Pyjama
11 Schlafanzug
Pylon
7 Pfeiler
15 Brueckenpfeiler
Pyramidenort in Ägypten
5 Giseh, Gizeh, Medum
Pyrenäenberg
5 Aneto
6 Nethou
7 Canigou
9 Maladetta, Mont Perdu, Vignemale
Pyrenäenbewohner
5 Baske
Pyrenäenhalbinsel
7 Iberien
Pyrenäenpass
9 Tourmalet
11 Roncevalles
Pyrenäenstaat
7 Andorra
Pyrenäenvolk
6 Basken
Pyrenäenzwergstaat
7 Andorra
Pyrotechniker
11 Feuerwerker

Q

Quackelbeere
9 Wacholder
Quacksalber
8 Pfuscher, Salbader, Stuemper
10 Medikaster, Scharlatan
11 Kurpfuscher
Quader
5 Stein
6 Prisma
8 Baustein
Quadrant
11 Kreissektor
12 Viertelkreis
Quadrat
6 Karree, Potenz
7 Viereck
8 Rechteck
quadratischer Raum (Typographie)
7 Geviert
Quadriga
11 Viergespann
Quadrille
10 Kontertanz
Quadrillefigur
3 Ete
Quadrofonie (Quadrophonie)
9 Raumklang
Quagga
5 Zebra
Qual
3 Not
4 Last, Leid, Pein
5 Muehe, Plage
6 Folter, Marter, Tortur, Unheil
7 Muehsal, Schmerz
9 Martyrium
12 Misshandlung
quälend(e, er, es) ...
· **Arbeit**
5 Muehe

· **Empfindung**
7 Schmerz
· **Gedanke**
9 Gruebelei
· **Schmerz**
4 Pein
· **Schuld**
5 Scham
Quälgeist
5 Drude
11 Nervensaege
qualifiziert
8 geeignet
9 befaehigt
13 fachmaennisch
Qualität
4 Wert
5 Guete
11 Eigenschaft
14 Beschaffenheit
Qualitätsbegriff
5 Marke
Qualitätserzeugnis
13 Markenartikel
Qualitätsniveau
8 Standard
Qualitätswein
13 Beerenauslese
Qualle
5 Polyp
6 Meduse
8 Hohltier
Qualm
5 Dampf, Dunst, Rauch, Wolke
6 Brodem
15 Zigarettenrauch
Quantität
4 Zahl
5 Menge
6 Anzahl
7 Ausmass, Groesse
Quantitätsmitteilung
12 Mengenangabe
Quantum
5 Dosis, Menge
6 Anteil, Anzahl, Ration
7 Einheit, Portion
Quappe
8 Truesche
Quark
6 Topfen
10 Weisskaese
17 Elementarteilchen
Quarte
9 Intervall
Quartier
5 Logis
6 Bezirk, Bleibe
7 Viertel
10 Unterkunft
12 Stadtviertel
Quarzabart
5 Mocha
Quarzart
9 Tigerauge
Quarzgang
5 Pfahl
Quarzsteinchen
6 Kiesel
Quast
6 Pinsel
Quaste
5 Tolle
6 Bommel, Pompon, Zottel
7 Puschel, Troddel
8 Portepee, Posament
Quatsch
5 Unfug
6 Unsinn
Quecksilber (Alchimie)
6 Merkur
Quecksilberverbindung
7 Amalgam
quecksilbrig
7 lebhaft
Queen
8 Koenigin
Quelle
4 Born
5 Bronn
7 Brunnen
8 Herkunft, Ursprung
10 Wasserader
Quellennymphe der Griechen
6 Najade
Quellfluss ...
· *der* **Donau**
4 Breg
7 Brigach
· *des* **Kongo**
6 Lukuga
7 Lualaba, Luapula
· *der* **Lippe**
5 Pader
· *des* **Nil**
6 Kagera
9 Blauer Nil
· *des* **Pregel**
6 Inster
· *des* **Rhein**
11 Hinterrhein, Vorderrhein
· *der* **Weser**
5 Fulda, Werra
Quellgebiet des Rheins
5 Adula
Quellgöttin
6 Egeria, Najade
8 Arethusa
Quellnymphe ► Quellgöttin
Quendel
7 Thymian
quer
6 zwerch
7 schraeg, travers
8 diagonal
Querabmessung
6 Breite
Queraxt ► Querbeil
Querbalken
8 Traverse
9 Architrav
Querbeil
7 Dechsel
Quercus
5 Eiche
Querele
5 Hader, Klage, Zwist
6 Streit
Querfaden beim Weben
6 Schuss
Querfeldeinmotorradrennen
9 Motocross
Querholz der Eisenbahnschienen
8 Schwelle
Querholzfahne
6 Banner
querköpfig
4 stur
7 trotzig
8 obstinat
11 hartnaeckig
Querlinie
9 Diagonale
12 Transversale
Querne
6 Muehle
Querschiff
8 Transept

Querschiff im Bauernhaus
5 Flett
Querschnitt
6 Mittel, Profil
12 Durchschnitt
Querstange am Schiffsmast
3 Rah
4 Rahe
Querstange des Barrens
4 Holm
Querstrich im Druckwesen
6 Serife
Querulant
8 Noergler, Quengler
10 Miesmacher, Streithahn
12 Streithammel
Querversteifung
8 Traverse
Quetschung
9 Kontusion
Queue
12 Billardstock
quietistisch
8 geduldig
17 schicksalsergeben
Quintessenz
4 Kern
5 Wesen
9 Inbegriff, Kernpunkt
10 Hauptsache
Quisquilie
11 Kleinigkeit
quitt
12 ausgeglichen
Quittung
3 Bon
5 Beleg
12 Bestaetigung, Beweisstueck, Beweiszettel, Kassenzettel
13 Bescheinigung
Quiz
10 Fragespiel
Quizaufgabe
9 Ratespiel
Quizmannschaft
8 Rateteam
Quodlibet
8 Allerlei, Mischung
13 Durcheinander
Quote
4 Satz, Teil
6 Anteil
10 Teilbetrag

R

Rabatt
5 Abzug
6 Skonto
8 Abschlag, Nachlass
10 Verguetung
13 Preisnachlass
Rabatz ► Radau
Rabe Odins
5 Hugin, Munin
Rabenvogel
5 Dohle
6 Elster, Haeher, Kraehe
8 Kolkrabe
12 Eichelhaeher
rabiater Mensch
7 Grobian, Rohling
Rache
8 Revanche
10 Vergeltung
Rachegöttin
5 Furie
6 Alekto
7 Erinnye, Megaere
8 Eumenide
9 Tisiphone
Rachen
7 Schlund
Rachenblütler
9 Braunwurz, Fingerhut, Leinkraut
10 Ehrenpreis, Loewenmaul
12 Koenigskerze
Rachenbräune
10 Diphtherie
Rachenmandel
8 Tonsille
Rächerin des Frevels
7 Nemesis
Rachsucht
8 Rankuene
Rackenvogel
9 Wiedehopf
Radabstand
9 Spurweite

Radarmessung
6 Ortung
13 Lokalisierung
Radau
5 Krach, Laerm
6 Tumult, Unruhe
12 Ruhestoerung
Radaufhängung
5 Achse
Räderfahrzeug
5 Wagen
Rädertierchen
10 Rotatorien
Räderverbindung
5 Achse
Räderwerk
8 Getriebe, Mechanik
11 Mechanismus
Radfahrer
6 Radler
Radhülse
4 Nabe
Radierung
5 Stich
8 Gravuere
15 Kaltnadelarbeit
radikal
6 extrem
9 fanatisch
13 kompromisslos
radikale Jugend-gruppierung
9 Skinheads
Radio
8 Rundfunk
Radio direkt
4 live
radioaktiver Abfall
9 Atommuell
radioaktiver Niederschlag
7 Fall-out
radioaktives Element
4 Uran
5 Radon
6 Curium, Radium
7 Fermium, Thorium
8 Aktinium, Francium, Polonium, Thallium
9 Neptunium, Plutonium
12 Protaktinium
Radiodarbietung
9 Hoerspiel
Radioempfangsteil
5 Tuner

Radiozubehör
7 Antenne
Radius
10 Halbmesser
Radkranz
5 Felge
Radmittelteil
4 Nabe
Radrennbahn
8 Velodrom
Radrennfahrer
6 Steher
7 Flieger
14 Strassenfahrer
17 Verfolgungsfahrer
Radsportmehrkampf
6 Omnium
Radteil ► Fahrradteil
Radwettbewerb
10 Verfolgung
11 Giro d'Italia
12 Steherrennen, Tour de France
14 Strassenrennen
15 Sechstagerennen
16 Spanienrundfahrt
Raffel
5 Reibe
10 Zahnluecke
Raffgier
4 Geiz
7 Habgier
8 Habsucht
Raffinade
6 Zucker
raffiniert
5 smart
6 schlau
7 gewieft, gewiegt
8 gerieben, gerissen
10 trickreich
12 durchtrieben
Raffsucht
4 Gier
8 Habsucht
Rage
3 Wut
4 Zorn
6 Aerger
7 Raserei
Ragout aus Wildgeflügel
5 Salmi
Ragwurzelknolle
5 Salep
Rahels Mann
5 Jakob
Rahenende
4 Nock
Rahm
5 Obers, Sahne
Rahmbonbon
7 Karamel
9 Karamelle
Rahmen
5 Zarge
7 Chassis, Gestell
10 Einfassung
Rainweide
8 Liguster
Rammbock
5 Ramme
Rammpfahl
6 Pilote
Rampe
6 Perron
8 Auffahrt
9 Plattform
Ramsch
4 Kram
6 Schund, Tinnef
7 Plunder, Troedel
13 Schleuderware
Rand
4 Ende, Saum, Ufer
5 Kante
6 Grenze
14 Kantenstreifen
Rand des Billardtisches
5 Bande
Rand eines Gewässers
4 Ufer
Randalierer
8 Hooligan
Randbeet
7 Rabatte
Randbemerkung
6 Glosse
8 Fussnote
10 Marginalie
Randbesatz (Kleidung)
5 Borte
Randeinfassung
4 Saum
Randgebiet
10 Peripherie
Randleiste
4 Sims
6 Gesims
Randmeer des Atlantiks
7 Nordsee
Randstickerei
8 Langette
Randstreifen neben der Fahrbahn
7 Bankett
8 Bankette
Randverdickung
5 Wulst
Randverzierung
5 Sicke
8 Vignette
Rang
4 Grad
5 Stand, Stufe, Titel
6 Balkon, Empore, Klasse, Wuerde
7 Ansehen, Geltung
8 Renommee, Stellung
9 Bedeutung
10 Dienstgrad, Plazierung
11 Platzierung
Rangältester
5 Doyen
Rangbezeichnung
4 Note
5 Titel
9 Praedikat
Range
4 Goer
5 Goere
Rangordnung
10 Hierarchie
12 Stufenleiter
Rangstufe
6 Charge
Rangstufe beim Judo
3 Dan, Kyu
Rangstufe im Schachsport
12 Grossmeister
Rangverlust
12 Degradierung
Rangwürde
5 Titel
rank
7 schlank
Ränke ► Ränkespiel
Ranke des Weinstocks
4 Rebe
Rankengewächs
4 Efeu, Wein
5 Liane
6 Hopfen

Rankenwerk
8 Arabeske, Ornament
Ränkeschmied
9 Intrigant
11 Quertreiber
Ränkespiel
4 List
6 Kabale, Tuecke
7 Arglist, Intrige
8 Komplott
10 Hinterlist
12 Machenschaft
13 Verschwoerung
Ranzen
7 Raenzel
8 Rucksack
9 Felleisen, Tornister
11 Schultasche
rapid
5 rasch
6 rasant
7 schnell
Rapport
7 Bericht, Meldung
rar
5 knapp
6 selten
Rarität
10 Seltenheit
11 Kostbarkeit
rasant
6 rasend
7 schnell
9 schneidig
14 flachgestreckt
rasch
5 eilig, flink, flott, rapid
6 behend, hurtig, prompt, sofort
7 behaend, schnell
9 geschwind
rasch die Stimmung wechselnd
8 launisch
rasche ...
· **Bewegung**
4 Ruck
· **Kreiswendung beim Fechten**
5 Volte
· **Reaktion**
6 Impuls
Rasen
5 Wasen, Wiese
rasend
4 toll
5 rapid
6 furios, rabiat
7 wuetend
9 fanatisch
rasend(e, er, es) ...
· **Beifall**
6 Furore
· **Krieger**
9 Berserker
· **Verlangen**
8 Begierde
· **Weib**
5 Furie
7 Maenade, Megaere
Rasenpflanze
4 Gras
Rasenspiel
4 Golf, Polo
5 Rugby
6 Hockey
7 Kricket, Krocket
8 Fussball, Handball
Rasensport-Wettkampf
11 Golfturnier
Rasensprenger
9 Sprinkler
Rasenstück
4 Sode
Raserei
3 Wut
4 Rage
Raspel
5 Feile
Rassehund
6 Basset, Beagle
7 Afghane, Spaniel, Terrier
8 Pekinese
Rassel
6 Knarre
Rassenhass
9 Rassismus
Rassentrennung
9 Apartheid
Rassepferd
6 Araber
rassig
5 apart
9 schnittig
Rast
4 Ruhe
5 Pause
Rast im Gasthaus
7 Einkehr
rasten
5 ruhen
Rastlosigkeit
6 Unruhe
11 Nervositaet
Rat
3 Tip
4 Tipp, Wink
Rate
4 Teil
5 Quote
6 Anteil, Betrag
10 Teilbetrag
raten
9 empfehlen
11 vorschlagen
Ratespiel
4 Quiz
Ratgeber
6 Helfer, Mentor
7 Berater
9 Leitfaden, Vademekum
10 Kompendium
Ratgeber ...
· **eines Fürsten**
7 Paladin
· **Karls des Großen**
6 Alkuin
· **Telemachs**
6 Mentor
· **vor Troja**
6 Nestor
Ration
5 Dosis
6 Anteil
7 Portion
ratlos
7 hilflos, perplex
Rätoromane
7 Ladiner
8 Friauler
ratsam
4 klug
9 nuetzlich
14 empfehlenswert
Ratsche
6 Knarre
Ratschlag ► Rat
Rätselart
4 Quiz
5 Rebus
8 Anagramm, Scharade
9 Kreuzwort, Palindrom
13 Silbenraetsel, Zahlenraetsel

15 Schwedenraetsel
16 Kreuzwortraetsel

Rätselfreund
5 Rater
6 Loeser

rätselhaft
8 pythisch
10 mysterioes
11 enigmatisch
13 geheimnisvoll

rätselhafte Naturkraft
2 Od

rätselhafte Weissagung
6 Orakel

Ratsherr
7 Senator
8 Alderman, Stadtrat

rattern
7 rasseln
8 klappern

rau (rauh)
4 derb, grob
6 barsch, heiser

Raub
4 Fang, Sore
5 Beute, Prise
6 Rapuse
9 Diebstahl
15 Eigentumsdelikt

Raubbau
10 Kahlschlag

Räuber
4 Dieb
6 Bandit
7 Brigant
10 Verbrecher

Räuberhauptmann aus dem Hunsrück
14 Schinderhannes

Räuberhauptmann und Sagenheld in Altengland
9 Robin Hood

räuberisch(e, er, es) ...
- **Eidechse**
5 Waran
- **Insekt**
7 Libelle
8 Gelbrand
- **Singvogel**
7 Wuerger
10 Neuntoeter
- **Vogel**
6 Elster

Raubfisch
3 Hai
4 Wels
5 Hecht
6 Barsch, Eishai, Rochen, Zander
7 Piranha
8 Saegehai, Tigerhai

Raubinsekt
7 Libelle

Raubkatze
4 Puma
5 Luchs, Tiger
6 Gepard, Ozelot

Raubmarder
5 Zobel

Raubtier
4 Baer, Puma, Wolf
5 Dachs, Dingo, Fuchs, Iltis, Loewe, Luchs, Mungo, Tiger, Zobel
6 Gepard, Grisli, Grisly, Hyaene, Jaguar, Marder, Ozelot, Panter, Pardel, Serval, Wiesel
7 Eisbaer, Grizzly, Leopard, Panther, Schakal
8 Hermelin, Wildhund
9 Frettchen, Vielfrass, Wildkatze
10 Fischotter

Raubtiergebiss
4 Fang

Raubtiernahrung
7 Fleisch

Raubtierpfote
5 Klaue, Tatze
6 Pranke

Raubvogel ► Greifvogel

Raubvogelfüße
6 Klauen

Raubvogelnest
5 Horst

Rauch
5 Abgas, Dunst, Qualm
8 Schmauch, Schwaden

rauchende Schwefelsäure
5 Oleum

Räucherfisch
3 Aal
9 Bueckling

Räuchermittel
5 Myrre
6 Myrrhe
9 Weihrauch

Raucherutensil
6 Ascher, Pfeife
7 Fidibus
9 Feuerzeug
12 Aschenbecher
14 Pfeifenstopfer

Rauchfang
4 Esse
5 Kamin
6 Schlot
11 Schornstein

Rauchkraut
5 Tabak

Rauchware
4 Fell, Pelz

Raufbold
5 Rowdy
9 Schlaeger
11 Halbstarker

Rauferei
7 Haendel
11 Handgemenge, Schlaegerei

Raufutter (Rauhfutter)
3 Heu
8 Haecksel

Raum
3 All
4 Erde, Saal, Welt
5 Stube
6 Gelass, Gemach, Kammer, Kosmos, Zimmer
7 Weltall
8 Weltraum
9 Universum

Raum ...
- *im* **antiken Tempel**
5 Cella
- *unter dem* **Dach**
3 Oke
5 Boden
6 Buehne
8 Speicher
10 Dachkammer
- *für den* **Geistlichen**
9 Sakristei
- *in* **Klöstern**
6 Klause
- *für* **Kraftfahrzeuge**
6 Garage
- *zwischen* **Mauersteinen**
4 Fuge
- *des* **Motorkolbens**
7 Hubraum

R

- *zwischen* **Schiffsboden und Schiffshaut**
  5 Bilge
- *für* **Sträflinge**
  5 Zelle
- *für* **Wagen**
  6 Remise

Raumbegrenzung
4 Wand
5 Boden, Decke
9 Fussboden

Raumbegriff
5 Hoehe
6 Breite, Laenge
8 Richtung
9 Abmessung, Dimension

Raumeingang
4 Tuer

Raumfahrer
9 Astronaut, Kosmonaut

Raumfahrtbasis (USA)
10 Kap Kennedy
12 Kap Canaveral

Raumfahrtbegriff
4 Mach
5 Duese, Schub, Stufe
6 Kapsel
8 Machzahl, Satellit
9 Astronaut, Count-down, Koppelung, Kosmonaut, Raumanzug, Raumsonde, Treibsatz, Wasserung
10 Landestufe, Mondfaehre, Raumkapsel, Raumschiff, Startrampe, Startstufe, Umlaufbahn, Umlaufzeit
16 Schwerelosigkeit

Raumfahrtbehörde der USA
4 NASA

Raumfahrtprojekt
6 Apollo, Skylab

Raumfahrtzentrum
7 Houston
9 Kosmodrom

Raumgestalter
14 Innenarchitekt

Rauminhalt
7 Volumen
17 Fassungsvermoegen

Rauminhalt bei Schiffen
7 Tonnage

Rauminhalt eines Schiffes (Abkürzung)
3 BRT

räumlich begrenzt
3 eng
5 klein

räumliche Distanz
7 Abstand

räumliche Sehweise
11 Perspektive

Raummaß
4 Ster
7 Klafter
9 Festmeter, Raummeter
10 Kubikmeter

Raummaß ...
- *für* **Langholz**
  9 Festmeter
- *bei* **Schiffen** (Abkürzung)
  3 BRT, NRT
- *für* **Schnittholz**
  9 Festmeter

Raumschiff
6 Kapsel, Rakete
7 Station
8 Satellit
10 Mondfaehre

Raumschiff der Amerikaner
5 Faith, Sigma
6 Apollo, Aurora, Gemini
7 Freedom
10 Friendship
11 Liberty Bell

Raumschiff der Sowjets
5 Sojus
6 Wostok
7 Sputnik, Woschod

Raumsonde
8 Satellit
9 Mondsonde

Raumsonde der Amerikaner
7 Mariner, Voyager
8 Explorer, Vanguard
10 Discoverer

Raumsonde der Sowjets
5 Lunik
7 Sputnik

Raumton
11 Quadrofonie, Stereofonie
12 Quadrophonie, Stereophonie

Raumüberwölbung
6 Kuppel

raunen
7 murmeln
9 fluestern

raupenartiges Garn
8 Chenille

Rausch
5 Dusel
6 Affekt, Taumel
7 Schwips
8 Erregung

Rauschgift
3 LSD
5 Crack, Droge, Opium
6 Drogen, Heroin, Kokain
8 Morphium

Rauschgold
7 Flitter

Rauschzustand
4 Trip
8 Delirium

Raute
4 Karo
6 Staude
7 Pflanze, Rhombus, Strauch, Viereck
14 Parallelogramm

Rauware (Rauhware)
5 Biber
6 Molton
7 Flanell
8 Barchent, Velveton

Reagenzmittel
7 Lackmus

Reaktion
10 Gegenkraft
12 Gegenwirkung, Rueckwirkung

Reaktion im Schachspiel
8 Gegenzug

reaktionär
13 rueckstaendig
16 rueckschrittlich

Reaktionsauslöser
11 Katalysator

reaktionsträges Element
7 Edelgas

Reaktorkatastrophe
3 Gau
8 Supergau

real
5 reell
7 konkret
8 dinglich, wirklich
12 tatsaechlich

Realität
6 Dasein
Rebell
8 Empoerer, Meuterer
9 Insurgent
10 Aufruehrer
13 Aufstaendiger
15 Aufstaendischer
Rebenanlage
8 Weinberg
Rebenfrüchte
7 Trauben
11 Weintrauben
Rebensaft
4 Wein
Rebensaft aus grünen Trauben
9 Weisswein
Rebensorte
5 Faber, Pinot
6 Merlot
7 Gutedel
8 Riesling, Silvaner, Traminer
9 Burgunder, Huxelrebe, Rulaender, Scheurebe, Veltliner
10 Trollinger
11 Muskateller, Portugieser
14 Mueller-Thurgau, Spaetburgunder
15 Gewuerztraminer
Rebensorte an der Mosel
8 Riesling
Rechen
5 Harke
Rechenanlage
8 Computer
12 Heimcomputer, Tischrechner
16 Elektronengehirn, Personalcomputer
17 Elektronenrechner
Rechenart ► Rechnungsart
Rechenaufgabe
7 Exempel
Rechenbrett
6 Abakus
Rechenergebnis
5 Summe
7 Produkt
8 Endsumme, Quotient, Resultat
9 Differenz
Rechenkunst
10 Arithmetik
Rechenpfennig
5 Jeton
Rechenschaft
7 Bericht, Rapport
8 Auskunft
Rechnen mit ...
· **Brüchen**
13 Bruchrechnung
· **Buchstaben**
7 Algebra
· **Zahlen**
10 Arithmetik
Rechnung
4 Nota
5 Zeche
6 Faktur
7 Faktura
8 Quittung
11 Kalkulation, Liquidation
Rechnungsamt
5 Kasse
6 Rentei
7 Rentamt
9 Finanzhof, Kaemmerei
Rechnungsart
8 Addition, Division
11 Subtraktion
14 Multiplikation
Rechnungsbetrag
6 Posten
Rechnungsführer
7 Rendant
Recht
3 Ius, Jus
6 Gesetz
8 Anspruch, Befugnis
9 Erlaubnis, Vollmacht, Zulassung
10 Konzession
11 Genehmigung
Rechte eines Schutzherrn
9 Patronate
rechte Kontoseite
5 Haben
6 Kredit
rechte Schiffsseite
10 Steuerbord
Rechteck
4 Karo
5 Raute
7 Quadrat, Rhombus, Viereck
8 Rhomboid
14 Parallelogramm
rechteckig
6 oblong
rechteckig behauener Stein
6 Quader
Rechtfertigung
13 Justifikation
rechtgläubig
8 orthodox
Rechthaber
9 Trotzkopf
12 Besserwisser
rechtliche Grundlage eines Staates
10 Verfassung
11 Grundgesetz
Rechtlosigkeit im Mittelalter
4 Acht, Bann
rechtmäßig
5 legal, loyal
7 legitim
10 gesetzlich
Rechtsanwalt
6 Jurist
7 Advokat
8 Syndikus
9 Justitiar, Justiziar
Rechtsanwaltskunde
6 Klient
7 Mandant
Rechtsbrauch
4 Usus
rechtschaffen
4 brav
6 bieder, honett
7 achtbar, ehrlich, honorig, redlich
Rechtschreibebuch
5 Duden
Rechtschreibübung
6 Diktat
Rechtschreibung
11 Orthografie
12 Orthographie
Rechtsextremist
7 Neonazi
8 Faschist
10 Chauvinist
11 Nationalist
Rechtsgelehrter der Mohammedaner
5 Mufti, Ulema

Rechtsgrund
5 Titel
Rechtsgrundlage
6 Gesetz
10 Verordnung
16 Gewohnheitsrecht
Rechtskundiger
6 Jurist
Rechtsmittel
6 Rekurs
8 Berufung, Revision
Rechtsnachfolge
10 Sukzession
Rechtsnorm zum Schutz geistigen Eigentums
9 Copyright
12 Urheberrecht
Rechtsorgan
6 Justiz
7 Gericht
Rechtspflege
6 Justiz
12 Jurisdiktion
Rechtsprecher
7 Richter
Rechtsprechung
9 Judikatur
12 Jurisdiktion
Rechtsradikaler ► Rechts-extremist
Rechtsspruch
6 Urteil
Rechtsstreit
7 Prozess
9 Verfahren
Rechtsverdreher
7 Kasuist
8 Rabulist
Rechtsvorschrift
6 Gesetz
10 Verordnung
Rechtsweg
7 Instanz
Rechtswesen
12 Jurisdiktion
rechtswidrig
7 illegal
8 verboten
9 illegitim, unerlaubt, untersagt
12 ungesetzlich
rechtswidrige Aneignung
4 Raub
9 Diebstahl
10 Usurpation
Rechtswidrigkeit
8 Vergehen, Verstoss
10 Verbrechen
Rechtswissenschaft
3 Jus
4 Jura
12 Jurisprudenz
rechtwinklig
9 senkrecht
10 orthogonal
rechtwinkliger Behälter
3 Box
5 Kiste
6 Karton, Kasten, Steige
rechtzeitig
5 frueh
6 prompt
10 puenktlich
Recke
4 Held
6 Kaempe
7 Krieger
Rede
7 Referat, Vortrag
9 Ansprache
Rede vor Gericht
9 Plaedoyer
Rededuell
6 Disput
11 Disputation
15 Streitgespraech
Redefluss
5 Suada
Redekunst
8 Rhetorik
Redensart
5 Idiom
6 Phrase, Slogan
7 Floskel
Rederei
5 Ondit
7 Klatsch, Tratsch
10 Geschwaetz
Redeschlacht
7 Debatte
Redeschwall
5 Suada
6 Erguss, Tirade
9 Redefluss
11 Wortschwall
Redewendung ► Redensart
redlich
4 fair, treu
5 loyal
6 bieder, ehrbar, honett, wacker
7 ehrlich, integer
13 rechtschaffen
Redlichkeit
11 Ehrlichkeit
Redner
6 Orator, Rhetor
8 Demagoge, Referent, Sprecher
12 Vortragender
Rednerplatz
4 Pult
6 Kanzel, Podest, Podium
8 Katheder, Tribuene
redselig
9 leutselig
10 mitteilsam
reell
7 ehrlich
10 anstaendig
13 rechtschaffen
Referent
6 Kustos, Redner
9 Dezernent, Gutachter
10 Bearbeiter
Referenz
8 Auskunft
10 Empfehlung
Reflektor
7 Spiegel
8 Fernrohr, Teleskop
11 Hohlspiegel
13 Rueckstrahler
15 Spiegelteleskop
Reflexion
10 Spiegelung
11 Ueberlegung
Reform
10 Erneuerung, Neuord-nung
12 Umgestaltung
Reformator
3 Hus
6 Calvin, Luther
7 Zwingli
11 Melanchthon
reformiert
11 evangelisch
14 protestantisch
Refrain
8 Kehrreim
Regal
4 Bord, Rack
7 Gestell

8 Staender, Stellage
12 Warengestell
14 Buechergestell
rege
3 vif
4 agil
5 aktiv, emsig
6 eifrig, munter, wendig
7 rastlos, ruestig
9 umtriebig
10 betriebsam
Regel
4 Norm
6 Gesetz
7 Periode, Prinzip
8 Leitsatz
Regelabweichung
11 Abnormitaet
Regeldetri
8 Dreisatz
regelmäßig
6 normal, stetig
8 geordnet, regulaer
10 rhythmisch
11 symmetrisch
regelmäßig(e, er, es) ...
· **Achteck**
7 Oktogon
· **Bewegung eines Körpers**
10 Schwingung
· **Gärtnerservice**
10 Graspflege
· **Lehren**
10 Unterricht
· **Sitzungstermin**
8 Jour fixe
· **Viereck**
7 Quadrat
· **Wechsel**
6 Turnus
regelrecht
6 normal
8 regulaer
9 kanonisch
Regelverstoß im Sport
4 Foul
7 rempeln
Regelwerk
5 Kanon
regelwidrig
6 abnorm, anomal
8 verboten
Regelwidrigkeit
4 Foul
8 Anomalie
10 Abweichung
11 Abnormitaet
Regenabfluss am Haus
6 Traufe
9 Dachrinne
regenarmes Gebiet
6 Steppe, Wueste
Regenauffangbehälter
5 Tonne
8 Zisterne
Regenbogenhaut
4 Iris
Regengöttin
7 Plejade
Regenkleidung, Regenschutz
4 Cape
6 Anorak, Kapuze, Schirm, Umhang
7 Oelzeug
8 Gamasche, Pelerine
9 Parapluie, Windjacke
10 Gummischuh, Trenchcoat, Waterproof
11 Regenmantel, Regenschirm
Regenquelle
5 Wolke
Regenschauer
4 Guss
Regenschirm
9 Parapluie
Regent
9 Herrscher, Oberhaupt
Regenträger
5 Wolke
Regenwasserlache
7 Pfuetze
Regenwolke
6 Nimbus
Regie
7 Leitung
8 Fuehrung
12 Spielleitung
Regiearbeit
12 Inszenierung
Regieassistentin beim Film
10 Scriptgirl, Skriptgirl
Regierender an Fürstenstelle
6 Regent
Regierung
5 Junta, Senat
8 Kabinett
9 Staatsrat
Regierungsbehörde
11 Ministerium
Regierungschef
7 Kanzler, Premier
13 Bundeskanzler
15 Premierminister
18 Ministerpraesident
Regierungsfeier
9 Staatsakt
regierungsfeindlicher Zusammenschluss
6 Fronde
Regierungsform
6 Regime
8 Diktatur
16 Parlamentarismus
Regierungsmitglied
8 Minister
Regierungssitz
8 Residenz
10 Hauptstadt
Regierungssitz in Moskau
5 Kreml
regierungstreu
5 loyal
Regierungsvertreter
8 Diplomat
10 Gouverneur
Regierungszeit des Papstes
10 Pontifikat
Region
4 Zone
6 Bezirk, Gebiet, Gegend
8 Distrikt
10 Landschaft, Landstrich
Regisseur
11 Spielleiter
Register
5 Liste
10 Uebersicht
11 Aufstellung, Verzeichnis
Registratur
6 Ablage
12 Aktenschrank
13 Aktensammlung
Registraturmappe
6 Ordner
Regler
9 Regulator
10 Thermostat
Regress
14 Ersatzanspruch
regsam ► rege

R

regulär
6 normal
7 ueblich
Regungslosigkeit
6 Starre, Torpor
Reh
4 Bock, Kalb, Kitz
5 Bambi, Geiss, Ricke
6 Gabler
8 Spiesser
rehfarbig
7 chamois
Rehfüßchen
11 Pfifferling
Rehjunges
4 Kitz
Rehwildlaute
6 fiepen
Reibeisen
5 Reibe
6 Raffel, Raspel
Reibelaut
8 Frikativ
Reibkeule
7 Pistill
Reibung
8 Friktion
reibungslos
5 glatt
reich
6 potent
7 betucht, opulent
Reich
8 Imperium
reich
9 beguetert, bemittelt
10 vermoegend, wohlhabend
11 gut situiert
Reich ...
· *der* **Feuerriesen**
10 Muspelheim
· **Gottes**
6 Himmel
· *der* **Kälte**
8 Niflheim
· *der* **Mitte**
5 China
· *der* **Riesen**
6 Utgard
· *des* **Satans**
6 Hoelle
· *der* **Toten**
5 Hades, Orkus
9 Unterwelt
13 Schattenreich
reich an Aufbaustoffen
8 nahrhaft
reicher Mann
5 Nabob
7 Kroesus
10 Millionaer
11 Milliardaer
reicher Nichtstuer
7 Playboy
reichlich
6 ueppig
7 opulent
Reichspräsident
5 Ebert
10 Hindenburg
Reichsritter
5 Geyer
6 Hutten
9 Sickingen
12 Berlichingen
Reichweite
6 Radius
13 Aktionsradius, Wirkungskreis
Reif
6 Diadem
Reife des Weines
5 Firne
Reifen
3 Rad
4 Pneu
Reifendruckmaß
4 Atue, Torr
Reifeprüfling
8 Maturand
10 Abiturient
Reifeprüfung
3 Abi
6 Abitur, Matura
Reifezeit
9 Pubertaet
Reifrock
9 Krinoline
Reihe
5 Folge, Kette, Serie
7 Abfolge, Sequenz
Reihe von acht Tönen
6 Oktave
Reihe zusammengehöriger Dinge
4 Satz
Reihenfolge
5 Serie
6 Ablauf, Turnus
7 Abfolge, Wechsel
10 Aufteilung, Gliederung
Reim
4 Vers
Reimform
7 Endreim
8 Stabreim
reimloses Gedicht
3 Ode
Reimschmied
8 Reimling
9 Poetaster
11 Dichterling
rein
3 pur
4 klar
6 lauter, sauber
8 gediegen
10 fleckenlos
rein begrifflich
8 abstrakt
rein zahlenmäßig
9 numerisch
rein, nach Abzug
5 netto
Reineke
5 Fuchs
reiner Quarz
12 Bergkristall
Reinfall
4 Pech
6 Fiasko, Pleite
7 Blamage
10 Misserfolg, Niederlage
13 Blossstellung
Reingewicht
5 Netto
Reingewinn
11 Ueberschuss
Reinigung
3 Bad
9 Katharsis, Purgation
10 Laeuterung
12 Purifikation
Reinigungsanlage
10 Raffinerie
Reinigungsgerät
2 Ul
3 Mop
4 Mopp
5 Besen, Feger, Wedel
7 Buerste, Klopfer, Schwamm, Wischer
11 Staubsauger

Reinigungsmittel
4 Soda
5 Seife
9 Terpentin
12 Schmierseife
reinrassig
4 edel
reinster Zucker
9 Raffinade
Reisbranntwein
5 Arrak
Reise
4 Flug, Tour, Trip
5 Fahrt
7 Ausflug
Reiseausweis
4 Pass
9 Reisepass
15 Personalausweis
Reisebedarf
10 Necessaire, Nessessaer
Reisedauer
8 Fahrzeit
Reisedecke
5 Plaid
Reisegepäck
6 Bagage, Koffer, Tasche
7 Seesack
8 Rucksack
10 Handkoffer, Necessaire, Nessessaer
Reisegesellschaft im Orient
8 Karawane
Reisegesellschaft in Afrika
6 Safari
Reiselust
7 Fernweh
reisen zu Fuß
7 wandern
Reisender
7 Tourist
8 Fahrgast, Fluggast
9 Passagier, Vertreter
12 Globetrotter
13 Weltenbummler
Reiseproviant
10 Mundvorrat, Wegzehrung
Reisestrecke
5 Route
Reiseweg
4 Kurs
5 Linie, Route
7 Strecke
Reisewesen
9 Tourismus, Touristik
Reisgericht
5 Pilaf, Pilaw
6 Paella
7 Risotto
8 Risibisi, Risipisi
Reisigbündel
8 Faschine
Reißbrettstift
10 Heftzwecke
11 Reisszwecke
reißend
5 rapid
6 rapide, rasant
Reißer
3 Hit
8 Knueller, Schlager
10 Bestseller
Reißlinie
11 Perforation
Reißverschluss
4 Zipp
Reiswein
4 Sake
Reitbahn
4 Turf
5 Arena
6 Manege
8 Parcours
9 Hippodrom
Reitdromedar
5 Mehar
Reiter
6 Jockey
Reiter auf Karteikarten
3 Tab
Reiter im zaristischen Russland
5 Kosak
Reiterabteilung
9 Schwadron
Reiterangriff
7 Attacke
Reiteraufzug ► Reiterzug
Reiterei
10 Kavallerie
Reitereinheit ► Reiterabteilung
Reiterfahne
9 Standarte
Reiterin
7 Amazone
Reiterkampfspiel im Mittelalter
7 Turnier
Reitermannschaft
6 Equipe
Reiternomade
5 Avare
Reitersäbel
8 Pallasch
Reiterschau in den USA
5 Rodeo
Reitersitz
6 Sattel
Reitersoldat
4 Ulan
5 Husar
8 Dragoner
10 Kuerassier
Reiterspiel
4 Polo
Reitertruppe
10 Kavallerie
Reitervolk der Antike
7 Skythen
Reitervolk in Asien
6 Hunnen
Reiterzug
9 Kavalkade
Reitfigur der hohen Schule
5 Volte
6 Levade, Pesade
8 Kapriole
9 Pirouette
Reithalle
10 Tattersall
Reithindernis
6 Gatter
Reithose
8 Breeches
Reitjacke
7 Kollett
Reitknecht
5 Groom
Reitkunst
10 hohe Schule
Reitpeitsche
5 Gerte
Reitpferd
3 Cob
Reitschule ► Reithalle
Reitsitz ► Reitersitz
Reitstiefelbeschlag
5 Sporn
Reitstock
5 Gerte

Reittier
3 Jak, Yak
4 Esel, Muli
5 Kamel, Mulus, Pferd
8 Dromedar, Maulesel, Maultier
11 Trampeltier
Reitzubehör
5 Gerte
6 Sattel, Sporen
8 Zaumzeug
10 Sattelgurt
Reiz
5 Anmut
6 Charme, Scharm
8 Stimulus, Zugkraft
9 Anziehung
10 Attraktion, Verlockung, Versuchung
reizbar
6 fahrig
7 nervoes
9 irritabel
10 cholerisch
reizbarer Mensch
10 Choleriker
Reizker
9 Gruenling
10 Hirschling
Reizleiter
4 Nerv
reizlos
3 fad, oed
7 farblos
8 unsinnig
9 eintoenig
10 einfoermig, langweilig
Reizmittel
9 Stimulans
Reizorgan
4 Nerv
Reizstoff ...
· *im* **Kaffee**
7 Koffein
· *der* **Nasenschleimhaut**
10 Niespulver
· *im* **Tabak**
7 Nikotin
· *im* **Tee**
4 Tein
Reizung
9 Affektion
11 Stimulation
reizvoll
5 apart
7 huebsch
9 anziehend, attraktiv, besonders
11 interessant
12 stimulierend
Reklamation
9 Einspruch
10 Beschwerde
12 Beanstandung
Reklame
7 Werbung
10 Propaganda
Reklame machen
6 werben
Reklamemittel ► Werbeträger
Rekurs
8 Berufung
9 Einspruch
Relation
9 Beziehung
11 Verhaeltnis
relevant
7 wichtig
9 bedeutsam
Religion
5 Islam
8 Judentum, Taoismus
9 Jainismus
10 Buddhismus, Hinduismus
11 Christentum
Religionsbekenntnis
10 Konfession
Religionsbuch ...
· *der* **Christen**
5 Bibel
· *der* **Inder**
4 Veda, Weda
· *des* **Islam**
5 Koran
· *der* **Juden**
6 Talmud
Religionsfrevel
8 Sakrileg
Religionsgelehrter
8 Theologe
Religionsgemeinschaft
5 Sekte
6 Kirche
16 Kultgemeinschaft
Religionslehrbuch
11 Katechismus
Religionslehrer
8 Katechet
Religionsstifter
4 Mani
5 Jesus, Manes, Moses
6 Buddha, Laotse
7 Gautama
8 Christus, Konfutse, Mohammed
9 Konfuzius, Kungfutse, Siddharta, Zoroaster
11 Zarathustra
Religionswissenschaft
9 Theologie
religiös(e, er, es) ...
· **Ansprache**
7 Predigt
· **Brauch**
5 Ritus
6 Ritual
· **Eiferer**
5 Zelot
· **Erneuerung**
11 Reformation
· **Handlung**
4 Kult
5 Messe, Opfer
· **Lied**
5 Psalm
· **Minderheit**
8 Diaspora
· **Oberhaupt der Schiiten**
4 Imam
· **Schrift**
7 Traktat
· **Übung**
5 Gebet
6 Askese, Fasten
7 Andacht
10 Meditation
· **Vergehen**
6 Suende
9 Todsuende
· **Zeremoniell**
6 Ritual
Relikt
4 Rest
13 Ueberbleibsel
Reliquienschrein
9 Reliquiar
Rembrandts Frau
6 Saskia
9 Hendrikje
Reminiszenz
7 Anklang
10 Erinnerung

Remus' Zwillingsbruder
7 Romulus
Rendezvous
11 Verabredung
12 Stelldichein
Rennbahn
5 Korso, Piste
8 Motodrom
Rennbeginn
5 Start
Rennende
4 Ziel
Rennhindernis
4 Oxer
6 Huerde
Rennpferd
6 Araber
Rennpferd für lange Strecken
6 Steher
Rennplatz ▶ Reitbahn
Rennplatz in England
5 Ascot
Rennreiter
6 Jockey
Rennruderboot
3 Gig
5 Einer
6 Achter, Vierer, Zweier
Rennschlitten
3 Bob
8 Skeleton
Rennschuhe der Sprinter
6 Spikes
Rennstall
7 Gestuet
Rennstrecke ...
· *in* **Berlin**
4 Avus
· *in der* **Eifel**
12 Nuerburgring
· *in* **Frankreich**
6 Le Mans
· *bei* **Speyer**
14 Hockenheimring
Rennwette
4 Toto
11 Totalisator
Renommee
3 Ruf
6 Nimbus
7 Ansehen, Geltung, Leumund
Renommist
7 Angeber

Rente
7 Pension
8 Ruhegeld
Rentier
3 Ren
Rentner
7 Rentier
10 Pensionaer
Reparatur
14 Instandsetzung
Report
7 Bericht, Meldung
Reproduktion
5 Repro
9 Nachdruck
10 Wiedergabe
13 Fortpflanzung
Reptilart
3 Boa
4 Teju
5 Echse, Gecko, Kobra, Otter, Viper, Waran
6 Kaiman, Leguan, Natter, Python
7 Saurier
8 Anakonda, Basilisk, Eidechse, Iguanide, Krokodil, Schlange
9 Alligator, Puffotter, Sandviper, Schleiche
10 Chamaeleon, Kreuzotter, Mauergecko
11 Dinosaurier, Panzerechse
12 Ringelnatter, Schildkroete
Republik ... ▶ Staat ...
Reputation
7 Ansehen, Geltung
Reserve
6 Ersatz, Vorrat
8 Vorsicht
9 Ruecklage
Residenz ...
· *des* **Agamemnon**
6 Mykene
· *des* **Papstes**
7 Vatikan
· *in* **Paris**
6 Louvre
9 Tuilerien
Resistenz
8 Ausdauer
9 Gegenwehr
10 Haertegrad, Widerstand

resolut
6 forsch
7 beherzt
9 energisch
11 tatkraeftig
12 entschlossen
Resonanz
4 Echo
7 Wirkung
8 Aufnahme
Respekt
7 Achtung
9 Ehrfurcht
12 Ehrerbietung
Respiration
6 Atmung
respirieren
5 atmen
Ressentiment
4 Neid
5 Groll
7 Gefuehl
9 Abneigung, Vorurteil
10 Antipathie
Rest
5 Neige, Torso
6 Relikt
8 Fragment, Residuum, Rudiment
10 Rueckstand
13 Ueberbleibsel
Rest beim Kartengeben
5 Talon
Rest im Glase
5 Neige
Restaurant
5 Lokal
8 Gasthaus
10 Grillstube, Rotisserie
11 Gartenlokal, Speiselokal
17 Speisegaststaette
18 Feinschmeckerlokal
Restbetrag
5 Saldo
restlich
6 uebrig
11 verbleibend
restlos
4 ganz
5 total
12 vollstaendig
Restvorkommen
6 Relikt

Resultat
5 Fazit
6 Effekt
8 Ergebnis
retour
7 zurueck
11 rueckwaerts
rettende Lösung
6 Ausweg
Retter
8 Befreier, Erloeser
Rettich
4 Radi
8 Hederich
10 Radieschen
Rettung
4 Heil
5 Hilfe
6 Ausweg
7 Bergung, Entsatz
9 Befreiung, Erloesung
Rettungsgerät in der Luftfahrt
10 Fallschirm
Rettungsgerät in der Schifffahrt (Schiffahrt)
9 Hosenboje
12 Rettungsring
13 Rettungsinsel
Rettungshund
12 Bernhardiner
Rettungsschlitten der Bergwacht
5 Ackja
Rettungswagen
8 Ambulanz
Reue
5 Scham
8 Bedauern
13 Gewissensbiss
reuig
13 schuldbewusst
Revanche
5 Rache
10 Vergeltung
Reverenz
5 Gruss
10 Verbeugung
Revier
6 Bezirk, Gebiet
7 Bereich
8 Schonung
11 Forstbezirk
Revision
8 Pruefung
13 Ueberpruefung
Revolte ▶ Rebellion
Revue
4 Show
5 Schau
6 Parade
Rezeptesammlung
8 Kochbuch
Rezitation
6 Lesung
7 Vortrag
9 Vorlesung
11 Deklamation
Rheinfelsen
7 Lorelei, Loreley
Rheinhafen
4 Kehl
5 Basel, Koeln, Mainz, Neuss, Wesel
6 Bingen
7 Arnheim, Koblenz
8 Duisburg, Mannheim
9 Dordrecht, Karlsruhe
10 Strasbourg, Strassburg
11 Duesseldorf
rheinisches Mittelgebirge
5 Eifel
6 Taunus
rheinisches Wort für närrisch
4 jeck
Rheinlastkahn
3 Aak
Rheinmündungsarm
3 Lek
4 Oude, Waal
7 Merwede
Rhesusaffe
5 Makak
Rhetor
6 Redner
Rheumatismus
7 Reissen
Rhinozeros
7 Nashorn
Rhombus
5 Raute
rhythmisch(e, er, es) ...
· **Ausdrucksform**
4 Tanz
· **Bewegung**
4 Tanz
10 Eurhythmie
· **Schwerpunkt im Jazz**
4 Beat
Rhythmuslehre
8 Rhythmik
Rhythmuswechsel
5 Break
Richtblei
3 Lot
8 Senkblei
Richter Israels
6 Gideon
Richtergremium
5 Senat
Richterin im Alten Testament
6 Debora
richterliche Anordnung
10 Verfuegung
richterliche Verfügung
6 Dekret
Richterspruch
6 Urteil
richtig
4 wahr
7 korrekt, passend
8 treffend
10 zutreffend
Richtlinie
4 Norm
5 Kanon, Regel
6 Maxime
7 Prinzip
8 Massstab, Standard
9 Direktive, Leitfaden
Richtmaß ▶ Richtlinie
Richtschnur
4 Norm
5 Regel
8 Standard
Richtung
4 Kurs
7 Tendenz, Verlauf
9 Direktion
Richtungsänderung
7 Wendung
Richtungsanzeiger
5 Pfeil
6 Winker
7 Blinker, Kompass
9 Wegweiser
Richtungswinkel (Astronomie)
6 Azemut

richtungweisend
11 massgeblich
14 programmatisch
Riechfläschchen
6 Flakon
Riechorgan
4 Nase
Riechstoff
5 Amber, Ambra, Bisam, Myrre, Odeur, Zibet
6 Myrrhe, Parfum
7 Juchten, Moschus, Parfuem
8 Lavendel, Rosenoel
9 Duftstoff
15 Bittermandeloel
Riechstoffkonzentrat
6 Essenz
Ried
4 Moor
5 Sumpf
9 Roehricht
Riedgras
5 Segge
Riedgrasgattung
5 Binse
Riegel
5 Barre
6 Balken, Sperre
Riemen
4 Gurt
5 Ruder, Siele
7 Guertel
13 Lederstreifen
Riemenantrieb
12 Transmission
Riemengabel am Ruderboot
5 Dolle
Riemenschuh
7 Sandale
10 Sandalette
Riese
5 Huene
6 Gigant, Koloss
Riese ...
· *im* **Alten Testament**
4 Enak
7 Goliath
· *der* **deutschen Heldensage**
6 Fafner, Fafnir, Fasold
· *im* **französischen Märchen**
4 Oger
· *der* **griechischen Sage**
5 Argus, Atlas
6 Kyklop, Zyklop
8 Polyphem
Riesenechse
7 Saurier
8 Krokodil
Rieseneidechse
5 Waran
Riesenelefant der Eiszeit
6 Mammut
8 Mastodon
Riesenfaultier
2 Ai
Riesengeier
6 Kondor
Riesengras
6 Bambus
riesengroß
8 gewaltig, kolossal
10 gigantisch, huenenhaft
riesenhaft
9 titanisch
Riesenhirsch
3 Elk
4 Elch, Elen
Riesenkänguru, Riesenkänguruh
6 Boomer
Riesenkrabbe
7 Simagan
Riesenlaufvogel Neuseelands
3 Moa
Riesenpapagei
3 Kea
Riesenrochen
12 Teufelsfisch
Riesenschachtelhalm
7 Kalamit
Riesenschildkröte
7 Karette, Tortuga
Riesenschlange
3 Boa
6 Python
8 Anakonda
14 Boa Constrictor
Riesenstandbild
6 Koloss
riesenstark
10 herkulisch
Riesentier
5 Koloss
8 Ungetuem
Riesentier der Vorzeit
7 Saurier
Riesentintenfisch
5 Krake
Riesenvogel
3 Moa, Ruk
4 Dodo, Roch, Rock
5 Greif
6 Dronte
Riesenvolk im Alten Testament
8 Enakiter
Riesenwuchs
11 Akromegalie
riesig
5 enorm
6 immens
8 kolossal
riesige Wassermasse
4 Meer
5 Ozean
Riff
4 Bank, Fels
6 Felsen, Klippe
riffbildendes Nesseltier
7 Koralle
rigid
5 starr, steif
rigoros
4 hart
6 streng
12 unerbittlich
Rille
3 Nut
4 Nute
5 Delle, Kerbe, Rinne
10 Vertiefung
Rind
3 Kuh
4 Kalb
5 Bulle, Farre, Kalbe, Ochse, Stier
6 Faerse, Farren, Kalbin, Starke
Rind im Orient
3 Jak, Yak
4 Zebu
7 Banteng
Rinde
5 Borke
6 Kruste
Rindenteil
4 Bast, Kork
Rinder
8 Hornvieh

Rinderart
3 Jak, Yak
4 Zebu
5 Bison
6 Wisent
7 Bueffel
Rinderfett
4 Talg
Rinderhack
5 Tatar
Rinderhirt
6 Cowboy, Gaucho
Rinderwahn (Abkürzung)
3 BSE
Rindslendenstück
5 Filet, Steak
9 Beefsteak, Rumpsteak
Ring
4 Reif
6 Reifen
Ring des Saturn
4 Anse
Ring um Gestirne
3 Hof
4 Halo
7 Aureole
8 Lichthof
Ringelblume
9 Calendula
Ringelkrebs
5 Assel
Ringeltier
4 Wurm
Ringelwurm
4 Egel
8 Blutegel
9 Regenwurm
Ringen in Island
5 Glima
Ringen nach Luft
7 Atemnot
Ringer (Freistil)
7 Catcher
Ringerausbildungsstätte in der Antike
9 Palaestra
Ringergriff
5 Hebel
6 Nelson
12 Doppelnelson
ringförmige Koralleninsel
5 Atoll
ringförmiges Gebäck
5 Donut
7 Kringel

Ringmauer
6 Zingel
Ringrichter
7 Referee
Rinne
6 Rigole
Rinne ...
· *an* **Berghängen**
5 Runse
· *am* **Dach**
6 Traufe
· *im* **Wattenmeer**
5 Priel
Rinnleiste antiker Tempel
4 Sima
Rinnsal
4 Bach
5 Priel
Rinnstein
5 Gosse, Rinne
Rippenfell
6 Pleura
Rippenstück
8 Kotelett
9 Entrecote, Karbonade, Schnitzel
ripsartiger Stoff
8 Popeline
Ripsgewebe
7 Ottoman
Risiko
6 Gefahr, Wagnis
Risikobereitschaft
3 Mut
risikofreudiger Geschäftsmann
9 Spekulant
Rispengras
3 Poa
Riss
4 Fuge, Ritz
5 Ritze, Spalt
6 Furche, Luecke, Spalte, Sprung
7 Schlitz
8 Schramme
Rist
5 Spann
11 Fussruecken, Handruecken
Ritter
8 Edelmann
9 Chevalier

Ritter ...
· *der* **Artusrunde**
4 Erek
5 Iwein
6 Gawein
7 Tristan
8 Lancelot, Lanzelot, Parsifal, Parzifal, Parzival
· *der* **französischen Sage**
8 Blaubart
· *des* **Pedals**
13 Radrennfahrer
Ritterkleidung
8 Ruestung
ritterlich
4 fair
6 galant
8 hoeflich
11 hilfsbereit
12 zuvorkommend
ritterlich(e, er, es) ...
· **Besitz**
3 Gut
4 Burg
· **Kampfspiel**
5 Tjost
6 Buhurt
7 Turnier
· **Liebe**
5 Minne
· **Liebhaber**
5 Galan
· **Wettkampf**
7 Turnier
Ritterorden
7 Templer
8 Malteser
10 Johanniter
11 Kreuzritter
Ritterrüstung
6 Panzer
7 Bruenne
8 Harnisch
10 Kettenhemd
Rittersitz
4 Burg
Ritual
4 Kult, Usus
5 Opfer
6 Brauch, Kultus
9 Zeremonie
12 Gottesdienst
Ritus ► Ritual

Ritze
4 Fuge, Riss
6 Spalte
Ritzmesser
8 Lanzette
Rivale
5 Feind
6 Gegner
8 Opponent
10 Konkurrent
11 Nebenbuhler
Rivalität
10 Konkurrenz, Wettstreit
Rivalitätsgefühl
10 Eifersucht
Roadster
10 Sportwagen
Robbenart
4 Seal
7 Seebaer, Seehund, Walross
8 Seeloewe
10 Seeelefant
Robbenfell
4 Seal
8 Sealskin
Robinsons Gefährte
7 Freitag
robust
4 derb, grob
5 stark
8 kraeftig
10 dickfellig
17 widerstandsfaehig
Rochenart
5 Flete, Manta
6 Fleten
10 Dornrochen, Engelfisch, Saegefisch
12 Zitterrochen
Rock der Schotten
4 Kilt
Rockaufschlag
6 Revers
Rodel
8 Skeleton
9 Schlitten
Rodelbahn
5 Piste
Rogen vom Stör
6 Kaviar
roh
4 grob
5 ruede
6 brutal, rabiat
10 barbarisch
Rohbaumwolle
4 Lint
rohe Beleidigung
6 Insult
12 Beschimpfung
rohe Gewalt
14 Brachialgewalt
Roherdöl
7 Naphtha
Rohform einer Plastik
5 Bosse
Rohholzbearbeitungsbetrieb
9 Saegewerk
Rohkost
6 Muesli
7 Koerner
Rohling
5 Rowdy
6 Barbar, Bestie, Ruepel
7 Grobian, Rabauke, Wandale
8 Unmensch
Rohmaterial des Töpfers
3 Ton
Rohpetroleum
6 Erdoel
Rohr
4 Gras, Halm
5 Binse
6 Bambus, Schilf
11 Hohlkoerper
Rohransatzstück
4 Muffe
Röhrchen
7 Kanuele
Rohrdurchmesser
7 Kaliber
röhrenförmige Hülle
6 Huelse
Röhrennudeln
9 Makkaroni
Röhricht
4 Ried
Rohrleitung für Abwässer
4 Siel
5 Kanal
Rohrleitung für Erdöl
8 Pipeline
Rohrleitungsverschluss
4 Hahn
Röhrling
7 Boletus
Rohrstück mit Gewinde
6 Nippel
Rohrverbindungsstück
4 Trap
5 Muffe
6 Buchse, Nippel
7 Flansch
8 Dichtung
Rohrverengung
5 Duese
Rohschrift
6 Kladde
7 Konzept
Rohseide
4 Ecru
5 Ekrue, Grège
Rohstoff
8 Material
9 Werkstoff
Rohstoff für ...
· **Benzingewinnung**
6 Erdoel
· **Bier**
4 Malz
6 Hopfen
· **Briketts**
10 Braunkohle
· **Düngemittel**
8 Ammoniak
· **Keramik**
3 Ton
· **Kerzen**
5 Wachs
7 Stearin
· **Lakritz**
9 Suessholz
· **Parfüme**
5 Ambra, Zibet
7 Moschus
· **Schokolade**
5 Kakao
· **Textilien**
5 Seide, Wolle
6 Leinen
9 Baumwolle
10 Kunstfaser
Rohstoffe
10 Naturalien
11 Materialien
Rohwolle des Schafes
5 Vlies
Rolands ...
· **Hifthorn**
7 Olifant

· **Kaiser**
4 Karl
13 Karl der Grosse
· **Schwert**
8 Durendal
9 Durendart
Rolladen
5 Rollo
7 Markise, Rouleau
8 Jalousie
Rollbahn
5 Piste
9 Landebahn, Startbahn
Rolle
3 Rad
4 Part, Text
5 Spule, Walze
6 Partie
8 Zylinder
Rolle in einem Theaterstück
4 Part
Rollenfach
4 Alte, Held
5 Naive
6 Heldin
7 Heroine
9 Bonvivant, Liebhaber
Rollenlager
10 Kugellager
Rollfeld ▶ Rollbahn
Rollkörper
3 Rad
5 Walze
8 Zylinder
Rom in der Landessprache
4 Roma
Roman in 3 Bänden
8 Trilogie
Roman von ...
· **Anet**
6 Ariane
· **Anzengruber**
13 Sternsteinhof
· **Bachmann**
6 Malina
· **Camus**
4 Fall, Pest
· **Cervantes**
10 Don Quijote
· **Charrière**
8 Papillon
· **Colette**
4 Gigi
6 Chérie
· **Cooper**
12 Lederstrumpf
· **Cronin**
9 Zitadelle
· **Dahn**
10 Kampf um Rom
· **Defoe**
14 Robinson Crusoe
· **Dickens**
11 Oliver Twist
16 David Copperfield
· **Dostojewski**
5 Idiot
15 Schuld und Suehne
· **Eco**
14 Der Name der Rose
21 Das Foucaultsche Pendel
· **Flaubert**
12 Madame Bovary
· **Fontane**
8 Stechlin
10 Effi Briest
· **Freytag**
5 Ahnen
12 Soll und Haben
· **Frisch**
7 Stiller
9 Homo Faber
· **Goethe**
14 Wilhelm Meister
· **Grass**
12 Blechtrommel
· **Grimmelshausen**
14 Simplicissimus
· **Hamsun**
6 Hunger
· **Hemingway**
6 Fiesta
· **Hesse**
11 Steppenwolf
15 Glasperlenspiel
· **Joyce**
7 Ulysses
· **Kafka**
7 Amerika, Prozess, Schloss
· **Kerouac**
9 Unterwegs
· **Kipling**
3 Kim
13 Dschungelbuch
· **Lenz**
13 Deutschstunde
· **Mark Twain**
9 Tom Sawyer
15 Huckleberry Finn
· **Melville**
8 Moby Dick
· **Mitchell**
15 Vom Winde verweht
· **Pasternak**
14 Doktor Schiwago
· **Remarque**
12 Triumphbogen
19 Im Westen nichts Neues
· **Scott**
7 Ivanhoe
· **Stevenson**
11 Schatzinsel
· **Thomas Mann**
10 Zauberberg
12 Buddenbrooks
· **Tolstoi**
12 Anna Karenina, Auferstehung
15 Krieg und Frieden
· **Traven**
11 Totenschiff
· **Voltaire**
7 Candide
· **Zola**
4 Nana
8 Germinal
Romanabschnitt
7 Kapitel
Romanfigur ...
· *bei* **Thomas Mann**
5 Krull
10 Felix Krull
· *bei* **Beecher Stowe**
3 Tom
· *bei* **Erich Kästner**
4 Emil
6 Fabian
· *bei* **Jeremias Gotthelf**
3 Uli
· *bei* **John Irving**
4 Garp
Romanschreiber
9 Romancier
römisch(e, er, es) ...
· **Adelsfamilie**
6 Orsini
8 Borghese
· **Amtstitel**
8 Magister
· **Architekt**
6 Vitruv
· **Bauwerk**
7 Lateran, Vatikan

8 Pantheon, Quirinal
9 Kolosseum
10 Engelsburg
· **Bauwerk in Trier**
10 Porta Nigra
· **Beamter**
5 Aedil
6 Zensor
7 Auditor, Praetor
8 Praefekt, Quaestor
· **Brandstifter**
4 Nero
· **Brunnen**
5 Trevi
· **Dichter**
4 Ovid
6 Catull, Seneca
· **Feinschmecker**
8 Lucullus
· **Feldherr**
6 Caesar
7 Agrippa
· **Festung**
7 Kastell
· **Geister der Toten**
5 Manen
· **Geschichtsschreiber**
6 Livius
7 Sallust, Tacitus
· **Gewand**
4 Toga
6 Tunika
· **Gott**
5 Janus
6 Apollo
· **Göttin der Fruchtbarkeit**
5 Ceres
· **Göttin der Jagd**
5 Diana
· **Grenzwall**
5 Limes
· **Hausgeister**
5 Laren
· **Hausgötter**
7 Penaten
· **Heiliger**
4 Neri
· **hoher Beamter**
5 Aedil
· **Hügel**
6 Pincio
7 Aventin, Caelius, Capitol, Kapitol, Palatin, Pincius, Vatikan, Viminal
8 Esquilin, Quirinal
9 Janiculus
· **Kaiser**
4 Nero
5 Titus
6 Caesar, Gallus, Julian, Nerva, Nirva, Valens
7 Gratian, Hadrian, Maximus, Severus
8 Antonius, Augustus, Caligula, Oktavian, Tiberius, Valerian, Valerius
9 Vespasian
10 Diokletian, Konstantin
· **Kaisergeschlecht**
6 Julier
7 Flavier
8 Claudier
· **Kaiserin**
9 Agrippina
· **Kaisertitel**
8 Princeps
9 Imperator
· **Kalendertag/Kalendertage**
3 Ide
4 Iden, None
5 Nonen
· **König**
4 Numa
6 Tullus
7 Romulus
· **Kriegsgott**
4 Mars
· **Liebesgott**
4 Amor
6 Cupido
· **Liebesgöttin**
5 Venus
· **Mahlzeit**
4 Cena
· **Mediziner**
5 Galen
6 Celsus
7 Galenus
· **Meeresgott**
6 Neptun
· **Monatsmitte**
4 Idus
· **Mondgöttin**
4 Luna
· **Münze**
7 Sesterz
· **Obergewand**
4 Toga
· **Philosoph**
6 Seneca
· **Polizist**
5 Aedil
· **Priesterin**
8 Vestalin
· **Prokurator**
7 Pilatus
· **Quellnymphe**
6 Egeria
· **Rebell**
9 Spartakus
· **Rhetoriker**
6 Cicero
· **Ritter**
8 Maecenas
· **Schriftsteller**
4 Ovid
5 Horaz, Lucan
6 Caesar, Catull, Cicero, Livius, Lukrez, Seneca, Sueton, Terenz, Vergil, Vitruv
7 Juvenal, Lucanus, Martial, Plautus, Plinius, Sallust, Tacitus
· **Silbermünze**
5 Dinar
7 Sesterz
· **Sonnengott**
3 Sol
· **Staatsmann**
4 Cato
5 Sulla, Varus
6 Aetius, Brutus, Caesar, Cicero, Drusus, Marius
7 Cassius, Crassus
8 Antonius, Boethius, Oktavian, Pompejus
9 Fabricius
· **Stadttor in Trier**
10 Porta Nigra
· **Statthalter**
5 Varus
· **Todesgott**
4 Mors
· **Totengeist**
5 Lemur
· **Totengott**
5 Orkus
· **Totenklage**
6 Naenie
· **Trauergesang**
6 Naenie

- **Vogelschauer**
  5 Augur
- **Volkstribun**
  6 Rienzi
  8 Gracchus
- **Zeitgott**
  5 Janus

Romulus' Zwillingsbruder
5 Remus

Rosenart
7 Teerose
8 Moosrose, Samtrose
9 Essigrose, Hundsrose
10 Heckenrose
11 Kletterrose
13 Apothekerrose

rosenförmige Verzierung
7 Rosette

Rosengarten
8 Rosarium

Rosenlorbeer
8 Oleander

Rosenpflanzung ▶ Rosengarten

Rosinenart
8 Korinthe
9 Sultanine

Ross
4 Gaul
5 Pferd
6 Maehre

Rostbraten
8 Grillade
9 Roastbeef

Röstbrot
5 Toast

rösten
6 darren

Rostschutzmittel
7 Mennige

Röstvorrichtung
5 Darre

Rot beim Roulette
5 Rouge

rot(e, er, es) ...

- **Edelstein**
  5 Rubin
- **Farbstoff**
  5 Eosin
  6 Karmin, Purpur
  7 Fuchsin
  8 Karmesin, Zinnober
- **Farbton**
  4 rosa
- **Färbung des Himmels**
  8 Abendrot
  9 Morgenrot
- **Färbung hoher Berggipfel**
  12 Alpengluehen
- **Gartenfrucht**
  6 Tomate
  7 Paprika
  8 Erdbeere
- **Mineralfarbstift für Zeichnungen**
  6 Roetel
- **Planet**
  4 Mars
- **Rübe**
  4 Bete
  5 Rahne, Rande
- **Schminke**
  5 Rouge
- **Teerfarbstoff**
  5 Eosin
- **Umhang des Toreros**
  4 Capa
- **wild wachsende Früchte**
  10 Hagebutten

Rotalgen
7 Seetang

Rotation
5 Drall
6 Umlauf
7 Drehung

Rotationsmaschine
6 Presse
13 Druckerpresse, Schnellpresse

rotbraune Farbe
5 Siena

rotgelbe Erde
4 Lehm
5 Loess

Rothaut
8 Indianer

rotierender Körper
5 Rotor, Walze
7 Kreisel

rotierendes Töpfergerät
11 Drehscheibe

Rotte
5 Meute, Rudel, Schar, Trupp
6 Gruppe, Haufen

Rotwein mit Gewürzen
9 Gluehwein

Rotweinbowle
7 Sangria

Rotwild
6 Hirsch

Roulettebegriff
3 Jeu, rot
4 Chip, noir, pair, Zero
5 Jeton, Reihe, rouge
6 Cheval, gerade, impair, manque
7 Drittel, Dutzend, schwarz
8 Croupier, ungerade

Route
3 Weg
4 Kurs
7 Strasse, Strecke
8 Reiseweg

Routinier
7 Koenner

Rübenart
4 Bete
5 Rahne, Rande, Wruke
6 Moehre
7 Karotte
8 Kohlrabi
9 Gelbruebe, Mohrruebe
11 Runkelruebe, Zuckerruebe

Rubens' Frau
6 Helene
8 Isabella

Rübensaft
5 Sirup

Rubrik
4 Fach
6 Spalte
7 Kolonne
12 Ueberschrift

ruchlos
5 boese, infam
6 gemein
10 anstoessig

ruckartig öffnen
10 aufreissen

Rückball beim Tennis
6 Return

rückbezüglich
8 reflexiv

Rückbildung
10 Regression
12 Degeneration

Rückblick
10 Erinnerung

R

11 Reminiszenz
13 Retrospektive
Rückbuchung
6 Storno
Rückenlast
5 Hucke
Rückenmarkschwindsucht
5 Tabes
Rückenteil
5 Kreuz, Lende
9 Rueckgrat
12 Wirbelsaeule
Rückenteil des Pferdes
9 Widerrist
Rückentrage
5 Kiepe
Rückerstattung
11 Restitution
Rückfahrt
9 Heimreise
Rückfall
9 Atavismus
Rückgang
9 Rezession
Rückgrat
12 Wirbelsaeule
Rückgratknochen
6 Wirbel
Rückgriff
7 Regress
14 Ersatzanspruch
Rückhalt
6 Schutz
Rückhandschlag beim Tennis
8 Backhand
Rücklage
6 Vorrat
7 Bestand, Reserve
9 Ersparnis
11 Notgroschen
rückläufig
9 regressiv
Rucksack
4 Aser
6 Ranzen
9 Tornister
Rückschau ▶ Rückblick
rückschrittlich ▶ rückständig
Rückseite der Münze
6 Revers
Rückseite des Blattes
5 Verso
Rücksendung an den Verkäufer
7 Retoure
Rücksicht
7 Achtung, Respekt
14 Aufmerksamkeit
Rücksichtnahme
4 Takt
7 Anstand
rücksichtslos
3 roh
4 hart, wild
6 brutal, gemein
rücksichtslos(e, er, es) ...
· **Ausnützung**
7 Raubbau
· **Gewaltherrschaft**
6 Terror
· **Mensch**
7 Rohling
rücksichtsvoll
4 zart
7 diskret
Rücksitz
4 Fond
Rückstand
4 Rest, Soll
5 Neige
6 Relikt, Schuld, Verzug
7 Passiva
8 Residuum, Rudiment
13 Hintertreffen
Rückstand ...
· *bei der* **Bierherstellung**
6 Treber
· *beim* **Brennen und Keltern**
7 Trester
· *bei der* **Erdölgewinnung**
5 Masut
· *bei der* **Spirituserzeugung**
8 Schlempe
· *aus* **Steinkohlenteer**
4 Pech
· *der* **Wundheilung**
5 Narbe
· *bei der* **Zuckergewinnung**
7 Melasse
rückständig
8 dekadent
11 reaktionaer
rückständiger Schuldner
7 Restant
Rückstoßflugkörper
6 Rakete
Rückstoßflugzeug
9 Duesenjet
Rückstoßgeschoss
6 Rakete
Rückstrahler
9 Reflektor
10 Katzenauge
Rückstrahlung
6 Albedo
9 Reflexion
10 Reflektion
Rücktritt
6 Bremse
9 Abdankung, Demission
rückwärtiger Kopfteil
11 Hinterhaupt
rückwirkend
7 reaktiv
9 regressiv
Rückzahlung
7 Tilgung
10 Erstattung
Rückzug
6 Flucht
rüde
4 derb, grob
5 plump
6 barsch, bruesk
7 schroff
10 unhoeflich
Rudel
5 Herde, Horde, Meute, Rotte
Rudel von Jagdhunden
54 Meute
Ruder
5 Skull
6 Paddel, Riemen, Steuer
8 Leitwerk
rüder Bursche
4 Kerl
Ruderbank
5 Ducht
Ruderboot
3 Gig
5 Einer, Kajak, Skiff, Skull
6 Achter, Gondel, Vierer
8 Kanadier
Ruderbootsart
6 Zweier
Ruderfüßer
7 Pelikan, Toelpel
8 Kormoran

R

Ruderlager
5 Dolle
Ruderschiff
6 Bireme, Triere
7 Galeere, Trireme
8 Galeasse
Ruderstange
5 Stake
Ruf
4 Ehre, Fama
6 Nimbus
7 Ansehen, Geltung, Leumund
8 Prestige, Renommee
10 Reputation
Ruf...
· *zur* **Aufmerksamkeit**
7 Achtung
· *zur* **Bereitschaft**
5 Alarm
· *an* **Pferde** (Halt)
3 Brr
· *am* **Telefon**
5 Hallo
Rüffel
5 Ruege, Tadel
7 Verweis
Rufmord
4 Tort
6 Insult
7 Injurie
10 Schmaehung
11 Verleumdung
12 Diffamierung
Rufname
7 Vorname
8 Taufname
Rufname von Brecht
4 Bert
Ruftrichter
7 Megafon
8 Megaphon
Rufwort ...
· *für* **Kellner**
4 Ober
· *am* **Telefon**
5 hallo
Rüge ▶ Rüffel
rügen
6 mahnen, tadeln
8 monieren
Ruhe
4 Rast
5 Musse, Pause
6 Stille
Ruhegehalt
5 Rente
7 Pension
8 Ruhegeld
ruhelos
6 unstet
7 nervoes, rastlos
Ruhelosigkeit
6 Unrast
Ruhemöbel
4 Bett, Sofa
5 Couch, Diwan, Liege
6 Sessel
7 Kanapee
8 Ottomane
9 Liegesofa
12 Chaiselongue
Ruhepause
4 Rast
Ruheplatz eines Toten
4 Grab
Ruheständler
7 Rentier, Rentner
8 Emeritus
10 Pensionaer
Ruhestörung
5 Krach, Laerm, Radau
6 Tumult
7 Getoese, Krawall
Ruhetag
6 Sabbat
7 Festtag, Sonntag
8 Feiertag
ruhig
5 leise, still
7 gefasst, stoisch
8 gelassen
ruhiges Musikstück
7 Andante
Ruhm
6 Glorie, Nimbus
Ruhmesglanz
6 Nimbus
Ruhmeshalle an der Donau
8 Walhalla
15 Befreiungshalle
Ruhmsucht
9 Prahlerei
13 Geltungsdrang
Ruhrgroßstädter
7 Essener
Ruhrmetropole
5 Essen
Rührmichnichtan
6 Mimose
11 Springkraut
rührselig
9 larmoyant
11 sentimental
Rührstab
5 Quirl
Ruin
6 Fiasko, Misere, Pleite
7 Debakel, Konkurs, Verfall
10 Niedergang
13 Zusammenbruch
Ruinenstätte ...
· *am* **Euphrat**
4 Mari
7 Babylon
· *in* **Griechenland**
6 Mykene, Tiryns
7 Olympia
· *in* **Italien**
7 Pompeji
11 Herkulaneum
· *in* **Kleinasien**
4 Myra, Side
5 Milet, Perge, Troja
6 Didyma
7 Ephesus
8 Pergamon
· *in* **Mesopotamien**
6 Ninive
· *in* **Syrien**
7 Baalbek, Palmyra
· *am* **Tigris**
5 Assur
· *in der* **Türkei**
3 Ani
· *am* **Vesuv**
7 Pompeji
rumänisch(e, er, es) ...
· **Adelsfamilie**
5 Ghika
7 Stirbey, Sturdza
· **Berg**
5 Bihor, Negoi
6 Mandra
7 Bihorul, Peleaga
· **Dirigent**
11 Celibidache
· **Dramatiker**
7 Ionesco
· **Gebirge**
8 Karpaten
· **König**
5 Carol

R

7 Michael
9 Ferdinand
· **Königin**
9 Elisabeth
11 Carmen Sylva
· **Landschaft**
6 Moldau
8 Bukowina, Walachei
9 Gheorghiu
13 Siebenbuergen
· **Mediziner**
5 Babes
· **Münze**
3 Ban
4 Banu
· **Politiker**
9 Ceausescu, Dimitroff
· **Steppe**
7 Baragan
· **Tafelland**
10 Dobrudscha
· **Währungseinheit**
3 Leu
4 Bani, Banu

Rummel
5 Laerm
6 Trubel, Wirbel
7 Betrieb, Treiben
9 Jahrmarkt

Rumpf
4 Leib

Rumpf einer Statue
5 Torso

Rumpfknochen
6 Becken

Rumpfteil
6 Flanke

rumplig
6 uneben
7 holprig

Rumtreiber
8 Vagabund

Run
7 Ansturm

rund geschliffener Edelstein
8 Cabochon

rund(e, er, es) ...
· **Durchgang**
8 Torbogen
· **Gebäck**
7 Kringel
· **Gemälde**
5 Tondo
· **Griff**
5 Knauf
· **Heizkörper**
11 Kanonenofen
· **Hohlkörper**
4 Rohr
· **Körper**
5 Kugel, Walze
8 Zylinder
· **Metallstift**
6 Bolzen
· **Öffnung**
4 Loch
· **Saal**
7 Rotunde
· **Schiffsfenster**
8 Bullauge
· **Schneehütte der Eskimos**
4 Iglu
· **Stütze**
6 Saeule
· **Vorführfläche**
6 Manege

Rundbau
7 Rotunde

Rundbeet
7 Rondell

Rundbild
5 Tondo

Rundblick
7 Umschau
8 Panorama

Rundbogen auf 2 Pfeilern
6 Arkade

Runddorf
4 Kral

Runde
5 Kreis
6 Korona, Umlauf, Zirkel
9 Spielzeit, Umdrehung

Rundfahrt
4 Tour

Rundfunkapparat
5 Radio
11 Kofferradio, Radiogeraet

Rundfunksender (Abkürzung)
2 BR, HR, RB, SR
3 NDR, SDR, SFB, SWF, SWR, WDR
4 Rias

Rundfunkstation
6 Sender, Studio

rundfunktechnischer Begriff
2 FM
3 Ton, UHF, UKW, VHF
4 Band
5 Dipol, Hertz, Welle
6 Sender, Studio
7 Antenne, Empfang
8 Frequenz, Mikrofon, Programm, Rauschen, Resonanz
9 Kurzwelle, Langwelle, Mikrophon, Mischpult, Senderaum, Sendezeit
11 Mittelwelle
12 Wellenlaenge
14 Ultrakurzwelle

Rundfunkteilnehmer
6 Hoerer

Rundgang einer Wache
5 Ronde

Rundgemälde
8 Panorama

Rundgesang
5 Kanon

Rundkörper
5 Kugel

Rundkurs für Testfahrten
8 Autodrom

Rundlauf
5 Runde

rundliche Öffnung
4 Loch

Rundmaul
5 Inger
6 Bricke, Pricke
8 Neunauge

Rundornament
7 Rosette

Rundreise
4 Tour
7 Tournee

Rundschreiben
8 Zirkular

Rundsiedlung in Afrika
4 Kral

Rundtanz
5 Polka
6 Reigen, Walzer

Rune
9 Buchstabe
13 Geheimzeichen
14 Schriftzeichen

Runenalphabet
7 Futhark

Runzel
5 Falte
Rüpel
5 Rowdy
6 Flegel
7 Grobian, Luemmel, Rabauke
Rüsseltier
5 Tapir
7 Elefant
11 Ameisenbaer
russisch für ...
· **auf geht's, los!**
5 dawai
· **hundert**
3 sto
russisch(e, er, es) ...
· **Abenteurer**
8 Rasputin
· **Adliger**
5 Bojar
· **alkoholisches Getränk**
5 Kwass, Wodka
· **Bauernhaus**
4 Isba
· **Berg**
4 Alai, Moma, Muja
5 Altai, Kamen
6 Elbrus, Kasbek
8 Pik Lenin, Putorana, Stanowoi
· **Bezeichnung für Erlass**
4 Ukas
· **Bildhauer**
4 Gabo
6 Sadkin
7 Zadkine
10 Archipenko
· **Branntwein**
5 Wodka
· **Bretterwagen**
6 Telega
· **Chemiker**
10 Mendelejew
· **Dorfgemeinschaft**
3 Mir
· **Dreigespann**
6 Troika
· **Dynastie**
7 Romanow
· **Eichhörnchen**
3 Feh
· **Flugzeugtyp** (Abkürzung)
3 Mig
· **Flussschiff**
5 Kivik
· **Frauengewand**
7 Sarafan
· **Frauenname**
4 Nina
6 Tamara
· **Fürst**
8 Potemkin, Wladimir
9 Demetrius
· **Gebirge**
4 Ural
· **Geheimpolizei**
7 Ochrana
· **Geistlicher**
4 Pope
· **Getränk**
5 Kwass
· **Grenzgebirge**
4 Ural
5 Altai
· **Großbauer**
5 Kulak
· **Halbinsel**
4 Krim
· **Harfe**
5 Gusli
· **Heilige**
4 Olga
· **Heiligenbild**
5 Ikone
· **Heiliger**
5 Boris, Georg
7 Andreas
· **Herrscherhaus**
7 Romanow
· **Herrschertitel**
3 Zar
· **Insel**
8 Sachalin
· **Instrumentalvirtuose**
6 Gilels, Kremer
7 Richter
8 Oistrach, Skrjabin
14 Rostropowitsch
· **Kaiserin**
9 Katharina
· **Kleinbauer**
7 Muschik
· **Kohlsuppe**
10 Borschtsch
· **Komponist**
5 Serow
6 Glinka
7 Arensky, Borodin, Tanejew
8 Assafiew, Glasunow, Skrjabin
9 Balakirew
10 Mussorgski, Prokofieff, Strawinsky
11 Rachmaninow
12 Rachmaninoff, Tschaikowsky
13 Katschaturian
14 Rimsky Korsakow
15 Schostakowitsch
· **Kosmonaut**
5 Sudow, Titow
6 Leonow, Wolkow
7 Chrunow, Gagarin, Jegorow, Komarow, Kubasow, Pazajew, Schonin, Wolynow
8 Beljajew, Bykowski, Gorbatko, Kubassow, Patsajew, Popovich
9 Beregowoi, Feokistow, Jelisajew, Nikolajew, Schatalow
10 Feoktistow, Jelissejew, Popowitsch
11 Dobrowolski
13 Filiptschenko
14 Rukawischnikow
· **Kosmonautin**
11 Tereschkowa
· **Krondiamant**
5 Orlow
· **Kronprinz**
10 Zarewitsch
· **Landhaus**
7 Datscha
· **Landschaft**
8 Bukowina, Galizien, Podolien, Sibirien
11 Bessarabien
· **Längenmaß**
5 Werst
· **Lederpeitsche**
7 Nagaika
· **Maler**
7 Chagall, Lewitan
9 Jawkensky, Kandinsky
· **Männername**
4 Igor, Iwan
· **Mediziner**
6 Pawlow

8 Haffkine, Voronoff
9 Bechterew
- **Mönch**
8 Rasputin
- **Musikinstrument**
5 Bayan, Domra, Gusla, Gusli
7 Pischna
9 Balalaika
- **Nachrichtenagentur**
4 TASS
- **Nachrichtenbüro**
4 TASS
- **Nationalgericht**
10 Borschtsch
- **Nationalgetränk**
5 Wodka
- **Nobelpreisträger für Chemie**
8 Semjonow
- **Nobelpreisträger für Frieden**
8 Sacharow
- **Nobelpreisträger für Literatur**
5 Bunin
9 Pasternak
10 Scholochow
12 Solschenizyn
- **Nobelpreisträger für Medizin**
6 Pawlow
11 Metschnikow
12 Metschnikoff
- **Nobelpreisträger für Physik**
4 Tamm
5 Basow, Frank
6 Landau
7 Kapitza
9 Prochorow
11 Tscherenkow
- **Parlament**
4 Duma
- **Politiker**
5 Lenin, Malik, Putin, Rykow, Witte
6 Jelzin, Stalin
7 Gromyko, Kalinin, Kamenew, Mikojan, Molotow, Trotzki
8 Andropow, Bulganin, Kerenski, Malenkow, Semjonow, Sinowjew
9 Breschnew, Plechanow
11 Gorbatschow
13 Chruschtschow
- **Raumfahrtzentrum**
8 Baikonur
- **Raumkapsel**
5 Lunik
- **Raumschiffserie**
5 Sojus
- **Reichsgründer**
5 Rurik
- **Reitersoldat**
5 Kosak
- **Revolutionär**
5 Lenin
6 Stalin
7 Bakunin, Trotzki
9 Kropotkin
- **Saiteninstrument**
9 Balalaika
- **Schachspieler**
5 Keres
7 Jusupow
8 Awerbach
9 Bronstein
10 Tschigorin
- **Schachweltmeister**
3 Tal
6 Karpow
7 Smyslow, Spasski
8 Kasparow
9 Botwinnik, Petrosian
- **Schaffell**
7 Krimmer
- **Schlittenhunde**
5 Laiki
- **Schnaps**
5 Wodka
- **Schriftsteller**
4 Blok
5 Gogol, Gorki
6 Herzen
7 Nabokov, Tolstoi
8 Belinski, Nekrasow, Puschkin, Samjatin
9 Ehrenburg, Lermontow, Nekrassow, Pasternak, Plechanow, Tschechow, Turgenjew
10 Majakowski, Scholochow, Tjuttschew
11 Dostojewski
12 Dostojewskij, Jewtuschenko, Solschenizyn
- **See**
7 Aralsee
8 Eltonsee, Ilmensee, Onegasee, Sasiksee, Sewansee, Uchtasee
9 Baikalsee, Kunduksee, Ladogasee, Tengissee
11 Balkaschsee
13 Asowsches Meer, Schwarzes Meer
14 Kaspisches Meer
- **Tänzer/Tänzerin**
5 Lifar
6 Fokine
7 Nurejew, Pawlowa, Ulanowa
9 Nijinskij
- **Techniker**
5 Popow
9 Iljuschin
- **Teemaschine**
7 Samowar
- **Verneinung**
4 njet
- **Verwaltungsgebiet**
6 Oblast
- **Währungseinheit**
5 Rubel
6 Kopeke
- **Waldgürtel**
5 Taiga
- **Wegemaß**
5 Werst
- **Weltgeistlicher**
4 Pope
- **Weltraumschiff**
5 Sojus
6 Saljut, Wostok
7 Sputnik, Woschod
- **Windhunde**
7 Barsois
- **Wüste**
7 Karakum
8 Kysylkum, Mujunkum
- **Zarenname**
4 Igor, Iwan, Oleg, Paul
5 Jurij, Pawel, Peter, Pjotr
6 Alexej, Andrej, Feodor
7 Godunow, Michail, Nikolaj
8 Dimitrij, Nikolaus
9 Alexander
- **Zarin**
4 Anna
9 Elisabeth, Katharina

· **Zoologe**
11 Kowalewskij, Metschnikow
· **Zupfinstrument**
5 Domra
Rüster
4 Ulme
rüstig
3 fit
6 gesund
rustikal
5 plump
10 baeuerlich
Rüstungsteil
4 Helm
6 Visier
8 Harnisch
10 Kettenhemd
Rute
4 Stab
5 Gerte, Stock, Zweig
7 Schwanz
10 Angelstock
rutschig
5 glatt
9 glitschig

S

Saal für Festlichkeiten
4 Aula
Saalbau
4 Oper
5 Odeon
9 Festhalle
10 Tattersall
12 Philharmonie
Saatgut
4 Same
5 Samen
8 Saemerei
Sabbat
7 Ruhetag, Samstag
9 Sonnabend
Sabbatbrot der Juden
7 Barches
Säbelart
7 Sarrass
8 Pallasch
Säbelquaste
8 Portepee
Sachbearbeiter
8 Referent
Sachbereich
4 Fach
6 Gebiet, Sektor, Sparte
9 Disziplin
Sachbeschädigung
8 Sabotage
sachbezogen
8 objektiv
11 pragmatisch
sachdienlich
12 zweckmaessig
Sache
4 Ding, Fall
5 Chose
6 Objekt
Sachen
4 Zeug
Sachgebiet ► Sachbereich
Sachkenntnisse
7 Realien
sachkundig
9 kompetent
13 fachmaennisch
Sachlage
9 Situation
sachlich
8 objektiv
9 nuechtern
11 realistisch
sächlicher Artikel
3 das
sächliches Hauptwort
7 Neutrum
Sachsenfürst
6 Gibeke
Sachsenherzog
8 Widukind
9 Wittekind
Sachsenkaisergeschlecht
7 Ottonen
sächsisch(e, er, es) ...
· **Adelsgeschlecht**
12 Liudolfinger
· **Burg**
5 Werla
· **Evangeliendichtung**
7 Heliand
· **Hauptstadt**
7 Dresden
· **Heiligtum**
11 Irminsaeule
sacht
5 leise, sanft
8 behutsam
Sachverhalt
7 Umstand
Sachverständigengutachten
7 Enquete
9 Expertise
Sachverständiger
7 Experte
8 Fachmann
9 Gutachter
Sachverzeichnis
7 Katalog
8 Register
Sack
6 Beutel
Sackgasse
6 Impass
Sackleinwand
4 Jute
Sackpfeife
7 Musette
9 Dudelsack
Safe
6 Tresor
11 Geldschrank
13 Panzerschrank
Safran
6 Krokus
Saft
4 Most
5 Juice, Sirup
saftig
9 sukkulent
Sage
4 Fama, Maer, Saga
5 Kunde, Maere
6 Mythos
7 Legende
Sägeabfall
4 Span
6 Spaene
9 Saegemehl
Sägefisch
6 Rochen
sagenhaft
9 legendaer

sagenhaft(e, er, es) ...
- **Amazonenkönigin**
11 Penthesilea
- **asiatisches Frauenvolk**
8 Amazonen
- **assyrische Königin**
9 Semiramis
- **Dänenkönig**
5 Beowa
- **Dänenprinz**
6 Hamlet
- **englischer König**
4 Lear
5 Artus
- **Erfinder des Bieres**
9 Gambrinus
- **Goldland**
5 Ophir
6 Dorado
8 Eldorado
- **Gründer von Rom**
5 Remus
7 Romulus
- **Held der Schweiz**
4 Tell
- **Insel**
5 Thule
8 Atlantis
- **Insel im hohen Norden**
5 Thule
- **keltischer Barde**
6 Ossian
- **keltischer König**
4 Lear
- **König**
5 Artus
- **König von Kreta**
5 Minos
- **König von Mykene**
9 Agamemnon
- **König von Phrygien**
5 Midas
8 Tantalus
- **König von Sparta**
8 Menelaos
- **König von Theben**
5 Kreon
7 Oedipus
- **König von Zypern**
9 Pygmalion
- **Königin von Sparta**
4 Leda
- **Königin von Theben**
5 Niobe
- **menschenfressender Riese**
4 Oger
- **Sänger der griechischen Sage**
7 Orpheus
- **Schweizer Nationalheld**
4 Tell
10 Winkelried
- **Seefahrer aus 1001 Nacht**
7 Sindbad
- **Seeschlange**
5 Hydra
- **versunkenes Land**
8 Atlantis
- **Vogel**
3 Rok
4 Rock
7 Phoenix
- **Volk am Rhein**
10 Nibelungen
- **Wunder wirkende Schale**
4 Gral

Sagenkunde
10 Mythologie

Sagenname Attilas
5 Etzel

Sagentier
6 Drache

Sahne
4 Rahm
5 Creme, Flott, Obers
11 Schlagobers

Sahnebonbon
6 Toffee
9 Karamelle

Saison
9 Hauptzeit, Reisezeit
10 Jahreszeit

Saitenauflage der Gitarre
4 Steg

Saiteninstrument
3 Tar
4 Lyra
5 Banjo, Cello, Gambe, Geige, Harfe, Laute, Leier, Piano, Viola
6 Cymbal, Fiedel, Zither
7 Bandola, Bandura, Cembalo, Fluegel, Gitarre, Klampfe, Klavier, Pianino, Violine
8 Bratsche
9 Balalaika, Hackbrett, Mandoline, Oktachord, Zupfgeige
10 Klavichord, Kontrabass
11 Violoncello

sakrale Handlung
9 Sakrament

Sakrament
3 Ehe
5 Taufe
7 Beichte, Firmung
9 Abendmahl
11 Eucharistie
13 Priesterweihe

Sakramentsempfänger
8 Firmling

Sakramentszeuge
8 Taufpate

Sakrileg
16 Gotteslaesterung

Säkulum
11 Jahrhundert

Salamander
6 Triton

Salatpflanze
5 Gurke
6 Ampfer, Kresse
7 Endivie, Lattich, Mangold
8 Chicorée, Rapunzel, Zichorie
9 Feldsalat, Kopfsalat, Schikoree
10 Ackersalat
13 Brunnenkresse

Salatsoße
8 Dressing

Salbader
9 Schwafler
10 Schwaetzer

Salbe
4 Krem
5 Creme, Masse, Paste
8 Liniment

Salbenbehälter
4 Dose, Tube

Salbengrundlage
7 Lanolin
8 Vaseline

Salinenarbeiter in Halle
7 Hallore

salopp
5 leger
7 laessig
11 ungezwungen

S

salopp(e, er, es) ...
· **Gruß**
6 Servus
· **Hose**
5 Jeans
· **Sprache**
6 Jargon
salpetersaures Salz
6 Nitrat, Nitrit
Salz ...
· *der* **Blausäure**
6 Cyanid, Zyanid
· *der* **Borsäure**
5 Borat
· *des* **Bromwasserstoffs**
6 Bromid
· *der* **Chlorsäure**
7 Chlorat
· *der* **Essigsäure**
6 Acetat, Azetat
· *der* **Gerbsäure**
6 Tannat
· *des* **Hämatins**
6 Haemin
· *der* **Kieselsäure**
7 Silicat, Silikat
· *der* **Kohlensäure**
4 Kalk, Soda
8 Carbonat, Karbonat
· *der* **Milchsäure**
6 Lactat, Laktat
· *der* **Phosphorsäure**
8 Phosphat
· *der* **Salpetersäure**
6 Nitrat
· *der* **salpetrigen Säure**
6 Nitrit
· *der* **Salzsäure**
7 Chlorid
· *der* **Schwefelsäure**
6 Sulfat
· *der* **Zitronensäure**
6 Citrat, Zitrat
Salzbergwerk
6 Saline
Salzbildner
7 Halogen
Salzbrühe zum Einlegen von Fleisch
4 Lake
Salzgebäck
6 Brezel
Salzgefäß
7 Streuer
Salzgestein
5 Halid
Salzgewinnungsanlage
6 Saline
11 Gradierwerk
Salzgras ► Strandwegerich
salzhaltiges Wasser
4 Sole
Salzlake
6 Poekel
Salzsee in ...
· **Algerien**
6 Schott
· **Australien**
7 Eyresee
· **Palästina**
9 Totes Meer
Salztrog für das Vieh
5 Lecke
Salzwasser
4 Sole
Salzwasserei
5 Solei
Salzwerk ► Salzbergwerk
Samen
4 Keim, Saat
Samen des Johannisbrotbaums
5 Karat
Samenbehälter
6 Frucht
Samenhülse
6 Schote
Samenkapsel
4 Kern
5 Stein
Sämerei
5 Samen
7 Saatgut
Sammelband
8 Konvolut
Sammelbecken
8 Zisterne
9 Reservoir
Sammelbegriff für ...
· **Früchte**
4 Obst
· **Getreide**
4 Korn
· **jagdbare Tiere**
4 Wild
· **Körnerfrüchte**
8 Getreide
· **Lebensmittel**
7 Nahrung
· **Leibesübungen**
5 Sport
· **Nutztiere**
4 Vieh
· **unerwünschte Pflanzen**
7 Unkraut
· **Untugenden**
6 Laster
Sammelbuch
5 Album
Sammelmappe
6 Hefter
Sammelstelle
5 Depot, Lager
Sammelwerk
9 Thesaurus
Sammelwort für Nutztiere
4 Vieh
Sammlung
8 Kollekte
9 Besinnung, Sortiment
10 Kollektion
Sammlung ...
· **altnordischer Dichtung**
4 Edda
· *von* **Fahrplänen**
8 Kursbuch
· *von* **Gedichten**
10 Anthologie
· **getrockneter Pflanzen**
9 Herbarium
· **jüdischer Gesetze**
6 Talmud
· **neuer Kräfte**
8 Erholung
· *von* **Schriftstücken**
5 Aktei
· *von* **Wachsfiguren**
10 Panoptikum
Samsons Geliebte
6 Dalila, Delila
Samstag
9 Sonnabend
Samtart
6 Velvet
7 Velours
10 Manchester
samtartiges Glaceeleder (Glacéleder)
5 Mocha
Samtblume
7 Tagetes

sämtliche
4 alle
sandalenartiger Schuh
6 Opanke
Sandbank
4 Riff
5 Barre
10 Doggerbank
Sandberg am Meer
5 Duene
Sandelholzöl
8 Santalol
sandfarben
5 beige
Sandfloh
6 Chique, Jigger
Sandgras
11 Strandhafer
sandhaltiger Ton
4 Lehm
Sandhose
6 Trombe
sandige Landzunge
7 Nehrung
sandiger Boden
5 Geest
sandiges Meerufer
6 Strand
Sandlandschaft
6 Wueste
Sandsteppe in Afrika
8 Kalahari
Sandsturm
5 Habub
6 Haboob
8 Scharaff
9 Karaburan
Sandwichinseln
6 Hawaii
Sandwüste
4 Gobi
sanft
4 lind, mild, zahm, zart
5 leise, ruhig, sacht, still, weich
6 sachte
Sänfte
5 Sedia
8 Palankin
11 Portechaise
Sanftmut
5 Milde
sangbare Weise
4 Lied
7 Melodie

Sänger ...
· *der* **alten Germanen**
6 Skalde
· *der* **alten Griechen**
8 Rhapsode
· *der* **alten Kelten**
5 Barde
· *der* **griechischen Sage**
7 Orpheus
8 Rhapsode
· *von* **Kabarettliedern**
11 Chansonnier
· *im* **Mittelalter**
9 Spielmann
Sängergruppe
4 Chor, Trio
8 Ensemble, Quartett
11 Kirchenchor, Liedertafel, Maennerchor
13 Gesangsverein
sanitäre Einrichtung
5 Bidet
6 Dusche
8 Toilette
9 Badewanne
Sanktion
6 Strafe
Saphir
6 Korund
Sarahs Mann
7 Abraham
Sarahs Sohn
5 Isaak
Sardelle
8 Anchovis
Sarggestell
8 Katafalk
Sarkasmus
4 Hohn
5 Spott
Satan
5 Urian
6 Samiel, Teufel
7 Luzifer
8 Diabolus, Mephisto
9 Beelzebub
Satellit
4 Mond
7 Sputnik, Trabant
9 Begleiter
12 Erdbegleiter
Satellit der USA
10 Discoverer
Satellitenbahn
5 Orbit

Satin
5 Atlas
Satisfaktion
10 Genugtuung
Satrap
11 Gefolgsmann, Statthalter
Satteldecke
7 Woilach
10 Schabracke
sattelfest
4 firm
Sättigung
10 Saturation
Sattler
6 Riemer
9 Polsterer, Taeschner
Sattlerahle
6 Pfriem
Saturnmond
5 Titan
Satyr
4 Faun
6 Daemon
9 Luestling, Waldgeist
Satz
4 Text
6 Sprung
9 Ausspruch
10 Behauptung
Satz beim Tennis
3 Set
Satzaussage
9 Praedikat
Satzbruch
9 Anakoluth
Sätze aussprechen
5 sagen
Satzteil
6 Objekt
7 Subjekt
9 Praedikat
Satzung
6 Statut
7 Ordnung
Satzvorlage
10 Manuskript
Satzzeichen
5 Divis, Kolon, Komma, Punkt
7 Klammer
9 Apostroph, Beistrich, Semikolon
10 Parenthese

11 Bindestrich, Doppelpunkt, Strichpunkt
12 Fragezeichen
14 Ausrufezeichen, Gedankenstrich
17 Ausrufungszeichen
18 Abfuehrungszeichen, Anfuehrungszeichen

Satzzeichensetzung
13 Interpunktion

sauber
4 rein
10 fleckenlos

säubern
8 reinigen

Säuberung
7 Waesche
8 Hausputz
9 Reinigung

Sauce ▶ Soße

sauer
4 herb
6 unreif

Sauerdorn
10 Berberitze

Sauergras
5 Segge

Sauerkirschenart
7 Marelle, Morelle
8 Amarelle, Weichsel
15 Schattenmorelle

Sauerklee
9 Hasenkohl
11 Gluecksklee, Hasenampfer

säuerlich (Wein)
7 trocken

Sauerstoffform
4 Ozon

Sauerstoffverbindung
4 Oxid

Sauertopf
8 Murrkopf
9 Griesgram
11 Knasterbart

saugende Strahlpumpe
7 Ejektor

Säugeorgan
5 Euter, Zitze

Säugetierart, Säugetiergattung
4 Wale
5 Affen, Nager
6 Robben
7 Sirenen
8 Huftiere, Primaten, Seekuehe, Zahnarme
9 Elefanten, Halbaffen, Nagetiere, Paarhufer, Paarzeher, Raubtiere
11 Beuteltiere, Unpaarhufer, Unpaarzeher
12 Fledermaeuse

Säugling
4 Baby
11 Kleinstkind
12 Neugeborenes

Säuglingsnahrung
3 Mus
4 Brei, Saft
5 Milch

Säuglingswickeltuch
6 Windel

Saugröhre
7 Pipette
10 Stechheber

Saugströmung
3 Sog

Saugwurm
4 Egel
8 Blutegel
9 Leberegel

Säule
7 Obelisk, Pfeiler, Stuetze

Säulen des Herakles
5 Abila, Kalpe

Säulenabschluss
8 Kapitell

Säulenbogen
6 Arkade

Säulendeckplatte
6 Abakus

Säulenform
8 Baluster

Säulenfuß
6 Sockel

Säulenfußstück
5 Basis

Säulengang
9 Kolonnade

Säulenhalle
4 Stoa
8 Portikus
9 Gloriette

Säulenheiliger
6 Stylit

Säulenplatte
6 Sockel
7 Plinthe

Säulenwulst
6 Entase
7 Entasis

Sauls Sohn
8 Jonathan

Sauls Widersacher
5 David

Saulus' späterer Name
6 Paulus

Saum
4 Naht, Rand
5 Biese, Borde
6 Besatz
8 Traglast, Umschlag
10 Einfassung

säumig
4 faul
6 traege
12 im Rueckstand

säumiger Schuldner
7 Restant

saure Speisewürze
5 Essig
12 Zitronensaft

Säureart
10 Salzsaeure
13 Koenigswasser
14 Salpetersaeure, Schwefelsaeure

SB-Restaurant
9 Cafeteria

Schabe
8 Kakerlak

Schabefleisch
4 Hack
5 Tatar
9 Gehacktes

Schabeisen der Kammmacher (Kammacher)
4 Iler

Schabernack ▶ Spaß

Schablone
4 Form
6 Muster, Schema
7 Vorlage

Schachausdruck
3 Zug
4 matt, patt
5 Bauer, Brett, Pferd, remis, Stein
6 Gambit, gardez, Partie
7 Rochade
8 Abtausch, Endspiel, Offizier
9 en passant

10 Eroeffnung, Fianchetto, schachmatt
12 Haengepartie
13 Roesselsprung

Schachfigur
4 Dame, Turm
5 Pferd
6 Koenig
7 Laeufer
8 Koenigin, Springer

Schachstein
5 Bauer, Figur

Schachtbau
7 Stollen

Schachtel
6 Karton
7 Packung, Schuber
10 Bonboniere
11 Bonbonniere

Schachtsohle
5 Teufe

Schachweltmeister
3 Tal
4 Euwe
6 Karpow, Lasker, Morphy
7 Fischer, Smyslow, Spasski
8 Aljechin, Kasparow, Steinitz
9 Anderssen, Botwinnik, Petrosjan
10 Capablanca

schade
6 leider

Schädel
4 Kopf

Schädelinhalt
4 Hirn
6 Gehirn

Schädelknochen
6 Kiefer
8 Jochbein, Keilbein, Kinnlade
9 Nasenbein, Stirnbein
10 Oberkiefer
11 Unterkiefer
13 Schlaefenbein

Schädellehre
11 Kraniologie

Schädelnaht
5 Sutur

Schaden
5 Damno
6 Defekt
7 Verlust
8 Einbusse, Stoerung

Schaden am Autorad
9 Plattfuss
11 Reifenpanne

Schaden in der Schifffahrt (Schiffahrt)
7 Havarie

Schadenersatz
7 Regress
10 Reparation

Schadenfreiheitsrabatt
5 Bonus

schadenfroh
7 boshaft

Schadensbeseitigung
8 Behebung

Schadensereignis
6 Unfall

Schadensfeuer
5 Brand

Schadenversicherung
5 Kasko
9 Teilkasko, Vollkasko

schadhaft
6 defekt, kaputt
10 fehlerhaft

schadhafte Stelle
4 Leck, Loch, Riss
5 Bruch
6 Defekt

schädlich(e, er, es) ...
· **Eisenbelag**
4 Rost
· **Genussmittel**
7 Alkohol, Nikotin
· **Insekt**
5 Motte
7 Termite
9 Maikaefer
· **Nagetier**
4 Maus
5 Ratte
· **Neigung**
6 Laster
· **Stoff**
4 Gift

Schädling
7 Parasit
11 Schmarotzer

Schädling ...
· *im* **Garten**
9 Wuehlmaus
· *einer* **Knollenfrucht**
15 Kartoffelkaefer
· *des* **Waldes**
12 Borkenkaefer
· *des* **Weinstocks**
7 Reblaus

Schaf
4 Bock, Lamm
5 Zibbe
6 Hammel, Widder

Schafart
6 Merino
7 Mufflon
8 Schnucke, Shetland
12 Heidschnucke

schafartiges Horntier
4 Thar

Schäferspiel
9 Pastorale

Schaffell
5 Vlies

Schaffenskraft
6 Potenz
12 Kreativitaet

Schaffner
10 Kondukteur
12 Zugbegleiter

Schafinseln
8 Faeroeer

Schafkamel
4 Lama

Schafkrankheit
5 Maedi

Schaflaut
4 maeh

Schafleder
3 Kid
5 Nappa
7 Chamois

Schafrasse ► Schafart

Schafscheren
5 Schur

Schafsfett
4 Talg

Schaft
4 Halm, Kiel
5 Stiel

Schafwolle
6 Merino

Schafwollfett
7 Lanolin

Schäkerei
5 Flirt
9 Taendelei

schal
3 fad
8 labberig

S

11 abgestanden
Schal aus Federn
3 Boa
schalartiger Umhang
5 Stola
schälen
6 pellen
Schalenfrucht
4 Nuss
6 Mandel, Marone
7 Erdnuss, Walnuss
8 Kastanie, Paranuss
9 Haselnuss, Kokosnuss
Schalentier
5 Krebs
6 Auster, Hummer, Krabbe
7 Garnele, Muschel
8 Languste
Schalk
4 Narr
6 Schelm
10 Spassvogel
12 Eulenspiegel
Schalkragen
5 Fichu
Schall
3 Ton
4 Echo, Hall
5 Klang, Knall, Sound
7 Akustik
9 Geraeusch, Widerhall
Schallalarmgerät
6 Sirene
Schallintensität
11 Lautstaerke
Schalllehre
7 Akustik
Schallplattenart
2 CD, LP
6 Single
7 Scheibe
15 Langspielplatte
Schallplattenetikett
5 Label
Schallplattenhülle
5 Cover
Schallplattensammlung
9 Diskothek
Schallreflexion
4 Echo
8 Nachhall
Schallsignalgerät
4 Hupe
6 Sirene
9 Nebelhorn
Schalltrichter
7 Megafon
8 Megaphon
13 Fluestertuete
Schallumwandler
8 Mikrofon
9 Mikrophon
Schaltanlage
6 Relais
Schaltbrett
7 Armatur
Schalteinrichtung
► Schaltelement
Schaltelement (Elektronik)
6 Relais
Schalter
5 Griff, Hebel, Knopf, Taste
6 Klinke, Regler, Relais
Schalterstellung
2 an, on
3 aus, ein, off
Schaltstufe beim Auto
4 Gang
10 Retourgang
15 Rueckwaertsgang
Scham
4 Reue
5 Scheu
Schamane
8 Zauberer
schamhaft
6 keusch, pruede
11 schuechtern
schamlos
5 frech
6 frivol
7 obszoen
schamlose Frechheit
11 Frivolitaet
Schamteile
10 Genitalien
Schande
6 Verruf
7 Blamage, Schimpf, Schmach, Skandal
13 Blossstellung
Schandfleck
5 Makel
schändlich
5 infam
8 schnoede
11 schmaehlich
Schandpfahl
7 Pranger
Schandtat
4 Mord, Raub
5 Untat
10 Verbrechen
Schänke (Schenke)
5 Beize, Lokal, Pinte
9 Wirtshaus
10 Wirtschaft
Schankgefäß
4 Glas, Krug
5 Kanne
Schankraum
9 Gaststube
Schanktisch
3 Bar
5 Theke
6 Buffet, Tresen
Schanzpfahl
8 Palisade
Schanzwerk
7 Redoute
15 Schuetzengraben
Schar
5 Haufe, Menge, Meute, Rotte, Rudel, Trupp
6 Gruppe, Haufen
Scharbockskraut
8 Feigwurz
10 Hahnenfuss
12 Loeffelkraut
scharf
10 schneidend
11 geschliffen
scharf ...
· **gebacken**
5 kross
· **gewürzt**
6 pikant
· **umrissen**
7 markant
10 profiliert
scharf(e, er, es) ...
· **Antwort**
6 Replik
· **Einstellung des Auges**
13 Akkommodation
· **Falz**
5 Knick
· **Geräusch**
5 Knall
· **Gewürz**
5 Curry
7 Pfeffer
8 Kardamom

S

- **Kante**
  4 Grat
- **Kurve**
  5 Kehre
  14 Haarnadelkurve
- **militärische Ausbildung**
  5 Drill
- **Span**
  8 Splitter
- **Stofffalte (Stoffalte)**
  5 Kniff
  11 Buegelfalte
- **Tierzehe**
  6 Kralle
- **Werkzeug**
  4 Beil
  5 Saege
  6 Messer, Schere
- **Widerspruch**
  7 Protest
- **Wurzel**
  4 Kren
  11 Meerrettich

scharfkantige Vertiefung
5 Kerbe

Scharfsinn
4 Witz
5 Geist
6 Esprit
8 Verstand
9 Intellekt, Koepfchen
11 Intelligenz

Scharlatan
10 Schwindler
11 Kurpfuscher, Quacksalber

Scharmützel
7 Gefecht

Scharnier
6 Gelenk

Scharte
5 Kerbe, Narbe

Schattenbild
6 Umriss
10 Silhouette

Schattenreich
5 Hades, Orkus
7 Abyssus
8 Tartarus

Schattenriss ▶ Schattenbild

Schattenstab
6 Gnomon

schattiertes Gewebe
5 Ombré

Schattierung
6 Nuance
7 Toenung

Schatulle
8 Kassette
15 Schatzkaestlein

Schatz
4 Hort
5 Juwel
7 Kleinod, Liebste
8 Geliebte, Liebster, Reichtum
9 Geliebter, Vermoegen

Schatzkästlein
9 Schatulle

Schätzung
4 Taxe
7 Kalkuel

Schau
4 Show
5 Revue
11 Ausstellung

Schau lebender Tiere
9 Menagerie

Schaubild
5 Graph
6 Schema
8 Diagramm

Schaubühne
7 Theater, Varieté
8 Varietee

Schauder
4 Ekel
6 Grauen, Horror
7 Abscheu, Grausen
9 Entsetzen

Schauer
4 Guss

Schauerballade
7 Moritat

Schaufahrt
5 Korso

Schaufel
6 Spaten
7 Schippe

Schaufel beim Wild
6 Geweih

schaufelähnliches Werkzeug
6 Spatel

Schaufelmaschine
5 Raupe
6 Bagger

Schaufenster
7 Auslage, Vitrine

Schaufenster des Westens
6 Berlin

Schaufensterauslage
7 Etalage

Schaufenstergestalter
10 Dekorateur

Schaufensterware
7 Auslage
10 Dekoration

Schaukämpfer
7 Catcher
9 Gladiator

Schaukasten
7 Vitrine
12 Schaufenster

Schaukel
5 Wippe
8 Gautsche

Schaukelbett
5 Wiege

Schaukelreck
6 Trapez

Schaum
6 Geifer, Gischt
8 Brandung

schaumartige Speise
6 Mousse

Schaumgebäck
6 Baiser
7 Meringe
13 Windbaeckerei

Schaumgebilde
11 Seifenblase

Schaumkrone (Bier)
5 Blume

Schaumwein
4 Sekt
8 Schampus, Spumante
10 Champagner

Schauplatz
3 Ort
5 Szene
8 Szenerie

Schauplatz im Theater
6 Buehne

Schauprodukt
5 Dummy
8 Attrappe

schaurig
7 gruslig
8 gruselig
10 unheimlich

Schauseite
5 Avers, Front

S

7 Fassade, Gesicht
11 Vorderfront
Schauspiel
5 Drama, Spiel
13 Buehnenstueck, Theaterstueck
Schauspiel mit Musikbegleitung
8 Melodram
Schauspiel von ...
· **Büchner**
7 Woyzeck
· **Goethe**
5 Faust, Goetz
6 Egmont, Stella
7 Clavigo
· **Hauptmann**
5 Weber
· **Hofmannsthal**
9 Jedermann
· **Ibsen**
4 Nora
8 Peer Gynt
· **Lessing**
6 Nathan
· **Schiller**
9 Don Carlos
10 Die Raeuber
· **Shakespeare**
4 Lear
6 Hamlet
7 Macbeth, Othello
· **Shaw**
9 Pygmalion
· **Thoma**
5 Moral
Schauspielautor
10 Dramatiker
Schauspieldichter
10 Dramatiker
Schauspieler
4 Mime
6 Akteur
7 Statist
10 Darsteller
Schauspieler auf der Bühne
6 Akteur
Schauspieleraufgabe
5 Rolle
Schauspielergehalt
4 Gage
Schauspielergruppe
8 Ensemble
Schauspielerin
4 Diva, Star
7 Aktrice
Schauspielgestaltung
11 Dramaturgie
Schauspielhaus
7 Theater
Schauspielkunde
11 Dramaturgie
Schauspielkunst
5 Mimik
Schauspielschüler
5 Eleve
Schauspielschülerin
6 Elevin
scheckig
7 meliert
Scheckzahlungsverkehr
4 Giro
scheel
8 neidisch
12 missguenstig
Scheibe
4 Puck, Teil
6 Diskus, Platte
Scheibe Brot
8 Schnitte
Scheibenkurbel
8 Exzenter
Scheichtum am Persischen Golf
5 Dubai
Scheidelinie
6 Grenze
Scheiding
9 September
10 Herbstmond
Scheidung
8 Trennung
Scheidungs- und Heiratsparadies in Schottland
11 Gretna Green
Scheidungsparadies in Amerika
4 Reno
Schein
4 Note, Trug
5 Glanz
8 Banknote, Dokument, Gefunkel, Trugbild
10 Taeuschung
Scheinakazie
7 Robinie
Scheinangriff
5 Finte
scheinbar
7 paradox
8 pro forma
9 angeblich, imaginaer
Scheinfrucht der Rose
9 Hagebutte
Scheingelehrter
7 Sophist
Scheinhandlung
5 Farce, Finte
scheinheilig
6 bigott, falsch
10 froemmelnd
Scheinmaßnahme
5 Trick
Scheinmedikament
7 Placebo
Scheinwissen
9 Sophistik
Scheitel
6 Gipfel
7 Maximum
Scheitelpunkt
5 Zenit
Schelle
7 Klammer, Klingel
8 Ohrfeige, Watschen
10 Backpfeife
Schellen
4 Karo
8 Eckstein
Schellenbaum
7 Bumbass
Schellentrommel
8 Tamburin
Schellfischart
3 Sei
4 Leng
6 Dorsch, Merlan, Quappe, Seeaal
8 Kabeljau, Truesche
Schelm
4 Narr
5 Filou, Wicht
6 Schalk
8 Witzbold
9 Spitzbube
10 Spassvogel
12 Eulenspiegel
Schelmenstreich
14 Eulenspiegelei
Schelmenstueck
13 Narrenstreich

Schelte
5 Ruege, Tadel
6 Kritik
Schema
4 Norm, Plan
6 Muster, Umriss
9 Schablone
Schemel
6 Hocker
8 Fussbank, Taburett
schemenhaft
6 unklar
12 verschwommen
schenken
5 geben
schenkende Nächstenliebe
5 Agape
Schenkender
5 Geber
7 Spender, Stifter
8 Schenker
scheppern
7 klirren
scheppernder Lärm
8 Gerassel
Scheren der Schafe
5 Schur
Scheren des Hundefells
7 Trimmen
scherenloser Hummer
8 Languste
Scherenschnitt
10 Silhouette
Scherereien
18 Unannehmlichkeiten
Scherflein
4 Gabe
6 Obolus, Spende
7 Almosen
Scherz ▶ Spaß
5 Spass
Scherzartikel
10 Knallerbse
11 Knallbonbon
17 Feuerwerkskoerper
Scherzgedicht
8 Limerick
13 Schuettelreim
scherzhaft für Ahnung
6 Animus
scherzhafte Nachahmung
7 Parodie
scherzhaftes Musikstück
7 Scherzo
9 Capriccio

Scherzwort für ...
· **Arzt**
7 Medikus
· **Bär**
5 Teddy
· **Bayer**
8 Bajuware
· **behäbige Frau**
5 Madam
· **Binnenländer**
9 Landratte
· **Bücherfreund**
9 Leseratte
· **Fahrrad**
8 Tretesel
· **Friseur**
6 Figaro
· **Gatte**
10 Ehegespons
· **Geige**
6 Fiedel
· **gelbe Öljacke**
11 Friesennerz
· **Gewehr**
6 Knarre
· **Lastwagen**
6 Brummi
· **Lehrer**
6 Pauker
· **Nacktheit**
10 Evakostuem
11 Adamkostuem
· **Schilling**
11 Alpendollar
· **schlechte Handschrift**
5 Klaue
· **Schule**
5 Penne
· **Wasser**
10 Gaensewein
scheu
7 zaghaft
10 aengstlich
Scheuer
6 Stadel
7 Scheune
8 Speicher
scheuer Waldvogel
7 Kuckuck
Scheuerlappen
6 Feudel
9 Aufnehmer
10 Putzlappen
Scheune ▶ Scheuer

Scheunenboden
5 Tenne
Scheusal
4 Ekel
7 Monster, Rohling
8 Monstrum
9 Ungeheuer
scheußlich
4 fies
10 abstossend
Schi
3 Ski
Schicht
4 Lage
5 Belag, Floez, Kaste
6 Turnus
8 Ueberzug
Schichtwolke
7 Stratus
schick
5 fesch, flott, smart
7 elegant
13 geschmackvoll
Schickeria
6 Jetset
12 Schickimicki
schicklich
6 dezent
10 angemessen
Schicklichkeitsgefühl
4 Takt
7 Anstand
20 Fingerspitzengefuehl
Schicksal
3 Los
5 Fatum, Karma
6 Kismet
7 Fuegung
9 Schickung, Vorsehung
15 Praedestination
schicksalhafter Moment
11 Sternstunde
schicksalhaftes Leid
6 Tragik
Schicksalsdeutung
6 Mantik
8 Horoskop
10 Astrologie, Divination, Wahrsagung
Schicksalsglaube
10 Fatalismus
Schicksalsgöttin
3 Ate, Urd

S

5 Moira, Norne, Parze, Skuld
6 Klotho
7 Atropos
8 Lachesis, Werdandi
schiebende Menschen
9 Gedraenge
Schiebestange bei Flussbooten
5 Stake
Schiebewände japanischer Räume
6 Fusuma
Schiebung
6 Betrug
12 Manipulation
Schiedsrichter
6 Schiri
7 Arbiter
11 Pfeifenmann
Schiedsspruch
6 Urteil
schief
5 krumm
6 scheel
7 schraeg
schiefe Ebene
5 Neige
8 Schraege
Schiefer
3 Lei
Schieferfelsen
3 Lei
Schiefergestein
5 Gneis
Schieferschreiber
7 Griffel
schiefwinkliges Quadrat
5 Raute
Schiene
5 Gleis
7 Geleise
Schienenabstand
9 Spurweite
Schienenabzweigung
6 Weiche
Schienenechse
4 Teju
Schienenfahrzeug
3 Lok, Zug
4 Lore
6 Tender, Waggon
8 Dampflok, Draisine
Schienenstrang
5 Gleis
7 Geleise
Schienentransportmittel
3 Zug
9 Eisenbahn
Schienenweg
4 Bahn
schier
4 fast, rein
Schierlingstanne
5 Tsuga
Schießer
6 Marmel, Murmel
Schießpatronen
8 Munition
Schiff ...
· **älterer Art**
7 Dampfer
· *der* **griechischen Sage**
4 Argo
· **Iasons**
4 Argo
· *des* **Kolumbus**
4 Nina
5 Pinta
10 Santa Maria
· *der* **Kolumbusflotte**
4 Nina
5 Pinta
10 Santa Maria
· *im* **Linienverkehr**
6 Faehre
· *mit einem* **Mast**
9 Einmaster
· **Noahs**
5 Arche
schiffbarer Stadtkanal
5 Fleet
Schiffbruch
7 Havarie
9 Strandung, Untergang
Schiffer
4 Maat
7 Matrose, Seemann
Schifferklavier
9 Akkordeon, Harmonika
Schifffahrt auf dem Meer
8 Seereise
Schifffahrtsbehörde
6 Seeamt
Schifffahrtsgesellschaft
8 Reederei
Schifffahrtshindernis
4 Riff
5 Nebel
7 Eisberg, Packeis
Schifffahrtskunde
6 Nautik
10 Navigation
Schifffahrtskundiger
8 Nautiker
Schifffahrtsstraße
6 Seeweg
Schifffahrtsunternehmer
6 Reeder
Schiffsagenda
7 Logbuch
Schiffsanlegeplatz
3 Kai
4 Dock
5 Hafen, Reede
Schiffsaufbau
4 Mast
7 Kajuete
Schiffsausguck
8 Mastkorb
Schiffsbalken
5 Spant
6 Planke, Steven
Schiffsbaum
4 Mast
Schiffsbauplatz
4 Dock
5 Helge, Werft
7 Helling
Schiffsbelader
6 Stauer
Schiffsbesatzung
4 Crew
10 Mannschaft
Schiffsbeschädigung
4 Leck
7 Havarie
Schiffsbestand
6 Flotte
Schiffsbewegung
8 Stampfen
Schiffsbrüstung
6 Reling
Schiffsdeck
4 Bord
Schiffsdecköffnung
4 Luke
Schiffsebene
4 Deck
Schiffseigner
6 Reeder
Schiffseinstieg
3 Luk
Schiffsfenster
8 Bullauge

Schiffsflaschenzug
4 Gien
Schiffsfracht
5 Kargo
Schiffsführer
5 Lotse
8 Kapitaen
9 Faehrmann
10 Steuermann
Schiffsführung
10 Navigation
Schiffsgeländer
6 Reling
Schiffsgeschwindigkeitsmesser
3 Log
Schiffsgrundbalken
4 Kiel
Schiffshaltetau
3 Gei
4 Reep, Stag
5 Kabel
6 Brasse, Trosse
Schiffsheckrundung
5 Bille
Schiffshilferuf (Abkürzung)
3 SOS
Schiffshindernis
6 Felsen, Klippe
7 Eisberg
Schiffshinterteil
4 Back, Heck
12 Achterschiff
Schiffsjournal
7 Logbuch
Schiffsjunge
5 Moses
Schiffskatastrophe
► Schiffbruch
Schiffskellner
7 Steward
Schiffskobold
13 Klabautermann
Schiffskoch
6 Smutje
Schiffskommando
3 ree
Schiffskran
5 Davit, Takel
8 Ladebaum, Lademast
Schiffsküche
8 Kombuese
Schiffsladung
5 Kargo
6 Fracht
Schiffslandeplatz
5 Hafen
Schiffsleinwand
5 Segel
10 Persenning
Schiffslenkvorrichtung
5 Ruder
6 Steuer
Schiffsliegestelle
10 Ankerplatz
Schiffsmannschaft
4 Crew
8 Equipage
9 Besatzung
Schiffsmannschaftsraum
5 Logis
Schiffsmast
5 Besan
Schiffsnotausruestung
8 Notanker
12 Rettungsboot, Rettungsring
Schiffsnotruf
3 SOS
Schiffsoffizier
8 Kapitaen
10 Steuermann
Schiffsöffnung
3 Luk
4 Luke
Schiffsorientierungsmittel
7 Kompass
8 Seekarte
Schiffsquerwand
6 Schott
Schiffsrand
4 Bord
Schiffsraum
6 Kabine
Schiffsrauminhalt
7 Tonnage
Schiffsraummaß
3 BRT
19 Bruttoregistertonne
Schiffsreisender
9 Passagier
Schiffsrippe
5 Spant
Schiffsruine
5 Wrack
Schiffsschraube
9 Propeller
Schiffssegel
5 Besan
Schiffsseite
3 Lee, Luv
8 Backbord
10 Steuerbord
Schiffssignalgerät
9 Nebelhorn
Schiffsspeisekammer
6 Pantry
Schiffssteuer
5 Pinne, Ruder
Schiffstagebuch ► Schiffsjournal
Schiffstaufe
10 Stapellauf
Schiffstreppe
8 Fallreep
Schiffstyp
4 Ewer, Yawl
5 Barke, Brigg, Jacht, Kogge, Liner, Prahm, U-Boot, Yacht
6 Faehre, Kutter, Schute, Segler, Tanker
7 Dampfer, Klipper, Kreuzer, Schoner, Steamer, Trawler
8 Barkasse, Frachter, Fregatte, Korvette
11 Dampfschiff, Faehrschiff, Feuerschiff, Segelschiff
15 Flugzeugtraeger
Schiffstyp älterer Art
7 Dampfer
Schiffsunfall ► Schiffbruch
Schiffsverband
6 Armada, Flotte, Konvoi
7 Eskader
9 Flottille, Geleitzug
10 Geschwader
Schiffsvorderteil
3 Bug
12 Vorderschiff
Schiffswinde
5 Spill
9 Gangspill
10 Ankerspill
Schiffswohnraum
5 Salon
7 Kajuete
Schiffszubehör
3 Tau
5 Anker
10 Ankerkette, Ankerwinde

Schiitenführer
4 Imam
schiitischer National-heiliger
3 Ali
Schikane
7 Bosheit
10 Schinderei
13 Schwierigkeit
Schild
5 Tafel
6 Aegide, Plakat
7 Etikett
15 Verkehrszeichen
Schild des Zeus
5 Aegis
Schildbürger der Antike
9 Abderiten
Schildbürgerstreich
8 Dummheit
15 Schwabenstreich
Schildchen
7 Etikett
Schilddrüsenerkrankung
5 Kropf
Schilderung
10 Erzaehlung
Schilderung friedlichen Lebens
6 Idylle
Schildkrötenart
6 Karett
8 Matamata
Schildkröteninseln
9 Galapagos
Schildkrötenprodukt
10 Schildpatt
Schildlausfett
3 Age
Schildträger (Antike)
6 Hoplit
Schilf
4 Reet, Ried, Rohr
5 Binse
9 Roehricht, Teichrohr
schillerndes Gewebe
9 Changeant
Schimmel
4 Spor
5 Pferd
Schimmer
5 Glanz
6 Schein
Schinderei
4 Qual
5 Drill
8 Schikane
Schindmähre
7 Klepper
9 Rosinante
Schirm
6 Knirps
7 Parasol
9 Parapluie
Schirmdach
9 Baldachin
Schirmherr
6 Patron
9 Protektor
Schirmherr der Winzer
4 Goar
schirmlose Mütze
6 Barett
Schirmpilz
7 Parasol
Schirrzeug
6 Sielen, Trense, Zuegel
7 Kandare
Schlacht
5 Kampf
8 Bataille
Schlachter
7 Metzger, Selcher
9 Fleischer
12 Fleischhauer
Schlachtfeld
8 Walstatt
Schlachtfett vom Rind
4 Talg
Schlachtfett vom Schwein
5 Speck
Schlachtrind
5 Ochse
Schlachttier zum Passah-fest
4 Lamm
Schlachtvieh-Oberschenkel
5 Keule
Schlackenberg
5 Halde
Schlaf
9 Schlummer
10 Nickerchen
schlafähnlicher Zustand
6 Trance
7 Hypnose
Schlafanzug
6 Pyjama
Schlafbedürfnis
10 Muedigkeit
Schlafbekleidung
6 Pyjama
9 Nachthemd
11 Schlafanzug
Schlafbringer
8 Sandmann
Schlafdecke
6 Kolter
7 Plumeau, Zudecke
8 Oberbett
Schlafenszeit
5 Nacht
Schlaferlebnis
5 Traum
8 Albtraum, Alptraum
schlaff
3 lax
4 lose
5 inert, lasch, muede
6 traege
7 laessig, schlapp
8 untaetig
Schlafgesang
10 Wiegenlied
Schlafkammer
5 Gaden
Schlaflosigkeit
7 Asomnie
Schlafmaus ▶ Sieben-schläfer
schlafmohnhaltiges Arzneimittel
5 Opiat
Schlafmütze
8 Transuse
10 Tranfunzel
Schlafnische
7 Alkoven
schläfrig
5 muede
Schlafsaal in Klöstern
11 Dormitorium
Schlafstatt
4 Bett
11 Haengematte
Schlafstelle auf Schiffen
4 Koje
schlafwandelnd
9 somnambul
Schlafzimmermöbel
10 Doppelbett
Schlag
4 Hieb
5 Stoss
7 Streich

S

Schlag auf die Wange
8 Ohrfeige
Schlagader
5 Aorta
7 Arterie
Schlagaderbewegung
4 Puls
Schlaganfall
9 Apoplexie
Schlagart ...
· *beim* **Golf**
5 Bogey
· *beim* **Tennis**
5 Slice, Smash, Twist
6 Volley
7 Topspin, Vorhand
9 Rueckhand
Schlagballspiel
8 Baseball
Schlagbaum
5 Barre
8 Barriere, Schranke
Schlagbecken
4 Gong
Schläge
4 Haue
5 Hiebe, Keile, Senge
7 Dresche, Pruegel
Schlager
3 Hit
10 Bestseller
11 Gassenhauer
14 Verkaufserfolg
Schläger
5 Rowdy
7 Grobian, Rohling
8 Raufbold
Schlagerfestival
9 Hitparade
schlagfertig
6 witzig
10 geistreich
Schlaggerät
4 Rute
5 Keule, Stock
8 Peitsche
Schlagholz
8 Schlegel
9 Schlaegel
Schlaginstrument
4 Gong
5 Pauke
6 Piatti, Tamtam
7 Trommel
8 Triangel
10 Schlagzeug
schlagkräftiger Boxer
7 Puncher
Schlagrahm
5 Obers, Sahne
Schlagrhythmus im Jazz
4 Beat
Schlagspuren am Körper
8 Striemen
Schlagtrommel
5 Pauke
Schlagwaffe
5 Keule
Schlagwerkzeug
6 Hammer
10 Niethammer
Schlagwort
5 Motto
6 Parole, Slogan
Schlagwort der französischen Revolution
7 Égalité, Liberté
10 Fraternité
Schlagzeile
5 Titel
8 Headline
12 Ueberschrift
Schlagzeug einer Band
4 Drum
5 Drums
schlaksiger Bursche
8 Lulatsch
Schlamm
4 Moor
5 Dreck, Sumpf
6 Matsch, Modder, Morast
7 Schlick
Schlammbank
5 Barre
Schlammboden
6 Morast
Schlammfang
5 Gully, Gumpe
10 Sinkkasten
Schlammfisch
4 Wels
schlammig
5 limos
Schlammpackung
5 Fango
Schlammstrom
4 Mure
5 Lahar
Schlange im Dschungelbuch
3 Kaa
schlangenähnliches Tier
3 Aal
14 Blindschleiche
Schlangenanbeter
5 Ophit
Schlangenart, Schlangengattung
3 Boa
5 Aspis, Kobra, Mamba, Otter, Viper
6 Assala, Natter, Python
8 Aeskulap, Anakonda, Surukuku
9 Hornviper, Mussurana, Puffotter, Sandviper
10 Aspisviper, Kreuzotter
12 Eierschlange, Ringelnatter
13 Aspisschlange, Schlingnatter
14 Boa Constrictor
15 Brillenschlange, Klapperschlange, Koenigsschlange
schlangenförmiger Fisch
3 Aal
7 Muraene
8 Neunauge
Schlangenlinie
10 Serpentine
schlank
4 rank
5 duenn, hager, mager
6 grazil, schmal
schlapp
5 muede
7 schlaff, schwach
8 kraftlos
Schlappe
6 Fiasko, Pleite, Schlag
7 Debakel, Verlust
8 Einbruch, Einbusse
Schlapphut
10 Kalabreser
Schlappohren in der Jägersprache
6 Behang
schlau
6 clever, findig
7 gewitzt, pfiffig
11 intelligent

S

Schlauberger
5 Filou, Fuchs
9 Pfiffikus
10 Schlitzohr
11 Schlaumeier
Schlauchpilz
7 Morchel
schlaue Tat
4 List
5 Trick
schlauer Mensch ► Schlauberger
Schlawiner
10 Tunichtgut
11 Schlaumeier
schlecht
3 arg
4 mies
5 boese, elend, uebel
8 duerftig, misslich
9 miserabel, verdorben
12 minderwertig, ungeniessbar
schlecht(e, er, es) ...
· **Angewohnheit**
5 Unart
6 Laster
· **Branntwein**
5 Fusel
· **Buch**
6 Schund
8 Schinken
· **Charaktereigenschaft**
4 Geiz, Neid
· **Essen**
5 Frass
· **Gegenleistung**
6 Undank
· **Geschäftsgang**
6 Flaute
· **Getränk**
7 Gesoeff
· **Laune**
11 Verstimmung
· **Leistung**
8 Machwerk
· **Lichtquelle**
6 Funzel
· **Luft**
4 Mief
· **Mensch**
4 Lump
6 Gauner
7 Schurke
10 Boesewicht
· **Pferd**
6 Maehre
7 Klepper
· **Ruf**
10 Misskredit
· **Schrift**
5 Klaue
9 Gekritzel
· **Schulnote**
5 Fuenf
· **Tabak**
7 Knaster
· **Vergeltung**
6 Undank
· **Wetter**
9 Sauwetter
· **Wohnung**
9 Behausung
Schlechtes
5 Uebel
9 Missstand
Schlechtigkeit
3 Arg
Schlechtwetterzone
4 Tief
5 Front
Schleckerei
11 Suessigkeit
Schlehe
11 Schwarzdorn
Schleicher
11 Leisetreter, Schmeichler
Schleichhandel
9 Schmuggel
12 Schwarzmarkt
Schleichkatze
5 Mungo
6 Musang, Poiana
7 Genette
9 Ichneumon
Schleier im Iran
8 Tschador, Tschadyr
Schleier in Spanien
8 Mantille
schleierartiges Gewebe
4 Flor, Gaze
5 Tuell, Voile
7 Chiffon
schleierhaft
8 nebuloes
Schleife
7 Schlips
8 Schlaufe, Schlinge
schleiffähiger Kalkstein
6 Marmor
Schleiffläche
7 Facette
Schleifmittel
9 Schmirgel
Schleimgeschwulst
5 Myxom
6 Hygrom
Schleimhautentzündung
7 Katarrh
schlemmen
7 prassen
Schlemmer
6 Lukull
7 Gourmet
13 Feinschmecker
Schlendrian
4 Stil
5 Trott
9 Lebensart
Schleppangel
5 Darge
Schlepper
7 Traktor, Trecker
Schleppkahn
5 Prahm, Zille
6 Schute
Schleppnetz
5 Zeese
schlesisch(e, er, es) ...
· **Berggeist**
9 Ruebezahl
· **Groschen**
5 Beehm, Boehm
· **Hauptstadt**
7 Breslau
· **Naturheilkundiger**
10 Priessnitz
· **Töpferstadt**
7 Bunzlau
· **Witzfigur**
5 Antek
7 Frantek
schleswig-holsteinische Insel
4 Sylt
5 Amrum, Foehr, Hooge
7 Fehmarn
10 Nordstrand
Schleuder
8 Balliste, Katapult
10 Zentrifuge
Schleudern des Speers
4 Wurf
Schleuderwaffe
4 Bola

5 Speer
8 Bumerang
Schleuderware
6 Ramsch, Schund
schleunigst
4 bald
6 sofort
7 express, schnell
Schleuse im Deich
4 Siel
schlicht
6 frugal, simpel
7 einfach
11 spartanisch
Schlichter
7 Mittler
10 Vermittler
Schlichtwerkzeug
5 Feile
Schlick
6 Matsch, Morast
7 Schlamm
Schließe
6 Spange
7 Agraffe
8 Schnalle
Schließer
7 Portier
9 Pfoertner
Schließfalte am Sehorgan
8 Augenlid
schließlich
7 endlich
9 letztlich
Schließvorrichtung
6 Riegel
7 Schloss
Schliff
3 Pli
5 Drill, Glanz
7 Politur
schlimm
3 arg
5 boese, uebel
schlimm(e, er, es) ...
· **Geschehen**
6 Unheil
· **Lebenslage**
3 Not
5 Elend
6 Misere
10 Kalamitaet
· **Treiben**
7 Unwesen
Schlinge
6 Knoten, Masche
8 Schlaufe, Schleife
Schlingel
5 Range
6 Bengel
7 Lausbub
Schlingpflanze
4 Efeu, Wein
5 Liane, Winde
6 Hopfen
10 Osterluzei
Schlips
6 Binder, Fliege
8 Krawatte, Plastron, Schleife
Schlitten
3 Bob
5 Ackia, Pulka, Rodel
8 Skeleton, Toboggan
9 Bobsleigh
Schlittengleitschiene
4 Kufe
Schlittenhund
5 Husky
Schlittschuharena
7 Eisbahn
10 Eisstadion
Schlittschuhsport
7 Eislauf, Eistanz
9 Eishockey
Schloss
6 Palais, Palast
8 Residenz
Schloss ...
· *in* **Baden-Württemberg**
8 Bruchsal
10 Heidelberg
11 Sigmaringen
12 Hohenzollern, Schwetzingen
· *in* **Bayern**
8 Schachen
9 Linderhof
11 Nymphenburg
12 Schleissheim
14 Herrenchiemsee, Neuschwanstein
· *bei* **Bonn**
6 Bruehl
· *bei* **Eisenach**
8 Wartburg
· *bei* **Ettal**
9 Linderhof
· *bei* **Füssen**
14 Hohenschwangau
· *am* **Genfer See**
7 Chillon
· *bei* **Gmunden**
10 Cumberland
· *in* **Granada**
8 Alhambra
· *bei* **Kassel**
13 Wilhelmshoehe
· *in* **Lienz**
5 Bruck
· *an der* **Loire**
4 Usse
5 Blois
6 Chinon, Saumur
7 Amboise
8 Chambord, Cheverny
· *bei* **Madrid**
8 Escorial
· *in* **München**
11 Nymphenburg
· *in* **Oberfranken**
4 Banz
· *in* **Paris**
6 Louvre
9 Tuilerien
10 Versailles
13 Fontainebleau
· *in* **Potsdam**
9 Sanssouci
· *in* **Salzburg**
8 Mirabell
9 Klessheim
· *im* **Salzkammergut**
6 Fuschl
· *in* **Schweden**
9 Gripsholm
· *in* **Spanien**
8 Escorial
· *bei* **Stuttgart**
8 Solitude
9 Solituede
· *an der* **Themse**
7 Windsor
· *in* **Versailles**
7 Trianon
· *in* **Wien**
7 Hofburg
9 Belvedere
11 Schoenbrunn
schlossartiges Gebäude
6 Palast
7 Kastell

Schlossbeamter ► Schlossvogt
Schlossberg von Prag
9 Hradschin
Schlosskerker
7 Verlies
Schlossvogt
9 Kastellan
Schlot
4 Esse
5 Kamin
11 Schornstein
Schlotbaron
13 Industrieller
Schlucht
5 Cañon, Kamin, Klamm, Kluft
7 Abgrund, Couloir
Schlummer
6 Schlaf
Schlumpf
5 Wicht
Schlüpfer
4 Slip
9 Unterhose
schlüpfrig
5 glatt
6 frivol, lasziv, pikant
7 obszoen
9 anruechig
Schlüpfschuh
7 Slipper
Schlupfwinkel
8 Versteck
Schluss
4 Ende
5 basta
6 Finale
7 Ausgang
8 Endpunkt, Ergebnis, Resultat
Schlusseffekt
6 Pointe
Schlüsselblume
6 Primel
12 Becherprimel, Kissenprimel
Schlüsselteil
4 Bart
Schlussergebnis
8 Resultat
11 Endresultat
Schlussfolgerung
5 Fazit
Schlussgesang
6 Exodos
Schlussleuchte
10 Ruecklicht
Schlussnummer
6 Finale
Schlussphase bei Wettläufen
5 Spurt
6 Finish
Schlussresultat
11 Endergebnis
Schlussstellung beim Schach
4 Matt, Patt
Schlussteil eines Wortes
6 Endung
Schlussvermerk in alten Büchern
5 Finis
Schlusswendung (Musik)
4 Koda
6 Kadenz
Schlusswort
4 Amen
6 Epilog
Schlusszeichen
5 Punkt
12 Fragezeichen
14 Ausrufezeichen
Schmach
6 Unehre
7 Schande, Schimpf
13 Blossstellung
schmachtender Liebhaber
7 Seladon
schmackhaft
6 lecker
7 delikat
Schmähschrift
8 Pamphlet
Schmähung
4 Tort
7 Affront, Injurie, Schande
11 Beleidigung
12 Diffamierung
schmal
3 eng
4 karg
5 duenn, hager
7 schlank
8 begrenzt
schmal(e, er, es) ...
· **Bergrücken**
4 Grat
· **Brett**
5 Latte
6 Leiste
· **Brücke**
4 Steg
· **Durchlass**
4 Enge
· **Einschnitt im Gebirge**
6 Engtal
· **Felsschlucht**
5 Klamm
· **Felsspalt**
5 Kamin
· **Fußweg**
4 Pfad
· **Gewässerstelle**
8 Meerenge
· **Gewebestreifen**
4 Band
· **Latte**
6 Leiste
· **Meeresarm in Skandinavien**
5 Fjord
· **Meeresbucht**
6 Foerde
· **Öffnung**
4 Ritz
5 Ritze, Spalt
· **Schrank**
5 Spind
· **Spalt**
5 Ritze
· **Stelle**
4 Enge
· **Stelle des Rumpfes**
6 Taille
· **Straße**
3 Weg
5 Gasse
7 Engpass
· **Teil einer Flasche**
4 Hals
· **Treppe**
6 Stiege
· **Vertiefung**
5 Rinne
· **Weg**
4 Pfad
schmalwüchsig
8 leptosom
Schmarotzer
7 Parasit
8 Nassauer
9 Schnorrer

Schmarotzerpflanze
6 Mistel
Schmeichelei
5 Eloge
7 Lobrede
9 Flatterie
10 Kompliment
schmeichelnde Betörung
9 Umgarnung
Schmeichler
8 Charmeur
9 Kalfaktor
11 Leisetreter, Liebediener
Schmeißfliege
7 Brummer
Schmelze
6 Glasur
7 Emaille
Schmelztopf
6 Tiegel
Schmelzüberzug
5 Email
Schmer
4 Fett
Schmerz
3 Weh
4 Gram, Harm, Leid, Pein, Qual
Schmerzen mildern
7 lindern
schmerzhaft(e, er, es) ...
· **Anfall**
5 Kolik
· **Erkrankung**
6 Rheuma
7 Ischias
9 Arthritis
· **Hornhautverdickung**
11 Huehnerauge
· **Muskelkontraktion**
6 Krampf
· **Überdehnung**
7 Zerrung
schmerzliches Mitgefühl
7 Beileid
Schmerzlosigkeit
11 Anaesthesie
Schmerznachlassen
9 Linderung
Schmetterball
5 Smash
Schmetterling
6 Falter
Schmetterlingsart
4 Baer, Eule
5 Fuchs, Motte, Nonne
6 Apollo, Bohrer, Falter, Moench, Ritter
7 Admiral, Kuhauge, Spanner, Spinner, Wickler, Zygaene
8 Blaukopf, Dickkopf, Forleule, Gelbling, Sandauge, Zuensler
9 Postillon, Tagfalter, Totenkopf, Weissling
10 Pfauenauge
11 Brauner Baer
12 Apfelwickler
13 Kohlweissling
18 Oleanderschwaermer
Schmetterlingsblütler
4 Klee, Soja
5 Bohne, Erbse, Linse, Wicke
6 Lupine
7 Erdnuss, Ginster, Luzerne, Robinie
8 Glyzinie, Hornklee, Saubohne
9 Goldregen
12 Besenginster
Schmetterlingsgespinst
5 Kokon
Schmetterlingslarve
5 Puppe, Raupe
Schmied in der Sage
4 Mime
7 Wieland
8 Alberich
schmiedbares Eisen
5 Stahl
Schmiedeform
6 Gesenk
Schmiedegerät
4 Esse
5 Zange
6 Amboss, Gesenk, Hammer
9 Blasebalg
schmieren
5 oelen
6 fetten
9 einfetten
Schmierheft
6 Kladde
Schmiermittel
3 Oel
4 Fett
Schmiernippel
5 Oeler
Schmierstoffart
16 Naehmaschinenoel
Schmiervorrichtung
5 Oeler
Schminke
5 Rouge
6 Make-up
Schmöker
4 Buch
8 Lektuere, Schwarte
Schmorgefäß
6 Tiegel
10 Kasserolle
Schmu
6 Betrug
9 Schwindel
Schmuck
4 Zier
6 Zierat
7 Kleinod, Zierrat
10 Edelsteine, Geschmeide
schmückend
9 dekorativ
schmückend(e, er, es) ...
· **Auszeichnung**
5 Orden
· **Beiwerk**
6 Zierat
7 Zierrat
· **Federn**
9 Aigretten
Schmückendes
5 Stolz
6 Zierde
Schmuckform
7 Rosette
Schmuckgewinde
5 Kranz
6 Feston
8 Girlande
Schmuckhändler
8 Juwelier
Schmuckkasten
9 Schatulle
Schmuckknopf am Ohr
6 Bouton
Schmuckkügelchen
4 Perle
schmucklos
8 schlicht
12 unauffaellig
Schmuckmaterial
4 Gold, Jade

5 Email, Gemme, Juwel
6 Platin, Silber, Strass
7 Koralle
8 Perlmutt
9 Bernstein, Edelstein, Elfenbein

Schmuckring
4 Reif
6 Diadem

Schmuckspange
5 Fibel
6 Fibula, Heftel
7 Agraffe, Brosche

Schmuckstein
4 Jade, Jett, Onyx, Opal
5 Achat, Pyrop, Rubin, Topas
6 Beryll, Cyanit, Granat, Jadeit, Jaspis, Korund, Saphir, Zitrin
7 Amaryll, Karneol, Smaragd, Tuerkis
8 Amethyst, Malachit, Obsidian
9 Aquamarin, Bernstein, Cordierit, Tigerauge
10 Rosenquarz
11 Lapislazuli

Schmuckstreifen
5 Fries

Schmuckstück
4 Band, Clip, Reif, Ring
5 Kette, Kreuz, Nadel, Perle
6 Diadem, Spange
7 Armband, Armreif, Brosche, Kollier, Ohrring
8 Halsband, Uhrkette
9 Anhaenger, Armspange, Halskette, Medaillon

Schmuckstück bei Naturvölkern
9 Nasenring

Schmuckteil
9 Edelstein

Schmuckwarengeschäft
10 Bijouterie

schmuddelig
7 dreckig
9 schmierig, schmutzig

Schmuggel
14 Schleichhandel

Schmuggelware
11 Konterbande

Schmus
6 Gerede
8 Gewaesch
10 Geschwaetz

Schmutz
3 Kot
5 Dreck, Staub, Unrat

Schmutzflüssigkeit
8 Abwasser

schmutzfrei
4 rein

schmutzig
7 dreckig
11 schmuddelig
12 unanstaendig

schmutziger Abfall
5 Muell, Unrat

schmutziges Stadtviertel
4 Slum

Schmutzstelle
5 Fleck

Schmutzteilchen
9 Staubkorn

Schnabelkrokodil
6 Gavial

Schnalle
7 Agraffe
9 Schliesse

Schnapsfabrik
8 Destille
9 Brennerei

Schnapssorte
4 Korn
5 Wodka
6 Enzian, Klarer, Kognak
7 Obstler

Schneckenlinie
7 Spirale

Schneeabsturz
6 Lawine

Schneebluse
6 Anorak

Schneefahrzeug
9 Schlitten

Schneeform
4 Firn
6 Flocke, Harsch
9 Altschnee, Neuschnee
12 Pulverschnee

schneefrei
4 aper
5 gruen

Schneehütte der Eskimos
4 Iglu

Schneeleopard
5 Irbis

Schneemensch
4 Yeti
6 Kangmi

Schneerose
8 Nieswurz
10 Christrose

Schneerutsch ▶ Schneeabsturz

Schneeschmelze
9 Tauwetter

Schneeschuh
3 Ski
4 Schi

Schneesturm ...
- *in* **Amerika**
8 Blizzard
- *in* **Sibirien**
5 Metel, Purga

Schneid
3 Mut
4 Elan, Mumm
7 Courage
11 Beherztheit

Schneide
4 Grat
6 Klinge
14 Schnittflaeche

Schneide ...
- *am* **Pflug**
5 Schar
- *einer* **Sense**
6 Dengel

schneidend
6 scharf

Schneider
8 Tailleur
9 Couturier

Schneiderkunst
12 Haute Couture

Schneidersitz
11 Unterschlag

Schneidewerkzeug
8 Vierkant

schneidig
4 kess
5 fesch, flott
6 forsch, stramm, zackig
9 schmissig
11 schwungvoll

schneidiger Mensch
12 Draufgaenger

Schneidwerkzeug
5 Saege

6 Messer, Schere
14 Schneidbrenner
Schneise
8 Lichtung
10 Kahlschlag
schnell
3 fix
5 eilig, flink, rapid, rasch
6 hastig, hurtig, rasant, rasend
schnell ...
· **beförderte Fracht**
6 Eilgut
· **härtende Masse**
4 Gips
· **trocknender Anstrich**
6 Firnis
· **zugestellte Postsendung**
8 Eilbrief
schnell(e, er, es) ...
· **Auto**
7 Flitzer
· **Autofahrer**
5 Raser
· **Bewegung**
5 Husch
6 Wirbel
· **Musikstück**
7 Allegro
· **Reitkamel**
6 Mehari
· **Schiff**
5 Jacht
14 Luftkissenboot
· **Steppentier**
7 Gazelle
· **Tanz**
5 Polka
10 Saltarello, Tarantella
· **Tonfolge**
7 Passage
· **unvorbereitetes Handeln**
13 Improvisation
· **Verkehrsmittel**
8 Flugzeug
Schnellfahrer
5 Raser
Schnellfahrstraße
8 Autobahn
Schnelligkeitsgrad
5 Tempo
Schnellrestaurant
11 Imbisshalle
Schnellzusteller
7 Eilbote
Schnepfenvogel
4 Kiwi
5 Knutt, Triel
7 Kiebitz
9 Bekassine
10 Brachvogel, Sanderling
12 Waldschnepfe
13 Strandlaeufer
14 Austernfischer
schnippisch
6 bissig, patzig, scharf
Schnitt
6 Fasson
11 Kleiderform
Schnittblume
7 Gerbera
Schnitte
6 Stulle
11 Brotscheibe
Schnittergerät
5 Sense
6 Sichel
Schnittholz
5 Brett, Latte
6 Latten, Leiste
Schnittkante
8 Schneide
Schnittlinie
7 Sekante
Schnittlinie zweier Flächen
5 Kante
Schnittmeister beim Film
6 Cutter
Schnitzer
4 Bock
6 Fehler, Lapsus
8 Versehen
9 Missgriff
11 Versprecher
Schnitzmaterial
4 Bein, Holz
9 Elfenbein
10 Sandelholz
Schnupftabak
6 Makuba
Schnur
4 Band
5 Faden, Leine, Litze
6 Bendel, Kordel
7 Baendel, Baendel
Schnur am Fesselballon
8 Notleine
Schnur am Webstuhl
5 Helfe
Schnürband
6 Nestel, Senkel
Schnurfabrikant
6 Seiler
Schnürjacke der Husaren
6 Dolman
Schnürleib
6 Mieder
7 Korsett
Schnurre
5 Farce, Posse
7 Marotte
Schnürriemen
4 Gurt
7 Guertel
schnurrig
6 witzig
9 originell
Schnürsenkel
6 Nestel
9 Schuhband
12 Schuhbaendel
Schock
6 Schlag
7 Schreck
Schokoladegebäck
10 Mohrenkopf
Schokoladenrohstoff
5 Kakao
Schokoladenstreifen
5 Rippe
Scholar
6 Vagant
7 Student
Schollenart
4 Butt
7 Flunder
schon
3 nur
6 allein, zeitig
7 bereits, laengst
schön
4 fein, zart
7 anmutig, reizend
11 entzueckend
schön(e, er, es) ...
· **Anblick**
10 Augenweide
· **Frau der Antike**
6 Helena
· **Jüngling**
6 Adonis
7 Narziss

8 Antinoos, Hyazinth
· **Mädchen im Paradies des Islam**
4 Huri
· **Mann**
4 Beau
6 Adonis
· **Mineralien**
6 Gemmen
10 Edelsteine
· **Regelmäßigkeit**
15 Ebenmaessigkeit
Schöngeist
7 Aesthet
9 Belesprit
schöngeistige Literatur
12 Belletristik
Schönheitsgöttin
5 Venus
9 Aphrodite
Schönheitslehre
9 Aesthetik
Schönheitspflästerchen
6 Mouche, Musche
Schönheitspflege
8 Kosmetik
9 Manikuere
Schönheitspflegebetrieb
12 Friseursalon
13 Kosmetiksalon
Schönheitspflegemittel
10 Kosmetikum
Schönheitswettbewerb
8 Misswahl
Schonkost
5 Diaet
Schönling
4 Beau
Schönschreibekunst
11 Kalligrafie
12 Kalligraphie
schonungslos
4 hart
6 brutal, streng
7 radikal, rigoros
Schöpfer
4 Gott
5 Autor
7 Urheber
8 Erfinder
9 Initiator
Schöpfer ...
· *von* **„Wum"**
6 Loriot
· *des* **Kommissar Maigret**
7 Simenon
· *der* **Logarithmen**
6 Buergi, Napier
· *der* **Micky Maus**
6 Disney
· *der* **Relativitätstheorie**
8 Einstein
· *der* **Roten Armee**
7 Trotzki
· *des* **Sherlock Holmes**
5 Doyle
· *des* **Wiener Walzers**
6 Lanner
schöpferisch
7 kreativ
schöpferisch begabter Mensch
5 Genie
schöpferischer Gedanke
4 Idee
schöpferisches Nichtstun
5 Musse
Schöpferkraft
11 Genialitaet
Schöpferwesen
4 Gott
8 Herrgott
Schöpflöffel
5 Kelle
Schöpfung
3 All
4 Welt, Werk
5 Natur
7 Weltall
8 Kreation
9 Universum
Schöpfungsgeschichte
7 Genesis
Schöps
6 Hammel
8 Dummkopf
10 Schafskopf
Schorf
5 Borke, Grind
6 Kruste
Schornstein
4 Esse
5 Kamin
6 Schlot
9 Rauchfang
Schornsteinfeger
10 Kaminreiniger
15 Rauchfangkehrer
Schoßhund
8 Malteser, Pekinese
Schössling (Schößling)
5 Trieb
6 Spross
7 Ableger
Schote
4 Pale
Schotte irischer Herkunft
5 Skote
Schottenrock
4 Kilt
Schottenstoff
5 Plaid
6 Tartan
schottisch(e, er, es) ...
· **Adelsgeschlecht**
6 Stuart
· **Archipel**
14 Shetlandinseln
· **Branntwein**
6 Whisky
· **Dynastie**
6 Stuart
· **Eisspiel**
7 Curling
· **Erfinder**
4 Watt
6 Dunlop
· **Golf**
10 Firth of Tay
12 Firth of Clyde, Firth of Forth, Firth of Lorne
· **Hafen bei Edinburgh**
5 Leith
· **Hauptstadt**
9 Edinburgh
· **Insel**
3 Rum
4 Coll, Fair, Iona, Mull, Skye
5 Barra, Islay, Lewis, Tiree
6 Harris, Orkney
7 Kintyre
· **Inselgruppe**
6 Orkney
8 Hebriden, Shetland
12 Orkneyinseln
14 Shetlandinseln
· **Kleidungsstück**
4 Kilt
· **Komponist**
5 Field
· **König**
5 Jakob

6 Duncan
7 Macbeth, Malcolm
· **Königshaus**
6 Stuart
· **Männername**
6 Gordon
· **Mathematiker**
5 Neper
6 Lister, Napier
· **Mediziner**
6 Cronin
· **Missionar**
11 Livingstone
· **Musikinstrument**
9 Dudelsack
· **Namensbestandteil**
2 Mc
3 Mac
· **Nationalgericht**
8 Porridge
· **Physiker**
7 Maxwell
8 Brewster
· **Pionier des Fernsehens**
5 Baird
· **Reformator**
4 Knox
· **Sagenheld**
6 Fingal
· **Schäferhund**
6 Collie
· **See**
8 Loch Ness
· **Seefahrer**
7 Selkirk
· **Seeungeheuer**
6 Nessie
· **Sippe**
4 Clan, Klan
· **Volksstamm**
6 Pikten, Skoten
· **Whisky**
4 Malt
6 Scotch
schräg
4 quer
6 schief
7 geneigt, travers
8 diagonal
schräg(e, er, es) ...
· **Auffahrt**
5 Rampe
· **Lage eines Schiffes**
11 Schlagseite
· **Schiffsbauplatz**
7 Helling
· **Schleifkante**
4 Fase
· **Stütze**
6 Steife, Strebe
Schräge
7 Neigung
8 Gefaelle
Schräglinie
8 Traverse
9 Diagonale
Schrägstellung
7 Neigung
Schrägstütze
6 Strebe
Schramme
4 Riss, Ritz
7 Blessur, Kratzer
Schrankabteil
4 Fach
schrankartiger Kochherd
5 Grude
Schranke
6 Gitter, Huerde, Sperre
8 Barriere
10 Schlagbaum
Schraubenanker
6 Duebel
Schraubenankerart
10 Holzduebel
Schraubenantilope
4 Kudu
Schraubengang
7 Gewinde
Schraubenlinie ► Schneckenlinie
Schraubenpalme
7 Pandane, Pandang
8 Pandanus
Schraubenschlüssel
8 Franzose
10 Englaender
Schraubensicherung
6 Mutter, Splint
Schraubhülse
7 Fassung
Schraubstock
6 Zwinge
10 Feilkloben
Schrebergartenanlage
13 Laubenkolonie
Schrebergartenhäuschen
5 Laube
Schrebergärtner
12 Laubenpieper
Schrecken
5 Graus, Panik
6 Furcht, Grauen, Horror, Schock
Schreckensherrschaft
6 Terror
8 Despotie
Schreckgespenst
7 Buhmann
Schreckgestalt
7 Monster
8 Monstrum
9 Ungeheuer
schrecklich
7 grausam
Schrecklichkeit
6 Greuel
7 Abscheu, Graeuel
Schrei
3 Ruf
Schreibart ► Schreibweise
Schreibbuch
4 Heft
Schreiben
8 Dokument
13 Schriftstueck
Schreiber
5 Autor
6 Aktuar
8 Chronist, Skribent
9 Kontorist, Sekretaer
Schreiberling
6 Pedant
8 Reimling
12 Federfuchser
Schreibflüssigkeit
5 Tinte
Schreibgerät
5 Feder
6 Kreide
7 Fueller, Griffel
9 Bleistift
11 Federhalter, Fuellhalter
14 Kugelschreiber
Schreibgerät der Antike
6 Stilus
7 Calamus
Schreibheftart
6 Kladde
Schreibkraft
8 Typistin
13 Datentypistin, Stenotypistin

Schreibkunst
6 Grafik
Schreibkünstler im Mittelalter
6 Modist
Schreibmaterial
6 Papier
9 Pergament
Schreibschrank
9 Sekretaer
Schreibstift
· **Einlage**
4 Mine
Schreibstift in der Antike
6 Stylos
Schreibstube
5 Buero
6 Kontor, Office
7 Kanzlei
Schreibtafel der Antike
9 Diptychon
Schreibunkundiger
10 Analphabet
Schreibutensilienbehälter
4 Etui
9 Maeppchen
Schreibwarenartikel
4 Heft
Schreibweise
4 Stil
6 Duktus
7 Diktion
Schreibzeugetui
11 Federpennal
schreien
7 groelen, laermen
schreiend
5 grell
12 schockfarben
Schrein
4 Lade, Sarg
5 Truhe
Schreiner
8 Tischler
Schreinerwerkzeug
5 Feile, Hobel, Saege
6 Bohrer, Hammer, Raspel, Zwinge
9 Putzhobel
Schreittanz
6 Reigen
Schreitvogel
4 Ibis
6 Marabu, Reiher, Storch
7 Kranich, Sichler
8 Flamingo, Schnepfe
Schreivogel
4 Rabe
6 Kraehe
Schrift
4 Buch, Heft, Text
8 Skriptur
10 Broschuere
Schrift über das Weltende
10 Apokalypse
Schriftart
5 Times
6 Futura
7 Fraktur, Gotisch, Lapidar, Memphis, Univers, Walbaum
8 Claudius, Elzevier, Garamond
Schriftblindheit
6 Alexie
Schriftenbündel
4 Akte
Schriftensammlung
5 Aktei
Schriftform
5 mager
6 kursiv
7 grotesk
8 halbfett
Schriftführer
9 Schreiber
Schriftgrad
4 Perl, Text
5 Kanon, Petit, Sabon
6 Borgis, Cicero, Korpus, Mignon, Tertia
7 Garmond, Kolonel, Missale
10 Viercicero
11 Nonpareille
Schriftleiter
6 Lektor
9 Redakteur
schriftlich(e, er, es) ...
· **Antrag**
7 Eingabe
· **Aufstellung**
5 Liste
· **Bescheinigung**
8 Quittung
· **diplomatische Mitteilung**
4 Note
· **Gesuch an eine Behörde**
6 Antrag
· **Hinweis**
5 Notiz
7 Vermerk
· **Kaufangebot**
7 Offerte
· **Machwerk**
8 Elaborat
· **Niederlegung**
11 Beurkundung
· **Unterlage**
5 Beleg
8 Dokument
· **Vermerk**
5 Notiz
10 Eintragung
Schriftreihe
5 Zeile
Schriftrepro
9 Faksimile
Schriftrolle
5 Thora
7 Papyrus
9 Pergament
Schriftsatz
4 Text
Schriftsetzer
7 Metteur
8 Typograf
9 Typograph
13 Textgestalter
Schriftsprache im Buddhismus
4 Pali
Schriftsprache im Hinduismus
8 Sanskrit
Schriftstelle
5 Zitat
6 Passus
7 Passage
Schriftsteller
4 Poet
5 Autor
7 Dichter, Literat, Lyriker
Schriftstück
4 Akte
7 Urkunde
8 Dokument, Skriptum
9 Schreiben
10 Manuskript
Schrifttilgung
5 Rasur
Schrifttum
9 Literatur

Schriftunkundiger
10 Analphabet
Schriftzeichen
4 Rune
6 Letter
9 Buchstabe
11 Hieroglyphe
Schriftzeichen unserer Vorfahren
5 Runen
Schriftzug
6 Duktus
8 Signatur
schrill
4 laut
5 grell
6 scharf
schrill tönen
7 klirren
schriller Ruf
6 Schrei
schrilles Schreien
9 Gekreisch
Schritt
5 Tritt
Schrittmacher
7 Pionier
9 Vordenker
11 Wegbereiter
Schrittsportler
5 Geher
schroff
3 rau
4 grob, jaeh, rauh
5 steil
6 barsch, bruesk, streng, wirsch
schroffe Küste
9 Steilufer
Schrotgewehr
6 Flinte
Schrott
8 Alteisen
schrottreifes Auto
5 Wrack
9 Rostlaube
Schrulle
4 Tick
5 Laune
6 Fimmel, Grille, Spleen
7 Marotte
Schrumpfkopf
7 Tsantsa
Schubfach
4 Lade
6 Kasten
Schublade
4 Fach
Schubs
5 Stups
Schubs an die Nase
7 Stueber
Schubstange
6 Pleuel
schüchtern
5 scheu
7 zaghaft
8 befangen, verlegen
schüchterner Liebhaber
7 Seladon
Schuft
4 Lump
5 Kujon
6 Gauner
7 Halunke, Schurke
8 Ehrloser
Schuhband
6 Nestel, Senkel
13 Schnuersenkel
Schuhflicken
7 Riester
Schuhform
7 Leisten, Spanner
Schuhmacher
8 Schuster
Schuhmacherwerkzeug
4 Ahle, Dorn
5 Kneif, Zange
6 Hammer, Pfriem, Raspel
7 Leisten
Schuhmaterial
5 Leder
9 Wildleder
Schuhputzmittel
6 Wichse
Schuhsohle aus Rohkautschuk
5 Krepp
Schuhteil
4 Oese
5 Kappe, Sohle, Zunge
6 Absatz, Futter, Lasche, Nestel, Riemen, Schaft, Senkel
9 Oberleder
10 Brandsohle
Schulabteilung
6 Klasse
14 Jahrgangsstufe
Schulanfänger
11 Abc-Schuetze
13 Erstklaessler
14 Taferlklassler
Schularbeit
6 Pensum
7 Aufgabe, Aufsatz, Lektion
11 Hausaufgabe
Schulartikel
4 Heft
5 Atlas, Fibel, Mappe, Stift, Tafel, Tinte
6 Lineal, Ranzen, Tasche, Zirkel
7 Fueller, Spitzer
8 Ringbuch
14 Taschenrechner
Schulbesucher
8 Schueler
Schulbetrieb
10 Unterricht
Schuld
4 Reue, Soll
6 Frevel, Suende
7 Pflicht, Unrecht
Schuldbekenntnis
11 Gestaendnis
Schulden
4 Soll
5 Minus
Schuldentilgung
9 Abzahlung
10 Abstottern
Schuldgefühl
4 Reue
7 Skrupel
8 Einsicht
13 Gewissensbiss
Schuldiener
6 Pedell
Schuldlosigkeit
8 Unschuld
Schuldner
7 Debitor, Restant
9 Debitoren
Schuldokument
7 Zeugnis
Schuldverschreibung
4 Bond
7 Anleihe, Wechsel
10 Obligation, Pfandbrief, Wertpapier

S

Schule
5 Penne
11 Lehranstalt
Schule mit Heim
8 Internat
Schüler
5 Adept, Eleve
6 Alumne, Hoerer
8 Zoegling
9 Anhaenger, Pennaeler
Schulfach
5 Ethik, Lesen, Musik, Sport
6 Chemie, Latein, Physik, Turnen, Werken
7 Deutsch, Rechnen
8 Biologie, Englisch, Erdkunde, Religion, Zeichnen
9 Geografie, Sachkunde
10 Geographie, Geschichte, Griechisch, Handarbeit, Mathematik, Naturkunde
11 Heimatkunde, Sozialkunde
12 Franzoesisch
14 Kunsterziehung, Leibesuebungen
15 Schoenschreiben
Schulfestsaal
4 Aula
schulfreier Zeitraum
6 Ferien
schulische Besprechung
15 Lehrerkonferenz
Schulleiter
6 Rektor
8 Direktor
Schullesebuch
5 Fibel
7 Abc-Buch
Schulmeister
6 Lehrer, Pauker
8 Erzieher, Magister
9 Paedagoge
Schulnote
6 Zensur
9 Praedikat
Schulort am Bodensee
5 Salem
Schulranzen
9 Tornister
Schulraum
6 Klasse
13 Klassenzimmer
Schulreise
12 Klassenfahrt
Schulschreibbuch
4 Heft
Schulstadt in England
4 Eton
Schultasche
5 Mappe
6 Ranzen
9 Tornister
Schulterbinde
8 Schaerpe
Schulterstück
5 Passe
6 Klappe
9 Epaulette
Schultertuch
5 Fichu, Schal, Stola
Schultertuch des Papstes
5 Orale
Schulterumhang
5 Stola
8 Mantille
Schultornister
6 Ranzen
Schulübung
6 Diktat
Schulveranstaltung
4 Fest
7 Ausflug
9 Exkursion, Schulfest
11 Elternabend
15 Elternsprechtag
Schulverwaltungsakt
10 Versetzung
Schulzensur
4 Note
schummeln
6 mogeln
Schund
4 Kram
5 Dreck
6 Kitsch, Ramsch
7 Plunder, Schmutz
Schuppenkriechtier
5 Echse, Waran
8 Eidechse, Schlange
Schuppfisch
5 Eitel
6 Doebel
Schürfrecht
5 Claim
Schurke ► Schuft
Schürzenbruststück
4 Latz
Schürzenjäger
7 Don Juan
10 Frauenheld
Schüssel
4 Kumm, Napf
5 Kumme, Satte
6 Platte, Schale
7 Terrine
Schussfolge
5 Salve
Schussgeräusch
5 Knall
schusskräftiger Fußballspieler
6 Bomber
schusslig
6 fahrig
9 zerfahren, zerstreut
Schuster
11 Schuhmacher
Schusterjunge
12 Anfangszeile
Schustermesser
5 Kneif
Schusternagel
5 Pinne
Schusterpfriem
4 Ahle
Schusterschemel
8 Dreibein
Schutt
6 Abraum
8 Truemmer
12 Bruchgestein
Schutt aus der Eiszeit
7 Moraene
Schuttberg
5 Halde
Schuttfeld
4 Gand
Schüttstroh
5 Streu
Schuttstrom im Hochgebirge
4 Mure
Schutz
3 Hut
4 Wehr
5 Mauer, Obhut
6 Aegide
7 Deckung
10 Protektion, Sicherheit
Schutz ...
· *gegen* **Feuchtigkeit**
14 Impraegnierung

- *von* **Pflanzen**
  4 Hege
- *gegen* **Sicht**
  7 Tarnung
- *für* **Wunden**
  5 Binde
- *gegen* **Zauberei**
  7 Amulett
  8 Talisman

Schutzanlage
4 Wehr

Schutzanlage an Ufern
4 Damm, Wehr
5 Deich

Schutzanstrich
6 Firnis

Schutzanzug
7 Overall

Schutzbegleitung
6 Geleit
12 Leibwaechter

Schutzbehausung im Gebirge
5 Baude
6 Huette
10 Berghuette

Schutzbinde
7 Bandage

Schutzbinde des Fechters
8 Plastron

Schutzblech
10 Kotfluegel

Schutzdach für Statuen
10 Tabernakel

Schutzdamm am Meer
5 Deich

Schutzdecke
5 Plane

Schütze der nordischen Sage
4 Egil

schützende Begleitung
6 Geleit

schützende Kopfbedeckung
4 Helm

Schutzfärbung
7 Mimikry
9 Tarnfarbe

Schutzgebiet
8 Reservat
9 Bannmeile
11 Protektorat

Schutzheilig(e, er) ...
- *der* **Alpinisten**
  8 Bernhard
- *der* **Apotheker und Drogisten**
  5 Vitus
- *der* **Autofahrer**
  13 Christophorus
- *der* **Bergleute**
  7 Barbara
- *der* **Bettler**
  6 Martin
- *der* **Feuerwehr**
  7 Barbara, Florian
- *der* **Fischer**
  6 Petrus
- *der* **Jäger**
  8 Hubertus
- *der* **Künstler**
  5 Lukas
- *der* **Liebenden**
  5 Anton
- *der* **Mädchen**
  7 Barbara
  9 Katharina, Margareta
- *der* **Männer**
  8 Bernhard
- *der* **Reisenden**
  13 Christophorus
- *von* **Venedig**
  6 Markus
- *des* **Wetters**
  6 Petrus

Schutzherr im Mittelalter
4 Vogt

Schutzherrschaft
6 Aegide, Mandat
9 Patronage
11 Protektorat

Schutzhügel
5 Warft

Schutzhülle
5 Plane
6 Kuvert
8 Futteral, Umschlag

Schutzinjektion
7 Impfung

Schutzkissen an Schiffen
6 Fender

Schützling
6 Klient
7 Muendel, Protegé

Schutzmann
6 Schupo
8 Polizist

Schutzmittel vor Vereisung
10 Entfroster
11 Frostschutz

Schutzraum
6 Bunker
9 Kasematte
10 Unterstand

Schutzverband
7 Bandage

Schutzwaffe
6 Schild

Schutzwall
4 Damm

Schutzzeichen gegen Geister
10 Drudenfuss, Pentagramm

Schwaben
6 Sueben, Sweben

Schwabenstreich
8 Dummheit
20 Schildbuergerstreich

schwäbisch(e, er, es) ...
- **Bildhauer**
  6 Fehrle
- **Fürstengeschlecht**
  7 Staufer
  10 Zaehringer
  12 Hohenzollern
- **Hauptstadt**
  8 Augsburg
- **Hochland**
  3 Alb
- **Höhenzug**
  3 Alb
  4 Jura
- **Meer**
  8 Bodensee
- **Mehlspeise**
  8 Spaetzle
- **Philosoph**
  5 Hegel
- **Reformator**
  5 Brenz
- **Schriftsteller**
  5 Hauff, Hebel
  6 Uhland
  7 Moerike, Wieland
  8 Schiller, Schubart
  10 Hoelderlin
- **Spezialität**
  8 Spaetzle
  11 Maultaschen

schwach
4 flau, lahm, matt
5 elend, leise
6 muerbe
7 hilflos

S

8 kraftlos
10 hinfaellig
schwach hörbar
5 leise
schwach(e, er, es) ...
· **Hitze**
6 Waerme
· **Kenntnis**
6 Ahnung
· **Lichtschein**
8 Schimmer
· **Mitlaut**
5 Lenis
Schwäche
5 Makel
6 Fehler
8 Nachteil
Schwächeanfall
7 Kollaps
schwächlich
10 asthenisch
Schwachsinn
6 Demenz
7 Idiotie
10 Debilitaet
Schwachstelle
13 Achillesferse
Schwaden
5 Dampf, Dunst, Nebel, Qualm, Rauch, Wasen
6 Brodem, Wrasen
schwanger
6 gravid
Schwank
5 Farce, Posse
8 Burleske, Groteske, Komoedie
9 Lustspiel
schwankend
5 labil
9 unsicher
Schwankung
10 Fluktuation
Schwanz ...
· *des* **Federwilds**
5 Stoss
· *des* **Fuchses**
5 Lunte
· *des* **Hirsches**
5 Wedel
· *von* **Kaninchen und Hasen**
5 Blume
· *bei* **Vögeln**
5 Sterz
· *des* **Wolfs**
4 Rute
Schwanzende
5 Sterz
schwanzloser Langarmaffe
6 Gibbon
Schwanzlurch
3 Olm
5 Molch
7 Axolotl
10 Salamander
15 Feuersalamander
Schwanzwurzel des Vogels
7 Buerzel
Schwäre
5 Wunde
Schwarm
4 Pulk
Schwärmer
3 Fan
7 Fantast, Utopist
8 Idealist, Phantast, Traeumer
schwärmerisches Gedicht
7 Romanze
Schwarte
5 Speck
9 Schmoeker
schwarz(e, er, es) ...
· **Erdteil**
6 Afrika
· **Farbe beim Roulette**
4 noir
· **Großvogel**
8 Kolkrabe
· **Jura**
4 Lias
· **Kunst**
8 Alchimie
· **Metallverzierung**
6 Niello
· **Mineral**
6 Niobit
8 Columbit
· **Pferd**
5 Rappe
· **Singvogel**
3 Beo
· **Tod**
4 Pest
· **Vogel**
6 Kraehe
8 Kolkrabe
schwarz-weißer Rabenvogel
6 Elster
Schwarzamsel
5 Merle
Schwarzbrotart
12 Pumpernickel
Schwarzdorn
7 Schlehe
10 Schlehdorn
Schwarzdrossel
5 Amsel
Schwarzfersenantilope
6 Impala
Schwarzkittel
11 Wildschwein
Schwarzkünstler
5 Adept, Hexer, Seher
8 Zauberer
9 Alchemist, Alchimist
Schwarzpulver
11 Sprengstoff
13 Schiesspulver
Schwarzseher
9 Defaetist, Pessimist
10 Miesmacher
Schwarzwal
5 Grind
8 Grindwal
Schwarzwalddorf
7 Kniebis
Schwarzwaldgipfel
6 Blauen, Kandel
7 Kniebis
8 Feldberg, Hornkopf
12 Hornisgrinde, Schauinsland
Schwarzwaldspezialität
11 Kirschtorte
12 Kirschwasser
Schwarzwasserfieber
7 Malaria
Schwarzwild
3 Sau
4 Eber
5 Bache, Basse
6 Keiler
7 Laeufer, Wildsau
10 Frischling
11 Wildschwein
schwätzen
8 plappern
Schwebereck
6 Trapez

Schwebesitz
8 Schaukel
schwedisch(e, er, es) ...
· **Altistin**
6 Onegin
· **Asienforscher**
5 Hedin
· **Astronom**
6 Gylden
7 Celsius
· **Autorenpaar**
6 Myrdal
· **Autorin**
8 Lindgren
9 Lagerloef
· **Berg**
7 Sylarna
9 Areskutan
10 Kebnekaise
11 Ammarfjaell, Sarektjakko
· **Botaniker**
5 Fries, Linné
6 Agardh
8 Acharius, Afzelius
· **Chemiker**
5 Cleve, Nobel
7 Bergman, Scheele
8 Nylander, Svedberg
9 Arrhenius, Atterberg, Berzelius
· **Dynastie**
4 Wasa
· **Erfinder**
5 Nobel
· **Filmdiva**
5 Garbo
· **Filmregisseur**
7 Bergman
· **Filmschauspielerin**
5 Garbo
7 Bergman, Leander
· **Forscher**
5 Hedin
· **Grafiker**
7 Larsson
· **Ingenieur**
5 Dalen, Laval, Ruths
6 Andree
8 Ericsson
· **Insel**
5 Alnoe
6 Oeland
7 Gotland
· **Inselgruppe**
8 Schaeren
· **Königin**
6 Louise, Silvia
9 Christine
· **Königsgeschlecht**
4 Wasa
10 Bernadotte
· **Königsname**
4 Karl, Olaf
5 Adolf, Oskar
6 Gustav, Johann
9 Christian
· **Krankenschwester**
12 Braendstroem
· **Kriegshafen**
10 Karlskrona
· **Krimiautor**
7 Mankell
8 Sjoewall, Wahloeoe
· **Landschaft**
5 Skane
7 Dalarna, Halland, Schonen, Smaland, Soederm
8 Lappland, Svealand
9 Goetaland, Vaermland
10 Norrbotten
· **Maler**
4 Zorn
7 Larsson
· **Mathematiker**
4 Abel
7 Ahlfors
10 Hoermander
13 Mittag-Leffler
· **Name für Schweden**
7 Sverige
· **Name für Turku** (Finnland)
3 Abo
· **Naturforscher**
5 Linné, Nobel
· **Nobelpreisträger für Chemie**
6 Alfven
8 Svedberg, Tiselius
9 Arrhenius
12 Euler Chelpin
· **Nobelpreisträger für Frieden**
8 Branting
9 Arnoldson
10 Soederblom
13 Hammarskjoeld
· **Nobelpreisträger für Literatur**
5 Sachs
7 Johnson
9 Karlfeldt, Lagerloef, Martinson
10 Heidenstam, Lagerkvist
· **Nobelpreisträger für Medizin**
5 Euler
6 Granit, Wiesel
8 Theorell
10 Bergstroem, Gullstrand, Samuelsson
· **Nobelpreisträger für Physik**
5 Dalen
8 Siegbahn
· **Nobelpreisträger für Wirtschaft**
5 Ohlin
6 Myrdal
· **Politiker**
5 Palme
13 Hammarskjoeld
· **Preisstifter**
5 Nobel
· **Schriftsteller**
7 Johnson
8 Lindgren
9 Lagerloef
10 Gustafsson, Strindberg, Swedenborg
11 Gyllenstein
· **Tennisspieler**
4 Borg
· **Universitätsstadt**
4 Lund
7 Uppsala
· **Verwaltungseinheit**
4 Laen
· **Währungseinheit**
4 Oere
5 Krone
schwefelähnliches Nichtmetall
5 Selen
Schwefelkies
5 Pyrit
Schwefelsalz
6 Sulfat, Sulfid, Sulfit
7 Vitriol
Schwefelsäure
5 Oleum

Schweif
7 Schwanz
Schweifstern
5 Komet
Schweigen
4 Ruhe
6 Stille
schweigsam
5 stumm
8 wortkarg
12 verschwiegen
Schweinefett
4 Flom
6 Flomen, Liesen, Schmer
7 Schmalz
Schweinefleischspeise
7 Eisbein
Schweinehackfleisch
4 Mett
Schweineparasit
5 Finne
8 Bandwurm, Trichine
Schweinshaxe
7 Eisbein
Schweiß
5 Sudor
13 Transpiration
Schweiz
8 Helvetia
9 Helvetien
Schweiz auf Französisch
6 Suisse
Schweiz auf Italienisch
8 Svizzera
schweizerisch für ...
· **Bergspitze**
3 Piz
· **Bergwiese**
5 Matte
· **fahrbarer Bagger**
4 Trax
· **Gehalt**
6 Salaer
· **hundert qm**
3 Are
· **Innenstürmer**
6 Inside
· **Kahn**
4 Naue
· **Krankenhaus**
6 Spital
· **Lohn**
6 Salaer
· **Nordostwind**
4 Bise
· **Speiseeis**
5 Glace
schweizerisch(e, er, es) ...
· **Abitur**
6 Matura
· **Alpenmassiv**
5 Adula
· **Archäologe**
8 Bachofen
· **Begründer des Roten Kreuzes**
6 Dunant
· **Berg**
3 Aul, Dom, Err
4 Alis, Rigi
5 Badus, Eiger, Etzel, Pizol, Toedi
6 Harder, Moench, Niesen, Ortler
7 Bernina, Pilatus, Piz Buin, Saentis
8 Jungfrau, Piz Palue
9 Monte Rosa
10 Matterhorn, Wetterhorn
14 Finsteraarhorn
· **Bergwiese**
6 Ruetli
· **Bezeichnung für ein Viehfutter**
6 Runkel
· **Bildhauer**
4 Bill, Vela
5 Gieng, Rossi
10 Giacometti
· **Bodenmaß**
3 Are
· **Botaniker**
5 Godet
6 Bauhin, Haller
· **Bundesstaat**
6 Kanton
· **Chemiker**
5 Abegg, Stoli
6 Karrer, Pictet
7 Mueller
10 Reichstein
· **Chirurg**
6 Kocher
· **Clown**
5 Grock
· **Dirigent**
6 Muench
· **Dramatiker**
3 Ott
11 Duerrenmatt
· **Erzieher**
6 Girard
10 Pestalozzi
· **Gebäck**
8 Leckerli
· **General**
6 Dufour
· **Gletscher des Monte Rosa**
6 Gorner
· **Gletscherpilot**
6 Geiger
· **Grenzort**
7 Chiasso
· **Häuschen**
6 Chalet
· **Historiker**
8 Bachofen
10 Burckhardt
· **Hochtal**
7 Engadin
· **Humanist**
4 Wyle
6 Servet
7 Lemnius, Neander
8 Vadianus
9 Frischlin
· **Ingenieur**
5 Favre
6 Bodmer
· **Jugenderzieher**
10 Pestalozzi
· **Kanton**
3 Uri, Zug
4 Bern, Genf, Jura
5 Basel, Waadt
6 Aargau, Glarus, Luzern, Schwyz, Tessin, Wallis
7 Thurgau, Zuerich
8 Freiburg, Obwalden
9 Appenzell, Neuenburg, Nidwalden, Solothurn
11 Graubuenden, Innerrhoden, Sankt Gallen
12 Ausserrhoden, Schaffhausen
· **Kantonshauptstadt**
3 Zug
4 Bern, Chur, Genf, Sion
5 Aarau, Basel, Stans
6 Genève, Glarus, Luzern, Sarnen, Schwyz, Sitten
7 Altdorf, Herisau, Liestal, Zuerich

8 Delémont, Delsberg, Freiburg, Fribourg, Lausanne
9 Appenzell, Neuchâtel, Neuenburg, Solothurn
10 Bellinzona, Frauenfeld
11 Sankt Gallen
12 Schaffhausen
· **Käsegericht**
6 Fondue
8 Raclette
· **Kloster**
11 Sankt Gallen
· **Komponist**
5 Bloch, Frank
6 Lauber, Martin
7 Schoeck
8 Honegger
· **Kupferstecher**
6 Merian
· **Landhaus**
6 Chalet
· **Landschaft**
7 Engadin, Saastal
8 Emmental
· **Landsmann**
8 Aargauer
· **Luftfahrtgesellschaft**
8 Swissair
· **Luftkurort**
5 Davos
9 Adelboden
· **Maler**
4 Bill, Klee
8 Boecklin
· **Mathematiker**
5 Euler
6 Buergi, Guldin
9 Bernoulli
· **Mechaniker**
6 Bodmer
· **Mediziner**
3 His
4 Jung
5 Forel, Garre
6 Haller, Yersin
7 Niehans
· **Münze**
6 Batzen, Rappen
7 Kreuzer
· **Musikalclown**
5 Grock
· **Nationalheld**
4 Tell
10 Winkelried
11 Wilhelm Tell
· **Naturforscher**
6 Haller
· **Naturheilkundiger**
5 Rikli
· **Nobelpreisträger für Chemie**
6 Karrer, Prelog, Werner
7 Ruzicka
· **Nobelpreisträger für Frieden**
5 Gobat, Lange
6 Dunant
8 Ducommun
· **Nobelpreisträger für Literatur**
5 Hesse
9 Spitteler
· **Nobelpreisträger für Medizin**
4 Hess
5 Arber
6 Kocher
7 Mueller
10 Reichstein
· **Nordostwind**
4 Bise
· **Pass**
4 Jaun, Ofen
5 Furka
6 Julier, Maloja, Pillon, Susten
7 Bernina, Bruenig, Grimsel, Simplon, Umbrail
8 Gotthard, Spluegen, Wildhaus
13 San Bernardino, Sankt Bernhard, Sankt Gotthard
· **Philanthrop**
6 Dunant
· **Physiker**
5 Bloch, Debye
9 Bernoulli
· **Politiker**
4 Ador, Droz, Frey, Haab, Zemp
5 Etter, Ruffy, Welti
6 Escher, Forrer, Hammer, Schenk
· **Psychologe**
4 Jung
5 Meili
6 Piaget
· **Reformator**
6 Calvin
7 Zwingli
· **Sagenheld**
4 Tell
· **Schauspieler**
5 Adorf
· **Schriftsteller**
4 Anet, Heer, Hohl, Zahn
5 Ramuz, Spyri
6 Bodmer, Frisch, Haller, Keller
7 Braeker, Gessner, Lavater
8 Gotthelf, Zschokke
11 Duerrenmatt
· **Theologe**
5 Barth, Bovet
7 Lavater
· **Währungseinheit**
6 Rappen
7 Franken
· **Wallfahrtsort**
10 Einsiedeln
· **Wintersportort**
5 Arosa, Davos
6 Gstaad
7 Zermatt
9 Andermatt
11 Sankt Moritz
· **Zirkusfamilie**
4 Knie

schwelendes Feuer
4 Glut

Schwellung
5 Beule, Delle

Schwemmland
6 Marsch
7 Schlick

Schwenkbecher
6 Shaker

schwer
6 massig, massiv
7 wuchtig
9 schwierig

schwer erhältlich
3 rar
6 selten

schwer verkäufliche Ware
11 Ladenhueter

schwer(e, er, es) ...
· **Arbeit**
8 Ochserei
· **Bildhauerhammer**
5 Masse

- **Bodenart**
  4 Klei, Lehm
- **Bürde**
  4 Last
- **Infektionskrankheit**
  7 Cholera
- **Leid**
  6 Tragik
- **Nervenleiden**
  9 Veitstanz
- **Schiffstakel**
  4 Gien
- **Schlag**
  4 Hieb
- **Straftat**
  13 Raubueberfall
- **Sturm**
  5 Orkan
- **Traum**
  3 Alb, Alp
- **Treuebruch**
  6 Verrat
- **Verbrechen**
  4 Mord
- **Verleumdung**
  7 Rufmord
- **Wasserstoff**
  9 Deuterium

Schwerathlet
5 Boxer, Heber
6 Ringer
7 Catcher
12 Gewichtheber

schwerathletische Kampfsportart
6 Ringen

Schweremessgerät
5 Waage

Schwerenöter
8 Casanova
10 Frauenheld

schwerer Reaktorstörfall (Abkürzung)
3 GAU

schwerfällig
4 faul
5 plump, traeg
6 traege
10 unbeholfen

schwerhörig
4 taub
13 hoerbehindert

Schwerkraft
11 Gravitation

Schwermetall
4 Blei, Gold, Uran, Zink, Zinn
5 Chrom, Eisen
6 Kobalt, Kupfer, Mangan, Nickel, Platin, Silber, Tantal, Wismut
7 Cadmium, Kadmium, Wolfram
11 Quecksilber

Schwermut
7 Phlegma
11 Melancholie

Schwerpunkt
11 Baryzentrum

schwerreicher Mann
5 Nabob
7 Kroesus
9 Plutokrat

Schwerspat
5 Baryt

Schwertfechtkunst
5 Kendo

Schwerthülle
7 Scheide

Schwertlilie
4 Iris
6 Krokus
8 Gladiole, Siegwurz
9 Schwertel

Schwertteil
5 Knauf
6 Klinge
8 Schneide

Schwertwal
8 Butskopf

Schwerverbrechen
4 Mord

Schwester ...
- *des* **Apoll**
  5 Diana
  7 Artemis
- *der* **Aurora**
  4 Luna
- *der* **Burgunderkönige**
  9 Kriemhild
- *von* **Castor und Pollux**
  6 Helena
- *der* **Elektra**
  9 Iphigenie
- *des* **Hänsel**
  6 Gretel
- *des* **Hektor**
  9 Kassandra
- *der* **Iphigenie**
  7 Elektra
- *von* **Joringel**
  7 Jorinde
- *der* **Maria**
  6 Martha
- *des* **Orest**
  7 Elektra
  9 Iphigenie
- *des* **Paris**
  9 Kassandra
- *der* **Rahel**
  3 Lea
- *von* **Rosenrot**
  15 Schneeweisschen
- *von* **Schneeweißchen**
  8 Rosenrot
- *von* **Vater oder Mutter**
  5 Tante
- *des* **Zeus**
  4 Hera
  6 Hestia
  7 Demeter

Schwestersohn
5 Neffe

Schwiegersohn
5 Eidam

Schwiegersohn ...
- **Labans**
  5 Jakob
- **Mohammeds**
  3 Ali

Schwiegervater Jakobs
5 Laban

Schwiele
5 Beule
8 Hornhaut

schwierig
6 heikel, subtil
7 prekaer
8 diffizil, kritisch, misslich
10 bedenklich, unangenehm
13 problematisch

schwierige Lage
3 Not
5 Krise
6 Klemme
7 Dilemma

Schwierigkeit
12 Komplikation

Schwierigkeit (Sport)
8 Schikane

S

Schwimmart
5 Brust, Kraul
6 Delfin
7 Delphin, Ruecken
9 Butterfly
13 Schmetterling
Schwimmbassin
6 Becken
schwimmende Brückenstütze
6 Ponton
Schwimmkäfer
8 Gelbrand
14 Gelbrandkaefer
Schwimmkleidung der Damen
9 Badeanzug
Schwimmstil
5 Kraul
Schwindel
5 Dusel, Luege
6 Betrug, Taumel, Unsinn
12 Benommenheit
Schwindelgefühl
5 Dusel
schwindelig
10 bluemerant
Schwindler
6 Mogler
Schwindsucht
11 Tuberkulose
Schwingblättchen
7 Membran
Schwinge
7 Fittich, Fluegel
Schwingkörper
6 Pendel
Schwingung
9 Vibration
11 Oszillation
Schwingungsdauer
7 Periode
Schwingungseinheit
5 Hertz
Schwingungsschreiber
12 Oszillograph
Schwingungsweite
9 Amplitude
Schwingungszahl
8 Frequenz
Schwingungszustand
5 Phase
Schwitzbad
5 Sauna
10 Sudatorium
Schwof
4 Tanz
14 Tanzvergnuegen
schwüler Wind in Italien
8 Scirocco
9 Schirokko
Schwund
6 Fading
9 Abnutzung
10 Nachlassen
Schwung
3 Pep
4 Elan
5 Drive, Kraft, Verve
8 Vehemenz
10 Vitalitaet
11 Temperament
Schwungholen
6 Anlauf
Schwungübung am Pferd
5 Finte
schwungvoll
5 flott, vital
6 zackig
8 spritzig
9 dynamisch
Schwur
3 Eid
8 Geluebde
9 Geloebnis
Séance
7 Sitzung
Sechseck
7 Hexagon
Sechsergruppe
7 Sextett
Sechsflächner
7 Wuerfel
8 Hexaeder
sechsstrahliger Stern
9 Hexagramm
sechsstufiges Intervall
5 Sexte
sechster Sinn
9 Spuernase
sechster Ton
5 Sexte
Sediment
10 Ablagerung
Sedimentgestein
3 Ton
4 Gips, Kies, Lehm, Sand
6 Kreide, Mergel, Sinter
7 Dolomit
9 Kalkstein, Sandstein
See
4 Meer
See ...
· *bei* **Berchtesgaden**
10 Koenigssee
· *bei* **Berlin**
7 Wannsee
10 Mueggelsee, Tegeler See
11 Krumme Lanke, Ploetzensee
13 Glienicker See
· *in* **Finnland**
5 Enare, Ensre, Inari
6 Orisee
7 Oulusee
8 Enaresee, Inarisee, Saimasee
· *am* **Fuß der Zugspitze**
6 Eibsee
· *in* **Irland**
8 Allensee, Neaghsee
· *in* **Italien**
7 Idrosee, Iseosee
8 Comer See, Gardasee
10 Bolsenasee, Luganer See
12 Lago Maggiore
· *in* **Kärnten**
11 Woerther See
· *in* **Österreich**
6 Almsee, Irrsee
7 Abersee, Mattsee, Mondsee, Plansee
8 Achensee, Attersee, Traunsee, Walchsee
9 Fuschlsee, Grundlsee, Hintersee, Zeller See
11 Woerther See, Wolfgangsee
13 Neusiedler See
· *in* **Ostpreußen**
8 Mauersee
11 Spirdingsee
· *in* **Palästina**
10 Genezareth
· *in* **Pennsylvanien**
7 Eriesee
· *in* **Peru**
11 Titicacasee
· *in* **Pommern**
4 Leba
· *bei* **Rom**
7 Nemisee
· *in* **Russland**
7 Aralsee

S

8 Ilmensee, Kaspisee, Onegasee, Sasiksee, Uchtasee
9 Baikalsee, Kunduksee, Ladogasee, Tengissee
10 Imandrasee, Lakschasee
11 Balkaschsee
· *in* **Schottland**
4 Ness
8 Loch Ness, Mareesee
· *im* **Schwarzwald**
7 Titisee
9 Mummelsee
10 Schluchsee
· *in* **Schweden**
8 Amungsee
9 Maelarsee, Siljansee, Vaenersee
10 Vaettersee
· *in der* **Schweiz**
8 Urner See, Zuger See
9 Bieler See, Genfer See, Langensee, Murtensee, Sarner See, Thuner See
10 Greifensee, Grimselsee, Luganer See, Zuerichsee
11 Brienzer See, Luzerner See, Murtener See, Zuercher See
12 Zuericher See
19 Vierwaldstaetter See
· *in* **Ungarn**
7 Balaton
10 Plattensee
· *an der* **Zugspitze**
6 Eibsee
Seealgen
4 Tang
Seeanemone
7 Aktinie
Seebad ...
· *an der* **Adria**
6 Cervia, Pineto, Rimini
7 Abazzia, Opatija
· *am* **Atlantik**
5 Royan
7 Hendaye, La Baule
8 Biarritz
· *in* **Belgien**
6 Knokke
7 Ostende
· *in* **Bulgarien**
5 Varna
· *an der* **Cote d'Azur**
6 Cannes, Menton
· *in* **Florida**
5 Miami
· *in* **Holland**
12 Scheveningen
· *in* **Ostpreußen**
5 Cranz
6 Nidden
· *in* **Pommern**
4 Binz, Deep
6 Bansin, Eldena, Sellin
7 Kolberg
9 Zinnowitz
11 Swinemuende
· *an der* **Riviera**
5 Nizza
6 Cannes, Menton, Savona, Sestri
7 Mentone, Rapallo, San Remo
8 St. Tropez
· *bei* **Rom**
5 Ostia
· *auf* **Rügen**
4 Binz
5 Baabe
6 Sellin
7 Goehren
8 Sassnitz
· *in* **Spanien**
12 San Sebastian
· *auf* **Sylt**
6 Kampen
10 Westerland
Seebecken in Afrika
3 Iro
Seegang
5 Welle
7 Duenung
Seegurke
7 Trepang
Seeheld der Hanse
6 Beneke
Seehose
10 Wirbelwind
Seehund
5 Robbe
Seehundpelz
4 Seal
Seejungfrau
4 Nixe
6 Sirene
Seekrankheit
6 Nausea
Seekunde
10 Limnologie
Seele
5 Anima
6 Gemuet, Psyche
10 Innenleben
Seelenheilkunde
11 Psychiatrie
Seelenmesse
7 Requiem
8 Totenamt
Seelenruhe
8 Ataraxie
10 Stoizismus
12 Gelassenheit
Seelenschmerz
4 Leid
6 Kummer
Seelentrost
4 Labe
Seelenvogel
7 Harpyie
Seelenwanderung
13 Reinkarnation
Seelenwärmer
9 Wolljacke
seelisch
9 psychisch
13 charakterlich
seelisch(e, er, es) ...
· **Beeinflussung**
10 Suggestion
· **Erschütterung**
6 Schock, Trauma
· **Krankheit**
5 Manie
8 Psychose
13 Schizophrenie
· **Regung**
6 Affekt
7 Gefuehl
· **Schmerz**
4 Leid, Qual
· **Stärkung**
5 Trost
· **Störung**
8 Psychose
· **Trost**
6 Labung
8 Zuspruch
· **Widerstand**
7 Hemmung
Seelsorger
6 Pastor
7 Pfarrer
8 Priester
11 Geistlicher

S

Seemacht
6 Flotte, Marine
Seemann
4 Maat
7 Matrose
8 Kapitaen
seemännisch für ...
· **Bett**
4 Koje
· **Bootskran**
5 Davit
· **Decköffnung**
4 Luke
· **Eimer**
5 Puetz
· **Gezeiten**
4 Tide
· **hinten**
7 achtern
· **hinteres Schiffsende**
4 Heck
· **Kerbe, Rille**
4 Keep
· **Küche**
8 Kombuese
· **leer pumpen**
6 lenzen
· **linke Schiffsseite**
8 Backbord
· **Lohn**
5 Heuer
· **Mastspitze**
3 Top
· **Pfosten zum Festmachen**
6 Poller
· **Raum für Leckwasser**
5 Bilge
· **rechte Schiffsseite**
10 Steuerbord
· **Ruder**
6 Riemen
· **rudern**
6 pullen
· **Schiffsbrüstung**
6 Reling
· **Schiffsjunge**
5 Moses
· **Schiffstau**
4 Reep
6 Trosse
· **Segel**
4 Fock
· **Stahlseil**
4 Want
· **Tau zum Festmachen**
9 Fangleine
· **Tauwindung**
5 Toern
· **Treppe zum Schiff**
8 Fallreep
· **vorderes Schiffsteil**
3 Bug
· **Winde**
5 Spill
· **Windschattenseite**
3 Lee
· **Windseite**
3 Luv
Seemannsgericht
8 Labskaus
Seemannshut
10 Suedwester
Seemannskleidung
7 Oelzeug
Seemannslied
6 Shanty
Seemannslohn
5 Heuer
Seemannsruf
4 Ahoi
Seengebiet ...
· *in* **Ostpreußen**
7 Masuren
· *bei* **Pellworm**
5 Hever
· *bei* **Rügen**
6 Libben
Seenot
11 Schiffbruch
Seenotruf
3 SOS
Seerabe
8 Kormoran
Seeräuber
5 Pirat
6 Korsar
8 Korsaren
10 Freibeuter
Seeräuber aus Wismar
12 Stoertebeker
Seeräuberbeute
5 Prise
Seeräuberei
9 Piraterie
Seeräuberschiff
6 Korsar
Seerose
5 Lotos
9 Teichrose
10 Lotosblume, Purpurrose
Seesäugetier
3 Wal
5 Robbe
6 Delfin, Narwal
7 Delphin, Seehund, Walross
8 Seeloewe
Seeschaden
7 Havarie
11 Schiffbruch
Seestreitkräfte
6 Armada, Flotte, Marine
12 Kriegsmarine
Seetang
5 Algen
Seeuntiefe
8 Sandbank
Seevogel ► Meeresvogel
Seewalze
7 Trepang
Seezeichen
4 Bake, Boje
5 Tonne
8 Heulboje
10 Leuchtturm
11 Feuerschiff, Leuchtfeuer
Segel am hintersten Mast
5 Besan
Segelart
4 Fock
5 Besan, Royal
7 Kluever
8 Rahsegel
9 Bramsegel, Focksegel, Spinnaker
10 Grosssegel
Segelausflug
5 Toern
Segelausrüstung
8 Takelage, Takelung
Segelbaum
4 Mast
Segelbefehl
3 ree
Segelbefestigungsring
5 Legel
Segelbootstyp
3 Dau
4 Bark, Ewer, Finn, Hulk, Slup, Star, Yawl
5 Brigg, Dingi, Jacht, Jolle, Kogge, Tjalk, Yacht

6 Delfin, Dinghi, Feluke, Kutter, Logger, Soling
7 Clipper, Delphin, Drachen, Galeone, Klipper, Kreuzer, Schoner, Scooter
8 Dschunke, Fregatte, Galeasse, Korvette, Starboot, Trimaran
9 Katamaran
14 Flying Dutchman

Segelflugströmung
7 Aufwind, Thermik

Segeljacht
4 Slup

Segelkommando
3 ree

Segelleine ► Segeltau

Segelquerstange ► Segelstange

Segelschiff
4 Bark
10 Windjammer

Segelschlitten
8 Eisjacht

Segelschnürtau
3 Gei

Segelstange
3 Raa, Rah
4 Dirk, Rahe, Stag
6 Gaffel
9 Besanbaum, Bugspriet

Segeltau
3 Gei
5 Brass, Schot
6 Brasse, Schote

Segeltaueinfassung
4 Liek

Segeltuch
10 Persenning

Segelwind
5 Brise

Segen
4 Heil
5 Weihe
6 Glueck

Segment
9 Abschnitt

Segnung
11 Benediktion

Seher
7 Kuender, Prophet
9 Weissager

Seherin der griechischen Sage
9 Kassandra

Seherin in Troja
9 Kassandra

Sehkreis
8 Horizont

Sehnenverziehung
7 Zerrung

sehnig
7 drahtig

Sehnsucht
5 Drang, Trieb
7 Fernweh, Heimweh
9 Nostalgie, Verlangen

sehnsuchtsvolle Erinnerung
9 Nostalgie

Sehöffnung des Auges
7 Pupille

Sehorgan
4 Auge

sehr
3 arg
7 hoechst
8 ueberaus

sehr ...

· **alte Stadt in Babylonien**
2 Ur

· **alter Mann**
5 Greis

· **betagt**
5 uralt

· **fein**
8 exquisit

· **feucht**
4 nass

· **gehaltvoll**
5 stark

· **gepflegt**
10 kultiviert

· **groß**
6 riesig

· **große Hitze**
4 Glut

· **große Längeneinheit**
6 Parsec
9 Lichtjahr

· **große Menge**
6 Unzahl
7 Unmasse

· **großer Innenraum**
4 Saal

· **hartes Tiefengestein**
6 Granit

· **hell**
5 grell

· **kalt**
5 eisig

· **kleines Teilchen**
4 Atom

· **kräftig**
5 stark

· **kurze Kleidung**
4 Mini

· **kurzer Rock**
4 Mini

· **langsames Musikstück**
5 Largo

· **leichte Holzart**
5 Balsa

· **mächtig**
5 stark

· **naher Verwandter**
6 Bruder

· **oft**
4 x-mal

· **reicher Mann**
5 Nabob

· **schlimm**
3 arg

· **schnell**
5 rapid
6 rasant

· **schneller Fahrer**
5 Raser

· **streng**
10 drakonisch

· **vertraut**
5 intim

· **warm**
5 heiss

· **winzig**
7 minimal

Sehrohr von U-Booten
8 Periskop

Sehvermögen
10 Augenlicht

seicht
5 banal, flach

seicht(e, er, es) ...

· **Bucht**
4 Anse

· **Bühnenstück**
8 Klamotte

· **Flussübergang**
4 Furt

· **Gebiet der Nordsee**
4 Watt

S

· **Stelle im Meer**
7 Untiefe
· **Strandsee**
6 Lagune
Seidelbast
6 Daphne
Seidenfrottee
8 Bourette
Seidengarn
5 Grège, Trame
8 Chenille
Seidengewebe
4 Taft
5 Atlas, Ekrue, Honan, Japon, Ponge, Satin, Twill
6 Batist, Brokat, Damast, Faille, Ramage, Tussah
7 Chiffon, Epingle, Foulard, Organza
8 Duchesse, Eolienne, Florette, Shantung
12 Crêpe de Chine
Seidenplüsch
6 Felbel
Seidenstoff
5 Toile
Seifenbaumgewächs
3 Aki
8 Quillaja
Seifenlösung
5 Lauge
Seihgerät
4 Sieb
Seil
5 Leine
6 Schnur, Strang, Strick
Seilbahnkabine
6 Gondel
Seilfähre
10 Gierfaehre
Seilmacherwerkstatt
8 Seilerei
Seilmaterial
4 Hanf
5 Sisal
Seilscheibe
6 Haspel
seiltanzen
11 balancieren
Seilzug
5 Winde
Sein
5 Leben
6 Dasein
8 Existenz
Seinebrücke in Paris
8 Pont Neuf
Seinemetropole
5 Paris
Seinslehre
9 Ontologie
Seite
6 Flanke
Seite des rechtwinkligen Dreiecks
7 Kathete
10 Hypotenuse
Seite in der Buchführung
4 Soll
5 Debet, Haben
6 Kredit
Seitenansicht
6 Profil, Umriss
Seitenbestimmung
5 links
Seitenbrett beim Fass
5 Daube
Seitengewehr
8 Bajonett
Seitenhänger am Motorrad
8 Beiwagen
Seitenruder
8 Leitwerk
Seitenspross bei Kakteen
6 Kindel
Seitensprung
8 Ehebruch, Eskapade
Seitensprünge (Reiten)
9 Eskapaden
Seitenstreifen an Straßen
7 Bankett
Seitenstück
7 Pendant
8 Analogon
Seitental des Inn (Tirol)
7 Oetztal
Seitenteil eines Gebäudes
6 Giebel
Seitenverhältnis im Dreieck
5 Sinus
6 Sekans
7 Cosinus, Kosinus, Tangens
8 Kosekans
9 Cotangens, Kotangens
Seitenzahl
6 Pagina
seitlich
5 neben
7 lateral
seitlich ausgedehnt
5 breit
seitlich benachbart
7 nebenan
seitliche Ausdehnung
6 Breite
seitliche Körperpartie
5 Lende
seitliche Raumbegrenzung
4 Wand
seitwärts
7 lateral
sekkant
12 aufdringlich
Sekretär Ciceros
4 Tiro
Sekretärin
5 Tipse
13 Stenotypistin, Vorzimmerdame
Sekretorgan
6 Druese
Sekt
8 Schampus
10 Champagner, Schaumwein
Sektierer
6 Ketzer
12 Abtruenniger
Sektion
6 Gebiet
9 Abteilung, Obduktion
11 Fachbereich
15 Leichenoeffnung
Sektionschef
16 Abteilungsleiter
Sektor
4 Zone
6 Bezirk, Gebiet
10 Ausschnitt
Sekundant
5 Zeuge
6 Helfer
8 Beistand
Selbstachtung
5 Stolz
10 Ehrgefuehl
Selbstanerkennung
8 Eigenlob
Selbstbedienungsladen
8 Kaufhaus
10 Supermarkt

Selbstbedienungsrestaurant
9 Cafeteria
Selbstbeeinflussung
14 Autosuggestion
Selbstbeherrschung
5 Zucht
9 Disziplin
Selbstbetrug
14 Augenwischerei
Selbstbewunderer
7 Narziss
Selbstbewusstsein
5 Stolz
7 Duenkel
Selbstbezeichnung ...
· *der* **Eskimos**
5 Inuit
· *der* **Zigeuner**
4 Roma
5 Sinti
Selbstbezogenheit
8 Autismus
12 Introversion
Selbstbiografie (Selbstbiographie)
8 Memoiren
13 Autobiografie
14 Autobiographie
selbstgefällig
5 eitel
11 duenkelhaft
selbstgenügsam
6 autark
selbstgerechter Mensch
10 Pharisaeer
Selbstgespräch
7 Monolog
Selbstlaut
5 Vokal
Selbstlernender
10 Autodidakt
selbstlos
11 grossherzig
12 altruistisch
14 uneigennuetzig
selbstlos helfend
10 wohltaetig
selbstloser Mensch
7 Seppuku
8 Altruist
Selbstmord der Japaner
8 Harakiri
Selbstmordflieger
8 Kamikaze
selbstständig (selbständig)
4 frei
6 autark
7 autonom
9 souveraen
11 unabhaengig
selbstständiges (selbständiges) Kloster
5 Abtei
selbststeuernd
11 automatisch
Selbstsucht
8 Egoismus
10 Egozentrik, Eigenliebe
selbstsüchtiger Mensch
6 Egoist
selbsttätiger Apparat
7 Automat
Selbsttäuschung
8 Illusion
10 Einbildung
Selbstüberschätzung
6 Hybris
7 Duenkel
Selbstverherrlichung
8 Eigenlob
Selbstverliebtheit
10 Narzissmus
selbstverständlich
4 logo
7 logisch
Selbstverteidigung als Sport
4 Judo
5 Kendo
6 Aikido, Karate
7 Jujutsu
8 Jiujitsu
9 Taekwondo
Selbstverwaltung
9 Autonomie
selig
4 froh
6 wonnig
10 gluecklich
selige Ruhe (Buddhismus)
7 Nirwana
Seligkeit
5 Wonne
selten
3 rar
10 sporadisch, vereinzelt
selten(e, er, es) ...
· **Blitzerscheinung**
10 Kugelblitz
· **Briefmarke**
9 Mauritius
· **Erde**
3 Cer, Zer
6 Erbium, Neodym
7 Holmium, Lanthan, Terbium, Thulium, Yttrium
8 Actinium, Europium, Lutetium, Samarium, Scandium
9 Praseodym, Ytterbium
10 Dysprosium, Gadolinium, Promethium
· **Gelegenheit**
8 Okkasion
13 Sonderangebot
· **Naturschauspiel**
5 Komet
14 Mondfinsternis
16 Sonnenfinsternis
Seltenheit
8 Raritaet
11 Kostbarkeit
seltsam
6 bizarr, kauzig, kurios
7 grotesk, skurril
9 sonderbar, wunderbar
10 eigenartig
11 verschroben
seltsame Angewohnheit
4 Tick
6 Spleen
seltsamer Zeitgenosse
6 Unikum
Semantik
15 Bedeutungslehre
Semester
8 Halbjahr
15 Studienhalbjahr
Semifinale
15 Vorschlussrunde
Semiten
5 Juden, Syrer
6 Araber
8 Aramaeer, Hebraeer
10 Babylonier, Israeliten, Kanaaniten, Phoenizier
semitische Gottheit
4 Baal
5 Hadad, Istar
6 Moloch
7 Astarte

semitischer Volksangehöriger
8 Israelit
Semmelmehl
6 Panade
Sems Nachkommen
7 Semiten
Senatsmitglied
7 Senator
Sendeapparat
10 Funkgeraet
Sendefolge
8 Programm
Sender in Westberlin
4 RIAS
Sendschreiben
5 Breve
7 Epistel
9 Enzyklika
11 Hirtenbrief
Sendung
3 Amt
4 Post
5 Beruf
7 Aufgabe, Auftrag, Mission
8 Berufung
12 Ausstrahlung
Senf
8 Mostrich
Senfgas
6 Yperit
Senfkohl
5 Rauke
sengende Hitze
4 Glut
Senior
9 Aeltester
Senkblei
3 Lot
9 Richtblei
Senkblei zum Messen der Wassertiefe
3 Lot
Senke
3 Tal
5 Grube, Mulde
Senke im Karstgebiet
5 Polje
Senke vulkanischen Ursprungs
4 Maar
Senkgrube
6 Kloake
7 Latrine
Senkkasten
7 Caisson
Senkloch
5 Gully, Gumpe
senkrecht
5 steil
8 lotrecht, vertikal
senkrecht(e, er, es) ...
· **Achse**
8 Ordinate
· **Bauglied**
7 Pfeiler, Stuetze
· **Reihe**
6 Spalte
7 Kolumne
· **Schleifenflug**
7 Looping
· **Stütze**
6 Saeule
7 Pfeiler
Senkwaage
10 Araeometer
Senn
6 Kaeser
Senner
6 Alpner
7 Almhirt
Sensation
8 Ereignis, Knueller
Sensengriff
5 Worbe
Sensenmann
3 Tod
10 Freund Hein
Sensenschneide
6 Dengel
sensibel
11 empfindlich, verletzlich
Sentenz
5 Gnome
6 Devise, Maxime
9 Ausspruch
11 Lebensregel
Sentiment
7 Gefuehl
10 Empfindung
separat
4 solo
7 einzeln
9 gesondert
separater Raum für Zuschauer
4 Loge
separierte Glaubensgruppe
5 Sekte
Sepiaschale
6 Schulp
September
9 Scheiding
10 Herbstmond
serbisch(e, er, es) ...
· **Geheimbund**
8 Omladina
· **Hauptstadt**
7 Belgrad, Beograd
· **Name der Drau**
5 Drave
· **Physiker**
5 Tesla
· **Schriftsteller**
5 Rajic
6 Andric
· **Schuh**
6 Opanke
Serie
5 Reihe
seriös
9 ernsthaft
10 anstaendig
12 glaubwuerdig
Serpentine
5 Kehre
7 Windung
Serum
9 Impfstoff
Service
12 Kundendienst
Servierbrett
6 Platte
7 Tablett
Servierer
4 Ober
7 Kellner
8 Bediener
Servierer im Nachtlokal
9 Barkeeper
Serviererin
9 Bedienung
Serviette
4 Latz
8 Mundtuch
Sessel
6 Chaise
8 Fauteuil
9 Lehnstuhl
Session
6 Tagung
7 Sitzung
Setzereileiter
6 Faktor

Setzmaschine
8 Linotype, Monotype
Seuche
4 Aids, Pest, Ruhr
6 Pocken, Typhus
7 Cholera
8 Epidemie
Seuche im Mittelalter
4 Pest
Sexualforschung
9 Sexologie
Sexus
6 Erotik
18 Geschlechtlichkeit
sexy
6 lasziv
9 attraktiv
Seziermesser
8 Skalpell
Shaker
9 Mixbecher
10 Mixgefaess
Shakespeares Geburtsort
9 Stratford
Shakespeares Theater
5 Globe
12 Globe Theatre
Show
5 Schau
Showtänzerin
9 Revuegirl
sibirisch(e, er, es) ...
· **Eichhörnchen**
3 Feh
· **Fluss zum Ob-Busen**
3 Tas
· **Frostnebel**
5 Morok
· **Grenzgebirge**
5 Altai
· **Kältesteppe**
6 Tundra
· **Marderart**
5 Zobel
· **Pelztier**
5 Zobel
· **Volksstamm**
7 Jakuten, Tataren, Wogulen
8 Ostjaken, Tungusen
9 Burjaeten, Jukagiren, Samojeden
10 Jenissejer
12 Tschuktschen
· **Waldsteppe**
5 Taiga
sich ...
· **brausen**
7 duschen
· **gegenseitig ärgern**
6 zanken
· *im* **Schlamm wälzen**
6 suhlen
· **spöttelnd äußern**
8 mokieren
Sichelmesser
5 Hippe
sicher
4 firm
6 gefeit, gewiss
7 fraglos
8 bestimmt, geborgen
10 zweifellos
sichere Zuflucht
4 Hort
sicheres Benehmen
6 Aplomb
Sicherheit
5 Pfand
7 Kaution
8 Garantie
Sicherheit für eine Forderung
5 Pfand
Sicherheit Leistender
6 Buerge
Sicherheitsbehörde
7 Polizei
Sicherheitsfach
12 Schliessfach
Sicherheitsglas
7 Sekurit
11 Verbundglas
Sicherheitsklausel
6 Kautel
Sicherheitsschrank
4 Safe
6 Tresor
Sicherheitsvorrichtung
6 Riegel
7 Schloss
11 Alarmanlage
Sicherungsstift
6 Splint
Sicherungsvorrichtung bei Überdruck
6 Ventil
Sichtgrenze
8 Horizont
Sichtvermerk im Pass
5 Visum
17 Einreiseerlaubnis
Sichtvermerke im Pass
4 Visa
Sieb
5 Seihe
6 Filter, Seiher
Siebeneck
8 Heptagon
Siebenergruppe
7 Septett
Siebengestirn
8 Plejaden
Siebensachen
4 Kram, Tand
Siebenschläfer
5 Bilch
9 Bilchmaus
siebter Buchstabe im griechischen Alphabet
3 Eta
Siechtum
9 Krankheit
Siedler
8 Kolonist
Siedlerkollektiv in Israel
6 Kibbuz
Siedlung
3 Gut, Ort
4 Dorf
5 Stadt
6 Weiler
7 Flecken, Kolonie
Siedlungsform
8 Runddorf
12 Strassendorf
Sieg
6 Erfolg, Gewinn
7 Triumph
Siegelstempel
9 Petschaft
Sieger
6 Bester, Erster
8 Gewinner
12 Preistraeger
Siegerpreis
3 Cup
5 Coupe, Kranz, Palme, Pokal
7 Lorbeer
8 Medaille, Plakette, Trophaee
12 Lorbeerkranz

Siegesanwärter
7 Favorit
Siegesgöttin
4 Nike
8 Viktoria
Siegeszeichen
8 Trophaee
Siegfrieds ...
· **Frau**
9 Kriemhild
· **Mörder**
5 Hagen
· **Mutter**
9 Sieglinde
· **Schwert**
7 Balmung
· **Volk**
10 Nibelungen
Siegwurz
8 Gladiole
sierra-leonische Währung
5 Leone
Siesta
6 Schlaf
11 Mittagsruhe
Sigel
10 Abkuerzung
Signal
7 Zeichen
Signaleinrichtung
4 Horn, Hupe
5 Ampel
6 Glocke, Sirene, Summer
9 Nebelhorn
10 Leuchtboje, Leuchtturm
Signalfarbe
3 rot
Signalflagge
7 Stander
Signalhorn am Fahrzeug
4 Hupe
Signalmesser
6 Sensor
Signatur
6 Siegel, Signum
7 Zeichen
8 Kennzahl
9 Namenszug
12 Unterschrift
Signum
5 Marke
8 Signatur
Silbenrätsel
8 Scharade
silber glänzendes Metall
4 Zinn
Silberauflage
6 Dublee
Silbergeld
6 Muenze
Silberglanz
8 Argentit
Silberlegierung für Münzen
6 Billon
Silberlöwe
4 Puma
Silberpapier
8 Alufolie, Stanniol
9 Zinnfolie
Silberpappel
4 Albe
5 Abele
Silberstreifen
16 Hoffnungszeichen
silberweißes Metall
5 Eisen, Titan
6 Barium
Silhouette
6 Umriss
12 Schattenbild, Schattenriss
Silo
14 Futterspeicher
16 Getreidespeicher
Silvesterfreude
7 Knaller
9 Feuerwerk
Silvestergebäck
7 Krapfen
Silvestergetränk
6 Punsch
Simsstreifen
5 Fries
Sinfonie von ...
· **Beethoven**
6 Eroica, Neunte
9 Pastorale
· **Berlioz**
12 Phantastique
· **Mozart**
7 Jupiter
· **Schubert**
9 Tragische
12 Unvollendete
· **Schumann**
10 Rheinische
· **Tschaikowsky**
10 Pathétique
singbare Tonfolge
7 Melodie
singbares Gedicht
4 Lied
7 Ballade
Singgemeinschaft
3 Duo
4 Chor
Singspiel
8 Operette
Singstimme ► Gesangsstimme
Singular
7 Einzahl
Singvogel
4 Fink, Star
5 Ammer, Amsel, Meise, Pirol
6 Lerche
7 Drossel, Kleiber
8 Schwalbe
9 Goldammer
10 Zaunkoenig
Sinken der Börsenkurse
6 Baisse
Sinkkasten
5 Gully
Sinn
4 Ziel
5 Zweck
Sinnbild
6 Symbol
8 Metapher
9 Allegorie, Gleichnis
Sinnbild ...
· *des* **Christentums**
5 Kreuz
· *der* **Weisheit**
4 Eule
· **boshaften Zorns**
6 Geifer
Sinndeutung
14 Interpretation
sinnende Versenkung
10 Meditation
Sinnesart
5 Wesen
9 Charakter, Gesinnung
11 Mentalitaet
Sinnesorgan
3 Ohr
4 Auge, Haut, Nase
5 Zunge
6 Gehoer

Sinnestaumel
4 Lust
Sinnestäuschung
4 Wahn
8 Illusion, Trugbild
11 Fata Morgana
13 Halluzination, Vorspiegelung
Sinneswerkzeug
5 Organ
sinnfällig
7 konkret
Sinngedicht
5 Xenie
6 Xenion
8 Epigramm
10 Aphorismus
Sinngehalt
9 Bedeutung
sinngleich
7 synonym
Sinnlichkeit
6 Erotik
sinnlos
6 absurd, albern
7 abwegig, paradox
8 toericht, unnoetig
9 unlogisch
11 widersinnig
16 widerspruechlich
Sinnpflanze
6 Mimose
Sinnspruch ▶ Sentenz
sinnvolle Wortzusammenstellung
4 Satz
Siouxindianer
4 Iowa
Sippe
4 Clan
7 Familie, Gattung
8 Parentel
14 Verwandtschaft
Sippenbesitz der Germanen
4 Odal
Sippenkunde
10 Genealogie
Sippenstrafe
9 Blutrache
Sippschaft
6 Clique
8 Kluengel
Sisalpflanze
5 Agave
Sitte
4 Mode, Usus
5 Moral
6 Brauch
7 Anstand, Komment
8 Benehmen, Manieren
9 Tradition
10 Gewohnheit
Sitten
5 Mores
Sittenlehre
5 Ethik, Moral
Sittenprediger
8 Moralist
sittenstreng
11 puritanisch
Sittichpapagei
3 Ara
sittlich(e, er, es) ...
· **Begriff** ▶ ethischer Begriff
· **Forderung**
5 Gebot
8 Postulat
· **Tüchtigkeit**
6 Tugend
sittsam
6 dezent, ehrbar
8 zuechtig
10 anstaendig
Situation
4 Lage
7 Umstand, Zustand
8 Sachlage, Stellung
situiert
8 gestellt
Situs
7 Positio
9 Kindslage
Sitz
5 Platz
6 Mandat, Stelle, Stimme
7 Domizil
8 Residenz
Sitz ...
· *der* **EG**
8 Bruessel
· *der* **Gene**
8 Zellkern
· *der* **Götter bei den Griechen**
5 Olymp
· *einer* **griechischen Philosophenschule**
4 Elea
· *der* **Musen**
7 Parnass
· *im* **Theater**
4 Loge, Rang
7 Galerie, Parkett
9 Sperrsitz
· *der* **UN**
7 New York
· *der* **UNESCO**
5 Paris
Sitzbadewanne ▶ Sitzwaschbecken
Sitzbank im Ruderboot
5 Ducht
Sitzgelegenheit
4 Bank, Sofa
5 Couch, Stuhl
6 Hocker, Sessel
7 Schemel
8 Fauteuil, Taburett
13 Schaukelstuhl
Sitzmöbel
5 Stuhl
6 Sessel
Sitzmöbelteil
5 Lehne
Sitzpolster
6 Kissen
Sitzsofa
7 Kanapee
Sitzstreik in Amerika
5 Sit-in
Sitzung
6 Séance, Tagung
9 Konferenz
11 Besprechung
Sitzungsbericht
9 Protokoll
Sitzungsdauer
7 Session
Sitzungsperiode
7 Session
Sitzwaschbecken
5 Bidet
sizilianisch(e, er, es) ...
· **Geheimbund**
5 Mafia
· **Hauptstadt**
7 Palermo
· **Stadt**
7 Catania, Messina, Syrakus
8 Siracusa
· **Vulkan**
5 Aetna

S

Skala
9 Tonleiter
10 Gradleiste
Skaldenlied
5 Drapa
Skaleneinteilung
4 Grad
Skalpell
12 Seziermesser
Skandal
5 Eklat
8 Aufsehen
9 Aergernis
Skandinavier
5 Daene, Finne
7 Schwede
8 Norweger
9 Islaender
skandinavisch für Prost
4 skål
skandinavisch(e, er, es) ...
· **Fluggesellschaft**
3 SAS
· **Königreich**
8 Norwegen, Schweden
9 Daenemark
· **Männername**
4 Stig
· **Meerenge**
4 Belt, Sund
9 Kattegatt
· **Meeresarm der Nordsee**
9 Skagerrak
· **Münze**
4 Oere
· **Staat**
6 Island
8 Finnland, Norwegen, Schweden
9 Daenemark
· **Währung**
4 Oere
5 Krone
· **Wühlmaus**
7 Lemming
Skatausdruck
2 Re
4 Null, Solo
5 Grand, passe
6 Kontra, Ramsch
10 Null ouvert
11 Grand ouvert
Skatspielart
4 Hand
Skeleton
9 Schlitten
13 Rennschlitten
Skelett
7 Gebeine, Gerippe
11 Knochenmann
Skelettknochen
6 Gebein
Skepsis
7 Zweifel
9 Vorbehalt
14 Zurueckhaltung
Skibahn
5 Loipe, Piste
Skihindernislauf
6 Slalom
Skilanglaufspur
5 Loipe
Skilauftechnik
6 wedeln
Skilift
8 Seilbahn
10 Sesselbahn
11 Schlepplift
Skipetar
7 Albaner
8 Albanier
Skispur
5 Loipe
Skiwettbewerb
6 Skibob, Slalom
7 Skiflug
8 Biathlon, Langlauf, Springen
11 Kombination, Skispringen
12 Abfahrtslauf, Riesenslalom
Skiwiese
5 Piste
Skizze
4 Plan
6 Lay-out, Umriss
7 Aufriss, Entwurf
9 Zeichnung
15 Musterzeichnung
Sklave
11 Leibeigener
Sklavenführer in Rom
9 Spartakus
Sklavenschiff
7 Galeere
Skonto
5 Abzug
6 Rabatt
8 Nachlass
Skript
8 Drehbuch
Skriptum
9 Schreiben
10 Mitschrift
Skrotum
9 Hodensack
Skrupel
7 Zweifel
8 Bedenken
Skulptur
5 Figur
6 Bueste, Glypte, Statue
7 Plastik
Skythenstamm
6 Alanen
Slalom
7 Torlauf
Slang
6 Jargon
Slapstick
3 Gag
Slawe
4 Pole
5 Russe, Serbe, Sorbe, Wende
6 Kroate
7 Bulgare, Kassube, Ruthene, Slowake, Slowene
8 Kaschube, Tscheche, Ukrainer
Slawenapostel
6 Kyrill
8 Cyrillus
9 Methodius
10 Konstantin
slawische Gottheit
7 Triglaw
slawisches Volkslied
5 Dumka
Slogan
10 Schlagwort
slowakischer Schafskäse
8 Liptauer
Snob
4 Beau, Geck, Gent
5 Protz
7 Angeber, Stutzer
11 Vornehmtuer
so gut wie möglich
7 bestens

S

so weit
3 bis
7 solange
Sockel
5 Basis
9 Piedestal, Postament
Sodawasser
7 Selters, Sprudel
soeben
4 just
6 gerade
Sofa
5 Couch
7 Kanapee
8 Ottomane, Sitzbank
12 Chaiselongue
sofern
4 wenn
5 falls
sofort
4 itzo
5 jetzt
6 gleich, prompt
7 stracks
8 sogleich, umgehend
13 unverzueglich
14 augenblicklich
sogleich ► sofort
Sohn
6 Filius
11 Sproessling
Sohn von ...
· **Abraham**
5 Isaak
6 Ismael
· **Adam**
4 Abel, Kain, Seth
· **Agamemnon**
5 Orest
· **Alkmene**
8 Herakles, Herkules
· **Aphrodite**
4 Eros
· **Atreus**
8 Menelaos
· **Dädalus, Daidalos**
6 Ikaros, Ikarus
· **David**
6 Salomo
7 Absalom, Salomon
· **Elisabeth II.**
6 Andrew
· **Frigga**
3 Tyr
4 Thor
· **Gott**
5 Jesus
· **Hekabe, Hekuba**
5 Paris
6 Hektor
· **Hermes**
3 Pan
7 Daphnis
· **Isaak**
4 Esau
5 Jakob
· **Jakob**
3 Dan, Gad
4 Juda, Levi
5 Asser, Josef, Ruben
6 Joseph, Simeon
7 Sebulon
8 Isaschar, Naphtali
· **Jokaste**
7 Oedipus
· **Judas**
4 Onan
· **Juno**
4 Mars
8 Vulcanus
· **Jupiter**
4 Mars
5 Apoll
6 Apollo, Kastor, Merkur, Pollux
7 Apollon, Bacchus
8 Herakles, Herkules, Vulcanus
9 Mercurius
· **Klytämnestra**
5 Orest
7 Orestes
· **Kronos**
4 Zeus
5 Hades
6 Pluton
8 Poseidon
· **Leda**
6 Castor, Kastor, Pollux
· **Leto**
6 Apollo
7 Apollon
· **Noah**
3 Ham, Sem
6 Japhet
· **Odin**
3 Tyr
4 Thor
5 Widar
6 Balder, Baldur, Hermod, Hoeder, Hoedur
· **Parsifal, Parzival**
9 Lohengrin
· **Peleus**
6 Achill
8 Achilles
· **Poseidon**
6 Triton
· **Priamos, Priamus**
5 Paris
6 Hektor
· **Rhea**
4 Zeus
5 Hades, Orkus
6 Neptun, Pluton
7 Jupiter
8 Poseidon
· **Siegmund**
9 Siegfried
· **Thor**
5 Magni
· **Ute**
6 Gernot
7 Gunther
8 Giselher
· **Venus**
4 Amor
· **Zeus**
4 Ares
5 Apoll, Minos
6 Apollo, Castor, Hermes, Kastor, Pollux
7 Apollon, Bakchos, Perseus
8 Dionysos, Hephaest, Herakles, Herkules, Sarpedon, Tantalus
10 Hephaestos, Hephaistos
Sohn von, vom, von der ...
· **Bruder**
5 Neffe
· **Kindeskind**
7 Urenkel
· **Onkel**
6 Vetter
· **Schwester**
5 Neffe
· **Tante**
6 Vetter
Söhne des Zeus
9 Dioskuren
10 Tantaliden

solange
3 bis
6 so weit
Soldat
6 Kaempe
7 Krieger, Landser, Veteran
8 Soeldner
9 Legionaer, Schweizer
Soldat in Ausbildung
6 Rekrut
Soldaten des Kölner Karnevals
6 Funken
Soldatenkleidung
7 Uniform
Soldatenlohn
4 Sold
Soldatenmütze
6 Kaeppi
Soldatenunterkunft
7 Kaserne
Soldatenwesen
8 Militaer
Söldner
7 Heiduck
9 Legionaer
11 Reislaeufer
Söldnertruppe
6 Legion
9 Freikorps
solid
4 fest
6 massiv
7 haltbar
8 gediegen
Soll
5 Debet
Söller
5 Altan
solvent
7 betucht
14 zahlungsfaehig
somit
4 also, ergo
7 demnach
8 folglich
Sommerende
15 Altweibersommer
Sommerfrische
10 Urlaubsort
13 Feriendomizil
sommerlich(e, er, es) ...
· **Erfrischung**
3 Bad, Eis
· **Kleidung**
6 T-Shirt
· **Kopfbedeckung**
8 Strohhut
· **Schuhwerk**
8 Sandalen
· **Temperatur**
5 Hitze
6 Waerme
Sommermonat
4 Juni
Sonderausgabe
10 Extrablatt
Sonderausstattung
6 Extras
sonderbar
5 eigen
6 bizarr, kurios
7 seltsam, skurril
11 merkwuerdig
sonderbarer Mensch
► Sonderling
Sonderdruck
9 Separatum
Sonderfall
8 Ausnahme
Sonderform
5 Abart
8 Variante
9 Variation
Sondergericht im MA
4 Feme
Sonderklasse
5 Elite
Sonderling
4 Kauz
6 Unikum
8 Original
13 Eigenbroetler, Einzelgaenger
Sonderraum
6 Separé
7 Separee
Sonderrecht
8 Privileg
Sondervermögen
5 Fonds
Sondervorführung
6 Zugabe
7 Einlage
Sonderzuwendung
5 Bonus
7 Praemie
13 Gratifikation
Sonnabend
7 Samstag
Sonne betreffend
5 solar
Sonnenblende
8 Jalousie
Sonnendach
7 Markise
Sonnenferne
5 Aphel
Sonnenfinsternis
7 Eklipse
Sonnengott der ...
· **Ägypter**
2 Ra, Re
· **Germanen**
8 Heimdall
· **Griechen**
6 Helios
· **Inder**
5 Indra, Surja
· **Römer**
3 Sol
Sonnengöttin
5 Neith
Sonnenhof
4 Halo
7 Aureole
Sonnenkraft
12 Solarenergie
Sonnenland
3 Aea, Aia
Sonnennähe
7 Perihel
Sonnenschirm
7 Parasol
Sonnenuhr
6 Gnomon
sonnig
6 heiter
Sonnwende
10 Mittsommer, Mittwinter
Sonnwendfeier
7 Johanni
12 Johannisfest
13 Johannisfeuer
sonst auch genannt
5 alias
6 anders
sonst genannt
5 alias
Sorge
4 Gram, Leid
5 Angst

6 Kummer, Unruhe
9 Betreuung
Sorgfalt
11 Akkuratesse
sorgfältig
5 exakt, genau
7 akkurat, penibel
10 gruendlich
12 gewissenhaft
Sorghumhirse
5 Durra
sorglos
4 naiv
9 unbedacht, unbesorgt
sorgsam
8 behutsam
sorgsam behandelt
8 gepflegt
Sorte
3 Art, Typ
4 Form
7 Gattung, Spezies
sortieren
6 ordnen
Sortierer von Jungtieren
5 Sexer
Sortiment
7 Auswahl
8 Sammlung
12 Warenangebot
16 Musterkollektion
Sortimenter
12 Buchhaendler
Soße
3 Jus
5 Beize, Tunke
6 Bruehe, Stippe
8 Marinade
9 Remoulade
10 Mayonnaise
11 Hollandaise
Soubrette
9 Saengerin
Soufflee (Soufflé)
7 Auflauf
Souper
9 Nachtmahl
10 Abendessen
Souterrain
14 Kellergeschoss
Souvenir
8 Andenken, Geschenk
10 Erinnerung
sowieso
7 ohnehin
sowjetisch(e, er, es) ...
► russisch(e, er, es) ...
sowjetischer Politiker
6 Stalin
Sowjetunion (Abkürzung)
5 UdSSR
sozialdemokratischer Politiker
5 Bebel
6 Brandt, Wehner
7 Kautsky, Schmidt
9 Luxemburg, Schroeder
10 Liebknecht, Ollenhauer, Schumacher
soziale Position
5 Stand
sozialistische Staatsform
10 Raetestaat
Sozialmaßnahme
5 Rente
11 Sozialhilfe
16 Altersversorgung
Sozialpartner
11 Arbeitgeber
12 Arbeitnehmer
Sozialprestige
7 Ansehen
Sozialprodukt
14 Volkseinkommen
Sozius
9 Kompagnon, Teilhaber
sozusagen
5 quasi
Spachtelmasse
4 Gips
Spagat
9 Bindfaden
13 Spreizschritt
14 Spreizstellung
Spagetti
9 Teigwaren
11 Fadennudeln
Späher
5 Spion
7 Spitzel
10 Beobachter
12 Kundschafter
Spähtrupp
10 Patrouille
Spalte
4 Riss
5 Kluft, Ritze
6 Fissur, Luecke, Rubrik
7 Kolumne
Spalteneinsteller
9 Tabulator
Spaltgerät
3 Axt
4 Beil, Keil
6 Fimmel
Spaltkeil
6 Fimmel
Spaltpilz
7 Bazille
8 Bakterie, Bazillus
Spaltung
7 Schisma, Teilung
8 Trennung
Spaltungsirresein
13 Schizophrenie
Spaltwerkzeug ► Spaltgerät
Span
6 Spliss
8 Spleisse, Splitter
9 Schnitzel
spanabhebende Maschine
6 Fraese
Spange
5 Fibel
6 Fibula, Heftel
7 Agraffe, Brosche, Klammer, Schmuck
9 Schliesse
12 Anstecknadel
Spanien
6 España, Iberia
7 Iberien
spanisch für ...
· **Abend**
5 tarde
· **auf!**
3 olé
· **Bedienung**
8 servicio
· **Fluss**
3 rio
· **Frau**
4 doña
6 señora
· **Freund**
5 amigo
· **Freunde**
6 Amigos
· **Gebirgszug**
6 sierra
· **Gipfel**
4 pico

- **Haus**
  4 casa
- **Herr**
  3 don
  5 señor
- **kleiner Junge**
  5 chico
- **Meer**
  3 mar
- **Mutter**
  5 madre
- **See**
  4 lago
- **Stier**
  4 toro
- **Strand**
  5 playa
- **Tintenfisch**
  9 calamares
- **zwei**
  3 dos

spanisch(e, er, es) ...

- **Adelsgeschlecht**
  6 Borgia
- **Adelstitel**
  6 Grande
  7 Hidalgo
- **Anrede**
  4 Doña
  5 Señor
  6 Señora
  8 Señorita
- **Architekt**
  5 Gaudi
  6 Donoso
  7 Herrera
- **Artikel**
  2 el, la, lo
  3 las, los
- **Arzt**
  6 Servet
- **Aussprachezeichen**
  5 Tilde
- **Bevölkerungsteil**
  6 Basken
  8 Asturier, Gallegos
  9 Aragonier, Kastilier, Katalanen
  10 Andalusier
- **Bildhauer**
  4 Miró
  5 Macho, Silve
  7 Alvarez, Vazquez
  8 Montanez, Olivieri
  9 Moratillo, Valdevira
- **Burg**
  7 Alcazar, Alkazar
  8 Alcazaba
- **Bürgermeister**
  7 Alcalde, Alkalde
- **Clown**
  5 Rivel
- **Degen**
  6 Espada
- **Dessertwein**
  6 Malaga, Sherry
- **diakritisches Zeichen**
  5 Tilde
- **Dorfrichter**
  7 Alcalde, Alkalde
- **Entdecker**
  5 Colon
  6 Balboa, Cortez, Torres
  7 Almagro, Pizarro
- **Flieder**
  5 Lilak
- **Flotte**
  6 Armada
- **Fluggesellschaft**
  6 Iberia
- **Form von Havanna**
  6 Habana
  8 La Habana
- **Frauenname**
  3 Ana
  5 Elena
- **Fruchtgarten**
  6 Huerta
- **Gebirge**
  9 Pyrenaeen
  12 Sierra de Gata, Sierra Morena, Sierra Nevada
  13 Picos de Europa
- **Gehöft**
  8 Estanzia
- **Gemäldesammlung**
  5 Prado
- **Golf**
  7 Biscaya
- **Hafen in Marokko**
  5 Ceuta
- **Halbinsel an der Südspitze**
  9 Gibraltar
- **Handklapper**
  11 Kastagnette
- **Hauptstadt**
  6 Madrid
- **Heerführer**
  4 Alba
- **Herrschername**
  4 Karl, Luis
  6 Alfons, Carlos, Felipe
  7 Alfonso, Philipp
  8 Fernando
  9 Ferdinand
  10 Juan Carlos
- **Herzog**
  4 Alba
- **Hochland**
  9 Kastilien
- **Insel**
  5 Ibiza
  7 Cabrera, Menorca, Minorca
  8 Mallorca
  9 Teneriffa
  10 Formentera
- **Inselgruppe**
  7 Kanaren
  8 Balearen
  16 Kanarische Inseln
- **Instrumentalvirtuose**
  6 Casals
  7 Albeniz, Segovia
- **Jacke**
  6 Bolero
- **Kampfstier**
  4 Toro
- **Kap**
  3 Nao
  4 Gata
  5 Creus, Palos
  7 Ortegal
  9 Trafalgar
  10 Finisterre
- **Kartenspiel**
  6 Lomber
- **Kloster**
  5 Silos, Yuste
  8 Escorial
- **Komponist**
  5 Vives
  7 Albeniz, Cassado, de Falla
- **König**
  10 Juan Carlos
- **Königin**
  3 Ena
  6 Sophie
  8 Isabella
- **Königsname**
  6 Alfons, Alonso
- **Küste**
  10 Costa Brava, Costa Verde

S

11 Costa Blanca, Costa del Sol, Costa Dorada
12 Costa de la Luz
13 Costa Smeralda
· **Küstenfluss**
3 Ter
· **Landgut**
5 Finca
· **Landschaft**
4 Leon
6 Aragon, Mancha, Murcia, Oviedo
7 Navarra
8 Asturien, Galicien, La Mancha
9 Aragonien, Kastilien
10 Andalusien, Baskenland, Kantabrien, Katalonien
11 Estremadura
12 Altkastilien, Neukastilien
· **Maler**
4 Dalí, Goya, Gris, Miró
5 Gréco, Masip, Saura
6 Cerezo, Pereda, Ribera
7 El Gréco, Murillo, Picasso, Ribalta
8 Zurbaran
9 Navarrete, Velasquez
· **Männername**
4 Juan
5 Pedro, Ramon
6 Felipe
· **Mehrzahlartikel**
3 las
· **Münze**
4 Duro, Onza, Real
5 Medio
6 Doblon
· **Name des Kolumbus**
5 Colon
· **Nationalgericht**
6 Paella
· **Nationalheld**
3 Cid
· **Nobelpreisträger für Literatur**
7 Jimenez
9 Benavente, Echegaray
10 Aleixandre
· **Nobelpreisträger für Medizin**
5 Cajal
· **Ordensstifter**
8 Ignatius
· **Parlament**
6 Cortes
· **Politiker**
4 Alba, Dato
5 Ayala, Azana, Maura, Rivas
6 Franco
7 Durruti, Narvaez, Sagasta
8 Olivarez
· **Prinz**
6 Infant
9 Don Carlos
· **Provinz**
4 Jaen, Leon, Lugo
5 Avila, Cadiz
6 Burgos, Cuenca, Gerona, Huelva, Huesca, Lerida, Madrid, Malaga, Murcia, Orense, Oviedo, Toledo, Zamora
7 Almeria, Badajoz, Biscaya, Cordoba, Granada, Logrono, Navarra, Segovia, Sevilla
8 Albacete, Alicante, Baleares, La Coruña, Valencia, Zaragoza
9 Barcelona, Castellon, Guipuzcoa, Las Palmas, Salamanca, Santander, Tarragona
10 Ciudad Real, Pontevedra
11 Guadalajara
· **Reisgericht**
6 Paella
· **Rotweinbowle**
7 Sangria
· **Saiteninstrument**
7 Bandola
9 Bandurria
· **Schloss**
8 Escorial
· **Schriftsteller**
4 Cela, Ruiz, Vega
5 Avila, Lorca, Rioja, Rueda, Silva
6 Aleman
7 Guillen, Herrera, Jimenez, Unamuno
8 Calderon, Saavedra
9 Benavente, Cervantes, Echegaray
10 Alexeindre, Lope de Vega, Santillana
11 Garcia Lorca
· **Spitzenschleier**
8 Mantille
· **Stadt am Tajo**
6 Toledo
· **Statthalter in den Niederlanden**
4 Alba
· **Süßwein**
6 Malaga
· **Tanz**
5 Folia, Jaleo
6 Bolero
8 Fandango, Flamenco, Habanera
9 Esmeralda, Sarabande
10 Saltarello, Seguidilla
· **Tänzerin**
5 Otero
6 Pepita
· **Ureinwohner**
6 Iberer
· **Volksfest**
6 Fiesta
· **Volksvertretung**
6 Cortes
· **Währungseinheit**
6 Peseta, Pesete
7 Centimo
· **Wand**
8 Paravent
· **Weinbaugebiet**
5 Rioja
· **Weinschenke**
6 Bodega
· **Weinstadt**
5 Jerez
· **Zigeunertanz**
6 Gitana

spanisch-französische Grenzstadt
4 Irun
7 Cerbère, Port Bou

Spanne
5 Marge
7 Abstand
8 Zeitraum
9 Differenz

spannen
6 dehnen

spannend(e, er, es) ...
· **Film**
7 Reisser
· **Lektüre** (Kurzwort)
5 Krimi

- **Roman**
  8 Thriller
- **TV-Sendung**
  12 Fernsehkrimi

Spanner
6 Voyeur
Spannkraft
4 Elan
5 Verve
7 Schwung
8 Tatkraft
10 Vitalitaet
Spannung
7 Tension
8 Erregung
9 Erwartung
11 Nervositaet
spannungsgeladen
8 explosiv
Spannungsmesser
9 Voltmeter
Spannungsquelle
4 Netz
8 Batterie
Spannungsumwandler
13 Transformator
Spannungszustand der Organe
5 Tonus
sparen
7 knapsen
Spargel
9 Asparagus
spargelähnliches Gemüse
13 Schwarzwurzel
Spargeld
9 Ruecklage
11 Notgroschen
Spargelkohl
8 Brokkoli
spärlich
4 karg
5 duenn, knapp, licht
8 duerftig
9 schuetter
11 kuemmerlich
spärliches Flüsschen
7 Rinnsal
spartanisch
4 hart, karg
6 streng
10 bescheiden
Sparte
4 Fach
5 Zweig
6 Gebiet
7 Bereich
9 Abteilung, Disziplin
10 Fachgebiet
Spaß
2 Uz
3 Fez, Jux, Ulk
4 Witz
5 Gaudi, Jokus, Posse, Unfug
6 Freude, Scherz
7 Streich
10 Amuesement, Vergnuegen
11 Schabernack, Vergnuegung
Späße
5 Faxen
spaßig
5 ulkig
7 drollig
Spaßmacher ► Spaßvogel
Spaßvogel
4 Narr
5 Clown
6 Kasper, Schalk, Schelm
7 Bajazzo, Kasperl, Komiker, Pierrot
8 Harlekin, Witzbold
9 Hanswurst
13 Possenreisser
spät am Tag
6 abends
Spateisenstein
5 Flinz
späterer Teil des Lebens
5 Alter
Spatz
8 Sperling
10 Webervogel
Spaziergänger
7 Flaneur
8 Wanderer
Speaker
8 Sprecher, Vorstand
10 Praesident
12 Vorsitzender
Specht
9 Wendehals
Spechtmeise
7 Kleiber
speckig
9 schmutzig
Speckstein
4 Talk
6 Talkum
10 Mineraloel
Speckwürfel
6 Griebe, Griefe
7 Grammel
Spedition
11 Fuhrbetrieb
15 Fuhrunternehmen
Speer
3 Ger
5 Lanze
6 Spiess
Speer des Odin
7 Gungnir
Speer des Stierkämpfers
10 Banderilla
Speichel
6 Geifer, Saliva, Spucke
7 Auswurf
Speichellecker
8 Kriecher
11 Schmeichler
Speicher
5 Boden
7 Magazin
9 Dachboden
Speis
7 Moertel
Speise
4 Kost, Mahl
5 Essen
7 Gericht, Nahrung
8 Mahlzeit
Speise ...

- *in der* **Dose**
  8 Konserve
- *in* **Gelee**
  5 Aspik
- *der* **Götter**
  8 Ambrosia
- *der* **Juden in der Wüste**
  5 Manna
- *in* **Teighülle**
  7 Pastete

Speisefett
3 Oel
6 Butter, Schmer
7 Schmalz
8 Sesamoel
9 Kokosfett, Margarine
Speisefisch
3 Aal
4 Butt, Salm
5 Hecht, Lachs, Orade, Renke, Stoer

S

6 Dorsch, Hering, Schlei, Seeaal, Zander
7 Felchen, Flunder, Forelle, Karpfen, Makrele, Sardine, Schleie, Scholle, Seehase, Sprotte
8 Heilbutt, Kabeljau, Seezunge, Tunfisch
9 Steinbutt, Thunfisch
10 Goldbrasse

Speisefrüchte
4 Obst

Speisegang
7 Dessert
9 Vorspeise
10 Nachspeise
12 Hauptgericht

Speisegaststätte ▶ Restaurant

Speisegewürz
4 Salz, Senf, Zimt
5 Curry, Essig
6 Ingwer, Muskat, Nelken, Piment
7 Lorbeer, Paprika, Pfeffer
8 Kardamom
9 Koriander, Weinessig

Speisekrebs
6 Hummer
7 Garnele

Speisenart
4 Brei

Speisenbestandteil
5 Zutat
7 Gewuerz

Speisenfolge
4 Menu
5 Menue
6 Gedeck

Speisenzubereiter
4 Koch

Speisenzutat
4 Salz

Speiseöl
11 Kuechenfett

Speisepilz
8 Gelbling
11 Pfifferling

Speiseraum
5 Mensa, Messe
6 Kasino
7 Kantine
11 Refektorium

Speisesack des Jägers
4 Aser

Speisestätte für Studenten
5 Mensa

Speisewürze
4 Salz, Senf
7 Ketchup
8 Ketschup, Mostrich

Speisewurzel
6 Moehre
7 Rettich
10 Radieschen
11 Meerrettich

Speisezimmer in Burgen
6 Remter

Spektabilität
5 Dekan

Spektakel
5 Krach, Laerm
7 Klamauk

Spektrum
9 Farbfolge

Spekulant
6 Jobber
13 Gluecksritter

Spelunke
9 Kaschemme

spendabel
10 freigiebig
11 grosszuegig

Spende
4 Gabe
6 Obolus
7 Almosen
8 Donation, Geschenk, Stiftung
10 Scherflein

Spendenbehältnis an Kirchentüren
10 Opferstock

Spendierlaune
14 Freizuegigkeit

Sperberfalke
7 Habicht

Sperling
5 Spatz
10 Webervogel

Sperre
4 Wehr, Zaun
6 Gitter, Huerde, Riegel
7 Embargo
8 Barriere, Blockade, Schranke

Sperrfrist
6 Karenz
9 Wartezeit
11 Quarantaene

Sperrgestell
8 Stellage

Sperrklinke
5 Raste

Sperrstoß beim Fechten
5 Arret

Sperrung beim Buchdruck
7 Spatium

Sperrvorrichtung
5 Raste
6 Riegel
11 Arretierung

Sperrvorrichtung an Maschinen
11 Arretierung

Sperrzeit ▶ Sperrfrist

Sperrzeit bei der Jagd
9 Schonzeit

Spesen
6 Kosten
7 Aufwand, Diaeten
8 Auslagen, Unkosten

Spezi
6 Freund, Kumpan
7 Intimus, Kollege
10 Vertrauter

Spezialgebiet
7 Domaene
9 Disziplin
11 Hausstrecke

Spezialgebiet der Medizin (Abkürzung)
3 HNO

Spezialist
8 Facharzt, Fachmann

Spezialschiff
10 Eisbrecher

speziell
3 nur
9 besonders

spezielle Ernährung
5 Diaet

spezieller Lenker
5 Lotse

spezifische Masse
6 Dichte

spezifisches Gewicht
6 Wichte

Sphäre
5 Kreis, Kugel
6 Umwelt
7 Bereich
8 Umgebung

Spiegelei
6 Setzei
Spiegelsamt
5 Panne
Spiegelung
6 Reflex
9 Reflexion
10 Reflektion
11 Widerschein
Spiegelung auf Flächen
5 Glanz
spiegelungsgleich
11 symmetrisch
Spiel
4 Game
5 Match
6 Partie
11 Zerstreuung
Spiel ...
· *mit* **28 Steinen**
6 Domino
· *zu* **mildtätigen Zwecken**
7 Benefiz
· *beim* **Skat**
4 Null, Solo
5 Grand
10 Null ouvert
Spielabfolge
8 Programm
Spielanfang beim Fußball
7 Anstoss
Spielart
6 Nuance
8 Variante
Spielbankangestellter
8 Croupier
Spielbeginn beim Faustball
6 Angabe
Spielbetrag
7 Einsatz
Spieleinsatz beim Glücksspiel
4 Mise
5 Poule
Spieler
5 Profi
6 Akteur, Zocker
7 Amateur
9 Hasardeur
Spieler, der die Karten verteilt
5 Geber
Spieler eines Saiteninstruments
9 Gitarrist
Spielergebnis
5 Score
8 Resultat
Spielfeldrand
3 Aus
5 Bande
Spielgerät
4 Ball
9 Schlaeger
Spielkarte
2 As
4 Asse, Bube, Dame, Ober
5 Bauer, Joker, Unter
6 Koenig
Spielkarte die sticht
6 Trumpf
Spielkarte im Tarock
5 Kaval
Spielkartenfarbe
3 Pik, Rot
4 Herz, Karo
5 Coeur, Kreuz, Treff
6 Eichel, Herzen
7 Schippe
8 Eckstein, Schellen
Spielkartenstapel
5 Talon
Spielklasse
4 Liga
Spielkügelchen
6 Murmel
Spielleitung
5 Regie
Spielmann
7 Pfeifer
Spielmarke
4 Chip
5 Fiche, Jeton
6 Plaque
Spielplan
8 Programm
10 Repertoire
Spielraum
5 Marge
8 Toleranz
Spielrunde
6 Partie
Spielscheibe beim Eishockey
4 Puck
Spielstein
5 Figur
Spielstein beim Schach
5 Bauer, Figur
Spieltisch der Orgel
7 Manuale
Spielunterbrechung
5 Pause
7 Wechsel
8 Halbzeit
Spielwiese
11 Tummelplatz
Spielzeit
6 Saison
Spielzeug
4 Ball, Reif, Ring
5 Puppe, Teddy
6 Ballon, Rassel, Roller
7 Klapper, Kreisel
8 Spieluhr
9 Baukasten, Bausteine, Eisenbahn, Stofftier, Teddybaer
10 Hampelmann, Luftballon
11 Puppenstube
Spieß
3 Ger
4 Pike
5 Lanze, Speer
9 Partisane
10 Hellebarde
Spieß der Landsknechte
4 Pike
Spießer
6 Hirsch, Pedant
7 Banause, Rehbock
9 Philister
10 Kleingeist
Spießgeselle
8 Komplice, Konsorte
13 Helfershelfer
Spill
5 Winde
Spind
4 Lade
7 Schrank
Spindel
6 Kunkel
Spinett
7 Cembalo
12 Clavicembalo
Spinnenkrebs
6 Krabbe
Spinnentiere
10 Arachniden
Spinnereiabfall
4 Werg

Spinnereiprodukt
4 Garn, Tuch
5 Faden, Stoff, Wolle
Spinngerät
3 Rad
6 Rocken
Spinnhülse
4 Kops
Spinnmaschine
9 Selfaktor
Spion
5 Agent, V-Mann
7 Spaeher, Spitzel
8 Lauscher
12 Kundschafter
Spionageinstrument
5 Wanze
12 Abhoergeraet
Spionin
7 Agentin
8 Mata Hari
Spiralnebel
7 Galaxie
Spiritist
9 Okkultist
12 Geisterseher
13 Spoekenkieker
spiritistische Mittelsperson
6 Medium
spiritistische Sitzung
6 Séance
spirituell
7 geistig
Spiritus
5 Geist, Sprit
7 Alkohol
9 Weingeist
Spital
6 Klinik
8 Hospital
10 Altersheim
11 Krankenhaus
spitz
6 mokant
10 spoettisch
spitz(e, er, es) ...
· **Berg**
3 Pik
· **Gegenstand**
5 Nadel
· **Metallstift**
5 Nagel
· **Pflanzenteil**
4 Dorn
7 Stachel
· **Stechwerkzeug**
4 Ahle, Dorn
5 Dolch, Nadel
6 Messer, Pfriem
Spitzbart
11 Henriquatre
Spitzbube
4 Dieb
5 Filou
6 Ganove, Gauner
9 Betrueger
10 Langfinger
Spitze
4 Zahn
5 Zacke, Zinke
Spitze einer Truppe
4 Tete
Spitzel
5 Agent, Spion
Spitzenband an Frauenhauben
5 Barbe
Spitzenkönner
2 As
3 Ass
4 Asse, Star
5 Crack
8 Champion
9 Koryphaee
Spitzenkragen
6 Berthe
Spitzenleistung
6 Rekord
10 Superlativ
Spitzenreiter
6 Leader
15 Tabellenfuehrer
Spitzenschlager
3 Hit
Spitzensportler ► Spitzenkönner
Spitzentechnologie
8 Hightech
spitzfindig
6 subtil
10 pedantisch, raffiniert
11 kasuistisch, sophistisch
12 rabulistisch
15 haarspalterisch
Spitzfindigkeit
13 Haarspalterei, Wortklauberei
Spitzgiebel
7 Wimperg
Spitzhacke
5 Picke
6 Pickel
Spitzkeil
5 Picot
Spitzname
6 Uzname
7 Beiname
Spitzname ...
· **Eisenhowers**
3 Ike
· *des* **englischen Soldaten**
5 Tommy
Spitzpfeiler
7 Obelisk
Spitztürmchen
5 Fiale
Spleen
4 Tick
5 Laune, Macke
6 Fimmel, Grille
7 Einfalt, Marotte
8 Schrulle
Spleißnadel
3 Fid
Splitter
4 Span
splitterfreies Glas
7 Sekurit
Spökenkieker
9 Spiritist
Sponsor
9 Finanzier, Geldgeber
spontan
8 impulsiv
13 unreflektiert
Spore
5 Zelle
8 Keimkorn
Sporenpflanze
4 Farn, Moos, Pilz
13 Schachtelhalm
Sporn
4 Dorn, Kufe
6 Spitze
7 Stachel
8 Fortsatz
Sportanlage
3 Bad
4 Bahn, Feld
5 Arena, Forum, Loipe, Piste
7 Bobbahn, Boxring, Eisbahn, Freibad, Schanze, Stadion

8 Motodrom, Parcours, Polofeld, Reitbahn, Rennbahn, Rundkurs, Velodrom
9 Fechtbahn, Flugplatz, Hallenbad, Kegelbahn, Reithalle, Rennplatz, Spielfeld, Turnhalle
10 Schwimmbad, Sportplatz, Tattersall
11 Radrennbahn, Rennstrecke
13 Sprungschanze

Sportanlage in Gaststätten
9 Kegelbahn

Sportanzug
5 Dress
6 Trikot

Sportart
4 Golf, Judo, Polo, Tanz
5 Boxen, Gehen, Rugby
6 Angeln, Boccia, Hockey, Karate, Kegeln, Laufen, Reiten, Ringen, Rodeln, Rudern, Segeln, Slalom, Tennis, Turnen
7 Billard, Bowling, Curling, Eislauf, Eistanz, Fechten, Kricket, Krocket, Paddeln, Radball, Radpolo, Skilauf, Tauchen
8 Baseball, Biathlon, Eissport, Fussball, Handball, Jiu-Jitsu, Korbball
9 Badminton, Bobfahren, Eishockey, Eislaufen, Faustball, Gymnastik, Prellball, Radfahren, Schiessen, Schwimmen, Segelflug, Skilaufen, Speerwurf, Zehnkampf
10 Basketball, Diskuswurf, Dreisprung, Fuenfkampf, Hammerwurf, Hochsprung, Kanuslalom, Paarlaufen, Slalomlauf, Trabrennen, Volleyball, Wasserball, Weitsprung
11 Bergsteigen, Bodenturnen, Huerdenlauf, Skilanglauf, Skispringen, Speerwerfen, Staffellauf, Tischtennis, Zwoelfkampf
12 Abfahrtslauf, Diskuswerfen, Gewichtheben, Hammerwerfen, Kugelstossen, Marathonlauf, Riesenslalom

Sportausbilder
7 Trainer

Sportauto
9 Rennwagen

Sportbegriff
8 Endrunde

Sportbetreuer
7 Manager

Sportboot
3 Gig
4 Kanu
5 Einer, Kajak, Skiff
6 Achter, Vierer, Zweier
7 Skuller
8 Faltboot, Inborder, Kanadier

Sportdress
14 Trainingsanzug

Sportfeld
5 Arena
7 Stadion

Sportfest
7 Turnier
9 Olympiade
13 Meisterschaft

Sportfischer
6 Angler

Sportgerät
3 Bob, Rad, Ski, Tau
4 Ball, Bock, Puck, Reck, Reif, Schi, Seil, Stab
5 Angel, Bogen, Degen, Kegel, Keule, Pfeil, Rodel, Ruder, Skier, Speer
6 Balken, Barren, Diskus, Flinte, Gewehr, Hammer, Hantel, Huerde, Saebel, Skibob, Tandem, Trapez
7 Billard, Buechse, Florett, Pistole, Rennrad
8 Armbrust, Fussball, Handball, Rhoenrad, Skeleton
9 Angelrute, Bobsleigh, Faustball, Federball, Prellball, Rollschuh, Rugbyball, Schlaeger, Schlitten, Seitpferd, Trampolin
10 Basketball, Schlagball, Tennisball, Wasserball

Sportgerät der Werfer
5 Speer

Sportgröße ► Spitzenkönner

Sportgrundsatz
8 Fairness, Fairplay

Sportklasse
4 Liga

Sportlehrer
5 Coach
7 Trainer

Sportler
6 Golfer
7 Fechter
12 Diskuswerfer

sportlich ...
· **anständig**
4 fair
· **durchtrainiert**
3 fit
6 topfit
· **gestählt**
7 drahtig

sportlich(e, er, es) ...
· **Ärmelweste**
10 Lumberjack
· **Auseinandersetzung**
5 Kampf
· **Auszeichnung**
5 Pokal, Preis
7 Urkunde
8 Medaille, Trophaee
· **Bergsteigen**
10 Alpinismus
· **Endspiel**
6 Finale
· **Höchstleistung**
6 Rekord
· **Jackett**
6 Blazer
· **Kleidung**
5 Dress
6 Jersey, Trikot
8 Turnzeug
12 Jogginganzug
14 Trainingsanzug
· **Laufschuhe**
6 Spikes
· **Mantel**
6 Raglan
· **Übung**
8 Training

S

· **Vorkampf**
12 Ausscheidung
· **Wahlübung**
4 Kuer
· **Wettkampf**
5 Match, Spiel
6 Rennen
7 Regatta, Turnier
9 Mehrkampf, Olympiade
Sportmannschaft
3 Elf
4 Crew, Team
5 Riege
6 Equipe
Sportpaddelboot
5 Kajak
Sportpferd
6 Renner, Traber
7 Flieger
Sportplatzbeleuchtung
9 Flutlicht
Sportpokal
3 Cup
Sportpreis
3 Cup
5 Pokal
7 Urkunde
8 Medaille, Plakette, Schaerpe
10 Ehrennadel
Sportruderboot ▶ Sportboot
Sportschlitten
3 Bob
5 Rodel
8 Skeleton
9 Bobsleigh
Sportsegelboot
4 Yawl
5 Jacht, Jolle, Yacht
7 Tempest
9 Katamaran
Sportstätte ▶ Sportanlage
Sporttipp (Sporttip)
5 Wette
Sporttrophäe ▶ Sportpreis
Sportveranstaltung
5 Derby, Match, Spiel
6 Rallye, Rennen
7 Regatta, Turnier
9 Olympiade, Wettkampf
12 Laenderkampf, Laenderspiel
13 Meisterschaft
15 Sechstagerennen
17 Weltmeisterschaft
19 Europameisterschaft
Sportverein in Madrid
4 Real
Sportwagen
8 Roadster
Sportwette
4 Toto
Spott
4 Hohn
6 Ironie, Satire
7 Parodie
9 Sarkasmus
11 Verhoehnung
Spottbild
9 Karikatur
Spottdrossel
8 Spoetter
Spötter
7 Zyniker
12 Spottdrossel
Spottgedicht
6 Satire
8 Epigramm
10 Persiflage
spöttisch
5 spitz
6 bissig, mokant
7 boshaft, zynisch
8 ironisch
9 hoehnisch, satirisch
11 laesterlich, schadenfroh
spöttische Bemerkung
6 Glosse
spöttischer Kritiker
9 Satiriker
Spottname für den Deutschen
6 Michel
Spottschrift
6 Satire
Spottvers ▶ Spottgedicht
sprachbegabter Singvogel
3 Beo
Sprache
6 Latein
7 Deutsch, Indisch
8 Arabisch, Englisch, Russisch, Spanisch
9 Flaemisch, Ungarisch
10 Griechisch
11 Italienisch
12 Franzoesisch
Sprache der alten Römer
6 Latein
Sprache in Westafrika
3 Ewe
Spracheigentümlichkeit
5 Idiom
Spracherzieher
9 Logopaede
Sprachforscher
8 Linguist
9 Philologe
Sprachheilkunde
10 Logopaedie
Sprachkundiger
11 Dolmetscher
sprachlos
5 platt, still, stumm
7 perplex
Sprachrohr
8 Megafon, Megaphon
13 Fluestertuete
Sprachwissenschaft
10 Linguistik, Philologie
sprachwissenschaftlich(e, er, es) ...
· **Eigenschaftswort**
8 Adjektiv
· **Fürwort**
12 Praeposition
· **Hauptwort**
10 Substantiv
· **Teilgebiet**
6 Syntax
8 Phonetik, Semantik
9 Grammatik
10 Etymologie
11 Morphologie
· **Zeitwort**
4 Verb
Spray
12 Spruehmittel
Sprechbehinderter
9 Stotterer
Sprechdauer im Parlament
8 Redezeit
sprechen
5 reden
Sprecher
6 Redner
7 Ansager, Speaker
9 Moderator
11 Kommentator, Wortfuehrer
Sprecherziehung
8 Rhetorik

Sprechgesang
8 Parlando
9 Rezitativ
Sprechstunde
10 Ordination
sprechunfähig
5 stumm
Sprechwerkzeug
4 Zahn
5 Lippe, Zunge
6 Stimme
8 Kehlkopf
Sprechzimmer
6 Praxis
10 Ordination
Spreeathen
6 Berlin
Spreizschritt
6 Spagat
Spreizsprung
9 Graetsche
Sprengel
6 Pfarre
7 Pfarrei
8 Dioezese, Parochie
10 Amtsbezirk, Kirchspiel
sprengend
7 brisant
8 explosiv
Sprengkörper
4 Mine
5 Bombe
6 Rakete
7 Granate, Torpedo
Sprengkörper mit Uhrzünder
9 Zeitbombe
Sprengkraft
7 Brisanz
Sprengschlag
9 Explosion
10 Detonation
Sprengstoff
3 TNT
7 Dynamit
13 Nitroglyzerin, Schiesspulver, Schwarzpulver
14 Trinitrotoluol
Spreu
4 Kaff
5 Spelz
6 Abfall, Spelze
Springbrunnen
8 Fontaene
springende heiße Quelle
6 Geiser, Geysir
Sprinterschuhe
6 Spikes
Spritze
9 Injektion
Spritzenmann
13 Feuerwehrmann
Spritztour
7 Ausflug
9 Abstecher
spröde
6 pruede
9 engherzig
13 unzugaenglich
Spross
5 Trieb
6 Spitze
9 Nachkomme
11 Schoessling
Sprossanlage (Biologie)
6 Knospe
Sprosse
5 Stufe
8 Querholz
9 Hautfleck
Sprossen des Hirschgeweihs
5 Enden
Sprossengestell
6 Leiter
Sprossenpilz
4 Hefe
Sprössling einer Pflanze
6 Senker
7 Ableger
Spruch
5 Xenie
8 Epigramm
10 Aphorismus
Spruchband ...
· *in* **Comics**
11 Sprechblase
· *bei* **Demonstrationen**
11 Transparent
· *auf* **Gemälden**
9 Banderole
Spruchgedicht
7 Priamel
Spruchsammlung
3 Ana
Sprudel
6 Wirbel
7 Selters
13 Mineralwasser
Sprühmittel
5 Spray
Sprühregen
11 Nieselregen
Sprühvorrichtung
5 Duese
Sprühwasser
6 Gischt
Sprung
4 Riss, Satz
5 Spalt
6 Hopser
7 Huepfer, Kaskade
Sprung beim Eislauf
4 Axel, Lutz
10 Rittberger
Sprung mit Überschlag
5 Salto
Sprunglaufhindernis
6 Huerde
Spucke
6 Geifer
8 Speichel
Spuk
5 Geist
8 Gespenst
Spule
5 Rolle, Walze
6 Huelse
Spulenring
6 Wirtel
Spülstein
7 Ausguss
Spur
5 Indiz
7 Faehrte, Merkmal
11 Kennzeichen
12 Anhaltspunkt
Spur des Schalenwilds
7 Faehrte
spüren
6 merken
10 wahrnehmen
Spürjagd
6 Pirsch
Spürsinn
7 Riecher
8 Instinkt
10 Findigkeit
Sputnik
8 Satellit
Staat ...
· *in* **Afrika**
5 Kongo
6 Ruanda, Tschad

7 Burundi, Lesotho
· *der* **Apenninenhalbinsel**
7 Italien, Vatikan
9 San Marino
· *im* **Atlantik**
6 Irland, Island
7 England
15 Grossbritannien
· *der* **Balkanhalbinsel**
8 Albanien
9 Bulgarien, Rumaenien
11 Jugoslawien
12 Griechenland
· *im* **Himalaja**
5 Nepal
6 Bhutan, Sikkim
· *in* **Hinterindien**
4 Laos
5 Birma
7 Vietnam
8 Malaysia, Singapur, Thailand
10 Kambodscha
· *in* **Indien**
5 Assam
· *in* **Indochina**
7 Vietnam
· *im* **Kongogebiet**
5 Kongo
· *in* **Mittelamerika**
4 Kuba
5 Haiti
6 Belize, Mexiko, Panama
7 Jamaika
8 Honduras
9 Costa Rica, Guatemala, Nicaragua
10 El Salvador
22 Dominikanische Republik
· *in* **Mitteleuropa**
5 Polen
6 Ungarn
7 Schweiz
8 Slowakei
9 Luxemburg
11 Deutschland, Oesterreich
13 Liechtenstein
20 Tschechische Republik
· *im* **Mittelmeer**
5 Malta
6 Zypern
· *im* **Nahen und Mittleren Osten**
4 Irak, Iran, Oman
5 Jemen, Katar, Qatar
6 Israel, Kuwait, Kuweit, Syrien, Zypern
7 Bahrain, Bahrein, Libanon, Tuerkei
9 Jordanien
11 Afghanistan
12 Saudi-Arabien
17 Vereinigte Emirate
· *in* **Nordafrika**
5 Sudan
6 Libyen
7 Marokko
8 Aegypten, Algerien, Tunesien
11 Mauretanien
· *in* **Nordamerika**
3 USA
6 Canada, Kanada
17 Vereinigte Staaten
· *in* **Nordeuropa**
6 Island
8 Finnland, Norwegen, Schweden
9 Daenemark
· *in* **Nordostafrika**
5 Sudan
· *im* **Orient**
4 Iran
· *in* **Ostafrika**
5 Kenia
6 Malawi, Ruanda, Rwanda, Uganda
7 Djibuti, Somalia
8 Simbabwe, Tansania
9 Mauritius
10 Aethiopien, Madagaskar, Moçambique, Seychellen
· *in* **Ostasien**
5 China, Japan, Korea
6 Taiwan
8 Mongolei
9 Nordkorea, Suedkorea
11 Philippinen
· *in* **Osteuropa**
7 Ukraine
· *in* **Ozeanien**
5 Nauru
7 Fidschi
10 Australien, Neuseeland
14 Papua-Neuguinea
· *der* **Pyrenäenhalbinsel**
7 Andorra, Spanien
8 Portugal
· *in* **Südafrika**
6 Sambia
7 Lesotho, Namibia
8 Botswana, Simbabwe
9 Rhodesien
10 Suedafrika
· *in* **Südamerika**
4 Peru
5 Chile
6 Guyana
7 Ecuador, Grenada, Surinam, Uruguay
8 Bolivien, Paraguay
9 Brasilien, Kolumbien, Venezuela
11 Argentinien
· *in* **Südasien**
5 Nepal
6 Bhutan, Indien
8 Pakistan, Sri Lanka
10 Bangladesh
· *in* **Südeuropa**
5 Malta
6 Monaco
7 Andorra, Italien, Spanien
8 Portugal
9 San Marino
12 Vatikanstaat
· *in* **Südostasien**
4 Laos
5 Birma
7 Vietnam
8 Malaysia, Singapur, Thailand
9 Malediven
10 Indonesien, Kambodscha
· *in* **Südosteuropa**
6 Zypern
8 Albanien, Kroatien
9 Bulgarien, Rumaenien
11 Jugoslawien
12 Griechenland
· *in* **Südwestafrika**
6 Angola
· *in* **Westafrika**
4 Mali, Togo
5 Benin, Gabun, Ghana, Kongo, Niger
6 Angola, Guinea

7 Kamerun, Liberia, Nigeria, Senegal
11 Burkina Faso, Mauretanien, Sierra Leone
12 Guinea Bissau
15 Elfenbeinkueste
· *in* **Westeuropa**
6 Irland
7 Belgien
10 Frankreich
11 Niederlande
15 Grossbritannien
· *in* **Zentralamerika**
9 Guatemala

Staatenbündnis
2 UN
3 UNO
7 Allianz, Entente
8 Alliance

staatlich(e, er, es) ...
· **Ausfuhrverbot**
7 Embargo
· **Rechtspflege**
6 Justiz
· **Stellenvermittlung**
10 Arbeitsamt
· **Unternehmen**
4 Post
· **Verkehrsbetrieb**
4 Bahn
· **Vollziehungsgewalt**
9 Exekutive
· **Vorschrift**
6 Gesetz
10 Verordnung
· **Wirtschaftslenkung**
10 Dirigismus

Staatsabgabe
6 Steuer
7 Gebuehr

Staatsangehörigkeit
13 Nationalitaet

Staatsbediensteter
7 Beamter

Staatsdienerin
7 Beamtin

Staatseigentum
5 Aerar

Staatsetat
6 Budget
8 Haushalt

Staatsform
8 Despotie, Diktatur, Republik, Tyrannei, Tyrannis
9 Monarchie
10 Demokratie, Oligarchie
11 Feudalismus
12 Absolutismus, Staendestaat
15 Volksdemokratie

Staatsführung
9 Regierung

Staatsgebiet
11 Territorium
13 Hoheitsgebiet

Staatsgemeinschaft
4 Volk
6 Nation

Staatsgut
7 Domaene

Staatshaushalt
4 Etat
6 Budget

Staatskasse
6 Fiskus

Staatskunst
10 Diplomatie

Staatskutsche
7 Karosse
8 Equipage

Staatsmann
9 Politiker

Staatsoberhaupt
6 Regent
7 Monarch
10 Praesident

Staatsorgan
9 Regierung

Staatsrat im antiken Rom
5 Senat

Staatssäckel ► Staatskasse

Staatsschatz
5 Aerar

Staatssklave in Sparta
5 Helot

Staatsstreich
6 Putsch

Staatssymbol
5 Fahne, Hymne
6 Farben, Flagge, Wappen

Staatsteil außerhalb der Grenzen
7 Exklave, Kolonie
9 Besitzung

Staatsverbrechen
10 Hochverrat
12 Landesverrat

Staatsverfassung
11 Grundgesetz
12 Konstitution

Staatsvertreter
6 Konsul
8 Diplomat
11 Botschafter

Staatsvolk
6 Nation

Staatszuschuss
10 Subvention

Stab
4 Team
5 Stock
6 Beirat, Stange
7 Leitung, Stecken

Stäbchen zum Feuer machen
11 Streichholz

Stäbchenspiel
6 Mikado

Stabholz
5 Latte

stabil
4 fest
7 haltbar
9 dauerhaft, standfest
10 bestaendig

stabile Kopfbedeckung
4 Helm

Stabreim
12 Alliteration

Stabsoffizier
6 Oberst, Oberst

Stabtierchen
8 Bakterie

Stachel
4 Dorn
5 Sporn
6 Borste, Spitze

Stachelhäuter
7 Seeigel
8 Seestern, Seewalze

stachelige Pflanze
10 Igelkaktus

Stachelkeule
11 Morgenstern

Stachelpflanze
4 Rose
6 Distel, Kaktee, Kaktus

Stacheltier
4 Igel
14 Stachelschwein

Stadel
7 Scheuer, Scheune, Schober
8 Schuppen

Stadion
5 Arena
8 Rennbahn
9 Hippodrom
10 Sportplatz
Stadium
5 Phase, Stufe
9 Abschnitt
Stadt ...
· *in* **Oberitalien**
5 Padua
· *in* **Sibirien**
7 Irkutsk
· *auf* **Sizilien**
8 Taormina
· *in der* **Steiermark**
8 Eisenerz
· *in* **Thüringen**
5 Gotha
Stadt als Gemeinde
7 Kommune
Stadt, Gemeinde ...
· *an der* **Aa**
5 Ahaus
· *an der* **Aare**
5 Aarau, Olten
9 Solothurn
· *in* **Abchasien**
7 Suchumi
· *an der* **Adria**
4 Bari, Pula
5 Split, Zadar
6 Ancona, Rijeka, Rimini, Triest
7 Venedig
8 Brindisi
9 Dubrovnik
· *in* **Afghanistan**
5 Kabul
7 Baghlan, Maimana
· *in* **Afrika**
3 Fes, Ibo
4 Sais, Sues, Suez
5 Akkra, Beira, Dakar, Duala, Giseh, Gizeh, Kairo, Lagos, Tunis
6 Abukir, Agadir, Aleppo, Algier, Assuan, Banjul, Durban, Harare, Jaunde, Kankan, Kigali, Luanda, Meknes, Tabora, Tanger, Tetuan, Theben, Tobruk
7 Abidjan, Bengasi, Bizerta, Conakry, Entebbe, Kampala, Kasanga, Khartum, Mascara, Mombasa, Nairobi, Njangwe, Rosette, Windhuk
8 Freetown, Gaborone, Kapstadt, Kinshasa, Monrovia, Port Said, Pretoria, Sansibar, Timbuktu, Tripolis, Windhoek
9 Dschibuti, Gaberones, Granville, Jamestown, Kimberley, Salisbury
10 Addis Abeba, Alexandria, Casablanca, Daressalam, Marrakesch, Moçambique, Mogadischu
11 Brazzaville, Livingstone
12 Antananarivo, Johannesburg
· *in* **Ägypten**
2 On
4 Edfu, Gise, Kena, Sues, Suez
5 Giseh, Gizeh, Kairo, Luxor
6 Abukir, Assuan
8 Port Said
9 El Alamein
10 Alexandria
· *in* **Albanien**
5 Berat, Korçë, Vlorë
6 Tirana
· *in* **Algerien**
4 Bone, Oran
5 Batna, Sétif
6 Algier, Annoba
· *an der* **Aller**
5 Celle
6 Verden
7 Gifhorn
· *im* **Allgäu**
4 Isny
6 Wangen
7 Fuessen, Kempten
9 Sonthofen
10 Oberstdorf
· *im* **alten Ägypten**
4 Sais
5 Luxor
7 Memphis
10 Alexandria, Heliopolis
· *im* **alten Babylon**
5 Akkad
· *im* **alten Griechenland**
5 Argos, Athen, Milet
6 Abdera, Mykene, Smyrna, Sparta, Theben
· *im* **alten Persien**
4 Susa
10 Persepolis
· *in* **Amerika**
3 Rio
4 Erie, Hull, Leon, Lima, Reno, Yuma
5 Akron, Bahia, Belém, Colón, La Paz, Macon, Miami, Omaha, Quito, Salem, Tampa, Tulsa
6 Albany, Austin, Balboa, Bogotá, Boston, Dallas, Denver, Duluth, Easton, El Paso, Habana, Helena, Joplin, Lowell, Manaus, Mexiko, Newark, Newton, Paraná, Puebla, Quebec, Recife, Santos, Tucson
7 Atlanta, Augusta, Bristol, Buffalo, Chelsea, Chester, Chicago, Clinton, Detroit, Halifax, Hoboken, Houston, Key West, La Plata, Lincoln, Madison, Memphis, Mendoza, New York, Newport, Oakland, Olympia, Raleigh, Reading, Santa Fé, Seattle, Tampico, Toronto, Tucuman, Wichita
8 Amarillo, Appleton, Asunción, Bradford, Brasilía, Columbus, Hamilton, Las Vegas, Montreal, New Haven, Pasadena, Portland, Richmond, San Diego, San Pedro, Santiago, São Paulo, Savannah, Veracruz, Winnipeg
9 Anchorage, Annapolis, Baltimore, Cambridge, Cleveland, Davenport, Des Moines, Fort Worth, Guayaquil, Hollywood, Knoxville, Lakehurst,

Lancaster, Lexington, Long Beach, Mansfield, Milwaukee, Nashville, Palm Beach, Princeton, Rochester, Vancouver
10 Birmingham, Bridgeport, Charleston, Cincinnati, Evansville, Harrisburg, Jersey City, Kansas City, Los Angeles, Louisville, Montgomery, New Orleans, Paramaribo, Pittsburgh, Providence, Sacramento, San Antonio, Valparaíso, Washington
11 Buenos Aires, Grand Rapids, Minneapolis, San Salvador, Springfield
12 Indianapolis, Oklahoma City, Philadelphia, Port-au-Prince, Rio de Janeiro, Salt Lake City, San Francisco

- *in* **Angola**
6 Lobito, Luanda
8 Benguela

- *in* **Argentinien**
5 Junín, Salta
6 Arenas, Atucha, Parana, Viedma
7 Córdoba, La Plata, Mendoza, Rosario, San Juan, Santa Fe, Tucuman
9 Santa Cruz
11 Buenos Aires, Mar del Plata

- *in* **Armenien**
6 Eriwan

- *am* **Arno**
4 Pisa
7 Florenz

- *bei* **Arras**
4 Sens

- *in* **Aserbaidschan**
4 Baku

- *in* **Asien**
4 Aden, Agra, Aksu, Baku, Gaza, Gifu, Hama, Kobe, Mito, Oman, Omsk, Riad, Sana, Sian, Tais, Tura
5 Adana, Amman, Basra, Batum, Bursa, Delhi, Haifa, Hanoi, Herat, Izmir, Jaffa, Kabul, Kelat, Kioto, Lhasa, Mekka, Osaka, Sanaa, Seoul, Tokio
6 Abadan, Aleppo, Ankara, Bagdad, Beirut, Bombay, Djidda, Eriwan, Kanton, Lahore, Madras, Madura, Manila, Medina, Peking, Penang, Rangun, Saigon, Taipeh, Tiflis
7 Alma Ata, Bandung, Bangkok, Batavia, Benares, Colombo, Irkutsk, Isfahan, Jakutsk, Karachi, Lucknow, Nanking, Sapporo, Schiras, Taebris, Teheran, Tel Aviv
8 Damaskus, Djakarta, Hongkong, Jokohama, Kalkutta, Katmandu, Mandalay, Nagasaki, Neu Delhi, Rourkela, Shanghai, Singapur, Tientsin, Tsingtau, Yokohama
9 Ahmedabad, Allahabad, Antiochia, Hiroshima, Jerusalem, Karatschi, Phnom Penh, Samarkand, Schanghai, Singapore, Taschkent, Trapezunt, Tschengtu, Ulan Bator
10 Haidarabad, Hiroschima, Pjoengjang, Port Arthur, Rawalpindi
11 Nowosibirsk, Wladiwostok

- *in* **Assyrien**
5 Assur
6 Kalach, Ninive
9 Dur Sargon

- *in* **Äthiopien**
3 Imi
4 Adua
5 Aksum, Desse, Dollo, Harar
6 Dessiè, Gondar, Harrar
8 Diredaua, Dschimma, Lalibela
10 Addis Abeba

- *in* **Australien und Ozeanien**
4 Eyre, Suva, Thio
5 Bowen, Derby, Eucla, Numea, Perth, Taree
6 Albany, Cairns, Darwin, Hobart, Madang, Nelson, Rabaul, Sydney, Timaru
7 Bendigo, Bunbury, Dunedin, Fanning, Honiara, Ipswich, Maytown, Russell, Winston, Wyndham
8 Adelaide, Auckland, Bathurst, Brisbane, Canberra, Cooktown, Hamilton, Hokitika, Somerset, Wangarai, Windorah
9 Esperance, Fremantle, Geraldton, Granville, Longreach, Melbourne
10 Wellington
12 Alice Springs, Christchurch

- *in* **Baden-Württemberg**
3 Ulm
4 Aach, Calw, Horb, Isny, Kehl, Lahr, Weil
5 Aalen, Buehl, Lorch, Urach
6 Achern, Asperg, Buchen, Hirsau, Nagold, Singen, Wangen
7 Haslach, Lauffen, Marbach, Mosbach, Rastatt, Triberg, Wildbad, Wimpfen, Wolfach
8 Backnang, Balingen, Biberach, Breisach, Bruchsal, Fellbach, Freiburg, Gaggenau, Konstanz, Leonberg, Loerrach, Mannheim, Rottweil, Sinsheim, Stockach, Tettnang, Waldshut, Weinheim, Wertheim, Wiesloch
9 Besigheim, Duerrheim, Eislingen, Ellwangen, Esslingen, Ettlingen, Heilbronn, Karlsruhe, Maulbronn, Meersburg, Oehringen, Offenburg, Pforzheim, Stuttgart,

Tuebingen, Vaihingen, Villingen, Weinsberg
10 Baden Baden, Bietigheim, Blaubeuren, Boeblingen, Crailsheim, Furtwangen, Geislingen, Gengenbach, Goeppingen, Heidelberg, Heidenheim, Hockenheim, Kuenzelsau, Muehlacker, Neckarsulm, Nuertingen, Pfullingen, Plochingen, Radolfzell, Ravensburg, Reutlingen, Rottenburg, Saeckingen, Tailfingen, Tuttlingen, Waiblingen, Weingarten
11 Emmendingen, Ludwigsburg, Mergentheim, Rheinfelden, Sigmaringen, Ueberlingen
12 Freudenstadt, Kornwestheim, Schwenningen, Schwetzingen, Sindelfingen
14 Donaueschingen

· *auf den* **Balearen**
5 Ibiza, Mahón, Palma

· *im* **Baltikum**
4 Riga
5 Memel, Reval, Wilna

· *in* **Bayern**
2 Au
3 Hof, Lam
4 Cham, Selb
5 Bogen, Bruck, Ebern, Naila, Regen, Toelz
6 Amberg, Coburg, Dachau, Erding, Fuerth, Landau, Laufen, Lindau, Neu-Ulm, Passau, Roding, Weiden
7 Aibling, Aichach, Altdorf, Ansbach, Arzberg, Bamberg, Fuessen, Hofheim, Kelheim, Kempten, Nabburg, Neuburg, Pegnitz, Zwiesel
8 Augsburg, Bad Toelz, Bayreuth, Erlangen, Freising, Garching, Garmisch, Grafenau, Kehlheim, Kulmbach, Landshut, Lauingen, Mainburg, Miesbach, Muenchen, Neumarkt, Parsberg, Penzberg, Weilheim, Zirndorf
9 Dillingen, Forchheim, Gemuenden, Griesbach, Guenzburg, Karlstadt, Kissingen, Kitzingen, Koetzting, Landsberg, Memmingen, Nuernberg, Obernburg, Plattling, Rosenberg, Rosenheim, Schwabach, Sonthofen, Starnberg, Straubing, Trostberg, Vilshofen, Wegscheid, Wertingen, Wolfstein, Wuerzburg, Wunsiedel
10 Altoetting, Bad Aibling, Beilngries, Deggendorf, Dingolfing, Eichstaett, Immenstadt, Ingolstadt, Kaufbeuren, Miltenberg, Muenchberg, Oberstdorf, Ochsenfurt, Ottobeuren, Regensburg, Rothenburg, Schwandorf, Traunstein, Vilsbiburg, Wasserburg
11 Donauwoerth, Eggenfelden, Lichtenfels, Noerdlingen, Reichenhall, Schweinfurt, Taufkirchen, Weissenburg
12 Dinkelsbuehl, Feuchtwangen, Gunzenhausen, Koenigshofen, Marktredwitz, Pfaffenhofen, Pfarrkirchen, Waldmuenchen
13 Aschaffenburg, Berchtesgaden, Tirschenreuth
14 Bad Reichenhall, Burglengenfeld, Wolfratshausen

· *in* **Belgien**
3 Ans, Ath, Hal, Huy, Spa
4 Arel, Gand, Gent, Lier, Mons
5 Aalst, Arlon, Eeklo, Eupen, Gheel, Halle, Herve, Jumet, Leuze, Liège, Menen, Namur, Ronse, Tielt, Ypern
6 Aarlen, Bergen, Binche, Boussu, Deurne, Dinant, Duffel, Izegem, Landen, Leuven, Lierre, Loewen, Meenen
7 Bruegge, Hoboken, Limburg, Lokeren, Louvain, Malmedy, Mecheln, Ostende, Tournai
8 Bastogne, Bruessel, Kortrijk, Luettich, Mechelen, Verviers
9 Antwerpen, Charleroi, Roeselare
10 Anderlecht
13 Blankenberghe

· *im* **Bergischen Land**
4 Haan
7 Schwelm, Velbert
8 Solingen
9 Remscheid, Wuppertal
10 Gevelsberg

· *an der* **Bergstraße**
8 Bensheim, Weinheim
10 Heidelberg, Heppenheim

· *bei* **Berlin**
6 Bernau

· *in* **Birma**
5 Akjab, Bhamo
6 Lashio, Rangun
7 Rangoon

· *am* **Bodensee**
6 Hagnau, Lindau, Uttwil
7 Bregenz, Kesswil
8 Konstanz
9 Meersburg, Rorschach
10 Allensbach, Kressbronn, Nonnenhorn, Radolfzell, Romanshorn, Wasserburg
11 Langenargen, Ueberlingen
15 Friedrichshafen

· *in* **Böhmen**
4 Eger

· *in* **Bolivien**
5 La Paz, Oruro, Sucre
6 Camiri, Potosí, Tarija

· *bei* **Bologna**
5 Imola

· *auf* **Bornholm**
6 Neksoe, Roenne

· *in* **Brandenburg**
5 Forst, Guben, Peitz, Zinna
6 Bernau, Kyritz, Luckau, Seelow, Teltow, Werder

7 Cottbus, Luebben, Potsdam, Schwedt, Templin
8 Kuestrin, Prenzlau, Rathenow
9 Frankfurt, Jueterbog, Neuruppin, Perleberg
10 Eberswalde, Fehrbellin
11 Brandenburg, Liebenwerda, Luckenwalde, Oranienburg, Wittenberge

· *in* **Brasilien**
3 Ipu, Rio
5 Bahia, Belem
6 Manaus, Recife, Santos
7 Alagoas, Camocim, Corumba, Miranda, Pelotas, Vitória
8 Belmonte, Bragança, Brasilia, Santarem, São Paulo, Teresina
9 Rio Grande
12 Rio de Janeiro

· *im* **Breisgau**
8 Breisach, Freiburg
11 Emmendingen

· *an der* **Brenz**
10 Heidenheim

· *in* **Bulgarien**
3 Lom
4 Ruse
5 Sofia, Warna
7 Tarnovo

· *in* **Burgund**
4 Dôle, Lons, Sens
5 Autun, Bourg, Dijon, Mâcon, Nancy
6 Beaune, Chalôn, Épinal
7 Auxerre, Belfort, Moulins
8 Besancon

· *auf* **Ceylon**
5 Galle, Kandy
6 Jaffna
7 Colombo, Negombo

· *am* **Chiemsee**
5 Obing, Prien
6 Bernau

· *in* **Chile**
8 Valdivia
10 Concepción, Valparaíso
11 Antofagasta
15 Santiago de Chile

· *in* **China**
3 Kia, Uma
4 Ansi, Hami, Sian, Taku, Wuhu, Wusi
5 Hofei, Hsian, Hukou, Jenan, Kalun, Kirin, Lhasa, Paoki, Pautu, Tihwa, Tsepo, Wuhan, Wuhsi, Wuwei
6 Anking, Dairen, Haikou, Juemen, Kalgan, Kanton, Kuefow, Linhai, Minhou, Mukden, Ningpo, Peking, Schasi, Sining, Tainan, Taipeh
7 Anschan, Fuschun, Hanyang, Kaifeng, Kunming, Kweilin, Kweisui, Nanking, Nanning, Nantung, Tschifu, Wanhien
8 Futschou, Hangjang, Hsingtai, Pinkiang, Schantou, Shanghai, Sotschou, Tientsin
9 Kintschou, Ninghsien, Schanghai, Suetschau, Tschengtu, Urumtschi, Wutschang

· *in* **Costa Rica**
5 Limón
7 Cartago, Heredia, San José

· *an der* **Côte d'Azur**
5 Nizza
6 Cannes

· *in* **Dalmatien**
5 Split, Zadar
6 Trogir
9 Dubrovnik

· *in* **Dänemark**
3 Bov
4 Aars, Asaa, Hals, Ribe, Tarm
5 Aarup, Fakse, Hobro, Koege, Skive, Thule, Varde, Vejle
6 Aarhus, Alborg, Brande, Gedser, Maribo, Nusted, Nyborg, Odense, Roedby, Roenne, Skagen, Viborg
7 Aalborg, Esbjerg, Horsens, Korsoer, Randers, Tondern
8 Roskilde, Slagelse
9 Hirtshals, Nykoebing, Svendborg
10 Fredericia, Helsingoer, Kalundborg, Koebenhavn, Kopenhagen, Sonderburg
11 Skanderborg, Soenderborg
13 Frederikshavn

· *am* **Dnjepr**
4 Kiew
8 Smolensk

· *am* **Don**
4 Asow
6 Rostow
7 Sodonsk
9 Woronesch

· *an der* **Donau**
3 Ulm
4 Linz, Melk, Wien
5 Grein, Krems
6 Neu-Ulm, Passau
7 Belgrad, Neuburg
8 Budapest
9 Dillingen, Guenzburg, Pressburg, Straubing, Vilshofen
10 Bratislava, Ingolstadt, Regensburg, Riedlingen, Tuttlingen
11 Donauwoerth, Sigmaringen
14 Donaueschingen

· *an der* **Drau**
5 Esseg, Lienz
7 Marburg, Maribor, Spittal, Villach

· *bei* **Düsseldorf**
5 Neuss

· *in* **Ecuador**
4 Loja
5 Macas, Quito
6 Ambato, Cuenca, Ibarra

· *in der* **Eifel**
4 Daun
5 Mayen, Pruem
6 Adenau
7 Bitburg
8 Wittlich
10 Gerolstein

· *an der* **Elbe**
4 Aken
5 Barby, Pirna, Stade, Wedel

6 Aussig, Dessau, Melník, Torgau
7 Dresden, Hamburg, Meissen, Strehla
8 Cuxhaven, Radebeul
9 Lauenburg, Magdeburg
10 Geesthacht, Wittenberg
- *im* **Elsass**
6 Colmar, Zabern
7 Hagenau, Saverne
8 Mulhouse
10 Muelhausen, Strasbourg, Strassburg
11 Weissenburg
12 Schlettstadt
- *an der* **Else**
5 Melle
- *an der* **Ems**
4 Leer
5 Emden, Rheda
6 Lathen, Lingen, Meppen, Rheine, Weener
9 Emsdetten, Warendorf
- *im* **Emsland**
6 Lingen
- *in* **England**
4 Bath, Eton, Hull, York
5 Derby, Dover, Epsom, Ewell, Goole, Hedon, Leeds, Leigh, Leith, Lewes, Rugby, Ryton, Selby, Stoke, Wells
6 Ashton, Bolton, Dundee, Durham, Exeter, Harlow, Hetton, Hexham, Ilford, Kendal, London, Morley, Neston, Oldham, Oxford, Penryn, Settle
7 Bedford, Bristol, Chatham, Chelsea, Chester, Halifax, Harwich, Ipswich, Margate, Norfolk, Norwich, Reading, Swindon, Warwick, Westham, Windsor
8 Barnsley, Bradford, Brighton, Coventry, Hastings, Kingston, Plymouth, Ramsgate, Richmond, Stafford, Stockton, Wallasey
9 Blackburn, Blackpool, Cambridge, Greenwich, Lancaster, Leicester, Liverpool, Newcastle, Rochester, Salisbury, Sheffield, Southport, Stratford, Tottenham, Worcester
10 Birmingham, Canterbury, Eastbourne, Folkestone, Manchester, Nottingham, Portsmouth, Shrewsbury, Twickenham
11 Bournemouth, Northampton, Southampton
- *im* **Erzgebirge**
3 Aue
- *in* **Estland**
5 Reval
- *an der* **Etsch**
3 Ala
5 Bozen, Meran
6 Trient, Verona
- *am* **Euphrat**
7 Babylon
- *auf* **Fehmarn**
4 Burg
- *in* **Finnland**
3 åbo, Ljo
4 Oulu, Pori, Vasa
5 Lahti, Turku, Vaasa
6 Hamina, Kuopio
7 Kokkola, Tampere, Varkaus
8 Helsinki, Uleaborg
11 Helsingfors
- *in* **Florida**
5 Miami
- *auf* **Föhr**
3 Wyk
- *auf* **Formosa** (Taiwan)
6 Taipeh
- *in* **Frankreich**
2 Ax, Ay, Gy
3 Aix, Apt, Bar, Dax, Gap, Luz, Pau, Puy
4 Agen, Albi, Alès, Auch, Caen, Laon, Lons, Lyon, Metz, Nice, Sens, Sete, Toul
5 Arles, Arras, Blois, Bourg, Brest, Cluny, Digne, Dijon, Dinan, Douai, Évron, Guise, Lagny, Laval, Lille, Mâcon, Meaux, Melun, Nancy, Nîmes, Niort, Nizza, Noyon, Paris, Reims, Rodez, Rouen, Sedan, Tours, Vichy, Vitry
6 Amiens, Angers, Bayeux, Beaune, Bitche, Cahors, Calais, Cannes, Chinon, Cognac, Colmar, Dieppe, Épinal, Évreux, Fécamp, Fréjus, Givors, Grasse, Hyères, Le Mans, Limoux, Loches, Longwy, Millau, Nantes, Nantua, Nevers, Orange, Pantin, Poissy, Prades, Rennes, Roanne, Senlis, Sèvres, Tarbes, Toulon, Troyes, Verdun, Vienne
7 Alençon, Antibes, Auxerre, Avignon, Bayonne, Belfort, Béziers, Bourges, Épernay, Forbach, Hagenau, Le Havre, Limoges, Lorient, Lourdes, Orléans, Quimper, Roubaix, Saverne, Valence
8 Aubusson, Aurillac, Beauvais, Besançon, Biarritz, Bordeaux, Boulogne, Chartres, Grenoble, Maubeuge, Mulhouse, Narbonne, Poitiers, Toulouse
9 Angoulème, Cherbourg, Dunkerque, Lunéville, Marseille, Montluçon, Périgueux, Perpignan, Rochefort, Saint Malo, Tourcoing
10 Argenteuil, Douarnenez, La Rochelle, Muelhausen, Strasbourg, Strassburg, Versailles
11 Aix les Bains, Carcassonne, Charleville, Chateauroux, Duenkirchen, Montpellier, Muehlhausen
- *in den* **französischen Alpen**
3 Gap
- *an der* **Fulda**
5 Bebra
6 Kassel

- *auf* **Fünen**
  5 Aarup
  6 Assens, Odense
  9 Svendborg
- *am* **Ganges**
  5 Patna
  7 Benares
  9 Allahabad
- *am* **Gardasee**
  4 Riva, Salò
- *an der* **Garonne**
  8 Toulouse
- *im* **Gelderland**
  3 Ede
- *am* **Genfer See**
  8 Lausanne
- *in* **Georgien**
  6 Batumi, Tiflis
- *in* **Ghana**
  5 Accra
  6 Kumasi, Tamale
- *am* **Golf von Salerno**
  6 Amalfi
- *auf* **Gotland**
  5 Visby
- *auf* **Gran Canaria**
  9 Las Palmas
- *in* **Griechenland**
  4 Arta, Elea
  5 Argos, Athen, Aulis, Bolos, Chios, Milet, Volos
  6 Abdera, Croton, Delphi, Edessa, Janina, Kroton, Megara, Mykene, Patras, Sparta, Theben
  7 Chalkis, Eleusis, Korinth, Larissa, Mykenae, Piraeus, Stagira
  8 Saloniki
  9 Epidaurus, Heraklion
- *bei* **Gronau**
  3 Epe
- *in* **Guayana**
  10 Georgetown
- *in* **Guinea**
  7 Conakry
- *bei* **Halle an der Saale**
  9 Merseburg
- *am/im* **Harz**
  5 Thale
  6 Goslar, Seesen
  8 Gernrode, Herzberg, Osterode
  9 Braunlage
  10 Nordhausen
  11 Bad Harzburg, Quedlinburg, Wernigerode
- *an der* **Havel**
  7 Potsdam
  8 Rathenow
  11 Brandenburg, Oranienburg
- *auf* **Hawaii**
  8 Honolulu
- *in* **Hessen**
  3 Elm, Orb
  5 Bebra, Fulda, Hanau, Lorch, Nidda, Soden
  6 Bad Orb, Erbach, Kassel, Langen, Lorsch, Vilbel
  7 Alsfeld, Dieburg, Giessen, Herborn, Homberg, Korbach, Limburg, Marburg, Nauheim, Wetzlar
  8 Bensheim, Eltville, Eschwege, Fritzlar, Hersfeld, Huenfeld, Weilburg
  9 Allendorf, Bad Vilbel, Darmstadt, Frankfurt, Friedberg, Melsungen, Oberursel, Offenbach, Viernheim, Wiesbaden
  10 Bad Homburg, Bad Nauheim, Biedenkopf, Gelnhausen, Heppenheim, Hofgeismar, Lauterbach, Pfungstadt, Ruedesheim
  11 Bad Hersfeld, Koenigstein, Lampertheim, Neu Isenburg
  12 Ruesselsheim, Schluechtern
- *am* **Hohentwiel**
  6 Singen
- *im* **Hunsrück**
  7 Morbach, Simmern
  10 Kastellaun
- *in* **Indien**
  4 Agra, Puna, Puri
  5 Delhi, Patna, Poona
  6 Bhopal, Bombay, Madras
  7 Benares, Lucknow
  8 Kalkutta, Neu Delhi, Rourkela
  9 Allahabad
  10 Darjeeling, Haidarabad
- *in* **Indonesien**
  5 Ambon, Medan
  6 Melang, Padang
  7 Bandung, Batavia, Jakarta
  8 Djakarta, Makassar
  9 Palembang
  10 Dschakarta
- *am* **Inn**
  4 Hall, Rott
  6 Passau, Schwaz, Woergl
  7 Braunau
  8 Kufstein
  9 Innsbruck, Rosenheim
  10 Schaerding, Wasserburg
- *im* **Irak**
  2 Ur
  4 Anah, Uruk
  5 Akkad, Arbil, Assur, Basra, Erbil, Mosul
  6 Bagdad, Mossul, Ninive, Ramadi
  7 Babylon, Kerbela
- *im* **Iran**
  3 Bam, Kum, Lar
  4 Susa
  6 Abadan
  7 Asfahan, Hamadan, Isfahan, Schiras, Taebris, Teheran
  8 Astrabad, Baendaer, Meschhed
- *in* **Irland**
  4 Cork
  5 Gorey, Kells
  6 Dublin, Galway, Mohill
  7 Dundalk, Wexford
- *an der* **Isar**
  5 Toelz
  6 Landau
  8 Freising, Landshut, Muenchen
  9 Plattling
  10 Dingolfing
- *in* **Israel**
  4 Akka
  5 Eilat, Haifa, Jaffa
  6 Eilath
  7 Tel Aviv
  8 Nazareth, Tiberias
  9 Jerusalem
- *in* **Italien**
  3 Ala, Nus, Rom
  4 Asti, Avio, Bari, Ceva, Como, Dego, Enna, Este,

Fano, Nola, Pisa, Riva, Roma, Susa, Vibo
5 Aosta, Bozen, Capua, Eboli, Forli, Gaeta, Genua, Grado, Imola, Lecce, Lecco, Lucca, Meran, Monza, Narni, Padua, Parma, Pavia, Prato, Siena, Turin, Udine
6 Amalfi, Ancona, Aquila, Arezzo, Ascoli, Ascona, Assisi, Brixen, Faenza, Mantua, Milano, Modena, Napoli, Neapel, Novara, Reggio, Rimini, Rivoli, Stresa, Tarent, Torino, Trento, Trient, Triest, Urbino, Verona
7 Bergamo, Bologna, Bolzano, Brescia, Carrara, Catania, Cremona, Ferrara, Firenze, Florenz, Lignano, Livorno, Mailand, Marsala, Messina, Orvieto, Palermo, Perugia, Pescara, Pistoia, Rapallo, Ravenna, Salerno, San Remo, Sorrent, Spoleto, Syrakus, Treviso, Venedig, Venezia, Vicenza, Viterbo
8 Agrigent, Brindisi, Frascati, La Spezia, Monreale, Sorrento
9 Agrigento
11 Domodossola, Ventimiglia

· *in* **Jakutien**
7 Jakutsk

· *auf* **Jamaika**
8 Kingston

· *in* **Japan**
3 Ono, Ube
4 Kobe
5 Kioto, Kyoto, Osaka, Tokio, Tokyo
7 Sapporo
8 Jokohama, Kawasaki, Nagasaki, Yokohama
9 Hiroshima

· *auf* **Java**
7 Bandung, Kalisat
8 Djakarta

· *im* **Jemen**
4 Aden

· *in* **Jordanien**
4 Maan
5 Amman, Irbid, Kerak
6 Hebron, Nablus
7 Jericho

· *in* **Kanada**
6 Ottawa, Quebec
7 Calgary, Halifax, Toronto
8 Bathurst, Edmonton, Montreal, Victoria, Winnipeg
9 Vancouver

· *am* **Kanal**
6 Calais

· *auf den* **Kanarischen Inseln**
9 Las Palmas

· *im* **Kanton Zürich**
5 Uster

· *in* **Kasachstan**
6 Uralsk
7 Alma Ata

· *am* **Kaspischen Meer**
4 Baku
9 Astrachan

· *in* **Kenia**
5 Nyeri
7 Mombasa, Nairobi

· *in* **Kirgisien**
2 Os
4 Osch

· *am* **Kocher**
5 Aalen

· *in* **Kolumbien**
3 Uré
4 Anzá, Beté, Cali
6 Bogotá
8 Medellín

· *am* **Kongo**
8 Kinshasa
11 Brazzaville
12 Leopoldville

· *auf* **Korsika**
5 Corte
6 Bastia
7 Ajaccio

· *im* **Kreis Hildesheim**
4 Elze

· *im* **Kreis Unna**
5 Kamen

· *auf* **Kreta**
9 Heraklion

· *auf der* **Krim**
5 Jalta
7 Kertsch
10 Sewastopol

· *auf* **Kuba**
5 Banes, Pinar, Sagua
7 Baracoa, Havanna
8 La Habana
10 Guantanamo

· *am* **Lago Maggiore**
5 Arona
6 Ascona, Stresa
7 Locarno

· *an der* **Lahn**
3 Ems
4 Diez
6 Bad Ems, Nassau
7 Giessen, Laasphe, Limburg, Marburg, Wetzlar
8 Weilburg

· *in* **Laos**
5 Pakse
9 Vientiane

· *am* **Lech**
6 Reutte
7 Fuessen
8 Augsburg, Schongau
9 Landsberg

· *an der* **Leine**
4 Elze
6 Alfeld, Freden, Gronau
8 Hannover, Northeim
10 Goettingen

· *an der* **Lena**
7 Jakutsk

· *in* **Lettland**
4 Riga

· *im* **Libanon**
3 Sur
5 Sahle, Saida, Seida, Sidon
6 Batrun, Beirut
7 Baalbek, Tripoli
8 Tripolis

· *in* **Liberia**
8 Monrovia

· *in* **Libyen**
7 Bengasi
8 Tripolis

· *in* **Liechtenstein**
5 Vaduz

· *an der* **Lippe**
6 Luenen

· *im* **Lipper Bergland**
5 Lemgo

- *in* **Litauen**
  5 Wilna
- *an der* **Loire**
  5 Blois, Tours
  6 Angers, Nantes, Nevers, Saumur
  7 Amboise, Orléans
- *in der* **Lüneburger Heide**
  5 Celle
  6 Soltau, Uelzen, Winsen
  7 Munster
  8 Walsrode
  9 Lueneburg
- *bei* **Lüttich**
  3 Ans
- *in* **Luxemburg**
  4 Esch
  5 Wiltz
  6 Mersch
  7 Vianden
  8 Clervaux
  9 Dudelange, Luxemburg
  10 Echternach, Ettelbruck, Luxembourg
- *an der* **Maas**
  5 Namur, Sedan, Venlo
  6 Dinant, Verdun
  7 Seraing
  8 Beaumont, Luettich, Mezières
  10 Maastricht
- *auf* **Madeira**
  7 Funchal
- *am* **Main**
  5 Hanau
  8 Hassfurt, Kulmbach, Wertheim
  9 Frankfurt, Kitzingen, Offenbach, Wuerzburg
  10 Miltenberg
  11 Lichtenfels, Schweinfurt
  12 Ruesselsheim
  13 Aschaffenburg
- *in* **Malaysia**
  11 Kuala Lumpur
- *auf* **Malta**
  5 Mdina, Rabat
  6 Hamrun
- *in* **Marokko**
  3 Fes
  4 Ifni, Safi, Taza, Ujda
  5 Ceuta, Nador, Rabat
  6 Agadir, Meknes, Tanger, Tetuan
  7 Djerada, Tetouan
  10 Casablanca, Marrakesch
- *in* **Mecklenburg-Vorpommern**
  5 Waren
  6 Demmin, Grabow, Roebel, Wismar
  7 Doberan, Grimmen, Parchim, Rostock, Teterow, Wolgast
  8 Guestrow, Schwerin
  9 Stralsund
  10 Greifswald
  11 Warnemuende
- *an der* **Memel**
  6 Tilsit
- *bei* **Meran**
  4 Lana
- *in* **Mexiko**
  4 León
  5 La Paz, Tepic
  6 Oaxaca, Tuxtla
  7 Rosario, Tampico
  8 Acapulco, Veracruz
  10 Mexico City
  11 Guadalajara
- *am* **Michigansee**
  9 Milwaukee
- *in* **Mittelengland**
  5 Leeds
- *in* **Mittelfranken**
  7 Ansbach
- *in* **Mittelitalien**
  6 Assisi
- *in* **Mittelschweden**
  4 Idre
- *in* **Moçambique**
  5 Beira
  6 Maputo
  7 Angoche, Nampula
  8 Quissico
  10 Moçambique
  15 Lourenco Marques
- *an der* **Moldau**
  4 Prag
- *an der* **Mosel**
  4 Metz, Toul, Zell
  5 Treis, Trier
  6 Cochem, Épinal
  7 Koblenz
  8 Schweich
  9 Beilstein, Zeltingen
  10 Bernkastel, Thionville
  11 Diedenhofen
- *an der* **Nagold**
  4 Calw
- *an der* **Nahe**
  4 Kirn
  6 Bingen
  9 Kreuznach
  10 Birkenfeld
  12 Bingerbrueck
  13 Idar-Oberstein
- *in* **Namibia**
  6 Tsumeb, Usakos
  7 Windhuk
- *nördlich von* **Neapel**
  4 Nola
- *am* **Neckar**
  4 Horb, Sulz
  7 Lauffen, Marbach, Wimpfen
  8 Eberbach, Mannheim, Rottweil
  9 Esslingen, Heilbronn, Stuttgart, Tuebingen
  10 Heidelberg, Nuertingen, Plochingen, Reutlingen, Rottenburg
  11 Ludwigsburg
- *in* **Nepal**
  5 Patan
  8 Katmandu
- *auf* **Neuseeland**
  4 Hutt
  6 Napier, Nelson
  7 Dunedin
  8 Auckland, Hokitika
  9 Lyttelton
  10 Palmerston, Wellington
  12 Christchurch
- *in* **Nevada**
  4 Reno
- *in* **Nicaragua**
  4 León
  5 Boaco, Rivas
  6 Masaya
  7 Granada, Managua
- *in den* **Niederlanden**
  3 Ede
  4 Edam
  5 Assen, Breda, Delft, Gouda, Hoorn, Marum, Sneek, Venlo, Weert, Zeist
  6 Almelo, Arnhem, Bergen, Boxtel, Ermelo, Gennep, Huizen, Kampen, Leiden, Lochem, Meppel, Rhenen, Velsen, Zwolle

7 Alkmaar, Arnheim, Den Haag, Haarlem, Helmond, Hengelo, Katwijk, Tilburg, Utrecht, Zaandam
8 Deventer, Enschede, Nimwegen, Rijswijk, Schiedam
9 Amsterdam, Dordrecht, Eindhoven, Groningen, Harlingen, Hilversum, Rotterdam, Zandvoort
10 Amersfoort, Leeuwarden, Maastricht, Middelburg, Vlissingen

· *am* **Niederrhein**
5 Neuss

· *in* **Niedersachsen**
4 Elze, Leer
5 Brake, Celle, Emden, Esens, Jever, Melle, Peine, Stade, Uslar, Varel, Zeven
6 Aurich, Bergen, Goslar, Hameln, Lehrte, Lingen, Loehne, Meppen, Norden, Sachsa, Seesen, Soltau, Uelzen, Verden, Winsen
7 Einbeck, Rinteln
8 Cuxhaven, Diepholz, Hannover, Harzburg, Nienburg, Nordhorn, Northeim, Osterode, Walsrode
9 Braunlage, Buxtehude, Helmstedt, Lueneburg, Oldenburg, Papenburg, Wolfsburg
10 Dannenberg, Duderstadt, Goettingen, Hildesheim, Holzminden, Osnabrueck, Salzgitter
11 Delmenhorst, Gandersheim
12 Braunschweig, Quakenbrueck
13 Fallingbostel, Wilhelmshaven, Wolfenbuettel

· *am* **Niger**
3 Aba, Ado, Gao
4 Fafa
5 Asaba, Bamba, Jebba, Segou
6 Bamako, Lokoja
8 Timbuktu

· *in* **Nigeria**
3 Ife

· *am* **Nil**
5 Giseh, Gizeh, Kairo, Luxor
6 Assuan, Atbara, Barbar, Shambe
7 Dongola, Karaima, Khartum
10 Alexandria

· *in* **Nordbaden**
8 Mannheim

· *in* **Nordbayern**
8 Erlangen

· *in* **Nordfrankreich**
5 Arras
6 Amiens

· *in* **Nordirland**
5 Larne
6 Armagh, Bangor
7 Belfast
11 Londonderry

· *in* **Norditalien**
4 Como
5 Aosta

· *in* **Nordostitalien**
5 Udine
6 Triest

· *in* **Nordrhein-Westfalen**
4 Bonn, Haan, Hamm, Marl, Olpe, Porz, Rees, Unna, Werl
5 Ahaus, Ahlen, Enger, Essen, Hagen, Herne, Kamen, Kleve, Koeln, Lemgo, Moers, Neuss, Rheda, Soest, Wesel
6 Aachen, Altena, Beckum, Bochum, Borken, Brilon, Bruehl, Bueren, Dueren, Ennepe, Geseke, Greven, Herten, Hilden, Honnef, Huerth, Kalkar, Kempen, Kerpen, Lennep, Liblar, Lohmar, Luenen, Menden, Minden, Rheine, Rheydt, Siegen, Witten, Xanten
7 Alsdorf, Bottrop, Detmold, Dorsten, Frechen, Geldern, Herford, Hoexter, Homberg, Juelich, Krefeld, Opladen, Schwelm, Velbert, Viersen, Warburg
8 Arnsberg, Bensberg, Bergheim, Dortmund, Duisburg, Emmerich, Erkelenz, Gladbeck, Iserlohn, Meschede, Monschau, Muelheim, Muenster, Ratingen, Schwerte, Siegburg, Solingen
9 Attendorn, Bad Honnef, Berleburg, Bielefeld, Burscheid, Dinslaken, Godesberg, Hattingen, Lippstadt, Paderborn, Remscheid, Salzuflen, Schleiden, Troisdorf, Warendorf, Wuppertal
10 Eschweiler, Euskirchen, Gevelsberg, Guetersloh, Leverkusen, Oberhausen, Oeynhausen
11 Duesseldorf, Gummersbach, Tecklenburg, Wanne-Eickel
12 Grevenbroich, Luedenscheid, Wattenscheid
13 Burgsteinfurt, Castrop-Rauxel, Gelsenkirchen, Koenigswinter
14 Recklinghausen, Wermelskirchen

· *in* **Nordspanien**
4 Irun

· *in* **Nordwestböhmen**
4 Asch

· *in* **Nordwestfrankreich**
4 Laon

· *in der* **Normandie**
4 Caen

· *in* **Norwegen**
2 Mo, Os
4 Oslo
6 Bergen, Narvik
7 Tromsoe, Vadheim
9 Drontheim, Stavanger, Trondheim
10 Hammerfest
12 Kristiansand

· *am* **Nürburgring**
6 Adenau

· *in* **Oberfranken**
7 Bamberg

- *in* **Oberitalien**
  5 Udine
  6 Trient, Verona
  7 Ravenna
- *in der* **Oberpfalz**
  6 Amberg
  8 Neumarkt
- *in* **Oberschlesien**
  6 Lipine, Oppeln
  7 Beuthen, Ratibor
  8 Gleiwitz, Neustadt
  9 Kattowitz, Kreuzburg, Rosenberg
  10 Hindenburg
- *an der* **Oder**
  6 Glogau, Ostrau
  7 Beuthen, Breslau, Ratibor, Stettin
  8 Kuestrin, Neumarkt
  9 Frankfurt
- *an der* **Oka**
  4 Orel
- *in* **Ostbelgien**
  5 Eupen
- *in* **Österreich**
  3 Egg, Laa
  4 Enns, Graz, Haag, Hall, Igls, Lech, Linz, Melk, Wels, Wien, Ybbs, Zell
  5 Baden, Bruck, Gurgl, Ischl, Krems, Lienz, Raabs, Spitz, Steyr
  6 Aspang, Gmuend, Kaprun, Krimml, Leoben, Reutte, Schwaz, Woergl
  7 Bludenz, Braunau, Bregenz, Ehrwald, Gmunden, Jenbach, Lambach, Landeck, Seefeld, Soelden, Spittal, Villach
  8 Dornbirn, Kufstein, Pertisau, Salzburg
  9 Amstetten, Feldkirch, Gloggnitz, Hallstatt, Innsbruck, Mayrhofen
  10 Bad Gastein, Burghausen, Eisenstadt, Hofgastein, Kitzbuehel, Klagenfurt, Sankt Anton, Schaerding
  11 Poertschach
- *in* **Ostfriesland**
  4 Leer
  5 Esens
- *im* **östlichen Ruhrgebiet**
  4 Unna
- *in* **Ostpreußen**
  4 Lyck
  10 Allenstein
- *an der* **Ostsee**
  4 Kiel
  6 Danzig, Wismar
  7 Gdingen, Koeslin, Kolberg, Luebeck, Rostock, Stettin
  9 Flensburg, Stockholm, Stralsund
  10 Greifswald
  11 Koenigsberg, Swinemuende, Travemuende, Warnemuende
- *in* **Osttirol**
  5 Lienz
- *am* **Ouse**
  5 Goole
- *in* **Pakistan**
  6 Lahore
  9 Hyderabad, Islamabad, Karatschi
  10 Haiderabad, Rawalpindi
- *in* **Paraguay**
  5 Pilar
  8 Asunción
- *bei* **Paris**
  5 Sevre
- *auf dem* **Peloponnes**
  6 Mykene
- *in* **Pennsylvanien**
  4 Erie
- *am* **Persischen Golf**
  6 Abadan
- *in* **Peru**
  3 Ica
  4 Lima
  5 Cuzco
- *auf den* **Philippinen**
  6 Manila
- *am* **Po**
  4 Susa
  5 Turin
  7 Cremona, Ferrara
- *in der* **Poebene**
  5 Padua
- *in* **Polen**
  3 Buk
  4 Lodz
  5 Posen, Thorn
  6 Danzig, Krakau, Krakow, Lublin
  7 Breslau, Gdingen, Stettin, Wroclaw
  8 Bromberg, Katowice, Warschau, Zakopane
  9 Kattowitz
  13 Tschenstochau
- *in* **Pommern**
  4 Leba
- *in* **Portugal**
  4 Beja, Faro
  5 Braga, Évora, Lagos, Olhão, Porto, Sines, Viseu
  6 Aveiro, Guarda, Leiria, Lisboa, Oporto, Pombal, Sintra, Tavira
  7 Coimbra, Setúbal
  8 Abrantes, Bragança, Lissabon, Santarém
- *im* **Pyrenäenvorland**
  3 Pau
- *am* **Rhein**
  4 Bonn, Chur, Kaub, Kehl, Linz, Porz, Weil
  5 Basel, Brohl, Koeln, Mainz, Moers, Neuss, Vaduz, Wesel, Worms
  6 Bingen, Honnef, Sinzig, Speyer, Xanten
  7 Arnheim, Boppard, Homberg, Koblenz, Neuwied, Remagen
  8 Breisach, Dormagen, Duisburg, Eltville, Emmerich, Kevelaer, Konstanz, Loerrach, Mannheim, Nimwegen, Waldshut
  9 Andernach, Bacharach, Bad Honnef, Godesberg, Iffezheim, Ingelheim, Karlsruhe, Oberwesel, Oppenheim, Wiesbaden
  10 Leverkusen, Ruedesheim, Saeckingen
  11 Duesseldorf, Germersheim, Rheinfelden
  12 Ludwigshafen, Schaffhausen
- *in* **Rheinland-Pfalz**
  3 Ems

S

4 Dahn, Kaub, Kirn, Konz, Zell
5 Alzey, Kusel, Mainz, Mayen, Pruem, Trier, Worms
6 Adenau, Bad Ems, Bingen, Cochem, Ehrang, Kandel, Landau, Mendig, Nassau, Speyer
7 Bendorf, Bitburg, Koblenz, Neuwied, Remagen, Simmern
8 Neuenahr, Neustadt, Saarburg, Wittlich
9 Ahrweiler, Andernach, Edenkoben, Ingelheim, Kreuznach, Montabaur, Oppenheim, Pirmasens, Sankt Goar
10 Baumholder, Birkenfeld, Deidesheim
11 Bad Neuenahr, Frankenthal, Germersheim
12 Altenkirchen, Bad Duerkheim, Bad Kreuznach, Bingerbrueck, Ludwigshafen, Zweibruecken
13 Bad Bergzabern, Idar-Oberstein, Schifferstadt
14 Bernkastel-Kues, Kaiserslautern, Traben-Trarbach

• *an der* **Rhône**
4 Genf, Lyon
5 Arles
6 Orange, Vienne
7 Avignon, Valence, Viviers
10 Montélimar

• *an der* **Riviera**
5 Nizza
6 Cannes, Monaco
7 San Remo

• *an der* **Ruhr**
5 Essen
6 Dueren, Wetter, Witten
8 Arnsberg, Duisburg, Herdecke, Meschede, Muelheim, Schwerte
9 Hattingen
10 Oberhausen

• *im* **Ruhrgebiet**
4 Hamm, Marl, Unna
5 Essen, Hagen, Herne
6 Bochum, Herten, Luenen, Menden, Wetter, Witten
7 Bocholt, Bottrop
8 Dortmund, Duisburg, Gladbeck, Herdecke, Muelheim, Schwerte
9 Hattingen
10 Oberhausen
11 Wanne-Eickel
12 Wattenscheid
13 Castrop-Rauxel, Gelsenkirchen
14 Recklinghausen

• *in* **Rumänien**
4 Arad
8 Bistritz, Bukarest
9 București, Constanța, Konstanza, Kronstadt
11 Klausenburg
12 Hermannstadt

• *in* **Russland**
4 Omsk, Perm, Twer
5 Gorki, Kasan, Kirow, Tomsk
6 Gorkij, Maikop, Moskau, Rostow
7 Irkutsk, Saratow
8 Murmansk, Nowgorod, Smolensk
9 Astrachan, Krasnodar, Wolgograd, Woronesch
11 Archangelsk, Nowosibirsk, Wladiwostok
13 Jekaterinburg
15 Sankt Petersburg

• *an der* **Saale**
3 Hof
4 Jena
5 Halle, Leuna
6 Koesen, Wettin
8 Bernburg, Naumburg, Saalfeld
9 Merseburg

• *an der* **Saar**
6 Merzig
8 Mettlach, Saarburg
9 Dillingen, Saarlouis
11 Saargemuend, Voelklingen
12 Saarbruecken

• *im* **Saarland**
4 Bous
6 Lebach, Merzig, Tholey, Wadern
7 Bexbach, Brebach, Freisen, Homburg, Losheim
8 Mettlach, Sulzbach
9 Dillingen, Dudweiler, Ottweiler, Saarlouis
11 Blieskastel, Neunkirchen, Puettlingen, Sankt Wendel, Voelklingen
12 Saarbruecken, Sankt Ingbert

• *in* **Sachsen**
3 Aue
5 Borna, Pirna, Riesa
6 Coswig, Grimma, Kamenz, Loebau, Nossen, Plauen, Torgau, Werdau, Wurzen, Zittau
7 Bautzen, Doebeln, Dresden, Leipzig, Meissen, Oschatz, Zwickau
8 Annaberg, Auerbach, Chemnitz, Freiberg, Naumburg, Oelsnitz, Radebeul, Schandau, Zschopau
11 Schulpforta

• *in* **Sachsen-Anhalt**
4 Burg
5 Halle, Leuna, Nebra, Thale, Zeitz
6 Dessau, Zerbst
7 Koethen, Rosslau, Stendal
8 Bernburg, Eisleben, Mansfeld, Saalfeld
9 Altenburg, Magdeburg, Merseburg, Salzwedel
10 Bitterfeld, Wittenberg
11 Elbingerode, Halberstadt

• *in* **Sambia**
5 Kabwe, Kitwe, Mongu
6 Lusaka

• *auf* **Sardinien**
4 Bosa
5 Milis, Nuoro, Olbia
6 Ozieri
8 Cagliari

• *in* **Saudi-Arabien**
4 Djuf, Hail, Riad, Taif

5 Mekka
6 Djidda, Er Riad, Medina
7 Bureida, Dhahran

· *im* **Sauerland**
4 Olpe
5 Hagen, Hemer
6 Altena, Brilon, Menden
7 Werdohl
8 Arnsberg, Iserlohn, Meschede
9 Allendorf, Attendorn
11 Plettenberg
12 Luedenscheid

· *an der* **Save**
6 Zagreb
7 Belgrad

· *in* **Schleswig-Holstein**
3 Wyk
4 Kiel, Leck
5 Eutin, Heide, Husum, Marne, Ploen, Wedel
6 Moelln, Preetz
7 Itzehoe, Kappeln, Luebeck, Malente
8 Elmshorn, Niebuell, Oldesloe, Segeberg
9 Flensburg, Lauenburg, Pinneberg, Ratzeburg, Rendsburg, Schleswig
10 Ahrensburg, Geesthacht
11 Bad Oldesloe, Bad Segeberg, Glueckstadt, Neumuenster, Norderstedt, Travemuende
12 Eckernfoerde

· *in* **Schottland**
3 Ayr
5 Leith, Perth
6 Dundee
7 Glasgow
8 Aberdeen, Greenock
9 Edinburgh, Inverness, Kirkcaldy

· *am* **Schwarzen Meer**
5 Batum, Jalta, Warna
6 Batumi, Odessa
9 Konstanza
10 Sewastopol

· *im* **Schwarzwald**
4 Calw, Lahr
5 Buehl
6 Achern, Hirsau, Nagold
7 Todtnau, Triberg, Wildbad, Wolfach
8 Freiburg, Gaggenau, Loerrach, Neustadt, Rottweil
9 Villingen, Waldkirch
10 Alpirsbach, Baden-Baden, Furtwangen
11 Emmendingen
12 Freudenstadt, Schwenningen

· *in* **Schweden**
2 Ed
3 Eda, Los
4 Idre, Lund, Umeå
5 Visby
6 Avesta, Kiruna, Malmoe, Moelle
7 Oerebro, Uppsala
9 Goeteborg, Haparanda, Nykoebing, Stockholm
10 Karlskrona, Landskrona, Trelleborg
11 Norrkoeping
12 Haelsingborg, Kristianstad

· *in der* **Schweiz**
3 Zug
4 Bern, Biel, Chur, Genf, Oron, Pfyn, Sion, Thun, Trub
5 Aarau, Arbon, Arosa, Baden, Basel, Brugg, Davos, Flims, Ilanz, Nidau, Olten, Ragaz, Rueti, Salux, Spiez, Stans, Stein, Vevey
6 Aargau, Ascona, Brienz, Genève, Glarus, Lugano, Luzern, Morsee, Moudon, Murten, Saanen, Sarnen, Schwyz, Siders, Sitten
7 Altdorf, Herisau, Liestal, Locarno, Muerren, Sargans, Thalwil, Yverdon, Zermatt, Zuerich
8 Bad Ragaz, Burgdorf, Freiburg, Fribourg, Grenchen, Klosters, Lausanne, Martigny
9 Andermatt, Appenzell, Engelberg, Meiringen, Neuchâtel, Neuenburg, Rorschach, Solothurn
10 Bellinzona, Einsiedeln, Frauenfeld, Interlaken, Pontresina, Rapperswil, Winterthur
11 Grindelwald, Rheinfelden, Sankt Gallen
12 Schaffhausen

· *an der* **Seine**
5 Melun, Paris, Rouen
6 Troyes
7 Corbeil, Le Havre

· *im* **Senegal**
5 Dakar, Thiès
7 Kaolack

· *in* **Siebenbürgen**
5 Sibiu

· *in* **Sierra Leone**
8 Freetown

· *in* **Simbabwe**
6 Harare

· *auf* **Sizilien**
7 Palermo, Syrakus
8 Agrigent

· *in der* **Slowakei**
7 Kaschau, Pistyan, Rosenau
8 Preschau
9 Pressburg
10 Bratislava

· *am* **Solling**
5 Uslar

· *in* **Somalia**
10 Mogadischu

· *in* **Spanien**
4 Irún, Jaén, León, Lugo, Vigo
5 Altea, Ávila, Béjar, Cádiz, Ceuta, Elche, Gijon, Jerez, Lorca, Palma, Ronda
6 Alcalá, Bailén, Bilbao, Burgos, Coruña, Cuenca, Gerona, Huelva, Huesca, Lérida, Madrid, Malaga, Molina, Murcia, Orense, Oviedo, Sagunt, Teruel, Toledo, Tolosa, Zamora
7 Almería, Badajoz, Cáceres, Cordoba, Granada, Linares, Logroño, Sagunto, Segovia, Sevilla
8 Albacete, Alicante, Aranjuez, Badalona, La Coruña, Pamplona, Santiago, Valencia, Zaragoza

S

9 Algeciras, Barcelona, Cartagena, Castellón, Salamanca, Santander, Saragossa, Tarragona
10 Pontevedra, Valladolid
11 Guadalajara
12 San Sebastian
15 Palma de Mallorca

· *an der* **Spree**
6 Berlin

· *in der* **Steiermark**
6 Leoben

· *in* **Südafrika**
6 Durban
8 Kapstadt, Pretoria
9 Kimberley
10 East London
12 Johannesburg

· *im* **Sudan**
3 Wad
6 Atbara, Obeidh, Sennar
7 Dongola, Kassala, Khartum
9 Port Sudan

· *in* **Südasien**
5 Delhi

· *in* **Südfrankreich**
5 Nîmes

· *in* **Südkorea**
5 Pusan, Seoul
6 Kunsan

· *in* **Südtirol**
3 Ala
5 Bozen, Eppan, Meran
6 Brixen, Merano
7 Bolzano, Bruneck

· *in* **Südwestengland**
6 Exeter

· *auf* **Sylt**
4 List
10 Westerland

· *in* **Syrien**
6 Aleppo
8 Damaskus

· *am* **Tarn**
4 Albi

· *im* **Taunus**
7 Idstein
8 Bad Soden, Kronberg
9 Friedberg, Oberursel
10 Bad Homburg, Bad Nauheim
11 Koenigstein

· *in* **Texas**
6 Dallas, El Paso
7 Houston

· *an der* **Thaya**
3 Laa

· *an der* **Themse**
6 London, Oxford
7 Windsor
8 Richmond
10 Twickenham

· *in* **Thüringen**
4 Gera, Jena, Suhl
5 Berka, Gotha, Greiz
6 Apolda, Erfurt, Koesen, Weimar, Worbis
7 Ilmenau, Schleiz
8 Eisenach
9 Eisenberg
11 Langensalza, Liebenstein

· *am* **Thüringer Wald**
8 Eisenach
9 Sonneberg

· *am* **Tiber**
3 Rom
5 Ostia
7 Perugia

· *am* **Tigris**
5 Assur
6 Bagdad

· *in* **Tirol**
4 Imst

· *in* **Togo**
4 Lomé
5 Mango

· *in der* **Toskana**
4 Pisa

· *in der* **Tschechischen Republik**
3 Dux
4 Eger, Laun, Prag, Saaz, Tepl
5 Iglau, Orlau, Plana, Plzeň, Semil, Stein, Tabor, Tarna, Znaim
6 Bruenn, Kanitz, Karwin, Kladno, Levice, Lewenz, Ostrau, Patzau, Pilsen
7 Altsohl, Budweis, Gablonz, Olmuetz, Teplitz, Teschen, Troppau, Zwittau
8 Falkenau, Graslitz, Karlsbad, Schoenau
9 Marienbad, Pardubitz, Prossnitz
10 Austerlitz
12 Koeniggraetz

· *in* **Tunesien**
4 Susa
5 Gabès, Gafsa, Tunis
6 Sousse
7 Biserta, Biserte

· *in der* **Türkei**
4 Enos, Kars, Urfa
5 Izmir
6 Ankara, Smyrna
8 Istanbul
14 Konstantinopel

· *in* **Turkmenistan**
4 Merw

· *in* **Uganda**
5 Jinja, Mbale
7 Entebbe, Kampala

· *in der* **Ukraine**
4 Kiew, Lwow
5 Jalta
6 Odessa
7 Charkow, Poltawa
10 Sewastopol

· *in* **Umbrien**
6 Assisi

· *in* **Ungarn**
4 Eger, Pécs, Raab, Tata
6 Szeged
8 Budapest, Debrecen, Szegedin
9 Kecskemét

· *am* **unteren Don**
4 Asow

· *in* **Uruguay**
10 Montevideo

· *in den* **USA**
4 Erie, Gary, Reno
5 Akron, Omaha, Salem, Tampa, Tulsa
6 Albany, Austin, Berlin, Boston, Dallas, Denver, Durham, Ithaca, Newark
7 Atlanta, Buffalo, Chicago, Concord, Detroit, Houston, Jackson, Lincoln, Madison, Memphis, New York, Oakland, Phoenix, Raleigh, Reading, San José, Santa Fé, Seattle
8 Amarillo, Columbus, Hartford, Oklahoma,

Pasadena, Portland, Richmond, San Diego, Savannah, Syracuse
9 Annapolis, Baltimore, Cleveland, Knoxville, Nashville, New Jersey, Pittsburg
10 Birmingham, Charleston, Harrisburg, Los Angeles, New Orleans, Sacramento, Saint Louis, Washington
11 Minneapolis, Springfield
12 Indianapolis, Philadelphia, San Francisco
· *in* **Usbekistan**
9 Samarkand, Taschkent
· *in* **Venetien**
4 Este
· *am* **Vesuv**
6 Neapel
7 Pompeji
· *in* **Vietnam**
3 Hué
5 Hanoi
6 Da Nang, Saigon
8 Haiphong
· *in* **Wales**
6 Bangor
7 Cardiff, Rhondda, Swansea
· *an der* **Warthe**
5 Posen
9 Landsberg
· *an der* **Weichsel**
4 Kulm
5 Plock, Thorn
6 Krakau, Leslau, Modlin
8 Bromberg, Warschau
· *an der* **Weinstraße**
8 Neustadt
9 Edenkoben
10 Deidesheim
12 Bad Duerkheim
13 Bad Bergzabern
· *an der* **weißen Elster**
4 Gera
· *in* **Weißrussland**
5 Brest, Minsk
6 Grodno
· *westlich von* **Wesel**
6 Xanten
· *an der* **Weser**
4 Hoya
5 Brake
6 Bremen, Hameln, Minden, Vlotho
7 Hoexter, Muenden, Rinteln
8 Nienburg
9 Nordenham
10 Holzminden
11 Bodenwerder, Bremerhaven
· *in* **Westchina**
3 Uma
· *in* **Westsibirien**
5 Abasa
· *in* **Westspanien**
4 Leon
· *an der* **Wolga**
3 Bui
4 Twer
5 Gorki, Kasan, Wolok
6 Gorkij, Sysran
7 Kalinin, Saratow
8 Kostroma
9 Astrachan
10 Stalingrad
· *auf* **Zypern**
7 Larnaka, Nikosia
9 Famagusta

Stadtbezirk von Wien
7 Hernals, Liesing, Penzing
8 Hietzing
9 Mariahilf, Simmering
10 Josefstadt
12 Leopoldstadt

Stadtburg ...
· **Alt-Roms**
7 Kapitol
· *von* **Athen**
9 Akropolis
· *von* **Granada**
8 Alhambra
· *in* **Krakau**
5 Wawel
· *in* **London**
5 Tower
· *in* **Moskau**
5 Kreml
· *von* **Prag**
9 Hradschin
· *in* **Rom**
10 Engelsburg

Städtebund im Mittelalter
5 Hanse

Städter
7 Buerger

Stadtgebiet
7 Viertel

städtisch
5 urban
8 kommunal

städtisch(e, er, es) ...
· **Grünfläche**
4 Park
6 Anlage
· **Verkehrsmittel**
3 Bus
4 Obus, Tram
5 S-Bahn, U-Bahn
7 Autobus, Omnibus
8 Hochbahn
9 Stadtbahn
10 Trolleybus
11 Schwebebahn
12 Strassenbahn
· **Versorgungsbetrieb**
8 Fuhrpark
10 Gasanstalt, Wasserwerk
18 Elektrizitaetswerk
· **Verwaltungsbehörde**
8 Stadtrat

Stadtkanal
5 Fleet
6 Gracht

Stadtmitte
4 City
7 Zentrum

Stadtoberhaupt
14 Buergermeister

Stadtrat
5 Senat
9 Magistrat

Stadtstaat im alten Griechenland
5 Polis

Stadtstreicher
6 Penner
7 Gammler
10 Pennbruder

Stadtteil
7 Viertel

Stadtteil ...
· *von* **London**
4 Soho
7 Chelsea
· *von* **München**
4 Riem
· *von* **New York**
9 Manhattan

Stadtviertel
8 Quartier

Stadtzentrum
4 City
Stafette
6 Kurier
7 Eilbote, Staffel
11 Staffellauf
Staffellauf
8 Stafette
Staffelung
7 Stufung
Stahl-Nickel-Legierung
5 Invar
Stahlross
3 Rad
4 Velo
7 Fahrrad
Stahlschrank
4 Safe
6 Tresor
Stahlseil
5 Kabel
6 Trosse
Stall
5 Koben
Stallabteil
3 Box
Stalldung
4 Mist
Stallhase
9 Kaninchen
Stallmist
4 Dung
7 Duenger
Stallunterlage
5 Spreu, Streu
Stamm der Usbeken
4 Arab
Stammbaumkunde
10 Genealogie
stammelnd
13 unartikuliert
Stammesverband
4 Clan
5 Sippe
8 Parentel
Stammeszeichen
5 Totem
Stammgast
7 Habitue
Stammhalter
4 Kind, Sohn
stämmig
6 robust
10 untersetzt

Stammmiete (Stammiete)
10 Abonnement
Stammmutter (Stammutter)
3 Eva
4 Ahne
Stammtafel bei Zuchtpferden
8 Stutbuch
Stammtruppe
5 Kader
Stammvater
3 Ahn
7 Ahnherr
9 Patriarch
Stammvater ...
· *der* **Arkader**
5 Arkas
· *der* **Edomiter**
4 Esau
· *der* **Hamiten**
3 Ham
· *der* **Israeliten**
7 Abraham
· *der* **Menschen**
4 Adam
· *eines* **Riesengeschlechts**
4 Enak
· *der* **Semiten**
3 Sem
Stampfer
7 Pistill
8 Stoessel
Stand
4 Bude, Rang
6 Status
Stand der Aristokratie
4 Adel
Standard
4 Norm
11 Richtschnur
Standarte
5 Fahne
6 Banner, Flagge
Standbild
6 Statue
8 Monument
10 Bildsaeule
Standbild am Naumburger Dom
3 Uta
Ständchen
8 Serenade
Stander ▶ Standarte

Ständer
6 Stativ
7 Etagere, Gestell
8 Stellage
Ständerpilz
10 Champignon, Hallimasch
11 Pfifferling
standesgemäß
14 repraesentativ
standesungemäß
12 morganatisch
standfest
6 stabil
standhaft
6 eisern
8 aufrecht
ständig
4 stet
5 immer, stets
7 dauernd
8 bleibend
9 andauernd, chronisch
14 gleichbleibend
ständig klirrendes Geräusch
8 Gerassel
ständig mäkelnder Mensch
8 Noergler
ständig(e, er, es) ...
· **Ärger**
4 Qual
· **Besucher**
9 Stammgast
· **Herummäkeln**
9 Noergelei
· **Käufer**
5 Kunde
· **Unzufriedenheit**
9 Noergelei
· **Wiederholung**
6 Uebung
Ständigkeit
9 Permanenz
Standleuchte
9 Stehlampe
10 Kandelaber
Standort
5 Platz
6 Stelle
8 Position
Standortbestimmung
6 Ortung

Standpauke
7 Schelte
12 Strafpredigt
Standplatz beim Jagen
6 Ansitz
Standpunkt
7 Ansicht, Meinung
8 Position
10 Anschauung, Auffassung
Standpunkt der prinzipiellen Relativität
12 Relativismus
Standpunkt der prinzipiellen Verneinung
10 Nihilismus
Standwirbel beim Eislauf
9 Pirouette
Stange
4 Stab
Stängel (Stengel) von Wiesenpflanzen
8 Grashalm
Stängelabschnitt (Stengelabschnitt)
6 Knoten
Stangenbiss am Pferdegeschirr
7 Kandare
Stangengemüse
7 Spargel
Stangenweißbrot
5 Flûte
8 Baguette
Stangenzimt
6 Kaneel
Stanze
6 Presse
7 Strophe
Stapel
5 Stoss
Star
12 Beruehmtheit
14 Augenkrankheit
Starallüren
7 Duenkel, Hochmut
Starenvogel
3 Beo
stark
6 baerig, heftig, robust
8 intensiv, kraeftig
stark ...
· **abfallend**
11 abschuessig
· **ansteigend**
5 steil
· **duftende Sommerblume**
6 Reseda
· **gewürzte Dauerwurst**
6 Salami
· **mitgenommen**
10 ramponiert
· **vergrößerndes Leseglas**
4 Lupe
· **wirkendes Schmerzmittel**
5 Opiat
· **zunehmend**
12 galoppierend
stark(e, er, es) ...
· **Abneigung**
4 Hass
· **Anprall**
5 Stoss
· **Brett**
5 Bohle
· **Dauerbelastung**
6 Stress
· **Drang**
5 Zwang
· **Durst**
5 Brand
· **Feuchtigkeit**
6 Naesse
· **Gefühl der Feindschaft**
4 Hass
· **Gemütsbewegung**
6 Affekt
· **Haar**
6 Borste
· **Handmesser**
5 Kneif, Kneip
· **Hebung im Vers**
5 Iktus
· **Hitze**
4 Glut
· **Kaffee**
5 Mokka
8 Espresso
· **Mann**
5 Huene
· **Muskelzusammenziehung**
6 Krampf
· **Nähfaden**
5 Zwirn
· **Schiffsflaschenzug**
4 Gien
· **Schiffsseil**
8 Ankertau
· **Schiffstau**
6 Trosse
· **Seil**
3 Tau
· **Streben nach Erfolg**
7 Ehrgeiz
· **Strick**
3 Tau
4 Seil
· **Sturm**
7 Tornado
· **Tau**
6 Trosse
· **Trosse**
5 Kabel
· **Verlangen**
4 Gier
5 Trieb
· **Wind**
5 Orkan, Sturm
· **Windstoß**
3 Boe
· **Zweig**
3 Ast
Starkbier
8 Bockbier
10 Doppelbock
Stärke
5 Kraft, Macht
6 Anzahl, Umfang
11 Intensitaet, Kohlehydrat
12 Kohlenhydrat
Stärkemehl
4 Sago
stärkendes Mittel
7 Tonikum
stärkster Sturm
5 Orkan
Stärkungsmittel
7 Tonikum
Starlet
9 Sternchen
14 Schauspielerin
starr
4 stur
5 rigid, steif, stier
7 rigoros
9 unbeugsam
10 regungslos
starrer Lehrsatz
5 Dogma
starrflügeliges Insekt
7 Libelle

S

starrköpfig
4 stur
7 trotzig
8 renitent
Starrkrampf
7 Tetanus
Starrsinn
8 Sturheit
starrsinnig ► starrköpfig
Start
6 Anfang, Beginn
8 Aufbruch
Start einer Rakete
7 Take-off
Startbahn für Flugzeuge
5 Piste
8 Rollfeld
Starter bei Motoren
8 Anlasser
Starthilfe an Autos
5 Choke
Starverehrer
3 Fan
Station
4 Rast
6 Sender
7 Bahnhof
10 Aufenthalt, Haltepunkt
11 Haltestelle
Statist
8 Figurant, Komparse
Statistin
9 Komparsin
statistisch erhobene Informationen
5 Daten
statistische Darstellung
5 Graph
8 Diagramm
9 Schaubild
Stativ
8 Staender
12 Untergestell
Stätte ...
· *zur* **Darbringung von Opfern**
5 Altar
· *für* **Hilfsbedürftige**
6 Bethel
· *bei* **Jerusalem**
8 Golgatha
· *für* **Kranke**
8 Hospital
· *für die* **Toten**
8 Friedhof

statthaft
7 erlaubt
9 gestattet, zulaessig
Statthalter
6 Satrap
8 Resident
10 Gouverneur, Vizekoenig
Statthalter ...
· *von* **Jerusalem**
7 Nehemia
· *für* **Mohammed**
5 Kalif
· *der* **Niederlande**
4 Alba
stattlich
5 gross
10 ansehnlich, beachtlich
Statue
7 Denkmal, Plastik
9 Standbild
Statuenbruchstück
5 Torso
Statur
5 Figur, Wuchs
7 Gestalt
Status
4 Lage
5 Stand
6 Befund
7 Zustand
8 Stellung
10 Verfassung
Statut
7 Satzung
10 Verordnung
Stauanlage
4 Damm, Wehr
8 Schleuse
9 Talsperre
Staubablagerung aus dem Quartär
5 Loess
Staubbesen
3 Mop
Staubfaden
8 Filament
Staublunge
8 Silikose
Staubsturm in Marokko
5 Sahel
Staudenart
5 Canna, Raute
6 Hopfen, Kalmus
8 Einbeere, Goldlack, Skabiose, Wegwarte

Stauung
5 Stase
8 Stockung
10 Stagnation
Stauwerk
4 Wehr
Stechbeitel
10 Stemmeisen
stechend riechendes Gas
5 Chlor
stechender Pflanzenteil
4 Dorn
stechendes Insekt
5 Biene, Wespe
6 Bremse
7 Schnake
8 Hornisse
Stecher
7 Graveur
Stechfliege ► Stechmücke
Stechgerät
4 Ahle, Dorn
5 Nadel
Stechheber
7 Pipette
10 Saugroehre
Stechinsekt
5 Wespe
Stechmücke
5 Gelse
6 Bremse, Dassel, Gnitte, Gnitze
7 Moskito, Schnake
9 Anopheles
Stechpalmenart
4 Ilex
Stechwerkzeug
8 Vierkant
steckbares Bauteil
5 Modul
Stecken
4 Stab
5 Stock
6 Stange
Steckenpferd
5 Hobby
11 Liebhaberei
Steckling
7 Ableger
8 Setzling
Stegreifauftritt
6 Sketch
13 Improvisation

stehen bleiben
6 halten
7 stoppen
stehendes Gewässer
3 See
5 Teich
7 Tuempel
steif
5 starr
9 unbeugsam
steif(e, er, es) ...
· **Hut**
4 Bibi
6 Bowler, Melone
8 Zylinder
· **Kragen**
12 Vatermoerder
· **Papier**
5 Pappe
· **Seidenstoff**
4 Taft
· **Tragtasche**
5 Mappe
Steig
3 Weg
4 Pfad
Steigen der Börsenkurse
6 Hausse
Steigen der Geldmenge
9 Inflation
Steigen und Fallen des Wassers
4 Tide
steigender Luftstrom
7 Aufwind
Steigerung
10 Eskalation
Steigerungsstufe
6 Elativ
10 Komparativ, Superlativ
Steighilfe
6 Leiter
steil
4 jaeh
7 schroff
11 abschuessig
steil aufragendes Felsgebilde
4 Wand
steil(e, er, es) ...
· **Abfall einer Felsenküste**
5 Kliff
6 Klippe
· **Bergpfad**
5 Steig
· **Felswand**
4 Fluh
· **Rinne im Gebirge**
5 Kamin
· **Treppe**
6 Stiege
· **Weg**
5 Steig, Stieg
steilwandige Schlucht
5 Cañon, Klamm
Stein
10 Felsstueck
Stein mit erhaben geschnittenem Bild
5 Kamee
Steinbock
3 Tur
Steinchen
6 Kiesel
Steinchenspiel
6 Domino
Steindruck
11 Lithografie
12 Lithographie
steinerne Wand
5 Mauer
steinerner Prunksarg
9 Sarkophag
Steinfigur in Ägypten
6 Sphinx
Steingarten
7 Alpinum
Steingrab der Vorzeit
6 Dolmen
10 Huenengrab
Steingut
7 Fayence, Keramik, Tonware
8 Irdengut, Majolika
Steingutflasche
5 Kruke
Steinhacke
5 Bille
Steinkohle
9 Anthrazit
10 Glanzkohle
12 Schwarzkohle
Steinkohlenprodukt
3 Gas
4 Koks, Teer
6 Anilin, Benzol
Steinkohlenteer
7 Bitumen
Steinkohlenzeit
6 Karbon
Steinmal der Kelten
6 Menhir
Steinmetz
9 Bildhauer
Steinobst
5 Mango
7 Kirsche, Pflaume
8 Aprikose, Pfirsich, Zwetsche
9 Mirabelle, Reneklode, Zwetschge
11 Reineclaude
steinreicher Mann
5 Nabob
7 Kroesus
Steinsäule
6 Menhir
7 Obelisk
Steinschlag
8 Schotter
Steinschleudermaschine
8 Balliste, Bombarde
Steinwand
5 Mauer
Steinwüste der Sahara
6 Hamada
Steinzeitabschnitt
11 Neolithikum
12 Altsteinzeit, Mesolithikum
13 Jungsteinzeit
14 Palaeolithikum
Steinzeitbehausung
4 Abri
8 Pfahlbau
Steinzeitgerät
9 Faustkeil
Steiß
7 Gesaess
Stellage
7 Etagere, Gestell
8 Staender
Stelldichein
4 Date
9 Tete-a-tete
10 Rendezvous
Stelle
5 Platz
7 Staette
Stelle ...
· *als* **Arbeitsplatz**
3 Job
4 Rang
8 Position, Stellung

· *mit* **geringer Meerestiefe**
7 Untiefe
8 Sandbank
· *in einem* **Text**
5 Zitat
6 Passus
7 Passage
· **wo etwas aufhört**
4 Ende
Stellen
4 Orte
Stellmacher
6 Wagner
10 Wagenbauer
Stellung
3 Amt
4 Lage, Rang
5 Stand, Stufe
6 Status
7 Positur
8 Position
13 Konstellation
Stellung im Schachspiel
4 Matt, Patt
Stellungnahme
9 Gutachten, Kommentar
Stellvertreter
4 Vize
8 Adjutant
9 Prokurist, Substitut
10 Ersatzmann
Stellvertreter ...
· *des* **Abtes**
5 Prior
· *eines* **Herrschers**
11 Statthalter
· *des* **Rektors**
9 Konrektor, Prorektor
Stelze
7 Eisbein
Stelzvogel ▶ Schreitvogel
Stemmeisen
6 Beitel
7 Meissel
11 Stechbeitel
Stemmleiste an Leiterwagen
5 Lisse
Stempel
6 Siegel
7 Abdruck, Griffel
8 Praegung
Stenografie (Stenographie)
5 Steno
11 Kurzschrift
stenografisches (stenographisches) Kürzel
5 Sigel
Stenz
4 Geck
7 Flaneur
Steppenart
5 Pampa
6 Llanos, Pussta, Tundra
7 Praerie
Steppenpferd
7 Mustang
Steppentier
3 Gnu
5 Zebra
6 Kojote
7 Gazelle, Giraffe, Mustang
8 Antilope
Steppenwolf
6 Kojote
Sterbehilfe
10 Euthanasie
sterbend
8 moribund
Sterbeort ...
· **Bismarcks**
13 Friedrichsruh
· **Goethes**
6 Weimar
· **Hofers**
6 Mantua
· **Napoleons**
11 Sankt Helena
· **Shakespeares**
9 Stratford
· **Wallensteins**
4 Eger
Stereoanlagenteil
3 Box
5 Tuner
11 Verstaerker
Stereofonie (Stereophonie)
7 Raumton
Stereometrie
9 Raumlehre
stereotyp
10 formelhaft
12 abgedroschen
steril
8 keimfrei
9 aseptisch
11 unfruchtbar
Stern ...
· *im* **großen Bären**
5 Merak
· *im* **großen Wagen**
5 Alkor
· *in der* **Jungfrau**
5 Spika
· *in der* **Leier**
4 Wega
· *im* **Orion**
5 Rigel
· *im* **Pegasus**
4 Enig
· *im* **Perseus**
5 Algol
· *im* **Schwan**
5 Deneb
· *im* **Skorpion**
7 Antares
Sternbild
3 Leo
4 Baer, Lyra, Mira, Wega
5 Adler, Algol, Fisch, Krebs, Leier, Loewe, Lupus, Stier, Waage, Wagen
6 Castor, Fliege, Gemini, Pollux, Widder
7 Centaur, Pegasus
8 Berenice, Jungfrau, Schuetze, Skorpion
9 Aldebaran, Andromeda, Steinbock, Zwillinge
10 Cassiopeia, Wassermann
11 Grosser Baer, Grosser Hund, Kleiner Baer, Kleiner Hund
12 Grosser Loewe, Kleiner Loewe
Sternbild ...
· **Löwe**
3 Leo
· **Zwillinge**
6 Gemini
Sternblume
5 Aster
Sterndeuter
9 Astrologe
Sterndeuter Wallensteins
4 Seni
Sterne betreffend
6 astral
Sternfahrt
6 Rallye

Sternforscher
8 Astronom
13 Astrophysiker
Sternschnuppe
5 Bolid
6 Meteor
8 Meteorit
10 Feuerkugel
Sternstunde
11 Gluecksfall
Sternwarte
13 Observatorium
Sterz
7 Puerzel, Schwanz
stet(e, er, es) ...
· **Fröhlichkeit**
10 Heiterkeit
· **Gleichklang**
8 Harmonie
· **Zueinanderhalten**
5 Treue
· **Zuversicht**
10 Optimismus
Stethoskop
8 Hoerrohr
Stetigkeit
8 Konstanz
12 Kontinuitaet
14 Beharrlichkeit
stets
4 stet
5 immer
7 dauernd
8 staendig
9 andauernd, permanent
Steuer
5 Pinne, Ruder
6 Abgabe, Lenker, Umlage, Volant
7 Beitrag, Gebuehr, Lenkrad
10 Lenkstange
Steuerband
9 Banderole
Steuerbehörde
9 Finanzamt
Steuerer
6 Lenker
Steuergerät
6 Regler
Steuerstreifen ► Steuerband
Steuerungsanlage
6 Relais
Steuerungsscheibe
8 Exzenter
Steuerungswissenschaft
10 Kybernetik
Steuerzahler
7 Buerger
13 Staatsbuerger
Steuerzeichen ► Steuerband
Stewardess
7 Hostess
15 Flugbegleiterin
stichhaltig
7 triftig
8 zwingend
9 stringent
10 schluessig
Stichkarte beim Kartenspiel
5 Atout, Joker
6 Trumpf
Stichprobe
4 Test
Stichwaffe
5 Degen
Stichwort
5 Lemma
Stickerei
6 Feston
Stickereielement
10 Kreuzstich
Stickrahmen
6 Tambur
Stickstoffverbindung
4 Azid
6 Nitrat, Nitrid, Nitrit
8 Salpeter
stieben
8 spruehen
11 zerstaeuben
Stiefmütterchen
5 Viola
6 Pensee
Stieg ► Steig
Stiege
6 Treppe
7 Aufgang
Stieglitz
10 Distelfink
Stielbrille
7 Lorgnon
9 Lorgnette
stier
5 starr
6 glasig
Stiergott der alten Ägypter
4 Apis
Stierkämpfer
6 Torero
7 Matador
8 Toreador
Stierkämpferdegen
5 Spada
6 Espada
Stierkämpferpfeil
10 Banderilla
Stierkämpfertuch
4 Capa
Stierkampfplatz
5 Arena
Stiertreiber in der Arena
5 Chulo
Stift
5 Abtei, Nagel
7 Kloster, Konvikt
8 Lehrling
Stifter
5 Geber
7 Spender
8 Schenker
Stiftsherr
7 Domherr
9 Kapitular
Stiftskirche
5 Abtei
8 Muenster
Stiftsvorsteher
3 Abt
6 Propst
Stiftsvorsteherin
6 Domina
Stiftung
8 Donation, Dotation
9 Fundation
10 Stipendium
11 Institution
Stil
3 Art
4 Note
6 Bauart, Manier
7 Diktion, Machart
9 Lebensart
Stilepoche
5 Gotik
6 Barock, Empire, Rokoko
7 Klassik, Moderne, Romanik
8 Romantik
10 Jugendstil

11 Biedermeier, Renaissance
12 Klassizismus

still
5 leise, ruhig
7 lautlos
9 friedlich
10 schweigsam
12 verschwiegen

Stille
4 Ruhe
9 Silentium

still(e, er, es) ...
· **Andacht**
5 Gebet
13 Kontemplation
· **Versenkung**
10 Meditation
· **Zorn**
5 Groll

Stiller Ozean
7 Pazifik

Stillschweigen
9 Silentium

Stillstand
4 Halt, Stau, Stop
5 Stopp
10 Stagnation

Stilrichtung der Popmusik
6 Reggae

Stimmabgabe
4 Wahl
5 Votum

Stimmbezirk
9 Wahlkreis

Stimmbildungslehre
8 Phonetik

Stimme
5 Organ, Votum

Stimmenmehrheit
10 Majoritaet

Stimmenminderheit
10 Minoritaet

Stimmenzug der Orgel
8 Register

stimmfähig
14 wahlberechtigt

Stimmlage ▶ Gesangsstimme

Stimmritze
7 Glottis

Stimmung
5 Laune
10 Heiterkeit
11 Atmosphaere

Stimmungskanone
11 Entertainer, Unterhalter

Stimmungslage
9 Tiefpunkt

Stimmungsmache
10 Propaganda

stimmungsvoll
7 lyrisch
8 poetisch
10 romantisch

stimmungsvolle Dichtung
5 Lyrik

Stimmzettelbehälter
4 Urne
8 Wahlurne

stinkendes Gummiharz
5 Asunt

Stinktier
5 Skunk

Stippe
4 Soße
5 Sauce, Tunke

Stirnband
6 Diadem

Stirnbinde
5 Inful

Stirnfleck
6 Blesse

Stirnreif ▶ Stirnband

Stirnschmuck der Hirsche
6 Geweih

Stirnseite
5 Front
7 Fassade
11 Vorderseite

Stöberhund
7 Spaniel

Stock
4 Rute, Stab
5 Gerte

stocken
6 hapern, stauen

Stockung
4 Stau
10 Stagnation, Stillstand

Stockwerk
5 Etage
8 Geschoss

Stoff
4 Zeug
5 Masse, Sujet
6 Gewebe, Inhalt
7 Materie
8 Material, Substanz

Stoff eines Vortrags
5 Thema

Stoff im Tabakrauch
4 Teer

Stoffart
4 Cord, Filz, Gaze, Jute, Kord, Lamé, Mako, Rips, Samt, Taft, Werg
5 Atlas, Biber, Drell, Drill, Krepp, Linon, Loden, Pikee, Satin, Seide, Serge, Tuell, Tweed, Twill, Voile
6 Batist, Bouclé, Brokat, Damast, Etamin, Fresko, Inlett, Jersey, Kaliko, Kattun, Koeper, Leinen, Linnen, Molton, Nessel, Pepita, Perkal, Ratine, Sammet, Velour
7 Chiffon, Flanell, Flausch, Frottee, Marengo, Plissee, Pluesch, Velours
8 Chenille, Drillich, Jacquard, Kammgarn, Kaschmir, Musselin, Popeline
9 Baumwolle, Gabardine
10 Manchester

Stoffbär
5 Teddy

Stoffbehausung
4 Zelt

Stoffdach
9 Baldachin

Stoffdekoration
8 Draperie

Stoffeinsatz
7 Zwickel

Stofffärbeverfahren (Stoffärbeverfahren)
4 Ikat
5 Batik

Stofffetzen (Stoffetzen)
6 Lappen

Stoffkunde
6 Chemie

stofflich
4 real
9 materiell
12 substantiell

stofflos
6 ideell
11 immateriell

Stoffmuster
4 Karo
6 Dessin
8 Streifen
16 Fischgraetmuster
Stoffrand
5 Borte
Stoffrollen
6 Ballen
Stoffsammlung
10 Repertoire
Stoffschaden
4 Loch, Riss
11 Winkelhaken
Stoffstreifen
4 Bahn, Band
5 Binde
Stoffwechselkrankheit
5 Gicht
Stoffzersetzung
9 Verwesung
stoisch
5 ruhig
8 gelassen
Stolz
7 Duenkel, Hochmut
8 Arroganz
13 Selbstachtung
Stopfgarn
5 Twist
stoppen
6 halten
13 stehen bleiben
Stöpsel
4 Kork, Zapf
5 Spund
6 Korken, Pfropf, Zapfen
8 Pfropfen
Stör
6 Beluga, Hausen
7 Sterlet
Storch
6 Adebar
storchähnlicher Vogel
4 Ibis
6 Marabu, Reiher
7 Kranich, Pelikan
8 Flamingo
10 Nimmersatt
Storchenschnabel
10 Pantograph
störend
10 behindernd, hinderlich
11 irritierend
12 unerfreulich
störendes Geräusch
9 Geklapper
Störenfried
10 Plagegeist, Quaelgeist
störrisch
4 stur
8 obstinat, renitent
11 dickkoepfig, starrsinnig
13 widerspenstig
Störrogen
6 Kaviar
Störung
5 Panne
Störung im Wirtschaftsleben
5 Krise
Stoß
4 Ruck
Stoß beim Billardspiel
6 Dublee
Stoß mit dem Fuß
5 Tritt
Stoßabfänger
6 Puffer
13 Stossdaempfer
Stoßdegen
6 Rapier
7 Florett
Stoßwaffe ► Stichwaffe
stoßweise windig
5 boeig
Stoßzahnmaterial
9 Elfenbein
Stoßzeit
6 Saison
7 Andrang
8 Rushhour
11 Hochbetrieb
Strafanstalt
9 Zuchthaus
10 Gefaengnis
15 Vollzugsanstalt
strafbar
7 illegal
9 kriminell
12 gesetzwidrig
strafbare Handlung
6 Delikt
8 Straftat, Vergehen
10 Verbrechen
Strafe
5 Rache
10 Vergeltung
Straferlass
8 Amnestie
11 Begnadigung
straff
6 stramm
straffrei
5 immun
Strafpredigt
6 Sermon
7 Epistel, Rueffel
10 Standpauke
Strafrede
15 Gardinenpredigt
Strafstoß ...
· *beim* **Eishockey**
7 Penalty
· *beim* **Fußball**
5 Elfer
8 Elfmeter
· *beim* **Handball**
11 Siebenmeter
Straftat
4 Mord, Raub
6 Betrug, Delikt
8 Vergehen, Verstoss
9 Totschlag
10 Verbrechen
12 Menschenraub
Straftäter
10 Delinquent, Verbrecher
Strafverschickung
11 Deportation
Strafzettel
9 Protokoll
10 Knoellchen
Strahlaustrittsöffnung
5 Duese
Strahlenbrecher
5 Linse
6 Prisma
Strahlenbrechung
10 Refraktion
Strahlenfacharzt
9 Radiologe
13 Roentgenologe
Strahlenflosser
6 Barsch
7 Makrele, Seehase
9 Stichling
strahlenförmig
6 radial
Strahlenkranz
6 Glorie, Korona, Nimbus
7 Aureole
8 Glorenole
Strahlenkranz der Sonne
6 Korona

Strahlenrückwurf
9 Reflexion
10 Reflektion
Strahlentierchen
11 Radiolarien
Strahler
8 Radiator
Strahltriebwerk
3 Jet
5 Duese
Strahlung
4 Aura
9 Emanation, Radiation
Strahlungsmessgerät
9 Dosimeter, Zaehlrohr
13 Geigerzaehler
stramm
3 eng
5 drall, prall
stramm gespannt
6 straff
Strand
4 Lido
6 Kueste
7 Gestade
Strandbad bei Venedig
4 Lido
Strandsee
4 Haff, Noor
6 Lagune
Strandwegerich
5 Andel
Strang des Bogens
5 Sehne
Strapaze
4 Qual
5 Muehe, Plage
9 Plackerei
11 Anstrengung
strapaziös
12 beschwerlich
Straße ...
· *in* **Berlin**
6 Kudamm
15 Kurfuerstendamm
· *in* **Frankfurt**
4 Zeil
· *in* **Hamburg**
13 Jungfernstieg
· *in* **Mannheim**
7 Planken
· *in* **New York**
8 Broadway
10 Wallstreet
· *in* **Paris**
13 Champs-Elysées
· *bei* **Rom**
8 Via Appia
Straßenbahn
4 Tram
11 Elektrische
Straßenbaumaschine
5 Ramme, Raupe, Walze
6 Bagger
Straßenbaumaterial
5 Beton
6 Splitt
7 Asphalt, Bitumen
8 Schotter
Straßenbegrenzung
10 Leitplanke
Straßenbelag
7 Asphalt
Straßenbeleuchtung
5 Lampe
7 Laterne
Straßenbenutzungsgebühr
4 Maut, Zoll
Straßendecke
5 Belag
8 Pflaster
17 Kopfsteinpflaster
Straßenhund
5 Toele
6 Koeter
Straßenkante
9 Bordstein
Straßenkrümmung
5 Kurve
Straßenlampe
7 Laterne
Straßenmarkierung
13 Zebrastreifen
Straßenpöbel
3 Mob
Straßenräuber
6 Bandit
7 Brigant
11 Wegelagerer
Straßensperre
9 Barrikade
Stratege
8 Feldherr
sträuben
8 plustern
Strauch
6 Staude
Strauchart
4 Efeu, Rose
7 Flieder, Ginster, Schlehe
8 Holunder, Liguster, Oleander, Rosmarin, Sanddorn
Strauchdieb ► Straßenräuber
Strauchfrucht
5 Beere
7 Ribisel
8 Himbeere
9 Brombeere, Hagebutte, Haselnuss
11 Heidelbeere
12 Stachelbeere
13 Johannisbeere
Strauchreihe
5 Hecke
Strauchtrieb
11 Schoessling
Strauß
4 Bund
5 Kampf
6 Bukett, Streit
7 Gebinde
Straußenvogel
3 Emu, Moa
4 Kiwi
5 Nandu
6 Kasuar
Strebe
6 Steife
7 Stuetze
Streben
5 Drang
7 Tendenz
8 Ambition
Streben ...
· *nach* **Erfolg**
7 Ehrgeiz
· *nach* **Reinheit**
8 Purismus
· *nach* **Vollkommenheit**
15 Perfektionismus
Strebsamkeit
5 Eifer
6 Fleiss
7 Ehrgeiz
Strecke
3 Weg
Strecke im Bergwerk
5 Abhau
Streckenende im Bergbau
3 Ort
Streckenstrich
5 Tiret

11 Satzzeichen
14 Gedankenstrich
Streckmuskel
8 Abduktor
Streich
2 Uz
3 Jux, Ulk
4 Coup, Hieb
5 Farce, Posse, Spass, Unfug
6 Scherz
11 Schabernack
streichbare Masse
5 Paste
Streicheleinheit
13 Zaertlichkeit
14 Aufmerksamkeit
Streichgerät (Musik)
5 Bogen
Streichinstrument
4 Bass
5 Cello, Gambe, Geige, Viola
6 Fiedel
7 Violine
8 Bratsche
9 Bassgeige
10 Kontrabass
11 Violoncello
Streifen
7 Lamelle
Streifen ...
· *im* **Glas**
8 Schliere
· *auf der* **Haut**
8 Striemen
· *zu* **Steuerzwecken**
9 Banderole
· *an der* **Uniform**
5 Biese, Litze
Streifzug
9 Exkursion
Streik
8 Ausstand
19 Arbeitsniederlegung
Streikbrecher
15 Arbeitswilliger
Streit
4 Zank
5 Fehde, Hader, Stunk, Zwist
6 Disput
7 Knatsch, Querele, Strauss
8 Kabbelei, Konflikt, Rauferei, Reiberei
11 Feindschaft, Kontroverse
Streitaxt der Indianer
8 Tomahawk
streitbar
8 militant
9 aggressiv
streiten
6 hadern, zanken
9 krakeelen
Streiterei
9 Zaenkerei
Streitgespräch
6 Disput
7 Debatte, Polemik
11 Disputation
Streithammel
7 Eiferer
9 Querulant
10 Staenkerer
Streitkräfte
5 Armee
Streitmacht ▶ Streitkräfte
Streitobjekt
9 Zankapfel
Streitsache
7 Affaere
Streitschrift
8 Pamphlet
streitsüchtig ▶ streitbar
streitsüchtiger Mensch
7 Haderer
Streitwagen der Antike
4 Biga
streng
4 hart
5 rigid, starr
6 strikt
7 rigoros
12 unnachgiebig
streng(e, er, es) ...
· **antiker Gesetzgeber**
6 Drakon
· **Ausbildung**
5 Drill
· **Geschmack**
5 Herbe
· **Kälte**
5 Frost
· **Lebensweise**
6 Askese
· **Lehrer**
6 Pauker
Strenge
6 Haerte
12 Rigorositaet
strenggläubig
5 fromm
8 orthodox
Streufrucht
6 Kapsel
Streupulver
6 Talkum
Strich
5 Linie
6 Gerade, Strahl
7 Strecke
Strichelung
9 Schraffur
Strichpunkt
9 Semikolon
Strickbeutel
9 Pompadour
Strickmaterial
5 Wolle
9 Baumwolle
Strickware
9 Trikotage
Striegel
11 Kardaetsche
strikt
5 genau
6 streng
10 konsequent
strikte Absage
3 nie
strikte Anordnung
6 Befehl
stringent
11 stichhaltig
Strippe
6 Schnur
strittig
10 kontrovers
Strohhut
6 Panama
8 Sombrero
11 Florentiner
Strohpuppe
6 Popanz
Strohunterlage
5 Streu
Strolch
4 Lump
6 Schelm
7 Stromer
8 Vagabund

Strom
13 Elektrizitaet
Strom zum Weißen Meer
5 Dwina
Stromabnehmer
9 Kollektor
Stromaustrittsstelle
7 Kathode
9 Elektrode
Stromeintrittsstelle
5 Anode
9 Elektrode
strömende Wassermasse
4 Flut
Stromentnahmestelle
6 Buchse
9 Steckdose
Stromer
8 Vagabund
13 Landstreicher
stromerzeugender Fisch
9 Zitteraal
Stromerzeuger
6 Dynamo
7 Turbine
8 Batterie
9 Generator
Stromleitung
5 Draht, Kabel, Litze
Strommaßeinheit
4 Volt, Watt
6 Ampere
7 Coulomb
Strommessgerät
9 Voltmeter
10 Voltameter
11 Amperemeter
Stromschnelle
8 Katarakt
10 Wasserfall
Stromspeicher
4 Akku
8 Batterie
11 Akkumulator
Stromstärkemessgerät
11 Amperemeter
Stromumformer
13 Transformator
Strömung
3 Sog
5 Drift, Trend, Trift
7 Tendenz
Strömungsform
6 Wirbel
7 Strudel

Stromzuführer ▶ Stromeintrittsstelle
Strophe
4 Vers
6 Stanze
9 Versreihe
Strudel
3 Sog
4 Neer
6 Trubel, Wirbel
10 Mehlspeise
12 Wasserwirbel
Struktur
6 Aufbau
7 Gefuege
strukturlos
6 amorph
Strumpfart
5 Socke
7 Stutzen
9 Soeckchen
11 Strumpfhose
Strumpfhalter
6 Straps
struppig
7 borstig
8 zerzaust
Stube
4 Raum
6 Kammer, Zimmer
Stubenvogel
7 Papagei
13 Kanarienvogel, Wellensittich
Stück
4 Teil, Werk
Stück für sechs Instrumente
7 Sextett
Stück für zwei Instrumente
3 Duo
Stück Papier
5 Blatt
Stuckarbeit
9 Stuckatur, Stukkatur
Stückchen Mull
6 Tupfer
Stücklohn
6 Akkord
Stückzahlmaß
4 Gros
6 Mandel, Schock
7 Dutzend
Studentenbetreuer
5 Tutor

Studentenkantine
5 Mensa
Studentenregister
8 Matrikel
Studentenverbindung
5 Korps
11 Korporation
studentisches Trinkgelage
7 Kommers
Studie
6 Skizze, Uebung
7 Entwurf
9 Vorarbeit
12 Untersuchung
Studienanstalt
3 Uni
10 Hochschule
12 Universitaet
Studienbeihilfe
6 Bafoeg
10 Stipendium
Studieneinschreibung
15 Immatrikulation
Studienende
15 Exmatrikulation
Studienfach
11 Germanistik
Studienfahrt
9 Exkursion
Studienhalbjahr
8 Semester
Studienkamerad
11 Kommilitone
Studienveranstaltung
6 Kolleg, Uebung
7 Seminar
9 Praktikum, Vorlesung
Studierter
10 Akademiker
studierter Mediziner
4 Arzt
Studio
7 Atelier
Stufe
5 Level, Tritt
6 Absatz, Etappe, Niveau
7 Sprosse
10 Tonabstand
Stufenaufgang
6 Treppe
10 Freitreppe
12 Wendeltreppe
Stufenfolge von Tönen
9 Tonleiter

stufenförmiger Wasserfall
7 Kaskade
stufenweise
8 graduell
11 allmaehlich
Stuhl mit Armlehne
6 Sessel
Stuhlteil
4 Bein, Sitz
5 Lehne
11 Sitzflaeche
Stulle
4 Brot
8 Schnitte
stumm
6 tonlos
7 wortlos
9 sprachlos
10 schweigsam
stumm(e, er, es) ...
· **Bühnendarsteller**
7 Statist
8 Komparse
· **Mitspielerin**
9 Komparsin
· **Spiel**
9 Pantomime
Stummfilmgag
9 Slapstick
Stummfilmstar
6 Keaton
7 Chaplin
Stümper
8 Pfuscher
9 Dilettant
Stümperarbeit
6 Pfusch
Stumpf
4 Rest
6 Strunk
stumpfsinnig
6 stupid
13 gleichgueltig
Stundengebet
4 Hora, Hore
Stundenglas
7 Sanduhr
Stundung
8 Aufschub
10 Moratorium
12 Prolongation
stur
8 obstinat
11 halsstarrig, hartnaeckig
12 uneinsichtig, unnachgiebig
13 unzugaenglich
Sturheit
5 Trotz
9 Eigensinn, Starrsinn
Sturm
4 Wind
5 Orkan
6 Taifun
7 Tornado
8 Blizzard, Hurrikan
Sturm auf die Banken
3 Run
Sturmbock
6 Widder
12 Mauerbrecher
stürmisch
5 rapid
6 feurig, furios
8 vehement
9 turbulent, ungestuem
Sturmvogel
8 Albatros
Sturz
4 Fall
stürzende Schneemasse
6 Lawine
Stuss
6 Gerede, Unsinn
7 Nonsens, Quatsch
Stützbalken
6 Strebe
7 Traeger
Stütze ...
· *für* **elektrische Leitungen**
4 Mast
· *beim* **Gehen**
5 Stock
· *am* **Stuhl**
4 Bein
· *am* **Tisch**
4 Bein
stützendes Bauteil
7 Pfeiler
Stutzer
4 Beau, Geck, Gent, Snob
5 Dandy
6 Mantel
7 Angeber
8 Modenarr
Stützfaden im Webstuhl
5 Helfe
Stützgewebe
11 Bindegewebe
Stützholz im Bergbau
7 Stempel
Stützkerbe
5 Raste
Stützmieder
7 Korsett
Stütztau
4 Want
Stützverband
7 Bandage
8 Armbinde
Suada
9 Redefluss
11 Wortschwall
subaltern
11 untertaenig
12 unterwuerfig
Subjekt
6 Person
10 Individuum
14 Satzgegenstand
subjektiv
9 einseitig
10 parteiisch, unsachlich
14 voreingenommen
subjektives Wohlbefinden
8 Euphorie
Subkontinent
6 Indien
12 Hinterindien
Subkultur
11 Underground
sublim
10 feinsinnig
submarin
12 unterseeisch
Substanz im Kopf
4 Hirn
Substitut
14 Stellvertreter
subtrahieren
8 abziehen
Subvention
8 Beihilfe, Zuschuss
14 Unterstuetzung
Suchgerät
5 Sonde
Sucht
4 Gier
5 Manie
9 Verlangen
10 Hoerigkeit
12 Besessenheit

13 Abhaengigkeit
Südafrikaner
4 Bure
südafrikanisch(e, er, es) ...
· **Antilope**
3 Gnu
6 Passan
· **Arzt**
7 Barnard
· **Bürgerrechtler**
7 Mandela
· **Form der Rassentrennung**
9 Apartheid
· **Kolonisten**
5 Buren
· **Landesteil**
7 Kapland, Namibia
9 Transvaal
10 Basutoland
· **Mischvolk**
12 Hottentotten
· **Nobelpreisträger für Frieden**
7 Luthuli
· **Nobelpreisträger für Medizin**
7 Theiler
· **Politiker**
5 Botha, Smuts
6 Flores, Rhodes
7 Hertzog
8 Strijdom
· **Präsident**
7 Mandela
· **Regierungssitz**
8 Pretoria
· **Schriftsteller**
11 Breytenbach
· **Schriftstellerin**
7 Lessing
8 Gordimer
· **Staat**
7 Namibia
· **Volksstamm**
4 Zulu
5 Bantu, Xhosa
6 Herero
· **Währungseinheit**
4 Cent, Rand
· **Wüste**
8 Kalahari
Südamerikaner
7 Chilene, Guyaner
8 Peruaner
9 Uruguayer
10 Bolivianer, Paraguayer
11 Argentinier, Brasilianer, Kolumbianer, Venezolaner
12 Ecuadorianer
südamerikanisch(e, er, es) ...
· **Ameisengattung**
6 Azteca
· **ärmelloser Mantel**
6 Poncho
· **Biberratte**
6 Nutria
· **Bussard**
5 Aguja
· **Cowboy**
6 Gaucho
· **Echsenart**
6 Leguan
· **Edelholz**
10 Palisander
· **Eingeborenenboot**
6 Piroge
· **Eingeborener**
5 Indio
· **Farm**
8 Estanzia, Hazienda
· **Faultier**
2 Ai
4 Unau
10 Zweifinger
· **Freiheitskämpfer**
7 Bolivar
· **Gebirge**
5 Anden
11 Kordilleren
· **Gebirgstier**
4 Lama
7 Guanako
· **Geier**
6 Kondor
· **Goldhase**
5 Aguti
· **Goldmünze**
6 Condor
· **Grassteppe**
5 Pampa
6 Llanos
7 Savanne
· **Großkatze**
6 Ozelot
· **Halbwildpferd**
6 Bronco
· **Huftier**
5 Tapir
· **Indianerhäuptling**
6 Kazike
· **Indianerstamm**
3 Ona
4 Inka, Pano, Tupi
5 Aruak, Guato
6 Aimara, Kreole, Tukano
7 Chibcha, Guarani, Kariben, Puelche
8 Karaiben, Ketschua
9 Araukaner, Pueltsche
· **Insektenfresser**
11 Ameisenbaer
· **Kamelart**
4 Lama
6 Alpaka
7 Guanako
· **Krokodilart**
6 Kaiman
· **Kuckucksvogel**
3 Ani
· **Lama**
6 Alpaka
· **Lasttier**
4 Lama
· **Nagetier**
4 Paka
· **Papagei**
3 Ara
· **Pelztier**
10 Chinchilla
· **Pfefferfresser**
5 Tukan
· **Pfeilgift**
6 Kurare
· **Raubfisch**
7 Piranha
· **Raubtier**
4 Onze, Puma, Unze
6 Jaguar, Kuguar, Ozelot
9 Nasenbaer
11 Silberloewe
· **Riesengeier**
6 Kondor
· **Rüsseltier**
5 Tapir
· **Schachmeister**
7 Mecking
· **Schildkröte**
5 Arrau
8 Matamata

· **Schlange**
3 Boa
8 Anakonda
· **Schulterdecke**
6 Poncho
· **Staat**
4 Peru
5 Chile
6 Guyana
7 Ecuador, Ekuador, Surinam, Uruguay
8 Bolivien, Paraguay
9 Brasilien, Kolumbien, Venezuela
11 Argentinien
17 Trinidad und Tobago
· **Stechpalme**
5 Yerha
· **Storch**
6 Jaribu
· **Straußenvogel**
4 Rhea
5 Nandu
· **Strohhut**
8 Sombrero
· **Sturm**
7 Pampero
· **Tanz**
5 Mambo, Raspa, Rumba, Samba, Tango
9 Bossanova
· **Teesorte**
4 Mate
· **Ureinwohner**
4 Inka
· **Viehhirt**
4 Peon
6 Gaucho
· **Vogel**
3 Ani
5 Kazik, Tukan, Urubu
6 Kassik, Kondor
7 Kolibri, Papagei
· **Vogeldünger**
5 Guano
· **Vulkan**
8 Cotopaxi
10 Chimborazo
· **Währung**
4 Peso
· **Wurfgerät**
4 Bola
· **Zweizehenfaultier**
2 Ai
4 Unau

sudanesisch(e, er, es) ...
· **Hafenstadt**
9 Port Sudan
· **Volk**
5 Banda, Benue, Gurma, Hausa
· **Währungseinheit**
5 Pfund
7 Piaster
südarabisch(e, er, es) ...
· **Gebiet**
4 Oman, Saba
5 Jemen
· **Hafenstadt**
4 Aden
· **Küstenwind**
5 Karif
· **Sultanat**
4 Oman
5 Dubai, Katar, Qatar
6 Maskat
Südasiat
5 Inder
südasiatischer Halbesel
6 Onager
südasiatischer Staat
6 Indien
süddeutsch für ...
· **Berghang**
5 Leite
· **bestimmten Eierkuchen**
15 Kaiserschmarren
· **Bierrettich**
4 Radi
· **Fahrrad fahren**
6 radeln
· **Gänserich**
6 Ganser
· **große Rosine**
6 Zibebe
· **Josef**
4 Sepp
· **Kohl**
5 Kraut
· **Maulesel**
4 Muli
· **Rote Rübe**
5 Rahne
· **Scheune**
6 Stadel
· **Sebastian**
5 Wastl
· **sowieso**
2 eh

· **süddeutsche Weizenart**
5 Emmer
· **Unterbein**
4 Haxe
· **Weinberg**
7 Wingert
Süddeutscher
5 Bayer
süddeutscher Höhenzug
3 Alb
5 Alpen
11 Schwarzwald
15 Schwäbische Alb
Südeuropäer
7 Grieche, Spanier
8 Malteser
9 Italiener, Jugoslawe
10 Portugiese
südeuropäisch(e, er, es) ...
· **Nutztier**
4 Esel
· **Sprachfamilie**
7 Romanen
· **Wolfsspinne**
8 Tarantel
südfranzösisch(e, er, es) ...
· **Adelsgeschlecht**
6 Albret
· **Badeort**
5 Nizza
6 Cannes, Hyeres
8 Biarritz, St. Tropez
· **Fallwind**
7 Mistral
· **Fischereihafen**
4 Sete
· **Gebirge**
9 Pyrenaeen
· **Großstadt**
5 Nizza
8 Toulouse
9 Marseille
· **Küstenfluss**
3 Tet
· **Provinz**
9 Languedoc
10 Roussillon
· **Wallfahrtsort**
7 Lourdes
Südfrucht
4 Kiwi
5 Feige, Mango
6 Ananas, Banane, Dattel, Limone, Mandel, Melone, Orange

7 Avocado, Zitrone
9 Apfelsine, Mandarine
10 Bergamotte, Clementine, Grapefruit, Pampelmuse

südländisch(e, er, es) ...
· **Hülsenfrucht**
4 Erve
· **Kürbisgewächs**
6 Melone
· **Nadelbaum**
5 Pinie, Zeder
8 Zypresse
· **Ölfrucht**
5 Olive
· **Pflanze**
5 Agave, Palme

südlichst(e, er, es) ...
· **Spitze von Südamerika**
8 Kap Hoorn
· **Teil Amerikas**
9 Feuerland
· **Teil der Hauptinsel Großbritannien**
7 England

Südostasiat
4 Thai
5 Khmer, Laote
6 Malaie
7 Birmane, Siamese
10 Vietnamese
11 Thailaender
13 Kambodschaner

südostasiatisch(e, er, es) ...
· **Gewürzpflanze**
6 Ingwer
· **Halbinsel**
7 Malakka
· **Insel**
4 Bali, Java
5 Luzon, Timor
6 Borneo, Taiwan
7 Celebes, Formosa, Sumatra
· **Inselgruppe**
8 Molukken
· **Schleichkatze**
8 Manguste
· **Tagelöhner**
4 Kuli
· **Zwergbüffel**
4 Anoa

Südostasienpakt
5 SEATO

Südosteuropäer
5 Serbe
6 Kroate
7 Albaner, Bulgare, Grieche, Rumaene, Slowene
8 Albanier, Tscheche
9 Jugoslawe

südosteuropäischer Grenzfluss
5 Pruth

südosteuropäischer Großraum
6 Balkan

Südpolarforscher
5 Scott
8 Amundsen

Südpolargebiet
9 Antarktis

südportugiesische Provinz
7 Algarve

Südseeinsel
5 Fidji, Samoa, Timor, Tonga
6 Tahiti
7 Fidschi, Salomon
8 Eniwetok
9 Neuguinea

Südseeinselgruppe
5 Fidji
7 Fidschi
8 Marianen

Südslawe
5 Serbe
6 Kroate

Südtiroler Kurort
5 Bozen, Meran
6 Brixen
7 Bruneck

Südwein
5 Jerez, Samos
6 Malaga, Sherry
7 Madeira, Marsala
8 Portwein

Südwestafrika
7 Namibia

Südwester
3 Hut
13 Kopfbedeckung

Südwind Italiens
5 Ostro

Sühne
5 Busse
6 Strafe
10 Vergeltung

Sühneleistung
8 Bussgeld

Sultanat am arabischen Meer
4 Oman

Sultanat auf Borneo
6 Brunei

Sultanat im Osten der arabischen Halbinsel
4 Oman

Sultanserlass
5 Irade

Sultansname
5 Ahmed, Harun, Osman
6 Achmed, Mehmed
7 Mustafa, Saladin, Soliman
8 Mohammed

Sultanspalast
6 Serail

Sultansschloss in Marokko
5 Kasba
6 Kasbah

Sülze
5 Aspik, Gelee

sumerisch(e, er, es) ...
· **Gott**
3 Anu, Sin
6 Dumuzi, Innini, Sabitu, Tammuz
8 Ningersu
9 Schamasch
11 Ereschkigal
· **Göttin**
5 Istar
6 Inanna, Ninlil
7 Ischtar
· **Held**
10 Gilgamesch
· **Stadtstaat**
6 Nippur
· **Unterwelt**
6 Arallu

Summation
8 Addition

Summe
5 Fazit, Total
6 Betrag
8 Ergebnis, Resultat

Summe ...
· **aller Einsätze** (Poker)
3 Pot
· **aller Erbfaktoren**
5 Genom

S

· *der* **Lebensjahre**
5 Alter
· *der* **Ziffern einer Zahl**
9 Quersumme
Sumpf
3 Aue
4 Fenn, Luch, Moor, Moos, Ried, Venn
5 Bruch, Pfuhl
6 Bruehl, Morast
Sumpfbiber
6 Nutria
Sumpffieber
7 Malaria
Sumpfgras
5 Binse
Sumpfhuhn
5 Ralle
sumpfiger Teich
5 Pfuhl
Sumpfland
6 Morast
Sumpfotter
4 Nerz
Sumpfpflanze
5 Binse, Porst, Simse
6 Schilf
7 Papyrus
9 Weiderich
Sumpfschnepfe
9 Bekassine
Sumpfvogel
4 Ibis
5 Ralle
7 Kiebitz, Kranich
8 Flamingo
9 Bekassine, Blesshuhn, Teichhuhn
Sundainsel
4 Bali, Java
5 Banka, Sumba, Timor
6 Borneo, Flores
7 Celebes, Sumatra
Sünde
6 Frevel, Schuld
8 Vergehen, Verstoss
Sündenbock
12 Pruegelknabe
Sündennachlass
6 Ablass
Sündenvergebung
10 Absolution
Suppe
6 Potage
8 Consommé
Suppengemüse
8 Julienne
Suppenschüssel
7 Terrine
surrealistischer ...
· **Maler**
4 Dalí, Miró
5 Ernst
7 Chirico
9 Margritte
· **Regisseur**
6 Buñuel
· **Schriftsteller**
6 Aragon, Breton, Eluard
Süß-, Salzwassergemisch
5 Brack
süße Backware
5 Torte
6 Kuchen
7 Gebaeck
10 Plaetzchen
süße Tortenfüllung
4 Krem
Süßholzsaft
8 Lakritze
Süßigkeit
5 Drops
6 Bonbon, Nougat
7 Konfekt, Praline
8 Marzipan
9 Karamelle
10 Schokolade
Süßkartoffel
6 Batate
Süßspeise
4 Krem
5 Creme
7 Auflauf, Dessert, Kompott, Pudding
11 Plumpudding
13 Goetterspeise
Süßstoff
8 Sacharin
9 Saccharin
Süßwasserpolyp
5 Hydra
Süßwasserraubfisch
5 Hecht
Süßwasserspeisefisch
4 Wels
7 Forelle
Süßwein ▶ Südwein
Symbol
7 Zeichen
8 Sinnbild
Symbol ...
· *für das* **Christentum**
5 Kreuz
· *für* **Eitelkeit**
4 Pfau
7 Spiegel
· *für* **elektrische Spannung**
5 Blitz
· *für den* **Evangelisten Johannes**
5 Adler
· *für den* **Evangelisten Lukas**
5 Stier
· *für den* **Evangelisten Markus**
5 Loewe
· *für den* **Evangelisten Matthäus**
5 Engel
· *für* **Frieden**
5 Taube
8 Oelzweig
· *für* **Gift**
9 Totenkopf
· *der* **Herrscherwürde**
5 Krone
6 Zepter
· *für den* **Islam**
8 Halbmond
· *für das* **Judentum**
10 Davidstern
· *für* **Kühnheit**
5 Adler
· *für* **Leiden**
5 Kreuz
· *für die* **Liebe**
4 Herz
· *für* **List**
5 Fuchs
· *für* **Parapsychisches**
3 Psi
· *für* **Standhaftigkeit**
4 Fels
· *für* **Unfreiheit**
5 Kette
· *für die* **Unschuld**
4 Lamm
Symbolfarbe für ...
· **Hoffnung**
5 gruen
· **Liebe**
3 rot
· **Neid**
4 gelb

S

· **Treue**
4 blau
· **Umweltbewusstsein**
5 gruen
Symbolfigur des Frühlingsfestes
9 Osterhase
sympathisch
4 nett
9 attraktiv
14 liebenswuerdig
Symptom
7 Merkmal, Zeichen
9 Anzeichen
Synagogenraum
6 Genisa, Geniza
Synagogenvorbeter
6 Chasan
synonym
10 sinngleich
15 gleichbedeutend
Synthese
10 Verbindung
12 Verknuepfung
synthetische Droge (Abkürzung)
3 LSD
synthetische Faser
5 Dolan, Nylon, Orlon, Redon
6 Dralon, Perlon
synthetischer Kautschuk
4 Buna
syrisch(e, er, es) ...
· **Bibelübersetzung**
8 Peschita
· **Christen**
9 Jakobiten, Maroniten
11 Nestorianer
14 Thomaschristen
· **Gebirge**
6 Hermon
11 Antilibanon
· **König**
6 Hazael
9 Antiochus
· **Münze**
5 Pfund
7 Piaster
· **Volksteil**
6 Drusen, Kurden
System
3 Bau
4 Form
6 Aufbau
7 Gefuege, Ordnung
8 Struktur
systematisches Vorgehen
7 Methode
8 Methodik
Systematisierung
10 Gliederung
Szenerie
10 Dekoration, Landschaft
11 Buehnenbild, Hintergrund

T

Tab
6 Reiter
12 Karteireiter
Tabak von minderer Qualität
5 Kraut
7 Knaster
Tabakblume
7 Petunie
Tabakdose
9 Tabatiere
Tabakgift
7 Nikotin
Tabakkonsument
7 Raucher
Tabakladen in Frankreich
5 Tabac
Tabakladen in Österreich
6 Trafik
Tabakprodukt
7 Stumpen, Zigarre
9 Zigarette, Zigarillo
Tabaksorte
4 Shag
5 Priem
6 Brasil, Kruell, Orient, Scraps
7 Havanna, Sumatra
8 Kautabak, Machorka, Virginia
11 Feinschnitt, Grobschnitt
Tabakspfeife
5 Piepe
Tabakware
7 Stumpen, Zigarre
9 Zigarette, Zigarillo
Tabelle
5 Liste, Tafel
10 Uebersicht
11 Aufstellung
Tabelle ...
· *von* **Festtagen**
11 Kalendarium
· *für* **Gebühren**
5 Tarif
· *der* **Mantissen**
16 Logarithmentafel
· *für* **Steuern**
5 Tarif
Tabellenführer
6 Leader
13 Spitzenreiter
Tabernakel
8 Ziborium
Tableau
4 Bild
5 Tafel
8 Gemaelde
Tablett
12 Servierbrett
Tablette
5 Pille
8 Pastille
9 Komprette
tabu
8 verboten
11 unantastbar
Taburett
5 Stuhl
6 Hocker
Tachograf
14 Fahrtschreiber
16 Fahrtenschreiber
Tachometer
22 Geschwindigkeitsmesser
Tadel
5 Ruege
7 Rueffel, Verweis
tadellos
2 ok
Tafel
5 Brett, Tisch
6 Platte

8 Festmahl
9 Festessen
Tafelgerätegarnitur
10 Essbesteck
Tafelgeschirr
7 Service
Tafelland
7 Plateau
Täfelung
6 Paneel
Tag der Arbeit
11 Maifeiertag
Tag der Eheschließung
12 Hochzeitstag
Tag der Woche ▶ Wochentag
Tageblatt
7 Zeitung
Tagebuch
7 Diarium, Journal
Tagedieb
7 Gammler
Tagegelder
7 Diaeten
Tagelöhner
8 Haeusler
Tagesabschnitt
5 Abend
Tagesanbruch
6 Fruehe, Morgen
16 Morgendaemmerung
Tagesangabe
5 Datum
Tagesbericht
8 Bulletin
Tagesereignis
11 Aktualitaet
Tagesfieber
8 Ephemera
Tagesmutter
5 Bonne
14 Kindermaedchen
Tagesordnung
6 Agenda
8 Programm
Tagesordnungspunkt
3 TOP
Tagesstrecke eines Schiffes
5 Etmal
Tagesverzeichnis
8 Kalender
11 Kalendarium
Tageswechsel
11 Mitternacht
Tageszeit
5 Abend, Nacht
6 Mittag, Morgen
9 Vormittag
10 Daemmerung, Nachmittag
Tageszeitungstitel
8 Anzeiger
Tagetes
14 Studentenblume
Tagewerk
6 Pensum
Tagfalter ▶ Schmetterling
Taggreifvogel
3 Aar
4 Weih
5 Adler, Falke, Geier, Milan
6 Kondor
7 Bussard, Habicht, Sperber
8 Aasgeier, Seeadler
10 Fischadler, Steinadler
tägliche Arbeitsleistung
7 Tagwerk
Tagtraum
8 Illusion
9 Wachtraum
13 Halluzination
Tagung
7 Konvent, Meeting, Session, Sitzung
8 Kongress
9 Konferenz
11 Versammlung
13 Zusammenkunft
Tagungsbericht
9 Protokoll
taillenloses Kleid
7 Haenger
Taiwan
7 Formosa
Takelage
9 Segelwerk
Takt
3 Akt
4 Werk
6 Aktion
7 Anstand, Bildung
8 Handlung
10 Zweiachtel
11 Dreiviertel
20 Fingerspitzengefuehl
taktlos
6 unfein
8 ordinaer
9 indiskret
11 beleidigend, instinktlos
Taktlosigkeit
7 Fauxpas
9 Schnitzer
12 Indiskretion
Taktmaß
6 Metrum
taktmäßige Gliederung
8 Rhythmus
Taktmesser
8 Metronom
taktvoll
6 dezent
7 diskret
12 unauffaellig
Tal ...
· *in den* **Cevennen**
7 Ardèche
· *bei* **Freiburg**
10 Hoellental
· *der* **oberen Adda**
7 Veltlin
· *in den* **Ötztaler Alpen**
7 Pitztal
· *der* **Salzach**
7 Pinzgau
· *in* **Vorarlberg**
8 Montafon
Talar
4 Robe
5 Ornat
10 Amtstracht
Talbrücke
7 Viadukt
Tälchen ohne Wasser
5 Delle
Talenge (Schweiz)
5 Cluse
Talent
4 Gabe
6 Anlage
7 Neigung
8 Begabung
talentiert
6 begabt
Talglicht
5 Kerze
Talisman
7 Amulett
11 Maskottchen
14 Gluecksbringer
Talisman zu Silvester
14 Gluecksschwein

Talismananhänger
7 Amulett
Talkessel
5 Mulde, Senke, Wanne
Tallandschaft ...
· *in den* **Dolomiten**
7 Ampezzo
· *an der* **Donau**
5 Lobau
6 Wachau
· *in* **Italien**
7 Veltlin
· *in der* **Schweiz**
6 Tessin, Wallis
Talmudteil
6 Gemara
7 Mischna
Talschaft in Graubünden
10 Praettigau
11 Oberengadin
Talsperre
7 Stausee
8 Staudamm
Talüberführung
7 Viadukt
Tand
4 Kram
5 Talmi
6 Ramsch
7 Plunder, Troedel
9 Firlefanz
Tändel
5 Flirt
8 Liebelei
14 Techtelmechtel
Tank
6 Kessel, Panzer
9 Behaelter
11 Panzerwagen
Tankschiff
6 Tanker
Tannenbaumschmuck
5 Kerze, Kugel, Stern
7 Lametta
10 Engelshaar
Tante
5 Muhme
Tantieme
12 Gewinnanteil
Tanz
3 Fox
4 Jive, Reel, Step
5 Bebop, Blues, Conga, Mambo, Polka, Raspa, Rumba, Samba, Stepp, Swing, Tango, Twist
6 Bolero, Boston, Cancan, Galopp, Reigen, Walzer
7 Calypso, Csardas, Gavotte, Lambada, Letkiss, Madison, Mazurka, Menuett, Musette, Onestep, Ragtime, Slowfox, Twostep
8 Anglaise, Fandango, Foxtrott, Laendler, Onestepp, Rundtanz, Schieber, Twostepp
9 Allemande, Bossanova, Jitterbug, Krakowiak, Pasodoble, Polonaese, Quadrille, Quickstep, Rock'n'Roll, Sarabande
10 Breakdance, Charleston, Kasatschok, Kontertanz, Kreuzpolka, Qwickstepp, Saltarello, Seguidilla, Tarantella
11 Black-Bottom
12 Rheinlaender
13 Schuhplattler
Tanz ...
· *auf* **Hawaii**
4 Hula
· **weiblicher Geister**
11 Elfenreigen
· *der* **Zwanzigerjahre**
10 Charleston
Tanzbegriff
9 Damenwahl
Tanzdiele
3 Bar
9 Diskothek
Tanzdrehung
9 Pirouette
Tanzensemble
7 Ballett
9 Formation
Tänzerin in Indien
8 Bajadere
Tanzfest
4 Ball
Tanzfigur
8 Arabeske
Tanzfigur der Quadrille
3 Ete
Tanzgestaltung
12 Choreografie
13 Choreographie
Tanzgruppe ► Tanzensemble
Tanzkunst
9 Choreutik
Tanzlehrer für Kunsttanz
14 Ballettmeister
Tanzlied im Mittelalter
5 Rondo
Tanzlokal
5 Disko
7 Dancing
9 Diskothek
Tanzmädchen
4 Girl
Tanzorchester
4 Band
12 Musikkapelle
Tanzschritt
3 Ete, Pas
4 Step
6 Chasse, Croise
Tanzschuh
8 Eskarpin
Tanzsportler
7 Stepper
Tanztruppe
7 Ballett
Tanztruppenmädchen
4 Girl
Tanzveranstaltung
4 Ball, Fest
5 Party
Tanzwiedergabe
12 Choreografie
13 Choreographie
taperig
5 senil
10 hinfaellig
Tapetenart
9 Rauhfaser
Tapetenleim
8 Kleister
tapfer
4 brav
5 mutig
7 beherzt
10 couragiert
tapferer Kämpfer
4 Held
tapferes Handeln
9 Heldentat
Tapferkeit
3 Mut
7 Bravour, Courage, Schneid

11 Beherztheit
Tarantel
11 Wolfsspinne
Tarnfärbung
6 Mimese
7 Mimikry
Tarockfigur
6 Kavall, Reiter
Tarockkarte
5 Pagat, Skues
Tartarus
6 Hoelle
Taschenbesatz
5 Patte
Taschenbuch
8 Ratgeber
9 Paperback, Vademekum
Taschenklappe
5 Patte
Taschenklappmesser
6 Veitel
Taschenpistole
8 Terzerol
Taschenspieler
6 Magier
7 Gaukler
8 Zauberer
15 Zauberkuenstler
Taschenspielergeheimnis
5 Trick
Tastatur
5 Pedal
6 Manual
9 Klaviatur
tastbar
8 palpabel
Tastbrett
8 Tastatur
Tastempfindung
7 Gefuehl
Tasten eines Instruments
6 Klavis
Tasten eines Klaviers
8 Tastatur
9 Klaviatur
Tasteninstrument
5 Orgel, Piano
7 Celesta, Cembalo, Fluegel, Klavier, Spinett
8 Keyboard
9 Akkordeon, Harmonika, Harmonium
10 Clavichord, Klavichord, Konzertina, Pianoforte
11 Klavizimbel
12 Clavicembalo, Hammondorgel
15 Schifferklavier
Tastorgan bei Tieren
5 Palpe
7 Fangarm, Fuehler
8 Tentakel
Tastorgan des Menschen
4 Haut
Tastsinnlehre
6 Haptik
Tastuntersuchung
9 Palpation
Tat
3 Akt
4 Werk
6 Aktion
8 Handlung
Tatar
4 Hack
9 Gehacktes
13 Schabefleisch
Tatbestand
4 Fakt
6 Faktum
11 Sachverhalt
Tatendrang
4 Elan
7 Energie, Hingabe, Passion, Schwung
10 Aktivitaet, Initiative
12 Begeisterung, Enthusiasmus
Täter
10 Delinquent
Tatform
5 Aktiv
Tatgenossen
9 Komplizen, Konsorten
Tathinweis
5 Indiz
tätig
4 agil, rege
5 aktiv
Tätiger in der Dritten Welt
18 Entwicklungshelfer
tätiger Sportler
7 Aktiver
Tätigkeit
3 Job
5 Beruf
6 Arbeit, Dienst
8 Funktion
10 Aktivitaet
14 Beschaeftigung
Tätigkeit sichtbarer Art
8 Bewegung
Tätigkeitsdrang
5 Trieb
10 Aktivitaet
Tätigkeitswort
4 Verb
6 Tuwort
tatkräftig
5 aktiv
9 dynamisch, energisch, schneidig, zupackend
12 entschlossen
tatkräftiges Streben
6 Fleiss
tätlich
13 handgreiflich
tätliche Beleidigung
11 Realinjurie
tätlicher Angriff
9 Ueberfall
Tätlichkeit
7 Haendel
8 Rauferei
9 Pruegelei
10 Raufhandel
11 Schlaegerei
Tatsache
4 Fakt
6 Faktum
8 Ereignis, Wahrheit
9 Realitaet
Tatsachen
5 Daten
6 Fakten
Tatsachenmensch
7 Realist
tatsächlich
4 real
7 konkret
8 effektiv, faktisch, realiter, wirklich
tatsächlich(e, er, es) ...
· **Bestand**
3 Ist
· **Ereignis**
4 Fakt
· **Existenz**
6 Dasein
· **Handlung**
7 Realakt
· **Sachwert**
8 Realwert
· **Situation**
8 Sachlage

T

Tatze
5 Klaue, Pfote
6 Pranke, Pratze
Tau
4 Seil
5 Kabel, Leine
6 Strick, Trosse
Tau zum Segelspannen
5 Schot
taub
12 hoerunfaehig
13 eingeschlafen
taube Schicht
6 Abraum
Taubefestigung
6 Poller
Taubenart
9 Krontaube, Lachtaube, Wildtaube
10 Brieftaube, Kropftaube
11 Felsentaube, Ringeltaube, Turteltaube
12 Tuerkentaube
Taubenvogel
6 Dronte
taubes Gestein
5 Berge
Taubheit
15 Gehoerlosigkeit
Taubnessel
6 Lamium
Tauchboot
5 U-Boot
12 Unterseeboot
Taucher
10 Froschmann
Taucherente
6 Dueker
Tauchvogel
3 Alk
5 Lumme
7 Pinguin, Taucher
9 Eiderente
10 Seetaucher
Taueinfassung beim Segel
4 Liek
Tauende
4 Tamp
6 Tampen
Taufname
7 Vorname
Taufzeuge
4 Pate
6 Goetti
8 Gevatter
Taufzeugin
5 Gotte, Patin
Taugenichts
4 Lump
7 Lorbass
8 Faulpelz, Tagedieb
9 Bummelant, Faulenzer
10 Tunichtgut
tauglich
3 fit
6 in Form, probat
9 brauchbar
Tauglichkeit
7 Eignung
Tauglichkeitsprüfung
4 Test
9 Musterung
Tauhersteller
6 Seiler
Taumel
6 Rausch
9 Schwindel
12 Benommenheit, Ueberschwang
taupe
12 maulwurfgrau
Tauproduzent
6 Seiler
Tausch
7 Wechsel
Tauschmittel
4 Geld
Täuschung
4 List, Trug, Wahn
5 Bluff, Trick
6 Betrug, Irrtum, Schein
7 Phantom
8 Fantasie, Illusion, Trugbild
9 Blendwerk, Phantasie, Schwindel
10 Einbildung, Hinterlist
11 Betruegerei, Verstellung
12 Irrefuehrung, Manipulation
13 Halluzination, Vorspiegelung
Täuschung durch Luftspiegelung
11 Fata Morgana
Tauschwert des Geldes
9 Kaufkraft
tausend Billiarden
8 Trillion
tausend Billionen
9 Billiarde
tausend Milliarden
7 Billion
tausend Millionen
9 Milliarde
tausend Tausender
7 Million
Tausendfüßer
5 Assel
10 Kugelassel
11 Schnurassel, Skolopender
Tausendkorn
10 Bruchkraut
Tausendschön
12 Massliebchen
15 Gaensebluemchen
Tausendstel
8 Promille
Tauwerk
9 Kabelgarn
Taxi
8 Mietauto
9 Taxameter
13 Kraftdroschke
Taxus
4 Eibe
Teamsportart
6 Hockey
7 Radball
8 Fussball, Handball
9 Eishockey
10 Basketball, Volleyball, Wasserball
11 Voelkerball
Technik der Ausübung (Sport)
4 Stil
Technik in Fahrzeugen
12 Bordcomputer
Techniker
9 Ingenieur
Technikerkontor
14 Ingenieurbuero
technisch(e, er, es) ...
· **Beruf**
9 Architekt
10 Baumeister
· **Lehranstalt**
9 Technikum
13 Polytechnikum
15 Ingenieurschule
· **Richtungsermittler**
6 Peiler

T

· **Vorrichtung**
9 Apparatur
Techtelmechtel
5 Flirt
8 Liebelei
9 Taendelei
Teckel
5 Dackel
9 Dachshund
Teegebäck
7 Konfekt
Teegefäß
5 Kanne
Teegewicht
3 Tub
Teemaschine
7 Samowar
Teenager
4 Girl
6 Teenie
9 Backfisch
teerartige Masse
4 Pech
7 Asphalt, Bitumen
Teerfarbstoff
6 Anilin
Teerprodukt
4 Pech
6 Anilin
11 Karbolineum
Teesorte
4 Mate
5 Assam, Pekoe
6 Broken
10 Darjeeling
Teewirkstoff
4 Tein
Teich
6 Weiher
7 Tuempel
Teichblume
7 Seerose
10 Wasserrose
Teichhuhn
5 Ralle
9 Blesshuhn
Teichoskopie
10 Mauerschau
Teichpflanze
6 Kalmus
teigige Hautschwellung
8 Myxoedem
teigige Masse
5 Paste
Teigkugel
5 Kloss
Teigplättchen
6 Oblate
Teigroller
9 Nudelholz
Teigtreibmittel
4 Germ, Hefe
9 Sauerteig
10 Backpulver
Teigware ► Nudelart
Teigwaren in gebogener Form
9 Hoernchen
Teigwarengericht
12 Nudelauflauf
Teil
4 Part
5 Glied
6 Anteil, Bissen, Happen, Partie, Sektor, Stueck
7 Brocken, Portion
9 Abschnitt
11 Bruchstueck
Teil ... (► auch Teilgebiet ...)
· *der* **Adresse**
4 Name
· *des* **Alphabets**
9 Buchstabe
· *der* **altrömischen Kohorte**
7 Manipel
· *der* **Anrede**
7 Rufname
· *des* **Apennin**
8 Abruzzen
· **arabischer Namen**
3 Ibn
· *des* **Armes**
4 Hand
6 Finger
7 Oberarm
8 Unterarm
10 Ellenbogen, Handgelenk
· *des* **Atlantiks**
7 Nordsee
11 Aermelkanal
· *des* **Atoms**
6 Proton
7 Neutron
8 Elektron
· *der* **Augenlider**
7 Wimpern
· *des* **Auges**
3 Lid
4 Iris
5 Linse
7 Pupille, Sehnerv, Wimpern
8 Hornhaut, Netzhaut
9 Bindehaut
14 Regenbogenhaut
· *am* **Auto**
11 Stossstange
12 Bremstrommel
· *der* **Automechanik**
11 Kardanwelle
· *des* **Automotors**
6 Kolben, Ventil
8 Vergaser, Zylinder
10 Zuendkerze
· *des* **Autorades**
5 Felge
6 Reifen
· *des* **Bahnhofs**
9 Bahnsteig
· *des* **Baltikums**
7 Estland, Litauen, Livland
8 Lettland
· *des* **Barrens**
4 Holm
· *des* **Baumes**
3 Ast
4 Laub
5 Blatt, Gabel, Krone, Rinde, Stamm, Zweig
6 Wipfel, Wurzel
· *der* **Bayerntracht**
9 Lederhose
· *von* **Befestigungen**
6 Bastei
8 Bollwerk
· *des* **Beines**
4 Fuss, Knie, Wade
8 Schenkel
12 Oberschenkel
13 Achillessehne, Unterschenkel
· *einer* **Beleuchtung**
12 Lampenschirm
· *der* **Berliner Stadtautobahn**
4 Avus
· *des* **Bestecks**
5 Gabel
6 Messer
7 Loeffel

T

Teil ... 721

13 Kaffeeloeffel
· *der* **Bettwäsche**
5 Laken
8 Leintuch
9 Bettbezug
10 Kopfkissen
· *der* **Bibel**
14 Altes Testament, Neues Testament
· *der* **Bibliothek**
12 Buecherregal
· *des* **Bienenstocks**
4 Wabe
· *der* **Blume**
6 Bluete
· *der* **Blüte**
5 Kelch
7 Stempel
10 Kelchblatt
· *des* **Blutfarbstoffes**
8 Haematin
· *des* **Bodensees**
7 Obersee
8 Untersee
· *des* **Bogens**
5 Sehne
· *der* **Bremse**
5 Belag
· *der* **Brille**
4 Steg
· *der* **Britischen Insel**
5 Wales
7 England
10 Schottland
· *des* **britischen Parlaments**
8 Oberhaus
9 Unterhaus
· *des* **Bruches**
6 Nenner
7 Zaehler
· *des* **Buches**
5 Blatt, Seite
6 Deckel
7 Einband, Titelei
8 Register, Umschlag
10 Titelseite
· *des* **Bühnenbildes**
7 Kulisse
· *des* **Bühnenstücks**
3 Akt
· *des* **Bundeshauses**
10 Plenarsaal
· *einer* **Burg**
4 Turm
5 Mauer, Zinne
6 Graben
8 Wachturm
· *des* **Bürgersteigs**
9 Bordstein
· *des* **Daches**
5 First
6 Giebel, Traufe
· *der* **Dinarischen Alpen**
5 Karst
· **dorischer Säulen**
6 Entase
· *des* **Dramas**
3 Akt
· *der* **Drehorgel**
5 Walze
6 Kurbel
· *der* **Eifel**
4 Venn
· *eines* **Eingangs**
12 Tuerschwelle
· *der* **Erdatmosphäre**
10 Exosphaere
11 Ionosphaere, Mesosphaere
12 Troposphaere
13 Stratosphaere
· *des* **Essgeschirrs**
6 Teller
· *des* **Fahrrads**
5 Pedal
6 Lenker
9 Kettenrad
10 Lenkstange
· *des* **Fahrzeugs**
5 Achse
· *des* **Fingers**
5 Nagel
6 Gelenk
8 Knoechel
9 Nagelbett
11 Fingernagel
· *des* **Flughafens**
5 Tower
8 Rollfeld
9 Landebahn, Startbahn
· *des* **Flugzeuges**
5 Rumpf
6 Duesen
9 Armaturen, Propeller
11 Fahrgestell, Tragfluegel
12 Hoehensteuer
· *der* **Funkeinrichtung**
6 Sender
7 Antenne
9 Sendemast
10 Empfaenger
· *des* **Fußes**
3 Zeh
4 Rist
5 Ferse
6 Ballen
8 Knoechel
· *der* **Ganganlage**
11 Schalthebel
· *vom* **Ganzen**
7 Drittel
· *des* **Gartens**
4 Beet
5 Laube
8 Terrasse
12 Gewaechshaus
· *des* **Gasthauses**
10 Schankraum
· *des* **Gaumens**
9 Zaepfchen
· *des* **Gebäudes**
5 Trakt
· *des* **Gebisses**
4 Zahn
6 Kiefer, Zaehne
9 Stockzahn
· *des* **Gedichtes**
4 Vers
7 Strophe
· *der* **Geige**
4 Hals, Steg
5 Boden, Decke, Saite, Zarge
6 Buegel
9 Schalloch
10 Bassbalken, Griffbrett, Schallloch
· *des* **Gesichts**
3 Lid, Ohr
4 Auge, Bart, Kinn, Mund, Nase
5 Backe, Braue, Lippe, Stirn, Wange
6 Kiefer, Wimper
8 Jochbein, Schlaefe
9 Gruebchen, Oberlippe
10 Augenbraue, Unterlippe
12 Nasenruecken
· *des* **Getriebes**
7 Zahnrad
9 Kettenrad
· *von* **Großbritannien**
5 Wales

7 England
10 Nordirland, Schottland
- *der* **Grünanlage**
10 Gartenbeet
- *des* **Gürtels**
8 Schnalle
- *des* **Halses**
5 Kehle, Zunge
6 Genick, Gurgel, Mandel, Nacken
7 Mandeln, Schlund
8 Kehlkopf
10 Adamsapfel, Luftroehre
12 Schilddruese, Speiseroehre
- *der* **Hand**
6 Daumen, Finger
10 Handgelenk, Ringfinger
11 Zeigefinger
12 Mittelfinger
- *des* **Hauses**
4 Dach, Raum, Tuer
5 Boden
6 Giebel, Keller, Treppe, Zimmer
7 Fenster, Wohnung
8 Haustuer, Mansarde, Speicher
9 Dachboden
11 Schornstein
- *des* **Heimes**
10 Wohnzimmer
- *des* **Hemdes**
6 Kragen
- *des* **Hubschraubers**
5 Rotor
6 Kabine
- *des* **Hühnereis**
7 Eiweiss
- *der* **Kamera**
5 Linse
6 Blende
8 Objektiv
14 Transporthebel
15 Selbstausloeser
16 Blendenautomatik
17 Belichtungsmesser
18 Weitwinkelobjektiv
- *der* **Karpaten**
5 Tatra
9 Hohe Tatra
- *der* **Karteikarte**
3 Tab
6 Reiter
- *der* **katholischen Messe**
5 Credo, Kredo
- *der* **Kette**
5 Glied
- *der* **Kirche**
5 Altar
6 Empore, Kanzel
9 Sakristei
12 Glockenstuhl
13 Kirchenschiff
- *des* **Klaviers**
5 Pedal, Saite, Taste
8 Tastatur
9 Klaviatur
- *der* **Kleidung**
5 Bluse
6 Aermel
- *der* **Kletterpflanze**
9 Efeuranke
- *des* **Klosters**
5 Zelle
6 Klause
7 Klausur
9 Kreuzgang
11 Dormitorium, Refektorium
- *des* **Knies**
11 Kniescheibe
- *des* **Knoblauchs**
4 Zehe
- *des* **Kopfes**
3 Ohr
4 Auge, Kinn, Mund, Nase
5 Augen, Backe, Lippe, Ohren, Stirn, Wange
6 Gehirn, Kiefer, Wangen
7 Gesicht
8 Schaedel, Schlaefe
10 Hinterkopf, Oberkiefer, Ohrmuschel
11 Unterkiefer
13 Kieferknochen
- *eines* **Körperglieds**
8 Unterarm
- *der* **Körperpflege**
10 Haarpflege
- *des* **Körpers**
4 Kopf, Leib
5 Bauch, Brust, Lende, Rumpf
7 Gesaess, Ruecken
- *des* **Kraftfahrzeugs**
8 Getriebe
- *des* **Löschzuges**
15 Feuerwehrleiter
- *des* **menschlichen Bauchs**
9 Unterleib
- *des* **Menüs**
5 Salat, Suppe
7 Dessert
9 Nachtisch, Vorspeise
11 Hauptspeise
- *der* **Messe**
5 Credo, Kredo
- *des* **Messers**
4 Heft
5 Griff
6 Klinge
- *eines* **Metallbandes**
5 Glied
11 Kettenglied
- *des* **Mittelmeeres**
5 Adria, Syrte
7 Aegaeis
- *der* **Mittelmeerküste**
5 Adria
7 Riviera
9 Cote d'Azur
- *des* **Moleküls**
4 Atom
- *des* **Monats**
5 Woche
- *des* **Motors**
6 Kolben
9 Verteiler
- *der* **Motorzündanlage**
9 Verteiler
- *des* **Mundes**
5 Lippe, Zunge
6 Gaumen, Gebiss, Lippen, Zaehne
9 Oberlippe
10 Oberkiefer, Unterlippe
11 Unterkiefer
- *von* **Musikinstrumenten**
5 Bogen, Saite, Taste
- *des* **nördlichen Eismeeres**
7 Karasee
9 Laptewsee
- *des* **Nordpolarmeeres**
10 Barentssee
- *der* **Nordtiroler Kalkalpen**
18 Wettersteingebirge
- *des* **Ofens**
4 Rost
8 Ofenrohr
- *des* **Ohres**
6 Amboss
7 Muschel

Teil ... 723

8 Schnecke
10 Ohrmuschel
11 Trommelfell
· *der* **Orgel**
5 Pedal
6 Manual, Pfeife
8 Register, Windwerk
· *der* **Ostsee**
4 Belt, Sund
· *der* **Panade**
13 Semmelbroesel
· *des* **Pazifiks**
7 Suedsee
· *der* **Personalabteilung**
9 Lohnbuero
· *der* **Personalien**
6 Zuname
· *des* **Pfeilbogens**
5 Sehne
· *des* **Pferdefußes**
3 Huf
· *des* **Pferdegeschirrs**
4 Zaum
· *einer* **Pflanze**
6 Bluete, Wurzel
· *eines* **Produktes**
6 Faktor
· *eines* **Quotienten**
7 Divisor
8 Divident
· *des* **Rades**
4 Nabe
5 Felge
6 Reifen
8 Speichen
· *des* **Radios**
5 Skala, Tuner
6 Sender
7 Antenne, Roehren
12 Lautsprecher
· *der* **Raubtierpfote**
5 Tatze
6 Kralle
· *der* **Rauchergarnitur**
9 Feuerzeug
11 Streichholz
12 Aschenbecher
· *eines* **Reaktors**
4 Core
· *einer* **Rechnung**
6 Posten
· *des* **Reitgeschirrs**
6 Sattel
11 Steigbuegel
· *des* **Reitstiefels**
5 Sporn
· *des* **Rheinischen Schiefergebirges**
5 Eifel
6 Taunus
8 Ardennen
9 Hunsrueck
10 Westerwald
· *des* **Rindermagens**
6 Pansen
· *der* **römischen Thermen**
11 Frigidarium
· *des* **Rückgrates**
9 Kreuzbein
· *eines* **Ruders**
5 Blatt
· *des* **Rumpfes**
5 Bauch, Brust
· *der* **sanitären Einrichtung**
9 Badewanne
· *des* **Satzes**
4 Wort
· *von* **Saudi-Arabien**
4 Asir
· *des* **Sauerlandes**
14 Bergisches Land
· *der* **Scheune**
5 Tenne
· *der* **Schiffssteuerung**
5 Ruder
· *des* **Schlafanzugs**
10 Pyjamahose
· *des* **Schlafzimmers Verheirateter**
7 Ehebett
· *des* **Schlittens**
4 Kufe
· *des* **Schlüssels**
4 Bart
· *der* **Schraube**
7 Gewinde
· *der* **Schreibmaschine**
4 Type
5 Taste, Wagen, Walze
8 Farbband, Tastatur
9 Tabulator
· *des* **Schuhs**
5 Ferse, Kappe, Sohle
6 Absatz, Hacken, Schaft
8 Schnalle
10 Brandsohle
· *der* **Schulter**
6 Achsel
13 Schulterblatt
· *an* **Schusswaffen**
5 Abzug
· *des* **Schwerts**
5 Knauf
· *des* **Sehorgans**
8 Augapfel
· *des* **Services**
10 Eierbecher
11 Kaffeekanne
· *der* **Setzmaschine**
6 Taster
· *des* **Sitzmöbels**
5 Lehne
· *des* **Skeletts**
7 Knochen
· *der* **Sonne**
13 Chromosphaere
· *einer* **Spieluhr**
5 Walze
· *des* **Spinnrades**
5 Spule
7 Spindel
· *des* **Sportunterrichts**
6 Turnen
· *der* **Sprache**
4 Wort
· *des* **Sprengkörpers**
7 Zuender
· *des* **Stadions**
8 Tribuene
· *einer* **Statue**
5 Torso
· *des* **Stempels** (Botanik)
5 Narbe
7 Griffel
· *des* **Sternenhimmels**
12 Milchstrasse
· *des* **Stillen Ozeans**
7 Suedsee
8 Bandasee, Rossmeer, Sundasee
10 Beringmeer
12 Korallenmeer
· *der* **Straße**
12 Fahrstreifen
· *des* **Stuhles**
4 Bein, Sitz
5 Lehne
· *der* **Südalpen**
9 Dolomiten
· *der* **Sudeten**
11 Isergebirge
13 Riesengebirge

- *einer* **Summe**
  5 Glied
  7 Summand
- *eines* **Tafelgeschirrs**
  9 Untersatz
- *des* **Tages**
  5 Abend, Nacht
  6 Mittag, Morgen
  9 Vormittag
  10 Nachmittag
- *der* **Takelage**
  9 Bramsegel
- *der* **Talsperre**
  8 Staudamm
- *der* **Tankstelle**
  10 Zapfsaeule
- *des* **Telefons**
  6 Hoerer
  12 Waehlscheibe
- *des* **Tennisspiels**
  4 Satz
- *des* **Teutoburger Waldes**
  6 Osning
- *des* **Thermostaten**
  8 Bimetall
- *des* **Tierkopfes**
  4 Maul
  5 Augen, Ohren
  6 Geweih, Maehne
  8 Schnauze
- *der* **Treppe**
  5 Stufe
  6 Podest
  9 Gelaender
- *des* **TV-Gerätes**
  10 Bildroehre
- *der* **Uhr**
  5 Unruh
  6 Pendel, Zeiger
  8 Gangwerk
  11 Zifferblatt
  14 Sekundenzeiger
- *des* **Uhrwerks**
  5 Anker
- *der* **Unterwäsche**
  4 Slip
- *des* **Urlaubs**
  9 Ferientag
- *des* **USA-Parlaments**
  5 Senat
  19 Repraesentantenhaus
- *des* **Velos**
  5 Pedal
  6 Lenker
  10 Lenkstange
- *des* **Verdauungsapparates**
  4 Darm
  5 Magen
  8 Dickdarm
  9 Duenndarm
  16 Zwoelffingerdarm
- *des* **Visiers**
  4 Korn
  5 Kimme
- *der* **Vogelfeder**
  4 Kiel
- *vom* **Vogelhals**
  5 Kropf
- *des* **Vogelkleides**
  5 Feder
  6 Federn
- *des* **Wagens**
  3 Rad
  6 Achsen, Bremse, Raeder
  8 Deichsel, Wagenrad
- *der* **Wasserwaage**
  7 Libelle
- *des* **Weinstocks**
  4 Rebe
- *des* **Weserberglandes**
  3 Ith
  4 Hils
  7 Deister, Solling
- *der* **Westalpen**
  14 Berner Oberland
- *der* **Wirbelsäule**
  10 Steissbein
- *der* **Woche**
  3 Tag
- *von* **Wohngrundstücken**
  9 Hinterhof
- *der* **Wohnung**
  3 Bad
  5 Diele
  6 Balkon, Keller, Kueche
  8 Mansarde, Speicher, Toilette
  9 Esszimmer
  10 Badezimmer, Wohnzimmer
  12 Kinderzimmer, Schlafzimmer
- *der* **Wohnungseinrichtung**
  6 Lampen, Moebel
  8 Gardinen, Teppiche
- *des* **Wortes**
  5 Silbe
  9 Buchstabe
- *der* **Wurzel**
  6 Knolle
- *des* **Zaumzeugs**
  6 Trense
  7 Kandare
- *der* **Zeitung**
  7 Beilage
- *der* **Zigarre**
  5 Blatt
- *eines* **Zimmers**
  4 Tuer
- *des* **Zodiakus**
  9 Sternbild
- *des* **Zuschauerraumes**
  4 Loge
  7 Galerie, Parkett

Teilaufnahme einer Person
  9 Brustbild

Teilbereich
  9 Abschnitt

Teilbesitz
  6 Anteil

Teilbetrag
  4 Rate
  5 Quote
  6 Anteil

Teilchen
  4 Atom
  8 Partikel
  9 Korpuskel

Teilchenstrahlung (Physik)
  20 Korpuskularstrahlung

Teiler (Bruchrechnung)
  6 Nenner
  7 Divisor

Teilgebiet der ...
- **Biologie**
  7 Botanik, Genetik
  8 Zoologie
  13 Anthropologie
- **EDV**
  18 Computerdiagnostik
- **Geologie**
  9 Geophysik
- **Mathematik**
  7 Algebra
  8 Analysis
  9 Geometrie
  13 Trigonometrie

Teilhaber
  6 Sozius
  7 Partner
  9 Aktionaer, Kompagnon
  12 Kommanditist
  14 Gesellschafter

Teilhaberschaft
10 Konsortium
Teilkraft
10 Komponente
Teilnahme
7 Beileid, Mitleid
9 Interesse
10 Mitgefuehl
13 Partizipation
teilnahmslos
5 dumpf
6 passiv, stumpf
8 untaetig
9 apathisch
11 indifferent, lethargisch
13 gleichgueltig
15 desinteressiert
Teilnahmslosigkeit
7 Apathie
9 Lethargie
Teilnehmer
11 Partizipant
Teilnehmer am Zweikampf
8 Duellant
Teilstamm der Franken
6 Salier
Teilstrecke
6 Etappe
9 Abschnitt
Teilstrich
4 Grad
Teilstück
7 Portion
Teilung
8 Division, Spaltung, Trennung
9 Zerlegung
10 Entzweiung, Halbierung
Teilungslinie der Erdhalbkugeln
8 Aequator
teilweise
8 partiell
Teilzahlkontrakt
12 Ratenvertrag
Teilzahlung
4 Rate
9 Ratenkauf
Teint
9 Hautfarbe
13 Gesichtsfarbe
Telefon
12 Fernsprecher
Telefonat
5 Anruf
9 Gespraech
13 Ferngespraech
Telefonbenützer
7 Anrufer
Telefonhäuschen
15 Fernsprechzelle
telefonisch bestellbare Prostituierte
8 Callgirl
Telefonleitung
7 Strippe
Telefonnebenstelle
6 Klappe
Telefonnummer bei Gefahr
6 Notruf
Telefonvermittlung
8 Zentrale
Telegraf
13 Fernschreiber
Telegrafistenberuf
6 Funker
Telegramm
8 Depesche
Telegrammschlüssel
4 Code
Telekopie
3 Fax
Telemachs Mutter
8 Penelope
Telemachs Vater
8 Odysseus
Telemark
11 Schischwung
Teleskop
8 Fernrohr
9 Reflektor, Refraktor
Television
9 Fernsehen
Telexapparat
13 Fernschreiber
Tells Gegner
7 Gessler
Tempel ...
· *auf der* **Akropolis**
9 Parthenon
10 Erechtheum
11 Erechtheion
· *für* **alle Götter**
8 Pantheon
· *der* **Athene**
9 Parthenon
· *im* **Fernen Osten**
6 Pagode
· *im* **Islam**
7 Moschee
· *im* **Judentum**
8 Synagoge
Tempelberg von Jerusalem
4 Sion, Zion
Tempeldiener
5 Levit
Tempelfest der Juden
8 Chanukka
Tempelpfeiler
5 Pylon
Tempelsklave im Altertum
9 Hierodule
Tempeltänzerin in Indien
8 Bajadere
Temperament
7 Schwung
9 Wesensart
10 Choleriker, Gemuetsart, Munterkeit
temperamentvoll
6 feurig, rassig
Temperatur unter 0 Grad
5 Frost
Temperaturbezeichnung
3 lau
4 kalt, warm
5 eisig, heiss, kuehl
7 frostig
Temperaturmaß
4 Grad
Temperaturmaßeinheit
6 Kelvin
7 Celsius
10 Fahrenheit
Temperaturmessgerät
9 Pyrometer
11 Thermometer
13 Thermoelement
Temperaturregler
10 Thermostat
Tempo
4 Hast
7 Karacho
8 Zeitmass
15 Geschwindigkeit
Tempobeschleunigung
5 Spurt
8 Endspurt
12 Akzeleration
Tempobezeichnung in der Musik
5 grave, largo, lento
6 adagio, presto, vivace
7 allegro, andante
8 ritenuto

10 allegretto, diminuendo, largamente, ritardando, stringendo
11 accelerando, prestissimo, vivacissimo

Tempoerhöhung
5 Spurt

Tempolehre in der Musik
6 Agogik

Tempomesser
5 Tacho
10 Tachometer

temporär
9 zeitweise
10 zeitweilig
14 voruebergehend

Temporennen
8 Wettlauf

Tendenz
3 Zug
4 Hang, Kurs
5 Trend
7 Absicht, Neigung, Streben
8 Richtung, Stimmung
9 Stroemung

tennisähnliches Ballspiel
6 Squash

Tennisausdruck
2 As
3 Ass, Set
4 Asse, Satz, Spin
5 Deuce, Match, Mixed, Slice
6 Doppel, Einzel, Racket, Rakett, Volley
7 Service, Vorhand
8 Backhand, Einstand, Flugball, Tiebreak
9 Aufschlag, Matchball, Rueckhand
10 Grundlinie
11 Dameneinzel
12 Aufschlaeger, Herreneinzel
13 Schmetterball

Tennisball hinter der Linie
3 aus

Tennisbegriff ▶ Tennisausdruck

Tennisgröße
5 Crack

Tennisgrundlinie
8 Baseline

Tennishauptplatz
11 Centrecourt

Tennisschlag
3 Lob

Tennisschläger
6 Racket, Rakett

Tennisspielart
5 Mixed
6 Doppel, Einzel

Tennisstar
4 Graf
5 Lendl
6 Becker

Tenniswanderpokal
8 Daviscup
10 Davispokal

Tenniswettkampf
7 Turnier

Teppich
10 Bodenbelag

Teppich im Schlafzimmer
13 Bettumrandung

Teppichart
5 Kelim, Ladik, Sumak
6 Mihrab, Perser
7 Bruecke, Buchara, Taebris
8 Meschhed
13 Orientteppich

teppichartige Stickerei
10 Tapisserie

Teppichklopfer
7 Pracker

Teppichoberfläche
4 Flor

Teppichrandfaden
6 Franse

Termin
3 Tag
5 Datum, Frist
9 Zeitpunkt

Termin vor Ort
11 Lokaltermin

Terminbareinlage
15 Festgeldauftrag

Terminkalender
6 Agenda
8 Merkbuch

Terminus technicus
11 Fachbegriff

Termitenfresser
11 Ameisenbaer

Terrain
5 Areal, Boden, Grund
6 Gebiet
8 Gelaende

Territorium eines hohen Adligen
11 Fuerstentum

Tessinwein
6 Merlot

Test
5 Probe
7 Umfrage, Versuch
8 Pruefung
9 Erprobung
10 Experiment
16 Eignungspruefung

Testamentverwahrer
5 Notar

Testamentzusatz
8 Kodizill

Testat
6 Attest
7 Zeugnis
12 Bestaetigung
13 Bescheinigung

Testator
9 Erblasser

Tester
7 Pruefer
11 Untersucher

Testfrage
4 Item

Testikel
5 Hoden

Testperson
7 Proband

Tetanus
12 Muskelkrampf
15 Wundstarrkrampf

teuer
4 lieb, wert
8 wertvoll
11 kostspielig

Teuerung
15 Preissteigerung

Teufel
5 Satan, Urian
7 Luzifer
8 Diabolus, Mephisto
9 Beelzebub
10 Antichrist
14 Mephistopheles

Teufelsaustreiber
8 Exorzist

Teufelsbart
10 Kuhschelle

Teufelsbeere
10 Belladonna

Teufelsfisch
6 Rochen
Teufelskirsche
10 Belladonna
11 Tollkirsche
Teufelskreis
13 Zirkelschluss
Teufelsrochen
5 Manta
Teufelssitz
6 Hoelle
Teufelsweib
4 Hexe
teuflisch
9 hoellisch
teuflischer Geist
6 Daemon
teure Rohedelsteine
9 Diamanten
Text
8 Wortlaut
9 Inschrift
10 Aufschrift, Manuskript, Stenogramm, Typoskript
12 Formulierung
Text auf Münzen
10 Aufschrift
Text aus Versalien
12 Blockschrift
Textauslegung
7 Exegese
Textbuch für Opern
8 Libretto
Textdichter von Lilli Marleen
4 Leip
Texter
10 Librettist
Textilarbeiter
5 Weber
6 Walker, Wirker
7 Faerber, Spinner
8 Stricker
Textilbetrieb
7 Weberei
8 Wirkerei
9 Faerberei, Spinnerei
Textilerzeugnis
4 Samt, Taft, Tuch
5 Drell, Loden, Satin, Seide, Stoff
6 Gewebe, Gradel, Leinen, Spitze
9 Dekostoff
Textilfärbeverfahren
5 Batik
Textilgrundstoff
5 Faser, Seide, Wolle
9 Baumwolle
10 Kunstfaser, Naturfaser
11 Chemiefaser
Textilhandwerker
9 Schneider
Textilien
4 Zeug
Textilmaschine
8 Webstuhl
Textilprodukt
4 Tuch
5 Decke
Textilrohstoff
5 Wolle
9 Baumwolle
10 Schurwolle
11 Merinowolle
Textilstueck in der Küche
9 Spueltuch
Textreproduktion
7 Abdruck
Textstelle
5 Zitat
6 Passus
7 Passage
Thailand
4 Siam
thailändische ...
· **Amtssprache**
4 Thai
· **Königin**
7 Sirikit
· **Währung**
4 Baht
Theater
4 Show
5 Revue
6 Buehne
9 Opernhaus
11 Schaubuehne
12 Kammerspiele
14 Schauspielhaus
Theateragent
10 Impresario
Theaterberuf
10 Souffleuse
Theaterfigur
7 Staberl
Theaterleiter
9 Intendant
Theatermannschaft
8 Ensemble
Theatermiete
10 Abonnement
Theaterplatz
4 Loge, Rang
7 Galerie, Parkett
8 Parterre
9 Sperrsitz
Theaterrolle
4 Part
7 Rotulus
Theatersitzplatz
4 Loge
Theaterspielfläche
6 Buehne
Theaterspielstätte im Freien
15 Freilichtbuehne
Theaterspielzeit
6 Saison
Theatervorhalle
5 Foyer
Theatervorstellung
11 Auffuehrung
Theaterzettel
8 Programm
Theaterzubehör
8 Requisit
thebanische Königin
5 Niobe
thebanischer Königssohn
7 Oedipus
Theke
6 Tresen
10 Ladentisch
11 Schanktisch
Thema
5 Motiv
6 Inhalt
7 Aufgabe, Gedanke
9 Leitmotiv
Thema einer Gestaltung
5 Sujet
Thema eines Werkes
5 Sujet
Themenstellung
8 Thematik
Theoderichs Volk
8 Ostgoten
theologische Studienanstalt
6 Kolleg

theologischer Gegner Luthers
3 Eck
Theorem
8 Lehrsatz
Theoretiker der Psychoanalyse
4 Jung
5 Adler, Freud
Theoretiker des Sozialismus
4 Marx
6 Engels
Theorie
11 Lehrmeinung
therapeutische Bodenmasse
8 Heilerde
Therapie
10 Behandlung
Thermometerskala
6 Kelvin
7 Celsius, Réaumur
10 Fahrenheit
These
8 Lehrsatz, Leitsatz
10 Behauptung
thrakisches Reitervolk
5 Geten
Thriller
5 Krimi
7 Reisser
10 Gruselfilm, Horrorfilm
Thronerbe ► Thronfolger
Thronfolge
10 Sukzession
Thronfolger
8 Erbprinz, Kronerbe
9 Kronprinz
Thronfolger im alten Russland
10 Zarewitsch
Thronfolger in Spanien
6 Infant
Thronhimmel
9 Baldachin
Thronräuber
9 Usurpator
Thuja
10 Lebensbaum
Thunfisch ► Tunfisch
Thusneldas Gatte
5 Armin
7 Hermann
8 Arminius
Thymian
7 Quendel
Thymusdrüse des Kalbs
5 Bries
tibetanisch(e, er, es) ...
· **Buddhist**
7 Lamaist
· **Form des Buddhismus**
9 Lamaismus
· **Gazelle**
3 Goa
· **Hausrind**
3 Jak, Yak
· **Kultgerät**
12 Gebetsmuehle
· **Lastträger**
6 Sherpa
· **Mönch**
4 Lama
5 Bonze
· **Nobelpreisträger für Frieden**
9 Dalai-Lama
· **Oberhaupt**
9 Dalai-Lama
Tick
5 Macke
6 Fimmel, Spleen
7 Marotte
8 Schrulle
Ticket
7 Billett
9 Fahrkarte, Flugkarte
14 Eintrittskarte
Tide
4 Ebbe, Flut, Stau
6 Gezeit
tief greifend
7 radikal
tief liegende Landschaft
3 Tal
5 Senke
9 Niederung
tief(e, er, es) ...
· **Abneigung**
4 Hass
· **Abzugsgraben**
6 Rigole
· **Achtung**
9 Ehrfurcht
· **Bedauern**
4 Reue
· **Bescheidenheit**
5 Demut
· **Betrübnis**
6 Trauer
· **Bewusstlosigkeit**
4 Koma
· **enge Täler**
10 Schluchten
· **Erdrinne**
6 Graben
· **Fall**
5 Sturz
· **Felsenkluft**
7 Abgrund
· **Frauenstimme**
3 Alt
· **Freude**
5 Wonne
· **innere Freude**
11 Beglueckung
· **Kleiderausschnitt**
9 Dekolleté
10 Dekolletee
· **Knabenstimme**
3 alt
· **Männerstimme**
4 Bass
· **Misstrauen**
7 Argwohn
· **Nachtruhe**
6 Schlaf
· **Temperatur**
6 Kaelte
· **Verehrung**
8 Anbetung
· **Zuneigung**
5 Liebe
Tiefdruckgebiet
7 Zyklone
Tiefe
7 Abgrund
Tiefebene
9 Niederung
Tiefengestein
6 Diorit
8 Plutonit
15 Intrusivgestein
Tiefenmesser
7 Echolot
Tiefenmessung
6 Lotung
Tiefgangskala am Schiff
6 Ahming
Tiefland in Mittelasien
5 Turan
Tiefland in Südamerika
6 Llanos

T

tiefsinnig
7 profund
tiefste Wolken
5 Nebel
Tiefstpunkt
7 Minimum
Tieftemperaturtechnik
11 Kryotechnik
Tiegel
10 Kasserolle
Tier ...
· *der* **Amphibien**
5 Lurch
· *mit* **Federn**
5 Vogel
· *der* **Geflügelfarm**
8 Legehuhn
· *zum* **Scheren**
5 Pudel, Schaf
· *mit* **weißem Stirnfleck**
6 Blesse
Tierabrichter
8 Dompteur
Tierabrichtung
7 Dressur
Tierart
4 Wurm
5 Fisch, Polyp, Vogel
6 Amoebe, Insekt, Reptil
7 Schwamm
8 Amphibie, Hohltier, Molluske
9 Amphibium, Schaltier, Weichtier
10 Saeugetier, Wirbeltier
14 Gliederfuesser
Tierarzt
10 Veterinaer
Tierbändiger ► Tierabrichter
Tierbehausung
3 Bau
4 Nest
5 Bauer, Horst, Stall, Zelle
6 Gehege, Hoehle, Kaefig
7 Voliere, Zwinger
8 Aquarium
9 Exotarium, Terrarium
10 Bienenkorb, Vogelbauer
11 Bienenstock, Hundehuette, Vogelkaefig
12 Taubenschlag
Tierbrut
4 Wurf
6 Gelege
Tiere aus fernen Ländern
6 Exoten
Tiere der Primaten
5 Affen
Tiereingeweide
7 Innerei, Kutteln
Tierfangeinrichtung
4 Netz, Rute
5 Angel, Eisen, Falle, Grube, Lasso, Reuse
8 Leimrute, Schlinge
9 Fallgrube, Fangeisen, Vogelherd
10 Mausefalle
Tierfänger in Kanada
13 Fallensteller
Tierfell
4 Balg, Pelz
Tierfett
4 Talg, Tran
5 Speck
7 Schmalz
Tierflanke
5 Wamme
Tierfuß
3 Huf
4 Fang
5 Klaue, Pfote, Tatze
6 Pranke
Tierfutter
3 Heu
4 Gras, Klee
Tiergarten
3 Zoo
Tiergemeinschaft
5 Herde, Meute, Rudel
Tiergruppe
3 Zug
4 Flug
5 Herde, Horde, Meute, Rotte, Rudel
6 Sprung
7 Schwarm
Tierhaarprodukt
4 Filz
tierhaft
10 animalisch
Tierhand
5 Pfote
Tierhaut
4 Balg, Fell, Pelz
5 Decke, Leder
Tierhaut mit Fell
4 Balg
Tierhautbearbeiter
6 Gerber
Tierhautprodukt
5 Leder
9 Kalbleder, Wildleder
Tierhöhle
3 Bau
tierisch
10 animalisch
11 bestialisch
tierisch(e, er, es) ...
· **Duftstoff**
7 Moschus
· **Fett**
4 Talg, Tran
· **Körperteil**
3 Huf
4 Horn, Kamm, Maul
5 Euter, Zitze
6 Geweih
7 Fittich, Fluegel, Fuehler, Ruessel, Schwanz
8 Schnabel, Schnauze
· **Plankton**
5 Krill
· **Regung**
5 Trieb
· **Speisefett**
7 Schmalz
· **Zellverbindung**
6 Gewebe
Tierkadaver
3 Aas
Tierkenner
7 Zoologe
Tierkleid
4 Fell
Tierkrankheit
4 Rips, Rotz, Spat
5 Darre
6 Koppen, Laehme, Nagana, Raeude, Staupe
7 Rotlauf, Tollwut
9 Milzbrand
10 Rinderpest
Tierkreis
8 Zodiakus
Tierkreiszeichen
5 Krebs, Loewe, Stier, Waage
6 Fische, Widder
8 Jungfrau, Schuetze, Skorpion
9 Steinbock, Zwillinge
10 Wassermann

Tierkunde
8 Zoologie
Tierlaus
5 Milbe
Tierleiche
3 Aas
Tierlippe
5 Lefze
Tiermärchen
5 Fabel
Tiermund
4 Fang, Maul
5 Aeser
6 Rachen
8 Schnabel, Schnauze
Tiernahrung
6 Futter
Tierpark
3 Zoo
Tierparkleiter
11 Zoodirektor
Tierpflege
4 Hege
Tierpfote
5 Tatze
Tierprodukt
2 Ei
4 Fell, Fett, Horn, Pelz, Talg, Tran
5 Feder, Honig, Leder, Milch, Speck, Wolle
7 Fleisch, Schmalz
8 Schinken
9 Elfenbein
10 Eiderdaune, Flaumfeder
Tierrudel ► Tiergruppe
Tierschau
9 Menagerie
Tierschenkel
5 Keule
Tierseuche
3 BSE
7 Tollwut
Tierwaffe
4 Gift, Horn, Zahn
5 Hauer, Klaue, Tatze
6 Gebiss, Geweih, Kralle, Pranke
7 Stachel
8 Schaufel
9 Stosszahn
Tierweide
6 Koppel
Tierwelt
5 Fauna
Tierwohnung
3 Bau
4 Nest
5 Stall
6 Hoehle, Kaefig
7 Zwinger
8 Aquarium
9 Terrarium
Tierzahnwunde
4 Biss
Tierzehe
5 Klaue
6 Kralle
Tiger oder Löwe
9 Raubkatze
Tigerkatze
6 Ozelot
Tigerpferd
5 Zebra
Tigerschlange
6 Python
Tilgung
9 Bezahlung, Loeschung
Tinktur
6 Auszug
Tintenfederhalter
7 Fueller
Tintenfisch
5 Krake, Polyp, Sepia
6 Kalmar
8 Argonaut, Nautilus, Oktopode, Seepolyp
Tintenfischfangarm
8 Tentakel
Tintenfleck
6 Klecks
Tintenstift
7 Fueller
Tintentrockner
8 Loescher
11 Loeschblatt
Tip
3 Rat
4 Wink
5 Ezzes
7 Hinweis
9 Andeutung, Ratschlag
10 Empfehlung, Fingerzeig
tipptopp (tip-top)
7 korrekt
8 tadellos
Tirade
5 Suada, Suade
6 Erguss
Tiroler ...
· **Bauernmaler**
9 Defregger
· **Bergmassiv**
9 Dolomiten
· **Freiheitskämpfer**
5 Hofer
· **Geigenbauer**
7 Stainer
· **Hauptstadt**
9 Innsbruck
· **Kurort**
3 Erl
4 Igls, Oetz, Zell
6 Schwaz, Woergl
· **Landwein**
8 Traminer
· **Passionsspielort**
3 Erl
· **See**
8 Achensee
· **Tal**
6 Stubai, Ziller
· **Volksheld**
5 Hofer
· **Weinort**
6 Terlan, Tramin
7 Kaltern
· **Zwergkönig**
6 Laurin
tischartiges Möbel
4 Pult
Tischdeckchen
3 Set
Tischdecke
9 Tafeltuch
Tischdeckenart
9 Wachstuch
Tischgesellschaft
10 Tafelrunde
Tischglocke
4 Gong
Tischkugelspiel
7 Billard
Tischler
9 Schreiner
Tischlerabfall
4 Span
9 Saegemehl
Tischlermaterial
4 Leim
Tischlerwerkzeug
5 Feile, Hobel, Saege
6 Beitel, Bohrer, Raspel
9 Bandsaege, Hobelbank

T

10 Stemmeisen
Tischserviette
3 Set
Tischsignalgerät
4 Gong
Tischtennis
8 Pingpong
Tischtuch
5 Decke
Tischzeug
6 Gedeck
7 Besteck, Service
9 Tischtuch
10 Servietten
Titan
5 Huene, Riese
Titanias Gatte
6 Oberon
Titel
6 Anrede
8 Headline
10 Aufschrift
12 Ueberschrift
Titel ...
· **arabischer Fürsten**
4 Emir
· **asiatischer Fürsten**
4 Chan, Khan
· *des* **äthiopischen Kaisers**
5 Negus
· *von* **Beamtinnen**
6 Raetin
· *für* **Botschafter und Gesandte**
9 Exzellenz
· *der* **französischen Weltgeistlichen**
4 Abbé
· *für den* **Freiherrn**
5 Baron
· *der* **Gattin Aga Khans**
5 Begum
· *der* **Geistlichen in England und Amerika**
8 Reverend
· *im* **Handwerk**
7 Meister
· *an* **Hochschulen**
7 Oberrat
· *eines* **indischen Fürsten**
4 Raja
7 Radscha
8 Maharaja
11 Maharadscha
· *einer* **indischen Fürstin**
4 Rani
5 Begum
8 Maharani
· *eines* **indischen Herrschers**
5 Mogul
· *eines* **innerasiatischen Fürsten**
4 Chan, Khan
· *des* **iranischen Kaisers**
5 Schah
· *von* **islamischen Gelehrten**
5 Mulla
6 Mullah
· *eines* **islamischen Herrschers**
6 Sultan
· *eines* **islamischen Ministers**
5 Wesir
· *des* **japanischen Kaisers**
5 Tenno
6 Mikado
· *für einen* **jüdischen Gesetzeslehrer**
5 Rabbi
· *der* **Kardinäle**
7 Eminenz
· *von* **mohammedanischen Herrschern**
6 Sultan
· *der* **Nachfolger Mohammeds**
5 Kalif
· *von* **nicht regierenden Fürsten**
5 Prinz
· *eines* **Pädagogen**
10 Oberlehrer, Studienrat
· *des* **Papstes**
8 Pontifex
· *von* **römischen Feldherren**
9 Imperator
· *der* **russischen Kaiserin**
5 Zarin
· *des* **russischen Kaisers**
3 Zar
· *eines* **Schachmeisters**
12 Grossmeister
· *des* **Thronfolgers**
9 Kronprinz
· *für* **türkische Offiziere**
3 Aga
· *von* **unverheirateten Gräfinnen**
8 Komtesse
Titelbild
5 Cover
Titelbildchen
8 Vignette
Titelbildmädchen
9 Covergirl
Titelblatt bei alten Büchern
10 Frontispiz
Titelfigur von ...
· **Anouilh**
5 Medea
8 Antigone, Eurydike
· **Berg**
4 Lulu
7 Wozzeck
· **Bizet**
6 Carmen
· **Böll**
13 Katharina Blum
· **Busch**
3 Max
4 Fips
6 Moritz
· **Corneille**
3 Cid
· **Defoe**
8 Robinson
14 Robinson Crusoe
· **Disney**
5 Bambi, Dumbo
· **Egk**
8 Columbus
· **Euripides**
5 Orest
· **Flaubert**
6 Bovary
· **Freytag**
4 Ingo
· **Frisch**
7 Stiller
· **Gershwin**
4 Bess
5 Porgy
· **Goethe**
5 Faust, Goetz, Tasso
6 Egmont, Stella
7 Clavigo, Hermann, Werther

T

8 Dorothea
9 Iphigenie
· **Humperdinck**
6 Gretel
7 Haensel
· **Ibsen**
4 Nora
· **Lessing**
5 Minna
6 Nathan
· **Mann**
5 Krull, Lotte
10 Felix Krull
· **May**
8 Winnetou
· **Molière**
8 Tartuffe
10 Amphitryon
· **Mozart**
6 Figaro
7 Bastien
9 Bastienne
· **Offenbach**
6 Helena
7 Orpheus
· **Schiller**
4 Tell
6 Fiesco
11 Wallenstein
· **Shakespeare**
4 Lear
5 Julia, Romeo
6 Caesar, Hamlet
7 Macbeth, Othello
· **Shaw**
6 Caesar
7 Candida
· **Sophokles**
4 Aias, Ajas, Ajax
7 Elektra, Oedipus
8 Antigone
· **Strawinsky**
7 Oedipus
· **Swift**
8 Gulliver
· **Tolstoi**
8 Karenina
12 Anna Karenina
· **Wagner**
6 Isolde
7 Tristan
9 Lohengrin, Siegfried
11 Tannhaeuser
· **Zola**
4 Nana

Titelträger
7 Titular
Titelverleihung
9 Ernennung
Titulierung
6 Anrede
Toast
9 Roestbrot
11 Trinkspruch
toben
6 balgen
11 herumtollen
tobend
6 rasend
7 wuetend
Tobsucht
7 Raserei
Tobsüchtiger
9 Berserker, Wueterich
11 Amoklaeufer
Tobsuchtsanfall
8 Amoklauf
Töchter des Danaos
8 Danaiden
Töchter des Zeus
5 Horen, Musen
Tochter von ...
· **Agamemnon**
7 Elektra
9 Iphigenie
· **Alkinoos**
8 Nausikaa
· **Ceres**
10 Proserpina
· **Demeter**
10 Persephone
· **Hekabe, Hekuba**
9 Kassandra
· **Herodias**
6 Salome
· **Hyperion**
3 Eos
6 Aurora
· **Jokaste**
8 Antigone
· **Klytämnestra**
7 Elektra
9 Iphigenie
· **Kronos**
4 Hera, Here
6 Hestia
7 Demeter
· **Menelaos**
8 Hermione

· **Minos**
7 Ariadne
· **Nereus**
7 Galatea
· **Ödipus**
6 Ismene
8 Antigone
· **Priamos**
9 Kassandra
· **Rigoletto**
5 Gilda
· **Tantalus**
5 Niobe
· **Ute**
9 Kriemhild
Tochtergeschwulst
9 Metastase
Tochtermann
5 Eidam
13 Schwiegersohn
Tod
6 Exitus
7 Ableben
10 Freund Hein, Lebensende
todbringender Stoff
4 Gift
5 Toxin
Todesangst
6 Phobie
Todesanzeige
11 Partezettel
Todesfall
7 Ableben
Todesgott
5 Hades, Orkus, Pluto
8 Thanatos
Todesgöttin
3 Hel
Todeskampf
6 Agonie
Todeslauf
4 Amok
Todesstrafe im Mittelalter
7 raedern
Todesweihe
8 Viatikum
10 Wegzehrung
14 Krankensalbung
todgeweiht
8 moribund
tödlich
5 letal
tödliche Seuche
6 Pocken

7 Cholera
9 Pestilenz
tödliches Gift
8 Zyankali
Toga
6 Mantel, Umhang
Toilette
2 WC
3 Klo
5 Abort, Lokus
7 Klosett
13 Wasserklosett
Toilettentisch
14 Frisierkommode
Tokios alter Name
3 Edo
Tokios Hauptverkehrs-straße
5 Ginza
Töle
4 Hund
6 Koeter
tolerant
7 duldsam
8 geduldig
Toleranz
7 Duldung
toll
4 wild
9 unbaendig
tolldreist
5 frech, kuehn
Tolle
5 Locke
10 Haarschopf
toller Einfall
8 Kapriole
Tollkirsche
10 Belladonna
12 Teufelsbeere
Tollkirschengift
7 Atropin
Tollkraut
10 Schierling
11 Bilsenkraut
Tolpatsch
4 Narr
7 Toelpel, Trottel
Tomatenkaltspeise
12 Tomatensalat
13 Paradeissalat
Tomatensoße
7 Ketchup
8 Ketschup
Ton
4 Laut
5 Klang
Ton aus spitzem Mund
5 Pfiff
Ton-Kalk-Gestein
6 Mergel
Tonabstand
5 Stufe
9 Intervall
tonangebend
9 kompetent
Tonarchiv
9 Phonothek
Tonart
3 Dur
4 Moll
Tonband
4 Tape
Tonbandgerät
8 Recorder, Tapedeck
17 Kassettenrecorder
Tonbezeichnung
3 Ais, Ces, Des, Dis, Fis, Ges, Gis, His
Tonblasinstrument
7 Okarina
Tondichter
9 Komponist
Tondichtung
11 Komposition
Tonerde
5 Ocker
Tonerdesilikat
3 Bol
5 Bolus
tönern
5 irden
tönernes Blasinstrument
7 Okarine
Tonerzeuger bei Musik-instrumenten
5 Saite
10 Luftsaeule
Tonfall
6 Akzent
8 Betonung
10 Aussprache
Tonfigur der jüdischen Mystik
5 Golem
Tonflasche
5 Kruke
Tonfolge
7 Melodie, Passage
Tongefäß
4 Krug
Tongeschirr
5 Hafen
7 Keramik
10 Roemertopf
Tongeschlecht ▶ Tonart
Tonhalle
5 Odeon
Tonhebung
5 Iktus
Tonintervall
4 None, Prim, Sext, Terz
5 Prime, Quart, Quint, Sexte
6 Dezime, Oktave, Quarte, Quinte
7 Sekunde, Septime
Tonkennzeichen
4 Note
Tonkonserve
8 Kassette
12 Schallplatte
Tonkunst
5 Musik
Tonkunstart
6 E-Musik, U-Musik
Tonkünstler
7 Musiker, Saenger
8 Dirigent
9 Komponist
Tonlehre
8 Phonetik
Tonleiter
5 Skala
Tonleitersystem
11 Solmisation
tonlos
5 stumm
6 atonal, heiser
Tonne
4 Fass
6 Barrel
7 Gefaess, Gewicht
tonnenartiges See-zeichen
4 Boje
tonreicher Boden
4 Klei
Tonschicht
6 Letten
Tonschöpfung
11 Komposition
Tonschrift im Mittelalter
6 Neumen

Tonsetzer
9 Komponist
Tonsillitis
15 Halsentzuendung
Tonspeicher
10 Magnetband
12 Schallplatte
Tonstück ▶ Musikstück
Tonträger
8 Cassette, Kassette
12 Schallplatte
Tönung
6 Nuance
Tonware ▶ Töpferware
Tonwarenhersteller
7 Toepfer
Tonwiedergabegerät
8 Recorder
14 Plattenspieler
17 Kassettenrecorder
Tonwiedergabetechnik
4 Mono
6 Quadro, Stereo
Tonwirbel
7 Triller
Tonzeichen
4 Note
Tonzusammenklang
6 Akkord
Topf
4 Pott
Topfen
5 Quark
10 Weisskaese
Töpfer
6 Hafner
7 Haefner
9 Keramiker
10 Ofensetzer
Töpfereiprodukt ▶ Töpferware
Töpferkunst
7 Keramik
Töpfermaterial
3 Ton
Töpferware
6 Fliese, Kachel
7 Fayence, Keramik
8 Majolika, Steingut
9 Porzellan
10 Terrakotta
Töpferwerkstatt
7 Poterie
Topfgriff
5 Stiel
6 Henkel
Topfschließe
6 Deckel
Topinambur
8 Erdbirne
Topmodel
9 Mannequin
13 Starmannequin
Tor
4 Depp, Goal, Narr, Tuer
6 Pforte, Portal
7 Treffer
8 Dummkopf, Einfahrt
Tor beim Fußball
4 Goal
Torero
13 Stierkaempfer
Torfart
4 Darg
Torfstück
4 Sode
Torheit
5 Unfug
6 Eselei, Unsinn
8 Dummheit, Kinderei, Narretei, Wahnwitz
9 Bloedsinn
10 Albernheit
Torhüter
6 Keeper
7 Tormann, Torwart
8 Goalmann
9 Torsteher
10 Goalkeeper
töricht
4 dumm, naiv
6 albern, stupid, unklug
8 kindisch, unsinnig
9 naerrisch
10 einfaeltig
töricht(e, er, es) ...
· **Einfall**
6 Flause
· **Gerede**
5 Stuss
6 Unsinn
7 Gefasel, Nonsens
· **Handlung**
6 Eselei
· **Verhalten**
7 Idiotie
Torjaeger
8 Stuermer
15 Spitzenstuermer
Torlauf im Skisport
6 Slalom
12 Riesenslalom
Tormann
6 Keeper
7 Torwart
10 Goalkeeper
Tornado
11 Wirbelsturm
Tornister
6 Ranzen
8 Rucksack
11 Schulranzen
Torpfosten auf dem Spielfeld
10 Goalstange
Torschütze
10 Goalgetter
Tort
6 Unbill
9 Kraenkung
Törtchen
9 Tortelett
Tortenfüllung
11 Buttercreme
Tortengussmaterial
7 Fondant
8 Gelatine
Tortur
4 Pein, Qual
5 Plage
6 Folter, Marter
Torwächter
7 Portier
9 Pfoertner
Torwart ▶ Tormann
Torwartaktion
11 Faustabwehr
tot
3 oed
6 leblos
8 entseelt
total
4 ganz
6 gesamt
9 gaenzlich
12 vollstaendig
totale Verneinung
10 Nihilismus
Totalisator
11 Wettannahme
totalitär
10 autoritaer
12 autokratisch, diktatorisch

T

14 selbstherrlich
tote Fracht
7 Ballast
tote Rinde
5 Borke
Totem
7 Amulett
9 Talisman
14 Gluecksbringer
Totenacker
8 Friedhof, Kirchhof
totenähnlich
9 scheintot
Totenamt ► Totenmesse
Totenbeschwörung
11 Nekromantie
Toteneröffnung
7 Sektion
9 Obduktion
Totenfährmann
6 Charon
Totenführer
6 Hermes
Totengedenkstein
9 Grabstein
Totengedenkworte
8 Grabrede
Totengefäß
4 Sarg, Urne
Totengeister
5 Manen
6 Zombie
7 Lemuren
Totengeleit
7 Kondukt
Totengott ► Todesgott
Totengöttin ► Todesgöttin
Totengruft
4 Grab
6 Krypta
9 Mausoleum
Totenklage
6 Naenie
Totenknochen
7 Gebeine
Totenmesse
7 Requiem
Totennachruf
8 Nekrolog
Totenreich
3 Hel
5 Hades, Orkus
6 Hoelle
8 Niflheim
9 Unterwelt
Totenschrein
4 Sarg
9 Sarkophag
Totenstadt
10 Nekropolis
Totentrage
5 Bahre
Totenverehrung
8 Manismus
Totenvogel
9 Steinkauz
toter ...
· **Bestand**
8 Inventar
· **Körper**
6 Leiche
8 Leichnam
· **Tierkörper**
3 Aas
7 Kadaver
Toter mit Hinterlassenschaft
9 Erblasser
Totgewicht
7 Ballast
Totospiel
5 Wette
Totschläger
6 Killer
Tötung
9 Ermordung, Exekution
11 Hinrichtung, Liquidation
Tour
4 Trip
5 Fahrt, Reise
7 Ausflug, Tournee
9 Exkursion, Wanderung
14 Gastspielreise
Tour im Gebirge
13 Bergwanderung
Tourenzähler
14 Drehzahlmesser
Tourismus
14 Fremdenverkehr
Tourist
8 Urlauber
9 Reisender
Touristenbegleiter
9 Animateur
11 Reiseleiter
14 Fremdenfuehrer
Touristikunternehmen
10 Reisebuero
toxisch
6 giftig
Trab auf der Stelle
6 Piaffe
Trabant
4 Mond
8 Satellit
9 Begleiter
11 Gefolgsmann
12 Erdbegleiter, Leibwaechter
Trabrennwagen
5 Sulky
Trachom
9 Granulose
Trachtengewand
11 Dirndlkleid
Trachtenjacke
6 Janker
11 Lodenjanker
Trachtenkleid
6 Dirndl
Trachtenstoff
5 Loden
trächtig
6 gravid
7 tragend
9 schwanger
Tradition
4 Usus
5 Sitte
6 Brauch
10 Gewohnheit
14 Ueberlieferung
träg
4 faul
5 inert
7 langsam, schlaff
8 indolent, untaetig
9 apathisch
11 lethargisch
12 phlegmatisch
13 schwerfaellig
Tragbalken
4 Holm
9 Architrav
Tragband
4 Gurt
tragbar
8 portabel
13 transportabel
tragbar(e, er, es) ...
· **Behälter**
4 Korb
5 Eimer, Kiepe

8 Kanister
9 Tornister
· **Computer**
6 Laptop
· **Fernsehgerät**
8 Portable
· **Funksprechgerät**
12 Walkie-Talkie
· **TV-Gerät** ► tragbares Fernsehgerät

Tragbett
5 Bahre, Trage
9 Tragbahre

Tragbrett
7 Tablett

Tragebehälter
4 Korb

tragender Balken
6 Pfette

tragendes Bauteil
6 Balken, Saeule, Strebe
7 Pfeiler, Stuetze

Träger
6 Balken, Saeule, Strebe
7 Pfeiler, Stuetze

Träger ...
· *der* **Erbanlagen**
3 Gen
9 Chromosom
· *für* **Gepäck**
10 Dienstmann
· *für* **Golfgeräte**
6 Caddie
· *im* **Himalaja**
6 Sherpa
· *einer* **Kraftsporttruppe**
9 Untermann
· *von* **Musikaufzeichnungen**
7 Tonband
· *der* **Segel und Rahen**
8 Mastbaum

trägerloses Kleiderteil
7 Korsage

Tragetasche
6 Beutel
12 Plastiktuete

Tragfähigkeit
8 Nutzlast

Trägheit
6 Unlust
7 Phlegma
8 Faulheit, Indolenz
9 Lethargie

Traghimmel
9 Baldachin

tragischer Streit eines Paares
12 Ehetragoedie

tragisches Geschehen
9 Tragoedie
11 Trauerspiel

Tragkorb
5 Hotte, Kiepe
6 Buette, Kietze

Traglast
6 Buerde

Traglufthalle
5 Radom

Tragödie
11 Trauerspiel

Tragödie von Euripides
7 Alkeste

Tragödie von Goethe
5 Faust
6 Egmont

Tragpfosten
6 Strebe

Tragsäule
7 Pfeiler, Pfosten, Stuetze

Tragsessel
5 Sedia
7 Saenfte
8 Palankin
11 Portechaise

Tragstütze
7 Pfeiler, Pfosten

Tragtier
4 Esel, Lama, Muli
5 Kamel, Pferd
7 Elefant
8 Dromedar, Maultier

Tragweite
6 Folgen
7 Ausmass

Train
5 Tross

Trainer
5 Coach
8 Betreuer
9 Ausbilder
11 Sportlehrer

Training
6 Uebung
7 Jogging

Trainingsgerät der Boxer
9 Maisbirne

Trainingsmaschine für Piloten
9 Simulator

Trainingsstudio
13 Fitnesscenter

Trajekt
6 Faehre
10 Autofaehre
11 Faehrschiff
15 Eisenbahnfaehre

Trakehner
5 Pferd

Traktandum
3 TOP
18 Tagesordnungspunkt

Traktat
10 Abhandlung
11 Flugschrift

Traktor
7 Trecker
9 Schlepper
11 Zugmaschine

Trällersilbe
2 la

Trambahn
12 Strassenbahn

Tramp
8 Vagabund
12 Globetrotter
13 Landstreicher, Weltenbummler

Trampeltier
5 Kamel

Tramper
8 Anhalter
10 Hitchhiker
11 Autostopper

Tran
3 Oel

Trance
14 Daemmerzustand
19 Entrueckungszustand

Träne
6 Zaehre

Tränen vergießen
6 weinen

tranig
5 oelig
6 fettig, traege
7 langsam
9 troedelig

Trank der Götter
6 Nektar

Tranquilizer
17 Beruhigungsmittel

Transaktion
13 Bankgeschaeft, Geldgeschaeft
Transfer
12 Uebertragung, Ueberweisung
13 Ueberfuehrung
Transferbetrag
12 Abloesesumme
Transformator
5 Trafo
8 Umformer
9 Umspanner
17 Spannungsumformer
Transfusion
12 Uebertragung
16 Bluteubertragung
Transistor
11 Verstaerker
Transit
9 Durchfuhr, Durchgang
17 Durchgangsverkehr
Translation
8 Bewegung
12 Uebertragung, Verschiebung
Transparent
10 Leuchtbild, Spruchband
transparent
12 durchsichtig
14 durchscheinend
Transparentbild
3 Dia
10 Diapositiv
transparenter Anstrich
5 Lasur
9 Lasierung
Transpiration
8 Schweiss
9 Schwitzen
Transplantation
17 Organverpflanzung
Transport
7 Versand
9 Spedition
12 Befoerderung
transportabel
9 beweglich
Transportarbeiter
6 Packer
Transportart
6 Eilgut
10 Expressgut
Transportbehälter
4 Fass, Sack
5 Kanne, Kiste
6 Karton
7 Collico, Hobbock
8 Kanister
9 Container
Transportbetrieb
9 Spedition
Transportfahrzeug
6 Karren
7 Lastzug
8 Lastauto
9 Lastwagen
Transportfirma ► Transportbetrieb
Transportgerät für Kranke
5 Bahre, Trage
9 Rollstuhl, Tragbahre
Transportgut
6 Fracht, Ladung
Transportkosten
8 Rollgeld
13 Frachtgebuehr
Transportmittel
3 Bus, Rad
4 Bahn
5 Karre, Wagen
7 Omnibus, Stapler
8 Flugzeug, Reisebus, Seilbahn
9 Eisenbahn, Lastwagen
11 Lieferwagen
12 Gabelstapler
Transportschiff für Öl und Benzin
6 Tanker
Transportwaren
6 Gueter
Transportwesen
9 Spedition
Trapez
7 Viereck
8 Querholz
11 Schwebereck
12 Schaukelreck
Trapezkünstler
6 Artist
Trasse
4 Spur
7 Faehrte
Tratsch
5 Ondit
6 Gerede
7 Klatsch
8 Gemunkel, Geruecht
10 Geschwaetz
Tratsche
11 Klatschbase
Traubenanbaugebiet
8 Weinberg
Traubenernte
4 Lese
8 Weinlese
Traubenpresse
6 Kelter
Traubensaft
4 Most, Wein
Traubensorte ► Rebensorte
Traubentrage
5 Kiepe
Traubenzucker
7 Glukose, Glykose
8 Dextrose
Trauer
6 Wehmut
7 Pietaet
8 Truebsal
9 Schwermut, Tristesse
10 Betruebnis
11 Melancholie
Trauerband
4 Flor
Traueressen
7 Kondukt
14 Leichenschmaus
Trauerfeier
5 Messe
7 Requiem
9 Abdankung
Trauerkloss
6 Muffel
10 Miesepeter
Trauerspiel
9 Tragoedie
Trauerspieldichter
8 Tragiker
Trauerzug
7 Kondukt
10 Beerdigung
Traufe
10 Regenrinne
traulich
5 innig
8 heimelig
9 idyllisch
Trauma
10 Verletzung
Traumdeuter
9 Wahrsager

Träumer
7 Fantast
8 Phantast
Träumerei
7 Reverie
8 Fantasie
9 Phantasie
Traumerscheinung
6 Utopie, Vision
7 Phantom
8 Fantasie, Illusion, Trugbild
9 Phantasie, Schimaere
12 Hirngespinst
Traumgespenst
3 Alb, Alp
traumhaft
4 toll
5 super
9 visionaer, wunderbar
10 unwirklich
11 fantastisch
12 phantastisch
Traumined
8 Feigling
9 Hasenfuss
Traumland
6 Dorado
8 Atlantis, Eldorado
Traumlehre
11 Oneirologie
Traummahr
3 Alb, Alp
13 Nachtgespenst
traurig
5 trist
7 desolat
8 betruebt, freudlos, trostlos
12 schwermuetig
13 melancholisch
trauriges Geschehen
5 Drama
traut
4 lieb
8 traulich, vertraut
9 behaglich
10 anheimelnd, gemuetlich
Traute
3 Mut
Trauung
6 Heirat
8 Hochzeit
11 Vermaehlung
14 Eheschliessung
Trauzeuge
8 Beistand
Travellerscheck
11 Reisescheck
travers
4 quer
7 schraeg
Traverse
8 Ausleger
10 Querbalken
Travestie
7 Parodie
10 Umdichtung
Trawl
11 Schleppnetz
Trawler
11 Fischerboot
Trebegänger
12 Herumtreiber
Treber
7 Trester
18 Kelterrueckstaende
Treck
3 Zug
7 Kolonne
8 Karawane
12 Auswanderung, Wagenkolonne
Trecker
7 Traktor
9 Schlepper
Treff
5 Kreuz
6 Eichel
Treffen
5 Match, Spiel
9 Begegnung
10 Rendezvous
13 Zusammenkunft
Treffen unterwegs
9 Begegnung
treffend
8 frappant
9 praegnant
treffende Schilderung einer Person
14 Charakteristik
treffender Ausspruch
6 Bonmot
Treffer
3 Tor
6 Erfolg, Gewinn
7 Reisser
10 Glueckslos
11 Gluecksfall
Treffer ...
· *bei* **Ballspielen**
3 Tor
· *beim* **Basketball**
4 Korb
· *zum* **Remis**
9 Ausgleich
13 Ausgleichstor
17 Ausgleichstreffer
trefflich
7 bestens
11 vorzueglich
treffsicher
9 praegnant
Treib- und Brenngas
6 Propan
treibende Kraft
5 Agens
7 Energie
treibender Rhythmus
5 Drive
Treibgas
5 Butan
6 Propan
Treibgut
9 Strandgut, Treibholz
Treibhaus
9 Kaldarium
12 Gewaechshaus
Treibjagd
4 Hatz
8 Hetzjagd
13 Kesseltreiben
Treibjagdausbeute
7 Strecke
Treibladung
9 Kartusche
Treibmittel beim Backen
► Gärmittel
Treibnetz
5 Fleet
Treibschlag beim Golf
5 Drive
Treibstange
12 Pleuelstange
Treibstoff
3 Gas
5 Sprit
6 Benzin, Diesel, Methan, Propan
7 Gasolin, Holzgas
9 Dieseloel, Schweroel
10 Kraftstoff
12 Leichtbenzin, Schwerbenzin

Treibstoffanzeiger
9 Benzinuhr
Treibstoffbehälter
4 Fass, Tank
5 Tonne
6 Barrel, Bunker, Kessel
8 Kanister
Treidelpfad
8 Leinpfad
Trema
10 Trennpunkt
Tremolo
7 Vibrato
Trenchcoat
11 Regenmantel
Trend
7 Neigung, Tendenz
8 Richtung
Trendel
7 Kreisel
Trendsetter
11 Protagonist
13 Schrittmacher
Trennfläche
4 Wand, Zaun
5 Mauer
6 Planke
Trennkommando beim Boxen
5 Break
Trennlinie zwischen Staaten
6 Grenze
Trennpunkt über Vokalen
5 Trema
Trennschleuder
10 Zentrifuge
Trennung
7 Schisma, Teilung
8 Spaltung
9 Scheidung, Sezession
10 Entzweiung, Separation
11 Demarkation
Trennung der Rassen
9 Apartheid
Trennung flüssiger Stoffe
12 Destillation
Trennungslinie
6 Grenze
17 Demarkationslinie
Trennungsstrich
5 Divis
Trennungsverfahren
7 Dialyse
12 Destillation

Trense
10 Pferdezaum
Trepanation
16 Schaedeloeffnung
Treppe
5 Stufe
6 Stiege
7 Aufgang
Treppe ...
· *beim* **Flugzeug**
7 Gangway
· **nach oben**
7 Aufgang
· *beim* **Schiff**
8 Fallreep
Treppenabsatz
6 Podest
Treppenhalle
9 Vestibuel
Treppenhalterung
16 Stiegengelaender
Treppenteil
5 Stufe
6 Podest
9 Gelaender
Treppenzaun
9 Gelaender
Tresen
5 Theke
10 Ladentisch
11 Schanktisch
Tresor
4 Safe
11 Geldschrank
12 Stahlschrank
13 Panzerschrank
Tresse
5 Biese, Borte, Litze
6 Besatz
8 Borduere
Tresse an Livreen
5 Galon
Trester
6 Treber
11 Obstschnaps
Trethebel
5 Pedal
11 Kickstarter
treu
5 loyal
6 getreu
7 ergeben
9 verbunden
11 anhaenglich

Treubruch
6 Verrat
7 Untreue
8 Ehebruch
12 Ehrlosigkeit
treuer Gefolgsmann
7 Paladin
Treuhänder
7 Kurator
10 Sachwalter
Treuhandgebiet
6 Mandat
treuherzig
4 naiv
6 arglos
10 einfaeltig
treulos
6 perfid, unstet, untreu
7 perfide
treuloser Geheimnisbrecher
6 Petzer
9 Verraeter
Triade
8 Dreiheit, Dreizahl
Triangel
7 Dreieck
Triasformation
6 Keuper
11 Muschelkalk
13 Buntsandstein
Tribunal
7 Gericht
11 Gerichtshof
12 Richterstuhl
Tribüne in Kirchen
6 Empore
Tribut
4 Zoll
6 Abgabe, Steuer
Trichter im Karst
6 Doline
Trichtermündung
7 Aestuar
Trichterwickler
11 Blattroller
Trick
4 Dreh, List
5 Finte, Kniff
7 Finesse
10 Kunstgriff, Taeuschung
Trick eines Zauberkünstlers
5 Magie

T

Trickbetrüger
13 Bauernfaenger
Trickfilmfigur
5 Goofy
6 Donald
9 Micky Maus
trickreich
6 listig, schlau
8 gerissen
11 verschlagen
Trident
8 Dreizack
Trieb
5 Drang
6 Impuls, Libido, Spross
7 Ableger
9 Sehnsucht, Verlangen
11 Schoessling
12 Leidenschaft
Trieb zum Stehlen
11 Kleptomanie
triebartig
8 impulsiv
10 instinktiv
triebhaft
10 animalisch
Triebkraft
5 Agens, Motor
7 Dynamik, Energie
Triebwerk
5 Motor
8 Maschine
triefend
4 nass
triftig
9 plausibel
11 stichhaltig
14 wohl begruendet
Trigonometrie
15 Dreiecksmessung
trigonometrische Funktion
5 Sinus
7 Cosinus, Kosinus, Tangens
9 Cotangens, Kotangens
trikolor
10 dreifarbig
Trikot
6 Jersey
Trikotage
8 Wirkware
10 Strickware
Trikothemd
5 Shirt
6 T-Shirt
Trilogie des Ayschylos, Äschylus
7 Orestie
Trimm-dich-Läufer
6 Jogger
Trinität
13 Dreieinigkeit
14 Dreifaltigkeit
Trinitatisfest
19 Dreifaltigkeitsfest
Trinkbedürfnis
5 Durst
Trinkgefäß
4 Glas, Horn, Krug, Mass
5 Kelch, Pokal, Tasse
6 Becher, Bembel, Humpen, Roemer, Schale, Seidel
7 Stiefel
8 Bierglas, Bierkrug, Schoppen, Sektglas, Stamperl, Teetasse, Weinglas, Weinkrug
9 Obertasse
10 Likoerglas, Sektschale
13 Schnabeltasse
Trinkgefäß der Germanen
7 Methorn
Trinkgelage
5 Orgie
8 Sauferei, Zecherei
9 Bacchanal
10 Besaeufnis, Zechgelage
Trinkgeld im Orient
10 Bakschisch
Trinkgenosse
6 Kumpan, Zecher
Trinkgesellschaft
5 Runde
7 Kommers
10 Stammtisch
Trinkgruß der Studenten
7 Fiduzit
9 Schmollis
Trinklied der Studenten
6 Kantus
11 Kommerslied
Trinkröhrchen
9 Strohhalm
Trinkschokolade
5 Kakao
Trinkspruch
5 Prost, Toast
6 Prosit
Trinkstube
3 Bar
5 Lokal
6 Kneipe
10 Wirtschaft
Trinkwunsch
5 Durst
Trio
7 Terzett
Trip
5 Reise
7 Ausflug
9 Kurzreise
10 Kurzurlaub
Tripper
9 Gonorrhoe
10 Gonorrhoee
Triptychon
9 Altarbild
Trisektion
11 Dreiteilung
trist
4 grau, oede
7 traurig
8 betruebt, freudlos
Tristans Geliebte
6 Isolde
Triste
10 Heuschober
trisyllabisch
10 dreisilbig
Triton
12 Meergottheit
trittartige Erhöhung
6 Podium
Trittholz an der Leiter
7 Sprosse
Triumph
4 Sieg
5 Jubel
6 Erfolg, Freude
10 Genugtuung
11 Siegesfeier, Siegesjubel
Triumvirat
8 Dreibund
15 Dreimaennerbund
16 Dreierherrschaft
trivial
5 banal, platt
6 seicht
11 alltaeglich, gewoehnlich
12 abgedroschen
trocken
4 arid

5 duerr, mager
6 droege
trocken(e, er, es) ...
· **Ebene**
6 Steppe
· **Flusslauf**
5 Creek
· **Gebäck**
4 Keks
7 Knaecke
8 Zwieback
· **Getreidehalme**
5 Stroh
· **Grasland**
6 Steppe
Trockenbett eines Flusses
4 Wadi
Trockenblume
10 Strohblume
Trockenfutter
3 Heu
Trockengestell
5 Darre, Horde
6 Reiter, Reuter, Spinne
Trockengras
3 Heu
Trockenheit
6 Duerre
Trockenlegung
8 Drainage
13 Entwaesserung
Trockenmittel
8 Sikkativ
Trockenobst
9 Doerrobst
Trockensteppe in Afrika
8 Kalahari
Trockensteppe in Südamerika
5 Pampa
Trockenvorrichtung ▶ Trockengestell
Troddel
6 Bommel, Quaste
Troddelblume
10 Soldanella
Trödel
4 Kram, Tand
6 Ramsch
7 Altware, Plunder
10 Krimskrams
Trödelbasar
9 Flohmarkt
Trödler
11 Althaendler
16 Altwarenhaendler
Trog
5 Mulde, Wanne
trogartiges Gefäß
5 Wanne
Troja
5 Ilion, Ilium, Truva
trojanisch(e, er, es) ...
· **Burg**
8 Pergamon
· **Priester**
7 Laokoon
· **Prinz**
7 Troilos
· **Sagengestalt**
6 Hekabe, Hekuba, Helena
9 Kassandra
· **Sagenheld**
5 Paris
6 Achill, Aeneas, Hektor, Nestor
7 Priamos, Priamus
8 Achilles
· **Späher**
5 Dolon
Troll
5 Wicht
Trolleybus
4 Obus
19 Oberleitungsomnibus
Trommel
4 Drum
5 Bongo, Cassa, Conga, Pauke
6 Tamtam, Timbal
7 Timpano
8 Tamburin
Trommelfeuer
8 Kanonade
Trommelstock
8 Schlegel
Trommler
7 Drummer, Tambour
12 Schlagzeuger
Trompete
6 Busine
7 Clairon, Fanfare
Trompetenbaum
7 Katalpa
Trompetengeige
10 Trumscheit
Trompetenschmettern
7 Fanfare
Trompetenschnecken
14 Tritonshoerner
Tropenbaum
5 Palme
6 Akazie, Baobab, Mastix, Sapote
9 Mangobaum, Tamarinde
10 Muskatnuss
11 Dattelpalme
13 Affenbrotbaum
Tropenfieber
7 Malaria
Tropenfrucht
5 Mango
6 Ananas, Banane
7 Erdnuss
8 Maracuja
9 Kokosnuss, Tamarinde
Tropengewuerz
7 Vanille
Tropenkleiderfarbe
5 Khaki
Tropenkrankheit
5 Lepra
7 Aussatz, Malaria
8 Beriberi, Pellagra
10 Gelbfieber
11 Bilharziose
15 Schlafkrankheit
Tropenvogel
3 Ara, Beo, Kea
5 Arara, Tukan
6 Kakadu, Kondor
7 Kolibri, Papagei
Tropenwind
6 Monsun, Passat
Tröpfchenbildung im Gras
3 Tau
Tropfsteinform
9 Stalagmit, Stalagtit
Tropfsteinhöhle
6 Grotte
tropisch(e, er, es) ...
· **Ameise**
7 Termite
· **Anpflanzung**
8 Plantage
· **Baumechse**
10 Chamaeleon
· **Baumeidechse**
6 Leguan
· **Baumfrucht**
8 Paranuss
9 Kokosnuss

· **Baumharz**
5 Elemi
· **Baumsteppe**
7 Savanne
· **Baumwachs**
8 Carnauba
· **Blume**
8 Orchidee
· **Bodenfrucht**
7 Erdnuss
12 Aschantinuss
· **Echse**
5 Agame, Gecko, Waran
6 Leguan
10 Chamaeleon
· **Edelholzart**
4 Teak
5 Limba
8 Ebenholz, Mahagoni
10 Palisander
· **Faserpflanze**
4 Jute
5 Agave
· **Feldfrucht**
6 Ananas
· **Frucht**
5 Mango
· **Fruchtbaum**
11 Dattelpalme
· **Genussmittel**
3 Tee
5 Kakao
6 Kaffee
· **Gewürz**
4 Zimt
6 Kaneel, Muskat
7 Pfeffer, Vanille
· **Gewürzlilie**
4 Amom
· **Graspflanze**
6 Bambus
· **Holz**
8 Mahagoni
· **Insekt**
7 Moskito, Termite
· **Kletterpflanze**
5 Liane
· **Knollenpflanze**
4 Jams, Taro, Yams
6 Batate, Maniok
· **Kopfbedeckung**
8 Sombrero
10 Tropenhelm
· **Kuckucksvogel**
3 Ani
· **Landschaftsform**
7 Savanne
9 Dschungel, Regenwald
· **Laubbaum**
6 Akazie
· **Meeressäuger**
6 Seekuh
· **Niederschlagsperiode**
9 Regenzeit
· **Pflanze**
4 Koka
5 Agave
6 Aralie
12 Faecherpalme
· **Regenwälder am Amazonas**
6 Selvas
· **Riesengras**
6 Bambus
· **Säugetier**
3 Gnu
4 Affe, Puma
5 Kamel, Loewe, Tapir, Tiger, Zebra
6 Jaguar, Ozelot
7 Elefant, Gazelle, Giraffe, Leopard, Nashorn
8 Antilope, Nilpferd
· **Schlingpflanze**
5 Liane
· **Schwirrvogel**
7 Kolibri
· **Stärkeknolle**
6 Maniok
· **Sumpfwald**
9 Dschungel
· **Vegetationsform**
6 Urwald
9 Dschungel, Regenwald
· **Vogel**
7 Papagei
· **Wetterperiode**
9 Regenzeit
· **Wirbelsturm**
6 Taifun
· **Ziervogel**
4 Pfau
Tross
5 Train
7 Gefolge
10 Mitlaeufer
Trosse
3 Tau
4 Seil
10 Schiffstau
11 Schiffsseil
Trossschiff
6 Tender
Trost
5 Hilfe
6 Labsal
8 Beistand, Zuspruch
trostlos
3 oed
4 oede
5 trist
7 desolat, traurig
10 langweilig
trostlose Wüstenei
4 Oede
Trostlosigkeit
4 Oede
Trostpflaster
6 Ersatz
14 Entschaedigung
Trottel
4 Depp
5 Idiot
8 Dummkopf
11 Schwachkopf
Trottinett
10 Tretroller
Trottoir
6 Gehweg
7 Fussweg
8 Gehsteig
12 Buergersteig
Trotz
8 Renitenz
9 Eigensinn
15 Dickkoepfigkeit
17 Widerspenstigkeit
trotzdem
7 dennoch, obschon
8 obgleich
trotzig
6 zornig
8 renitent
10 aufmuepfig
11 dickkoepfig, eigensinnig
trotzig reden
6 maulen
Troubadour
12 Minnesaenger
trübe
5 trist
6 diesig, neblig
7 dunstig, milchig

Trubel
6 Rummel, Tumult
9 Gedraenge
11 Hochbetrieb
trübes Bier
9 Weissbier
Trübsal
4 Leid
5 Elend
6 Kummer, Trauer
7 Schmerz
9 Schwermut, Tristesse
10 Depression
11 Resignation
Trübsinn
9 Schwermut
11 Melancholie
Truchsess
10 Hofbeamter, Seneschall
Trug
3 Arg
4 List
6 Betrug, Schein
9 Blendwerk
10 Taeuschung
16 Sinnestaeuschung
Trugbild
7 Phantom
8 Illusion, Wahnbild
9 Schimaere
trügerisch
10 taeuschend, unwirklich
11 illusorisch
12 irrefuehrend
trügerische Hoffnung
8 Illusion
Trugschluss
6 Irrtum
10 Denkfehler
Trugwahrnehmung
11 Fata Morgana
13 Halluzination
Truhe
4 Lade
7 Schrein
Trümmer
5 Reste, Ruine, Teile, Torso, Wrack
6 Schutt
8 Scherben
12 Bruchstuecke
Trumpf im Kartenspiel
5 Atout
Trumpfneun beim Jassen
4 Nell
Trunkenbold
7 Saeufer, Trinker
11 Alkoholiker
Trunkenheit
4 Suff
6 Rausch
Trunksucht
4 Suff
12 Alkoholismus
Trupp
9 Abteilung
Truppe
4 Heer
5 Armee
Truppe auf fremdem Gebiet
8 Besatzer
Truppe zu Pferd
10 Kavallerie
Truppenabteilung
7 Brigade
8 Kompanie
Truppeneinheit ► Truppenabteilung
Truppenfahne
9 Standarte
Truppengattung
4 Heer
6 Marine
9 Luftwaffe
10 Artillerie
Truppenschau
6 Parade
Truppenspitze
4 Tete
6 Vorhut
Truppenstandort
8 Garnison
Truppenteil
7 Einheit, Nachhut
8 Division, Kompanie, Regiment
Truppenübung
8 Manoever
Truppenunterkunft
7 Kaserne
Truppenverband der alten Römer
6 Legion
Truppenverpflegung
6 Menage
Truppenverstärkung
7 Reserve
Trüsche
6 Quappe
8 Aalrutte
Trust
4 Pool
7 Kartell, Konzern
Truthahn
5 Puter
Truthenne
4 Pute
trutzig
6 massiv
8 maechtig
tschechisch für …
· **Eger**
4 Cheb
· **Elbe**
4 Labe
· **Prag**
5 Praha
tschechisch(e, er, es) …
· **Bierstadt**
6 Pilsen
7 Budweis
· **Bildhauer**
5 Hajek
· **Dirigent**
7 Kubelik
· **Gebiet**
7 Maehren
· **Instrumentalvirtuose**
7 Kubelik
· **Komponist**
4 Hába
6 Dvorak
7 Smetana
· **Landesteil**
7 Boehmen, Maehren
· **Langstreckenläufer**
7 Zatopek
· **Maler**
5 Kupka
· **Männername**
5 Karel
· **Münze**
5 Krone
6 Heller
· **Nobelpreisträger für Chemie**
9 Heyrovský
· **Nobelpreisträger für Medizin**
4 Cori
· **Politiker**
5 Havel, Husak
6 Dubcek
7 Svoboda

T

- **Reformator**
  3 Hus
- **Sänger**
  4 Gott
- **Schachmeister**
  4 Reti
- **Schriftsteller**
  5 Čapek, Hasek, Havel, Kafka
  6 Neruda
  8 Comenius
- **Stadt**
  4 Eder, Eger
  5 Znaim
  6 Pilsen

Tuba
7 Helikon
9 Bombardon
Tubeninhalt
5 Pasta, Paste
Tubenmasse ▶ Tubeninhalt
Tuberkel
9 Knoetchen
tuberkulös
15 schwindsuechtig
Tubifex
11 Brunnenwurm
Tubus
4 Rohr
12 Zwischenring, Zwischenrohr
Tuch
5 Laken, Stoff, Wolle
tuchbespannte Liege
10 Liegestuhl
Tuchent
9 Federbett
Tuchhalle
10 Gewandhaus
Tuchmacher
5 Weber
Tuchstock beim Stierkampf
6 Muleta
tüchtig
4 brav
6 begabt, faehig, wacker
8 fleissig, tauglich
9 geschickt
10 ordentlich
11 intelligent
Tücke
4 List
7 Arglist
10 Hinterlist
15 Verschlagenheit
17 Hinterhaeltigkeit
tückisch
6 perfid
9 arglistig
12 hinterlistig
tüftelig
9 schwierig
tüfteln
7 basteln
Tugend
3 Mut
5 Treue
tugendhaft
4 edel
6 ehrbar, keusch
7 achtbar, sittsam
8 zuechtig
Tugendlehre
5 Ethik, Moral
Tülle
7 Ausguss
8 Schnauze
Tulpe
4 Glas
5 Blume
12 Trinkgefaess
Tulpenbaum
8 Magnolie
Tummelplatz
10 Spielwiese
16 Kinderspielplatz
Tümmler
5 Taube
6 Delfin
7 Delphin
Tumor
10 Geschwulst
Tümpel
5 Pfuhl, Suhle, Teich
Tumult
5 Krach, Laerm, Rumor
6 Rummel, Trubel, Unruhe
7 Aufruhr, Getoese
8 Wirrwarr
tumultartige Auflehnung
7 Aufruhr
tun
6 machen
10 ausfuehren
Tun mit Absicht
7 Vorsatz
8 Mutwille
Tüncher
5 Maler
11 Anstreicher
tunesische Insel
6 Djerba
8 Dscherba, Kerkenna
Tunfisch (Thunfisch)
4 Thon
7 Makrele
Tunichtgut
4 Lump
6 Schuft
11 Taugenichts
Tunke
3 Jus
5 Sauce, Sosse
6 Stippe
Tunke aus Eigelb und Öl
9 Majonaese
10 Mayonnaise
Tunkenschüssel
8 Sauciere
tunlichst
6 lieber
10 moeglichst
Tunnel im Erdreich
4 Gang
7 Stollen
Tupfen
5 Fleck, Punkt
8 Sprenkel
Tupfer
6 Tampon
Tür
6 Pforte, Portal
7 Ausgang, Eingang, Einlass
9 Durchlass
Tür ...
- *ins* **Freie**
  7 Ausgang
- *bei* **Gefahr**
  10 Notausgang
- *ins* **Haus**
  7 Eingang

Turbine
13 Kraftmaschine
turbulent
7 unruhig
8 wirbelnd
10 stuermisch
Turbulenz
6 Unruhe
13 Durcheinander, Wirbelbildung
Türeinfassung
5 Zarge

T

Türenteil
5 Angel, Griff, Haken, Sturz
6 Klinke, Rahmen, Riegel, Zapfen
7 Klopfer, Pfosten, Schloss
8 Druecker, Schwelle
Turfsportanlage
14 Pferderennbahn
Türglocke
7 Klingel, Schelle
Türgriff
6 Klinke
8 Schnalle
Türhaken
5 Haspe
Türhüter
7 Portier
9 Pfoertner
Türke
6 Osmane
türkisch(e, er, es) ...
· **Anisbranntwein**
4 Raki
· **Anrede**
3 Bei
5 Bajan
6 Efendi
7 Effendi
· **Beamter**
3 Bei
4 Vali, Wali
5 Mudir, Wesir
6 Pascha
· **Berg**
6 Ararat
· **Binnenmeer**
11 Marmarameer
· **Branntwein**
4 Rake, Raki
· **Dichter**
4 Baki
· **Dynastie**
11 Seldschuken
· **Gebetsteppich**
5 Milas
· **Gebirge**
6 Taurus
· **Geige**
5 Keman
· **Gewässer**
11 Marmarameer
· **Gewicht**
4 Okka
· **Hausschuh**
8 Babusche
· **Herrschertitel**
6 Sultan
· **Insel**
3 Ada
5 Imroz
6 Imbros
7 Tenedos
· **Kerntruppe**
12 Janitscharen
· **Kopfbedeckung**
3 Fes, Fez
· **Längsflöte**
5 Kaval
· **Leibrock**
6 Dolman
· **Männername**
7 Buelent, Mustafa
· **Meerenge**
8 Bosporus
11 Dardanellen
· **Münze**
4 Kuru, Para
5 Kurus
7 Piaster
· **Name von Smyrna**
5 Ismir, Izmir
· **Nationalspeise**
5 Dolma
8 Tschorba
· **Nomadenvölker**
6 Awaren
8 Kirgisen
· **Polizist**
6 Kawass
· **Priester**
4 Imam
· **Regierungskanzlei**
5 Divan, Diwan
· **Reichsgründer**
5 Osman
· **Riemenpeitsche**
10 Karbatsche
· **Ruinenstadt**
3 Ani
· **Spießchen**
5 Kebab
· **Staatsmann**
8 Atatuerk
· **Sultan**
5 Ahmed, Hamid, Murad, Osman, Selim
6 Mahmud, Mehmed
7 Bajazet, Mustafa, Soliman
8 Mohammed, Suleiman
· **Tabakspfeife**
8 Tschibuk
· **Titel**
3 Aga, Beg, Bei, Bey, Dei
4 Baba, Gazi
5 Ghasi, Mudir
6 Efendi, Pascha
7 Effendi, Muschir
· **Volksstamm**
6 Kurden
türkisch-tatarischer Herrschertitel
4 Khan
Turktatare
5 Aware, Tatar
6 Jakute, Usbeke
7 Kasache, Kirgise
8 Turkmene
9 Baschkire
Turkvolkangehöriger
5 Tatar
Turm ...
· *der* **Burg**
9 Bergfried
· **italienischer Kirchen**
9 Campanile, Kampanile
· *einer* **Moschee**
8 Minarett
· *in* **Paris**
10 Eiffelturm
turmartiger Kuppelaufbau
7 Laterne
Turmdach
4 Helm
Turmdachart
12 Zwiebelhaube
13 Zwiebelkuppel
Türmer
9 Gloeckner
12 Turmwaechter
Turmkrähe
5 Dohle
Turmtor ägyptischer Tempel
5 Pylon
Turnergruppe ► Turngruppe
turnerische Darbietung
6 Uebung
Turnerstellung
5 Beuge

Turngerät
3 Tau
4 Bock, Reck, Ring, Seil
5 Pferd, Ringe
6 Barren, Hantel, Kasten, Leiter, Reifen, Stange, Trapez
8 Rhoenrad
9 Trampolin
10 Springseil
11 Kletterseil
12 Sprossenwand, Stufenbarren
13 Kletterstange, Schwebebalken
Turngruppe
5 Riege
Turnier
5 Match
9 Wettkampf
10 Kampfspiel, Wettbewerb
Turniereinsatzbetrag
9 Startgeld
Turnierreiterin
7 Amazone
Turniertanz
5 Tango
6 Walzer
9 Paso doble
12 Wiener Walzer
Turnkünstler
6 Artist
7 Akrobat
Turnleibchen
9 Sporthemd
Turnübung
3 Rad
4 Kuer
5 Beuge, Felge, Hocke, Kehre, Kerze, Kippe, Rolle, Salto, Welle, Wende
6 Flanke, Schere, Spagat, Sprung, Stuetz
8 Klimmzug
9 Graetsche, Handstand, Hockwende, Kopfstand, Umschwung
10 Aufschwung, Bauchwelle, Bodenrolle
11 Doppelsalto, Riesenfelge, Riesenwelle, Ueberschlag
Turnus
6 Umlauf
7 Wechsel
11 Reihenfolge
Turnvater
4 Jahn
Türöffner
8 Druecker
Türscharnier
5 Angel
Türverschluss
5 Haken
6 Riegel
7 Schloss
Türvorhang
8 Portiere
Türvorleger
5 Matte
9 Fussmatte
10 Abstreifer
Türzapfen
5 Angel
6 Kloben
Tusch
6 Signal
7 Fanfare
Tuschezeichengerät
10 Rapidograf
11 Rapidograph
Tute
10 Signalhorn
Tutel
13 Vormundschaft
Tutor
7 Vormund
8 Erzieher
TV- ...
· **Beruf**
16 Fernsehansagerin
· **Bildwiedergabe**
5 Video
· **direkt**
4 live
· **Gerät**
9 Fernseher
· **Gesprächsleiter**
9 Moderator
· **Justierdiagramm**
8 Testbild
· **Kabelprogramm**
3 SAT
· **Kanalwähler**
5 Tuner
· **Kontrollgerät**
7 Monitor
· **Quizmaster**
4 Heck
6 Lembke
7 Elstner, Thoelke
9 Rosenthal
11 Frankenfeld, Kulenkampff
· **Senderaum**
6 Studio
13 Fernsehstudio
· **Serie des ZDF**
7 Derrick
· **Stück**
9 Spielfilm
11 Fernsehfilm
· **Unterhaltung** ► TV-Stück
· **Zuschauerzahl**
14 Einschaltquote
Typ
3 Art
5 Genre
6 Bauart, Macker, Modell, Muster, Urbild, Urform
7 Gattung
9 Grundform, Kategorie
Typanum
11 Trommelfell
Type
6 Letter
Typhon
10 Wirbelwind
Typhus
11 Fleckfieber
typisch
11 bezeichnend
13 eigentuemlich, kennzeichnend
16 charakteristisch
typische Landeskleidung
6 Tracht
Typografie (Typographie)
12 Schriftkunst
Tyrann
6 Despot
8 Diktator
15 Gewaltherrscher
Tyrannei
8 Despotie, Diktatur

U

U-Bahn in Paris
5 Metro
U-Boot-Sehrohr
8 Periskop
übel
3 arg, mau
4 mies
5 boese
6 gemein
8 misslich, schlecht
12 minderwertig
übel ...
· **gesinnt**
7 illoyal
· **riechende Blume**
8 Aasblume
· **riechender Qualm**
6 Brodem
Übelkeit
4 Ekel
6 Nausea
9 Brechreiz, Schwindel
übellaunig
7 grantig
10 aergerlich
Übelstand
9 Missstand
10 Kalamitaet
Übeltat
6 Boeses
10 Verbrechen
12 Unangenehmes
Übeltäter
7 Frevler, Suender
10 Boesewicht, Verbrecher
11 Missetaeter
üben
6 proben
über
3 via
über eine Tat Informierter
8 Mitwisser
überall
6 passim
8 allseits
10 allerorten
Überanstrengung
6 Stress
8 Strapaze
12 Ueberlastung
Überbein
8 Ganglion
Überbelastung
6 Stress
Überbleibsel
4 Rest
6 Relikt
8 Residuum, Rudiment
Überbleibsel einer Wunde
5 Narbe
Überbleibsel, Rest
6 Abfall
Überblick
5 Schau
8 Panorama
überbrachtes Geschenk
4 Gabe
Überbringer
4 Bote
6 Kurier
9 Zusteller
Überbringerin
5 Botin
überdacht(e, er, es) ...
· **Anbau**
12 Wintergarten
· **Durchgang**
7 Passage
· **Hausvorbau**
7 Veranda
· **Schlafmöbel**
10 Himmelbett
· **Sportstätte**
11 Tennishalle
überdeckend
8 dominant
überdeckt
8 rezessiv
Überdeckung eines Gebäudes
4 Dach
überdeutlich
5 krass
überdies
5 zudem
9 ausserdem
Überdruss
4 Ekel
6 Degout
7 Abscheu
8 Sattheit
9 Abneigung
10 Widerwille
Überecklinie
9 Diagonale
Übereifer
4 Hast
10 Fanatismus
übereilt
6 hastig
10 vorschnell
Übereinander Geschichtetes
6 Stapel
Übereinkommen
6 Abrede
7 Vertrag
8 Abkommen, Einigung, Kontrakt
9 Abmachung, Agreement
Übereinkunft
9 Abmachung, Agreement
10 Konvention
übereinstimmend
5 einig
6 analog
7 homolog, konform
8 parallel
9 identisch, kongruent
10 konkordant
13 gleich lautend
Übereinstimmung
7 Konsens
8 Analogie, Harmonie
9 Eintracht
11 Gleichklang
überempfindlich
8 sensitiv
10 allergisch
11 mimosenhaft
13 hypersensibel
Überempfindlichkeit
8 Allergie
11 Reizbarkeit
18 Hypersensibilitaet
Überfahrt
7 Passage
Überfall
7 Angriff, Attacke
Überfluss
7 Opulenz
8 Schwemme
9 Redundanz

überfrachtet
6 ueppig
7 pompoes, protzig
11 bombastisch, schwuelstig
überfromm
6 bigott
10 froemmelnd
Überführung
8 Transfer
Überfüllung
9 Gedraenge
Übergang bei Flüssen
4 Furt
Übergangszeit
7 Interim
übergeschnappt
9 verrueckt
Übergetretener
9 Konvertit
Übergewand
5 Kotze
6 Anorak, Mantel, Umhang
Übergewicht
8 Mehrheit
10 Adipositas, Majoritaet, Praevalenz
13 Praeponderanz
überglücklich
5 happy, selig
übergroß
8 kolossal
10 gigantisch
übergroße Menge
5 Masse
6 Unmass
7 Unmasse
übergroßer Mensch
5 Huene, Riese
Überheblichkeit
6 Hybris
7 Duenkel, Hochmut
8 Arroganz
Überhitzung
10 Hitzschlag, Waermestau
11 Sonnenstich
überhöhter Preis
4 Nepp
6 Wucher
überholt
3 out
5 passé
Überholung
11 Renovierung
12 Ausbesserung

überirdisch
7 geistig
8 abstrakt, jenseits
9 goettlich, himmlisch
10 aetherisch
12 gespenstisch
14 transzendental
überirdisches Wesen
3 Fee
4 Elfe
5 Engel
7 Goettin
überklug ▶ überschlau
überladen ▶ überfrachtet
Überlagerung von Wellen
11 Interferenz
Überlandleitung
20 Hochspannungsleitung
Überlandstraße
8 Chaussee
Überlassung
7 Zession
9 Abtretung
Überläufer
9 Deserteur
Überlegenheit
8 Dominanz
13 Superioritaet
überlieferte Geschichte
4 Maer, Sage
7 Legende
Überlieferung
4 Usus
5 Sitte
6 Brauch
8 Historie
9 Tradition
übermäßig
5 enorm
7 horrend
8 gewaltig
9 ungeheuer
übermäßig Ehrgeiziger
7 Streber
übermenschliches Wesen
4 Gott
6 Daemon
7 Demiurg
Übermut
6 Hybris
15 Ausgelassenheit
übermütig
6 albern
11 ausgelassen

übermütiger Streich
8 Kapriole
11 Schabernack
14 Eulenspiegelei
Übernachtungsgelegenheit
5 Hotel
7 Gasthof, Pension
8 Herberge
12 Schutzhuette
Übernahme
9 Rezeption
übernatürliches Geschehen
6 Wunder
Überordnung
8 Supremat
Überpflanzung von Organen
15 Transplantation
überprüfen
6 testen
Überprüfung
4 Test
8 Revision
9 Kontrolle
10 Inspektion
überquellen
8 strotzen
überragend
6 genial
7 erhaben
8 dominant
überraschend
3 neu
8 frappant
10 ploetzlich, unerwartet
13 ungewoehnlich
überrascht
7 perplex
8 verdutzt
10 verbluefft
Überraschungsangriff
4 Coup
7 Attacke
9 Ueberfall
11 Handstreich
Überredungskunst
8 Rhetorik
10 Propaganda
Überreife von Weintrauben
10 Edelfaeule
überreizt
7 nervoes
8 hektisch

Überrest
6 Relikt
8 Fragment
Überreste von Heiligen
9 Reliquien
übersandter Wechsel
7 Rimesse
überschäumend
12 bacchantisch
Überschlag
5 Salto
10 Berechnung, Purzelbaum, Schaetzung
11 Kalkulation
überschlau
7 vorlaut
8 naseweis
11 neunmalklug
überschnelle Verdauung
9 Durchfall
Überschrift
5 Titel
8 Headline
11 Schlagzeile
Überschuh
8 Galosche
Überschuss
4 Plus
6 Ertrag, Gewinn
7 Rendite
8 Einnahme
10 Reingewinn
überschwänglich (überschwenglich) ▶ überspannt
Überschwemmung
10 Hochwasser
Überseedampfer
10 Ozeanriese
überseeisch
8 exotisch
überseeischer Besitz
7 Kolonie
Übersetzboot
6 Faehre
Übersetzer
11 Dolmetscher
Übersetzungsgrundlage
6 Urtext
Übersicht
5 Liste
6 Schema
7 Tabelle
9 Schaubild
11 Aufstellung

Übersiedlung in eine andere Wohnung
5 Umzug
Übersiedlung in einen anderen Staat
10 Emigration
11 Immigration
12 Einwanderung
übersinnlich
6 mental, okkult
8 mystisch
10 spirituell
12 metaphysisch, transzendent
übersinnliches Geheimnis
9 Mysterium
übersorgfältig
7 penibel
10 pedantisch
16 hundertprozentig
übersorgfältiger Mensch
6 Pedant
11 Haarspalter
12 Federfuchser
überspannt (▶ auch übertrieben)
8 spleenig
9 exaltiert, fanatisch
10 exorbitant, hysterisch, verstiegen
11 extravagant, exzentrisch
überstehendes Schneebrett
7 Waechte
übersteigert(e, er, es) ...
▶ übertrieben(e, er, es) ...
Überstrumpf
8 Gamasche
Überstürzung
4 Eile
5 Hetze
Überträger beim Wechsel
6 Girant
9 Indossant
Überträgerin der Malaria
9 Anopheles
Überträgerin der Schlafkrankheit
12 Tsetsefliege
Übertragung
8 Transfer
9 Abtretung
11 Livesendung, Transfusion
13 Transposition
15 Transplantation

Übertragung mittels Radiowellen
4 Funk
Übertragung von Krankheitskeimen
9 Infektion
10 Ansteckung
Übertretung
6 Delikt
8 Vergehen, Verstoss
9 Fehltritt
übertrieben
6 extrem
9 aeusserst
10 exorbitant
11 exaggeriert
übertrieben sparsam
6 geizig
9 knauserig
übertrieben(e, er, es) ...
· **Abwehr**
8 Ziererei
· **Eitelkeit**
9 Putzsucht
· **Männlichkeit**
8 Machismo
· **Prunk**
4 Pomp
· **Schmeicheln**
10 Lobhudelei
· **Schnelligkeit**
7 Raserei
· **Sparsamkeit**
4 Geiz
9 Knauserei
· **Stolz**
6 Hybris
7 Duenkel
· **Vaterlandsliebe**
13 Nationalismus
· **Verehrung**
10 Fanatismus
Übertritt zum anderen Glauben
10 Konversion
Übervorteilung
4 Nepp
6 Betrug, Wucher
8 Gaunerei
Überwachung
8 Aufsicht
9 Kontrolle
10 Inspektion
11 Supervision

Überwachungsinstrument
12 Abhoergeraet
13 Fernsehkamera
Überwachungsorgan bei Aktiengesellschaften
12 Aufsichtsrat
überwältigend
7 eminent, stupend
8 grandios
Überweisung
8 Transfer
überwiegende Mehrheit
9 Ueberzahl
überwiegender Teil
4 Gros
Überwurf
4 Cape
5 Stola
6 Poncho, Umhang
Überwurfkragen
8 Pelerine
Überzeitarbeit
12 Ueberstunden
Überzeugung
6 Glaube
7 Ansicht, Meinung
10 Standpunkt
Überziehanzug
7 Overall
8 Blaumann
überzuckertes Naschwerk
6 Dragee
Überzug
4 Lack
5 Farbe, Lasur
6 Glasur, Huelle
11 Deckschicht
Ubiquitaet
12 Allgegenwart
übl(e, er, es) ...
· **Angewohnheit**
5 Unart
6 Laster
· **Arzt**
11 Kurpfuscher
· **Behandlung**
6 Unbill
· **Beigeschmack**
5 Odium
· **Geruch**
7 Gestank
· **Geschäft**
9 Kuhhandel
· **Kneipe**
8 Spelunke
· **Nachrede**
7 Rufmord
11 Verleumdung
12 Denunziation
13 Anschwaerzung
14 Verunglimpfung
· **Ruf**
10 Misskredit
üblich
6 normal, usuell
8 regulaer
11 gewoehnlich, landlaeufig
13 gebraeuchlich, konventionell
18 vorschriftsmaessig
übrige Dinge
4 Rest
10 Remittende, Restposten
übrigens
7 apropos
9 en passant
Übung
5 Drill, Probe
8 Training
Übung der hohen Schule
6 Levade
Übungen
10 Exerzitien
Übungsgerät für Boxer
12 Punchingball
Übungsgerät für Piloten
9 Simulator
Übungskurs an Hochschulen
7 Seminar
Übungskursus
7 Seminar
8 Training
Übungsleiter
7 Trainer
Übungsstück
6 Etuede
Ufer
6 Kueste, Strand
7 Gestade
Uferbefestigung
3 Kai
4 Damm, Mole, Pier
5 Buhne, Deich, Mauer
Ufergras
5 Binse, Segge
6 Schilf
Uferstraße
3 Kai
Uhr
10 Zeitmesser
11 Chronometer
Uhr mit Läutwerk
6 Wecker
Uhrenart
6 Wecker
7 Atomuhr, Pendule
8 Quarzuhr, Stoppuhr
9 Pendeluhr
10 Armbanduhr, Chronograf, Digitaluhr
11 Chronograph, Chronometer
Uhrengeräusch
6 ticken
Uhrenteil
4 Chip, Werk
5 Anker, Unruh
6 Pendel, Zeiger
7 Zahnrad
8 Gehaeuse, Zugfeder
9 Federhaus
10 Federstift, Schlagwerk
11 Perpendikel, Zifferblatt
12 Repetierwerk, Sprungdeckel
Uhrkette
9 Charivari
Uhrkettenanhänger
8 Berlocke
Ukas
6 Befehl, Erlass
10 Vorschrift
ukrainische Hafenstadt
6 Odessa
ukrainische Hauptstadt
4 Kiew
ukrainische Landschaft
8 Bukowina
Ulanenmütze
8 Tschapka
Ulanenrock
6 Ulanka
Ulcus
14 Magengeschwuer
Ulk
2 Uz
3 Fez, Jux
4 Witz
5 Gaudi, Spass
6 Scherz, Unsinn
7 Klamauk
11 Schabernack

ulkig
7 drollig, komisch, spassig
Ulme
4 Iper
7 Ruester
ultimativ
10 letztmalig
ultimatives Wort
8 entweder
um Almosen Bittender
7 Bettler
um jeden Preis
7 partout
8 durchaus
Umbildung
9 Umformung
Umdrehung
4 Tour
8 Rotation
9 Reversion
Umfang
7 Ausmass, Staerke
10 Ausdehnung, Peripherie
umfassend
6 gesamt, global
8 komplett
9 allgemein, universal
12 erschoepfend, vollstaendig
15 enzyklopaedisch
Umformer
13 Transformator
Umfrage
4 Test
7 Enquete
8 Erhebung
9 Interview, Recherche
11 Exploration
Umfragewissenschaft
10 Demoskopie
umfriedeter Bezirk
3 Hag
Umfriedung
4 Fenz, Zaun
5 Hecke, Mauer
6 Gatter, Gitter
Umgang
7 Verkehr
9 Kolonnade
10 Prozession
umgänglich
6 jovial
Umgangsformen
3 Pli
6 Sitten
7 Anstand, Schliff
8 Allueren, Benehmen, Manieren
Umgangssprache
5 Idiom, Slang
6 Jargon
7 Dialekt, Mundart
umgangssprachlich für ...
· **Abschreibzettel**
5 Spick
7 Spicker
· **Alkoholiker**
7 Saeufer
· **altes Pferd**
5 Zosse
· **altes Schiff**
4 Pott
· **amerikanischer Soldat**
2 GI
· **anrüchig**
4 link
· **Arbeit**
7 Maloche
· **Ärger**
4 Zoff
· **Arzt**
3 Doc
7 Medikus
· **Atem**
5 Puste
· **Auf Wiedersehen**
6 bye-bye
· **Aufhebens**
7 Getoens
· **ausgelassene Feier**
5 Sause
· **ausgemergeltes Pferd**
7 Klepper
· **Auto**
5 Karre, Kiste
9 Rostlaube, Untersatz
11 Nuckelpinne
· **Badminton**
9 Federball
· **balgen**
7 rangeln
· **bankrott**
6 pleite
· **bedenklich**
7 brenzlig
· **beschränkt**
4 doof
· **beste Schulnote**
6 Einser
· **Denkhilfe**
12 Eselsbruecke
· **Dorf**
4 Kaff, Nest
· **Dummheiten**
6 Zicken
· **Dummkopf**
5 Nulpe
6 Haemel
· **Durcheinander**
4 Wust
12 Kuddelmuddel
· **Ehefrau**
4 Alte, Olle, Weib
· **eine**
2 ne
· **einfältig**
4 doof
· **einfältiger Mensch**
5 Heini
· **erstklassig**
5 dufte
· **Fahrrad**
9 Drahtesel
· **Fall**
6 Plumps
· **Fernsehen**
6 Glotze, Roehre
13 Pantoffelkino
· **Flasche**
5 Pulle
6 Buddel
· **flegelhaft**
7 flapsig
· **foppen**
4 uzen
· **fragwürdig**
4 link
· **Fünfmarkstück**
9 Heuermann
· **Gaststätte**
6 Kneipe
· **Gefängnis**
3 Bau
4 Loch
5 Knast
· **Geld**
4 Kies, Moos
5 Knete
6 Floehe, Kohlen, Maeuse, Piepen
7 Moneten
10 Pinkepinke
· **gemein**
7 schofel

- **Getränkelage**
  5 Runde
- **Gewehr**
  6 Knarre
- **Gewinn**
  7 Reibach
- **geziert**
  9 etepetete
- **Glück**
  5 Dusel
  6 Massel
  7 Schwein
- **großartig**
  4 toll
  5 dufte, super
  7 pfundig
- **hänseln**
  4 uzen
- **hässlich**
  4 mies
- **heimlicher Groll**
  3 Pik
- **herrlich**
  4 toll
- **Hunger**
  9 Kohldampf
- **Indianer**
  7 Rothaut
- **Ischias**
  11 Hexenschuss
- **kaputt**
  3 hin
- **keineswegs**
  3 iwo
- **kleiner Junge**
  5 Pimpf
  7 Steppke
- **kleiner rundlicher Mensch**
  6 Moppel
- **Kleinstadt**
  4 Nest
- **Konkurs**
  6 Pleite
- **langatmiges Gerede**
  6 Sermon
- **Lärm**
  5 Trara
- **Lehrer**
  6 Pauker
- **leichter Betrug**
  5 Schmu
- **Leistung**
  5 Power
- **Militär**
  6 Barras
  7 Kommiss
- **Motorrad**
  10 Feuerstuhl
- **Mut**
  6 Traute
- **nach Luft schnappen**
  6 japsen
- **Neureicher**
  6 Raffke
- **nicht vertrauenswürdig**
  4 link
- **Polizei**
  7 Polente
- **Reifenpanne**
  9 Plattfuss
- **runder steifer Hut**
  6 Melone
- **Schein**
  5 Mache
- **Scherz**
  5 Jokus
- **schlau**
  7 gewieft
- **schlecht**
  3 mau
- **schlechter Schnaps**
  5 Fusel
- **schlechtes Essen**
  5 Frass
- **schlechtes Fahrzeug**
  7 Vehikel
- **Schneid**
  4 Mumm
- **Schule**
  5 Penne
- **Schutt**
  4 Wust
- **Sonderling**
  4 Kauz
- **Spleen, Tick**
  6 Fimmel
- **sprachlos**
  5 platt
- **steifer Hut**
  4 Bibi
- **Stoß**
  6 Schubs
- **Streit**
  4 Zoff
  5 Knies
- **Telefon**
  7 Apparat
- **topfartiges Gefäß**
  4 Pott
- **Ulk**
  3 Fez
- **Unfrieden**
  5 Stunk
- **Unsinn**
  3 Fez
- **unverdientes Glück**
  5 Dusel
- **Verdienst**
  7 Reibach
- **verdorben**
  3 hin
- **verdutzt**
  4 baff
- **Verrücktheit**
  6 Fimmel
- **Versager**
  5 Niete
  7 Flasche
- **Verstand**
  5 Grips
- **vorteilhafter Kauf**
  12 Schnaeppchen
- **Wirtshaus**
  6 Kneipe
- **Zank, Unfrieden**
  5 Knies, Stunk
- **Ziehharmonika**
  8 Quetsche
- **Zigarette**
  9 Sargnagel
  12 Glimmstengel
- **Zigarettenstummel**
  5 Kippe

Umgebung
6 Milieu, Umwelt
7 Sphaere, Umkreis
13 Nachbarschaft

umgehend
5 eilig, rasch
6 direkt, gleich, prompt, sofort
7 schnell
9 schleunig
11 postwendend
13 unverzueglich

umgeknickte Buchseite
8 Eselsohr

umgenähter Kleiderrand
4 Saum

Umgestalter
7 Neuerer

U

Umgestaltung
6 Reform
9 Aenderung
11 Perestroika
12 Metamorphose
Umhang
3 Boa
4 Cape
5 Kotze, Stola
6 Poncho
8 Pelerine
Umhang aus Tierfell
9 Pelzstola
umherschlendern
9 flanieren
umherwandernde Menschen
7 Nomaden
umherziehen
13 vagabundieren
Umherziehende
7 Gaukler, Nomaden
8 Vaganten
9 Clochards, Hausierer
10 Spielleute
12 Schausteller
15 Strassensaenger
Umhüllung
9 Emballage
10 Verpackung
Umhüllung des Fahrradschlauchs
6 Mantel
Umkehr
5 Wende
7 Wendung
9 Bekehrung, Neubeginn, Reversion
10 Konversion
umkehrbar
10 reversibel
Umkehrbild
7 Negativ
umkehren
11 invertieren
Umkehrung
10 Perversion, Verkehrung
Umkippen beim Schiff
7 Kentern
Umklammerung beim Boxen
6 Clinch
Umkleideraum
6 Kabine
9 Garderobe

Umkreis
5 Naehe
8 Umgebung, Umgegend
10 Peripherie
13 Nachbarschaft
Umlage
6 Abgabe, Steuer
7 Beitrag
Umlauf
4 Kurs, Tour
6 Turnus
7 Wechsel
8 Rotation
9 Kreisbahn, Kreislauf
11 Zirkulation
14 Nagelkrankheit
Umlaufaufzug
11 Paternoster
Umlaufbahn
5 Orbit
Umlaufkörper
8 Satellit
Umlaufzeit
7 Periode
Umlaut
2 oe
9 Diphthong
Umleitung (Medizin)
6 Bypass
umnachtet
8 verwirrt
12 geisteskrank
Umrandung
5 Bande
10 Einfassung
Umriss
6 Kontur, Profil
10 Silhouette
Umriss einer Stadtansicht
7 Skyline
Umrisslinie
6 Kontur
Umsatzanteil
8 Tantieme
9 Provision
Umschlag
6 Huelle, Kuvert, Umsatz, Wickel
7 Couvert, Einband, Packung, Wechsel
9 Aenderung, Enveloppe, Kompresse
10 Buchhuelle
Umschließung
9 Okklusion

Umschreibung
10 Paraphrase
Umschrift
13 Transkription
15 Transliteration
Umschweife
10 Brimborium
Umsetzer
7 Metteur
Umsicht
6 Obacht
7 Bedacht
8 Sorgfalt, Vorsorge
11 Ueberlegung
umsichtig
4 klug
7 bedacht
8 besonnen
9 ueberlegt
12 diplomatisch
umsonst
4 frei
6 gratis
9 kostenlos, vergebens
10 vergeblich
13 unentgeltlich
Umspanner
13 Transformator
Umstand
6 Faktor, Moment
9 Situation
11 Gegebenheit, Sachverhalt
13 Eventualitaet, Konstellation
Umstandskrämer
6 Pedant
Umstandswort
6 Adverb
Umstellanlage bei der Eisenbahn
6 Weiche
Umstellung
9 Variation
11 Permutation
Umsturz
6 Putsch
7 Revolte
8 Aufstand
10 Revolution, Subversion
13 Staatsstreich
Umstürzler
6 Rebell
9 Anarchist, Putschist

10 Revoluzzer
13 Revolutionaer
umstürzlerisch
9 subversiv
Umtrieb
6 Kabale
7 Intrige
8 Komplott, Rankuene
11 Raenkespiel
umtriebig
5 aktiv
Umwandlung
9 Aenderung
10 Konversion
14 Transformation
Umwelt
6 Milieu
8 Ambiente, Umgebung
11 Atmosphaere, Lebenskreis
Umweltforschung
9 Oekologie
Umweltlehre
9 Oekologie
Umweltschutzorganisation
10 Greenpeace
umzäunte Viehweide
6 Gehege, Koppel, Pferch
Umzug
9 Aufmarsch
10 Prozession
13 Demonstration, Protestmarsch
15 Wohnungswechsel
unabänderlich
4 fest
9 definitiv
10 endgueltig
unabänderliches Schicksal
5 Fatum
6 Kismet
unabhängig
4 frei
10 ungebunden
Unabhängigkeit
8 Autarkie, Freiheit
9 Autonomie
Unachtsamkeit
15 Fahrlaessigkeit
unangebracht
6 falsch
10 deplaziert, inopportun
11 deplatziert
unangenehm
3 arg
5 fatal
6 heikel, widrig
8 misslich, peinlich
9 schwierig, unliebsam
unangenehm(e, er, es) ...
· **Gewohnheit**
5 Unart
· **Situation**
6 Klemme
7 Dilemma
10 Bredouille, Kalamitaet
· **Tier**
5 Biest
Unangenehmes
5 Uebel
6 Boeses
unangezogen
5 nackt
unannehmbar
12 inakzeptabel, indiskutabel
Unannehmlichkeit
8 Malesche
9 Schererei
Unannehmlichkeiten
7 Trouble
unanständig
7 obszoen, vulgaer
9 schmutzig
unanständiger Witz
4 Zote
unantastbar
4 tabu
5 immun
6 gefeit, sicher
10 geschuetzt, sakrosankt
Unantastbarkeit
4 Tabu
unartig
5 boese, frech
11 impertinent
unartiges Kind
4 Goer
5 Goere, Range
unaufdringlich
6 dezent
7 diskret
9 gedaempft
unauffällig
8 taktvoll
unaufhörlich
4 ewig
5 immer
6 stetig
7 dauernd
9 permanent, unendlich
14 kontinuierlich
unaufmerksam
7 achtlos
9 zerstreut
14 unkonzentriert
15 desinteressiert
unausführbar
13 impraktikabel
unausgebildet
11 rudimentaer
unausgefüllt
4 hohl, leer
6 blanko
unbändig
4 toll, wild
unbändiges Kind
5 Range
unbar
10 bargeldlos
unbare Zahlungsweise
6 Scheck
7 Wechsel
9 Anweisung
11 Kreditkarte
12 Ueberweisung
unbarmherzig
7 grausam
9 gnadenlos
unbearbeitet
3 roh
unbearbeitetes Werkstück
7 Rohling
unbebaut(e, er, es) ...
· **Ackerland**
9 Brachfeld
· **Flurstück**
6 Brache
9 Brachland
· **Streifen zwischen zwei Äckern**
4 Rain
unbedacht
8 impulsiv
11 gedankenlos, nachlaessig
12 leichtsinnig
unbedarft
4 dumm, naiv
unbedeckt
5 bloss, nackt, offen
unbedeutend
5 klein
7 nichtig, wertlos
12 nichts sagend

unbedeutende Kleinigkeit
8 Lappalie
9 Bagatelle, Petitesse
10 Quisquilie
unbedingt
6 streng, strikt
7 absolut, partout
8 durchaus
11 kategorisch
13 ausdruecklich
unbefangen
4 naiv
8 kindlich, objektiv
unbefestigt
4 lose
unbefestigter Straßenrand
7 Bankett
Unbeflecktheit
8 Reinheit
14 Makellosigkeit
unbefugt
13 eigenmaechtig
unbefugt jagen
7 wildern
unbefugter Jäger
8 Wilderer
unbegrenzt
4 ewig
6 endlos
9 unendlich
10 grenzenlos
unbegründete Krankheitsbefürchtung
12 Hypochondrie
Unbehagen
7 Malaise, Missmut
8 Verdruss
11 Verstimmung
12 Missstimmung
Unbehaglichkeit
8 Ungemach
16 Ungemuetlichkeit
unbeherrschte Reaktion
6 Affekt
Unbeherrschtheit
8 Cholerik, Jaehzorn
unbeholfen ► ungeschickt
unbeirrbar
4 stur
6 eisern
unbekannt
5 fremd
6 anonym, obskur
unbekanntes Flugobjekt
3 Ufo
unbekleidet
5 bloss, nackt
unbekleidetes Kind
8 Nackedei
Unbekümmertheit
13 Sorglosigkeit
unbelaubt
4 kahl
unbelebt
3 tot
11 anorganisch
unbeliebt
10 missliebig
unbemerkt
8 heimlich
unbenützt
3 neu
5 brach
unberechnet
6 gratis
7 umsonst
unberührbar
4 tabu
Unberührtheit
11 Virginitaet
17 Jungfraeulichkeit
unbeschädigt
4 ganz, heil
6 intakt
9 brauchbar
unbescheidenes Ansinnen
8 Zumutung
Unbescholtenheit
11 Integritaet
unbeschränkt
7 absolut
11 hemmungslos
12 schrankenlos
unbeschränkte Herrschaft
12 Absolutismus
unbeschwert
5 fidel
6 heiter, lustig
7 sorglos
9 vergnuegt
unbesetzt
4 frei
6 vakant
unbesetzter Posten
6 Vakanz
unbesonnen vorwärts
8 drauflos
unbesorgt
7 sorglos
12 unbekuemmert
unbeständig
5 labil
6 unstet
8 launisch
11 flatterhaft, wechselhaft
Unbeständigkeit
12 Inkonsequenz
unbestimmt
3 vag
4 vage
5 offen
8 fraglich, strittig, ungewiss
unbestimmt(e, er, es) ...
· **Artikel**
3 ein
4 eine
5 einer, eines
· **Fürwort**
3 man
4 jene
· **Sinn**
9 Wankelmut
· **Zahlwort**
4 viel
5 alles, etwas, manch, wenig
· **Zuversicht**
8 Hoffnung
unbeteiligt
7 neutral
8 objektiv
Unbeteiligte
6 Dritte
Unbeteiligtsein
12 Desinteresse
unbeugbar
4 fest
10 inflexibel
unbeugsam
4 hart
5 starr, steif
9 standhaft
10 beharrlich
unbeweglich
4 fest, stur
5 starr, steif
6 leblos, stabil
7 immobil
unbewiesene Voraussetzung
5 Axiom
9 Hypothese

unbewohnt
6 einsam
12 menschenleer
unbewohnter Teil der Erde
10 Anoekumene
unbewölkt
6 heiter, sonnig
unbezahlte Tätigkeit
8 Ehrenamt
unbezahlter Sportler
7 Amateur
Unbill
4 Tort
9 Kraenkung
unbrauchbares Gerät
7 Schrott
9 Geruempel
unbrauchbares Schiff
5 Wrack
unbürgerliches Künstler-milieu
6 Boheme
und
4 plus
5 nebst
undefinierbar ► unbestimmt
undicht
4 leck
undichte Stelle
4 Leck, Loch
unduldsam
9 engherzig
10 intolerant
undurchlässig
11 impermeabel
Undurchlässigkeit
6 Dichte
undurchsichtig
4 opak
5 trueb
6 obskur, unklar
7 milchig
undurchsichtige Malfarben
10 Deckfarben
uneben
4 rauh
7 holprig, rumplig
unecht
6 falsch
8 apokryph, imitiert
10 affektiert, kuenstlich
11 artifiziell
unechter Geldschein
6 Bluete
unechter Schmuck
5 Talmi
6 Simili, Strass
7 Flitter
9 Imitation
uneheliches Kind
7 Bankert
Unehre
7 Schande
unehrenhafter Mensch
4 Lump
unehrlich
7 illoyal
Unehrlichkeit
5 Luege
6 Betrug, Tuecke
8 Gaunerei
9 Schwindel
uneingeschränkt
7 absolut
11 kategorisch
uneinheitlich
9 heterogen
Uneinigkeit
6 Streit
10 Diskordanz, Diskrepanz, Zwietracht
11 Disharmonie
uneinsichtig
4 stur
unempfänglich
6 gefeit
unendlich
4 ewig
6 endlos
10 grenzenlos
unendlich viel
7 zahllos
unendliche Dauer
8 Ewigkeit
unendlicher Zeitraum
8 Ewigkeit
unentbehrlich
9 notwendig
unentgeltlich
4 frei
6 franko, gratis
7 umsonst
9 kostenlos
10 kostenfrei
unentgeltliche Tätigkeit
8 Ehrenamt
unentgeltlicher Lotterie-schein
7 Freilos
Unentschieden beim Schach
5 Remis
unentschlossen
5 labil
10 schwankend
unentwickelt
8 infantil
unerbittlich
4 hart
6 streng
7 rigoros
unerforschtes Gebiet
7 Neuland
unerfüllbar
8 utopisch
unerheblich
9 belanglos
10 irrelevant
unerhört
5 enorm
11 hanebuechen
unerkannt
9 inkognito
unerklärlich
10 mysterioes
11 raetselhaft
unerlässlich
6 noetig
7 obligat
9 notwendig
13 obligatorisch
unerlaubt
4 tabu
8 verboten
9 illegitim, untersagt
unermesslich
5 enorm
6 immens
unermüdlich
10 ausdauernd
unermüdliches Arbeiten
6 Fleiss
unersättlich
10 gefraessig, nimmersatt
Unerschrockenheit
3 Mut
10 Tapferkeit
11 Beherztheit
unerschütterlich
7 gefasst, stoisch
Unerschütterlichkeit
8 Ataraxie
unerwartet
10 ploetzlich

unerwartetes Geschehen
6 Zufall
unfachgemäß
9 laienhaft
13 dilettantisch
unfaires Spiel beim Fußball
4 Foul
Unfall
4 Pech
5 Panne
6 Defekt
7 Schaden
8 Unglueck
11 Karambolage
12 Missgeschick
13 Zusammenstoss
Unfallschutz im Auto
15 Sicherheitsgurt
Unfehlbarkeit
15 Infallibilitaet
unfein
7 taktlos
8 ordinaer
11 gewoehnlich
unfertiges Werkstück
7 Rohling
unflügger Vogel
8 Nestling
unfolgsam
7 unartig
10 ungehorsam
unförmig
5 plump
6 klobig
9 monstroes
Unfreier
6 Sklave
11 Leibeigener
unfreier Bürger
8 Untertan
unfreiwillig
12 notgedrungen
unfreundlich
4 grob
6 barsch
8 unwirsch
unfreundlich antworten
6 murren
Unfriede
4 Zank
5 Hader, Krieg
6 Streit
10 Zwietracht
Unfriede(n)
5 Fehde, Stunk, Zwist
unfrisiert
10 strubbelig
unfruchtbar
3 oed
4 oede
6 steril
8 infertil
unfruchtbare Gegend
6 Wueste
7 Oedland
11 Hochgebirge
Unfruchtbarkeit
11 Sterilitaet
Unfug
2 Uz
3 Jux, Ulk
5 Posse, Spass
6 Rabatz
8 Allotria
11 Schabernack
Ungar
6 Magyar
ungarisch(e, er, es) ...
· **Adelsgeschlecht**
9 Esterhazy
· **Arzt**
10 Semmelweis
· **Binnensee**
7 Balaton
10 Plattensee
· **Erfinder**
9 Zsigmondy
· **Frauenname**
6 Ilonka, Marika
· **Gebirgszug**
5 Matra
· **Gemüsepflanze**
7 Paprika
· **Grassteppe**
6 Pussta, Puszta
· **Großgrundbesitzer**
6 Magnat
· **Komponist**
5 Lehar, Liszt
6 Bartok, Kalman
· **Krankheit**
11 Fleckfieber
· **Landschaft**
5 Banat
6 Pussta, Puszta
· **Männername**
4 Geza, Imre
· **Mathematiker**
6 Bolyai, Erdoes
7 Neumann
· **Münzeinheit**
6 Forint
· **Nationaltanz**
7 Czardas
11 Tschardasch
· **Nobelpreisträger für Medizin**
6 Bekesy
13 Szent Gyoergyi
· **Operettenkomponist**
6 Kalman
7 Abraham
· **Pferdehirt**
6 Csikos
10 Tschikosch
· **Stadt an der Donau**
3 Vac
· **Süßwein**
7 Tokaier, Tokajer
· **Währungseinheit**
6 Forint
· **Wein**
7 Erlauer, Tokaier
· **Weinort**
4 Eger
5 Erlau, Tokaj
· **Würdenträger**
3 Ban
· **Zigeunerkapellmeister**
6 Primas
ungeachtet
5 trotz
ungebetener Gast
5 Urian
12 Eindringling
ungebetener Zuschauer
6 Voyeur
7 Kiebitz
8 Zaungast
ungebildet
4 dumm
12 unkultiviert
Ungebildeter
7 Banause
8 Boeotier, Ignorant
ungebleicht
5 ecrue, ekrue
Ungeborenes
5 Fetus
6 Embryo
ungebraucht
3 neu

Ungebühr
6 Fehler
7 Fauxpas
8 Verstoss
13 Fehlverhalten
ungebunden
4 frei
5 ledig
7 autonom
ungebunden(e, er, es) ...
· **Dichtung**
5 Prosa
· **Künstlertum**
6 Boheme
· **Rede**
5 Prosa
Ungebundenheit
8 Freiheit
9 Autonomie
16 Selbstaendigkeit
18 Selbststaendigkeit
ungefähr
2 ca
4 etwa, rund
5 circa, zirka
6 nahezu
10 annaehernd
12 approximativ
16 schaetzungsweise
ungefährdet
10 geschuetzt
ungefährlich
7 harmlos
9 friedlich
ungeformt
6 amorph
ungeglättet
4 rauh
ungeheuer
5 enorm
6 immens
7 masslos
8 gewaltig
10 gigantisch
Ungeheuer
5 Biest
6 Bestie, Drache, Unhold
7 Drachen, Monster
8 Monstrum, Ungetuem
Ungeheuer der Antike
6 Medusa
Ungeheuer der griechischen Sage
6 Skylla, Tityos, Typhon, Zyklop
8 Chimaere, Chimaira
9 Alkyoneus, Charybdis
10 Minotauros
ungeheuerlich
9 unerhoert
ungehindert
4 frei
ungehobelt
3 roh
4 derb, grob
5 plump
ungehobelter Mensch
6 Flegel, Prolet, Ruepel
7 Grobian
ungehörig
11 impertinent
ungeklärt
5 offen
6 dubios
8 fraglich, strittig
ungekocht
3 roh
ungekochte Nahrung
7 Koerner, Rohkost
ungekrümmte Linie
6 Gerade
ungeladenes Elementarteilchen
7 Neutron
8 Neutrino
ungelegen
9 unpassend
10 inopportun
ungelenk
5 steif
8 linkisch
ungelernter Arbeiter
10 Handlanger
13 Hilfsarbeiter
ungelogen
4 wahr
7 ehrlich
Ungemach
4 Leid
5 Uebel
8 Verdruss
10 Widrigkeit
ungemein
4 sehr
ungemischt
3 pur
4 rein
6 lauter
ungemustert
3 uni
ungenannt
6 anonym
9 inkognito
ungenau
4 vage
7 inexakt
9 inakkurat, unpraezis
12 verschwommen
Ungenügen
12 Insuffizienz
17 Unzulaenglichkeit
ungenutzte Kapazität
8 Leerlauf
ungeordnet
4 wirr
6 diffus
9 chaotisch
13 durcheinander
ungepflegt
6 salopp
9 schlampig
15 vernachlaessigt
Ungerade beim Roulett
6 Impair
ungereimt
6 absurd
7 abwegig
ungereinigte Ölsäure
5 Olein
ungesäuertes Brot der Juden
5 Matze
6 Matzen
ungeschälter Reis
5 Paddy
ungeschickt
5 plump
6 tapsig
8 linkisch
9 taeppisch
10 unbeholfen
11 toelpelhaft
13 schwerfaellig
ungeschickter Mensch
7 Toelpel
9 Tolpatsch
ungeschliffener Mensch
6 Flegel
ungesetzlich
7 illegal
8 verboten
9 illegitim, untersagt
10 irregulaer
12 gesetzwidrig, rechtswidrig

ungesetzliches Volksgericht
11 Lynchjustiz
ungesittet
5 ruede
Ungestalt
8 Monstrum
11 Missgebilde
ungestüm
5 stark
6 heftig
8 vehement
9 turbulent
ungesund
5 krank, malad, siech
ungeteilt
4 ganz
ungetrübt
4 klar, rein
5 luzid
6 lauter
8 glasklar
12 durchsichtig
Ungetüm
6 Gigant, Koloss
7 Monster
9 Ungeheuer
10 Riesentier
ungeübter Fahrer
14 Sonntagsfahrer
ungewaschen
7 dreckig
9 schmutzig
ungewiss
4 vage
5 offen
8 fraglich, strittig
11 zweifelhaft
ungewöhnlich
5 apart
6 abnorm, anomal, selten
7 seltsam
9 sonderbar, unueblich
13 extraordinaer
17 aussergewoehnlich
ungewöhnliches Unternehmen
9 Abenteuer
ungewohnt
5 fremd
11 andersartig
ungewürzt
3 fad
4 fade
ungezähmt
4 wild
Ungeziefer
4 Floh, Laus
5 Motte, Wanze
6 Schabe
7 Parasit, Schwabe
8 Filzlaus, Kakerlak, Kopflaus
9 Bettwanze, Kakerlake
Ungezieferfresser des Gartens
4 Igel
Ungeziefervertilger
12 Kammerjaeger
ungezogen
5 frech
6 pampig
ungezogener Junge
5 Range
6 Bengel, Flegel
7 Luemmel
ungezogenes Mädchen
5 Goere
Ungezogenheit
5 Unart
8 Flegelei
ungezügelt
4 wild
11 hemmungslos
ungezügelte Schar
5 Horde, Meute
ungezwungen
5 leger
6 salopp
7 laessig
10 nonchalant
ungiftig
8 atoxisch
10 geniessbar
Ungläubiger
7 Atheist
unglaublich
4 doll
9 unerhoert
10 skandaloes
unglaubwürdig
9 legendaer
11 zweifelhaft
ungleich
6 inegal
9 different, inhomogen
Unglück
3 Not
4 Pech
6 Unfall
7 Debakel, Malaise, Malheur
unglückliche Fügung
4 Pech
Unglücksnachricht
14 Hiobsbotschaft
Unglücksrabe
9 Pechvogel
Unglueck
12 Missgeschick
Ungnade
10 Missfallen
ungültig
7 nichtig
8 unwirksam
unhaltbar
12 inkonsistent
unhandliche Fracht
8 Sperrgut
Unheil
4 Ruin
Unheil ...
· **abwehrender Anhänger**
7 Amulett
8 Talisman
· **bringende Gabe**
14 Danaergeschenk
· **verkünden**
5 unken
unheilbar
9 inkurabel
10 pernizioes
11 irreparabel
Unheilgöttin
3 Ate
unheilig
6 profan
8 saekular
Unheilsankündigung
12 Kassandraruf
Unheilsprophet
9 Pessimist
Unheilverkünderin Trojas
9 Kassandra
unheilvoll
7 ominoes
10 bedenklich
11 verderblich
unhöflicher Mensch
6 Flegel, Ruepel
7 Grobian, Stoffel
Unhold
5 Troll
10 Boesewicht

Uniform
5 Kluft
6 Montur
11 Dienstanzug
14 Dienstkleidung
Uniform der Lakaien
6 Livree
Uniformrock
7 Litewka
Uniformschmuck
5 Biese, Litze, Orden, Stern
6 Emblem, Kordel, Quaste, Tresse
7 Kokarde, Troddel
8 Epaulett, Portepee
9 Epaulette
12 Achselklappe
Uniformschulterstück
9 Epaulette
Uniformträger
6 Soldat
8 Polizist
11 Eisenbahner
Unikat
12 Einzelstueck
Unikum
4 Kauz
8 Original
10 Sonderling
unintelligent
4 dumm
Union
4 Bund, Liga
7 Allianz, Verband
8 Buendnis
11 Foederation, Staatenbund
Universalarznei
7 Panazee
13 Allheilmittel
universell
8 weltweit
9 allgemein
Universität
9 Alma Mater
10 Hochschule
Universität in den USA
4 Yale
7 Cornell, Harvard
Universität von Paris
8 Sorbonne
Universitätsbesucher
7 Student
Universitätsgelände
6 Campus
Universitätslehrstuhl
9 Professur
Universitätsprofessor im Ruhestand
8 Emeritus
Universitätsstadt ...
· *in* **Belgien**
4 Gent
6 Loewen
8 Bruessel, Luettich
· *in* **Dänemark**
5 Arhus
10 Kopenhagen
· *in* **Deutschland**
3 Ulm
4 Bonn, Jena, Kiel
5 Halle, Mainz, Trier
7 Leipzig, Marburg
8 Freiburg, Muenchen
9 Tuebingen
10 Goettingen, Heidelberg
· *in* **Frankreich**
3 Aix
4 Caen, Lyon
5 Paris, Rouen
8 Bordeaux
9 Marseille
10 Strasbourg, Strassburg
11 Montpellier
· *in* **Griechenland**
5 Athen
· *in* **Großbritannien**
5 Leeds
6 Durham, London, Oxford
8 Aberdeen
9 Cambridge, Liverpool
· *in* **Irland** (Eire)
4 Cork
6 Dublin
· *in* **Italien**
3 Rom
4 Pisa
5 Genua, Padua, Pavia, Turin
7 Bologna, Florenz, Mailand, Messina, Palermo, Perugia
· *in* **Kroatien**
6 Zagreb
· *in* **Lettland**
4 Riga
· *am* **Neckar**
9 Tuebingen
10 Heidelberg
· *in den* **Niederlanden**
6 Leiden
7 Utrecht
9 Amsterdam
· *in* **Norwegen**
4 Oslo
6 Bergen
· *in* **Österreich**
4 Graz, Linz, Wien
8 Salzburg
9 Innsbruck
· *in* **Polen**
6 Krakau
8 Warschau
· *in* **Portugal**
7 Coimbra
8 Lissabon
· *in* **Rumänien**
8 Bukarest
· *in* **Schweden**
4 Lund
7 Uppsala
9 Goeteborg, Stockholm
· *in der* **Schweiz**
4 Bern, Genf
5 Basel
7 Zuerich
8 Fribourg
· *in* **Spanien**
7 Sevilla
8 Santiago
9 Salamanca, Saragossa
· *in der* **Tschechischen Republik**
4 Prag
6 Bruenn
· *in* **Ungarn**
6 Szeged
8 Budapest
· *in den* **USA**
6 Boston
8 Stanford
9 Princeton
Universum
3 All
6 Kosmos
7 Weltall
Unke
6 Frosch, Kroete
9 Pessimist
12 Schwarzseher
Unkenntnis
8 Ignoranz
12 Unwissenheit

U

unkeusch
10 anstoessig
unkindlich
7 altklug
9 fruehreif
unklar
4 vage, wirr
5 trueb
6 dubios, obskur, truebe
7 milchig, nebulos, ungenau
8 nebuloes
9 verworren
12 schleierhaft
14 undurchsichtig
unklug
4 dumm
8 toericht
unkluge Frau
6 Toerin
unkompliziert
6 simpel
7 einfach, trivial
8 muehelos, primitiv
unkörperlich
11 immateriell
Unkosten
6 Spesen
7 Aufwand
8 Ausgaben, Auslagen
Unkraut
4 Rade
5 Melde, Miere
6 Distel, Quecke
8 Hederich, Kornrade
9 Gauchheil
10 Ackerwinde
Unkrautvertilgungsmittel
8 Herbizid
unkultivierter Mensch
6 Barbar, Flegel, Ruepel
Unkundiger
4 Laie
7 Fremder
9 Dilettant
unlauter
6 unfair
9 unredlich
unleidlich
9 quengelig
unleserlich beschreiben
10 bekritzeln
unlogisch
6 falsch
7 paradox
11 widersinnig
Unlust
9 Abneigung
10 Widerwille
11 Missbehagen
Unmaß
6 Unzahl
7 Myriade, Unmasse
unmäßig
6 gierig
13 unersaettlich
unmäßiges Verlangen
4 Gier
5 Manie
unmenschlich
7 inhuman
10 barbarisch
11 bestialisch
unmerklich
6 latent
unmittelbar
6 direkt, sofort
7 spontan
Unmögliches
6 Unding, Utopie
8 Illusion
11 Widerspruch
12 Hirngespinst
unmündig
13 minderjaehrig
Unmut
6 Aerger
7 Unwille
8 Verdruss
10 Missfallen
11 Verstimmung
unnachgiebig
4 hart, stur
6 eisern, streng
7 rigoros
10 konsequent, stoerrisch
12 unerbittlich
unnachsichtig
4 hart
5 rigid
6 streng
12 schonungslos
Unnachsichtigkeit
7 Strenge
unnatürlich
7 geziert, pervers
10 manieriert
11 gekuenstelt
unnötig langer Weg
5 Umweg
unnützes Zeug
4 Kram, Tand
10 Brimborium
UNO-Generalsekretär
3 Lie
5 Annan
6 U Thant
7 Cuellar
8 Waldheim
13 Hammarskjoeld
14 Perez de Cuellar
UNO-Organisation
6 UNESCO
unordentlich
8 lodderig
9 schlampig, schludrig
unordentliche alte Frau
6 Vettel
unordentlicher Mann
9 Liederjan, Schlamper
Unordentlichkeit
10 Schluderei
11 Schlamperei
unoriginell
8 epigonal
10 eklektisch
11 einfallslos, fantasielos
12 phantasielos
Unpaarzeher
4 Esel, Muli
5 Pferd, Tapir, Zebra
6 Onager
7 Nashorn
8 Maulesel, Maultier
9 Wildpferd
10 Rhinozeros
unparteiisch
7 neutral
8 objektiv
10 unbefangen
13 unbeeinflusst
16 unvoreingenommen
Unparteiischer
7 Arbiter
14 Schiedsrichter
unpassender Moment
6 Unzeit
unpässlich
5 malad
6 malade
10 kraenkelnd
12 angeschlagen, indisponiert

unpersönlich
6 anonym
8 sachlich
unpünktliches Eintreffen
11 Verspaetung
Unrast
4 Eile, Hast
5 Hetze
11 Nervositaet
13 Ruhelosigkeit
Unrat
5 Dreck, Muell
6 Abfall
7 Schmutz
unrealistisch
9 weltfremd
10 versponnen
unrechtmäßig
7 illegal
9 illegitim
12 gesetzwidrig
unredlich
7 illoyal
8 unlauter
unredliche Bevorzugung
9 Schiebung
unregelmäßig
10 episodisch, irregulaer, sporadisch
unreiner Branntwein
5 Fusel
unreiner Zucker
5 Farin
unrichtig
5 irrig
6 falsch
9 inkorrekt
Unrichtigkeit
6 Fehler, Lapsus
Unruhe
5 Angst, Laerm, Rumor, Sorge
6 Hektik, Rabatz, Tumult
7 Krawall
8 Spannung
9 Aufregung
Unruhestifter
7 Stoerer
12 Stoerenfried
unruhig
5 emsig
7 nervoes, rastlos
unruhiges Kind
13 Zappelphilipp

unsachlich
6 unfair
9 sachfremd, subjektiv
10 parteiisch
11 persoenlich
14 voreingenommen
unsachlicher Angriff
7 Polemik
unsauber
7 dreckig
9 schmierig, schmutzig
unschlüssig Handelnder
8 Zauderer
unschöpferischer Nachahmer
7 Epigone
Unschuld
8 Reinheit
10 Keuschheit
Unschuldsnachweis
5 Alibi
unselbstständig (unselbständig)
9 abhaengig
10 angestellt
unser(e) ...
· **Erdteil**
6 Europa
· **Planet**
4 Erde
· **Staatsform**
10 Demokratie
· **Zentralgestirn**
5 Sonne
· **Zuhause**
10 Elternhaus
unsicher
3 irr
4 vage
5 labil
6 dubios
10 schwankend
11 zweifelhaft
unsicher machen
10 irritieren
unsichtbare Wärmestrahlen
8 Infrarot
Unsinn
5 Stuss, Unfug
6 Humbug
7 Nonsens, Quatsch
10 Albernheit
unsinnig
7 abstrus, sinnlos

Unsinnigkeit
7 Idiotie
Unsitte
6 Laster
unsittlich
8 verderbt
11 unmoralisch
unsterblich
4 ewig
13 immer waehrend
14 unvergaenglich
unsterblicher Schlager
9 Evergreen
Unsterbliches
5 Seele
unstet
5 labil
7 rastlos, unruhig
11 flatterhaft
12 unbestaendig
unstetes Wesen
13 Ruhelosigkeit
Unstimmigkeit
5 Zwist
6 Streit
9 Differenz, Dissonanz
10 Diskrepanz
12 Inkonsistenz
unstofflich
5 ideal
6 ideell
11 immateriell
unsympathisch
4 fies
10 abstossend
Untat
6 Frevel, Greuel
8 Verstoss
10 Verbrechen
untätig
4 faul
5 inert
6 passiv, traege
7 schlaff
12 teilnahmslos
Untätigkeit
11 Muessiggang
12 Inaktivitaet
Unteilbares
4 Atom
5 Seele
6 Monade
unter ...
· **Drogen stehend**
4 high

· **fremdem Namen**
9 inkognito
· **keinen Umständen**
7 niemals
· **Umständen**
9 eventuell
unter(e, er, es) ...
· **Dachkante**
6 Traufe
· **Ende des Rumpfes**
6 Steiss
· **Hirnanhang**
9 Hypophyse
· **Juraabteilung**
4 Lias
· **Tabellenbereich**
12 Abstiegszone
Unterarmknochen
4 Elle
7 Speiche
Unterbau
5 Basis
6 Sockel
9 Fundament, Grundlage, Postament
11 Saeulenfuss
12 Untergestell
Unterbau bei Kraftfahrzeugen
7 Chassis
11 Fahrgestell
Unterbrechung
5 Pause
8 Stockung, Stoerung
Unterbrechung beim Fußball
8 Halbzeit
unterdrückend
9 repressiv
Unterdrücker
6 Despot, Tyrann
8 Diktator
unterdrückter Ärger
5 Groll
Unterdrückung
6 Terror
9 Knechtung
10 Repression
Untereinheit des US-Dollar
4 cent
Unterentwicklung
11 Hypotrophie
Unterführung
6 Tunnel
Untergang
4 Fall
6 Sinken
7 Verfall
11 Vernichtung, Zerstoerung
Untergangsgefahr für Schiffe
6 Seenot
Untergebene
7 Gesinde
8 Personal
10 Untertanen
untergeordnet
8 inferior
9 subaltern
Untergeschoss
6 Keller
10 Souterrain
Untergestell
6 Sockel
Untergestell der Geschütze
7 Lafette
Untergrund
5 Boden
9 Fundament
12 Illegalitaet
Untergrundbahn in New York
12 Metropolitan
Untergrundbahn in Paris
5 Metro
Untergrundkämpfer
10 Guerillero
unterhaltend
7 spassig
8 amuesant
Unterhalter
10 Showmaster
11 Entertainer
unterhaltsamer Zeitvertreib
5 Spiel
10 Amuesement
Unterhaltsbeiträge
8 Alimente
Unterhaltszahlung
8 Alimente
Unterhaltung
5 Kloen, Spiel
7 Diskurs, Schwatz
9 Gespraech, Plauderei
12 Konversation
Unterhaltungs- und Kulturteil der Zeitung
10 Feuilleton
Unterhaltungsansager
12 Conferencier
Unterhaltungsliteratur
12 Belletristik
Unterhaltungssendung
4 Quiz
8 Talkshow
9 Ratespiel
Unterhändler
12 Parlamentaer
Unterhändlerin
10 Abgesandte
11 Beauftragte
Unterhautentzündung
8 Furunkel
Unterhose
4 Slip
10 Schluepfer
unterirdisch(e, er, es) ...
· **Abfluss der Donau**
4 Aach
· **Gang**
7 Stollen
· **Gefängnis**
7 Verlies
· **Gewölbe**
6 Grotte, Hoehle
· **Grabgewölbe**
9 Katakombe
· **Höhlung**
7 Kaverne
· **Kirchenraum**
6 Krypta
· **Schutzraum**
6 Bunker
· **Straße**
6 Tunnel
Unterkleid
5 Jupon
9 Petticoat, Unterrock
Unterkunft
4 Asyl
5 Logis
6 Bleibe, Obdach
8 Quartier, Zuflucht
15 Absteigquartier
Unterkunft für Wanderer
8 Herberge
Unterkunft in der Wüste
12 Karawanserei
Unterlage
5 Basis, Beleg, Matte

U

8 Dokument, Substrat
9 Fundament, Grundlage, Postament
Unterlage beim Schiffsbau
6 Stapel
Unterlage für Gebäck
6 Oblate
Unterlassung
11 Versaeumnis
Unterlegener
9 Verlierer
Unterleib
5 Bauch
7 Abdomen
Unternehmen
5 Firma
6 Fabrik
7 Betrieb
8 Kommando
9 Exkursion, Geschaeft
10 Expedition
Unternehmenszusammenschluss
5 Trust
7 Kartell, Konzern
Unternehmer
7 Manager
9 Fabrikant, Produzent
11 Arbeitgeber
Unternehmung
3 Tat
6 Aktion
11 Unterfangen
Unternehmungsgeist
4 Elan, Mumm
5 Eifer
7 Energie, Schwung
Unternehmungslust
10 Tatendrang
unternehmungslustig
4 agil
5 aktiv
9 dynamisch, umtriebig
Unteroffizier
4 Maat
8 Korporal, Sergeant
9 Bootsmann, Feldwebel
Unterordnung
8 Gehorsam
9 Anpassung
13 Subordination
Unterredung
6 Disput
7 Debatte
9 Gespraech, Interview
10 Diskussion
Unterricht
4 Kurs
6 Kolleg, Kursus
7 Lektion
8 Lehrgang
9 Vorlesung
unterrichten
9 mitteilen
15 benachrichtigen
Unterrichtender
6 Dozent, Lehrer
Unterrichtsanstalt
6 Schule
8 Institut, Internat
9 Gymnasium
10 Fachschule, Hochschule
12 Universitaet
15 Volkshochschule
Unterrichtsfach
5 Lesen
7 Rechnen
Unterrichtsgegenstand
5 Thema
6 Pensum
Unterrichtslehre
8 Didaktik, Methodik
Unterrichtsstunde
7 Lektion
Unterrichtsteilnehmer
7 Student
8 Schueler
Unterrichtung
9 Belehrung
10 Mitteilung
11 Information
12 Orientierung
untersagen
9 verbieten
Untersagung
6 Verbot
12 Interdiktion
Unterscheidungsmerkmal
7 Merkmal
9 Kriterium
16 Charakteristikum
Unterschenkelknochen
9 Wadenbein
10 Schienbein
Unterschied
9 Differenz
15 Verschiedenheit
Unterschiedsbetrag
5 Saldo
Unterschlupf ► Unterkunft
Unterschrift
8 Federzug, Signatur
9 Autogramm, Namenszug
10 Signierung
Unterschriftskürzel
7 Paraphe
unterseeisch
8 submarin
untersetzt
6 bullig
8 pyknisch, staemmig
9 gedrungen
Unterstand
6 Bunker, Graben
9 Kasematte
unterste politische Verwaltungseinheit
7 Kommune
Unterstellraum
3 Box
5 Stall
6 Garage, Remise
8 Schuppen
unterster Offiziersrang
8 Leutnant
Unterstützung
5 Hilfe
8 Beihilfe, Beistand
9 Assistenz
10 Foerderung, Subvention
Unterstützung einer Straftat
8 Hehlerei
Unterstützungsgeld für Bedürftige
11 Sozialhilfe
Unterstützungsgeld für Studenten
10 Stipendium
Untersucher
6 Tester
7 Pruefer
Untersuchung
7 Analyse, Enquete
9 Recherche
11 Exploration, Inquisition
Untersuchungsergebnis
6 Befund
8 Diagnose
Untertagearbeiter
8 Bergmann
Untertagebetrieb
5 Zeche
8 Bergwerk

Untertan Attilas
5 Hunne
untertänig
7 ergeben, folgsam, fuegsam
11 ehrerbietig
Untertreibung
14 Understatement
Unterwäsche
7 Dessous, Waesche
10 Trikotagen
Unterwäschestück
4 Hemd, Slip
5 Jupon
6 Mieder
7 Korsett
Unterwasserarbeiter
7 Taucher
Unterwasserfelsen
4 Riff
Unterwassergeschoss
7 Torpedo
Unterwassersport
7 Tauchen
Unterweisung
5 Lehre
9 Anleitung
10 Unterricht
11 Instruktion
Unterwelt
3 Hel
5 Hades, Orkus
6 Erebos, Erebus, Hoelle
7 Inferno
8 Halbwelt, Jenseits, Tartaros, Tartarus
9 Demimonde
10 Totenreich
13 Schattenreich
Unterwelt der griechischen Sage
5 Hades
6 Erebus
Unterwelt der römischen Sage
5 Orkus
Unterweltfluss
4 Styx
5 Lethe
7 Acheron
8 Eridanus
Unterweltgöttin der alten Griechen
6 Hekate
Unterwerfung
8 Ergebung
9 Uebergabe
12 Auslieferung, Kapitulation
15 Waffenstreckung
unterwürfig
5 devot
6 servil
7 ergeben, submiss
8 demuetig
unterwürfiger Mensch
8 Kriecher
Unterwürfigkeit
5 Demut
Unterzeichnung
6 Signum
10 Signierung
13 Ratifizierung
untief
5 flach
6 seicht
Untiefe
4 Watt
5 Barre, Syrte
8 Sandbank
Untier
5 Biest
6 Bestie
8 Monstrum
9 Ungeheuer
untreu
6 perfid
7 perfide
10 abtruennig
Untreue
7 Felonie
9 Treubruch
11 Perfiditaet
Untreue von Verheirateten
8 Ehebruch
Untugend ▶ Unsitte
untunlich
10 inopportun
unüberlegt
7 kopflos, spontan
10 unbesonnen
Unübertreffbares
7 Optimum
12 Nonplusultra
unumschränkt
7 absolut
9 souveraen
10 ganz und gar
unumschränkter Herrscher
6 Despot, Tyrann
8 Diktator
unumwunden
10 rundheraus
ununterbrochen
6 zuegig
9 permanent
13 unaufhoerlich
unveränderlich
6 stabil
8 konstant
9 stereotyp
10 invariabel
unveränderliche Größe
9 Konstante
unverbesserlicher Nörgler
9 Querulant
unverbildet
10 natuerlich
unverblümt
4 klar
5 offen
6 direkt
unverbraucht
3 neu
6 frisch
unverdächtig
7 astrein, koscher
unverdiente Milde
5 Gnade
unverdientes Glück
5 Dusel
unverdorben
6 lauter
8 makellos
unverdünnt
3 pur
unvereinbar
8 disparat, kontraer
14 gegensaetzlich
15 inkommensurabel
16 widerspruechlich
unverfälscht
3 pur
4 echt, rein
unverfeinert
3 roh
Unverfrorenheit
9 Frechheit
12 Dreistigkeit
Unvergessenes
10 Erinnerung
unvergleichbar
15 inkommensurabel

unvergorener Obstsaft
4 Most
unverheiratet
5 ledig
6 ehelos
Unverheiratete
6 Ledige
Unverheirateter
9 Hagestolz
11 Junggeselle
unverholzte Pflanze
5 Kraut
unverkauftes Buch
10 Remittende
unverkennbar
7 typisch
9 praegnant
unverletzlich
4 tabu
5 immun
10 sakrosankt
unverletzt
4 ganz, heil
6 gesund, intakt
7 integer
10 unversehrt
unvermeidlich
7 obligat
9 notwendig
13 obligatorisch
unvermischt
4 echt, rein
6 lauter
8 gediegen
unvermittelt
4 akut, jaeh
6 abrupt, bruesk
10 ploetzlich
unvermittelt auftretend
4 akut
Unvermögen
12 Unfaehigkeit
unvermögend
3 arm
5 elend
unvernünftig
4 dumm
8 geistlos, toericht
unverpackt
4 lose
5 offen
unverschämt
5 frech
11 impertinent
14 herausfordernd
unverschlossen
5 offen
unversehrt ▶ unverletzt
Unversehrtheit
11 Integritaet
Unversöhnlichkeit
4 Hass
unverständig
4 dumm
8 ignorant
unverträglich
12 inkompatibel
unverzagt
5 mutig
6 tapfer
9 standhaft
10 beharrlich
unverzüglich
6 direkt, gleich, prompt, sofort
8 umgehend
11 postwendend
14 augenblicklich
Unvollendetes
5 Torso
8 Fragment
unvollkommen
4 halb
7 geteilt
unvollständige Statue
5 Torso
unvorbereitete Rede
8 Stegreif
9 Extempore
unwägbar
12 imponderabel
unwahre Geschichte
12 Jaegerlatein, Seemannsgarn
Unwahrheit
5 Luege
6 Betrug
9 Schwindel
unweit
3 nah
Unwetter in der Wüste
9 Sandsturm
unwichtig
5 banal
7 trivial
9 belanglos
10 irrelevant
unwiderruflich letzte Aufforderung
9 Ultimatum
unwiderstehlicher Drang
5 Trieb
unwiderstehlicher Reiz
6 Zauber
Unwille
5 Unmut
11 Verstimmung
unwillig
10 aergerlich, indigniert
unwillkürlich
7 spontan
10 instinktiv, mechanisch
11 automatisch
unwillkürliche Muskelkontraktion
6 Krampf
7 Spasmus
unwillkürliche Reaktion
6 Reflex
unwirklich
5 ideal
6 irreal
8 abstrakt, utopisch
9 imaginaer
Unwirklichkeit
6 Utopie
8 Illusion, Trugbild
12 Hirngespinst
unwirksam
7 nichtig
9 ungueltig
unwirtlich
3 rau
4 rauh
8 unbequem
12 ungemuetlich
unwissend
4 dumm
8 ignorant
10 ahnungslos
Unwissenheit
7 Agnosie
8 Ignoranz
unwohl
5 uebel
Unwohlsein
9 Uebelkeit
15 Unpaesslichkeit
Unzahl
6 Legion
7 Myriade
unzeitgemäße Einstellung
13 Anachronismus
Unzucht
6 Inzest

unzüchtig
7 obszoen, pervers
9 sittenlos
11 unmoralisch
unzufriedener Mensch
8 Noergler
unzufriedenes Gebrumme
7 Gemurre
unzugänglich
7 finster, trotzig
12 verschlossen
unzulänglich
12 insuffizient
unzureichendes Ersatzmittel
9 Notbehelf
unzusammenhängend
11 inkohaerent
unzuständig
11 inkompetent
unzuverlässig
5 labil
9 inkorrekt
10 schwankend
11 flatterhaft
12 inkonsequent, wankelmuetig
unzweideutig
4 klar
7 praezis
9 eindeutig
unzweifelhaft
6 sicher
9 eindeutig
11 feststehend
Upper Ten
10 Hautevolee, High Society
11 Oberschicht
üppig
6 barock
7 opulent
9 luxurioes, redundant
10 lukullisch
üppiges Gelage
9 Bacchanal
Üppigkeit
7 Opulenz
13 Verschwendung
uralte Erzählung
4 Sage
uralter Bericht
4 Maer
Uranofen
6 Meiler
Uranusmond
5 Ariel
Uraufführung
8 Premiere
urbar machen
5 roden
Urbevölkerung Europas
6 Kelten
Urbild
8 Original, Prototyp
10 Archetypus
urchristlicher Missionar
8 Barnabas
Ureinwohner ...
· **Amerikas**
8 Indianer
· *von* **Feuerland**
3 Ona
· **Italiens**
8 Italiker
· **Japans**
4 Ainu
· **Neuseelands**
5 Maori
· **Spaniens**
6 Iberer
Urfassung ▶ Urtext
Urform ▶ Urbild
Urgeschichte
7 Vorzeit
Urgestalt
5 Typus
Urgrund
7 Prinzip
Urheber
5 Autor
8 Gruender
9 Anstifter, Initiator, Verfasser
Urheberin
7 Autorin
11 Verfasserin
Urheberrecht ▶ Urheberschutz
Urheberschutz
6 Patent
9 Copyright
Urin
4 Harn
Urinal
9 Nachttopf
Urkanton der Schweiz
3 Uri
6 Schwyz
11 Unterwalden
Urkontinent
8 Gondwana
Urkunde
4 Akte
5 Bulle
6 Charta
8 Dokument
Urkundenlehre
10 Diplomatik
Urkundensammlung
6 Archiv
8 Regesten
Urkundsbeamter
5 Notar
14 Standesbeamter
Urkundsbehörde
10 Standesamt
Urkundsjurist
5 Notar
Urlaub
6 Ferien
8 Erholung
Urlauber
4 Gast
7 Tourist
Urlaubsmitbringsel
13 Reiseandenken
Urlaubsreisender
7 Tourist
Urlaubssport
6 Segeln, Surfen
7 Wandern
11 Bergsteigen
Urlaubsunternehmung
5 Reise
Urlaubszeit
6 Ferien
Urmasse
5 Chaos
Urmutter
3 Eva
Urnenhalle
11 Kolumbarium
Ursache
5 Grund, Motiv
6 Anlass
10 Beweggrund, Motivation
ursächlich
6 kausal
Ursächlichkeit
11 Kausalitaet
Urschrift ▶ Urtext
Ursprung
4 Keim

6 Anfang, Beginn, Quelle
8 Herkunft
9 Keimzelle
10 Abstammung, Entstehung, Schoepfung
13 Ausgangspunkt

ursprünglich
6 genuin
7 primaer
8 original
9 angeboren, originaer

Ursprünglichkeit
13 Originalitaet

Urstoff
6 Aether
7 Element, Materie

Urteil
5 Votum
6 Spruch
8 Ermessen
12 Entscheidung
13 Richterspruch, Schiedsspruch

Urteilsaufhebung
9 Kassation

Urteilsvollstreckung
9 Exekution

Urtext
8 Original
10 Manuskript

Urtierchen
6 Amoebe, Sporen
8 Protozoe
9 Einzeller

urtümlich
4 urig
7 komisch
8 primitiv
9 originaer

urtümliche Pflanze
4 Alge

uruguayische Münze
4 Peso
9 Centesimo

Urvater
4 Adam

Urvater im alten Testament
4 Noah

Urvolk von Neuguinea
5 Papua
6 Papuas

Urwald in Südamerika
6 Hylaea, Selvas

Urwaldgebiet Sibiriens
5 Taiga

Urwaldgiraffe
5 Okapi

Urwaldpflanze
5 Liane

urweltliches Kriechtier
7 Saurier

urweltliches Rüsseltier
8 Stegodon

Urwelttier
6 Mammut
7 Saurier
11 Dinosaurier

urwüchsiger Kerl
12 Naturbursche

urwüchsiger Mensch
7 Urviech

Urzeit
7 Vorzeit
13 Vorgeschichte

urzeitliches Meer
6 Tethys

Urzeitreptil
7 Saurier

Urzeugung
11 Plasmogonie

urzuständlich
8 primitiv

US- …
- **Geheimdienst** (Abkürzung)
  3 CIA
- **Amerikaner**
  3 Ami
  6 Yankee
- **Außenministerium**
  16 State Departement
- **Filmpreis**
  5 Oscar
- **Flagge**
  13 Sternenbanner
- **Goldmünze**
  5 Eagle
- **Nachkriegshilfe**
  12 Marshallplan
- **Polizist zu Pferde**
  6 Ranger
- **Raumfahrtbehörde**
  4 NASA
- **Soldatensender**
  3 AFN
- **Vollzugsbeamter**
  7 Sheriff

Usance ▶ Usus

Usus
5 Sitte
6 Brauch
10 Gewohnheit
13 Gepflogenheit

Utensil für Raucher
6 Ascher

Utensil zum Nähen
5 Nadel

Utopia
9 Traumland

Utopie
6 Vision
8 Illusion
10 Wunschziel

utopische Maschine
15 Perpetuum mobile

Utopist
7 Fantast
8 Phantast
10 Schwaermer

V

Vademekum
8 Ratgeber
9 Leitfaden

Vagabund
5 Tramp
6 Penner
7 Gammler, Strolch, Stromer
8 Clochard
12 Tippelbruder, Trebegaenger
13 Landstreicher
14 Stadtstreicher

vage
6 unklar
10 unbestimmt

vakant
4 frei
5 offen
9 unbesetzt

Vakat
9 Leerseite
Vakuum
5 Leere
6 Nichts
9 Luftleere
Vampir
7 Dracula
8 Gespenst
10 Blutsauger, Fledermaus
Vandalismus
15 Zerstoerungswut
Vanilleersatz
8 Vanillin
variabel
9 wandelbar
13 veraenderlich
Variante
5 Abart
6 Lesart, Nuance
8 Spielart, Wandlung
9 Spielform
10 Abwandlung
12 Umgestaltung, Veraenderung
15 Verschiedenheit
Varietee (Varieté)
5 Revue
12 Tingeltangel
Varieteekunst (Varietékunst)
8 Artistik
Varieteekünstler (Varietékünstler)
5 Clown
6 Artist
7 Akrobat
8 Zauberer
Vasall Gunthers
5 Hagen
Vater und Mutter
6 Eltern
Vater von ...
· **Abel**
4 Adam
· **Absalom**
5 David
· **Achill**
6 Peleus
· **Agamemnon**
6 Atreus
· **Antigone**
7 Oedipus
· **Apollo**
4 Zeus
7 Jupiter
· **Artemis**
4 Zeus
· **Athene**
4 Zeus
· **Bacchus**
4 Zeus
7 Jupiter
· **Baldur**
4 Odin
5 Wodan, Wotan
· **David**
4 Isai
· **Diana**
7 Jupiter
· **Dionysos**
4 Zeus
· **Elektra**
9 Agamemnon
· **Esau**
5 Isaak
· **Fatima**
8 Mohammed
· **Ham**
4 Noah
· **Hannibal**
8 Hamilkar
· **Hektor**
7 Priamos
· **Helena**
4 Zeus
· **Hera**
6 Kronos
· **Herakles**
4 Zeus
· **Hermes**
4 Zeus
· **Horus**
6 Osiris
· **Ikarus**
8 Daedalos, Daedalus
· **Isaak**
7 Abraham
· **Ismael**
7 Abraham
· **Jakob**
5 Isaak
· **Joseph**
5 Jakob
· **Juno**
8 Saturnus
· **Jupiter**
8 Saturnus
· **Kain**
4 Adam
· **Kalliope**
4 Zeus
· **Kassandra**
7 Priamos, Priamus
· **Kastor**
4 Zeus
· **Kirke**
6 Helios
· **Kronos**
6 Uranos
· **Lea**
5 Laban
· **Libertas**
7 Jupiter
· **Lohengrin**
8 Parsifal, Parzival
· **Mars**
7 Jupiter
· **Minos**
4 Zeus
· **Odysseus**
7 Laertes
· **Orestes**
9 Agamemnon
· **Orkus**
6 Saturn
· **Paris**
7 Priamos, Priamus
· **Perseus**
4 Zeus
· **Pluton**
6 Kronos
· **Pollux**
4 Zeus
· **Poseidon**
6 Kronos
· **Rahel**
5 Laban
· **Salomo**
5 David
· **Sem**
4 Noah
· **Seth**
4 Adam
· **Siegfried**
8 Siegmund
· **Telemach**
8 Odysseus
· **Thor**
4 Odin
5 Wodan, Wotan
· **Titanen**
6 Uranos
· **Tyr**
4 Odin

5 Wodan, Wotan
· **Vesta**
8 Saturnus
· **Vulcanus**
7 Jupiter
· **Zeus**
6 Kronos
· **Zyklopen**
6 Uranos
Vaterherrschaft ► Vaterrecht
Vaterland
6 Heimat
vaterländisch
8 national
11 patriotisch
15 nationalistisch
vaterländisches Lied
13 Nationalhymne
Vaterlandsfreund
7 Patriot
Vaterlandsliebe
12 Patriotismus
väterlicher Lehrmeister
6 Mentor
Vatermörder
6 Kragen
10 Hemdkragen
Vaterrecht
11 Patriarchat
Vatertag
11 Himmelfahrt
Vegetarier
11 Rohkoestler
Vegetationsinsel
4 Oase
Vegetationstypus
5 Heide
Veilchen
5 Viola, Viole
Veilchenart
16 Stiefmuetterchen
veilchenfarbig
7 violett
Veitstanz
6 Chorea
9 Epilepsie, Fallsucht
Venenentzündung
9 Phlebitis
venezianisch(e, er, es) ...
· **Admiral**
3 Emo
· **Boot**
6 Gondel
· **Brücke**
6 Rialto
· **Geschlecht**
7 Dandolo
· **Goldmünze**
7 Zechine
· **Gondelführer**
10 Gondoliere
· **Gondellied**
9 Barcarole, Barkarole
· **Kupferstecher**
7 Mocetto
· **Maler**
6 Tizian
9 Carpaccio, Giorgione
10 Tintoretto
· **Titel**
4 Doge
venezolanische Münze
7 Bolivar, Centimo
venezolanischer Freiheitskämpfer
7 Bolivar
Ventilation
8 Lueftung
Ventilator
12 Winderzeuger
Venuspriesterin
4 Hero
verabredetes Zeichen
6 Signal
Verabredung
4 Date
6 Dating, Termin
7 Meeting, Treffen
10 Rendezvous
12 Stelldichein
Verabschiedung
10 Entlassung, Suspension
verächtlich
5 infam
6 ehrlos
7 zynisch
14 despektierlich
verächtlich für ...
· **Frau**
4 Weib
· **Gesicht**
6 Visage
· **Hund**
5 Toele
6 Koeter
· **Mann**
3 Typ
4 Kerl
· **Pferd**
4 Gaul
5 Zosse
7 Klepper
· **Schwarzer**
6 Nigger
· **Tier**
5 Biest
verächtlicher Ausruf
3 buh
4 pfui
Verachtung
7 Abscheu
veraltet
3 out
5 passé
6 passee
8 unmodern
10 altmodisch, antiquiert
veraltet für ...
· **Abbild**
9 Konterfei
· **abwesend**
6 absent
· **Adel**
8 Noblesse
· **Ameise**
4 Emse
· **Amtsbote**
6 Weibel
· **Anspruch**
3 Fug
· **Anstand**
6 Dezenz
· **Anwalt**
7 Advokat
· **Banner**
6 Panier
· **Barbier**
5 Bader
· **bäuerlicher Alleinerbe**
6 Anerbe
· **bequem**
6 kommod
· **bescheiden**
6 modest
· **Besuch**
6 Visite
· **Bienenzüchter**
7 Zeidler
· **Bittgesuch**
7 Supplik
· **Bosheit**
6 Malice

V

- **Bürgersteig**
  8 Trottoir
- **Bursche**
  9 Juengling
- **Chirurg**
  8 Wundarzt
  9 Feldscher
- **Cousine**
  4 Base
- **Damenzimmer**
  7 Boudoir
- **Diele**
  6 Entree
- **ebenso**
  4 item
- **Edelgas**
  5 Niton
- **ehrbar**
  7 honorig
- **eilig**
  8 pressant
- **Erzieherin**
  5 Bonne
- **Fahrrad**
  9 Veloziped
- **Feindschaft**
  5 Fehde
- **Fernrohr**
  5 Tubus
- **Festung**
  5 Feste
- **Flugzeug**
  8 Aeroplan
- **Freund**
  8 Gevatter
- **Friseur**
  5 Bader
  7 Barbier
- **früher**
  7 weiland
- **Furchtgefühl**
  5 Graus
- **Gerichtsangestellter**
  6 Aktuar
- **Gewürzware**
  8 Spezerei
- **Grenzsteine**
  6 Termen
- **Grundbesitzer**
  5 Sasse
- **Gutsbetrieb**
  7 Meierei
- **Gutspächter**
  5 Meier
- **Handlungsgehilfe**
  6 Kommis
- **Hauspersonal**
  7 Gesinde
- **immer**
  4 stet
- **Intrige**
  6 Kabale
- **jetzt**
  4 itzo, itzt
  5 anhin, jetzo
- **junger Knecht**
  3 Enk
- **Junggeselle**
  9 Hagestolz
- **Kaufmannsfrau**
  9 Kraemerin
- **Kirchenamt**
  6 Pfarre
- **Kirchendiener**
  6 Mesner
  7 Messner
- **Kneifer**
  8 Pincenez
- **Kunde**
  4 Maer
- **Kusine**
  4 Base
- **Lebensmittel**
  10 Viktualien
- **Lehrherr**
  9 Prinzipal
- **Lehrling**
  5 Stift
- **Liebe**
  5 Minne
- **Mädchen**
  4 Maid
- **Musikant**
  9 Spielmann
- **Nummer**
  6 Numero
- **Onkel**
  5 Oheim
- **Orient**
  10 Morgenland
- **Pilger**
  7 Pilgrim
- **Prozession**
  6 Umgang
- **Rachsucht**
  8 Rankuene
- **Ränkespiel**
  6 Kabale
- **Reifrock**
  9 Krinoline
- **Rentner**
  7 Rentier
  9 Privatier
- **Rückzug**
  8 Retirade
- **Salatschüssel**
  9 Salatiere
- **Schauspieler**
  4 Mime
- **Schnellzug**
  7 Express
- **Schrecken**
  5 Graus
- **Schwiegersohn**
  5 Eidam
- **Straßenbahn**
  4 Tram
- **Streifwache**
  5 Ronde
- **Tabak**
  5 Tobak
- **Tischdecke**
  5 Tapet
- **Trost**
  6 Labsal
- **Türke**
  6 Osmane
- **Unglück**
  7 Malheur
- **Uniform**
  6 Montur
- **unverheiratete Frau**
  7 Jungfer
- **Urkunde**
  9 Handfeste
- **Verwundung**
  7 Blessur
- **Vormundschaft**
  7 Kuratel
- **Vornehmheit**
  8 Noblesse
- **Vorrang**
  9 Prinzipat
- **wahrhaft**
  9 veritabel
- **Wegzehrung**
  8 Viatikum
- **Wehgeschrei**
  5 Zeter
- **Witwe**
  7 Witfrau
- **Witwer**
  7 Witmann

· **Wunder**
7 Mirakel
· **Zeitung**
7 Gazette
veraltet(e, er, es) ...
· **Anlage zum Mahlen**
10 Windmuehle
· **Flächenmaß**
6 Morgen
· **Getreidemaß**
6 Malter
· **Holzraummaß**
4 Ster
· **Längenmaß**
4 Elle
5 Meile
7 Klafter
· **Tanz**
5 Polka, Rondo
6 Cancan, Galopp, Reigen
7 Menuett
8 Laendler
12 Rheinlaender
· **Wasserfahrzeug**
10 Raddampfer
· **Zeitmesser**
7 Sanduhr
veränderlich
5 labil
8 flexibel, variabel
veränderliche Größe
8 Variable
9 Parameter
Veränderung
5 Wende
6 Wandel
8 Mutation
9 Variation
12 Modifikation
verankertes Seezeichen
4 Boje
5 Tonne
Veranlagung
6 Anlage, Talent
7 Eignung
8 Naturell
9 Charakter
10 Faehigkeit
11 Temperament
Veranlasser
9 Initiator
Veranlassung
5 Grund, Motiv
7 Anstoss
10 Motivation
Veranschaulichung
12 Illustration
Veranstalter
7 Manager
8 Promoter
11 Organisator
verantwortungslos
12 leichtsinnig
Veräußerung
7 Verkauf
Verb
6 Tuwort
8 Zeitwort
15 Taetigkeitswort
Verband
4 Bund, Liga
5 Union
6 Verein
7 Bandage
9 Kompresse
12 Gemeinschaft, Organisation
15 Zusammenschluss
Verband für Arbeitsstudien (Abkürzung)
4 Refa
Verband von Flugzeugen
10 Geschwader
Verband von Schiffen
6 Flotte
Verbandmaterial
4 Gaze, Mull
5 Binde, Watte
8 Pflaster
12 Heftpflaster
Verbandmull
4 Gaze
Verbannung
4 Exil
10 Ausweisung
11 Vertreibung
Verbannungsort Napoleons
4 Elba
11 Sankt Helena
Verbarrikadierung
5 Zubau
Verbesserer
8 Reformer
Verbesserung
6 Reform
8 Retusche
9 Korrektur
Verbeugung
5 Kotau
6 Diener
9 Bueckling, Kratzfuss
verbilligte Telefonzeit
15 Mondscheintarif
verbinden
7 koppeln
verbindlich
7 obligat
9 definitiv
10 konziliant
13 obligatorisch
15 entgegenkommend
verbindliche Abmachung
7 Vertrag
8 Kontrakt
Verbindlichkeit
6 Obligo
10 Konzilianz, Obligation
Verbindlichkeiten
7 Passiva
8 Schulden
Verbindung
4 Bund
5 Corps, Korps, Nexus
7 Allianz, Liaison
8 Kopplung, Kupplung, Synthese
9 Koppelung
11 Assoziation, Korporation
14 Burschenschaft
Verbindung politischer Maßnahmen
7 Junktim
Verbindung zwischen Muskel und Knochen
5 Sehne
Verbindungsbolzen
4 Niet
Verbindungsgelenk im menschlichen Knochenbau
4 Knie
10 Ellenbogen, Handgelenk
11 Hueftgelenk
Verbindungslinie
4 Naht
Verbindungslinie zwischen Orten gleichen Luftdrucks
7 Isobare
Verbindungslinie zwischen Orten gleicher Temperatur
9 Isotherme
Verbindungsstelle
4 Fuge, Naht
6 Furche
7 Kontakt

Verbindungsstück
4 Niet
5 Muffe, Niete, Stift
6 Bolzen, Klemme, Lasche
7 Flansch
9 Scharnier
Verbindungsstudent
5 Fuchs
6 Bursch
Verbindungsteil zwischen Rädern
5 Achse
verbissen
8 verbohrt
9 energisch, fanatisch
10 konsequent
12 starrkoepfig
verbissener Zorn
7 Ingrimm
verbleibend
6 uebrig
8 restlich
Verblichener
5 Toter
15 Dahingegangener
verblüffend
8 frappant
verblüfft
7 perplex
12 konsterniert
verblüht
4 welk
verbohrt
4 stur
11 eigensinnig
verborgen
6 geheim, latent, okkult
8 heimlich
10 mysterioes
11 raetselhaft
13 geheimnisvoll
verborgene Lade
10 Geheimfach
Verborgenes
6 Schatz
9 Geheimnis
Verborgenheit
6 Latenz
Verbot
4 Tabu
7 Verdikt
11 Untersagung
Verbot (der, des) ...
· **Alkoholgenusses**
11 Prohibition
· **Ausfuhr**
7 Embargo
· **Wettkampfteilnahme**
6 Sperre
verboten
4 tabu
9 untersagt
verboten(e, er, es) ...
· **Anregung** (Sport)
6 Doping
· **Boxhieb**
10 Tiefschlag
· **Einfuhr**
9 Schmuggel
· **Gefängnisbotschaft**
8 Kassiber
verbrämen
12 beschoenigen
Verbrauch
6 Konsum
9 Nachfrage
11 Verschleiss
Verbraucher
9 Konsument
Verbrauchssteuer
6 Akzise
Verbrauchszucker
5 Melis
Verbrechen
4 Mord, Raub
5 Untat
6 Betrug, Delikt, Verrat
8 Sakrileg, Uebeltat
Verbrecher
6 Bandit, Ganove, Gauner
8 Gangster
9 Erpresser, Spitzbube
11 Krimineller, Missetaeter
Verbrecherclique
4 Gang
5 Bande
Verbrecherkneipe
8 Spelunke
9 Kaschemme
Verbrechermilieu
8 Halbwelt
9 Demimonde, Unterwelt
verbreiterte Geweihstangen
9 Schaufeln
verbreitet
8 populaer
Verbreitung ...
· *von* **Angst und Schrecken**
6 Terror
· *von* **Hass**
5 Hetze
· **unwahrer Tatsachen**
11 Verleumdung
Verbrennungserscheinung
5 Feuer, Hitze, Rauch
6 Flamme, Waerme
Verbrennungsrückstand
4 Russ
5 Abgas, Asche
8 Schlacke
Verbrennungsstätte für Tote
11 Krematorium
Verbrüderung
15 Fraternisierung, Solidarisierung
Verbundbaustoff
5 Beton
verbündete Mächte
9 Alliierte
Verbündeter
7 Genosse
10 Alliierter
Verbundlinie
4 Naht
verbürgt
10 garantiert
11 authentisch
Verdacht
7 Argwohn, Skepsis, Skrupel, Zweifel
9 Vermutung
10 Misstrauen, Mutmassung
verdächtig
6 obskur
7 ominoes, suspekt
9 anruechig
Verdachtsmoment
5 Indiz
12 Anhaltspunkt
verdampfen
6 sieden
Verdampfung
11 Evaporation
Verdauung
9 Digestion
Verdauungsferment
3 Lab
Verdauungsflüssigkeit
8 Speichel
9 Magensaft
Verdauungskanal
4 Darm

Verdauungsorgan
4 Darm
5 Galle, Leber, Magen
Verdauungsstörung
11 Indigestion
Verdauungstrakt
4 Darm
Verdeck aus Stoff
5 Plane
verdeckt
6 latent
Verderben ▶ Verderbnis
verderbliches Treiben
6 Unheil
7 Unwesen
Verderbnis
4 Ruin
6 Unheil
8 Unglueck
9 Untergang
10 Korruption
15 Sittenlosigkeit
verdeutlichende Umschreibung
10 Paraphrase
Verdeutlichung
8 Klaerung
12 Illustration
Verdichter
9 Kondensor
10 Kompressor
Verdichtetes
9 Kondensat
10 Konzentrat
Verdichtung
11 Kompression
13 Konzentration
Verdichtungsgebiet
12 Ballungsraum
13 Agglomeration
Verdickung
5 Wulst
6 Knolle, Knoten
Verdienst
4 Gage, Lohn, Sold
6 Erloes, Erwerb, Gehalt, Gewinn, Salaer
7 Entgelt, Honorar, Meriten
Verdienstauszeichnung
5 Orden
Verdienstspanne
5 Marge
Verdikt
4 Bann
6 Verbot
Verdinglichung
9 Hypostase
14 Hypostasierung
Verdoppelung
11 Duplikation
verdorben
3 hin
6 kaputt
7 korrupt
8 schlecht
12 ungeniessbar
verdorrt
4 welk
5 duerr
Verdrehung
7 Torsion
8 Drillung
11 Entstellung
verdrießliches Gebrumme
7 Gemurre
Verdruss
6 Aerger
7 Missmut, Unwille
9 Unbehagen
11 Verstimmung
Verdruss bereiten
7 aergern
Verdunstung
11 Evaporation
Verdunstungsniederschlag
9 Kondensat
verdutzt
7 perplex
10 verbluefft
11 ueberrascht
veredeln (Botanik)
8 pfropfen
9 okulieren
veredelte Steinkohle
4 Koks
veredeltes Eisen
5 Stahl
Veredelung
10 Kopulation
11 Raffination
Veredler von Glas mit Säure
6 Aetzer
Veredler von Metall mit Säure
6 Aetzer
Verehelichung
6 Heirat
11 Vermaehlung
Verehrer
3 Fan
10 Bewunderer
Verehrer des Schönen
7 Aesthet
11 Schoengeist
Verehrerin
7 Groupie
Verehrung
7 Achtung, Respekt
9 Huldigung
11 Hochachtung
Verehrung einer Gottheit
4 Kult
Verehrungsdienst
4 Kult
verehrungswürdig
4 hehr
Verehrungszeremoniell
4 Kult
Vereidigung
9 Geloebnis
Verein
4 Klub
vereinbar
10 kompatibel
vereinbarter Gesamtbetrag
9 Pauschale
Vereinbarung
9 Absprache
10 Konvention
13 Uebereinkunft
Vereinheitlichung
7 Normung
10 Normierung
16 Standardisierung
Vereinigung
4 Bund, Club, Klub, Liga
5 Union
6 Verein
7 Verband
8 Buendnis
9 Koalition
11 Assoziation, Foederation, Korporation
12 Gemeinschaft, Gesellschaft, Kongregation
vereinsamt
6 allein
7 desolat
8 isoliert
Vereinsangehöriger
8 Mitglied
Vereinsblatt
5 Organ

Vereinslokal
8 Klubhaus, Klubheim
Vereinssatzung
6 Statut
8 Statuten
Vereinsvorsitzender
6 Obmann
Vereinte Nationen (Abkürzung)
2 UN
3 UNO
vereinzelt
3 rar
6 selten
8 isoliert
9 singulaer
10 sporadisch
vereister Schnee
6 Harsch
Vereitelung
7 Boykott
8 Sabotage
11 Sabotierung
Verengung der Blutgefäße
8 Stenosis
Vererbungslehre
7 Genetik
Verfahren
3 Weg
5 Modus
7 Methode, Schiene
8 Prozedur, Vorgehen
12 Rechtsstreit
14 Handlungsweise
Verfahren der Wahl
8 Via Regia
10 Koenigsweg
Verfahrensweise
7 Methode
Verfall
10 Niedergang
verfallen
8 dekadent
9 verkommen
11 verwahrlost
verfallenes Bauwerk
5 Ruine
6 Schutt
8 Truemmer
Verfasser
5 Autor
6 Texter
7 Urheber
14 Schriftsteller
Verfasser einer Lebensbeschreibung
7 Biograf
8 Biograph
Verfasser einer Lebensselbstbeschreibung
11 Autobiograf
12 Autobiograph
Verfasser von Lyrik
7 Dichter
Verfasserin
7 Autorin
9 Urheberin
Verfassung
7 Satzung, Zustand
9 Kondition
11 Grundgesetz
12 Konstitution
Verfassungsurkunde
6 Charta
Verfechter
7 Eiferer
8 Apologet
Verfehlung
6 Delikt, Fehler, Frevel, Suende
7 Unrecht
8 Verstoss
9 Fehltritt, Missgriff
12 Uebertretung
verfeinert
6 sublim
8 veredelt
10 kultiviert, raffiniert
verfeinerte Lebensweise
6 Kultur
verfemen
7 aechten
11 brandmarken
Verfemter
14 Ausgestossener
Verflachung
12 Nivellierung
14 Gleichmacherei
Verflechtung
6 Konnex
8 Geflecht
12 Zusammenhang
verflossen
2 ex
3 out
5 passé, vorig
6 passee
Verfluchung
7 Bannung
8 Anathema
Verflüssigung
12 Kondensation
verfolgen
5 jagen
6 hetzen
Verfolgung
4 Jagd
5 Hetze
6 Pogrom
8 Fahndung
Verfolgungswahn
8 Paranoia
Verformung
11 Deformation
12 Deformierung
verfrüht
9 vorzeitig
verfügbar
6 bereit, fertig, liquid
10 disponibel
verfügbare Zahlungsmittel
7 Bargeld
Verfügung
5 Edikt
6 Dekret, Erlass
9 Anordnung, Anweisung, Testament
10 Bestimmung, Verordnung
Verfügungsberechtigter
9 Disponent
Verführer
7 Don Juan
8 Casanova, Charmeur
10 Frauenheld
Verführerin in Homers Odyssee
5 Circe, Kirke
6 Sirene
verführerisch
4 sexy
9 attraktiv
verführerische Frau
5 Circe
verführerischer Frauentyp
4 Vamp
Verführung zu einer Straftat
10 Anstiftung
Vergangenheitsform
7 Perfekt
9 Imperfekt
11 Praeteritum
15 Plusquamperfekt

vergeblich
7 umsonst
Vergebung
5 Gnade
6 Pardon
10 Verzeihung
Vergehen ▶ Verfehlung
vergeistigt
10 aetherisch
Vergeltung
4 Dank, Lohn
5 Busse, Rache
6 Strafe, Suehne
8 Revanche
9 Belohnung
10 Bestrafung, Genugtuung
12 Konterschlag
Vergeltung Übender
7 Raecher
Vergeltungsmaßnahme
8 Sanktion
10 Reparation
14 Ersatzanspruch
Vergiftung
12 Intoxikation
verglaste Veranda
12 Wintergarten
Vergleich
10 Kompromiss
11 Komparation
vergleichbarer Fall
9 Parallele
14 Praezedenzfall
vergleichende Literaturwissenschaft
13 Komparatistik
Vergleichsstufe
7 Positiv
10 Komparativ, Superlativ
vergleichsweise
7 relativ
18 verhaeltnismaessig
vergnatzt
10 aergerlich
Vergnügen
3 Ulk
5 Spass
6 Freude
7 Gaudium
8 Plaesier
10 Amuesement
11 Zerstreuung
Vergnügen nach dem Skilaufen
8 Après-Ski
vergnügt
4 froh
5 fidel
6 heiter
Vergnügungspark in Kopenhagen
6 Tivoli
Vergnügungsschiff
5 Jacht, Yacht
Vergnügungsstätte
4 Kino
5 Disco
6 Zirkus
7 Theater, Varieté
8 Varietee
11 Rummelplatz
Vergnügungsviertel in ...
· **Hamburg**
10 Reeperbahn, Sankt Pauli
· **München**
9 Schwabing
· **Paris**
10 Montmartre
Vergoldung
6 Doublé, Dublee
vergorener Weißkohl
10 Sauerkraut
Vergötterung
8 Anbetung
10 Adoration
vergreist
5 senil
8 tatterig
vergriffen
11 ausverkauft
Vergrößerung der Schilddrüse
5 Kropf
Vergrößerungsgerät
4 Lupe
8 Fernglas
9 Mikroskop
Vergrößerungsglas
4 Lupe
5 Linse
Vergünstigung
6 Indult, Rabatt, Skonto
8 Nachlass, Privileg
vergüten
10 honorieren
vergütetes Eisen
5 Stahl
Vergütung ▶ Gehalt
Vergütung (Material)
12 Verbesserung
Verhaftung
9 Festnahme
10 Ergreifung, Sistierung
11 Arretierung
12 Inhaftierung
verhalten
6 dezent
7 diskret
Verhalten
7 Gebaren
8 Benehmen
verhalten
11 distanziert
14 zurueckhaltend
verhaltener Zorn
5 Grimm, Groll
Verhaltensforscher
6 Lorenz
Verhaltensforschung
9 Ethologie
Verhaltensmaßregel
7 Weisung
10 Spielregel, Vorschrift
Verhaltensmuster
6 Reflex
7 Pattern
Verhaltensregel
6 Maxime
9 Anweisung, Direktive
Verhaltensweise
3 Art
5 Wesen
Verhältnis
5 Bezug, Flirt
7 Liaison
8 Relation
9 Beziehung
10 Liebschaft, Proportion
14 Techtelmechtel
Verhältnisgröße
5 Modul
7 Proporz
verhältnismäßig
7 relativ
12 proportional
Verhältnisteil
5 Quote
Verhältniswahlsystem
7 Proporz
Verhältniswort ▶ Präposition
Verhältniszahl technischer Größen
5 Modul

V

Verhandlung
6 Disput, Termin
7 Debatte, Diskurs, Prozess
9 Gespraech, Konferenz
10 Aussprache
11 Besprechung, Lokaltermin
Verhandlungsbericht
9 Protokoll
Verhandlungsgeschick
10 Diplomatie
Verhängnis
4 Ruin
6 Unheil
8 Unglueck
9 Untergang
10 Fatalitaet
11 Katastrophe
verhängnisvoll
5 fatal
7 schlimm
12 katastrophal, ungluecklich
13 schicksalhaft
Verharmlosung
16 Bagatellisierung
verhätschelt
9 verwoehnt
verheerender Sturm
5 Orkan
verheerendes Unglück
11 Katastrophe
Verheiratete
6 Gatten
7 Ehepaar
8 Eheleute
Verheiratetsein
8 Ehestand
Verherrlichung
9 Apotheose
13 Glorifikation
14 Glorifizierung
Verhinderung des Zugangs
6 Sperre
9 Barrikade
10 Absperrung
Verhöhnung
5 Spott
Verhör
10 Vernehmung
11 Inquisition
verhornte Zehe der Huftiere
5 Klaue
verhütend
10 praeventiv
14 prophylaktisch
Verhütung
10 Prophylaxe
Verkalkung
8 Sklerose
Verkauf
6 Absatz, Handel
9 Geschaeft
13 Veraeusserung
Verkaufsapparat
7 Automat
Verkaufsdepot
10 Warenlager
Verkaufseinnahme
6 Erloes
Verkaufserfolg
3 Hit
6 Renner
8 Schlager
10 Bestseller, Longseller
Verkaufsförderung
7 Werbung
Verkaufshäuschen
4 Bude
5 Kiosk
Verkaufskartell
8 Syndikat
Verkaufsleiter
9 Substitut
Verkaufsorganisation
8 Vertrieb
Verkaufspolitik
9 Marketing
Verkaufsraum
5 Laden
6 Budike, Butike
8 Boutique, Kaufhaus
9 Geschaeft, Warenhaus
10 Supermarkt
Verkaufsschau
5 Messe
11 Ausstellung
Verkaufsschlager ► Verkaufserfolg
Verkaufsstand
4 Bude
5 Kiosk
Verkaufsstände
6 Kioske
Verkaufsstelle
5 Laden
Verkaufsstelle für Arzneimittel
8 Apotheke
Verkaufsstelle für Kosmetika
11 Parfuemerie
Verkaufstisch
5 Stand, Theke
6 Tresen
Verkehr
6 Umgang
8 Frequenz
13 Kommunikation
Verkehrsader
20 Hauptverkehrsstrasse
Verkehrsangestellter
9 Busfahrer
Verkehrsflugzeug
7 Clipper
Verkehrsgebäude
7 Bahnhof
10 Busbahnhof
Verkehrshindernis
3 Eis
4 Stau, Wind
5 Nebel, Regen, Sturm
6 Schnee
7 Glaette, Kolonne, Stauung
8 Eisregen, Glatteis, Schlange, Stockung
9 Baustelle, Umleitung
10 Bodennebel, Eisglaette
Verkehrshinweis vor Bahnübergängen
4 Bake
5 Ampel
9 Warnkreuz
10 Blinkampel
12 Andreaskreuz
Verkehrslichtanlage
5 Ampel
Verkehrsmittel
3 Bus, Jet, Lkw, Lok, Pkw, Rad, Zug
4 Auto, Bahn, Boot, D-Zug, Kahn, Krad, O-Bus, Post, Tram
5 Moped, S-Bahn, U-Bahn
6 Faehre, Schiff
7 Autobus, Dampfer, Fahrrad, Omnibus, Tramway

8 Flugzeug, Hochbahn, Motorrad, Trambahn
9 Alwegbahn, Automobil, Eisenbahn, Kleinbahn, Lastwagen, Stadtbahn
10 Kraftwagen, Luftschiff, Schnellbus, Schnellzug, Triebwagen, Trolleybus
11 Motorroller, Schnellbahn, Zahnradbahn
12 Hubschrauber, Strassenbahn
13 Kraftfahrzeug
14 Untergrundbahn

Verkehrsmittel auf Schienen
4 Bahn

Verkehrsstockung
4 Stau
8 Schlange
11 Verdichtung

Verkehrsteilnehmer
6 Radler, Reiter
9 Radfahrer
10 Autofahrer, Fernfahrer, Kradfahrer
11 Fussgaenger, Kraftfahrer, Mopedfahrer
14 Motorradfahrer

Verkehrsweg
4 Bahn
7 Highway, Strasse
8 Autobahn, Chaussee
9 Bahnlinie
11 Landstrasse

Verkehrszeichen
5 Ampel
6 Schild, Signal
9 Wegweiser
13 Hinweisschild

Verklärung
9 Apotheose

Verklebung
13 Agglutination

Verkleidung
5 Maske
9 Maskerade
12 Mummenschanz
13 Kostuemierung

verkleinertes Vorbild
6 Modell

Verkleinerung
9 Reduktion

Verkleinerungsform
9 Diminutiv

Verkleinerungswort
11 Diminutivum

verknöchert
3 alt
5 starr
10 unflexibel

Verknüpfung
8 Synthese
11 Assoziation, Kombination

Verkörperung
11 Inkarnation
16 Personifizierung

Verkörperung des Übels
5 Satan
6 Teufel
7 Luzifer
9 Beelzebub

Verköstigung
7 Pension

verkracht
11 gescheitert

verkrusteter Schnee
6 Harsch

verkümmert
11 rudimentaer
16 zurueckgeblieben

verkümmertes Organ
8 Rudiment

Verkünder
5 Rufer
6 Herold
7 Prophet
8 Ausrufer

Verkündiger im Mittelalter
6 Herold

Verkündigung
12 Proklamation
14 Bekanntmachung

verkürzte Unterschrift
6 Signum
10 Initialien

Verkürzung
11 Perspektive

Verladeauffahrt
5 Rampe

Verladebühne
5 Rampe
9 Laderampe

Verladefahrzeug
8 Hublader
12 Gabelstapler

Verladegerät
4 Kran
8 Laufkran

Verlagsabteilung
7 Werbung
8 Lektorat, Setzerei, Vertrieb
11 Herstellung, Korrektorat

Verlagsangestellter
6 Lektor, Setzer
8 Grafiker, Layouter, Reporter
9 Graphiker, Redakteur
10 Cheflektor, Hersteller
13 Chefredakteur

Verlagserzeugnis
4 Buch
7 Journal, Magazin, Zeitung
11 Zeitschrift

Verlagszeichen
6 Signet

Verlangen
4 Gier, Lust
5 Drang, Trieb
6 Begehr, Sehnen, Wunsch
8 Ansinnen, Begehren, Begierde, Gelueste
9 Forderung, Sehnsucht
10 Beduerfnis
12 Leidenschaft

Verlängerung der Zahlungsfrist
8 Stundung
10 Moratorium
12 Prolongation

Verlängerungszettel bei Wechseln
7 Allonge

verlangsamen
6 hemmen
7 bremsen

verlassen
3 oed
4 leer, oede
6 allein, einsam
12 menschenleer

verlassene Gegend
4 Oede
7 Einoede
9 Wuestenei

verlassenes Seehundbaby
6 Heuler

Verlässlichkeit
5 Treue
16 Zuverlaessigkeit

Verlauf
6 Ablauf

7 Prozess
8 Fortgang
9 Geschehen
Verlautbarung
8 Bulletin, Kundgabe
10 Aeusserung
Verlegenheit
5 Scham
6 Aporie, Klemme
7 Dilemma
10 Bredouille, Kalamitaet, Zwangslage
Verleger
6 Editor
Verleih
7 Leasing
verleihen
6 borgen
Verleiher
8 Wucherer
Verleihung
6 Lizenz
10 Konzession
Verleihung der Doktorwürde
9 Promotion
Verleihung der Lehrberechtigung
12 Habilitation, venia legendi
Verleitung
10 Anstiftung
11 Verfuehrung
verletzt
4 wund
7 pikiert
8 laediert
Verletzung
4 Biss, Riss
5 Bruch, Stich, Wunde
6 Fissur, Schuss, Trauma
7 Blessur, Fraktur, Zerrung
8 Haematom, Prellung
10 Bluterguss, Brandblase, Erfrierung, Frostbeule, Laedierung, Quetschung, Veraetzung, Verrenkung
11 Verbrennung, Verbruehung
12 Abschuerfung, Knochenbruch, Verstauchung
Verletzung des Urheberrechts
7 Plagiat
Verleumder
14 Ehrabschneider
Verleumdung
7 Rufmord
8 Diffamie
12 Denunziation, Diffamierung
14 Verunglimpfung
Verlies
5 Zelle
6 Kerker
Verlobte
5 Braut
Verlobter
10 Braeutigam
verlockende Wirkung
4 Reiz
10 Versuchung
Verlockung
4 Reiz
6 Anreiz
10 Anfechtung
verlogen
9 unehrlich, unredlich
verlorener Kampf
10 Niederlage
verlorenes Aufschlagspiel (Tennis)
5 Break
Verlosung
7 Tombola, Ziehung
8 Lotterie
verlottert
11 verwahrlost
16 heruntergekommen
Verlust
5 Manko, Miese, Minus
7 Ausfall, Defizit, Schaden, Schwund
8 Einbusse, Nachteil
9 Minderung
Verlust der Erinnerung
7 Amnesie
Verlustgefahr
6 Risiko
Vermächtnis
4 Erbe
5 Legat
8 Nachlass
9 Erbschaft, Testament
18 Hinterlassenschaft
Vermächtnisnehmer
7 Legatar
Vermählte
7 Ehepaar
Vermählung
6 Heirat
7 Trauung
8 Hochzeit
vermehren
8 zunehmen
Vermehrung
7 Zunahme, Zuwachs
12 Verdoppelung
Vermehrungsfähigkeit
11 Fertilitaet
vermeintlich
7 putativ
Vermerk
5 Notiz
6 Glosse
7 Eintrag
Vermerk in einem Schriftstück
10 Aktennotiz
vermessene Frechheit
9 Anmassung
vermessenes Bauland
8 Parzelle
Vermessenheit
6 Hybris
7 Duenkel
Vermesser im Bergbau
12 Markscheider
Vermessungskunde
9 Geodaesie
Vermessungsstab
5 Jalon
Vermietung von Gütern
7 Leasing
Verminderung
9 Reduktion
11 Reduzierung, Subtraktion
Vermischtes
5 Varia
Vermisstes
9 Desiderat
Vermittler
4 Baas
5 Agent
6 Makler, Sensal
10 Kommissaer
12 Parlamentaer
13 Kommissionaer, Unterhaendler
Vermittler für Seeleute
9 Heuerbaas
Vermittler von Rennwetten
10 Buchmacher

Vermittlung
12 Intervention
Vermittlungsbehörde für Beschäftigungssuchende
10 Arbeitsamt
Vermittlungsbüro
7 Agentur
Vermittlungsvergütung
9 Provision
vermoderte Pflanzenreste
4 Torf
Vermoderung
12 Humifikation
13 Humifizierung
Vermögen
3 Gut
4 Habe
6 Besitz, Potenz
7 Kapital, Koennen
8 Eigentum
10 Faehigkeit
vermögend
5 reich
10 wohlhabend
vermögender Mensch
5 Nabob
7 Kroesus
10 Kapitalist
Vermögenseinbuße
7 Defizit, Verlust
vermögensrechtliche Urkunde
5 Aktie
10 Pfandbrief, Wertpapier
Vermögensstamm
7 Kapital
Vermögensstand
6 Aktiva, Status
Vermögensverwalter
11 Treuhaender
Vermummung
10 Maskierung
vermuten
5 ahnen
8 annehmen
Vermutung
6 Ahnung
7 Annahme, Meinung
9 Hypothese
10 Mutmassung
11 Spekulation
Vernehmung
7 Hearing, Verhoer
11 Einvernahme, Inquisition
Verneigung
5 Kotau
6 Diener
9 Bueckling, Kratzfuss
verneinendes Wort
3 nie
4 nein
5 nicht
6 keiner, nichts
7 niemals, niemand
8 nirgends
Verneinung
8 Negation
9 Negierung
vernichtet
6 kaputt
9 zerstoert
Vernichtung
10 Entfernung
11 Beseitigung, Destruktion, Zerstoerung
Vernichtung einer Urkunde
9 Kassation
Vernissage
10 Eroeffnung
Vernunft
5 Geist, Grips, Ratio
6 Esprit, Raeson, Raison
8 Einsicht, Klugheit, Verstand
9 Intellekt
11 Intelligenz
Vernunftglaube
13 Rationalismus
vernünftig
4 klug
8 rational, sinnvoll
10 einsichtig
11 intelligent
Vernünftigkeit
13 Rationalitaet
vernunftwidrig
7 paradox
8 alogisch, unsinnig
10 irrational
Veröffentlichung
7 Edition
11 Publikation
Verordnung
5 Edikt, Order
6 Dekret, Erlass, Rezept
10 Bestimmung, Verfuegung
Verpackung
9 Emballage
Verpackungsart
4 Dose, Fass, Korb, Sack, Tube
5 Kiste, Tuete
6 Beutel, Karton, Kasten, Papier
7 Flasche
9 Behaelter, Container, Schachtel
10 Packpapier
Verpackungsgewicht
4 Tara
Verpflanzung
15 Transplantation
Verpflegung
4 Kost
5 Essen
7 Nahrung
8 Proviant
Verpflegungsanteil
6 Ration
7 Portion
Verpflegungsbeitrag
8 Kostgeld, Zehrgeld
verpflichtend
13 obligatorisch
Verpflichtung
6 Diktat, Obligo
7 Auflage
10 Engagement
12 Schuldigkeit
Verpflichtung zum Schadenersatz
7 Haftung
11 Haftpflicht
14 Regresspflicht
Verpflichtungsschein
6 Revers
10 Obligation
Verputzmaterial
4 Gips
5 Stuck
7 Moertel
Verrammelung
9 Barrikade
14 Strassensperre
Verrat
7 Arglist, Felonie, Untreue
9 Treubruch, Wortbruch
15 Vertrauensbruch
Verräter
6 Petzer
10 Denunziant
13 Kollaborateur

Verräter Jesu
5 Judas
Verrechnung im Zahlungsverkehr
8 Clearing
Verrenkung
8 Luxation
Verringerung
7 Abnahme
9 Reduktion
11 Dezimierung
14 Einschraenkung
verrucht
7 ruchlos
10 anstoessig
verrückt
3 irr
4 toll
9 irrsinnig, meschugge, naerrisch
15 geistesgestoert
verrückte Angewohnheit
► Verschrobenheit
Verruf
4 Acht, Bann
5 Makel
10 Misskredit
verrufen
9 anruechig
verrufene Gegend
15 Rotlichtviertel
verrufenes Lokal
8 Spelunke
9 Kaschemme
Vers
4 Reim
9 Distichon
Versager
4 Null
5 Niete
12 Blindgaenger, Schwaechling
Versakzent
5 Iktus
Versal
14 Grossbuchstabe
Versammlung
6 Konzil, Tagung
7 Gremium, Konvent, Meeting
9 Consilium, Konsilium
13 Zusammenkunft
Versammlungsraum
4 Aula, Saal
Versammlungsraum in Klöstern
6 Remter
Versand
9 Spedition
10 Expedition
Versandangestellter
9 Expedient
Versandbehälter (► auch Verpackungsart)
9 Container
Versandfirma
9 Spedition
Versandleiter
9 Expedient
Versatzamt
9 Pfandhaus
Versbau
6 Metrik
Verschickung
11 Deportation
Verschiebung des Sehwinkels
9 Parallaxe
verschieden
6 anders, divers
9 divergent, heterogen, inhomogen
10 kunterbunt
15 unterschiedlich
verschiedener Meinung
6 uneins
Verschiedenes
8 Allerlei, Diverses
Verschiedenheit
9 Differenz, Divergenz
10 Diskordanz
14 Heterogenitaet
Verschlag
3 Box
4 Kaue
5 Koben, Stall
6 Remise
verschlagen
6 listig, schlau
9 tueckisch
10 trickreich
12 hinterlistig
13 hinterhaeltig
Verschlagenheit
4 List
verschleiern
6 tarnen
10 vertuschen
Verschleiß
9 Abnutzung
Verschleppung
11 Deportation
12 Verzoegerung
verschließbarer Kasten
8 Kassette
Verschlingung von Schnüren
6 Knoten
verschlissen
9 abgewetzt
10 abgetragen
Verschluss
6 Deckel, Plombe, Riegel
7 Schloss
Verschlüsselung
4 Code, Kode
7 Chiffre
9 Kodierung
Verschlussplatte
6 Deckel
Verschlussstreifen
9 Banderole
Verschlussteil eines Topfes
6 Deckel
Verschmelzung
6 Fusion
8 Synthese
9 Legierung
verschmitzter Mensch
6 Schalk, Schelm
10 Spassvogel
verschneiter Abhang
11 Schneelehne
verschneites Gelände
16 Winterlandschaft
Verschnittener
6 Eunuch
7 Kastrat
verschnittenes männliches Rind
5 Ochse
verschnittenes Masthuhn
8 Poularde
verschnörkelt
6 barock
verschnürter Packen
7 Buendel
verschobenes Quadrat
5 Raute
verschobenes Rechteck
14 Parallelogramm
verschönerndes Beiwerk
4 Zier

Verschönerung
4 Zier
5 Dekor
verschroben
6 bizarr
7 drollig, seltsam, skurril
11 exzentrisch
Verschrobenheit
4 Tick
5 Macke
6 Spleen
7 Marotte
8 Schrulle
Verschwender
7 Prasser
Verschwendung
4 Pomp
5 Luxus, Prunk
verschwiegen
5 still
7 diskret
8 taktvoll
Verschwiegenheit
10 Diskretion
verschwommen
6 diffus, unklar
8 unscharf
Verschwörer gegen Caesar
6 Brutus
7 Cassius
Verschwörung
8 Komplott
11 Konjuration
12 Konspiration
verschwunden
3 weg
Versdichter der Antike
4 Ovid
5 Homer, Horaz
6 Catull, Sappho, Vergil
Verse schmieden
6 reimen
Versehen
6 Fehler, Irrtum, Lapsus, Lapsus
9 Fehlgriff, Schnitzer
11 Fehlschluss
versehentlich
11 faelschlich
Verselbstständigung (Verselbständigung)
12 Emanzipation
versenden
10 abschicken
Versender
9 Expedient
Versenkung
10 Meditation
13 Kontemplation
versessen
7 erpicht
8 begierig
Versfuß ► Versmaß
versicherte Sendung
9 Wertbrief
Versicherung
10 Assekuranz
Versicherungsbeitrag
7 Praemie
Versicherungsschein
6 Police
Version
6 Lesart
7 Fassung
10 Abwandlung
12 Uebersetzung, Uebertragung
Versmaß
5 Jambe
6 Iambus, Jambus, Metrum
8 Anapaest, Daktylus
9 Hexameter, Trochaeus
10 Heptameter, Pentameter
versmäßiger Gleichklang
4 Reim
versöhnlich
10 konziliant
versonnener Mensch
8 Traeumer
versorgen
8 betreuen
Versorgung
4 Kost
6 Pflege
9 Betreuung
10 Ernaehrung
Versorgungsbezüge
5 Rente
7 Pension
Versorgungsschiff
6 Tender
Verspottung ► Spott
Versprechen
3 Eid
6 Schwur
8 Geluebde
9 Geloebnis
Versroman
4 Epos
10 Erzaehlung
Verstand
5 Geist, Ratio
8 Vernunft
9 Denkkraft, Intellekt
11 Intelligenz
verstandesmäßig
8 rational
Verständigung
13 Kommunikation
Verständigungsmittel
5 Mimik
6 Gestik
7 Schrift, Sprache
14 Koerpersprache
verständlich
4 klar
9 plausibel
12 einleuchtend
Verständnis
8 Einsehen, Einsicht
10 Mitgefuehl
Verstärker
5 Tuner
Verstärkerröhre
6 Triode
Verstärkung
14 Intensivierung
Verstauchung
10 Distorsion
Versteck
8 Zuflucht
13 Schlupfwinkel
versteckt
6 geheim, latent
9 verborgen
versteckter Spott
6 Ironie
Verstecktheit
6 Latenz
Versteifung
6 Strebe
8 Traverse
Versteigerer
11 Auktionator
Versteigerung
4 Gant
7 Auktion
10 Lizitation
versteinert
6 fossil
12 petrifiziert

V

versteinert(e, er, es) ...
- **Fischzahn**
10 Otterzunge
- **Harz**
9 Bernstein
- **Kopffüßer**
7 Ammonit
10 Ammonshorn
- **Reste von Lebewesen**
9 Fossilien
10 Petrefakte

verstellbarer Schraubenschlüssel
10 Englaender

Verstellung
5 Finte, Mache
9 Heuchelei
10 Simulation

verstiegen
11 extravagant, ueberspannt

verstimmt
7 pikiert, unmutig
8 unwillig
9 beleidigt

Verstimmung
5 Groll, Unmut
6 Aerger
7 Unwille
10 Missfallen

verstohlen
8 heimlich

Verstopfung der Blutgefäße
7 Embolie
9 Thrombose

verstorben
3 tot

Verstorbener
5 Toter

Verstorbener im Erbrecht
9 Erblasser

verstört
3 irr

Verstoß
4 Foul
6 Delikt, Fehler, Frevel, Lapsus, Suende
7 Fauxpas, Unrecht
8 Sakrileg, Vergehen
10 Verfehlung

Verstoß gegen Gottes Gebot
6 Suende

Versuch
4 Test
5 Probe
8 Pruefung, Vorstoss
10 Experiment

versuchen
6 testen

Versucher
5 Satan
6 Teufel

Versuchsbühne
6 Studio

Versuchsmuster
8 Prototyp

Versuchsraum
5 Labor
12 Laboratorium

Versuchung
4 Reiz
10 Anfechtung, Verlockung

Versündigung
6 Frevel
10 Verfehlung

versunkenes Inselreich
8 Atlantis

versunkenes Schiff (1912)
7 Titanic

vertauschbar
10 kommutabel, kommutativ, permutabel

Verteidiger
6 Anwalt
8 Apologet
12 Fuersprecher

Verteidigung
4 Wehr
6 Abwehr
8 Apologie
9 Defensive

verteidigungsbereit
8 wehrhaft
9 streitbar
11 kampfbereit

Verteidigungsbündnis im Osten
14 Warschauer Pakt

Verteidigungsbündnis im Westen (Abkürzung)
4 NATO

Verteidigungsministerium der USA
8 Pentagon

Verteidigungsmittel
5 Waffe

Verteidigungsrede
8 Apologie
9 Plaedoyer

Verteilung
12 Distribution, Rationierung

vertieft geschnittener Edelstein
8 Intaglio

Vertiefung
3 Nut
4 Nute
5 Delle, Kerbe, Mulde, Rille, Rinne
6 Graben

Vertiefung im Karst
6 Doline

vertikal
8 lotrecht
9 senkrecht

Vertikale
3 Lot
5 Hoehe
10 Senkrechte

vertontes Gedicht
4 Lied
7 Ballade

Vertonung
11 Komposition

Vertrag
4 Pakt
8 Abkommen, Kontrakt
9 Abmachung
12 Vereinbarung
13 Uebereinkunft

Vertrag zwischen Kirche und Staat
9 Konkordat

Vertrag zwischen Tarifpartnern
12 Tarifvertrag

verträglich
10 kompatibel
11 bekoemmlich

Vertragsabänderung
8 Revision

Vertragsbestätigung
12 Ratifikation

Vertragspartner
10 Kontrahent

Vertragsspieler
5 Profi
12 Professional
14 Berufssportler

Vertragsvorbehalt
7 Klausel
Vertragsvorspann
9 Praeambel
Vertrauen
6 Glaube
7 Verlass
8 Hoffnung
10 Zuversicht
12 Ueberzeugung
Vertrauensbruch
6 Verrat
7 Untreue
12 Indiskretion
Vertrauensmann einer Gruppe
6 Obmann
vertrauensvoll
6 arglos
11 gutglaeubig
vertraulich
5 intim
6 geheim, intern
vertrauliche Anrede
2 du
3 ihr
Vertraulichkeit
10 Intimitaet
vertraut
5 intim
9 familiaer
Vertrauter
5 Spezi
6 Freund
7 Intimus, Kamerad
9 Konfident
11 Busenfreund
Vertreter
5 Agent
8 Exponent
9 Reisender
13 Repraesentant
18 Handlungsreisender
Vertreter ...
· *des* **Angeklagten**
11 Verteidiger
· *der* **Anklage**
12 Staatsanwalt
· *einer* **Anschauung**
8 Exponent
· *vor* **Gericht**
6 Anwalt
12 Rechtsanwalt
· *für* **Minderjährige**
7 Kuratel, Vormund
· *eines* **Staates**
6 Konsul
8 Diplomat
9 Gesandter
11 Botschafter
· *des* **Volkes**
12 Abgeordneter
14 Parlamentarier
Vertretervergütung
9 Provision
Vertretung
6 Ersatz
7 Agentur, Prokura
8 Aushilfe
Vertretung des Monarchen
6 Regent
Vertretung im Ausland
8 Konsulat
9 Botschaft
13 Gesandtschaft
Vertretungsorgan einer Belegschaft
11 Betriebsrat
Vertretungsrecht
9 Vollmacht
Vertrieb
5 Debit
6 Absatz
vertrocknet
4 welk
5 duerr
verulkende Festschrift
11 Bierzeitung
Verunglimpfung
11 Beleidigung
12 Diffamierung
verunreinigte Luft
4 Smog
Verunsicherung
10 Irritation
Verunstaltung
11 Deformation
Veruntreuung
14 Unterschlagung
verunziert
9 entstellt
12 verschandelt
Vervielfachung
14 Multiplikation
Vervielfältigung
5 Abzug, Kopie, Repro
6 Doppel
8 Duplikat
9 Abschrift, Fotokopie
10 Ablichtung, Photokopie
11 Durchschlag
12 Hektographie, Reproduktion
Vervielfältigungszahl
6 Faktor
Vervollständigung
10 Ergaenzung, Komplement, Supplement
11 Integration
14 Komplettierung
verwahrlost
10 verlottert
16 heruntergekommen
Verwahrung
5 Depot, Obhut
7 Protest
11 Deponierung
12 Hinterlegung
Verwalter
4 Vogt
7 Kurator
8 Aufseher, Direktor, Waechter
11 Hausmeister
Verwalter ...
· *eines* **Gutes**
5 Meier
· *der* **Konkursmasse**
16 Konkursverwalter
· *einer* **Sammlung**
6 Kustos
· *einer* **Stiftung**
7 Kurator
· *des* **Vereinsvermögens**
13 Schatzmeister
· *eines* **Warendepots**
8 Lagerist
Verwaltung
3 Amt
5 Regie
6 Bezirk
8 Behoerde
11 Buerokratie
14 Administration
Verwaltungsbeamter
7 Landrat
Verwaltungsbeamter der Kirchengemeinde
7 Kuester
8 Praefekt
Verwaltungsbeamter im Mittelalter
8 Landvogt
Verwaltungsbehörde
7 Passant

Verwaltungsbezirk ...
· *in* **Frankreich**
11 Département
13 Arondissement
· *in* **Großbritannien**
6 County
10 Grafschaft
· *in* **Polen**
12 Woiwodschaft
· *der* **Schweiz**
6 Kanton
Verwaltungsform
6 Regime
Verwaltungsgebäude
7 Rathaus
17 Buergermeisteramt
Verwandlung
9 Aenderung
12 Metamorphose
Verwandte/Verwandter
3 Oma, Opa
4 Base, Sohn
5 Enkel, Neffe, Oheim, Onkel, Tante, Vater
6 Bruder, Cousin, Kusine, Mutter, Nichte, Vetter
7 Cousine, Enkelin, Tochter, Urenkel
9 Schwester, Urenkelin
10 Grossonkel, Grosstante
11 Grossmutter
12 Urgrossvater
13 Urgrossmutter
Verwandtschaft
4 Clan, Klan
5 Sippe
6 Anhang
7 Familie
8 Parentel
9 Vorfahren
10 Sippschaft
verwegen
4 keck
9 tollkuehn
11 uebermuetig
Verweis
5 Ruege, Tadel
7 Lektion, Rueffel, Vorwurf
9 Ermahnung
Verweisung von der Universität
10 Relegation
Verweltlichung
15 Saekularisation
Verwendbarkeit
7 Eignung
verwerfliche Handlung
8 Missetat
Verwerter von Tierleichen
8 Abdecker
verwesende Tierleiche
3 Aas
Verwesendes
3 Aas
Verwesung
10 Putreszenz
verwickelt
7 heillos, komplex
11 kompliziert
Verwicklung ► Verwirrung
Verwindung
5 Drill
7 Torsion
Verwirklichung
10 Erfuellung
11 Realisation
12 Realisierung
verwirrt
3 irr
6 konfus
7 perplex
9 irritiert
Verwirrung
5 Chaos
8 Wirrwarr
9 Konfusion, Unordnung
10 Tohuwabohu
12 Komplikation
13 Durcheinander
verwittertes Gestein
4 Grus
Verwitterungserscheinung am Eisen
4 Rost
Verwitterungserscheinung am Kupfer
9 Gruenspan
verworren
4 wirr
6 konfus, unklar
7 abstrus, komplex
verwundbar
8 sensibel
11 empfindlich
Verwunderung
8 Aufsehen
9 Befremden, Erstaunen
13 Ueberraschung
Verwundung
7 Blessur
10 Verletzung
Verwünschung
4 Bann
5 Fluch
Verwüstung
11 Vernichtung
15 Desertifikation
verzagt
6 mutlos
9 entmutigt
13 defaetistisch
Verzauberung
11 Faszination
Verzehr
5 Zeche
6 Konsum
verzehrende Begeisterung
10 Fanatismus
12 Schwaermerei
verzeichnen
8 notieren
12 registrieren
15 inventarisieren
Verzeichnis
5 Index, Liste
7 Katalog
8 Inventar, Konspekt, Register
10 Uebersicht
11 Aufstellung
Verzeichnis von Büchern
13 Bibliographie
Verzeichnis von Studenten
8 Matrikel
verzeihende Güte
5 Gnade
14 Barmherzigkeit
Verzeihung
6 Pardon
9 Vergebung
Verzeihungsersuchen
7 Abbitte, Beichte
verzerrt
6 bizarr
7 grotesk, skurril
9 karikiert
verzerrtes Antlitz
6 Fratze
8 Grimasse
Verzicht
5 Opfer
6 Abkehr

V

9 Entsagung
11 Bescheidung
Verzicht bei Wahlen
15 Stimmenthaltung
verzichten
8 entsagen
verzierender Wandstreifen
5 Fries
8 Ornament
Verziertechnik des Goldschmieds
6 Niello
verzierter Anfangsbuchstabe
7 Initial
verzierter hölzerner Behälter
7 Schrein
Verzierung
5 Dekor
6 Zierat, Zierde
7 Schmuck, Zierrat
8 Garnitur, Ornament
10 Dekoration, Garnierung
Verzierung in Rosenform
7 Rosette
Verzierungsmotiv
8 Ornament
Verzinsung
5 Rente
7 Rendite
verzögert
10 retardiert
Verzögerungstaktik
11 Obstruktion
Verzückung
4 Lust
6 Trance
7 Ekstase
verzweifelt
6 mutlos
7 verzagt
10 deprimiert
12 hoffnungslos
Verzweifelter
9 Desperado
verzweigte Flussmündung
5 Delta
Verzweigung
8 Gabelung
verzwickt
9 schwierig
Vesper
5 Jause
6 Imbiss
16 Zwischenmahlzeit
Vesperbild
5 Pieta
Vestibül
5 Foyer, Halle
6 Atrium, Lounge
7 Vorraum
8 Vorhalle
Vesuvstadt
6 Napoli, Neapel
Veterinär
8 Tierarzt
Veto
9 Einspruch
10 Verwahrung
Vetter
6 Cousin
Vetternwirtschaft
4 Filz
8 Kluengel
9 Patronage
10 Nepotismus, Protektion
11 Filzokratie
Vibrato
7 Tremolo
vibrieren
5 beben
7 zittern
Videoband
4 Tape
Vieh
3 Kuh
4 Rind
5 Schaf, Ziege
7 Schwein
9 Nutztiere
Viehbehausung
5 Stall
Viehfutter
3 Heu
4 Gras, Klee
5 Ruebe
6 Lupine, Rueben, Silage, Treber
7 Melasse
8 Schlempe
Viehfutterhaufen
10 Heuschober
Viehhirt in den USA
6 Cowboy
Viehhirt in Südamerika
6 Gaucho
Viehhüter
4 Hirt, Peon
5 Hirte
6 Cowboy, Gaucho
viehisch
11 bestialisch
Viehknecht
9 Schweizer
Viehlager
5 Streu
Viehseuche
6 Nagana
7 Tollwut
10 Rinderpest
11 Tuberkulose
Viehtränke
4 Trog
Viehtrift
3 Alm
5 Weide
Viehunterkunft
5 Stall
Viehwasserstelle
7 Traenke
Viehwirtschaftsgebäude
8 Kuhstall
Viehzaun
6 Gatter, Pferch
Viehzuchtbetrieb in Amerika
5 Ranch
viel Lärm um nichts
5 Trara
viel Zeit einnehmend
4 lang
vielbeiniges Gliedertier
14 Tausendfuesser
15 Tausendfuessler
Vieleck
7 Polygon
Vielehe
9 Polygamie
vielerlei
8 allerlei
10 mancherlei
Vielesser ► Vielfraß
vielfach
3 oft
Vielfalt
5 Masse, Menge
6 Fuelle
vielfältig
7 komplex
12 nuancenreich
vielfarbig
4 bunt
9 polychrom

V

Vielflächner
8 Polyeder
Vielfraß
4 Jerf
6 Marder
8 Gourmand
10 Nimmersatt
Vielfresser
9 Polyphage
vielgestaltig
9 polymorph
Vielgötterei
12 Polytheismus
Vielheit ▶ Vielzahl
vielleicht
9 eventuell
10 vermutlich
15 moeglicherweise
Vielmännerei
10 Polyandrie
vielschichtig
7 komplex
11 kompliziert
Vielschreiber
8 Skribent
9 Polygraph
vielseitig
4 bunt
8 allround, versiert
vielseitig bewandert
8 versiert
10 kultiviert
Vielseitigkeitsprüfung im Reitsport
8 Military
vielsitziger Kraftwagen
7 Omnibus
vielsprachig
9 polyglott
vielstimmig
8 polyphon
vielstimmige Sängergruppe
4 Chor
Vielweiberei
9 Polygamie, Polygynie
Vielzahl an Gästen
7 Andrang
13 Besucherstrom
Viereck
4 Karo
5 Raute
6 Karree, Trapez
7 Quadrat, Rhombus
8 Rechteck
14 Parallelogramm
viereckige Fahne
6 Flagge
viereckiger Körper
5 Kubus
6 Quader
7 Wuerfel
Vierergruppe
8 Quartett
Viererzug
8 Quadriga
Vierflächner
9 Tetraeder
Vierfüßer in der Biologie
9 Tetrapode
Viergespann in der Antike
8 Quadriga
Vierkanalübertragung
12 Quadrophonie
Vierkantholzstück
6 Balken
vierschrötig
5 plump
6 robust
vierstellige Zahl
11 zweitausend
vierte Stufe der Tonleiter
6 Quarte
Viertel
5 Quart
8 Quartier
Vierteljahr
7 Quartal
Viertelkreis
8 Quadrant
vierter Sonntag vor Ostern
5 Okuli
vierter Ton vom Grundton
5 Quart
viertgrößter Erdteil
6 Europa
vierundzwanzig Stunden
3 Tag
vierzigster Präsident der USA
6 Reagan
vietnamesisch(e, er, es) ...
· **Landesteil**
5 Annam
· **Revolutionsführer**
9 Ho Chi Minh
· **Südkap**
5 Camau, Kamau
· **Währungseinheit**
4 Dong
7 Centime, Piaster
Viktualien
12 Lebensmittel
Viola
8 Bratsche
violett
4 lila
7 flieder
Violine
5 Geige
6 Fiedel
Violinspieler
6 Geiger
Violoncello
9 Kniegeige
Violone
9 Bassgeige
10 Kontrabass
Vipernart
9 Puffotter
10 Kreuzotter
15 Klapperschlange
Virginität
8 Unschuld
17 Jungfraeulichkeit
viril
8 mannhaft
9 maennlich
virtuos
11 kunstfertig
Virtuose
6 Solist
7 Koenner, Meister
9 Kuenstler
vis-a-vis
10 gegenueber
Visage
7 Gesicht
Visagistin
15 Maskenbildnerin
Visierteil
4 Korn
5 Kimme
Vision
7 Gesicht
8 Trugbild
9 Schimaere, Traumbild
Visionär
5 Seher
Visite
6 Besuch
10 Arztbesuch
Viskosität
10 Zaehigkeit
Visum
17 Einreiseerlaubnis

Vitalität
11 Lebenskraft
12 Lebendigkeit
13 Beweglichkeit
vitaminhaltiges Fischprodukt
9 Lebertran
Vitaminmangelkrankheit
5 Ekzem, Oedem
7 Skorbut
8 Beriberi, Rachitis
vite
7 schnell
vitiös
5 boese
10 fehlerhaft, lasterhaft
Vivarium
8 Aquarium
9 Behaelter, Terrarium
Vogel
4 Ente, Gans
5 Taube
Vogel ...
· *in* **Afrika**
7 Strauss
· *der* **Antarktis**
7 Pinguin
· *in* **Australien**
3 Emu
· *des* **Friedens**
5 Taube
Vogelbau
4 Nest
5 Horst
Vogelbeerbaum
9 Eberesche
Vogelbrutplatz
4 Nest
Vogeldünger
5 Guano
Vogeleier im Nest
6 Gelege
Vogelerbse
5 Wicke
Vogelfänger in der „Zauberflöte"
8 Papageno
Vogelfanggerät
8 Leimrute
Vogelflügel
8 Schwinge
Vogelfutterpflanze
5 Miere
Vogelhaus
5 Bauer
6 Kaefig
7 Voliere
Vogeljagd mit Raubvögeln
5 Beize
Vogeljunge
4 Brut
Vogeljunges
6 Kueken
Vogelkäfig
5 Bauer
7 Voliere
Vogelkralle
5 Klaue
Vogelkrankheit
4 Pips
Vogelkraut
5 Miere
8 Wegerich
10 Knoeterich
Vogelkunde
12 Ornithologie
Vogellaut
4 piep
Vogellaute
11 Gezwitscher
Vogelmännchen
4 Hahn
Vogelnachwuchs
4 Brut
Vogelpaarungszeit
4 Balz
Vogelprodukt
2 Ei
6 Federn
Vogelscheuche
6 Popanz
Vogelschwanz
5 Sterz
Vogelschwinge
7 Fluegel
Vogelweibchen
5 Henne
Vogelwelt
5 Ornis
Vogesen
6 Wasgau
10 Wasgenwald
Vokabel
4 Wort
7 Begriff
Vokabular
10 Wortschatz
11 Woerterbuch
Vokal
10 Selbstlaut
Vokalauslassung
7 Elision
Vokaldehnung
6 Ektase
Vokalmusik
6 Gesang
8 Chorlied
Vokalwerk
7 Kantate
Vokation
8 Berufung
Vokativ
10 Anredefall
Volant
6 Besatz, Steuer
7 Lenkrad
9 Steuerrad
Volk
5 Rasse, Stamm
6 Nation
8 Menschen
12 Bevoelkerung, Gemeinschaft
Volk ...
· *der* **Arktis**
7 Eskimos
· *auf dem* **Balkan**
10 Makedonier
· *im* **Baltikum**
5 Esten
6 Balten, Letten
7 Litauer
· *in* **Kambodscha**
5 Khmer
· *auf* **Neuguinea**
5 Papua
· *auf* **Neuseeland**
5 Maori
· *in* **Nigeria**
3 Ibo
· *im* **Niltal**
6 Nubier
· *im* **nördlichen Europa**
6 Daenen
· *im* **oberen Nildelta**
6 Nubier
· *im* **Orient**
6 Iraker
· *in* **Ostasien**
8 Koreaner
· *der* **Ostgermanen**
5 Goten
· *in der* **Sahara**
6 Tuareg

V

· *in* **Südasien**
5 Inder
· *in* **Südeuropa**
9 Italiener
· *in* **Südosteuropa**
8 Bulgaren, Rumaenen
· *in* **Vorderasien**
6 Iraner, Kurden
Völkerfehde
5 Krieg
Völkergemeinschaft
6 Nation
Völkergruppe der Antike
5 Goten, Juden
6 Kelten, Roemer
8 Germanen, Griechen
Völkergruppe im Nahen Osten
6 Araber
Völkerkunde
10 Ethnologie
12 Ethnographie
Völkermord
7 Genozid
völkerrechtliche Vereinigung
11 Staatenbund
Volksabstimmung
9 Plebiszit
10 Referendum
Volksaufwiegler
6 Hetzer
8 Demagoge
Volksfest
3 Dom
4 Dult, Kerb
5 Kerwe, Messe
6 Kirmes, Rummel
8 Fasching, Karneval
9 Jahrmarkt, Kirchweih
13 Schuetzenfest
Volksfest in München
11 Oktoberfest
Volksführer im alten Rom
6 Tribun
Volksgemeinde im alten Griechenland
5 Demos
Volksgruppe
5 Stamm
Volksheer
5 Miliz
Volksheld der Schweizer
4 Tell
Volksheld der Tiroler
5 Hofer
Volksherrschaft
10 Demokratie
Volkskunde
8 Folklore
volksmäßig ▶ volkstümlich
Volkspark in Wien
6 Prater
Volksrepublik in Afrika
5 Kongo
Volksschulleiter
6 Rektor
Volksstaat
8 Republik
10 Demokratie
Volkstanz
8 Laendler
Volkstanz in Bayern
13 Schuhplattler
Volksteil der Belgier
6 Flamen
8 Wallonen
Volkstheater
11 Laienbuehne
volkstümlich
7 beliebt
8 populaer
volkstümlich für ... ▶ umgangssprachlich für ...
volkstümlicher Name von Guevara
3 Che
volkstümliches Lied
8 Folksong
Volksverhetzung
9 Demagogie
Volksversammlung bei den alten Germanen
5 Thing
Volksvertreter
11 Deputierter
12 Abgeordneter
14 Parlamentarier
Volksvertretung
5 Senat
6 Kammer
8 Kreistag
9 Bundestag, Parlament
Volkswirt
7 Oekonom
15 Nationaloekonom
Volkszählung
6 Zensus
voll entwickelt
4 reif
12 ausgewachsen
Vollblutpferd
6 Araber
vollbrachte Handlung
3 Tat
vollendet
5 getan
6 fertig
7 perfekt
8 erledigt
10 vollkommen
11 meisterhaft
vollends
4 ganz
5 total
6 global
7 rundweg
9 gaenzlich
Vollendung
6 Finish
voller Erwartung
8 gespannt
9 neugierig
voller Esprit
10 geistreich
Volleyball
9 Faustball
völlig ▶ vollends
völlig gleich
9 identisch
völlig(e, er, es) ...
· **Alleinsein**
10 Einsamkeit
· **Beinspreize**
6 Spagat
· **Dunkelheit**
10 Finsternis
· **Hoffnungslosigkeit**
12 Verzweiflung
· **Klarheit**
7 Evidenz
· **Überzeugtsein**
7 Glauben
· **Vermögensverlust**
4 Ruin
· **Zusammenbruch**
4 Ruin
volljährig
7 muendig
8 majorenn
vollkommen
5 ideal
7 perfekt

8 komplett, makellos, tadellos
9 vollendet
11 einwandfrei, einzigartig, vorbildlich, vorzueglich
12 vortrefflich

Vollkommenheit
5 Ideal
10 Perfektion

Vollmacht
6 Mandat
7 Prokura
8 Befugnis
12 Autorisation

Vollmechanisierung
10 Automation

Vollschiff
7 Clipper, Klipper
8 Fregatte, Korvette
10 Dreimaster, Viermaster
11 Fuenfmaster

vollständig
4 ganz, heil
5 total
7 perfekt
8 komplett

Vollständigkeit
6 Gaenze

Vollstrecker
8 Exekutor

Vollstrecker der Todesstrafe
6 Henker
11 Nachrichter
13 Scharfrichter

Vollstreckung
7 Vollzug
9 Exekution
13 Durchfuehrung

volltönend
5 sonor
9 klangvoll

Volltreffer beim Kegeln
6 Neuner

volltrunken
4 blau, fett
9 berauscht

Volltrunkener
10 Bierleiche

Vollversammlung
6 Plenum
13 Plenarsitzung

vollziehende Gewalt im Staate
9 Exekutive

Vollzug
7 Vorgang
8 Handlung

Vollzugsanstalt
10 Gefaengnis

Volontär
9 Anwaerter
10 Praktikant

vom ...

· **Bischof zelebrierte Messe**
13 Pontifikalamt

· **Hundert**
7 Prozent

· **Tausend**
8 Promille

· **Urtext abweichende Fassung**
6 Lesart

· **Wind angehäufter Sandhügel**
5 Duene

· **Wind gehäufter Schnee**
4 Wehe

von ...

· **Almosen Lebender**
7 Bettler

· **Amts wegen**
9 ex officio

· **außen kommend**
6 exogen

· **Bedeutung**
7 wichtig

· **der Regel abweichend**
6 anomal

· **drei Seiten begrenzte Figur**
7 Dreieck

· **geringem Gewicht**
6 leicht

· **geringer Dicke**
5 duenn

· **geringer Größe**
5 klein

· **geringer Wassertiefe**
6 seicht

· **hohem Wuchs**
4 rank
5 gross

· **innen kommend**
7 endogen

· **niedriger Temperatur**
4 kalt

· **oben her**
5 herab

· **Rechts wegen**
6 de jure

· **selbst**
7 spontan

· **vornehmer Gesinnung**
4 edel

· **Wasser umgebenes Land**
5 Insel
6 Eiland

· **Zeus gestürzte Götter**
7 Titanen

vor allem anderen
4 erst

Vorahnung
4 Omen

Voralpensüßwasserfisch
5 Renke

Voranschlag
4 Etat
6 Budget
11 Kalkulation
13 Haushaltsplan

Voranwartschaft bei Erwerb
6 Option

Voranzeige
4 Avis

Vorarbeit zu einem Werk
6 Skizze, Studie
7 Entwurf

Vorarbeiter am Bau
6 Polier

Vorausberechnung
11 Kalkulation

Vorausbestellung
12 Subskription

vorausgesetzt
4 wenn
5 falls
6 sofern
10 angenommen

Voraussage
8 Prognose

vorausschauend
11 prophetisch

Voraussetzung
7 Annahme
9 Bedingung, Hypothese, Praemisse
11 Praesumtion
12 Praesumption

voraussetzungslos
7 absolut
11 kategorisch
Voraussicht
6 Ahnung
7 Planung
voraussichtliche Siegerin
9 Favoritin
voraussichtlicher Sieger
7 Favorit
Vorauszahlung
8 Abschlag
9 Vorschuss
Vorbau
5 Altan, Erker
6 Balkon, Loggia
7 Risalit, Soeller, Veranda
Vorbedeutung
4 Omen
Vorbedingung ► Voraussetzung
Vorbehalt
6 Kautel
7 Klausel, Skepsis
vorbei
3 aus
5 passé
6 passee
Vorbeimarsch
6 Parade
7 Defilee
Vorbemerkung
9 Praeambel
Vorbereitung zum Wettkampf
8 Training
Vorbestellung
12 Reservierung
vorbestimmtes Schicksal
5 Fatum
6 Kismet
Vorbestimmung ► Vorherbestimmung
Vorbeter in der Moschee
4 Imam
vorbeugend
10 prohibitiv
14 prophylaktisch
vorbeugende Maßnahme
7 Impfung
13 Immunisierung, Schutzimpfung
Vorbeugung
10 Prophylaxe
11 Praevention

Vorbild
4 Idol
5 Ideal
6 Modell, Muster
8 Hochziel, Leitidee
9 Leitstern
vorbildlich
5 ideal
9 klassisch
12 beispielhaft, exemplarisch
13 mustergueltig
vorbildlicher Junge
11 Musterknabe
Vorbindetuch
4 Latz
9 Laetzchen, Serviette
Vorbühne
5 Rampe
10 Proszenium
Vorderansicht ► Vorderseite
Vorderansicht des Kopfes
7 Gesicht
Vorderansicht einer Münze
5 Avers
Vorderasiat
5 Kurde, Parse, Syrer
6 Araber, Iraker, Iraner, Osmane, Perser, Syrier, Tuerke
7 Afghane, Israeli, Jemenit
8 Armenier, Libanese
9 Jordanier
vorderasiatisch(e, er, es) ...
· **Halbinsel**
7 Arabien
· **Hauptstadt**
4 Riad, Sana
5 Amman, Rijad
6 Ankara, Ar Riad, Er Riad, Bagdad, Beirut
7 Teheran
8 Damaskus
9 Jerusalem
· **Kulturvolk** (Antike)
5 Juden
6 Perser
7 Akkader, Assyrer, Iranier, Semiten, Sumerer
8 Hethiter
9 Chaldaeer, Phoeniker
10 Israeliten, Phoenizier

· **Meerenge**
11 Dardanellen
· **Staat**
4 Irak, Iran, Oman
5 Jemen
6 Israel, Syrien
7 Libanon, Persien, Tuerkei
9 Jordanien
12 Saudi-Arabien
· **Strom**
6 Jordan, Tigris
7 Euphrat
Vorderasien
6 Nahost, Orient
7 Levante
Vorderaufbau eines Schiffes
4 Back
Vorderer Orient
6 Nahost
vorderer Rand des Bühnenbodens
5 Rampe
Vorderfront
10 Stirnseite
Vordergiebel
10 Frontispiz
vordergründig
13 durchschaubar, fadenscheinig
14 oberflaechlich
Vorderseite
5 Avers, Front
7 Fassade, Gesicht
10 Stirnseite
Vorderste beim Laufen
5 Erste
vorderste Kampflinie
5 Front
Vorderster
6 Erster
vorderster Bühnenteil
10 Proszenium
Vorderteil des Halses
6 Gurgel
8 Kehlkopf
Vorderteil des Schiffes
3 Bug
6 Galion
9 Vorschiff
12 Vordersteven
vordringlich
4 akut
8 brennend

V

Vordruck
8 Formular
9 Formblatt
10 Fragebogen
voreilig
9 verfrueht
10 ungeduldig
12 ueberstuerzt
voreingenommen
8 befangen
9 subjektiv
Voreingenommenheit
9 Feindbild
10 Fanatismus, Intoleranz
12 Befangenheit, Ressentiment
14 Parteilichkeit
Vorentwurf
7 Konzept
Vorfahre
3 Ahn, Oma, Opa
4 Ahne
5 Urahn, Vater
6 Mutter, Urahne
10 Grossvater
11 Grossmutter
Vorfahre Parzivals
7 Titurel
Vorfahren
6 Eltern
7 Urahnen
8 Ureltern
10 Altvordern
11 Grosseltern
Vorfahrenverzeichnis
10 Ahnentafel
Vorfahrin
4 Ahne
Vorfall
5 Eklat
7 Affaere, Affaire, Episode, Skandal
8 Ereignis
Vorfeld einer Festung
6 Glacis
Vorflur
9 Vestibuel
Vorführdame
5 Model
9 Mannequin
Vorführer im Kino
9 Operateur
Vorführfläche im Zirkus
6 Manege
Vorführherr
8 Dressman
Vorführung
4 Show
5 Revue, Schau
Vorgang
6 Ablauf
7 Hergang, Prozess, Vollzug
8 Ereignis, Handlung, Prozedur
11 Begebenheit
Vorgang ...
· *bei der* **Bierherstellung**
7 Gaerung
· *des* **Kochens**
5 Garen
· *beim* **Skatspiel**
6 Reizen
· *bei der* **Weinherstellung**
7 Gaerung
Vorgänger des Fahrrades
8 Draisine
Vorgebirge
3 Kap
vorgeblich
6 fiktiv
10 angenommen
Vorgefühl
6 Ahnung
Vorgehen
3 Akt
6 Aktion
7 Schritt
8 Handlung
9 Massnahme
vorgenannt
4 obig
Vorgeschichte
12 Praehistorie
Vorgeschichte einer Krankheit
8 Anamnese
vorgeschichtlich(e, er, es) ...
· **Abschnitt**
6 Urzeit
· **Beil**
4 Kelt
· **Blasinstrument**
4 Lure
· **Fundstätte**
4 Roth
6 La Tène
7 Hallein
8 Altamira, Aurignac, Federsee, Moordorf
9 Cromagnon, Hallstatt, Trundholm
10 Neandertal
· **Grabform**
6 Dolmen
9 Urnengrab
10 Huegelgrab
· **Hügelgrab**
7 Tumulus
· **Kulturdenkmal**
6 Dolmen, Menhir
8 Megalith
9 Fliehburg
10 Schutzwall, Steinkreis
· **Menschentyp**
8 Aurignac
9 Cromagnon
11 Homo sapiens
12 Neandertaler, Pekingmensch
· **Werkzeug**
8 Steinaxt
9 Faustkeil
Vorgeschichtsperiode
7 Eiszeit
9 Steinzeit
10 Bronzezeit
12 Altsteinzeit
13 Jungsteinzeit
vorgeschobene Person
9 Strohmann
11 Pappkamerad
vorgeschriebene Arzneimenge
5 Dosis
Vorgesetzte
8 Leiterin
9 Fuehrerin
vorgesetzte Behörde
9 Obrigkeit
Vorgesetzter
4 Boss, Chef
6 Patron
7 Meister
8 Direktor, Vorstand
vorgesetzter Mauerteil
6 Blende
Vorhaben
4 Idee, Plan
7 Absicht, Projekt
9 Intention
Vorhafen von Bremen
11 Bremerhaven

Vorhafen von Hamburg
8 Cuxhafen
Vorhalle
5 Diele, Foyer
6 Atrium, Entree
8 Windfang
9 Vestibuel
Vorhaltung
6 Kritik
7 Vorwurf
vorhanden
2 da
4 real
Vorhandenes
6 Vorrat
7 Bestand
Vorhang
5 Store
7 Gardine
Vorhangleiste
8 Karniese
Vorhangstoff
6 Etamin
Vorhemd
9 Chemisett
10 Chemisette
vorher
4 eher, erst
5 zuvor
7 frueher
Vorherbestimmung
3 Los
5 Fatum
6 Kismet
9 Schicksal, Vorsehung
15 Praedestination
Vorherrschaft
6 Primat
8 Dominanz, Fuehrung
9 Hegemonie
10 Praevalenz
12 Uebergewicht
14 Ueberlegenheit
vorherrschend
8 dominant
Vorhersage
3 Tip
4 Tipp
8 Prognose
Vorhölle
6 Limbus
9 Fegefeuer
11 Purgatorium
Vorhut
10 Avantgarde

vorisraelitisches Palästina
6 Kanaan
vorjähriger Schnee
4 Firn
Vorkämpfer
7 Pionier
11 Protagonist, Wegbereiter
13 Schrittmacher
Vorkämpfertum
14 Avantgardismus
Vorkasse
13 Vorauszahlung
Vorkommnis ▶ Vorfall
Vorkommnis
4 Fall
5 Kasus
Vorkriegsgebäude
6 Altbau
Vorladung
8 Zitation
Vorlage ▶ Vorbild
Vorlaube am Haus
7 Veranda
Vorläufer des Klaviers
7 Cembalo
vorläufig
9 zunaechst
11 einstweilig, notduerftig
12 provisorisch
vorläufige Aufzeichnung
7 Entwurf
vorläufige Regelung
7 Interim
11 Provisorium
vorlaut ▶ vorwitzig
vorlautes Mädchen
4 Goer
5 Goere
8 Naseweis
Vorleger
5 Matte
9 Fussmatte
Vorlesung
6 Kolleg
7 Lektion
vorlesungsfreie Zeit
14 Semesterferien
Vorlesungsraum an der Universität
8 Hoersaal
10 Auditorium
Vorliebe
4 Hang
6 Faible, Tendre
7 Neigung
vormals
5 einst
6 ehedem
7 frueher
13 zu Olims Zeiten
Vormerkbuch
6 Agenda, Merker
9 Notizbuch
14 Terminkalender
Vormittagsveranstaltung
7 Matinee
Vormund
5 Tutor
7 Kurator
Vormundschaft
5 Tutel
7 Kuratel
9 Fuersorge
Vorname
7 Rufname
8 Taufname
Vorname ...
· *von* **Adenauer**
6 Konrad
· *von* **Amundsen**
5 Roald
· *der* **Andersen**
4 Lale
· *der* **Anderson** (Schauspielerin)
6 Pamela
· *von* **Astaire**
4 Fred
· *von* **Atatürk**
5 Kemal
· *der* **Baal**
5 Karin
· *von* **Bartok** (Komponist)
4 Bela
· *des* **Belushi**
5 James
· *von* **Berg** (Komponist)
5 Alban
· *der* **Berger** (Schauspielerin)
4 Senta
· *von* **Brecht**
4 Bert
· *von* **Bruckner**
5 Anton
· *von* **Carell**
4 Rudi
· *von* **Caruso**
6 Enrico

V

- *von* **Clarin**
  4 Hans
- *von* **Clinton**
  4 Bill
- *von* **Cook**
  5 James
- *der* **Dagover**
  3 Lil
- *der* **Dietrich**
  7 Marlene
- *der* **Ekberg**
  5 Anita
- *von* **Eulenspiegel**
  4 Till
- *von* **Feuerbach**
  6 Anselm
- *der* **Fonda** (Schauspielerin)
  4 Jane
- *von* **Ford** (US-Präsident)
  6 Gerald
- *der* **Garbo**
  5 Greta
- *der* **Gardner**
  3 Ava
- *der* **Giehse**
  7 Therese
- *von* **Gorki**
  5 Maxim
- *von* **Gründgens**
  6 Gustaf
- *von* **Hammerskjöld**
  3 Dag
- *von* **Hamsun**
  4 Knut
- *der* **Hayworth**
  4 Rita
- *von* **Hemingway**
  6 Ernest
- *von* **Hood**
  5 Robin
- *der* **Huber** (Tennisspielerin)
  4 Anke
- *von* **Juhnke**
  6 Harald
- *von* **Jürgens** (Sänger)
  3 Udo
- *von* **Kissinger**
  5 Henry
- *der* **Lagerlöf**
  5 Selma
- *der* **Lemper**
  3 Ute
- *der* **Montez**
  4 Lola
- *von* **Mozart**
  7 Amadeus
  8 Wolfgang
- *des* **Murphy**
  5 Eddie
- *der* **Nielsen** (Schauspielerin)
  4 Asta
- *von* **Picasso**
  5 Pablo
- *von* **Schmeling**
  3 Max
- *der* **Schygulla** (Schauspielerin)
  5 Hanna
- *der* **Singerl**
  4 Erni
- *von* **Strawinsky**
  4 Igor
- *der* **Taylor**
  3 Liz
- *von* **Tolstoi**
  3 Leo
- *von* **Trenker**
  4 Luis
- *der* **Turner** (Popsängerin)
  4 Tina
- *von* **Washington**
  6 George
- *von* **Welles**
  5 Orson
- *von* **Wontorra**
  5 Joerg
- *von* **Zola**
  5 Emile

vornehm
4 edel
5 nobel
6 feudal
7 elegant
8 exklusiv
10 prachtvoll

vornehm(e, er, es) ...
- **Altrömer**
  9 Patrizier
- **Art**
  8 Noblesse
- **Buhlerin**
  7 Hetaere
  9 Kurtisane
- **Bürger**
  9 Patrizier
- **Gaststätte**
  13 Etablissement
  15 Nobelrestaurant
- **Gesellschaftsschicht**
  8 Upper Ten
  10 Hautevolee
  11 Highsociety
- **Gesinnung**
  4 Adel
  7 Edelmut
  8 Noblesse
- **Liebhaber**
  5 Galan

vornehmer Gasthof
10 Luxushotel

Vornehmheit
8 Noblesse

Vornehmtuer
4 Snob
5 Laffe

Vornehmtuer (Mehrzahl)
5 Snobs

Vorort von ...
- **Den Haag**
  12 Scheveningen
- **Dresden**
  9 Blasewitz
- **Hamburg**
  8 Ottensen
  10 Blankenese
- **Lissabon**
  5 Belem
- **London**
  7 Croydon, Wembley
  9 Greenwich, Tottenham, Wimbledon
- **Los Angeles**
  9 Hollywood
- **Paris**
  5 Vitry
  6 Clichy, Sèvres
  7 Neuilly, St. Denis
  9 Vincennes
  10 Versailles
- **Rom**
  5 Ostia
- **Venedig**
  6 Mestre
- **Zürich**
  8 Zollikon

Vorplatz ▶ Vorhalle

Vorprüfung für Medizinstudenten
8 Physikum

Vorrang
6 Primat
10 Prioritaet
Vorrat
5 Stock, Store
7 Bestand, Reserve
10 Repertoire
Vorratsgebäude
4 Silo
5 Boden, Depot, Lager
6 Stadel
7 Magazin, Scheuer, Scheune
9 Lagerhaus
12 Speisekammer
Vorratsraum
6 Kammer, Keller
8 Speicher
Vorratsraum auf Schiffen
4 Gatt
9 Hellegatt
Vorratsspeicher
4 Silo
Vorratswagen für Kohlen
6 Tender
Vorraum ► Vorhalle
Vorraum beim Arzt
11 Wartezimmer
Vorrecht
6 Primat
8 Privileg
11 Privilegium, Sonderrecht
Vorrede
6 Prolog
9 Praeambel
10 Einleitung
Vorreiter ► Vorkämpfer
Vorrichtung
7 Apparat
10 Instrument
11 Mechanismus
Vorrichtung ...
· *am* **Fotoapparat**
9 Ausloeser
· *zur* **Lastenbewegung**
5 Hebel
· *am* **Reitstiefel**
5 Spore
· *zum* **Rösten**
6 Roeste
· *am* **Ski**
7 Bindung
· *zum* **Steuern**
7 Lenkung

Vorsager
9 Souffleur
Vorsatz
4 Plan
7 Absicht
8 Vorhaben
9 Intention
vorsätzliche Kränkung
11 Beleidigung
vorsätzliche Tötung
4 Mord
Vorschiff
3 Bug
Vorschlag
3 Rat, Tip
4 Tipp
7 Angebot, Offerte
10 Anerbieten, Empfehlung
Vorschlag zur Ehe
13 Heiratsantrag
vorschlagen
5 raten
9 empfehlen
Vorschlussrunde
10 Halbfinale, Semifinale
Vorschrift
4 Norm
6 Befehl, Dekret, Erlass, Gesetz
9 Anordnung, Anweisung, Reglement
10 Bestimmung, Richtlinie
vorschriftsmäßig
6 normal
7 ueblich
8 regulaer
15 ordnungsgemaess
Vorschub
5 Hilfe
8 Beihilfe
14 Unterstuetzung
Vorschule
12 Kindergarten
Vorschuss
8 Abschlag
13 Vorauszahlung
Vorsegel
4 Fock
7 Kluever
Vorsehung ► Vorherbestimmung
Vorsicht
6 Obacht
7 Skepsis
11 Achtsamkeit

vorsichtig
8 behutsam
9 umsichtig
Vorsichtsmaßregel
6 Kautel
Vorsilbe
2 ab, an, be, er, in, um, un, zu
3 auf, aus, bei, dar, ein, ent, her, hin, mit, ver, vor, zer
4 nach, ohne
5 Affix, ueber, unter
7 Praefix
Vorsilbe für ...
· **drei**
3 tri
· **jenseits**
5 trans
· **über**
5 trans
· **zwischen**
5 inter
Vorsitz
7 Leitung
10 Praesidium
Vorsitzender
6 Obmann, Senior
8 Chairman
10 Praesident
Vorsorge
9 Ersparnis
12 Versicherung
Vorspeise
5 Suppe
6 Entree
11 Horsd'oeuvre
Vorspeise mit Teigwaren
10 Nudelsuppe
Vorspiegelung
5 Bluff
10 Taeuschung
Vorspiel
6 Prolog
7 Intrade, Prélude
9 Ouverture
10 Einleitung, Ouvertuere, Praeludium
11 Liebesspiel
12 Introduktion
vorspringende Spitze
4 Ecke
vorspringender Gebäudeteil
4 Sims

V

5 Altan, Erker
6 Balkon, Gesims
7 Risalit
9 Kragstein
vorspringendes Bollwerk
6 Bastei
7 Bastion
Vorspruch ► Vorrede
Vorsprung
4 Plus
5 Bonus
Vorstadium der Hölle
► Vorhölle
Vorstartphase
9 Count-down
Vorsteckstift
6 Splint
Vorsteher
4 Chef
5 Prior
6 Leiter
8 Direktor
Vorsteher ...
· *einer* **Dorfgemeinde**
7 Schulze
· *einer* **Fakultät**
5 Dekan
· *im* **Islam**
4 Imam
7 Scheich
· *eines* **Kirchenchors**
6 Kantor
· *eines* **Klosters**
3 Abt
5 Prior
· *eines* **Orchesters**
8 Dirigent
13 Kapellmeister
· *eines* **Theaters**
9 Intendant
Vorsteherin einer Schwesternschaft
6 Oberin
Vorstellung
4 Idee
8 Fantasie
9 Phantasie
11 Imagination
Vorstoß
7 Angriff, Versuch
Vortäuschung
7 Fiktion
8 Blendung, Gaukelei, Illusion
9 Heuchelei
10 Simulation
Vorteil
4 Plus
6 Ertrag, Gewinn, Nutzen, Profit, Trumpf
8 Guthaben
Vorteil ...
· **bringen**
7 nuetzen
· *im* **Sport**
11 Heimvorteil
· *bei* **Wahlen**
9 Amtsbonus
vorteilhaft
7 positiv
8 guenstig
10 erfreulich
Vortrag
4 Rede
6 Lesung
7 Bericht, Referat
9 Vorlesung
10 Rezitation
Vortrag eines Liedes
6 Gesang
Vortrag vor Gericht
9 Plaedoyer
Vortragender
6 Dozent, Lehrer, Lektor, Redner, Solist
8 Referent, Sprecher, Vorleser
Vortragskünstler(in)
6 Diseur
7 Diseuse
9 Rezitator
10 Chansonier, Deklamator
11 Chansoniere, Chansonnier
12 Chansonniére
Vortragsreihe
6 Zyklus
Vortragsstück eines Sängers
4 Lied
vortrefflich
5 bravo, prima
6 superb
7 sueperb
9 exzellent
11 erstklassig
12 hervorragend
Vortriebskraft
5 Schub
vorübergehend
7 ephemer
8 momentan
9 temporaer
10 episodisch, zeitweilig
vorübergehend ohne Bewusstsein
11 ohnmaechtig
vorübergehende Beschäftigung
3 Job
10 Zeitarbeit
Vorübergehender
7 Passant
Vorurteil ► Voreingenommenheit
vorurteilsfrei
7 liberal
8 objektiv
10 unbefangen
11 aufgeklaert
vorurteilslos
7 liberal
10 freisinnig
Vorurteilslosigkeit
13 Objektivitaet
14 Unbefangenheit
Vorwand
5 Finte
7 Ausrede
8 Notluege
9 Ausflucht
vorwärts
6 weiter
vorweg
4 erst
9 zunaechst
Vorwegnahme
12 Antizipation
vorweihnachtliches Gebinde
12 Adventskranz
Vorweihnachtszeit
6 Advent
Vorwerk
6 Vorort
vorwitzig
4 keck, kess
5 frech
6 dreist
8 naseweis
Vorwort
6 Prolog
10 Einleitung
11 Einfuehrung

Vorwurf
5 Ruege, Tadel
6 Anwurf, Kritik
7 Rueffel, Schelte
12 Beanstandung
Vorzeichen
4 Omen
12 Prognostikon
Vorzeichen beim Rechnen
4 plus
5 minus
Vorzeigen eines Wechsels
5 Vista
vorzeitig erwachsen
9 fruehreif
Vorzimmer ▶ Vorhalle
Vorzimmerdame
11 Sekretaerin
Vorzimmerherr
9 Sekretaer
Vorzug
6 Nutzen
7 Vorteil
vorzüglich ▶ vortrefflich
Votivbild
6 Exvoto
7 Marterl
9 Bildstock
Votum
6 Stimme, Urteil
9 Gutachten
Voyeur
7 Spanner
vulgär
6 gemein
8 ordinaer
11 gewoehnlich
Vulgärausdruck
10 Gossenwort
13 Kraftausdruck
Vulkan ...
· *in* **Afrika**
4 Fako, Meru
11 Kamerunberg
14 Kilimandscharo
· *in* **Amerika**
5 Huila, Misti
6 Colima, Osorno, Sangay, Tolima
7 Jorulla
8 Antisane, Cotopaxi
9 Tajamulco
10 Chimborazo, Lassen Peak
12 Citlaltepetl, Popocatepetl
· *in* **Ecuador**
6 Sangay
8 Antisane, Cotopaxi
10 Chimborazo
· *in* **Guatemala**
9 Tajamulco
· *auf* **Hawaii**
3 Kea, Loa
7 Kilauea
· *auf* **Island**
5 Hekla
· *in* **Italien**
4 Etna
5 Aetna, Vesuv
9 Stromboli
· *in* **Japan**
4 Fuji
7 Fudschi
11 Fudschijama
· *im* **Kaukasus**
6 Elbrus, Kasbek
· *bei* **Kreta**
8 Santorin
· *in* **Mexiko**
6 Colima
7 Jorulla
12 Citlaltepetl, Popocatepetl
· *bei* **Neapel**
5 Vesuv
9 Stromboli
· *auf* **Sizilien**
5 Aetna
· *am* **Südpol**
6 Erebus, Terror
· *in der* **Sundastraße**
8 Krakatau
· *in der* **Türkei**
6 Ararat
Vulkanausbruch
8 Eruption
Vulkanauswurf
4 Lava
Vulkaninsel
6 Hawaii
7 Surtsey
8 Krakatau
vulkanisch(e, er, es) ...
· **Gestein**
4 Bims, Lava, Tuff
· **Magma**
4 Lava
· **Schmelzfluss**
4 Lava
vulkanisierter Gummi
9 Kautschuk
vulkanisierter Kautschuk
5 Gummi
Vulkansee
4 Maar
Vulkantrichter
6 Krater
7 Caldera

W

waagerecht
4 eben, plan
10 horizontal
waagerecht angelegter Tunnel
7 Stollen
waagerecht tragende Dachstuhlbalken
7 Pfetten
waagerecht(e, er, es) ...
· **Bauglied**
4 Sims
6 Gesims
7 Traeger
· **Grubenbau**
7 Stollen
· **Koordinatenachse**
8 Abszisse
· **Segelquerstange**
3 Rah
4 Rahe
· **Stange am Mast**
3 Rah
· **Teil des Dachstuhls**
5 Raehm
Waagerechte
11 Horizontale
wabbelig
5 weich
12 gallertartig

Wabenteil
5 Zelle
wach
4 rege
6 munter
8 vigilant
10 aufgeweckt
Wache
6 Revier
9 Leibgarde
10 Patrouille
Wachmann
8 Polizist, Waechter
Wacholderdrossel
13 Krammetsvogel
Wacholdergetränk
3 Gin
7 Genever, Krammet
11 Kranewitter, Queckholder, Steinhaeger
Wacholderschnaps
3 Gin
7 Genever
11 Kranewitter
Wachrundgang
5 Ronde
10 Patrouille
wachsam
7 achtsam
8 vigilant
10 aufmerksam, hellhoerig
wachsame Augen
10 Argusaugen
wachsartige Substanz
8 Paraffin
Wachsbildnerei
11 Zeroplastik
wachsbleich
4 fahl
5 blass
Wachsfigurenkabinett
10 Panoptikum
Wachsgravierung
11 Zerographie
Wachslicht
5 Kerze
Wachsmalerei
9 Enkaustik
Wachspflaume
9 Mirabelle
Wachssalbe
5 Zerat
Wachsscheibe im Bienenstock
5 Favus
Wachstumsbeschleunigung
12 Akzeleration
Wachstumsbewegung von Pflanzen
8 Nutation
Wachstumsverlangsamung
11 Retardation
wachsweich
7 fuegsam
8 gefuegig
10 aengstlich, nachgiebig
Wachszellenbau der Biene
4 Wabe
Wachtelkönig
13 Wiesenknarrer, Wiesenlaeufer
16 Wiesenschnarcher
Wächter
4 Hirt
5 Hirte, Wache
6 Hueter, Posten
7 Waerter
8 Aufseher, Wachmann
9 Aufpasser
11 Beschuetzer
Wächter ...
· *der* **griechischen Sage**
5 Argus
8 Zerberus
· *des* **Minos**
5 Talos
· *des* **Nibelungenhortes**
8 Alberich
· *der* **nordischen Sage**
7 Heimdal
8 Heimdall
· *des* **Paradieses**
6 Cherub
Wachtraum
4 Wahn
8 Illusion, Trugbild
Wachtturm
3 Lug
5 Warte
7 Ausguck
wackelig
8 unsicher, zitterig
wackeln
5 eiern
7 pendeln, torkeln, zittern
9 schwanken, vibrieren
10 schlingern, schlottern
Wackelpeter
15 Gelatinepudding
wacker
6 bieder, tapfer
7 ehrlich
8 tuechtig
13 rechtschaffen
wacklige Schrift
9 Gekritzel
Wadenbein
6 Fibula
Wadenbekleidung
7 Strumpf, Stutzen
9 Struempfe
wadenlange Kleidermode
4 midi
Waffe ...
· *einer* **Frau**
6 Charme
· *der* **Germanen**
3 Ger
· *von* **Insekten**
7 Stachel
· *der* **Katzen**
6 Charme, Zaehne
7 Krallen
· *im* **Mittelalter**
5 Gleve
10 Hellebarde
· *der* **Piraten**
9 Enterbeil
10 Enterhaken
· *der* **Ritter**
5 Lanze
7 Schwert
· *von* **Tieren**
4 Horn
5 Hauer
6 Geweih, Kralle, Zaehne
· *des* **Verstandes**
4 Wort
· *von* **Wilhelm Tell**
8 Armbrust
Waffengang
5 Kampf
Waffengattung
4 Flak, Heer
6 Funker, Marine
7 Flieger
8 Pioniere, Reiterei
9 Luftwaffe
10 Artillerie, Infanterie, Kavallerie
13 Gebirgsjaeger
Waffengefährte des Herakles
6 Iolaos

W

Waffengürtel
6 Gehenk
Waffenlager
5 Depot
7 Arsenal, Magazin
8 Zeughaus
waffenlos
11 unbewaffnet
waffenlose Selbstverteidigung
4 Budo, Judo
6 Karate
8 Jiu-Jitsu
Waffenmeister
13 Waffenschmied
14 Buechsenmacher
Waffenniederlegung
12 Kapitulation
16 Waffenstillstand
Waffenrock der Ulanen
6 Ulanka
Waffensportart
7 Fechten
9 Schiessen
Waffenstreckung ► Waffenniederlegung
wagemutig ► waghalsig
Wagen
4 Auto, Lore
6 Chaise, Karren, Kipper
7 Karosse, Kibitka
8 Droschke, Fahrzeug
9 Limousine
10 Kabriolett, Kraftwagen
Wagenabteil
5 Coupé, Kupee
Wagenaufbau
10 Karosserie
Wagenbauer
6 Wagner
11 Stellmacher
Wagenbespannung
5 Plane
Wagendecke
5 Plaid, Plane
Wagenfuhre
6 Ladung
Wagenführer
6 Fahrer, Lenker
8 Kutscher
9 Chauffeur
Wagengestell ► Wagenunterbau
Wagenkolonne
5 Treck
8 Schlange
Wagenladung
5 Fuder, Fuhre
Wagenlenker ► Wagenführer
Wagenoberbau
10 Karosserie
Wagenrücksitz
4 Fond
Wagenschuppen
6 Garage, Remise
10 Tiefgarage
Wagenstange
5 Runge
8 Deichsel
Wagenteil
3 Rad
5 Achse
6 Aufbau, Kasten
7 Chassis
8 Deichsel
10 Karosserie
11 Fahrgestell
Wagenunterbau
6 Rahmen
7 Chassis
Wagenzug
5 Korso, Treck
waghalsig
5 kuehn
6 heikel
7 beherzt
9 tollkuehn, wagemutig
11 gefaehrlich
16 draufgaengerisch
waghalsiger Mensch
10 Abenteurer
waghalsiger Unternehmer
9 Spekulant
Wagners letzte Ruhestätte
8 Bayreuth
Wagners Villa
9 Wahnfried
Wagnis
6 Gefahr, Hasard, Risiko
8 Mutprobe
9 Abenteuer
10 Experiment
Wahl
5 Votum
6 Option
10 Abstimmung
Wahl durch Zuruf
11 Akklamation
Wahlberechtigter
12 Aktivbuerger
wählen
8 optieren, votieren
9 abstimmen, aussuchen
10 auswaehlen
11 entscheiden
Wählerauftrag
6 Mandat
wählerisch
5 eigen
7 maeklig
9 etepetete
13 anspruchsvoll
Wählervotum
6 Stimme
Wahlfeldzug
8 Kampagne
9 Wahlkampf
wahlfrei
8 beliebig
10 alternativ, fakultativ
wahllos
8 beliebig
10 unbesonnen
12 willkuerlich
Wahlmöglichkeit
6 Option
Wahlpropaganda
9 Agitation
Wahlpropagandist
8 Agitator, Demagoge
Wahlspruch
5 Motto
6 Devise, Maxime
10 Leitspruch
Wahlstimme
5 Votum
Wahlübung im Sport
4 Kuer
Wahlverwandtschaft
10 Affinitaet
Wahlvolk
7 Waehler
Wahlvorgang
10 Abstimmung
wahlweise ► wahlfrei
Wahlzelle
6 Kabine
Wahlzettelgefäß
4 Urne
Wahn
4 Trug

6 Schein
8 Illusion, Tagtraum
9 Irrglaube, Wachtraum
10 Einbildung
12 Hirngespinst
13 Halluzination
Wahngebilde
14 Phantasmagorie
wahnhafter Zustand
5 Manie
12 Besessenheit
wahnsinnig
3 irr
7 abwegig, manisch
8 paranoid, toericht
9 verrueckt
12 geisteskrank
15 geistesgestoert
Wahnsinnslauf
4 Amok
Wahnvorstellung
8 fixe Idee
Wahnwitz
4 Irrsinn
wahnwitzig
4 irre
9 tollkuehn
10 aberwitzig
wahr
4 echt
7 richtig
8 wirklich
9 ungelogen
10 zutreffend
während eines großen Zeitraums
5 lange
wahrhaft
8 wirklich
12 tatsaechlich
Wahrhaftigkeit
11 Ehrlichkeit
14 Aufrichtigkeit, Wahrheitsliebe
Wahrheitsbeweis
12 Verifikation
Wahrheitsliebe
14 Aufrichtigkeit
wahrlich ▶ wahrhaft
wahrnehmbar
7 hoerbar
8 fuehlbar, sichtbar
11 perzeptibel
wahrnehmen
6 merken
7 spueren
8 bemerken
Wahrnehmung
4 Reiz
10 Empfindung, Perzeption
Wahrnehmungsart
5 Sehen
6 Hoeren
7 Fuehlen
9 Schmecken
Wahrnehmungsfähigkeit
4 Sinn
Wahrnehmungsorgan
3 Ohr
4 Auge, Nase, Sinn
6 Gehirn
Wahrnehmungsorgane
5 Sinne
Wahrsager
5 Augur, Seher
7 Prophet
8 Mantiker, Telepath
9 Astrologe, Hellseher
11 Kartenleger, Sterndeuter
Wahrsagerei
6 Mantik
Wahrsagerin des Altertums
6 Pythia
7 Sibylle
9 Kassandra
wahrsagerisch
12 sibyllinisch
wahrscheinlich
8 moeglich, probabel
9 plausibel
10 praesumtiv, vermutlich
Wahrung
9 Erhaltung
17 Aufrechterhaltung
Währung
6 Valuta
Währung Europas
4 Euro
Währung in Südamerika
4 Peso
Währung von ... ▶ jeweiliger Staat
Wahrzeichen
6 Emblem, Panier, Symbol, Wappen
7 Merkmal
8 Sinnbild
Wahrzeichen von ...
· **Athen**
9 Akropolis, Parthenon
· **Berlin**
8 Funkturm
12 Siegessaeule
16 Brandenburger Tor
· **Braunschweig**
13 Loewendenkmal
· **Bremen**
6 Roland
· **Brüssel**
7 Atomium
· **Dresden**
7 Zwinger
· **Frankfurt/Main**
6 Roemer
· **Freiburg/Breisgau**
8 Muenster
· **Graz**
7 Uhrturm
· **Hamburg**
6 Michel
· **Heidelberg**
7 Schloss
· **Innsbruck**
13 Goldenes Dachl
· **Köln**
3 Dom
· **London**
5 Tower
6 Big Ben
· **Lübeck**
10 Holstentor
· **Mannheim**
10 Wasserturm
· **Moskau**
5 Kreml
· **München**
12 Frauenkirche
· **New York**
15 Freiheitsstatue
· **Paris**
10 Eiffelturm
· **Rio de Janeiro**
9 Zuckerhut
· **Rom**
9 Kolosseum
10 Engelsburg
· **Straßburg**
8 Muenster
· **Trier**
10 Porta Nigra
· **Ulm**
8 Muenster
· **Venedig**
11 Dogenpalast
12 Markuskirche

13 Rialtobruecke
· **Washington**
7 Capitol, Kapitol
· **Wien**
11 Stephansdom
· **Wuppertal**
11 Schwebebahn
Waidmann
6 Jaeger
Waisenkind
8 Findling
Waisenpflegevater
7 Kurator, Vormund
Wal-Rückenflosse
5 Finne
Walart
3 Nar
6 Beluga, Narwal
7 Blauwal, Delphin, Finnwal, Pottwal
Wald
3 Hag
4 Hain, Tann
5 Forst
7 Gehoelz
Waldanpflanzung
8 Schonung
Waldarbeiter
10 Holzhacker
11 Holzfaeller
Waldaufseher
5 Heger
8 Foerster
Waldbezirk
6 Revier
Waldblume
6 Akelei
Wäldchen
3 Hag
4 Hain
6 Schlag
7 Gehoelz
Walddurchhau
8 Schneise
Waldfrucht
4 Pilz
5 Beere
8 Erdbeere, Himbeere
9 Blaubeere, Brombeere
11 Heidelbeere
12 Schwarzbeere
Waldgeist
4 Gnom
6 Schrat
7 Schratt
Waldgiraffe
5 Okapi
Waldgott
3 Pan
4 Faun
5 Satyr, Silen
Waldgöttin
6 Nymphe
Waldgrundstück
3 Hag
Waldhuhn
8 Auerhuhn
Waldhüter ▶ Waldaufseher
Waldkleintier
3 Ilk
4 Hase
5 Iltis
13 Eichhoernchen
Waldlichtung
8 Schneise
waldlose Ebene
5 Heide
Waldmeisterkaltgetränk
8 Maibowle
Waldnymphe
6 Dryade
Waldpflanze
4 Baum, Farn, Moos, Pilz
8 Aronstab
9 Sauerklee
10 Immergruen
Waldpflege
4 Hege
Waldrebe
8 Klematis
Waldrevier
5 Forst
Waldschädling
5 Nonne
7 Spanner, Spinner
9 Gallwespe
12 Borkenkaefer
Waldschnepfe
9 Bekassine
Waldschonung
4 Hege
Waldtier
3 Reh
4 Hase, Igel
5 Dachs, Fuchs, Luchs
6 Hirsch, Marder, Wiesel
7 Damwild, Rotwild
9 Kaninchen
11 Wildschwein
13 Eichhoernchen
Waldvogel
6 Haeher, Specht
7 Kuckuck
12 Eichelhaeher
Waldwiese am Vierwaldstätter See
6 Ruetli
Walfanggerät
7 Harpune
Walfangprodukt
4 Tran
5 Ambra, Barte
6 Walrat
9 Fischbein
Wälgerholz
9 Teigrolle
Walhalla
13 Goetterhimmel
walisischer König
5 Artus
walken
9 massieren
Walkie-Talkie
16 Sprechfunkgeraet
Walküre
4 Frau
8 Gerlinde, Helmwige, Ortlinde, Siegrune
9 Grimgerde, Waltraute
10 Rossweisse
12 Schwertleite
Walkürenross bei Wagner
5 Grane
Wall
4 Damm
5 Deich
8 Bollwerk
Wallensteins Astrologe
4 Seni
6 Kepler
Wallensteins Berater
4 Seni
Wallensteins General
4 Illo
Wallensteins Sterbeort
4 Eger
Wallfahrer
6 Pilger
7 Hadschi, Pilgrim
Wallfahrt
6 Hadsch
9 Pilgerzug
12 Pilgerschaft

Wallfahrtsort ...
· *in* **Deutschland**
10 Altoetting
· *an der* **Donau**
6 Beuron
· *in* **Frankreich**
7 Lourdes
· *in* **Italien**
3 Rom
5 Padua
6 Assisi, Loreto
· *der* **Mohammedaner**
5 Mekka
6 Medina
· *in* **Nordrhein-Westfalen**
8 Kevelaer
· *in* **Palästina**
8 Nazareth
· *in* **Polen**
13 Tschenstochau
· *in* **Portugal**
6 Fatima
· *in der* **Schweiz**
10 Einsiedeln
· *in* **Spanien**
8 Santiago
· *in der* **Steiermark**
9 Mariazell
Walliser Käsesorte
8 Raclette
Walliser Käsespeise
8 Raclette
Wallung
10 Kongestion
Walnuss
7 Juglans
Walnussbaumgewächs
7 Hickory
Walöl
4 Tran
Walstatt
10 Kampfplatz
12 Schlachtfeld
Walzbruder
8 Vagabund
13 Landstreicher
Walze
5 Rolle
8 Zylinder
Wälzstelle des Schwarzwilds
5 Suhle
Walzzinn
8 Stanniol
Wams
5 Joppe
7 Kamisol
Wand
5 Mauer
7 Kulisse
8 Paravent
Wandalenherrscher
7 Gelimer, Wisumer
9 Geiserich
Wandbehang
7 Gobelin, Teppich
Wandbrett
4 Bord
5 Regal
7 Konsole
Wandel ▶ Wandlung
wandelbar
6 unstet
7 formbar
8 variabel
13 veraenderlich
Wandelformen
7 Abarten
Wandelgang ▶ Wandelhalle
Wandelhalle
5 Foyer, Lobby
7 Pergola
Wandelröschen
7 Lantana
Wandelstern
6 Planet
Wanderbekleidung
12 Kniebundhose
Wanderfisch
3 Aal
5 Lachs, Stoer
6 Hering
Wandergepäck
8 Rucksack
Wanderhändler
9 Hausierer
10 Kolporteur
Wanderhirt
6 Nomade
Wanderlaus
5 Wanze
wandernd
8 ambulant
wandernde Musikanten
10 Spielleute
Wanderpause
4 Rast
6 Vesper
7 Einkehr
Wandersänger
8 Rhapsode
Wandertier
7 Lemming
8 Schwalbe
Wanderung
4 Tour
6 Marsch
7 Ausflug
9 Exkursion
Wandervolk
4 Roma
5 Sinti
6 Tuareg
7 Nomaden
8 Beduinen, Zigeuner
Wandgemälde
6 Fresko
Wandgestell
5 Regal
7 Etagere, Konsole
Wandler
5 Trafo
13 Transformator
Wandlung
5 Wende
7 Wechsel
12 Konsekration, Veraenderung
19 Transsubstantiation
Wandlungsprozess des Organismus
6 Altern
Wandmalerei
6 Freske
Wandöffnung
4 Tuer
7 Fenster
Wandpapier
6 Tapete
Wandpfeiler
6 Lisene
8 Pilaster
Wandplatte
6 Fliese, Kachel
Wandschirm
8 Paravent
Wandschmuck
4 Bild
6 Tapete
7 Gobelin, Malerei, Oelbild
Wandtäfelung
6 Paneel
Wandteil beim Fass
5 Daube

Wandteppich
5 Kelim
7 Gobelin
8 Verduere
10 Tapisserie
Wandverkleidung
6 Fliese, Kachel, Tapete
7 Lambris
Wandverkleidung aus Holz
9 Taefelung
Wandvertiefung
6 Nische
Wandverzierung
5 Fries
Wandvorsprung
4 Sims
5 Erker
7 Konsole
Wange
5 Backe
Wangenbein
8 Jochbein
13 Backenknochen
Wangenschminke
5 Rouge
wankelmütig
5 labil
6 unstet, untreu
11 flatterhaft
12 inkonsequent, unbestaendig
Wanne
5 Zuber
6 Becken, Buette
7 Bottich
Wanze
11 Reisszwecke
12 Abhoergeraet
Wapitihirsch
3 Elk
Wappen
6 Blason, Emblem
9 Abzeichen
Wappenblume
5 Lilie
Wappenfahne
6 Banner
Wappenforscher
10 Heraldiker
Wappenkunde
8 Heraldik
Wappenspruch
6 Devise
Wappentier
3 Aar, Leu
4 Baer
5 Adler, Greif, Loewe
6 Drache, Widder
7 Einhorn
11 Doppeladler
Wappentier Berlins
4 Baer
Wappenträger
6 Herold
Wappenvogel
3 Aar
5 Adler
Wardein
12 Muenzpruefer
Ware
5 Marke
7 Artikel, Produkt
8 Fabrikat
10 Handelsgut
Warenabgabe
7 Verkauf
Warenabrechnung
7 Faktura
Warenanforderung
5 Abruf, Order
Warenangebot
9 Sortiment
Warenart
7 Artikel
Warenaufschrift
7 Etikett
Warenausfuhr
6 Export
Warenausstellung
5 Messe
Warenauswahl
9 Sortiment
10 Kollektion
Warenballen
5 Kollo
Warendepot
5 Lager
7 Magazin
8 Speicher
Wareneinfuhr
6 Import
Warenerwerb
4 Kauf
Warenexportsperre
7 Embargo
Warengattung
7 Artikel
Warenhaus
5 Laden
8 Kaufhaus
10 Supermarkt
Warenhausabteilung
5 Rayon
Warenimport
7 Einfuhr
Warenimportabgabe
4 Zoll
Warenkäufer
8 Abnehmer
Warenlager ▶ Warendepot
Warenmenge
6 Partie, Posten
Warenprobe
6 Muster
Warenraum ▶ Warendepot
Warenrechnung
4 Nota
6 Faktur
7 Faktura
Warenreste
6 Ramsch
11 Remittenden
Warenschau
5 Messe
11 Ausstellung, Mustermesse
Warenschildchen
7 Etikett
Warensendung
9 Lieferung
Warensorte
7 Artikel
Warentransport
7 Versand
12 Befoerderung
Warentransportmittel
3 Lkw, Zug
7 Lastzug
9 Gueterzug
Warenverkehr
6 Handel
Warenverzeichnis
5 Liste
7 Katalog
Warenvorrat
5 Lager
7 Bestand
8 Inventar
Warenwert
5 Preis
Warenzeichen
5 Marke

6 Signet
9 Trademark
11 Schutzmarke
12 Handelsmarke
13 Wasserzeichen
Warenzubringer
9 Lieferant
Warenzusammenstellung
9 Sortiment
warm
3 lau
5 heiss
8 herzlich
warm(e, er, es) ...
· **alkoholisches Getränk**
4 Grog
6 Punsch
9 Gluehwein
· **Aufwind**
7 Thermik
· **Fallwind im Gebirge**
5 Foehn
· **Fallwind im Mittelmeerraum**
8 Scirocco
9 Schirokko
· **Heilquelle**
6 Therme
· **Jahreszeit**
6 Sommer
· **Meeresströmung**
9 Golfstrom
· **Quelle**
6 Therme
· **Zone**
6 Tropen
Wärme abgebend
8 exotherm
Wärme aufnehmend
9 endotherm
Wärmebehandlung
14 Thermotherapie
Wärmeeinheit
5 Joule
7 Kalorie
Wärmegrad
10 Temperatur
Wärmekraftmaschinen
8 Gasmotor
12 Dampfturbine
13 Dampfmaschine
17 Verbrennungsmotor
Wärmelehre
7 Kalorik, Thermik
9 Thermotik
wärmeloser Zustand
6 Kaelte
Wärmemesser
11 Kalorimeter, Thermometer
wärmend(e, er, es) ...
· **Accessoire**
5 Schal
9 Handschuh
· **Kopfbedeckung**
10 Pelzmuetze
· **Sitzplatz**
8 Ofenbank
Wärmeplatte
7 Rechaud
9 Stoevchen
Wärmeregler
10 Thermostat
Wärmeschutz
8 Daemmung
9 Isolation
Wärmeschutzbehälter
12 Dewar-Gefaess
14 Thermosflasche
Wärmeschutzmaterial
6 Asbest
8 Styropor
Wärmespender
4 Ofen
5 Feuer, Kamin, Sonne
8 Radiator
9 Heizdecke
10 Heizkissen
11 Heizkoerper
Wärmestrahler
9 Heizsonne
Wärmetauscher
11 Rekuperator
Warmhaltegefäß
12 Dewar-Gefaess
14 Thermosflasche
warmherzig
6 guetig
8 herzlich
11 hilfsbereit, mitfuehlend
Warmwasserbereiter
6 Boiler
17 Durchlauferhitzer
Warnechse
5 Waran
warnend
12 exemplarisch
warnendes Beispiel
7 Exempel
Warner
6 Mahner
Warngerät
4 Horn, Hupe
5 Ampel
6 Glocke, Sirene
7 Klingel
11 Alarmsirene
Warnlicht
5 Ampel
7 Blinker
10 Blinkfeuer, Blinklicht
11 Leuchtfeuer
Warnruf ► Warnzeichen
Warnung bei Gefahr
5 Alarm
Warnzeichen
4 Omen
5 Alarm
6 Signal, Sirene
7 Achtung
9 Menetekel
11 Alarmsignal
Warp
9 Kettfaden
Wartburgbewohner
6 Luther
Wartburgstadt
8 Eisenach
Warte
9 Wachtturm
14 Aussichtspunkt
Wärter
6 Hueter
7 Pfleger
8 Betreuer
Wartezeit
5 Frist
6 Karenz
Wartung
6 Pflege
7 Service
9 Betreuung
Warze
7 Papille
8 Karunkel
Waschbecken
6 Lavabo
Wäsche
5 Linge
7 Dessous
9 Textilien, Unterzeug, Weisszeug
Wäsche glätten
7 buegeln

W

Wäsche plätten
7 buegeln
Wäschehalter
7 Klammer
Wäscherolle
6 Mangel
Wäscheseil
5 Leine
Wäschestoff
4 Mako
5 Drell, Linon, Nylon, Zefir
6 Batist, Damast, Dralon, Kattun, Kreton, Leinen, Linnen, Molton, Perkal, Perlon, Zephir
7 Finette, Flanell, Zanella
8 Barchent, Cretonne, Irisette, Kretonne, Popeline
9 Charmeuse
Wäschestück
4 Hemd, Slip
5 Jupon, Laken
6 Mieder, Pyjama, Shorts
7 Bettuch, Dessous, Korsett, Tuchent
8 Badetuch, Betttuch, Bettzeug, Garnitur, Handtuch, Leibchen, Leintuch, Netzhemd
9 Bettbezug, Bettlaken, Chemisett, Korselett, Nachthemd, Unterhemd, Unterhose, Unterrock
10 Chemisette, Déshabillé, Nachtjacke, Schluepfer, Tellertuch, Tischdecke, Unterjacke, Unterkleid
11 Schnupftuch, Strumpfhose
Waschfass
5 Balge, Zuber
6 Kuebel
Waschgefäß
5 Bidet, Wanne, Zuber
6 Buette
Waschlösung
5 Lauge
Waschmittel
4 Soda
5 Borax, Seife
9 Kernseife
12 Neutralseife, Seifenpulver
Waschraum
3 Bad
6 Dusche
8 Toilette
10 Badezimmer
Waschraum der Bergleute
4 Kaue
Wasen
5 Dampf, Dunst, Rasen
11 Schindanger
Wasenmeister
8 Abdecker
Wasserablauf
3 Gat
4 Gatt
5 Gully, Rinne
6 Traufe
Wasserader
6 Quelle
wasserarm
4 arid
5 duerr
7 trocken
Wasserbauwerk
8 Schleuse
9 Talsperre
Wasserbecken
6 Bassin
Wasserbehälter
4 Tank
5 Eimer, Wanne, Zuber
6 Bassin, Boiler
8 Kanister, Zisterne
9 Badewanne, Reservoir
Wasserbehandlung
9 Kneippkur
13 Hydrotherapie
Wasserberg
4 Woge
5 Welle
Wasserbewegung
9 Stroemung
Wasserbewohner
5 Fisch
9 Amphibium
Wasserblume
5 Lotos
7 Seerose
Wasserbüffel
4 Arni
Wasserdampf
5 Dunst, Nebel
wasserdicht
10 hermetisch, waterproof
wasserdichte Zwischenwand
6 Schott
wasserdichter Umhang
9 Regenhaut
wasserdurchlässig
4 leck
7 undicht
wasserdurchtränkt
4 nass
Wasserfahrzeug (► auch Schiff, ► Segelschiff)
4 Boot, Kahn, Kanu
5 Floss, Kajak, Prahm
6 Faehre, Gondel, Kutter, Piroge, Schiff, Schute, Tanker
7 Dampfer
8 Faltboot, Frachter, Kanadier, Leichter
9 Motorboot, Ruderboot, Schaluppe, Schlepper, Segelboot
10 Paddelboot, Raddampfer
11 Motorschiff, Schleppkahn, Segelschiff
Wasserfall
7 Kaskade
8 Katarakt
13 Stromschnelle
Wasserfall in den USA
7 Niagara
Wasserfall in Tirol
6 Krimml
Wasserfarbenmalerei
8 Aquarell
Wasserfee
3 Nix
4 Nixe
6 Nymphe, Undine
8 Melusine
Wasserfläche im Festland
15 Binnengewaesser
Wasserfläche innerhalb eines Atolls
6 Lagune
Wasserflasche
7 Karaffe
Wasserfloh
7 Daphnie
9 Kladozere
Wasserfontäne
13 Springbrunnen
Wasserförderanlage
7 Brunnen

Wassergefäß ▶ Wasserbehälter
wassergefüllter Vulkankrater
4 Maar
Wassergeist (▶ auch Wasserfee, Wassernymphe)
4 Neck
5 Mimir, Noeck
6 Neptun, Nickel, Triton
10 Wassermann
13 Klabautermann
Wasserglätte
11 Aquaplaning
Wasserhuhn
5 Ralle, Zoppe
wässerig
4 fade
Wasserjungfer ▶ Wasserfee
Wasserkultur
10 Hydroponik
Wasserlache
7 Pfuetze
Wasserlauf
4 Bach
5 Fleet, Fluss, Kanal, Priel, Rinne, Strom
6 Graben, Gracht
7 Rinnsal
8 Wildbach
Wasserlaufverlegung
9 Ableitung
Wasserleitung
4 Rohr
Wasserleitung der Römer
9 Aquaedukt
Wasserlinse
5 Lemna
Wasserloch
4 Kolk
7 Tuempel
wasserloses Flussbett
4 Wadi
wasserlöslicher Klebstoff
4 Leim
Wassermarder
5 Otter
Wassermassen
4 Meer
Wassernymphe
6 Najade
7 Nereide
Wasserpfeife
4 Huka
5 Hocka, Hukah
Wasserpflanze
4 Alge, Tang
5 Lotos
7 Seerose
Wasserpfütze
5 Lache
wasserreiche Niederung
2 Au
5 Sumpf
Wasserreis
11 Schoessling
Wasserreservoir
6 Bassin
7 Stausee
8 Zisterne
9 Talsperre
10 Wasserturm
Wasserrinne im Wattenmeer
5 Priel
Wasserrose
5 Lotos
Wasserschlange der Sage
5 Hydra
Wasserspiel
8 Fontaene
13 Springbrunnen
Wassersport
6 Rudern, Segeln, Surfen
7 Paddeln, Tauchen
9 Kanusport, Schwimmen, Wasserski
15 Wasserskilaufen
Wassersportfahrzeug
8 Rennboot
Wassersportanlage
9 Hallenbad
Wassersportgerät
9 Surfbrett
Wassersportler
6 Kanute
7 Ruderer
wassersportliche Veranstaltung
6 Rennen
7 Regatta
Wasserstandsmesser
5 Pegel
Wasserstauwerk
4 Wehr
Wasserstelle
7 Brunnen
Wasserstelle für Tiere
7 Traenke
Wasserstelle in der Wüste
4 Oase
Wasserstoff
11 Hydrogenium
Wasserstoffabart
7 Tritium
9 Deuterium
Wasserstoffkern
6 Proton
Wasserstoffverbindung
6 Hydrat, Hydrid
Wasserstrahl
8 Fontaene
Wasserstraße
5 Fluss, Kanal, Strom
8 Meerenge
Wasserstrauch
9 Hortensie
Wasserstrudel
3 Sog
4 Neer
6 Wirbel
Wassersucht
5 Oedem
Wassertier
5 Fisch
wasserumgebenes Land
5 Atoll, Insel
6 Eiland
Wasservogel
3 Alk
4 Ente, Gans
5 Lumme, Moewe, Ralle
6 Reiher, Schwan
7 Pelikan, Pinguin
8 Albatros, Flamingo, Graugans, Kormoran
9 Stockente
Wasserwaagenbestandteil
7 Libelle
Wasserwatvogel
8 Flamingo
9 Stockente
Wasserwehr
4 Damm, Stau
5 Deich
8 Staudamm
Wasserwirbel ▶ Wasserstrudel
Wasserwoge
5 Welle
Wasserzapfstelle
7 Hydrant

wässrig(e, er, es) ...
· **Anschwellung**
5 Oedem
· **Auszug**
7 Aufguss
· **Südfrucht**
6 Melone
Watsche
8 Ohrfeige
10 Backpfeife
Wattebausch
6 Tampon, Tupfer
Wattenmeerinsel
6 Hallig
Wattsekunde
5 Joule
Watvogel
4 Ibis
5 Knutt, Triel
6 Limose
7 Kiebitz
8 Schnepfe
9 Bekassine, Kampfhahn
10 Brachvogel, Sanderling
14 Austernfischer
Wau
6 Reseda, Resede
WC
5 Abort
8 Toilette
Webart
6 Koeper
Weberdistel
5 Karde
Webereierzeugnis
4 Tuch, Zeug
5 Loden, Stoff
6 Gewebe, Leinen
8 Textilie
Weberglas
12 Fadenzaehler
Weberkamm
4 Iler, Riet
Weberkante
4 Egge
7 Salband
9 Salleiste, Selfkante
Weberknecht
6 Kanker, Spinne
Webervogel
5 Spatz
8 Sperling
Wechsel
5 Wende
6 Akzept, Cambio, Kambio, Tausch, Turnus, Umlauf, Wandel
8 Wandlung
9 Aenderung, Umschwung
11 Alternation
12 Umgestaltung, Veraenderung
Wechsel ...
· *im* **Bankgeschäft**
6 Akzept
· *des* **Federkleides**
6 Mauser
· *einer* **Wache**
9 Abloesung
· *des* **Wasserstandes im Meer**
4 Stau, Tide
8 Gezeiten
· *der* **Wohnung**
5 Umzug
Wechselbalg
11 Missgestalt
Wechselbegriff
8 Korrelat
Wechselbeziehung
11 Korrelation
13 Abhaengigkeit
14 Interdependenz
Wechselbürgschaft
4 Aval
Wechselfälle
10 Wandlungen
Wechselfieber
7 Malaria
Wechselgebet
7 Litanei
Wechselgesang
5 Kanon
8 Antiphon
Wechselgespräch ▶ Wechselrede
wechselhaft
5 labil
8 launisch, variabel
10 schwankend
13 veraenderlich
Wechseljahre
12 Klimakterium
Wechselkonto
6 Obligo
Wechselkursvergleich
9 Arbitrage
wechselnd
12 alternierend, unbestaendig
wechselnde Gemütsstimmung
5 Laune
6 Grille
wechselnde Meeresbewegung
4 Tide
Wechselrahmen
12 Passepartout
Wechselrede
6 Dialog
11 Zwiesprache
12 Unterhaltung
13 Zwiegespraech
wechselseitig
6 mutual
7 mutuell
8 reziprok
Wechselstimmung
16 Launenhaftigkeit
Wechseltierchen
6 Amoebe
Wechselverlängerung
12 Prolongation
wechselwarme Tiere
6 Fische, Lurche
7 Wuermer
9 Amphibien, Reptilien
10 Weichtiere, Wirbellose
11 Kriechtiere
Wechselwind im Indischen Ozean
6 Monsun
Wechselwirkung
11 Interaktion
Wechte
9 Ueberhang
10 Schneewehe
Wecken
6 Semmel
9 Broetchen, Weissbrot
Weckergeräusch
7 Rappeln
8 Klingeln
Weckruf
5 Alarm
6 Appell, Signal
Wedel
5 Wisch
7 Buendel, Schwanz
8 Bueschel

weder warm noch kalt
3 lau
weg
2 ab
4 fort
7 abseits
8 entfernt
Weg
4 Bahn, Pfad
5 Route
7 Strasse, Strecke
Weg ...
· *für* **elektrische Energie**
7 Leitung
· *eines* **Flugkörpers**
4 Bahn
5 Orbit
· *eines* **Flusses**
4 Lauf
· *des* **Kolbens**
3 Hub
· *eines* **Rennens**
7 Strecke
· *zum* **Weideauftrieb**
5 Trift
Wegbeförderung
6 Abfuhr
Wegbereiter
7 Pionier
9 Initiator
11 Protagonist, Vorkaempfer
Wegbiegung ▶ Wegkrümmung
Wegelagerer
6 Bandit
7 Raeuber
11 Strauchdieb
Wegführung
6 Trasse
11 Trassierung
Weggabe gegen Gebühr
7 Verleih
Weggabelung
10 Abzweigung
Weggang
8 Abschied
11 Ausscheiden
Weggebühr
4 Maut, Zoll
Weggefährte ▶ Weggenosse
weggelaufenes Kind
10 Ausreisser
Weggenosse
7 Kamerad
9 Begleiter, Gefaehrte
Wegkrümmung
5 Kehre, Kurve
10 Serpentine
Weglaufen
6 Flucht
Wegmal
5 Kreuz
7 Marterl
9 Wegweiser
Wegnahme
6 Entzug
9 Diebstahl
Wegnahme des Eigentums
10 Enteignung
Wegrand
4 Rain
8 Bankette
Wegschnecke
5 Arion
Wegstrecke
4 Kurs
5 Route
6 Etappe
Wegweiser
6 Schild
8 Ratgeber
9 Vademekum
13 Hinweisschild
Wegwendung
6 Abkehr
Wegwerfprodukt
13 Einwegflasche
Wegzehrung
8 Proviant
10 Mundvorrat
Wegzeichen
9 Wegweiser
11 Meilenstein
Wegzeichnung
4 Spur
7 Faehrte
Weh
4 Gram, Leid, Pein, Qual
6 Kummer
7 Schmerz
weh
4 wund
8 verletzt
10 schmerzend
11 schmerzhaft
Wehfrau
7 Hebamme
9 Wehmutter
Wehgeschrei
5 Klage, Zeter
7 Lamento
11 Zetermordio
Wehlaut
7 Seufzer
9 Klagelaut
Wehle
10 Wasserloch
12 Kuestenbucht
wehleidig
8 jammernd
11 empfindlich
Wehmut
6 Trauer
7 Schmerz
9 Nostalgie, Sehnsucht
11 Melancholie
wehmütig
8 elegisch
11 nostalgisch
wehmütiges Klagelied
6 Elegie
Wehmutter
7 Hebamme, Wehfrau
Wehr
8 Stauwerk
9 Staustufe
wehrhaft
9 geruestet
13 kampftuechtig
wehrhaftes Schloss
4 Burg
Wehrmacht
8 Militaer
13 Streitkraefte
Wehrmachtsteil
4 Heer
6 Marine
9 Luftwaffe
Wehrturm
6 Donjon
9 Bergfried
Weib
4 Frau
7 Ehefrau
Weib von ... ▶ Frau von ...
Weibel
10 Amtsdiener
Weiberfeind
5 Macho
7 Misogyn
weiblich
7 feminin
8 fraulich

weiblich(e, er, es) ...
- **Artikel**
  3 die
- **Ballettmitglied**
  9 Ballerina, Taenzerin
- **Beruf ▶ Frauenberuf**
- **Beruf im Tourismus**
  13 Reiseleiterin
- **Brust**
  5 Busen
- **deutsche Sagengestalt**
  3 Ute
  6 Gudrun
  9 Brunhilde, Krimhilde
- **Dramenfigur in Othello**
  9 Desdemona
- **Faschingsgeck**
  7 Naerrin
- **Figur aus der Zauberflöte**
  6 Pamina
  8 Papagena
- **Figur aus Lohengrin**
  4 Elsa
- **Figur der Tristansage**
  6 Isolde
- **Fuchs**
  4 Fehe
  5 Faehe
- **Geflügel**
  4 Huhn, Pute
  5 Henne
- **Geist**
  3 Fee
- **Gottheit der Germanen**
  4 Asin
- **Grautier**
  6 Eselin
- **griechische Sagengestalt**
  2 Io, Jo
  4 Leda
  5 Circe, Kirke, Medea, Niobe
  6 Hekabe, Hekuba, Helena, Ismene
  7 Alkeste, Alkmene, Ariadne, Elektra
  8 Antigone
  9 Iphigenie
- **Großraubtier**
  6 Loewin
- **Handwerkertitel**
  9 Meisterin
- **Handwerksberuf**
  11 Schneiderin
- **Harlekin**
  9 Kolombine
- **Haustier**
  3 Kuh, Sau
  4 Huhn, Pute
  5 Geiss, Henne, Katze, Stute, Ziege
  6 Eselin
  7 Huendin
- **Juristenberuf**
  9 Richterin
- **Kaninchen**
  5 Zibbe
- **Kind**
  8 Maedchen
- **Kosename**
  2 Lu
  3 Evi, Ina, Ira
  4 Anni, Erni, Gabi, Leni, Susi, Toni
  5 Heidi, Henny, Lotti
- **Kriegerin**
  7 Amazone
- **Kurzname**
  3 Lia
  4 Elli, Irma, Lene, Lisa, Mina, Thea, Toni
  5 Bella, Hanna, Magda, Trine
- **Märchenfigur**
  12 Dornroeschen
- **Märchenwesen**
  3 Fee
- **Mensch**
  4 Frau
- **Nachkomme**
  7 Enkelin, Tochter
  9 Urenkelin
- **Nachtgespenst**
  5 Drude
- **Naturgeister**
  5 Elfen
- **Naturgottheit**
  6 Nymphe
- **Person**
  4 Frau
- **Pferd**
  5 Stute
- **Pflegeberuf**
  16 Krankenschwester
- **Raubtier**
  6 Baerin
- **Reh**
  5 Ricke
- **Riesenhirsch**
  7 Elchkuh
- **Rind**
  3 Kuh
- **Sagengestalt**
  6 Gudrun
  8 Brunhild
  9 Kriemhild
- **Schaf**
  5 Zibbe
- **Schwein**
  3 Sau
- **Spion**
  7 Agentin
- **Symbolfigur Deutschlands**
  8 Germania
- **Symbolfigur Frankreichs**
  8 Marianne
- **Symbolfigur von Berlin**
  8 Berolina
- **Taufkind**
  12 Patentochter
- **Turndisziplin**
  9 Achtkampf
- **Ungeheuer**
  6 Medusa, Meduse
- **Verwandte**
  3 Oma
  4 Base
  5 Muhme, Tante
  6 Kusine, Mutter, Nichte
  7 Cousine, Enkelin, Tochter
  9 Schwester, Urenkelin
  11 Grossmutter, Schwaegerin
- **Vorfahr**
  4 Ahne
- **Vorname**
  3 Ada, Eva, Ida, Ina, Ira, Lil, Lin, Pia, Ria, Uta, Ute
  4 Alma, Anna, Elke, Ella, Elsa, Else, Emma, Erna, Ilse, Ines, Inge, Irma, Lena, Lina, Lisa, Lise, Lola, Lore, Lulu, Nora, Olga, Rita, Ruth, Suse, Susi, Thea, Ulla, Vera, Zita
  5 Adele, Agnes, Alice, Almut, Anita, Beate, Bella, Berta, Betti, Doris, Edith, Elise, Ellen,

Gerda, Grete, Hanna, Heidi, Heike, Helga, Hilde, Ilona, Irene, Julia, Jutta, Karin, Klara, Linda, Lotte, Lucia, Luise, Luzie, Magda, Maria, Paula, Petra, Sonja, Vroni, Wilma, Xenia, Zenzi
6 Agathe, Amalie, Andrea, Angela, Bertha, Carmen, Elvira, Frieda, Gisela, Gudrun, Helene, Hertha, Ingrid, Judith, Kaethe, Leonie, Margot, Marion, Monika, Regina, Renate, Sabine, Sophie, Ulrike, Ursula, Yvonne
7 Annette, Barbara, Bettina, Christa, Claudia, Corinna, Eulalia, Eveline, Gertrud, Irmgard, Johanna, Kordula, Marlene, Melanie, Pauline, Sibylle, Susanna, Waltrud, Xaveria, Zerline
8 Adelheid, Angelika, Beatrice, Brigitte, Caecilia, Dorothea, Eleonore, Gabriele, Genoveva, Gerlinde, Ingeborg, Jakobine, Kornelia, Marianne, Mathilde, Reinhild, Roswitha, Theresia, Veronika, Walpurga, Waltraud
9 Alexandra, Anastasia, Annabella, Anneliese, Annemarie, Brunhilde, Charlotte, Christina, Elisabeth, Euryanthe, Franziska, Hildegard, Josephine, Katharina, Kriemhild, Magdalena, Philomena, Rosemarie, Sieglinde, Stephanie
10 Christiane, Klementine, Wilhelmine

· **Wassergeist**
4 Nixe
6 Undine

· **Wesen**
6 Frauen

· **Wild**
3 Reh, Sau
4 Fehe
5 Bache, Faehe, Geiss, Ricke
6 Haesin
9 Hirschkuh

· **Wildschwein**
5 Bache

· **Wolf**
3 Feh
4 Fehe

· **Ziege**
5 Geiss

weich
4 mild, soft, zart
5 sanft
6 mollig, wollig
7 formbar

weich(e, er, es) ...

· **Auflage**
7 Polster

· **Barthaar**
5 Flaum

· **Bettfedern**
5 Daune, Flaum

· **Gesteinsart**
4 Kalk
6 Kreide

· **Gewebe**
4 Samt
6 Sammet

· **Lederart**
3 Kid
5 Nappa

· **Metall**
4 Blei, Gold
6 Barium
7 Caesium

· **Pergament**
5 Velin

· **Schwermetall**
4 Blei

· **Stoff**
4 Samt

· **Tonart**
4 Moll

· **Unterlage**
6 Kissen
7 Polster

· **Ziegenleder**
3 Kid

Weich-Karamell
6 Toffee

Weichbild
11 Stadtgebiet

Weiche
5 Seite
6 Flanke

weichherzig
4 mild
9 gutmuetig
10 mildtaetig

Weichholz
4 Aspe, Erle
5 Linde, Tanne
6 Fichte, Kiefer, Pappel
7 Laerche

Weichkäse
4 Brie
5 Quark
7 Romadur, Stilton
9 Camembert, Limburger
11 Butterkaese

Weichling
5 Memme
8 Feigling
9 Hasenfuss
11 Duckmaeuser

Weichsel
12 Sauerkirsche
15 Schattenmorelle

Weichspeise
4 Brei
7 Pudding
9 Hirsebrei
10 Griessbrei

Weichstock
5 Gerte

Weichteile
10 Eingeweide, Genitalien

Weichtier
5 Krake
7 Muschel
8 Molluske, Schnecke

Weichtier mit Gehäuse
9 Schaltier

Weide im Gebirge
3 Alm

Weidefläche
3 Alm, Alp
4 Alpe
5 Anger, Wiese
6 Koppel
8 Grasland

Weidemonat
3 Mai

weiden
6 grasen

Weiden des Wildes
5 Aesen

W

Weidengerte
4 Zain
Weidenstock
5 Gerte, Trift
Weidezaun
4 Fenz
6 Gatter
weidlich
8 kraeftig, tuechtig
10 ordentlich
Weidmann
5 Heger
6 Jaeger
weidmännisch für ...
· **Bein**
4 Lauf
· **fressen**
5 aesen
· **Haut am Geweih**
4 Bast
· **Iltis**
4 Ratz
· **Jagdbeute**
7 Strecke
· **Schwanz vom Fuchs**
5 Lunte
· **Wildsau**
5 Bache
Weidmesser
5 Hauer
6 Nicker
13 Hirschfaenger
Weidwerk
4 Jagd
Weidwerk mit vielen Hunden
8 Hetzjagd
Weigerung
5 Refus
6 Absage, Refues
9 Ablehnung
Weihe
5 Segen, Taufe
10 Ordination
Weihegeschenk
9 Votivgabe
Weiher
3 See
5 Teich
7 Tuempel
Weihespruch
5 Segen
weihevoll
6 solenn
7 erhaben
9 feierlich
Weihgabe (Ostern)
9 Osterlamm
Weihnachten
10 Christfest
Weihnachtsabend
11 Christabend
12 Heilige Nacht
Weihnachtsbaum
10 Christbaum, Tannenbaum
Weihnachtsbaumschmuck
5 Kerze
7 Lametta
10 Engelshaar, Glaskugeln, Glasspitze
Weihnachtsblume
10 Christrose
Weihnachtsgebäck
6 Printe
7 Stollen
9 Lebkuchen
10 Plaetzchen
11 Honigkuchen, Kletzenbrot, Spekulatius
13 Christstollen, Pfefferkuchen, Spritzgebaeck
16 Spritzgebackenes
Weihnachtsrose
8 Nieswurz
Weihnachtsschmuck
6 Krippe, Mistel
10 Tannenbaum
Weihnachtsspiel
12 Krippenspiel
Weihnachtssymbol
10 Christkind
Weihnachtszeit
6 Advent
Weihwasserkessel
3 Ama
weiland
5 einst
6 damals
7 ehemals, vormals
9 einstmals
Weile
2 Nu
5 Dauer
6 Moment
10 Zeitspanne
Wein mit hoher Süße
7 Eiswein
Wein von blassroter Farbe
4 Rosé
Weinart
4 Rosé
7 Eiswein, Rotwein
8 Suedwein
9 Weisswein
Weinbauer
6 Winzer
Weinbeere
6 Rosine, Traube, Zibebe
8 Korinthe
9 Sultanine
Weinbereitungsvorgang
5 Lesen
6 Gaeren, Lagern
7 Keltern
9 Abfuellen
Weinberg
7 Wingert
Weinbergschädling
7 Mehltau, Reblaus
Weinbrand
6 Cognac, Kognak
Weindestillat
9 Weinbrand
Weinduft
6 Bukett
weinerlich
5 weich
9 larmoyant, wehleidig
15 traenenerstickt
weinerlicher Nörgler
7 Raunzer
Weinernte
4 Lese
6 Wimmet
11 Traubenlese
Weingarten ► Weinberg
Weingefäß
4 Fass
7 Flasche
11 Bocksbeutel
Weingeist
7 Alkohol
8 Spiritus
Weinglas
5 Kelch, Pokal
6 Becher, Roemer
11 Stengelglas
12 Staengelglas
Weingott
7 Bacchus
8 Dionysos
Weinlager
8 Kellerei

Weinmaß
5 Fuder
7 Oechsle
Weinmonat
7 Oktober
Weinmond ▶ Weinmonat
Weinort ...
· *am* **Bodensee**
9 Meersburg
· *in* **Frankreich**
6 Beaune
8 Bordeaux
11 Ribeauvillé
· *in* **Italien**
4 Asti
· *an der* **Mosel**
3 Alf
4 Neef, Perl, Zell
5 Croev
6 Cochem
8 Piesport, Wintrich
9 Zeltingen
10 Bernkastel
11 Trittenheim
14 Bernkastel Kues, Traben-Trarbach
· *in* **Portugal**
5 Porto
· *bei* **Remagen**
5 Erpel
· *am* **Rhein**
6 Bingen
7 Boppard
8 Eltville
9 Bacharach, Ingelheim, Nierstein, Oppenheim, Sankt Goar
10 Nackenheim, Ruedesheim
· *in* **Rheinland-Pfalz**
5 Forst
6 Landau
8 Mussbach, Neustadt
9 Duerkheim, Edenkoben, Kallstadt, Maikammer
10 Deidesheim, Wachenheim
12 Bad Duerkheim, Neuleiningen
· *bei* **Rom**
8 Frascati
· *an der* **Ruwer**
5 Casel
8 Sommerau, Waldrach
9 Gruenhaus
10 Eitelsbach
· *an der* **Saar**
6 Serrig
8 Saarburg
9 Wiltingen
· *auf* **Sizilien**
7 Marsala
· *in* **Spanien**
5 Jerez
6 Malaga
· *in* **Südtirol**
5 Bozen, Eppan, Gries, Meran
6 Brixen, Salurn, Terlan, Tramin
7 Kaltern
· *in* **Ungarn**
5 Erlau, Tokaj
Weinpflanze
4 Rebe
9 Weinstock
Weinpflanzung
4 Ried
7 Rebberg, Rebhang, Wingert
8 Weinberg
10 Weingarten
Weinprädikat
7 Auslese
8 Kabinett
9 Spaetlese
13 Beerenauslese
20 Trockenbeerenauslese
Weinpresse
6 Kelter
Weinreife
5 Firne
Weinschenke
6 Bodega
7 Taverne
Weinsorte
7 Eiswein
8 Kabinett
9 Spaetlese
Weinstadt ...
· *in* **Franken**
7 Iphofen
Weinstock
4 Rebe
Weinstockschädling
7 Reblaus
Weintraubenernte
4 Lese
Weise
3 Art
4 Lied
5 Genre, Modus, Sitte
6 Brauch
7 Melodie
9 Verfahren
14 Beschaffenheit
weise
4 klug, reif
7 gereift
8 erfahren
10 abgeklaert, einsichtig
weise Frau
7 Hebamme
Weiser
6 Denker, Druide
9 Philosoph
weiser Ältester
6 Nestor
Weiser der griechischen Sage
6 Nestor
Weisheit
5 Reife
6 Wissen
8 Klugheit
15 Lebenserfahrung
Weisheitsgöttin
6 Athena, Athene
7 Minerva
Weisheitsliebe
11 Philosophie
weiß
5 blass
6 bleich
weiß(e, er, es) ...
· **Ameise**
7 Termite
· **Baustoff**
4 Gips
· **Blutkörperchen**
10 Leukozyten
11 Lymphozyten
· **Burgunderwein**
7 Chablis
· **Fleck bei Tieren**
6 Blesse
· **Gold**
9 Porzellan
· **Hornhautfleck**
6 Albugo, Leukom
· **Käse**
5 Quark
· **Pferd**
8 Schimmel

· **Priestergewand**
4 Albe
· **Sport**
6 Tennis
· **Stirnfleck**
6 Blesse, Flocke
· **Südafrikaner**
4 Bure
· **Tunke**
13 Béchamelsauce, Béchamelsosse
Weissager
5 Seher
7 Prophet
9 Hellseher
Weissagung
6 Orakel
9 Prophetie
12 Prophezeiung
Weißbinder
8 Tuencher
Weißblütigkeit
9 Leukaemie
weißbrotähnliches Gebäck
4 Kipf, Weck
6 Semmel, Stuten
7 Kipferl
8 Schrippe
Weißbrotbrei
6 Panade
Weißbrötchen
6 Semmel
Weißbuche
9 Hainbuche
Weißdorn
8 Hagedorn
9 Crataegus
Weißfisch
4 Albe, Alse
6 Doebel, Ukelei
7 Elritze, Ploetze, Rotauge
Weißkäse
5 Quark
6 Topfen
Weißkohl
6 Kappes
Weißkopfaffe
4 Saki
Weißling
6 Albino, Merlan
Weißpappel
5 Abele
Weißpfennig
5 Albus
Weißwal
6 Beluga
Weisung
5 Gebot, Order
6 Befehl
7 Auftrag, Geheiss
9 Anordnung, Anweisung, Direktive
11 Instruktion
weit
5 gross
9 geraeumig
12 unermesslich
weit abgelegen
4 fern
weit hergeholt
7 bemueht, gesucht
weit weg
4 fern
weit(e, er, es) ...
· **Beinkleid**
10 Pluderhose
· **Gewand**
6 Kimono
· **Herrenmantel**
6 Raglan, Ulster
· **Jacke**
8 Schlutte
· **Kniehose**
13 Knickerbocker
· **Sicht**
9 Fernblick
· **Wettermantel**
8 Pelerine
· **Zeilenabstand**
11 Durchschuss
weitblickend
4 klug
12 voraussehend
Weite
5 Ferne
6 Breite, Umfang
7 Ausmass
9 Abmessung
Weiterentwicklung
8 Progress
11 Fortschritt
Weiterführung
11 Fortsetzung
Weitergabe des Balles
7 Abspiel
weiterhin
8 kuenftig
9 ausserdem
weitgehend
8 generell
11 grosszuegig, umfangreich
weitherzig
8 tolerant
11 grosszuegig
weithin hörbar
4 laut
weithin sichtbares Seezeichen
10 Leuchtturm
weitläufig
6 diffus
9 langatmig, wortreich
11 schwuelstig
12 ausfuehrlich, umstaendlich
Weitling
9 Schuessel
weitreichend
11 folgenreich, umfangreich
weitschweifig ► weitläufig
Weitsichtigkeit
9 Hyperopie
13 Hypermetropie
Weizenart
5 Emmer
6 Dinkel
7 Einkorn
Weizengetränk
9 Weissbier
Weizenkleie
5 Grand
Welfenpartei
7 Guelfen
welk
5 duerr
9 verblueht
11 vertrocknet
Welle
4 Mode, Woge
8 Bewegung
Wellenbewegung
10 Undulation
Wellenbrecher
4 Damm, Mole
5 Buhne
Wellenkamm
5 Krone
11 Schaumkrone
Wellenlängenbereich
(Rundfunk)
9 Kurzwelle, Langwelle

11 Mittelwelle
14 Ultrakurzwelle

Wellenlinie
5 Kurve, Sinus
8 Maeander

Wellenreiten
6 Surfen

Wellenschaum
6 Gischt

Wellenschlag
7 Seegang
8 Brandung

wellig
6 uneben
7 holprig

Welsart
6 Bagadu, Waller, Weller
8 Katfisch
9 Zwergwels
10 Katzenwels, Panzerwels, Zitterwels
11 Katzenfisch

Welschkohl
7 Wirsing

Welt
3 All
6 Kosmos
8 Erdkugel, Weltraum
9 Universum

Welt ...
· *der* **Asen**
6 Asgard
· *des* **Feuers**
10 Muspelheim
· *im* **Großen**
11 Makrokosmos
· *im* **Kleinen**
11 Mikrokosmos
· *der* **Menschen**
7 Midgard
· *der* **Toten**
3 Hel

weltabgewandt
9 asketisch
13 introvertiert
14 einsiedlerisch

Weltalter
4 Aeon
8 Ewigkeit

Weltanschauung
6 Glaube
9 Ideologie
10 Idealismus

Weltbaumeister
7 Demiurg
9 Schoepfer

Weltbevölkerung
10 Menschheit

Weltbürger
10 Kosmopolit

Weltenbummler
12 Globetrotter

Weltende
10 Apokalypse
13 Weltuntergang
17 Goetterdaemmerung

Weltenlenker
4 Gott

Weltentstehungslehre
10 Kosmogonie, Kosmologie

weltfremd
11 verschroben
17 wirklichkeitsfern

weltfremder Theoretiker
8 Ideologe

Weltfußballverband (Abkürzung)
4 FIFA

Weltgeist der antiken Philosophie
4 Nous

Weltgeschichte
8 Historie

Weltgesundheitsorganisation (Abkürzung)
3 WHO

weltgewandt
7 mondaen
13 weltmaennisch

Welthilfssprache
3 Ido
6 Lincos, Novial
7 Mondial
8 Volapuek
9 Esperanto

Weltkinderhilfswerk (Abkürzung)
6 UNICEF

Weltkirchenbewegung
8 Oekumene

Weltkugel
6 Globus

weltlich
6 mundan, profan
7 irdisch
8 saekular

weltlicher Herrscher des Islam
5 Kalif

weltliches Oberhaupt des Lamaismus
9 Dalai-Lama

Weltmacht
3 USA
5 UdSSR

Weltmachtstreben
13 Imperialismus

Weltmann
8 Kavalier
9 Gentleman

weltmännisch
7 gewandt, mondaen

Weltmeer
5 Ozean
7 Pazifik
8 Atlantik

weltoffen
13 extravertiert

Weltordnung
6 Kosmos

Weltorganisation (Abkürzung)
2 UN
3 UNO

Weltpostverein (Abkürzung)
3 UPU

Weltraum
3 All
6 Kosmos
9 Universum

Weltraumbehörde der USA (Abkürzung)
4 NASA

Weltraumfahrer
9 Astronaut, Kosmonaut

Weltraumflugkörper
6 Rakete
8 Satellit
11 Raumstation

Weltraumorganisation (Abkürzung)
3 ESA

Weltraumzentrum der USA
7 Houston

Weltreich
6 Empire
8 Imperium

Weltrekordler
8 Champion

Weltreligion
5 Islam
8 Daoismus, Judentum, Taoismus

W

10 Buddhismus, Hinduismus
11 Christentum
14 Konfuzianismus
Weltschachverband (Abkürzung)
4 FIDE
Weltschlange (indische Sage)
6 Ananta
Weltschmerz
11 Melancholie
Weltseele
5 Atman
6 Pneuma
7 Brahman
Weltsportveranstaltung
9 Olympiade
Weltsprache
7 Deutsch
8 Englisch, Russisch, Spanisch
10 Chinesisch
12 Franzoesisch
Weltstadt
9 Metropole
Weltstadt mit Herz
8 Muenchen
weltumfassend
6 global
Weltumsegler
4 Cook
8 Magellan
9 Magalhaes
weltumspannend
6 global
13 international
weltweite Jugendbewegung
10 Pfadfinder
Wemfall
5 Dativ
Wende
5 Kehre, Kurve, Sorbe
6 Umkehr
7 Wechsel
9 Umschwung
Wendel
7 Spirale
8 Schnecke
Wenden
6 Sorben
Wendepunkt
5 Krise
6 Krisis
Wenderuf beim Segeln
3 Ree
wendig
5 alert
6 clever, regsam
8 flexibel
9 beweglich, geschickt
Wendigkeit
9 Agilitaet
Wendung
5 Idiom
9 Redensart
Wendung beim Fechten
5 Volte
Wendung zum Guten
9 Besserung
Wenfall
9 Akkusativ
wenig
4 agil
wenig Raum lassend
3 eng
wenig später
4 bald
weniger
5 minus
6 minder
10 abzueglich
wenn
5 falls
6 sobald, sofern
Wenzel (Kartenspiel)
4 Bube
5 Unter
Werbeanschlag
6 Plakat
7 Affiche, Aushang
Werbebüro
7 Agentur
Werbegeschenk
6 Zugabe
8 Praesent
Werbekurzfilm
4 Spot
Werbeschlagwort
6 Slogan
Werbeschrift
8 Prospekt
Werbeträger
4 Film, Funk
6 Medium, Presse
7 Zeitung
9 Fernsehen
11 Zeitschrift
12 Illustrierte
Werbung
7 Annonce, Anzeige, Inserat, Offerte, Reklame
10 Propaganda
11 Advertising
Werbung bei Vögeln
4 Balz
Werden
6 Genese
7 Genesis
10 Entstehung
Werfall
9 Nominativ
Werftanlage
4 Dock
6 Helgen
7 Helling
Werftarbeiter
6 Nieter
Werg
4 Hede
Wergabfall
4 Hede
Werk
3 Tat
4 Opus
6 Fabrik, Oeuvre
7 Betrieb
9 Erzeugnis
10 Schoepfung, Taetigkeit
11 Unternehmen
Werk ...
· *eines* **Künstlers**
4 Opus
· *eines* **Kunstmalers**
9 Stilleben
10 Stillleben
· *mit* **Singstücken**
10 Liederbuch
Werkmeister auf dem Bau
6 Polier
Werkspeiseraum
7 Kantine
Werkstatt des Künstlers
6 Studio
7 Atelier
Werkstoff
4 Gips, Glas, Holz
5 Beton, Leder, Stein
6 Metall, Papier
7 Plastik
8 Material, Rohstoff
Werktag
6 Alltag, Montag

W

7 Freitag, Samstag
8 Dienstag, Mittwoch
9 Sonnabend, Wochentag
10 Arbeitstag, Donnerstag

werktätige Frau
10 Arbeiterin

werktätige Person
8 Arbeiter
10 Arbeiterin

Werktätiger
8 Arbeiter
12 Angestellter, Arbeitnehmer

werktätiger Ausländer
12 Gastarbeiter

Werkzeug
3 Axt, Lot
4 Ahle, Beil, Dorn, Haue, Iler, Kamm, Keil, Riet
5 Feile, Hacke, Hobel, Kelle, Nadel, Saege, Walze, Zange
6 Amboss, Beitel, Bohrer, Hammer, Haspel, Messer, Pfriem, Pinsel, Raspel, Schere, Spatel, Spaten, Zwinge
7 Buerste, Leisten, Meissel, Schippe
8 Schaufel, Stampfer, Stoessel
9 Handsaege, Hobelbank, Laubsaege, Rohrzange
10 Beisszange, Englaender, Flachzange, Kneifzange, Kombizange, Kreissaege, Loetkolben, Spitzhacke, Stecheisen, Stemmeisen, Stichsaege
11 Blechschere, Drahtschere, Drillbohrer, Metallsaege, Nagelbohrer, Wasserwaage
12 Bohrmaschine, Fuchsschwanz, Schraubstock, Stahlbuerste
13 Gewindebohrer, Glasschneider, Schraubzwinge
15 Schraubenzieher, Vorschlaghammer

Werkzeug ...
· *im* **Auto**
10 Wagenheber
· *der* **Baumfäller**
3 Axt
· *zum* **Entrosten**
12 Stahlbuerste
· *des* **Graveurs**
7 Stichel
· *für* **Handarbeiten**
9 Naehnadel
· *zum* **Herstellen von Löchern**
6 Bohrer
· *der* **Kammacher**
4 Iler
· *der* **Kupferstecher**
5 Burin
· *mit* **Libelle**
11 Wasserwaage
· *zum* **Schärfen**
9 Wetzstahl, Wetzstein
12 Dengelamboss
· *des* **Schusters**
4 Ahle
· *des* **Setzers**
11 Winkelhaken
· *zum* **Stechen von Löchern**
4 Ahle

Werkzeugmaschine
5 Saege
6 Fraese, Presse, Stanze
8 Drehbank
9 Hobelbank
12 Bohrmaschine

Wermutart
7 Absinth, Beifuss

wert
4 lieb
5 teuer, traut
7 wichtig, wuerdig
9 bedeutsam

Wert
5 Guete, Preis, Valor
6 Nutzen
9 Bedeutung, Qualitaet
11 Wichtigkeit

Wertangabe an der Börse
4 Kurs
5 Index

Wertbestimmung
4 Taxe

Wertermittler
7 Taxator
9 Gutachter, Schaetzer

Wertfestsetzung
9 Notierung

Wertfestsetzungsbehörde
6 Taxamt

Wertigkeit (Chemie)
6 Valenz

wertlos
8 schlecht
12 minderwertig

wertlos(e, er, es) ...
· **Abfall**
6 Abraum
· **alter Kram**
7 Troedel
· **Arbeit**
8 Machwerk
· **Buch**
9 Scharteke
· **Gegenstand**
8 Klamotte
· **Kram**
4 Tand
· **Pferd**
4 Gaul
· **Schmuck**
4 Tand
7 Flitter
· **Ware**
6 Tinnef
· **Wildpflanze**
7 Unkraut

Wertloses
4 Kram, Tand
6 Ramsch, Schund
7 Plunder, Troedel
9 Geruempel

wertloses Schriftstück
5 Wisch

Wertmesser
8 Massstab

Wertminderung
7 Schaden
13 Deterioration
17 Beeintraechtigung

Wertmineral
8 Eisenerz

Wertpapier
5 Aktie
10 Pfandbrief

Wertpapierausgabe
8 Emission

Wertpapierbesitzer
9 Aktionaer

Wertpapiere
4 Bond
5 Aktie
7 Wechsel

8 Effekten
10 Obligation, Pfandbrief
13 Staatsanleihe
18 Kommunalobligation
Wertpapierkäufer
7 Anleger
Wertpapiermarkt
6 Boerse
Wertpapierzins
7 Rendite
Wertsachendepot
4 Safe
6 Tresor
11 Geldschrank
13 Panzerschrank
Wertschätzung
4 Ehre
7 Achtung, Ansehen, Geltung
9 Taxierung, Verehrung
11 Anerkennung
Wertstück
11 Kostbarkeit
Wertstufe
4 Rang
Werturteil
6 Kritik
9 Bewertung, Gutachten
13 Einschaetzung
Wertvergrößerung
7 Zuwachs
wertvoll
5 teuer
7 kostbar
8 prezioes
wertvoll(e, er, es) ...
· **Briefmarke**
9 Mauritius
· **Edelholz**
8 Mahagoni
· **Grundstoff**
10 Edelmetall
· **Holzart**
4 Teak
· **Kernholz**
8 Ebenholz
· **Mineral**
3 Erz
7 Diamant
9 Edelstein
· **Pelz**
4 Nerz
5 Bisam, Zobel
9 Persianer
10 Chinchilla
· **Stein**
5 Juwel
9 Edelstein
· **Werkstoff**
10 Edelmetall
Wertzeichen
5 Marke
10 Briefmarke
12 Stempelmarke
Wesen
3 Art, Typ
5 Natur, Weise
6 Anlage, Essenz, Gemuet, Person
7 Urgrund
8 Eigenart, Naturell
9 Charakter, Geschoepf
10 Gemuetsart
11 Quintessenz, Temperament, Veranlagung
Wesensanlage
3 Art
Wesensart ► Wesen
Wesenseinheit
10 Identitaet
Wesensfülle ► Wesensgehalt
Wesensgehalt
6 Essenz
8 Substanz
9 Inbegriff
11 Quintessenz
Wesensgleichheit
10 Identitaet
wesensmäßig
10 essentiell
12 substantiell
Wesensmerkmal
8 Eigenart, Gepraege
16 Charakteristikum
wesentlich
7 wichtig
8 relevant
9 bedeutend, bedeutsam
10 essentiell, essenziell
12 substantiell, substanziell
Wesfall
7 Genitiv
weshalb
5 warum, wieso
8 weswegen
Wespenart
8 Hornisse
westafrikanisch(e, er, es) ...
· **Insel**
7 São Tomé
· **Republik**
4 Togo
5 Benin, Gabun
11 Mauretanien, Sierra Leone
· **Staat**
4 Togo
6 Guinea
7 Liberia, Senegal
· **Volk**
11 Senegalesen
Westbelgier
5 Flame
westdeutsche Großstadt
5 Essen, Koeln
6 Aachen
westdeutsche Landschaft
9 Rheinland
Weste
5 Gilet
8 Leibchen
Westen
8 Okzident
Westeuropäer
3 Ire
5 Brite
7 Belgier, Schotte, Spanier
8 Franzose
10 Englaender, Hollaender, Portugiese
11 Luxemburger
13 Niederlaender
Westeuropäerin
4 Irin
10 Franzoesin
westeuropäisch(e, er, es) ...
· **Gebirge**
4 Jura
5 Eifel
7 Vogesen
8 Ardennen, Cevennen
9 Pyrenaeen
· **Hauptstadt**
3 Rom
5 Paris
6 Berlin, Dublin, London, Madrid
8 Bruessel, Lissabon
· **Staat**
6 Irland
7 Belgien, Spanien

W

8 Portugal
9 Luxemburg
10 Frankreich
11 Deutschland, Niederlande
15 Grossbritannien
· **Union** (Abkürzung)
3 WEU
· **Volk**
7 Belgier
9 Franzosen
westfälische Landschaft
5 Senne
9 Sauerland
westfälisches Roggenbrot
12 Pumpernickel
Westfranzose
7 Brester, Bretone
westfriesische Insel
5 Texel
7 Ameland
8 Vlieland
12 Terschelling
Westgermane
5 Suebe, Sueve, Swebe
6 Chatte, Franke, Friese
8 Alemanne
11 Angelsachse
Westgotenkönig
7 Alarich
8 Roderich
9 Amalarich
westgotischer Bischof
7 Ulfilas, Wulfila
westgotisches Königsgeschlecht
6 Balten
Westindische Insel
4 Cuba, Kuba
5 Haiti
6 Tobago
7 Curaçao, Grenada, Jamaica, Jamaika
8 Trinidad
10 Guadeloupe, Martinique, Montserrat, Puerto Rico
12 Santo Domingo
Westindische Inselgruppe
7 Bahamas
8 Antillen
westkanadische Provinz
7 Alberta
westlich(e, er, es) ...
· **Bündnis**
4 NATO
16 Nordatlantikpakt
· **Großmacht**
3 USA
· **Verteidigungspakt**
4 Nato
· **Weltmacht**
3 USA
Westslawe
5 Sorbe, Wende
westslawisches Volk
6 Serben, Wenden
8 Slowaken
9 Tschechen
wett
5 quitt
12 ausgeglichen
Wettannahme beim Pferdesport
11 Totalisator
Wettbewerb
5 Kampf, Match, Spiel
6 Partie
7 Turnier
10 Konkurrenz
Wettbewerbsgegner
10 Konkurrent
Wette beim Fußballsport
4 Toto
Wetteifer
10 Konkurrenz, Rivalitaet
Wetteinrichtung
4 Toto
5 Lotto
Wetter
5 Klima
9 Witterung
Wettererscheinung
3 Eis, Tau
4 Wind
5 Blitz, Frost, Hagel, Hitze, Nebel, Regen, Sturm
6 Donner, Kaelte, Schnee
7 Raureif
8 Gewitter, Rauhreif
14 Graupelschauer
Wetterglas
9 Barometer
Wetterkartenlinie
7 Isobare
Wetterkunde
12 Meteorologie
wetterkundlicher Begriff
► meteorologischer Begriff
Wetterlage
5 Klima
Wetterleuchten
8 Gewitter
Wettermantel
10 Trenchcoat
11 Lodenmantel
Wetterprophet
10 Laubfrosch
11 Meteorologe
Wettersatellit
4 Essa
6 Meteor, Nimbus
Wetterschutz
6 Schirm
8 Pelerine
11 Regenmantel
Wetterumhang
8 Pelerine
Wettervorhersage
13 Wetterbericht
Wetterwarte
13 Observatorium
Wettfahrt auf dem Wasser
7 Regatta
Wetthinweis
3 Tip
4 Tipp, Wink
Wettkampf ► Wettbewerb
Wettkampf der alten Griechen
4 Agon
Wettkampfausschluss
16 Disqualifikation
Wettkampfdurchführung
10 Austragung
Wettkämpfer
6 Athlet
7 Spieler
8 Sportler
10 Konkurrent
Wettkampfstätte
5 Arena
7 Stadion
10 Schwimmbad
Wettlauf
6 Rennen
Wettquote
4 Odds
Wettschein
10 Tippzettel
Wettstreit
10 Konkurrenz, Rivalitaet
Wichs
10 Festtracht
Wicht
4 Gnom

5 Zwerg
6 Knirps, Kobold
7 Wichtel
11 Heinzelmann
wichtig
8 relevant
9 bedeutend, bedeutsam
10 wesentlich
12 substantiell, substanziell
wichtige Persönlichkeit (Abkürzung)
3 VIP
wichtiges Eisenerz
8 Haematit
wichtiges Ereignis
8 Erlebnis
Wichtigkeit
6 Belang
Wichtigtuer
4 Snob
5 Protz
6 Poseur
7 Angeber, Blender, Prahler
9 Grossmaul, Prahlhans
10 Schwaetzer
12 Aufschneider, Besserwisser
Wichtigtuerei
9 Angeberei
Wickel
6 Huelle
7 Buendel, Packung
8 Umschlag
Wickelgewand der Inderin
4 Sari
Wickelgewand der Malaien
6 Sarong
Wickelkind
4 Baby
9 Saeugling
11 Kleinstkind
Wickeltuch
5 Pareo
6 Windel
12 Dreieckstuch
Wickelvorrichtung
6 Haspel
Wickenart
8 Saubohne
Widder
9 Schafbock, Sternbild
wider
4 anti
5 gegen
6 kontra
8 entgegen
widerborstig
13 kratzbuerstig, unzugaenglich, widerspenstig
Widerfahrnis
10 Geschehnis
Widerhakenfrucht
6 Klette
Widerhall
4 Echo
8 Resonanz
9 Nachklang
widerlich
4 fies
5 eklig
6 gemein
8 ekelhaft
9 haesslich
10 abstossend
Widerling
4 Ekel
8 Fiesling
widernatürlich
6 abnorm
7 pervers
widerrechtlich
7 illegal
8 verboten
9 illegitim
12 gesetzwidrig
widerrechtliche Besitzergreifung
4 Raub
9 Diebstahl
widerrechtliche Verwendung geistigen Eigentums
7 Plagiat
Widerrede
4 Veto
7 Antwort, Protest
9 Einspruch
10 Entgegnung
Widerruf
7 Dementi
10 Revokation
12 Berichtigung, Zuruecknahme
15 Richtigstellung
Widersacher
5 Feind
6 Gegner, Rivale
8 Opponent
10 Antagonist, Konkurrent
Widersacher Christi
10 Antichrist
Widersacher Gottes
5 Satan
6 Teufel
Widerschein
6 Reflex
7 Abglanz
9 Reflexion
10 Spiegelung
widersetzlich ▶ widerspenstig
Widersetzlichkeit
8 Renitenz
widersinnig
6 absurd
7 paradox
8 alogisch
9 unlogisch
Widersinnigkeit
9 Antinomie, Paradoxie
widerspenstig
4 stur
7 trotzig
8 obstinat, renitent
10 stoerrisch, ungehorsam
11 eigensinnig
Widerspiegelung
9 Reflexion
10 Reflektion
widersprechend ▶ widersprüchlich
Widerspruch
4 Veto
7 Einwand, Protest
9 Antinomie, Einspruch, Gegensatz, Paradoxie
10 Diskrepanz, Entgegnung, Gegengrund, Opposition
13 Kontradiktion
15 Unvereinbarkeit
widersprüchlich
7 paradox
8 disparat, kontraer
16 kontradiktorisch
Widerstand
5 Trotz
6 Abwehr
7 Aufruhr
8 Aufstand
9 Gegenwehr, Rebellion, Resistenz
10 Opposition, Untergrund

Widerstandsbewegung
6 Maquis
10 Résistance
widerstandsfähig
4 hart
6 gefeit, robust, stabil
9 resistent
Widerstandsform
6 Streik
13 Generalstreik
Widerstandskämpfer
8 Guerilla, Partisan
13 Freischaerler
14 Heckenschuetze
Widerstandsmaßeinheit
3 Ohm
Widerstandsmesser
8 Ohmmeter
Widerstreit
8 Konflikt, Kontrast
9 Gegensatz, Kollision, Zwiespalt
11 Kontroverse
12 Antagonismus
widerwärtig
3 roh
4 fies
5 eklig, uebel
8 ekelhaft, unschoen
9 haesslich
10 abstossend
11 abscheulich
Widerwille
4 Ekel
6 Unlust
7 Abscheu, Grausen
8 Aversion
9 Abneigung
Widmung
9 Zueignung
10 Dedikation
widrig
7 hemmend
8 kontraer, schlecht
10 hinderlich
Widrigkeit
8 Verdruss
16 Unannehmlichkeit
wie von Sinnen
3 irr
wiebeln
7 stopfen
10 ausbessern
wieder
6 erneut
8 abermals, nochmals
wieder als Vorsilbe
2 re
wieder in der Musik
6 da capo
Wiederauffrischung
12 Regeneration
Wiederaufführung eines Bühnenstückes
7 Reprise
Wiederauftritt
8 Comeback
Wiedereinfuhr bereits ausgeführter Waren
8 Reimport
Wiedereingliederung
16 Resozialisierung
Wiedererkennung
14 Identifikation
Wiedergabe
10 Darbietung
11 Darstellung
12 Reproduktion
Wiedergabe nackter Menschen
3 Akt
Wiedergeburt
13 Reinkarnation
Wiedergenesung
14 Rekonvaleszenz
Wiedergutmachung
4 Dank
5 Busse
6 Suehne
7 Regress
9 Abfindung
10 Verguetung
12 Reparationen
14 Entschaedigung, Schadensersatz
Wiederherstellung
9 Reparatur
10 Renovation
11 Renovierung
12 Restauration
13 Restaurierung
14 Rehabilitation
Wiederherstellung der Gesundheit
7 Heilung
8 Genesung
14 Rekonvaleszenz
Wiederherstellung des guten Rufes
14 Rehabilitation
15 Rehabilitierung
wiederholt
3 oft
6 erneut
8 mehrfach, mehrmals, nochmals
Wiederholung
6 da capo
10 Repetition
14 Rekapitulation
Wiederholungskurs
8 Paukkurs
12 Repetitorium
Wiederholungszeichen in Lexika
5 Raute
Wiederkäuer
3 Kuh, Reh, Ren
4 Lama, Rind
5 Schaf, Ziege
6 Wisent
7 Bueffel, Rentier
Wiederkehr
6 Turnus, Zyklus
7 Reprise
8 Heimkehr
wiederkehrend
10 periodisch
wiederkehrender Zeitraum
7 Periode
Wiederkunft
9 Rueckkehr
Wiedertäufer
10 Anabaptist
wiederum
4 aber
8 nochmals
12 andererseits
wiederverflüssigter Dampf
9 Destillat, Kondensat
Wiederverkäufer
14 Einzelhaendler
Wiederverwendung von Rohstoffen
9 Recycling
Wiederverwertung eines künstlerischen Stoffes
6 Remake
Wiegendruck
9 Inkunabel
Wiegenfest
10 Geburtstag
Wiemen
5 Latte

Wiener ...
· **Arzt**
5 Freud
11 Auenbrugger, Semmelweiss
· **Bauwerk**
7 Hofburg
9 Belvedere
11 Burgtheater, Schoenbrunn, Stephansdom
· **Belustigungspark**
6 Prater
· **Bezirk** ▶ Stadtbezirk von Wien
· **Dichter**
10 Schnitzler
13 Hoffmannsthal
· **Droschke**
6 Fiaker
· **Flughafen**
6 Aspern
9 Schwechat
· **Hausberg**
10 Kahlenberg
12 Leopoldsberg
· **Heurigentreffpunkt**
8 Grinzing, Nussdorf
· **Hotel**
6 Sacher
· **Hügelland**
10 Wienerwald
· **Kneipe**
5 Beisl
6 Beisel
· **Komiker**
4 Sima
5 Moser
9 Hoerbiger
· **Komponist**
5 Haydn, Léhar, Suppé
6 Kalman, Mahler, Mozart
7 Raymond, Strauss
8 Schubert
· **Kutsche**
6 Fiaker
· **Maler**
5 Klimt
9 Kokoschka
· **Mimin**
3 Ott
73 Wessely
9 Hoerbiger
· **Nervenarzt**
5 Freud
· **Philosoph**
12 Wittgenstein
· **Praterfigur**
12 Watschenmann
· **Schloss**
9 Belvedere
11 Schoenbrunn
· **Sehenswürdigkeit**
4 Burg
6 Prater
7 Hofburg, Steffel
9 Belvedere, Riesenrad
10 Staatsoper
11 Burgtheater, Schoenbrunn, Stephansdom
14 Kapuzinergruft
· **Spezialität**
11 Sachertorte
· **Tänzerin**
7 Elssler
12 Fanny Elssler
· **Torte**
6 Sacher
· **Vergnügungsviertel**
8 Grinzing
· **Volkspark**
6 Prater
· **Weißbrot**
7 Kipferl
· **Winzerdorf**
8 Grinzing, Nussdorf
9 Sievering
13 Heiligenstadt
· **Witzfigur**
5 Poldi
· **Zitherspieler**
6 Karras

Wiese ▶ Weide

Wiese der Tellsage
6 Ruetli

Wiesel
6 Marder
8 Hermelin

Wiesenblume
4 Klee
6 Akelei
7 Betonie, Luzerne
8 Baerwurz, Kuhblume, Skabiose
9 Bocksbart, Goldstern, Margerite, Weissklee
10 Hahnenfuss, Kuhschelle, Loewenmaul, Loewenzahn
11 Rittersporn, Sauerampfer, Wiesenraute
13 Kuckucksblume
14 Herbstzeitlose
15 Gaensebluemchen, Schluesselblume

Wiesenfläche
5 Rasen

Wiesengras
10 Glatthafer

Wiesengrund
2 Au
3 Aue

Wiesenpflanze
4 Gras, Klee
6 Akelei, Ampfer
8 Wegerich
10 Loewenzahn
11 Butterblume, Dotterblume
13 Johanniskraut

Wiesenunkraut
13 Spitzwegerich

wieso
5 warum
7 weshalb

Wigwam
4 Zelt
12 Indianerzelt

Wikingerschiff
6 Drache
13 Drachenschiff

Wikingersegel
2 Ra

Wikingerstadt bei Schleswig
8 Haithabu

Wikingerstamm
3 Rus
8 Waraeger
9 Normannen

wild
4 toll
6 furios, heftig, zornig
7 wuetend
9 unbaendig, ungestuem
13 unzivilisiert

wild in der Musik
7 furioso

wild lebende Rinderart
7 Bueffel
13 Wasserbueffel

wild(e, er, es) ...
· **Angst**
5 Panik
· **Apfel**
9 Holzapfel

W

· **Bande**
5 Horde, Meute
· **Bestie**
6 Untier
· **Bienenstock**
5 Immer
· **Dickicht**
9 Gestruepp
· **Gelage**
5 Orgie
9 Bacchanal
· **Herumtollen**
7 Toberei
· **Jammern**
6 Geheul
9 Gekreisch
· **Kinderschar**
11 Rasselbande
· **Knabe**
5 Range
· **Krieger**
9 Berserker
· **Kümmel**
10 Pimpernell, Pimpinelle
· **Majoran**
4 Dost
· **Soldatenschar**
10 Soldateska
· **Tier**
6 Bestie
Wildart
3 Reh
4 Elch, Elen, Gams, Hase
5 Dachs, Fuchs, Gemse, Iltis, Luchs
6 Gaemse, Hirsch, Marder, Wiesel
7 Damwild, Rebhuhn, Rotwild, Wildsau
8 Auerwild
11 Schwarzwild, Wildschwein
Wildbahn
10 Jagdgebiet, Jagdrevier
Wildblume
10 Heckenrose
Wildbretspeise
10 Rehruecken
12 Hasenpfeffer
Wilddieb
8 Wilderer
11 Jagdfrevler
Wildeber
6 Keiler
Wildente
9 Krickente
Wilder
9 Kannibale
wildes Umhertollen, Lärmen
6 Getobe
Wildesel
6 Onager
Wildfährte
4 Spur
Wildfang
4 Kind
5 Range
6 Racker, Unband
Wildfangvorrichtung
5 Falle, Grube
8 Schlinge
Wildfleisch
8 Wildbret
Wildfrevler ▶ Wilddieb
Wildgeflügel
5 Fasan
7 Rebhuhn, Wachtel
8 Auerhahn, Schnepfe, Wildente, Wildgans
Wildgeschmack
8 Hautgout
wildgrünende Ebene
5 Heide
Wildgruppe
5 Rudel
Wildheit
5 Furor
Wildhund
5 Dingo
Wildkanzel
7 Anstand
8 Hochsitz
Wildkater
5 Kuder
Wildkot
6 Losung
Wildleder
7 Chamois
8 Saemisch
Wildlederimitation
5 Nubuk
Wildledersandalen
9 Mokassins
Wildnis
7 Einoede
9 Wuestenei
Wildpark
3 Zoo
6 Gehege
8 Tierpark
10 Tiergarten, Tiergehege
12 Nationalpark
Wildpark in Afrika
9 Serengeti
11 Krueger-Park
Wildpark in Amerika
8 Yosemite
15 Yellowstone Park
23 Yellowstone-Nationalpark
Wildpfad
7 Wechsel
Wildpferd
5 Zebra
7 Mustang
Wildpflanzen
7 Unkraut
Wildpflege
4 Hege
Wildpfleger
5 Heger
6 Jaeger
8 Foerster, Weidmann
Wildragout
5 Civet
12 Hasenpfeffer
Wildrind
2 Ur
3 Jak, Yak
4 Zebu
5 Bison, Sanga
6 Wisent
7 Bueffel
9 Auerochse
Wildsau
5 Bache
Wildschaf
6 Muffel
7 Mufflon
Wildschwein
5 Bache
6 Keiler
10 Frischling
11 Schwarzwild
Wildspur
7 Faehrte
Wildwestfilm
7 Western
Wildwestheld
6 Cowboy
Wildziege
5 Gemse
6 Gaemse
9 Steinbock

Wille
6 Wollen
7 Absicht, Vorsatz
9 Intention
15 Entschlusskraft
willenlos
7 schwach
8 gefuegig, gehorsam
10 nachgiebig
willenloser Mensch
6 Popanz
10 Marionette
Willenlosigkeit
7 Phlegma
17 Antriebsschwaeche
Willensakt
10 Entschluss
Willenskraft
4 Elan
7 Energie
8 Tatkraft
Willensschwäche
7 Phlegma
willentlich
7 bewusst
11 absichtlich, intentional
willfährig ▶ willenlos
willig
7 fuegsam
12 bereitwillig, dienstfertig
williges Engagement
18 Einsatzfreudigkeit
willkommen
6 genehm
Willkür
5 Laune
14 Subjektivitaet
Willkürherrschaft
8 Despotie, Diktatur, Tyrannei
Willkürherrscher
6 Despot, Tyrann
8 Diktator
willkürlich
8 beliebig
9 arbitraer
Wimpel
5 Fahne
6 Flagge
9 Faehnchen
Wimperntusche
7 Mascara
Wimpertierchen
8 Ziliaten
10 Infusorien
Wims Hund
3 Wum
windabgewandte Schiffsseite
3 Lee
Windart
3 Ora
4 Bora
5 Brise, Foehn, Leste, Orkan, Samum, Sturm
6 Kamsin, Monsun, Passat, Taifun, Zyklon
7 Mistral, Tornado
8 Blizzard, Hurrikan, Scirocco
9 Schirokko
Windbeutel
7 Angeber, Gebaeck
Windbluse
6 Anorak
Windboot fahren
6 surfen
Winde
5 Spill
6 Haspel
7 Spindel
Windengewächs
6 Jalape
Winderhitzer
6 Cowper
Winderzeuger
10 Ventilator
Windgeist
7 Harpyie
Windgott
6 Aeolus, Boreas, Zephyr
8 Zephyros
Windharfe
10 Aeolsharfe
Windhauch
7 Luftzug
Windhose
6 Trombe
10 Luftwirbel
Windhund
6 Barsoi, Saluki
7 Afghane
9 Afghaaner, Greyhound
10 Frauenheld
windig
5 zugig
8 unsicher, unsolide
11 unglaubhaft
Windjacke
6 Anorak
Windmaschine
8 Geblaese
Windmesser
9 Areometer
10 Anemometer
Windmonat
8 November
Windmond ▶ Windmonat
Windpocken
10 Varizellen
11 Spitzpocken
13 Schafblattern, Spitzblattern
Windrichtung ▶ Himmelsrichtung
Windröschen
7 Anemone
Windsbraut
10 Wirbelwind
Windschattenseite
3 Lee
windschief
7 schraeg
Windschirm
8 Paravent
Windseite
3 Luv
Windspiel
6 Mobile
10 Hunderasse
Windstärkeskala
8 Beaufort
Windstille
5 Kalme
6 Flaute
Windstoß
3 Boe
Windung
5 Kehre, Kurve
6 Wendel
7 Biegung, Drehung, Spirale
8 Schlange, Schnecke
9 Kruemmung
10 Schnoerkel, Serpentine
windzugewandte Schiffsseite
3 Luv
Wingert
8 Weinberg
10 Weingarten
Wink
3 Rat, Tip
4 Tipp

7 Hinweis
9 Andeutung
10 Fingerzeig
Winkel
4 Ecke
Winkel im Raum
4 Ecke
Winkel in der Optik
9 Parallaxe
Winkelbegrenzung
8 Schenkel
Winkelbruchteil
4 Grad
6 Minute
7 Radiant, Sekunde
Winkelfunktion
5 Sinus
6 Sekans
7 Kosinus, Tangens
8 Kosekans
9 Kotangens
Winkelmaßeinheit
4 Grad
Winkelmesser
8 Quadrant
10 Goniometer
Winkelmessgerät
6 Oktant
7 Bussole, Sextant
9 Theodolit
Winkelschnitt
7 Gehrung
Winkelspitze
8 Scheitel
Winkelträger
7 Konsole
Winkelzug
4 Dreh, List
5 Finte, Kniff, Trick
7 Arglist
Winselei
8 Gewimmer
Winteraster
12 Chrysantheme
Wintergrün
4 Efeu
6 Mistel
winterlich
8 hibernal
winterlich(e, er, es) ...
· **Festtag**
11 Heiligabend, Weihnachten
· **Gebilde**
9 Eiszapfen
· **Kälte**
5 Frost
· **Niederschlagsform**
5 Hagel
6 Schnee
7 Raureif
8 Rauhreif
· **Plastik**
10 Schneemann
· **Vereisungserscheinung**
8 Glatteis
· **Vergnügen**
9 Skifahren
10 Schifahren
15 Schlittenfahren
18 Schneeballschlacht
Wintermonat
5 Maerz
6 Januar
7 Februar
8 Dezember
Winterniederschlag
6 Schnee
8 Eisregen
Wintersonnenwende
3 Jul
8 Julklapp
Wintersportanlage
4 Lift
5 Loipe, Piste
7 Abfahrt, Bobbahn, Eisbahn, Skilift
8 Eiskanal, Schilift
9 Rodelbahn
10 Eisstadion
12 Kunsteisbahn
13 Sprungschanze
Wintersportart
6 Rodeln, Slalom
7 Curling, Eislauf, Eistanz, Skilauf
8 Biathlon, Schilauf
9 Bobfahren, Eishockey, Eissegeln
11 Skilanglauf, Skispringen
12 Abfahrtslauf, Eiskunstlauf, Eisschiessen, Schilanglauf, Schispringen
13 Eisschnellauf
14 Eisschnelllauf
Wintersportgerät
3 Bob, Ski
4 Puck, Schi
5 Rodel, Skier, Stein
6 Skibob
7 Schbob
8 Eisstock, Skeleton
9 Schlitten
11 Langlaufski
Wintersportort ...
· *im* **Allgäu**
9 Sonthofen
10 Oberstdorf
· *im* **Bayrischen Wald**
7 Zwiesel
9 Bodenmais
· *im* **Erzgebirge**
14 Oberwiesenthal
· *in* **Frankreich**
8 Chamonix, Grenoble
· *in* **Graubünden**
5 Arosa, Davos, Flims
11 Sankt Moritz
· *in* **Japan**
7 Sapporo
· *in* **Oberbayern**
6 Inzell, Kreuth
· *in* **Tirol**
10 Kitzbuehel
Winzer
9 Weinbauer
Winzerarbeit
8 Weinlese
Winzergerät
6 Kelter
winzig
5 klein
7 minimal
11 zwergenhaft
winzig(e, er, es) ...
· **Druckschriftgröße**
4 Perl
5 Petit
· **Fließwasser**
7 Rinnsal
· **Insel**
6 Eiland
· **Kleinigkeit**
6 Nuance
· **Mensch**
11 Liliputaner
· **Vogel**
7 Kolibri
10 Zaunkoenig
13 Goldhaehnchen
· **Wasserlauf**
7 Rinnsal
Winzigkeit
4 Spur
5 Hauch

6 Nuance
8 Schimmer
11 Kleinigkeit
Wipfel
6 Gipfel
Wippe
8 Schaukel
Wippensterz
10 Bachstelze
Wirbel
4 Neer
5 Sturm
6 Trubel, Tumult
7 Strudel
9 Aufregung, Turbulenz
wirbelloses Tier
4 Wurm
wirbelnd
9 turbulent
Wirbelsäule
9 Rueckgrat
Wirbelsäulenknochen
9 Kreuzbein
Wirbelsäulenverkrümmung
6 Buckel
Wirbelsäulenvorstufe
6 Chorda
Wirbelströmung
9 Turbulenz
Wirbelsturm
5 Orkan
6 Taifun, Zyklon
7 Tornado
8 Blizzard, Hurrikan, Sandhose, Windhose
10 Wasserhose
Wirbeltierart
5 Fisch, Lurch, Vogel
6 Reptil
7 Saeuger
8 Amphibie, Rundmaul
10 Kriechtier, Saeugetier
Wirkleitwert
10 Konduktanz
wirklich
4 echt, real, wahr
5 reell
7 aktuell, konkret
8 existent, faktisch
12 tatsaechlich
wirkliche Dinge
6 Fakten
7 Realien
9 Tatsachen
11 Realitaeten
12 Sachverhalte
Wirklichkeit
9 Realitaet
Wirklichkeitsform
9 Indikativ
wirklichkeitsfremd
6 irreal
8 utopisch
11 lebensfremd
13 unrealistisch
Wirklichkeitssinn
9 Realismus
Wirklichkeitstreue
12 Naturalismus
wirksam
5 aktiv
6 probat, taetig
7 wirkend
8 effektiv
9 effizient
Wirksamkeit
8 Funktion
10 Taetigkeit, Taetigsein
Wirkstoff ...
· *im* **Kaffee**
7 Coffein, Koffein
· *in* **Nahrungsmitteln**
7 Vitamin
13 Spurenelement
· *des* **Organismus**
6 Hormon
· *im* **Tabak**
7 Nikotin
· *im* **Tee**
4 Tein
5 Thein
7 Coffein, Koffein
Wirkstoffart
6 Jersey
Wirkteppich
5 Kelim
7 Gobelin
8 Aubusson
10 Basselisse
Wirkung
5 Fazit, Folge
6 Aktion, Effekt, Erfolg
8 Ergebnis, Resultat
Wirkungsbereich
13 Aktionsradius
Wirkungsfähigkeit
6 Potenz
9 Potential, Potenzial
Wirkungsgrad
8 Ausbeute
10 Nutzeffekt
Wirkungskraft
4 Aura
7 Dynamik, Energie
9 Potential, Vermoegen
10 Faehigkeit
Wirkungskreis
5 Beruf
7 Domaene, Sphaere
13 Aktionsradius, Gesichtskreis
Wirkungslosigkeit
13 Unwirksamkeit
15 Erfolglosigkeit
Wirkungsstätte ...
· **Keplers**
4 Graz, Linz
5 Sagan
· **Rübezahls**
13 Riesengebirge
· **Schweitzers**
9 Lambarene
wirkungsvoll
8 imposant
9 effizient
10 effektvoll
11 zugkraeftig
Wirkware
6 Trikot
9 Charmeuse, Trikotage
12 Unterwaesche
wirr
3 irr
6 konfus, unklar
9 chaotisch, verworren
13 durcheinander
Wirrkopf
5 Chaot
Wirrnis
5 Chaos
9 Labyrinth
10 Verwirrung
13 Durcheinander
Wirrung
6 Irrweg
Wirrwarr
4 Wust
5 Chaos
6 Gewirr, Tumult
9 Charivari, Unordnung
10 Tohuwabohu
13 Durcheinander
wirsch
4 wild
6 barsch, zornig

7 schroff
12 unfreundlich
Wirsing
8 Herzkohl
10 Welschkohl
Wirt
8 Gastwirt, Hotelier
9 Gastgeber, Gastronom
Wirtschaft
4 Beiz
5 Beize, Lokal, Pinte
6 Kneipe
7 Schenke
8 Gasthaus, Schwemme
9 Bierstube, Oekonomie, Weinstube, Wirtshaus
10 Restaurant, Trinkstube, Weinkeller
11 Gaststaette, Imbisshalle
14 Gastwirtschaft
Wirtschafterin
7 Mamsell
13 Haushaelterin
Wirtschafterin in Hotels
7 Mamsell
wirtschaftlich
7 sparsam
8 rentabel
11 oekonomisch
12 eintraeglich
14 Gewinn bringend
wirtschaftlich unabhängig
6 autark
wirtschaftlich(e, er, es) ...
· **Aufschwung**
10 Konjunktur
· **Ertrag**
5 Ernte
6 Gewinn
7 Rendite
· **Gesamtlage**
10 Konjunktur
· **Hochkonjunktur**
4 Boom
6 Hausse
· **Machtstellung**
7 Monopol
· **Rückgang**
9 Rezession
· **Ruin**
6 Pleite
· **Unabhängigkeit**
8 Autarkie
· **Wettbewerb**
10 Konkurrenz
· **Zusammenschluss**
5 Trust
7 Kartell
Wirtschaftlichkeit
9 Effizienz, Oekonomie
11 Sparsamkeit
Wirtschaftskrieg
7 Boykott, Embargo
8 Blockade
Wirtschaftslage
10 Konjunktur
Wirtschaftslehre
9 Oekonomie
21 Volkswirtschaftslehre
Wirtschaftslenkung
10 Dirigismus
14 Planwirtschaft
Wirtschaftsmathematiker
6 Aktuar
Wirtschaftsprüfer
7 Revisor
Wirtschaftssparte
6 Handel
7 Gewerbe
8 Handwerk
9 Industrie
14 Landwirtschaft
15 Forstwirtschaft
Wirtschaftssystem
14 Planwirtschaft
15 Marktwirtschaft
16 Tauschwirtschaft
Wirtschaftstheoretiker
4 Marx, Owen
5 Smith, Weber
6 Erhard, Keynes, Menger
7 Galtung, Mueller, Ricardo, Sombart
8 Schiller
9 Galbraith, Schmoller
10 Schumpeter
Wirtschaftsverbund
5 Trust
7 Kartell, Konzern
8 Syndikat
10 Konsortium
14 Genossenschaft
Wirtschaftsvertreter eines Staates
6 Konsul
Wirtschaftswald
5 Forst
Wirtschaftswissenschaft
► Wirtschaftslehre
Wirtschaftszweig
3 Bau
7 Branche
Wirtshaus ► Wirtschaft
Wirtshausgelage
8 Zecherei
Wirtshausrechnung
5 Zeche
Wirtsleute
4 Wirt
6 Wirtin
Wisch
6 Zettel
7 Buendel, Schrieb
10 Putzlappen, Staubwedel
Wischer
5 Wedel
Wischlappen
8 Putztuch
9 Staubtuch
Wisent
5 Bison
8 Wildrind
9 Auerochse
Wissbegierde
7 Neugier
9 Interesse
Wissen
8 Kenntnis
9 Erfahrung
Wissender
5 Myste
10 Esoteriker
12 Eingeweihter
Wissenschaft
5 Lehre
6 Chemie, Physik
7 Medizin
8 Biologie, Geologie, Historie, Zoologie
9 Disziplin, Theologie
10 Astronomie, Ethnologie, Geographie, Informatik, Mathematik, Paedagogik, Philologie, Soziologie
11 Mineralogie, Philosophie, Psychologie
12 Archaeologie
13 Anthropologie
Wissenschaft von der Raumfahrt
11 Astronautik
Wissenschaftlerin
10 Chemikerin

wissenschaftlich
7 gelehrt
10 akademisch
12 szientifisch
wissenschaftlich gebildeter Landwirt
7 Agronom
wissenschaftlich(e, er, es) ...
· **Abhandlung**
7 Traktat
12 Dissertation
· **Abhandlungen**
8 Traktate
· **Anstalt**
8 Akademie, Institut
· **Arbeit**
6 Studie
· **Arbeitsraum**
5 Labor
10 Bibliothek
12 Laboratorium
13 Observatorium
· **Ausbildungsstätte**
12 Universitaet
· **Begriff**
5 Axiom, Lehre
7 Analyse, Methode, Theorie
8 Methodik, Synthese
9 Forschung, Hypothese
10 Systematik
· **Forschung**
7 Studium
· **Gehilfe**
9 Assistent
· **Sammelwerk**
13 Enzyklopaedie
· **Unterhaltung**
10 Kolloquium
· **Untersuchung**
7 Analyse
· **Versuch**
10 Experiment
· **Vortrag**
6 Kolleg
Wissenschaftsgruppe
9 Fakultaet
Wissensdurst ► Wissbegierde
Wissensgebiet
6 Sparte
7 Domaene
9 Disziplin
Wissensschatz
7 Lexikon
9 Thesaurus
13 Enzyklopaedie
wissenswert
11 interessant
Wissenszweig ► Wissensgebiet
Witfrau
5 Witwe
Witib
5 Witwe
Witmann
6 Witwer
Witterung
5 Klima
6 Wetter
9 Spuersinn
Witterungserscheinung ► Wettererscheinung
Witterungsverhältnisse
10 Wetterlage
Witwe
5 Witib
7 Witfrau
Witwe Aga Khans
5 Begum
Witwe bei Max und Moritz
5 Bolte
Witwenblume
7 Knautia, Knautie
8 Skabiose
Witwentröster
10 Frauenheld
Witwer
7 Witmann
8 Wittmann
Witz
2 Uz
3 Gag, Jux, Ulk
5 Gaudi, Humor, Spass
6 Bonmot, Esprit, Scherz
7 Kalauer
Witzbold
11 Spassmacher
Witzelei
10 Anspielung
Witzgeschichte
8 Anekdote
witzig
5 ulkig
6 launig, lustig
7 humorig, spassig
10 geistreich
witzig(e, er es) ...
· **Einfall**
3 Gag
· **Frohsinn**
5 Humor
· **Geschichtchen**
8 Anekdote
· **Lied**
7 Couplet
· **Spott**
6 Satire
· **Zeichnung**
7 Cartoon
9 Karikatur
Witzwort
6 Bonmot
Witzzeichner
10 Cartoonist
Witzzeichnung
7 Cartoon
Wochenbett
8 Kindbett
Wochenende
7 Weekend
Wochenendstille
12 Sonntagsruhe
Wochentag
5 Feria
6 Alltag, Montag
7 Freitag, Samstag, Sonntag, Werktag
8 Dienstag, Mittwoch
9 Sonnabend
10 Arbeitstag, Donnerstag
Wochenzeitschriften
12 Illustrierte
16 Regenbogenpresse
Woge
5 Welle
7 Brecher
wohingegen
12 andererseits
wohl
3 gut
6 gesund
8 angenehm
Wohl
4 Heil
5 Segen
6 Glueck, Nutzen
7 Frommen, Vorteil
8 Gedeihen
10 Foerderung, Gesundheit
wohl oder übel
12 nolens volens
wohl überlegt
10 durchdacht
11 reflektiert

wohl unterrichtet
10 informiert
wohlauf
6 gesund
Wohlbefinden
7 Behagen
wohlerzogen
7 folgsam
Wohlfahrt
8 Diakonie
9 Fuersorge
11 Armenpflege
wohlfeil
6 billig
8 guenstig
Wohlgefallen
5 Gusto
7 Behagen
9 Sympathie, Zuneigung
Wohlgefälligkeit
5 Anmut
Wohlgefühl
8 Euphorie
wohlgelitten
7 beliebt
wohlgemerkt
8 notabene
wohlgemut
9 froehlich
14 zuversichtlich
wohlgenährt
4 dick, fett
5 feist
Wohlgeruch
4 Duft
5 Aroma, Odeur
6 Bukett
wohlgesinnt
4 hold
7 geneigt
Wohlgesinnter
6 Freund
wohlhabend
5 reich
10 vermoegend
wohlhabende Menschen
6 Reiche
wohlig
8 angenehm
9 behaglich
Wohlklang
8 Euphonie, Harmonie
wohlklingend
9 klangvoll
wohllautend
9 melodioes
wohlproportioniert
6 schoen
11 ebenmaessig
wohlriechend
6 duftig
10 aromatisch
wohlriechende Pflanze
4 Rose
5 Narde
7 Levkoje
wohlriechendes Haarfett
6 Pomade
wohlschmeckend
6 lecker, pikant
7 delikat
9 delizioes
Wohlstand
8 Reichtum
10 Ueberfluss
12 Prosperitaet
Wohlstandsgesellschaft
13 Establishment
18 Konsumgesellschaft
Wohltat
5 Hilfe, Trost
7 Benefiz
9 Troestung
10 Benefizium
Wohltäter
6 Helfer, Maezen
7 Goenner
9 Samariter
11 Philanthrop
wohltätig
9 karitativ
10 humanitaer, mildtaetig
wohltuend
8 angenehm, lindernd
wohltuend mild
4 lind
Wohlverleih (Pflanze)
6 Arnika
Wohlwollen
4 Huld
5 Gnade, Gunst
9 Sympathie, Zuneigung
wohlwollend
6 jovial
7 geneigt, zugetan
Wohngebäude
4 Haus
5 Villa
6 Chalet
8 Bungalow, Hochhaus, Zinshaus
9 Mietshaus, Wohnblock
10 Doppelhaus, Reihenhaus
12 Mietskaserne
13 Wolkenkratzer
Wohngeld ► Wohnungsgeld
Wohnhügel auf den Halligen
4 Warf, Warp, Wurt
5 Warft
wohnlich
9 behaglich
10 anheimelnd
11 komfortabel
Wohnraum ► auch Zimmer
6 Zimmer
Wohnraum auf Schiffen
5 Logis
6 Kabine
7 Kajuete
Wohnschiff
8 Hausboot
Wohnsitz
4 Heim
5 Logis
6 Bleibe, Obdach
7 Domizil
9 Behausung
Wohnsitz ...
· *der* **Asen**
6 Asgard
7 Idafeld
· *von* **Fürsten**
8 Residenz
· *der* **Göttin Freya**
8 Folkwang
· *der* **griechischen Götter**
5 Olymp
· *des* **Staatsoberhauptes**
8 Residenz
Wohnteil einer Burg
5 Palas
Wohnung
4 Heim
5 Logis
6 Bleibe, Obdach
7 Zuhause
10 Unterkunft
Wohnung ...
· *eines* **Einsiedlers**
9 Eremitage
· *eines* **Pfarrers**
9 Pfarrhaus
· *für* **Senioren**
9 Wohnstift

10 Altersheim
Wohnung und Kost
7 Pension
Wohnungsanschrift
7 Adresse
Wohnungsgeld
5 Miete
8 Mietzins
Wohnungswechsel
5 Umzug
Wohnwagen
7 Caravan
Wohnzins
5 Miete
Wölbung
5 Bogen
7 Rundung
Wolf
5 Lupus
6 Kojote
7 Isegrim
15 Fleischmaschine
Wölfin
5 Faehe
Wolfsjunges
5 Welpe
Wolfskind
10 Findelkind
Wolfsmensch
7 Werwolf
Wolfsmilchgewächs
6 Maniok
Wolfsrachen
12 Lippenspalte
Wolfsspinne
8 Tarantel
Wolkenart
6 Nimbus, Zirrus
7 Kumulus, Stratus
8 Eiswolke
10 Federwolke, Quellwolke
11 Haufenwolke
Wolkenbruch
7 Schauer
Wolkenkratzer
8 Hochhaus
Wolkenkuckucksheim
9 Traumland
wolkenlos
6 heiter
Wollart
6 Angora, Merino, Mohaer, Mohair
Wolldecke
5 Plaid, Vlies
Wolle der Angoraziege
6 Mohaer, Mohair
Wolle lieferndes Tier
4 Lama, Pako
5 Kamel, Schaf, Ziege
6 Alpaka, Merino
9 Kaninchen
Wolleball
7 Knaeuel
Wollen
5 Wille
Wollfett
7 Lanolin
Wollgewebe
5 Loden
Wollgewicht
4 Pack
Wollgewinnung
5 Schur
Wollschaf
6 Merino
Wollschnitt beim Schaf
5 Schur
Wollstoff
5 Loden, Tweed
6 Alpaka, Angora, Merino, Mohaer, Mohair, Serail
7 Cheviot, Flausch, Krimmer, Lasting, Marengo
8 Kammgarn, Kaschmir
9 Gabardine, Lambswool
Wolltuch
6 Serail
Wollust
8 Begierde
11 Lustgefuehl
wollüstig
6 gierig
8 luestern
Wonne
4 Lust
6 Freude, Genuss
9 Seligkeit
10 Vergnuegen
Wonnemonat
3 Mai
wonnevoll
8 elysisch
12 paradiesisch
Wort
7 Vokabel
Wort ...
· *der* **Ablehnung**
4 nein
· *der* **Anerkennung**
5 danke
· *des* **Bedauerns**
6 leider
· *beim* **Skat**
2 Re
4 Bock
5 Grand
6 Hirsch, Kontra
· *der* **Zustimmung**
2 ja
Wortabstammungslehre
10 Etymologie
Wortanhängsel
5 Affix
Wortbedeutung
7 Begriff
Wortbedeutungslehre
8 Semantik
Wortbetonung
5 Iktus
Wortblindheit
6 Alexie
Wortbruch
6 Betrug, Verrat
7 Meineid, Untreue
9 Treubruch
13 Treulosigkeit
Wortbrüchiger
9 Verraeter
Worte aussprechen
5 sagen
Wörterbuch
5 Duden
7 Glossar, Lexikon
10 Diktionaer
Worterguss
5 Suada
6 Sermon, Tirade
7 Schwall
Wortfolge
4 Satz
Wortführer
6 Obmann
7 Speaker
8 Sprecher
Wortgefecht
6 Disput, Streit
10 Diskussion, Plaenkelei
11 Disputation, Kontroverse
15 Streitgespraech
Wortgefüge
4 Satz
wortgetreu
9 woertlich

13 wortwoertlich
wortgewandt
6 beredt
8 eloquent
Wortgleichklang
4 Reim
wortkarg
5 still
9 einsilbig, lakonisch
10 schweigsam
Wortklauber
6 Pedant
7 Kasuist, Sophist
8 Rabulist
11 Haarspalter
Wortklauberei
13 Haarspalterei
15 Spitzfindigkeit
Wortkürzungszeichen
5 Sigel, Sigle
7 Kuerzel
Wortlaut
4 Text
wörtlich angeführte Stelle
5 Zitat
wörtliche Wiedergabe
5 Zitat
wortlos
5 still
10 schweigend
wortreich
8 eloquent
13 weitschweifig
Wortreihe
4 Satz
5 Zeile
Wortreihe im Gedicht
4 Vers
Wortsammlung
3 Ana
10 Diktionaer
11 Woerterbuch
Wortschatz
9 Vokabular
Wortschluss
6 Endung
Wortschwall ► Worterguss
Wortspiel
6 Bonmot
8 Limerick
9 Parechese
10 Amphibolie
Wortteil
5 Affix, Silbe, Stamm
6 Suffix
7 Praefix
8 Vorsilbe
9 Nachsilbe
Wortüberfluss
9 Redundanz
Wortumbildung
8 Anagramm
Wortvorsatz
7 Praefix
8 Vorsilbe
Wortwechsel ► Wortgefecht
Wortwiederholung
7 Anapher
Wotans ...
· **Raben**
5 Hugin, Munin
· **Schlachtross**
8 Sleipnir
· **Wolf**
4 Geri
5 Freki
Wroclaw
7 Breslau
Wruke
9 Kohlruebe
Wucherer
12 Preistreiber
15 Beutelschneider, Halsabschneider
Wucherung
6 Kallus
10 Geschwulst
Wuchs
4 Form
5 Figur
6 Statur
7 Gestalt
10 Vegetation
Wucht
5 Kraft
6 Gewalt, Impuls
7 Energie, Schwung
8 Vehemenz
10 Heftigkeit
wuchtig
6 heftig, massiv
Wühlechse
5 Skink
wund
5 offen
8 verletzt
9 verwundet
Wundabsonderung
4 Blut
5 Eiter
Wundarzneikunde
9 Chirurgie
Wundarzt
7 Chirurg
Wunde
6 Trauma
7 Blessur, Laesion
10 Verletzung
Wunder
7 Mirakel
9 Mysterium
wunderbar
6 schoen
8 herrlich
9 fabelhaft, praechtig
10 grossartig, mirakuloes, prachtvoll
11 fantastisch
12 maerchenhaft, phantastisch
Wunderdoktor
8 Pfuscher
10 Scharlatan
11 Kurpfuscher, Quacksalber
Wunderglaube
10 Aberglaube
11 Mystizismus
Wunderhorn
7 Olifant
Wunderkind
5 Genie
wunderlich
6 bizarr
7 grotesk, seltsam
8 launisch, spleenig
9 schrullig, sonderbar
11 grillenhaft, verschroben
wunderliche Eigenschaft
4 Tick
5 Macke
6 Spleen
7 Marotte
8 Schrulle
Wundermittel
7 Arkanum, Panazee, Theriak
wundersam ► wunderlich
wundersames Gefäß
4 Gral
wundertätige Schale
4 Gral
wundervoll ► wunderbar
Wunderwerk
7 Mirakel
wunderwirkende Schale
4 Gral

Wundheilmittel
5 Salbe
Wundkruste
6 Schorf
Wundmal
5 Narbe
6 Stigma
Wundmale
8 Stigmata
Wundnähmittel
6 Catgut
Wundrose
8 Erysipel
10 Erysipelas
Wundschorf
6 Kruste
Wundschutz
5 Binde
8 Pflaster
Wundsekret
5 Eiter
Wundstarrkrampf
7 Tetanus
Wunsch
5 Bitte
6 Begehr
7 Geluest
8 Anliegen, Begehren, Begierde, Gelueste, Hoffnung
9 Sehnsucht, Verlangen
Wunschbild
4 Idol
5 Ideal
6 Utopie
Wünschelrute
8 Detektor
Wunschland
6 Dorado, Utopia
7 Elysium
8 Eldorado
wunschlos
9 zufrieden
wunschlos zufrieden
5 selig
Würde
3 Ruf
4 Ehre, Rang
6 Nimbus
7 Achtung, Ansehen, Geltung
8 Renommee
11 Erhabenheit
Würde eines Priors
7 Priorat
würdelos
7 niedrig
9 unachtbar, unwuerdig
würdevoll
8 gemessen
13 gravitaetisch, majestaetisch
würdig
10 angemessen
11 ebenbuertig
Würdigkeit
11 Seriositaet
Würdigung
6 Ehrung
Würdigung eines Verstorbenen
7 Nachruf
8 Grabrede, Nekrolog
Wurf des Raubwilds
6 Geheck
Wurf mit gleicher Augenzahl
5 Pasch
Wurfbeil der Indianer
8 Tomahawk
Wurfbild
3 Dia
10 Diapositiv
Würfel
5 Kubus
8 Hexaeder
14 Sechsflaechner
würfelförmig
7 kubisch
Würfelmuster
4 Karo
Wurfgerät
8 Katapult
9 Schleuder
Wurfgeschoss
11 Handgranate
Wurfgeschoss der Antike
8 Balliste
Wurfgeschütz im Mittelalter
5 Blide
Wurfholz
8 Bumerang
Wurfkugel der Gauchos
4 Bola
Wurfkurve
7 Parabel
Wurflehre
9 Ballistik
Wurfleine
5 Lasso
Wurfpfeil
10 Banderilla
Wurfscheibe
6 Diskus
Wurfseil
5 Lasso
Wurfspeer
5 Lanze
Wurfspieß
3 Ger
Wurfspieß der Gemanen
3 Ger
Wurfstange
5 Speer
Wurfwaffe
3 Ger
4 Pike
5 Lanze, Speer
6 Spiess
7 Harpune
8 Bumerang, Tomahawk
Würgefessel
6 Knebel
Wurmart
4 Egel
8 Bandwurm, Blutegel, Rundwurm, Sandpier, Sandwurm, Saugwurm, Spulwurm, Trichine
9 Hakenwurm, Leberegel, Plattwurm, Regenwurm
10 Grubenkopf, Ringelwurm, Schnurwurm
14 Raedertierchen
Wurmfortsatz des Blinddarms
8 Appendix
Wurmfortsatzentzündung
12 Appendicitis, Appendizitis
wurmstichig
5 madig, marod
6 defekt
10 zerfressen
Wurmzüngler
10 Chamaeleon
Wurstfuellung
4 Mett
Wurstgewürz
7 Majoran
Wursthaut
5 Pelle
Wurstsorte
6 Lyoner, Salami

8 Krakauer, Schinken, Teewurst
9 Bierwurst, Blutwurst, Bratwurst, Jagdwurst, Leberkaes, Mettwurst
10 Knackwurst, Landjaeger, Leberwurst, Mortadella, Weisswurst
11 Debrecziner
12 Bierschinken, Fleischkaese, Fleischwurst, Regensburger
13 Schinkenwurst, Zervelatwurst

württembergischer Fürstenname
8 Eberhard

Wurzel
5 Radix

Wurzelfüßer
6 Amoebe

Wurzelgemüse
4 Bete, Kren
5 Ruebe
6 Knolle, Moehre
7 Karotte
8 Kohlrabi, Sellerie
9 Mohrruebe
11 Meerrettich
13 Schwarzwurzel

Wurzelmännchen
7 Alraune

Wurzelstock
6 Rhizom

Würzfleisch
6 Ragout

Würzflüssigkeit
3 Oel
5 Essig

Würzgebäck
6 Printe
9 Lebkuchen

würzig
6 pikant
10 aromatisch

würzig(e, er, es) ...
· **Duft**
5 Aroma
· **Fleischspeise in Blätterteig**
7 Pastete
· **Soße**
6 Relish
· **Speisezutat**
8 Dressing
· **Weichkäse**
9 Limburger

Würzkraut ▶ Gewuerz

Würzpflanze
4 Mohn
7 Thymian

Würzsoße
8 Dressing

Würztunke
7 Ketchup
8 Ketschup, Marinade
9 Majonaese, Remoulade
10 Mayonnaise

wuselig
5 eilig, rasch
7 lebhaft, nervoes
11 geschaeftig

Wust
5 Chaos
6 Gewirr
8 Wirrwarr
9 Unordnung
13 Durcheinander

wüst
3 oed
4 oede, wild, wirr
8 unbebaut
12 unordentlich

Wüste ...
· *in* **Afrika**
5 Namib
6 Sahara
8 Kalahari
· *in* **Arabien**
5 Nefud
· *in* **Australien**
12 Gibsonwueste
14 Victoriawueste
· *in* **Chile**
7 Atacama
· *in* **Indien**
4 Thar
· *in* **Innerasien**
4 Gobi
· *im* **Iran**
3 Lut
· *in* **Israel**
5 Negeb, Negev
· *in der* **Mongolei**
4 Gobi
6 Schamo
· *in* **Südafrika**
8 Kalahari
· *im* **Sudan**
14 Nubische Wueste
· *in* **Turkmenistan**
7 Karakum
· *in den* **USA**
4 Gila
6 Mojawe
· *in* **Zentralasien**
4 Gobi
6 Schamo

Wüstenbewohner
7 Beduine

Wüstenbrot der Bibel
5 Manna

Wüstenbrunnen
3 Bir

Wüstenei
4 Oede
6 Oednis
7 Einoede

Wüsteneidechse
5 Waran

Wüstenflusstal
4 Wadi

Wüstenform
9 Eiswueste
10 Salzwueste, Sandwueste
11 Steinwueste

Wüstenfuchs
6 Fennek

Wüsteninsel
4 Oase

Wüstenlasttier
5 Kamel
8 Dromedar

Wüstenluchs
7 Karakal, Schakal

Wüstenpflanze
10 Igelkaktus

Wüstenrastort
4 Oase

Wüstenschiff
5 Kamel

Wüstenwind
5 Gibli, Leste, Samum
6 Kamsin
7 Chamsin
8 Scirocco
9 Harmattan, Schirokko

wüstes Gelage
5 Orgie
9 Bacchanal

Wüstling
4 Asot, Roué
5 Rowdy
6 Sadist
7 Rohling, Saeufer

8 Libertin, Raufbold
10 Frauenheld
Wut
4 Rage, Zorn
5 Furor, Grimm
6 Aerger
7 Ingrimm, Raserei
Wutausbruch
6 Koller, Rappel, Raptus
7 Raserei
wütend
4 wild
5 boese
6 erregt, rasend, zornig
7 empoert, grimmig
11 aufgebracht
wütendes Weib
5 Furie
7 Megaere
Wüterich
10 Schierling
Wutz
3 Sau
7 Schwein

X

x-Achse
8 Abszisse
x-mal
3 oft
7 haeufig
8 vielmals
X-Strahlen
16 Roentgenstrahlen
Xanthippes Gatte
8 Sokrates
Xanthophyll
13 Gelbfarbstoff
Xanthopsie
9 Gelbsehen
Xenie
6 Spruch
8 Epigramm, Gastgabe
10 Sinnspruch
Xenon
7 Edelgas
xenophil
17 fremdenfreundlich
xenophob
16 fremdenfeindlich
Xerokopie
9 Fotokopie
Xerom
10 Augendarre
xerotisch
7 trocken
Xylan
9 Holzgummi
Xylofon (Xylophon)
7 Marimba, Marymba, Vibrafon
9 Marimbafon, Vibraphon
11 Marimbaphon, Strohfiedel
13 Holzharmonika
Xylografie (Xylographie)
11 Holzschnitt
17 Holzschneidekunst
Xylol
14 Loesungsmittel
Xystos
11 Saeulengang
12 Saeulenhalle

Y

y-Achse
8 Ordinate
Yankee
10 Amerikaner
14 Nordamerikaner
Yerba
4 Mate
Yeti
12 Schneemensch
Ymir
5 Riese
7 Urriese
Yogi
5 Asket
Youngster
7 Neuling
8 Newcomer
Yperit
7 Senfgas
9 Gelbkreuz
Ysop
11 Josefskraut
Ytong
14 Leichtbaustein
Yucca
9 Palmlilie
Yuppie
10 Neureicher
14 Emporkoemmling

Z

Zacke
5 Zinke
6 Spitze
zackig
6 forsch, straff
7 drahtig
zag
10 aengstlich
Zagel
7 Schwanz
zaghaft
11 schuechtern
zäh
4 fest, hart
6 eisern, viskos
10 ausdauernd
11 hartnaeckig
12 dickfluessig
zäher Boden
4 Klei

zähflüssig
6 viskos
zähflüssige Substanz
3 Oel
4 Seim, Teig
5 Honig, Paste
zähflüssiger Klebstoff
4 Leim
Zahl ...
· *unter dem* **Bruchstrich**
6 Nenner
· *über dem* **Bruchstrich**
7 Zaehler
· *die* **etwas kennzeichnet**
6 Nummer
· *zur* **Kreisberechnung**
2 Pi
· *ohne* **Wert**
4 Null
· *unter dem* **Wurzelzeichen**
8 Radikand
Zahlbesessener
11 Arithmomane
zahlender Kunde
7 Kaeufer
Zahlenergebnis
5 Summe
6 Potenz, Wurzel
7 Produkt
8 Quotient
9 Differenz
Zahlenfolge
5 Reihe
Zahlenglücksspiel
5 Lotto
8 Lotterie
Zahlenlehre
10 Arithmetik
Zahlenliste
7 Tabelle
zahlenmäßig
9 numerisch
Zahlenreihe
7 Kolonne
Zahlenübersicht
5 Tafel
7 Tabelle
9 Statistik
Zähler
6 Gasuhr
8 Dividend
9 Gasmesser
11 Strommesser

Zähler von Brennstoffverbrauch
6 Gasuhr
zahllos
5 viele
9 reichlich
Zählmaß
4 Gros, Ries
6 Schock, Stiege, Stueck
7 Dutzend
Zählmaß für Papier
6 Ballen
Zahlpfennig
5 Jeton
Zählrohr
13 Geigerzaehler
Zahlstelle
5 Kasse
12 Schalterraum
Zahltag
6 Ultimo
Zähluhr
9 Taxameter
Zahlung
7 Ausgabe, Tilgung
9 Ausgleich, Loeschung
Zahlungsanweisung
6 Scheck
Zahlungsaufforderung
7 Mahnung
Zahlungsaufschub
8 Stundung
10 Moratorium
Zahlungsbefehl
7 Mahnung
Zahlungsbescheinigung
5 Beleg
8 Quittung
Zahlungserzwingung
19 Zwangsvollstreckung
zahlungsfähig
6 liquid
7 solvent
Zahlungsmittel
4 Geld, Note
5 Sorte
6 Devise, Muenze, Scheck, Schein
7 Bargeld, Devisen, Wechsel
10 Euroscheck
11 Kreditkarte
Zahlungsnachlass
6 Rabatt, Skonto

Zahlungstermin
5 Frist
zahlungsunfähig
6 pleite
8 bankrott, illiquid
9 insolvent
Zahlungsweise
3 bar
4 Giro
6 Scheck
7 Wechsel
12 Ueberweisung
Zählwerk ► Zähler
Zahlwort
4 neun, zwei
5 sechs
8 Numerale
Zahlzeichen
6 Ziffer
Zahlzeichen für drei
3 III
zahm
5 fromm, kirre
9 friedlich
10 gebaendigt, zutraulich
Zähmung
14 Domestizierung
Zahn
5 Zacke, Zinke
6 Spitze
13 Beisswerkzeug
Zahnarten
7 Eckzahn
8 Fangzahn, Giftzahn, Mahlzahn, Nagezahn
9 Milchzahn, Stosszahn
12 Schneidezahn
13 Weisheitszahn
Zahnarzt
7 Dentist
Zahnbein
6 Dentin
Zahnbestandteil
4 Nerv
5 Krone
7 Schmelz
10 Zahnhoehle
Zahnersatz
5 Krone
6 Gebiss
7 Bruecke
8 Prothese
9 Stiftzahn
Zahnfäule ► Zahnkrankheit

zahnförmiger Mauerrand
5 Zinne
Zahnfüllung
5 Inlay
6 Plombe
Zahnheilkunde
10 Dentologie
11 Odontologie
Zahnkarpfen
5 Guppy, Killi
Zahnkrankheit
6 Fistel, Karies
8 Granulom
11 Paradentose, Parodontose
12 Paradentitis, Parodontitis
Zahnlaut
6 Dental
8 Dentalis
Zahnmark
5 Pulpa
Zahnrad
6 Ritzel
Zahntechniker
7 Dentist
Zahnwal
6 Delfin
7 Delphin, Pottwal
11 Gruendelwal, Schweinswal
Zahnwurz
9 Engelwurz
Zähre
6 Traene
Zaine
4 Korb
10 Flechtwerk
Zanderart
5 Hecht
6 Barsch, Schiel, Schill
Zank
5 Hader, Krach, Stunk, Zwist
6 Disput, Streit
8 Kabbelei, Reiberei
9 Unfrieden
11 Kontroverse
zanken
6 hadern
zänkisch
6 hitzig, kiebig
7 grimmig
14 streitsuechtig, unvertraeglich
zänkisch(e, er, es) ...
· **Mensch**
12 Streithammel
· **Schelten**
7 Gekeife
· **Weib**
7 Drachen
9 Xanthippe
zanksüchtiges Weib
9 Xanthippe
Zapfen
5 Konus
6 Bolzen
8 Pfropfen, Stoepsel
Zapfenträger
11 Nadelbaeume
Zapfer
4 Wirt
9 Barkeeper
Zapfstelle für Wasser
7 Hydrant
Zapfstellenbediener
8 Tankwart
zappenduster
6 dunkel
7 finster
12 hoffnungslos
Zarenname
4 Iwan, Paul
5 Peter
8 Nikolaus
Zarenpalast in Moskau
5 Kreml
Zarensohn
10 Zarewitsch
Zarentochter
7 Zarewna
Zarge
6 Rahmen
10 Einfassung
zart
4 fein, lind
5 sanft, weich
6 fragil, grazil, schoen, subtil
7 schwach
8 grazioes, sensibel, zierlich
10 aetherisch, empfindsam
11 empfindlich, mimosenhaft
zart(e, er, es) ...
· **Federn**
5 Flaum
· **Gefühle**
4 Takt
5 Liebe
· **Geruch**
4 Duft
· **Malweise**
8 Aquarell
Zartgefühl
4 Takt
11 Feingefuehl
zärtlich
4 lieb
5 innig, sanft
8 herzlich
9 liebevoll
Zärtlichkeit
4 Kuss
8 Schmusen
10 Liebkosung
Zase
5 Fluse
6 Fussel
Zaster
4 Geld
7 Moneten
Zäsur
9 Ruhepunkt
10 Einschnitt
Zauber
5 Magie
6 Charme
7 Hexerei
Zauberarzt bei manchen Völkern
11 Medizinmann
Zauberei
5 Magie
7 Hexerei
8 Gaukelei
9 Blendwerk
Zauberer
5 Hexer, Seher
6 Magier
7 Gaukler
8 Schamane
16 Schwarzkuenstler
Zauberer der Artusrunde
5 Dolin
6 Merlin
8 Klingsor
Zauberformel
5 Sesam
10 Hokuspokus, Simsalabim
11 Abrakadabra

15 Sesam oeffne dich
zauberhaft
7 magisch
10 bezaubernd
11 entzueckend
12 wunderschoen
zauberhafte Gewalt
4 Bann
Zauberin
3 Fee
4 Drud, Hexe
5 Circe, Drude, Kirke, Medea
6 Armida, Medeia
Zauberin in der Odyssee
5 Circe, Kirke
Zauberkraft
5 Magie
Zauberkunst
5 Magie
Zauberkünstler ► Zauberer
Zaubermittel
6 Alraun
7 Alraune, Elixier
14 Stein der Weisen
Zaubernuss
9 Hamamelis
Zauberpriester
8 Schamane
Zauberschutzmittel
7 Amulett
8 Talisman
Zauberwurzel
7 Alraune
Zauderer
7 Bremser
9 Kunktator
Zaum
6 Trense, Zuegel
7 Halfter, Kandare
Zaumzeug für heftige Pferde
6 Pelham
Zaun
3 Hag
5 Hecke
6 Gatter, Gitter
11 Einfriedung
Zaungast
6 Voyeur
7 Kiebitz
9 Zuschauer
Zaunlatte
7 Stakete
Zebrastreifen
19 Fussgaengerueberweg
Zebuart
5 Sanga
Zeche
4 Mine
5 Grube
8 Bergwerk
Zecher
7 Saeufer, Trinker
Zechine
7 Dukaten
11 Golddukaten
Zechstein
9 Kalkstein
Zechtour
10 Saufgelage
Zecke
8 Holzbock
10 Blutsauger
Zedent
10 Glaeubiger
11 Kreditgeber
Zeese
11 Schleppnetz
Zehenteil bei Tieren
5 Klaue
6 Kralle
Zehenteil der Paarhufer
5 Klaue
Zehn Gebote
7 Dekalog
zehnarmiger Tintenfisch
6 Kalmar
Zehncentstück
4 Dime
Zehndollarstück
5 Eagle
Zehneck
7 Dekagon
Zehner
8 Groschen
Zehnersystem
13 Dezimalsystem
Zehnflächner
8 Dekaeder
Zehnfußkrebs
8 Dekapode
15 Einsiedlerkrebs
zehnjähriger Zeitraum
6 Dekade
Zehnpfennigstück
8 Groschen
zehntägiger Zeitraum
6 Dekade
zehnteilig
9 dekadisch
Zehntel
4 Dezi
Zehntschaft
7 Dekurie
Zehrung
4 Kost
7 Nahrung
Zeichen
3 Mal, Tip
4 Spur, Tipp, Wink
6 Emblem, Signal, Signum, Symbol, Wunder
Zeichen ...
· *vor* **Bahnübergängen**
4 Bake
· *für* **Emanation**
2 EM
· *der* **Herrscherwürde**
5 Krone
6 Zepter
· *für* **lange Vokale**
4 Apex
· *für* **Phot**
2 ph
· *zur* **Sprachwiedergabe**
7 Schrift
· *der* **Verkehrsampel**
8 Rotlicht
Zeichen für ... ► Symbol für ...
Zeichen über dem dritten Vokal
6 i-Punkt
Zeichenerklärung
7 Legende
16 Bildunterschrift
Zeichengerät
5 Kohle, Stift
6 Lineal, Zirkel
9 Bleistift, Buntstift, Farbstift, Schablone
10 Reissbrett
12 Winkelmesser
14 Storchschnabel
Zeichenkunst
6 Grafik
7 Graphik
Zeichenmaterial
5 Tinte
6 Papier, Tusche
10 Kohlestift

Zeichensetzung
13 Interpunktion
Zeichensprache
6 Gestik
10 Chirologie
11 Cheirologie
12 Daktylologie
13 Gestikulation
Zeichenstil
9 Radierung
Zeichentinte
6 Tusche
Zeichner
8 Designer, Grafiker
9 Graphiker
zeichnerische Darstellung
4 Plan
6 Grafik, Schema, Skizze
7 Entwurf, Graphik
8 Diagramm
9 Abbildung, Grundriss
10 Piktogramm, Schaltplan
Zeichnung
5 Figur
6 Dessin, Muster, Skizze
9 Abbildung
Zeichnung im Holz
5 Maser
Zeidler
5 Imker
14 Bienenzuechter
Zeige
10 Flurstueck
Zeigegerät am PC
4 Maus
5 mouse
Zeiger
5 Zunge
Zeile
5 Linie
6 Alinea
Zeileneinrückung (Druck)
6 Absatz
Zeileneinzug
7 Geviert
Zeilengießmaschine
8 Linotype
Zeiselbär
8 Tanzbaer
Zeiselwagen
11 Leiterwagen
Zeisig
4 Fink
Zeit
5 Frist, Musse, Weile
6 Epoche, Spanne, Tempus
Zeit ...
· *nach* **Arbeitsschluss**
10 Feierabend
· *der* **Ausbildung**
5 Lehre
7 Studium
9 Schulzeit
· *der* **Ausgelassenheit**
8 Fasching, Karneval
· *der* **Dunkelheit**
5 Nacht
· *vor der* **Geschlechtsreife**
9 Pubertaet
· **hinter uns**
13 Vergangenheit
· *ohne* **Krieg**
7 Frieden
· **vom Pflanzen bis zum Abholzen**
7 Umtrieb
· *von* **vierundzwanzig Stunden**
3 Tag
· **vor uns**
7 Zukunft
· *vor* **Weihnachten**
6 Advent
Zeit vergeuden
8 plempern
Zeitabschnitt
3 Tag
4 Aera
5 Monat, Woche
Zeitalter
2 MA
4 Aera
6 Epoche
7 Periode
8 Saekulum
Zeitangabe
5 Datum
7 Uhrzeit
Zeitanzeiger ► Zeitmesser
Zeitbegriff (► auch Zeiteinheit)
2 Nu
4 Aeon, Aera
5 Abend, Datum, Dauer, Frist, Monat, Nacht, Weile
6 Dekade, Epoche, Herbst, Morgen, Sommer, Spanne, Termin, Winter
7 Zukunft
8 Saekulum, Semester
9 Dezennium, Fruehling, Gegenwart, Intervall, Jahrzehnt, Trimester, Vormittag
10 Augenblick, Jahreszeit, Millennium, Nachmittag
11 Jahrhundert, Jahrtausend
13 Vergangenheit
zeitbezogen ► zeitgemäß
Zeiteinheit
3 Tag
4 Jahr
5 Monat, Woche
6 Minute, Stunde
7 Sekunde
Zeiterfassungsgerät
8 Stechuhr
Zeitfolge
11 Chronologie
Zeitform
6 Tempus
Zeitform der Gegenwart
8 Praesens
Zeitform der Vergangenheit
11 Imperfektum
15 Plusquamperfekt
Zeitform der Zukunft
5 Futur
zeitgemäß
2 in
6 heutig, modern
7 aktuell, zeitnah
8 up to date
Zeitgenosse
9 Mitmensch
Zeitgeschmack
4 Mode
9 Modewelle
zeitgleich
8 simultan, synchron
zeitig
5 frueh
zeitlich
8 temporal
zeitlich ...
· **abstimmen**
5 timen
· **geordneter Bericht**
7 Annalen, Chronik
· **geordnete Urkundensammlung**
8 Regesten

zeitliche Abstimmung
6 Timing
10 Konkordanz
Zeitlichkeit
16 Vergaenglichkeit
Zeitlohn
10 Akkordlohn
11 Stundenlohn
zeitlos
4 ewig
Zeitmangel
4 Eile, Hast
6 Stress
Zeitmaß
3 Tag
4 Takt, Takt
5 Largo, Tempo, Tempo
6 Adagio, Presto
7 Andante
8 Rhythmus
Zeitmesser
3 Uhr
7 Eieruhr, Turmuhr
9 Sonnenuhr
11 Chronometer
zeitnah ▶ zeitgemäß
Zeitnehmer
7 Stopper
Zeitnot
4 Eile
Zeitpunkt
4 Aera
5 Datum
6 Termin
zeitraubend
9 aufwendig
10 aufwaendig, langwierig
Zeitraum (▶ auch Zeiteinheit)
5 Dauer, Frist, Weile
6 Epoche, Spanne
7 Periode
Zeitrechnung
4 Aera
11 Chronologie
Zeitschrift
5 Revue
7 Gazette, Journal, Magazin
12 Illustrierte
Zeitsignal (Schifffahrt)
6 Glasen
Zeitspanne ▶ Zeitraum
Zeittabelle
8 Kalender

Zeitung
5 Blatt, Organ
7 Gazette
Zeitungsabonnent
5 Leser
Zeitungsanzeige
7 Annonce, Inserat
Zeitungsaufsatz
7 Artikel, Bericht
9 Reportage
11 Leitartikel
Zeitungsbüro
9 Redaktion
Zeitungsfalschmeldung
4 Ente
Zeitungsinserat ▶ Zeitungsanzeige
Zeitungskorrespondent
16 Berichterstatter
Zeitungskunde
12 Journalistik
Zeitungsmitarbeiter
5 Autor
6 Faktor, Setzer
8 Fotograf, Reporter
9 Redakteur
10 Journalist
12 Bildreporter, Fotoreporter
13 Chef vom Dienst, Chefredakteur, Korrespondent
Zeitungsnachricht
5 Notiz
7 Meldung
Zeitungsschreiber
8 Reporter
10 Journalist
16 Berichterstatter
Zeitungsschriftleitung
9 Redaktion
Zeitungsspalte
4 Ecke
6 Rubrik
7 Kolumne
Zeitungsteil
5 Sport
7 Politik
10 Feuilleton, Wirtschaft
Zeitungswesen
6 Presse
11 Publizistik
12 Journalistik
Zeitungszuschrift
10 Leserbrief

Zeitvertreib
5 Hobby, Spiel, Sport
8 Kurzweil
11 Liebhaberei, Zerstreuung
12 Raetselraten, Steckenpferd
zeitweilig
8 momentan
9 temporaer
14 voruebergehend
zeitweise ausgetrockneter Flusslauf
5 Creek
Zeitwert der Noten
6 Mensur
zeitwidrig
15 anachronistisch
Zeitwort
4 Verb
6 Tuwort
Zellbestandteil
4 Kern
7 Membran
11 Protoplasma
13 Mitochondrien
Zelle im Bienenstock
4 Wabe
Zellengewebe
7 Epithel
Zellenlehre
9 Zytologie
Zellenverband
6 Gewebe
Zellfaden der Pilze
5 Hyphe
Zellgewebsfaser
8 Fibrille
Zellglas
9 Cellophan
Zellhorn
9 Zelluloid, Zellulose
Zellkern
7 Nukleus
Zellkernbestandteil (Abkürzung)
3 DNS
Zellkernschleife
9 Chromosom
Zellkernteilung
6 Meiose, Mitose
Zellkörper ▶ Zellsubstanz
Zellleib (Zelleib)
11 Protoplasma
Zellstoff ▶ Zellhorn

Zellstoffverbindung
7 Viskose
Zellsubstanz
11 Protoplasma
zellulär
13 zellenfoermig
Zelluloid
8 Zellhorn
Zellwolle
10 Spinnfaser
zelotisch
9 fanatisch
14 glaubenseifrig
Zelt
4 Tipi
5 Jurte
6 Wigwam
7 Kibitka
Zeltbahn
5 Plane
Zeltdorf der Nomaden
3 Aul
Zelter
6 Camper
10 Damenpferd
Zeltgelände
12 Campingplatz
Zeltlager
4 Camp
5 Biwak
11 Ferienlager
Zeltpflock
6 Hering
Zeltplatz ► Zeltgelände
Zenit
6 Gipfel
10 Hoehepunkt
13 Scheitelpunkt
Zenotaph
9 Grabstein
11 Gedenkstein
Zensor
7 Pruefer
Zensur
4 Note
8 Benotung
9 Bewertung, Praedikat
11 Beurteilung
Zensuren
7 Zeugnis
Zensus
13 Volkszaehlung
Zenti-
11 Hundertstel-

zentralamerikanische Republik
9 Guatemala
Zentralasiat
7 Mongole
zentralasiatisches Hochland
5 Tibet
Zentralgestirn unseres Planetensystems
5 Sonne
Zentralisation
13 Konzentration
15 Zusammenziehung
Zentrifugalkraft
10 Fliehkraft
Zentrifuge
9 Schleuder, Separator
Zentrum
4 City, Kern
5 Mitte
10 Hauptsache, Innenstadt, Stadtmitte
11 Mittelpunkt
Zenturie
13 Hundertschaft
Zenturium
7 Fermium
Zeppelin
10 Luftschiff
Zepter
13 Herrscherstab
Zepterdiamant der Zaren
5 Orlow
Zerberus
8 Waechter
11 Hoellenhund
zerbrechlich
6 fragil
zerbrechliches Material
4 Glas
Zerbrechlichkeit
8 Zartheit
Zerbrochenes
5 Bruch
8 Scherben, Truemmer
zerbröckeltes Gestein
4 Grus
Zeremonie
5 Ritus
6 Ritual
12 Kulthandlung
zeremoniell
7 formell
9 feierlich, foermlich

Zerfahrenheit
13 Zerstreutheit
17 Flatterhaftigkeit
Zerfall
4 Ruin
10 Aufloesung, Niedergang, Zersetzung
zerfallenes Bauwerk
5 Ruine
Zerfallserscheinung
4 Rost
5 Moder
8 Schimmel
Zergliederung
7 Analyse, Sektion
9 Zerlegung
Zerkarie
14 Leberegellarve
zerkleinerte Steine
6 Splitt
8 Schotter
Zerkleinerungsmaschine
6 Muehle
9 Reisswolf
zerklüftet
9 gespalten, zerfurcht
Zerknall
10 Detonation
zerknirscht
5 reuig
13 schuldbewusst
zerlegbar
10 dissolubel
12 analysierbar
zerlegen
6 teilen
Zerlegung einer Verbindung durch Strom
11 Elektrolyse
Zermahlenes
5 Staub
6 Pulver
zermahlenes Gestein
4 Kies, Sand
6 Splitt
8 Schotter
zermalmend
7 brisant
zernagend
8 korrosiv
Zerograf
14 Wachsgravierer
Zeroplastik
10 Wachsfigur
14 Wachsbildnerei

zerplatzen
7 bersten
Zerrbild
6 Fratze
9 Karikatur
Zerrissenheit
9 Zwiespalt
11 Uneinigkeit
zerrüttet
5 marod
zerschlagen
2 ko
10 abgespannt
Zerschlagenheit
10 Abspannung, Muedigkeit
12 Erschoepfung
zerschlissen
8 schaebig
9 abgenutzt
zerschlissenes Stück
6 Fetzen
zerschlissenes Tuch
6 Fetzen
zersetzend
9 aggressiv
10 destruktiv
zerstäuben
7 sieben
8 spruehen
Zerstäubungsflüssigkeit
5 Spray
zerstört
8 ruiniert
zerstörtes Gebäude
5 Ruine
8 Truemmer
zerstörtes Schiff
5 Wrack
Zerstörungswut
11 Vandalismus, Wandalismus
zerstreut
6 diffus, fahrig
8 disparat
9 erratisch
12 unaufmerksam
zerstreuter Mensch
5 Chaot
7 Trottel
8 Schussel
Zerstreuung
9 Diffusion
11 Belustigung
12 Unterhaltung
Zerstreuung von Lichtstrahlen
10 Dispersion
Zertifikat
6 Attest
7 Urkunde, Zeugnis
Zerwürfnis
4 Zank
5 Hader, Zwist
6 Streit
10 Zwietracht
zerzaust
7 borstig
8 struppig
Zettelkasten
6 Kartei
Zeughaus
7 Arsenal
Zeugnis
6 Attest, Testat
7 Urkunde
8 Dokument
9 Bewertung
10 Zertifikat
11 Beurkundung
13 Bescheinigung
Zeugnisnote
3 gut
4 drei, eins, rite
7 sehr gut
8 cum laude
10 mangelhaft
11 ausreichend, ungenuegend
12 befriedigend
13 magna cum laude, summa cum laude
Zeugungsakt
6 Koitus
9 Beischlaf
zeugungsfähig
6 potent
zeugungsunfähig
6 steril
8 impotent
Zeus geweihte Stätte
7 Olympia
Zeusgeliebte
2 Io
4 Leda
6 Europa
Ziborium
5 Kelch
9 Altardach
10 Tabernakel
12 Hostienkelch
Zichorienart
8 Chicorée
9 Schikoree
Zieche
9 Bettbezug
Ziefer
9 Federvieh
Ziege
5 Geiss, Hippe
6 Zickel
Ziegel
7 Klinker
9 Backstein, Formstein
Ziegelgebäude
12 Backsteinbau
Ziegenjunges
4 Kitz
Ziegenlaut
4 maeh
Ziegenleder
3 Kid
5 Glacé, Nappa
7 Chagrin, Chamois, Saffian
8 Chevreau, Maroquin
Ziegenpeter
5 Mumps
Ziehharmonika
9 Akkordeon, Bandoneon, Bandonion
15 Schifferklavier
Ziehkind
10 Pflegekind
Ziehmutter
4 Amme
12 Pflegemutter
Ziehung
9 Auslosung
11 Ausspielung
Ziel
4 Ende
5 Frist
7 Absicht, Schluss
8 Endpunkt
14 Bestimmungsort
Ziel ...
· *beim* **Ballspiel**
3 Tor
· *von* **Frachtgut**
14 Bestimmungsort
· *beim* **Golf**
4 Loch
· *im* **Schießsport**
7 Scheibe

Z

8 Tontaube
9 Wurftaube
Zielbahnhof
8 Terminal
zielbewusst ▶ zielstrebig
zielgerichtet
8 strebsam
ziellos
7 planlos
9 irritiert
zielsicher
7 resolut
10 geradlinig
zielstrebig
8 fleissig
9 ehrgeizig
10 konsequent
Zielvorrichtung
4 Korn
5 Kimme
Ziemer
8 Peitsche
ziemlich
13 einigermassen
ziemlich kalt
5 kuehl
Zier ▶ Zierat
Zierat
5 Dekor
6 Pracht, Zierde
7 Rosette, Schmuck
8 Ornament
10 Verzierung
Zierband
8 Maeander, Ornament
Zierbildchen
8 Vignette
Zierde ▶ Zierat
Ziererei
5 Getue, Mache
6 Gehabe
9 Pruederie
Zierfiguren
6 Nippes
Zierfisch
5 Barbe, Danio, Guppy, Molly, Platy
6 Gurami
7 Puntius, Rasbora
9 Baerbling, Goldfisch
11 Pfauenfisch
13 Korallenfisch
15 Schleierschwanz
Zierfischbehälter
8 Aquarium
Ziergebüsch
7 Boskett
Ziergefäß
4 Vase
Ziergesang
9 Koloratur
Ziergrasfläche
5 Rasen
Zierholz
6 Leiste
Zierlatte
6 Leiste
zierlich
4 fein, nett, zart
5 klein
6 grazil
7 anmutig
8 niedlich
11 possierlich
zierliche Antilope
7 Gazelle
zierliche Malerei
8 Miniatur
Ziernaht
5 Biese
Zierpflanze
4 Efeu, Mohn, Rose
5 Canna, Kalla, Lilie, Malve, Nelke, Phlox, Winde, Yucca, Yukka
6 Akelei, Aralie, Azalea, Azalee, Clivia, Dahlie, Kaktus, Klivie, Mimose, Primel, Resede, Salvie
7 Amarant, Begonie, Freesie, Fuchsie, Geranie, Kamelie, Levkoje, Lobelie, Petunie
8 Akanthus, Georgine, Gladiole, Gloxinie, Orchidee, Zyklamen
9 Amaryllis, Araukarie, Gummibaum, Hyazinthe, Zineraria
10 Berberitze, Frauenhaar, Immergruen, Sansiverie, Yuccapalme
11 Zimmerlinde
13 Alpenveilchen
16 Vergissmeinnicht
Zierschrank
7 Vertiko
Zierstrauch
5 Buchs, Myrte
6 Azalee, Azalie, Jasmin
7 Eibisch, Flieder, Ginster, Kamelie, Lorbeer
8 Gardenie, Hibiskus, Liguster, Oleander, Sanddorn
9 Alpenrose, Feuerdorn, Forsythie, Goldregen, Hortensie, Weissdorn
12 Philodendron, Rhododendron
Ziervogel
4 Pfau
Ziffer
4 Zahl
6 Nummer
ziffernartig
7 digital
Zigarette
12 Glimmstengel
13 Glimmstaengel
Zigarettendose
4 Etui
Zigarettenrest
5 Kippe
7 Stummel
Zigarrenform
7 Stumpen
9 Zigarillo
Zigarrenrest
7 Stummel
Zigarrensorte
6 Brasil
7 Havanna, Sumatra
8 Virginia
9 Fehlfarbe
Zigarrenteil
9 Deckblatt
10 Bauchbinde
Zigeuner
3 Rom
4 Roma
5 Sinti, Sinto
Zigeunerinstrument
6 Cymbal, Zimbal
Zigeunerkapellmeister
6 Primas
Zigeunerlager
5 Tabor
Zigeunermusiker (Jazz)
8 Reinhard
14 Django Reinhard
Zigeunertanz
8 Flamenco

Zikade
5 Zirpe
6 Grille
Zilie
4 Haar
11 Augenwimper
Zimmer
4 Bude, Raum
5 Salon, Stube
6 Gelass, Gemach, Kammer
7 Boudoir
8 Kabinett, Wohnraum
9 Esszimmer, Spielraum
10 Bibliothek, Schlafraum
11 Arbeitsraum
12 Herrenzimmer, Kinderzimmer, Schlafzimmer, Speisezimmer
Zimmerausblick
7 Fenster
Zimmerdecke
7 Plafond
Zimmerei
13 Bautischlerei
Zimmereingang
4 Tuer
Zimmereinrichtung
6 Moebel
8 Mobiliar
11 Moeblierung
Zimmerflucht
5 Suite
Zimmermann
8 Zimmerer
11 Bautischler
Zimmeröffnung
4 Tuer
7 Fenster
11 Durchreiche
Zimmerpflanze
6 Aralie
Zimmertanne
9 Araukarie
Zimmervogel
7 Papagei
13 Kanarienvogel, Wellensittich
Zimmerwinkel
4 Ecke
zimperlich
6 pruede
11 empfindlich
Zimtapfel
6 Annona, Annone
Zimtsorte
6 Kaneel
Zingel
9 Ringmauer
11 Mantelmauer
Zinke
4 Zahn
5 Zacke
6 Spitze
Zinken
4 Nase
7 Zeichen
14 Schriftzeichen
Zinkspat
6 Galmei
12 Zinkkarbonat
Zinkweiß
8 Zinkoxid, Zinkoxyd
Zinne
10 Mauerkrone
Zinnerz
10 Kassiterit
Zinnfolie
8 Stanniol
Zinnkies
7 Stannin
Zinnkraut
6 Graupe
13 Schachtelhalm
Zinnober
4 Kram, Zeug
5 Getue
Zins
5 Miete, Pacht
6 Abgabe, Gewinn
13 Kapitalertrag
Zins vom Zins
10 Zinseszins
Zinsabzug
7 Diskont
Zinsertrag
7 Rendite
Zinsfuß
8 Zinssatz
Zinskaserne
9 Mietshaus
Zinsschein
5 Kupon
6 Coupon
Zinsvergütung
7 Diskont
Zion
9 Jerusalem
Zipfel
4 Ecke, Ende
Zipperlein
5 Gicht
7 Podagra
9 Arthritis
Zirbeldrüse
8 Epiphyse
Zirbelkiefer
4 Arbe, Arve
zirka
4 etwa
9 ungefaehr
Zirkel
4 Klub
5 Kreis
6 Gruppe
13 Zeichengeraet
Zirkelkasten
9 Reisszeug
Zirkular
13 Rundschreiben
zirkulär
10 periodisch
12 kreisfoermig
Zirkulation
6 Umlauf
9 Kreislauf
13 Blutkreislauf
Zirkus
5 Getue, Revue
9 Aufhebens, Aufregung
Zirkusarena
6 Manege
Zirkuskunst
9 Akrobatik
Zirkuskünstler
5 Clown
6 Artist
7 Akrobat
8 Dompteur
Zirkusnummer
9 Trapezakt
zirpende Grille
8 Heimchen
zirpendes Insekt
6 Grille, Zikade
Zirrokumulus
15 Schaefchenwolke
Zirrostratus
13 Schleierwolke
Zirruswolke
10 Faserwolke, Federwolke
Ziseleur
13 Metallstecher
Zisterne
16 Auffangbehaelter

Zisterzienserabtei
7 Citeaux
8 Eberbach
9 Clairvaux, Maulbronn, Port Royal
Zitadelle
4 Burg
5 Feste
7 Festung
Zitat
9 Ausspruch
10 Ausschnitt, Textstelle
Zitatensammlung
3 Ana
9 Analekten
Zitation
9 Vorladung
Zitrone
6 Limone
Zitronenkraut
7 Melisse
zitronensaures Salz
6 Zitrat
Zitrusfrucht
6 Limone, Orange
7 Limette, Satsuma, Zitrone
9 Apfelsine, Mandarine
10 Grapefruit, Klementine, Pampelmuse
zitterig
7 tattrig
10 hinfaellig
zittern
5 beben
9 vibrieren
Zittern
6 Tremor
Zitterpappel
4 Espe
Zitterton in der Musik
7 Tremolo
zivil
6 billig, privat
7 maessig
8 gesittet
10 angemessen
11 buergerlich
Zivilisation
6 Kultur
Zivilist
7 Buerger
11 Nichtsoldat
Zobel
6 Marder
Zodiakus
9 Tierkreis
Zofe
8 Dienerin
14 Kammermaedchen
Zoff
6 Streit
18 Auseinandersetzung
zögerlich
14 unentschlossen
zögerlicher Mensch
7 Saeumer
8 Zauderer
9 Kunktator
Zögling
5 Eleve
6 Alumne
8 Schueler
Zölibat
12 Ehelosigkeit
Zoll
4 Maut
6 Abgabe
8 Wegegeld
Zollbeamter
8 Zoellner
Zollerklärung
11 Deklaration
Zollpassierschein
6 Carnet
7 Triptik
Zollstock
8 Messstab
9 Meterstab
Zollvergehen
9 Schmuggel
16 illegale Einreise
Zönakel
11 Refektorium
Zone
4 Raum
6 Gebiet, Region
7 Bereich
Zönobium
7 Kloster
Zoo
8 Tierpark
10 Tiergarten
Zooanlage
6 Gehege, Kaefig
7 Voliere, Zwinger
10 Freigehege
Zoologie
9 Tierkunde
Zoom an der Kamera
10 Gummilinse
Zoon politikon
6 Mensch
Zopf
6 Frisur
8 Geflecht
12 Haargeflecht
zopfig
5 passé
9 ueberholt
10 altmodisch
Zores
6 Aerger
8 Wirrwarr
13 Durcheinander
Zorn
3 Wut
4 Rage
7 Unwille
8 Harnisch
9 Empoerung
Zornesausbruch
6 Koller, Rappel
7 Raserei
zornig
5 boese
zornmütig
10 cholerisch, jaehzornig
Zoroaster
11 Zarathustra
Zosse
5 Pferd
Zote
4 Witz
zotig
4 grob
12 unanstaendig
zottig
8 struppig
zottiger Waldgeist
6 Schrat
zu ...
· *einem* **Besuch bitten**
8 einladen
· **Ende gegangen**
4 alle
· **essen geben**
8 fuettern
· **Gott Sprechender**
5 Beter
· **keiner Zeit**
3 nie

Z

- *einer* **Kugel gewickelter Faden**
  7 Knaeuel
- **nichts zu gebrauchen**
  7 unnuetz
- **Tage**
  8 offenbar, sichtbar
  11 offenkundig
- **viel**
  10 ueberladen
  14 ueberschuessig
- **vorgerückter Stunde**
  5 spaet
- **welchem Zweck**
  4 wozu
- *einem* **Ziel**
  3 hin

Zuave
6 Kabyle

Zubehör
5 Extra
7 Beiwerk
8 Requisit
10 Accessoire

Zubehördepot
15 Ersatzteillager

Zuber
4 Trog
5 Wanne
6 Buette
7 Bottich
9 Waschfass

zubereiteter Weißkohl
10 Sauerkraut

Zubringer
4 Bote
9 Lieferant

Zucht
5 Anbau, Moral
7 Ordnung
8 Gehorsam
9 Disziplin

Zuchtanlage
4 Farm
7 Gestuet, Zwinger
10 Baumschule, Gaertnerei
11 Austernbank

Züchter
5 Imker
6 Farmer
8 Gaertner, Landwirt, Pflanzer

Zuchthaus in New York
8 Sing-Sing

züchtig
6 keusch
7 sittsam
10 verschaemt

Züchtigung
6 Strafe
7 Pruegel
8 Ohrfeige, Schlaege
10 Backpfeife

Züchtigungsmittel
4 Rute
5 Knute, Stock
6 Riemen
8 Peitsche
9 Rohrstock

Züchtigungsspur
7 Strieme

Zuchtlosigkeit
6 Amoral
14 Demoralisation

Zuchtpferd
5 Stute
6 Hengst

zuchtreifer Stier
5 Farre

Zuchtrennen
5 Derby

Zuchtrind
5 Bulle, Stier

Zuchtschwein
3 Sau
4 Eber

Zuchtwahl
9 Selektion

Zucken
3 Tic
4 Tick

Zuckerart
5 Melis
6 Kandis
7 Glukose, Karamel
8 Dextrose, Fruktose
9 Galaktose, Laevulose
11 Milchzucker
12 Fruchtzucker
13 Traubenzucker

Zuckerbäcker
8 Konditor

Zuckergebäck
6 Baiser

Zuckerguss
6 Glasur

Zuckerinsel
4 Cuba, Kuba

Zuckerkranker
10 Diabetiker

Zuckerkristalle
6 Kandis

Zuckerl
6 Bonbon

Zuckerlösung
5 Sirup

Zuckerrohrschnaps
3 Rum

Zuckerrübenauszug
5 Sirup

Zuckersaft
5 Sirup

Zuckerzeug
5 Nugat
6 Bonbon, Nougat
7 Fondant, Konfekt

Zuckung ► Zucken

Zudecke
7 Plumeau
11 Schlafdecke

Zudecke mit Federfüllung
8 Oberbett

zudringlich
4 keck
9 penetrant

Zueignung
7 Widmung

Zuerkennung einer Auszeichnung
11 Praemierung

zuerst
5 vorab
6 vorher
7 primaer
11 anfaenglich

Zufahrtsweg
7 Anfahrt

Zufall
5 Tyche

zufällig
9 unwichtig
10 unerwartet
11 aleatorisch
12 akzidentiell

Zuflucht
4 Asyl, Exil, Hort
6 Obdach
8 Refugium, Versteck
13 Schlupfwinkel

Zuflucht Erbittender
7 Asylant

Zufluchtsstätte der Christen in Rom
10 Katakomben
zufrieden
9 wunschlos
10 befriedigt
zufrieden gestellt
9 saturiert
Zufriedenstellung
12 Satisfaktion
Zufuhr
9 Nachschub
10 Versorgung
Zug
4 Bahn, Wind
6 Gruppe
7 Kolonne, Luftzug, Schluck
Zugabe
5 Bonus
7 Beilage, Praemie
8 Geschenk
9 Dreingabe
13 Gratifikation
Zugabteil
5 Coupé, Kupee
Zugang
3 Tor, Weg
4 Tuer
6 Pforte, Portal
7 Einlass, Zutritt
8 Einfahrt, Eintritt
zugänglich
5 offen
10 erreichbar, verfuegbar
Zugbegleiter
9 Schaffner
10 Zugfuehrer
zugegen
5 dabei
8 anwesend
Zugeherin
8 Putzfrau
zugehörig
10 integriert
zugeknöpft
10 reserviert
Zugeld für standesgemäßes Leben
7 Apanage
zügellos
4 wild
9 unbaendig
11 hemmungslos, orgiastisch
zügellos(e, er, es) ...
· **Ausgelassenheit**
9 Orgiasmus
· **Ausschweifung**
5 Orgie
· **Gelage**
5 Orgie
· **Kriegsvolk**
10 Soldateska
· **Mensch**
8 Libertin
· **Treiben**
13 Ausschweifung
Zügelung des Übermuts
8 Daempfer
zugemessene Arzneimenge
5 Dosis
zugemessene Menge
7 Portion
zugeordnetes Gremium
6 Beirat
Zugereister ▶ Zugezogener
Zugeschnürtes
5 Paket
zugespitzt
8 plakativ
9 pointiert
11 akzentuiert
zugespitzter Pfosten
5 Pfahl
Zugeständnis
10 Kompromiss, Konzession
zugetan
7 gewogen
zugeteilte Arbeit
6 Pensum
zugeteilte Lebensmittelmenge
6 Ration
Zugezogener
7 Fremder
11 Ortsfremder
Zuggeschirr für Ochsen
4 Joch
zügig
5 flott, rasch
7 schnell
14 ununterbrochen
Zugkraft
4 Reiz
6 Anreiz
10 Verlockung
zugkräftig
9 anreizend, anziehend, attraktiv
12 werbewirksam
zugkräftiges Angebot
3 Hit
4 Clou
7 Angebot, Reisser
9 Sensation
10 Attraktion
13 Sonderangebot
zugleich
8 simultan, zusammen
11 miteinander
Zugluft
8 Durchzug
Zugmaschine
3 Lok
7 Traktor
Zugmaschine am Verschiebebahnhof
10 Rangierlok
Zugnummer
3 Hit
4 Clou
10 Attraktion, Glanzpunkt
Zugreise
5 Fahrt
Zugtier
3 Jak, Kuh, Ren, Yak
4 Esel, Hund, Muli, Rind, Zebu
5 Ochse, Pferd
7 Bueffel, Rentier
8 Maulesel, Maultier
Zugtiergeschirr
6 Kummet
zugunfähig (Schach)
4 patt
Zugvogel
4 Ente, Fink, Star
5 Pirol
6 Lerche, Reiher, Storch
7 Drossel, Kiebitz, Kranich
8 Schwalbe, Wildente
Zuhälter
4 Lude
Zuhause
4 Heim
7 Wohnung
8 Wohnsitz
Zuhörerbühne
8 Tribuene
Zuhörerschaft
8 Publikum
10 Auditorium

Zukunft
5 Futur
8 Nachwelt
Zukünftiger
9 Verlobter
10 Braeutigam
Zukunftsaussicht
11 Perspektive
Zukunftsform
5 Futur
Zukunftstraum
6 Utopie
Zukunftswarner
5 Rufer
Zukunftswissenschaft
11 Futurologie
Zulage
13 Gratifikation
zulänglich
9 genuegend
11 ausreichend
zulässig
7 erlaubt
9 gestattet, statthaft
zulässige Abweichung
8 Toleranz
9 Spielraum
Zulassung
6 Lizenz
9 Admission, Erlaubnis
10 Konzession
11 Approbation, Genehmigung
Zulassungsbeschränkung
14 Numerus clausus
Zulauf
3 Run
7 Zustrom
zuletzt
7 endlich
12 schliesslich
Zulu
5 Bantu
6 Kaffer
Zuluspeer
7 Assagai
zum ...
· **Düngen verwendeter Vogelmist**
5 Guano
· **Nennwert**
4 pari
7 nominal
· **Pflücken geeignet**
4 reif
zumeist
3 oft
12 ueberwiegend
zumindest
10 wenigstens
Zumutung
8 Ansinnen
Zunahme
5 Wuchs
10 Vermehrung
14 Vergroesserung
Zuname
8 Nachname
12 Familienname
Zuname Napoleons
9 Bonaparte
zündend
9 fulminant
zündende Idee
9 Intuition
12 Geistesblitz
Zunder
7 Pruegel, Schwamm
Zündholz
11 Streichholz
12 Schwefelholz
Zündschnur
5 Lunte
Zündwaren
9 Feuerzeug
14 Streichhoelzer
zunehmend
10 progressiv
Zuneigung
4 Huld
5 Gunst, Liebe
9 Sympathie
10 Wohlwollen
Zuneigungsbeweis
15 Liebesbezeigung
Zunft
5 Gilde
6 Innung
11 Fachverband
13 Berufsverband
17 Berufsvereinigung
zünftig
10 ordentlich
11 fachgerecht
Zunftkleidung
6 Tracht
Zunge am Schuh
6 Lasche
zungenfertig
8 eloquent
Zungenlaut
7 Lingual
Zungenregister der Orgel
5 Regal
Zuordnung
9 Abbildung
12 Koordination
Zupfgeige
7 Gitarre
Zupfinstrument
3 Tar
4 Lyra
5 Banjo, Harfe, Laute, Leier, Rotta
6 Zither
7 Bandola, Bandura, Gitarre, Klampfe, Mandola, Ukulele
9 Balalaika, Bandurria, Mandoline, Zupfgeige
Zurechtweisung
5 Ruege, Tadel
7 Verweis
12 Massregelung
Zurschaustellung
10 Exhibition
zurück
6 retour
11 rueckwaerts
Zurückberufung
7 Rappell
zurückblickend
12 retrospektiv
Zurückführung
9 Reduktion
Zurückgabe
10 Erstattung
zurückgeblieben
10 retardiert
zurückgegebener Wechsel
7 Rimesse
zurückgehende Verpackung
7 Leergut
zurückgehender Haaransatz
15 Geheimratsecken
zurückgelegte Gelder
11 Ersparnisse, Notgroschen
zurückgesandte Ware
7 Retoure
zurückgeschlagener Ball
6 Return
Zurückgezogenheit
9 Eremitage
11 Einsiedelei

Z

zurückhaltend
5 kuehl, scheu
6 dezent, passiv
7 diskret
8 taktvoll, unnahbar
10 reserviert
zurückliegende Zeit
13 Vergangenheit
Zurücknahme
7 Dementi
8 Revision, Widerruf
Zurückschall
4 Echo
9 Widerhall
10 Reflektion
Zurücksetzung
15 Diskriminierung
zurücktretend
8 rezessiv
zurückverwandeln in Geld
14 remonetisieren
Zurückweisung
6 Abfuhr
9 Ablehnung
Zuruf
11 Akklamation
Zuruf an Zugtiere (links)
5 huest
Zusage ► Zusicherung
zusagen
8 gefallen
11 konvenieren
zusammen
4 alle
5 alles
6 gesamt
7 mitsamt, vereint
9 insgesamt
Zusammenarbeit
8 Teamwork
11 Kooperation
Zusammenarbeit mit dem Feind
13 Kollaboration
Zusammenballung
10 Anhaeufung
11 Konglomerat
13 Agglomeration
Zusammenbau
7 Montage
12 Installation, Konstruktion
Zusammenbruch
2 Ko
4 Ende, Ruin
6 Fiasko, Pleite
7 Kollaps, Konkurs, Verfall
8 Bankrott, Desaster
10 Misserfolg
Zusammenfall
10 Koinzidenz
zusammenfassender Schlussvortrag bei Gericht
9 Plaedoyer
Zusammenfassung
5 Fazit
6 Abriss, Exposé
7 Exposee, Resumee, Summary, Synopse
8 Resuemee
10 Uebersicht
Zusammenfassung ...
· *mehrerer* **Himmelskörper**
9 Sternbild
· *eines* **musikalischen Werkes**
8 Partitur
· *mehrerer* **Schriftstücke**
8 Konvolut
· *mehrerer* **Schüler**
4 Kurs
6 Klasse
11 Schulklasse
Zusammenfügung
8 Synthese
10 Kompositum, Verbindung
zusammengedrängt
3 eng
5 dicht
zusammengedrückt
11 komprimiert
zusammengefasst
10 summarisch
Zusammengefegtes
8 Kehricht
zusammengehörig(e, er, es) ...
· **Erbanlage**
5 Allel
· **Menschen**
4 Volk
· **Tonfolge**
6 Phrase
Zusammengehöriges
4 Paar
Zusammengehörigkeitsgefühl
10 Gemeinsinn
12 Solidaritaet
Zusammengekochtes
7 Eintopf
zusammengeschnürt
6 beengt
Zusammengeschüttetes
6 Mixtur
zusammengesetztes Wort
10 Kompositum
Zusammengetragenes
8 Sammlung
Zusammengewürfeltes
9 Charivari
11 Konglomerat
Zusammenhalt
6 Konnex
7 Einheit, Kontakt
8 Harmonie
9 Einigkeit, Kohaesion
10 Verbindung
12 Solidaritaet
Zusammenhalteclip für Papiere
12 Bueroklammer
Zusammenhang
5 Nexus
6 Konnex
7 Kontext
9 Kohaerenz
10 Verbindung, Verkettung
12 Verknuepfung
zusammenhängend
9 kohaerent
zusammenhängende Glieder
5 Kette
zusammenhanglos
6 abrupt
8 isoliert
11 unverbunden
Zusammenklang
6 Akkord
8 Harmonie, Wohllaut
9 Einigkeit, Konsonanz
zusammenklappbarer Zylinderhut
13 Chapeau claque
zusammenklingend
9 konsonant
10 harmonisch
Zusammenkunft
5 Treff
6 Konzil, Tagung
7 Meeting, Session, Sitzung, Treffen
8 Beratung, Kongress

9 Begegnung, Konferenz, Symposion
10 Rendezvous
11 Versammlung
12 Stelldichein

Zusammenleben
3 Ehe
7 Kommune
8 Symbiose
18 Lebensgemeinschaft

zusammenlegbar(e, er, es) ...
· **Behausung**
4 Zelt
· **Boot**
8 Faltboot
11 Klepperboot
12 Schlauchboot
· **Maßstab**
9 Zollstock
· **Schirm**
6 Knirps
· **Tragetasche**
6 Beutel

Zusammenlegung
6 Fusion
11 Vereinigung
12 Arrondierung

zusammenpassend
10 harmonisch, kompatibel

zusammenpressbar
12 kompressibel

Zusammenrottung
6 Tumult
7 Aufruhr
9 Rebellion
13 Demonstration

Zusammenschau
8 Panorama, Synthese
10 Ueberblick, Uebersicht
15 Zusammenfassung

Zusammenschluss
4 Bund, Klub, Liga, Pool
5 Gilde, Trust, Union, Zunft
6 Fusion, Verein
7 Allianz, Kartell
8 Syndikat
9 Koalition
11 Foederation, Vereinigung
14 Genossenschaft

Zusammenschmelzung von Metallen
9 Legierung

Zusammensein
7 Treffen
9 Tête-à-Tête
10 Rendezvous

Zusammensetzspiel
6 Puzzle

Zusammensetzung
6 Aufbau
8 Struktur, Synthese
11 Komposition
12 Konstruktion

Zusammenstellung
5 Liste
7 Katalog, Tabelle
8 Register
9 Sortiment
11 Verzeichnis

Zusammenstellung ...
· *von* **beliebten Schlagern**
9 Hitparade
· **beliebter Musikstücke**
9 Potpourri
· *von* **Fachausdrücken**
11 Nomenklatur
· *der* **meistverkauften Bücher**
15 Bestsellerliste
· **verschiedener Waren**
9 Sortiment
· *von* **Waren**
7 Katalog
· *von* **Wünschen**
11 Wunschliste

Zusammenstoß
4 Zank
5 Krach
6 Streit, Unfall
9 Kollision

zusammentragen
7 sammeln

Zusammentreffen
8 Inzidenz
9 Begegnung
10 Koinzidenz
13 Simultanitaet
16 Uebereinstimmung

Zusammentreffen zweier Vokale
6 Hiatus

Zusammentritt
11 Versammlung

Zusammenwirken
8 Synergie
11 Kooperation

zusammenwirkend
10 konzertant
12 synergetisch

Zusammenzählung
8 Addition

zusammenziehendes Mittel
11 Adstringens

Zusammenziehung
10 Retraktion
11 Kontraktion

Zusammenziehung zweier Wörter
5 Krase
6 Krasis

Zusammenziehung zweier Zeichen
7 Ligatur

Zusatz
6 Anhang
7 Additiv
8 Addendum, Appendix, Fussnote, Nachtrag
9 Anmerkung
10 Ergaenzung, Supplement

Zusatzbestimmung
7 Klausel

Zusatzetat
17 Nachtragshaushalt

Zusatzgerät zu einem Hauptgerät
7 Adapter

Zusatzleistung
5 Bonus
6 Extras, Zugabe
7 Praemie
13 Gratifikation
16 Sonderverguetung

zusätzlich
4 plus
5 extra
10 ergaenzend

zusätzlich zu zahlender Betrag
8 Zuschlag

zusätzliche Essensportion
10 Nachschlag

Zusätzliches
7 Beiwerk

Zusatzteil der Nähmaschine
7 Saeumer

zuschanden
6 defekt, kaputt
9 zerstoert

Zuschauer
5 Zeuge
6 Gaffer, Voyeur
7 Kiebitz, Spanner
8 Publikum, Zaungast
10 Augenzeuge, Beobachter, Betrachter
Zuschauerbefragung
8 Teletest
Zuschauermenge
8 Publikum
Zuschauerplatz
4 Loge
6 Balkon
8 Tribuene
9 Sperrsitz
Zuschauerschaft ► Zuschauermenge
Zuschauerstandort
9 Stehplatz
Zuschlag ► Zusatzleistung
Zuschnitt
5 Façon
6 Fasson, Format
7 Machart
Zuschrift an die Redaktion
10 Leserbrief
Zuschuss
8 Beihilfe
10 Stipendium, Subvention
Zuschuss für Mütter oder Väter
14 Erziehungsgeld
zusehends
5 rasch
8 merklich
11 offenkundig
Zusicherung
8 Garantie
11 Buergschaft, Versprechen
15 Gewaehrleistung
Zuspeise
9 Nachtisch
10 Beigericht
Zuspitzung
5 Krise
10 Wendepunkt
Zuspruch
3 Rat
5 Trost
6 Zulauf
7 Andrang, Anklang, Beifall
11 Ermunterung

Zustand
4 Lage
6 Status
7 Stadium
9 Situation
10 Verfassung
Zustand ...
· *der* **Bedrängnis**
3 Not
· *des* **Bodens**
4 Gare
· *der* **Dinge**
6 Status
· **erhöhter Reizbarkeit**
11 Nervositaet
· **gleicher Meinung**
9 Einigkeit
· **heftiger Gefühlsbewegung**
8 Erregung
· **höchster Glückseligkeit**
8 Euphorie
· *der* **Not**
5 Elend
6 Misere
· **rauschhafter Erregung**
7 Ekstase
· **tiefster Bewusstlosigkeit**
4 Koma
· *der* **Verzückung**
6 Taumel
7 Ekstase
zuständig
9 kompetent
10 massgebend
zuständige Stelle
7 Instanz
Zustandsform
5 Phase, Stufe
7 Stadium
Zusteller
4 Bote
8 Postbote
9 Lieferant, Spediteur
zustimmen
7 bejahen
8 billigen
zustimmende Antwort
2 ja
6 jawohl
Zustimmung
6 Jawort, Plazet
7 Beifall, Konsens
9 Billigung, Erlaubnis
11 Akklamation
12 Ratifikation
Zustrom
3 Run
7 Andrang, Ansturm
Zutat
7 Beigabe, Beilage, Beiwerk
10 Ingrediens, Ingredienz
Zutat für Grog
3 Rum
Zuteilung
5 Dosis
6 Anteil, Ration
7 Portion
10 Kontingent
zutiefst
7 voellig
10 nachhaltig
Zuträger
6 Petzer
9 Verraeter
10 Denunziant
zuträglich
8 guenstig
9 nuetzlich
11 bekoemmlich, foerderlich
Zuträglichkeit
10 Konvenienz
zutraulich
4 zahm
5 kirre
9 friedlich
12 anschmiegsam
zutreffend
4 wahr
5 exakt, genau
7 richtig
Zutrittsöffnung
8 Einstieg
Zutun
5 Hilfe
14 Unterstuetzung
zuverlässig
4 treu
5 reell, solid
7 ergeben
Zuversicht
6 Glaube
8 Hoffnung
9 Lebensmut, Vertrauen
10 Optimismus
14 Lebensbejahung

zuversichtlicher Mensch
8 Optimist
zuvor
4 eher, erst
6 zuerst
7 frueher
zuvörderst
6 zuerst
9 allererst
zuvorkommend
6 kulant
8 hoeflich
10 freundlich
11 hilfsbereit
zuvorkommender Herr
8 Kavalier
9 Gentleman
Zuwachs
9 Inkrement
10 Steigerung
Zuwachs an Erfahrung
7 Reifung
Zuwachs an Jahren
8 Alterung
Zuwanderer
10 Neubuerger
12 Uebersiedler
zuweilen
8 manchmal
12 gelegentlich
Zuwendung
6 Spende
7 Almosen
8 Dotation, Stiftung
9 Schenkung
11 Anerkennung
zuwider
8 entgegen
Zuwiderhandlung
8 Vergehen, Verstoss
10 Verfehlung
12 Uebertretung
Zuzug
11 Immigration
12 Einwanderung
13 Uebersiedlung
zuzüglich
4 plus
Zwang
4 Muss
5 Druck
6 Befehl, Gewalt
7 Drohung
9 Noetigung, Verlangen
10 Erpressung
zwanglos
4 frei
5 leger
6 locker
7 laessig
9 entspannt
11 ungezwungen
zwangloser Unterhaltungsstil
10 Plauderton
Zwangsabgabe
4 Maut, Zoll
6 Steuer, Tribut
Zwangsankündigung
7 Drohung
9 Ultimatum
Zwangsarbeit
4 Fron
Zwangsherrschaft
6 Terror
8 Diktatur, Tyrannei
Zwangsisolierung
11 Quarantaene
Zwangslage
3 Not
5 Krise
6 Klemme
7 Dilemma
zwangsläufig
9 notwendig
13 unumgaenglich
Zwangsmaßnahme
6 Sperre, Strafe, Verbot
7 Boykott, Embargo
8 Blockade, Raeumung, Sanktion, Sperrung
11 Repressalie
Zwangsverschickung
11 Deportation
Zwangsverwalter
9 Sequester
Zwangsvollstrecker
18 Gerichtsvollzieher
Zwangsvollstreckung
9 Exekution, Pfaendung
11 Eintreibung
13 Beschlagnahme, Versteigerung
Zwangsvorstellung
8 fixe Idee
9 Obsession
Zwanzigflächner
9 Ikosaeder
Zweck
4 Sinn, Ziel
5 Motiv
6 Nutzen
zweckbestimmt
5 final
11 intentional
zweckbestimmte Handlung
9 Massnahme
zweckdienlich
8 adaequat, geeignet
9 nuetzlich, praktisch
11 foerderlich
12 qualifiziert
Zwecke
5 Nagel, Pinne
10 Reissnagel
zweckmäßig
7 passend
8 opportun, sinnvoll, tauglich
10 angemessen
11 funktionell, praktikabel
Zweckmäßigkeitsdenken
13 Opportunismus
zwecks
2 um
Zweckverband
4 Club
zwei
3 zwo
zwei ...
· **Dinge**
4 Paar
· **Menschen**
4 Paar
· **miteinander Vermählte**
7 Ehepaar
· **Musizierende**
3 Duo
· **Rheinzuflüsse**
3 Ill
· **Staaten in den USA**
6 Dakota
· **verlötete Metallbänder**
8 Bimetall
· **zusammengehörende Dinge**
4 Paar
Zweibeiner
6 Mensch
zweideutig
6 unklar
8 aequivok
11 schluepfrig
zweideutiger Witz
4 Zote

Zweideutigkeit
10 Amphibolie
11 Ambiguitaet
zweidimensionales Gebilde
7 Flaeche
Zweiergesang
3 Ono
5 Duett
Zweiergruppe
3 Duo
4 Paar
Zweiersystem
10 Dualsystem
12 Binaersystem
zweifach
7 doppelt
zweifaches Innenorgan
5 Niere
Zweifel
7 Skepsis, Skrupel
8 Bedenken
9 Vorbehalt
zweifelhaft
6 dubios, obskur
8 fraglich, unsicher
zweifelhafter Ruf
4 Ruch
zweifellos
6 gewiss, sicher
7 fraglos
10 unstreitig
zweifelnd
3 irr
zweifelnde Betrachtungsweise
7 Skepsis
Zweifingerfaultier
4 Unau
Zweifler
9 Skeptiker
zweiflügelige Tür
10 Doppeltuer
Zweifüßer
6 Mensch
12 Menschenaffe
Zweig
3 Ast
5 Gerte
6 Sparte
7 Branche
9 Disziplin
Zweig ... (► auch Teil, ► Teilgebiet)
· *des* **Bauwesens**
6 Erdbau
7 Hochbau, Tiefbau
· *der* **bildenden Kunst**
7 Malerei
· *der* **Indogermanen**
5 Arier
· *der* **Landwirtschaft**
7 Imkerei, Obstbau
8 Ackerbau
9 Viehzucht
11 Getreidebau
· *der* **Mathematik**
9 Geometrie
· *der* **Naturwissenschaft**
6 Chemie, Physik
7 Botanik
8 Biologie, Zoologie
10 Astronomie
· *zur* **Neuzucht**
7 Ableger
· *der* **Physik**
10 Elektronik
· *der* **Textilindustrie**
7 Weberei
9 Spinnerei
· *des* **Weinstocks**
4 Rebe
zweigeschlechtlich
8 zwittrig
9 bisexuell
16 hermaphroditisch
zweigesichtig
12 januskoepfig
Zweiglein
4 Reis
zweigliedriger Ausdruck (Mathematik)
5 Binom
Zweigniederlassung
► Zweigstelle
Zweigstelle
7 Agentur, Filiale
10 Vertretung
13 Niederlassung
Zweiheitslehre
9 Dualismus
zweihenkliger Tonkrug
7 Amphora, Amphore
zweihöckriges Kamel
11 Trampeltier
zweijährig
7 biennal
zweijähriger Eber
6 Ueberlaeufer
zweijähriges Wildschwein
12 Ueberlaeufer
zweijährliche Veranstaltung
8 Biennale
Zweikampf
5 Duell
Zweikampfhelfer
9 Sekundant
Zweikampfteilnehmer
8 Duellant
zweiköpfiger Bolzen
4 Niet
Zweikorn
5 Emmer
zweimastiges Sportsegelboot
4 Yawl
zweipolig
7 bipolar
Zweipolröhre
5 Diode
Zweirad
4 Krad, Mofa, Velo
5 Moped, Vespa
6 Mokick, Roller, Tandem
7 Fahrrad
8 Motorrad
9 Veloziped
11 Motorroller
zweirädriger Einspänner
5 Sulky
7 Dogcart
zweirädriger Wagen
5 Sulky
7 Rikscha
zweireihiger Mantel
6 Ulster
zweischneidiger Dolch
7 Stilett
zweiseitig
9 bilateral
zweisitziger Kraftwagen
5 Coupé
zweisitziges Fahrrad
6 Tandem
zweisprachig
9 bilingual
zweistellige Zahl
4 zehn
7 achtzig
8 neunzehn

zweistimmige Musikdarbietung
3 Duo
5 Duett
zweistöckige Wohnung im Hochhaus
10 Maisonette
Zweistromland
12 Mesopotamien
zweit(e, er, es) ...
- **Berichterstatter**
11 Korreferent
- **Buch Moses**
6 Exodus
- **deutscher Bundeskanzler**
6 Ehrhard
- **deutscher Bundespräsident**
6 Luebke
- **Fall der Deklination**
7 Genitiv
- **Flugzeugführer**
7 Kopilot
- **Frau Jakobs**
5 Rahel
- **griechischer Buchstabe**
4 Beta, Beta
- **Heu**
5 Grumt
6 Grumet
7 Grummet
- **Präsident der USA**
5 Adams
- **Sohn Adams**
4 Abel
- **Sohn Noahs**
3 Ham
- **Vergangenheit**
7 Perfekt

Zweitausfertigung
8 Duplikat
11 Durchschlag
zweiteiliger Badeanzug
6 Bikini
zweiteiliges Gemälde
9 Diptychon
Zweiteilung
10 Dichotomie
zweitgrößte Insel der Erde
9 Neuguinea
zweitlängster Fluss in Italien
5 Etsch
zweitrangig
9 sekundaer
14 nebensaechlich
Zweitschrift ► Zweitausfertigung
zweiunddreißigster US-Präsident
9 Roosevelt
zweiwertiger Alkohol
6 Glykol
Zweizahl
4 Dual
zweizählig
4 dual
Zweizehenfaultier
4 Unau
Zweizeiler
9 Distichon
Zwerchfell
10 Diaphragma
Zwerg
4 Gnom
5 Troll, Wicht
6 Knirps, Kobold
7 Wichtel
8 Erdgeist, Erdgeist
9 Daeumling
10 Hutzelmann
11 Heinzelmann, Liliputaner, Wichtelmann
Zwergapfelsine
7 Satsuma
9 Mandarine
10 Klementine
Zwergenkönig
6 Laurin
8 Alberich
Zwergenland Gullivers
7 Liliput
Zwerghirsch
4 Pudu
Zwerghund
8 Pekinese
11 Rehpinscher
Zwergkiefer
7 Latsche
8 Knieholz
9 Legfoehre
Zwergstaat in Europa
6 Monaco
7 Andorra
9 San Marino
12 Vatikanstadt
13 Liechtenstein
Zwergvolk auf Malakka
6 Semang
Zwergvolk in Afrika
8 Pygmaeen
Zwergwuchs
8 Nanismus
10 Mikrosomie
Zwetschgenschnaps
9 Slibowitz, Sliwowitz
Zwickel
5 Gehre
Zwicker
6 Brille
7 Klemmer, Kneifer
Zwiebelart
7 Zipolle
9 Schalotte
Zwiebelgericht
9 Cipollata
12 Zwiebelsuppe
13 Zwiebelkuchen
Zwiebelgewächs
4 Iris
5 Lauch, Lilie, Tulpe
6 Porree
8 Gladiole, Narzisse
9 Hyazinthe
12 Schwertlilie
14 Herbstzeitlose
16 Schneegloeckchen
Zwiegesang
3 Duo
5 Duett
Zwiegespräch
6 Dialog
9 Tête-à-Tête
Zwielaut
9 Diphthong
Zwielicht
8 Schummer
10 Daemmerung, Halbdunkel
zwielichtige Angelegenheit
7 Affaere
Zwiespalt
5 Hader, Zwist
10 Diskrepanz
11 Widerstreit
Zwietracht
5 Hader, Zwist
6 Disput, Streit
9 Unfrieden
Zwillich
5 Drell
6 Leinen

Zwillinge der griechischen Sage
9 Dioskuren
Zwillingsbruder von ...
- **Castor**
6 Pollux
- **Esau**
5 Jakob
- **Jakob**
4 Esau
- **Kastor**
6 Pollux
- **Pollux**
6 Castor, Kastor
- **Remus**
7 Romulus
- **Romulus**
5 Remus

zwingend
9 notwendig
13 obligatorisch, unumgaenglich
Zwinger
6 Gehege, Kaefig
Zwingherr
6 Despot, Tyrann
Zwirn
4 Garn
5 Faden
zwischen
8 inmitten
zwischen den Gezeiten
4 Stau
Zwischenfall
8 Ereignis, Stoerung
10 Intermezzo
13 Unterbrechung
Zwischengeschoss
8 Mezzanin
Zwischenhandlung
7 Episode
Zwischenherrschaft
11 Interregnum
Zwischenknorpel im Kniegelenk
8 Meniskus
Zwischenlösung
10 Kompromiss
Zwischenmahlzeit
5 Jause
6 Imbiss, Vesper
8 Brotzeit
Zwischenmusik
10 Intermezzo
Zwischenraum
5 Spalt
6 Luecke, Spanne
7 Abstand, Spatium
9 Intervall
Zwischenrippenstück
8 Kotelett
Zwischenspiel
7 Episode
10 Intermezzo
zwischenstaatlich
9 bilateral
12 multilateral
13 international
Zwischenträger
7 Mittler
10 Denunziant
11 Mittelsmann
zwischenzeitlich
10 vorlaeufig, zeitweilig
12 provisorisch
14 voruebergehend
Zwist
4 Zank
5 Fehde, Hader
6 Streit
8 Konflikt, Unfriede
10 Zwietracht
Zwitter
12 Hermaphrodit
zwitterhaft
6 hybrid
16 hermaphroditisch
Zwölf
7 Dutzend
zwölf Dutzend
4 Gros
Zwölfender
10 Zeitsoldat
Zwölffingerdarm
8 Duodenum
Zwölfflächner
10 Dodekaeder
Zyanwasserstoff
10 Blausaeure
Zykladeninsel ► Kykladeninsel
Zyklon
11 Wirbelsturm
Zyklone
15 Tiefdruckgebiet
Zyklonose
17 Wetterfuehligkeit
Zyklop
8 Polyphem
Zyklus
5 Folge, Serie
6 Kursus, Umlauf
7 Periode
9 Kreislauf
12 Menstruation
Zylinder
3 Hut
5 Rolle, Walze
11 Hohlkoerper
Zylinderhut
13 Chapeau claque
zylindrisches Gefäß mit Henkel
5 Eimer, Eimer
Zymbal
12 Glockenspiel
Zyniker
8 Spoetter
zynisch
10 spoettisch
Zypressengewächs
5 Thuja
Zytologie
11 Zellenlehre
Zytosom
5 Zelle
11 Zellkoerper

Schreiben Sie uns ...

Mit dem großen Kreuzworträtsel-Lexikon haben Sie das ideale Nachschlagewerk für Ihr Hobby erworben. Kompetent und zuverlässig gibt es Antwort auf fast alle Fragen, die sich beim Lösen von Kreuzworträtseln ergeben. Das große Kreuzworträtsel-Lexikon ist praxisbezogen, d. h., es orientiert sich bei der Aufnahme von Rätselfragen und -antworten an dem, was in Kreuzworträtseln tatsächlich gebräuchlich ist.
Sollten Sie trotzdem einen Begriff vermisst haben, teilen Sie uns dies bitte mit.
Über Ihre Anregungen, Wünsche, Ergänzungsvorschläge und auch über Ihre Kritik würden wir uns freuen.
Bitte schreiben Sie an den Verlag

Bibliographisches Institut & F. A. Brockhaus AG
Stichwort „Kreuzworträtsel"
Dudenstraße 6
68167 Mannheim

DUDEN
100 000 Tatsachen!
Das große Buch der Allgemeinbildung

DUDEN
Das
Lexikon der
Allgemeinbildung
Bescheid wissen. Mitreden können.